틸리
서양철학사

틸리
서양철학사

소크라테스와 플라톤부터
니체와 러셀까지

—

프랭크 틸리
김기찬 옮김

현대
지성

HISTORY OF PHILOSOPHY

차례

제2부 중세 철학

제3부 근대 철학

제17장 독일 관념론의 발전

제18장 헤겔 이후의 독일 철학

제19장 19세기의 프랑스 철학과 영국 철학

제20장 현대철학의 관념론적 경향들

서론

철학사는 실존의 문제를 해결하거나 우리의 경험 세계를 우리에게 이해될 수 있게 하려고 시도된 상이한 노력들을 연관지어 설명하려 한다. 이는 가장 초창기의 출발부터 현대에 이르기까지 숙고된 인간의 사유의 발전에 관한 이야기이다. 철학 이론의 단순한 연대기적 나열과 설명이 아니라 철학 이론간의 관계, 그것들이 산출된 시대, 그리고 그 이론을 제공한 사상가들과 관련된 연구이다. 모든 사상 체계는 다소간 그것이 발생하는 문명과 그 창시자의 인격과 이전 체계들의 성격에 의존하면서, 당대와 그 이후 시대의 이념과 제도에 강력한 영향을 끼친다. 철학사는 각각의 세계관을 그 고유한 상황에 놓고, 그것을 현재와 과거와 미래의 지적·정치적·도덕적·사회적·종교적 요소와 연결지으려고 노력해야 한다. 또한 인간의 사색의 역사에 나타나는 발전의 궤적을 추적하고, 철학이라고 불리는 정신적 자세가 어떻게 등장하며, 제공된 상이한 문제와 해결책이 어떻게 새로운 물음과 대답을 자극하는지를 보여주며, 각 단계에서 어떤 진보가 이루어졌는지를 규정해야 한다.

철학과 기질

철학 체계는, 인격적·역사적·문화적 진공 상태에서 발생하는 순전히 지적 활동의 산물이 아니다. 그것들은 오히려 그 창시자들의 기질과 인격뿐만 아니라 그들이 살았던 문화적·역사적·철학적 상황을 반영하는 개별 철학적 천재의 업적이다. 모든 체계는 그 체계의 이론적 취지와 구조적 조직 모두를 결정하는 무수한 영향력의 수렴점이다. 이 영향력들 가운데 더러는 순전히 지적이며 철학적인 것이다. 가령 한 철학자가 의식적으로나 무의식적으로 자신의 철학적 선배들이 전달해 준 개념과 이론을 자신의 철학에 통합시키고 논리적 일관성을 기하거나 당대의 유력한 과학 이론을 따르거나 도덕적·종교적·미적 경험의 요구를 만족시키려고 그것들을 수정하는 경우가 그것이다.

　그러나 한 철학 체계를 형성하는 또 다른 영향력이 있다. 철학사가가 무시할 수 없는 이 영향력은, 해당 철학자의 전기에 나타나는 그의 인격과 그의 철학이 등장했던 사회적·문화적 상황과 관계있다. "왜 어떤 철학자가 특징적인 구조와 조직을 갖춘 체계로 형성된 그러그러한 철학적 이론을 발전시켰는가?" 하는 질문에 대하여 대답은 다음의 두 가지 방향 가운데 하나를 취한다. 하나는 그 체계를 산출한 개인적·문화적 요소의 나열이다. 다른 하나는 그 철학자로 하여금 그런 입장을 취하게 만든 논리적이고, 사실적이고, 특색적인 철학적 고찰에 대한 탐구이다. 한 체계에 대한 이 두 가지 유형의 "설명"은 상호 보완적이며, 둘은 어떠한 역사적인 철학 체계를 이해하든지 거기에 꼭 필요하다. 한 철학의 역사적 기원과 개인적 동기는 그것의 철학적 의미와 논리적 구조에 대한 중요한 실마리를 제공하는 경우가 많다.

　순전히 역사적인 혹은 발생적인 유형의 철학 해석은 종종 엄청나게 복잡한 전기적·사회적·정치적·문화적 영향력의 실타래를 푸는 일과 관련된다. 개인적 혹은 기질적 요소는 철학에서 가장 중요하다. 왜냐하면 하나의 철학 체계는 한 개별 지성의 창조적 사유의 산물이지, 어떤 집단 의식의 업적인 경우가 거의 없기 때문이다. 하나의 철학 체계는 아마도 과학 이론이나 기술적 발견보다 개별적 개인적 업적인 경우가 많고 사회적 산물인 경우가 적다. 뉴턴이나 아인슈타인의 전기는 중력 법칙이나 상대성 이론을 이해하는 데 핵심적인 빛을 별로 던져 주지 않지만, 스피노자의 범신론적 자연주의나 쇼펜하우어의 주의주의적 (主意主義的) 관념론은 그 창시자의 인격과 분리될 경우 그 중요성을 상당히 상실한다. 하나의 철학 체계는 그 창시자의 인격을 반영하며, 그것의 의미는 이 인격적 맥락에서만 충분하게 이해될 수 있다. 이런 측면에서 철학 체계들은, 과학 이론이나 기술의 창안물보다 윤리와 종교의 체계들과 예술적·음악적·문학적 창작품에 가깝다.

하나의 철학이 그 창시자의 인격과 기질을 반영하고 그것들과 연관되어 있다는 것은, 지극히 극단적인 주지주의자(主知主義者)들 말고는 다들 인정하는 바이다. "기질은 모든 철학 활동에서 작용하는 하나의 요소이다"라는 기질주의적 입론(立論)은 윌리엄 제임스의 「실용주의」 첫 강연에서 설득력 있게 옹호된다. 제임스는 이렇게 말한다. "철학사는 상당히는 인간적 기질들의 충돌의 역사이다." 제임스의 견해에 따라 철학뿐만 아니라 문학과 예술과 정치와 예절에도 스며 있는 기질의 구체적인 차이는, 합리론자 혹은 "마음 약한 사람들"과 경험론자 혹은 "의지 강한 사람들" 사이에, "있는 그대로 온갖 다양한 사실을 좋아하는 자들"과 "추상적이고 영원한 원리를 신봉하는 자들" 사이에 있는 대립이다.

마음 약한 사람들은 대체로 합리론적, 주지주의적, 관념론적, 낙관론적, 종교적, 자유의지옹호적, 일원론(一元論)적, 독단론적이다. 의지 강한 사람들은 경험론적, 감각론적, 유물론적, 비관론적, 비종교적, 다원론적, 회의론적이다. 마음 약한 합리론자들(플라톤, 아리스토텔레스, 성 토마스 아퀴나스, 데카르트, 라이프니츠, 헤겔)과 의지 강한 사람들(데모크리토스, 홉스, 베이컨, 흄)의 충돌로 철학사를 보는 해석은 지나친 단순화이다. 철학사의 가장 중요한 인물들 가운데 스피노자와 로크와 버클리와 같은 사람들은, 제임스가 마음 약한 사람들의 특징으로 열거하는 자질들과 그가 의지 강한 사람들의 특징으로 열거하는 자질들을 동시에 갖고 있음으로써 이 구분의 양편에 다리를 걸친다.

그래서 스피노자는 주의주의적이고 종교적인 점에서는 마음 약한 사람으로서, 유물론적이고 운명론적 점에서는 의지 강한 사람으로서 특징을 갖는다. 버클리는, 관념론적이고 종교적이고 자유의지 신봉적인 점에서 마음 약한 사람의 도식을 따르지만, 경험론자라는 점에서는 의지 강한 사람의 특징을 갖는다. 제임스 자신이 지적하듯이, "철학에서는 풋내기 보스턴 사람처럼 순수하고 단순한 사람도 거의 없고, 전형적인 로키 산맥 사람처럼 거친 사람도 거의 없다." 하지만 두 기질 유형의 대립은 "시대마다 당대의 철학적 분위기를 일부 형성해 왔다."

기질이라는 용어는 심리학적 모호함과 부정확성에도 불구하고, 어떤 철학에 반영되어 있는 그 철학자의 인격의 다양한 정서적·의지적·상상적 자질들에 관심을 집중시키는 데 이바지한다. 그러므로 철학사에 대한 기질론적 해석은 철학자들이 (그리고 그보다는 정도가 약하지만 나머지 사람들이) 동일하고 변하지 않는 지성을 갖고 있다는 전통적 교설에 대한 교정책이며 해독제이다. 이 지성은 자신의 개인적 특수성과 기질적 선호도에 염색되지 않은 실재에 관한 절대 진리를 그 지적 능력에 비례하여 개인에게 드러낸다고 한다. 하지만 기질은 철학의 동인과 동기를 제공하며, 그 철학의 전반적인 맛과 모양을 결정한다.

철학은 그 창시자의 기질적 선호에 따라 자연주의적인 게 아니면 관념론적인 것, 합리론적인 게 아니면 감각론적인 것, 낙관론적인 게 아니면 비관론적인 것, 유신론적인 게 아니면 무신론적인 것이 된다. 이 말은 한 철학자의 기질적 선호가 가령 지적 전통이나 논리적 논거의 강압성과 같이 기질 이외의 영향력의 작용으로부터 방해를 받을 수 있음을 부인하는 것이 아니다. 따라서 기질적으로는 관념론자인데 예외적인 상황에서는 철학적 자연주의를 신봉하거나, 기질적으로는 자연주의자인데 관념론을 신봉하는 결과가 있을 수 있다. 철학에 대한 기질론적 해석의 유일한 주장은, 다른 요소들이 변하지 않을 경우 기질이 어떤 철학을 신봉할지를 결정한다는 것이다.

철학과 문화적 상황

한 철학자의 사유에서 작용하는 인격적 기질적 요소는, 수많은 사회적·문화적·역사적 영향력에 의하여 변경되고 추가되고 아마도 방해받을 것이다. 철학이 그것이 발생하는 여론의 전반적인 지적·문화적·사회적·정치적 분위기에 의존한다는 것은 의심할 수 없다. 어떤 시대의 철학은 그 시대나 바로 앞 시대의 문화적 상태에 대한 지표를 제공한다. 바로 앞 시대의 문화적 상태에 대한 지표를 제공하는 것은 문화와 그것의 철학적 표현 사이에 시차(時差)가 있기 때문이다. 이와 같이 문화를 지시하는 철학의 역할은 아마 예술이나 과학이나 기술을 포함시켜 어떤 단일 문화의 출현만큼 적절하다. 하지만 철학과 문화적 상황의 관계는, 철학이 문화적 환경에 의존하는 경우만 있는 건 아니다. 철학도 문화의 다른 요소들에게 반작용한다. 철학은 당대와 이전 시대의 문화의 산물이면서, 다음 시대의 사회적·문화적 업적에 결정적인 형성적 영향력이다.

어떤 역사적인 철학 체계의 사회적·문화적 상황을 형성하는 복합체에 대한 분석에서 다음의 중요한 요소들을 구분해 낼 수 있다. (1) 그 철학자가 살고 자신의 철학을 형성하는 국가의 실제 정치적 성격, 좀 더 구체적으로는 그 철학자가 당대의 정치적 틀에서 차지하게 되는 입장. (2) 개별 철학자의 특정한 사회적·경제적 위상뿐만 아니라 그 철학자가 구성원으로 있는 사회의 사회적·경제적 얼개의 전반적인 구조. (3) 그 철학자가 문화를 동화하는 그 시대나 이전 시대의 종교적·도덕적·과학적·예술적·기술적 특징을 포함하여 철학 외의 문화적 영향력들. 마지막으로 (4) 해당 철학자와 동시대에 살던 사람이나 바로 직전이나 아주 이전에 살았던 선배들의 철학적 이론이 해당 철학자에게 미치는 영향. 과거와 동시대의 철학적 전통과 운동과 개별 체계는 개별 철학자의 사회적·정치적·종교적·과학적·예술적 유산과 마찬가지로 그의 총체적인 지성적·문화적 상황의 구성 요소가 된다.

비판의 역할

우리는 상이한 철학 체계를 다룰 때, 우리 편에서 장황한 비판을 늘어놓지 말고 저자가 자신의 사상을 제시하도록 만들어야 할 것이다. 철학사가 상당히는 자신의 최고 비판자이다. 하나의 체계는 후속 체계에 통합되거나 변모되거나 보충되거나 대체되며, 그 오류와 모순이 드러나며, 종종 새로운 사상 노선의 출발점이 되곤 한다. 역사가는 할 수 있는 만큼 공평하고 객관적인 연구 태도를 견지하며, 자신의 철학 이론을 토론에 끌어들이지 않도록 주의해야 한다. 하지만 개인적 요소를 전적으로 배제하는 것은 불가능하다. 역사가의 선입견이 어느 정도는 필연적으로 그의 연구 과정에 고개를 내민다. 그 선입견은 여러 모로 모습을 비친다. 역사가가 특정 철학에 두는 강조점에서, 전진과 퇴보가 무엇인가에 대한 그의 개념, 상이한 사상가들에 할애하는 여백의 양에서 그러하다. 이 모든 것은 불가피하다.

하지만 각 철학자는 자신의 주장을 완전하게 밝힐 기회를 갖기에 앞서서 지속적인 반론에 방해 받음 없이 자신의 이야기를 할 수 있어야 한다. 그리고 우리는 현재의 업적에 비추어서만 하나의 체계를 비판해서는 안 된다. 즉 현재의 기준에 비추어 그 체계에 손해를 주면서까지 평가해서는 안 된다. 현대의 이론과 비교할 때, 초기 그리스 세계관은 순박하고 유치하고 조잡해 보이지만, 그렇다고 그것들을 조롱할 만큼 지성의 큰 흠이 되는 것은 아닐 것이다. 반대로 그 시대의 맥락에서 고찰할 때 세계를 이해하려는 한 민족의 맨 처음 활동으로서 그들의 세계관은 자연스럽게 획기적 사건으로 돌출된다. 하나의 사상 체계는 직전과 직후의 체계와의 비교에 의하여, 그 선례와 결과에 의하여, 그리고 그것이 펼치는 발전상에 의하여 그것의 목표와 역사적 상황에 비추어 판단되어야 한다.

그러므로 우리의 연구 방법은 역사적이면서 비판적일 것이다. 이 비판적 역사적 방법의 지도 원리는 다음과 같다: (1) 우리는 각각의 철학 체계를 있는 그대로 이해하려고 해야 할 것이다. 즉 철학사가는 당분간 각 체계의 이론적 통찰을 동정적으로 살펴서 그 체계를 구조적 전체로서 파악해야 한다. (2) 우리는 철학 체계의 논리적으로 기본적인 가정을 진술하려고 해야 할 것이다. 해당 철학자가 명시적으로 천명하고 종종 상대적으로 중요하지 않은 것만이 아니라, 좀 더 특별히는 해당 철학 체계의 암시적 혹은 암묵적 전제를 진술해야 한다. 한 철학의 암묵적 가정(假定)을 분간해 내는 것은 단지 통상적인 활동이 아니다. 그것은 철학적 분별력과 통찰력을 요구하는 엄밀한 작업이다. 이 작업에서 도움을 주는 것은 동일한 운동이나 전통에 속한 후대 철학자를 연구하는 데서 비롯되는 경우가 많다. 가령 흄은 로크의 경험론에서 그저 암시적인 혹은 기껏해야 모호하게 윤곽이 제시되었던 경험론의 근본 가정을 명시적으로 밝히는 데 성공했다. 그리고 라이프니츠는 선배 데카르트보다 합리론의 근본 교의를 좀 더 분명하게 분별해 냈다. (3) 각 체계는 엄격한 철학적 비판을 받아야 한다. 첫째로, 암시적이든 명시적이든 해당 체계의 상이한 가정들 사이에 혹은 가정들과 그 가정들의 소위 함축 의미 사이에 존재하는 근본 모순을 드러내는 것을 목표로 삼는 일종의 내적 비판을 받아야 하다. 둘째로, 좀 더 풍부하고 심오한 철학의 기준에 비추어 봄으로써 혹은 해당 체계가 정당하게 평가하지 못하는 인간 지식과 경험의 국면을 언급함으로써 해당 체계의 한계와 부적절성을 드러내는 외적 비판을 받아야 한다. 하지만 그런 비판은 그 체계의 설명에 끼어들어 방해하는 일을 해서는 안 된다. 우리는 내적 혹은 외적 비판을 가하기 전에 먼저 해당 체계를 이해하여야 한다. 철학의 가장 중요한 측면 가운데 하나는 과거의 체계에 대한 비판이다.

철학사의 가치

철학사 연구의 가치는 모든 사람에게 명명백백하다. 총명한 사람은 실존의 근본적 문제에, 그리고 인간이 문명의 상이한 단계에서 그 문제에 대하여 발견하고자 하는 해답에 관심을 갖는다. 게다가 그런 연구는 자기 시대와 다른 시대를 이해하는 데 도움을 준다. 이 연구는 과거와 현재의 윤리적·종교적·정치적·법률적·경제적 개념들이 전제하는 근본 원리를 드러냄으로써 그 개념들에 빛을 던져 준다. 그처럼 철학사 연구는 철학적 사색을 위한 유용한 준비 과정으로 이바지한다. 이는 사유의 좀 더 단순한 구성에서 좀 더 복잡하고 까다로운 구성으로 나아가면서 인간의 철학적 경험을 회고하고 지성의 추상적 사유를 훈련시킨다.

과거의 이론에 대한 연구는 자신의 세계관을 이해하는 데 필수 불가결한 도움을 준다. 이는 철학이 다른 형태의 창의적 활동보다 철저한 역사적 정향을 전제하기 때문이다. 과학자는 자신이 선택한 연구 분야에서 현재의 지식 상태에 대한 본질적인 내용을 파악할 수 있다면, 성공적으로 독창적인 연구를 수행할 수 있다. 창의적인 예술가는 전반적인 예술사에 대하여 매우 제한적인 지식을 갖고 있어도, 위대한 예술을 성취할 수 있다. 그러나 선배의 작업에서 절대적으로 독립하여 철학 체계를 구성하려는 사람은 문명의 출발기에 나타나는 조잡한 이론을 초월할 생각일랑 아예 포기해야 한다. 엄격하게 이해할 때 철학사는 건설적인 철학자에게 꼭 필요한 재료를 제공하는 과거의 철학적 통찰의 저장소이다.

그러나 창의적인 철학자는 자신의 탐구 주제의 역사를 연구하여 그로부터 많은 것을 도출해 내지만, 각 세대의 철학자들이 철학사 연구로부터만 재료와 자료를 이끌어내면, 철학은 이내 보잘것 없고 변변찮게 될 것이다. 창의적인 철학자는 동시대의 과학과 예술과 문학과 정치학과 도덕과 그 밖의 영역이 제시하는 새로운 개념을 가지고 철학사로부터 이끌어낸 전통적 개념과 통찰을 살찌워야 한다. 철학자는 경험적 방법을 통하여 과학자에게 제공되는 과학적 자료에 상응하는 독특한 "철학적 자료"를 사용할 수 없기 때문에, 한편으로 동시대의 다른 분과로부터, 다른 한편으로 철학사로부터 자료를 끌어낸다. 그래서 철학사는 지난날 철학자들의 업적에 대한 요약을 제공할 뿐만 아니라 미래의 철학적 탐구를 위한 필수 불가결한 재료도 제공한다.

일차 자료와 이차 자료

우리의 연구 자료는 다음과 같다. (1) 일차 자료: 철학자들의 작품, 그들의 저술 단편(단, 현존할 경우). (2) 이런 것들이 없을 경우 우리는 다른 사람들이 철학자들에 대하여 제시하는 가장 진실하고 정확한 설명에 의존하여 해당 철학자에 대한 지식을 얻어야 한다. 여기서 우리에게 유익한 자료들로는, 특정 철학자의 생애와 이론에 대한 설명, 철학사에 대한 일반적·개별적 논문, 어떤 가르침에 대한 비판, 여러 가지 책에 들어 있는 그들에 대한 언급 등이 있다. 일차 자료가 사라졌을 경우 그런 이차 자료는 필수 불가결하며, 일차 자료를 사용할 수 있을 때에도 그런 이차 자료는 중요할 수 있다. 철학사가는 검토중인 시대의 정신을 이해할 수 있는 내용을 제공하는 모든 연구 분야에 호소하게 될 것이다. 곧 과학, 문학, 예술, 도덕, 교육, 정치, 종교와 같은 모든 인간 활동의 역사에 호소하게 될 것이다.

범위와 시기

보편적인 철학사는 모든 민족의 철학을 포함하게 될 것이다. 하지만 모든 민족이 진정한 사유 체계를 산출한 것은 아니며, 불과 몇몇 민족의 사색만이 역사를 갖고 있다고 할 수 있다. 많은 민족은 신화적 단계를 넘지 못한다. 동양 민족, 가령 인도인과 이집트인과 중국인의 이론들은 대체로 신화적 윤리적 교설이며, 완결된 사유 체계인 경우가 드물다. 그 이론들은 시와 신앙으로 속속 배여 있다. 그러므로 우리는 서양 국가들의 철학에 연구를 국한하되, 먼저 고대 그리스인의 철학부터 시작하겠다. 사실 서양 문명은 그리스인의 문화에 크게 의존하고 있다. 우리는 역사 시점에 대한 전통적인 분류를 따라, 고대철학, 중세 혹은 그리스도교 철학, 근대철학으로 연구 분야를 나누도록 할 것이다.

제1부

그리스 철학

제1장

자연 철학

1. 초기 그리스 사상의 기원과 발전

그리스 철학의 역사

고대 민족 가운데 신화적 단계를 넘어선 민족이 별로 없고, 아마 그리스인을 제외하면 진정한 철학을 발전시켰다고 말할 수 있는 민족은 없을 것이다. 그러므로, 우리는 그리스 철학에 대한 설명부터 시작하겠다. 그들은 후속되는 서양 사상의 모든 체계를 떠받치는 초석을 놓았을 뿐만 아니라, 유럽 문명이 2천 년 동안 관심을 기울였던 거의 모든 문제를 분명히 밝히고 거의 모든 문제를 제시했다. 그들의 철학은 단순한 신화적 출발부터 복잡하고 포괄적인 체계로 나아가는 인간 사유의 발전을 제시한 가장 훌륭한 예 가운데 하나이다. 그리스 사상가들을 고무시킨 독립의 정신과 진리의 사랑에 능가하는 것이 없었고 견줄 만한 것도 거의 없었다. 이런 이유로 그리스 철학의 연구는 높은 사색적 사유에 관심을 갖는 연구가에게 매력적이며 가치있는 분야임에 틀림없다.

그리스 철학의 역사란, 그리스 세계에서 발생하고 발전한 지적 운동을 뜻한다. 하지만 우리는 그리스인의 사상 체계뿐만 아니라, 아테네나 로마나 알렉산드리아나 소아시아나 어디서 융성했든지 상관없이 그리스 사유의 본질적 특징을 보여주며 명백히 그리스 문명의 산물에 속하는 것들도 거기에 포함시킬 것이다.

환경

우리가 연구하려는 철학의 민족은 산악지인 그리스 반도에 살았는데, 이 지역의 자연적 특성은 강력하고 활동적인 민족이 발달되는 데 유리했으며, 많은 항구들은 항해와 상업을 장려했으며, 섬을 지나 저 너머 지역으로 이주하는 사람들의 출구 노릇을 했다. 그리스 식민지는 본토에서 소아시아의 해안으로, 결국 이집트, 시칠리아, 남 이탈리아, 헤라클레스의 기둥(지브롤터 해협의 동쪽 끝에 솟아 있는 2개의 바위)으로 단절없이 이어지며 건설되었다. 이 식민지는 본국과 지속적인 접촉을 유지하면서, 상이한 관습과 전통과 제도를 가진 민족들과 적극적인 교류를 통하여 얻기 쉬운 유익을 향유했다. 그런 상황에서 기인하는 놀라운 경제적 발전, 상업과 공업과 무역의 발전, 도시의 발흥, 부의 축적, 분업의 증가는 전체 그리스 세계의 사회적·정치적·지적·종교적 생활에 심대한 영향을 끼쳤고, 새롭고 더 풍부한 문명으로 가는 길을 열었다. 이 물리적·인간적 상황은 지성과 의지를 고무하는 데 유익했다. 이 환경은 사람들에게 인생과 세계에 관한 좀 더 넓은 전망을 제공했으며, 비판과 성찰의 정신에 활기를 불어넣었으며, 독특한 개성의 발전으로 이어졌고, 인간적 사유와 활동의 온갖 노선을 따라 다양한 발전을 가능하게 만들었다. 예민하고 살아 있는 지성, 지식에 대한 불타는 욕구, 아름다움에 대한 세련된 감각, 실천적 활동력과 야심을 본성적으로 구비한 한 민족에게, 이 환경은 자신의 능력과 재능을 시험해 볼 수 있는 재료를 제공했고, 정치와 종교와 도덕과 문학과 철학의 분야에서 급속한 발전을 가능하게 만들었다.

정치

본토와 식민지에서 그리스 도시 정치의 정치적 운명은 어떤 공통적인 특징을 보여준다. 우리는 도처에서 가부장적 군주제로부터 귀족주의를 거쳐 민주주의로 나아가는 발전을 발견한다. 호메로스의 서사시가 서술하는 사회는 계급 사회이며, 정치 형태는 가부장적 군주제이다. 소수에 의한 부와 문화의 획득은 귀족주의적 정체를 낳았고, 시간이 흘러감에 따라 과두제를 낳았다. 변화하는 사회적 조건과 더불어, 시민 계급(the Demos)이 등장하여 특권 계급의 지도력에 이의를 제기하기 시작했다. 기원전 6, 7세기 동안 정체(政體)가 귀족주의에서 민주주의로 이행했는데, 이는 그리스 세계 도처에서 귀족의 권력을 억지로 빼앗고 "독재"를 수립하는 담대하고 야심적인 사람들의 활동 때문이었다. 결국 민중이 정권을 잡고, 독재는 물러가고, 민주주의가 자리잡았다.

문학

우리는 이처럼 변화하는 사회적·정치적 상황을 그리스 의식의 자각의 결과로 볼 수 있다. 새로운 운동은 계몽의 증후와 원인이다. 이는 전통적인 것에 대한 점진적인 반성과 비판을 보여주는 외적 표시이다. 이는 옛 제도에 대한 항거와 개혁에 대한 요구로 이어진다. 기원전 6세기 이전 그리스 문학사는 정치 생활에서 표출된 것과 비슷한 반성과 비판의 정신의 발전을 보여준다. 어린 시절의 순진성을 반영하는 호메로스의 유쾌함과 객관성은 점차 사라진다. 시인은 낙관성을 점차 상실하고 더욱 비판적이며 주관적이게 된다. 호메로스에게서도 우리는 인간의 행동, 죽을 인생의 어리석음, 인생의 비참함과 무상함, 부정의의 사악함에 대한 이따금씩의 도덕적 반성을 발견한다.

헤시오도스에게서 비판과 비관론의 어조는 점점 거세진다. 그의 「일과 날」(*Works and Days*)은, 소박한 덕을 칭송하고 좋은 옛 시절의 몰락을 한탄하며, 그 시대의 약점을 공격하고 인생의 도덕적 준칙과 실천 규칙을 제공하는 도덕 교과서이다. 7세기의 시인들(알카이오스, 시모니데스, 아르킬로코스)은 음울하고 풍자적인 어투로 참주제(tyrannis)의 발흥을 비난하지만, 사람들에게 자신의 운명을 용감하게 맞이하고 신들에게 그 결과를 맡기라고 권고하면서도 사람들의 연약함을 개탄한다.

교훈적이며 비관론적 정신은 6세기의 시(詩)에 훨씬 현저히 드러난다. 민중의 정치적 운명이 비평의 주제가 되었고, 새로운 사물의 질서는 종종 매우 신랄하게 비난받았다. 이 시기에 속하는 인물로는 우화 작가 이솝과 소위 격언 시인들(솔론, 포킬리데스, 테오그니스)이 있다. 윤리적 성찰을 구현하는 이들의 지혜로운 격언은 미발달한 도덕 철학으로 특징지을 수 있겠다. 개인이 삶을 영위할 뿐만 아니라 삶을 분석하고 비판하기 시작하고 있다. 그는 삶의 의미를 깊이 생각하고, 자기 민족의 전통적 개념과 이상을 표명하는 것에 더 이상 만족하지 못하며, 자신의 개인적인 윤리적·정치적·종교적 사상과 열망을 표출하도록 격려받는다. 결국 더욱 크고 복잡한 경험에서 기인하는 탐구와 불만의 이런 정신은 윤리학과 정치학의 이론이라는 형식을 취하고서 인간 행동에 대한 철학적 연구에서 절정에 도달한다.

그리스 철학의 종교적 기원

그리스인의 종교 생활은 그리스 철학사의 연구에 특별히 중요하다. 그러나 그리스 세계에서 종교와 철학의 관계는 친밀한 만큼 복잡하다. 그리스 종교와 철학의 상호 작용은 그리스 종교가 두 가지 중요한 측면을 갖고 있다는 사실 때문에 복잡하다. (1) 첫 번째 측면에서 그리스 종교는 호메로스의 서사시에 의하여 친숙하게 된 올림포스 신들의 신인동형론적(神人同形論的) 종교이다. 호메로스의 서사시에서 신들은 매우 웅장하긴 하지만 인간적 정념과 인간사에 대한 관심을 드러낸다. (2) 기원전 6세기의 종교 부흥에서 두드러지는 그리스 종교의 두 번째 측면은 소위 신비 종파와 관계있다. 신인동형론적 측면에서 그리스 종교는 가장 초창기부터 기원전 4, 5세기 그리스 문명의 절정기까지 세련되어져 가는 길고긴 발전 과정을 겪는다. 그리고 이 발전은 철학의 발전과 얽히고설킨다.

신들 가운데 최고신인 제우스의 개념 발전은 철학적·종교적 이념의 상호 침투를 잘 설명한다. 호메로스에서 제우스는 다른 신들과 마찬가지로 운명에 종속되지만, 수세기 지나서 아이스킬로스의 희곡에서는 운명이 제우스의 최고 의지와 동일시되기에 이르렀다. 올림포스 신들의 종교가 철학에 영향을 끼쳐왔지만, 결국 철학이 독자적으로 발전시킨 개념에 의하여 도로 영향을 입고 만다. 운명에 종속되는 신들이라는 호메로스의 신 개념은 1세기 그리스 철학을 산출하는 지성 태도에 공헌했을 것이다. 소위 기원전 6세기 밀레토스의 자연철학 말이다. 의문의 여지 없이 6세기의 새롭고 전혀 상이한 종교성에 영향을 입은 피타고라스, 파르메니데스, 헤라클레이토스의 철학과 아울러 밀레토스 철학의 발전은 우리가 아이스킬로스의 제우스에게서 발견하는 일신론적 경향의 지적 배경을 제공했다. 이런 영향과 그 밖의 다른 많은 영향이 기원전 4세기 플라톤과 아리스토텔레스의 철학적 일신론에서 뒤섞인다.

철학이 그리스의 지성 생활의 다른 요소들과 분명하게 구분되기에 이르렀을 때, 특정 시점의 종교 정신은 사교와 신비 종교로 표현되었던 것과 마찬가지로 철학으로도 표출되는 경우가 많았다. 사실상 그리스 종교는 매우 조직적이며 전문화된 형식이 없기 때문에 종종 예술과 시와 철학으로 그 신학을 표현하곤 한다. 그리스 문화에 등장하는 이 모든 다양한 측면의 상호 침투성을 보여주는 전형적인 예는 호메로스의 시에서 드러나는 시심(詩心)과 올림포스 신들의 종교의 혼융이다.

신들에 대한 사색은 그리스 시인들 가운데 두 번째 서열에 해당하는 헤시오도스에게서 더욱 지성화되었다. 기원전 8세기에 기록된 그의 「신통기」(*Theogony*)는 신적 존재 혹은 전통적 신화라는 측면에서 세계의 현상을 최초로 설명하려 했던 일단의 서사시를 대표한다. 사실상 그런 작품들은 우주의 구조를 다루는 한, 하나의 우주론을 제시한다. 신들의 본성에 대한 관심을 보일 때는, 하나의 신학을 제시한다. 세계와 신들의 기원에 관하여 설명하면서는, 우주발생론과 신발생론을 제공한다. 헤시오도스에 따르면, 신들도 태어났다. 그는 자신의 우주발생론과 신발생론에서 심지어 다른 모든 사물 이전에 존재했던 카오스 혹은 텅 빈 공간도 태어났다고 선언한다.

카오스 이후에, 하늘과 땅이 존재하게 되었다. 그리고 하늘과 땅과 같은 시대에 속하는 에로스 혹은 사랑이 하늘과 땅을 연합시켰다. 이 연합으로부터, 에로스의 힘으로 생긴 일련의 연합들이 생겨났다. 그리고 세계의 자연력들은 에로스의 힘에서 시적(詩的)·신화적(神話的) 설명을 얻는다. 어둠과 밤이 함께 낮을 발생시키고, 하늘에 의하여 결실된 땅은 강들을 낳는다. 타이탄들은 하늘과 땅의 결혼에서 생긴 자손이며, 그들은 결국 제우스와 다른 올림포스 신들로 대표되는 좀 더 질서정연한 힘에 의하여 대체된다.

아리스토텔레스는 헤시오도스와 그와 비슷한 자들을 초기 원시적 신학자라고 부르며, 신발생론의 저술가들은 교설을 표명하고 신화적 형태로 설명하려고 했던 반면에 최초의 철학자들은 엄격한 증거의 방법으로 진행했다는 점을 지적하면서 그들의 방법을 최초의 철학자들의 그것과 대조시킨다. 신발생론은 엄격한 의미에서 철학이 아니지만 철학을 위한 토대를 준비했다. 그것들은 호메로스의 순전히 신화적인 접근법과 대조할 때 합리적인 설명을 향한 발전을 표시한다. 신들의 발생과 관계를 지배하는 헤시오도스의 에로스는 자연 법칙의 교설이라는 방향에서 호메로스의 신화론적 운명 개념을 넘어선 진보이다. 헤시오도스의 에로스 개념은 후대 철학자들의 특징인 하나의 자연적 원리라는 개념의 싹을 담고 있다. 그러나 일반적으로 초기 신발생론은 사물의 기원을 설명하려고 하되, 과학적이고 논리적인 방법으로가 아니라 시적 상상력과 대중적 신화의 방법으로 한다.

6세기 말경, 그리스 지성에 활기를 불어넣은 종교 감정의 부흥은 소위 신비 종파에 큰 신세를 졌다. 호메로스의 시들은 대체로 신비 종파를 무시했지만, 그리스인들은 올림포스 신들과 아울러 땅과 싸워야 하는 자신들에게 중요한 자연력을 상징하는 지방 신들을 숭배했다. 참으로 이 신들은 귀족주의적 신화의 신들보다 의식상 훨씬 큰 중요성을 갖고 있었고, 올림포스 신들의 이름이 붙게 된 후에도 옛적의 특성을 종종 유지했다. 그러다가 이 신들이 자신의 이름을 갖게 되었다. 향토적인 숭배 형식이 도시로 들어갔고, 이 새로운 신들의 숭배가 당대 독재자들에 의하여 선동 수단으로 장려되었다.

아테네인에게 전달되어 한 시대 동안 그리스 시골에 이식되어 숭배되던, 야만적인 트라키아 신 디오니소스는 아폴론의 사제들에게 즉각 환영을 받았다. 토착 시골의 여신 데메테르도 올림포스 신들에게 곧 동화되었다. 디오니소스 숭배는 종교 르네상스의 의식적 측면에서 핵심적인 것이었다. 엘루시스에서 집중적으로 숭배했던 데메테르와 같이, 디오니소스는 죽음 이후의 부활 혹은 사라진 신의 귀환을 상징하는 봄철 대지의 소생과 연관되어 있었다. 아티카에서는 디오니소스를 포도나무의 신으로 숭배했고, 데메테르를 곡물의 여신으로 숭배했다. 장소마다 다르지만 핵심적으로 비의(秘儀: 비밀스러운 종교 의식)라고 불리는 제식을 갖고 있는 점에서 디오니소스 숭배와 비슷한 것들이 그리스 세계 도처에 널리 퍼지게 되었다. 이 비의에 의하여 입문자들은 신과의 합일을 이룩한다고들 생각했다.

비의(비의를 뜻하는 그리스어에 해당하는 라틴어가 나중에 영어 "sacrament"[성례]가 되었다)와 관련된 비의적 숭배 외에도, 이 숭배의 공식적 형식이 있었다. 디오니소스교의 경우에는 비의적 의식이 종종 주신제(酒神祭)적 성격을 띠었지만, 시민들에 의해 수용되면서 수정되었다. 사실 잘 알려져 있듯이, 공적인 디오니소스교와 관련된 축제는 아티카 희곡의 발전과 상당한 관계가 있었다. 디오니소스에게 바치는 제사는 오르페우스라는 이름과 관련된 종교 제사와 혼동되면서 더욱 변형되었다. 오르페우스 운동은 디오니소스 운동보다 덜 야만적이며, 신과의 하나됨을 통하여 불멸성을 추구하는 점에서 윤리적 요소를 갖고 있다. 사실 오르페우스와 관련된 의식 가운데 많은 것이 많은 비의 의식(秘儀 儀式)의 주신제 대신 금욕적 식사법을 시행했다. 오르페우스 운동은 디오니소스교의 정화(淨化)를 상징한다. 오르페우스의 모습은 길들여지고 옷입은 디오니소스로 묘사되어 왔다.

철학에서 추적 가능한 6세기 종교 부흥의 영향력은 대부분 오르페우스교에서 비롯한다. 이 영향력 가운데, 오르페우스교의 영혼론이 있다. 특별히 오르페우스교가 피타고라스주의에서 취한 변형된 형태의 영혼론이 그렇다. 오르페우스교는 영혼의 윤회를 믿었다. 영혼이 불멸적이며, 시초에 복된 상태에서 추락했는데 계속적인 환생을 통하여 다시 복된 상태로 돌아가려 한다고들 생각했다. 특별히 오르페우스교의 형태로 일어난 6세기의 종교 부흥은 피타고라스 학파와 파르메니데스와 헤라클레이토스의 종교 지향적 철학의 발전에 유리한 배경을 제공한다.

그리스 철학의 개관

그리스 철학은 객관적 세계의 본질에 대한 탐구로부터 시작된다. 이 철학은 그 눈을 외부 자연으로부터 안으로 인간 자신에게로 점차 돌린다. 자연에서 인간으로의 관심 변화는 인간 지성과 인간 행동에 대한 연구를 낳는다. 즉 논리학과 윤리학과 심리학과 정치학과 시학의 연구를 낳는다. 이 연구들 가운데 윤리학에 좀 더 특별한 관심이 집중된다. 그리고 이제 철학의 주된 질문은 다음과 같아진다: 최고선(最高善)이 무엇인가? 삶의 목적과 목표가 무엇인가? 이런 탐구 과정에서 형이상학과 인간 지식에 대한 연구가 필수적인 것이 된다. 마지막으로, 신의 문제, 그리고 인간과 신의 관계의 문제가 전면에 부각되며, 그리스 철학은 시작할 때처럼 종교로 마친다.

(1) 첫 번째 큰 문제인 외부 자연의 문제는 소피스트 이전 시기에 제기되었다. 이 시기는 기원전 585년부터 5세기 중반까지이다. 이 시기에 철학의 무대는 식민지 세계이다. 철학은 이오니아, 남부 이탈리아, 시칠리아에서 발전한다. 가장 초창기의 그리스 철학은 자연주의적이다. 그 관심이 자연에 쏠려 있다. 이 철학은 대체로 물활론적이다: 자연을 살아 있는 것으로 파악한다. 이 철학은 존재론적이다: 사물의 본질을 탐구한다. 이 철학은 주로 일원론적이다: 단일한 원리로 자연의 현상을 설명하려 한다. 이 철학은 독단적이다: 세계의 문제를 해결하기 위하여 인간 지성의 능력을 순진하게 전제한다.

자연주의 시기의 철학자들은 외부 자연에 관한 두 가지 상호 의존적 문제에 관심을 기울였다. 첫째는 **실체**의 문제였다: 자연적 대상들을 구성하고 그것들이 기원하는 기본적 실체 혹은 실체들은 무엇인가? 두 번째는 **변화**의 문제였다. 기본 실체 혹은 실체들이 감각의 친숙한 대상들로 변하는 과정의 본질은 무엇인가? 밀레토스 학파의 가장 초창기 자연 철학자들(탈레스, 아낙시만드로스, 아낙시메네스) 가운데서와 피타고라스학파 가운데서는 두 가지 문제가 거의 구분될 수 없지만, 여기서도 우리는 사물의 기본 재료가 무엇으로 구성되는가 하는 문제와 기본 재료가 어떻게 사물로 변하는가 하는 문제의 구분을 탐색할 수 있다. 변화의 문제는 헤라클레이토스와 엘레아학파(파르메니데스가 가장 중요한 주창자이다)에서 급진적인 형태로 등장한다. 그들에게 문제는 변화가 어떻게 일어나는가가 아니라 변화라는 것이 있는가 하는 것이다. 헤라클레이토스에게는 변화가 궁극적인 것이며 항구성은 한낱 감각적 현상에 불과하다. 파르메니데스에게는 항구성이 근본적인 것이며 변화란 단순한 현상이다. 이 철학자들에게 실체의 문제는 부차적인 위치로 격하되었다.

자연주의 시대의 후기에 해당하는 엠페도클레스와 아낙사고라스의 철학에서는 실체와 변화의 문제가 모두 관심의 대상이 된다. 전체 시기가 외부 자연에 관한 절대적인 관심을 보이며 자연주의적이다. 지식과 행동에 대한 인본주의적 문제들은 오직 부수적으로 논의된다. 가령 헤라클레이토스와 파르메니데스의 이론에 암시되어 있는 이성과 감각의 구분에서, 피타고라스학파의 조잡한 윤리관에서 그리고 데모크리토스의 쾌락주의적 윤리학에서처럼.

(2) 그리스 철학의 두 번째 발전 국면인 소피스트와 소크라테스의 시대는 외부 세계의 구성과 기원에 관한 존재론적 우주론적 사색에서 돌이켜, 인간의 문제, 인간의 지식과 행동의 문제에 거의 배타적인 관심을 기울인다.

5세기에 해당하는 소피스트 운동은 이행의 한 국면이다. 이 운동은 세계 문제를 해결하려는 인간 지성의 능력에 대한 점차적인 불신과 따라서 전통적 개념과 제도에 대한 신뢰의 결여를 보여준다. 이는 회의적·급진적·혁명적 운동이며, 형이상학적 사변에 무감각하거나 적대적인 운동이다. 하지만 이 운동은 사람의 문제에 관심을 촉구하면서, 지식의 문제와 행동의 문제에 대한 좀 더 철저한 탐구를 필요하게 만들며, 소크라테스의 시대를 예고한다. 아테네가 이 새로운 계몽 운동과 거기서 발전하여 나온 위대한 철학 학파들의 본거지이다.

기원전 430년에서 320년에 걸쳐 있는 소크라테스의 시대는, 재구성의 시대이다. 소크라테스는 회의론의 공격에 맞서 지식을 옹호하며, 논리적 방법의 사용에 의하여 어떻게 진리에 도달할 수 있겠는지를 보여준다. 또한 그는 선(善)의 의미를 정의하려는 노력에서 윤리학을 위한 길을 닦는다.

(3) 고대의 위대한 두 철학자, 플라톤과 아리스토텔레스의 체계적 시대는 철학의 모든 문제에 관한 관심이 그 특징을 이룬다. 실재에 관한 형이상학적 문제, 인간의 지식과 행동과 세계 질서에서 차지하는 그의 위치에 관련된 인본주의적 문제 말이다. 플라톤과 아리스토텔레스는 스승 소크라테스가 닦은 토대 위에 체계를 세워, 지식(논리학), 행동(윤리학), 국가(정치학)의 합리적 이론을 구축한다. 그들은 똑같이 사변적 사유의 포괄적 체계(형이상학)를 만들며, 지성 혹은 이성의 측면에서 우주를 해석한다. 그러므로 우리는 이 철학을 비판적 철학으로 특징지을 것이다. 이 철학은 합리론적으로 지식의 원리를 탐구한다. 인본주의적으로 진리를 추구하는 이성의 능력을 받아들인다. 유심론(唯心論)적으로 혹은 관념론적으로 인간을 연구한다. 이 철학은 지성이 실재를 설명하는 제일 요소는 아니더라도 중요한 요소라고 본다. 또한 질료를 지성에 부차적인 것이

긴 하지만 실재 속의 한 요소로 보는 점에서 이 철학은 이원론적이다.

(4) 마지막으로, 윤리-종교 시대이다. 이는 기원전 320년부터 유스티니아누스 황제가 철학자들의 학교를 폐교시킨 서기 529년까지인데, 아리스토텔레스 후기 시대라고 불린다. 그 무대는 아테네, 알렉산드리아, 로마이다. 두 국면을 주목할 수 있겠는데, 윤리적 국면과 신학적 국면이다. (a) 스토아학파 제논과 쾌락주의자 에피쿠로스의 최고 물음은 행동의 문제이다. 합리적 인간 활동의 목표 즉 최고선은 무엇인가? 에피쿠로스학파는 쾌락의 생활에서 해답을 찾는다. 스토아학파는 덕의 생활에서 그것을 찾는다. 두 학파는 논리학과 형이상학에 관심을 갖고 있다. 전자는, 그런 지식이 미신과 무지를 타파하고 행복에 공헌할 것이므로 관심을 가지며, 후자는 그런 지식이 합리적 우주의 일부로서 인간의 의무를 가르쳐 줄 것이므로 관심을 가진다. 에피쿠로스학파는 유물론자와 기계론자이다. 스토아학파에 따르면 우주는 신적 이성의 표현이다. (b) 알렉산드리아에서 발흥한 신학 운동은 그리스 철학과 동양 종교의 접촉에서 기인했다. 이 운동은 그 최고 발전 형태인 신플라톤주의에서, 세계를 모든 존재의 원천과 목표인 초월적 신으로부터의 방출로서 설명하려 한다.

2. 소피스트 이전 철학의 발전

맨 처음 사변적 충동은 신화적 존재에 호소하지 않고 자연의 원인에 의하여 현상을 설명하려 하는 이오니아의 자연과학자들, 피타고라스학파, 헤라클레이토스, 엘레아학파, 엠페도클레스, 원자론자들, 아낙사고라스에게서 참되게 표현된다. 소피스트 이전 철학의 발전은 주목할 만한 논리적 패턴을 보여준다: 이 시기는 각각의 문제가 이전의 문제로부터 자연스럽게 출현하며 가능한 여러 해결책이 거의 체계적인 방식으로 탐구되는 구조적 체계를 갖고 있다. 아마 이 시기를 제외하고는 철학사에서 문제와 해결책의 역사적 순서가 논리적 체계의 원리가 요구하는 순서와 거의 일치하는 시기는 없을 것이다.

우리가 이미 지적했듯이, 이들 초창기 철학자들이 다루었던 첫 번째 문제는 **실체**의 문제였으며, 밀레토스 철학자들이 각각 근본적인 것으로 선택한 실체는 구체적 실체였다. 그들은 이런 질문을 던진다:세계를 구성하는 기초적 재료는 무엇인가? 그리고 물이나 공기 혹은 감각 대상이 도출되어 나온다고 가정되는 미분화적 덩어리와 같이 감각 지각의 구체적 대상이라는 측면에서 대답한다. 그들은 단일 원리(일원론)를 이용하여, 상이한 물체들의 성질과 시원적 재료의 변형인 그들의 변화를 설명하려 한다. 관찰을 통해서 볼 때, 실체들은 다른 실체들로 변하며(가령 물은 김이나 증기가 된다), 비슷한 절차에 의하여 원래의 요소가 우리의 현재적 경험 세계에서 발견되는 상이한 실체로 변화되었음에 틀림없다.

밀레토스 철학자들은 변화의 문제를 완전히 무시하지 않는다. 그러나 이 문제가 실체의 문제와 구별되어 등장하지는 않았다. 변화의 사실은 실재가 살아있다는 견해에 의하여 설명된다. 이는 모든 초기 그리스 사상가들이 암묵적으로 가정하는 바이다. 최초의 실체는 운동과 변화의 원인을 자기 안에 갖고 있다(물활론).

개별 철학자들은 변화와 운동의 원인이 시원적 실체에 활력을 제공하며 독자적 원리가 아니라고 주장하는 점에서 모두 물활론자들이지만, 어떻게 사물들이 시원적 재료에서 등장하는가에 대한 서술에서는 의견을 달리한다. 그래서 탈레스는 제일 원리인 물이 단지 다른 사물들로 생성된다고 순진하게 가정한다. 즉 사물들이 물의 변화에 의하여 산출된다는 것이다. 하지만 아낙시만드로스는 사물들이 좌우간 무한정자(無限定者)로부터 분리된다는 좀 더 정교한 견해를 제시한다. 사물들은 원래 무한정자 안에서 뒤섞인 상태로 혹은 혼융된 상태로 존재했다는 것이다.

아낙시메네스는 다양한 사물들이 원초적 실체인 공기로부터 농후화와 희박화의 과정에 의해 등장한다고 서술했다. 그래서 초기 그리스 사상가들은 도출된 수많은 사물들이 어떻게 원초적인 일차적 실체로부터 나오는가의 문제에 대하여 세 가지 중요한 해결책을 제시했다: (1) 정확한 변화의 특징을 서술하려는 좀 더 깊은 시도가 없이 하나의 사물이 다른 사물로 변하는 순수한 변형에 의하여. 이는 아마 탈레스가 채택한 태도일 것이다. (2) 사물들의 동질적 혼합 혹은 혼융인 일차적 실체로부터 사물들의 분리에 의하여. 이 견해는 아낙시만드로스에게서는 암묵적으로, 헤라클레이토스에게서는 명시적으로 나타난다. (3) 농후화와 희박화에 의하여. 이는 아낙시메네스가 주장한 견해이다. 그가 보기에 공기가 농축될 때는 물이 되고 팽창될 때는 불이 된다.

실체의 문제는 피타고라스학파의 일차적 관심사이기도 하다. 그는 추상적인 수이론(數理論)을 제시한다: 수가 사물의 일차적 원인이다. 그들은 구체적이며 감각적으로 파악되는 실체에 관심을 기울이지 않고, 사물들 사이에 존재하는 관계, 세계 내의 질서나 통일성이나 조화에 관심을 기울인다. 이는 수로 표현될 수 있으므로, 그들은 수를 실체로 삼는다.

변화의 문제는 헤라클레이토스와 엘레아학파에게서 핵심적 중요성을 갖는다. 이들은 변화의 존재 혹은 부재라는 쟁점에서 나뉜다. 그러나 그들에게도 실체의 문제는 남아 있다. 헤라클레이토스는 살아 있는 실체(불)를 원리로 가정하는 점에서 이오니아학파와 비슷하지만, 명확한 의식을 갖고서 변화 혹은 생성의 사실을 중요한 것으로 구분한다: 그에 따르면 세계는 끊임없는 변화 가운데 있다. 모든 사물은 유동(流動)의 상태에 있다. 사물에는 진정한 항구성이 없다. 또한 그는 선배들보다 더욱 분명하게, 세계에는 그 발생을 통제하는 하나의 이성이 있다는 사상을 제시한다. 엘레아학파도 역시 변화의 관념에 관심을 돌리지만, 그것을 절대적으로 터무니없는 것으로 보고 거부한다. 불과 같이 하나의 요소가 다른 것이 된다는 것은 생각할 수 없다. 하나의 사물은 자신이 아닌 다른 것이 될 수 없다. 존재하는 모든 것은 존재하는 그대로 남아 있음에 틀림없다. 변화가 아니라 항구성이 실재의 중요한 특징이다.

헤라클레이토스와 엘레아학파 사이의 근본 쟁점은, 변화의 철학과 항구성의 철학 사이에 타협을 모색하던 엠페도클레스와 아낙사고라스에게 도전이었다. 엠페도클레스와 아낙사고라스는, 절대적 변화란 불가능하며 어떤 것도 문자 그대로 자신 아닌 다른 것이 될 수 없다는 점에서 엘레아학파와 의견을 같이한다. 무(無)로부터는 아무것도 나올 수 없다. 무(無) 속으로는 아무것도 들어갈 수 없다. 어떤 것도 자신과 전혀 다른 어떤 것으로 변화할 수 없다. 그런데도 그들은 헤라클레이토스와 의견을 같이하여, 사물들이 변화한다고 본다. 하지만 그 변화는 상대적인 것이지 절대적인 게 아니다. 서로 결합하여 물체를 형성하는 항구적 요소 혹은 소립자가 있다: 이것이 기원이다. 물체의 부분들은 분리된다: 이것이 쇠퇴이다. 참으로 어떤 것도 절대적 의미에서 변화하거나 생성하거나 사라질 수 없다. 오히려 세계의 항구적이며 변할 수 없는 요소들이 서로의 관계를 변화시킬 수 있고 변화시킨다. 엠페도클레스와 아낙사고라스는 대부분의 선배들이 보여준 특징인 물활론으로부터 중대하게 이탈한다. 운동과 변화의 원인들은 원초적 실체 안에 있고 실체들에게 생기를 주기보다는 요소들로부터 분리되는 경향이 있다. 엠페도클레스의 사랑과 미움, 아낙사고라스의 정신은 그처럼 분리되어 활동하는 원리이다. 엠페도클레스와 아낙사고라스에 따르면, 모든 사물을 구성하는 요소적 실체들은 질적으로 구분된다. 따라서 그들이 공유하는 견해는, 레우키포스(Leucippus)와 데모크리토스의 양적 원자론과 구분하여 질적 원자론이라 명명된다. 양적 원자론자들은 변화하지 않는 요소들과 변화하는 관계들이라는 새로운 개념을 받아들이지만, 다른 측면에서 엠페도클레스와 아낙사고라스와 의견을 달리한다: 후자는 요소들 그리고 분리되어 활동하는 원리를 가정하지만, 레우키포스와 데모크리토스는 원자라고 불리는 무수하고 미세하고 분리 불가능한 물질 소립자를 가정하며 운동을 원자들에게 내재하는 것으로 파악한다.

다음에 나오는 세 절에서 우리는 다음과 같은 것을 고찰할 것이다. (1) ⓐ 탈레스, 아낙시만드로스, 아낙시메네스의 구체적 실체 이론, ⓑ 피타고라스의 추상적 수이론에 관련된 실체 문제; (2) ⓐ 헤라클레이토스의 변화의 철학과 ⓑ 엘레아학파의 존재의 철학 사이에 쟁점이 되는 변화의 문제; (3) ⓐ 엠페도클레스와 아낙사고라스의 질적 원자론과 ⓑ 레우키포스와 데모크리토스의 양적 원자론에서 보이는 실체와 변화의 문제. 소피스트들은, 세계 문제에서 확실한 지식이란 불가능하다는 근거에서 세계 문제를 해결하려는 시도들을 부질없는 것으로 선언하면서 이 모든 이론에 대한 부정적 태도를 취한다.

3. 실체의 문제

탈레스(Thales)

탈레스는 기원전 624년 그리스 식민지인 밀레토스에서 태어나 기원전 554년과 548년 사이에 죽었다. 그는 정치가, 수학자, 천문학자로 유명했고, 그리스 최초의 철학자였다. 일설에는, 그가 585년 5월 28일에 일어난 일식을 예언했다고 한다. 그리스의 칠현인(七賢人)을 열거하는 저술가들은 모두 탈레스의 이름을 포함시킨다. 탈레스는 아마 저술을 전혀 기록하지 않았을 것이다. 어쨌든 우리는 그의 작품을 전혀 갖고 있지 않다. 왜냐하면 그가 썼다고 하는 「항해 천문학」이라는 책은 가짜이기 때문이다. 그러므로 그의 교훈에 대한 우리의 지식은 이차 자료에 제한된다.

탈레스의 중요성은 철학적 물음을 정면으로 제기하고 신화적 존재를 언급하지 않으면서 그 물음에 답했다는 데 있다.

그는, 생명에 필요한 양분과 열과 씨가 습기를 갖고 있다는 사실 위에 자신의 결론을 놓고, 물이 원초적 재료라고 선언했다. 탈레스는 물을 자신의 일차적 실체로 선택할 때, 오케아노스(Oceanos)와 테티스(Tethys)의 신화에 영향을 받았을 것이다. 이 주장은 그리스 철학이 그리스의 신화와 종교에서 출현했다는 견해에서 상당한 신빙성을 갖는다. 물은 고체와 액체와 증기의 형태를 취할 능력을 갖고 있고, 그래서 사람이 볼 때 변형의 과정 중에 있는 것 같다. 물은 태양열에 증기가 되는데, 탈레스는 이것을 물이 불로 변화하는 것으로 즉각 해석한다. 물은 비로 다시 떨어져 대지에 흡수된다. 이는 물이 흙으로 변하는 것으로 볼 수 있다. 마지막으로 물은 생명에 필수적이다.

존 버넷(John Burnet)은 탈레스가 물을 선택한 이유들을 조사할 때, 생물학적 이유들이 후대의 산물이라고 주장하면서 그 이유들을 도외시한다. 물로부터 만물이 나온다. 그는 하나의 실체가 다른 실체로 변하는 것을 경험의 사실로 받아들였고 자신에게 아무런 문제가 되지 않았기 때문에 어떻게 변하는가를 우리에게 말하지 않는다. 분명히 그는 초기의 모든 그리스 철학자들처럼 자연을 살아 있는 것으로, 움직이고 활동하고 변화하는 것으로 보았다. 적어도 아리스토텔레스는 우리에게 그렇게 이야기한다. 우리가 히폴리투스의 말을 믿을 수 있다면, 탈레스는 만물이 물에서 나올 뿐만 아니라 물로 돌아간다고 본다. 아마 탈레스는 물을 일종의 점액으로 보았을 것이다. 그리고 이 점액은 고체와 액체, 생물의 기원을 모두 가장 만족스럽게 설명해 주었을 것이다. 탈레스 철학에 대한 우리의 지식은 대개가 추측이다. 아리스토텔레스가 말하는 탈레스의 견해들은 셋으로 환원 가능하다: (1) 만물은 신들로 충만하다; (2) 땅은 물 위에 떠다니는 평평한 원반이다; (3) 물은 만물의 질료인이다.

아낙시만드로스(Anaximander)

아낙시만드로스는 기원전 611년에 밀레토스에서 태어나 기원전 547년 혹은 546년에 죽었다. 그는 탈레스의 제자로 언급된다. 그러므로 우리는 그가 동료 시민으로서 탈레스의 견해를 잘 알았을 것이라고 추정할 수 있겠다. 우리는 그가 천문학과 지리학과 우주론에 관심을 갖고 있었고 지구 및 천체도를 만들었으며, 해시계를 그리스에 소개했다는 것을 안다. 현재 단편으로만 남아 있는 그의 「자연론」이라는 논문은, 우리가 아는 한 그리스에서 기록된 최초의 철학서이며 그리스어로 된 최초의 산문이다.

아낙시만드로스는 다음과 같이 추론했다: 사물의 본질 혹은 원리는 탈레스가 주장하듯이 물이 아니다. 왜냐하면 물 자체가 설명되어야 하기 때문이다. 그것은 영원하고, 사멸 불가능한 실체로 파악되는 무한정자 혹은 무한자이다. 만물은 그것으로부터 만들어지고 그것으로 돌아간다. 아낙시만드로스가 말하는 무한정자는 한계가 없고 공간을 채우고 생기적 덩어리였을 가능성이 농후하다. 그는 이 덩어리의 본질을 구체적으로 규정하지 않았다. 왜냐하면 모든 성질이 이 본질로부터 나온다고 보았기 때문이다.

아낙시만드로스의 무한정자에 대한 상충하는 많은 해석들 가운데서, 버넷은 다음과 같은 것들을 열거한다. (1) 무한정자는 그것으로부터 사물들이 분리에 의하여 생성되어 나오는 혼합물이다. 이는 아낙시만드로스의 제일 원리를 엠페도클레스와 아낙사고라스의 혼합과 대립시키는 아리스토텔레스의 다소 의문스러운 구절에 근거한 해석이다. (2) 무한정자는 무규정적이며 불확정적이며 질적으로 무차별적인 질료이다. 아리스토텔레스의 "무규정적이며 가능적인 질료"를 미리 말해 주는 것이다. (3) 무한정자는 관찰 가능한 요소들 사이에서 가령 공기와 물 혹은 공기와 불 사이에서 매개하는 것이다. 두 번째 해석은 모호하긴 하지만 — 어쩌면 그것 때문에 — 상당히 그럴듯하다. 버넷이 주장하듯이, 아마 이 견해들의 조화가 가능하다. 그는 이렇게 순진하게 추론한다: 무한정자는 무한하다. 좀 더 정확하게 말하면 범위에서 무한정하다. 그렇지 않다면 사물의 창조에서 소진되었을 것이다.

미분화된 질료라는 이 거대한 덩어리로부터, 상이한 실체들이 질료의 영원한 운동 결과로 분리된다. 첫째로, 뜨거운 것과 찬 것이 분리되며, 뜨거운 것은 화구(火球)로서 차가운 것을 둘러싼다. 불꽃의 열이 차가운 것을 습기로 변하게 하고 그런 다음 공기로 변하게 한다. 공기는 불의 영역을 확장시키고 해체시켜 바퀴 모양의 고리가 되게 한다. 고리는 플루트의 구멍처럼 입구가 있고, 그것을 통하여 불이 흘러나온다. 이 구멍들은 천체이며, 이 천체들을 둘러싸는 대기는 땅을 중심으로 이 천체들을 운동하게 한다. 태양은 하늘에서 가장 멀리 있는 물체이며, 그 다음으로는 달이 있고, 그 다음에 항성과 행성이 있다. 이 체계의 중심에 있는 지구는 원통 모양의 물체이다. 지구가 어떤 것에 의하여 지탱되지 않고 다른 천체들에 의하여 균형을 유지하는 원통이라고 보는 이 개념은, 세계 안에 절대적인 성쇠가 없다는 흐릿한 인식을 담고 있다. 참으로 아낙시만드로스의 우주론은 공상적인 부분이 많긴 하지만, 현대 천문학에서 말하는 우주의 몇몇 특징을 미리 보여준다.

최초의 생물은 습한 요소에서 나왔다. 시간이 흐르면서, 이 피조물들 가운데 몇몇은 물에서 나와 육지의 마른 곳으로 들어갔고 새로운 환경에 적응했다. 사람은 다른 모든 동물과 마찬가지로 처음에는 물고기였다. 생물의 기원에 관한 아낙시만드로스의 사변은 그의 우주론적 사변과 마찬가지로 놀라울 정도로 현대적인 분위기를 갖고 있다. 만물은 그것이 출현한 시원적 덩어리로 다시 돌아가야 하며, 새롭게 무한히 산출될 뿐이다. 이는 초기 사상에 만연한 세계 변화의 이론이다.

주기적 순환이라는 아낙시만드로스의 이론에 따르면, 무수한 세계는 아마 시순(時順)적으로 연속하지, 공존하지 않는다. 사물의 창조는, 사물들이 현재의 존재가 됨으로써 무한적인 것을 강탈하는 부정의(不正義)이며, 정의는 사물이 무한적인 것으로 돌아갈 것을 요구한다. 그래서 시원적 실체로부터의 분리와 그것으로의 귀환이라는 영원하고 주기적인 순환이 존재한다. (이 우주론적 가설은 참으로 현대 주기적 역사 이론의 원초적 출처이다. 이 역사 이론은 역사가 상이한 문화적 매체로 자신을 반복한다는 견해이다. 물론 아낙시만드로스의 가설과 이 역사 이론은 차이점이 있다.)

아낙시만드로스의 사유는 탈레스의 사유를 넘어선다. 첫째로 탈레스가 하나의 원리로 수립하는 요소를 파생적인 것으로 설명하려는 시도에서, 둘째로 생성 과정의 단계들을 서술하려는 시도에서 그렇다. 아낙시만드로스는 질료의 파멸 불가능성이라는 개념을 갖고 있었던 것 같다. 무한정자에 성질을 부여하지 않는 그의 태도는, 선배의 구체적이며 감각적으로 파악되는 실체에서 우리가 발견하는 것보다 더 추상적인 사고 방식의 경향을 보인다.

이 말은 아낙시만드로스의 무한정자가 추상적 무한이라는 뜻이 아니다. 그것은 구체적이며 무규정적인 실체이다. 그러나 추상을 향한 경향이 그의 사유에 명백하게 나타난다. 우리는 무한정자를 추상적 혹은 논리적 측면으로 해석하는 (헤겔이 부추기는) 실수를 범하지 말아야 한다. 이는 수학자의 추상적 무한성이 아니다. 그것은 무한하고 구체적인 덩어리이다. 첼러(Zeller)가 표현했듯이, "무한정자는 술어이지 주어가 아니다." 무한정자는 구체적이며 추상적이지 않지만, 감관이 관찰 가능한 구체적 사물들과 구별된다. 물과 같이 관찰 가능한 요소와 구별되는 하나의 설명 원리를 채택한 것은 철학적 정교화에서 진보이다. 아낙시만드로스의 독창적인 생물학적 이론은 아마 가장 최초의 진화론으로 언급될 것이다. 반면에 그의 천체 이론은 후속되는 천문학의 역사에서 중요한 역할을 담당한다.

아낙시메네스(Anaximenes)

역시 밀레토스의 시민인 아낙시메네스(기원전 588-524)는 아낙시만드로스의 제자였다고 한다. 그는 이오니아 방언으로 산문 작품을 썼고, 오늘날은 단편만이 남아 있다.

아낙시메네스에 따르면, 사물들의 제일 원리 혹은 근본 실체는, 스승이 주장했듯이 하나이며 무한하다. 그러나 그것은 무규정적인 게 아니라, 공기나 증기나 안개이다. 아마 공기를 제일 원리로 선택한 이유 가운데 하나는, 공기가 건조하며 차가우며 따라서 따뜻하고 건조한 요소인 불과 차갑고 습한 요소인 물을 매개하기 때문일 것이다. 게다가 공기는 우리의 신체에서 생명의 원리이다: 호흡이 끊어지면 유기체는 죽는다. 공기 혹은 호흡은 사람에게 생명을 주는 요소이듯이, 우주의 원리이기도 하다. 아낙시메네스는 세계를 호흡하는 것으로 묘사한다. 공기인 인간의 영혼이 인간을 붙들듯이, 호흡 혹은 공기는 전세계를 둘러싸고 유지한다. 우주적 공기는 살아 있고 공간을 통하여 무한히 확장된다.

선배 아낙시만드로스를 넘어서는 아낙시메네스의 중요한 발전은 일차적 실체로부터 관찰 가능한 요소들의 출현을 설명하는 농후화와 희박화의 이론이다. 공기를 통하여 만물은 농후화와 희박화의 과정에 의하여 생긴다. 공기가 희박해지면 불이 된다. 농후화하면 바람, 구름, 물, 흙, 돌이 된다. 일차적 실체로부터 "요소들"의 출현을 설명하는 농후화와 희박화에 대한 아낙시메네스의 이론은 참으로 과학적인 설명 양식을 향한 일보 진전으로서 중요하다. 농후화와 희박화는 순전히 양적 개념이다. 전자는 주어진 부피를 차지하는 질료의 양에서 증가를, 후자는 감소를 말한다. 그래서 그의 이론은 질적 차이를 데모크리토스의 원자론에서 아주 분명하게 선언되는 양적 용어로 환언하는 방향으로 나아가는 장족의 진전이다. 혹은 아낙시메네스의 진보를 이렇게 달리 표현할 수 있다: 그는 모든 변화를 운동으로 환원하려 했다. 모든 변화는 운동에 의하여 산출되며, 운동은 영원하다.

이후 밀레토스학파의 추종자들로는 히포(기원전 5세기), 이다이우스, 아폴로니아의 디오게네스(기원전 440-425년) 등이 있다.

피타고라스와 그의 학파

이 학파의 창설자는 피타고라스(Pythagoras)였다. 이 사람에 관해서는 많은 공상적인 이야기가 있는데, 특별히 그의 시대 이후 여러 세기의 저술가들이 쓴 이야기들이 그렇다. 그는 널리 여행을 다녔고 지나가는 나라에서 사상을 배웠다고 한다. 그러나 이 설명들은 신뢰할 수 없다. 그는 기원전 580년과 570년 사이에 사모스에서 태어났고, 529년 경에 남부 이탈리아에 있는 그리스 식민지로 이주했다. 일설에는 그가 폴리크라테스의 독재를 반대하고 귀족파에 충절을 지키느라고 고향을 떠나게 되었다고 한다. 그는 크로토나에 정주하고 한 단체를 창설했는데, 그 목적은 윤리적·종교적·정치적인 것이라고 할 수 있다. 그의 이상은 추종자들 가운데 정치적 덕성을 계발하고, 그들로 국가의 선을 위하여 활동하고 전체에 자신을 종속시키도록 가르치는 것이었다. 이 목적을 실현하기 위하여 그는 도덕 훈련의 필요성을 역설했다. 개인은 자신을 통제하고, 자신의 정념을 굴복시키고, 자신의 영혼을 조화시키는 법을 배워야 한다. 그는 권위를 존중해야 한다. 연장자와 선생과 국가의 권위를 존중해야 한다.

피타고라스학파의 단체는 시민 자격을 위한 실제적인 훈련소였던 것 같다. 여기서 스승의 이상이 검증되었다. 단체의 구성원들은 우정의 덕목을 함양하고, 인품을 발전시킬 목적으로 자기 점검의 관행을 실천했다. 그들은 대가족처럼 함께 모여 살고, 공동으로 식사하고, 똑같은 옷을 입고, 음악과 의학과 특별히 수학의 연구는 물론이고 예술과 기술을 연마하는 공동체를 결성했다. 구성원들은 통상적으로 수련 과정을 거쳐야 했는데, 그 표어는 이렇다: 먼저 듣고 그 다음에 알라. 아마 이 사회는 원래 당시 그리스에서 생겼고, 삶의 정화와 전체 인민의 예배 참석(특별히 비의와 같은 형식의 예배 참석)을 목표로 하는 크고 대중적인 종교 부흥의 한 형식이었을 것이다. 이 비의의 가르침에서, 영혼의 장차 운명은 지상 생활 동안의 행동에 의존했으며, 행동의 관리를 위한 지침이 정해졌다.

피타고라스학파의 사회는 하층 계급 사이에 전파되고 있었던 이 종교 운동의 유용성을 확장시킨 공로가 있다. 피타고라스주의 단체의 정치적 경향은 지지자들을 확보했던 많은 도시의 정치 당국과 갈등을 빚었고, 궁극적으로 사회의 심각한 박해를 불러일으켰다. 아마 이 소요의 결과로, 피타고라스는 메타폰툼에 도피하지 않을 수 없었고, 거기서 기원전 500년 경에 죽었다. 반면에 그의 많은 추종자들은 이탈리아에서 쫓겨나 그리스에서 본거지를 발견했다. 이런 불행들로 인하여 피타고라스학파는 끝났다. 물론 스승 피타고라스의 제자들은 수백년 동안 그의 교설을 가르치고 발전시켰다. 피타고라스주의는 기원전 5세기 말 테베에서 필로라우스에 의하여 가르쳐졌고, 훨씬 후대에는 정치가 타레눔의 아르키투스가 피타고라스의 교설을 꺼냈다.

피타고라스는 아무 저술을 남기지 않았다. 그래서 우리는 언급된 윤리적·정치적·종교적 가르침만 확신있게 그의 것으로 말할 수 있다. 하지만 그는 피타고라스학파의 교설에서 핵심 사상을 형성하며 앞으로 우리가 살필 수이론의 창시자일 것이다. 우리에게 이어져 내려온 이 체계는 기원전 5세기 후반기에 필로라우스가 만든 것이며, 이 학파의 다른 구성원들(아르키타스, 리시스)이 4세기에도 계속 견지했던 것이다.

우리가 방금 고찰한 사상가들은 사물의 본질의 문제에 관심을 갖고 있었다. 그들은 이렇게 물었다: "세계를 구성하는 재료는 무엇인가?" 그들은 그 재료를 물이나 공기와 같은 규정적 실체나 그런 요소들이 분화되는 무규정적 실체로, 구체적 실체로 보았다. 우리는 이제 철학자의 학파를 살피도록 하자. 즉 피타고라스학파이다. 그들은 실체보다 형상과 사물들의 관계에 관한 문제에 관심을 가졌다. 수학자들인 그들은 계량 가능한 양적 관계에 관심이 있었고, 수를 실체로 만들고 그것을 모든 존재의 원리로 수립함으로써 세계 내의 조화나 규칙성의 문제를 사색하고 그 사실을 설명하려 했다.

피타고라스학파의 수이론　피타고라스학파는 세계 내의 형식과 관계에 대하여 깊은 인상을 받았다. 그들은 수로 표현할 수 있는 척도, 질서, 비례, 통일적 순환을 발견한다. 수(數)가 없으면 그런 관계와 통일성, 질서, 법칙이 있을 수 없다고 그들은 추론한다. 그러므로 만물의 기초에 수가 있음에 틀림없다는 것이다. 수는 참된 실재, 사물의 근거임에 틀림없다. 그리고 다른 모든 것은 수의 표현이다.

피타고라스

피타고라스학파에게 수는 사물의 원리인데, 밀레토스학파의 의미에서 사물의 재료나 실체가 아니라 사물의 형식적 혹은 관계적 구조를 형성하는 것으로서 사물의 원리이다. 사물은 수의 모사(模寫) 혹은 모방이다. 후대 플라톤과 아리스토텔레스의 형이상학 체계에 핵심적인 질료와 형상의 구분은 수와 사물을 구분하는 피타고라스주의적 구분에 의하여 예시되었다. 피타고라스학파는 수를 실체로 삼았다. 오늘날 많은 사람이 자연의 법칙을 실체로 보고 자연 법칙들을 모든 발생하는 것의 원인으로 말하는 것과 같다. 가령 그들은 현의 길이와 음의 고저 사이에 수적 관계가 있음을 발견하고 즐거워하면서, 관계의 상징 혹은 표현에 불과한 수를 그 관계의 원인이라고 불렀고, 수를 현상들의 근본 원리와 토대로서 그 배후에 두었다.

그런데 수가 사물의 본질이라면, 수에 타당한 것은 사물에도 타당할 것이다. 그러므로 피타고라스학파는 수에서 발견 가능한 무수한 구체적인 것에 대한 연구에 전념하며, 이 구체적인 것들을 우주의 성질에 속하는 것으로 보았다. 수는 홀수와 짝수로 나누어지는데 ― 홀수는 둘로 나누어질 수 없고 짝수만 나누어질 수 있다 ― 전자는 제한적이며 후자는 무한적인 것으로 구분된다. 홀수와 짝수, 유한과 무한, 제한되는 것과 제한되지 않는 것은 수와 실재의 본질을 형성한다. 자연 자체가 대립자, 홀수와 짝수, 제한되는 것과 제한되지 않는 것의 연합이다. 그와 같은 대립자 열 개의 표가 제시되었다: 제한되는 것과 제한되지 않는 것, 홀수와 짝수, 일자와 다자, 오른편과 왼편, 남성과 여성, 휴식과 운동, 곧음과 굽음, 밝음과 어둠, 선과 악, 정사각형과 직사각형.

피타고라스학파가 가르치는 제한되는 것과 제한되지 않는 것의 이원론과 그 것들의 조화는 의심할 나위 없이 아낙시만드로스와 아낙시메네스에게로 추적 가능하다. 대립자의 충돌이라는 이론은 아낙시만드로스에 의하여 이미 예시 되었다. 그리고 제한되지 않는 것의 개념은 아낙시만드로스와 아낙시메네스가 공유하던 바이다. 피타고라스학파는 제한되지 않는 것을 제한되는 것보다 우선하는 것으로 보았다. 개별 사물은, 공간에 형식을 부과함에 의해 무제한적인 공간을 제한하는 데서 생긴다.

물질적 세계도 역시, 단위에 근거하는 수적인 것이다. 점은 1, 선은 2, 도형은 3, 입체는 4이다. 또 땅은 입방체이며, 불은 4면체이고, 대기는 8면체이며, 물은 20면체이다. 즉, 물체의 선과 면은 독립적 실존을 갖고 있는 존재로 파악되었다. 왜냐하면 선과 면이 없는 물체는 있을 수 없으며, 반면에 선과 면은 물체 없이 생각할 수 없기 때문이다. 공간의 형식은 물체의 원인이며, 이 형식들이 수로 표현될 수 있기에 수는 궁극적 원인이다. 그래서 산수의 구분은 물리적 세계로 넘어간다. 피타고라스학파는 이와 같은 전이에 의하여 공간 내의 제한적인 물체와 대조를 이루는 무제한적 공간 혹은 진공의 이론에 도달했다. 피타고라스학파의 수 형이상학이 물리학과 천문학에 끼친 영향은 상당했다. 가령 케플러의 이론은 피타고라스학파와 신(新)피타고라스학파의 현저한 영향력을 보여준다.

수와 사물의 부조리하고 공상적인 상관관계를 주장하긴 해도, 피타고라스학파의 수비론(數秘論)의 역사적 의의는, 이 형이상학이 사물 내의 지속적인 질서와 합법성을 발견하고 이 질서를 수와 수적 관계의 추상적 개념적 용어로 표현하려는 보기 드물게 고집스러운 시도를 보여주는 사실에 있다. 확실히 이는 근대 과학과 철학의 핵심에 속하는, 수학적으로 표현 가능한 자연 법칙이라는 개념의 중요한 역사적 원천에 속한다.

천문학 피타고라스학파는 천문학 연구에도 관심을 기울여, 주목할 만한 천문가들을 많이 배출했다. 그들은 형태상으로 구체(球體)인 우주의 중심에 중앙의 불을 두었다. 불 주위에는 행성들이 공전하는데, 이 행성들은 그것들이 붙어 있는 투명하고 움직이는 구체들 때문에 회전된다. 피타고라스주의적 형이상학을 지배하는 제한되는 것과 제한되지 않는 것의 대립은 천문학에도 나타난다. 즉 상대적으로 고정되고 통일성을 유지하는 별들과 이상적 세계의 질서가 결여된 지상 영역 사이의 이원론에도 나타난다. 두 개의 천문학적 영역을 뚜렷하게 나누는 이 구분은 후대 플라톤과 아리스토텔레스의 그리스 천문학 체계에 통합되며, 근대까지 심각한 도전을 받지 않았다.

항성은 하늘의 가장 높은 둥근 천장에 고정되어 있고, 이 천장은 36,000년 동안 중앙의 불을 공전한다. 그 아래에는 동심원을 이루는 구체들인, 토성, 목성, 화성, 수성, 금성, 태양, 달, 지구가 있다. 그러나 10이 완전수이므로, 천체는 10개임에 틀림없다. 그래서 피타고라스주의자들은 지구와 중앙의 불 사이에 또다른 지구가 있다고 한다. 이 또다른 지구는 중앙의 불의 광선으로부터 지구를 보호해 준다. 지구와 부(副)지구는 매일 중앙의 불을 공전하는데, 지구는 언제나 부지구와 중앙의 불에 같은 면을 마주하고 돌기 때문에 지구의 반대편에 사는 우리는 중앙의 불을 보지 못한다. 일년에 한 번 중앙의 불을 도는 태양은 이 불의 빛을 되비춘다. 구체의 운동은 옥타브를 표시하며, 따라서 화음을 이룬다. 모든 구체는 자신의 음을 내며, 천체의 화음은 그들의 조화에서 생긴다.

이 천문학적 개념들은 근거없어 보이지만, 기원전 280년 사모스의 아리스타르코스가 제시한 태양중심론의 형성을 위한 길을 닦았다. 시간이 경과하면서 부지구와 중앙의 불은 포기되었고, 히케타스와 엑판투스는 지구의 축에 의한 회전을 가르쳤다. 헤라클리데스는 모든 행성이 동심원적 구체로 지구를 중심으로 공전한다는 견해를 버릴 만한 이유를 발견했고, 행성들의 운동을 태양의 운동과 연관지었다. 아리스타르코스는 다른 행성보다 큰 태양의 크기로부터, 태양이 지구를 공전하지 않는다고 결론을 내리고, 지구가 태양을 돈다고 하였다.

윤리학 피타고라스주의 철학은 윤리학을 포함한다. 이는 수비론(數秘論)에 뿌리박은 것이다. 피타고라스주의자들은 물질적 사물에 타당한 해석을 비물질적인 사물에 적용했다: 사랑, 우정, 정의, 덕, 건강 등은 수에 근거한다. 사랑과 우정은 숫자 8로 표현된다. 왜냐하면 사랑과 우정은 화음을 이루며, 옥타브가 화음이기 때문이다. 피타고라스는 유명한 직유를 사용하여 삶을 공적인 게임에 비교하면서 판매자와 구매자에 상응하는 세 계급의 사람들을 구분지었다고 한다: 이익을 얻을 기회가 없으면 게임에 관심이 없는 판매자, 칭찬과 명예를 얻는 게임 참가자, 이익도 명예도 아닌 지혜를 목표로 삼은 관객이 그들이다.

4. 변화의 문제

항구성과 변화

이오니아의 자연과학자들은 사물의 실체적 본질에 관심을 가졌고, 피타고라스주의자들은 양적 관계와 질서와 조화와 수에 관심을 가졌다. 그 다음으로 관심을 끄는 문제는 변화 혹은 생성의 문제였다. 최초의 철학자들은 변화, 변형, 기원, 쇠퇴의 과정을 순진하게 객관적인 방법으로 말했다. 이는 그들에게 문제가 되지 않았다. 그들은 변화의 개념에 관하여 사색하기를 중단하지 않고, 설명할 때 성찰없이 변화의 개념을 사용했다. 그들은 어떻게 만물이 (그들이 가정한) 시원적 통일성에서 출현했다가 그 통일성으로 돌아가는지를 서술했다. 가령 공기가 어떻게 구름이 되며, 구름이 어떻게 물이 되고, 물이 어떻게 흙이 되는지, 그리고 이 모든 실체들이 다시금 원초적 기체(基體, substratum)로 다시 변할 수 있는지를 서술했다. 이 모든 실체 변형 이론에는, 어떤 것도 절대적으로 발생하거나 소실될 수 없다는 가정이 암시되어 있었다. 이는 때로는 물로, 때로는 구름으로, 때로는 흙으로 나타나는 동일한 원리이다. 어떤 사상가가 변화와 성장과 기원과 쇠퇴의 현상을 분리시켜, 변화의 개념을 자신의 체계에 핵심적인 것으로 삼는 것은 자연스런 일이었을 따름이다. 헤라클레이토스가 그렇게 했다. 그는 세계 내의 변화라는 사실에 깊은 인상을 받아 변화가 우주의 생명을 형성하고 어떤 것도 참으로 항구적이지 않으며, 항구성이란 환상이며, 사물들이 늘 안정적인 것처럼 보여도 실제로는 끊임없이 생성의 과정 가운데, 일정한 유동의 상태에 있다고 확언한다. 엘레아학파는 정반대의 견해를 취하여, 변화나 생성의 가능성을 부인한다. 그들에게는 실재가 변화하며 한 사물이 실제로 참으로 다른 어떤 것이 되는 것이란 생각할 수 없는 일이다. 그들은 변화란 착각이며 단지 감각적 현상이고, 존재란 항구적이며 영원하다고 선언한다.

헤라클레이토스(Heraclitus)

헤라클레이토스(기원전 535-475년)는 에페소스에서 한 귀족 가문의 아들로 태어났다. 그는 민주주의에 극단적인 경멸감을 보이며, 평생 강경한 귀족주의자로 지냈다. 그는 진지하고 비판적이고 비관론적이며, 자신에 대한 사람들의 의견에 상관하지 않고 독단적이고 교만했으며 흠잡기를 좋아했다. 그는 헤시오도스와 피타고라스와 크세노파네스와 심지어 호메로스를 비판적으로 말하며, 독학한 것을 자랑한다. 그는 이렇게 말한다. "박식은 지성을 훈련시키지 못한다. 그랬더라면, 헤시오도스와 피타고라스와 크세노파네스는 박식하여 지혜로웠을 것이다." 그의 문체는 모호한데, 아마 의도적으로 그렇게 쓴 것 같다. 실제로 그는 "모호한 사람"이라 불리게 되었다. 그런데도 그는 지혜롭고 독창적인 말을 많이 구사한, 설득력 있는 저술가였으며, 수수께끼 같은 말을 던지고도 증명하려 하지 않았다. 전통적인 제목 「자연론」으로 되어 있었을 것이라고 하는 그의 작품은 현재 단편으로만 남아 있으며, 아마 세 부분으로 나누어져 있었던 것 같다: 물리적·윤리적·정치적 부분. 그가 썼다고 하는 「서간」은 가짜이다.

헤라클레이토스의 가르침에서 근본적인 사상은 우리가 이미 보았듯이, 우주란 끊임없는 변화의 상태에 있다는 것이다. "우리는 동일한 물에 두 번 발을 담글 수 없다." 왜냐하면 다른 물이 계속하여 흐르고 있기 때문이다.

불과 보편적 유전(流轉) 단절없는 활동이라는 개념을 표시하기 위하여, 헤라클레이토스는 자신이 아는 가장 활발한 실체, 결코 쉴 것 같지 않은 것 즉 영원히 살아 있는 불을 자신의 제일 원리로 선택한다. 때때로 그는 이 불을 증기나 호흡이라고 부르곤 했으며, 이를 유기체의 생명적 원리이며 영혼의 본질이라고 간주한다. 몇몇 해석가들에 따르면, 불의 원리는 쉬지 않는 활동이나 과정을 상징하는 구체적인 물리적 상징에 불과하며, 그 자체는 실체가 아니며 사실상 모든 실체의 거부이다. 하지만 헤라클레이토스가 그렇게 멋진 요점으로 추론했을 법하지 않다. 그는, 양적인 변화를 겪으면서 끊임없이 변하는 하나의 원리를 갖는 것으로 충분했다. 그리고 불은 이 요구를 만족시킨다. 헤라클레이토스의 불은 선배들의 항구적 기체(基體)와 다르다. 그것은 한결같이 다른 사물로 변형하고 있는 것이다.

불은 물로 변하며, 그 다음에 흙으로 변하고, 흙은 다시 물과 불로 변한다. "왜냐하면 위로 가는 길과 아래로 가는 길이 하나이기 때문이다." "만물은 불로 바뀌고, 불은 만물로 바뀐다. 물건을 금으로 바꾸고 금을 물건으로 바꾸는 것처럼 말이다." 사물들은, 우리가 그 안에서 끊임없는 운동을 파악하지 못하며, 그것들이 한편으로 잃는 것을 다른 한편으로 얻기 때문에 항구적인 듯이 보인다. 태양조차도 뜰 때는 밝아지고 질 때는 꺼지면서, 매일 새롭다.

대립자와 그들의 연합 시원적 통일 자체가 한결같은 운동과 변화 가운데 있다. 그것의 창조는 파괴이며, 그것의 파괴는 창조이다. 그 통일이 다른 어떤 것이 될 때, 즉 불에서 물이 될 때, 불은 새로운 존재 방식에서 사라진다. 만물은 자신의 대립자로 변화하며, 그러므로 만물은 대립적 성질의 연합이다. 지속적 성질은 존재하지 않으며, 따라서 어떤 것도 그것의 성질 때문에 항구적인 게 아니다. 만물은 존재하면서 존재하지 않는다. 우주적 과정은 하나의 조건에서 반대의 조건으로 나아가는 이행이며, 이런 의미에서 만물은 자신 안에서 대립자와 연합한다. 그런 대립만이 세상을 가능하게 만든다. 가령, 음악의 화음은 높은 음과 낮은 음의 조합에서, 즉 대립자의 연합에서 기인한다.

세계는 투쟁에 의하여 다스려진다. "전쟁은 만물의 아버지이며 만물의 왕이다." 만일 투쟁이나 대립이 없다면, 세계는 정체되고 죽을 것이다. "한 방울의 물약도 휘젓지 않을 때 그 성분들로 분해된다." 대립과 모순은 연합되며, 조화는 그 결과이다. 참으로 자신의 고유한 대립과 모순을 가진 운동이나 변화가 없는 질서는 있을 수 없다. 궁극적으로 대립은 우주적 원리에서 모두 화해를 이룰 것이다. 세계는, 이성이기도 한 시원적인 불의 상태로 돌아갈 것이다. 그리고 그 과정은 새롭게 시작될 것이다. 이런 의미에서 선한 것과 나쁜 것은 동일하다. "삶과 죽음, 깨어남과 잠듦, 젊음과 노년은 동일하다. 왜냐하면 후자는 변화하여 전자가 되며, 전자는 다시 후자로 변화하기 때문이다." 신에게는 만물이 공정하고 선하고 정의롭다. 왜냐하면 신은 만물을 마땅히 있어야 할 그대로 질서정연하게 만들고, 전체의 조화 가운데 만물을 완전하게 하기 때문이다. 그러나 사람들은 어떤 것은 부정의하고 어떤 것은 정의롭다고 잘못 주장한다. 조화는 대립자의 연합이며, 동시에 변화의 과정을 지배하는 법칙이다. 이 법칙은 그 과정보다 높은 것으로 해석되어서는 안 된다. 변화의 과정과 그 법칙은 하나다.

조화와 이성의 법칙 그러므로 우주적 과정은 우연이나 변덕이 아니라, "고정된 척도"와 일치한다. 혹은 오늘날 우리의 표현대로, 법칙에 의하여 지배된다. "사물의 이 한 가지 질서는 신들의 질서도 아니며 인간이 만든 것도 아니다. 그것은 언제나 고정된 척도에 따라 켜지고 고정된 척도에 의하여 꺼지는 영원히 살아 있는 불이었고, 지금도 그렇고, 앞으로도 그럴 것이다." 헤라클레이토스는 때때로 사물의 질서를 운명 혹은 정의의 일이라고 말하며, 그것에 의하여 필연성의 개념을 자신의 변화 철학에 도입한다. 모든 변화와 모순의 한가운데에서, 지속하는 혹은 동일하게 남아 있는 유일한 것은 모든 운동과 변화와 대립의 기초를 이루는 냉혹한 법칙이다. 이는 사물 안의 이성 즉 로고스이다. 그러므로 제일 원리는 이성적 원리이며, 그것은 살아 있고 이성을 부여받았다. "만물을 통하여 만물을 지도하는 지성을 이해하는 것만이 지혜롭다"고 헤라클레이토스는 말한다. 그가 지성을 의식적 지성으로 파악했는지, 비인격적인 합리성으로 이해했는지 우리는 절대적 확실성을 갖고 대답할 수 없다. 로고스 이론은 후대 철학에 미친 그 영향에서 두 가지 방법으로 모두 해석되지만, 아마도 후자의 방법으로 해석하는 경우가 좀 더 많다.

심리학과 윤리학 헤라클레이토스는 이런 우주론 위에 자신의 심리학과 윤리학을 둔다. 사람의 영혼은 보편적 불의 일부이며, 그것에 의하여 보호받는다. 우리는 그 불을 호흡하며, 우리의 감관을 통하여 그것을 받아들인다. 가장 건조하고 따뜻한 영혼은 최고의 영혼인데, 이는 우주적인 불의 영혼과 가장 비슷하다. 감각 지식은 이성보다 열등하며, 눈과 귀는 형편없는 증인이다. 성찰 없는 지각은 숨겨진 진리를 우리에게 계시하지 못한다. 이 진리는 이성으로만 분간할 수 있다.

인간의 지배적 요소는, 신적 추론과 비슷한 영혼이다. 인간은 도덕적 행위에서 자신을 보편적 이성에 종속시켜야, 만물에 스며 있는 법칙에 종속시켜야 한다. "마치 도시가 법률을 고수하는 것처럼 지성을 가지고 말하는 자들은 만물 안에 있는 보편적 요소를 굳게 붙잡는 것이 필요하다. 사실 더욱 굳게 잡아야 한다. 왜냐하면 인간의 모든 법칙은 신적인 법칙에 의하여 자라기 때문이다." 윤리적이라는 것은 이성적인 삶을 영위하고, 이성의 명령을 순종하는 것이다. 이는 우리 모두에게 동일하며 온세계에 동일하다. 그런데 "이성은 보편적이지만, 대부분의 사람들은 자신에게 독특한 지성을 갖고 있는 듯이 살고 있다." 도덕성은 법칙에 대한 존중, 자기 훈련, 정념의 통제를 뜻한다. 도덕이라는 것은 이성적 원리에 의하여 자신을 다스리는 것이다.

그의 저술에서 뽑은 다음의 발췌문은 헤라클레이토스의 윤리학의 높은 이상론을 잘 보여준다: "사람들은 성벽을 지키기 위하여 싸우듯이 자신의 법칙을 위하여 싸워야 한다." "성품은 사람의 수호신이다." "방종은 화재보다 먼저 꺼야 할 것이다." "정념과 싸우는 것은 힘들다. 왜냐하면 정념은 영혼을 희생시켜서 얻고자 하는 모든 것을 사기 때문이다." "내가 보기에는, 한 사람이 매우 훌륭하다면 만 명과 진배없다."

헤라클레이토스는 "많은 사람이 나쁘고 소수가 선하다는 것을 알지 못한 채 음유 시인을 따르고 군중을 스승으로 삼고" "짐승처럼 배를 채우는" 대중이라는 낮은 대중관을 갖고 있었다. 삶은 기껏해야 유감스러운 게임이다: "인생은 밤중의 등불처럼 켜졌다가 꺼진다." 대중 종교에 대해서도 그는 그저 경멸적인 태도를 취했다: "그들은 진흙을 씻어내려고 진흙탕으로 들어가는 사람처럼 피로써 자신을 정화한다. 어떤 사람이 그 짓을 하고 있는 그를 본다면, 제정신이 아닌 사람이라고 생각할 것이다. 마치 사람이 집과 이야기하듯이 그들은 이 신상들에게 기도하는데, 이는 신과 영웅이 무엇인지 알지 못하기 때문이다."

엘레아학파

헤라클레이토스는 변화와 운동의 현상에 깊은 인상을 받았다. 엘레아학파는 변화와 운동이란 생각할 수 없는 것이며, 사물의 원리는 항구적이며 움직이지 않고 결코 변하지 않는 것임에 틀림없다고 주장한다. 이 학파는 학파의 창시자인 파르메니데스의 고향, 남부 이탈리아의 엘레아 읍에서 그 이름을 땄다. 우리는 이 철학을 세 국면으로 구분한다: (1) 크세노파네스. 그는 엘레아주의 철학의 선구자로 간주될 만하다. 왜냐하면 신학적 형태로 이 철학의 근본 통찰을 제시하기 때문이다. 하지만 그는 엘레아 학파를 창설한 공로를 인정받기 힘들다. 왜냐하면 그는 신의 항구성이라는 입론을 개진하지만 항구적인 신(神)과 나란히 변화하는 세계를 받아들였기 때문이다. (2) 파르메니데스가 이 철학의 진짜 창시자인데, 항구성의 이론을 존재론의 완벽한 체계로 발전시키기 때문이다. (3) 제논과 멜리소스는 이 이론의 옹호자이다. 그들은 이 학파의 변증가들이다. 전자는 엘레아학파의 입론을 입증하되, 그 반론의 부조리성을 보여 줌으로써 입증하려 한다. 반면에 후자는 이 학파의 이론을 지지하는 적극적 증거를 제시한다.

크세노파네스(Xenophanes)

크세노파네스(기원전 570-480년)는 시인이며 회의론자이며 신학자로서 소아시아 콜로폰에서 남부 이탈리아로 이주했다. 이곳에서 그는 음유 시인으로서 이곳 저곳을 배회했다. 그는 철학자라기보다 풍자 시인이었다. 그는 그리스의 예절과 신념을 비판했다. 그의 주된 비판은 종교의 신인동형론과 다신론에 대한 것이었다. 그의 종교적 태도는 회의론적이다. 그러나 그의 회의론은 명확하게 정식화되고 추론된 철학적 회의론이 아니라 지성의 기질이며 태도에 해당한다. 아마 그는 글을 크세노파네스에게서 우리는 그리스 사상에서 처음으로 회의론의 흔적을 식별한다: 신들과 자연의 본질에 관한 어떤 지식들은 불가능하다. 그러나 그는 우리가 신학적 추정을 개진할 자유가 있다고 주장했으며, 이 사색이 진리에 접근할 것이라고 믿었다. 그래서 크세노파네스는 철학자라기보다 사변적 신학자이다. 그는 피타고라스처럼, 6세기 대중 종교 운동의 영향을 받았다. 그는 당대의 만연한 다신론과 그 신인동형론을 공격하며, 신의 통일성과 변화불가능성을 선언한다. "그러나 죽을 인생은 신들이 자기들처럼 태어나며 자기들처럼 지각을 갖고 있고 목소리와 음성을 갖고 있다고 생각한다." "그렇다. 그러면 소나 사자가 손을 갖고 있어서 사람처럼 손으로 그림을 그리고 예술 작품을 만들 수 있다면, 말은 신들의 형상을 말처럼, 소는 소처럼 그릴 것이다. 각자는 각자의 형상에 따라 신체를 가진 신들을 묘사할 것이다." "그처럼 이집트인들은 자기네 신들을 검고 들창코를 가진 존재로 만든다. 트라키아인들은 자기네 신들을 붉은 머리카락과 푸른 눈을 가진 존재로 만든다."

신은 하나이며, 신체나 지성을 가진 인생과 다르다. 그는 고생하지 않고 자신의 지성의 사유로 만물을 통치한다. 그는 한 장소에 거하며 결코 움직이지 않는다. 그는 만물을 굽어보고 생각하고 듣는다. 즉 자신의 모든 부분으로 그렇게 한다. 신은 영원하다. 처음이나 끝이 없다. 그는 자기 옆에 아무것도 없다는 의미에서 제한되지 않으며, 자신이 하나의 영역, 하나의 완전한 형식이며 형상 없는 무한이 아니라는 점에서 제한된다. 그는 전체로서 움직일 수 없다. 왜냐하면 운동은 존재의 통일성과 일치하지 않기 때문이다. 그러나 그의 부분들에는 운동이나 변화가 있다.

크세노파네스는 범신론자로서, 신을 우주의 영원한 원리로, 만물이 그 안에 존재하는 하나이자 전체로서 파악한다: 다른 말로 하면 신은 세계이다; 신은 순수한 정신이 아니라 살아 있는 자연의 전체이다. 신과 세계를 동일시하는 크세노파네스의 범신론적 견해에서, 강조점은 신이 아니라 세계에 놓여 있다; 그는 신을 자연력의 수준으로 환원하는 데 관심이 있지, 세계를 신적 차원으로 격상시키는 데 있지 않다. 크세노파네스는 부동자(不動者)와 끊임없이 변화하는 감각 세계 사이의 양립 불가능성을 결코 해소시키지 못했다. 그리고 그의 범신론에 나타나는 이 대립은 그 후계자들에게 하나의 도전이었다. 그래서 크세노파네스는 자연을 살아 있는 것으로 파악함으로써 초기 그리스인의 물활론을 받아들인다. 만일 그가 다신론의 신들을 믿는다 해도, 그들을 세계의 일부로, 자연 현상으로 파악한다. 그의 신학에서 말하는 신은 세계에 생기를 공급하는 신이다.

크세노파네스는 광범위한 존재론적 우주론적 가설을 정식화하지 않았지만, 몇몇 자연과학적 이론을 제시했다. 조가비와 돌에 남아 있는 해산물의 흔적을 증거로 삼아, 인간을 포함하여 존재하고 성장하는 만물이 땅과 물에서 나왔다고 추론한다. 한때 땅은 바다와 섞여 있었지만, 시간이 흘러감에 따라 땅이 습기에서 벗어났다. 그리고 언젠가 땅은 다시 바다로 가라앉아 다시 진흙이 되고 인류는 새로 시작해야 될 것이다. 그는 태양과 별을, 매일 꺼졌다가 다시 불붙는 구름으로 본다. 별들이 무인지역(無人地域)을 넘어갈 때 소멸된다는 흥미로운 의견을 그는 제시한다.

파르메니데스의 존재론

파르메니데스는 엘레아학파의 형이상학자였다. 그는 만물이 변하며, 불이 물이 되고 물이 흙이 되고 흙이 불이 되며, 사물이 처음에 존재하다가 나중에 존재하지 않게 된다는 헤라클레이토스의 가르침에 이의를 제기했다. 그는 이렇게 묻는다: 어떻게 이것이 가능한가? 어떻게 한 사물이 존재할 수도 있고 존재하지 않을 수도 있는가? 어떻게 그런 모순을 생각할 수 있는가? 어떻게 한 사물이 그 성질을 변화시킬 수 있는가? 어떻게 하나의 성질이 다른 성질이 될 수 있는가? 그것이 가능하다고 말하는 것은, 어떤 것이 존재하고 어떤 것이 존재하지 않으며 어떤 것이 무로부터 나올 수 있으며 어떤 것이 무가 될 수 있다고 말하는 것이다. 혹은 다른 식으로 논거를 펼치면, 만일 존재가 생성한다면, 존재는 비존재(非存在)로부터 나오거나 존재로부터 나와야 한다. 만일 비존재로부터 나온다면, 무로부터 나왔으며, 그리고 이는 불가능하다. 만일 존재로부터 나온다면, 자신으로부터 나왔다. 그리고 이는 존재가 자신과 동일하며 따라서 언제나 있어 왔다고 말하는 것과 진배없다.

그러므로 존재로부터만 존재가 나올 수 있으며, 무가 다른 어떤 것이 될 수 없으며, 존재하는 모든 것은 언제나 존재했고 앞으로 존재할 것이며, 모든 것은 지금과 같이 남을 것이 분명하다. 그래서 오직 하나의 영원하고 파생적이지 않고 변할 수 없는 존재만 있을 수 있다. 존재는 모두 동일하고 그 안에는 존재 외에 있을 수 없으므로, 존재는 지속적이며 분리 불가능함에 틀림없다. 존재 안에는 단절이 있을 수 없다. 왜냐하면 만일 단절이 실재하다면 그것 자체가 존재이며 그래서 존재는 결국 지속적이다. 반면에 단절이 실재하지 않으면, 그것은 비존재이며 따라서 존재는 지속적이다. 더욱이 존재는 움직일 수 없음에 틀림없다. 왜냐하면 존재가 움직일 수 있는 비존재(텅 빈 공간)가 없기 때문이다. 게다가 존재와 사유(思惟)는 하나이다. 왜냐하면 사유할 수 없는 것은 존재할 수 없기 때문이다. 그리고 존재할 수 없는 것은, 즉 비존재는 사유될 수 없다. 즉 사유와 존재는 동일하다. 사유되는 모든 것은 존재를 갖고 있다. 그래서 파르메니데스는 이성적 혹은 변증론적 관념론자라고 특징지을 수 있다. 또한 파르메니데스는, 실재가 지성을 부여받았다는 의미에서 존재와 사유가 하나라고 믿었을 것이다. 그러나 이와 같은 유심론적 관념론을 그가 주장했다고 할 충분한 증거는 거의 없다.

존재 혹은 실재는 동질적이며, 지속적이며, 무규정적인 덩어리이다. 파르메니데스의 미적인 상상력은 그 덩어리를 하나의 구체로 묘사한다. 이 덩어리는 이성을 부여받았고, 영원하고 움직일 수 없는 것이다. 모든 변화는 생각할 수 없는 것이며, 따라서 감각의 세계는 착각이다. 우리가 감관으로 파악하는 것을 참된 것으로 간주하는 것은, 존재와 비존재를 혼동하는 것이다. 파르메니데스는 이성에 대한 군건한 신념을 보여준다: 실재는 이성과 일치하고, 사유와 모순되는 것은 실재할 수 없다.

우리가 방금 개략적으로 밝힌 "진리"의 이론 외에도, 파르메니데스는 감각 지각에 근거한 "착각"의 이론을 제시한다. 이 이론에 따르면, 존재와 비존재가 있고 따라서 운동과 변화가 있다. 세계는 두 원리, 따뜻하고 밝은 요소와 차갑고 어두운 요소의 혼합, 결합이다. 유기체적 존재는 점액질에서 나왔다. 인간의 사유는 그의 신체에 있는 요소들의 혼합에 의존한다. 따뜻한 요소는 세계 내에서 온기와 빛을 파악하고, 다른 요소는 정반대의 것을 파악한다.

파르메니데스는 자신의 "참된" 가르침으로, 논리적 사유에 따를 경우 우리가 세계를 하나의 통일체로, 변화할 수 없고 움직일 수 없는 것으로 파악하지 않을 수 없음을 보여준다. 반면에 감각 지각은 다원성과 변화의 세계를 우리에게 계시한다. 이는 현상과 억견의 세계이다. 그런 세계가 어떻게 존재할 수 있으며 혹은 그런 세계를 어떻게 파악할 수 있는지를 그는 우리에게 말하지 않는다. 항구성에 대한 착각을 변화 과정의 각 단계에서 유지되는 일정한 균형으로 설명했던 헤라클레이토스의 철학에서 상당히 그럴듯했던 사유와 착각의 구분은 파르메니데스의 구도와 조화를 이루지 못한다. 동질적이며 지속적인 존재에서 오류와 착각은 어떤 위치를 차지하는가? 아마 파르메니데스에게서 배울 가장 중요한 교훈은, 추상적 사유와 언어의 대상을 본체화하고 실체화하는 것이란 감각 세계의 질적 차이를 지워버리는 것이라는 소극적인 교훈일 것이다. 러셀은 「서양철학사」(A History of Western Philosophy)에서 파르메니데스가 언어에서 실재로 논증해 들어가는 언어학적 오류의 희생자였다고 주장했다. 파르메니데스의 추론에 대하여 그는 이렇게 말한다:

> 파르메니데스의 추론은 철학에서 사유와 언어로부터 전체 세계로의 논증을 보여주는 첫 번째 예이다. 물론 이는 타당한 것으로 받아들여질 수 없다. 그러나 그것이 어떤 진리를 담고 있는지를 알아볼 만하다. …… 전체 논증은 언어로부터 형이상학적 결론을 끌어내는 것이 얼마나 쉬운지를 그리고 이런 유의 오류적 논증을 피하는 유일한 방법이란 대부분의 형이상학자들이 시행했던 것보다 언어의 논리적·심리학적 연구를 가일층 밀고 나가는 것임을 보여준다.

제논의 변증법

제논(기원전 490-430년 경)은 엘레아의 정치가이며 파르메니데스의 제자로서 엘레아학파의 이론을 입증하되, 그 반론들의 부조리성을 지적함으로써 입증하려 했다. 그는, 만일 우리가 다원성과 운동을 가정할 경우 모순에 빠진다고 주장했다; 그런 개념들은 자기 모순적이다. 그래서 그것들을 받아들일 수 없다. 그는 다음과 같이 다원성을 반박한다: 만일 존재의 전체가 다원성이라면, 그것은 많은 부분으로 구성되어 있으며, 이 전체는 무한히 작거나 무한히 큰 것으로 입증될 수 있다: 무한히 작다고 함은, 이 전체가 무한히 작은 부분으로 구성되어 있고(어떤 부분은 아무리 작더라도 언제나 더욱 쪼개질 수 있다) 그런 부분들의 합이란 무한히 작을 것이기 때문이다; 무한히 크다고 함은, 어떤 유한한 부분에든지 언제나 무한한 수의 다른 부분들을 우리가 언제나 첨가할 수 있고(아무리 크다 해도 존재들의 총체를 넘어서 더 많은 존재가 항상 있다) 전체는 무한히 클 것이다. 하나의 동일한 전체가 무한히 작으면서 무한히 크다고 말하는 것은 부조리하다. 그래서 우리는 시초에 제기한 다원성의 가정을 전적으로 배격해야 한다.

운동과 공간은 동일한 이유들 때문에 불가능하다. 우리가 만일 모든 존재가 공간 안에 있다고 말한다면, 이 공간은 하나의 공간 안에 있으며, 그와 같은 관계는 무한히 존재할 것이라고 가정해야 한다. 비슷하게, 한 물체가 공간을 관통하여 운동하고 있다고 가정해 보자. 어떤 공간을 관통하기 위하여 먼저 그 공간의 절반을 관통했어야 한다. 이 절반의 공간을 관통하기 위해서는 먼저 이 절반의 절반을 관통했어야 한다. 그와 같이 무한히 진행되어야 한다. 간단히 말해서, 그 물체는 결코 어디에도 도달할 수 없다. 그래서 운동은 불가능하다.

운동의 역설들 제논은 운동의 불가능성에 대한 네 가지 유명한 증명을 개진했다. 아리스토텔레스가 재현한 이것을 흔히들 제논의 운동의 역설이라고 언급한다. 이 논증들 가운데 첫 번째는 하나의 위치에서 목표로 운동하는 것이 불가능함으로 증명한다. 왜냐하면 출발점과 목표 사이의 무한한 수의 점을 관통해야 하기 때문이다. 둘째로, 아킬레스와 거북의 역설은 움직이는 목표를 통과할 수 없음을 증명한다: 아킬레스는 훨씬 속도가 빠르지만 거북을 따라잡을 수 없는데, 아킬레스가 시초의 출발점에서 거북의 맨 처음 출발점까지 움직이고 있는 동안 거북이 어떤 거리를 움직였고 이후의 계속되는 간격에 대해서도 마찬가지이기 때문이다. 세 번째 논증(움직이는 화살의 역설)은, 과녁을 향하여 날아가는 듯이 보이는 화살이 어떤 순간에 공간의 한 정해진 위치에 있음을 증명한다. 즉 화살은 휴식 상태이거나 운동 정지 상태에 있다. 그런데 정지의 종합은 운동을 산출할 수 없다. 이 세 가지 논증은 모두, 공간과 시간이 분리된 순간과 점으로 구성된다는 의심스러운 가설에 근거한다. 제논은 또한 네 번째 논증을 개진하는데, 이는 관찰된 운동의 상대성에 호소한다: 움직이는 대상이 다양한 속도로 정지의 위치에서 관찰되든지 운동의 위치에서 관찰되든지 상관없이, 감관의 변하기 쉽고 상충하는 증거는 운동의 가능성을 무너뜨린다. 이 논증은 다른 세 개의 논증과 전제가 다르지만, 똑같이 흥미롭다. 확실히 제논의 역설은 해소될 수 있다. 그러나 그것은 지속과 실재에 대한 수학적·물리적·혹은 철학적 이론들이라는 맥락에서만 가능하다.

사모스의 멜리소스

성공한 해군 제독인 그는 엘레아주의의 이론에 대한 증명을 시도했다. 파르메니데스와 마찬가지로 그는 존재가 하나라고 주장했다. 게다가 존재는 발생했을 리 없다. 왜냐하면 그렇게 될 경우 존재가 있기 전에 비존재가 있었다는 뜻이 되기 때문이다. 그리고 비존재로부터는 존재가 생길 수 없다. 그래서 존재는 시간적으로 무한하다. 혹은 영원하다. 멜리소스는, 존재가 공간에서도 무한하다고 확언했다. 존재의 공간적 무한성에 대한 그의 이론은, 존재란 유한한 구체라고 하는 파르메니데스의 가르침과 상충할 뿐만 아니라, 무한자를 무의미하고 생각할 수 없는 것으로 배격하던 그리스 사상의 전반적 경향과 상충한다. 멜리소스에 따르면, 텅 빈 공간이나 비존재는 없고, 따라서 공간을 요구하는 운동은 불가능하다. 만일 복수성이나 운동이 없다면, 분리나 결합이 있을 수 없고, 변화도 있을 수 없다. 그러므로 감관은 운동과 변화를 제시하면서 우리를 기만한다.

5. 질적(質的) 이론들

변화의 수수께끼에 대한 해결책

이전의 모든 자연 철학자들은, 무엇이 발생하거나 사라질 수 없으며 절대적 창조나 파멸이 불가능하다는 것을 암시적으로 가정했다. 하지만 그들은 이런 생각을 의식하지 않았다. 그들은 그것을 무비판적으로 받아들였다. 엘레아학파의 사상가들은 이 공리를 충분히 의식하게 되었다. 그들은 자신의 추론에서 그것을 암묵적으로 전제할 뿐만 아니라 의도적으로 그것을 사유의 절대적 원리로서 확언하고 엄격하게 적용했다. 아무것도 발생하거나 사라질 수 없으며, 어떤 것이 다른 것으로 변할 수 없다. 하나의 성질이 다른 성질로 바뀔 수 없다. 왜냐하면 그것은 한편으로 한 성질의 사라짐을, 다른 한편으로 한 성질의 창조를 뜻할 것이기 때문이다. 실재는 항구적이며 변할 수 없다. 변화는 감관이 일으키는 허구이다.

그래도 사물은 존속하는 것처럼 보이며 또 변화하는 것처럼 보인다. 사물들이 존속하면서도 변화하는 것이 어떻게 가능한가? 우리는 이 난국을 어떻게 피할 수 있는가? 철학은 이 문제를 그렇게 방치할 수 없다. 항구성과 변화의 수수께끼는 해결되어야 했으며, 세계에 대한 정적(靜的) 견해와 동적(動的) 견해는 어떤 식으로 화해되어야 했다. 헤라클레이토스와 파르메니데스의 후계자들은 그런 화해를 시도했다.

일반적으로 이 수수께끼의 해소는 다음과 같은 노선을 따라 진행된다: 절대적 변화는 불가능하다; 그런 점에서 엘레아학파는 옳다. 한 사물이 무에서 나온다든지, 무가 된다든지, 절대적으로 변하는 것은 불가능하다. 그러나 우리는 상대적 의미에서 기원과 쇠퇴, 성장과 변화를 말할 권리가 있다. 항구적이며, 시원적이며, 사멸 불가능하고, 파생적이지 않은 존재 혹은 실재의 입자가 있으며, 이것들은 다른 어떤 것으로 변화할 수 없다. 엘레아학파가 주장하듯이, 이것들은 지금 존재하는 대로이며 틀림없이 그렇게 존속할 것이다. 하지만 이 존재들, 혹은 실재의 입자들은 결합되고 분리될 수 있으며, 결합될 때는 다시 요소들로 해체될 수 있는 물체를 형성한다. 실재의 시원적 부분들은 창조되거나 파괴될 수 없고 그 성질을 변화시킬 수 없지만, 서로간의 관계는 변화시킬 수 있다. 그리고 이것이 바로 변화의 의미이다. 다른 말로 하면, 요소들의 절대적 변화는 불가능하지만, 상대적 변화는 얼마든지 가능하다. 기원이란 결합을 뜻하며, 쇠퇴란 분리를 뜻한다. 변화는 요소들의 상호 관계의 변경이다.

엠페도클레스와 아낙사고라스와 원자론자들은 헤라클레이토스와 파르메니데스가 제기한 문제에 동일하게 일반적인 해답을 제공한다. 그들은 절대적 변화는 불가능하지만 상대적 변화는 있다는 데 의견을 같이한다. 하지만 그들은 다음과 같은 질문에 답하면서 의견을 달리한다: (1) 세계를 구성하는 실재의 입자들의 본질은 무엇인가? (2) 이 입자들이 결합하고 분리하게 하는 원인은 무엇인가? 엠페도클레스와 아낙사고라스에 따르면, 요소들은 일정한 성질을 갖고 있다. 양적 원자론자들에 따르면 요소들은 성질이 없다. 엠페도클레스는 네 가지 질적 요소가 있다고 확언한다: 흙, 공기, 불, 물. 아낙사고라스는 그런 요소들이 무수히 많다고 확언한다. 엠페도클레스에 따르면, 두 개의 신화적 존재인 사랑과 미움이 요소들을 결합되고 분리되게 만든다. 아낙사고라스에 따르면, 요소들 바깥의 한 지성이 운동을 시작한다. 양적 원자론자들인 레우키포스와 데모크리토스는 운동이 요소들 안에 내재한다고 확언한다.

엠페도클레스(Empedocles)

엠페도클레스는 기원전 495년 남부 시칠리아의 아그리겐툼에서 부유하고 애국심 넘치는 가문의 아들로 태어났다. 그는 오랫동안 고향 도시의 민주주의의 지도자였으며, 일설에는 그가 왕직을 거절했다고 한다. 그는 아마도 추방당해서 기원전 435년 펠로폰네소스에서 죽었던 것 같다. 그가 에트나 산의 분화구에 떨어져 자살했다는 이야기는 전설에 불과하다. 엠페도클레스는 정치가와 웅변가였을 뿐만 아니라 종교 교사와 의사와 시인과 철학자이기도 했다. 그가 행한 기적에 관하여 많은 이야기가 남아 있으며, 아마 그는 자신의 마술 능력을 믿었던 게 분명하다. 우리는 두 시의 단편을 갖고 있는데, 하나는 우주론에 해당하는 「자연론」이며, 다른 하나는 「정화」라는 제목을 가진 종교시이다.

엠페도클레스에게는 엄격한 의미에서 기원이나 쇠퇴가 없고, 다만 혼합과 분리만 있다. "왜냐하면 도무지 존재하지 않는 것으로부터 어떤 것이 발생할 수 없고, 존재하는 것이 사멸한다는 것도 불가능하고 들어본 일이 없기 때문이다. 왜냐하면 어떤 것은 사람이 어디에 계속 두든지 간에 항상 존재할 것이기 때문이다." 네 개의 요소 혹은 "사물의 뿌리"가 있고, 각각은 자신의 특수한 본질을 갖고 있다: 그것들은 흙, 공기, 불, 물이다. 이들은 파생되지 않았고 변할 수 없고 파괴될 수 없다. 물체는 이 요소들이 결합에 의하여 형성되고, 그들의 해체에 의하여 파괴된다. 한 물체가 다른 물체에 미치는 영향은 하나에게서 나온 유출물이 알맞는 다른 것의 구멍으로 들어가는 것으로 설명된다.

요소들을 결합시키고 분리시키는 원인은 무엇인가? 엠페도클레스는 네 개의 요소 외에 이 요소들의 결합과 분리를 통제하는 두 개의 신화적 세력인 사랑과 다툼 혹은 미움을 가정함으로써 변화를 설명한다. 엠페도클레스는, 소위 인력(引力, attraction)과 척력(斥力, repulsion)이라는 두 개의 동인력(動因力)이 공존하며, 전자는 물체가 형성되게 하고 후자는 물체가 파괴되게 한다는 것을 부인하지 않았다. 원래 모든 요소들은, 사랑이 최고의 통치권을 발휘했고 미움이 배제된 한 구체라는 형식으로 혼합되어 있었다. 그러나 점차 다툼이 세력을 얻으면서 들어와 요소들을 흩어 놓았다. 요소들이 부분적으로 분리되는 이 매개적 단계에서 사물들이 존재한다. 그러나 미움의 궁극적 승리와 더불어 요소들이 완전히 서로 분리되고 더 이상 어떤 종류의 개별 물체가 존재하지 않는다. 이 시점에서 과정이 역전되어, 사랑이 다시 들어와 점차 원초적인 동질적 혼합을 재수립한다. 그런 다음 해체의 과정이 새롭게 시작되며, 그처럼 주기적인 변화가 일어난다. 두 개의 극단적 상태 즉 완전한 결합의 상태와 완전한 분열의 상태에서는 개별 물체가 존재하지 않는다. 세계의 현상태로 예시되는 개별 물체들의 단계는 부분적 혼합과 부분적 분열의 중간적 단계이다.

우주의 현상태를 형성하는 과정에서, 공기 혹은 첫 번째로 분리된 요소가 하늘의 궁륭을 형성했고, 그 다음 불이 나와 그 아래 별들의 영역을 형성했고, 순환적 운동에 의해 물이 흙에서 짜여져 나와 바다가 형성되었고, 하늘의 불에 의한 물의 증발이 아랫쪽 대기를 만들었다. 유기체적 생명은 흙에서 발생했다: 처음에는 식물, 그 다음에는 동물들의 다양한 부분, 팔과 눈과 머리가 나왔다. 이 부분들이 결합되어, 얼굴이 둘 달린 생물, 인간의 얼굴을 한 황소, 황소의 머리를 한 아이 등 우연히 온갖 모양없는 덩어리와 괴물을 만들었다. 이것이 분리되어 많은 시행 착오를 거친 다음, 살기에 적합한 형상이 만들어지게 되었다. 그리고 이들은 생산에 의하여 영속된다.

사람은 네 개의 요소로 구성되는데, 이는 네 요소 각각을 알 수 있는 인간의 능력을 설명해 준다: 같은 것은 같은 것에 의하여 인식된다; 우리는 흙에 의하여 흙을 본다; 물에 의하여 물을, 공기에 의하여 찬란한 공기를 본다. 감각 지각은 물체들이 감관에 미치는 활동에 의하여 설명된다. 가령, 시각에서 불과 물의 입자들은 보이는 대상으로부터 나와 눈에 도달한다. 그리고 눈에서 이 입자들은 바깥에서 온 입자들의 인력에 영향을 받아 눈의 구멍을 관통하여 나오는 비슷한 입자와 만난다. 이 물체들의 접촉에 의하여 눈의 표면 근처에서 상이 만들어진다. 하지만 그런 입자만이 눈의 구멍에 맞는 것으로서 눈에 영향을 준다. 들을 때에는, 공기가 귀로 들어가서 소리를 만든다. 맛과 냄새에서는 입자들이 코와 입으로 들어간다. 마음은 지성의 좌소이다.

엠페도클레스는 초기 그리스 자연 철학자들의 물활론적 방식으로, 모든 사물에 정신적 생명을 귀속시킨다: "만물은 사유의 능력을 갖고 있다." 그는 종교적인 작품에서, 인간의 타락과 영혼의 윤회를 가르친다. 이 이론은 그가 그리스 전역에 영향을 끼쳤던 거대한 오르페우스 종파와 관계있음을 보여주는 것 같다.

아낙사고라스(Anaxagoras)

아낙사고라스(기원전 500-428년)는 소아시아 클라조메나이에서 태어났지만 아테네에다 거처를 정했고, 아테네를 그리스의 정치적 중심뿐만 아니라 지적 중심으로 만들려 했던 대정치가 페리클레스의 친구가 되었다. 아낙사고라스는 후원자의 원수들에게서 무신론자라는 비난을 당하고는 30년 동안(464-434년) 거주했던 아테네를 떠나서 람프사쿠스에 정착하여 거기서 죽었다. 그는 철학자였을 뿐만 아니라 저명한 수학자와 천문학자였다. 명쾌하고 단순한 산문으로 기록된 「자연론」이라는 그의 저서의 중요한 단편이 남아 있다.

아낙사고라스의 문제는 엠페도클레스의 문제처럼 변화의 현상을 설명하는 것이었다. 그는 절대적 변화가 불가능하며, 하나의 성질이 다른 성질이 될 수 없으며, 실재가 근본적 본질에서 항구적이며 변할 수 없다는 엘레아학파의 관념을 받아들였다: "아무것도 존재하게 되거나 사라지지 않는다." 하지만 그는 변화의 사실을 부인하지 않았다. 상대적인 변화는 존재한다. 사물들은 요소들의 혼합과 분리라는 의미에서 생기고 사라진다. 그의 견해에 따르면, 요소의 수는 엠페도클레스가 제시한 네 개보다 많음에 틀림없다. 왜냐하면 우리의 세계처럼 풍요롭고 충만한 세계는 소수의 요소로 설명될 수 없기 때문이다. 게다가 흙과 공기와 불과 물은 요소가 아니다. 그것들은 다른 실체들의 혼합물이다.

그러므로 아낙사고라스는 무한히 많은 특정 성질의 실체들을 자신의 궁극자로 가정했다. 이들은 "온갖 형태와 색과 맛을 갖고 있으며" 살과 머리카락과 피와 뼈와 은과 금 등의 입자들이다. 그처럼 지극히 작지만 분리 불가능한 미립자는 야기되지 않았고 변화없다. "살이 살이 아닌 것에서 어떻게 나올 수 있었겠는가?" 그들의 성질뿐만 아니라 양도 한결같다. 더해지거나 빼앗기거나 성질에서 변할 수 있는 것은 없다.

그는 다음과 같은 성찰에 의하여 이런 견해에 도달했다: 몸은 피부와 뼈와 피와 살 등으로 구성되는데, 이들은 밝음과 어둠에서, 열과 차가움, 부드러움과 딱딱함에서 다르다. 몸은 음식을 먹고 유지되며, 따라서 음식은 몸을 구성하는 그런 실체들을 얼마간 갖고 있음에 틀림없다. 그리고 음식은 흙과 물과 공기와 태양에서 그 성분을 끌어오므로, 후자들은 음식을 형성하는 실체들을 공급함에 틀림없다.

따라서 소위 엠페도클레스의 단순한 요소들은 실제로 모든 것 가운데 가장 복잡한 사물들이다. 그것들은 온갖 종류의 물질의 지극히 작은 소립자를 갖고 있는 진정한 저장소이다. 그것들은 유기체에서 발견할 수 있는 모든 실체들을 갖고 있음에 틀림없다. 그렇지 않으면 우리는 몸에 피부와 뼈와 피가 있음을 어떻게 설명할 수 있는가?

세계의 형성 이전 우주의 원초적 상태에는 무한히 작은 물질 소립자(아낙사고라스는 이를 배종, 씨[스페르마타]라고 불렀고, 아리스토텔레스는 아낙사고라스에 대한 이야기에서 동질적 부분들 혹은 동질소[同質素, homoiomere]라고 명명했다)가 혼란스러운 덩어리로 모두 혼합되어 전체 우주를 채우고 있었고 텅 빈 공간에 의하여 서로 나누어지지 않았다. 원초적 덩어리는 무한히 많은 수의 무한히 작은 씨의 혼합물이다. 현재와 같이 존재하는 세계는, 이 덩어리는 구성하는 소립자의 혼합과 분리의 결과이다. 그러나 어떻게 이 씨들이 흩어져 있던 무질서로부터 분리되어 우주 혹은 세계 질서로 결합되었는가? 기계적 수단 혹은 운동에 의하여, 위치의 변화에 의하여 그렇게 되었다. 하지만 씨들은 물활론자들이 주장하는 것처럼 생명을 부여받지 않았고 사랑과 미움에 의하여 움직여지지 않는다. 그러면 무엇이 그들로 움직이게 했는가?

아낙사고라스는 우리가 관찰하는 천체의 회전에서 해답의 실마리를 발견한다. 덩어리 속의 한 점에서 생성되는 빠르고 강력한 회전 운동이 씨를 분리시켰고, 이 운동은 더욱 확대되어 비슷한 소립자들을 결합하면서, 원초적인 혼돈한 혼합물이 완전히 풀어질 때까지 계속 확산될 것이다. 최초의 회전은 빽빽한 것과 희박한 것, 따뜻한 것과 차가운 것, 밝은 것과 어두운 것, 건조한 것과 습한 것의 분리를 야기했다. "빽빽한 것, 습한 것, 차가운 것, 어두운 것은 지금 땅이 있는 곳에 모였다. 희박한 것, 따뜻한 것, 건조한 것, 밝은 것은 하늘의 먼 쪽으로 떠났다."

이 분리 과정은 계속되다가 천체의 형성(천체들은 순환력에 의하여 땅에서 내던져진 딱딱한 덩어리이다)과 땅에 있는 다른 물체들의 형성에 이르렀다. 태양열은 습한 땅을 점차 건조하게 만들었다. 그래서 공기를 채우고 있다가 떨어지는 비에 의하여 끈적한 흙에 떨어져 모여 있던 씨로부터 유기체가 발생했다. 아낙사고라스는 이 유기체들의 운동을 설명하기 위하여 그것들에게 영혼이 있다고 했다.

따라서 현재와 같이 복잡한 전체 세계 과정은 일련의 길고긴 운동의 결과이다. 이 운동은 시원적 순환에서 필연적으로 일어났다. 그런데 무엇이 그것을 일으켰는가? 아낙사고라스는 시초의 운동을 설명하기 위하여 예지적 원리, 지성 혹은 정신, 세계의 질서를 부여하는 정신에 의존한다. 그는 이 정신을, 물질을 다스리는 능력을 가진 절대적으로 단순하고 동질적인 실체로 파악한다. 다른 요소나 씨와 섞이지 않고 그것들과 절대적으로 분리되고 구분되는 것이다. 정신은 자발적이며 활동적인 존재이며, 세계에서 모든 운동과 생명의 자유로운 원천이다: 이는 과거와 현재와 미래의 모든 것을 알며, 만물을 배열하며, 만물의 원인이다. 그것은 생명을 가진 모든 것을 다스린다. 정신은 목적론적 혹은 목적적 원리이며, 이 목적론적 견해는 계기적 혹은 동시 존재적 세계의 다원성을 배제한다. 질서를 부여하는 지성은 하나의 독특하고 가장 완전한 세계만을 형성한다. 만일 세계 구조가 의도를 가진 지성의 산물이라면, 엠페도클레스가 확언하는 그런 주기적 순환은 있을 수 없다.

아낙사고라스의 해석가들은 지성 혹은 정신(누스 nous)이 순수한 영혼인지 지극히 뛰어난 물질인지, 혹은 전적으로 물질적인 것도 아니고 전적으로 비물질적인 것도 아닌 무엇인지에 관하여 의견을 달리한다. 때때로 아낙사고라스는 이 점에서 어설프게 표현하여 지성(누스)을 만물의 가장 정화된 것이라고 부르며 그것이 일종의 물질인 것처럼 말하지만, 아마 정신은 다른 어떤 것과 결코 섞이지 않는다는 점에서 구분되는 원리일 것이다. 따라서 우리는 그의 입장을 모호한 이원론으로 서술할 수 있겠다. 즉 명확하게 규정되지 않은 이원론 말이다. 지성은 세계 과정을 시작하게 만들었지만, 역시 세계 내에, 유기적 형상들에, 심지어 광물들에도 있는 것처럼 보인다. 참으로 달리는 설명할 길이 없는 운동을 설명하는 것이 필요한 곳은 어디든지 있는 것 같다. 지성은 둘러싸는 덩어리 안에, 분리되어 있는 사물들 안에, 그리고 분리되고 있는 사물들 안에 존재한다. 현대적인 용어를 구사하면, 지성은 초월적이면서 내재적이다. 이 체계에서는 유신론과 범신론이 명확하게 구분되지 않는다.

아리스토텔레스는 기계적 설명이 먹혀들지 않을 때에만 지성에 호소한다고 아낙사고라스를 비판하는 데 참으로 옳다: "아낙사고라스는 지성을 우주를 구축하는 장치로 사용하며, 왜 어떤 것이 필연적으로 있는지의 이유에 대하여 당혹스러울 때 지성(누스)을 끌어들인다. 그러나 다른 경우에는 지성 말고 다른 것을, 생성하는 것에 대한 원인으로 본다." 사실, 아낙사고라스는 기계적 원리에 의하여 모든 것을 설명하려 했고, 최후의 수단으로써만 지성을 운동의 예지적 원인으로서 의존한다. 그런데도 그는 자신의 철학에서 지성을 설명적 원리로 도입하였기에, 철학적 관념론의 창시자 가운데 한 사람이 되었다.

6. 양적(量的) 이론들

데모크리토스의 원자론

원자론학파의 창시자로는 레우키포스와 데모크리토스가 있다. 레우키포스에 대해서 우리는 아는 바가 거의 없다. 어떤 사람들은 그의 실존 여부를 의심했으며, 어떤 사람들은 아리스토텔레스와 마찬가지로 그를 원자론 체계의 진짜 창시자로 보았다. 후자의 견해가 아마 옳을 것이다. 그는 밀레토스 출신이었고, 엘레아에서 제논에게서 공부했으며, 그의 제자 데모크리토스로 유명해진 아브데라에서 학교를 세웠다고 한다. 소문에 의하면, 몇 편 되지 않은 그의 저술은 제자의 작품에 통합되었다.

데모크리토스는 기원전 460년 경에 트라키아의 해변에 있는 아브데라라는 상업 도시에 태어나, 370년에 죽었다. 그는 널리 여행을 하고, 물리학과 형이상학과 윤리학과 역사에 대하여 많은 책을 썼고, 수학자로서 명성이 자자했다.

그의 저술들은 비교적 작은 단편으로만 우리에게 전해져 내려온다. 그래서 우리는 항상 어떤 것이 그의 저술이며 어떤 것이 레우키포스의 저술인지 확실하게 판단할 수 없는 입장이다. 하지만 현존하는 자료들의 도움을 받아, 우리는 원자론에 대한 아주 적절한 관념을 형성할 수 있다. 물론 저자가 누구인가에 대한 문제는 의심스러운 상태에 있음에 틀림없다.

엠페도클레스와 아낙사고라스는 자연과학적 우주관을 위한 길을 닦았다. 이 견해는 원자론이라는 이름 아래 오늘날까지 과학에서 영향을 떨친다. 엠페도클레스와 아낙사고라스의 가르침은 몇몇 중요한 측면에서 개정이 필요했다. 그리고 원자론자 레우키포스와 데모크리토스의 손에서 그들의 가르침은 개정되었다.

원자론자들은 실재의 원초적이며 변화 없는 소립자를 받아들이는 점에서 선배와 의견을 같이하지만, 엠페도클레스와 아낙사고라스가 귀속시킨 질적 속성을 거부하고 그것들이 사랑과 미움에 의하여 혹은 지성에 의하여 바깥으로부터 움직여진다는 것을 배격한다. 흙, 공기, 불, 물은 엠페도클레스가 주장했듯이 "만물의 뿌리"가 아니며, 아낙사고라스가 말했듯이 상이한 성질의 무수한 "씨"가 있는 것도 아니다. 그런 사물들은 참된 요소가 아니라, 좀 더 단순한 단위, 비가시적이고 침투될 수 없고 분리될 수 없는 공간적 존재(entity)나 원자로 구성된다. 이 원자들은 형태와 무게와 크기에 따라 상이하다. 그리고 이 단위 혹은 원자들은 나름대로의 고유한 운동을 갖고 있다.

아낙사고라스의 질적 이론과 그것을 대신한 데모크리토스의 원자론의 중요한 차이는 다음과 같다: (1) 아낙사고라스는 무제한적으로 많은, 질적으로 상이한 요소들을 상정했고, 데모크리토스는 모양이나 크기 등의 양적 측면에서만 서로 다른 무한히 많은 원자를 가정했다. (2) 아낙사고라스의 요소들은 좀 더 작은 소립자로 쪼개지는 무한한 구분을 허용한 반면, 데모크리토스의 원자는 단순하고 물리적으로 나누어질 수 없다. 왜냐하면 다른 모든 것을 설명한다는 측면에서 원자는 궁극적이며 부분들로 무한히 쪼개질 수 없어야 하기 때문이다. (3) 아낙사고라스는 텅 빈 공간에 대하여 아무 말을 하지 않으며, 아마 실재가 어디서든 질적이라고 믿었을 것이다. 반면에 데모크리토스는 텅 빈 공간의 실재를 원자의 운동 조건으로 주장했다. (4) 아낙사고라스는 움직이는 요소와 구분되는 하나의 원리인 지성을 언급하여 운동을 설명했다. 데모크리토스는 운동을 원자들의 내재적인 속성으로 보았다. (5) 마지막으로, 아낙사고라스의 지성은 의도적 혹은 목적론적 원리인 반면, 데모크리토스의 원자는 기계 법칙에 종속된다.

형이상학과 우주론

원자론자들은 절대적 변화가 불가능하다는 데 엘레아학파와 의견을 같이한다. 실재는 본질적으로 항구적이며 파괴될 수 없고 변화될 수 없다. 동시에, 변화가 일어나고 있고 사물들이 끊임없는 운동 가운데 있음은 부정될 수 없다. 그런데 운동과 변화는 텅 빈 공간이 없이 혹은 파르메니데스가 비존재라고 불렸던 진공 없이 생각할 수 없을 것이다. 그래서 원자론자는, 비존재 혹은 텅 빈 공간이 존재한다고 주장한다. 그들은 파르메니데스의 비존재가 실제로 존재하며, 그것이 원자들이 그 안에서 움직이는 텅 빈 공간이라고 확언하는 대담성을 갖고 있다.

이 말은, 텅 빈 공간이 물질적인 것이라는 의미에서 실재한다는 뜻이 아니라, 그것이 나름대로의 실재성을 갖고 있다는 뜻이다. 물체는 공간보다 실재적인 게 아니다. 한 사물은 물체가 아니면서 실재할 수 있다. 원자들과 그것들이 그 안에서 운동하는 텅 빈 공간은 원자론자들에게 유일한 실재들이다: 만물은 충만 아니면 공허이다. 존재 혹은 충만함과 비존재 혹은 공허함은 똑같이 실재한다. 즉 실재하는 것은 엘레아학파가 주장하듯이 지속적이며 분리되지 않을 경우 움직일 수 없는 존재가 아니라, 텅 빈 공간에 의하여 서로 분리된 무수한 존재들이다.

이 존재들 각각은 분리될 수 없고 침투될 수 없고 단순한 원자이다. 원자는 몇몇 현대인들이 파악하듯이 수학적인 점이나 세력 중심이 아니라 연장(延長)을 갖고 있다. 왜냐하면 원자는 연장되어 있기 때문에, 수학적으로 분리 불가능한 점이 아니라 물리적으로 분리 불가능한 소립자이다. 즉 그것은 물리적으로 부분으로 쪼개지거나 나누어질 수 없다. 모든 원자는 질적으로 동일하다. 그것들은 흙이나 공기나 불이나 물이 아니며, 특정 종류의 씨가 아니다. 그것들은 단지 아주 작고 촘촘한 물리적 단위로서 모양과 크기와 무게와 배열과 위치에서 상이할 뿐이다. 그것들은 파생되는 게 아니며 파괴될 수 없고 변화될 수 없다. 그것들은 현재나 과거나 미래나 동일하다. 다른 말로 하면, 원자들은 더 이상 나누어질 수 없는 작은 부분으로 쪼개진 파르메니데스의 하나의 분리 불가능한 존재이다. 그리고 각 원자는 파르메니데스가 유일한 존재에 귀속시킨 영원성과 불변성과 분리 불가능성을 갖고 있다.

텅 빈 공간에 의하여 서로 분리된 이 원자들은 상이한 대상들을 형성하는 실재의 건축돌이다. 마치 희극과 비극이 동일한 알파벳을 사용하되 상이한 방식으로 구성되는 것과 같다. 모든 물체는 원자와 공간의 결합이다: 기원은 결합을 뜻하며, 파괴는 분리를 뜻한다. 물체를 형성하는 원자들이 이미 언급한 방식에서 다르기 때문에 물체는 상이하다. 물체들은 압력과 충격을 통한 직접적 접촉에 의해서만, 혹은 하나의 물체로부터 나와서 다른 물체를 강타하는 방출물에 의하여 서로에게 작용한다. 원자로 하여금 결합되고 분리되게 만드는 것은 그것들에 내재한 운동이다.

원자들의 운동은 냉혹한 기계 법칙에 의하여 지배된다: "근거 없이 발생하는 것은 없지만, 모든 것은 하나의 이유와 필연성 때문에 발생한다." 원자의 고유한 운동은 원자와 달리 야기되지 않는다. 원자들은 결코 정지하지 않고 처음부터 움직여 왔다. 공간은 운동의 원인이 될 수 없다. 그래서 운동은 각 원자의 고유한 속성으로 간주되어야 한다. 원자들의 상이한 많은 모양 때문에, 어떤 원자는 갈고리를, 어떤 원자는 구멍을, 어떤 것은 홈을, 어떤 것은 혹을, 어떤 것은 함몰을 갖고서 서로 얽히고설킨다. 원자들의 거대한 조합으로 구성되는 물리적 대상들의 견고함과 단단함은 이런 상호 결합 때문이다.

우주적 진화는 다음과 같이 설명된다: 우주는 다양한 모양과 크기와 운동의 무수한 원자로 구성되며, 상이한 방향으로 서로 충돌하며 충격의 결과로 소용돌이를 형성한다. 이 소용돌이 운동은 비슷한 모양과 크기의 원자들을 결합하고, 그래서 불과 공기와 흙과 물과 같은 복합 사물을 발생시킨다. 소용돌이 운동은 더욱 확대되어, 다양한 세계들이 이런 식으로 산출되며 각각의 체계는 하나의 중심을 갖고서 하나의 구체를 형성한다. 어떤 체계는 태양이나 달이 없고, 어떤 체계는 우리 태양계보다 크고 많은 행성을 갖고 있다. 지구는 그처럼 창조된 물체 가운데 하나이다. 습한 흙 혹은 점액질로부터 생명이 발생했다. 전체의 살아 있는 유기체 주변에 퍼져 있는 불타는 원자들은, 살아 있는 몸의 열기를 설명한다. 그리고 특별히 그것들은 인간 영혼에 가득 차 있다.

영혼학과 인식론

영혼은 가장 훌륭하고 가장 원만하고 가장 민첩하고 불타는 원자로 구성된다. 이 원자들은 몸 전체에 흩어져 있으며 — 다른 두 원자 사이에는 항상 하나의 영혼-원자가 있다 — 몸의 운동을 산출한다. 몸의 어떤 기관은 특정한 정신

적 기능의 좌소이다: 뇌는 사유의 좌소이며, 심장은 분노의 좌소이며, 간은 욕망의 좌소이다. 살아 있건 아니건 모든 대상이 주변의 세력의 압력에 반발하는 것은 그 대상 안에 그런 영혼이 있다는 것에 의하여 설명된다. 우리는 영혼-원자를 들이마시고 내쉰다. 그리고 생명은 이런 과정이 계속되는 한에서만 존재한다. 죽을 때, 영혼-원자는 흩어진다. 영혼의 그릇이 부서질 때, 영혼은 흩어져 버린다. 여기 유물론적 기초에 입각한 생리학적 심리학의 조잡한 출발이 있다.

감각 지각은 파악된 물체와 닮은 발산 혹은 상 혹은 형태의 작용에 의하여 영혼에 산출된 변화로 설명된다. 모든 물체는 중간의 공기를 통하여 전달되는 상을 투사하고 마침내 감관에 충돌한다. 한 대상이 내던진 상은 그 대상과 이웃한 입자들의 배열을 비슷하게 바꾼다. 이 입자들은 그 대상과 바로 인접한 대상을 바꾸며, 그처럼 방출이 감관과 영혼을 형성하는 원자에 도달할 때까지 그렇게 한다. 만일 대상들에게서 나오는 상 혹은 유출물이 전달 과정에서 서로를 방해하면, 환영이 생긴다. 방해 없이 그것들이 전달되면, 상이나 유출물이 직접 감관을 때리고 마침내 영혼을 때리면, 참된 지식이 생긴다. 비슷한 것이 비슷한 것을 지각한다. 즉 지각은 하나의 물체에서 방출하는 상들이 감관에 의하여 투사한 상들과 비슷할 때에만 가능하다. 도처의 대상들로부터 방출되는 그런 상들을 가지고 데모크리토스는 꿈, 예언적 이상, 신에 대한 신념을 설명한다.

우리가 상이한 물체에 귀속시키는 감각적 성질(색, 소리, 맛, 냄새 등)은 사물 자체에 있는 게 아니라 원자들의 조합이 우리의 감관에 미친 결과일 따름이다. 원자들은 우리가 이미 언급한, 침투 불가능성, 모양, 크기 외에 다른 성질을 갖고 있지 않다. 그래서 감각 지각은 사물에 대한 참된 지식을 산출하지 않는다. 그것은 사물들이 어떻게 우리에게 영향을 끼치는가를 가리켜 보여줄 따름이다. 그리스 원자론자들은, 우리가 근대철학에서 만나게 될 일차 성질(침투 불가능성, 모양 등)과 이차 성질(색, 소리, 냄새 등)의 구분을 미리 보여주었다. 우리는 원자를 있는 그대로 볼 수 없다. 하지만 우리는 그것들을 생각할 수 있다. 감각 지각은 모호한 지식이다. 물론 우리의 감각 지각과 현상을 초월하며 원자에 도달하는 사유가 유일하게 진정한 지식이다. 데모크리토스는 초기의 모든 그리스 철학자들처럼 합리론자이다. 하지만 합리적 사유는 감각 지각에 독립되어 있지 않다. 참으로 이성 즉 "참된 인식 방법"은 감각 지각이 끝나는 데서 시작한다. 감관은 대상의 조잡한 측면들만 드러내 보인다. 그리고 "훨씬 훌륭한 것에 대한 탐구가 시행되어야 할 때" 이성은 감각 지식을 초월해야 한다. 이성은 영혼의 최고 기능이다. 참으로 데모크리토스에게서 영혼과 이성은 동일하다.

신학과 윤리학

신들도 존재하며 원자로 구성된다. 신들은 인간처럼 죽어야 할 운명을 갖고 있다. 물론 오래 살긴 한다. 신들은 인간보다 강하며, 높은 수준의 이성을 소유한다. 그들은 인간이 꿈이나 아마도 다른 방법으로 인식할 수 있는 존재이지만, 인간사에 개입하지 않으며 따라서 두려워하거나 비위를 맞출 필요는 없는 존재이다. 다른 모든 사물과 같이 신들은 원자 운동의 비인격적 법칙에 종속된다.

우리가 데모크리토스의 인식론에서 지적했던 감각에 대한 이성의 우월성은 윤리학의 영역에 확대된다: 모든 행동의 목적은 안녕이다. 그런데 그가 말하는 안녕은 단지 감관의 쾌락이 아니라 이성적 기능의 발휘에 동반되는 만족이다. 데모크리토스가 썼다고 하는 윤리학적 단편에서 우리는 세련된 쾌락주의 윤리학의 개요를 추적할 수 있다. 여기서 처음으로 만나는 유물론과 쾌락주의의 결합은 의심할 나위 없이 이 두 이론의 자연적 유사성을 반영한다. 쾌락은, 유물론적이며 자연주의적인 철학과 조화를 잘 이루는 양적이며 감각적 성격을 갖는다. 데모크리토스는 삶의 참된 목적이 행복이라고 말한다. 그리고 그는 행복을, 영혼의 평정과 조화와 대담함에 달려 있는 만족 혹은 쾌락의 내적 상태로 서술한다. 이 내적 행복은 재산이나 물질적 재화에 달려 있는 것도 아니고 몸의 쾌락에 달려 있는 것도 아니다. 왜냐하면 이것들은 짧고, 고통을 산출하고, 반복을 요구하기 때문이다. 그래서 내적 행복은 쾌락에서의 절제와 삶의 균형에 달려 있다. 우리는 덜 욕구할수록 덜 실망하게 될 것이다. 이 목표를 달성하는 최선의 방법은 아름다운 행동에 대한 반성과 명상을 통하여 정신 능력을 발휘하는 것이다.

모든 덕목은 최고선인 행복에 기여하는 한에서 가치롭다. 덕목 가운데 으뜸은 정의와 박애이다. 시기와 질투와 모진 마음은 부조화를 일으키고 모든 사람에게 해롭다. 선한 사람이 되는 것은 잘못된 일을 행하는 것을 단지 자제하는 게 아니다. 잘못된 것을 하려는 마음을 먹지 말아야 한다. "당신은 참되게 말하는 사람과 거짓되게 말하는 사람을 구별하되, 행위로만 아니라 그의 욕구로도 구별할 수 있다." "올바른 마음을 가진 사람은 항상 정의롭고 합법적인 행동을 하려고 하는데, 그는 밤이나 낮이나 즐거우며, 강인하며, 근심에서 벗어난다." 우리는 그 상태에 이바지해야 한다. 왜냐하면 "잘 다스려지는 국가가 우리의 가장 큰 보호 수단이기" 때문이다. "국가가 건전한 상태에 있을 때, 모든 것이 형통하다. 국가가 부패할 때, 모든 것이 파괴된다."

제2장
인식과 행동의 문제

7. 소피스트의 시대

사유의 발전

철학은 신발생기(神發生記)와 우주발생기(宇宙發生記)의 시대 이후로 크게 진보했다. 그로 인하여 세계와 삶에 대한 이전의 개념들은 심대하게 변화되었다. 이 변화가 얼마나 광범위한지는 신들과 신비스러운 신화적 형상으로 가득 찬 우주를 말하는 순진한 이론과 원자론자들의 기계론 사이의 대립에 의하여 분명하게 드러난다. 하지만 자유로운 탐구의 정신은 철학 학파에 국한되지 않았으며, 불가피하게 다른 사유 영역에 침투해 들어갔다. 새 개념들이 옛 개념을 차차로 대신하고 있었다.

우리는 아이스킬로스(기원전 525-456년)와 소포클레스(496-405년)와 에우리피데스(480-406년)의 극시(劇詩)에서 그 변화를 주목할 수 있다. 삶과 종교에 대한 그들의 견해는 비평과 반성에 의하여 깊어지고 넓어졌다. 우리는 역사가들과 지리학자들의 저술에서 그것을 발견한다: 이전 같으면 곧바로 믿어졌던 옛적의 전설적 이야기와 미신이 불신당했으며, 헤로도토스(480년에 출생)가 비판적 역사 연구를 위한 길을 닦았다. 이 비평적 역사 연구의 가장 훌륭한 고전적 대표자는 투키디데스(471년에 출생)이다. 의학에서는 이전의 환상적인 개념과 관행이 숙련된 지도자들에게 버림받았다. 사람들은 자연과 인간에 대한 지식의 필요성을 느꼈고, 많은 경우 의사이기도 했던 철학자들의 물리 이론이 치료 기술에 응용되었다. 히포크라테스(460년에 출생)의 이름은 과학적인 의학 연구의 길에서 그리스가 이룩한 진보의 이정표로 우뚝 솟아 있다. 의사들의 탐구는, 관찰과 경험의 중요성을 보여 줌으로써 철학 연구자에게 매우 가치있게 되었다.

이제 우리는 그리스 철학사에서 위대한 사유 체계의 형성이 잠시 중단되는 시기에 도달한다. 몇몇 사상가들은 현존 학파들의 가르침을 계속 발전시킬 뿐이며, 어떤 사람들은 절충적인 방식으로 초기 철학자의 이론과 후대 스승의 이론을 결합하려 했다. 어떤 사상가들은 의학 학파가 추구해 오던 자연과학적 탐구에 관심을 집중하며, 어떤 사람들은 도덕과 법률과 정치의 기초를 형성하는 정신 분야의 연구에 관심을 가졌다. 탐구의 열정은 강렬했고, 국가의 기원과 목적, 행동과 종교와 예술과 교육의 원리에 관한 문제를 포함하여 모든 종류의 문제로 확대되었다. 매우 전문화된 지침서가 대량으로 만들어졌다. 음식 요리로부터 예술 작품의 창작까지, 산책하는 것으로부터 전쟁을 수행하는 것까지 온갖 형태의 인간 활동을 위하여 규칙이 만들어졌다. 이 모든 활동에서 철학은 효모 같은 영향력이었다. 그리스 철학의 출발기에 아주 두드러졌던 독립적 성찰과 비판의 정신은 모든 연구 분야에 침투했고, 사변적 사유의 위대한 시기를 위하여 길을 닦고 있었다. 그러나 인간 정신은 정상에 도달하기에 앞서 많은 잘못된 길을 걸어야 했으며, 많은 어두운 오솔길에서 길을 잃어야 했다. 우리는 기원전 5세기 후반기 철학의 운동을 서술해 보려 한다. 이는 그리스의 역사와 일반 문명의 역사에 대단히 중요한 세기이다

그리스의 계몽

우리는 그리스 민족의 정치적·도덕적·종교적·철학적 발전에서 자유와 개인주의를 향한 진보적 경향을 목격해 왔다. 삶과 인간 제도에 대한 비판적 태도는 이미 그들의 초창기 시(詩)에서 느껴졌는데, 호메로스에게서는 약하게 감지되었고, 헤시오도스와 기원전 6, 7세기의 시인들에게서 점차 강렬하게 감지되었다. 이들은 당대의 예절과 관습에 대하여, 사회적·정치적 제도에 대하여, 종교의 사상과 관행에 대하여, 신들의 기원과 본성과 행동에 대하여 깊이 생각했

다. 그들은 좀 더 순수한 신 개념을 발전시켰고, 신발생기와 우주발생기에서 철학의 도래를 위한 길을 닦았다. 6세기 철학들에서는, 독립적인 사유의 경향이 거의 완전한 형태로 나타난다. 이 시기와 5세기 전반기 동안에는 자연과학과 자연철학이 당대의 유행이었다. 탐구하는 지성은 물리적 사물의 세계로 향했다. 우주의 의미를 이해하려는 노력이 이루어졌다. 우주의 수수께끼를 풀기 위한 체계들이 잇달아 제시되었다. 최고의 대상은 세계와 그 방법이었다. 자연에서의 인간의 위치는 형이상학에서 도달한 결론에 의하여 규정되었다.

5세기 동안 그리스인의 정치적·경제적·지적 경험은 그들의 철학자들을 특징지었던 계몽의 정신이 발전하는 데 매우 유리했다. 페르시아 전쟁(기원전 500-449년)은 아테네를 그리스의 상업적·지적·예술적 중심지뿐만 아니라 바다의 여왕과 강대국이 되게 했다. 시인과 예술가와 교사와 철학자들이 이제 그리스의 성문으로 들어와 부유한 시민을 즐겁게 하고 가르치는 데 도움을 주었다. 화려한 건물과 조상이 도시를 장식했다. 그리고 극장들은 스스로 만족하는 백성의 갈채로 울렸다. 5세기 후반기에 도성 안에 살았던 저명한 사람들인, 페리클레스, 아낙사고라스, 투키디데스, 페이디아스, 소포클레스, 에우리피데스, 아리스토파네스, 히포크라테스, 소크라테스의 이름을 상기할 때, 우리는 페리클레스가 행한 위대한 장례식 연설의 자랑스러운 주장을 넉넉히 이해할 수 있다. 즉 아테네는 그리스를 위한 학교라는 주장이다.

새로운 사물의 질서로 조장된 거대한 경제적 변화와 민주제도의 수립은 독립적인 사유와 행동을 더욱 촉진시켰고, 이와 더불어 권력과 권력을 가져다주는 것들(부, 명예, 문화, 능력, 성공)에 대한 욕구가 생겼다. 종교와 도덕과 정치와 철학과 과학과 예술에 대한 전통적 견해는 비판을 받았다. 이전의 토대가 검토되어, 많은 경우에 붕괴되었다. 부정하는 정신이 그 나라에 널리 퍼졌다. 새로운 연구 주제에 관한 교육의 요구가 드셌다. 공공 생활은 백성을 설득하고 확신시키는 데 능한 사람들을 위하여 찬란한 분야를 마련했고, 수사학과 웅변술과 변증학의 기술 연마가 현실적으로 필요하게 되었다.

우리가 서술해 오던 이 시대는 계몽의 시대였다. 이는 18세기 근대적 계몽과 놀라울 정도로 비슷하다. 계몽에서 생겨난 지성의 태도는 개인주의의 발전을 계속 장려했다. 개인은 이전의 전통에서 독립하여 집단의 권위에서 벗어나고, 스스로 길을 개척하고, 스스로 사유하며 자신의 구원을 성취하기 시작했다. 이 비판적인 사유 습관은 그리스 문화의 발전에 말할 수 없이 값지게 공헌했지만, 몇몇 분야에서는 과장된 모습을 취했으며 그저 말장난이나 미주알고주알 따지는 지경에 이르렀다. 어떤 분야에서는 지적·윤리적 주관주의와 상대주의로 타락하는 경향을 보였다. 내가 어쩌다가 참되다고 생각하는 것이 실제로 진리이다. 내가 어쩌다가 옳다고 믿는 것이 실제로 옳다. 한 사람의 의견은 다른 사람의 의견만큼 훌륭하다. 한 사람의 행동 방식이 다른 사람의 것만큼 훌륭하다. 그런 상황에서 어떤 사람의 의견도 그다지 높은 평가를 받지 못하며, 회의론이 이론 분야에서 융성했으며, 이기심의 복음이 실천의 분야에서 전파되었다는 것은 놀라운 일이 아니다. 자주 인용되는 투키디데스의 구절은 아마 과장된 것이긴 하지만, 새로운 운동의 퇴보적 국면에 상당한 빛을 비추어 준다.

> 말의 일반적 의미가 사람들이 좋아하는 대로 뒤집어졌다. 지극히 무모한 허세가 (虛勢家)가 가장 바람직한 친구처럼 생각되었다. 사려깊고 온건한 사람은 겁쟁이로 불렸고, 이성에 귀기울이는 사람은 아무 짝에도 쓸모없는 얼간이가 되었다. 사람들은 자신의 폭력과 사악함에 정비례하여 신뢰받았고, 아마 장사할 때 속이는 재주가 비상했던 사람을 빼고는 성공한 음모자만큼 인기 있는 사람이 없었다. 그러나 그런 불신의 원인을 정직하게 제거하려는 사람은 자신의 당파에서 배신자로 간주되었다. 맹세에 관하여 말하면, 기회가 닿는 대로 필요한 이상으로 맹세를 지켜야 한다고 생각하는 사람이 없었다. 사실상 당신이 원수로 하여금 당신의 말을 신뢰하게 하여 그를 겨우 붙잡았다면, 원수를 파멸시키는 것은 사실상 별도의 쾌락이었다. (『펠로폰네소스 전쟁사』, Ⅲ, 82)

아리스토파네스는 희극에서 새 문명의 이면을 우리에게 보여준다. 벤(Benn)은 이렇게 말한다(*The Greek Philosophers*). 그에 따르면,

고대의 규율은 시간이 지나면서 아주 느슨해졌다. 부자들은 게으르고 사치스러웠

고, 가난한 자는 폭동을 일으켰고, 청년들은 손윗 사람들에게 더욱 무례해졌고, 종교는 조소당했고, 모든 계층이 돈을 벌고 관능적 즐거움을 위하여 돈을 쓰려는 공통된 욕망에 움직였다.

이는 자유 사상적이며 개인주의적이며 돈을 추구하던 시대의 아들이라는 그림의 한 면이었다. 다른 면에서 우리는 멋진 옛 시절의 보수적이며 대표적인 인물을 발견한다. 그는 새로운 사상, 새로운 교육, 새로운 덕목, 좀 더 정확하게 말해서 새로운 악덕을 반대한다. 왜냐하면 그에게 지적 추구는 "청년들을 조부와 전혀 다르게 만들고 어쩌면 느슨한 사교(社交)와 급속한 생활과 관련된 비종교와 부도덕에" 도달하는 것처럼 보였기 때문이다.

소피스트(Sophists)

새로운 운동의 대표자는 소피스트들이었다. 소피스트라는 용어는 원래 지혜롭고 능숙한 사람을 뜻했지만, 우리가 서술하고 있는 이 시대에는 이 말이 방랑하면서 생각하고 말하는 기술을 돈받고 가르치며 젊은이들을 정치 생활에 준비시키는 전문 교사들에게 사용되었다. 하지만 소피스트라는 이름은 점차 비난의 말이 되었다. 부분적으로는 소피스트들이 돈을 받았기 때문이며, 부분적으로는 보수적 요소를 모욕한 몇몇 후기 소피스트들의 급진주의 때문이었다. 소피스트들은 뜨거운 정열을 갖고 자신들이 택한 일에 전념했다. 플라톤은 프로타고라스가 한 젊은이에게 다음과 같이 말했다고 묘사한다. "만일 그대가 나와 교제한다면, 바로 그날 그대는 올 때보다 나은 사람이 될 것이다." 그리고 소크라테스가 어떻게 이런 일을 있게 할 것이냐고 그에게 질문할 때, 그는 이렇게 대답한다: "만일 그가 내게 올 때, 배우고자 하는 바를 배우게 될 것입니다. 그리고 이는 공적인 일에나 개인적인 일에서 신중함입니다. 그는 자신의 집을 가장 훌륭하게 다스리는 법을 배울 것이며, 국가의 일에서 가장 훌륭하게 말하고 행동할 수 있게 될 것입니다."

젊은이는 전문 직업에 적용하기 위하여 변증학과 문법과 수사학과 웅변을 완벽하게 연마해야 했다. 소피스트들은 매우 실제적인 목적을 염두에 두고 그런 주제를 연구하기 시작했지만, 자기도 모르게 이론적 탐구의 새로운 분야를 열었다. 그들은 또한 도덕적·정치적 문제에 관심을 기울였고, 그리하여 윤리학과 국가론을 좀 더 체계적이고 철저하게 연구하는 데 강력한 힘을 쏟았다. 시대의 도덕적 진지성이 쇠퇴하고 어떤 희생을 치르고서라도 성공하려는 욕망으로 대체되면서, 후기 소피스트들 가운데 몇 사람은 제자들을 유능하게 만들려는 열망에 종종 극단으로 치달았다. 이제 그들의 교훈의 목표는 공정한 수단이든지 비열한 수단이든지 상대를 격파하고, 형편없는 대의를 훌륭한 대의처럼 보이게 만들고, 온갖 논리적 오류를 가지고 상대를 혼동시키며 — 참으로 이제는 "궤변"(sophism)과 "궤변론"(sophistry)이라는 말이 그런 오류 추리를 가리킨다 — 상대를 우스꽝스럽게 만드는 법을 제자들에게 가르치는 것이 되었다.

인식론

소피스트 시대는 일차적으로 도덕적·종교적 개혁의 시대가 아니었다. 이는 18세기와 비슷하다는 것을 과장한 데서 비롯한 잘못된 견해이다. 반면에 무엇보다 궤변론은 자연 철학자나 우주론자의 역설적 결론에 대한 항거이다. 소피스트들의 관심은 그리스 철학의 자연철학자들 가운데서 발견되는 다양한 의견들에 의한 지식의 문제로 쏠렸다. 그들이 도달한 결론은 선배들의 의견 불일치는 인간의 사유 능력의 한계 때문이라는 것이었다. 인간의 사유 능력은 우주론자들이 제창한 문제들을 파악할 수 없다는 것이었다. 다른 말로 하면, 철학에 의해 상당히 육성된 시대의 비판적 정신이 철학에 반동하기 시작했고, 형이상학적 사변의 일시적인 경시에 이르렀다. 사유를 저울에 달아 보니 함량 미달이었다는 것이다.

철학은 자기 비판적이게 된다. 실재의 본질에 관한 문제에서 해답이 일치하는 두 철학자가 없는 것 같다고 사람들은 주장한다. 한 사람은 실재의 본질이 물이라고 하고, 다른 사람은 공기라고 하고, 어떤 사람은 불이라고 하고, 어떤 사람은 흙이라고 하며, 어떤 사람은 그것들 전부라고 한다. 한 사람은 변화가 불가능하다고 선언하고, 다른 사람은 변화만이 존재한다고 말한다. 그런데 변화가 없다면, 지식은 있을 수 없다: 우리는 어떤 것에 대하여 무엇을 예측할 수 없다. 어찌 일자가 다자(多者)가 될 수 있는가? 만일 만물이 변한다면, 지식도 있을 수 없다. 지속하는 것이 없는 곳에서는 무엇에 대하여 무엇을 예측할 도리가 없기 때문이다. 그리고 몇몇 철학자들이 주장하듯이 사물들이 우리의 감관에 영향을 미치는 한에서만 우리가 사물을 인식할 수 있다면, 다시금 우리는 인식할 수 없다. 왜냐하면 사물의 본질이 우리의 파악 능력을 벗어나기 때문이다. 그 모든 것의 결론은, 우리가 우주의 수수께끼를 해결할 수 없다는 것이다.

사람의 지성이 인식 과정에서 중요한 요소라는 진리는 소피스트에게 이해되기 시작한다. 소피스트 이전의 사상가들은 진리에 도달할 수 있는 인간 이성의 능력을 가정했다. 그들은 모든 비판적 통찰력에도 불구하고, 지성을 비판하는 것을 망각했다. 이제 소피스트들은 인식 주체에 빛을 비추면서, 지식이 특정 인식자에 의존하며, 그에게 참된 것으로 보이는 것이 실제로 그에게 참되며, 객관적 진리란 없고 다만 주관적 의견이 있을 뿐이라고 결론을 내린다.

"인간은 만물의 척도이다"라고 프로타고라스(Protagoras)는 가르쳤다. 프로타고라스의 상대주의적인 인간 척도(homo mensura)론은 개인의 양식적 판단을 지지하며, 철학자들(특별히 파르메니데스와 제논)의 역설적 결론을 거부하는 이론이다. 프로타고라스의 공식에서 언급되는 "인간"은 유적 인간(類的 人間, genus homo)이 아니라 개인이다. 개인은 인식의 문제에서 자신에게 법칙이 된다. 이 공식에 따르면, 종종 서로 대립하는 개인들의 의견은 모두 참될 수 있다: "어느 것도 '저것이 아니라 이것'이지 않다."; 두 개의 대립적 진술이 다 참될 수 있다. 각 진술은 그 진술을 선언하는 개인의 주관적 기질에 상대적이다. 따라서 소피스트의 일은 유일한 진리를 입증하는 것이 아니라 두 개의 대립하는 진술 가운데 하나를 받아들이도록 사람들을 설득하는 것이다.

프로타고라스는 두 개의 서로 모순적인 진술이 똑같이 참될 수 있다고 주장하지만, 하나가 다른 것보다 "나을" 수 있다는 데 동의한다. 이 말은 아마 하나가 다른 것보다 정상적이거나 자연스럽다는 뜻일 것이다: 정상적인 눈의 시력은 황달에 걸린 눈의 시력보다 믿을 만하다. 프로타고라스는 정상적인 것에 호소하면서, 모든 표준을 부인한 다음에 진리의 기준을 다시 회복하는 우를 범한다.

프로타고라스는 상충하는 의견이 모두 참되다고 확언함으로써 — 물론 상충되는 의견 가운데 어떤 것은 다른 것보다 정상적이다 — 그로 인하여 제기된 문제를 해결한 반면, 고르기아스(Gorgias)는 진술 가운데 참된 것은 없다는 극단적 입장을 취했다. 그는 「자연 혹은 비존재자에 관하여」라는 제목이 붙은 작품에서, 전적으로 부정주의적 철학을 세 개의 진술로 표명한다: (1) 존재하는 것은 없다. (2) 설사 무엇이 있다 해도, 우리는 그것을 알 수 없다. (3) 그것이 존재하고 우리가 그것을 알 수 있다 해도 이 지식을 다른 사람에게 전달할 수 없다.

소피스트의 인식론은 대체로 부정적이며 회의적이지만, 적어도 그 인식론의 몇몇 대표자들에게는 긍정적 측면을 또한 갖고 있다. 소피스트들이 사용하는 변증적 논거는 참된 지식을 수립하기보다 상대를 논박할 의도를 가지고 있지만, 그 총명함과 독창성에 의하여 플라톤의 변증학과 아리스토텔레스의 논리학을 위하여 길을 닦았다. 소피스트의 다른 긍정적 공헌은 지식의 실용적 측면을 인정한 데 있다. 그들은, 절대적인 이론적 진리란 획득 불가능하지만 개인이 성취한 상대적 지식은 통상적인 인생사의 행동에 실제적인 관계를 갖고 있다고 주장했다. 소피스트들은 개인에게 상대적인 진리의 응용 가능성과 실행 가능성을 강조하면서, 최근 실용주의라는 이름으로 부흥한 하나의 입장을 정식화했다.

윤리학

소피스트의 인식론을 특징짓는 주관주의와 상대주의는 윤리적 견해에서도 나타난다. 이론적 회의론으로부터 윤리적 회의론까지는, 인간이 행동의 문제에서 자신에게 법칙이 된다는 견해까지는 먼 길이 아니다. 만일 지식이 불가능하고, 그리고 옳고 그름에 대한 지식이 불가능하다면, 보편적인 옳고 그름이 없으며, 양심은 단지 주관적인 것이다. 소피스트의 윤리적 논거는 인식론적 논거와 비슷하다: 자연철학자들의 상충하는 우주론적 사색이 소피스트들로 하여금 이론적 지식의 가능성을 의심하게 했듯이, 여러 나라의 관습과 도덕과 전통의 다양성은 그들로 하여금 행동과 사회적 행위의 어떤 절대적 객관적 기준의 타당성을 의심하게 했다. 이런 극단적인 윤리적 함축 의미는 프로타고라스(기원전 약

490년에 출생)나 고르기아스와 같은 구(舊) 소피스트들이 이끌어낸 게 아니다.

프로타고라스의 사회적·정치적 철학은 급진적이지도 혁명적이지 않다. 확실히 그는 법률과 도덕을 포함하여 모든 기성 제도가 단지 인습적이라고 주장했지만, 동시에 그것들의 필요성을 인정했다. 다른 말로 하면, 사회적·도덕적 질서가 있을 수 **있으려면**, 어떤 법적·도덕적 규칙을 **반드시** 고수해야 한다는 것을 인정했다. 도덕적·사회적 인습은 사람을 짐승의 수준을 넘어서게 하고, 사람을 사회적 동물로 변화시킨다. 고르기아스도 지식 분야에서는 급진적 회의론을 취하긴 하지만, 도덕에서는 프로타고라스의 보수주의를 공유했다.

도덕과 법률에 대한 좀 더 부정적인 접근법은 플라톤의 대화록에서 연설가들로 나오는 폴로스, 트라시마코스, 칼리클레스, 에우티데모스를 포함하는 젊은 급진파 가운데 성행했다. 그러나 그들도 완전한 윤리적 허무주의를 채택한 것은 아니었다. 그들에게는 도덕이 인습에 불과하다. 도덕은 자기들의 추종자에게 자신의 요구를 강요할 수 있는 능력을 가진 사람들의 의지를 대변한다. 도덕 규칙은 "자연"과 대립한다. 대체로 소피스트들이 "자연"과 "인습"의 구분을 만들었다고 할 수 있다. 이 구분은 후대의 그리스 사상 발전에 지배적인 역할을 했다. 그들은 이 구분을 언급하면서 이렇게 물었다: "도덕 기준과 행동 규칙은 사물의 본성과 구조에 근거하는가 아니면 사람들 사이에 있는 인습과 임의적 의견 일치의 산물인가?" 소피스트들은 후자가 맞다고 생각했다.

어떤 소피스트들에 따르면, 법칙은 다수의 약자들이 강한 자, "최고의 사람"을 억제하고, 가장 적합한 자가 그 몫을 얻지 못하게 방해하려고 만든 것이다. 그러므로 법칙은 자연적 정의의 원리를 침범한다. 자연권은 강자의 권리이다. 다른 소피스트들에 따르면, 법칙은 일종의 계급 입법이다. 그것은 소수의 강하고 특권을 가진 자들이 자신들의 이익을 도모하려고 만든 것이다. 다른 사람들에게 법칙을 강요하는 것은 강자에게 유리하게 하려 함이며, 이는 그가 더욱 유리하게 그 법칙을 깨뜨리려는 것이다. 법칙과 정의가 집단 이익의 도모를 위한 인습적 장치라는 두 개의 소피스트적 이론은 플라톤의 대화록에 나오는 다음 발췌문에 표현되어 있다.

플라톤의 대화편「고르기아스」편에서 칼리클레스는 이렇게 말한다. "입법자들은 약한 다수이다; 그들은 자신들과 자신들의 이익을 염두에 두고 입법하고 칭찬과 비난을 배치한다; 그리고 그들은 더 힘세고 더 나은 것을 얻을 수 있는 자들로 하여금 더 나은 것을 얻지 못하도록 그들을 위협한다; 그들은 부정직이 수치스럽고 부정의하다고 말한다. 그들이 말하는 부정의란 사람이 이웃보다 더 많은 것을 얻으려는 욕망을 뜻한다; 나는 그들이 자신의 열등함을 알므로 평등을 아주 좋아한다고 짐작해 본다. 그러므로 많은 사람보다 더 많이 가지려는 노력은 인습적으로 수치스럽고 부정의하다고 일컬어지고, 부정의라고 불리며, 반면에 본성은 더 나은 사람이 더 못한 사람보다 많이 갖고 더 힘센 사람이 더 약한 사람보다 많이 갖는 것이 정의롭다고 넌지시 알린다; 그리고 많은 경우 본성은, 동물 가운데서와 같이 사람들 가운데서 그리고 전체 도시와 인종 가운데서 정의란 열등한 자를 다스리고 그들보다 더 많은 것을 갖고 있는 우월한 자에 있음을 보여준다. 크세르크세스가 어떤 정의의 원리에 입각하여 그리스를 침공하고 자기 조상 스키타이족을 침공했겠는가?(수없이 많은 다른 예를 들 필요도 없다). 그러나 이들은 본성에 따라 행동하는 자들이다. 그렇다. 하늘에 의거하여, 자연의 법칙을 따라 사는 사람들이다. 우리가 창안하고 동료들에게 강요하는 인위적 법칙에 따라 사는 사람이 아니다. 우리는 가장 훌륭하고 강한 자들을 그들의 젊은 시절부터 우리 동료들보다 높이고, 목소리로 그들을 매혹시키고 그들에게 평등에 만족하고 평등한 것이 명예롭고 정의롭다고 말하면서 그들을 젊은 사자처럼 길들인다. 그러나 충분한 힘이 있는 사람이 있다면, 그는 이 모든 것을 뒤흔들어 파쇄하고 거기서 나올 것이다. 그는 우리의 모든 공식과 주문과 마법과 자연을 대적하는 우리의 모든 법칙을 짓밟을 것이다: 좋은 반역을 일으켜 우리를 다스리는 주권자가 될 것이며, 자연적 정의의 빛이 비칠 것이다."

트라시마코스는「국가」에서 다른 강조점을 가지고 아주 동일한 주제를 전개한다:

"정의로운 사람은 언제나 정의롭지 못한 사람과 비교해서 밑집니다. 무엇보다 개인적인 계약에서 그렇습니다: 정의롭지 못한 사람이 정의로운 사람의 계약 당사자가 될 때마다, 당신은 계약이 해제될 때 정의롭지 못한 사람이 언제나 더 많은 것을 갖고 정의로운 사람이 덜 갖는 것을 발견할 것입니다. 둘째로, 국가와의 관계에서 그렇습니다: 소득세의 경우, 같은 소득에도 정의로운 사람은 더 많이 내고 정의롭지 못한 사람은 덜 냅니다. 그리고 나라로부터 받을 것이 있을 경우, 한 사람은 전혀 얻지 못하고 다른 사람은 많이 얻습니다. 또한 관직에 있을 때 어떤 일이 일어나는지 관찰해 보십시오. 정의로운 사람은 자신의 일을 소홀히 하고 아마 다른 손해를 당하면서도 국가로부터 아무것도 얻지 못합니다. 왜냐하면 정의롭기 때문입니다. 게다가 그는 친구들과 친지에게 불법적인 방법으로 자기들을 돕지 않는다고 미움을 받습니다. 그러나 정의롭지 못한 사람들에게는 사정이 완전히 달라집니다. 나는 이전과 마찬가지로 정의롭지 못한 사람들의 이익이 가장 현저하게 나타나는 대대적인 부정의에 관하여 말하고 있습니다. 범죄자가 가장 행복한 사람이 되고 고난당하는 사람 혹은 부정의를 행하지 않으려는 사람이 가장 비참해지는 최고의 형태의 부정의를 살펴보면, 즉 기만과 폭력으로 다른 사람의 재산을 야금야금 빼앗지 않고 통째로 강탈하는 참주 정치를 살펴보면, 내 말뜻은 가장 분명하게 나타날 것입니다. 이 정치는 남의 것을 성스러운 것이든 세속적인 것이든, 개인적인 것이든 공적인 것이든 상관없이 한꺼번에 취합니다. 그러나 이런 부정을 하나씩 저지르다가 발각될 때는 그 사람은 최대의 벌과 수치를 받습니다. 이들은 성물 절취범이나 유괴범이나 강도나 사기꾼이나 도둑이라고 불리는 자들이 개별 경우에 그런 짓을 행하는 자들입니다. 그러나 어떤 사람이 시민들의 재산을 빼앗을 뿐만 아니라 그들을 종으로 삼으면, 이런 모욕스러운 이름으로 불리지 않고 시민들에 의해서만 아니라 지독한 부정을 저질렀다는 이야기를 들은 사람들에게도 행복하고 복된 사람이라고 불립니다. 사람들이 부정을 비난하는 것은 자신이 그 희생자가 될까 두려워하기 때문이지 그런 것을 하는 것을 꺼리기 때문이 아닌 것입니다. 그러니 내가 보여 드렸던 것처럼, 소크라테스여, 이런 부정이 대단한 규모로 저질러질 때에는 정의보다 더 많은 힘과 자유와 지배력을 갖습니다. 처음에 말씀드린 것처럼 정의는 강자의 이익이며, 부정의는 자신의 이득과 이익입니다."

위의 인용문들에 표현된 윤리적 입장은 전적으로 부정주의적이나 허무주의적인 건 아니다. 많은 소피스트들은 지적 영역뿐만 아니라 윤리적 영역에서도 자신들의 지배적인 회의론과 충돌을 빚는 긍정적인 이론을 발전시키는 경향을 보였다. 정의가 강자의 이익이며, 강자가 다른 사람을 고려하지 않고 자신의 권력을 주장할 때 정의가 성공한다고 말하는 것은, 정의라는 윤리적 개념의 모든 의미를 부정하는 것이 아니다. 지적 영역에서 진리와 마찬가지로 윤리적 영역에서 정의는 실용주의적 의미를 갖는다.

궤변론의 의의

몇몇 후기 소피스트들의 허무주의적 가르침뿐만 아니라 플라톤과 아리스토텔레스의 적대적인 비판 때문에, 사상사에서 소피스트 운동의 중요성은 오랫동안 잘못 판단되었다. 헤겔과 그로트(Grote)가 이 사상가들에 대하여 공정한 평가를 내리려고 시도한 이후에야, 그들에 대한 올바른 자리매김이 이루어졌다. 그들의 가르침에는 선한 것도 있었고 악한 것도 있었다. 반성과 비판은 철학과 종교와 도덕과 정치와 인간 활동의 모든 분야에서 좀 더 건전한 생각을 낳는 데 필수 불가결하다. 이성에 대한 호소는 그 자체로 칭찬할 만했지만, 잘못은 궤변론이 건설적인 방법으로 이성을 사용할 수 없었다는 데 있다.

키케로가 말했듯이, 소피스트들은 철학을 하늘에서 인간의 거처로 끌어내렸고, 외부 자연으로부터 인간 자신으로 관심을 돌렸다. 그들에게는 인류에 대한 엄밀한 연구 대상은 구체적인 인간이었다. 그러나 그들은 인간에게서 보편적 요소를 인정하는 데 실패했다. 나무는 보았지만 숲은 보지 못했다. 인간을 위하여 인간을 보지 못했다. 궤변론은 인간의 판단에 있는 차이점을 과장했고, 일치점을 무시했다. 또한 감관의 현혹성을 너무 많이 강조했다. 인간의 지식과 행동에서 우연적·주관적·순수 개인적 요소를 강조하면서, 소피스트들은 모든 사람이 받아들이는 진리와 원리를 구성하는 객관적 요소를 바로 평가하지 못했다.

그런데도 지식에 대한 그들의 비판은 좀 더 깊은 인식론 연구를 필요하게 만들었다. 이전의 사색가들은 진리에 도달할 수 있는 지성의 능력을 순진하고 독단적으로 가정했다. 소피스트들은 확실하고 보편적인 지식의 가능성을 부인할 때, 철학으로 하여금 사유 과정을 검토하도록 강요했고, 그래서 지식론을 위한 길을 열었다. 그들은 온갖 종류의 논리적 오류와 궤변을 사용하면서, 올바른 사유 법칙에 대한 연구를 필요한 것으로 만들었고 논리학의 탄생을 재촉했다.

도덕적 지식과 관행에 관해서도 동일한 말을 할 수 있겠다. 개인의 양심에 대한 호소는 건전했다: 도덕은 관습을 그저 맹목적이고 생각 없이 추종하는 데서부터, 반성적인 개인적 선택의 단계로 격상되었다. 하지만 단순한 주관적 의견과 이기심에 대한 호소가 될 때에는, 도덕은 그릇된 길로 접어들었다. 사유의 독립은 쉽게 지적·도덕적 무정부 상태로 퇴보한다. 개인주의는 순전한 이기심으로 퇴보한다. 하지만 이 분야에서도 소피스트주의는 공헌했다: 옳고 그름, 공적·사적 정의의 일반적 개념에 대한 근본적 비판은 윤리학과 정치학에 대한 좀 더 깊은 연구를 필요하게 만들었다. 이 연구는 곧 놀라운 열매를 맺게 된다.

전체 소피스트 운동의 큰 가치는 여기에 있었다: 이 운동은 사유를 각성시키고, 철학과 종교와 관습과 도덕과 그것들에 입각한 제도에게 이성에 비추어 자신을 정당화할 것을 요구했다는 것이다. 소피스트들은 지식의 가능성을 부인할 때, 지식이 자신을 정당화하는 일을 필요하게 만들었다: 그들은 철학이 지식의 기준을 살피도록 강요했다. 전통적인 도덕을 공격할 때는, 도덕이 회의론과 허무주의에 반대하여 자신을 옹호하고 옳고 그름에 대한 이성적 원리를 발견하라고 요구했다. 전통적인 종교적 신념을 공격할 때는 좀 더 일관되고 순수한 신 개념을 발전시킬 필요를 사상가들에게 강요했다. 그리고 국가와 법률을 비판할 때는, 철학적인 국가론의 발전을 필수적인 것으로 만들었다.

그들은 철학이 좀 더 견고한 토대 위에 서고, 제일 원리로 돌아가도록 강요했다: "지식이란 무엇인가? 진리란 무엇인가? 옳은 것은 무엇인가? 선은 무엇인가? 참된 신(神)개념은 무엇인가? 국가와 인간 제도의 의미와 목적은 무엇인가?" 결국 이 문제들은, 잠시 흐릿해졌지만 위대한 문화로 하여금 오랫동안 무시할 수 없는 이전의 물음을 그리스 사상가들이 새로운 관점에서 다시 살피도록 요구했다. 즉 세계의 본질과 자연에서의 인간의 위치는 무엇인가 하는 물음 말이다.

8. 소크라테스와 소크라테스학파들

우리는 기원전 5세기 말에 모습을 갖추기 시작한 철학적·윤리적 상황을 서술했다. 당대의 지적·도덕적 혼돈에 질서를 가져다놓고, 거짓된 것에서 참된 것을, 우연적인 것에서 본질적인 것을 가리고, 사람들이 똑바르게 하고 올바른 관계 속에서 사물들을 보도록 도우려면 사상가가 필요하다. 즉 초보수주의자와 초자유주의자 사이에 균형을 유지할 중재자가 필요하다. 그런 사상가로서 소크라테스가 있다. 그는 사상사에서 가장 위대한 인물 가운데 하나이며, 2천년 동안 서양 문명을 지배했고 오늘날까지 사색에 영향을 주는 사상과 이상을 가진 철학자들의 지적 아버지이다.

소크라테스는 기원전 469년 아테네에서 태어났다. 그는 가난한 부모에게서 태어났는데, 그의 아버지는 조각가였고 어머니는 산파였다. 그가 어떻게 교육을 받았는지 우리는 알지 못하지만, 지식에 대한 그의 사랑은 이 계명된 도시에서 지적 발전의 기회를 창출했음에 틀림없다. 그는 아버지의 직업을 이어받았지만, 곧 "다른 사람들에게 물음을 던짐으로써 자기 자신을 살피라는 신의 부르심"을 느꼈다. 그는 거리에서든 시장에서든 경기장에서든 온갖 종류와 형편의 사람들과 대화를 나누며, 전쟁과 정치와 혼인과 우정과 사랑과 살림과 예술과 장사와 시와 종교와 학문과 특별히 도덕적 문제 등 지극히 다채로운 화제에 관하여 토론하는 습관이 있었다. 인간적인 것치고 그에게 낯선 것은 없다. 온갖 이해에 사로잡힌 삶이 그의 탐구 주제였으며, 세계의 물리적 측면만 그의 흥미를 끌지 못했다. 그는 나무와 돌에 관하여 아무것도 배울 수 없다고 선언했다. 그는 섬세하고 예민하며, 논거에서 오류를 신속히 발견하며, 문제의 핵심을 찌르면서 대화를 주도하는 데 능했다. 친절하고 부드러운 기질을 갖고 있고 늘 기분이 좋았지만, 자신의 기지와 논리로 당대의 사기꾼과 협잡꾼을 폭로하여 그들의 공허한 야심을 찌르기를 좋아했다.

소크라테스는 자신이 가르친 덕목을 행동으로 보여주었다: 그는 대단한 자제심을 갖고 있었고 관대하고 고상하고 큰 인내심을 가진 사람이었다. 그리고 그의 결점은 별로 없었다. 그는 칠십 평생에 전쟁에서나 정치적 의무를 수행할 때 용기 있는 태도를 많이 보여주었다. 재판 때 그의 태도는 도덕적 위엄과 견고함과 일관성에 대한 인상 깊은 모습을 제공한다. 그는 자신이 옳다고 생각한 것을 공평하게 행했고, 모든 사람을 사랑하고 아무에게도 악의를 보이지 않으면서 생존했을 때와 마찬가지로 아름답게 운명했다. 자기 나라 백성에게 무신론을 가르치고 청년들을 부패시킨다는 그릇된 고소에 의해 정죄당하여, 독배를 마셨다(기원전 399년). 그는 스스로 법률을 준수하고 다른 사람들에게도 준수하라고 주장함으로써 권위에 대한 존경심과 국가에 대한 충성을 입증했다. 유죄 선고 이후에 친구들이 탈출 계획을 마련했을 때, 그는 평생 법률의 유익을 향유했는데 노경에 은인들에게 불충할 수 없다는 근거에서, 탈출로 인한 유익을 받지 않으려 했다.

소크라테스는 개인적인 용모에서 호감을 주지 못했다. 그는 키가 작고 땅딸막하고 뚱뚱하고 눈이 흐리고 들창코였다. 입이 크고 입술이 두터웠으며 옷을 아무렇게나 입고 꼴사납고 세련되지 못했다. 외모를 보면 사티로스를 닮았으며, 플라톤의 「향연」에서 알키비아데스는 그를 실레누스의 상반신에 비유했다. 그러나 그가 연설하기 시작했을 때 이 모든 독특성은 망각되었고, 그의 개인적 매력과 눈부신 대화의 효과는 대단했다.

소크라테스는 철학사에서 독특한 인물이다. 그는 전혀 글을 쓰지 않았지만, 제자 플라톤을 통하여 서양 철학의 전체 발전에서 헤아릴 수 없는 영향을 발휘한 진정한 사상가였다. 플라톤의 대화록은 스승과 제자의 사유가 결합되어 있음을 보여주며, "진짜" 역사적 소크라테스가 실제로 개진한 이론과 소크라테스를 대변가로 삼은 플라톤의 이론을 구별하는 문제는 풀 수 없다. 러셀은 "알려진 것이 거의 없는 사람이 많이 있으며, 많은 것이 알려진 사람이 있지만, 소크라테스의 경우에는 우리가 얼마나 모르는지 혹은 얼마나 많이 아는지에 관하여 불확실하다"고 재치있게 지적했다. 역사적 소크라테스와 플라톤의 이상화한 소크라테스를 구별하기 위하여 우리가 갖고 있는 독자적인 증거는 거의 불충분하다.

「구름」에서 아리스토파네스는 소크라테스의 캐리커처를 제시하지만, 우리는 이 자료에서 그의 철학에 관한 내용을 거의 얻을 수 없다. 크세노폰은 「소크라테스에 관한 회상」에서 소크라테스와 그의 철학에 대한 동정적이지만 지극히 무미건조한 설명을 우리에게 제공한다. 그의 냉정하고 엄밀한 진술은 플라톤의 이상화된 소크라테스를 바로잡는 유익한 교정책이 될 것이다. 하지만 크세노폰은 특별한 철학적 능력이 없는 군인이었고, 그의 판단은 철학적 문제들에서 전적으로 신뢰할 수 없다. 크세노폰에 대한 러셀의 논평은 적절하다: "현명한 사람의 말에 대한 어리석은 사람의 보고는 결코 정확하지 않다.……오히려 나는 철학에 문외한인 친구보다 철학자들 가운데 나의 가장 신랄한 원수에게서 말을 듣고 싶다."

소크라테스 철학을 재구성하기 위하여 우리는 플라톤의 대화편을 거의 배타적으로 의존해야 한다. 그리고 어떤 이론이 실제로 소크라테스의 것인지 그리고 어떤 것이 플라톤의 것인지에 관한 판단은 대체로 추측일 수밖에 없다. 소크라테스의 철학을 플라톤 철학의 발전에 나타나는 하나의 단계로 봄으로써 소크라테스의 실제적 가르침을 최소한으로 축소하려는 극단에 치우친 해석가들도 몇 사람 있다. 아마도 올바른 견해는 이 양극단 사이에 있을 것이다. 의심할

자크 루이 다비드, 〈소크라테스의 죽음〉, 1787

필요 없이 우리는 플라톤의 대화편에 예시되어 있는 개념 분석과 정의(定義)의 철학적 방법을 만들고 윤리적 개념의 정의에 이 방법을 사용한 것은 소크라테스의 공로라고 말할 수 있다.

소크라테스의 문제

소크라테스의 주된 관심사는 지식을 훼손시키면서 도덕과 국가의 토대를 위협하던 궤변론의 도전에 맞서는 것이었다. 그는 철학적 반성을 지극히 시의적절하고 실제적인 과제로 여겼다. 왜냐하면 회의론이 시대의 결정적인 말이 된다면 유행중인 인생관의 허무주의적 함축의미를 벗어날 희망이 거의 없을 것이기 때문이다. 그는 만연한 윤리적·정치적 오류가 진리의 의미에 대한 완전한 오해에서 생기며, 지식의 문제가 전체 상황을 푸는 열쇠임을 분명하게 보았다. 이런 확신에서 그리고 당대의 실제적 난점과 맞닥뜨릴 수 있는 인간 이성의 능력에 대한 낙관론적 신념을 가지고, 그는 사명을 수행했다. 그가 설정한 목적은, 철학 체계를 구축하는 게 아니라 사람들이 올바르게 살 수 있도록 그들에게 진리와 덕에 대한 사랑을 불러일으키고, 그들이 올바르게 사유하도록 돕는 것이었다. 그의 목적은 사변적이지 않고 실제적이었다. 그는 그런 방법론보다 지식을 얻는 올바른 방법에 관심을 가졌다. 그는 이론을 제시하지 않고, 방법을 실천하고 실행하고 모범을 보여 다른 사람들에게 그것을 따르도록 가르쳤다.

그래서 그는, 우리가 진리에 도달하기 위하여 우리의 머리에 들어오는 모든 우연적 의견을 신뢰하지 말아야 한다고 생각하게 되었다. 혼동되고 모호하고 공허한 사유가 우리의 마음을 가득 채운다. 우리는 결코 검증하지 않았고 소화하지 못한 많은 견해와, 신념에 근거하여 받아들이고 그 의미를 알지 못하는 많은 편견을 갖고 있다. 우리는 근거 없는 자의적 주장을 많이 펼친다. 사실상 우리는 모든 것에 참된 지식, 진정한 확신을 갖고 있지 않다. 우리는 모래에 우리의 지성적 건축물을 세웠고, 우리가 그 토대를 재구축하지 않을 경우 건물 전체가 붕괴될 것이다.

우리의 가장 시급한 과제는 우리의 관념을 명료하게 만들고, 용어의 참된 의미를 이해하고, 우리가 사용하는 개념들을 정확하게 정의하고, 우리가 말하고 있는 바를 정확하게 인식하는 것이다. 그러므로 우리는 자신의 견해를 지탱하는 이유를 가져야 하며, 자신의 주장을 증명하고, 사유하고, 추측하지 말고, 우리의 이론들로 하여금 사실에 의한 검증 시험을 거치게 하고, 거기에 따라서 그것들을 수정하고 바로잡아야 한다. 소피스트들은 진리가 없고 지식을 획득할 수 없다고 말한다. 사람들은 서로 의견이 다르고, 의견과 의견이 맞서고, 하나의 의견이 다른 의견만큼 훌륭하다.

소크라테스는 이것이 위험한 실수라고 말한다. 사실, 사유는 다양하다. 그러나 의견의 충돌 아래 근본적인 일치점이 있지 않은지, 우리 모두가 딛고 설 수 있는 공통된 기반, 모두가 동의할 수 있는 어떤 원리가 있지 않은지를 발견하는 것이 우리의 의무이다. 그와 같은 보편적 판단을 전개하는 것이 소크라테스적 방법의 목적이었다. 그 방법은 소크라테스가 토론에서 사용했고 진정한 교차검증 방법이다. 그는 토론중인 주제에 대하여 다른 참가자보다 더 많이 알지 못하는 체했다. 사실 그는 그들보다 더 알지 못한다고 고백했다(소크라테스의 반어법). 하지만 곧 그들은, 소크라테스가 상황을 주도하는 사람이며 자신들로 하여금 모순에 빠지게 만들고 있으며 시종일관 자신들의 생각을 소크라테스 자신의 길로 교묘히 인도하고 있음을 느꼈다. "당신은 당신의 문제들이 어떤 상태에 있는지 아주 잘 알면서 질문하는 습관이 있군요" 하고 청중 가운데 한 사람이 불평했다. 논쟁자들의 혼동스럽고 무정형적인 개념들이 목전에서 점차 모양을 갖추며, 점차 명석판명해지고, 마침내 아름다운 조각상처럼 두드러진다. 소크라테스는 까닭없이 조각술을 배운 게 아니었다.

소크라테스적 방법

소크라테스는 한 주제를 토론할 때, 일반적으로 일행의 통속적이고 성급히 형성한 의견들로부터 출발한다. 그는 일상 생활에서 취한 예화를 사용하여 이 의견들을 검토하고, 필요할 경우 그것들이 확고한 기초에 서 있지 않고 수정과 교정의 필요가 있음을 보인다. 그는 적절한 경우를 제시함으로써 대화에 참여한 자들이 스스로 올바른 견해를 형성하도록 돕고, 진리가 차례차례 발전할 때까지 만족하지 않는다. 크세노폰의 유명한 예는 소크라테스적 방법의 본질적 특징을 분명하게 보여줄 것이다. 소크라테스는 능숙한 질문으로, 에우티데모스라는 청년으로 하여금 위대한 정치가가 되려는 야심을 실토하게 한다. 그런 다음 소크라테스는 그가 야심을 추구하기 위하여 자연스럽게 정의로운 사람이 되려고 해야 한다고 그에게 넌지시 말한다. 청년은 자신이 이미 그런 사람이라고 생각한다.

소크라테스는 말한다. "그러나 다른 기능이나 기술처럼 정의의 올바른 산물인 행동이 있음에 틀림없네. 의심할 나위 없이. 그런데 그대는 그런 행동과 산물이 어떤 것인지 우리에게 말해 줄 수 있는가?" "물론 나는 할 수 있습니다." "그리고 정의의 산물도?" "물론이죠." "아주 좋아. 그러면 정의의 산물과 부정의의 산물이 무엇인지 두 줄로 써보도록 하지." "좋습니다" 하고 에우티데모스가 말한다. "그럼 오류는 어떠한가? 어떤 줄에 써야 하지?" "물론 부정의한 줄에 써야죠." "그러면 속임수는?" "마찬가지입니다." "그러면 도둑질은?" "그것도 물론이죠." "그러면 노예 만들기는?" "마찬가지입니다." "이 가운데 정의로운 줄에 들어갈 수 있는 것은 하나도 없는가?" "글쎄, 그건 금시초문입니다."

소크라테스가 말한다. "그러나 장군이 자기 나라에 큰 잘못을 저지른 원수를 상대한다고 해보게. 만일 그가 이 원수를 정복하고 노예로 삼으면, 그것은 잘못인가?" "분명 그렇지 않습니다." "만일 원수의 재화를 빼앗고 전략으로 그를 속인다면, 이 행위는 어떠한가?" "물론 그것들은 아주 정당합니다. 그러나 나는 당신이 속이거나 학대하는 친구들에 관하여 이야기하고 계신 것을 생각했습니다. 그러므로 어떤 경우에 우리는 이 행위들을 양쪽 줄에 써야 하겠군요." "내 생각도 그렇네."

"그런데 친구와 관련하여 살펴보도록 하세. 낙심해서 지리멸렬한 군대를 이끄는 사령관을 상상해 보게. 그는 지원군이 올라오고 있다고 말하여 그들을 속여 이 말을 믿게 하고는 낙담 상태에서 건져 내고 승리를 이끌 수 있게 한다고 해보게. 친구들을 속인 이 행위는 어떤가?" "글쎄요. 정의로운 줄에 포함시켜야 할 것 같군요." "그렇지 않으면, 한 소년이 약을 먹어야 하는데 먹지 않으려 하자, 아버지가 소년을 속여서 맛있는 것이라고 믿게 하여 먹이고 그를 살린다고 해보게. 이 속임은 어떤가?" "그것도 정의로운 편에 속해야죠." "혹은 자네가 지독한 격분에 사로잡힌 친구를 발견하고 그가 자살하지 않을까 두려워 그의 칼을 훔친다고 해보게. 자네는 그 도둑질에 대하여 무엇이라고 말하겠는가?" "그것도 역시 마찬가지겠죠." "그러나 내 생각엔, 자네는 친구를 속이는 일이 없어야 한다고 말한 것 같은데?" "괜찮으시다면, 제 말을 취소해야겠습니다." "아주 좋네. 그런데 자네에게 묻고 싶은 또 한 가지가 있네. 스스로 정의를 깨뜨리는 사람과 모르고 정의를 깨뜨리는 사람 가운데 누가 더 부정의하다고 생각하는가?" "소크라테스여, 더 이상 제 대답을 확신하지 못하겠습니다. 모든 것이 내가 이전에 생각했던 것과 정반대로 바뀌어 버렸기 때문입니다."(크세노폰, 「소크라테스 회상기」)

이런 식으로 소크라테스는 귀납에 의하여 정의를 발전시킨다. 먼저 예를 사용하여, 임시적인 정의를 형성한다; 이 정의를 다른 예를 사용하여 검토하고, 마지막으로 만족스러운 정의에 도달할 때까지 필요 조건을 만족시키도록 처음의 정의를 확대하거나 축소한다. 프랜시스 베이컨이 훗날 명명했던 "부정적 사례" 즉 제시된 전통적 정의에 모순되는 사례가 이 과정에서 중요한 역할을 맡는다. 그 목표는 언제나 정의하려는 주제의 본질적 특징을 발견하고, 명석판명한 관념이나 개념에 도달하는 것이다.

때때로 소크라테스는 언급된 진술들을 올바르다고 가정되는 기본 정의에 비추어 비판함으로써, 곧장 제일 원리로 돌아감으로써 언급된 진술들을 검토한다. 이 방법은 연역적이다. 가령 당신은, 이 사람이 저 사람보다 훌륭한 시민이라고 말한다. 하지만 당신의 주장은 단순히 주관적 의견으로, 받아들일 만한 정의를 언급하여 그것을 지지할 이유를 제시하지 않으면 아무런 가치가 없다. 그사람이 훌륭한 시민인지 아닌지에 대한 질문은, 당신이 훌륭한 시민이 누구인지를 알 경우에만, 엄밀하게 용어를 정의한 경우에만 판정될 수 있다.

"명확하게 말하지 않고 아마도 증거가 없으면서도 언급한 사람이 (소크라테스가 언급한 다른 사람보다) 지혜롭다든지 혹은 정치적인 문제에서 더 능숙하다든지 더 많은 용기를 가졌다든지 그런 점에서 더 훌륭하다고 말하는 사람과 어떤 점에서든 의견을 달리할 경우라면, 그는 다음과 같은 방식으로 전체 논거를 제일 명제로 가져갈 것이네. 그대는 그대가 칭찬하는 그 사람이 내가 칭찬하는 그 사람보다 더 훌륭한 시민이라고 말하는가?" "분명히 그렇습니다." "그러면 우리는 훌륭한 시민의 의무가 무엇인지 살펴보아야 하지 않겠는가?" "그렇게 하지요." "그러면 국가를 더 부유하게 만드는 자는 공금을 관리할 때 뛰어나지 않겠는가?" "의심할 나위가 없습니다." "그러면 원수에게 승리를 거두는 자는 전쟁에서 뛰어나지 않겠는가?" "확실히 그렇습니다." "그러면 원수를 자기 편으로 만드는 자는 외국 사절의 사명을 훌륭하게 수행하지 않겠는가?" "의심할 필요가 없습니다." "그리고 의견 대립을 억제하고 의견 일치를 불러일으키는 자는 사람들에게 연설하는 일에 뛰어나지 않겠는가?" "나도 그렇게 생각합니다." 그처럼 다시금 근본 원리를 향하여 토론할 때, 그를 반대하던 자들에게 그 진리가 분명해졌다.

그는 어떤 주제에 관하여 주장을 펼칠 때, 자신의 추론을 위한 확고한 토대가 형성되었다고 생각하고 일반인이 진리라고 인정하는 명제로 나아갔다. 따라서 그는 말할 때마다, 내가 아는 모든 사람에 관하여 그는 청중들을 설복시켜 자신의 논거에 동의하도록 했다. 그리고 그는, 호메로스가 오디세이아를 모든 사람이 인정하는 요점에 관하여 추론을 펼칠 수 있는 자로서 믿음직한 연설가라고 했었다고 말하곤 했다.(크세노폰)

그러면 지식은 결국 가능하지만, 우리가 적절한 방법을 따를 때에만 그렇다. 우리는 용어를 정확하게 정의하고, 제일 원리로 추론을 끌고 가야 한다. 지식은 일반적이며 대표적인 것에 관심을 갖지 개별적이고 우연적인 데 관심을 갖지 않는다. 소피스트는 이 점을 이해하지 못했고, 소크라테스는 그것을 똑바로 세운다. 하지만 그는 한 가지 중요한 점에서 소피스트들과 의견을 같이한다: 그는 우주론적 형이상학적 사변의 무익성에 대한 신념을 그들과 공유했다. "참으로 그는 다른 사람들과 달리 우주의 본질과 같이 어려운 문제에 관한 모든 토론에 고개를 돌린다. 학자들이 표현하듯이 '우주'가 어떻게 생성하였는가, 혹은 어떤 세력에 의하여 천상 현상이 발생했는가 하는 문제 말이다. 그는 그런 문제로 우리의 머리를 골치아프게 만드는 것은 바보짓이라고 주장했다."

그의 관심은 윤리적 실천적인 것이었으며, 그는 그런 사색의 결과가 어떻게 될는지 생각하지 않았다.

인간 학문의 연구자는 자신이 원하는 대로 자신이나 다른 사람의 유익을 위하여 자신의 연구를 이용할 것을 기대한다. 신적 활동을 살피는 이 탐구자들은 다양한 현상들이 어떤 세력에 의하여 발생하는지를 발견할 때 원하는 대로 바람과 물을 만들고 결실기를 창출할 것이라는 것을 소원하는가? 그들은 자신의 필요에 적합하도록 이런 것들을 조작하려 하는가? …… 그는 인간적 주제를 토론하는 데 결코 지치지 않았다. 신앙심이란 무엇인가? 불신앙이란 무엇인가? 아름다운 것은 무엇인가? 추한 것은 무엇인가? 고상한 것은 무엇인가? 비열한 것은 무엇인가? 정의로움과 정의롭지 않음은 무엇을 뜻하는가? 맑은 정신과 광증은 무엇을 뜻하는가? 용기와 비겁은 무엇을 뜻하는가? 국가란 무엇인가? 정치가란 무엇인가? 사람을 통치하는 자는 무엇인가? 통치자의 성품은 무엇인가? 그리고 다른 비슷한 문제들에 관한 지식은, 그의 표현대로 소유한 자에게 고상함의 특권을 수여했지만, 그 지식이 결여된 자는 노예로 당연히 낙인찍힐 것이었다.(크세노폰, 「소크라테스 회상기」)

소크라테스적 방법의 중요성을 강조하면서, 우리는 소크라테스가 방법론자가 아니었음을 기억해야 한다. 그는 철학적 탐구에 대한 자신의 방법을 명확하게 서술하지 않았다. 아리스토텔레스가 이런 방법론적 과제를 설명한 최초의 인물이었다. 그러나 소크라테스는 하나의 방법을 실천했고, 그의 사유는 철학적 절차의 한 패턴을 너무 훌륭하게 보여주므로, 그가 그 절차의 성격과 중요한 수단을 전혀 몰랐다고 믿기란 어렵다. 소크라테스가 철학적 분석에서 사용한 방법은 다섯 가지 쉽게 구분 가능한 특징을 갖고 있다.

(1) 그의 방법은 **회의론**적이다. 그것은 토론중인 문제에 관하여 알지 못한다는 소크라테스의 참된 혹은 거짓된 무지로부터 시작된다. 이는 청중에게 진실치 못한 거짓말로 보이지만 소크라테스의 참된 지적 겸손을 보여주는 하나의 표현임에 틀림없는 소크라테스의 반어법이다. 소크라테스는 이 회의론을 소피스트들과 공유했으며, 그것을 채택하면서 아주 당연히 그들에게 영향을 받았을 것이다. 그러나 소피스트들의 회의론은 결정적이며 최종적인 데 비해, 소크

라테스의 회의론은 임시적이며 잠정적이다. 소크라테스의 회의와 가장된 무지는 데카르트의 시초적 회의와 마찬가지로 지식 추구의 필수적인 첫 단계이다.

(2) 그것은 **대화**이다. 그의 방법은 대화를 교훈적 장치뿐만 아니라 실제적인 진리 발견을 위한 기술로 사용한다. 사람들의 다양한 의견 가운데서도 모든 사람이 동의할 수 있는 진리가 있다는 확고한 확신을 갖고서, 소크라테스는 토론 혹은 질의 응답에 의하여 그런 진리를 열어 보이기 시작한다. 소크라테스는 ― 일행 가운데 한 사람이 제시한, 혹은 시인(詩人)이나 다른 전통적 원천에서 취한 ― 대중적 혹은 성급히 만든 개념에서 출발하여, 이 개념을 엄격하게 비판한다. 그러면 그 결과 좀 더 적절한 개념이 등장한다. 이런 측면에서 그의 방법은 종종 산파술적 방법으로 서술된다. 이는 다른 사람의 생각을 태어나게 하는 지적 산파의 기술이다.

(3) 그의 방법은 정의, 신앙, 지혜, 용기 등과 같은 윤리적 개념의 정확한 정의를 획득하는 것을 지식의 목표로 설정하므로 **개념 획득적** 혹은 **정의(定義) 획득적**이다. 소크라테스는 진리가 정확한 정의(定義)에 있다고 암묵적으로 가정한다. 이 가정은 분명히 견고한 게 아니다. 정확한 정의는 의심할 나위 없이 지식에 필수적이지만, 정의만으로 지식을 형성할 수 있는 건 아니다.

(4) 소크라테스의 방법은 구체적 사례를 언급하여 제시된 정의를 비판하므로 **경험적** 혹은 **귀납적**이다. 소크라테스는 일반적 경험과 일반적 관례에 호소함으로써 정의를 테스트한다.

그러나 (5) 이 방법은 정의의 함축 의미를 끌어냄으로써, 그 결과를 연역함으로써 정의를 테스트하므로 **연역적**이기도 하다. 소크라테스의 정의 획득적 방법은 철학적 탐구의 논리에 참으로 기여했다. 이 방법은 플라톤의 변증법적 방법에 영감을 불러일으켰고, 아리스토텔레스의 논리학에 적지 않은 영향력을 행사했다.

소크라테스의 윤리학

지식, 명확하고 추론된 사유에 대한 소크라테스의 신념은 강하다. 너무 강한 나머지, 그는 우리의 모든 병에 대한 치료약을 거기서 발견한다. 그는 자신의 방법을 인간의 모든 문제에, 특별히 도덕의 문제에 적용한다. 그래서 행동을 위한 합리적 기초를 발견하려 한다. 우리가 보았듯이, 급진적 사상가들[소피스트들]은 당대의 윤리적 이념과 관행을 단지 인습으로 보았다. 결국 힘이 정의를 만든다는 것이다. 보수주의자들은 당대의 윤리적 이념과 관행을 자명한 것으로 본다: 행동의 규칙은 사람이 추론할 수 있는 것이 아니라 준수해야 하는 것이다. 소크라테스는 도덕의 의미를 이해하고, 옳고 그름의 합리적 원리를 발견하려 한다. 이 원리는 도덕적 문제를 판단하는 기준이다.

그의 생각에 가장 중요한 문제는 이것이다: "나는 어떻게 나의 삶을 정돈할 것인가? 합리적인 생활 방식은 무엇인가? 추론적 존재인 인간은 어떻게 행동해야 하는가?" 소피스트들은 나를, **특정한** 나를 즐겁게 하는 것이라면 무엇이든지 나에게 옳으며, 보편적 선이란 없다는 의미에서 인간이 만물의 척도라고 말하는데, 그것이 옳을 리는 없다. 그것을 넘어서는 것이 틀림없이 문제에 있다. 모든 합리적 존재가 문제를 철저히 생각하게 될 때 인정하고 받아들이는 어떤 원리 혹은 기준 혹은 선이 틀림없이 있다. 그 선은 무엇인가? 다른 모든 것을 선하게 만드는 그 선 곧 최고선은 무엇인가?

지식이 최고선이라고 소크라테스는 대답한다. 소크라테스 윤리학의 중심 입론(논제)은 다음의 공식에 포함되어 있다: "지식은 덕이다." 올바른 사유는 올바른 행동에 본질적이다. 배를 조정하거나 국가를 통치하기 위해서는 배의 구조와 기능 혹은 국가의 본질과 목적에 대한 지식을 갖고 있어야 한다. 그처럼 사람이 덕이 무엇인지 알지 못한다면, 자제와 용기와 정의와 애국심의 의미와 그것들의 대립자들을 알지 못한다면, 덕스러울 수 없다. 그러나 덕이 무엇인지 알면, 그는 덕스러워질 것이다. 지식은 덕의 필요 충분 조건이다: 지식 없이 덕은 불가능하며, 지식의 소유는 덕스러운 행동을 보장한다. "사람은 자발적으로 악하거나 비자발적으로 선하지 않다." "사람은 악이나 자신이 악하다고 생각하는 것을 자발적으로 따르지 않는다. 선보다 악을 좋아하는 것은 인간 본성에 속하지 않는다. 그리고 사람이 두 악 사이에 선택해야 할 경우, 더 작은 악을 선택할 수 있을 때 더 큰 악을 선택하지 않을 것이다."

다음과 같은 반론이 제기된다. "우리는 더 나은 것을 알고 그것을 인정하지만 악을 따른다." 소크라테스는 우리가 선을 참으로 알면서 그것을 선택하기를 거부할 수 있다는 것을 부인하려 했을 것이다. 그에게는 옳고 그름에 대한 지식이 단순한 이론적 의견이 아니라 확고한 실천적 확신이며, 지성뿐만 아니라 의지의 문제이다.

소크라테스는 지식과 덕을 동일하게 보는 입장에서 수많은 다른 함축 의미를 연역해 낸다. 덕은 지식이므로, 따라서 덕은 하나이게 된다: 지식은 통일체, 진리의 조직적 체계이며, 따라서 여러 개의 덕은 다만 덕 자체의 아주 많은 상이한 형식에 불과하다. 더욱이 덕은 그 자체로 선할 뿐만 아니라 인간에게 유익하다. 모든 명예롭고 유익한 행동의 경향은, 삶을 고통없고 즐겁게 만들려 한다. 그래서 명예로운 것은 또한 유익하고 선한 것이다. 덕과 참된 행복은 하나이다. 절제하거나 용감하거나 지혜롭거나 정의롭지 못한 사람은 행복할 수 없다.

소크라테스는 「변명」에서 이렇게 말한다. "나는 노소를 막론하고 여러분 모두를 설득하여 자신의 인격이나 재산을 생각하지 말고 먼저 무엇보다 영혼의 가장 큰 진보에 관심을 가지도록 하려는 것 말고는 달리 할 일이 없습니다. 나는 덕이 돈에 의하여 주어지지 아니하고 덕에서 돈과 (공적이건 사적이건) 인간의 다른 모든 선이 나온다는 것을 여러분에게 말씀드립니다."

그리고 그는 재판에서 다음과 같이 최후의 말을 남긴다.

"그래도 나는 그들[나를 비난하고 고소한 자들]에게 한 가지 부탁을 드리고자 합니다. 나의 아들들이 자랄 때, 오 나의 친구들이여, 여러분이 그들을 벌하여 주시기를 부탁드립니다. 그리고 그들이 덕보다 재산이나 다른 어떤 것에 관심을 기울이는 것처럼 보일 때, 내가 여러분을 괴롭게 만들었듯이 여러분이 그들을 괴롭게 해 주시기를 바랍니다. 혹은 그들이 사실상 아무것도 아니면서 대단한 사람이 된 것처럼 행세하면, 그들이 마땅히 관심을 기울여야 할 것에 관심을 기울이지 않으며 자신이 사실상 아무것도 아닌데 대단한 사람인 것처럼 생각하므로 내가 여러분을 질책했듯이 그들을 질책하십시오. 여러분이 이렇게 해 주신다면, 나와 나의 아들들은 여러분 손에서 마땅한 처벌을 받을 것입니다."

소크라테스 학파들

우리가 이미 지적했듯이, 소크라테스는 형이상학 체계를 구축하거나 인식론이나 행위론을 제시하지 않았다. 스승이 닦은 토대 위에 건물을 세우는 것은 그의 제자들에게 남겨졌다. 어떤 이들은 소크라테스의 방법이 제시한 논리적 문제들을 연구 주제로 삼았고, 어떤 이들은 그의 윤리적 방법에 내재한 문제에 관심을 돌려 윤리 이론을 만들려고 했다. 에우클레이데스(기원전 450-374년)가 세운 메가라학파는 덕은 지식이라는 소크라테스의 가르침과 존재의 통일성에 대한 엘레아학파의 가르침을 결합시켰다: 덕의 개념은 사물의 영원한 본질을 형성한다; 다른 어떤 것도 — 질료든지, 운동이든지, 변화하는 감관의 세계든지 — 참된 존재를 갖고 있지 않다. 그래서 오직 하나의 덕만 있을 수 있으며, 따라서 외적인 선은 가치를 가질 수 없다. 에우클레이데스의 후계자들은 소크라테스의 가르침의 변증론적 측면을 과장했고, 제논과 엘레아학파와 소피스트들의 전통에 서서 온갖 미묘한 것과 미주알고주알 따지기(논쟁술)를 즐거워했다.

소크라테스의 윤리학은 다면적이었고, 그 상이한 측면들은 종종 서로 상충되었다. 상충하는 측면 각각이 그의 추종자들에 의하여 과장되었다. 소크라테스의 가르침의 어떤 국면에 각각 근거를 둔 두 개의 중요한 윤리학파가 있었는데, 아리스티포스(기원전 약 435년에 출생)가 키레네에서 세운 **키레네학파**(Cyrenaic)와 안티스테네스(366년에 사망)가 아테네 퀴노사르게스의 경기장에서 설립한 **견유학파**(Cynic)가 있다. 키레네학파는 지적 추구에서 파생되는 기쁨과 만족이라는 소크라테스의 열정주의적인 묘사를 붙잡았다. 그들에게 최고선(summum bonum)은 최대한의 쾌락 획득과 고통의 회피가 되었다.

키레네학파의 이론은 순전히 양적 쾌락주의였다: 이 이론은 고등한 쾌락과 열등한 쾌락을 구분하지 않고, 신체의 쾌락이든지 영혼의 쾌락이든지 상관없이 가장 강렬한 쾌락을 추구할 것을 옹호했다. 미숙한 쾌락주의는 그 안에 비관론의 씨앗을 갖고 있는 법이다: 고통보다 쾌락을 많이 얻는 것은 불가능하게 보이며, 쾌락의 배타적 추구는 권태와 좌절에 이른다. 이 학파의 비관론자 헤게

시아스는, 심지어 고통없는 상태라도 획득하는 인간은 다행이며, 대부분의 인간에게는 고통이 쾌락보다 많다고 지적했다. 이런 상황에서 자살은 유일한 탈출구처럼 보이며, 그래서 그는 "자살을 부추기는 자"가 되었다.

견유(犬儒)학파는, 지식과 동일한 덕이 쾌락의 형식으로 오는 보상과 별개로 그 자체로 가치 있는 것이라는 소크라테스의 입론을 과장했다. 따라서 덕스럽고 모든 필요에서 벗어나기를 추구하는 것이 인간의 의무이다. 필요로부터의 독립과 자유에 대한 강조는 소크라테스가 모범으로 보여준 자질들을 찬양하는 것이다. 소크라테스는 다른 사람의 견해에 대해 독립적이며 무관심했던 것이다. 덕과 의무의 윤리학은 그 주장자들을 극단적인 훈련과 절제와 자기 부정과 완전한 무소유에 이르게 했다. 다른 말로 하면 금욕주의에 이르게 했다. 또한 이 윤리학은 문명의 인공물을 거부하고 자연 상태로의 복귀를 옹호하는 데 이른다. 시노페의 디오게네스는 견유학파의 이처럼 급진적인 측면을 몸소 실천한 주창자이다.

두 개의 소크라테스주의적 윤리학파는 서로 대립되긴 하지만, 한 가지 중요한 공통점을 갖고 있었다. 그들은 개인의 구원을 추구했는데, 한편은 쾌락에서, 다른 편은 쾌락의 거부에서 추구했다. 두 학파는 후대 그리스 철학에 비슷하게 영향을 끼쳤다: 쾌락을 최고선으로 보는 키레네학파의 이론은 에피쿠로스학파가 채택하여 변경시켰고, 쾌락 이론을 거부하고 덕을 위한 덕이라는 이론을 옹호한 견유학파의 가르침은 스토아학파에 의하여 발전되었다.

제3장

위대한 체계들의 시대

9. 플라톤

플라톤과 그의 문제

소크라테스학파 가운데 소크라테스의 철학적 방법과 인본주의적 통찰력
이 표시하는 노선을 따라 포괄적이며 통합된 사유 체계를 구축하는 데 성공
한 학파는 없었다. 하지만 위대한 선생의 업적은 그런 [체계 수립의] 활동에 이
의를 제기했다. 그가 제시한 문제들은 철저히 생각해야 할 것이었다. 그 문
제들은 서로간에 그리고 존재의 궁극적 성격에 관한 문제와 긴밀히 연결되
어 있었다. 그리고 이 문제들은 상호 관계에서 그리고 좀 더 큰 존재론적 문
제의 일부로서 연구하지 않을 경우 적절한 대답을 얻을 수 없었다. 인간의 삶,
인간의 지식, 인간의 행동, 인간의 제도에 담긴 의미의 문제는 실재의 의미
에 대한 문제 해결에 의존하여 완전한 대답을 얻을 수 있었다. 이 과제에 헌
신한 인물은 소크라테스의 가장 위대한 제자 플라톤이었다. 그는 인식론과
행동 이론과 국가 이론을 발전시켰을 뿐만 아니라 우주론으로 최후를 장식
했다.

플라톤의 체계는 선배들의 이론들을 통합하고 변형시킨다. 플라톤은 감각
현상의 지식에 관한 소피스트들의 회의론을 공유하며, 참된 지식이 언제나 개
념에 의한 것이라는 점에서 소크라테스와 의견을 같이한다. 그는 세계가 항상

변화하고 있다는 헤라클레이토스의 이론을 받아들이지만, 그 이론을 감각적 현상의 세계에 제한적으로 적용한다. 그는 실재 세계는 변할 수 없다는 점에서 엘레아학파와 의견을 같이하지만, 파르메니데스의 변하지 않는 존재를 자신의 영원한 이데아의 세계로 대체한다. 원자론자들과 마찬가지로 실재가 다양하다는 데에 의견을 같이하지만, 원자의 복수성을 형상이나 이데아의 복수성으로 대체한다. 아낙사고라스와 마찬가지로 지성이 세계에서 역동적 원소라고 가정한다. 그리고 마지막으로 플라톤은 실재가 기본적으로 이성적이라는 점에서 거의 모든 그리스 철학자들과 의견을 같이한다. 그의 체계는 그의 시대까지 내려오는 그리스 철학의 성숙한 열매이다.

플라톤은 기원전 427년에 귀족 부모에게서 태어났다. 전승에 따르면, 그는 처음에 다른 선생들에게서 음악, 시, 그림, 철학을 공부했고, 407년에 소크라테스의 제자가 되어 스승의 임종시까지 함께 지냈다(399년). 그후 플라톤은 슬퍼하는 소크라테스학파 사람들과 함께 메가라로 갔다. 그는 이집트와 소아시아를 여행했으며, 이탈리아를 방문하여 피타고라스주의자를 만났으며(388년), 어느 기간 시라쿠사의 참주 디오니시오스 1세의 궁전에서 살았다고 한다. 그런데 디오니시오스 1세는 플라톤의 원수가 되어 그를 전쟁 포로로 팔아 노예가 되게 했다. 그러나 이 모든 이야기는 받아들여지지 않는다. 그는 아카데무스 숲에 학교를 세웠는데 그것이 곧 아카데미이다. 여기서 플라톤은 연관식 강의와 대화를 통하여 수학과 철학의 여러 분과를 가르쳤다. 그는 두 번 활동을 중단했다고 한다(기원전 367년과 361년). 이때 시라쿠사를 방문하였는데, 아마 자신의 이상 국가를 실현하는 일에 이바지할 수 있겠다는 소망 때문이었을 것이다. 그러나 그는 실망하고 말았다. 기원전 347년에 그는 사망했다.

플라톤은 철학자이자 변증법자였을 뿐만 아니라 시인이자 신비주의자였다. 그는 논리적 분석과 추상적 사유의 위대한 능력을 시적 상상력과 깊은 신비적 감정의 비상(飛上)을 결합시킨 보기 드문 인물이었다. 그의 성품은 고결했다. 그는 출생이나 기질에서 귀족이었으며, 타협할 줄 모르는 이상론자였으며, 비천하고 천박한 모든 것에 적대적이었다.

플라톤

아마 플라톤의 모든 작품이 우리에게 이어져 내려온 것 같다. 그의 이름이 붙은 저술(35편의 대화편과 13편의 서간) 가운데, 대부분의 서간과 대부분의 정의는 그의 것이 아닌 것으로 보인다. 물론 서간 가운데 철학적으로 중요한 제7서간을 포함하여 몇몇은 진짜인 것 같다.

많은 학자가 연대순으로 대화편을 배열하려고 했다. 대화편을 배열하는 한 가지 방법은 철학적 이론의 상대적 성숙성을 잣대로 사용하지만, 이 방법을 사용하는 여러 학자들은 아주 상이한 배열법을 내놓았다. 최근에 아주 쓸모있는 것으로 입증된 한 방법은 문체통계학(stylometrics)적 고찰에 따른 배열법이다. 이는 보편적으로 대화편 가운데 가장 나중의 것으로 받아들여지는「법률」의 문체와 어휘를 표준적인 것으로 선택한다. 데이비드 로스 경은 이 문체론적·언어학적 탐구의 결과를 요약한 다음, 플라톤의 대화편에 대한 다음과 같이 그럴 듯한 순서를 제시한다: (1) 제1시기(389년 이전—388년):「카르메니데스」,「라케스」,「에우티프론」,「大히피아스」,「메논」; (2) 제2시기(389년과 388년 사이—361년과 360년 사이):「크라틸로스」(연대 미상),「향연」(385년이나 그 이후),「파이돈」,「국가」,「파르메니데스」,「테아이테토스」(369년이나 그 이후); (3) 제3시기(367년과 366년 사이—361년과 360년 사이):「소피스트」,「폴리티코스」; (4) 제4시기(361년과 360년 사이 이후):「티마이오스」,「크리티아스」,「필레보스」,「제7서간」(353-352),「법률」. (플라톤의 이데아 이론[Plato's Theory of Ideas], 1장. 이 목록은 플라톤의 이데아론에 대하여 빛을 거의 혹은 전혀 비추지 않는 초기 대화편을 포함시키지 않는다: 「변명」, 「크리톤」, 「리시스」, 「프로타고라스」, 「고르기아스」, 「에우티데모스」.)

35편의 대화편 가운데 일반적으로 다음의 대화편은 가짜로 평가된다: 「알키비아데스 I」, 「알키비아데스 II」, 「에피노미스」, 「안테라스」, 「히파르코스」, 「테아게스」, 「미노스」, 「클레이토폰」, 「이온」, 「메넥세노스」. 많은 학자들은 「大 히피아스」의 진정성을 의심해 왔다.

소크라테스는 대화의 형식으로 진리를 발전시키는 기술 혹은 방법을 실천했다. 플라톤은 자신의 저술에서, 놀라운 예술적 효과를 내며, 진리를 추구하는 이 방법을 사용할 뿐만 아니라, 그 방법에 관하여 사색한다. 그는 개념을 형성하고 결합하는 법이라고 친히 명명하는 방법론(변증법 혹은 논리학)을 정식화한다. 진리에 도달하는 수단에 의한 논리적 작용을 다룬 그의 설명에는 인식론과 형식논리학의 출발이 나타난다. 하지만 플라톤은 어떻게 참된 개념과 판단을 획득할 수 있는가에 만족하지 않는다. 그의 일차적 목적은, 그것들을 획득하고, 그것들을 그 통일성과 완전성에서 파악하기 위하여 그것들의 물리적·정신적·도덕적 국면 등 모든 국면에서 그 실재성을 인식하는 것이다. 참으로, 그에게는 세계의 본질을 이해하지 않고서는 지식의 문제가 해결될 수 없다는 것이 분명하다. 그래서 철학적 방법이 이상(理想)의 역할을 했던 위대한 사상가의 가르침을 따라, 그는 보편적 철학 체계를 발전시켰다. 플라톤은 명시적으로 철학을 (1) 논리학 혹은 변증법(인식론을 포함함) (2) 형이상학(자연학과 영혼학을 포함함) (3) 윤리학(정치학을 포함함) 등으로 나누지 않았지만, 그런 구분이 그의 작품에 암시되어 있다. 그래서 우리는 그의 사상을 설명하면서 이런 순서를 따르게 될 것이다. 먼저 논리학 혹은 변증법부터 시작할 것이다.

변증법과 인식론

플라톤은 당대의 철학에서 인식의 문제가 매우 중요하며 인식의 본질과 기원에 관련된 한 사상가의 개념이 당대를 사로잡는 문제들을 대하는 그의 태도를 대체로 결정한다는 것을 분명하게 이해했다. 플라톤은, 우리가 감각 지각과 의견에만 의존할 경우 참된 지식은 있을 수 없다는 소피스트들의 주장이 아주 옳다고 주장했다. 감각 지각은 사물의 참된 실재성을 드러내지 못하고, 단순한 현상을 우리에게 준다. 그런데 의견은 참되거나 거짓될 것이다. 의견이 참된 것으로 입증될 경우, 그것은 설득이나 감정에 의존하며 따라서 아무런 가치가 없다. 단순한 의견으로서 그것은 지식이 아니다. 왜냐하면 그 의견이 우연히 참될 경우라도 스스로 정당화할 수 없기 때문이다. 반면에 이성에 근거한 진정한 지식은 스스로 참됨을 입증할 수 있다. 일상적인 덕은 감각 지각과 의견에 의존한다. 그것은 자신의 원리를 의식하지 못한다. 사람들은 왜 자신이 현재와 같이 행동하는지 알지 못한다. 그들은 본능적으로, 개미나 벌이나 말벌처럼 충동이나 관습이나 습관에 따라 행동한다. 그들은 이기적으로, 쾌락과 이익을 위하여 행동한다. 그래서 대중은 거대한 무의식적인 소피스트이다. 이 소피스트는 현상과 실재, 쾌락과 선을 혼동하는 잘못을 범한다.

감각 지각과 의견에서 참된 지식으로 나아가는 진보는, 우리가 진리에 대한 열망이나 사랑을 갖고 있지 않을 경우 성취될 수 없다. 에로스라고 하는 이 사랑은 아름다운 이데아에 대한 명상에 의하여 야기되며, 진리의 명상에 도달한다. 진리의 사랑은 우리를 변증법에게로 밀어붙인다. 우리를 감각 지각을 넘어서 이데아에 대한 개념적 지식으로, 개별적인 것에서 보편적인 것으로 몰아붙인다. 변증법적 방법은, 첫째로 흩어져 있는 개별자를 하나의 이데아로 파악하는 데에, 둘째로 이데아를 종류로 분리하는 데 즉 일반화와 특수화의 과정에 있다. 이런 식으로만 분명하고 일관된 사유가 있을 수 있다. 우리는 일반화하고 특수화하며, 결합하고 나누며, 종합하고 분석하며, 조각가가 대리석에서 아름다운 형상을 새겨 내듯이 개념을 만들면서 개념에서 개념으로 오르락 내리락한다. 변증법은 개념으로 사유하는 이런 기술이다. 감관이나 상(像)이 아니라 개념이 사유의 본질적인 대상이다. 가령 우리는 정의(正義)에 대한 하나의 관념이나 개념을 갖고 있지 않을 경우, 정의가 무엇인지를 알지 못할 경우 한 사람을 정의롭다거나 정의롭지 못하다고 말할 수 없다. 오직 그런 지식에 의해서 우리는 한 사람이 정의로운지 정의롭지 않은지를 결정할 수 있다.

그러나 플라톤은 가령 정의의 개념 혹은 이데아가 경험에서 기원하지 않음을 우리에게 단단히 일러준다. 우리는 추상에 의하여 정의의 구체적 사례로부터 정의의 개념을 도출하지 못한다. 개별 사례들은 이미 영혼에 모호하고 암시적으로 존재했던 정의 개념을 분명하게 하고 명시적으로 만드는 수단에 불과하다. 정의와 같은 이데아의 개념과 함축의미를 발전시키는 과정에서, 우리는 새롭고 절대적으로 확실한 지식의 체계를 성취한다. 그러므로 인간은 참으로 보편적 개념, 이데아, 원리가 그의 영혼에 간직되어 있으며, 그의 모든 지식의 출발점을 형성한다는 의미에서 만물의 척도, 모든 지식의 척도이다.

그런데 경험은 우리의 개념의 원천이 아니다. 왜냐하면 경험, 감관의 세계에 있는 어떤 것도 진리와 아름다움과 선의 개념에 정확하게 일치하지 않기 때문이다. 구체적 대상은 절대적으로 아름답거나 선하지 않다. 우리는 진선미의 이데아나 표준을 가지고 감각 세계에 접근한다. 또한 플라톤은 이 가치 개념 외에 수학적 개념과 존재와 비존재, 동일성과 차이성, 통일성과 다양성과 같은 어떤 논리적 관념이나 범주를 선천적 혹은 선험적인 것으로 보게 되었다.

그러므로 개념적 지식이 유일하게 참된 지식이다: 그것은 플라톤이 자신의 탐구를 위한 출발점으로 채택한 소크라테스의 가르침이었다. 하지만 다음과 같은 질문이 등장한다: "우리는 그 출발점의 참됨에 대하여 어떤 근거를 갖고 있는가?" 플라톤의 대답은, 몇몇 선배들 특별히 파르메니데스의 형이상학적 가르침에 근거를 둔다. 지식은 사유와 실재, 혹은 사유와 존재의 상응이다; 지식은 대상을 갖고 있어야 한다. 만일 개념이 지식으로서 어떤 가치를 가질 수 있으려면, 실재하는 것이 그 개념에 상응해야 한다. 가령 아름다움의 개념에 상응하는 순수하고 절대적 아름다움이 있어야 한다. 우리의 모든 보편적 이데아에 상응하여, 실재들이 존재해야 한다. 다른 말로 하면, 그런 이데아들은 인간의 지성에 나타났다가 사라지는 사유일 리 없다. 수학의 진리들, 진선미의 이데아들은 실재함에 틀림없고, 그것들에 대한 우리의 지식과 독립된 존재를 갖고 있음에 틀림없다. 만일 우리의 이데아의 대상들이 실재하지 않는다면, 우리의 지식은 진정한 지식일 리가 없을 것이다. 그래서 개념적 지식은 상응하는 이상적 절대적 대상의 실재성을 전제한다.

동일한 결론은 다른 식으로도 도달할 수 있다. 진리는 실재, 존재 자체, 있는 것의 지식이다. 우리의 감관으로 파악한 세계는 참된 세계가 아니다. 그것은 변화하고, 무상한 세계로서, 오늘은 이렇지만 내일은 저렇게 된다. 헤라클레이토스는 감관의 세계를 바르게 서술했지만, 플라톤에 따르면 이 세계는 단순한 현상, 착각이다. 참된 존재는 항구적이며 변할 수 없으며 영원한 것이다. 그것은 파르메니데스의 존재의 특징을 갖고 있다. 우리는 참된 지식을 갖기 위하여 사물들의 항구적이며 변할 수 없는 본질을 알아야 한다. 사유만이, 개념적 사유만이 영원하고 변화 없는 존재를 파악할 수 있다. 이 사유는 존재하는 것, 지속적인 것, 모든 변화와 다양성에도 동일한 것으로 남아 있는 것, 즉 사물들의 본질적 형상을 인식한다.

플라톤의 인식론은 「국가」의 제6권 말미에 나오는 구분선이라는 유명한 도표로 요약된다. 두 수직선으로 네 개의 구획이 나누어지는데, 각 구획은 어떤 수준의 지식을 표상한다. 네 유형의 지식은 각각 자신의 독특한 대상과 적절한 탐구 방법을 갖고 있다.

(1) 가장 낮은 구획은 추측, 즉 상(像), 그림자, 영상, 꿈 등과 관계있는 감각적 지식을 표상한다. 사막에서 보이는 신기루는 틀림없이 플라톤이 말하는 추측의 한 가지 예가 될 것이다. 추측의 지식은 단순한 어림짐작이며 기껏해야 그럴듯한 것이다. 그러나 이 낮은 단계의 인식은 왜곡적으로 반영되는 물리적 대상의 특징을 이해하는 어떤 실마리를 제공한다.

(2) 구분선의 두 번째 구획은 신념, 감각 대상의 지식을 표상한다. 그 대상은 산, 나무, 강들과 같은 물질적 대상이든지 집, 식탁, 수공예품과 같은 인공물이든지 상관없다. 신념의 원천은 감각 지각이다. 그리고 그것은 추측보다 신뢰할 만한 것이지만, 역시 개연적 지식에 불과하다. 플라톤은 「테아이테토스」에서 지식과 지각의 동일시를 비판적으로 검토한다. 플라톤에 따르면 이 이론은 소피스트 프로타고라스의 것이다. 추측과 신념은 플라톤에 의하여 "억견"이라는 제목으로 분류된다. 이 제목은 감관에서 나오는 모든 지식을 포괄한다.

(3) 구분선의 세 번째 구획은 감각적 개별자가 아니라 수, 선, 평면, 삼각형, 그 밖의 수학적 기하학적 대상과 같은 수학적 실체와 상관하는 추론적 지성을 표상한다. 이런 형식의 지식은, 정의와 증명되지 않은 가정으로부터 연역적으

로 진행하므로 가설적이다. 플라톤은 수학이 자명한 원리나 공리가 아니라 가정에 의존한다고 말했을 때 수학에 대한 오늘날의 가정적 해석을 시대를 앞질러 분명하게 보여주었다. 수학적 지식은 기하학 증명에서 이용하는 도형 혹은 사물이나 점(點)의 모음에 의한 수의 상징화와 같이 감각적 심상을 사용하는 점이 두드러진다. 이런 유형의 지식에 이용된 감각적 심상은 지성의 사유 과정을 돕기 위하여 상징적으로 작용할 따름이다. 기하학 도형에 나오는 표상은 증명하려고 하는 이상적인 원과 삼각형에 대한 상징이다.

(4) 구분선의 최고 구획은 이성적 통찰을 나타낸다. 이 통찰의 대상은 형상 혹은 이데아이다. 그런 지식을 얻기 위하여 사용하는 방법은 변증법이다. 변증법은 형상을 고립된 본질이 아니라 체계적 통일을 형성하는 것으로, 선의 형상과 관련되는 것으로 고찰한다. 변증법적 지식은 범주적인 제일 원리에 근거하지, 가설에 근거하지 않으며, 감각적 표상을 전혀 필요로 하지 않는다. 구분선의 표상으로 상징되는 각 단계의 지식은 특징적 방법을 갖고 있을 뿐만 아니라 자신의 특징적 대상도 갖고 있다

학문의 위계 질서

「국가」 제7권에 고등 교육론와 관련하여 제시되어 있는 플라톤의 학문 체계는 산수에서 시작하여 변증법에서 끝나는 추상적 학문 각각의 본질과 대상과 특수한 의미를 분명하게 보여준다.

(1) 그는 산수를 수와 수적 관계에 관한 학문이라고 서술한다. 산수의 이론적 가치는 그것이 지성을 감각에서 자유롭게 만들고, 그래서 추상적 사유를 장려하는 사실에 있다. 산수는 그 정확하고 정량적 방법에 의하여 감각 지각에 나타나는 명백한 모순을 해소한다. 플라톤은 일차적으로 순수한 혹은 추상적인 수학적 학문으로서 산수에 관심을 갖지만, 그것의 응용 가능성, 실천적 기술에서 계산하는 데 사용되는 점에 관심을 기울인다.

(2) 산수 다음으로 그는 평면 및 입체 기하학, 즉 이차 및 삼차 도형의 학문을 언급한다. 물론 여기서도 그의 일차적인 관심은 이론적인 것이지만, 지성을 영원한 형상으로 인도할 수 있는 추상적 기하학의 능력에 관심이 있다. 하지만 그

는 이것이 전쟁과 건축과 토지 측정 등에 응용되는 것을 무시하지 않는다.

(3) 그가 말하는 운동적인 입체물의 학문인 천문학은 학문 체계에서 그 다음 단계로 등장한다. 플라톤은 천문학이 천체의 운동에 대한 서술적 학문이 아니라 그런 운동을 지배하는 원리의 연구라고 생각함을 명백하게 밝힌다. 현대적인 용어를 사용하면, 그는 천체 역학 혹은 천체물리학을 염두에 두고 있지, 서술 천문학을 염두에 두고 있지 않다. 그런 지식의 주된 가치는, 지성을 천체 운동의 법칙과 조화에로 인도하며 따라서 영원한 형상의 조화에 대한 변증법적 연구를 위한 길을 닦는다는 점이다. 그러나 플라톤은 항해술에 천문학이 실제적으로 응용되는 것을 전혀 무시하지 않는다.

(4) 화성학은 조화로운 소리를 산출하는 물체의 운동에 대한 연구이다. 천문학처럼 화성학은 지성을 이상적 화음에로 인도한다. 플라톤의 구도에서, 화성학은 화음의 원리에 대한 학문이다. 이 화음의 원리는 확실히 음악에서 예시되지만 ─ 음악은 응용 화성학이다 ─ 둘은 결코 동일하지 않다.

(5) 변증법은 학문들의 갓돌(담 위에 한 줄로 얹는 돌)이다. 즉 학문 체계에서 먼저 등장하는 학문들의 체계적 통일이다. 이는 그 유기적 통일성을 이루는 형상들에 관심을 기울인다. 이론적 측면에서 변증법은 학문적 탐구의 완성과 실현이며, 실천적 측면에서는 도덕과 정치에서 그리고 다른 인도주의적 활동에서 지침 노릇을 맡는다.

플라톤의 인식론은 몇몇 학문과 지식 단계의 대상을 줄곧 언급한다. 분명히 그의 인식론은 형이상학이나 실재 이론과 분리될 수 없기 때문이다. 플라톤은 지식을 유효하게 만들기 위해서 형이상학에, 자신의 세계관에 호소하는 것이 필수적이라고 보았다. 감각 지식(소피스트들이 믿는 지식)은 덧없고 변화하고 특정적이고 우연적인 것을 우리에게 제시한다. 그러므로 감각 지식은 참된 지식일 수 없다. 왜냐하면 그것은 진리를 드러내거나 실재의 핵심에 이르지 못하기 때문이다. 개념적 지식은 사물 내의 보편적이며 변화없으며 본질적인 요소와 관계있고 따라서 유일하게 참된 지식이다. 철학은 감관의 특정적이며 일시적인 현상 뒤에 있는 보편적이며 변화할 수 없으며 영원한 실재에 대한 지식을 자신의 목표로 삼는다.

이데아론

이데아 혹은 개념은, 우리가 보았듯이 많은 개별자에 공통적인 본질적 성질을 포괄하거나 결합한다. 사물들의 본질은 그들의 보편적 형상에 있다. 보편적 본질의 이론은 파악하기 어렵다. 우리는 그런 이데아를 단지 정신적 과정으로 고찰하기가 쉽다. 만일 개별자만이 존재한다면, 지성 바깥에 이데아나 모형에 일치하는 것이 없다. "나는 한 마리의 말을 보지, '말됨'(horseness)을 보지 않는다"라고 안티스테네스가 말했다고 한다. 플라톤은 이런 견해를 공유하지 않았다. 그에 따르면, 이데아나 형상은 인간의 지성이나 심지어 신의 지성 안에 있는 단순한 사유가 아니다. 참으로 신적 사유는 이데아를 향해져 있다. 그는 이데아를 스스로 존재하는 것으로, 실체성을 가진 것으로 파악한다. 이데아는 실체, 실재적 혹은 실체적 형상, 사물보다 앞서 존재하고 사물과 독립하여 존재하고 따라서 사물들이 종속되는 변화에 영향을 받지 않는, 사물의 원초적이며 영원한 초월적 모형이다. 우리가 파악하는 개별 대상은 영원한 모형들에 대한 불완전한 모사(模寫) 혹은 반영이다. 개별자는 생겼다 사라질 수 있지만, 이데아나 형상은 영원히 존재한다. 사람들은 왔다가 갈 수 있지만, 사람의 모형은 영원하다. 많은 대상 혹은 모사(模寫)가 있지만, 한 집단의 사물들에게는 하나의 이데아만 존재한다. 독립된 형상 혹은 이데아의 다양성과 상이성은 무한하며, 따라서 너무 비천하거나 부질없어서 그 이데아를 가질 수 없는 것은 없다. 사물들, 관계들, 성질들, 행동들, 가치들의 이데아가 있다. 탁자와 침대와 의자의 이데아, 작음과 큼과 동일함의 이데아, 색과 냄새와 음색의 이데아, 건강과 쉼과 운동의 이데아, 아름다움과 진리와 선의 이데아가 있다.

이데아 혹은 원형은 무수할지라도, 혼란하거나 무질서하지 않다. 그것들은 잘 조직된 세계 혹은 합리적 우주를 형성한다. 그 이상적 질서는 상호 관련되고 연관된 유기적 통일체를 형성한다. 이데아들은 논리적 순서로 배열되며, 최고의 이데아 즉 선의 이데아 아래 포섭된다. 이 선의 이데아는 다른 모든 이데아의 원천이다. 이 이데아는 가장 높다; 그것을 넘어서는 다른 이데아가 없다. 참으로 실재적인 것과 참으로 선한 것은 동일하다. 선의 이데아는 로고스 즉 우주적 목적이다. 그러므로 통일성은 다양성을 포함한다: 예지계 혹은 이상적 세계에는 다양성 없는 통일성이 없고, 통일성 없는 다양성이 없다. 다양성과 다수성에 대한 플라톤의 강조점은 파르메니데스의 영향력을 보여준다. 플라톤은 우주를 이데아의 논리적 체계, 하나의 보편적 목적 즉 선의 이데아에 의하여 지배되는 유기적 통일체로 파악한다. 그러므로 이 우주는 합리적이며 유의미한 전체이다. 선의 의미는 감관으로 파악될 수 없다. 왜냐하면 감관은 선의 불완전하고 덧없는 반영만을 파악하고, 완전하고 영구적인 전체로서 선의 관찰에 결코 도달할 수 없기 때문이다. 이성을 발휘하여 우주의 내적 질서와 연관을 이해하고, 논리적 사유로 우주의 본질을 파악하는 것이 철학의 기능이다.

플라톤의 이데아론은 그의 가장 독창적인 철학적 업적이다. 물론 피타고라스의 수(數)신비주의, 파르메니데스의 영원한 존재, 헤라클레이토스의 로고스론, 아낙사고라스의 질적 원자론, 무엇보다 소크라테스의 개념론에 의하여 이데아론을 위한 길이 마련되었지만, 완전하게 표현된 형이상학적 입장으로서 보편자론은 플라톤의 대화편에 아주 분명하게 서술되었기 때문에 우리는 지나친 단순화를 범하지 않고서 몇 가지 명확한 진술로 그것을 요약할 수 있겠다.

(1) 추상적 개념에 상응하는 대상으로서 형상 혹은 이데아는 실재하는 실체이다. 플라톤의 형상은 단지 소크라테스적 개념의 구체화 혹은 실체화이다. 엘레아학파의 존재의 성질을 부여받은 것이다.

(2) 형상은 집·개·사람 등 사물들의 집합의 형상, 희거나 둥근 것 등 성질의 형상, 선·아름다움 등 가치의 형상을 포함하여 아주 다양하다.

(3) 형상은 시공간의 구체적 개별자와 구별 가능한, 추상적 실체의 영역, "이데아의 천국"에 속한다. 형상과 그 표본의 구분은 일반적으로 플라톤적 이원론으로 언급된다.

(4) 형상들은 실재성과 가치의 정도에서 개별자보다 우월하다. 형상들은 실재이며, 개별자들은 그것의 단순한 현상이다. 형상은 모형 혹은 원형이며, 개별자는 그것의 모사이다.

(5) 형상은 비정신적이며 인식하는 주체와 독립적으로 존속한다. 형상은 사람의 지성이나 심지어 신의 지성에 거주하는 "관념"이 아니다. 형상이 단지 "우리의 지성 안에 있는 사유"에 불과하다거나 공통의 술어를 갖고 있는 개별자

집단을 가리키는 이름이라는 제안은 플라톤에 의하여 진지하게 받아들여지지만, 이름이란 그것이 지칭하는 "공통적 본질"이 없을 경우 무의미하다는 근거에서 아마 기각될 것이다. 형상은 정신적인 것도 물리적인 것도 아니지만, 그럼에도 실재한다.

(6) 형상은 비공간적일 뿐만 아니라 비시간적인 것이므로, 영원하며 불변적이다.

(7) 형상은 논리적으로 서로 연결되어 있으며, 하나의 위계를 형성한다. 이 위계에서 높은 형상은 낮은 혹은 종속된 형상과 "교류"한다.

(8) 형상은 감관이 아닌 이성에 의하여 파악된다. 물론 감관은 그것이 구현하는 형상의 파악을 위한 기회와 자극을 제공하긴 한다.

(9) 마지막으로, 개별자와 그것이 예증하는 형상의 관계는 "관여"(participation)라고 부른다. 공통의 술어를 가진 모든 개별자는 상응하는 형상에 관여한다. 개별자는 다양한 형상에 동시적으로 관여하며, 변화를 겪을 때 연속적으로 상이한 형상에 관여한다. 관여론은 형상론에 심각한 난점을 제시한다. 플라톤은 이 난점을 충분히 숙지하고 있었다.

위의 진술들에 요약되어 있으며 일반적으로 플라톤적 실재론이라고 언급되는 철학적 입장은 플라톤의 시대부터 지금까지 대표자를 두었다. 하지만 가장 큰 영향력을 떨쳤던 시대는 중세였다.

자연 철학

이제 우리는 플라톤의 이데아 세계와 소위 현실 세계의 관계를 살펴보자. 앞서 말했던 것처럼 자연의 개별 대상들은 이데아의 모사이다. 이는 어떻게 해석되어야 하는가? 순수하고 완전하고 변화 없는 원리들은 어떻게 감관의 불완전하고 영원히 변화하는 세계의 원인이 될 수 있는가? 플라톤은 이 질문에 답하기 위하여 다른 원리를 가져 온다. 이는 이데아와 정반대되는 것이며 이 원리 때문에 감각적 실존은 불완전하다. 아리스토텔레스가 플라톤적 "질료"라고 부르는 이 두 번째 원리는 현상계의 기초이다. 그 자체로서 이 두 번째 원리는 형상들이 새겨지는 원재료를 제공한다. 질료는 사멸 가능하고 불완전하고 비실재적이다. 이는 비존재이다. 지각된 세계가 어떤 실재성, 형상, 아름다움을 갖고 있든지 간에, 그것은 이데아 때문이다.

어떤 플라톤 해석가들은 이 플라톤적 "질료"를 공간으로 파악한다. 어떤 이들은 이를 형상이 없고 공간을 채우는 덩어리로 파악한다. 플라톤은 이데아 말고 감관의 세계 혹은 자연을 설명할 다른 무엇이 필요하다. 왜냐하면 이 세계는 감관의 단순한 환상이 아니라 변화 없는 이데아적 영역보다 낮은 실재의 단계이기 때문이다. 이데아의 원리에 저촉되지 않는 이 기체(基體)는 모든 성질이 없는 것으로 파악되어야 한다. 형상이 없고 정의될 수 없고 지각될 수 없는 것이어야 한다.

자연은 이데아 세계와 비존재 혹은 질료의 상호 작용 때문에 존재한다. 프리즘을 관통하는 광선이 많은 광선으로 나누어지듯이, 이데아는 질료에 의하여 많은 대상으로 나누어진다. 이 형상 없는 무엇은 비존재인데, 존재하지 않는다는 의미에서 그런 게 아니라 낮은 현존 질서를 갖고 있다는 의미에서 그렇다: 비존재라는 용어는 하나의 가치 판단을 표현한다. 감성계는 형상을 띠고 있는 한 어느 정도의 실재성을 분유(分有)한다. 플라톤은 두 영역의 관계의 본질을 아주 엄밀하게 규정하지 않는다. 그러나 이데아들이 사물들이 소유하는 모든 실재성의 원인인 게 분명하다. 사물들은 그 안에 이데아가 있기 때문에 존재한다. 그들은 이데아에 관여한다. 동시에 비존재 즉 기체는 동일한 이데아를 구체화하는 많은 상이한 대상들의 다양성과 불완전에 대한 원인이다.

그러므로 두 개의 원리가 있다. 두 원리 가운데 이데아는 참된 실재성, 모든 사물이 그 형상과 본질을 갖게 하는 가장 큰 가치가 있는 것이며 우주 내의 법칙과 질서의 원리이다. 반면에 다른 요소 즉 질료는 부차적 원리로서, 무미건조하고 비이성적이며 완강히 반항하는 세력이며, 이데아의 반항적인 종이다. 그런데 이 질료는 불완전하게나마 이데아의 인상(印象)을 취한다. 질료는 이데아와의 관계에서 친구이자 원수이며, 보조물이자 방해물이며, 물리적·도덕적 악의 근거이며, 변화와 불완전의 근거이다. 이데아의 세계가 선의 원천이므로, 비이데아적인 것이 악의 원인임에 틀림없다. 우리가 이 체계의 이 부분을 이름붙여야 한다면, 이원론이라고 불러야 한다: 이데아는 사물의 최고 원리이며, 질료는 열등하고 부차적인 원리이다. 그러나 어떤 것도 다른 것으로 환원될 수 없다.

우주론

플라톤은 초창기 소크라테스 이전의 철학 가운데 하나를 상기시키는 작품인 「티마이오스」에서 자연의 기원을 설명하려 한다. 왜냐하면 이 작품이 우주론 적 사색을 집중적으로 전개하기 때문이다. 그의 우주론은 많은 신화적 요소로 점철되어 있고, 종종 그의 다른 가르침과 모순된다. 그러나 그는 우주론을 개 연성 정도로 주장한다. 데미우르고스 혹은 창조주는 인간 예술가나 장인들처 럼 이상적 세계의 유형을 좇아 세계를 만든다. 그는 선의 이데아에 이끌려, 질 료의 원리에 방해를 받지만 자신이 형성할 수 있는 만큼 완벽한 우주를 형성한 다. 데미우르고스는 사실 창조자가 아니라 건축가이다. 이데아의 원리와 질료 적 원리는 이미 존재한다. 그것들은 데미우르고스에 의하여 창조되지 않았다. 데미우르고스의 기능은 선재하는 질료 혹은 용기(容器)에 형상을 부과하는 것 이다. 그렇게 생긴 세계는 네 개의 질료적 요소인 흙, 공기, 불, 물과, 생명을 불 어넣는 혼 즉 세계혼으로 구성된다. 이 세계혼은 분리 불가능한 것과 분리 가능 한 것, 동일성과 변화로 구성되며, 따라서 이데아적인 것도 알고 물질적인 것도 알 수 있다. 세계혼은 자신의 독창적 운동을 갖고 있으며, 이는 모든 운동의 원 인이다. 세계혼은 자신을 움직일 때, 물체들을 움직인다. 세계혼은 세계에 흩어 져 있으며, 모든 아름다움과 질서와 조화의 원인이다. 세계혼은 이데아의 세계 와 현상의 세계 사이에 매개자이다. 세계혼은 모든 법칙과 수학적 관계와 조화 와 질서와 제일성(齊一性: 같은 조건에서 같은 현상을 반복해 일으키도록 하는 자연의 원 리)과 생명과 지성과 지식의 원인이다. 세계혼은 고정된 법칙을 따라 움직이며, 천체에서 일어나는 질료의 운동의 분배에 대한 원인이다.

데미우르고스는 세계혼 외에도 행성을 위한 혼 혹은 신을 창조했으며(데미우 르고스는 피타고라스의 조화 체계에 따라 행성을 배열했다), 또한 합리적 인간 영혼을 창 조했고, 동물과 인간 영혼의 비이성적 부분을 창조하는 일은 좀 더 낮은 신들에 게 맡겼다. 모든 것은 인간을 위하여 만들어졌으니, 식물은 인간에게 양식을 공급하기 위하여, 동물의 신체는 타락한 영혼을 위한 거처로 만들어졌다. 따라서 플라톤의 우주론에는 많은 신들(그는 이 신들에게 인격을 분명히 귀속시키지는 않는다), 선의 이데아를 포함한 전체 이데아 세계, 데미우르고스, 세계혼, 행성의 혼, 대중 종교의 신들이 있다.

플라톤의 우주론은 신화의 옷을 입은 목적론적 세계관인데, 실재를 목적적이며 매우 질서정연한 우주로 설명하고, 세계를 이성의 지도를 받아 윤리적 목적을 향하여 가는 예지체(지성세계)로 설명하려는 시도이다. 목적 혹은 목적인은 세계의 실제적 원인이며, 물리적 원인들은 단지 협력적 원인에 불과하다. 우주에서 선하고 이성적이고 목적적인 모든 것은 이성 때문이다. 악하고 비이성적이고 무(無)목적적인 모든 것은 궁극적으로 질료에서 기인한다.

플라톤의 우주론은 현실 세계를 산출하는 "원인" 혹은 창조 요소를 구별짓는 시도로 파악할 수 있다. 그의 설명은 "창조 이야기"로서 신화적 언어로 표현되지만, 창조를 시간적 절차로서 설명하는 문자 그대로의 서술이 아니라 현실 세계의 형성 요소에 대한 분석으로 의도되었다. 아마 그가 말하고 있는 것은, 실제 혹은 현실 세계가 마치 하나의 창조적 절차에 의하여 생긴 것처럼 고찰함으로써 이해할 수 있는 다양한 특색을 갖고 있다는 것일 것이다.

「티마이오스」에 나열된 창조의 네 요소는 다음과 같다: (1) 데미우르고스 혹은 신, 세계의 활동적이며 역동적인 원인. 우리가 이미 보았듯이 데미우르고스는 세계 건축자이지 세계 창조자가 아니다. 왜냐하면 그는 선재(先在)한 질료로 우주를 만들었지 무(無)에서 세계를 창조하지 않았기 때문이다. 데미우르고스는 자연과 지성에 있는 모든 능력과 에너지와 활동의 원천과 원리이다. 신은 인격적 신성이 아니지만, 세계의 선의 원천이며 세계의 악에 대하여 책임이 없다. (2) 세계의 원형으로서 패턴. 데미우르고스는 세계 창조 때에, 형상의 세계에 있던 영원하고 선재한 모델에 의하여 안내받는다. 이 패턴은 실존하는 이상적 요소의 원천이며, 자연적 과정의 질서와 합법성과 규칙성의 원천이다. (3) 용기(容器). 이 원리는 창조의 장소와 모체를 제공한다. 이는 무규정성, 원초적 사실성의 원천, 세계의 질서와 악의 원천이다. (4) 선의 형상. 이 원리는 플라톤의 우주론에서 사물들의 목적성의 원천으로서, 자연과 지성의 목적론적이며 가치 평가적인 측면의 원천으로서 작용한다. 지성뿐만 아니라 물리적 사물을 포함한 전체 자연적 질서는 네 가지 요소에서 도출되는 특색이 혼합된 창조의 산물이다. 신체에 생명을 공급하는 개별 혼처럼 전체 물리적 세계에 생명을 공급하는 세계혼은 창조의 산물들 가운데 있다.

플라톤의 우주론적 사색이 역사적으로 미친 영향은 엄청나다. 우리는 아리스토텔레스의 자연 이론과 신학 이론에서(창조의 네 요소는 아리스토텔레스의 사원인론[四原因論]과 아주 긴밀하게 상응한다: [1] 작용인 [2] 형상인 [3] 질료인 [4] 목적인), 신플라톤주의적 창조론에서 그것을 만나게 될 것이다. 그리고 이는 히브리의 창조 설화에 의해 변형되어, 스콜라 철학의 창조 사상을 지배한다. 아마 플라톤의 형상론을 제외하고는, 플라톤의 이론 가운데 그보다 길게 혹은 더욱 지속적으로 영향을 끼친 것은 없을 것이다.

영혼학

플라톤은 인식론에서 두 종류의 지식을 구분했다: (1) 감각 지각에 의존하는 억견과 (2) 참된 지식 혹은 학문. 이 지식의 이원론에 상응하는 것이 플라톤의 영혼학에 분명하게 나타난다. 영혼은 감각과 억견에서는 신체에 의존하지만, 이데아의 세계를 목격하는 한에서는 순수한 이성이다. 신체는 지식의 방해물이다. 그래서 영혼은 순수한 진리를 목격하기 위하여 신체에서 해방되어야 한다. 현상계에 존재하는, 순수 이데아의 모사들은 단순히 이성적 영혼으로 하여금 사유하도록 자극할 따름이다. 감각은 이데아의 이해가 생기게 하고 그것을 자극하지만, 그것을 산출하지는 못한다. 영혼은 좌우간 경험의 세계와 접촉하기에 앞서서 이데아에 대한 이해를 소유함에 틀림없다.

플라톤은 영혼이 이전에 그런 이데아들을 보았다가 망각했다고 가르친다. 감관의 세계에 있는 이데아의 불완전한 모사들은 영혼에게 그 과거를 넌지시 보여주고, 이전에 보았던 것을 상기시킨다. 그래서 모든 지식은 상기(아남네시스)이며 모든 학문은 재(再)각성이다. 플라톤은 영혼의 선재론을 수립하기 위하여 그런 회상에 호소한다. 「파이드로스」에 나오는 마부의 신화는, 영혼이 신체와 결합하기에 앞서서 틀림없이 존재했다는 통찰을 전달한다. 그러므로 인간 영혼은 부분적으로는 순수한 이성이다. 그리고 이 이성적 부분은 인간 영혼의 가장 특징적인 측면이다. 영혼이 신체에 들어갈 때, 거기에 죽을 운명의 비이성적 부분이 더해진다. 그리고 이 부분은 영혼이 감관의 세계에 살기에 적절하게 만든다.

더 나아가 비이성적 부분은, 플라톤이 말하는 바 심장에 있는 좀 더 고상한 충동(분노, 야망, 권력욕)을 뜻하는 기개적(氣槪的) 부분(spirited part)과, 그가 말하는 바 좀 더 낮은 욕구나 정념으로서 간(肝)에 있다고 한 욕망 즉 영혼이 사랑하고 배고파하고 목말라하는 부분으로 나누어진다. 신체와의 연합은 영혼의 **지적** 열망에 대한 장애물이며, 충동과 욕망의 존재는 이성의 윤리적 탁월성에 대한 장애물이다. 그래서 플라톤이 자신의 윤리학에서 보여주듯이 이성은 이 장애물을 극복하려고 해야 한다.

플라톤의 영혼학은 영혼을 높은 이성적 부분과 낮은 비이성적 부분으로 나누는 점에서 이원론적이지만, 비이성적 부분이 기개적 부분과 욕구적 부분으로 나뉘므로, 그의 영혼 구분은 실제로 삼분법적이다. (1) 우리가 보았듯이 이성적 기능은 일차적으로 지적인 기능이다. 그러나 플라톤은 그 안에 온순함, 겸손함, 경의의 인격적 자질을 포함시키는 것 같다. 이는 순수히 지적인 것은 아니지만 철학적 기질과 관련된다. (2) 기개적 기능은 의지를 다소 닮은 집행적 기능이지만, 이것을 결단과 자유로운 선택의 기능인 의지와 동일시하는 것은 그릇되다. 중세 사상의 산물인 후자의 의지관은 플라톤적 기원에서 나온 게 아니라 히브리적 그리스도교적인 기원에서 나왔다. 물론 이는 논쟁의 문제이긴 하지만, 플라톤이 선택의 자유와 의지의 자유를 생각했는지는 지극히 의심스럽다. 기개적 기능은 역동적이며 집행적이라는 점에서만 의지와 비슷하다. 플라톤은 기개적 기능 안에 감정, 정조, 야심과 분노와 분개와 의분과 같은 인격적 자질을 포함시킨다. (3) 욕구적 기능은 현대 심리학의 "욕망"(desire)이라는 용어와 아주 비슷하다. 플라톤이 나열한 신체적 욕구 가운데 쾌락을 위한 욕구, 부를 위한 욕구, 음식과 주거와 다른 신체적 만족을 위한 욕구가 있다. 쾌락은 욕구적인 것만은 아니다. 영혼의 각 기능을 발휘하는 데 동반되는 쾌락이 있다: 이성의 쾌락은 수학과 학문과 변증법에 이성적 기능을 발휘하는 사람들이 향유한다; 명예와 명성의 쾌락은 정치적·사회적·군사적 업적을 위한 야심을 성공적으로 추구할 때 동반된다; 감관의 쾌락은 신체적 욕구의 만족과 연관된다. 쾌락의 우월성의 순서는 우리가 그것들을 나열한 대로이다. 순서 배열의 기준은 세 가지 유형을 잘 아는 유능한 비평가의 판단이다. 왜냐하면 방종꾼의 판단이나 야심가의 판단은 편벽되고 신뢰할 수 없기 때문이다. 쾌락과 고통에 대한 플라톤의 심리학은 매우 미묘하고 세심한 게 특징이다. 그는, 쾌락과 고통이 적극적 감정이긴 하지만, 선행하는 고통과 비교할 때에 쾌락적이거나, 혹은 선행하는 쾌락에 비교할 때 고통적인, 쾌락과 고통의 중립 상태가 있다고 지적했다. 아마 그는 심리학적 상대성의 이론을 발표한 최초의 사람이었을 것이다.

플라톤의 삼분법적 영혼 구분은 일종의 기능 심리학이다. 스콜라주의의 기능 심리학의 선구자인 셈이다. 영혼은 그 기능을 통하여 작용한다. 그리고 이 기능들은 상당히 독립적이고 별개의 원리이다. 기능의 분리는 모순율에 근거한다. 즉 동일한 사물이 동시에 반대의 결과를 산출할 수 없다는 원리 말이다. 플라톤은 이 원리에 호소함으로써, 이성과 욕구가 별개의 기능이라고 주장한다. 영혼은 두 기능에 의하여 정반대의 방향으로 이끌릴 수 있다. 가령 독액밖에 구할 수 없을 경우 이성이 갈증을 억제할 때나, 기개적 기능이 무서운 신체적 욕구에 반란을 일으킬 때와 같다. 우리 각자의 영혼 안에서 벌어지는 기능들의 관찰 가능한 갈등은 그들의 독립성에 대한 결정적 증거이다.

그러나 플라톤이 말하는 기능들의 독립은 그들의 상호 작용과 협력을 배제할 정도로 극단적이지 않다. 기개적 기능은 욕구를 억제하는 일에 이성의 동맹군이 되는 경우가 잦다. 그리고 우리의 자연적 욕구조차도 이성과 일치할 수 있다: 가령, 음식과 음료에 대한 절제된 욕구가 그것이다. 영혼은 기능이 여럿이며 독립되어 있지만, 통일성과 불가분리성을 갖고 있다.

불멸성 이론

플라톤은 영혼에 불멸성이 있다고 보며, 몇몇 대화편에서 불멸에 대한 논거를 제공한다. 이 논거 가운데 가장 특징적인 것은 영혼이 갖는 형상의 지식으로부터 펼치는 논거이다: 순수하고 영원한 이데아를 명상한 영혼은 적어도 부분적으로 이 이데아와 비슷하여 순수하고 영원함에 틀림없다. 왜냐하면 같은 것만이 같은 것을 인식할 수 있기 때문이다. 그는 또한 육체의 죽음 이후에 영혼의 선재(先在)와 아마도 계속된 존재를 증명하기 위하여 상기론을 이용한다. 이 논거는 영혼이 이생에서 획득되지 않은 해석적 원리와 공리적 진리를 소유한 점에서 영혼의 선재성을 추론한다. 이 원리들은 영혼의 본래적 자질 가운데 일부이므로, 이 원리들은 좀 더 초기 상태에 파악된 영원한 진리에 대한 회상이며 감각 경험이 있을 때 상기됨에 틀림없다.

상기(想起)로부터 펼치는 논거는 「파이돈」(여기서는 두 번째 논거로 등장한다)에서, 그리고 「파이드로스」에서 정식화되었으며, 그것의 인식론적 토대는 대화편 「메논」에서 소크라테스가 노예 소년에게 묻는 질문에서 놀라울 정도로 증명된다: 소크라테스는 일련의 질문으로 그 소년에게서 그 소년이 전에 알지 못했던 기하학의 정리(定理)를 끌어낼 수 있다. 기하학적 지식이 날 때부터 영혼에 내재하며 선재적 상태에서 좌우간 획득된 것이라는 가정을 제외한다면, 이는 어떻게 설명될 수 있는가?

플라톤은 불멸성을 지지하는 두 가지 인식론적 논거 외에도, 다양한 형이상학적 증거들을 개진한다. 그 가운데 둘이 특별히 두드러진다: 영혼의 통일성과 단순성으로부터의 논거와 영혼의 생명력으로부터의 논거가 그것이다. 영혼은 본질상 단순하고 불가분리적이다. 그러므로 영혼은 합성에 의하여 산출되거나 해체에 의하여 파멸될 수 없다. 무엇이든지 단순한 것은 분해될 수 없다(「파이돈」의 세 번째 논거). 영혼은 생명 혹은 자발성의 원리이다. 생명의 원리가 죽는다고 가정하는 것은 모순일 것이다. 즉 생명은 사망이 될 수 없다. 그래서 영혼은 불멸적이다(「파이돈」의 네 번째 논거). 영혼의 생명력으로부터의 논거는 플라톤의 사유에서 등장하는 물활론적 개념의 부활을 반영하며, 세계 내의 운동의 궁극적 원천으로서 영혼이 영원해야 한다는 우주론적 논거와 긴밀하게 결합되어 있다. 운동의 원천으로서 영혼은 스스로 움직이며, 안으로부터 그 활동을 시작한다. 따라서 영혼의 생명뿐만 아니라 영혼의 운동은 항구적이며 영원하다.

플라톤은 마침내 수많은 가치평가적·도덕적 논거를 개진한다. 이 논거들은 영혼의 최고 가치와 정의의 요구라는 근거에서 영혼에 불멸성이 있다고 한다.

주된 가치평가적 논거는, 영혼의 우월한 존엄과 가치가 사실상 상당한 시간 동안 지속하는 형편없는 신체보다 영혼이 오래 존재한다는 것을 증명한다는 것이다. 이는 정의의 고찰에 의하여 보강된다: 도덕적이며 이성적이며 정의로운 질서로서 세계는 이생의 불완전을 바로잡기 위한 상과 벌의 내세를 요구한다.

도덕적 논거를 변형한 한 가지 흥미로운 주장이 「국가」의 제10권에 나온다: 모든 것은 자신의 독특한 혹은 타고난 악에 의하여 파멸된다; 가장 나쁜 악, 부정, 무절제, 무지는 영혼의 독특한 악들이다; 하지만 그것들은 사악한 영혼을 파멸시키지 않는다. 그래서 영혼은 불멸적이다. 인식론적·형이상학적 혹은 가치평가적 논거를 포함하여 이 논거들이 단독으로는 아마 확신을 주지 못할 것이다. 이 논거들은 함께 모여서 인상적인 대열을 형성한다. 우리가 불멸성에 대한 이후의 철학적 문헌을 아무리 자세히 살펴도, 플라톤이 명백하게 예시하지 않은 논거가 개진된 경우를 발견하기가 어려울 것이다.

그런데 문제가 발생한다: "어떻게 순수한 이성적 영혼은 신체와 결합하는가?" 이 점에서 다시금 플라톤은, 자신의 인식론과 경험적 심리학이 제시하는 개념들을 오르페우스적·피타고라스적 신비주의와 결합하면서 신화적 설명에 의존한다. 데미우르고스가 만든 순수하고 이성적인 영혼은 한때 별에 살고 있었지만, 감관의 세계에 대한 열정에 사로잡히게 되자 감옥에 갇히듯이 물질적 신체에 갇혔다. 영혼이 본성의 저급한 차원을 극복하면, 자신의 별로 돌아가게 될 것이다. 그렇지 않으면, 영혼은 더욱 깊이 떨어져, 여러 동물의 신체 안으로 차례로 들어간다(영혼의 윤회). 영혼이 천상적 생활에서 이 욕구를 거부했다면, 계속 초월적 생활을 향유하고 이데아의 명상에 몰입했을 것이다. 영혼은 이 점에서 실패했기에, 정화의 단계를 거쳐야 하는 저주에 떨어졌다.

플라톤의 영혼에서 중요한 국면은 에로스 이론이다. 감각 지각이 영혼에서 순수한 이데아에 대한 기억, 선재적 상태에서 파악된 진리에 대한 기억을 일깨우듯이, 감각적 사랑을 불러일으키는 감각적 아름다움에 대한 파악도 이전에 영혼이 명상하던 이데아적 아름다움에 대한 기억을 되살린다. 진리와 아름다움에 대한 이 회상은 순수한 이데아의 세계와 연합된 고상한 삶을 향한 열망을 불러일으킨다. 그래서 관능적 사랑과 미와 선에 대한 열망은 동일한 기본적 충동에서 나온다. 지속적 존재를 추구하는 감각적 충동은 좀 더 고상하게 나타날 때, 명예욕, 학문과 예술과 인간 제도를 만들려는 충동이 된다. 영혼은 영원한 가치를 갈망할 때 불멸성을 갈망한다. 참으로 이 충동은 영혼의 불멸성에 대한 증거로 해석된다. 왜냐하면 영혼이 열렬하게 갈구하는 것은 틀림없이 획득되기 때문이다.

윤리학

소크라테스에게 가장 중요한 질문은 도덕적으로 선한 것과 관계있었다: "선의 본질 혹은 의미는 무엇인가? 선한 생활은 무엇인가? 어떻게 우리는 그런 생활을 이성에 대해 정당화할 수 있는가? 이성적 존재는 어떻게 행동해야 하는가? 그의 지배 원리는 무엇이어야 하는가?" 소크라테스는 이 물음을 제기하고는 자신의 대답을 주었다. 물론 그는 완전하고 체계적인 삶의 철학을 제공하지 않았지만, 그런 도덕 철학의 체계를 위한 토대를 쌓았다. 플라톤은 그 문제를 과제로 삼아 자신의 포괄적인 세계관에 비추어 해결하려고 한다. 우리가 앞에서 말했듯이, 그는 삶과 인간 제도의 의미와 가치를 세계와 인간의 본질과 의미에 관한 좀 더 큰 물음에 포함되는 것으로 파악한다. 그의 윤리학은 그의 인식론처럼 형이상학에 근거한다.

우주는 기본적으로 이성적 우주, 영적 체계이다. 감관의 대상들, 우리 주변의 물질적 현상은 영원하고 결코 변하지 않는 이데아의 덧없는 그림자에 불과하다. 그런 대상들은 일시적이며 덧없기 때문에 절대적 가치를 갖고 있지 못하다. 왜냐하면 지속하는 것만이 실재하고 가치를 갖기 때문이다. 유일하게 최고선과 관계있는 이성이 절대적 가치를 갖는다. 그래서 인간의 이성적 부분이 참된 부분이며, 인간의 이상은 영혼의 불멸적 측면인 자신의 이성을 계발하는 것이다. 신체와 감관은 영혼에게 낯설다. 참으로 신체는 영혼의 감옥이며 족쇄이다. 그러니 영혼의 궁극적 목표는 그 감옥에서의 구원이다. "그런 이유로 우리는 할 수 있는 대로 빨리 땅에서 벗어나야 하며, 벗어남은 신(神)과 같아지는 것이다." 영혼이 신체로부터 벗어나 이데아의 아름다운 세계를 명상하는 그것이 삶의 궁극적 목적이다.

신체로부터의 해방이 영혼의 궁극적 운명이지만, 이성과 기개적 부분과 욕구를 가진 영혼은 지하 감옥에 갇혀 해결해야 할 문제를 안는다. 이성적 부분은 지혜로워 전체 영혼을 위하여 선견지명을 가져야 한다: 그래서 영혼의 본질적 기능은 명령하는 것이다. 전체의 내적 경륜과 영혼의 각 구성원에게 유리한 것을 아는 이성이 영혼의 다른 충동을 지배하는 개인은 **지혜롭다**. 기개적 부분의 기능은 이성의 신민과 동맹군이 되는 것이다. 두 개의 원리는 훈련되고 교육받아 조화를 이루게 된 다음에, 신체적 욕구에 대한 통제력을 발휘한다. 이성은 조언하고, 기개적 기능은 이성의 전쟁을 싸우고, 이성에 순종하고, 용맹함으로 이성의 충고를 수행한다. 그러므로 기개적 부분이 고통과 쾌락을 넘어서서 두려워해야 할 것과 하지 말아야 할 것에 관하여 이성의 지시를 견고하게 붙잡을 때 그 사람은 **용감하다**. 기개와 욕구가 이성에 복종하고 그 권위에 순복할 때 그 사람은 **절제한다**. 절제 혹은 극기는 어떤 종류의 쾌락과 욕구에 대한 지배이다. 이 세 가지 내적 원리가 각각 자신의 일을 수행하며 조화를 이룰 때, 그 사람은 **정의롭다**. 정의롭고 명예로운 길은, 사람이 이런 정신 상태에서 추구하는 길이다. 그는 지혜롭고 용감하고 절제할 때, 영혼의 조화를 이룰 때 윤리적 태도를 달성한다. 그런 사람은 맡은 돈을 돌려주기를 거절하지 않으며, 신성 모독이나 도둑질을 저지르지 않으며, 친구에게 불성실하지 않으며, 국가를 배반하지 않으며, 그와 같은 악행을 범하지 않을 것이다. 정의는 최고의 덕이며, 정의가 거하는 영혼은 어떤 종류의 악행을 저지를 수 없다.

그러므로 윤리적 이상은 질서정연한 영혼이며, 높은 기능이 낮은 기능을 지배하는 영혼이며, 지혜와 용기와 절제와 정의의 덕목을 발휘하는 영혼이다. 이성의 생활, 혹은 덕의 생활은 최고선이다. 행복은 그런 생활에 동반되며, 정의로운 사람은 결국 행복한 사람이다. 쾌락은 그 자체가 목적이 아니라 욕망의 만족에 동반하며, 욕구가 더욱 이성적일수록 욕구의 만족은 더욱 쾌락적이다.

우리는 이미 플라톤의 윤리적 가르침에서 영혼의 이성적 요소가 크게 강조되는 반면 비이성적 측면이 단순히 종속되어야 할 뿐만 아니라 정복당하여 추방되어야 할 것으로 간주되는 다른 측면을 언급했다. 그의 이런 가르침은 통상적인 그리스적 관념과 다르다. 이는 금욕주의적 어조를 띠며, 우리가 초기 그리스도교에서 만나게 될 세상에 대한 경멸(contemptus mundi)의 교리를 미리 보여준다. 즉 우리가 파악하는 세상은 지나가는 흔적일 따름이다: "세상의 영광과 그 정욕도 사라지도다."

플라톤에게 유일하게 지속되는 것은 이성, 진리이며, 나머지는 헛되다. 질료는 불완전이며, 영혼을 짓누르는 죽음의 짐이다. 이 방해물에서 벗어나고 아름다운 이데아의 명상에 몰입하는 것 혹은 그리스도인들의 표현대로 신을 보는 것이 진정으로 소원해야 할 완성이다. 플라톤 철학의 이 금욕적 경향은 신비주의에서 절정에 이른다.

정치학

플라톤의 국가론은 「국가」에 표명되어 있으며, 그의 윤리학에 근거한다. 덕이 최고선이며 개인이 그 선을 단독으로 얻지 못하고 사회에서만 얻을 수 있으므로, 국가의 사명은 덕과 행복을 도모하는 것이다. 국가의 헌법과 법률의 목적은, 할 수 있는 대로 많은 사람이 선한 사람이 될 수 있게 하는 형편을 조성하는 것이다. 즉 일반적 행복을 확보하는 것이다. 확실히 개인은 공공의 행복에 자신의 개인적 이익을 종속시켜야 한다. 그러나 그것은 오직 자신의 참된 선이 사회적 번영에 얽매여 있기 때문이다. 만일 모든 사람이 이성적이며 덕스럽다면, 법률과 국가가 있을 필요가 없을 것이다: 전적으로 덕스러운 사람은 이성의 다스림을 받지 외적 법률의 다스림을 받지 않는다. 하지만 완전한 사람은 거의 없다. 그래서 우리의 참된 선을 실현하려면 법률이 필요하다. 그러므로 국가는 인간 본성의 불완전함에서 생겼다. 국가는 크게는 우주처럼, 작게는 덕스러운 개인의 영혼처럼 조직되어야 한다. 즉 이성이 최고의 자리를 차지해야 하다.

영혼의 기능만큼 사회에는 계급이 있고, 이 계급들이 상호간에 맺는 조화로운 관계는 건강한 영혼에서 달성되는 관계와 상응한다. 철학적 통찰을 갖고 있는 자들은 이성을 구현하여 지배 계급이 되어야 한다. 전사 계급의 구성원은 기개적 요소를 갖고 있다: 그들의 과제는 국방이다. 농부, 장인, 장사꾼은 낮은 욕구를 대표하며, 물질적 재화의 생산을 자신의 기능으로 갖는다. 플라톤은 당대의 민족들 가운데 페니키아인은 낮은 욕구의 다스림을 받고, 북부의 야만인은 기개적 요소를 보여주며, 그리스인은 이성을 대표한다고 보았다.

정의는 각 계급(생산 계급, 군사 계급, 수호 계급)이 자신의 일을 수행하고 다른 계급의 일에 개입하지 않고 자기의 할 일에 전념하는 국가에서 실현된다. 국가는 이 계급들의 성향과 조건에 따라 절제적이고 용감하고 지혜롭다. 국가는 비천한 다수의 욕구가 소수의 욕구와 지혜에 의하여 다스림을 받을 경우, 통치자와 피통치자가 누가 통치해야 하는가의 문제에 대하여 의견이 일치할 때, 스스로를 다스린다. 모든 개인은 국가에서 어떤 직업을 가져야 하며, 그 직업은 그의 본성적 능력이 가장 적합한 일이어야 한다. 정의는 개인의 능력과 사회적 지위에 적합한 것을 갖고 수행하는 것이다. 자신의 일에 마음을 기울이고 간섭하지 않는 것이다.

이상 사회는 완전한 통일성, 하나의 대가족을 형성한다. 그러므로 플라톤은 사유 재산과 일부일처제를 반대하고, 노동자들의 지지를 받게 되는 상위의 두 계급에게 공산주의와, 아내와 자녀의 공통 소유를 권장한다. 그 밖에 그가 권장하는 것은, 혼인과 출생에 대한 우생학적 감독, 약한 어린이의 적발, 의무적 국가 교육, 전쟁과 정부를 위한 여성 교육, 예술 및 문학 작품에 대한 검열이 있다. 플라톤은 예술을 사물의 참된 본질에 대한 단순한 모사에 불과한 감관의 세계에 대한 모방으로 보며, 따라서 예술을 높게 보지 않았다. 그러므로 예술은 모방의 모방이다. 하지만 플라톤은 예술을 평가 절하하지만, 예술이 도덕 함양에 기여하도록 창작될 수 있다고 생각했다.

국가는 교육 기관, 문명의 도구이며, 그 자체로 가장 높은 지식 즉 철학에서 그 토대를 가져야 한다.

> 철학자가 국가에서 군왕의 권력을 얻지 못하거나 현재 왕이나 군주라고 불리는 자들이 참된 철학을 충분히 지니지 못한다면, 즉 정치 권력과 철학이 동일인에게서 통합되지 않는다면 …… 도시국가의 구원이나 인류의 구원은 없을 것이다.

국가는 명확한 교육 계획에 따라서 상위 계급의 자녀들에 대한 교육을 맡게 될 것이다. 이 교육은 처음 20년 동안에는 남성과 여성에게 동일하게 시행될 것이며 그 내용은 다음과 같을 것이다: 윤리적 영향력에 관하여 뽑은 신화 이야기; 신체뿐만 아니라 영혼의 기개적 기능을 발전시키는 체육; 읽기와 쓰기; 아름다움과 조화와 비례의 감각을 불러일으키고 철학적 사유를 장려하는 시와 음악; 지성을 구체적이고 감각적인 데서 추상적이고 실재적인 것으로 끌어당기는 수학.

탁월한 개인의 선발은 20세에 이른 모든 계급의 젊은이들 가운데서 이루어지며, 이들은 어린 시절에 여러 과목을 그 상호 관련 속에서 공부하고 그것을 전체로 개관하는 법을 배우게 된다. 30세에 이르러 연구와 군사 활동과 그밖의 다른 활동에서 가장 큰 능력을 보이는 사람들은 5년 동안 변증법을 공부하게 된다. 그런 다음 그들은 군사적 명령과 하급 공직을 수행하는 시험을 치르게 될 것이다. 50세에 자격을 갖춘 것으로 입증된 사람들은 철학 연구에 전념하다가, 자기 차례가 되면 나라를 위하여 고위 공직을 맡게 될 것이다.

플라톤의 「국가」는 완전한 사회에 대한 서술이며, 정의의 원리를 구현하는 사회의 꿈이다. 이는 종종 유토피아로 언급되며, 참으로 플라톤은 자신의 이상 국가가 실제 사회에서 결코 실현될 수 없음을 인정한다. 최대한으로 바랄 수 있는 것은 유토피아적 이상에 근접하는 일이다. 그러나 플라톤의 견해로는 이상 국가가 실현될 수 없다 해도 실제 사회의 조직과 경영에서 지침으로서 갖는 가치는 손상되지 않는다. 더욱이 우리는, 플라톤이 이 이상 사회를 작은 도시 국가로 파악했으며, 그의 "이상들" 가운데 많은 것이 당대 스파르타에서 실제로 구현된 것을 기억해야 한다. 그래서 플라톤의 이상 국가를 겨냥하여 쏟아지는 실현 가능성 없는 유토피아라는 비난은 전적으로 정당한 것은 아니다.

플라톤은 후대 작품 「법률」에서 초기 구도의 이상론적이며 이성주의적인 특색을 거부함으로써 자신의 정치 이론을 대폭 수정한다. 좋은 국가는 이성이나 통찰 외에도 자유와 친선이 있어야 한다. 모든 시민은 자유로우며 정부에 참여해야 한다. 그들은 토지 소유자가 되어야 하며, 모든 교역과 상업은 노예와 외국인에게 맡겨야 한다. 가정은 본래의 위치로 회복된다. 지식이 모든 게 아니다: 그 밖에도 덕스러운 행동의 동기들이 있다. 즉 쾌락과 우정, 고통, 미움 등이다. 하지만 덕은 이상적인 것으로 남아 있으며, 도덕 교육은 국가의 일차적 목적이 될 것이다. 정치적·사회적 제도의 도덕적 토대에 대한 관심은 플라톤의 정치 철학 전체를 특징짓는다.

플라톤의 역사적 지위

플라톤의 철학은, 지식의 원천이 이성에 있지 감각 지각에 있지 않다는 의미뿐만 아니라 우주에 대한 합리적 지식이 가능하다고 주장하는 의미에서 합리론적이다. 하지만 경험은 지식에서 필수불가결한 역할을 수행한다. 우리의 선험적(a priori) 이데아들은 경험에 의하여 일깨워지고 암시된다. 그의 철학은 초정신적 실재의 존재, 즉 형상이나 이데아를 단언하므로 실재론적이며, 형상의 세계가 공간과 시간에 있는 특정 사물을 초월하는 이상적 영역으로 파악되므로 이상론적이며, 감각 세계가 실재 세계의 현상의 지위로 축소되므로 현상론적이다. 플라톤의 철학은 실재를 물리적 세계와 동일시하지 않는 점에서 근본적으로 반(反)유물론적이다. 이 철학은 모든 현상이 예지적 세계 질서의 현현으로 간주되며 전체에 스며드는 세계혼을 도입하므로, 범신론적이다. 이 철학은 데미우르고스 즉 조형적 용기에 형상을 놓는 창조적 원리를 받아들이는 점에서 유신론적이다.

이 철학은 그 이상적 세계가 실제 경험의 세계 위에 있으므로 초월성을 가르친다: 순수한 이데아는 물질적 요소에 오염되지 않는 듯하다. 세계혼이 모든 공간에 흩어져 있으므로 이 철학은 내재적이다. 이 철학은 선의 이데아라는 하나의 보편적 목적 아래 모두 포섭되는 궁극적 원인이나 목적으로 세계의 궁극적 설명을 추구하는 점에서 반(反)기계론적이며 목적론적이다. 관념론적인 것과 물질적인 것이라는 두 개의 설명 원리를 채택하는 점에서 이원론적이다. 이 철학은 전체 세계의 궁극적 원인이 윤리적·미적·논리적 가치를 포함하는 선의 이데아라는 점에서 근본적으로 가치 평가적이다. 이 철학의 윤리 이론은 반쾌락주의적, 직관주의적, 이상론적이며, 일종의 자기 실현론이다. 이 철학의 정치 이론은 귀족주의적 요소를 사회주의적 공산주의적 요소와 결합한다. 플라톤의 체계는 명백하게 양립 불가능한 이론들을 거대한 창조적 종합의 통일성 안으로 결합함으로써, 철학적 절충주의의 근본적 비정합성과 비일치성을 피한다.

이 체계가 후대 그리스 사상과 그리스도교 철학 및 신학에 미친 심대한 영향력은 쉽게 이해된다. 이는 주목할 만한 범위를 갖춘 세계관이다. 이는 인간의 이해와 활동의 거의 모든 분야를 합리적으로 설명하려 한다. 계명된 로마 세계에 자신의 메시지를 이해할 수 있게 합리적으로 전달하려 했던 그리스도교에게, 플라톤의 철학은 사상의 보고(寶庫)가 되었다. 플라톤 철학의 관념론, 목적론, 실제 세계의 원형과 패턴으로서 이데아의 체계라는 개념, 이원론, 신비주의, 이성을 높이고 감각 세계를 경멸하는 것, 윤리적인 것에 뿌리박은 국가, 영혼의 불멸성을 지지하는 증명들, 인간의 타락 이론 등, 이 모든 가르침과 그 밖의 많은 가르침은 이성에 대한 새로운 신념을 정당화하고자 했던 사람들의 입맛에 딱 맞았다.

우리는 나중에 기회가 되면, 그리스도교 신학이 그리스인에게 얼마나 많은 신세를 졌는지, 초기 교회의 가장 위대한 사상가인 성 아우구스티누스가 플라톤에게 얼마나 심대한 영향을 받았는지 지적할 것이다. 그의 이데아론이 오늘날까지 전체 유럽 세계의 철학에 어떤 생명력으로 남아 있는지는, 발걸음을 뗄 때마다 분명하게 드러날 것이다.

플라톤의 학교

플라톤이 세운 아카데미는 그의 사후에 제자들에 의하여 존속되었다. 처음에 이 학교는 플라톤이 노년에 채택한 피타고라스주의 이론을 따라, 이데아와 수를 동일시했다. 또한 이 학교는 윤리적 연구를 강조했다. 이 학파의 이 단계를 일러 구(舊)아카데미라고 부른다: 이 구아카데미의 학자나 우두머리는 플라톤의 조카 스페우시포스(347-339), 크세노크라테스(339-314), 폴레모(314-270), 크라테스(270-247) 등이었다. 그 밖에 구아카데미의 구성원으로는 폰토스의 헤라클리데스, 오포스의 필로스, 페린소스의 헤스티아이오스, 크니도스의 에우독소스가 있다. 크라테스의 후계자 아르케실라오스(247-241)는 회의론을 아카데미에 도입했고, 제2 혹은 중기 아카데미를 설립했다. 이 중기 아카데미는, 카르네아데스가 교장이 되어(156년경) 제3 혹은 신(新)아카데미를 설립할 때까지 아르케실라오스의 가르침에 충실했다.

10. 아리스토텔레스

아리스토텔레스의 문제

플라톤은 포괄적인 규모로 관념론 철학을 구축한 그리스 최초의 사상가였다. 하지만 그의 체계는, 고찰하여 가능한 한 극복해야 할 난점과 모순을 제시했다. 초기 플라톤의 학교는 설립자 플라톤의 사상을 거의 발전시키지 못했다. 학파들이 일반적으로 그러듯이, 초기 학파는 자신들이 받은 대로 그의 이론을 아주 개괄적으로 전달했다. 그 체계를 재구축하고 자신이 보기에 좀 더 일관되고 과학적 방법으로 발전시키는 일은 독립적인 정신을 가진 제자 아리스토텔레스의 몫이었다.

무엇보다 초월적 이데아의 문제가 다시 고찰되어야 했다: 플라톤은 영원한 형상을 실제 경험 세계와 구별하고 실제 경험 세계를 단순한 현상으로 낮추기 위하여 영원한 형상(아리스토텔레스는 그렇게 부른다)을 별들 너머에 두었던 것 같다. 그러므로 제2요소 즉 플라톤의 질료라는 개념은 만족스러운 설명 원리가 되기 위하여 좀 더 엄밀하게 정의되어야 했다. 형상과 질료의 간격은 좌우간 가교되어야 했다: 어떻게 멀리 떨어져 있고 변화 없는 이데아가 생명 없고 비이성적인 기체(基體)에 자신의 흔적을 남길 수 있었는가?

다른 난점들도 제시되었다. 우리는 사물들의 점진적으로 변화하는 형상들을 어떻게 설명할 것인가? 개인의 불멸적 영혼의 존재와 그것이 인간 신체에 있는 것을 어떻게 설명할 것인가? 데미우르고스와 세계혼은 임시 방편이다. 신화와 대중 종교에 의존한다는 것은 무지의 고백이다. 이데아와 사물의 근본적 이원론은 남아 있으며, 그 체계의 모든 국면에 영향을 미친다. 적어도 플라톤의 제자에게는 그렇게 보였다.

아리스토텔레스는 스승의 이데아적 원리인 변화없는 영원한 형상을 유지하지만, 그 원리들의 초월성을 거부한다. 말하자면 그는 그것들을 하늘에서 땅으로 가지고 온다. 형상은 사물들로부터 떨어져 있는 것이 아니라 그것들에 내재되어 있다. 그것들은 초월적이지 않고 내재적이다. 질료는 비존재와 동일시되어서는 안 되며 역동적 존재이다. 형상과 질료는 분리되지 않고 영원히 결합되

아리스토텔레스

어 있다: 질료는 개별 사물을 형성하기 위하여 형상과 결합하며, 각각의 사물은 형상의 통제와 지도에 따라 움직이고 변화하거나 자라거나 발전한다. 감각의 세계, 현상의 질서는 실제 세계의 단순한 모방 혹은 그림자가 아니다. 그것은 참으로 실제 세계이며, 하나를 이룬 형상과 질료이며, 학문의 참된 대상이다. 아리스토텔레스는 이 실재론적 방식으로 학문 영역을 파악하므로, 학문에서 편안함을 느끼고, 동정적으로 학문을 연구하며, 그의 이론은 학문과 언제나 긴밀한 접촉을 유지하며, 그는 자연과학을 장려한다.

아리스토텔레스는 기원전 384년 스타기라에서 마케도니아의 필립의 궁정 의사였던 니코마코스의 아들로 태어났다. 17세에 그는 플라톤의 아카데미에 입학했고, 거기서 20년 동안 학생과 교사로 지냈다. 플라톤이 죽은(347년) 후 그는 미시아에 있는 앗소스로 여행했고 거기서 미틸레네로 떠났으며, 일설에는 수사학 학교를 열기 위하여 아테네로 돌아갔다고 한다. 342년에 그는 필리포스 왕의 부름을 받아 장차 알렉산드로스 대왕이 될 그의 아들 알렉산드로스의 교육을 지도했다. 7년 후에 그는 아테네로 돌아왔고 이때 리케이오스 아폴론에게 봉헌된 연무장에서 학교를 세운다. 그의 학교는 이 지명을 따라 역사적인 이름 리케이온을 갖는다. 이 학교는 소요학파라고도 불렸는데, 아리스토텔레스가 걸어다니면서 가르치는 버룻 때문이다. 그는 강의와 대화를 통하여 가르쳤다. 323년에 알렉산드로스의 갑작스러운 사망 이후에 이 철학자는 아테네 반(反)마케도니아당에게 신성모독죄로 고소되어, 에우보이아로 추방당했으며, 기원전 322년 거기서 죽었다.

아리스토텔레스는 그의 윤리학 체계에서 가르친 균형과 조화라는 그리스적 이상을 몸소 실현한 고상한 성품의 인물이었다. 진리에 대한 그의 사랑은 강렬했고, 그의 판단은 냉정하고 공정하고 예민했다. 그는 변증법의 달인이며, 세세한 것을 사랑하며, 대단한 독서가이며, 면밀한 관찰가이며 전문가였다. 그의 문체는 그의 사유와 닮아서, 사실적이며 과학적이며 친숙하며 꾸밈과 공상적 비상(飛上)에서 벗어나며 심지어 무미건조했다. 그의 작품에서 인격의 강한 빛이 느껴지는 경우가 드물다. 그가 자신의 감정을 표현하는 경우는 희귀하다. 이런 점에서 그는 위대한 스승 플라톤과 달랐다. 우리는 그의 작품을 숙독할 때, 고요하고 비인격적인 이성 앞에 있는 것 같다. 그는 사상사에서 가장 위대한 인물 가운데 하나이며, 보편적 천재이다. 그는 아주 많은 화제에 관하여 글을 썼다: 논리학, 수사학, 시학, 물리학, 식물학, 동물학, 심리학, 윤리학, 경제학, 정치학, 형이상학.

아리스토텔레스가 썼다고 하는 저술의 방대한 전집이 오늘날까지 전해져 오며, 그 대부분은 진짜이다. 하지만 그의 책 가운데 많은 책이 소실된 것 같다. 기원전 60년과 50년 사이에 아리스토텔레스의 저술 전집을 발행했던 안드로니코스는 아리스토텔레스가 쓴 책(章이라고 해야 할 것이다)의 수를 1,000권이라고 한다. 많은 독자들을 위하여 그가 발행한 작품 가운데 단편만 남아 있다. 보존된 작품은 그가 제자들에게 한 강의이지, 출판을 위한 것이 아니었다.

현존 작품은 다음과 같은 그룹으로 배열할 수 있다:

(1) **논리학:** (아리스토텔레스의 추종자들은 이를 기관이라 부른다. 즉 지식을 획득하기 위한 기관 혹은 도구이다). 「기관」(*Organon*)에 속하는 것은 다음과 같다: 「범주론」, 후대에 삭제되고 첨가되긴 했지만 대체로 진짜 저술이다; 「명제론」, 그의 저술인지 의심받아 왔지만 지금은 일반적으로 진짜 저술로 받아들여지는 기본 저술; 「분석론 전편」과 「후편」, 삼단논법, 정의, 증명에 관한 아리스토텔레스의 설명을 담고 있으며 의심할 나위 없이 진짜 작품이다; 「토피카」(일반적 의견에 관한 변증적 추론을 대체로 다룬 일곱 권의 책). 「궤변론」(*Sophisti Fallacies*)은 「토피카」의 마지막 책이다.

(2) **자연학**: 「자연학」(8권); 「천체론」(4권); 「발생 소멸론」(2권); 「기상론」(4권); 「우주론」(그의 저술인지 의심스러움); 「식물학」(그의 저술인지 의심스러움); 「동물지」(10권); 「동물 부분론」(4권); 「동물 발달론」; 「동물 생식론」(5권); 「동물 운동론」(그의 저술인지 의심스러움).

(3) **영혼론**: 「영혼에 관하여」(감각, 기억, 상상을 다룬 세 권의 책); 전체로「소자연 과학서적」(*Parva Naturalia*)이라고 불리는 작은 논문들, 여기에는 「기억과 회상」, 「꿈」 등이 포함된다.

(4) **형이상학**: 주로 제일 원리를 연속하여 다루는 14권의 책인데, 안드로니코스의 전집에서 자연학 저술 바로 다음에 나오며, 그래서 '타 메타 타 퓌지카' 즉 자연학 저술 다음의 저술이라는 제목을 갖게 되었다. 이 제목은 단지 전집에서의 위치를 가리킬 따름이다. 이것이 형이상학이라는 용어의 기원이다: 아리스토텔레스는 이 말을 결코 사용하지 않았고, 제일 원리에 대한 그런 논의를 "제일 철학"이라고 불렀다. 이 14권의 책들은 아리스토텔레스가 단일 저서로 의도한 게 아니었다. 제2권은 아리스토텔레스가 원래 이런 형태로 만들지 않았던 후대의 편집물이며, 10권의 처음 여덟 장과 11권의 전반부는 아리스토텔레스의 발췌문을 다시 배열한 것이다.

(5) **윤리학**: 「니코마코스 윤리학」(10권; 「에우데모스 윤리학」에서 뽑은 내용이 5-7권에 포함되었다); 「에우데모스 윤리학」(에우데모스에 의한 개정서: 1-3권, 6권만 보존되어 있다); 「대윤리학」(앞에 나온 두 책의 편집물).

(6) **정치학**: 「정치학」(8권, 명백히 미완성 작품이다); 「아테네인의 국가 제도」(1890년에 발견됨). 아리스토텔레스가 썼다고 하는 경제학에 관한 작품은 그의 저술이 아니다.

(7) **수사학**: 「테오덱테스 수사학」(아리스토텔레스의 가르침에 기초했지만 그의 작품은 아니다); 「알렉산더 수사학」(그의 저술인지 의심스러움); 「수사학」(세 권으로 되어 있으며, 제3권은 그의 저술인지 의심스럽다). 현존 형태의 「시학」은 두 권으로 된 책의 일부에 불과하다. 「시학」은 서사시, 비극, 희극이라는 세 가지 중요한 형식에서 문학을 다룸.

철학과 과학

아리스토텔레스는 스승의 유기적·목적론적 전제를 받아들인다: 우주는 이상적 세계이며, 상호 관련된 부분들의 유기적 전체이며, 영원하고 변할 수 없는 이데아 혹은 형상의 체계이다. 이들은 사물의 궁극적 본질과 원인이며, 사물들을 현재의 사물들로 만드는 지도적 세력 혹은 목적이다. 하지만 이데아는 우리가 지각하는 세계와 격리되지 않고 그 세계의 일부와 부분이며, 그 안에 내재한다. 이데아들은 그 세계에 형식과 생명을 준다. 우리의 경험 세계는 믿을 수 없는 현상이 아니라 우리가 연구하고 이해할 수 있는 하나의 실재이다. 경험은 지식의 기초이다. 우리는 경험에서 출발하여 궁극적 원리의 학문에 도달한다. 이런 실재 개념은 구체적이며 개별적인 것에 대한 아리스토텔레스의 존중심과 조화를 이루며, 자연과학에 대한 그의 관심을 설명하며, 그의 방법을 규정한다. 하지만 진정한 지식은 단순한 사실 지식에 있지 않고 그것들의 이유나 원인을 인식하는 데 있으며, 그것들이 현재와 달리 존재할 수 없는지 이유를 인식하는 데 있다.

철학 혹은 광범위한 의미의 학문은 그런 모든 추론된 지식을 포함한다. 철학은 수학과 개별 과학을 포함한다. 학문 혹은 사물들의 궁극적 원인 혹은 제일 원인을 연구하는 철학을 아리스토텔레스는 제일 철학이라고 부른다. 우리는 그것을 형이상학이라고 부른다. 형이상학은 존재로서 존재에 관심을 갖는다. 상이한 학문들은 존재의 어떤 부분 혹은 국면에 관심을 갖는다. 가령 자연학은 변화와 운동에 종속되는 존재에 관심을 갖는다. 개별 학문 혹은 철학들은 제2 철학이라고 명명된다. 지식을 개별 분과 혹은 "학문"으로 나누는 아리스토텔레스의 구분은 오늘날까지 존속된다. 우리는 물리학, 화학, 생물학, 나머지 학문을 서로 구분되고 철학과 구분되는 지식의 개별적 영역으로 생각하는 데 너무 익숙한 나머지, 이런 구분이 일어나기 전 지식의 상태를 파악하기가 어렵다. 아리스토텔레스가 일으킨 변화 이전에는 모든 지식이 자연에 관한 것이든 인간에 관한 것이든 신에 관한 것이든 철학에 포함되었다. 철학은 모든 형태의 지혜에 대한 사랑이다.

아리스토텔레스가 제시한 학문의 분류는 큰 장점을 갖고 있으며, 그의 시대

이후로 학문이 엄청나게 발전했지만 오늘날에도 의의가 있다. 그는 학문을 다음과 같이 배열했다: (1) 다른 모든 학문에서 사용되는 탐구의 방법을 정교하게 만드는 논리학. (2) 순수하고 추상적인 지식에 관심을 갖는 이론적 학문. 아리스토텔레스가 열거하는 이론적 학문은 다음과 같다: 수학, 물리학, 생물학, 영혼학, 그리고 제일 철학 혹은 오늘날의 형이상학. (3) 목적 자체라기보다 행동의 수단으로서의 지식이 추구되는 실천 학문. 실천 학문은 윤리학과 정치학이다. (4) 지식이 예술적 창작에 종속되는 생산적 학문. 아리스토텔레스의 「시학」은 이 분야에 대한 탐구서이다. 이는 오늘날 소위 미학의 일부이다.

아리스토텔레스의 학문 분류는 매우 철저하게 논리적이어서, 그의 철학을 설명할 때 이 분류에서 멀리 떠날 이유는 전혀 없다. 확실히 우리는 수학을 생략할 수 있다. 왜냐하면 아리스토텔레스는 이 과목에 독창적으로 기여한 바가 없고 동시대인의 결과를 채용하는 것으로 만족했다. 우리는 또한 물리학과 생물학에 대한 그의 상세한 설명을 상당히 무시해도 괜찮다. 왜냐하면 이런 지식 분과에서 그의 많은 이론들이 이제 낡은 것이 되었기 때문이며, 또한 그의 결론 가운데 많은 것이 철학적으로 별로 가치 없기 때문이다. 이처럼 우리는 그다지 일탈하지 않고서 그의 학문 구도를 고스란히 따를 것이다.

논리학

논리학의 창안은 어떤 의미에서 아리스토텔레스의 가장 놀라운 업적이다. 인간의 지적 추구의 전체 역사에서 한 사람의 사상가가 새로운 학문을 완성시킨 경우는 유례가 없다. 사실 제논의 변증법적 논거, 소피스트들의 정교함, 소크라테스의 개념 정의 방법, 플라톤의 변증법에서 논리학적 이론이 선을 보였다. 그러나 아리스토텔레스가 타당한 추론 형태에 대한 학문적 연구라는 의미에서 논리학의 진정한 설립자이며, 논리학을 상세하게 만들고 개별 분과로 만든 최초의 인물이라는 것을 부인한 사람은 없다. 아리스토텔레스가 조직화한 논리학은 거의 의심할 나위 없이 후대의 사상을 지배했다. 현대에 전통 논리학에 반란을 일으킨 중요한 사건은 두 번뿐이다. 첫 번째는 프랜시스 베이컨이 추론 방법을 옹호하며 주도한 것이다. 두 번째는 수리 논리학자들이 오늘날 수행하는 것이다. 이 두 번의 경우를 제외하고, 아리스토텔레스의 논리학은 이천 년이 넘도록 인간의 사고를 좌지우지했다.

논리학의 기능은 지식을 획득하는 방법을 서술하는 것이다. 아리스토텔레스는 논리학을 참된 지식의 획득을 위한 중요한 도구로 보며, 우리가 논리적 사유의 원리에 친숙한 다음에야 제일 철학, 즉 사물의 본질의 학문에 대한 연구로 나아가야 한다고 주장한다. 따라서 논리학은 준비 학문이다. 좀 더 전문적인 표현을 사용하면, 예비 학문이다. 논리학은 모든 지식의 추구에 사용되는 방법의 정교한 설명이며 따라서 모든 개별 탐구에 선행된다. 이런 의미에서 논리학은 "학문들의 학문"이라고 서술할 수 있다. 논리학은 물리학, 생물학, 정치학과 나란히 학문 가운데 하나일 뿐만 아니라, 모든 학문을 위하여 필수적인 예비 학문이다. 아리스토텔레스는 자신의 논리학을 지식의 모든 분야에 응용할 수 있는 과학적 조사의 수단 혹은 도구라고 보았다. 여기서 그의 논리학이 갖는 대체적인 특징을 서술해 보자.

논리학의 주제는 사유의 형식과 내용에 대한 분석이며, 우리가 지식에 도달하는 과정에 대한 분석이다. 이는 올바른 사유의 학문이다. 아리스토텔레스의 논리학은 참된 과학적 지식의 전제 조건을 엄밀하게 규정한다. 과학적 진리는 엄격한 필연성이 특징이다. 그의 말을 빌리면, 과학적 진리는 "현재와 달리 될 수 없는 무엇"이다. 과학적 명제를 수립하려면, 진상이 그러그러하였다는 것을 보여주는 것으로 충분하지 못하다. 그것이 달리는 불가능하다는 것을 입증해야 한다. "둘 더하기 셋은 다섯이다"와 같은 산수 명제는 모든 과학적 진리의 원형이다. 이것이 오류라는 것은 문자 그대로 생각할 수 없는 일이다. 반대로 백조는 희다든지, 불은 열을 만든다든지 하는 진술은 참되지 않은 것으로 증명될 수도 있다. 이는 우연적인 혹은 불확실한 판단이다. 그래서 학문의 영역에서 배제되어야 한다. 사유는 추론 혹은 과학적 증명에, 구체적인 것을 보편적인 것에서 도출하고 조건지워진 것을 그 원인으로부터 도출하는 데 있다. 추리는 언어로 표현될 때 **명제**라고 불리는 **판단**으로 구성되며, 판단은 **용어**라고 표현되는 **개념**으로 구성된다.

개념은 아리스토텔레스의 논리학에서 철저히 연구되지 않는다. 하지만 그는 용어와 그것들의 정의와 관련하여 개념을 다루며, 최고의 개념 혹은 범주를 다룰 때 또한 그렇게 한다. 아리스토텔레스의 일차적 관심은, 판단 혹은 명제의 논리에 있다. 그는 판단의 본질과 상이한 종류들, 그것들이 서로 간에 맺는 다양한 관계, 상이한 종류의 증명에 관하여 논의한다.

아리스토텔레스는 증명의 본질을 상세히 다룬다. 즉 시초의 진리로부터 파생되는 명제들을 상세히 설명하는 과정 말이다. 그의 증명 혹은 연역은 언제나 하나의 삼단논법 혹은 일련의 삼단논법의 형태를 취한다. 그는 모든 사유가 움직이는 기본 형태를 삼단논법에서 발견하고 그 이름을 부여한 최초의 인물이었다. 삼단논법은 어떤 전제로부터 새로운 것(결론)이 필연적으로 나오는 담론이다. 이는 두 개의 전제(소위 대전제와 소전제)와 하나의 결론으로 구성된다. 그래서 "모든 사람은 죽는다. 소크라테스는 사람이다. 그러므로 소크라테스는 죽는다"라고 하는 표준적 삼단논법에서, "모든 사람은 죽는다"는 대전제이고 "소크라테스는 사람이다"는 소전제이며, 그래서 이 둘이 "소크라테스는 죽는다"는 결론을 가능하게 만든다. 삼단논법에서 개별적인 것은 보편적인 것에서 도출된다. 그래서 이는 연역 추리의 한 형식이다.

참으로 아리스토텔레스에게 삼단논법은 모든 연역을 환원할 수 있는 형태이다. 그러므로 타당한 혹은 과학적인 증명은 언제나 삼단논법의 형태로 되어 있다: 이 증명은 삼단논법적이며 연역적이다. 결론이 참되려면, 전제에서 필연적으로 나와야 한다. 그리고 전제들은 보편적이며 필연적이어야 한다. 그래서 그것들은 입증되어야 한다. 즉 다른 전제에 근거해야 한다. 지식의 목표는 완전한 증명이다. 아리스토텔레스의 시대에 이상적인 학문은 수학이었고, 수학을 모델로 사용한 것은 그의 논리학에서 연역이 중요한 역할을 맡았음을 설명해 준다. 그의 목표는 수학의 증명적 확실성을 다른 학문들에서 획득하는 것이었다. 이는 결론이 전제들에 의존하고 이 전제들이 다른 전제들의 결론을 이루는 일련의 삼단논법에서만 가능하다. 그러나 이 과정은 영원히 진행될 수 없다. 우리는 더 이상 연역적으로 증명될 수 없지만 그럼에도 절대적 확실성을 갖고 있는 명제 혹은 원리에 도달해야 한다. 그래서 과학적 지식의 체계는 증명을 허용하지도 요구하지도 않는 어떤 공리 혹은 기본 진리에 의존한다. 그것들은 모든 진리의 기초이며, 그 자체로 증명 불가능하다.

아리스토텔레스는 말한다. "하나의 근본 진리는 자기보다 앞선 명제를 갖고 있지 않는 것이다." 그래서 공리는 우리의 추리라는 긴 연쇄에서 첫 번째 고리이다. 근본 진리들은 직관에 의하여, 즉 이성의 즉각적이며 직접적인 통찰에 의하여 인식된다. 직관은 개별자의 인식에서 출발하므로, 아리스토텔레스는 이 과정을 귀납의 과정으로 언급한다. "우리는 귀납에 의하여 근본 전제를 인식하게 된다"고 그는 말한다. 가령 이성은 전체가 부분보다 크다고 우리에게 확실히 말한다. 하나의 원리에 해당하는 하나의 사례에 대한 검토는 그것의 보편적 진리를 우리에게 확신시키기에 충분할 것이다. 그런 직접적 혹은 직관적으로 자명한 원리들에 대한 다른 예들은 수학의 공리와 모순율이다. 각각의 개별 학문은 자신의 그런 원리를 갖고 있으며, 그밖에도 모든 학문에 공통되는 보편적 원리, 제일 철학 혹은 형이상학의 원리가 있다.

근본 공리 혹은 원리는 영혼의 최고 기관인 이성에 내재한다. 공리 혹은 원리는 이성의 직접적 직관이다. 직관은 귀납에서 핵심적 요소이며, 귀납 과정에서 사유는 감각 지각 혹은 개별 사물에 대한 지각에서 일반적 개념 혹은 보편자의 지식으로 오른다. 인간의 이성은 개별적 범례들에서 그 형상들을 분별하는 능력을 갖고 있다. 그런 형상들은 사물의 본질을 형성하며, 실재한다. 동시에 형상은 이성의 원리이다. 그래서 형상은 사유의 형식이면서 실재의 형식이다. 사유와 존재가 일치한다는 것은 아리스토텔레스의 근본 이념 가운데 하나이다. 진리는 사유와 존재의 본질적 일치이다. 근본 진리는 지성에서는 가능적이지만, 이성이 그 진리들을 인식하게 하고 그것들을 의식하게 하는 데는 경험이 필요하다. 그래서 아리스토텔레스는 이성적 지식이 지성에 내재하며 경험에 의하여 명시된다는 플라톤의 상기론의 통찰을 좀 더 엄밀하고 덜 은유적인 용어로 재확언한다. 우리의 지식은 언제나 감각 지각에서 출발하여, 개별 사실에서 보편적 개념으로, "우리에게 더 잘 알려져 있는 것"에서 "그 자신에서 더 잘 알려지고 더욱 확실한 것"으로 나아간다. 보편자는 우리가 사유에서 도달하는 마지막의 것이지만, 본질에서는 최초의 것이다. 그것들은 실재의 제일 원리이다.

직관은 연역을 위한 예비적인 것이다. 학문의 이상은 언제나 보편자에서 개별자를 도출하는 것, 증명 혹은 필연적 증거를 제공하는 것이다. 귀납이 그 일을 완성할 때에야, 경험이 우리의 지성에 잠자고 있는 보편자의 지식을 불러일으킬 때에야 비로소 학문의 이상은 달성될 수 있다. 아리스토텔레스는 경험과 이성에 인식의 상이한 기능을 할당함으로써, 경험론과 합리론을 조화시킨다. 지식은 경험 없이 불가능하다. 그러나 경험에서 도출된 진리만으로는 확실할 리 없다. 그것들은 개연성만 산출할 것이다. 그러므로 그 진리는 이성적 혹은 선험적 토대를 또한 가져야 한다. 아리스토텔레스의 논리학을 요약하면, 참된 과학적 지식은 필연적 진리들인데, 그 진리 가운데 일부는 근본적이며 직관에 의하여 보증된다. 그 나머지는 삼단논법적으로 연역된다.

논리학은 사유 형식, 우리의 사유가 확실한 진리를 획득하려 할 경우 따라야 할 틀에 관여한다. 명백히 사고는 어떤 대상을 향한다. 왜냐하면 무엇에 대한 사고가 아닌 사고는 공허한 무에 불과하기 때문이다. 그래서 논리학 혹은 인식론에서 형이상학 혹은 존재론으로 나아가는 이행은 자연스럽고 불가피한 것이다.

아리스토텔레스의 논리학 이론에 포함되어 있는 그의 유명한 범주론은 그의 형이상학의 일부이기도 하다. 범주는 사고의 근본적이며 분리 불가능한 개념이다. 그것들은 동시에 실재하는 것들의 근본 특징이다. 범주 아래 포섭되는 것으로서가 아니고서 어떤 실재하고 현존하는 사물을 생각하는 것은 불가능하다. 무작위적으로 택한 어떤 사물은 실체나 성질이나 양이나 관계나 그 밖의 다른 범주에 속한다. 그래서 "흰"은 성질의 한 종류이며, "여기"는 장소의 한 종류이며, "어제"는 시간의 한 종류이다. 범주는 존재의 상이한 종류이지 단순한 주관적 개념이 아니다.

아리스토텔레스의 범주표에서 맨 처음에 나오는 실체는 범주들 가운데 현저하다. 일차적인 의미에서 그가 말하는 실체는 "한 주어의 술어가 될 수 없고 한 주어에 존재하지 않는 것"이다. 이는 실체는 궁극적인 것이며 다른 모든 사물로부터 독립적인 것인 반면 나머지 다른 사물들은 실체에 의존함에 틀림없다고 하는 아리스토텔레스의 난해한 표현이다. 오직 개별자만이 그렇게 정의된 실체의 요구 조건에 따른다; 사멸성은 개별 인간의, 가령 소크라테스의 술어가 될수 있다. 그러나 소크라테스가 다른 어떤 것의 술어가 된다는 것은 무의미하다.

그러므로 아리스토텔레스가 말하는 범주는 어떤 것에 주장할 수 있는 가장 근본적이며 보편적인 술어를 뜻한다. 그는 그런 범주를 열 개 혹은 때로는 여덟 개만 나열한다. 우리는 한 사물에 대하여, 그것이 **무엇인가**(인간: 실체), 그것이 **어떻게** 형성되는가(흰: 성질), 얼마나 **큰가**(길이 2야드: 분량), **어떤 관계**에 있는가(좀 더 큰, 두 배: 관계), **어디** 있는가(리케이온: 공간), **언제**(어제: 시간), **어떤 위치**를 취하는가(누워 있다, 앉아 있다: 위치), 어떤 **상태**에 있는가(무장한: 상태), 무엇을 **행하는가**(탄다: 능동), 어떤 일을 **당하는가**(태워진다: 수동)를 말할 수 있다.

이 모든 것은 우리의 경험의 대상들이 시간과 장소 안에 존재하며, 측량되고 계수될 수 있으며, 다른 사물과 관계를 맺고 있으며, 능동적이며 피동적이고, 본질적 성질과 우연적 성질을 갖고 있음을 뜻한다. 지각 가능한 개별 실체는 이 모든 범주의 담지자이며, 그것들은 모두 술어가 될 수 있다. 그래서 실체 범주는 가장 중요한 것이며, 다른 것들은 실체의 술어가 될 수 있는 한에서만 존재한다. 그러므로 학문은 존재 혹은 본질 혹은 실체의 범주, 사물의 본질적 구성을 다루며, 따라서 논리학에서 형이상학으로의 이행이 이루어진다.

형이상학

논리학에서 형식적이며 추상적으로 정의된 실체(substance)는 아리스토텔레스의 형이상학 혹은 제일 철학에서 충만하고 풍성한 의미를 얻는다. 참으로 실체는 형이상학의 핵심 개념이다. 아리스토텔레스적 의미에서 형이상학은 존재로서 존재(being qua being) 즉 실체의 본질을 탐구하는 학문으로 정의될 수 있다.

아리스토텔레스의 실체 개념은 플라톤의 실체 개념과 분명한 대립을 이루며 정식화된다. 플라톤에게 실체는, 그가 떨어져 있는 세계, 이데아의 영원하고 초월적인 세계에 거하는 것으로 간주한 보편자, 모형이나 형상이었다. 아리스토텔레스는 실체에 대한 이런 설명을 거부하고 정반대의 명제를 채택한다: 아리스토텔레스에게 실체는 구체적 개별자이다. 그는 플라톤의 이데아론을 비판할 때, 일곱 개의 논거를 제공한다. 이 논거들은 둘로 모아지는데, 실제로 플라톤에 대한 중요한 비판이 두 개만 있다는 것이다.

첫 번째 비판은, 이데아란 사물의 본질을 설명하도록 의도된 것이지만 그 일을 하기에 충분하지 않다는 것이다. 이 입론은 네 개의 개별 논거로 발전된다: (1) 이데아는 단순한 추상이며, 그런 것으로는 구체적 사물의 현존을 설명할 수 없다; (2) 이데아는 정적이며 영원하고, 따라서 구체적 사물의 운동과 변화를 설명할 수 없다; (3) 이데아는 개별 사물들 이전에 있는 게 아니라 이후에 있으며, 그러므로 개별 사물들을 설명하는 데 사용될 수 없다; 간단히 말해서 이데아는 사물들의 모사이지 원인이 아니다; (4) 이데아는 사물들의 불필요한 중복이며 그것들의 설명이 아니다.

이데아론에 대한 두 번째 광범위한 비판은, 사물과 이데아의 관계가 설명될 수 없다는 것이다. 이 비판은 다음의 세 가지 논거로 확장된다: (1) 사물들이 이데아의 "모사"이거나 이데아에 "관여한다"고 말하는 것으로써는 아무것도 설명되지 않는다; 개별 인간이 이상적 인간에 관여한다고 말하는 것은 개별자에 대한 우리의 이해에 아무것도 더해 주지 않는다; (2) 이데아와 그것에 상응하는 사물들의 추정된 관계는 무한 퇴행에 이른다. 왜냐하면 개별 인간과 모형적 인간 사이에는 그 개별 인간과 모형에 똑같이 관계되는 이상적 관계가 있기 때문이다. 이 비판은 흔히 "제삼의 인간" 논거로 언급된다. 왜냐하면 이 논거는 개별 인간("최초의 인간")과 모형적 인간("제이의 인간") 외에 "제삼의 인간"(개별 인간과 모형적 인간 사이의 관계)을 끌어들이기 때문이다. 이 논거는 제4, 제5의 인간을 요구하며, 무한 퇴행에 이른다. (3) 이데아론은 한 사물의 본질이나 형상을 그 사물 자체와 완전히 분리시키지만, 그런 분리는 지성이 목격한 개별자의 통일성과 상충된다.

형이상학의 문제는 실재의 궁극적 원리를 발견하는 것이다. 우리는 세계를 어떻게 설명해야 하는가? 세계의 본질은 무엇인가? 이 문제에 대한 아리스토텔레스의 해결책은 원자론자의 자연주의적 혹은 유물론적 이론과 플라톤의 이데아론과 결합된다. 데모크리토스와 그의 학파는 운동하는 물질적 원자로 세계를 설명했고, 플라톤은 좌우간 형상 없는 질료에 영향을 미치는 초월적 이데아로 세계를 설명했다. 아리스토텔레스는 두 대답을 모두 버리고, 그 둘을 중재하려 한다. 이데아 혹은 형상은, 플라톤이 주장하는 대로 질료와 독립한 자존적 본질일 수 없다. 질료 없는 형상은 있을 수 없다. 우리가 파악한 변화하는 실재는, 유물론자들이 주장하듯이 운동중인 단순한 목적 없는 질료에 의하여 설명될 수 없다. 지도적 목적이나 형상 없는 질료는 있을 수 없다.

플라톤은 구체적 경험의 대상들을 단지 보편적 이데아의 불완전한 모사로 즉 우유성(偶有性)으로 보았고, 형상을 실체로 보았다. 반면에 아리스토텔레스는 구체적 대상 혹은 개별 존재를 실재하는 실체로 본다. 그러나 개별 구체적 존재의 본질 혹은 참된 본성은 그것의 형상에 의하여, 그 존재가 속하는 집단의 본질적 성질에 의하여 형성된다. 그래서 결국 아리스토텔레스에게는 형상 혹은 이데아가 가장 본질적 요소이다.

아리스토텔레스에 따르면 개별 실체는 다수이다. 그의 형이상학적 입장은 일원론이 아니라 다원론이다. 게다가 실체들은 상승적으로 배열되며, 그 밑바닥에 무규정적 질료가 있고, 꼭대기에 신 혹은 순수 형상이 있다. 개별적인 물리적 대상, 식물, 동물, 인간 등 실체들의 전체 배열은 이 두 극단 사이에 전개된다. 모든 개별 실체는 질료와 형상의 합성이다. 아리스토텔레스가 이해하는 형상은 한 사물의 보편적 측면, 동일한 모형의 모든 사물이 공유하는 본질적 통일성이다. 반면에 질료는 개별성과 독특성을 주는 것이다. 질료와 형상은 개별 사물의 분리할 수 없는 측면들이다. 아리스토텔레스는 형상을 사물에서 분리할 수 있다고 주장한 플라톤과 근본적으로 다르다. 아리스토텔레스는 보편적인 것과 개별적인 것이 개별자의 완전한 통일성 안에 융화된다고 강력하게 주장한다. 개별 대상은 변하거나 성장한다. 지각되는 모든 것은 변화 가능하다. 그것은 때로는 이런 성질을 갖고 때로는 저런 성질을 가지며, 때로는 씨가 되고 때로는 묘목이 되고 때로는 나무가 되고 때로는 열매가 된다. 이런 생성 과정을 우리는 어떻게 설명해야 하는가? 변화를 떠받치는 무엇이 있음에 틀림없다. 변화 가운데 지속하며, 상이한 성질이 관련되는 무엇 말이다. 이 구체화하고 개별화하는 원리가 질료이다.

아리스토텔레스가 파악했듯이 질료는 초기 유물주의적 철학자들의 자충족적 실체가 아니다. 그것은 형상과 분리 불가능하고 형상과 공존하는 질료이다.

그래서 우리가 한 대상이 그 형태를 변화시킨다고 말할 때, 형상이 변한다거나 달라진다는 뜻이 아니다. 형상 자체는 다른 형상으로 변할 수 없다. 질료는 상이한 형상, 일련의 형상을 차례로 취한다. 질료가 처음에 갖고 있던 형상이 다른 형상으로 변하는 게 아니라, 새로운 형상이 질료의 모양을 만든다. 상이한 형상은 언제나 존재해 왔고, 갑자기 존재하게 되는 게 아니다. 질료도 형상도 발생하거나 소멸하지 않는다. 그것들은 사물들의 영원한 원리이다. 우리는 변화나 성장을 설명하기 위하여 지속하고 변하는 기체(基體, 즉 질료)와 결코 변하지 않지만 우리 주변의 다채롭고 성장하는 세계에 원인이 되는 성질(형상)을 가정해야 한다.

형상과 질료의 대립과 밀접히 관련된 것은, 가능태와 현실태의 대립이다. 형상과 질료는 한 실체의 분리 불가능하지만 구별 가능한 측면들이지만, 가능태와 현실태는 한 실체의 발전에 나타나는 단계들이다. 가능적 단계는 앞의 단계이며, 현실적 단계는 나중의 단계이다. 아리스토텔레스는 개별 사례로 이 구분을 정의한다: 도토리가 떡갈나무가 되고, 건축 자재가 완성된 구조물이 되며, 잠자다가 깨어나고, 닫힌 눈이 보는 눈이 되듯이, 가능태가 현실태가 된다. 가능적인 것은 한 사물 안에 잠재되어 있는 것이다. 현실적인 것은 완성된 사물이다. 가령, 떡갈나무는 도토리의 현실태이지만, 떡갈나무 책상의 가능태이다. 가능태에서 현실태로 상승하는 계열에서, 형상이 질료에 대하여 더욱 우월해지는 점진적 실현이 있다. 그래서 형상과 질료, 현실태과 가능태의 두 가지 구분은 동일하지 않지만 매우 비슷하다. 하나의 사물이 발전을 마칠 때, 자신의 의미, 목적 혹은 형상을 실현한 것이다. 형상은 그 사물의 참된 존재, 그것의 실현 혹은 완전이다. 그것의 가능성들이 실현되었다. 그 사물 안에 있는 가능적인 것이 현실적인 게 되었다. 질료가 형상을 취했다. 나중에 떡갈나무가 되는 도토리는 가능적 떡갈나무이다. 떡갈나무는 이 가능태의 실현이다. 그것은 명백하고 실재적이고 현실적이게 된 형상이다. 그러므로 아리스토텔레스는 질료를 가능태의 원리로, 형상을 실재성 혹은 현실태의 원리로 부른다.

하지만 우리가 생각할 수 있지만 그 자체로 존재하지 않는 일차적 혹은 형상 없는 질료만이 단순한 가능태이다. 구체적 질료는 언제나 형상을 갖고 있으며 어떤 의미에서 현실적이다. 그러나 그것은 다른 형상 혹은 현실태에 관련하여 단지 가능태이다: 씨는 떡갈나무에 대하여 질료이며, 대리석은 조상에 대하여 질료이다. 그러므로 우리의 변화의 세계를 설명하기 위하여 우리는 형상과 질료를 가정해야 한다.

모든 형상은 플라톤의 이데아와 같이 영원하지만, 질료의 바깥에 존재하지 않고 질료의 안에 존재한다: 형상과 질료는 언제나 공존해 왔다. 그것들은 사물들의 영원히 공존하는 원리이다. 형상은 사물 안에서 자신을 실현한다. 형상은 사물들이 운동하고 하나의 목표 혹은 목적을 실현하게 한다. 자연의 과정에서 분별 가능한 형상과 질료의 협력은 인간의 창조 활동에서 좀 더 분명하게 예시된다. 예술가는 예술 작품을 만들어 낼 때, 마음에 하나의 착상 혹은 계획을 갖고 있다. 그는 자신의 계획에 의하여 활동에 규제를 받으며 손의 움직임을 통하여 질료를 다루고 그렇게 해서 하나의 목적을 실현한다. 가능적인 것과 현실적인 것, 형상과 질료의 대립이라는 측면에서 묘사된 발전 과정은 원인에 의하여 지배된다.

사원인론(四原因論)

원인 개념은 근대과학보다 아리스토텔레스에게 훨씬 광범위하게 적용된다: 이는 어떤 것의 발생에 필수적인 어떤 조건을 가리킨다. 아리스토텔레스는 네 개의 원리가 어떤 과정에서 작용한다는 것을 인식한다. 네 가지 다양한 원인 말이다: (1) **질료인**. 아리스토텔레스가 말하는 질료인은 조잡하고 비교적 미분화된 재료이며, 그로부터 문제의 사물이 만들어진다. 이는 밀레토스의 자연 철학자들이 물, 공기, 혹은 다른 물질적 기체(基體)로 세계를 설명하려는 시도에서 도입한 원인이었다. 아리스토텔레스는 조각가가 조상을 만들려고 계획하는 형상 없는 청동을 질료인으로 예시한다. (2) **형상인**은 사물이 완전히 실현될 때 그 사물에 구현되게 될 유형 혹은 구조이다. 이는 그 사물의 본질적인 것이다. 한 조상의 형상인은 조각가가 생각한 조상의 전반적 계획 혹은 착상이다. 그것은 플라톤적 형상에 해당하는 아리스토텔레스의 상응물이다. (3) **작용인**은 자신의 결과로서 그 사물을 산출하는 능동적 행위자이다. 이것으로 말미암아 사물이 만들어진다. 이런 유형의 원인은 근대과학적 의미의 원인이다. 조상의 작용인은 조각가가 활동할 때 사용하는 끌과 다른 도구를 포함한다. (4) **목적인**은 그 과정이 지향하는 목표 혹은 목적이다. 그것은 사물을 만드는 목적이다. 조각할 때, 목적인은 완전히 실현되고 완성된 조상(彫像)이다.

우리는 각 개별 사물이 하나의 원인을 갖고 있다고 가정하는 실수를 범해서는 안 된다. 자연적 사물이든, 살아 있는 식물이나 동물이든, 제작한 물건이든, 모든 것은 네 가지 유형의 원인으로 설명될 수 있다. 네 원인은 제조한 물건이나 예술 작품에서 좀 더 신속하게 분별될 수 있지만, 아리스토텔레스는 그 원인들이 살아 있는 유기체의 자연적 과정과 성장에서도 분별할 수 있다고 주장한다. 한 유형의 원인의 발견은 결코 다른 유형의 원인의 발견을 배제하지 않는다. 인간의 창조 활동에서 그처럼 신속하게 발견할 수 있는 네 원인은 자연에서, 특별히 유기적 세계에서 활동한다. 유일한 차이는, 자연에서 예술가와 그의 산물은 분리되지 않고 하나라는 점뿐이다. 말하자면 예술가가 그의 작품 안에 있다. 형상 혹은 계획과 목표 혹은 목적이 일치한다: 유기체의 목적은 그 형상의 실현이며, 형상 혹은 이데아는 운동의 원인이다. 그래서 결국 우리는 두 개의 본질적 원인, 즉 형상과 질료를 갖는다. 이것은 분리 불가능한 전체를 형성하며, 오직 사고에서만 구분 가능하다.

형상은 질료의 세계에 자신을 실현하는 목적적 세력이다. 모든 유기체는 이데아나 목표의 활동을 통하여 자신의 본질이 된다. 씨에는 그것이 나온 것과 동일한 식물이나 동물이 될 수 있게 하는 지도적 원리가 작용한다. 형상은 변할 수 없으므로, 좋은 불변한다. 물론 개별자는 생겼다가 사라지지만 말이다.

만일 그렇다면, 즉 형상이 가능적 형상인 질료를 통제한다면, 어떻게 해서 자연은 그렇게 자주 자신의 목표를 이루지 못하는가? 자연은 그렇게 자주 완벽하지 못하고 불완전하고 일그러졌는가? 아리스토텔레스는 자연의 실패 원인을 질료의 불완전에 둔다: 질료는 더 이상 단순한 가능성이 아니라 형상에 종종 저항하고 자신의 능력을 갖고 있는 무엇이다. 하나의 유형을 표현하는 개별자의 다원성과 다양성, 세상의 모든 괴이함과 흉물스러움뿐만 아니라 남성과 여성 사이에 존재하는 차이들은 질료의 반항 때문이다.

운동이나 변화는 형상과 질료의 연합으로서 설명된다. 이데아 혹은 형상은 질료에서 운동을 야기하는 것이다. 이데아는 시동자(始動者)이며, 질료는 피동자이다. 운동은 한 사물의 가능태들의 실현이다. 어떻게 해서 이데아의 단순한 현존에 의하여 이런 일이 생기는가? 질료는 형상을 실현하려 하며, 형상의 현존에 의하여 활동하도록 자극받으며, 형상을 향한 욕망을 갖고 있다. 그리고 형상과 질료는 영원하므로 운동도 영원하다.

신학

아리스토텔레스의 형이상학은 신학에서 절정에 도달한다: 그에 따르면 방금 서술한 질료의 영원한 운동은 영원한 **부동의 시동자**, 자신은 움직이지 않으면서 운동을 일으키는 무엇을 전제한다. 우주의 어떤 운동은 다른 운동에 의하여 생기며, 이 운동은 제삼의 운동에 의하여 생긴다. 그래서 무한한 퇴행이 가능하므로, 운동 계열의 제일 원인으로서 부동의 시동자 혹은 신이 있는 것은 필연적이다. 만일 운동의 제일 원인 자체가 운동한다면, 그것은 운동하는 다른 어떤 것에 의하여 움직여져야 할 것이며, 그렇게 무한히 계속될 것이며, 이렇게 될 때 운동은 설명되지 않을 것이다. 어디선가, 운동은 움직이는 어떤 것에 의하여 야기되지 않으면서 시작되어야 한다. 그래서 영원한 부동의 시초적 시동자가 있어야 한다. 그는 자연에 존재하는 모든 생명력의 최종적 근거이다.

운동에서 운동의 부동적 원인으로 나아가는 아리스토텔레스의 논거는 아마 장차 등장하는 우주론적 신존재 증명에 대한 최초의 완벽한 공식이다. 변할 수 없고 운동이 결여된 것에 의한 운동의 산출은, 하나의 고정된 이데아 혹은 욕망의 대상이 인간 의지로 하여금 행위하게 만든다는 것과 비슷한 방식으로 신이 다른 사물들에 운동을 일으킨다는 제안으로 아리스토텔레스가 해결하려 하는 형이상학적 수수께끼이다. "욕망의 대상과 사유의 대상은 이런 식으로 운동한다. 그것들은 움직여지지 않으면서 운동한다"고 그는 말한다. 신은 세계에 작용하지만, 문자 그대로 그것을 움직임으로써가 아니라 아름다운 그림이나 하나의 이상이 영혼에 작용하는 것처럼 작용한다. 다른 말로 표현하면 신은 발생하는 모든 것의 최초의 원인이며, 세계의 최고 목적 혹은 최고선이다. 세계 내의 모든 존재, 식물과 동물과 인간은 이 최고선 혹은 신 때문에 자신의 본질의 실현을 바란다. 그의 존재는 그들의 욕망의 원인이다. 그래서 신은 세계의 통일적·지도적 원리이며, 모든 사물이 지향하는 목표이며, 우주 내의 모든 질서와 아름다움과 생명을 설명하는 원리이다.

신은 질료에 의하여 섞이지 않는 **순수 형상**이다. 제일 원인은 움직여지지 않으므로, 질료 없는 형상, 순수 형상임에 틀림없다. 왜냐하면 질료가 있는 곳에는 운동과 변화가 있기 때문이다. 그래서 신은 질료와 형상이 분리 불가능하다는 원리에 대한 하나의 예외이다. 아리스토텔레스의 몇몇 비판가는 이를, 그의 철학의 핵심 입론을 부인하고 플라톤주의로 돌아가는 것으로 본다. 형상의 세계와 사물들의 세계라는 플라톤적 이원론이 새로운 옷을 입고 부활한 게 아니었는가? 이 반론이 상당한 설득력을 갖고 있다는 점을 우리는 시인해야 한다.

신은 완전한 현실태 즉 그는 모든 사물이 지향하고 있는 목적 혹은 목표이다. 그러나 신 안에는 가능태가 전혀 없다. 그는 실체들 가운데서 모든 것의 성취이면서 동시에 어떤 것의 가능성이 되지 않는다는 독특한 특징을 향유한다. 그는 **탁월한** 실체이다. 참으로 말 그대로 그는 유일한 실체라고 말할 수 있다. 마지막으로, 신은 사고를 사유하는 사고(thought-thinking-thought)이다. 모든 인간적 활동 가운데 오직 사고만은 신에게 귀속시킬 수 있다. 그것은 인간의 최고 기능이며, 인간에게서 참으로 신적인 자질이다. 인간의 이성은 신적 이성의 섬광으로 파악된다. 그러나 신의 사고의 대상은 무엇인가? 명백하게 유일하게 자격있는 대상은 신 자신이다. 이런 의미에서 신은 사고를 사유하는 사고라고 서술할 수 있다. 아리스토텔레스의 말을 빌리면, "……사고가 사유하는 것은 자기 자신임에 틀림없다. 그리고 그것의 사유는 사유에 대한 사유이다." 신의 사고는 그 특징상 인간의 사고와 다르다. 후자는 추론적이다. 즉 전제에서 결론으로 단계적으로 나아간다. 신의 사고는 전적으로 직관적이다. 즉 단번의 번쩍이는 통찰에 의하여 그 대상을 파악한다. 신은 삼단논법적으로 추론한다고 말할 수 없다. 그는 인식하는 모든 것을 즉시로 인식한다.

반성적 사고(문자 그대로 자신에게로 돌아간다는 의미에서 반성적임)로서 신을 보는 아리스토텔레스의 신관은 상당히 많은 조롱을 당했으며, 거기에는 이유가 없지 않다. 신이 지식의 주체와 대상이라는 이중적 역할을 담당하는 것은 이해할 수 없는 것인가? 문자 그대로 직접적 종류의 자기 지식은 신에 대해서도 전혀 불가능한 것이 아닌가? 그리고 그것이 가능하다고 할지라도, 그것은 무슨 실제적 의의를 가질 수 있는가? 그런 사고는 사실과 관계없는 사고, 너무 순수하여 공허한 사고일 것이다. 자신의 사유 활동 외에 아무런 대상을 갖고 있지 않는 신의 사고란 다른 거울을 되비추며, 따라서 아무것도 되비추지 않는 거울에 비유될 수 있다. 아리스토텔레스적 신관의 불충분성은 너무도 명백하므로, 더 이상의 고찰을 요구하지 않는다. 신의 활동은 사고에, 사물의 본질에 대한 명상에, 아름다운 형상을 보는 데에 있다. 그는 아무런 인상, 감각, 욕구, 욕구라는 의미에서 의지, 정념이라는 의미에서 감정을 전혀 갖지 않는다. 그는 순수한 예지이다. 우리의 지성은 추론적이며 단편적이며 단계적인 반면, 신의 사유는 직관적이다: 그는 한 번에 모든 사물을 보며, 그것들을 전체로 본다. 그는 고통과 정념에서 자유롭고 최고로 행복하다. 그는 **철학자**가 되고자 하는 모든 것이다.

현저한 특징들을 포함한 짧은 공식으로 아리스토텔레스의 신학에 관한 설명을 마무리짓자. 아리스토텔레스가 파악한 실재는 다수의 개별적 실체들이며, 각각의 개별적 실체는 형상과 질료의 융화이다. 이 실체들은 형상이 질료보다 우세해지는 지속적인 연쇄로 질서를 이룬다. 최고의 실체는 순수 형상 혹은 신이다.

물리학

아리스토텔레스의 물리학, 물체와 운동의 학문은 데모크리토스의 원자론적·기계론적 이론과 정반대되는 특징을 갖는다. 그는 원자들의 장소적 관계에서 일어나는 변화라는 측면으로 물질적 세계의 모든 과정을 양적으로 설명하는 시도를 거부한다. 아리스토텔레스는 데모크리토스보다 질료를 역동적으로 해석한다. 데모크리토스는 질료를 수동적이며 비활성적인 것으로 파악하는 경향을 보였다. 사실상 아리스토텔레스는 물활론이 질료에 귀속시킨 성질을 때때로 질료에 부여한다. 텅 빈 공간은 원자와 아울러 부인된다. 그리고 공간은 둘러싸인 물체와 둘러싸는 물체의 한계로 정의된다. 다른 물체에 제한되지 않는 것은 무엇이든지 공간 안에 있지 않다. 그래서 항성 너머에는 공간이 없다. 왜냐하면 그것들을 한계짓는 물체가 없기 때문이다. 물체가 더 이상 존재하지 않는 곳에서는 공간이 존재하지 않는다. 무한한 공간은 있을 수 없다. 세계는 유한하다. 그리고 세계는 전체로서 움직이지 않으며 그것의 부분들만 변화를 경험한다. 공간은 운동 없이 파악될 수 없고 신은 운동하지 않으므로, 신은 공간 안에 있지 않다.

아리스토텔레스가 말하는 운동은 모든 종류의 변화이다. 그는 목적론적 이론의 맥락에서 운동을 "가능한 것의 실현"이라고 정의하며, 네 가지 종류의 운동을 나열한다: 실체적 운동(발생과 소멸); 양적 운동(더하고 빼는 것에 의하여 물체의 크기에 나타나는 변화); 질적 운동(한 사물이 다른 사물로 바뀌는 변모); 공간적 운동(장소의 변화). 아리스토텔레스에 따르면, 네 개 혹은 어떤 경우에는 다섯인 이 요소들은 서로 바뀔 수 있다. 실체들의 혼합은 새로운 실체를 발생시킨다. 성질은 원자론자들이 주장했듯이 단순히 양적 변화의 주관적 결과가 아니라, 사물들의 실제적 성질이다. 그러므로 성질의 변화는, 원자의 장소적 배열에서 일어나는 단순한 변화처럼 기계적으로 설명될 수 없다. 질료 내에는 절대적인 질적 변화가 있다.

이 모든 관념들은 원자론들이 이해했던 자연과학의 이론과 근본적으로 대립한다. 아리스토텔레스에게 자연은 수동적이지 않고 역동적이며, 기계적이지 않고 목적론적이며, 양적이지 않고 질적이다. 아리스토텔레스는 자신의 형이상학적 전제가 참되다고 확신하면서, 어떤 사건들은 파악할 수 없는 것이므로, 즉 자신의 형이상학이라는 틀 안에서 파악할 수 없는 것이므로 발생할 수 없는 것이라고 선언함으로써 과학의 어떤 문제들을 해결하곤 한다. 아주 최근까지 현대과학에서 만연했고 여전히 학문적 지지자를 갖고 있는 기계론의 입장에서 보자면, 아리스토텔레스의 개념은 사고 발전에서 명백히 퇴보적인 단계를 대변한다. 그러나 아원자(亞原子) 물리학에서 나타나는 최근의 발전상은 자연에 대한 그의 역동적 "에너지적" 해석을 다시 지지하는 경향을 보여주었다. 그리고 자연에 대한 그의 목적론적 해석에 대한 증거를 발견하려고 하는 과학적 사상가들이 있다.

우주는 영원하며 발생이나 소멸에 종속되지 않는다. 그 중심에 지구가 있다. 지구 주위에, 동심원적으로 물과 공기와 불이 층을 이룬다. 그런 다음 천체가 나오는데, 이들은 에테르로 구성되며, 그 가운데 일부는 행성, 태양, 달을 지탱한다. 마지막으로, 가장 바깥에 항성의 영역이 등장한다. 행성의 운동을 설명하기 위하여 아리스토텔레스는 수많은 부(副) 구체 혹은 "역행적으로 운동하는" 구체를 끌어들인다. 신은 행성들의 가장 바깥 영역을 둘러싸며, 그것들이 움직이게 한다. 이 영역의 운동은 다른 영역들의 운동에 영향을 끼친다. 그러나 아리스토텔레스는 각각의 영역에 그것의 운동을 시작하는 영혼을 할당하므로, 위의 설명에서 빗나간다.

생물학

아리스토텔레스는 체계적인 비교 동물학의 창설자라고 할 수 있다. 그의 생물학은 그의 물리학처럼, 순수히 양적이며 기계적이며 인과적인 자연 개념과 반대된다. 그는 생물학을 질적이며 역동적이며 목적론적으로 해석한다. 자연에는 운동을 시작하고 지배하는 세력들이 있다. 형상은 역동적이고 목적적이며, 우리가 보았듯이 유기체의 영혼이다. 물체는 기관 혹은 도구이며, 도구는 사용될 의도를 지니고 있으며 사용자 즉 영혼을 전제한다. 영혼은 물체를 움직이며 그 구조를 규정하는 것이다. 그것은 생명의 원리이다. 아리스토텔레스의 생물학 이론은 생명을 불어넣고 지도하는 생명적 원리가 유기체에 있다고 가정하는 한에서 활력론이라고 할 수 있다. 사람은 지성을 갖고 있으므로 손을 갖는다. 신체와 영혼은 불가분리적 통일체를 형성하지만, 지배하고 지도하는 원리이다. 즉 전체는 부분보다 선행하며, 전체의 내재적 목적이 부분에서 이루어지는 목적의 실현보다 선행한다. 우리는 전체와 관련하지 않고서 부분을 이해할 수 없다.

생명이 있는 곳마다 — 그리고 무기적 자연에서도 도처에 삶의 흔적이 있다 — 영혼이 있다. 상이한 등급 혹은 정도의 영혼이 삶의 상이한 형태에 상응하여 존재한다. 신체 없이는 영혼이 존재할 수 없으며, 특정한 신체가 없는 영혼은 없다. 인간의 영혼은 말의 신체에 거할 수 없다. 유기적 세계는 가장 낮은 것에서 가장 높은 것까지 상승적인 신체 등급 사다리를 형성한다. 그리고 영양과 성장과 재생산의 기능을 지배하는 식물의 영혼에서 추가로 더 높은 능력을 소유하는 인간의 영혼까지 점진적인 영혼의 계열을 형성한다.

영혼학

인간은 소우주이며 자연의 궁극 목표이며, 이성을 소유한 점에서 다른 살아 있는 존재와 구분된다. 인간의 영혼은 낮은 생명적 기능을 통제하므로 식물의 영혼을 닮았고, 소위 공통 감각, 상상, 기억, 쾌락과 고통, 욕구와 혐오 등 지각의 기능들을 소유한 점에서 동물의 영혼을 닮았다. 감각 지각은 감각 기관의 중개를 통하여 지각된 사물에 의하여 영혼에 생기는 변화이다. 상이한 감관은 영혼에게 사물의 성질을 알려 준다. 마음이라는 기관을 둔 공통 감각은 모든 감관의 모임 장소이다. 이 마음에 의하여 우리는 개별 감관이 제공하는 성질을 결합하고 한 대상의 전체 그림을 획득한다. 이는 또한 수, 크기, 모양, 운동, 정지 등과 같이 모든 감관에 공통되는 성질들에 대한 분명한 그림을 우리에게 제공한다. 공통 감각은 일반적 상, 복합적 상을 형성하며 기억, 연상적 사유의 능력을 갖는다. 쾌락과 고통의 감정은 지각 때문이다. 쾌락은 기능들이 촉진될 때 발생하며, 고통은 기능들이 방해될 때 발생한다. 이 감정들은 욕구와 혐오를 불러일으키며, 이 욕구와 혐오만이 신체를 움직이게 한다. 욕구는 바람직한 대상 즉 영혼이 선하다고 보는 대상이 제시될 때에야 일어난다. 숙고가 동반되는 욕구는 합리적 의지라고 불린다.

인간의 영혼은 앞의 기능들 말고 개념적 사유의 능력, 사물의 보편적이며 필연적인 본질을 사유하는 기능을 갖는다. 영혼은 지각에 의하여 감각 대상을 파악하듯이, 이성에 의하여 개념을 본다. 이성은 잠재적으로 영혼이 고찰하거나 사유할 수 있는 모든 것이다. 개념적 사고는 현실화된 이성이다. 어떻게 이성은 개념을 사유하게 되는가? 아리스토텔레스는 이 질문에 대답할 때 능동적 혹은 창조적 이성과 수동적 이성을 구분한다. 창조적 이성은 순수 현실태이다. 그것의 개념은 이 이성에 의하여 현실화되며, 본질들은 직접적으로 인지된다. 여기서 사고와 그 대상은 하나이다. 이는 이데아의 세계를 명상하는 플라톤의 순수 영혼과 비슷하다. 수동 이성에서는 개념들이 단지 가능(잠재)적이다. 수동 이성은 창조적 이성, 형상이 그 위에 작용하는 질료이다. 수동 이성에서 가능적인 개념들은 창조적 이성에 의하여 실재적, 현실적이게 된다. 개별 유기체가 그 물질적인 것에서 실현하게 될 완벽한 형상 혹은 이데아가 개별 유기체의 성장에 존재하는 것처럼, 추론하는 과정에서 하나의 형상이 수동 이성에서 가능적으로 존재함이 틀림없다. 형상과 질료를 나누는 아리스토텔레스의 일반적인 철학적 구분은 정신 세계에 적용되면서, 그는 이성의 형상적 국면과 질료적 국면, 능동 지성과 수동 지성, 현실적 지성과 가능적 지성으로 구분하지 않을 수 없게 되는 것 같다: 수동 지성에서 가능적인 개념들이 창조적 이성에서는 현실적이다.

지각, 상상, 기억은 신체와 연관되어 있으며, 그것과 함께 소멸한다. 수동 지성은 감각적 상(이런 상은 수동 지성에서 개념들을 불러일으키는 기회가 된다)을 매개로 작용하므로 역시 소멸할 수 있다. 하지만 창조적 이성은 감관에 오염되지 않는다. 이는 아마 신체와 감각적 영혼보다 앞서서 존재할 것이다. 이는 절대적으로 비물질적이며, 소멸 불가능하며, 하나의 신체에 매이지 않으며 따라서 불멸적이다. 능동 이성은 바깥으로부터 영혼에게 오는 신적 지성의 불꽃이다. 능동 이성은, 다른 심적 기능들과 달리 영혼의 발전 과정에서 생기지 않는다. 이는 개별적 이성이 아니므로, 개인적 불멸성은 능동 이성과 관련하여 아무런 의미가 없다. 어떤 아리스토텔레스 해석가들은 능동 이성을 보편적 이성 혹은 신의 지성과 동일시한다.

윤리학

아리스토텔레스의 형이상학과 영혼학은 그의 윤리 이론의 토대를 형성한다. 그의 윤리 이론은 최초로 포괄적인 과학적 도덕론이다. 이는 최고선에 관한 소크라테스의 물음에 명확한 대답을 제시하려는 시도이다. 모든 인간적 행위는 어떤 목적을 염두에 둔다. 이 목적은 더 높은 목적에 대해 수단이 될 것이며, 후자는 훨씬 더 높은 목적에 대해 수단이 될 것이다. 그러나 최종적으로 우리는 최고의 목표 혹은 목적, 궁극적 원리 혹은 선에 도달해야 한다. 이 궁극적 선을 위하여 다른 모든 선을 추구해야 한다. 이 최고선은 무엇인가? 한 사물의 선함은 그것의 특별한 본성의 실현에 있다. 모든 피조물의 목표 혹은 목적은 자신의 특별한 본질을 실현하는 것이다. 이 본질이 다른 모든 피조물과 자신을 구분짓는다. 사람에게는 이 본질이 단순한 신체적 현존이나 감각적 느낌, 식물적 기능과 동물적 기능의 발휘가 아니라 이성의 생활이다. 그러므로 인간의 최고선은 인간을 인간적 존재로 만드는 기능들의 완벽하고 습관적인 발휘이다. 이것이 아리스토텔레스가 말하는 유다이모니아(행복)이다. 이 행복을 쾌락이라는 뜻으로 해석하지 않는 한 반대할 이유는 없다. 아리스토텔레스에 따르면, 쾌락은 부차적 결과로서 덕스러운 행동에 동반되며, 그래서 쾌락은 최고선에 포함되지만 최고선과 동일하지 않다.

하지만 영혼은 이성만으로 구성되지 않는다. 영혼은 이성적 부분과 함께 비이성적 부분을 갖고 있다. 비이성적 부분으로는 감정, 욕망, 욕구를 포함한다. 이성은 이것들과 협력해야 한다. 영혼의 상이한 부분들은 영혼의 목적을 실현하기 위하여 올바른 방식으로 활동해야 하며, 신체도 제대로 작용해야 한다. 그리고 전체 개인은 적당한 경제적 재화를 소유해야 한다. 종이나 아이는 윤리적 목표를 달성할 수 없으며, 가난과 질병과 불운은 윤리적 목표의 달성을 방해할 것이다. 덕스러운 영혼은 질서정연한 영혼이다. 이 영혼에서는 이성과 감정과 욕망 사이에 올바른 관계가 존재한다. 이성의 완전한 행위는 지적 효과 혹은 지혜 혹은 통찰의 덕(dianoetic virtue)을 형성한다. 영혼의 정서적-충동적 기능의 완전한 행위를 일러 "도덕적" 덕이라고 한다. 이 도덕적 덕은 절제, 용기, 관대함 등을 포함한다. 모든 행동 영역에 대하여 "도덕적" 덕이 있다. 이 덕은 신체적 욕구를 향하여, 두려움과 위험과 분노와 경제적 재화에 대한 욕망과 명예 등을 향하여 이성적 태도를 취하는 데 있다.

다음과 같은 문제가 발생한다: 이 태도는 무엇에 있는가? 아리스토텔레스는 대답한다: 두 극단 사이의 중용을 추구하는 데 있다. 덕은 중간을, 즉 과도와 결핍의 중간을 목표로 하므로 일종의 중용이다. 가령 용기는 무모함과 비겁함의 중용이다. 관대함은 사치와 인색의 중용이며, 겸손은 수줍음과 파렴치함의 중용이다. 아리스토텔레스는 중용의 원리가 그 적용 가능성에서 보편적이라고 주장하지 않는다. 자주 그는 자신의 논의에서 이 원리가 많은 경우에 적용 불가능하다고 본다. 증오, 파렴치함, 시기, 간음, 도둑질, 살인과 같은 행위와 감정은 본질적으로 나쁘며, 단지 과도나 결핍이 아니라는 것이다. 중용은 모든 사람에게 모든 상황에서 동일하지 않다. 중용은 "우리 자신에 상대적이며" "이성에 의하여 결정되거나 올곧은 마음을 가진 사람이 결정하려는 대로 결정된다."

하지만 이는 주관적 의견이나 자의적 선택의 문제가 아니다. 모름지기 도덕적 행위는 마음이 올곧은 사람에 의하여 결정된다: 덕스러운 사람이 사물들의 표준과 척도이다. 그는 모든 것을 올바르게 판단하며, 그에게는 모든 경우에 진리가 명백하게 나타난다. 그 밖에 두 가지 요점을 기억해야 한다: 도덕적 행동은 독립적 행위에 존재하지 않고 안정된 성품이나 의지의 성향의 표출에 있다. 게다가 그것은 자발적 행위이며, 의식적으로 목적적인 행위이며, 자유롭게 선택한 행위이다; "덕은 악과 마찬가지로 우리의 능력에 놓여 있다." 아리스토텔레스는 이 모든 개념을 다음과 같은 정의에 포괄한다: "덕은 하나의 성향 혹은 습관으로, 숙고된 목적이나 선택을 포함하여, 우리 자신에게 관계한 중용에 있다. 그리고 이 중용은 이성에 의하여 결정되거나 신중한 사람이 결정하려 하는 대로 결정된다."

그러므로 인간의 최고선은 자기 실현이다. 하지만 이는 이기적인 개인주의로 해석되어서는 안 된다. 사람은 자신의 존재의 최고 부분 즉 이성적 부분을 사랑하고 만족시킬 때, 고상함의 동기에 의하여 움직일 때, 다른 사람의 이익을 도모하고 조국에 봉사할 때 자신의 참된 자아를 실현한다. 아리스토텔레스의 가르침에 담긴 높은 이타적 정신을 이해하려면 아리스토텔레스의 「니코마코스 윤리학」에 나오는 우정과 정의의 권(卷)들만 읽어도 된다. "덕스러운 사람은 종종 친구들과 조국의 이익을 위하여 행동할 것이며, 필요하다면 그들을 위하여 죽기까지 할 것이다. 그는 돈과 명예 그리고 세인이 얻으려고 다투는 모든 재화를 포기하고 자신은 다만 고상함만 지닐 것이다. 그래서 온건한 쾌락을 길게 누리기보다 강렬한 쾌락을 잠깐 즐기기를 원할 것이며, 냉담하게 많은 세월을 보내느니 일년 동안 고상하게 살고자 하며, 형편없는 행동을 많이 저지르느니 고상하고 숭고한 행동 하나를 하려 할 것이다. 이는 다른 사람을 위하여 자기 목숨을 내놓는 사람에게 해당된다. 그는 자신을 위하여 위대한 고상함을 선택한다."

덕스러운 사람은 고상한 행동의 묵직한 몫을 스스로 담당한다는 점에서 자기를 사랑하는 자이다. 인간은 사회적인 존재이며 다른 사람과 더불어 살도록 되어 있다. 그는 선을 행할 어떤 사람이 필요하다. "덕스러운 친구는 덕스러운 사람에게 자연히 바람직하다. 왜냐하면 자연적으로 선한 것은 덕스러운 사람에게 본질적으로 선하고 즐겁기 때문이다." 즉 덕스러운 사람은 선을 위하여 선을 사랑하므로 덕스러운 친구를 사랑하지 않을 수 없다. 이런 의미에서 그의 친구는 덕스러운 사람에게 제2의 자아(다른 나)이다.

정의는 다른 사람과의 관계를 함축하는 덕이다. 왜냐하면 정의는 통치자이건 단순히 동료 시민이건 상관없이 다른 사람들의 이해를 도모하기 때문이다. 정의는 합법성과 공평성이라는 두 가지 의미로 이해된다. 법은 전체 공동체의 이익을, 혹은 (덕에서든 다른 어떤 측면에서든 공동체에서) 최고 또는 지도적인 시민들의 이익을 목적으로 모든 신민을 판단한다. 그러므로 모든 덕은 정의의 개념에 포함된다. 덕과 정의의 유일한 차이는 그것들이 고찰되는 상이한 맥락에 있다: 이웃과의 관계에서 고찰할 때 정의인 것은 성품의 상태로서 덕이 된다. 정의라는 용어는 각자에게 그의 몫을 나누어준다는 좀 더 좁은 의미(분배적 정의)로도 사용된다.

행복론은 쾌락론으로서 쾌락주의적인 의미로 이해되면 안 된다. 쾌락은 덕스러운 행동의 필연적 즉각적 결과이지만, 삶의 목적은 아니다. 쾌락은 활동의 완료이다: 그것은 추가되는 것이다. 젊음의 아름다움이 젊음의 힘에 추구되는 것과 같다. 쾌락은 행동에 수반되는 것이며, "활동은 가장 완전할 때 가장 즐거울 것이며, 건전한 상태에 있는 부분이 자신의 영역에 속하는 대상들 가운데 가장 뛰어난 것에 대하여 행하는 활동일 때 가장 완전할 것이다."(「니코마코스 윤리학」) 쾌락을 목표로 삼는 것은 합리적이다. 왜냐하면 그것은 우리 각자 안에서 삶을 완전하게 만들기 때문이다. 쾌락과 삶은 서로 얽매여 있으며, 분리를 허용하지 않는다. 쾌락은 활동 없이 불가능하며, 모든 활동은 쾌락에 의하여 안전하게 된다. 아리스토텔레스에 따르면, 덕스러운 사람에게 명예롭고 유쾌한 사물들은 실제로 명예롭고 유쾌하다. 순수하고 자유로운 쾌락을 결코 맛보지 못한 사람들이 신체의 쾌락에 의존한다는 사실은 신체적 쾌락이 더 낫다는 것을 입증해 주지 않는다. 오직 참으로 덕스럽고 명예로운 사람의 판단만을 윤리적 문제에서 의지해야 한다.

최고의 행복은 사색적 활동이다. 이는 명상의 형태를 취한다. 명상 생활은 가장 높고 가장 지속적이며 가장 유쾌하며 가장 자충족적이며 가장 내면적으로 가치있는 생활 방식이다. 그런 생활은 단순한 인간에게는 너무 높아 보이며, 참으로 사람은 자신의 인간성에 의하여 그런 생활을 향유하는 게 아니라 자신 안에 있는 어떤 신적 요소에 의하여 향유하게 될 것이다.

> 그러므로 이성이 인간의 본성의 나머지와 비교할 때 신적(神的)이라면, 이성에 따르는 생활은 일반적인 인간 생활과 비교할 때 신적일 것이다. 인간의 사고가 인간성에 비해 너무 높아서는 안 된다거나 인간성의 사고가 사멸성에 비해 너무 높아서는 안 된다고 말하는 사람들의 충고를 따르는 것은 옳지 않다. 왜냐하면 인간은 자신 안에 있는 한 불멸성을 추구하고 자신의 본성의 최고 부분과 일치하여 살 수 있기 위하여 자신의 능력 안에 있는 모든 것을 행해야 하기 때문이다.(「니코마코스 윤리학」)

아리스토텔레스는, 덕의 본질에 대한 지식이 덕스러운 행동을 보장하는 데 충분하다는 의미에서 지식이 덕이라는 소크라테스의 준칙을 거부한다. 아리스토텔레스에 따르면, 우리는 덕의 지식 외에 덕을 소유하고 발휘하려고 노력해야 한다. 이론은 이미 자유로운 생각을 가진 젊은이들에게 자극을 주기에 충분할지라도, 이론만으로는 대중에게 용기 있고 예의바른 행동을 불러일으키기에 충분하지 않을 것이다. 도덕적 행위는 도덕적 사회에 의하여 육성되며, 사람이 덕스러운 법률 아래서 양육되지 않을 경우 덕에 대한 올바른 경향을 일찍 얻는 것은 힘들다. 법률은 우리가 성년이 될 때 인생의 의무를 배우는 데 필요하다. 왜냐하면 대부분의 사람은 이성과 고상함에 대한 사랑보다 필연성과 형벌에 대한 두려움에 의하여 움직이기 때문이다. 국가는 시민의 도덕에 유익한 사회적 환경을 제공해야 하며, 필요하다면 도덕을 강요하기 위하여 형벌과 다른 법적 장치를 사용해야 한다. 그래서 사람들을 고양시키고자 하는 사람은 입법의 원리를 잘 알아야 한다. 그러므로 인간 생활에 대한 자신의 철학이 할 수 있는 대로 완전해지게 하려고, 아리스토텔레스는 정치학의 주제를 살핀다. 윤리학과 정치학은 그에 의하여 결코 분리되지 않는다: 인간의 도덕적 목적은 법률적·정치적 수단에 의하여 도모된다.

정치학

인간은 사회적 존재이며, 그래서 자신의 참된 자아를 오직 사회와 국가에서만 실현할 수 있다. 가정과 소공동체는 국가보다 시간적으로 앞선다. 그러나 인간 생활의 발전 목표로서 국가는 가치와 의미에서 국가를 구성하는 사회들보다 앞서며, 이는 전체가 부분보다 앞선다는 아리스토텔레스의 원칙과 일치한다. 사회 생활은 인간 실존의 목표 혹은 목적이지만, 이 이론 때문에 아리스토텔레스는 개인을 사회와 국가에 완전히 복속시키지는 않는다. 국가의 목표는 선한 시민을 배출하는 것이다. 아리스토텔레스는 개인이 삶의 목적이라는 견해와 사회가 목적이라는 견해의 조화를 제시한다. 사회는 개인으로 구성되며, 그 목적은 개별 시민이 덕스럽고 행복한 삶을 영위할 수 있게 하는 것이다. 아리스토텔레스는 아마 "국가주의"와 개인주의의 중도를 취한 점에서 플라톤보다 훨씬 성공을 거두었다.

국가의 정체(政體)는 국민의 성격과 조건에 적합해야 한다. 정체는 국민이 평등한 한에서 그들에게 평등한 권리를 수여하고 그들이 불평등한 한에서 평등하지 않은 권리를 수여할 때 정의롭다. 시민은 개인의 능력에서, 재산 자격에서, 출생과 자유에서 상이하며, 정의는 그들이 이 차이에 따라 대접받을 것을 요구한다.

좋은 헌법과 나쁜 정체가 있다. (시민들이 거의 평등한) 군주제, 귀족제, 시민정치는 좋은 형태이며, 참주제, 과두제, 민주주의는 나쁜 형태이다. 아리스토텔레스는 자기 시대에 가장 좋은 국가로, 교육과 삶의 지위에서 정치에 적극적으로 참여할 수 있는 자격을 갖춘 자들만 시민이 되는 도시 국가를 옹호한다. 즉 귀족제를 옹호한다. 그는 노예제란 자연적 제도라는 근거에서 그것을 정당한 것으로 본다: 그리스에서 유일하게 노예 계급이었던 외국인들은 그리스인보다 열등하므로 마땅히 그들과 동일한 권리를 향유해서는 안 된다.

아리스토텔레스의 천재(天才)와 영향

"지식있는 자들의 스승"이라는 권리를 내세울 수 있는 아리스토텔레스의 자격은 쉽게 증명할 수 있다. 그는 우리가 판단할 때 의거하는 어떤 기준에 의해서도, 가령 **학문의 방대함**이나 **독창성**이나 **영향력**에 비추어 볼 때 철학에서 독특한 자리를 차지한다. 이런 측면에서 그의 중요성을 평가할 때 최상급을 사용하지 않을 수 없다. 그 범위에서 아리스토텔레스의 철학은 아마 인간의 지성이 성취한 지식의 종합 가운데 가장 포괄적인 것일 것이다. 독일 철학자 헤겔을 제외하고는, 그렇게 방대한 지식을 자신의 체계로 통합시킨 사상가는 고대 중세 근대를 막론하고 없었다. 아리스토텔레스의 철학은 학문의 전범위를 포함한다: 형이상학뿐만 아니라 논리학과 수학; 물리학과 생물학과 심리학; 윤리학과 정치학과 미학을 포함한다.

아리스토텔레스의 철학은 단순한 사실의 백과사전을 넘어선다. 그것은 독창적이며 창조적인 종합이다. 이 특징은 참으로 위대한 철학과 단순한 절충주의를 구분짓는다. 아리스토텔레스의 천재적 재능은 엄청난 양의 지식을 통일된 전체로 융합할 수 있는 그의 능력에 있다. 그는 실체, 질료와 형상, 현실태와 가능태 등과 같은 개념들을 통합하여 이 통일성을 성취했다. 그는 이후의 모든 철학에 거의 측량할 수 없는 영향력을 발휘했다. 그는 근본 개념을 만들었고, 그의 시대에서 현재까지 모든 사색에 통합되어 있는 철학 용어를 상세히 설명했다. 그의 영향력은 중세 동안 가장 컸다. 그러나 데카르트, 라이프니츠, 헤겔의 체계를 포함하여 현대의 가장 위대한 체계에서도 명확하게 나타난다.

아리스토텔레스 이후의 철학

아리스토텔레스의 철학은 그의 제자들에 의하여 계속되었다. 그들 가운데 많은 사람이 사유의 독립성을 보여주었다. 그를 이어 학파의 우두머리가 된 테오프라스토스(기원전 287년에 사망)는 식물학에 관한 책과 "자연학자들"의 이론 역사를 썼다. 아우데모스는 수학과 천문학의 역사로 유명하다. 아리스톡세노스는 음악 이론에 관한 연구로, 디카이아르코스는 지리학과 정치학으로 유명했고, 테오프라스토스를 이어 기원전 287-269년에 학파의 우두머리가 된 스트라토(Strato)는 자연철학에 헌신했다. 스트라토를 승계한 리코(Lyco, 269-225) 이후에, 소요학파는 중요성을 상실했고 스승의 저술들은 무시되었다. 기원전 1세기에, 이 학파는 본문비평과 해석에 관심을 기울였다. 이 작업은 티라니오와 로도스의 안드로니코스가 시작했고, 수세기 동안 계속되었다. 이 운동 덕택에 아리스토텔레스의 저술들이 보존되고 전달되었다.

아리스토텔레스 이후의 그리스 철학사는 쇠퇴의 이야기로 지속된다. 이 기간에는 위대하고 독창적인 체계가 나타나지 않았다. 사상가들은 대부분 위대한 고전적 철학자 플라톤과 아리스토텔레스의 견해를 되풀이하는 것으로 만족했다. 이 시대의 특징은 (1) 개인주의 (2) 절충주의 (3) 윤리적 문제에 대한 관심이다. 개인주의는 사회적으로나 지적으로 무질서한 이 시대에 횡행했다. 개인은 자신의 안녕 말고는 관심이 없었고, 철학은 개인의 숙명과 운명에 빛을 비추는 한에서만 양성되었다. 절충주의가 창조적인 철학 활동의 자리를 대신 차지했고, 당대의 철학자들은 선배들의 통찰들을 이해하고 최선을 다해서 그것들을 봉합하는 것으로 만족했다. 윤리적 관심이 으뜸이었다. 사람들은 추상적인 형이상학적 탐구에 대한 신념이 거의 없었다. 그들은 삶의 행동에 직접적으로 관계있어 보일 때에만 실재의 문제들을 다루었다. 이론적 지식이 실천적 관심에 종속되었다.

제4장
윤리 시대

11. 전망

소크라테스의 핵심 문제는 윤리의 문제였다: 그는 진리의 문제뿐만 아니라 도덕의 문제에서 자신의 시대를 똑바르게 세우는 것을 자신의 사명으로 생각했다. 지식의 문제에 관련된 그의 관심은 명료한 사유가 올바른 행동에 핵심적이며 모든 이성적 인간이 받아들일 만한 윤리적 원리를 발견할 수 있다는 확신에서 나왔다. 소크라테스학파에게서도 윤리의 문제가 가장 우선적이었다. 물론 메가라학파는 변증법적 논의에 호감을 보이긴 했다. 그리고 플라톤의 초기 저술들은 스승의 윤리적 정신을 풍긴다. 아카데미의 설립자 플라톤은 자신의 발전된 체계에서도 최고선을 결코 잊지 않았다. 그의 전체 철학은 윤리적 이상주의를 위한 합리적 기반을 구축했다.

사실, 아리스토텔레스는 자신의 신 개념에서 이론적 활동을 높였다. 그러나 그도 윤리적 자기 실현을 사람의 가장 고상한 목적으로 보았다. 플라톤과 아리스토텔레스의 사후에 그들의 학파들은 대체로 설립자의 가르침을 고수했고 사상 발전에 별다른 진전을 보이지 못했고 다만 자신들에게 전해진 지적 유산에 의존할 따름이었다. 키레네학파와 견유학파는 각각 쾌락주의와 금욕주의라는 윤리적 이론을 계속 가르쳤다. 그리고 견유학파 시노페의 디오게네스의 영향을 받은 메가라학파 스틸포는 윤리적 문제에 관심을 돌렸다.

소크라테스적 운동의 탄생에 도움을 주었던 사회적 상황은 설립자의 죽음 이후에 사라지지 않았다. 시대의 전반적인 도덕적 분위기는 나아지지 않았고, 향락과 이익의 추구는 억제되지 않았고, 대중 종교의 신앙은 강해지지 않았다. 그리스 도시 국가들 사이의 지루하고 잦은 전쟁들은 도시 국가의 권력을 차례로 분쇄했고, 그 결과 그리스는 마케도니아의 정복자에게 다루기 쉬운 희생물이 되고 말았다. 펠로폰네소스 전쟁(기원전 431-404년)은 아테네의 정치적 헤게모니를 완전히 전복시키며 막을 내렸다. 코린트 전쟁(395-387년)은 코린트를 무너뜨렸다. 테베 전쟁(379-362)은 스파르타에게 패배를 안겨 주었다. 길고 완강한 투쟁 이후에, 마케도니아의 필리포스 왕은 카이로네아 전쟁터에서 아테네와 테베 연합군을 무찔러(338년) 그리스의 주인이 되었다. 알렉산드로스 대왕은 페르시아인을 정복했으며, 그의 장군들은 그가 죽고(323년) 난 다음 세계의 넓은 판도를 나눠 가졌다. 그리스는 마케도니아인의 손에서 새로운 세계 열강의 손으로 넘어갔다. 기원전 146년, 그리스는 로마의 속주가 되었다.

우리가 서술한 상황 아래, 윤리적 문제가 다시금 많은 지식인에게 가장 중요하게 된 것은 필연적인 일이었다. 옛 제도가 붕괴하고 공적·사적 생활이 전반적으로 문란해진 가운데, 삶의 의미의 문제가 새로이 시급하게 등장했다. 국가가 독립성을 상실하고 시민의 본분이 단순한 맹종으로 전락했을 때, 어떻게 자신을 구원하는가의 문제가 지성인에게 강력하게 다가왔다. 지친 영혼은 어떻게 안식을 얻어야 하는가? 이는, 삶이 너무 복잡하고 까다로워지고 혼란 가운데 길을 잃을 위험에 처할 때 인간이 스스로 제기하는 옛적의 문제이면서 늘 새로운 문제이기도 하다. 이는 가치의 문제이며, 최고선의 문제이다: 세상에서 가장 가치있는 것은 무엇인가, 인간은 자신의 삶을 어떻게 형성해야 하는가, 인간이 추구해야 할 것이 남아 있는가?

그러므로 지금과 마찬가지로 여러 집단의 사상가들은 이 문제에 상이한 해답을 주었다. **에피쿠로스학파**에 따르면, 최고선 혹은 이상은 쾌락이다. 쾌락주의야말로 추구할 만한 가치가 있는 유일한 목표이며, 나머지 모든 것은 쾌락을 주는 한에서만, 오직 행복의 수단이 되는 한에서만 가치를 갖는다. 삶의 폭풍우가 몰아치고 압박이 심할 때, 마음을 평온하게 유지하고 할 수 있는 대로 자신에게 유리하게 처세하는 것이 지혜이다. 다른 학파 곧 **스토아학파**에 따르면, 가장 가치 있는 것은 행복이 아니라 성품, 덕, 자기 수양, 의무, 개별적 이해를 보편적 목적에 종속시킴이다.

에피쿠로스학파와 스토아학파의 가르침은 플라톤과 아리스토텔레스의 위대한 고전적 체계보다 광범위하고 대중적인 호소력을 가졌다. 그러나 고전 체계와 마찬가지로 이 학파들은 윤리적 개념에 대한 합리적 기반을 제공하고, 그것들을 이성에 대하여 정당화하고, 그것들을 형이상학적 이론에 관련시킬 필요성을 느꼈다. 그들은, 도덕 문제란 사물의 본질에 대한 지식이 없이 만족할 만한 대답을 발견할 수 없으며 우리가 세계의 의미를 알지 못할 경우 세계 안에서 어떻게 행동해야 할 것인지를 말해 줄 수 없다는 신념에 근거했다. 사람의 행동은 자신이 살고 있는 우주에 의존할 것이다. 삶에 대한 그의 이론은 그의 세계 이론에 의하여 규정될 것이며, 그의 윤리학은 그의 형이상학에 의하여 규정될 것이다. 이 학파들은 실체적인 것을 강조했지만, 사색을 사랑하는 그리스의 정신을 결코 잃지 않았다.

그러므로 최고선을 실현하기 위해서는 우주의 의미에 대한 지식을 갖는 것, 진리를 아는 것이 필수적이다. 그래서 다음과 같은 질문이 등장한다: "진리는 무엇인가? 진리의 기준은 무엇이며 그것의 기원은 무엇인가? 우리가 진리를 획득했을 때를 어떻게 인식할 수 있는가?" 논리학은 우리를 위하여 이런 질문에 대답한다. 논리학은 지식의 표준 혹은 기준을 우리에게 제공하며 우리로 하여금 진리와 오류를 분별할 수 있게 한다. 그러므로 에피쿠로스학파와 스토아학파는 형이상학뿐만 아니라 논리학에 자신들의 삶의 철학을 정초했다. 그들의 체계는 (1) 논리학 혹은 인식론 (2) 형이상학 혹은 우주의 이론 (3) 윤리학 혹은 행동의 이론 등의 분야를 포함했다. 그들의 주된 관심은 윤리적 문제에 있었지만, 논리학과 형이상학은 윤리적 탐구를 위한 필수적인 배경을 제공했다.

에피쿠로스학파는 데모크리토스의 기계론적 유물론에다가 자신의 선(善) 개념을 기초했다. 그의 유물론에 따르면, 우주는 지침이 될 목적이나 지성 없이 무수한 물질적 원자들이 상호 간에 작용하는 결과이다. 사람은 서로 밀치는 물질의 소립자들이 끊임없이 변화하는 현존의 흐름에서 많은 실행과 실패를 거쳐서 형성한 많은 조합들 가운데 하나이다. 인간은 짧은 시간을 지속하다가 자신이 만들어져 나온 거대한 원자적 소용돌이 속으로 흩어져 들어가게 될 뿐이다. 그러므로 사람은 살아 있을 때 현재와 이후의 미신적 두려움에 괴롬을 당하지 않고 살아야 한다. 인생의 게임에서 많은 행복을 끌어내도록 활동하며, 할 수 있는 대로 삶의 짧은 순간을 즐겨야 한다.

반면에 스토아학파의 철학자들은 우주를, 예지적 원리나 목적에 의하여 통일되고 지배되는 아름답고 선하고 질서정연한 코스모스로 파악했다. 그들에게는 우주가 살아 있는 신이었다. 이 거대한 이성적 전체 속에서 자신의 몫을 맡고 보편적 조화에 복종하고, 자신의 의지를 법칙과 이성에 복속시키고, 신의 뜻을 실현하는 데 도움을 주는 것이 인간의 의무이다. 그리고 인간은 자신의 편협한 개인적 이익이나 쾌락을 위해서가 아니라 전체의 완성을 위하여 이 모든 것을 행해야 한다. 스토아학파에게는 우주의 이성 혹은 법칙에 순종함으로써 얻을 수 있는 행복 말고는 달리 행복은 불가능하다.

12. 에피쿠로스 학파

고대에 쾌락주의적 윤리학 하면 가장 먼저 그 이름이 생각나는 사상가는 다름 아닌 에피쿠로스였다. 그의 형이상학적 이론은 우리가 이미 공부한 데모크리토스의 체계에서 거의 다 만들어졌다. 그의 윤리 이론의 핵심적 특징은 키레네학파뿐만 아니라 데모크리토스가 이미 보여주었던 바이기도 하다. 에피쿠로스주의를 서술하는 역사적인 공식 표현은, 수정된 형태의 데모크리토스의 기계론적·유물론적 원자론이라는 맥락에 놓여 있는 키레네학파적 쾌락주의의 세련된 형태이다.

에피쿠로스는 기원전 341년 사모스 섬에서 아테네인 부모에게 태어났다. 스승 나우시파네스를 통하여 그는 데모크리토스의 저술과 피론(Pyrrho)의 회의론을 배우게 되었다. 그는 여러 그리스 도시에서 가르친 후에 아테네에서 학교를 세웠고 (306년), 거기서 죽을 때까지 흠모하는 제자와 친구들에게 둘러싸여 조용하게 살았다(270년). 그리고 제자와 친구들 가운데 많은 사람은 여성이었다. 철학자치고 이 온화하고 유쾌한 사람처럼 부당하게 매도당하고 오해당한 사람은 없었을 것이다. 아닌 게 아니라 그의 이름은 치욕스런 말이 되어 버렸다.

에피쿠로스는 창의력이 풍부한 저자로서, 많은 작품을 출간했지만(한 가지 예를 들면, 37권으로 구성된 「자연론」이 있다) 현존하는 것은 단편뿐이다. 그는 44개의 명제 (일종의 교리문답)로 자신의 체계를 요약했는데, 그 골자는 디오게네스 라에르티오스의 「고대 그리스 철학자 열전」의 제10권에 나온다. 그의 후계자들은 그의 체계를 거의 변경시키지 않았으며, 그들의 활동은 대체로 그의 사상을 재현하는 데 있다. 그의 철학은 기원전 1세기부터 많은 귀의자를 얻기 시작했다. 그의 추종자들 가운데 가장 유명한 사람은 로마의 시인 루크레티우스(94-54)인데, 루크레티우스는 자신의 시 「사물의 본성에 관하여」(De rerum natura)에서 유물론적 철학을 설명했으며, 아우구스투스 시대의 많은 시인과 문필가에게 그 철학을 널리 퍼뜨렸다. 에피쿠로스의 저서 가운데 우리는 세 편의 서간(그 가운데 둘은 진짜라고 주장된다)과 몇 편의 단편을 갖고 있다. 헤르쿨라네움 단편들은 대체로 에피쿠로스의 「자연론」에서 나온다.

윤리적 정향

에피쿠로스에 따르면, 철학의 목표는 사람이 행복한 삶을 영위하기 위함이다. 음악, 기하학, 산수, 천문과 같이 이 목적에 공헌하지 못하는 학문은 가치 없다. 논리학과 인식론의 어떤 지식은 우리에게 지식의 기준을 제공하는 데 필수적이다. 우리는 사물의 자연적 원인을 이해하기 위하여 물리학 혹은 형이상학적 우주론이 필요하다. 그런 지식은 쓸모있다. 왜냐하면 그것은 신들, 자연 현상, 죽음에 대한 두려움에서 우리를 자유롭게 만들기 때문이다. 인간 본성에 대한 연구는 무엇을 욕망하고 무엇을 피할 것인지를 우리에게 가르쳐 줄 것이다. 하지만 중요한 일은 모든 사물이 초자연적 원인이 아닌 자연적 원인에 의하여 산출된다는 것을 우리가 이해하는 것이다. 그러므로 우리는 에피쿠로스 철학을 논리학 혹은 규준학(規準學, canonic), 형이상학, 윤리학으로 나눌 수 있다.

논리학과 인식론

논리학적, 좀 더 정확하게 말하면 인식론적 문제란, 명제들이 참되기 위하여 어떻게 구성되어야 하는가를 결정하는 문제이다. 명제들의 진리에 대한 테스트 — 에피쿠로스가 자신의 저서 「규준」(Canon)에서 일컬었던 것처럼 규준 — 혹은 기준은 무엇인가? 그것은 감각 지각에 기초해야 한다. 우리가 듣고 보고 냄새맡고 맛보는 것은 실재한다. "고통처럼 실재하고 명백하다." 감각 없이 우리는 아무런 지식을 가질 수 없다. 착각은 감관의 기만이 아니라 판단의 기만이다. 착각은 대상의 모사인 감각이 그릇되게 해석되거나 잘못된 대상에 적용될 때 발생한다. 착각의 원인은 많으며, 감각 기관에 일어나는 교란, 대상의 모사들이 기관으로 가는 길에서 일으키는 왜곡 등의 요소들을 포함한다. 하지만 감관의 그릇된 판단은 관찰을 반복하고 다른 사람들의 경험에 호소함으로써 교정될 수 있다. 에피쿠로스학파는 감각 경험이라는 측면에서 지식과 진리에 대한 정교한 이론을 성취했다. 그들은 인식론에서 경험론적 전통의 선구자였다.

일반적 관념 혹은 상은 그것들이 도출되는 감각과 동일한 확실성을 갖고 있지만, 그런 관념에 상응하는 추상적 성질은 없으며 플라톤과 아리스토텔레스가 주장했던 독립된 본질은 없다. 한 관념에 상응하는 유일한 실재는 일반 관념이 그 표지 혹은 표시가 되는 집단의 개별적인 구체적 사물들이다. 그래서 에피쿠로스학파는 현대 경험론뿐만 아니라 중세 유명론의 선구자이다.

감각과 관념 외에도 우리는 의견과 가설을 만든다. 이 의견과 가설이 참되기 위해서는 감각 지각에 의하여 직접적으로 확인되거나 검증되든지 아니면 적어도 감각 관찰에 의하여 제시되고 그것들에 의하여 반박되지 말아야 한다. 그래서 우리는 원자처럼 가설적 비감각적 실재에 대한 관념을 형성한다. 우리는 자신의 일반 경험과의 유비에 의하여 그런 관념을 형성하며 그것들에게 우리의 감각 지각이 드러내는 그런 성질만 부여한다. 에피쿠로스학파의 검증 이론은 현대 논리실증주의의 많은 특징적인 이론을 놀라울 정도로 미리 보여준다.

그러므로 이론적 영역에서는 감각이 진리의 기준이다. 우리는 지각하는 바를 인식한다. 그리고 우리가 지각하지 못하는 사물들이 우리가 지각하는 사물들과 비슷하다고 상상하며 또한 상상할 권리가 있다. 에피쿠로스는 감각의 신뢰성에 대한 자신의 전체 증명을 데모크리토스의 감각지각론 위에 둔다. 직접 지각되는 것은 대상 자체가 아니라, 대상이 감각 기관에 미치는 영향에 의하여 산출되는 대상의 모사이다. 그의 진리론은 그의 감각론과 더불어 서거나 넘어 진다.

형이상학

우리의 감관은 물질적 물체 외에는 보여주지 않지만, 물체들만 존재한다면, 그것들이 그 안에 포함되고 그것들이 그로 말미암아 운동할 수 있는 것은 없을 것이다. 그러므로 물체 외에도 텅 빈 공간이 있어야 한다. 즉 "무형의 자연" 혹은 비존재가 있어야 한다. 절대적 의미에서 창조되거나 파괴될 수 있는 것은 없으므로, 물체의 기원과 발전과 변화와 소멸은 오직 파괴될 수 없는 요소의 조합과 분리로서 설명될 수 있다. 이 요소들은 지극히 작은 물질 소립자이며, 지각될 수 없고 물리적으로 분리 불가능하며, 파괴될 수 없고, 변화할 수 없다. 원자는 절대적으로 충만하다. 즉 그 안에는 텅 빈 공간이 없다. 물론 우리가 이미 보았듯이 그것들 사이에 텅 빈 공간이 있다. 게다가 원자들은 절대적으로 딱딱하여 침투 불가능하여, 쪼개지거나 잘라질 수 없고, 바로 이 속성 때문에 원자라고 불린다. 원자는 이미 나열한 속성 외에도 서로 상이한 크기와 모양과 무게를 갖고 있고, 지속적인 운동의 상태에 있다. 물체들에 나타나는 차이점은 원자의 크기와 모양과 무게와 관계에 나타나는 차이점에 의하여 설명된다. 에피쿠로스에 따르면, 다양한 모양의 수는 제한된다. 원자의 수가 무한하므로, 그것들을 지탱할 무한한 공간이 있어야 한다. 즉 무한한 우주가 있어야 한다.

원자는 그 무게 때문에 똑같은 속도로 수직으로 하향 운동을 한다. 그러나 원자들이 이런 식으로 하향 운동을 한다면, 비처럼 지속적으로 내리는 원자만 있고 세계는 없게 된다. 그러므로 원자들이 수직에서 약간 빗나갈 수 있는 능력을 갖고 있다고 생각해야 한다. 에피쿠로스는 원자에 자발성을 부여하여, 부분적으로는 물리적 세계를 설명하고 부분적으로는 인간에게 자유 의지가 가능하게 한다. 인간을 형성하는 원자들이 자유로운 활동의 능력을 부여 받지 않으면, 의지의 자유는 불가능할 것이다. 에피쿠로스는 자유의 개념을 맹목적 운동이나 냉혹한 필연성보다 인간의 지성의 평화를 덜 혼란시키는 것으로 본다.

살아 있는 존재는 물리적 세계에 활동하는 동일한 원리에 의하여 설명된다. 살아 있는 유기체는 원래 땅에서 나왔다. 처음에는 괴물이 만들어졌고, 그 모양이 주변 환경에 적합하지 못했다. 그래서 이것들은 살아 남을 수 없었고, 나중에 그들의 환경에 더욱 적응한 유기체가 등장했다. 천체도 동일한 방법으로 설명된다. 그것들은 신들의 창조물이 아니라 영혼을 부여받았다. 왜냐하면 그런 것은 살아 있는 형상을 떠나서 존재할 수 없기 때문이다.

에피쿠로스주의자들은 신이 있다고 주장하지만, 두려움과 무지 가운데 있는 인간이 일상적으로 파악하는 그런 신이 아니다. 신들이 존재한다는 것은 신들에 대한 일반적 신념에 의하여 입증된다. 신성의 관념은 자연적 관념이며, 우리 안에 있는 이 관념에 대하여 그 원인을 가정하는 것은 필연적이다. 그러나 신들은 세계를 창조하지 않았다. 왜 지극히 행복한 존재가 세계를 만들어야겠다는 필요를 느끼겠는가? 게다가 그들은 그런 세계의 관념을 어디서 도출할 수 있었겠는가? 마지막으로, 완전한 존재들이 그렇게 불완전한 세계를 어떻게 만들 수 있었는가? 신들은 천체 간의 공간(intermundia)에 산다. 그들은 인간의 모양을 갖고 있으며, 다만 더욱 아름다울 뿐이다. 그들은 남성과 여성이 있고, 음식을 필요로 하며, 심지어 그리스어를 말한다. 그들은 사람의 일에 관심을 보이지 않으며 세계의 과정에 간섭하지 않고, 근심과 괴로움에서 벗어나 평화롭고 복된 삶을 영위한다.

그래서 에피쿠로스의 형이상학은 본질적으로 데모크리토스의 원자론적 기계론적 유물론의 재판이다. 데모크리토스의 원자론과 더불어 다음과 같은 교의를 공유한다: (1) 우주는 무한한 수의 분리된 원자들로 구성된다. 각자는 절대적으로 딱딱하고 물리적 분할을 허용하지 않는다. 이 원자들은 모양과 크기에서 서로 상이하다. 이 원자들은 창조되지 않았고 파괴될 수 없다. (2) 원자들은 본래적이며 한결같은 하향 운동을 하며, 이 운동은 질료만큼 실재적이며 파괴 불가능하다. (3) 원자의 운동은 무한한 공간에서 발생한다. 그러나 데모크리토스의 이처럼 일관되게 정교한 유물론과 기계론에다, 에피쿠로스는 우리가 보았듯이 "순수" 기계론적 이론을 무효화하는 다른 명제를 덧붙인다: 원자들은 곧바른 수직의 하락선에서 자발적으로 일탈할 수 있는 능력을 부여받았다. 원자의 "빗나감"은 이 하향 운동의 구도에 우연성의 요소를 도입하며, 독창적인 원자론에 대한 이 하나의 변경은 전체 기계론적 이론을 무효로 만든다. 변화와 우연성을 도입하는 동기는 인간 자유의 가능성을 제공하려는 것이었다. 왜냐하면 에피쿠로스에게는 인간의 자유의 가능성이 도덕적 활동의 전제 조건처럼 보였기 때문이다. 게다가 에피쿠로스주의자들은, 에피쿠로스식의 쾌락적인 삶을 추구하고 인간사에 관심이 없이 천체 간의 공간에 살고 있는 초연한 존재로서 엄밀하게 유물론적 용어로 파악한 신들의 존재를 주장함으로써 신학적 요소를 자신들의 체계에 도입했다.

영혼학

영혼은 다른 모든 사물처럼 물질적이다. 그렇지 않다면 그것은 아무 일도 할 수 없고 아무 일도 당할 수 없었다. 영혼은 지극히 훌륭하고 미세하고 둥글고 따라서 민첩한 원자로 구성된다. 불, 공기, 호흡, 그리고 훨씬 더 정교하고 활동적인 질료가 영혼의 형성에 참여한다. 영혼은 전체 신체에 퍼져 있으며, 신체가 어떤 감각을 갖더라도, 그것은 전적으로 영혼의 현존 때문이다. 가슴에 자리잡은 지도적 혹은 이성적 부분이 있다. 이 부분의 의지와 경향을 영혼의 나머지 부분은 순종한다. 영혼은 사멸적이다. 신체가 해체될 때 영혼은 그 요소들로 해체되며 그 능력을 상실한다. 의식이 죽음과 더불어 정지한다고 우리가 확신할 때, 죽음은 우리에게 그 공포를 상실한다. 내세에는 두려워할 것이 없다. 왜냐하면 죽음이 모든 것을 끝장내기 때문이다. 루크레티우스의 말을 빌리면 "그러므로 우리에게 죽음은 아무것도 아니며, 우리에게 조금도 상관없다. 왜냐하면 지성의 본질이 사멸적이기 때문이다."

감각 지각은 데모크리토스의 방식을 따라 상(像) 혹은 얇은 필름 같은 형태에 의하여 설명된다. 이 형태는 우리 주변의 대상들에서 방출되어 감각 기관에 충돌한다. 착각, 환상, 꿈, 그와 비슷한 상태는 더 이상 존재하지 않는 대상들의 상에 의하여 혹은 서로 인접하는 상들에 의하여 혹은 다른 완전히 자연적인 방법에서 산출된다. 그래서 의지는 다음과 같이 설명된다: 말하자면, 걸어가는 것의 상이 자신을 지성의 이성적 부분에 제시한다. 이 상의 위력은 전체 신체에 퍼져 있는 영혼의 나머지에 전달되며, 마지막으로 영혼의 위력이 신체를 때리고 그러면 신체가 움직인다.

윤리학

인간의 본성은 쾌락에 쏠린다. 모든 동물은 태어날 때부터 본능적으로 쾌락을 추구하고 고통을 회피한다. 그러므로 쾌락은 우리 모두가 목표하며 사실상 목표해야 하는 바이다: 행복이 최고선이다. 모든 쾌락은 그 자체로 선하며, 모든 악은 악하다. 그러나 우리는 쾌락을 선택할 때 사려를 발휘해야 한다. 만일 하나의 쾌락이 다른 것만큼 길게 지속하고 강도가 똑같다면, 그것만큼 선하다. 부패한 사람에게 쾌락을 주는 사물이 그에게 마음의 평안을 줄 수 있다면, 그가 방탕한 삶을 영위한다고 비난할 수 없다. 그러나 사정은 그렇지 못하다. 모든 쾌락이 선택할 가치를 갖고 있는 게 아니며 모든 고통이 회피해야 하는 것은 아니다. 어떤 쾌락은 고통이 따르거나 쾌락의 손실이 따른다. 많은 고통은 쾌락이 따르며 따라서 어떤 쾌락보다 낫다. 게다가 쾌락은 강도에서 다르다. 정신적 쾌락은 신체의 쾌락보다 크며, 정신적 고통은 신체적 고통보다 심하다. 왜냐하면 육체는 현존하는 쾌락과 시련만 느끼는 반면, 영혼은 과거의 쾌락과 고통을 상기하고 미래의 쾌락과 고통을 예상한다. 정신적 기쁨은 신체적 기쁨보다 클뿐만 아니라 신체적 기쁨은 정신적 기쁨 없이는 불가능하다.

그래서 에피쿠로스는 지적 생활의 기쁨을 선택하는 것이 지혜에 속한다고 선언한다. 그 이유는 명백하다. 우리는 자연의 재난, 신들의 진노, 죽음과 사후를 두려워한다. 우리는 과거와 현재와 미래를 걱정한다. 우리는 그러는 동안 행복할 수 없다. 우리는 두려움을 벗기 위하여 사물의 자연적 원인을 이해해야 한다. 즉 철학을 연구해야 한다.

우리는 욕망을 만족시키거나 아무 욕망을 갖지 않음으로써 쾌락을 획득할 수 있다. 배고픔과 같이 욕망의 만족에 동반되는 쾌락은 순수한 게 아니며 쾌락과 고통의 혼합이다. 하나의 욕망이 충족되고 사라지며, 우리가 더 이상 욕망하지 않을 때 순수한 쾌락은 따라온다. 고통으로부터의 자유는 최고의 쾌락이다.

이는 더 강해질 수 없다. 그래서 이 상태를 초월하려는 욕망은 무절제하다.

우리는 괴로움과 두려움에서 벗어나기 위하여 사물의 원인을 알고, 이 지식에 비추어 어떤 쾌락을 따르고 어떤 쾌락을 피해야 할지를 결정해야 한다. 다른 말로 하면, 우리는 신중해야 한다. 그리고 우리가 신중하면, 덕스러워질 것이며, 도덕의 규칙을 순종할 것이다. 왜냐하면 신중하고 명예롭고 공정하게 살지 않고서는 아무도 행복해질 수 없기 때문이다. 그러므로 덕 혹은 도덕은 목적 자체가 아니라 치료술과 같이 강해진 쾌락, 행복 혹은 영혼의 휴식에 대한 수단이다. 우리는 그 유용성 때문에 그것을 칭송하고 실천한다. 에피쿠로스주의적 행복은 관능적 탐닉과 방탕의 삶이며, 실현될 리 없다.

에피쿠로스는 플라톤과 아리스토텔레스와 스토아학파와 동일한 덕 즉 지혜와 용기와 절제와 정의를 칭송했지만, 이유는 달랐다. 쾌락주의자이긴 하지만 에피쿠로스는 모든 시대의 가장 고상하고 고양된 윤리적 입장 가운데 하나를 성취했다. 그의 윤리 체계의 출발점과 토대는, 쾌락이 유일한 선이며 고통이 유일한 악이라는 가정이다. 그러나 이런 토대 위에 그는 아주 온건하고 세련된 이론을 수립한다. 일반적 어투에서 에피쿠로스주의는 방종과 자기 탐닉을 함의하게 되었지만, 이는 그 설립자의 의도와 거리가 멀었다. 에피쿠로스의 쾌락 이론은 관능성의 이론이 아니지만, 사치와 관능적 향락의 생활에 대한 자신의 욕망을 정당화하기 위하여 그의 이론을 이용한 그의 많은 추종자들이 어떻게 그런 식으로 해석하게 되었는지는 쉽게 이해된다. 쾌락이 개인에게 최고선이라면, 그에게 쾌락을 주는 모든 것이 선하다. 만일 그가 더 높은 쾌락보다 감각의 생활을 선호한다면, 마음에서 미신적인 두려움을 제거하고 지적 생활 없이 즉 철학 없이 영혼의 안정을 획득한다면, 누가 그를 반박할 수 있는가? 벤담의 표현을 사용하자면, "쾌락의 양이 동일하다면 압핀이나 시(詩)나 똑같다."

에피쿠로스는 시와 학문과 덕의 생활을 선호했고, 아티쿠스와 호라티우스, 루크레티우스도 그러했다. 실로, 에피쿠로스주의 철학은 본질적으로 계명된 이기주의의 이론이다. 개인은 자신의 행복을 모든 노력의 목표로 삼을 것을 요구받는다. 그리고 그런 삶의 이론은 다른 사람들에 대한 이기적인 멸시를 정당화하는 데 사용될 수 있다.

사회 철학과 정치 철학

에피쿠로스학파의 사회 철학은 사회 계약에 의하여 사회의 발생을 설명한다: 사회 생활은 이기심의 원리에 근거한다; 개인은 자기 방어를 위하여 집단에 합류한다. 정의와 권리는 사회 계약 때문에 생겼기 때문에 단순히 인습적이다: 절대 정의와 같은 것은 없으며, 소위 자연권은 사람들이 그것들의 유용성 때문에 동의하는 행동의 규칙이다. 모든 법률과 제도는 개인의 안정에 이바지하는 한에서만, 그것들이 유용한 한에서만 정의롭다. 정의로운 것이 우리에게 유리하므로 우리는 정의롭다. 부정의에 내재적으로 악한 것은 없다. 오직 부정의의 결과만 악하다. 우리는 당국의 손에 떨어지거나 형벌에 대한 계속적인 두려움 가운데 살지 않기 위하여 부정의를 피해야 한다. 공공 생활의 참여가 행복에 기여하지 않으므로, 지혜로운 자는 할 수 있는 대로 공공 생활을 피할 것이다.

어떤 행동 규칙은 사람이 사회에서 함께 사는 곳마다 필요하다는 것이 경험상 알려졌으며, 이는 모든 사회에 보급되어 있는 그런 보편적 법률을 설명한다. 그러나 법률은 형편에 따라 국가마다 상이하다. 이성과 실재의 구조보다는 편의와 유용성에 정의와 권리를 정초시키는 에피쿠로스주의의 사회 및 정치 철학은 플라톤과 아리스토텔레스의 이론과 뚜렷하게 대조된다. 사실상 이는 소피스트들이 대변한 그런 이론으로의 퇴행이다. 우리가 앞으로 보겠지만, 스토아학파의 사회 철학은 그리스 철학의 주된 전통에 서 있는 절대주의적이며 형이상학적으로 정초된 이론이다.

에피쿠로스주의적 윤리학과 사회 철학은 다음과 같이 요약될 수 있다: (1) 마음의 즐거운 고요 혹은 평정의 상태는 물리적 욕구와 정념에 동반되는 격렬한 쾌락보다 선호할 만하다. 이 고요의 태도는 스토아학파의 무관심에 대응되는 에피쿠로스학파적인 것이다. (2) 지적 쾌락은 신체적 쾌락과 질적으로 다르지 않지만, 더 오래 지속되며 고통에서 더 많이 자유롭기 때문에 신체적 쾌락보다 우월하다. (3) 에피쿠로스는 쾌락의 생활을 추구할 때 신중함을 권장했다. 신중한 쾌락주의자는 평생의 쾌락에 관심을 둘 때 현재의 쾌락을 넘어서 본다. 더 큰 미래의 쾌락을 위하여 즉각적 쾌락을 희생시키거나 심지어 미래의 더 큰 고통을 회피하기 위하여 현재의 고통을 참는 일이 종종 필요하다. 또한 에피쿠로

스는 예상과 회상의 쾌락을 강조했으며, 그래서 소위 기억의 의식(儀式)을 옹호
했다. (4) 그는 정의와 용기와 절제의 이상론적 덕을 칭송했지만, 자신의 근본적
쾌락주의에 일치하여 이런 덕목들을 목적 자체로 여기지 않고 단지 쾌락의 생
활에 대한 공헌 때문에 높이 보았다. 마지막으로, (5) 에피쿠로스는 사회적·정
치적 생활의 윤리적 의의를 무시하지 않았다. 여기서 다시금 그는 자신의 근본
적인 쾌락주의와 일치하려는 생각에서 사회적 덕목을 계명된 이기심으로 환원
했고, 법률적·정치적 제도들이 개인의 안전에 기여하는 한 그것들을 승인했다.

13. 스토아주의

제논과 그의 학파

세계와 삶에 대한 스토아주의적 개념은 에피쿠로스주의자들의 자연주의적·
쾌락주의적·이기주의적 철학과 대립된다. 그래서 스토아주의는 에피쿠로스주
의보다 소크라테스와 플라톤과 아리스토텔레스가 가르쳤던 철학에 더 가깝다.
위대한 지도자들의 사후에, 그들의 삶의 이론을 형성하는 본질적 요소들은 제
논이 기원전 300년 경에 설립한 학파인 스토아학파에 의하여 대중적 형태로 제
시되었다. 이 학파는 그리스와 로마에서 많은 추종자를 두었고, 그리스도교 시
대까지 계속 존재했다. 제논은 플라톤과 아리스토텔레스의 영향뿐만 아니라 견
유학파와 메가라학파의 영향을 보여준다. 그는 견유학파의 윤리학을 그 편협성
에서 해방시키고, 그것을 논리적·형이상학적 토대 위에 둔다. 그는 플라톤적·
아리스토텔레스적 관념들을 수정된 형태로 사용하지만, 형상과 질료를 상이한
종류로서 파악하기를 거부하고 그래서 헤라클레이토스의 물활론으로 되돌아간
다. 스토아주의를 서술하는 역사적 공식은 다음과 같다: 헤라클레이토스의 형이
상학적 이론들(구체적으로 로고스 이론)은, 견유학파에서 파생되긴 했어도 플라톤
과 아리스토텔레스의 조정적 영향을 보여주는 윤리학을 위한 토대로 사용된다.

제논(기원전 336-264년)은 외국인, 아마 셈족이 많이 사는 그리스 도시 키프로스의
키티움에서 태어났다. 그는 314년에 아테네에 가서 거기서 견유학파 크라테스와

메가라학파 스틸포와 아카데미의 폴레몬 아래서 공부했고, 그들 모두가 그의 가르침에 영향을 끼쳤다. 294년에 그는 스토아 포이킬레(얼룩달록한 복도)에서 학교를 열었고, 그것이 제논이 주장한 이론들의 이름이 되었다. 제논은 올곧은 성품, 단순한 생활, 상냥함, 도덕적 진지성으로 존경받았다.

제논을 이어 스토아학파의 지도자가 된 사람은 그의 제자 클레안테스(기원전 264-232년)였다. 그는 에피쿠로스주의자와 회의주의자들의 공격을 맞서는 데 필요한 자질을 갖고 있지 못했던 것 같다. 그 다음에는 킬리키아 솔리의 크리시포스(232-204년)가 그 자리를 이었는데, 그는 대단한 능력의 소유자로서 학파의 가르침을 명백하게 규정하고 그 체계에 통일성을 부여하고 회의론자들에 맞서서 그 체계를 옹호했다. 크리시포스의 제자들 가운데 타르소스의 제논, 바빌론의 디오게네스, 타르소스의 안티파테르 등이 있었다. 스토아주의는 크리시포스에 의하여 발전되어 공화정 당시 로마에서 사람들의 사랑을 받았다. 이때 파나이티오스(180-110년)가 주목할 만한 최초의 로마인 지지자였다. 제정 시대 동안, 이 학파는 두 파로 나누어졌는데, 대중적인 파의 대표자는 무소니우스 루푸스(주후 1세기), 세네카(주후 3-65년), 에픽테토스(1세기), 황제 마르쿠스 아우렐리우스 등이었다. 학문적인 파는 옛 이론을 고스란히 보존하고 그것을 해석하는 것을 유일한 목적으로 삼았다. 코린토스와, 최근에 발견된 「윤리학」의 저자 헤로클레스가 이 분파에 속한다. 우리는, 그리스 학파의 발전 과정에서 실현된 스토아주의 철학을 제시하되 가장 중요한 국면에 국한하여 제시할 것이다.

구(舊)스토아학파(기원전 304-205년)와 중기 스토아학파(로마 제국까지)에 대해서는 「클레안테스의 찬미」와 후대 작품들에 담긴 수많은 인용문을 제외하고는 일차 자료가 없다. 그래서 우리는 2차 자료에, 특별히 디오게네스 라에르티오스, 스토바이우스, 키케로, 플루타르코스, 심플리키우스, 섹스투스 엠피리쿠스의 자료에 근거하여 스토아주의적 가르침에 대하여 배워야 한다. 이 자료로부터 우리는 이 철학의 정신을 배울 수 있겠다. 물론 우리는 그 지도자들의 개별적 공헌을 확실하게 구별할 수 없다. 후대 로마의 스토아학파에 대해서는 그리스어와 라틴어의 저술이 아주 많다.

논리학과 인식론

스토아철학의 목표는 윤리학을 위한 이성적 기초를 찾는 것이다. 스토아주의자들은 에피쿠로스주의자들과 마찬가지로, 우리가 진리의 기준과 우주의 이론을 갖고 있지 않으면, 즉 우리가 논리학과 형이상학을 연구하지 않으면 선의 의미를 이해할 수 없다는 데 동의한다. 스토아주의자들은 철학을, 논리학이 울타리가 되고 자연학이 토양이 되고 윤리학이 열매가 되는 영역에 비유했다.

사고와 담론의 학문인 논리학부터 시작하자. 즉 개념과 판단과 추론과 그것들의 언어적 표현에 대한 학문부터 시작하자. 스토아주의자들은 문법을 논리학에 포함시켰고, 서양의 전통적인 문법학의 설립자가 되었다. 우리는 인식론을 다루고 다음의 두 가지 중요한 문제를 다루는 소위 변증학 부분에 논의를 국한시키겠다: 지식의 기원은 무엇인가 혹은 우리는 어떻게 진리에 도달하는가? 그리고 지식의 기준은 무엇인가?

우리의 지식은 지각을 통하여 획득된다. 플라톤이 주장한 것과 달리 본유 관념은 없다. 영혼은 날 때에 백지(tabular rasa)이며, 이는 밀랍 판이 도장의 인각(印刻)을 받아들이듯, 사물들의 인상을 받아들인다. 크리시포스는 감각을 의식의 변용(modification)으로 말한다. 인상은 지속되면서 기억-상을 형성하며, 이 상들이 결합될 때 경험을 구성한다. 감각과 상으로부터, 일반적 관념이 형성되며, 이 관념들은 일반적 경험에 토대를 둘 때 공통 개념(notitiae communes)이라 불린다. 이것은 모든 사람에게 동일하며, 환상이나 오류에 종속되지 않는다. 하지만 학문적 개념은 의식적으로나 방법적으로 자발적 반성의 결과로 산출된다.

감각 지각은 우리의 모든 지식의 기초이다. 지성은 서로 비슷한 수많은 개별 사례에서 일반적 관념과 개념을 만들고 보편적 판단을 형성하는 기능을 갖고 있다. 이성이라고 불리는 이 기능은 사고와 말의 기능이며, 본질적으로 세계에 퍼져 있는 보편적 이성과 일치한다. 인간의 이성과 세계 이성이 본질적으로 동일하므로 인간의 지성은 세계의 질서를 인식할 수 있다. 개념들은 그것들이 참되려면 사물들의 이성적 질서와 일치해야 한다. 스토아학파는 세계 내에 객관적인 합리성을 가정했지만, 플라톤적 이데아론은 반대했다. 그들은 오직 개별적 대상만 실재적 현존을 갖고 있다고 주장했고, 보편자를 주관적 추상물로 간주했다.

그러므로 우리의 지식은 지각에, 그것들로부터 도출된 일반적 관념과 개념에 근거한다. 하나의 감각적 상은 감각 대상의 정확한 모사일 때 참되다. 한 개념은 유사한 사물들에 퍼져 있는 성질들과 일치할 때 참되다. 하지만 지각과 개념들은 거짓될 수 있다. 우리의 지각과 관념 가운데 많은 것이 전적으로 기만적이며 진리를 산출하지 못한다는 것은 명백하다. 우리는 어떻게 참된 것과 거짓된 것을 구분할 수 있는가? 우리의 기준은 무엇이어야 하는가? 우리는 우리의 관념에 일치하는 어떤 것이 참으로 존재하는지 존재하지 않는지 어떻게 말할 수 있는가? 그것들이 단순히 우리의 공상의 산물이 아니라는 것을 우리는 어떻게 인식하는가?

우리의 모든 지식은 지각에 근거한다. 한 개념은 그것이 참되기 위하여 그것에 상응하는 실재적 대상이 있다는 의식이나 즉각적 확신이 동반되어야 한다. 사람은 자신의 감각 기관이 정상 상태에 있으며 지각이 명석판명하고 자신과 다른 사람에 의한 거듭된 관찰이 자신의 맨 처음 인상을 입증한다는 것을 확신할 때 진리를 확신할 자격이 생긴다. 제논은 그런 확신을 동반하는 감각을 일러 "개념적 인상" 혹은 어떤 사람들이 번역하듯이 "각지하는 현시"(apprehending presentation)라 한다.

그러므로 지식의 기준은 인상 혹은 개념의 자명성이다. 인상이나 개념에 상응하는 실재가 있다는 확신이다. 우리의 개념 가운데 어떤 것들은 그런 감정을 강요하며, 어떤 것들은 강요하지 않는다. 단순한 주관적 혹은 상상적 관념은 이 의식에 동반되지 않는다. 우리는 그런 관념에 대하여 동의할 필요가 없다. 혹은 확신이 결여된 판단을 선언할 필요가 없다. 그래서 우리는 이런 확신의 요소가 결여된 판단에 동의할 때마다 오류를 범할 수 있다. 지적 판단은 자유 의지의 행동을 함축한다. 하지만 합리적 인간은 의식에 명백하게 제시된 "개념적 인상"에 대한 동의를 거부할 수 없다.

진리의 지식은 학문이나 철학의 배타적 소유물이 아니다. 모든 사람은 일반적 관념을 통하여 지식을 공유한다. 그러나 추론에 의하여 획득되는 진정한 지식과 달리 그런 일반적 개념은 확신을 동반하지 않는다. 학문은 참된 판단의 유기체이며, 이 유기체에서 하나의 명제는 논리적 필연성에 의하여 다른 명제로부터 연역된다. 따라서 올바른 추론을 끌어내는 기능은 진리에 도달하는 또 다른 수단이며, 변증학은 스토아주의적 현자의 핵심적 자격 증명서이다. 따라서 스토아주의자들은 형식 논리에, 특별히 삼단논법의 이론에 상당한 관심을 쏟았다. 그들은 삼단논법을 형식 논리학의 가장 중요한 국면으로 보았던 것이다. 참으로 그들은 아리스토텔레스적인 삼단논법의 논리학에 사소한 내용을 첨가하고 아리스토텔레스의 범주론을 수정했다.

스토아주의 논리학의 주된 목적은 지성이 자신으로부터 지식을 산출할 수 없으며, 우리의 모든 지식의 원천이 지각이며, 이것이 지식의 재료를 제공한다는 것을 보여주는 것이었다. 하지만 스토아주의자들은 사고의 활동을 부인하지 않았다. 참으로 그들은 지식이 경험에 대한 반성에 의하여, 원재료를 개념으로 조직함에 의하여, 원재료에 의한 판단을 형성함에 의하여, 직접적으로 주어지는 것으로부터 시간과 공간에서 멀리 떨어진 것으로 추론적으로 나아가는 것에 의하여 발전한다는 것을 주장했다.

형이상학

스토아주의적 형이상학은 아리스토텔레스적 형이상학에 대한 유물론적 형태라고 서술할 수 있다. 이는 소크라테스 이전의 자연철학의 좀 더 원시적인 어법으로 번역된 아리스토텔레스주의이다. 스토아주의자들은, 존재하는 모든 것이 두 가지 원리, 즉 행위하고 움직이고 형성하는 원리와 행동의 대상이 되고 움직여지고 형성되는 원리로부터 생긴다는 점에서 아리스토텔레스와 의견을 같이한다. 그들은 이 두 가지 것이 구별된 실체가 아니라는 점에서 아리스토텔레스와 의견을 같이한다. 물론 그것들은 사고에서 구분되지만, 하나의 실재에서 통일되어 있다.

하지만 그들은 원리들의 본질에 대한 지식에서 아리스토텔레스와 의견을 달리한다. 그들에게는 어떤 것이 행동하거나 행동의 대상이 되지 않으면 실재하지 않는다. 그리고 오직 물체만이 능동적이면서 수동적이므로, 형상 혹은 힘과 질료는 모두 물질적이다. 하지만 이들은 물질성의 정도에서 상이하다. 힘은 좀 더 뛰어난 종류의 재료로 구성되는 반면, 질료는 조잡하고 무형적이며 움직일 수 없다. 우리가 이미 말했듯이, 이 둘은 분리 불가능하다. 질료 없는 힘이 없고, 힘 없는 질료가 없다: 질료는 모든 곳에서 힘이 배여 있다. 세계 내의 모든 것은, 인간 영혼과 신을 포함하여 물질적이다. 심지어 성질들도 물질적이다. 그것들은 불과 공기의 혼합인 영적 실체로 구성된다. 이 성질들이 각각의 개별 대상을 현재와 같은 것이 되게 한다. 불과 공기는 능동적 요소이며, 삶과 지성의 원리이다. 물과 공기는 수동적 요소이며, 옹기장이의 손에 있는 진흙처럼 전적으로 비활성적이며 비생명적이다. 영적 실체는 질료의 모든 입자에 스며 있다. 이는 단지 입자들의 공간을 채우는 게 아니다. 그것은 실재의 가장 작은 부분에도 현존하며 우주 도처에서 지속적이다. 각각의 개별 사물은 다른 모든 사물과 구분되게 하고 질료적 형상 때문에 그것들에 스며 들어 있는 성질을 갖고 있다.

오직 힘[力]들만 인과 관계를 갖고 있으며, 원인은 물체에만 작용할 수 있다. 그러나 결과는 언제나 비물질적이다. 한 원인은 다른 물체에 하나의 상태를 산출한다. 물체도 아니며 물체의 성질도 아닌 하나의 운동이나 변화를 산출한다. 인과적 행위와 힘은 여기서 동일시된다. 인과적 행위는 하나의 물체에만 발휘될 수 있다. 하지만 그리하여 생기는 결과는 하나의 원인이나 힘이 아니라 그 물체의 단순한 우연적 상태이다. 만일 그 결과가 하나의 물체라면 힘은 다른 물체를 산출했을 것이다. 그리고 이것은 불가능하다. 또한 관계들도 비물질적이다. 그러나 능동적 원리는 살아 있고 예지적인 점을 우리는 기억해야 한다. 이런 점에서 스토아주의자들은 순수한 형상으로 신(神)을 보는 아리스토텔레스의 신 개념에 근접한다. 하지만 그들은 자신들의 감각론적이고 유물론적인 관점 때문에 신을 순수 형상이나 사고로 파악할 수 없다.

스토아주의적 형이상학은 플라톤-아리스토텔레스적 철학으로부터 그리스 사고 발전의 초기 단계에 속하는 물활론으로의 부분적인 복귀이다. 우주의 힘들은 모든 것에 스며 있는 하나의 힘 혹은 불을 형성한다(헤라클레이토스가 가르쳤던 것처럼). 그리고 궁극적 원리는 세계의 이성적·능동적 영혼이다. 우주가 하나의 통일체이므로, 그 모든 부분이 조화를 이루므로, 이 원리는 하나임에 틀림없다. 열이 모든 것을 산출하며 모든 것을 움직이며 생명의 수여자이므로, 이 원리는 불로 파악된다. 모든 것 가운데 가장 중요한 것, 즉 사물들의 생명을 공급하는 원리는 이성이다. 예지적이며 목적적이며 선한 이성이다. 우주는 코스모스, 즉 아름답고 질서정연하고 선하고 완전한 전체이다. 인간의 영혼이 그 신체와 관계를 맺듯이, 이성적 원리는 세계와 관계를 맺는다. 모든 생명과 운동은 로고스에서 원천을 갖고 있다: 그것은 신이다. 그것은 생명의 배아 혹은 씨(스페르마타)를 포함한다. 식물이 씨 안에서 가능적으로 있듯이, 전체 우주는 로고스 안에 가능적으로 있다. 스토아주의적 형이상학은 우주에 스며 있는 이성적 원리를 가정하므로 순수한 범신론이다. 그리고 조화롭게 질서잡힌 우주로부터 이성적 원리 안에 있는 그 원천으로 나아가는 논거는 후대의 목적론적 신존재 증명을 미리 보여준다.

인간의 영혼이 신체에 퍼져 있는 것과 똑같이 보편적 이성 혹은 영혼은 전세계에 퍼져 있다. 그러나 영혼의 지도적인 부분이 신체의 특정 부분에 있는 것처럼, 세계 영혼의 통치 부분인 신 혹은 제우스는 세계의 가장 바깥쪽에 있어서 거기서 그 영향을 세계 도처에 퍼뜨린다. 신의 두 측면은 단일한 신성을 형성한다. 물론 그 가운데 하나는 세계의 형태를 취하고, 다른 하나는 자신의 독특한 모양을 유지한다. 만물의 아버지이며 완전하고 복된 존재인 신은 예지(豫知)와 의지를 갖고 있으며, 인간을 사랑하며, 인자하며, 만물을 돌보며, 불의한 자를 처벌하고 선한 자에게 상을 준다. 이런 측면에서 스토아주의의 신은 유신론의 신과 비슷하다.

그러나 차이점이 있다. 스토아주의의 신은 전체로 파악할 때 자유로운 인격, 자유로운 세계 창조주가 아니라, 우리가 보았듯이 그로부터 만물이 자연의 과정의 필연성과 더불어 나오는 실체이다. 스토아주의자들은 그 신에게 의지와 선견을 귀속시키겠지만, 동시에 그를 필연적 법칙과 동일시한다. 스토아주의 신학의 범신론적 측면도 유신론적 측면도 일관되게 제시되지 않는다. 현대의 많은 체계와 같이 범신론과 유신론은 스토아주의 체계 안에 동거한다. 하지만 스토아주의 신학에서 범신론적 측면이 유신론적 측면보다 우월하다는 것은 의심할 나위 없이 참되다.

우주론

스토아주의자들은 원초적인 신적 불로부터 진행되는 세계의 진화를 상세히 서술한다. 공기, 물, 흙이 불로부터 나온다. 하지만 신적 혹은 능동적 원리인 불은 또한 낮은 요소들인 흙과 물에 언제나 퍼져 있다. 흙과 물은 불의 응축 형태일 것이다. 다른 말로 하면, 불이 그 힘을 잃었을 때, 낮은 형태의 질료가 폐기물로 남는다. 신적 요소는, 맹목적 인과성으로서 무기적 자연에서, 맹목적이지만 목적적인 자연력으로서 식물계에서, 관념에 의하여 인도되는 목적적인 충동으로서 동물에게서, 이성적인 의식적 목적으로서 인간에게서 활동하는 다양한 정도의 순수성의 형태로 분화될 수 있다. 자연의 대상들은 사(四)원소의 조합으로 설명된다. 그것들의 차이점은 부분적으로는 혼합의 차이로서, 부분적으로는 신적 불의 형성 활동에 나타나는 차이로서 설명된다. 우주는 텅 빈 공간에 떠돌아 다니며 그 영혼에 의하여 통일되고 생명을 공급받는 완전한 구체이다. 우주는 시간 속에서 나타났고, 대대적인 돌발 사건에서 불로, 그것이 나오는 순수한 생명과 합리성으로 돌아갈 것이나, 다시금 동일한 주기를 거칠 따름이다. 끝없는 세계인 셈이다.

그러나 다시 등장하는 모든 세계는 모든 점에서 이전의 세계를 닮게 될 것이다(주기적 순환의 이론). 왜냐하면 각각의 세계는 동일한 법칙에 의하여 산출되기 때문이다. 만물은 절대적으로 규정되었으며, 심지어 인간의 의지도 마찬가지이다. 우주는 우연에 의하여 발생하는 것이 전혀 없는 지속적인 인과적 사슬을 형성하지만, 만물은 필연적으로 제일의 원인 혹은 시동자에게서 나온다. 인간은 운명이 명령하는 바에 동의할 수 있다는 점에서 자유롭지만, 그가 동의하든 하지 않든 복종해야 한다. 하지만 세계의 법칙 혹은 이성, 그것과 연관된 필연성이 신의 의지에 의존되어 있는 한, 만물은 신적 섭리와 일치한다. 시초적 원리로부터 진화하는 모든 것은 신적 섭리에 따른다. 이런 의미에서 숙명과 섭리는 대립적이지 않다: 숙명 혹은 법칙은 신의 의지이다.

이제 다음과 같은 문제가 떠오른다: 만일 만물이 신의 현현이라면, 우리는 세계에 있는 악의 존재를 어떻게 설명해야 하는가? 스토아학파는 악의 문제에 대해 두 가지 해결책을 채택했다: (1) 소위 부정적 해결책이 있다. 이는 악의 존

재 자체를 부정한다: 세계는 선하고 완전하며, 소위 악이란 그림에 나타난 그림자나 음악에 나타난 불협화음처럼 전체의 아름다움과 완전에 기여하는 상대적 악에 불과하다. (2) 소위 긍정적 해결책이 있다. 이는 악, 즉 불건전 상태를 자연적 과정의 필수적이며 불가피한 결과로서 혹은 선을 실현하는 필수 수단으로 파악하는 데 있다. 그들은 또한, 물리적 악이 내재적 가치를 유일하게 갖고 있는 인간의 성품에 영향을 줄 수 없기 때문에, 실제로 악이 아니라고 주장한다. 도덕적 악에 관해서는, 그 대립자 없이 가치를 가질 수 없다는 것이다. 즉 덕은 악과 싸울 때 강해진다. 사실상, 우주는 조화적 측면에서 볼 때 아름답고 선하고 완전한 세계이며 그 안에서 모든 부분이 자신의 고유한 장소와 목적을 갖고 있으며 전체와 관련하여 고찰할 때 추하거나 악한 부분이란 존재하지 않는다는 것이다.

영혼학

사람은 신체와 영혼으로 구성된다. 영혼은 질료적 실체이며, 신적 불의 불꽃이다. 심장에 있는, 영혼의 지배적 부분은 모든 심적 기능을 발휘한다: 지각, 판단, 추론, 감정, 의지. 그것은 시간이 경과함에 따라 개념적 사고의 능력을 획득하며 이성적이게 된다. 사람은 논리적 사고를 갖는 한에서 자유롭다. 인간은 짐승처럼 상(像, images)과 충동에 의하여 지배될 뿐만 아니라, 이성의 동의를 얻는 그런 행동만을 숙고하고 선택한다. 인간은 이성과 일치하여 행동할 때, 즉 자연의 영원법에 순종하여 행동할 때 자유롭다. 그러므로 지혜로운 자가 하고자 하는 것과 이성이나 자연이 명령하는 것 사이에는 갈등이 없다. 완전한 진리 체계를 가진 철학자는 신처럼 자유롭다. 스토아주의적 자유 개념은 이성적 자기 결정의 개념이다. 자유로운 행위는 인간의 이성적 본성에 일치하며, 그리고 궁극적으로 우주의 이성적 본성과 일치하는 것이다. 이성적 법칙에 일치하는 자유는 에피쿠로스주의가 말하는 우연이나 인과적 무규정성의 자유와 아주 다르다.

스토아주의에 특유한 불멸성 이론은 없다. 이 학파의 어떤 구성원들에 따르면, 모든 영혼은 세상 끝까지 계속 존재한다. 어떤 이들에 따르면, 지혜롭고 덕스러운 영혼만 존속한다. 스토아주의적인 주기적 순환론은, 모든 영혼이 우주의 재창조와 더불어 필연적으로 다시 나타난다는 것을 함축한다.

전체 스토아 철학은 인본주의적 정향(定向)을 갖고 있다. 우주적 이성의 반영으로서 인간의 이성적 본성, 자연에 일치하는 것으로서 인간의 자유, 인간 불멸성에 대한 이론들은 스토아주의에 핵심적으로 중요하다. 사실상 우리는 인간이 자연 혹은 신의 목표 혹은 목적이라고 말한다면, 인간의 목표나 목적이 우주의 핵심에 있는 합리성에 의하여 규정된다는 보완적 원리를 놓치지 않는다면, 스토아주의적 입장을 심각하게 오해하지 않을 것이다.

윤리학

스토아주의의 윤리 철학은 앞에서 밝힌 그들의 영혼학적·형이상학적 이론과 밀접하게 통합되어 있다. 그들은 우주를 기계적·인과적 계열로 파악하지 않고, 조직된 이성적 체계, 아름답게 질서정연한 전체로 파악했다. 이 전체 안에서 모든 부분은 전체에 관련하여 수행할 자신의 기능을 갖고 있으며, 이 전체 안에서 모든 사물은 공동의 선을 위하여 협력한다. 그들에게 우주는 지배적 목적, 살아 있고 예지적인 신과의 조화로운 통일체였다. 사람은 우주적 질서의 일부이며, 신적 불의 불꽃이며, 거대한 우주(대우주)를 반영하는 작은 우주(소우주)이다. 그래서 사람은 우주의 목적과 조화를 이루며 활동하고 신적 목적이 제시하는 더 큰 구성에 자신의 목적을 맞추려고 하고, 완전의 가장 높은 수준에 도달하는 것이 의무이다. 사람은 이 일을 행하기 위하여 자신의 영혼을 질서정연하게 놓아야 한다.

이성이 세계를 통치하듯이 이성은 사람 안에서 통치해야 한다. 그는 세계의 의지에 자신의 의지를 복속시키고, 우주의 법칙에 순종하고, 위대한 질서에서 자신의 위치를 취하고, 우주의 일부로서 자신의 직무로서 수행할 일을 의식적으로나 예지적으로나 자발적으로 행하려고 노력해야 한다. 인간 존재에게 자연에 따라 산다는 것은 이성 즉 로고스에 일치하여 행동하는 것이다. 이는 우리가 자연에 따라 산다는 스토아주의적 명령의 충만한 의미이다. 스토아주의적 윤리학에서는 덕이 최고선이자 최고 행복이다. 왜냐하면 오직 덕스러운 생활만이 행복한 생활일 수 있기 때문이다. 그래서 산다는 것은 자신의 자아를 실현하는 것이며, 자신의 참된 자아를 실현하는 것은 보편적 이성의 목적에 봉사하고 보편적 목적을 실현하는 것이다. 스토아주의의 윤리적 이상은 동일한 권리를 가진 이성적 존재의 보편적 사회를 함축한다. 왜냐하면 이성은 모든 사람에게 동일하며 모든 사람은 동일한 세계 영혼의 일부이기 때문이다.

　동일한 결론은 인간의 자연적 충동을 고찰할 때도 얻을 수 있다. 왜냐하면 스토아주의자들에 따르면 보편적 로고스는 인간 이성뿐만 아니라 낮은 충동으로 자신을 표현하기 때문이다. 모든 존재는 자신을 보존하려고 애쓴다. 쾌락이 아니라 자기 보존이 충동의 목적이며, 쾌락은 충동의 성공적 실현에 수반되는 것에 불과하다. 하지만 개별적인 자기 보존이 유일한 목적은 아니다. 왜냐하면 모든 살아 있는 피조물에게는 종족을 보존하려는 본능, 자신을 넘어서는 어떤 것을 향한 욕망을 갖고 있기 때문이다. 이성의 발전과 더불어 인간은 자신의 이성적 본성을 자신의 참된 자아로 보게 되고, 어디서든 이성의 완전과 이성적 목적의 도모에서 만족을 발견한다. 그는 자신 안에서 사랑하는 것을 다른 사람 안에서 사랑하지 않을 수 없다.

　스토아주의에게는 이론적 사색이 목적 자체가 아니다. 이성은 오직 우리에게 우리의 의무를 드러내 보이기에 아주 가치 있다. 덕은 유일한 선이며, 악덕은 유일한 악이며, 나머지 모든 것은 중립적이다. 스토아주의적 이상에 따르면, 건강, 생명, 명예, 부, 지위, 권력, 우정, 성공은 그 자체가 목적이 아니다. 죽음, 질병, 수치, 가난, 보잘것없는 출신은 그 자체가 악이 아니다. 쾌락이든 행복이든 절대선이 아니다. 그 어떤 것이든 행동에서 생길 것이며, 목적이 되지는 말아야 한다. 쾌락과 행복과 같은 것들의 성취는 우리의 능력 안에 있지 않다. 우리가 그것들을 행하여 취하는 태도가 우리의 통제력 안에 있다. 그들의 가치는 우리가 그것들을 사용하는 용도에, 그것들과 우리의 성품의 관계에 달려 있다. 그 자체로는 아무것도 아니다. 덕만이 내재적으로 가치 있으며, 그것만이 참으로 사람을 행복하게 만들 수 있다.

　참으로 덕스러운 행위는 최고 목적을 의식적으로 지향하는 행위이며, 도덕 원리에 대한 의식적 지식을 갖고 수행된다. 그래서 덕스러운 행동은 선에 대한 완전하고 확실한 지식과 최고선을 실현하려는 행위자의 의식적 목적을 함축한다. 무의식적으로나 지식 없이 행위하는 것은 덕이 아니다. 만일 우리가 이런 식으로 문제를 본다면, 덕은 하나이다. 왜냐하면 여기서 모든 것이 성향, 선한 의지에 의존하기 때문이다: 사람은 의지를 갖거나 갖지 않거나 한다. 중간 지대는 없다. 그는 지혜로운 사람이거나 어리석은 사람이다. 이런 의미에서 하나의 덕이 있는 곳에 다른 모든 덕이 있다. 덕은 하나의 동일한 성향에 대한 표현이며, 따라서 서로 분리 불가능하게 연관되어 있다.

덕의 통일성에 관한 이론은, 스토아주의자 가운데 크리시포스만이 받아들이지 않은 스토아주의 특유의 견해이다. 크리스포스는, 덕이 인간에게 자연적이지 않고 실천에 의해서 그리고 교육을 통하여 획득된다고 주장했다. 덕이 완전한 지식을 함축하므로, 오직 성숙한 사람만이 그것을 소유한다. 이 견해의 기초를 이루는 가정은, 인간이 자신의 판단에 따라 행동할 것이며, 자신에게 선하게 보이는 것을 본성적으로 추구하며 악한 것을 회피한다는 것이다. 그래서 악한 행동은 잘못된 판단 혹은 그릇된 견해의 결과이다: 스토아주의자들은 때때로 악을 정념이나 무절제한 충동의 원인으로, 때로는 결과로 본다. 그런 정념은 네 가지가 있다: 쾌락, 욕망, 슬픔, 두려움. 현재적 선에 대한 그릇된 판단은 쾌락을 불러일으키거나 그것에 의하여 생긴다. 미래의 선에 대한 그릇된 판단은 욕망을 불러일으키거나 그것에 의하여 생긴다. 현재의 악에 대한 그릇된 판단은 슬픔이나 고통을 불러일으키거나 그것들에 의하여 생긴다. 미래적 악에 대한 그릇된 판단은 두려움을 불러일으키거나 그것에 의하여 생긴다. 이 모든 정념과 그것들의 변용은 우리가 단지 절제할 뿐만 아니라 박멸해야 할 영혼의 질병이다. 왜냐하면 그것들은 비이성적이며 과도한 감정이며, 그릇된 의견의 결과이기 때문이다.

따라서 무관심 혹은 정념으로부터의 자유가 스토아주의의 이상이다. 그것을 달성하기 위하여 완전한 지식이 필요하며, 그런 지식은 의지나 성품의 힘과 관련된다. 정념으로부터 자유롭다는 것은 용감하고 절제한다는 뜻이며, 도덕 법칙을 순종하느냐 하지 않느냐 하는 것을 결정하는 것은 개인의 능력 안에 있다. 이런 의미에서 사람의 의지는 자유롭다. 스토아주의자들은 자신들의 형이상학에서 결정론을 가르치며, 그 윤리학에서는 자유 의지를 가르친다고들 말해 왔다. 그러나 스토아주의자들이 가정하는 도덕적 자유는 실제로 결정론의 형이상학과 양립불가능한 게 아니다.

정치학

우리가 이미 보여주었듯이, 스토아학파의 윤리학은 이기주의적인 게 아니다. 사람은 자기 보존의 충동뿐만 아니라 사회적 충동을 갖고 있다. 이 사회적 충동은 그를 계속 확장되는 집단 생활로 이끈다. 이 사회적 본능의 고취는 이성적 사고에 의하여 충만하게 의식되고 강화된다. 이성은, 우리가 이성적 존재들의 우주적 사회의 일원이며, 그 존재들을 향하여 정의와 박애가 명령하는 의무를 갖고 있음을 가르친다.

이 사회는 일종의 보편 국가이며, 그 안에는 오직 하나의 법률 즉 자연법이 있고 하나의 권리 즉 자연권이 있다. 왜냐하면 보편적 이성이 하나뿐이기 때문이다. 이 보편 국가에서는 도덕이 시민들 사이에 유일한 차별 기준이다. 여기서는 신들과 현자들이 특권적 개인이지만, 모든 사람들이 그 집단에 합류할 자유가 있다. 모든 사람은 관계를 맺고 있으며, 모두가 형제 곧 같은 아버지의 자녀들이다. 그들은 동일한 기원과 운명을 갖는다. 동일한 보편적 이성이 그들 모두 안에서 말한다. 그들은 하나의 법 아래 있으며, 한 국가의 시민이다. 심지어 우리의 원수들도 우리의 도움과 용서를 받을 자격이 있다. 이성은 우리가 보편적 안녕을 우리 자신의 개별적 이해보다 높이 둘 것과 우리가 필요하다면 그것을 위하여 자신을 희생할 것을 요구한다. 왜냐하면 보편적 선을 실현할 때 우리는 우리의 참된 사명을 성취하고 있고 우리의 참된 자아를 보존하고 있기 때문이다. 이것이 스토아주의의 사해동포주의이다.

공공의 일에서 초연했던 에피쿠로스주의자들과 달리, 스토아주의자들은 정치적인 일에 참여할 것을 권장했다: 세계의 시민으로서 행동할 때의 정신을 동일하게 갖고 사회적·정치적 생활에 참여하고, 자기 민족과 국가의 안녕을 위하여 일하는 것은 모든 사람의 의무이다.

그러나 그들은 편협한 국수주의자가 결코 될 수 없었다. 왜냐하면 그들의 민족주의는 전세계를 포괄하는 박애주의에 의하여 확대되었다. 개별 국가의 법률은 보편 국가의 보편적 법률과 정의에 뿌리를 두어야 한다. 자연권은 실정법의 기초이다. 스토아주의자들은 실제로 개인이 보편적 이상에 자신을 복속시키는 것을 배울 사회 생활의 모든 형태와 마찬가지로 우정과 혼인을 높이 평가했다.

종교

스토아주의자들에 따르면, 참된 종교와 철학은 하나이다. 그들은 대중 종교의 옹호자였으며, 대중 종교가 인류로부터 받았던 보편적 인정을 진리의 증거로 보았다. 그들이 보기에, 종교는 도덕의 필연적 받침이었다. 하지만 그들은 대중 종교에 나타난 미신적이며 인간적 요소를 반대하고, 그것들에 대한 풍유적 해석을 제공했다. 이 해석은 이런 방향으로 시행된 최초의 체계적 시도였을 것이다.

신앙심(경건)은 신들에 대한 지식과 경배이다: 그것은 신들에 대한 충분한 개념을 형성하고 신들의 완전을 본받는 데 있다. 보편적 의지에 대한 순복 혹은 체념은 종교의 참된 본질을 형성한다.

그리스 윤리학의 개요

그리스의 거의 모든 도덕 이론에 공통적인 것은 질서(order)와 조화(harmony)와 균형(symmetry)의 이상이다: 인간은 이성의 규칙에 복종하고, 자신을 통제하고, 모든 일에서 중용을 지켜야 한다. 유물론자와 관념론자는 또한 예지의 중요성에 동의한다: 옳은 행동은 올바른 사유에 의존한다. 대립하는 학파들은 선한 생활에 이르는 행동에 관하여 의견이 다르지 않다. 지혜, 극기, 용기, 정의와 같은 근본 덕목은 세련된 쾌락주의자들과 그들의 반대자들이 공히 권장한다: 그들은 덕의 생활을 영위하고, 지혜로우며 절제하며 용기있고 정의로워짐에 의하여 사람이 행복과 영혼의 안식과 마음의 평정을 달성한다고 주장하는 점에서 하나이다.

쾌락주의자들이 행복을 위하여 덕을 명하는 반면 윤리적 이상론자들이 질서정연하고 아름다운 영혼을 선(善) 자체로, 행복을 가져다주지 않을지라도 달성할 가치가 있는 것으로 보는 점에서 그들의 의견이 갈린다. 모든 사람은 다른 사람에게 친절한 것과 우정과 관대와 우의를 칭송한다. 스토아주의자와 에피쿠로스주의자는 모든 인류를 포함시키는 조화의 원을 확대한다. 에피쿠로스는 적어도 이론상으로 이기심에 사회적 행동을 정초시키는 경향이 있다: "우리는 다른 사람들과 평화롭지 않으면 행복해질 수 없다." 반면에 스토아주의자들은 이웃 사랑을 선 자체로 삼았다: "다른 사람은 나의 행복에 대한 단순한 수단이 아니라, 나에 관한 한 그 사람 자체가 목적이다."

스토아주의의 윤리 철학은 사람 자체를 높이 평가하는 점에서 심지어 플라톤과 아리스토텔레스의 윤리 철학을 능가했다. 이 두 사람은 노예 제도를 어떤 형태로 옹호했으며, 민족적 편견에 영향을 받았다. 둘은 "야만족"을 열등한 민족으로, 노예제를 자연적이며 공정한 제도로 보았다. 보편적 형제됨과 평등의 이상은 그들과 무관했다. 그들은 국가의 완전하고 평등한 시민을 위하여 정의와 평등한 권리를 전파했으며, 국가란 정복이 아니라 평화를 위하여 만들어졌음을 주장했다. 그러나 그들이 염두에 두는 시민은 언제나 자유롭고 지적인 그리스인이었다. 그리스의 독립 상실과 알렉산드로스에 의한 소위 야만족 정복이 있고 난 다음에야, 보편적 형제됨과 모든 이성적 인간에 대한 동일한 권리라는 이상이 어떤 사람들의 마음에 동터오르기 시작했다.

그리고 이 이상은 스토아주의자들이 설파했던 것이다. 인류의 연대성은 그들의 체계에서 핵심적 사상이 되었다. 인간의 존엄성이라는 개념이 발전했다: 모든 이성적 존재가 동일한 아버지의 자녀이며, 동일한 권리와 의무를 갖고, 동일한 법률과 동일한 진리와 동일한 이성에 복종하는 세계의 시민이라는 이념이 발전했다. 인간의 가치는 그의 재산이나 지위나 계급에 달려 있지 않고 그의 도덕적 가치에, 그의 선(善) 의지에 달려 있다. "덕은 아무도 경멸하지 않고, 그리스인이나 야만인이나, 남자나 여자나, 부자나 가난한 자나, 자유민이나 노예나, 지혜로운 자나 무식한 자나, 건강한 자나 병든 자나 무시하지 않는다." 인격은 인간의 최고 소유물이다. 아무도 줄 수 없고 빼앗을 수 없는 소유물이다.

14. 회의론과 절충주의

회의론 학파

우리가 논의해 오고 있는 철학 운동들은 윤리 문제에 일차적인 관심을 갖고 있지만, 종종 포괄적인 형이상학 체계를 제공하며 진리에 도달할 수 있는 인간 이성의 능력을 입증하려 한다. 이런 점에서 이 철학 운동들은 소크라테스 이후에 위대한 사상가들의 발자취를 따른다. 이 사상가들은 회의론의 공격에 맞서 지식을 옹호했고 사고의 신념 자체를 회복했다. 그러나 다시 한 번 부정의 시대를 위한 분위기가 무르익은 듯하다. 스토아주의와 에피쿠로스주의와 동시적으로, 그들의 독단론에 대한 일종의 그림자로서 새로운 의심의 철학이 등장했다. 이는 엘리스의 피론(Pyrrho of Elis)이 설파했던 것이며 피론주의라고 불린다. 이 이름은 회의론과 동의어가 되었다.

청년기에 위대한 원자론자 데모크리토스의 제자로서 그를 연구했고 엘레아-메가라학파의 가르침에 능통하게 된 피론(기원전 365-270년)은, 아무런 저술을 남기지 않았다. 그러나 그의 견해는 플리우스의 티몬(320-230년)에 의하여 기록되었다. 티몬의 풍자는 단편으로만 남아 있다. 티몬 이후에 회의론학파는 플라톤의 아카데미에 흡수되었고, 아카데미가 회의론을 일소할 때까지 독자적 운동으로 다시 등장하지 않았다. 아르케실라오스(315-241년)는 전통적 이론을 포기하고 스토아주의와 에피쿠로스주의를 비판하는 데 헌신한 아카데미의 지도자들 가운데 맨 처음 사람이었다. 그는 이 철학들을 가짜 철학으로 보았던 것이다. 그는 제자들에게 변증학 혹은 모든 입론을 입증하고 반증하는 기술을 훈련시켰다. 그는 형이상학적 문제에 관련하여 판단 중지를 옹호했다. 아카데미의 가장 위대한 회의론자는 선배와 마찬가지로 아무런 저술을 남기지 않은 카르네아데스(213-129년)이었다. 그를 이어 클리토마코스(110년에 죽음), 라리사의 필론(80년에 죽음), 아스칼론의 안티오코스(68년에 죽음)가 등장했다.

회의론 시대의 중기 아카데미라고 불리는 이 학파는 라리사의 필로와 안티오코스의 지도력 아래서 회의론을 일소했다. 다시금 회의론은 그리스도교 시대의 출발기에 아이네시데모스 아래서 독자적 운동이 되었으며, 나중에는 섹스투스 엠피리쿠스(주후 180-210년부터 활동함)가 그 대표자가 되었다. 아이네시데모스는 피론주의에 관한 작품을 썼는데, 그 단편이 섹스투스에 의하여 보존되었으며, 섹스투스 엠피리쿠스는 「피론주의 개요」와 「단독론자에 대한 반론」을 썼다.

이 학파의 이론들

이 학파에 공통적인 사상은, 우리가 사물의 본질을 인식할 수 없다는 것이다. 우리의 감관은 어떻게 사물들이 우리에게 보이는가만 말해 주지, 그것들이 본질적으로 무엇인가를 말해 주지 않는다. 감각이 우리의 모든 지식의 원천이라면, 어떻게 사물들이 감각과 일치하는지 그렇지 않은지를 우리는 인식할 수 있는가? 왜냐하면 우리는 결코 우리의 감각 바깥으로 나가지 못하기 때문이다. 게다가 우리의 사고와 감각은 충돌하며, 우리는 여기서 참된 것과 그릇된 것을 구별할 기준이 없다(피론). 에피쿠로스주의자들은 모든 감각을 진리의 기준으로 본다. 스토아주의자들은 우리의 동의를 요구하는 것은 확신을 동반하는 감각뿐이라고 말한다.

그러나 어떤 기준도 안전하지 못하다. 감각은 우리를 늘 속인다. 자신과 일치하는 것을 갖지 않는 지각은 참된 것으로 명석판명하고 자명한 것일 수 있다. 이는 아르케실라오스가 개진한 주장이다. 우리는 감각이 실재 대상의 참된 모사인지 아닌지 말할 수 없다. 왜냐하면 우리는 결코 그것과 비교할 대상을 갖지 못하기 때문이다.

게다가 카르네아데스가 말하듯이, 우리는 한 관념에 동의할 수 없고 다만 판단에만 동의할 수 있으며, 판단은 하나의 사유 형식이며 기준을 필요로 한다. 그는 또한 우리가 어떤 것을 증명할 수 없다고 선언한다. 왜냐하면 그렇게 하려면 우리는 진리가 도출되어 나오는 전제를 가정해야 하는데 이럴 경우 논점을 회피하는 꼴이 되며, 혹은 다른 전제에 근거함으로써 그 전제를 증명해야 하기 때문이다. 만일 우리가 후자의 절차를 채택한다면, 결코 정지점에 도달하지 못한다. 그래서 우리의 결론은 결코 확실하게 수립될 수 없다.

만일 우리가 어떤 것을 인식할 수 없다면, 판단을 정지해야 한다. 즉 아무것도 가정하지 말아야 한다. 우리는, 우리가 그런 의식 상태를 갖고 있으며, 대상이 희게 혹은 검게 보인다고 말할 수 있을 뿐이며, 그것이 참으로 희다든지 검다든지 말할 수 없다. 그리고 모든 실제적 목적에 그것은 충분하다(피론). 도덕 문제에서 지식의 확실성도 역시 의심스럽다. 그래서 우리는 판단을 정지하고 이상 추구를 중단할 경우에 많은 불행에서 벗어날 수 있다. 마음의 평정은 도덕적 무관심과 체념의 태도에서 비롯한 결과일 것이다. 카르네아데스는, 우리가 확실하게 사물의 본질을 인식할 수 있는 기준을 갖고 있지 않다 해도 실천적 행동에서 우리를 지도할 만한 충분한 확신, 즉 한 지각의 명료성과 생생함을 갖는다고 주장한다. 그의 견해에 따르면, 개연성은 정도가 다양하다. 그래서 판단을 완전히 정지하는 것은 필요하지 않다. 지혜로운 사람은 그 개연성의 정도에 따라 한 관념에 동의할 것이다. 하지만 그는 최고의 개연성이 진리를 보장하지 않음을 언제나 기억할 것이다. 카르네아데스의 이런 태도는 절충주의를 조장했다. 즉 확실한 지식의 통일된 체계를 모색하지 않고 다양한 원천에서 나온 진리를 결합하는 상식 철학 말이다.

카르네아데스는 스토아학파의 모순을 끄집어내고 모든 지식의 부질없음을 보여주면서 그 체계를 공격한다. 그는 세계가 합리적이고 아름답고 선하지 않다는 근거에서 그들의 목적론적 신존재증명을 반박한다. 그럴지라도, 그 증명은 한 신이 세계를 만들었다는 것을 입증하지 못할 것이다. 그들이 말하는 신혹은 세계 영혼의 개념은, 만일 그 신이 감각이나 감정을 갖고 있다면 변화할 수 있으며, 변화할 수 있는 신은 영원할 수 없다는 근거에서 비판받는다. 반면에 만일 그가 변화할 수 없다면 고정된 무생물적 존재이다. 만일 신이 물질적이라면 그가 변화할 수 있고 사멸 가능하다. 만일 그가 비물질적이라면, 감각이나 감정을 갖지 못한다. 그가 선하다면, 도덕법에 의하여 규정되며 따라서 최고의 존재가 아니다. 그가 선하지 않다면, 인간보다 열등하다. 신의 관념은 모순으로 충만하다. 우리의 이성은 그를 파악할 수 없다. 그러므로 신에 대한 지식은 불가능하다.

라리사의 필론은, 스토아학파의 진리 기준이 충분치 못하다 해도 그로부터 지식이 불가능하게 되는 것은 아니라고 선언한다. 그는 아르케실라오스나 카르네아데스가 지식의 가능성을 부정하려 했다고 믿지 않는다. 안티오코스는 회의론을 버리고 절충주의를 택한다.

후기 회의론학파

회의론은 후기 회의론자들인 아이네시데모스와 섹스투스에 의하여 아주 상세하게 만들어졌다. 아이네시데모스가 지식의 불확실성에 대하여 제시한 이유들 가운데 이런 것이 있다: "동일한 대상은 상이한 존재들에게, 상이한 사람들에게, 동일한 사람에게, 상이한 감관들에, 상이한 시간과 주체와 상황의 상이한 조건들에서 동일한 감관에게 상이하게 보인다." 모든 감각은 주관적 요소와 객관적 요소에 의하여 조건지어지며, 따라서 두 개의 상이한 경우에 결코 동일하지 않다. 그는 증명의 가능성을 반박하여, 원인과 결과의 개념에 반대하여, 그리고 신존재 증명에 반대하여 증거를 제시한다

회의론 운동은 철학사에서 영향을 끼쳤다. 이 운동은 몇몇 학파들의 극단적인 독단론을 약화시키게 했고, 철학자들로 하여금 회의론자들의 공격에 맞서자신의 견해를 수정하도록 유도했다. 이 운동은 다양한 체계 안에 그리고 그것들 가운데서 모순을 지적함으로써, 사상가들로 하여금 자신들의 차이점을 완화하고 그 공통점을 강조하도록 했고, 그들로 각각의 체계에서 상식에 어울리는 것들을 선택하도록 부추겼다. 이렇게 하여 절충주의라는 철학 운동이 생겨났다.

절충주의

절충주의는 그리스 학자들과 로마 학자들 사이에 점증하는 지적 교류에 의하여 촉진되었다. 로마인들은 철학에 대한 천재성이 없었다. 그들은 사변의 능력이 결핍되었고, 세계와 인생의 이론에 대하여 별다른 관심을 보이지 않았다. 마케도니아가 기원전 168년에 로마에 의하여 정복되고 그리스가 로마의 속주가 된(146년) 후에야, 철학적 성찰에 대한 관심이 일어났다. 그리스인 선생들이 로마에 갔고, 젊은 로마인들은 그리스의 철학 학교를 다녔으며, 그리스 철학이 고급 문화의 필수 부분으로 간주되기 시작했다. 하지만 로마 사상가들은 독자

적인 사상 체계를 산출해 내지 못했다. 그들은 상이한 체계들로부터 자신들에게 가장 호소력 있는 것을 뽑아내는 절충주의자였다. 그들은 하나의 체계를 받아들였을 때라도 그것을 자신들의 입맛에 맞게 고쳤다. 그들은 섬세와 궤변과 역설을 참지 못했고, 그리스인이 보여주었던 세심한 따지기와 세련된 구분을 회피했다. 그들은 논쟁과 토론을 좋아하지 않았다. 그들은 심오한 사상가가 아니었고 상식의 지배를 받았다: 드니(Denis)가 말하듯이, "그들은 철학에서 행동의 규칙과 통치의 수단만 찾고 발견했다."

절충주의는 거의 모든 학파로, 아카데미와 리케이온과 스토아로 들어갔다. 에피쿠로스주의자들만 자신들의 신조에 충실했다. 우리는 절충주의의 대표자들 가운데 다음의 인물들을 언급한다: 신 아카데미의 안티오코스; 파나이티우스(기원전 180-109년), 중기 스토아의 포시도니우스(기원전 91년에 죽음); 키케로(기원전 106-43년); 섹스티우스(기원전 70년에 죽음); 안나이우스 코르누투스(주후 1세기); 안나이우스 세네카(주후 3-65년); 무소니우스 루푸스(주후 1세기).

제5장

종교 시대

15. 유대-그리스 철학

철학과 종교

우리는 플라톤과 아리스토텔레스의 위대한 체계를 승계한 여러 철학 운동을 개관했으며, 이제 철학이 종교에서 피신처를 찾는 역사 시대로 자리를 옮긴다. 세계를 기계로 해석하는 에피쿠로스주의는 세계를 자신의 소용에 맞게 바꾸고 할 수 있는 대로 많은 행복을 끄집어내라고 추종자들에게 권장한다. 스토아주의자들은 자연을 목적론적 체계로 파악하여, 보편적 의지에 자신을 복속시키고 전체의 목적을 실현하는 데 이바지하는 것이 지혜라고 본다. 회의론은 우주의 본질의 문제에 어떤 대답을 주기를 거부하면서, 모든 철학을 버리고 실제적 문제의 지침으로서 자연과 관습과 개연성을 따를 것을 권한다. 마지막으로 절충주의는 제시된 모든 이론에서 선하게 보이는 것을 채택하고 가까이 있는 재료로부터 만족스러운 세계관을 구성하고자 한다.

하지만 이 철학들은 모든 유형의 지성을 만족시키지 못했다. 어떤 기질의 사람들은 세계를 원자의 기계적 상호 작용으로 보고 신에 관하여 더 이상 괴로워하지 않는 것을 불가능하다고 보았다. 그들은, 자신의 열망을 누르고 스스로 체념하여 보편적 의지에 따름으로써 "자신의 순수한 마음 안에서" 평화와 능력을 찾을 수 없었다. 그들은 회의론자들과 마찬가지로 확실한 신 지식에 대한 욕망을 뿌리뽑지 못했다. 그들은 맹목성의 운명 앞에 자신을 포기하기를 거부했고, 신을 알 뿐만 아니라 보기를 바랐다. 첼러는 우리가 도달한 이 시기를 다음과 같은 말로 특징짓는다.

> 신으로부터 소원된 느낌, 더 높은 계시를 향한 열망이 옛 세계의 마지막 세기들의 특징이다. 이 열망은 고전 민족들과 그들의 문화에 대한 의식(意識) 그리고 다가오는 새로운 시대의 징조를 표현한다. 이 열망은 그리스도교를 소생시켰을 뿐만 아니라, 그리스도교의 등장 이전에 이교적 유대교적 알렉산드리아니즘(Alexandrianism)과 그것과 유사한 현상들을 소생시켰다.

이 태도는 종교적 신비주의가 강하게 가미된 철학을 발생시켰다. 그리고 그리스 사상은 지적 역사의 업적을 모아, 시작했던 때와 마찬가지로 종교로 마쳤다. 종교 운동은 그리스 사변이 이집트, 칼데아, 특별히 유대 종교와 접촉한 데서 촉진되었다. 이집트의 세계 도시 알렉산드리아는 다양한 세력을 결집하는 데 유리한 물리적 수단을 제공했다. 우리는 이 종교 철학에서 세 가지 조류를 구분할 수 있다: (1) 동양 종교, 유대교를 그리스 사변과 결합하려는 시도: 유대-그리스 철학; (2) 피타고라스주의 이론에 근거하여 세계 종교를 구축하려는 시도: 신피타고라스주의; (3) 플라톤의 가르침을 종교 철학으로 만들려는 시도: 신플라톤주의. 이 모든 신학 혹은 신지학(theosophy)에 공통적인 것은 초월적 존재로서 신 개념, 신과 세계의 이원론, 신에 대한 계시된 지식과 신비적 지식이라는 관념, 금욕주의와 세계 부정, 귀신, 천사와 같은 중간 존재자들에 대한 신념 등이다. 이런 요소들 가운데 가령 일신론, 이원론, 계시와 예언, 천사론과 같은 요소들은 우리가 도달한 시대에 등장한 유대교의 특징이었다. 그러므로 유대교는 즉각 일종의 혼합주의에 빠지기 쉽게 되었다. 즉 그리스의 어떤 사상 체계와의 융합에 이르기 쉽게 되었다. 모든 체계는 헬레니즘의 문화와 동양의 문화의 연합을 표시한다: 신플라톤주의에서는 그리스적 요소가, 유대 그리스 철학에서는 동양적 요소가 가장 강력하다.

유대-그리스 철학의 출발

기원전 333년에 알렉산드로스 대왕이 세웠던 알렉산드리아는 그의 사령관 프톨레마이오스(323-181)의 후손들의 통치 아래 세계의 주도적인 상업 및 지성 도시가 되었고, 헬레니즘과 동양의 문명이 만나는 중요한 장소가 되었다. 이곳에 700,000권의 장서를 소장한 유명한 도서관과 더불어 거대한 과학 박물관이 프톨레마이오스 2세(285-247년)에 의하여 세워져서, 고전 시대의 모든 지역에서 시인과 과학자와 철학자를 끌어모았다. 이들 가운데 시인 칼리마코스, 테오크리토스, 로도스의 아폴로니오스, 수학자 유클리드, 천문학자 페르가의 아폴로니오스, 아리스틸루스, 티모카루스, 「천문학 대집성」(*Almagest*)과 천동설의 프톨레마이오스, 지리학자 에라토스테네스 등이 있었다. 프톨레마이오스 2세 아래서, 모국어를 잊은 많은 유대인을 위하여 유대교의 성경이 그리스어(칠십인역)로 번역되었다. 하지만 유대교 사상에 미친 그리스의 영향은 알렉산드리아에 국한되지 않고 팔레스타인으로 확대되었다. 왕 안티오코스 4세가 유대인을 헬레니즘화하려고 했던 활동과 예루살렘의 식자층이 그에게 보여주었던 격려를 통하여 알 수 있는 것처럼 말이다.

유대교의 사상과 그리스의 사상의 통일을 보여주는 최초의 직접적인 흔적은 소요학파 유대인인 **아리스토불루스**(기원전 150년 경)의 논문에 나온다. 그는 오경 주석서를 썼는데, 구약의 가르침과 그리스 철학자들의 가르침의 조화를 보여주려고 했고, 오르페우스, 호메로스, 헤시오도스, 피타고라스, 플라톤 등의 그리스인들이 유대 성경에 의존하여 지식을 얻었다고 주장했다. 그는 자신의 입장을 지지하여, 그리스 시인의 많은 시에 호소했다. 이 시들은 나중에 위조된 것으로 입증되었다. 그는 스토아주의자들의 방식을 따라 풍유적 해석을 수단으로 성경에서 신인동형론을 제거하려고 했고, 성경을 헬레니즘 사상과 조화시키려고 했다. 그는 신을 초월적이며 불가시적인 존재로 파악했다. 따라서 신은 순수한 예지에만 가시적이므로 사멸적 영혼은 그를 보지 못했다. 스토아학파의 세계혼은 신이 아니며 신의 한 측면이며, 만물을 통치하는 신적 능력이라고 그는 주장했다. 아리스토텔레스와 스토아학파의 영향력은 이런 견해에서 명백하게 드러나며, 그리스 철학의 흔적은 다른 유대교 저술 즉 소위 「솔로몬의 지혜서」, 「마카베오서」, 「시빌의 신탁」, 「시락의 지혜서」에 나타난다.

필론

이런 경향은 알렉산드리아의 제사장 가문의 유대인 필론(기원전 30~서기 50년)
의 체계에서 절정에 도달한다. 그는 역사, 정치, 윤리, 주석 작품을 저술했으며,
그 가운데 많은 것이 현존한다. 필론에 따르면, 유대교는 인간 지혜의 총체이
다. 하나의 동일한 이성이 그리스 철학자 피타고라스와 플라톤으로 말하며, 모
세와 선지자의 영감된 가르침으로 말한다. 이를 입증하기 위하여 필론은 알렉
산드리아에 흔히 사용되고 있던 풍유적 방법에 의하여 그리스 철학 특별히 플
라톤주의와 스토아주의를 성경의 뜻으로 읽었다. 아담은 영혼 혹은 정신을 상
징하고, 하와는 관능성을, 야곱은 금욕주의를 각각 상징한다.

필론의 체계의 근본 개념은 신의 관념이다. 신은 절대적으로 초월적인 존재
이다. 신은 우리를 아주 넘어서므로, 우리는 그를 파악하거나 정의할 수 없다.
그는 말로 표현할 수 없는 존재, 최대선이며, 지식과 덕을 넘어선다. 우리는 그
가 있는 것을 알 뿐이지 그가 무엇인지 알지 못한다. 우리는 우리의 최고 이성
혹은 순수 예지를 통하여 그를 인식하면서 그의 현존을 즉각 확신한다. 하지만
그의 현존은 증명될 수도 있다. 그는 만물의 근거와 원천이다. 만물은 그 안에
포함되어 있다. 그는 절대적 권력, 절대적 완전, 절대적 선, 절대적 행복, 순수
한 지성 혹은 예지 혹은 이성이다. 신은 너무 높아서 불순한 질료와 접촉할 수
없다.

세계에 대한 그의 행위를 설명하기 위하여, 필론은 천사와 귀신에 대한 유대
교적인 개념들과 세계혼과 신과 세계를 매개하는 이데아들에 대한 그리스적
관념을 사용한다. 그는 때때로 이런 능력들을 신의 속성으로, 신의 관념이나 사
고로, 보편적 능력이나 이성으로 서술하거나, 때때로는 신의 사신이나 종으로,
영혼이나 천사나 귀신으로 서술한다. 즉 때로는 그리스 철학의 용어로 생각하
고 때로는 유대교의 용어로 생각한다. 그 모든 능력을 하나로 곧 로고스 혹은
신적 이성 혹은 지혜로 결합한다. 우리는 우리 자신 안에 있는 로고스를 통하여
로고스를 파악한다. 그러므로 우리 속의 로고스는 제2의 인식 기능이며 순수

예지와 다르다. 로고스는 모든 관념의 용기 혹은 장소, 모든 능력 중의 능력, 가장 높은 천사, 신의 첫 아들, 신의 형상, 제2의 신, 신인(神人), 천상의 아담이다. 사실상 필론의 로고스는, 신과 세계의 매개자가 된 스토아주의적 세계혼, 세계의 조성자, 우주의 원형, 혹은 플라톤의 이데아계(界)이다. 때때로 그는 이 원리를 신적인 빛의 발산으로, 플로티노스의 방출 이론을 상당 정도로 미리 보여주는 관념으로 말한다. 로고스가 하나의 인격으로 파악될 수 있는지 없는지는 불확실하다.

로고스는 신과 구별되는 존재로 실체화된 혹은 파악된 신의 지혜와 능력과 선이다. 그것이 작용할 무엇을 갖기 위해서는 다른 원리가 도입된다: 성질 없는 질료 혹은 공간을 차지하는 덩어리가 그것이다. 그리고 신이 그 원리의 원인이다. 이 무질서한 덩어리로부터 그리고 로고스를 자신의 기관으로 사용하여, 신은 관념들의 형상 혹은 모사들인 가시적 사물들의 세계를 형성했다. 우리는 로고스의 감각적 상 혹은 감각의 세계를, 감각 지각을 통하여 인식한다. 그리고 이 감각 지각은 인간의 세 번째 인식 기능이다. 필론은 유대교적 창조 개념을 고수하여, 세계가 시간에서 시작되었지만 끝을 갖고 있지는 않다고 주장했다. 시간과 공간은 세계가 창조되었을 때 창조되었다. 로고스는 완전하고 선하기 때문에, 세계의 결함과 악은 질료 때문에 생겼다.

창조의 가장 중요한 부분인 사람은 우주처럼 영혼과 질료로 구성된 소우주이다. 하지만 순수 사고는 인간의 제일 중요한 본질을 형성한다. 신체와 영혼의 비이성적 부분은 질료의 세계에 속한다. 지배하는 부분은 욕망과 용기와 이성(로고스)으로 구성된다. 비물질적 지성 혹은 순수 예지는 위로부터 영혼에 첨가되어 인간을 신의 형상으로 만든다. 신체는 인간에게 있는 악의 원천이다. 영혼의 혼합은 타락이다: 영혼은 신체와 결합됨으로써 악에 대한 경향을 갖게 된다. 타락한 영혼이 감관에서 벗어나지 못하면, 다른 사멸적 신체로 들어간다. 필론에 따르면, 인간의 예지는 신적 지성과 관계를 계속 맺고 있지만, 신을 지지하거나 반대할 자유도 있고 호색에 빠지거나 그것을 넘어설 자유도 있다. 이것이 어떻게 가능한지에 대하여 우리에게 말하지는 않는다. 인간은 자신을 자신의 신체에서, 곧 자신 안에 있는 악한 원리에서 건져야 하며, 자신의 정념과 모든 관능을 이론적 명상을 통하여 일소해야 한다(금욕주의). 그러나 우리는 도움을 받지 않고 이 일을 할 수 없다. 왜냐하면 우리는 너무 연약하고 너무 죄악되기 때문이다. 우리는 신적 도움을 필요로 한다. 신이 우리에게 조명해야 하며 우리의 영혼을 깊이 감동시켜야 한다. "의식(意識)의 태양은 져야(가라앉아야) 한다." 이런 황홀경적 상태에서 우리는 신을 즉각 파악하며, 우리 자신을 존재의 순수한 원천에 내던지며, 문자 그대로 신을 본다(신비주의). 필론의 철학에서 금욕주의와 신비주의의 이론은, 특별히 중세 동안 친숙한 형태로 수립되는 그런 형태로 결합된다.

16. 신플라톤주의

신플라톤주의의 피타고라스적 원천

피타고라스가 기원전 6세기에 설립했던 학파는 그리스 철학의 고전 시기 동안 불확실하게 그리고 간헐적으로 존재했다. 피타고라스주의 철학은 그 신비적·윤리적 측면에서 플라톤주의와 결합되어 종교 시대의 적절한 분위기를 타고 부활했다. 피타고라스의 독창적 가르침은 그의 수비론(數秘論)의 윤리적·정치적·종교적 함축 의미를 강조했다. 그의 가르침은 윤리적·종교적 개혁을 목표로 삼았다. 그의 사후에 그의 이론의 실천적 국면이 특별히 이탈리아에서 살아 남았다. 그러나 철학 조직으로서 이 학파는 4세기에 소멸했다. 노년에 플라톤은 피타고라스주의자들의 수 이론과 종교적 신비주의를 흡수했고, 그의 학파에서 플라톤을 직접 승계한 자들은 스승의 후대 가르침을 강조했다. 아리스토텔레스주의와 후대 그리스 체계의 부활과 더불어, 아카데미는 공식 신조로서 피타고라스주의를 폐기했다. 피타고라스주의적 비밀 결사는 그들의 비밀과 더불어 불확실하게 존속되다가, 결국 기원전 1세기 로마 세계를 장악했던 종교로 출현하여 부흥했으며, 시대의 정신이 그들로 다시 한 번 철학에 헌신하도록 부추겼다. 하지만 이 운동의 지도자들은 초창기의 피타고라스주의로 돌아가지 않았다. 그들은 플라톤주의에서 등장하는 그 교리를 택하여 절충주의적인 시대적 방식대로 그것을 다른 그리스 이론과 결합했다. 피타고라스는 신적으로 계시된 지식의 원천으로 간주되게 되었다. 신피타고라스주의자들은 자신들이 진리로 받아들였고, 플라톤과 아리스토텔레스와 스토아학파의 저술에서 자기들에게 호소력을 가졌던 모든 것을, 그 인품과 활동이 신비의 후광에 둘러싸여 있던 위대한 스승의 말이라고 순진하게 생각했다.

신피타고라스주의자들 가운데 1세기의 니기디오스, 피굴루스, 섹스티누스의 제자 소티온, 티아나의 아폴로니오스, 모데라토스 그리고 2세기의 니코마코스, 필로스트라토스를 언급할 수 있겠다. 아폴로니오스는 피타고라스를 세계의 구원자라고 선언했고, 필로스트라토스는 이 칭호를 아폴로니오스에게 부여한다. 신피타고라스주의적 운동은 많은 플라톤주의자들에게 영향을 끼쳤다: 카이로네아의 플루타르코스(50-125년), 티레의 막시무스, 아풀레이우스(126년과 132년 사이에 출생함), 의사 갈레노스(2세기), 켈수스, 누메니우스 등.

신플라톤주의

그리스 사상을 토대로 종교 철학을 구축하려는 시도는 신플라톤주의에서 절정에 달한다. 플라톤의 체계는 하나의 종교적 세계관 혹은 신지학을 위한 틀이 된다. 이 세계관은 다른 이론에서 특별히 소요학파와 스토아학파의 사변에서 가치있어 보이는 모든 것을 독자적인 방식으로 이용한다. 신은 모든 것의 원천과 목표로 파악된다. 그로부터 모든 것이 나오며, 모든 것이 그에게로 돌아간다. 그는 알파와 오메가이며, 처음과 중간과 끝이다. 신과의 교제 혹은 신에의 동화는 우리의 모든 노력의 진정한 목적이며, 종교는 우주의 맥박이다.

이 학파는 여러 단계로 구분될 수 있다: (1) 알렉산드리아-로마 학파. 여기에는 아무 저술을 남기지 않았던 설립자 암모니우스 사카스(주후 175-242년), 이 체계를 발전시킨 플로티노스(204-269년), 그의 제자 포르피리오스(232-304년) 등이 속한다. (2) 시리아 학파. 이암블리코스(330년에 죽음)가 그 대표자이다. (3) 아테네 학파. 이 학파의 중요한 인물은 젊은 플루타르코스(350-433년), 프로클로스(411-485년) 등이다.

플로티노스

플로티노스(204-269)는 이집트 리코폴리스에서 태어나 알렉산드리아에서 11년 동안 암모니우스 사카스 아래 철학을 연구했다. 243년에 그는 로마로 갔고, 거기서 한 학파를 세웠다. 그러나 그는 50세가 될 때까지 자신의 철학을 저술하지 않았다. 그가 죽은(269년) 다음에 그의 제자 포르피리오스가 스승의 전기를 첨부하고 여섯 개의 엔네아데스(각각 9편 저술로 되어 있음)로 배열하여 그의 원고를 고쳐서 출간했다. 이 작품은 오늘날까지 전해 내려온다.

모든 존재의 원천인 신 신은 모든 현존의 원천이며, 모든 반대와 차이, 지성과 신체, 형상과 질료의 원천이다. 그러나 그 자신은 모든 복수성과 다양성이 결여되어 있으며 절대적으로 하나이다. 그는 그 무한성에서 모든 것을 포함하는 자이다. 그는 만물이 그로부터 산출되고 방출되는, 제일의 야기되지 않은 원인이다. 왜냐하면 복수성은 언제나 통일성을 전제하며, 통일성은 모든 존재에 앞서며, 모든 존재를 넘어서기 때문이다. 그의 초월은, 우리가 그에 관하여 무엇을 말하든지 그저 그를 제한하게 되는 그런 것이다. 그러므로 우리는 그에게 아름다움이나 선이나 사고나 의지를 귀속시킬 수 없다. 왜냐하면 그런 속성은 제한이며 사실상 불완전이기 때문이다. 우리는 그가 무엇인지 말할 수 없고, 생각할 수 있는 것은 주체와 객체를 함축하며 따라서 제한이기 때문이다. 그는 아름다움과 진리와 선과 의식과 의지보다 높다. 왜냐하면 이 모든 것이 그에게 의존하기 때문이다. 우리는 그를 사유로 파악할 수 없다. 왜냐하면 사유는 사유자와 사고를 함축하기 때문이다. 심지어 자신을 생각하는 자기 의식적 존재도 주체와 객체로 나누어진다. 신이 생각하고 의욕한다고 말하는 것은 그가 생각하고 의욕하는 것에 의하여 그를 제한하는 것이며, 따라서 그의 절대적 독립성을 빼앗는 것이다.

세계는 신에게서 나오긴 하지만, 신이 세계를 창조한 건 아니다. 왜냐하면 창조는 의식과 의지 즉 제한을 함축하기 때문이다. 신은, 세계를 창조하려고 결정하지 않았으며, 세계는 신으로부터의 진화도 아니다. 왜냐하면 신은 가장 완전한 자이기 때문이다. 우주는 신으로부터의 방출, 그의 무한한 능력이나 현실태의 불가피한 범람이다. 플로티노스는 방출의 의미를 넌지시 보이기 위하여 몇 가지 은유를 사용한다. 신은, 시내가 흘러나오나 그 무한한 원천이 고갈되지 않는 샘이다. 혹은 신은, 빛이 태양에 아무런 해를 끼치지 않고 방사되어 나오는 태양이다. 그는 제일 원리의 절대적 능력과 녹넘성을 선달하기 위하여 이런 은유를 사용한다. 원인은 그 결과로 넘어가거나 그 결과 속에서 사라지지 않는다. 결과는 원인을 제한하지 않는다. 신에 관한 한, 결과는 비본질적이다. 세계는 신에 의존하지만, 신은 세계에 의존하지 않는다. 신은 유기체의 재생산에서의 부모처럼 후손의 출생 이후에 계속 부모 노릇을 한다.

우리는 태양으로부터 멀어질수록 어둠(질료)에 가까이 다가간다. 창조는 완전자로부터 불완전자로의 추락이며, 우리가 존재의 사다리에서 아래로 내려갈수록 더욱 큰 불완전과 복수성과 변화와 분리를 발견한다. 뒤에 등장하는 모든 단계는 선행하는 단계의 필연적 결과이다. 그것의 모사, 그것의 그림자, 그것의 우유성(偶有性)이다. 그러나 뒤에 나오는 모든 단계는 더 높은 단계에 이르려고 애쓰고, 자신의 원천으로 돌아가며, 자신의 존재가 도출되는 것에서 자신의 목적 혹은 목표를 발견한다.

존재의 세 단계 세 가지 중요한 단계를 방출 과정에서 구분할 수 있다: (1) 순수 사고 혹은 지성 (2) 영혼 (3) 질료이다. 첫 번째 단계에서 신의 존재는 사고와 관념으로 나누어진다. 즉 신은 사고를 생각하며, 순수한 이상적 우주를 명상한다. 하지만 사고와 그것의 관념, 주체와 객체는 이 단계에서 하나이며 시간과 공간에서 나누어져 있지 않다: 신적 지성에서 사유자와 그의 사고는 하나이며 동일하다. 이는 신의 사유가 완전한 진리여야 하는 것과 마찬가지이다. 왜냐하면 진리는 사고와 그 대상의 하나됨을 함축하기 때문이다. 신은 자신의 사고를 생각하며, 그의 사고는 그의 본질에서 나온다: 신의 지성에서 사고의 활동 즉 사유자와 사고는 하나이며 동일하고 나누어져 있지 않다. 신의 사고는 관념에서 관념으로, 전제에서 결론으로 나아가는 추론적인 게 아니라, 직관적이고 정적이며, 말하자면 관념의 체계를 전체로 한 번에 명상한다. 많은 관념이 있으며

(좌) 플로티노스 (우) 플로티노스와 제자들

― 현상 세계에 존재하는 개별 사물만큼 많이 있으며 ― 그것들은 서로 상이하다. 그러나 관념들은 플라톤의 경우처럼 하나의 통일된 체계를 형성한다. 제일 원리인 신의 절대적 통일성은, 많은 상이한 관념의 이런 체계에 반영된다.

감각 세계에 존재하는 각각의 개별 대상에 관하여 신의 지성에는 하나의 관념이 있다. 순수 사고의 세계는 공간과 시간이 없다. 그것은, 현상 세계의 원형이나 모형을 제공하는 완전하고 영원하고 조화로운 예지계이다. 관념들은 원형일 뿐만 아니라 작용인이다. 우리가 보았듯이, 방출 과정의 모든 단계는 이어지는 단계의 원인이다.

신적 방출의 두 번째 단계인 영혼은 순수 사고에서 나온다. 관념 혹은 목적은 어디에 있든지 틀림없이 자신을 실현하려 하고 무엇을 산출하려고 한다. 이는 순수 사고의 결과, 상 혹은 모사이며, 원래의 것보다 덜 완전하다(모든 결과나 모사처럼). 영혼은 초감각적이며 예지적이다. 그것은 능동적이며 관념을 갖고 있다. 영혼은 사고 능력을 갖고 있다. 물론 추론적인 것이므로 순수 사고보다 덜 완전한 형태로 자기 의식적이며, 지각과 기억을 초월한다. 영혼의 두 국면이 있다: 첫째 국면에서 영혼은 순수 사고의 방향으로 돌이킨다. 둘째 국면에서는 감관의 세계의 방향으로 돌이킨다. 전자에서 영혼은 사고로서 활동하며 순수 관념들을 명상한다: 후자에서는 질료에 질서를 부여하지 않을 수 없게 되며 욕망을 가진다. 플로티노스는 첫째 국면을 세계혼이라고 부르고, 둘째 국면을 자연이라고 부른다. 때때로 그는 두 개의 세계혼이 있는 것처럼 말한다: 물질적 존재의 무의식적 영혼을 형성하는 두 번째 세계혼은 의식적 영혼인 첫 번째 세계혼에서 방출된다. 관념을 갖고 있고 지성을 명상하는 의식적 영혼으로서 둘째 세계혼은 분리 불가능하다. 현상 세계의 대상들에게 생명을 불어넣으려는 욕망을 가진 영혼으로서는 분리가 가능하다.

영혼은 작용할 무엇을 갖고 있지 않으면 자신의 힘을 발휘하려는 욕망을 실현하고 활동하고 형성하려는 욕구를 실현할 수 없다. 그래서 영혼은 세 번째이며 가장 낮은 단계의 방출인 질료를 산출한다. 질료 자체는 형상이나 성질이나 힘이나 통일성을 갖고 있지 않다. 질료는 절대적 무능력과 결여이며, 악의 원리이다. 그것은 신으로부터 가장 멀리 떨어져 있다. 그것은 흑암이다. 우리는 질료에 대한 상을 형성할 수 없다. 우리가 할 수 있는 것은 그것을, 변화하는 성질의 현상 배후에 있는 필연적 기체로서, 우리의 임시적인 감각 세계에 존속하는 것으로서 가정하는 것뿐이다. 세계혼에 포함되어 있고 그것의 관념들과 동일한 작용력 혹은 영혼들은 이 질료 위에 작용하여, 그것을 신적 예지에 담겨 있는 예지 세계의 감각적인 상 혹은 모사로 만든다. 자신을 질료에 새겨넣어 시간과 공간에서 개별적인 감각적 대상을 산출하는 이 개별 힘들 혹은 영혼들은 분리 불가적인 세계혼에 모두 포함되어 있으며, 그런 것으로서 공간에 존재하지도 않고 펼쳐져 있지 않다. 대상들의 공간적 배열은 순전히 질료 때문이다. 현상적 우주의 아름다움과 질서와 통일성은 신에게 되돌아가는 세계혼 때문이다.

플로티노스는 세계의 방출을, 세계혼으로부터 그 본성의 필연적 결과로서 이루어지는 것으로 보며, 시간에서 시작된 과정으로 보지 않는다. 말하자면 의지의 작용에 대한 반응에서 시작된 과정으로 보지 않는다. 순수 사고로부터 세계혼의 방출, 질료의 창조, 여러 물체들로 구분되는 질료의 분화는 하나의 지속적 과정을 형성한다. 추상적 사고는 이 과정을 여러 국면으로 분석할 수 있지만 이 과정은 하나의 영원하고 분리 불가능한 행위이다. 아리스토텔레스와 마찬가지로 플로티노스는 우주의 영원성을 가르친다. 동시에 그는 질료가 그 형상을 오직 연속적으로 받을 수 있는 것과 세계혼이 작용하기 위하여 시간을 창조한다는 것을 우리에게 말해 준다. 역시 그는 주기적 순환이라는 스토아주의적 이론을 받아들인다. 이 견해들이 어떻게 조화될 수 있는지를 그는 보여주지 않는다: 그가 인상 깊게 보여주려는 전반적인 생각은, 세계가 언제나 존재했고 언제나 존재할 것이며, 감각의 세계는 부분에서는 변하지만 전체로서는 영원하다는 것이다.

인간의 영혼 인간의 영혼은 세계혼의 일부이며, 따라서 초감각적이며 자유롭다. 원래 인간의 영혼은 화육하기 전에 신비적 직관으로 영원한 누스(nous)를 명상했으며, 신을 향했고 선을 알았다. 그러나 그때 인간의 영혼은 땅과 물체를 바라보았고 그래서 타락했다. 이 타락은 부분적으로는 세계혼이 질료를 형성하려는 욕망의 필연적 결과이며, 부분적으로는 개별 영혼이 감각의 생활에 대하여 나타내는 불가항력적인 충동의 결과이기도 하다. 이런 식으로 영혼은 자신의 원초적 자유를 상실했다. 왜냐하면 그 자유는 다른 방향으로 돌이키는 데, 즉 자신의 높은 본성에 따라 감각성에서 돌이키는 데 있기 때문이다. 인간 영혼이 그렇게 하지 못하면, 육체적 생활에 잠겨 있으면, 죽은 다음에 죄책의 정도에 따라 다른 인간이나 동물이나 식물의 신체에 붙게 된다. 하지만 물질적 신체에 방출되는 영혼의 부분은 참된 자아가 아니라 그것의 그림자에 불과하다. 즉 영혼의 비이성적·동물적 부분이며, 욕구와 감각 지각의 좌소이며, 이는 죄와 심지어 악의 원천이다. 참된 자아는 사고와 로고스로 구성된다. 이는 감각적인 생활에서 사고로, 사고를 통하여 신에게로 방향을 돌림으로써만 자신의 사명을 실현할 수 있다. 그러나 신에게로 향하는 이 돌이킴이 이 지상 생활에서 가능한 경우는 아주 드물다.

신비주의 신과의 연합이라는 목표에 도달하기 위해서는 통상적인 덕목으로 충분하지 못할 것이다. 충동의 절제로는 충분하지 못하다. 영혼은 자신의 모든 감각성을 일소하고, 신체의 오염에서 자유로워야 한다. 하지만 정화보다 높은 단계가 있다. 정화의 단계는 이론적 명상 혹은 이데아에 대한 즉각적 직관을 위한 예비 단계에 불과하다. 이론이 실천보다 우월하다. 왜냐하면 이론은 우리로 하여금 신을 보는 데로 더욱 가까이 가게 하기 때문이다. 하지만 가장 높은 단계인 신과의 연합은 이처럼 고양된 사고로도 실현될 수 없다. 그것은 황홀경의 상태에서만 가능하다. 이 상태에서 영혼은 자신의 사고를 초월하고 신의 영혼에 몰두하여 신과 하나가 된다. 이것이 신에게로 가는 신비의 돌이킴이다.

이 체계는 그리스 철학과 동양 종교의 결합체이다. 이는 초월적 신을 가르치는 점에서는 유신론적이며, 가장 낮은 질료에 이르기까지의 만물을 신의 방출로 파악하는 점에서는 범신론적이다. 이는 종교적 이상론이다. 왜냐하면 영혼의 최종 목표는 신의 지성에서 안식을 발견하는 것이기 때문이다. 이것은 이생에서 달성되는 업적을 능가하는 것이지만, 인간은 자신의 마음을 신에게 고정시킴으로써, 감각의 족쇄에서 자유롭게 됨으로써 최종 목표를 위하여 준비해야 한다.

플로티노스는 다신론을 배격하지 않는다. 신들도 신적 존재의 현현이다. 또한 그는, 달[月] 아래의 지역에 선한 귀신과 악한 귀신이 있음을 믿고, 멀리서도 심적 작용이 가능함을 믿는다: 전체 우주는 정신적이므로, 정신들이 서로 간에 동정적으로 활동하는 것은 다만 자연스러워 보인다. 그의 많은 후계자는 이 미신을 강조했고, 대중적인 다신론을 옹호했으며, 그리스도교를 공격했고, 마술과 마법에 빠졌다.

후기 신플라톤주의

플로티노스의 제자 **티레의 포르피리오스**(232-304년)는 스승의 전기를 첨부하여 스승의 저술을 출간했다. 그의 목적은, 플로티노스의 철학을 발전시키는 것보다 설명하려는 것이었다. 그는 스승보다 금욕주의와 정화의 수단으로서의 대중 종교를 더욱 강조하며, 그래서 마귀론, 예언, 우상숭배, 마술, 마법 등 온갖 종류의 미신적 신념과 관행을 받아들인다. 또한 그는 피타고라스의 전기를 썼고, 플라톤과 아리스토텔레스의 작품들에 대한 주석서를 썼다. 가령 「범주론 입문」(아리스토텔레스의 범주론에 관한 주석), 「개요」(플로티노스 철학의 개요), 「귀신에 대하여 아네보에게 보내는 서간」, 15권으로 된 「그리스도인들을 반대하여」 등이 있다. 중세 철학에서 중요한 역할을 한 「입문」과 「개요」(라틴어 번역서), 플로티노스와 피타고라스의 전기, 「서간」, 짧은 주석의 단편들이 현존한다.

시리아학파에 속하며 신플라톤주의자이면서도 신피타고라스주의의 추종자이기도 한 **이암블리코스**(약 330년에 사망)는 철학을 대체로 자신의 다신론적 종교에 대한 변호와 증명으로서 사용했다. 그의 이론에서는 미신이 포르피리오스의 이론보다 훨씬 중요한 역할을 한다. 그의 저술로는 「피타고라스의 생애에 관하여」, 「철학에의 권고」, 플라톤과 아리스토텔레스에 대한 주석서들이 있다.

이암블리코스의 추종자들 가운데는 고대 종교를 회복시키려고 한 배도자 율리아누스(361-363년에 황제로 재위함), 아시네의 테오도로스, 플라톤과 아리스토텔레스의 탁월한 주석가 테미스티우스, 마크로비우스, 올림피오도로스, 플라톤과 아리스토텔레스의 저술의 유능한 해설자이며 알렉산드리아에서 그리스도인들에게 죽임을 당한(415년) 히파티아 등이 있다. 히파티아의 제자들 가운데 시네시우스는 나중에 그리스도교 주교가 되었다.

아테네 아카데미의 폐교

신플라톤주의는 5세기 아테네 아카데미의 교장인 프로클루스(410-485)에 의하여 부활했다. 그를 이어 마리우스, 이시도로스, 다마스키우스가 학교 교장을 맡았다. 529년에 아테네의 아카데미가 황제 유스티니아누스의 칙령에 의하여 폐교되었고, 그리스 철학의 역사는 공식적으로 막을 내렸다. 이후에, 플라톤과 아리스토텔레스의 저술에 대한 훌륭한 주석서가 심플리키우스, 젊은 올림피오도로스, 유명한 「철학의 위안」을 쓴 보에티우스, 필로포누스에 의하여 출간되었다. 아리스토텔레스의 저술과 포르피리오스의 「입문」의 번역서와 더불어 보에티우스의 저서들은 중세 초기에 그리스 철학의 지식에 크게 기여했다.

유명한 「철학의 위안」의 저자 보에티우스(480-524년)는 그리스 철학의 마지막 시기에 가장 유명한 인물이다. 그는 테오도리쿠스 아래서 고위 정무직을 얻었지만, 그의 정치적 활동은 그가 테오도리쿠스를 반대하는 공모에 가담했다고 고소당하고 투옥되면서 갑자기 끝나버렸다. 투옥 기간에 그는 「철학의 위안」을 썼고, 이는 마르쿠스 아우렐리우스의 「명상록」과 토마스 아 켐피스의 「그리스도를 본받아」와 더불어 종교적·윤리적·철학적 이념이 저자의 개인 생활에 적용된 위대한 문서로 꼽힌다. 「철학의 위안」이 호소하는 종교적·철학적

이념은 다음과 같다: 개별 인간의 자유와 양립 가능한 신적 섭리에 의한 세계 통치, 모든 선은 궁극적으로 승리할 것이라는 것을 신적 섭리가 보장한다는 지식 가운데서 인간의 고통을 받아들임.

기원전 6세기에 시작된 그리스 철학의 시대는 서기 6세기 초반까지 이어진다. 그 마지막 종교 시대 동안 그리스의 플라톤주의는 새로운 그리스도교 세계관과 경쟁하며 존립하려고 처절한 시도를 감행했지만, 이 시기에 그리스 철학은 그 활력을 상실했다. 옛 다신교를 부흥시키고 옛 문명을 살리려는 그리스 철학의 활동은 허사였다. 그리스 철학은 여전히 쓸모있었다. 미래는 마지막 시기의 그리스 철학이 치열한 전쟁을 벌였던 그리스도교의 것이었다. 그런데 운명의 이상한 아이러니에 의하여 그리스도교는 지성계를 정복하려는 시도에서 그리스인의 철학을 동맹군으로 삼았다.

제2부

중세 철학

제6장

중세 철학의 등장

17. 중세 철학으로의 이행

중세의 시기 결정

앞 단락들에서 우리는 서기 529년 유스티니아누스의 칙령으로 아테네의 아카데미가 폐교된 것을 고대 철학의 공식적인 종언 시점으로 보고 그때까지의 고대 철학을 공부했다. 이제 우리는 발걸음을 돌이킬 필요를 발견한다. 왜냐하면 로마 제국과 그리스·로마 철학 혹은 헬레니즘 철학의 쇠퇴를 표시하는 그리스도교 시대의 초창기는 또한 새로운 그리스도교가 하나의 교리로서 그리고 하나의 제도로서 수립된 시기이기도 하기 때문이다. 우리가 이제 고찰할 시대에 서유럽의 지성 생활을 지배하는 것은 무엇보다 그리스도교이다.

중세 철학에 대한 우리의 연구는 로마 교회와 연관된 그리스도교 철학만을 주로 다룰 것이다. 동로마 제국의 비잔틴 문명에서 발생하는 아랍과 유대의 철학은 다소 덜 자세하게 공부할 것인데, 서유럽의 철학에 미친 그 영향력을 중요하게 다룰 것이다.

역사가들은 종종 연구 재료를 다루기에 편리한 대로 중세의 시기를 결정할 수 있음을 발견하고, 때때로 중세를 테오도시우스의 사망 때 제국이 그 아들들에게 분할된 주후 395년부터 콘스탄티노플이 투르크족에게 점령당한 1453년까지의 시기로 규정하곤 했다. 395년은 우리의 목적에 비추어 볼 때 고대 세계의 활력이 쇠퇴한 것을 표시하는 점에서 상당한 의미를 갖고 있다. 그러나 우리는 그처럼 이른 연대에 중세라는 말과 동일시되는 많은 특징을 식별해 내지 못한다. 테일러(H. O. Taylor)는 이 말을 시대보다 문명을 지칭하는 데 사용하면서, 중세 정신의 특색을 세 가지 상호 작용하는 요소로 추적해 들어간다: (1) 쇠퇴기의 로마 제국을 파괴한 북부 야만족들과 서유럽에 이미 손재했던 라틴계 민족들이 혼합하여 생긴 새로운 민족들의 기질; (2) 일차적으로 라틴적 출처에서 전달된 그리스와 그리스·로마 세계의 문화; (3) 동방(그리스) 형태보다 라틴 형태의 그리스도교.

그는 이와 같은 융화가 8세기 전에 대규모로 발생하는 증거를 거의 발견하지 못하며, 따라서 교황 대(大) 그레고리우스(590~604년)조차도 교부 시대와 중세 시대의 매개자로 생각한다. 우리는 이 요점을 내세울 필요가 없다. 왜냐하면 중세적 관심이든지 어떤 역사적 관심이든 그것이 규정되는 대로 시기가 결정되기 때문이다. 우리의 당면 관심사는, 395년보다 오래전부터 논의를 시작하라고 요구한다. 이는 중세 철학의 전제와 발전을 분명하게 밝히기 위함이다.

교부 시대

그러므로 우리는 교부 철학을 엄밀한 의미의 중세 철학의 서두로서 다루어야 한다. 적어도 정신의 문제에서 풍부함과 약속의 시대였던 교부 시대는 아무리 편협한 해석을 따르더라도 그리스도의 시대로부터 성 아우구스티누스의 사망 때(430년)까지 펼쳐져 있다. 가장 광범위하게 해석하면, 그 시기는 심지어 692년 트룰로(Trullo) 공의회 때까지 지속되는 그리스도교 교의의 심화 발전기를 포함했다. 교부 철학은 엄밀한 의미의 중세와 구분되고 우리가 이미 다루었던 비그리스도교적인 헬레니즘 철학과도 구별되는 철학사의 한 국면으로 다룰 가치가 있다. 초기 그리스도교와 헬레니즘 철학의 혼용으로 생겨난 교부 시대는 철학보다 신학에서 더 풍성하다. 교부 철학의 가장 위대한 대표자이며 아마 철학자라는 칭호를 취할 자격이 완벽한 유일한 인물인 성 아우구스티누스는 철학의 직계 후계자를 두지 않았지만, 명백한 중세 시대의 상당히 후반기에 이르러 마땅한 명성을 얻는다. 이 단락에서 우리는 교부 시대의 중요한 윤곽만을 간략하게 다룰 것이다. 이 주제에 대한 좀 더 상세한 논의는 뒷 단락으로 미루도록 하겠다. 이는 그리스도교적 요소와 그리스 철학에서 나오는 요소들의 상호 작용을 좀 더 분명하게 식별하기 위함이다.

초대 그리스도교 공동체들은 유형이 아주 다양했지만, 대체로 이방인 유형과 여전히 유대교 지향적인 유형으로 분류할 수 있다. 아주 초창기에 그리고 복잡하고 모호한 방식으로, 헬레니즘적 그리스도교라고 불리며 성 바울이 예시해 주는 그런 그리스도교가 이 두 원천에서 등장했다. 새로운 종교는 평범한 사람의 정서와 식자층의 지성에 공히 알맞는 형태로 자신의 교의를 표명하고 고대 세계에 만연한 이교적·유대교적 교리와 자신을 차별화하려 했다. 성 바울의 저술들(특별히 히브리서)에서 그리고 요한복음에서 교부 철학의 두 가지 특징을 이미 식별할 수 있다: 첫째로, 하느님의 성육신한 독생자 예수 그리스도의 인격을 높임; 둘째로, 당시 헬레니즘 세계에 지배적이던 철학적 개념으로 그리스도의 인격을 해석함.

예수 그리스도의 인격의 본성에 대한 그리스도교적 이해는 철학적 사변과 합쳐질 때까지는 명확한 형태를 취하지 못했다. 성 바울의 저술에서 표현된 것처럼, 그것은 삼위일체와 그리스도 안에서 이루어진 인성과 신성의 연합이라는 후대의 교리의 씨앗만을 담고 있다. 게다가 바울의 교리는 니케아 공의회 이전의 논쟁들에 의하여 잘 입증된, 최종적으로 수용된 교리와 상이한 표현을 이미 담고 있었다. 서양 그리스도교의 전체 신학이 궁극적으로 근거를 두는 삼위일체 교리는 325년 니케아 공의회 때에 이르러 명확한 형식을 얻었다. 이는, 아리우스주의자와 아타나시우스의 추종자들 사이에서 벌어진 삼위일체 논쟁이 381년 콘스탄티노플 공의회에서 해결될 때까지, 그리고 그리스도 안에서 신성과 인성의 관계에 관한 이후의 논쟁이 적어도 서방에서 451년 칼케돈 공의회에서 종결될 때까지 새로운 교회를 위한 확고하고 공인된 기초로서 수립되지 않았다.

이런 전개 과정에 앞서서 상당한 신학적 논쟁이 일었는데, 당시 헬레니즘 세계에서 통용되던 철학 용어가 사용되었다. 이 용어는 대체로 니케아 이전 시대에 플라톤적 그리스도교적 철학의 용어이며, 대체로 필론에서 유래하는 신플라톤주의적 전통에 속한다. 스토아주의적 요소와 아리스토텔레스적 요소도 초기 그리스도교 사상에 존재하지만, 신플라톤주의적 요소가 지배적이다. 참으로 이 시대의 그리스도교 철학은 그리스도교 요소가 헬레니즘 철학에 동화되어 자신의 구별되고 독특한 특색을 많이 상실한 반면 헬레니즘적 요소들은 별다른 변천을 겪지 않았다는 인상을 때때로 준다. 이런 인상은 니케아 이전 대부분의 철학에 해당한다. 이 철학은 동방의 그리스에 본거지를 두었다. 무엇보다 오리게네스(254년에 죽음)에게 해당된다. 그는 클레멘트를 이어 알렉산드리아 그리스도교 학파의 우두머리가 되었다.

니케아 공의회(325년)는 예수 그리스도를 하느님의 아들로 서술하고 동시에 참으로 성육신한 하느님이라고 서술하는 예수 그리스도에 대한 그리스도교적 개념의 공식을 만들었을 때 신플라톤주의로부터 돌이켰다. 왜냐하면 그리스도교 신플라톤주의는 방출의 원리에 의하여 그리스도와 동일시되는 로고스를 초월적 하느님과 감각적 사물의 세계의 중보자인 일종의 제2의 신으로 만드는 경향이 있었기 때문이다. 사실 니케아의 정의(定義)는 알렉산드리아의 장로 아리우스의 이단을 구체적으로 배격하기 위하여 만들어졌다. 이 이단의 철학적 선배는 필론, 오리게네스, 신플라톤주의자들이었다. 공의회의 의사 진행 과정에서 알렉산드리아 교회회의에 의한 아리우스의 면직이 추인되었고, 그의 가르침이 정죄받았다. 니케아의 정의는 그리스도인들이 견지해야 하는 신앙의 의미를 수립했으며, 그 옹호자들은 철학적 혹은 신학적 사변보다 자신들이 이해하는 성경에 의존했다.

아리우스주의자들과 더불어 다년간 논쟁을 벌이면서 니케아의 공식에 좀 더 철학적인 성격을 부여한 것은 아타나시우스였다. 그는 부제로서 니케아에 참석했으며, 328년에 알렉산더를 이어 알렉산드리아의 감독직에 올랐다. 아타나시우스는 삼위일체의 제3위이신 성령을 포함하여 니케아의 정의를 완성했고, 참으로 철학적인 교리의 출발점이 되는 정의를 달성했다. 그렇게 함으로써 그는 성 아우구스티누스가 진정한 그리스도교 철학을 형성하도록 무대를 마련했다. 그리고 아우구스티누스의 철학은 헬레니즘과 고전 그리스의 전문용어를 사용하되, 거기에 굴복하지는 않았다.

4세기는 새로운 교회의 교리 생활에서나 제국의 정치 생활에서 격동의 시절이었지만, 제국의 대부분이 고스란히 남아 있던 시기였다. 그러나 바로 그 세기의 말엽에, 형국은 변하기 시작했다. 테오도시우스가 죽은 395년은 참으로 로마 제국 전체가 정당하게 효과적이며 통일적인 통치 아래 속한 마지막 해라고 종종 인용된다. 그후 그의 두 아들 호노리우스와 아르카디우스의 상속과 더불어 동방과 서방이 제갈길로 간다. 중세 그리스도교 철학의 발전 무대였던 서방에서는 게르만 침입자들의 사령관들이 시행한 통치를 제외하면 실질상의 통치는 존재하지 않았다. 392년에 즉 테오도시우스는 죽기 꼭 삼년 전에 그리스도교를 자신의 나라의 공식 종교로 선언했다. 이 그리스도교는 니케아 이후 불굴의 아타나시우스가 그 정통적 형식에서 아주 열정적으로 옹호했고 아주 섬세하게 설명했던 그리스도교였다. 혼란의 5세기에 그리스도교는 서로마제국의 부요로운 그리스·로마의 유산을 지닌 유일한 기관이었으며, 현재 성숙하고 자의식적인 그리스도교 교의로 변모한 고전적 전통을 북부 침략자들에게 넘겨주는 근본 세력이 되었다. 그리스도교적 요소와 그리스·로마의 철학적 전통에서 비롯된 요소를 결합한 교부 철학은 스콜라주의 시대 동안 달성된 중세적 종합의 재료를 공급했으며, 그리하여 중세 서유럽 문명의 양상을 결정했다.

스콜라주의 시대

근본 교리가 확립되고 조직 교회로서 그리스도교가 성공을 거둔 후에, 교의에 의하여 주제와 지도 원리를 결정하는 철학적 정교화 작업에 헌신하는 철학적 구조물의 시대가 시작되었다. 중세 철학의 가장 큰 부분을 형성하는 이 그리스도교 철학은 그리스도교 교의의 설명과 체계화와 증명, 그리고 그리스도교적 기반에 입각한 세계와 삶에 대한 이론의 구축을 그 목표로 삼았다. 이런 일을 수행한 사상가들을 일러 스콜라 학자라고 불렀으며, 그들의 체계를 스콜라 철학이라고 불렀다. 이 스콜라철학은 교부들이 명확히 세운 그리스도교 교의에서 자신의 교리적 신념들을 도출했지만, 그리스 철학의 방법과 개념의 특징을 간직하는 철학적인 틀에서 그 신념들을 주조했다.

스콜라 학자들은 자신들이 직면한 문제들의 해결책을 얻기 위하여 그리스 철학에 의존했지만, 그들의 정신적 자세는 고대 사상가들의 그것과 달랐다. 그리스 철학자들의 목표는 대중 종교로부터 독립하여 우주에 대한 이성적 설명을 제시하는 것이었으며, 그래서 그들은 다소 과학적 정신으로 그 과제에 접근했다. 심지어 당시에 유력한 신념을 반대하는 정신으로 접근한 경우도 많았다. 반면에 스콜라 학자들은 그리스도교의 진리를 논쟁의 여지가 없는 것으로 받아들였다. 이 진리들은 그들의 사색을 위한 출발점과 규제 원리가 되었다. 그리고 그들은 이를 이해할 수 있고 합리적인 것으로 만들고자 했다. 이 일을 성취하기 위하여 그들은 자신들의 목적에 가장 적합한 그리스 사상 체계에 의존했다. 그들에게는 철학이 종교를 봉사하는 것이었다. 철학은 신학의 시녀(ancilla theologiae)가 되었다.

그리스도교 교의에 의하여 설정된 한계 안에서, 지성은 그 솜씨를 발휘할 자유가 있었다. 인간 이성은 확립된 진리와 상충되지 않는 한, 세계를 마음대로 해석할 수 있었다. 하지만 시간이 흘러감에 따라, 지성은 신학의 굴레에서 벗어나 정해진 영역 바깥으로 나가서 만족을 얻기 시작했다. 스콜라주의적 태도와 방법은 만족스럽지 못한 것으로 밝혀졌고, 그리스도교 교의와 독립적인 토대에서 철학 체계를 수립하려는 시도가 이루어졌다. 또한 스콜라주의의 전체 합리주의적 운동은 다른 측면에서 공격을 받았다: 교의와 전체 교회 제도가 비판을 받았고, 내면의 종교 생활은 성경과 개인의 양심에 호소하는 것에 의하여 변모되었다. 이론적 실천적 측면에서 그리스도교의 개혁은 근대의 두 서막, 르네상스와 종교개혁에서 절정에 이르렀다.

18. 그리스도교의 출발

초기 그리스도교

헬레니즘적 사색의 마지막 시기 동안, 당대에 호감을 살 만한 많은 요소를 가진 새로운 종교가 로마 세계에서 회심자를 만들고 있었다. 유대교의 토양에서 등장한 이 종교는 자비로우시며 공의로우시며 모든 자녀를 동일하게 사랑하시며 자기 아들 예수 그리스도를 통한 인류의 구속을 약속하신 아버지 하느님의 복음을 전파했다. 이 종교는, 구원받을 수 없을 만큼 비천한 사람이 없으며, 모든 사람에게 소망이 있으며, 그리스도가 자신의 나라를 세우기 위하여 다시 오실 것이며, 처음에는 땅에서 그 다음에는 하늘에서 그 나라를 세우시겠지만 땅에서든 하늘에서든 그 나라는 의와 사랑의 나라가 될 것이라는 것을 가르쳤다. 그리고 심판날에 불의한 자는 아무리 부유하고 힘세다 해도 놀라게 될 것이며, 마음이 깨끗한 자는 아무리 가난하고 비천해도 영광에 들어갈 것이라고 가르쳤다. 그리스도교는 죄악된 세상에서의 구원과 복된 미래 생활을 약속할 때, 대중의 심금을 울렸고 당대의 갈구를 만족시켰다. 구원의 조건은 외적이며 우연적인 선에 의존하지 않고 덕스러운 생활, 회개, 하느님과 사람에 대한 사랑에 달려 있었다. 문자적인 율법 해석이라는 바리새주의적인 관념은, 그리스도교의 설립자에 의하여 영혼의 의(義)의 교리로 변모되었다. 사람들은 두려움이 아니라 하느님께 대한 사랑과 경외에서 행동해야 한다. 마음의 정결은 하느님이 보실 때 레위적 규례와 관행에 대한 외적 준수보다 유익하며, 내면의 영혼이 외면의 형식보다 더욱 값지다. 구원을 얻는 길은 오직 하나이며, 그것은 악한 정욕, 시기와 분노와 미움과 복수를 없애며, 자신을 미워하는 자조차 용서하는 것이다. 왜냐하면 악을 행하는 것보다 차라리 해를 입는 편이 낫기 때문이다. 사랑과 용서는 마음과 복수를 대신한다. 모든 사람은 이웃을 자기 몸처럼 사랑해야 하며, 모든 인류가 자신의 이웃이다.

그리스도교와 고전 문화

이런 정신적 일신교, 그리스도교의 내세관, 사랑의 복음, 고통당하시는 그리스도의 모범과 더불어, 이 새로운 종교는 로마 세계왕국에 호감을 풍겼다. 교양 있는 계급에서 회심자들이 늘어나자, 이 종교는 침투해 들어가던 문화에 깊이 뿌리박혀 있던 철학적 관념들을 무시할 수 없었다. 사실 팔레스타인에서 등장할 때의 그리스도교는 적어도 부분적으로나마 이 그리스·로마 문명을 힘입어 등장했다. 유대교는 대로마제국에 만연했던 윤리적·정치적·사회적·종교적·지적 영향을 거스를 수 없었고, 그리스도교적 저항은 부분적으로 이런 영향력의 산물이기도 했다.

시대가 무르익자 새로운 세계 종교가 그 모습을 나타냈다. 이 종교의 등장과 확산에 기여한 요인들 가운데에는, 보편적 제국이 존재함, 스토아주의가 큰 힘을 발휘하여 주입시킨 사해동포주의와 형제됨의 정신이 커져감, 철학자들이 가르쳤던 영적 신의 개념이 우세해짐, 대중적인 그리스 비교(秘敎)와 동양 종교의 영혼불멸론이 널리 받아들여짐, 형이상학자들의 추상적 개념들이 실패한 곳에서 종교적 정신을 각성시키는 데 성공한 유대교의 인격신의 이상이 영향을 끼침 등이 있었다.

그리스도교는 상당 부분 그 시대의 자녀였고, 유대교와 헬레니즘 로마문명의 소산이었다. 새로운 종교가 당대의 세계에 출현한 것과 동시에 당대의 영향이 중단된 것은 아니었다. 그리스도교는 그리스인과 로마인에게 자신을 알리기 위하여, 복된 소식을 전하는 그 세계의 문화에 점차 동화되었다. 이 새로운 종교에서 자신을 유대교의 한 단계로 보았던 유대인 그리스도교의 분파들이 승리했더라면, 그리스도교는 예루살렘의 담 아래 파묻혔을 것이다.

그리스도교는 자신의 메시지를 효과적으로 전달하기 위하여 수많은 도전적인 문제를 풀어야 했다. 그리스도교는 자신의 신앙을 이성에 정당화하고, 그리스도교를 주목하게 되는 정치평론가들과 철학자들의 공격에 맞서 자신을 변호해야 했다. 그리스도교 지도자들은 자신들의 입장에 서서 그들의 반대를 맞닥뜨리고, 그들에게 친숙한 철학적 개념을 사용하고, 자신들의 지적 무기 즉 자신들의 철학을 가지고 그들과 싸워야 했다. 그와 같은 신앙의 변호자들 즉 변증가들이 필요할 때 등장했다. 그러나 새로운 신조를 정의하고, 신조를 명확하게 수립하고, 교리 혹은 교의의 체계를 수립해야만 했다. 여기서 철학 훈련을 받은 사람들이 그리스도교 공동체의 전통적 신념을 합리적으로 표현하는 데 이바지했다. 그리하여 다시 한 번 그리스 사상이 그리스도교에 중대한 영향을 끼쳤다. 교회의 위대한 공의회는 교의들을 공식적으로 밝혔다. 승리한 신조는 정통 신조가 되었고, 그것의 주창자들은 교부(敎父)가 되었다. 그들이 분명하게 세운 그리스도교 철학이 바로 교부 철학이다.

신조로서 그리스도교

그리스도교 신조는 새로운 신념과 고전 철학의 상호 작용에서 생겼다. 교회가 당대의 세속 사회에서 이끌어낸 제도 형식으로 조직을 갖추었다는 점은 지적되어야 한다: 가령 주교는 지방 당국의 관리의 기능과 비슷한 기능을 시행했다. 교회는 주교들의 교회회의라는 형태로 통일된 행동 수단을 감독 제도에 부여했고, 권위 있는 사도적 전통에 그 제도를 정초했다. 이 사도적 전통에서는 로마 감독의 지위가 이미 중심을 이루었다. 교회는 교회 설립자들과 관련된 많은 저술에서 성경 경전을 모았다. 그리고 마침내 교회는 자신의 철학이 아니라 자신의 신앙을 짧은 개요 혹은 신조로 공식화했다. 수세시(受洗時) 신자가 고백했던 신조(regula fidei)의 중요성은 아무리 강조해도 지나치지 않다. 신조는, 신자가 개인적인 사변적 성향에서 철학적 형식을 부여하게 될 때 그것이 아무리 힘들더라도 고수해야 할 교리를 구현했다. 그런 신조는 이미 3세기 로마 교회에서 하나의 전승이었다(그리고 우리가 알고 있듯이 사도신경은 이 신조에서 나왔다). 이 신조는 한 분 하느님, 그의 독생자이며, 성령으로 동정녀 마리아에게 잉태되어 인간이 되신 예수 그리스도를 믿는 믿음을 표현했고, 육신의 부활이라는 교리로 전인에 대한 영원한 생명을 약속했다.

교회의 구원관은 개별 인간 영혼의 무한한 가치를 주장했고, 아울러 그리스도 안에서 만인이 사랑의 법 아래서 형제되었다는 느낌을 담고 있었다. 이로 인하여, 사람에 대한 사람의 행동을 규율하는 궁극적 기준으로 간주되는 국가가 도전을 받았고, 아울러 고전적 윤리 개념의 중심에 놓여 있던 이성의 이념도 도전을 받았다. 그러므로 아주 복잡한 종류의 반(反)세속주의가 초창기에 등장한 것은 이상한 일이 아니다. 이 경향은 성 바울에게서 이미 표현되었다. 그에게는 이 세상의 지혜가 단지 어리석음에 불과했다. 그리고 이후에 순교자 유스티누스(이런 문제들에 대한 그의 관점은, 2세기에 플라톤주의로부터 회심한 자의 관점이었다)에게서, 그리고 제국의 모든 가치와 주장에 대한 테르툴리아누스의 공격에서 표현되었다. 이는 마침내 지상의 도성과 하느님의 도성을 나누는 아우구스티누스의 구분에서 절정에 이른다. 이 구분은 410년 로마의 약탈에 자극받아 이루어진 사색에서 나왔다.

우리의 주된 주장은, 그리스도인들은 그 신앙 때문에 고전 세계의 전제와 구도에서 독립을 성취했고, 그래서 확신감을 갖고서 로마와 그리스의 유산에 맞닥뜨릴 수 있었다는 것이다. 우리가 중요한 전환점으로 여기는 3세기에, 테르툴리아누스는 국가와 역사와 자연에 대한 새로운 태도의 성취에서 믿음이 맡는 역할을 완벽하게 의식했다. 고전적 의미의 이성을 오류와 혼란과 이단의 원천으로 보는 그의 비판적 태도는 극단적이었으며, 다음과 같은 특징적인 선언으로 표현되었다: "하느님의 아들은 태어나셨다. 나는 그것이 부끄러운 일이기에 그것을 부끄러워하지 않는다. 하느님의 아들이 돌아가셨다. 이성에게는 그것이 어리석기 때문에 확실하다. 그리고 그는 장사되었다가 다시 부활하셨다. 그것은 불가능하므로 확실하다." 이는 그리스도교적 입장에 대한 논쟁적인 과정법이다. 그러나 이는 3세기에 신앙으로서 그리스도교의 관점으로 볼 때 고전주의는 인식론과 윤리학에서 파탄 상태였음을 우리에게 넌지시 보여준다.

신앙과 제도로서 그리스도교의 특징인 확신은 철학적 사변의 체계로서 그리스도교에 이르지 못한다. 종교를 당대의 유력한 철학의 용어로 표현하려는 그리스도교의 노력은 적어도 3세기에는 전체적으로 제도와 신앙으로 간주되는 교회보다 형편이 훨씬 좋지 못했다. 2세기 변증가들이 시작한 사변적 활동은 최초의 그리스도교 대이단 즉 영지주의 이단과 싸우는 과정에서 가장 힘든 시험을 통과했다. 3세기 테르툴리아누스 시대 때 사변적 활동의 대표자는 알렉산드리아 교리문답학파의 클레멘스와 오리게네스였다. 알렉산드리아의 클레멘스(216년에 죽음)는 그 학파의 맨 처음 우두머리였다. 그를 이은 오리게네스(185-254년)는 아마 3세기 그리스도교와 철학의 관계를 예시하는 가장 중요한 인물일 것이었다.

하지만 우리는 이것이 이미 공부한 바와 같이 신플라톤주의를 명확한 형태로 제시한 플로티노스(204-289년)의 세기였음을 잊어버리면, 그 시대의 분위기에 대한 명확한 개념을 형성할 수 없다. 왜냐하면 그의 철학의 경향들이 그 시대의 철학적 분위기를 지배하며 특별히 신플라톤주의의 창설자이며 플로티노스의 스승인 암모니우스 사카스의 학교를 상당 기간 다녔던 오리게네스의 작품에서 특별히 명백하게 드러나기 때문이다.

19. 그리스도교 신학의 발전

초창기 신학

새로운 종교는 자신의 교리를 밝히고 유력한 유대교적·헬레니즘적 신학 전통들에 대한 태도를 천명하는 그리스도교 신학을 구출하지 않을 수 없었다. 그리스도교 교의신학의 주된 출처는 성 바울의 저술이다. 그가 쓴 서신들은 소위 「솔로몬의 지혜서」의 영향을 보여준다. 이 작품은 바울이 의심할 나위 없이 알고 있었던 것인데, 그리스도를 하느님의 능력과 지혜인 로고스와 동일시한다. 그리스도교의 역사적 요소는 그리스의 로고스론에 비추어 해석된다. 종교적·철학적 요소들이 종교적 측면을 강조하는 방식으로 결합된다. 로고스는 한 인격이며 살아 계신 아버지의 아들이지, 차가운 철학적 추상물이 아니다.

영지주의자

영지주의자들은 새로운 종교를 합리화하려는, 신앙을 지식(gnosis)으로 바꾸려 했던 2세기의 신학자들이었다. 그들은 자신들의 신앙에 대하여 사색했고, 신앙과 지식, 종교와 학문의 조화를 모색했다.

영지주의는 조잡하고 환상적이긴 해도 배아적 상태의 스콜라주의이다. 이른바 그리스도교 필론주의자(Christian Philonist)들은 자신들의 교리가, 받을 능력이 있을 만한 추종자에게 예수께서 전달해 주신 것이며, 그 교리들이 계명된 그리스도인들의 비밀적·비의적 교리를 형성한다고 주장했다. 그들은, 그리스도교는 완전히 새롭고 신적인 교리이며, 유대교는 타락한 형태의 종교이자 열등한 존재의 계시이며, 이교는 악한 영들의 작품이라고 가르쳤다. 그들은 유대교의 하느님 혹은 데미우르고스를 그릇된 신이며, 최고 영혼들의 거처인 빛의 왕국과 참된 하느님에게 반대되는 존재라고 간주했다. 최고 영혼 가운데 하나인 그리스도는 데미우르고스에 의하여 질료에 사로잡혀 있는 빛의 영들을 자유롭게 하려고 인간의 몸으로 들어왔다. 그리스도의 참된 가르침을 파악할 수 있는 자들은 영지주의자, "영적 존재"가 되며, 결국 물질적 속박 상태에서 벗어나게 된다. 금욕주의가 그와 같은 탈출 방법 가운데 하나이다. 감각적 물질로부터 벗어날 수 없는 자들은 물질과 더불어 소멸하고, 문자주의자 혹은 "혼적 존재"는 데미우르고스의 하늘로 간다. 세계는 타락의 결과이다. 물질은 악의 원리이다. 개방적인 교리는 그리스도교 신조에 담겨 있고, 비의적 교리는 영지주의자들에게 전달된 비밀스러운 전승이다.

영지주의자들 가운데 중요한 인물들로는, 케린투스, 사투르니누스, 발렌티누스 등이 있다. 144년 로마에서 교회를 세웠고, 누가복음과 열 권의 바울 서신을 정경으로 받아들였던 마르키온(Marcion)의 체계는 영지주의와 비슷한 가르침을 담고 있다. 그러나 마르키온주의는 지식보다 신앙을 강조하므로 이 분파에 귀속시킬 수 없다.

영지주의자들이 자신들의 과제를 감당할 수 없었던 것은 명백하다. 그들은 참으로 철학적인 체계가 아니라 "반(半)그리스도교 신화학"만을 제공했다. 게다가 그들의 교리는 예수의 가르침에 대한 일반적인 개념과 상충되었다. 구약에 대한 그들의 거부적 태도, 개방적 그리스도교와 비의적 그리스도교를 나누는 그들의 구분, 천상적 그리스도에 의하여 그 몸이 사용된 인간 예수라는 그들의 개념, 신보다 아주 낮고 심지어 천사보다 낮은 피조물, 특별한 능력을 받은 본성들 혹은 영적 존재에 대한 그들의 믿음, 그들의 풍유적 해석은 변증가들과 그 밖에 그리스도교의 보수적 지도자들의 반감을 샀고, 그래서 이단으로 비난당했다.

동시에 영지주의 운동은 새로운 종교와 그 신학에 상당한 영향력을 행사했으며, 그리스도교 신학에 의한 신앙의 철학적 정식화에 힘을 실어 보냈다. 그리스 철학에서 온 영지주의의 몇몇 근본 이념들은 초기 교회 저술가들의 작품에 들어가서, 교의 발전에 형성적 요인이 되었다.

변증가

변증가들은 새로운 종교를 이해할 수 있게 만든다는 일반적 목표를 영지주의자들과 공유했다. 그들은 영지주의의 환상적 해석을 반대할 뿐만 아니라 이교도에게 신앙을 변호하기 위하여 철학에 호소했다. 그들에게 그리스도교는 철학이면서 계시였다. 그리스도교의 진리는 초자연적인 데서 생겼고 절대적으로 확실했다. 그러나 그것은 합리적 진리였다. 물론 이 진리는 신적으로 영감된 지성만이 파악할 수 있긴 하다. 하르낙의 말을 빌려 보자.

> 그들 모두에게 공통된 확신은 다음과 같이 요약할 수 있다: 그리스도교는 철학이
> 다. 왜냐하면 합리적 내용을 갖고 있기 때문이요, 모든 철학자들이 답하려고 했던
> 문제에 만족스럽고 보편적으로 이해할 만한 대답을 제공하기 때문이다. 그러나 그
> 리스도교는 철학이 아니다. 그것은 철학의 정반대이다. …… 그것이 계시된 진리
> 인 한에서, 그래서 오직 그 가르침의 진리와 확실성이 궁극적으로 근거하는 초자
> 연적이며 신적인 기원을 갖고 있는 한에서 그렇다.

변증가들은 당대의 문학과 철학을 잘 알았고, 교육받은 계급들을 상대했다. 참으로 교회의 초창기 지도자들 가운데 많은 사람이, 회개한 다음에 새로운 종교를 용감히 변호하고 식자층과 교육받은 사람들에게 그리스도교를 호감 있게 보이려 했다. 이는 왜 철학적 요소가 그들의 저술에 일반적으로 두드러지며 순수히 종교적인 측면이 뒤로 물러나는 경우가 그렇게 많은지를 설명해 준다.

이 분야의 지도자들로는 순교자 유스티누스(166년에 죽음), 타티아누스, 아테나고라스, 테오필루스, 이레나이우스(120-130년에 태어남), 히폴리투스, 미누키우스 펠릭스(2세기), 테르툴리아누스(160-240년), 키프리아누스(200-258년), 알렉산드리아의 클레멘스(216년에 죽음), 오리게네스(185-254년) 등이 있다. 교리문답학교들(최초의 학교는 180년 알렉산드리아에서 전에 스토아철학자였던 판타이누스에 의하여 세워졌을 것이다)에서 절정에 이룬 이 운동은 새로운 종교를 변호하고 그것의 합리성을 입증할 뿐만 아니라 성직자의 유익을 위하여 그 가르침을 체계적 형태로 환원했다. 왜냐하면 성직자들의 의무는 그리스도교의 원리를 이교도와 유대인 출신의 입문자에게 가르치는 것이었기 때문이다. 알렉산드리아 학교의 가장 위대한 지도자인 오리게네스는 이미 지적했듯이 알렉산드리아에 본거지를 둔 신플라톤주의의 영향력이 명백하게 드러나는 포괄적인 그리스도교 신학을 형성했다.

변증가들의 가르침

변증가들의 저술에 나타난 근본 사상은 이것이다: 비록 사멸 가능하지만 세계는 이성과 질서의 흔적을 보이며, 하나의 영원하고 변할 수 없고, 선하고 정의로운 제일 원인 곧 모든 생명과 존재의 원천을 가리킨다. 이 원리는 모든 생명과 존재를 초월한다: 하느님의 숭고성과 능력과 지혜와 선과 은혜는 모든 인간의 인식을 넘어서며 모든 서술을 넘어선다. 하지만 모든 창조계의 제일 원인은 이성적임에 분명하다. 이성은 언제나 그의 안에서 그의 내적 본질의 일부로서 가능적이었음이 분명하다. 그리고 우주 내의 질서와 목적은 하느님 내의 이성 혹은 로고스 때문이다. 다른 말로 하면, 이성과 선은 세계의 뿌리에 놓여 있으며, 하느님은 모든 변화 가운데 영원하고 영구적인 원리이다.

하느님은 자유 의지의 행위에 의하여 로고스를 방사(放射)하신다: 빛이 태양에서 나오듯이 로고스는 하느님으로부터 나온다. 태양에서 방사된 빛이 태양으로부터 분리되지 않듯이, 신적 이성은 그 과정에서 하느님으로부터 분리되지 않는다. 참으로 하느님은 자신과 분리 불가능한 이성을 발생시키심에 의하여 명백히 자신의 이성을 잃지 않으신다. 로고스는 창조주와 더불어 있으며, 자신이 나온 근원 안에 존속한다. 동시에 로고스는 또 하나의 인격으로 파악된다. 본질에서 하느님과 동일하지만 수적(數的)으로 그와 구분된다. 즉 하느님과 영원히 공존하는 제2의 하느님이다. 로고스는 예수 그리스도 안에서 사람이 되었다. 그리스도는 성육신한 로고스인 것이다. "말씀이 육신이 되어"(요한복음 1:14). 성령도 역시 하느님으로부터의 방사이며, 역시 하나의 실체로 파악된다.

이런 개념들에서 우리는 그리스의 종교 철학에서 잘 알게 된 신적 이성의 인격화를 만난다. 이성은 세계를 형성하는 도구이며, 하느님이 세계에 간접적으로 작용할 때 통하는 도구이다. 신의 초월성이 천명되지만, 로고스의 독립성을 유지하려는 시도도 이루어진다. 로고스는 영원히 하느님과 함께 있거나 하느님과 영원히 공존하며, 가능적이며, 본성에서 하느님과 동등한 것으로 파악된다. 동시에 이레나이우스는, 가령 아버지는 로고스의 존재와 행위의 원천이며 따라서 로고스는 아버지에게 종속된 피조물인 것처럼 보인다고 말한다. 게다가 로고스는 하느님의 뜻에 의하여 한 인격이 된다. 그래서 로고스가 존재하지 않았던 때가 있으며, 이는 그가 피조물임을 함축한다. 오리게네스는 로고스가 영원히 창조되었다고 가르치면서 두 개념을 결합함으로써 이 난점을 해결하려 한다. 창조 행위는 시간 내의 행위가 아니라 영원하고 지속적인 절차이다(semel et simul). 성자는 영원히 그리고 지속적으로 성부에 의하여 창조된다.

세계의 창조는 그리스적 이념에 일치하여 해석된다. 하느님은 모든 사물의 원인과 목적이다. 모든 사물은 그로부터 나오며 그에게로 돌아간다. 로고스는 모든 피조된 존재의 패턴 혹은 원형이다. 만물은 이성의 형상으로 그리고 이성 혹은 신적 예지의 능력에 의하여 창조된다. 창조주는 자신이 무(無)로부터 만든, 형상 없는 질료로부터 하나의 패턴 혹은 자신의 마음에 존속하는 이성적 계획에 일치하게 세계를 만들었다. 변증가들에게는 이 합리주의적 사유 체계가 하나의 인격적 실체이다. 이 인격적 실체는 능동적 원인으로서 만물을 형성하고 보존하고 다스린다. 대부분의 변증가들에 따르면, 창조는 시간 내의 활동이다. 오리게네스에 따르면, 하느님은 영원히 창조하시며, 피조물은 언제나 존재했다. 그에게는 우주가 아리스토텔레스에게서처럼 영원하지만, 현재 존재하는 세계는 시작을 갖고 있으며, 사라질 것이며, 다른 세계들에 의하여 대체될 것이다.

창조는 하느님의 사랑과 선함의 표현이며, 인간의 유익을 위함이다. 그러나 세계가 인간을 위하여 지어졌지만, 인간의 목표는 이 세상에 거주하는 게 아니라 내세에 사는 것이다. 내세 지향, 세상에서의 도피, 영혼이 감각의 세계에서 하느님께로 가는 것이 최고선이다. 모든 변증가들은 육신과 영혼의 부활을 어떤 형태로 가르친다. 영과 육체는 본성상 사멸적인 것이지만, 영혼의 활동에 일치하여 신적 은혜의 활동으로 베풀어지는 불멸성을 얻어서 가질 수 있다(성 유스티누스). 혹은 인간은 육체와 영혼 외에 더 높은 영을 소유하게 된다 ―그것은 본래 불멸적이며, 그 영을 통해 육체와 혼이 불멸에 참여한다(타티아누스). 이 영은 혼과 구별되는 것으로서, 어떤 변증가들은 하느님이 정념을 다스리는 혼에게 수여하시는 것이라고 말한다.

변증가들에게 공통된 또 하나의 가르침은, 자유 의지와 인간의 타락에 관한 것이다. 하느님은 선과 악을 구별할 수 있는 능력과 그것을 선택할 수 있는 자유를 가진 영혼을 창조하셨다. 영혼들 가운데 더러는 하느님께 불순종하여 육신을 향하고 하느님으로부터 돌이키려고 선택했다. 이 죄에 대한 형벌로 그들은 낮은 단계의 삶에 떨어졌다. 즉 육욕적인 육신의 삶에 떨어졌다. 인간은 그리스도교적 생활을 영위함으로써 신의 은혜와 로고스의 계시된 진리를 통하여 잃었던 상태를 회복할 것이다. 하데스 혹은 연옥에서 체류해 있다가, 의로운 자는 심판날에 영생에 들어갈 것이며 불의한 자는 영원히 버림당할 것이다. 오직 오리게네스만이 모든 사람의 최종적 구원을 믿었다. 변증가들의 가르침을 관통하는 주제는, 최초의 사람 혹은 천상적 영혼은 죄를 범하여 세상에 죄를 가지고 들어왔고, 그 때문에 인류가 고통하고 있지만, 인간이 감각의 사물에서 돌이켜 하느님과 다시 연합하기를 구하기만 하면 궁극적 구원에 대한 소망이 있다는 것이다.

근본적인 신앙 조항은, 인류가 하느님의 아들 예수 그리스도에 의하여 구속(구원)받고, 하느님의 아들이 사람을 죄에서 구원하려고 오셨다고 선언한다. 이 간단한 명제는 그리스도교 신학자들이 수세기 동안 논쟁을 벌였고, 수많은 문제를 불러일으켰다. 그것은 길고 격렬한 논쟁을 거친 후에야 공식적으로 해결되었다. 이 명제는 세 가지 중요한 개념을 담고 있었다: 하느님, 예수 그리스도, 그리고 사람이다. 우리는 어떻게 성부 하느님, 하느님의 아들, 인간 본성을 구원의 구도에서 파악해야 하는가? 어떻게 이 존재들은 서로 연관되는가? 아버지와 아들 혹은 로고스; 아들과 인간 예수; 그리고 하느님과 인간.

로고스 교리

초기 그리스도교 신학에 아주 중요하게 등장하는 로고스 교리는 초기 교회의 교인들에게 파고들지 못했다. 다신교적 사회에 살고 있던 초창기의 단순한 그리스도인은, 형이상학적으로 자신의 신앙을 해석함이 없이 성부, 성자, 성령을 믿었다. 그에게 인간 예수는 좌우간 하느님의 아들이었으며, 성령은 제이의 초자연적 존재였다. 초기 그리스도인은 하느님의 아들과 성령의 형이상학적 본성과 서로 간의, 그리고 하느님과의 형이상학적 관계를 파고들지 않았다. 교회의 지적 지도자들은 영지주의자들과 이교 철학자들에 맞서 신앙을 변호하려는 활동에서 그리스 학파의 사변 속으로 이끌려 들어갔고, 마침내 복음서들을 헬레니즘화 했다. 로고스 교리가 다각적인 측면의 심각한 반대에 부딪힌 것과 신앙의 토대에 대한 덜 형이상학적인 해석에 도달하려는 시도가 이루어진 것은 필연적이었다. 신학적 사색에 친숙하지 않은 자들이 이해할 수 있는 방식으로 그리스도교의 가르침을 표현하려는 분파들이 많이 등장했다. 130-300년에 그리스도교 집단 가운데 가장 많은 추종자를 둔 교리는 양태론이었다. 이는 서로마 세계에서는 성부수난설로 등장했고, 동방에서는 사벨리우스주의로 나타났다. 전자에 따르면, 하느님은 육신을 취하여 인간이 되시고 육신으로 고난을 당하셨다. 그래서 성부수난설이라는 용어가 생긴 것이다. 후자에 따르면, 하느님은 세 가지 계기적 방식으로 혹은 능력으로 자신을 성부, 성자, 성령으로 나타내신다. 각 경우에, 세 위는 상이한 형태 혹은 양상으로 나타난 한 분 하느님이다(양태론).

그러나 이 느슨하게 파악된 견해들은 로고스 신학을 누르지 못했다. 3세기 말 경에, 철학적 신학이 승리를 거두었고, 하르낙의 말을 빌리면 "심지어 신조를 자기의 조항에 비추어 해석했다." 오리게네스의 영향이 유행했다. 그의 후계자들이 신앙을 매우 철학적인 것으로 만든 나머지, 신앙이 평신도에게 이해할 수 없는 것이 되었다. 구원을 희생시키고, 순수히 우주론적이고 철학적인 요소들이 강조되었다. 몇몇 교리 형식에서는, 그리스도의 이름이 언급조차 되지 않았다. 오리게네스 체계의 신플라톤주의가 그리스도교를 제거하려고 위협했다.

로고스와 하느님의 관계 혹은 성자와 성부의 관계에 대한 문제는 325년 니케아 공의회에서 아리우스의 추종자들인 아리우스주의자들과 훗날 아타나시우스가 주도한 반(反)아리우스주의자들 사이에 큰 논쟁 주제가 되었다. 아리우스에 따르면, 그리스도는 자유 의지를 부여 받은, 하느님의 피조물이다. 그리고 하느님은 그가 자유 의지를 선하게 사용할 것을 예견하셨다. 그러므로 하느님은 창조시에 신의 위엄을 그에게 수여했다. 아타나시우스에 따르면, 구원의 원리로서 성자는 성부에 의하여 만들어지지 않고 태어났다. 그는 성부와 영원히 공존하며, 성부와 동일 본질을 갖고 있으며, 성부의 본성에 충만히 참여하되, 성부에게 해를 끼치지도 않고 독립된 위격을 유지한다. 역사적 예수 안에서 로고스-하느님 혹은 성자께서 완전한 성육신에서 인간의 육신과 본질적으로 연합되셨다. 성령은 제3의 존재이시다. 한 하느님은 본질에서 동일한 세 위격으로 구성된 삼위일체이다.

반(反)아리우스주의자들이 공의회에서 승리를 거두었다. 아리우스주의 교리는 정죄받고, 아리우스와 그의 추종자들은 출교당했다. "만들어지지 않고 태어나셨으며 아버지와 동일 본질을 갖고 계신"이라는 말이 장차 니케아 신조라고 불릴 신조에 삽입되었다. 논쟁의 양측은 오리게네스의 신플라톤주의적 철학에서 자신들의 견해를 위한 지지 내용을 발견하려 했다. 패배한 신학과 마찬가지로 정통적 해석은 로고스 교리에 근거했다. 나중에 하느님과 그리스도가 동일 본질(호모우시오스)이 아니라 유사 본질(호모이우시오스)을 갖고 있다고 선언함으로써 아리우스주의와 아타나시우스주의 사이에 타협을 이루어 보려는 시도가 있었으나 실패하고 말았다. 그리고 이 점에 일치하지 못하게 되면서, 로마 교회와 그리스 교회가 분열되었다.

논쟁을 불러일으킨 또 하나의 문제는 인간 예수와 로고스-하느님의 관계에 관한 것이었다. 즉 기독론적 문제였다. 많은 해답이 제시되었으며, 상이한 이론을 지지하여 많은 파당이 형성되었다. 그리스도가 두 본성을 갖고 계시며 "각 본성이 그 자체로 완전하며 다른 본성과 구별되지만, 하느님이시면서도 동시에 인간이신 한 인격에서 완벽하게 연합되어 있다"는 해석이 451년 칼케돈 공의회에서 받아들여져, 정통 교의가 되었다.

니케아에서 교의가 수립된 후에, 그리스도교 철학은 주로 알렉산드리아 오리게네스의 학교에서 주로 연구되었다. 대체로 정통 교리들이 채택되었고, 오리게네스의 체계에서 정통 교리와 상충되는 그런 가르침은 거부당했다. 그 학교에서 재구성의 활동에 이바지한 대표적인 인물들은 닛사의 그레고리우스, 대(大) 바실리우스(379년에 죽음), 나지안주스의 그레고리우스(390년에 죽음) 등이다. 플로티노스가 가르쳤던 신플라톤주의 역시 많은 추종자를 두었다. 그 지도자들로는 주교 시네시우스, 주교 네메시우스, 가자의 아이네아스, 자카리아스 스콜라스티쿠스, 요한네스 그라마티쿠스(요한네스 필로포누스) 등이 있는데 모두 6세기 사람들이었다. 아레오파고스 사람 디오니시오스가 썼다고 잘못 주장된 신플라톤주의 작품이 5세기 말에 나왔다.

자유 의지와 원죄

공식적 대답을 요구하는 세 번째 문제가 있었다: "구원의 구도에서 인간의 위치는 무엇인가?" 널리 확산된 한 견해에 따르면, 전체 인류는 최초의 사람 혹은 타락한 천사의 죄에 의하여 오염되었다. 그래서 인류를 구원하려면 이런저런 형태로 하느님의 도움이 요구되었다. 그리스도가 우리의 구원을 위하여 하늘에서 오셨다는 근본적인 신조는 그런 해석을 선호한 듯하다: 만일 인간을 죄에서 건져야 한다면, 명백히 인간은 스스로를 구원할 수 없으며, 그는 죄에게 종이며 본질상 죄인이거나(원죄론), 어떤 방식으로 죄인이 되었다. 어떤 경우든지 그는 자유로이 스스로를 구원할 수 없었다.

이 개념은 마니교도로부터 지지를 받았다. 이들은 페르시아의 이원론과 영지주의에 비추어 성경을 읽고 그리스도교와 조로아스터의 교리를 결합했던 페르시아인 마니(277년에 죽음)의 가르침을 받던 수많은 사람들이다. 그들은 이렇게 가르쳤다. 인간 안에 있는 빛의 원리는 흑암의 원리인 물질에 속박되어 있으며, 영혼은 오직 금욕에 의하여, 고기와 포도주와 결혼과 재산과 노동에 대한 절제에 의하여 정화되어 자신이 나온 빛의 왕국에 돌아갈 수 있다는 것이다.

그러나 그리스도께서 인간을 죄에서 구원하려고 오셨다는 신조를 전혀 다른 관점으로 해석할 수도 있었다. 죄는 죄책을 함축하며, 죄책은 범죄한 사람의 책임성을 함축한다. 옳고 그른 것을 선택할 자유가 있는 존재만이 죄인이 될 수 있다. 그래서 인간이 범죄했다면, 그는 자유로웠음에 틀림없다. 동일한 결론은 다른 방식으로도 가능했다: 하느님은 절대적으로 선하고 의로우며, 따라서 죄의 원인이실 수 없다. 인간이 죄의 장본인이며 따라서 자유롭다.

펠라기우스라는 수도사가 400년에 원죄 개념와 대립되는 교리를 갖고서 로마에 왔다. 즉 하느님은 선하고 의로운 하느님이시며, 그가 창조하신 모든 것이 선하다. 그러므로 인간 본성은 근본적으로 악할 수 없다. 아담은 죄를 지을 자유도 있고 죄를 짓지 않을 자유도 있었다. 그의 감각적 본성은 악한 것인데, 이 본성이 승리하므로 그는 죄를 선택했다. 하지만 죄는 세대에서 세대로 전달될 수 없다. 왜냐하면 모든 사람이 자유 의지를 갖고 있기 때문이다: 죄는 자유를 함축하기 때문이다. 자유는 신적 자유의 원초적 행위에 그 근원을 갖고 있다.

자유는 선한 하느님이 베푸신 최초의 선물이다. 그래서 인간은 바깥의 도움이 없이 죄에 저항할 수 있으며 선한 것을 원할 수 있다. 아담의 죄가 전달되지는 않았지만, 그의 죄의 모범이 파괴적이었으며, 그의 나쁜 모범에 대한 모방은 극복하기 어려운 습관이 되었다. 바로 이것이 인간의 타락을 설명해 준다. 그러나 이 수도사는 이렇게 묻는다: "만일 인간이 죄에게 종이 되지 않았다면, 그의 선택의 자유가 파괴되지 않았다면, 하느님의 은혜와 그리스도교는 그의 구속에서 어떤 역할을 맡을 수 있는가?" 펠라기우스주의자들은, 하느님의 은혜의 행위에 의하여 성경으로, 예수의 가르침과 모범으로, 그리고 교회의 교리로 지식이 인간에게 계시된다고 대답한다. 즉 인간의 의지가 선을 택하도록 돕는 지식, 가령 세례와 예수 그리스도를 믿는 믿음이 구원에 필수적이라는 지식 말이다. 전지한 하느님은 인간이 삶을 살면서 어떤 것을 선택하게 될지를, 즉 그들이 자유의 능력을 어떻게 사용하게 될지를 정확하게 아시며, 그들에게 할당될 상급과 형벌을 미리 결정하신다(예정론).

니케아 신조

아우구스티누스에게서 절정에 도달하는 그리스도교 신학의 발전은 일차적으로 우리가 오리게네스에게서 발견한 그런 유의 사변이 아니라 신조들에서 표현된, 특별히 니케아에서 공표된 교회의 교리에서 그 힘을 얻는다.

니케아의 업적에 담긴 정신은 아타나시우스의 작품을 서술함으로써 가장 잘 전달된다. 그의 저술들에서, 신앙과 이성의 관계에 관한 문제는 권위에 의하여 받아들여진 것과 이성적으로 이해 가능한 것의 뚜렷한 대조라는 측면으로 제시되지 않는다. 삼위일체론은 참으로 신비이며, 그것에 대한 논리적 설명은 난점 투성이다. 그러나 삼위일체론의 실재성, 우리 주변 세계에서 그 교리의 작용과 능력은 신자에게 자명하다. 이는 모든 설명이 궁극적으로 근거해야 하는 제일 원리이며, 다른 모든 사물의 가지성(可知性)의 원천이다. 지금까지 그리스 지성에게 적절하고 자명하게 보였던 범주들이 이제는 그 설득력 혹은 적어도 그 궁극성을 잃으며, 자연은 더 높은 범주에 의하여 해석되지 않고서는 더 이상 이해될 수 없어 보인다. 삼위일체론은 종교적 통찰이나 편견에서 나오지만, 또한 용호 가능한 합리적 입장이기도 하다. 하느님은 모든 현존의 원천으로 파악되신다. 형상과 질료는 자유로운 창조적 행위에 의존하는 것으로 파악된다. 이 행위가 존재(성부 하느님)와 질서(성자 하느님)의 원천이다.

그리스도의 의의에 일차적으로 관심을 갖고 있었던 아타나시우스는 삼위일체의 제3위에 관한 문제를 자기 이후에 등장하는 사람들에게 맡겼다. 성부 하느님과 성자 하느님의 공통 본성, 그들의 공통적 영원성에 관한 교리는, 성부가 제2의 창조적 능력으로 파악되지 않으며 모든 실재가 성부에 의존한다는 것이 필연적 방출로 이해되어서는 안 된다는 것을 뜻한다. 삼위일체론(근본 전제)이 이해될 수 없다는 반론이 있다면, 아타나시우스는 그 교리가 협소한 합리주의적 의미가 아닌 가장 높은 종교적 의미에서 이해될 수 있다고 대답한다.

전체 우주가 삼위일체에 의존하며 삼위일체로부터 그 가지성을 얻는 것처럼, 인간과 그의 역사도 마찬가지이다. 자유롭게 창조하시는 하느님은 심지어 오류를 범할 수 있는 자유를 인간 본성에게 수여하신다. 인간 본성은 한때 타락하였기에 하느님이 문자 그대로 인간이 되실 경우에만 회복될 수 있다. 아타나시우스에 따르면 성경은, 그리스도께서 언제나 성자 하느님, 성부의 말씀과 지혜이셨으며, 그가 마리아의 아들로서 인간이 되셨어도 그 고난과 이적들에서 전적으로 하느님이시면서 동시에 전적으로 인간이셨음을 주장했다. 다른 사람들은 이 성육신에 참여할 수 있는 자들이다. 구속의 가능성은 통일적인 인격적 존재들로서 그들에게 제공된다.

20. 성 아우구스티누스

성 아우구스티누스는 초기 그리스도교 교회의 가장 위대한 건설적 사상가이며 가장 영향력 있는 교사였다. 그의 체계에서는 당대의 가장 중요한 신학적·철학적 문제들이 논의되며, 교부 철학의 절정을 뜻하며 이후 수세기 동안 절정 그리스도교 철학의 지침이 될 그리스도교 세계관이 전개된다. 아우구스티누스는, 철저하게 체계적이진 않지만 모든 철학적 근본 문제들을 다루는 철학을 성취했다. 성 아우구스티누스는 고전주의에 큰 빚을 졌으며, 고전주의의 용어를

(때로는 플라톤의 용어, 때로는 아리스토텔레스의 용어를) 이용했다. 그러나 그의 철학의 지배적 요소는, 그가 윤리학과 인식론과 형이상학과 역사 철학에 응용하는 아타나시우스와 암브로시우스의 그리스도교 신앙이다. 그의 철학 한가운데에는 삼위일체론이 있다. 그는 기념비적 작품인 「삼위일체론」에서 이 교리를 신앙에 근거하여 받아들여지는, 무궁한 원리로 다룬다. 이 원리는 실재 전체를 이해할 수 있게 한다. 성 아우구스티누스의 견해가 종교개혁과 근대의 그리스도교 신학은 물론이고 중세 철학에 대하여 갖는 의의에 비추어, 우리는 그의 철학의 다양한 측면들을 체계적으로 설명할 것이다.

아우렐리우스 아우구스티누스는 352년 북아프리카 타가스테에서 이교도 아버지와 그리스도인 어머니 모니카 사이에서 태어났다. 모니카는 아들에게 심대한 영향을 끼쳤다. 그는 처음에는 고향에서 나중에는 밀라노에서 수사학 교사가 되었고(384-386년), 신학적·철학적 문제에 대한 연구에 전념했다. 이 연구를 통하여 그는 마니교에서 회의론자가 되었지만, 만족을 얻지 못했다. 386년 그는 플라톤과 신플라톤주의자들의 글을 얼마간 읽기 시작했고, 이 글들은 그의 사고에 안정성을 제공했다. 동시에 그는 감화력 있는 밀라노 주교 성 암브로시우스의 영향을 받게 되었다. 387년 회개한 후로, 그는 타가스테로 돌아왔고, 거기서 삼년 동안(388-391년) 수도원 종규를 따라 살고 사제로 서품되었다. 396년에 그는 아프리카에서 히포의 주교직에 올랐으며, 430년에 죽을 때까지 그 직위에 있으면서 가톨릭 교리의 발전과 선전에 자신의 위대한 재능을 바쳤다.

　성 아우구스티누스의 저서로는, 「자유의지론」, 「참된 종교」, 「예정과 은총」, 「삼위일체론」, 「하나님의 도성」, 「고백록」, 「재고록」, 「서간」.

인식론

　전체 그리스도교 시대의 정신에서 특징적인 것은, 소유할 가치가 있는 지식은 하느님과 자아에 대한 지식이라는 아우구스티누스의 견해이다. 논리학, 형이상학, 윤리학과 같은 다른 모든 지식은 하느님의 지식에 이바지하는 한에서만 가치를 갖는다. 우리가 확고하게 믿는 것을 이해하고, 우리의 믿음의 이성

성 아우구스티누스

적 기초를 아는 것이 우리의 의무이다. "믿기 위하여 이해하고, 이해하기 위하여 믿으라. 우리는 어떤 것을 이해하지 못하면 믿지 못한다. 어떤 것은 우리가 믿지 못할 경우 이해하지 못한다." 신앙이 믿는 것을 이해하려면 지성이 필요하다. 지성이 이해하는 것을 믿으려면 신앙이 필요하다. "신앙은 찾고 지성은 발견한다. …… 하지만 지성은 자신이 발견하는 그분을 여전히 찾는다. ……"(삼위일체론). 이 추구의 기능은 통찰 혹은 지혜(sapientia)이며, 창조 원리를 향할 때의 이성의 최고 기능이다. 학문적 지성(scientia)에 의하여 획득 가능한 것을 포함하여 모든 가지성(可知性)은 신적·창조적 원리에 의존한다.

학문적 이성(ratio scientiae)은 외부에서 주어진 것에 대한 분석에 의하여 자연의 요소들 혹은 원리들을 발견하려 한다. 반면에, 지혜의 이성(ratio sapientiae)은 내면을 향하며 거기서 하느님과 영혼을 발견한다. 한 분 하느님이 현존과 질서와 운동의 삼위일체로 파악되듯이, 삼위일체의 한 반영인 영혼의 실체적 통일성은 현존과 지식과 의지를 보여준다. 그러므로 하나를 발견하는 것은 다른 하나를 발견하는 것이기도 하다. 아우구스티누스가 발견하며, 그가 외부 세계에 대하여 갖는 지식보다 더 의지할 만한 지식을 성취한다고 생각하는 자아는 자신이 삼위일체론의 자극을 받아 수행하는 하느님을 향한 추구의 산물이면서, 그 추구를 향한 도움이다. 더욱이 자아는 삼위일체의 가지성과 비슷한 가지성을 갖고 있다. 그러므로 자아의 정당화 혹은 설명은 자연 세계에서 발견할 수 없다.

아우구스티누스의 금언 "이해하기 위하여 믿으라"(crede ut intelligas)는 이성을 배격하는 테르툴리아누스의 태도와 다르고, 신앙과 이성을 대립시키는 극단적 이원론과도 다르다. 이성은 먼저 계시가 참으로 발생했는지를 판단해야 한다. 계시가 참되다는 것을 이성이 판단했을 때, 신앙은 그것을 확증하고 이성은 그것을 이해하고 해석하려 한다. 하지만 우리는 우리가 믿는 모든 것을 이해할 수 없고, 다만 땅 위에 있는 하느님의 대표자인 교회의 권위에 근거하여 신앙의 진리를 받아들일 준비를 갖추어야 한다.

나는 내가 존재한다는 것을 안다. 나의 사유와 현존은 의심할 나위 없이 확실한 것이며, 그리고 나는 영원하고 불변적인 진리가 있음을 안다. 나의 의심은 내가 진리를 의식하고 있음을 입증하며, 내가 한 판단을 참되다거나 그릇되다고 칭하는 사실은 진리의 세계의 존재를 보여준다. 여기서 아우구스티누스는 플라톤 식으로 진리를 실재적 현존을 갖고 있는 것으로 파악하며, 그것의 지식을 인간 지성에 선천적인 것으로 본다. 때때로 그는 인간의 지성이 문자 그대로 신적 이데아를 직관하는 것처럼 말한다. 때때로는 하느님이 이데아들을 우리 안에 창조하셨다고 말한다. 좌우간 진리는 객관적이며, 인간 지성의 단순한 주관적 산물이 아니다. 그것은 독립적이며 강제적이다. 당신과 내가 그것을 파악하든 하지 않든, 그것은 존재하며 언제나 존재해 왔다. 이 영원하고 변화 없는 진리 세계의 원천은 하느님이다. 참으로 신적 지성은 플라톤적 이데아나 형상이나 원형이나 본질의 거처이다. 보편적 이데아 말고도 신적 지성은 개별자의 이데아들도 담고 있다.

신학

아우구스티누스 신학에서 주도적인 것은 하느님의 절대성과 엄위, 그리고 하느님을 떠나서 고찰할 때 그 피조물의 부질없음을 말하는 신플라톤주의적 개념이다. 하느님은 영원하고 초월적 존재이며, 전능하고 전적으로 선하고 전적으로 지혜로우시다. 절대적 통일성과 절대적 지성과 절대적 의지이시다. 즉 절대적 영이시다. 하느님은 절대적으로 자유로우시지만, 그의 판단은 그의 본성처럼 변할 수 없다. 그는 절대적으로 거룩하셔서 악을 의욕하실 수 없다. 그 안에서는 의욕과 행함이 하나이다: 그가 원하시는 것은 어떤 매개적 존재 혹은 로고스의 도움 없이 이루어진다. 그의 지성에는 사물의 모든 이데아 혹은 형상이 있다. 이 말은 그가 세상을 창조하실 때 이성적으로 일을 지속하셨고, 만물의 형상이 하느님으로부터 왔음을 뜻한다. 아우구스티누스는 아타나시우스의 삼위일체론을 받아들이지만, 이 교리를 설명할 때 드는 예는 사벨리우스주의 (성부수난설)에 오염되어 있다.

하느님은 무(無)로부터 세계를 창조하셨다. 이는 범신론적인 신플라톤주의자들이 주장하는 것과 달리 그의 존재의 필연적 발전이 아니다. 왜냐하면 그의 존재는 피조물의 본성을 초월하기 때문이다. 그의 창조는 지속적 창조(creatio continua)이다. 왜냐하면 세계가 하느님에 의하여 유지되지 않으면 해체될 것이기 때문이다. 세계는 절대적으로 그리고 지속적으로 하느님께 의존한다. 우리는, 세계가 시간이나 공간에서 창조되었다고 말할 수 없다. 왜냐하면 하느님이 세계를 창조하시기 전에는 시간도 공간도 없었기 때문이다. 하느님은 창조하실 때 시간과 공간을 창조하셨다. 그분은 무시간적이며 무공간적이시다. 하지만 하느님의 창조는 영원한 창조가 아니다. 세계는 시작을 갖고 있다. 피조물은 유한하고, 변화 가능하고, 사멸 가능하다. 하느님은 또한 질료를 창조하셨다. 질료가 본질상 형상보다 선행할지라도, 즉 우리가 질료를 논리적으로 형상의 토대로서 전제해야 할지라도, 질료는 형상보다 오래되지 않았다. 하느님의 전능은, 모든 파악 가능한 사물이 심지어 가장 하찮은 것이라도 우주 안에서 존재할 것을 요구한다.

악의 문제

성 아우구스티누스는 하느님의 전능을 주장하기 위하여, 하느님이 만물의 원인이라는 입장에 이르지 않을 수 없다. 그는 그의 선함을 주장하기 위하여 세계에서 악을 배제하거나 그것을 설명해 내야 한다. 창조계 전체는 하느님의 선함에 대한 표현이다. 하느님은 우주를 창조하실 때, 무한한 사랑에 이끌려 창조하셨다. 그러나 ― 성 아우구스티누스는 신성에서 절대적 능력을 박탈할까 두려워하여 신속히 다음의 내용을 첨가한다 ― 하느님은 창조하시지 않으면 안되었던 것이 아니다. 하느님의 사랑이 하느님으로 그렇게 하시게 했지 하느님을 강요한 게 아니었다. 창조는 그의 자유 의지의 행위였다. 그러므로 모든 종류의 현존은 선하다. 우리는, 인간의 유용성이라는 관점이 아니라 하느님의 의지와의 관계에서 그것의 가치를 판단해야 한다.

만일 하느님이 만물을 창조하고 예정하시고 동시에 절대적으로 선한 존재이시라면, 자기의 피조물에게 가장 유익하도록 만물을 의욕하셨으며, 소위 악이라도 그 과정에서 선함에 틀림없다. 그림에서 전체의 아름다움에 기여하는 그늘처럼, 악은 세계의 선함에 필수 불가결하다. 악이 선하지는 않지만, 악이 있다는 것은 선하다. 혹은 악은 결함으로, 본질의 결여(privatio substantiae)로, 선의 생략으로 간주된다. 악을 결여로 보는 이론에 따르면, 악은 선의 부정 혹은 결여이다. 선은 악이 없이도 가능하지만 악은 선이 없이는 불가능하다. 왜냐하면 만물은 적어도 존재를 갖고 있는 한에서 선하기 때문이다. 선의 결여는 자연이 가져야 할 무엇의 부재(不在)를 뜻하므로 악하다. 도덕적 악을 포함하여 모든 종류의 악은 결여 개념에 포함된다. 도덕적 악은 우주적 창조의 아름다움을 손상할 수 없다. 왜냐하면 그것은 인간 혹은 타락한 천사들의 의지에서 나오기 때문이다. 그것은 악한 혹은 결함있는 의지의 결과이다. 그리고 이 의지는 긍정적인 것이 없고 단지 선의 결여(privatio boni)를 뜻할 뿐이다. 가장 나쁜 악은 신의 결여(privatio Dei), 하느님 혹은 최고선으로부터 돌이켜 사멸 가능한 세계로 돌아섬이다.

성 아우구스티누스에게 제시된 악의 문제는 본질적으로 신학적이다: "어떻게 하느님의 선함과 전능을 그가 창조하신 세계 안에 있는 악의 현존과 조화시킬 수 있는가?" 이 문제는 낙관론자에게만, 우주의 궁극적 선을 믿는 자들에게만 존재한다. 하느님은 사물의 구도에서 악을 완전히 빼실 수 있었다. 그러나 선에 이바지하는 수단으로 악을 사용하기를 원하셨다. 우주의 영광은 악의 현존에 의하여 강화된다. 가령 그는, 인간이 선에서 돌이켜 악으로 돌아설 것을 예견하셨다. 그는 그것을 허용하시고 인간의 형벌을 예정하셨다. 아우구스티누스는 하느님의 전능과 아울러 하느님의 선함을 구제하기 위하여, 신학적 낙관론자에게 특징적인 몇 가지 장치를 사용한다: (1) 그는 악에 상대적 위치를 부여한다. 악은 선에게 필수적이다. (2) 그는 악을 선의 결여로 정의한다. (3) 그는 악의 책임을 인간에게 돌린다. 이런저런 때에, 아우구스티누스는 악의 문제에 대한 이와 같이 상보적인 해결책을 각각 채택했다.

영혼학

자연의 최고 피조물인 인간은 영혼과 육신의 연합이다. 이 연합은 죄의 결과가 아니다. 육신은 영혼의 감옥이 아니다. 그것은 본래적으로 악하지 않다. 영혼은 본질상 육신과 전적으로 구별되는 단순하고 비물질적인 혹은 영적인 실체이나, 동시에 육신을 지도하고 형성하는 육신의 생명 원리이다. 그러나 영혼이 육신에 어떻게 작용하는지는 신비이다. 감각은 물리적 과정이 아닌 정신적 과정이다.

아우구스티누스는 영혼 선재론을 거부한다. 어떻게 영혼이 등장했는가를 해결하지 않은 채로 내버려 둔다. 그는 당대의 두 가지 유력한 견해 가운데 하나를 선택하기가 힘들다고 생각한다: (1) 하느님은 태어나는 각각의 아이를 위하여 새로운 영혼을 창조하신다(창조설). 혹은 (2) 영혼들은 그 육신이 그 부모의 육신에 의하여 생산되는 때와 동시에 그리고 그와 아주 비슷한 방법으로 부모의 영혼으로부터 발생된다(영혼 유전설).

물론 영혼이 시간 안에서 시작하지만, 죽지는 않는다. 아우구스티누스는 플라톤에게서 나온 당대의 통상적인 주장들에 의하여 영혼의 불멸성을 증명한다. 영혼이 육신의 죽음 이후에 계속 존재한다는 의미에서 불멸적이지만, 영원한 행복을 실현한다는 의미에서는 필연적으로 불멸적이지는 않다. 하느님 안에 있는 영혼의 영원한 행복은 증명될 수 없다: 그것에 대한 우리의 기대는 신앙의 행위이다.

윤리학

인간 행동의 최고 목표는 종교적·신비적 이상이다. 지성이 하느님을 보는 것에서 하느님과 연합되는 것이다. 그런 연합은 불완전한 세계에서 발생할 수 없고 다만 참된 생활인 내세에서만 일어날 수 있다. 우리의 지상적 생활은 하느님께로 가는 순례에 불과하다. 영원한 행복과 비교할 때, 지상 생활은 생명이 아니라 죽음이다. 아우구스티누스는 가시적 우주에 관련하여 초기 그리스도교의 특징인 비관론을, 내세에 관련해서는 낙천적인 낙관론을 예시한다: 한편에서는 세상에 대한 경멸(contemptus mundi)이며, 다른 한편에서는 하느님에 대한 사랑(amor Dei)이다. 하지만 선하신 하느님과 악한 세계를 나누는 그의 이원론은, 우리가 이미 보았듯이 절대적 악을 인정하지 않는 그의 이론에 의하여 다소간 완화된다.

그는 덕을 설명할 때, 최고의 내세적 선과 우리의 일상적인 도덕 사이의 윤리적 이원론을 가교할 수 있는 길을 제시한다. 우리는 사랑에 의하여 하느님과 연합된다. 그래서 사랑은 최고 덕목이며, 다른 모든 덕목의 원천이다. 절제 혹은 극기는 세상에 대한 사랑과 대립되는 하느님에 대한 사랑이다. 강인함은 사랑에 의하여 고통과 고난을 정복하는 것이다. 정의는 하느님에 대한 봉사이다. 지혜는 하느님에 대한 사랑에 의해 인도받는, 올바른 선택의 능력이다. 하느님에 대한 사랑은 자아와 다른 사람들에 대한 참된 사랑의 기초이다. 이 사랑만이 소위 이교적 덕을 참된 덕이 되게 한다. 이 사랑에 감화받고 이끌리지 않고서는 그것은 "찬란한 악덕"에 불과하다.

하느님에 대한 사랑은 인간 영혼 안에서 작용하는 신적 은혜의 활동이며, 하느님의 능력의 영향을 받아 교회의 성사를 통하여 발생하는 신비적 과정이다. 믿음, 소망, 사랑은 상호의존적이며, 모두 회개에 본질적이다. "(사랑) 없이 믿음은 아무 소용이 없으며, 사랑이 부재할 때 소망은 존재할 수 없다.……소망 없는 사랑이 없고, 사랑 없는 소망이 없고, 믿음 없는 소망이 없다."

이 가르침에는 지상적 생활과 인간 제도를 향하여 초기 그리스도교의 이상 아래서 가능해 보이는 것보다 좀 더 적극적인 태도의 가능성이 놓여 있다. 초기 그리스도인들은 결혼, 국가의 일, 전쟁, 재판, 상업 활동과 같은 인간 제도에 대하여 부정적 태도를 취했다. 그러나 조직 교회의 발전과 로마 제국의 그리스도교화와 더불어, 인간의 세상적 추구에 관하여 더 많은 것이 인식된다. 이리하여, 세상 부정과 세상 인정 사이에서 시계추처럼 왔다갔다 했다. 아우구스티누스는 금욕적 이상과 세상적 이념 사이에서 주저하며, 그의 태도는 중세 도덕가들의 특징이다. 그는 재산권을 인정한다. 그는 모든 사람이 재산권을 가져야 한다고 주장했으며, 재산은 부정의에 근거하며 재산은 "저주스러운 강탈"(암브로시우스)이라는 옛 교부들의 공산주의적 가르침과 의견을 달리한다. 그는 또한 부자와 가난한 자를 똑같이 구원받을 수 있는 사람으로 본다. 그런데도 그는 사유 재산의 소유를 영혼의 방해물로 보며, 청빈에 높은 가치를 둔다. 그러므로 그는 이렇게 말한다: "사유 재산의 소유를 억제하자. 그렇지 않으면, 우리가 그렇게 할 수 없다면, 소유욕을 멀리하자."

동일한 이원론은 결혼과 독신에 대한 그의 평가에서도 드러난다. 결혼은 하나의 성사(聖事)로 파악되지만, 결혼하지 않은 상태가 더 낫다. 그의 국가 개념은 동일한 이원론적 경향을 드러낸다. 지상 국가는 자기애(自己愛)와 하느님에 대한 경멸(contemptus Dei)에 근거한다. 하느님의 도성은 하느님에 대한 사랑과 자기에 대한 경멸에 의하여 성취된다. 참으로 현세의 국가는 정의의 통치를 도모하고 행복을 달성하는 목적을 가진 윤리적 공동체이다. 국가의 목표는 상대적이지만, 교회의 목표는 절대적이다. 따라서, 국가는 교회에 종속된다. 교회의 권위는 무오하다. 왜냐하면 교회는 하느님 나라의 가시적 현현이기 때문이다

요약하면, 성 아우구스티누스는 이중적 이상을 보여주었다: 최고선 혹은 완전은 초월적 선인데, 이 선은 그리스도인조차도 육욕적 정욕의 지배권 아래 있기에 육신에서 실현할 수 없는 것이다; 이 완전은 하느님에 대한 사랑에, 절대적으로 선한 의지에 있다. 하지만 상대적 완전, 일종의 거룩함은 외적인 행위의 수행에 의하여 도달될 것이다: 그래서 경죄(輕罪)는 기도와 금식과 자선에 의하여 씻을 수 있다. 하지만 결국 최고의 참된 목표는 금욕, 세상 부인, 사회 생활에서 물러남, 그리스도를 본받음이다. 성 아우구스티누스에게 수도원적 생활은 그리스도교적 이상에 가장 근접하는 것이다.

이상론은 그의 윤리적 가르침의 가장 현저한 특징이다. 우주에서 최고 가치

는 현존의 물질적 측면에서 발견되는 게 아니라 정신에서 발견된다. 인간의 최고 부분은 그의 육신이나 그의 감각적 충동적 본질이 아니라 그의 정신이다.

의지의 자유

성 아우구스티누스는 의지에 대한 펠라기우스주의적 이론을 반대한다. 아담을 대표로 한 인간은 죄를 지을 자유도 있었고 죄를 짓지 않을 자유도 있었다. 하느님은 인간을 자유로운 존재로 인간을 창조하셨지만, 초자연적인 은혜의 선물을 그에게 주셨다: 불멸성, 거룩함, 공의, 거역적 욕망에서의 자유. 그러나 아담은 하느님을 불순종하기를 택했고, 그래서 하느님의 은사들을 잃어버렸을 뿐만 아니라 전체 인류를 타락시켜, "파멸의 무리"가 되게 했다. 최초의 사람은 자신의 죄악된 본성과 그 본성에 필연적으로 연결된 형벌을 후손에게 전달했다. 왜냐하면 그는 전체 인류를 대표했기 때문이다. 그런데 이제 인간은 죄를 짓지 않을 수 없다(non posse non peccare): 그는 죄에 빠질 자유는 있지만 죄에서 나올 자유는 없다. 아담의 죄는 단순히 죄의 시작과 모범일 뿐만 아니라, 원초적이며 세습적인 죄이다.

그 결과, 전체 인류는 정죄받은 상태로 있으며, 아무도 하느님의 자비와 거저 베푸시는 은혜에 의하지 않고서는 구원받지 못할 것이다. 오직 하느님만이 타락한 인간을 바로잡으실 수 있다. 하느님은 그들의 선행에 따라 그 은혜를 받는 사람을 택하지 않으신다. 참으로 죄악된 인간의 행위는 참된 의미에서 선할 수 없다. 하느님이 은혜를 받을 자로 택하신 자들만이 선행을 행할 수 있다: "인간의 의지는 자유의 행위에 의하여 은혜를 성취하지 못하고 오히려 은혜에 의하여 자유를 성취할 것이다." 하느님은 그처럼 인간 영혼을 변화시키실 수 있으므로, 인간의 영혼은 아담이 타락하기 전에 소유했던 선에 대한 사랑을 회복하게 될 것이다. 최고선 혹은 하느님에 대한 지식과 사랑은 선행을 행할 능력, 감각의 생활에서 돌이킬 수 있는 능력, 육신에서 해방되려는 의지를 인간에게 회복시킨다. 선에 대한 사랑은 자유와 동의어이다. 오직 선한 의지만이 자유롭다.

이 모든 가르침을 떠받치는 것은, 인간이 선의 개념을 갖지 못할 경우, 참으로 선한 것이 무엇인지 알고 그것을 사랑하지 못할 경우, 그는 멸망할 것이라는 확신이다. 어떤 사람은 선한 의지를 소유하며, 어떤 사람은 소유하지 못한다. 아우구스티누스의 문제는, 어떤 사람에게는 선한 의지가 있고 어떤 사람에게는 없는가를 설명하는 것이다. 그의 설명은, 결국 선한 의지란 하느님의 거저 주시는 선물이라는 것이다.

왜 하느님이 어떤 사람은 영원한 행복에 이르도록 하시고 어떤 사람은 영원한 형벌에 이르게 선택하셨는지는 신비이다. 그러나 그의 선택에는 불의가 없으니, 사람은 원죄로 인하여 구원에 대하여 가졌을 법한 모든 권리 주장을 잃어버렸기 때문이다. 하지만 예정은 운명론과 동일하지 않는가? 그것은, 하느님이 구원받을 자와 멸망당할 자를 미리 결정하셨고 그의 선택이란 순전히 자의적이라는 뜻이 아닌가? 예정은 은혜의 무오한 수단에 의하여 이 사람이나 저 사람에게 영생을 수여하시고자 하는 하느님의 영원한 결정이다. 예정은 인간의 선택에 대한 하느님의 예지를 함축하지만, 아우구스티누스는 그런 예지란 결코 인간의 자유에 손상을 입히지 않는다고 생각한다. 인간은 영생을 선택할 자유가 있었지만, 그것을 선택하지 않았다. 하느님은 그가 선택하지 않을 것을 아셨고 미리 누구를 구원하고 누구를 구원하지 않을지를 결정하셨다.

다시금 우리는 하느님의 절대 능력에 대한 아우구스티누스의 개념을 보여주는 예를 접한다. 하느님은 신적 자유를 조금이라도 제한할 생각이 없으시다: 하느님은 기뻐하시는 대로 인간을 대하실 수 있으며, 영원 전부터 모든 개인에게 일어날 것을 정하셨다. 아담을 대표로 하는 인간은 기회가 있었다. 그런데 그는 특권을 남용했다. 하느님은 그가 남용할 것을 알고 계셨다. 그러나 인간이 잘못을 행하지 않을 수 없는 상태가 아니었기 때문에, 아무도 택자 가운데 속하지 않았다고 불평할 권리가 없다. 그렇지만 인간이 참으로 하느님을 사랑하면, 선한 의지를 가지면, 그는 구원받을 것이다.

역사 철학

성 아우구스티누스는 영향력 있는 작품 「하나님의 도성」(신국론)에서 그리스도교적 역사 해석을 제시했다. 이 역사 해석은, 그 범위나 포괄적 공식 아래 세계사를 포섭하려는 시도 때문에 엄밀하게 보편적 역사 철학이라고 명명될 수 있다. 이는 루소, 헤겔, 콩트, 니체, 마르크스, 슈펭글러가 제공한 현대의 철학적 역사 해석의 원형이 되었다. 아우구스티누스의 역사 철학은 시간적·역사적 과정을 하느님의 영원한 본성과 목적이라는 맥락에서 고찰하며, 인간을 다루는 하느님의 방식들을 정당화하려 한다. 아우구스티누스는 철학적 역사 해석이 시간에 대한 적절한 개념에 근거해야 할 것을 깨달았다. 그는 말한다. "영원과 시간은 이것으로 올바르게 구별된다. 즉 시간은 어떤 운동과 변천이 없이 존재하지 않지만 영원에서는 변화가 없다." 그래서 변화와 시간은 분리 불가적으로 결합되어 있으며, 세계가 선재적 시간에서 창조되었다는 가정은 명백히 부조리하다: "세계는 시간에서가 아니라 시간과 동시적으로 창조되었다."

하느님은 영원한 행위로 세계와 시간을 창조하셨고, 원초적인 창조적 행위로 영원의 형식 아래, 시간에서 전개되도록 되어 있는 시간적·역사적 사건들의 전체 계열을 관찰했다. 하느님은 "절대적 변화 불가능성과 더불어 모든 사물을 보시며" 인간 역사의 전체 과정을 포함하여 시간에서 등장할 모든 사물이 "하느님에 의하여 그의 안정되고 영원한 현존에서 파악되는" 방식으로 보신다. 창조의 원인은 하느님의 선함이며, 따라서 시간에서 등장하는 모든 피조된 사물들은 피조된 우주의 선함에 이바지한다: "어떤 본성도 악하지 않으며, 악은 오직 선의 결핍을 뜻하는 이름에 불과하다."(「하나님의 도성」)

아우구스티누스가 해석한 인간 역사는 두 왕국, 즉 지상 왕국과 천상 왕국 사이의 영속적 갈등이다. 전자는 자기애와 하느님 경멸에 의하여 형성되었고, 후자는 하느님 사랑과 자기 경멸에 의하여 형성되었다. 지상 왕국은 자기 추구, 영광, 교만, 허영, 방탕, 부패에 의하여 지배된다. 그것은 전쟁, 정치적 음모, 사회적 부정의의 영역이다. 천상 왕국은 사랑과 평강, 사회적 덕목의 영역이며, 무엇보다 하느님을 영화롭게 하는 데 헌신된다. 지상의 도성은 국가로 현현하지만, 국가와 동일하지 않다. 왜냐하면 아우구스티누스에 따르면, 국가는 필연적 제도이며, 때때로 더 높은 [천상] 왕국의 이익을 도모하는 고상한 제도가 될 수도 있다.

아우구스티누스의 역사 철학의 본질적 특징은 다음과 같다: (1) 전체 역사적 과정은 목적적 혹은 목적론적 전체이며 그 부분은 가장 미묘한 부분에 이르기까지 전체의 선과 완전에 이바지한다는 확신; (2) 역사적 과정은 어떤 사람들의 궁극적 구속과 어떤 사람들의 파멸을 불러일으키는 방식으로 하느님에 의하여 예정된 방향으로 움직인다. 전체 역사는 하느님에 의하여 예정되었지만, 그의 견해에 따르면 이는 개인의 자유 의지를 배제하지 않는다.

제7장

스콜라주의의 형성 시기

21. 중세 철학의 정신

중세 문화의 등장

교부 철학은 아우구스티누스의 체계에서 절정에 도달했고, 이 체계는 고전적-그리스도교적 문명의 마지막 위대한 산물이며, 죽어가는 고대가 야만족 후계자들에게 남긴 유산이었다. 이 체계가 탄생한 세기는 또한 서로마제국의 몰락과 북부의 젊고 활기찬 민족들의 정치 권력의 등장을 보여주는 세기였다. 서고트족들은 갈리아와 스페인을 차지했고, 반달족은 아프리카를 침략했으며, 동고트족은 476년에 로마 황제들의 권좌에 올랐다. 시대의 과제는 로마-그리스도교 문명을 게르만 민족들의 신념 및 제도와 융합시키는 것이었다. 이 과제는 완성되는 데 천년이 필요했다. 이 기간에 새로운 문명이 서서히 발전되었고, 새로운 정치적·사회적·지적·종교적 질서가 등장했다. 변화 과정이 얼마나 철저했는지는, 새로운 언어들, 새로운 국가들, 새로운 관습들과 법률들, 새로운 종교들, 새로운 온갖 문화적 제도적 형식들의 발전에 의하여 증명된다. 옛 문명은 유럽 민족들의 거대한 도가니에서 사라졌다. 이 과정의 완성은 근대의 출발을 표시한다.

중세 문명이 서서히 발전한 것은 놀라운 일이 아니다. 한 민족의 전통은 일거에 변하지 않으며, 그 민족은 결코 완전하게 변화될 수 없다. 야만족들은 로

마적 그리스도교가 제공한 문명의 전달자가 되기에 앞서, 배워야 할 교훈이 많았다. 그들은 새로운 문화를 자신들의 원시적인 문화 형태에 동화시켜야 했다. 또한 옛세계의 높은 문화가 무시되고 그리스도인들이 부분적으로 차지하고 발전시킨 철학 분야가 수세기 동안 버림당한 채로 있었던 점도 놀라운 일이 아니다. 형이상학적·신학적 체계들의 구축을 위한 시간이 없었다. 그 시대는 인간 활동의 모든 부분에서 심각한 실제적 문제들에 직면했다. 지식의 요소와 도구들은 계몽된 민족의 최고 업적을 동화하는 데 사용되기에 앞서 우선 획득되어야 했던 것이다.

당면의 문제들은 교육적인 것이었다. 아우구스티누스의 때로부터 9세기까지의 학문은 주로 자유학예의 교과서와 그리스도교 교의학의 개요에 국한되었다. 일곱 개의 자유학예는 삼학(三學) 혹은 언어학을 형성하는 문법과 수사와 논리학과, 사과(四科) 혹은 과학적 연구를 형성하는 산수와 음악과 기하학과 천문학으로 이루어졌다.

그리스도교 신학에 매여 있던 철학은 과거의 전통을 보존하는 일을 넘어서지 못했다. 좀 더 계몽된 동로마 제국에서는 신학 문제에 대한 관심이 널리 퍼져 있었지만, 결실 없는 교리적 논쟁이나 다마스쿠스의 요한(700년 경)의 것과 같은 교의의 백과사전적 안내서 혹은 체계적 모음집의 출판으로 표출되었다. 서방에서는 과학적·논리적·철학적 교과서와 주석서가 마르티아누스 카펠라(Martianus Capella, 430년 경), 보에티우스(Boethius, 480-525년), 카시오도루스(Cassiodorus, 477-570년) 등에 의하여 쓰여졌고, 반면에 가경자 비드(the Venerable Bede, 674-735년)는 고작 독창적 사상의 빈약함이 현저할 뿐인 편집 개요서로 학문의 큰 명성을 얻었다. 수세기 동안 실제로 두 개의 현저한 문필 전통이 있었으니, 순수한 고전적 전통과 혼성적인 고전적-그리스도교적 전통이 그것이다. 스토아주의, 신피타고라스주의, 신플라톤주의를 고수했던 순수한 고전 철학은, 혼성적 전통을 경멸할 따름이었던 매우 계몽된 그리스인과 로마인에 의하여 발전되었다.

학문의 출발

로마 제국의 식자층이 그리스도교로 개종하고 교회 조직이 발전함에 따라, 점차 그리스도교 성직자들은 이전 철학자들의 학교에 있던 지성의 리더십을 차지하게 되었고 학문의 수호자가 되었다. 동방과 서방의 거의 모든 위대한 저술가들은 성직자였다. 하지만 중세 초기에 게르만족이 세력을 잡으면서, 지식의 횃불은 깜박거리고 어두워졌으며, 대부분 야만족 출신 가운데서 모집된 그리스도교 성직자들은 그리스 철학과 문학과 예술의 계발에서 즐거움이나 명예를 발견하지 않았다. 7, 8세기는 아마 서유럽 문명의 가장 어두운 시기일 것이다. 끝간데 없는 무지와 야만성의 시기였다. 이 시기에 과거 고전 시대의 문필적·예술적 업적들이 대대적인 파멸 속에 소실될 운명에 처했던 것 같다. 이 시기에, 수도원은 핍박받고 억압당한 자들의 피난처일 뿐만 아니라 경멸받고 무시된 자유학예의 피난처가 되기도 했다. 문학과 학문과 예술에서 남은 것이 수도원에서 보존되고 계발되었다. 사본이 복사되었고, 높은 정신적 이상에 대한 애정이 살아 있었다. 또한 수도원은 학교를 세웠으며 빈약하고 보잘것없긴 했지만 교육을 베풀었다.

좀 더 소망스러운 시대는, 샤를마뉴가 교육을 권장하기 위하여 학자들을 자기 나라에 소집하고 자유학예를 가르치는 학교를 세웠을 때이다. 이 학자들 가운데 롬바르드족의 역사가인 부제 파울, 아인하르트, 앙길베르트, 이들 중에 가장 위대한 인물이며 요크의 수도원 학교에서 배운 앵글로색슨족 앨퀸(735-804년) 등이 있었다. 그는 교육 문제에 관한 황제의 주요한 고문이 되었으며, 투르즈에 있는 자기의 수도원 학교에서 철학적 문제에 대한 생동감 넘치는 관심을 불러일으키는 데 성공했다. 앨퀸은 문법, 수사학, 논리학 즉 삼학에 관한 교과서를 저술했고, 플라톤-아우구스티누스적 관념의 영향을 보여주는 영혼학 저서를 썼다.

하지만 9세기 중반 요한네스 스코투스 에리게나가 교부 철학의 발전에 관한 책을 출판했을 때까지는 사상사에서 중요한 저술은 전혀 등장하지 못했다. 사실 그는 그리스도교 사상사에서 새로운 시대의 선구자였던 것이다. 이제 중세의 중요한 시기인 스콜라주의 시대를 살펴보자.

시대의 정신

중세 동안에는 권위, 복종, 종속이라는 말이 생활의 언어에서 중요한 용어들이었다. 정치, 종교, 도덕, 교육, 철학, 과학, 문학, 예술에서 즉 인간 활동의 모든 영역에서, 제도화 된 그리스도교의 영향력이 최고였다. 교회는 지상에서 하느님의 대표자이며 계시된 진리의 원천으로서 교육의 수호자, 도덕의 검열자, 지적·정신적 문제에서 최후의 법정, 사실상 문명의 기관이며 천국 열쇠를 가진 자였다. 교회는 하느님으로부터 진리를 직접 받는데, 진리를 추구할 필요가 무엇인가? 철학은 신학의 하녀로서가 아니고 무슨 필요가 있는가? 인간 이성은 계시된 진리 혹은 그리스도교의 교의를 체계화하고 이해될 수 있게 만드는 데 국한된다. 개인은 종교적 신념과 관행에서 교회에 종속되며, 교회는 개인과 하느님 사이에 서 있다. 삶과 죽음의 모든 중요한 문제 위에 십자가의 그늘이 드리운다. 하느님의 위대한 도성 바깥에서 개인을 위한 구원은 없다. 이 도성은 요람에서 무덤까지 개인을 감찰하며 하늘나라로 가는 통행권을 주기도 한다. 교육 역시 교회의 교권 제도의 한 기능이다. 왜냐하면 계시받은 사람 말고 아무도 하느님의 진리를 지킬 수 없으며, 권리와 정의에 관련된 문제에 대한 최고의 지상적 권위자 말고 아무도 인간 행동을 검열해서는 안 되기 때문이다.

그처럼 교회는 국가보다 우월하며, 게르만 황제들과의 싸움이 증거하듯이 자신의 이론을 실제에 적용하려 한다. 교회와 국가의 관계는 태양과 달의 관계와 같다. 교회의 권력이 절정에 달했던 시대의 교황인 인노켄티우스 3세의 야심(1198-1216년)은 세계의 지배자가 되는 것이었다. 조만간 국가는 교회가 전에 주장한 백성들에 대한 절대 권위를 취하게 된다: 왕은 하느님의 권리로 다스리며, 그들의 신민은 하느님에 의하여 복종하라는 명령을 받는다. 정치 제도 안에서, 개인은 자신의 모든 사회적·정치적·경제적 활동을 포함하는 한계와 규율 아래 있게 된다: 대부분의 사람에게는 복종이 삶의 원리였다. 통치자에 대한 복종, 주군에 대한 복종, 길드에 대한 복종, 주인에 대한 복종, 가장에 대한 복종 말이다. 삶의 모든 상태에서 개인은 집단의 권위에 순복한다. 권위와 전통이 여론과 개인의 양심보다 우월하다. 신앙이 이성보다 우월하고, 단체가 개인보다 우월하고, 계급이 인간보다 우월하다.

스콜라주의의 목적

이 시기의 철학 사상은 전통과 권위에 주도적 역할을 부여하는 데서 시대의 정신을 반영한다: 학자들은 교회, 아우구스티누스, 플라톤이나 아리스토텔레스, 수도 종단이나 그 학교에 대고 맹세한다. 그들은 신앙에 근거하여 교회 교리의 진리를 받아들이지만, 철학적 사색을 향한 강렬한 충동을 느낀 나머지 그리스도교 신앙을 가지고 자신의 철학을 해석하거나, 자신의 철학을 가지고 그리스도교 신앙을 해석함으로써 둘을 조화하려 한다. 하지만 신앙은 그들의 활동의 처음과 마지막이며, 신학은 모든 지식의 머리 곧 최고 학문이다. 지식이 말하지 못할 때, 이성이 비틀거릴 때, 종교의 진리는 여전히 신뢰받는다. 어떤 사람은 그 진리의 신비 때문에 더욱 굳게 신뢰한다. 사변적 철학은 신학과 갈등을 빚을 때 무익한 것으로 내동댕이쳐지거나, 이성의 진리와 신앙의 진리를 구분하는 이중 진리의 원칙에 따라 진리의 다른 영역에 귀속된다.

교부 철학은 신조를 발전시키고 정식화하며 그것들을 합리적 체계로 조직하는 과제에 직면했다. 사실상 동요의 과정은 스콜라주의가 무대에 모습을 보이고 그래서 확립된 교리의 고정된 체계를 대면할 때 종결되었다. 그처럼 스콜라주의는, 교회와 국가의 무기를 가지고 모든 반대자에 맞서 확립된 진리를 변호할 태세와 능력을 가진 조직된 성직제와 대면했다. 이제 문제는 교의와 조화를 이룰 사상 세계를 정교하게 만들고 그래서 철학과 신앙을 조화시키는 것이다. 스콜라주의자들은 이전의 그리스 철학자들과 동일하게 사물에 대한 합리적 설명을 목표로 삼는다. 그러나 그들과 달리 목표에 대한 명확한 선개념(先槪念)을 갖고서 그 일에 접근한다. 어떤 근본 진리는 이미 알려져 있다. 구원의 구도(構圖)는 보편적으로 받아들여지는 사실이다: 철학자의 과제는 그것을 해석하고, 그것을 우리의 나머지 지식과 연관짓고, 그래서 그것을 이해될 수 있게 하는 것이다.

중세 사상가의 가정(假定)은, 종교의 진리는 이성적이며, 이성과 신앙은 일치하며, 하느님의 계시와 인간의 사유 사이에는 갈등이 있을 수 없다는 것이다. 혹은, 종교의 어떤 진리들이 인간의 이성을 초월할지라도 그것들은 신앙의 보장을 받는다. 왜냐하면 신앙은 지식의 독립적 원천이기 때문이다. 이 가정들 안에서, 수많은 대안적 절차가 가능하다: 사상가는 신앙에 입각한 그리스도교 세계관을 받아들여서 현존하는 철학 체계의 도움을 받아 그것을 증명할 수 있을 것이다. 혹은 그는 그리스도교 원리와 조화를 이루는 자신의 철학 체계를 발전시킬 수 있을 것이다. 혹은 그는 신학과 직접적 연관이 없는 문제들에 관심을 기울일 수 있을 것이다. 하지만 좌우간 교의는 규제적 원리가 될 것이다: 스콜라주의자는 한 명제가 핵심적인 신조와 모순되는 것을 알면서 그 명제를 참된 것으로 받아들이지는 않을 것이다. 물론 그가 이중 진리의 이론에 따라 교의의 진리를 손상시키지 않으면서 그 갈등에 대한 설명을 제공할 수 있다면 사정이 다를 수 있다. 좌우간 그는 두 명제가 둘 다 모순적이지만 참되다는 것에 만족하겠지만, 어떤 경우에도 교의를 거부하지는 않을 것이다.

스콜라주의의 특징

스콜라주의의 목적은 그 방법을 규정한다: 스콜라주의는 이미 받아들여진 명제들의 증명이 목적이므로, 주로 연역을 사용한다. 이 명제들의 본질과 그것을 증명할 필요는 스콜라주의 철학의 다른 몇몇 특징을 설명한다. 스콜라주의자의 주된 관심은 초월적 세계, 하느님과 천사와 성인의 세계이다. 그의 사고는 현상적 사물이 아니라 비가시적 영혼의 영역에 있다. 이는 스콜라주의에게 신학이 가장 중요하며 자연과학이 상대적으로 중요하지 않은 사실을 설명해 준다. 이는 또한 스콜라주의자가 관심 주제들인 심리학과 윤리학을 경험적으로 연구하지 않은 점을 설명해 준다. 이들은 영혼이 어떻게 활동하는가를 서술하는 것보다 영혼의 궁극적 본질과 운명을 규정하는 데 관심 있다.

그리고 그들의 견해에 따르면, 영혼의 내용에 대한 경험적 분석은 영혼의 운명의 이해에 별로 기여하지 않았다. 경험의 세계에서 윤리학의 문제에 대한 해답을 유도해 낼 수 없었다. 최고선은 하느님 안에 있는 복된 생활이지만 ─이는 쟁론의 여지가 없다 ─ 그런 삶에 대한 최고의 방법을 발견하는 경험적 수단이 없다. 왜냐하면 그것은 하느님의 은혜에 의해 하느님의 뜻을 행하는 자에게 베풀어지기 때문이다. 하느님의 뜻에 대한 복종이 옳고 그름의 표준이다. 무엇이 그의 뜻인지는 경험의 분석에 의하여 결정될 수 없고 다만 하느님의 계시에 대한 호소에 의해서 결정될 수 있다. 그래서 신학은 스콜라주의 윤리학의 토대이다. 이는 심리학이나 다른 경험과학으로 대체될 수 없다.

스콜라주의자가 주로 관심을 기울이는 세계는 감관에 의하여 파악되지 않는다. 이는 오직 이성적 사고에 의해서만 인식될 수 있다. 그러므로 논리학은 가장 중요한 연구이며, 특별히 연역적 삼단논법적 논리가 그렇다. 이는 그가 진리를 추구할 때 사용하는 논리학이다. 이 영역에서 스콜라주의자는 논리적 과정의 분석에서 뿐만 아니라 좋든 나쁘든 우리의 지적 유산의 일부가 되는 개념과 구분을 발전시키는 데서 특별히 뛰어난 정교함을 보여주었다. 스콜라주의 철학자들은 논리학과 구별되는 인식론에는 별다른 기여를 하지 못했다. 그들은 지식의 가능성과 한계에 관한 문제를 다루지 않았다. 왜냐하면 그들은 대체로 진리를 획득할 수 있는 이성의 능력에 대한 항구적이며 독단적인 신념을 간직했기 때문이다. 확실히 유명론자들은 지식의 타당성에 관한 문제를 논의했지만, 그들은 전형적인 스콜라주의자들이 아니었다. 그리스 사상가들의 주된 관심사였고 우리가 근대철학에서 다시금 만나게 될 인식론의 문제들에 대한 비판적 접근은 스콜라주의 시대 동안 대개 이루어지지 않았다.

스콜라주의의 단계

우리는 스콜라주의에서 세 가지 중요한 국면을 구분할 것이다. (1) **형성기**. 이는 9세기에서 시작하여 12세기에 끝나는데 대개는 플라톤주의의 개념에 영향을 받는다. 플라톤주의, 신플라톤주의, 아우구스티누스주의가 이 국면의 주된 철학적 경향이다. 이데아 혹은 보편자는 플라톤주의적 측면에서 사물의 실재적 본질이며 사물보다 앞서는 것으로 파악된다(universalia sunt realia ante res). 이는 안셀무스를 주도적 대표자로 볼 수 있는 플라톤의 실재론이다. (2) 스콜라주의의 **절정기**. 이는 13세기인데, 아리스토텔레스의 철학이 지배한다. 그리스도교는 그리스의 대사상가 아리스토텔레스와 연합한다. 이제 보편자는 사물에 앞서는 것으로서 실재하는 게 아니라 사물 안에서 실재하는 것으로 파악된다(universalia sunt realia in rebus). 이 가르침은 아리스토텔레스주의적 실재론이라 불린다. 13세기는 포괄적 체계의 시대이다. 이 시기의 주도적 사상가는 알베르투스 마그누스와 성 토마스 아퀴나스이다. (3) 스콜라주의의 **쇠퇴기**. 이는 14세기에 해당한다. 이제 보편자는 사물의 본질이 아니라 지성 안의 단순한 개념 혹은 단순한 말이나 이름으로 간주된다: 개별 사물만이 실재하며, 보편자는 지성에서만 실재하고 따라서 사물 **다음에** 존재한다(universalia sunt realia post res). 이것이 바로 유명론(唯名論)이다. 요한네스 둔스 스코투스와 오컴의 윌리엄이 유명론의 주도적 대표자이다. 유명론의 함축 의미는 스콜라주의적 전제를 파괴한다. 스콜라주의적 실재론에 따르면, 우주는 플라톤과 아리스토텔레스에게처럼 관념적 우주, 이데아나 형상의 체계이며, 이 우주는 좌우간 사물의 본질적 성질로서 현상계에 비친다. 실재 세계는 이성적·논리적 세계이며, 따라서 그것의 본질은 오직 이성에 의하여 사유될 수 있다. 세계의 관계적 구조는 인간 정신의 이성에 투명하다. 대상 집합들의 본질적 본성을 형성하는 형상들은 우리의 사고나 보편적 개념에 반영된다. 그런데 그런 관념들이 우리의 지성 안에 있는 사고에 불과하다면, 혹은 더 나쁘게는 단순한 이름에 불과하다면, 그것들에 상응하는 실재적인 것이 사물 안에서나 사물을 떠나서나 없다면, 우리는 그것들을 통하여 사물들의 지식을 얻을 수 없으며, 우주와 보편자에 대한 이성적 지식을 얻을 수 없다. 진리에 도달할 수 있는 이성의 능력에 대한 확신은 유명론적 이론에 의하여 심각하게 파괴된다.

14세기 유명론의 도래와 더불어, 중세 철학은 스콜라주의적 원칙들에서 떠나며, 스콜라주의가 근거하는 기초적 가정을 배격한다. 실재론과 합리론은 스콜라주의 철학의 위대한 체계들에서 긴밀하게 결합되었지만, 실재론과 합리론에 대한 유명론의 파괴적인 공격은 스콜라주의 철학을 약화시켰다. 그처럼 스콜라주의의 쇠퇴와 더불어, 스콜라주의적 종합의 위대한 업적 가운데 하나인 이성과 신앙, 철학과 종교의 연합은 덜 견고해졌다. 신앙의 교리와 이성의 진술이 일치한다는 스콜라주의적 주장은 점차로 두 가지 주된 방법으로 수정된다: 첫 번째 견해는, 교의 가운데 더러는 설명되거나 이해될 수 있지만 더러는 이성을 초월한다는 것이다. 두 번째는, 교의는 설명될 수 없으니 철학적 지식의 대상이 아니기 때문이라는 것이다. 종교의 진리는 이성의 한계를 넘어서며, 이성은 그것들을 헤아릴 수 없다. 좀 더 극단적인 후자의 견해는 스콜라주의 자체를 거부하게 되며 교의신학에의 예속 상태에서 철학을 구제하게 된다.

스콜라주의의 원천

초기 스콜라주의자들이 영감을 얻었던 중요한 원천은 교부 문학, 그리스 철학, 나중에는 아랍과 유대교의 사변이다. 12세기 중반까지 그들이 사용할 수 있던 그리스의 철학적 재료들은 다음의 책에 대한 라틴어 번역이었다: 플라톤의 「티마이오스」의 부분들(키케로와 칼키디우스의 번역), 아리스토텔레스의 「범주론」과 「해석론」(보에티우스의 번역), 포르피리오스의 「범주론 서론」(보에티우스와 빅토리누스의 번역). 플라톤의 「메논」과 「파이돈」은 12세기에 번역되었다. 로마 철학자들 가운데서 그들은 보에티우스, 마르티아누스 카펠라, 카시오도루스의 저술을 알고 있었다. 아리스토텔레스의 「분석론」과 「변증론」은 1128년 이후에 번역을 통해 알려지게 되었고, 형이상학적 저술과 자연학적 저술은 1200년 경에 알려졌다.

22. 스콜라주의: 그 본질과 문제들

"스콜라주의"의 의미

"스콜라주의"라는 말의 다양한 함의 때문에, 그것의 역사와 우리가 그 말을 사용할 때의 의미에 관하여 무엇인가 말하는 것이 바람직하다. 스콜라주의는 샤를마뉴 시대에 그가 세운 학교에서 가르치는 가르침들을 표현하는 말이었다. 스콜라스티쿠스(Scholasticus)로 명명된 사람은 삼학(문법, 논리학, 수사학)과 사과(산수, 기하학, 음악, 천문학) 혹은 신학을 배운 사람으로 볼 수 있었다. 시간이 흐르면서 이 말의 용례가 점차 넓어져서 급기야, 이 명칭은 학문이나 철학을 가리지 않고 선생이든 아니든 박식한 사람을 가리켰다. 중세 대부분, 이는 존경의 칭호였다. 하지만 르네상스 시대에는 경멸의 용어가 되었다. 르네상스의 저술가들은 스콜라주의의 대표자들의 소위 궤변과 현학 그리고 그 방법의 소위 건조함 때문에 스콜라주의를 야만적이라고 보았다.

근대의 많은 철학사가들은 중세를 철학적으로 동질적인 것으로 보는 경향이 있었으며, 따라서 중세의 철학과 스콜라주의를 동일시했다. 어떤 역사가들은 오직 연대기적 기준에 근거하여 이런 동일성을 주장했다. 어떤 역사가들은 스콜라주의의 교수 방법이 두드러진 것을 강조했고, 종종 이 교수 방법을 전적으로 연역적인 것으로 생각했다. 혹은 그 기준은, 대부분의 중세 철학의 방향에 내재되었다고들 하는, 권위에 대한 이성의 종속성이었다. 그러나 어떤 기준이 사용되었든지, 르네상스가 스콜라주의라는 말에 부여한 경멸적인 의미가 담겨 있는 경우가 많았다. 우리 시대에는 중세 철학에 대한 새로운 관심 때문에, 그리고 좀 더 구체적으로는 토마스주의 철학의 부흥 때문에 스콜라주의의 원래적 의미가 회복되었으며, 현대의 많은 저술가는 자신들의 철학을 "새로운 스콜라주의"의 예로 서술하는 것을 자랑스러워 한다.

역사가 드 월프(De Wulf)는 이런 새로운 태도를 대변하면서, 연대기, 방법, 중세의 위대한 학교와 대학과의 연관성, 계시의 권위에 대한 존중이라는 측면에서 내리는 스콜라주의의 정의를 거부하기 위하여 거기에 타당한 역사적 이유들을 제공했다. 그는 중세의 지배적 철학이 이 모든 요소를 담고 있다는 것을 인정하지만, 이것이 또한 교리적 전통임을 주장한다. 많은 의견 불일치에도 불구하고, 캔터베리의 안셀무스, 아벨라르, 할레스의 알렉산더, 성 토마스 아퀴나스, 둔스 스코투스 등 그처럼 다양한 인물들은 다원주의, 신령주의, 자유와 개인적 불멸성과 인간 지식의 객관성에 대한 신념을 받아들인다. 그는 스콜라주의의 이런 핵심을, 범신론적 일원론, 유물론, 도덕적 결정론, 비인격적 불멸성, 주관주의를 옹호하는 반(反)스콜라주의적 철학과 대립시킨다.

드 월프가 언급한 이 반스콜라주의적 경향 외에, 성 토마스 아퀴나스의 철학에서 절정에 이른 전통 바깥에 있는 두 가지 다른 중요한 중세적 관심을 덧붙일 수 있다: 즉 신비주의와 자연과학이다. 그러므로 우리는 스콜라주의를, 처음에는 수도원이나 성당학교와 나중에는 대학과 관계 있었고 방법과 교리와 문제의 상당한 연속성을 갖고 있는 중세의 지배 철학으로 규정할 것이다. 스콜라주의는 성 토마스 아퀴나스에서 절정에 이른 발전 과정으로 볼 때 가장 잘 파악된다. 왜냐하면 토마스의 철학은 사상사에서 독특한 평행 상태를 나타내기 때문이다. 그의 시대가 정치 분야에서 비슷한 평행 상태를 상징하는 것처럼 말이다.

스콜라주의의 문제들

스콜라주의 전통의 내적 다양성뿐만 아니라 본질적 연속성은, 스콜라주의의 어떤 핵심 문제들의 발전을 개관함으로써 가장 잘 입증된다. 이런 목적을 위하여 다음과 같은 내용을 뽑았다: (1) 신앙과 이성의 관계. 아울러 계시와 이성의 관계라는 항상 동일하지는 않은 문제; (2) 의지와 지성의 관계; (3) 자연과 은혜의 구분. 우리는 이 문제를 처음 두 문제에 부수적인 것으로 다룰 것이다; (4) 보편자의 위상. 물론 이 문제들 가운데 어느 하나부터 시작하더라도 곧바로 다른 모든 문제와 접촉하게 될 것이다.

신앙과 이성

성 토마스 이전의 시기에는, 매우 다각적인 발전을 단순화할 경우 이성이 신앙에 부수적이었고 계시된 진리의 합리화를 자신의 주된 목적으로 갖고 있었다. 이 시기의 대부분의 사상가는, 이성이 이 역할을 충분히 수행할 수 있다고 느꼈다. 참으로 그들 가운데 투르즈의 베랑제(Berenger, 999-1089년), 콩피에뉴의 로슬랭(Roscelin, 약 1050-1120년), 아벨라르(Abelard, 1079-1142년) 등은, 이성이 종종 신앙과 대립하고 신앙을 시정하는 것 같은 정도로 이성에 대한 신념을 갖고 있다. 이 사상가들은 이성을 다소 너무 믿은 나머지, 이성의 시초적 목적을 이루지 못하는 경향이 있었다. 그들은 철학을 논리학과 동일시했다. 투르즈의 베랑제는 논리적 방법에 대한 신뢰가 넘쳤다: 변증론에 호소하는 것이 이성에 호소하는 것이다. 이성은 우리 안에서 우리를 하느님의 형상으로 만드는 것이다. 그래서 인간의 최고선은 이성이 인도하는 곳으로 이성을 따르는 데 있다.

하지만 수도원 생활에 대한 열정이 회복되는 시기에는, 신앙의 진리라는 이름으로 이성의 자신만만한 변증론적 주장을 공격하고 참된 진리란 성경의 진리를 굳게 고수함으로써 획득된다고 주장했던 사람들이 많았다. 이들 가운데 중요한 인물은 페트루스 다미아누스(Peter Damian, 1007-1072년)이다. 그는 신적 존재에 인간의 논리의 보잘것없는 필연성을 부가하는 것을 용납하지 않으려 했다. 12세기에 이성과 신앙의 대립이 강렬해졌는데, 이때 이성의 편에는 콩피에뉴의 로슬랭이, 신앙의 편에는 성 베르나르(Bernard, 1091-1153년)가 있었다.

한편으로 이성과 다른 한편으로 신앙에 대한 과장을 회피하는 중도적 입장의 대변가는, 베랑제와 성 안셀무스(1033-1109년)의 동시대인인 벡의 랑프랑과 캔터베리의 랑프랑(Lanfranc, 1005-1089년)이었다. 베랑제는, 이성에 의하여 신앙을 확증하는 것이 매우 적절하다고 주장했다. 이성을 제대로 사용할 때 신앙과 이성의 실제적 모순이 없기 때문에, 사실상 변증론은 계시를 뒷받침하고 확증하는 데 사용될 수 있다고 주장했다. 동일한 중용적 정신으로 성 안셀무스는, "나는 이해하기 위하여 믿는다"(credo ut intelligam)라는 공식으로 구현된 스승 아우구스티누스의 지혜를 받아들인다. 이 공식으로 아우구스티누스가 말하고자 하는 바는, 우리가 지식 혹은 판단을 얻는 두 가지 능력이 있는데 그 가운데 신앙이 지배적 능력이라는 것이다. 진리는 너무 방대하므로, 성경은 우리가 획득할 수 있는 모든 지식을 망라한다고 주장할 수 없다. 그러므로 이성에 의하여 성경에 담긴 신앙을 이해하는 것은 하느님을 보는 데로 더 가까이 다가가는 것이다. 우리는 신앙의 신비를 믿어야 할 뿐만 아니라 이성으로 하여금 그 신비를 납득시키도록 해야 한다. 안셀무스가 논리적 증명을 제공하려 하지 않는 신앙의 중요한 진리는 거의 없다. 그는 그렇게 할 때 성 토마스보다 이성의 능력을 더욱 확신한다. 왜냐하면 토마스는 삼위일체, 성육신, 구속(구원과 속죄)의 신비들과 같이 이성으로 정당화될 수 없는 진리들이 있다고 주장한다. 성 토마스 이전에 중요한 경향은 신앙에 부가적인 것으로서 이성에 대한 신념이다.

성 토마스 아퀴나스에게, 신앙은 창조주로부터 오는 선물로서, 유한한 자연을 완전하게 한다. 만일 신앙이 없으면, 자연은 불완전하게 될 것이다. 인간의 유한한 본성은 초자연적 목적을 갖고 있다: 즉 하느님에 대한 사랑과 직접적 지식으로 구성되는 지복이다. 인간의 유한한 본성은 그런 초자연적 목적을 따라야 한다. 그러나 그 목적이 초자연적이므로, 인간의 본성은 도움이 없이 그것을 결코 달성할 수 없다. 신앙을 수여하는 은혜가 외부에서 오긴 하지만, 문제가 되는 피조물의 현존을 있게 하는 창조주로부터 그 은혜가 오기 때문에, 그 은혜는 내면적으로 작용하며 따라서 신앙은 그것으로 완전하게 되는 본성에 본질적인 것처럼 보인다. 신앙에 의하여 그렇게 완전하게 된 본성은 마찬가지로 완전하게 된 자신의 예지를 갖는다. 그래서 신앙은 지성 혹은 이성에게, 자신의 이성적 영역에서도 더욱 깊이 파고들 수 있는 능력을 수여한다. 이런 점에서 성 토마스는 스승 성 아우구스티누스와 일치한다. 물론 그는 이성이 신앙의 도움 없이 나아가는 정확한 범위를 규정할 때 아우구스티누스와 의견을 달리하긴 한다.

신앙과 이성, 은혜와 자연의 연속성은 성 토마스의 사상에서 핵심적이다. 이런 맥락에서 중요한 질문은 다음과 같다. 이성은 신앙을 소유하는 사람의 이성일 경우 무슨 일을 할 수 있는가? 이성은 무엇을 하려 해야 하는가? 이성의 관심사는 무엇이며, 이성은 자신을 어떻게 한계지어야 하는가? 성 토마스는 대답에서, 지성이 신앙의 도움을 받아 통찰할 때 자신의 영역에서 갖는 중요성과 그 통찰을 시종일관 주장한다. 이성이 달성할 수 없는 것은 불과 몇 가지 뿐이다. 가령 삼위일체에 대한 충분한 이해가 있다. 성 토마스의 입장에서 비롯되는 중요한 내용은, 신앙과 이성의 연속성, 이성의 충분함, 그 관심사의 독립성 등이다. 이성의 관심의 독립성은 오직 이성에만 근거한 자연 신학을 가능하게 한다.

성 토마스 이후의 시기에, 이성을 신앙에 부수적으로 가치있는 것으로 신뢰하는 성향이 옅어지고 그래서 계시 신학과 신앙은 이성과 아주 분명하게 구분되게 되었다. 이 견해는 이성의 범위를 아주 제한하므로, 적어도 자연 신학에서 이성의 영역은 빈약하거나 존재하지 않는다. 자연 신학과 계시 신학의 영역은 매우 불연속적이므로, 계시 신학에서 발휘된 이성은 가장된 신앙에 불과하다. 신앙과 이성의 근본적 구분은 점진적인 듯이 보인다. 둔스 스코투스(1270-1308년경)에 따르면, 이성은 소극적이고 범위에서 제한되었을지라도 여전히 계시 신학의 통찰과 결론적으로 조화를 이루는 것으로 파악된다.

그러나 오컴과 오트르쿠르의 니콜라(Nicolas, 1350년경)의 경우에는 이성이 신학을 완전히 포기하지 않을 수 없다. 우리가 이제 13세기 이후에 퍼지기 시작한 이성에 대한 불신에 눈을 돌릴 경우, 이중적 진리의 교리를 만난다. 이 교리는, 신앙의 종교적 진리에 강조점이 놓이는가 혹은 이성의 세속적 진리에 강조점이 놓이는가에 따라 이성이나 신앙을 침식하는 것으로 해석될 수 있다.

중세 후기의 이중 진리론의 원천은 주로 브라방의 시제르(Siger, 약 1235-1281년)로 거슬러 갈 것이다. 그는 성 토마스의 유명한 반대자로, 어떤 문제에 두 가지 대답이 주어질 수 있으니 하나는 계시에 의한 대답이고 하나는 이성에 의한 것이며, 이 두 대답은 모순될 수 있다고 주장했다. 시제르는 신중함 때문이었는지 당시의 가장 급진적인 사상가들에게도 납득 가능한 종교를 옹호하려 했기 때문인지 몰라도, 계시의 내용에 "진리"라는 용어를 쓰지 않음으로써 그 모순을 다소 완화한다. 이중 진리론은 그 극단적 형식에서, 한 교리는 우리의 이성이 그르다고 말할 때라도 신앙의 관점에서 참될 수 있다고 주장한다.

둔스 스코투스는 시제르와 달리, 신앙과 이성의 조화를 믿는다. 그는 신앙에 근거한 신학을 우리의 계몽보다 우리의 구원에 관련된 실천적 학문으로 본다. 이 학문 안에서 이성적이며 필연적인 증명이 참으로 가능하지만, 안셀무스의 방식대로 증명할 신조를 먼저 믿을 때에야 그러하다. 신학이라는 이 실천적 학문과 대립하는 것이 철학의 자연적 이성이다. 이 이성은 종교의 진리 가운데 많은 것을 증명할 수 없다. 스코투스는 신 존재를 증명할 수 있음을 부인하는 데까지 이르지 않았지만, 14세기 오컴의 윌리엄은 이 철저한 단계를 밟는다. 오컴이 이 극단적 입장을 채택한 것은 인간 이성에 대한 그의 비판적 분석에서 비롯되었고, 이성적 증명이 영향받기 쉬운 파괴적 비판에 맞서 신앙의 진리를 방어하려는 진정한 욕구에서 촉발되었다. 오컴의 유명론에 따르면, 개별자의 세계에 대한 우리의 지식은 개연성만 산출하며, 원동자(原動者)로서 신존재증명과 같은 문제에서도 그렇다. 그러나 그런 개연적 지식은 자연 신학의 목적에 명백히 부적절하다. 오컴은 이런 고찰에 의하여 자연적·이성적 지식의 영역에서 신학을 완전히 배제하고 그래서 이중 진리론을 받아들이게 되었다. 중세의 마감기는 경험론과 유명론과 회의론과 종교적 신앙의 결합이 그 특징이다. 그리고 이 결합에서 우리는 신앙에 대한 종교개혁의 태도뿐만 아니라 근대 과학의 정신을 식별할 수 있다.

의지와 지성의 관계

우리는 영혼의 두 가지 중요한 기능인 의지와 지성 가운데 어떤 것이 더 우월한가라는 관련 문제를 살필 때 신앙과 이성의 논쟁의 메아리를 듣는다. 중세는 신앙은 일차적으로 의지를 사용하는 것으로 생각했고, 반면에 추론은 정의

상 지성을 사용하는 것으로 생각했다. 문제는 의지의 작용이 지성적 관념을 발생시킬 수 있는가 혹은 지성이 주도적으로 관념의 형태로 대안들을 의지에 제시하는가 하는 것이다. 모든 그리스도교 철학자들이 옹호하려는 중요 관심사인 저 자유 의지의 본질에 관한 문제도 여기에 물론 관련된다. 스콜라주의 철학에서 벌어지는 의지에 관한 모든 논쟁은 의지와, 의지를 움직인다고 하는 신적으로 정해진 은혜의 관계에 의하여 복잡해진다. 여기서 쟁점이 되는 근본 문제는, 의지가 절대적으로 자기 결정적인가 아니면 의지가 선에 대한 지식에 의하여 결정되는가 하는 것이다. 논쟁은 의지를 옹호하는 스코투스와 오컴을 포함한 아우구스티누스주의자들과 지성을 옹호하는 성 토마스를 필두로 한 아리스토텔레스주의자 사이에서 벌어졌다. 중세 후기에 이 구분은 프란체스코회와 도미니쿠스회의 구분과 일치한다.

성 토마스 아퀴나스가 가장 극단적 형태로 지성주의적 입장을 옹호하는 건 아니다. 사실 신앙과 사랑의 중요성을 강조할 때 그는 일반적으로 인정받는 것보다 아우구스티누스와 공유하는 점이 많다. 성 토마스는, 가장 큰 대상을 불완전하게 인식하는 것보다 그를 사랑하는 것이 더 낫다고 느꼈다. 그는 하느님에 대한 사랑을 우리의 가장 높은 기능으로 보며, 은혜의 선물은 신앙을 이 사랑에 상응하는 이해 양상으로 본다. 신앙에서 그리고 하느님에 대한 사랑에서 가장 많이 관련되는 것은 바로 의지이다. 사람이 하느님을 사랑할 때, 작동하는 힘은 은혜론에 따르면 주체인 사람보다 객체인 하느님이다. 사랑과 신앙에 관한 그의 교리에서 이처럼 강렬한 주의주의(主意主義)적 경향에도 불구하고, 그는 개인에게서 의지와 지성의 관계에 관한 구체적인 쟁점에서 지성주의적 입장을 취한다: 그는 사람의 도덕적 작용과 인지적 작용에서 의지보다 지성에 우월성을 부여한다. 그래서 믿는 것보다 아는 것이 더 낫다. 그러므로 우리는 우리가 알 수 있는 모든 것을 인식하고 증명하려고 해야 하며, 그 대상이 하느님일 때 그 지식은 신학이다. 하지만 의지는 늘 경계해야 하며, 우리는 증명이 불가능하거나 주제넘는 일일 때라도 믿고 사랑할 태세를 취해야 한다.

구체적인 인식적 혹은 도덕적 행위에서 의지 기능과 지성 기능의 관계에 관한 문제에는, 둔스 스코투스의 신념과 성 토마스의 신념이 날카로운 대조를 이룬다. 전자에게는 하느님의 지성이든 인간의 지성이든 지성이 규정적인 것과 자연적인 것과 관련된다. 그러므로 모든 것은 그것이 하느님 안에서든 인간 안에서든 자유롭다면, 의지에 속한다. 의지는 비규정의 원리인 것이다. 필연적이거나 규정적인 모든 것은 자연적이며, 이는 지성과 관련된다. 스코투스의 주의주의적 이론은 자유를 의지의 자발적 작용에서 비롯된다고 본다. 의지는 숙고한 다음에 대안들 가운데서 선택한다. 다른 쟁점뿐만 아니라 이 쟁점에서도 스코투스에게 현저한 경향들은 오컴에게서 강렬해진다. 후자는 한 선한 사물의 바로 그 선함은 하느님의 작정에서 도출된다.

성 토마스의 입장은 일반적으로 지성을 강조하지만, 둔스 스코투스의 이론과 공통된 특징을 갖고 있다. 성 토마스는 한 실체에서 모든 운동의 원천을 의지로 보면서, 의지의 자발성 혹은 비규정성 즉 근본적 의미에서의 자유를 주장한다. 존재는 그 작용을 부여할 수도 있고 억제할 수도 있다. 인간은 어떤 선한 것을 자유롭게 생각하기도 하고 생각하지 않기도 한다. 우리는 의지가 지성조차도 움직여 그 대상을 파악하게 한다고 주장할 수 있다. 성 토마스는 자유 의지에 대한 복잡한 정의를 제공하는데, 이 정의에서 비규정성 혹은 무차별성은 의지의 특징들 가운데 하나이다. 의지는 우리 안에서 우리로 하여금 인식이라는 작용을 포함하여 작용들을 하게 하는 것이지만, 그런데도 지성에 의하여 제시된 선만을 의욕할 수 있다. "이성은 의욕에 관하여 추론하며, 의지는 이성에 대하여 의욕한다."

그러므로 자유롭다고 하는 이 의지에 대한 완전한 서술은, 그 대상을 획득할 수 있는 의지의 능력에 대한 설명을 틀림없이 포함한다. 그리고 다시 한 번 아퀴나스는, 의지의 능력이 다른 데서 오는 것처럼 보이는 때에도 의지의 자유를 보존하려고 시도한다.

…… 하느님은 모든 것을 그것의 고유한 방식으로 움직이신다. …… 그러나 선택 의지를 갖는 것은 인간의 본성에 고유하다. 그래서 선택 의지를 사용하는 인간 안에서 정의(正義)에 대한 하느님의 운동은 선택 의지의 운동 없이 일어나지 않는다. 그러나 하느님은 의롭게 하는 은혜의 선물을 주입하시므로, 동시에 그처럼 움직여

질 수 있는 그런 자들 안에서 은혜의 선물을 받아들이도록 선택 의지를 움직이게 하신다.(「신학대전」, 113문)

성 아우구스티누스가 말했듯이 하느님은 우리가 스스로를 돕도록까지 우리를 도우신다. 성 토마스는 성 아우구스티누스처럼 극단적인 주의주의도 엄격한 지적 결정론도 아닌 입장을 옹호하고 있다. 창조 행위는 안으로부터 창조를 보존하는 것으로 간주될 수 있다. 혹은 그것은 시간 안에서의 창조가 아니라 시간과 더불어 창조이다. 그래서 피조물의 자유는 창조계 안에 있는 보조자의 행위이며, 은혜는 무한한 창조주와 유한한 창조계를 잇는 다리이다. 이 다리는 분명 피조물이 직면하는 "당위"의 의미를 구제하기 위하여 필요하다. 좌우간 중세 후기의 경향은 의지와 지성, 신앙과 이성, 은혜와 자연의 분리를 보여주었다. 그래서 비결정, 가치, 능력이 의지와 지성, 자유 의지와 은혜 사이에 존재하는 관계들과 섞여 있었고 그 관계들을 한정하던 초기의 자유론과 양립 불가능하게 되었다.

보편자의 문제

보편자에 관한 논쟁은 포르피리오스의 아리스토텔레스 「범주론」 서론을 번역한 보에티우스의 라틴어 번역서에 나오는 다음 구절에 토대를 두고 있다: "다음으로 유(類)와 종(種)에 관하여, 그것들은 실제로 지속하는가 아니면 오직 지성에 존재하는 사고에 불과한가? 만일 그것들이 지속한다면, 물질적인가 아니면 비물질적인가? 그것들은 감각 사물과 독립해 있는가 아니면 그것 안에 있고 그리고 그것들에 속하는가? 나는 대답을 하지 않겠다. 이는 초보 저술에 걸맞지 않는 매우 고상한 물음이다."

이 문제의 까다로움에 대한 포르피리오스의 경고는 무시되었고, 중세 초기는 이 문제에 대한 그의 암시적인 표현에 근거하여, 중요하고 순전히 철학적인 논쟁을 벌였다. 우리가 보았듯이, 이 논쟁은 처음에 아리스토텔레스주의적 논리학의 어떤 제한된 측면에 그리고 신플라톤주의적이며 아우구스티누스주의적인 재료에 국한되었다. 그리하여 중세 철학자들이 아리스토텔레스주의 형이상학을 알고 그래서 사변의 폭을 넓히기도 전에는, 매우 복합적인 대답들이 형성되지 못하게 되었다.

중세 내내 제시된 대답은 세 가지 유형으로 표현된다: (1) 실재론은 유와 종이 그것들을 지니는 지성과 그것들을 범례화하는 것으로 추정할 수 있는 개별자의 세계로부터 독립적으로 실재적 실체성을 갖고 있다는 견해이다. 이 이론은 그 극단적 형식에서, 감각 세계에 대한 평가 절하와 (플라톤주의적인 것이라고 느슨하게 명명할 수 있는) 유와 종에 초월적 지위를 부여하는 것과 관련된다.

(2) 다른 극단에는 개별자만 실재한다는 공식과 더불어 유명론이 있다. 이 이론은 소위 유와 종이 우리가 유사한 개별자를 명명할 때 수단으로 사용하는 이름에 불과하다는 뜻을 나타낼 정도로 엄격하게 해석된다. 유명론은 그것의 극단적이며 좀 더 순진한 형식에서, 일반 명사란 단순한 이름, 단순한 낱말 혹은 단순한 소리라고 주장한다. 좀 더 치밀한 형식의 유명론은 이 일반 명사가 좌우간 정신적인 것이라는 견해를 견지하면서도 관련된 의미에 관심을 갖는다. 그러므로 이 교리는 낱말론(sermonism, 아벨라르) 혹은 명사론(오컴)으로 알려져 있다. 단순한 낱말 위에 의미를 인정하는 유명론적 이론은 때때로 현대 저술가들에 의하여 개념주의라고 언급된다.

(3) 유명론과 실재론을 매개하는 것은, 개별 실체를 형상과 질료의 결합으로 분석하는 아리스토텔레스의 태도에 근거하여 형성된 제삼의 입장이다. 그 지지자들에 의하여 온건한 혹은 아리스토텔레스주의적 실재론이라고 명명되는 이 입장은, 개별자를 궁극적인 것으로 보는 경향만을 유명론과 공유한다. 그러나 이 입장은 유와 종에게 인식하는 지성으로부터의 독립성을 인정하는 점에서 실재론과 의견을 같이한다.

이 책에는 아리스토텔레스가 내재적 형상이 궁극적인 개별 실체에 현실태를 부여한다고 주장하는 한 플라톤과 아주 비슷하지 않느냐는 문제를 다룰 공간이 없다. 우리는 이 형상을 개별자의 본질과 동일시할 수 있다는 점을 지적할 수 있다. 본질은 개별자 안에서 개별자를 규정 가능하게 하는 것이다. 그러므로 형상은 개별자가 동일한 종의 다른 구성원들과 공통으로 갖고 있는 것과 동일시될 수 있다. 그러므로 우리는 이 형상이 형상과 질료로 구성된 개별적인 구체적 실체에 속하는 것으로서만 비정신적 현존을 가질 수 있다고 덧붙이지 않을 수 없다. 질료가 개별화하는 요인이 되는 구체적 실체말이다.

아리스토텔레스의 인식론을 전제하는 성 토마스의 온건한 실재론에서는, 개별자가 형상과 질료, 본질과 현존의 복합체이다. 그러나 지성이 본질을 간직하고 그래서 구체적 개별자 안에서 한 요소로서 결여하는 보편성을 그것에 부여하기 위해서는, 현존하는 구체적 개별자가 인식자에게 현존해야 한다. 그리고 이 개별자로부터 추상 작용이 가능하다. 그러므로 보편자는 삼중적 현존을 갖는다. 그것은 개별자 안에서 현존하지만, 참된 보편자로서는 아니다. 개별자로부터의 추상 작용 이후에 보편자는 보편성의 특징이 추가된다.

그리고 마지막으로 성 아우구스티누스의 범례론의 영향을 받아서, 성 토마스는 유와 종을 개별자 이전에 하느님의 지성 안에 있는 것으로 본다. 그러나 이 최종적 이론조차도 개별자를 강조하는 아리스토텔레스주의적 경향을 보존한다. 왜냐하면 하느님의 지성 속에 있는 범례들은 하느님의 본질의 측면들이 개별 사물에 의하여 불완전한 방식으로 모방될 수 있는 방식들에 불과하기 때문이다.

극단적 혹은 플라톤적 형태의 실재론은 스콜라주의의 가장 초기 동안 보편자의 문제에 대한 두드러진 해결책이다. 요한네스 스코투스 에리게나의 신플라톤주의적 사상에서, 최고의 일반성은 최고의 실재성과 결부된다. 하지만 스콜라주의 철학의 후속 발전 과정에서, 유명론은 아주 신속하게 전면에 나온다. 유명론은 처음에 아리스토텔레스의 논리학과 관련된다. 이 논리학은 그의 형이상학보다 형식적이고 언어적이므로 쉽사리 사물보다 말과 관련된다는 인상을 주었을 것이다. 유명론이 처음으로 그 모습을 보였을 때, 유명론적 경향이 우리의 지식의 충분성을 침식하고 그래서 궁극적으로 신앙과 신조의 이성적 정당 조건을 제공하려는 전체 스콜라주의적 프로그램을 위협한다는 느낌은 없었다.

유명론이 초기 중세에 지지를 잃은 것은 주로, 아우구스티누스주의자이며 그래서 실재론자이던 안셀무스와 더불어 로슬랭이 벌인 논쟁의 결과이다. 로슬랭은 삼위일체론이 우리의 신앙의 내용이 아니라면 자신의 유명론이 삼위일체론의 공식적 표현을 의심스러운 것으로 만든다고 주장하기를 주저하지 않았다. 그리고 신학자 성 안셀무스는 입증 가능하다고 생각하는 신조가 이 증명 가능성을 위한 토대로서 실재론을 요구한다고 똑같이 주장한다. 안셀무스의 많은 주장은, 구체적으로 유명한 존재론적 신존재 증명은 이해된 완전의 정도가 존재의 정도와 동등하다는 가정에 근거한다. 혹은 달리 표현하면, 본질에서 현존으로 넘어가는 것이 가능하다는 가정에 근거한다.

23. 요한네스 스코투스 에리게나: 신플라톤주의로의 회귀

5세기 말경, 아테네의 첫 주교라고 하는 아레오파고스 사람 디오니시오스가 썼다고 잘못 주장된 저술 전집이 나왔는데, 이 저술들은 신플라톤주의의 정신을 내뿜는다. 이 전집은 큰 관심을 불러일으키고 중세 사상에 심대한 영향을 끼쳤다. 그 신비적 범신론에 매료된 사람들 가운데 요한네스 스코투스 에리게나가 있었다. 그는 이 책들을 라틴어로 번역하고 그것들을 토대로 삼아 철학 체계를 세웠다. 그는 810년 아일랜드에서 태어나 아일랜드 학교에서 교육을 받고 대머리왕 샤를에게 부름을 받아 파리 스콜라 팔라티나를 책임맡았다. 그의 사망 연대는 알려져 있지 않다. 다만 그는 877년까지 생존했다고 한다. 그의 철학은 저서 「자연의 구분에 관하여」(De divisione naturae)에 제시되어 있다.

범신론

스코투스의 신학은 신플라톤주의적·아우구스티누스주의적 사상의 친숙한 분위기 속에서 활동한다. 하느님은 모든 사물의 처음과 중간과 끝이다. 사물들은 하느님으로부터 나오고, 하느님 안에서 그리고 하느님으로 말미암아 존재하며, 하느님께로 돌아갈 것이다. 그는 무로부터 세계를 창조하셨다. 그는 자신으로부터 모든 사물을 산출하는 (야기되지 않은) 제일 원인이시다. 혹은 스코투스가 표현하는 것처럼, (하느님으로서) 자연은 창조되지 않은 창조주이며, 창조되지 않은 창조적 원리(natura creans)이다. 그는 자신의 지성에 있는 계획 혹은 영원한 모형들에 따라 세상을 창조했고(로고스), 그래서 세상은 그의 존재의 표현이다: 그의 예지는 사물 안에 형상과 질서가 있게 하며, 그것들에 계속 작용한다. 혹은 스코투스가 표현하듯이, (로고스로서) 자연은 창조된 창조자이며, (로고스에 의해 산출된 사물들로서) 자연은 창조되고 비창조적이다. 정신적인 것뿐만 아니라 물리적인 모든 것은 하느님께로 돌아갈 것이며 그 안에서 영원히 안식할 것이다. 왜냐하면 하느님은 모든 창조계의 궁극적 목표이시기 때문이다. 스코투스에 따르면, 이런 측면에서, 자연은 창조되지 않았으면서 비창조적이다. 존재로서 하느님은 아버지이며, 로고스 혹은 지혜로서는 아들이며, 생명으로서는 성령이다.

우주는 하느님의 본질의 표현 혹은 산물이다: 만물(하느님의 사고, 로고스, 현상계)은 하느님으로부터 나온다. 그러나 그 현현은 하느님과 구분되지 않는다: 그 현현은 그의 살아 있는 옷이며, 그에 의하여 내던져진 것이 아니다. 하느님과 그의 창조계는 하나이다. 하느님은 자신의 창조계 안에 있고 그의 창조계는 그의 안에 있다. 그들은 하느님이 자신의 피조물에서 자신을 계시한다는 의미에서 하나이다. 비가시적이며 불가해한 자가 자신을 가시적으로 만든다. 형상과 성질이 없는 그는 둘을 취한다. 인간에게 우주는 나누어지고 다양하고 다원적인 우주로, 신현(神現)으로 보인다. 그러나 우주는 자신의 본질에서 단일하고 분리되지 않은 전체, 모든 대립자가 그 안에서 화해되어 있는 전체이다.

그러므로 하느님은 세계에 내재한다. 그러나 또한 초월한다. 즉 스코투스는 우주를 신적 본질을 망라하거나 감소하는 것으로 파악하지 않으려 한다. 우주는 신적 본질의 부분적 개현(unfolding)에 불과하며, 하느님 안에는 자연에 표현된 것보다 무한히 많은 것이 있다. 빛이나 소리의 감소 없이 많은 사람이 하나의 빛을 보고 하나의 소리를 들을 수 있듯이, 하느님의 존재의 충만을 손상시킴 없이 모든 사물은 하느님의 현존에 참여한다. 하느님의 본질은 인간의 이해를 아주 초월하므로, 우리가 어떤 용어를 사용하더라도 그를 형언하지 못한다: 그는 언어로 표현할 수 있는 모든 것을 넘어서며, 사유의 모든 범주를 훨씬 뛰어넘는다. 참으로 그에 대하여 무엇을 술어화하는 것은 그를 제한하는 것이다. 하나의 성질을 긍정하면 다른 성질을 부정하게 된다. 그는 초(超)본질적이다: 그는 선, 신성, 진리, 영원., 지혜를 초월한다. 그는 형언할 수 없고, 불가해하고, 인식할 수 없고, 규정할 수 없는 원리이며, 역설적으로 말해서 그에 대하여는 아무엇도 서술할 수 없지만 또한 모든 것을 서술할 수 있다. 왜냐하면 만물이 그의 본질의 표현 혹은 현현이기 때문이다.

이런 범신론적 교리로부터, 인간도 또한 신적 원리의 현현이게 될 것이다. 그러나 스코투스는 이 결론을 끌어내지 않으려 한다. 왜냐하면 그렇게 되면 인간 결정론을 암시하게 되고 악이 하느님에게 전가될 것이기 때문이다. 사람은 그의 현상적 신체를 능가한다. 그는 소우주이며, 살아 있는 영이며, 하느님으로부터 타락한 책임이 있다. 하느님은 악의 원인일 수 없다. 하느님 안에는 악의 이데아가 전혀 없다. 성 아우구스티누스가 가르쳤듯이, 악은 선의 결여에 다름 아니다. 인간 본성과의 연합을 통하여 로고스는 인간들을 하느님과 연합시킴으로써, 사람들을 하느님에 대한 시원적 사랑으로 회복시킴으로써 그들을 구원하는 일을 도왔다.

신비주의

모든 사물이 하느님으로부터 나오듯이, 모든 사람은 하느님에게 돌아가려고 한다: 하느님은 그들의 현존의 원천이자 목표이다. 하느님께로의 돌아감은 신비적 고양에 의하여, 그의 신적 본질을 명상함에 의하여, 감각과 이성을 넘어서서 그의 존재의 불가해한 초월성만을 명상함에 의하여 가능하게 된다. 우리는 신비적 무지라는 이 상태에서, 신적 흑암에 뛰어들며, 그 생명 안에 몰두한다.

스코투스 에리게나는 그리스도교적 개념을 보편적 체계에 동화시킴으로써 그 개념들을 이해될 수 있게 만들려고 하는 한에서 스콜라주의의 선구자라고 할 수 있다. 하지만 그의 사상은 너무도 독립적이며, 그의 가르침은 정통적 견해와 거의 조화를 이루지 못하므로, 당대의 그리스도교 학자들에게 환영을 받지 못했다. 그들이 아우구스티누스보다 위(僞) 디오니시오스를 좋아하리라고 기대할 수 없었다. 시대의 요구에 더욱 일치했던 것은, 파스카시우스 라드베르투스(Paschasius Radbertus)의 작품이었다. 그는 아우구스티누스주의적 사상을 단순한 형태로 제시했다.

24. 보편 논쟁의 시작

초기 스콜라주의자들

요한네스 스코투스 에리게나의 등장은 중세의 암흑에 찰나적 섬광에 불과했다. 그가 죽은 다음, 지성적 정적(靜寂)이 길게 흘렀다. "일곱 자유학예"의 선생들은 유서깊은 교과서로 전통적인 논리학을 계속 가르쳤고, 신학의 구축에 노력을 쏟지 않았다. 그들은 의존할 성 아우구스티누스가 있었고, 범신론적 경향을 띠긴 했지만 위(僞) 디오니시오스의 범신론적 신비주의에 한껏 취하거나 스코투스의 책을 연구할 수 있었다. 당시에 사람들은 위 디오니시오스의 저술들을 스코투스 에리게나의 라틴어 번역으로 구해볼 수 있었다. 하지만 초기 스콜라주의자들은 논리학 연구에서, 인식론과 형이상학 둘 다에 중요한 관련을 맺고 있었던 문제에 관심을 기울이고 있었다. 그리고 그 문제는 스콜라주의의 역사에서 가장 중요한 쟁점이 된다.

그 문제는 포르피리오스가 「입문」에서 표현했듯이, 보편자(유와 종)가 실재적 실체인지 아니면 단지 지성에서 존재할 뿐인가, 보편자가 실재일 경우 물질적인가 아니면 비물질적인가, 그것들이 구체적인 감각적 사물들과 독립하여 존재하는가 아니면 그것들 안에 존재하는가 하는 것이었다. 포르피리오스는 플라톤주의적 이데아와 아리스토텔레스주의적 형상의 실체성에 관한 문제를 명확하게 말한다. 이 문제는 위대한 그리스 철학자들의 이론들에 매우 중요한 역할을 맡았다. 우리가 이제 고찰하고 있는 이 시기까지 전달되어 온 다양한 논리학 논문들은 이 문제에 대하여 상이한 대답을 제공했다. 어떤 이들은 플라톤적 실재론(보편자는 사물들보다 앞서는 실재들이다)을 지지했고, 어떤 이들은 아리스토텔레스주의적 실재론(보편자는 사물들 안에 있는 실재들이다)을 지지했고, 어떤 이들은 유명론(보편자들은 개별 사물들을 가리키는 단순한 이름이며, 사물들에 앞서지도 않고 그것들 안에 있지도 않고 그것들 이후에 있다)을 지지했다.

포르피리오스는 단호한 실재론자였다. 보에티우스, 마크로비우스, 칼키디우스는 중도를 걸었고, 마르티아누스 카펠라는 투철하고 솔직한 유명론자였다. 요한네스 스코투스는 실재론자였다: 그는 보편자들을 개별자 대상들 안에 존재할 뿐만 아니라 그것들에 앞서서 존재한다고 파악했다. 현상계는 하느님의 사고의 표현이므로 보편자와 독립하여 존재할 수 없다. 동일한 견해들은 9, 10세기의 다른 사람들에 의하여 다소 미발달적 형태로 견지되었으며, 나중에 가서야 명확하게 이해되었다. 아리스토텔레스의 작품들을 알지 못했던 많은 논리학자들은, 개별자가 참된 실재라는 아리스토텔레스주의적 입장을 받아들였지만, 유명론이 함축하는 바를 분명하게 이해하지 못하고서 유명론적 의미로 그 입장을 모호하게 해석했다.

이런 맥락에서 언급해야 할 인물들로는, 오세레의 에릭, 그의 제자 레미기우스, 라바누스 마우루스의 한 제자가 쓴 「포르피리오스에 관하여」(*Super Porphyrium*)라는 작품(이상은 모두 9세기에 속한다), 포포, 라인하르트, 노트케르 라베오, 게르베르트(1003년에 교황 실베스테르 2세로서 죽음), 풀베르투스, 투르즈의 베랑제(1088년에 죽음) 등이 있다. 이 주제에 관한 관심은 너무 격렬한 나머지, 보수적인 성직자들 가운데 일부는 성경의 가르침을 변증론의 권위에 종속시키려는 변증론자들의 시도에 항의했다. 그리고 페트루스 다미아누스(1007-1072년)는 논리학이 주님의 하녀(ancilla Domini)가 되어야 한다고 선언했다.

로슬랭(로스켈리누스)의 유명론

실재론과 유명론의 가르침에 담긴 충분한 의미와 형이상학과 신학에 대한 그것들의 관련성은, 11세기 중반기가 되어야 비로소 이해되었다. 로슬랭(Roscelin)은 분명한 유명론을 가르쳤고 그것을 자신의 삼위일체 해석의 기초로 삼았다. 그의 주장은 다음과 같았다: 개별적 실체들만 존재하며, 일반 개념들은 우리가 구체적 대상을 명명할 때 사용하는 단순한 이름과 낱말이다. 그래서 일반 명사 '하느님'에 상응하는 단일한 실재는 존재하지 않는다. 우리가 삼위일체에 적용하는 하느님의 개념은 단순한 이름이나 낱말이다. 하나의 실체인 하느님은 존재하지 않고 능력에서 동등한 세 구체적 실체 혹은 위격이 존재한다.

실재론의 의미

이 견해는 공식적인 삼위일체론과 정반대였으며, 큰 분노와 반대를 불러일으켰다. 수와송 공의회(1092년)는 로슬랭의 삼위일체 해석을 정죄하고 그에게 주장을 철회하도록 강요했다. 유명론 자체는 정죄에 포함되지 않았지만 세력을 잃어버렸고, 14세기가 되어서야 다시 등장했다. 대신에 스콜라주의자들은 플라톤주의적 실재론을 채택했다. 이 실재론은 다양한 방식으로 수정되고 발전되긴 했지만, 13세기 내내 지배적인 관념이었다. 이는 로슬랭이 삼위일체에 관하여 퍼부었던 그런 공격을 막고 전체 그리스도교 교리에 대한 합리적 지지를 제공하는 데 안성맞춤이었다. 보편자가 실재한다면, 그것들이 구체적 사물들의 집단을 가리키는 단순한 이름표나 부호가 아니라면, 삼위일체의 개념은 세 분의 독립적 위격 이상을 뜻한다. 보편자의 문제에 관한 논쟁은 논리적 궤변에 지나지 않았다. 광범위한 형이상학적·신학적 함축 의미가 그 대답에 포함되었다.

우리의 일반 개념, 우리의 논리적 사고가 지성 속의 단순한 주관적 관념이 아니며 지성과 독립하여 나름대로의 실재성을 갖고 있다는 실재론적 견해는, 우주가 이성적이며 인식 가능하다는 의미를 포함한다. 그래서 진리는 단순한 주관적 견해가 아니다. 객관적이며 보편적으로 타당한 진리가 있으며, 개념적 사유에 의하여 그것을 획득하는 것이 철학의 일이다. 실재론은 또한, 생성하고 사라지는 구체적인 개별 현상 외에 결코 사라지지 않는 영구한 실재가 존재한다는 것을 함축한다.

교회의 학자들은 이 관념에서, 자신들의 전체 지적·교회적 구조를 구축할 찬란한 토대를 발견했다. 하느님은 단순한 현상적 현존보다 우월하며 그보다 오래 지속되는 보편적인 관념이다. 인간은 아담 안에서 타락하고 그리스도 안에서 다시 구속받은, 그런 보편적 실재이다. 교회는 그 임시적 구성원들보다 위에 있는 그런 영구적인 실체이다: 이상적 전체이며 부분들의 들어오고 나감에 의하여 그 본질에서 영향을 받지 않는다. 정통 스콜라주의자들이 유명론을 거부하고 플라톤주의적 실재론의 기치를 중심으로 결집한 것은 분명 단순한 변덕에 의한 게 아니다. 그들은 그리스도교적 세계관과 인생 구도에 의미를 주는 것처럼 보이는 교리를 선택했던 것이다.

25. 캔터베리의 안셀무스: 최초의 스콜라주의적 종합

캔터베리의 대주교 안셀무스(1033-1109)는, 플라톤주의와 아리스토텔레스주의의 원리에 근거한 사상 체계로 로슬랭의 유명론적 이단을 반대한다. 그는 스콜라주의자의 진정한 모범이다. 그는 교의의 진리를 굳게 확신했지만 강렬한 철학적 충동을 갖고서, 권위에 근거하여 받아들여야 하는 것을 이성에 의하여 증명하려 한다. 그는 신앙을 합리화하려는 시도에서, 신존재에 대한 주장과 같은 일반 명제뿐만 아니라 구원, 삼위일체, 성육신, 인간의 구속(救贖)과 같은 전체 그리스도교 교리도 자신의 신학에 포함시킨다. 우리는 가톨릭 교리를 믿어야 하지만 — 이는 트집의 대상이 되지 않는다 — 자신이 믿는 것이 무엇이며 왜 그것이 참된지를 이해하려고 노력해야 한다. 하지만 그러면서도 예지가 우리를 저버리는 곳에서 우리는 경건히 신앙에 복종해야 할 것을 항상 잊지 말아야 한다.

> 안셀무스의 저서 가운데 다음과 같은 책들을 언급할 수 있다. 「모놀로기움」(*Monologium*), 「프로슬로기움」(*Proslogium*), 「왜 하느님은 인간이 되셨는가?」(*Cur Deus homo*).

신존재증명

안셀무스는 신(神)존재에 대한 자신의 유명한 증명의 근거를, 보편자는 개별 대상과 독립하여 현존을 갖는다는 플라톤주의적 개념에 둔다. 그는 「모놀로기움」(약 1070년에 기록됨)에서 우주론적 논거를 사용한다. 이 논거는 이미 성 아우구스티누스에 의하여 개진되었고 여기서는 되풀이할 필요가 없겠다. 하지만 그는 「프로슬로기움」에서 다른 증명을 제공하는데, 이 또한 플라톤주의적 실재론에 근거를 둔다. 이는 소위 존재론적 증명이다. 그래서 그의 이름은 사상사에서 이 증명에 따라붙게 되었다. 이 증명은 신존재를 신의 개념에서 연역하는데, 신의 개념이 그의 현존을 함축한다는 것을 보이는 데 있다. 신의 개념은 그보다 더 큰 것을 사유할 수 없는 것의 관념 즉 완전한 존재의 개념이다. 그런데 신이 존재하지 않으면, 이 개념은 생각할 수 있는 최대의 사물이라는 개념이 되지 못할 것이다. 즉 훨씬 큰 무엇이 있게 될 것이다. 현존을 갖는 한 존재의 개념은, 현존을 갖고 있지 않는 존재 개념보다 더욱 완전한 존재의 개념이다. 그래서 가장 완전한 존재로서 신은 존재해야 한다. 이런 식으로 안셀무스는 신의 완전이 그의 현존을 함축한다는 것을 증명하려 한다.

하지만 이 결론은 안셀무스의 전제에서 필연적으로 나오지 않는다. 그의 추론은, 우리가 한 존재를 현존하는 것으로 생각할 때 비현존적 존재보다 더욱 완전한 존재를 생각하고 있다는 것밖에 입증하지 못한다. 현존하는 존재의 개념은, 현존하고 있지 않는 것으로 파악된 존재보다 더 많은 성질을 갖고 있는 존재의 개념이다. 의심할 나위 없이, 하느님의 관념은 현존의 관념을 포함한다. 그러나 그것은 완전한 존재라는 **개념**에서 필연적으로 나오지 않는다 ―그런 존재가 실제로 현존한다는 현존의 관념을 갖고 있는 개념이 나오지 않는다. 하지만 보편자란 정신적 실재성 외의 실재성을 갖고 있다는 실재론적 전제를 받아들이는 사람에게 존재론적 논거가 설득력을 갖게 되는 것처럼 보이는 점은 지적되어야 한다. 그래서 보편자에 대한 실재론적 이론은 존재론적 신존재 논거의 내재적 전제이다.

안셀무스의 논거에 담겨 있는 오류는, 수사 가우닐로가 익명으로 출판한 저서 「안셀무스의 프로슬로기움에 나타난 추론에 반대하여」에서 폭로되었다. 그는 지성 속의 신의 현존은 그것이 사유인 한에서 지성 속의 다른 존재의 현존과 동일하다고 선언한다. 안셀무스가 신존재를 증명하는 동일한 방식으로, 완전한 섬의 현존을 증명할 수 있을 것이다: 그것을 파악할 수 있는 가장 완전한 섬이라고 정의할 경우, 안셀무스의 논리에 따라 완전한 섬이 현존하게 된다. 토마스 아퀴나스는 100여년이 지난 후에 이 논거를 면밀히 분석하고 그것이 설득력 없다는 것을 발견했다. 하지만 이 논거는 스콜라주의 철학에서, 가령 오세레의 기욤, 할레스의 알렉산더에 의하여 자주 사용되었다.

안셀무스는 「왜 하느님은 인간이 되셨는가?」(1094년과 1098년 사이)라는 책에서 구속(救贖)의 계획에 대한 자신의 이론을 제시하는데, 그는 구속의 계획을 하느님의 공의와 자비 사이의 갈등으로 파악한다. 아담의 타락은 전체 인류의

캔터베리의 안셀무스

죄를 가지고 왔다. 하느님의 공의는 보속(補贖)을 요구하지만, 그의 사랑은 죄에 걸맞는 형벌이나 고통을 가하지 못하게 막는다. 죄없는 신인(神人)인 그리스도는 사람을 위하여 자신을 희생하고 그리하여 공의의 요구를 만족시킨다.

안셀무스의 동시대인들

로슬랭이 만든 유명론의 신학적 함축 의미는 동시대인들과 후계자들에게 보편자 문제가 최고로 중요하다는 인상을 심어 주었다. 안셀무스는 실재론의 관점에서 유명론적 입장을 비판하는데, 우리가 지적했듯이 실재론은 그의 정통 신앙적 목적에 감탄스러울 정도로 잘 맞아떨어졌다. 보편자들은 실재한다. 하나의 집합을 형성하는 개별 대상들은 하나의 실재적 통일체를 형성한다. "[삼위일체에서] 다수의 위격 즉 완전한 하느님의 각 위는 한 하느님이듯" "여러 종류의 많은 사람은 한 사람이다." 그런데 이런 문제가 발생한다: 이 보편자와 개별 대상들의 관계는 무엇인가? 개별자는 그 관계 구도에서 어떤 역할을 맡는가?

상포의 기욤(1070-1121년)은 극단적 형태의 실재론을 옹호하면서, 개별자가 속하는 유와 종이 모든 개별자에게 완전히 현존하며 개별자들이 우연적 속성들에서만 서로 다르지 본질적으로 다르지 않다고 주장한다. 아벨라르는, 만일 실제로 그렇다면 동일한 실체가 상이한 심지어 모순된 성질을 갖게 될 것이라고 응수했다. 가령 하나의 실체가 동일한 시점에 상이한 장소에 있게 될 것이다. 만일 보편자 "인간"이 절대적으로 소크라테스에게 존재한다면, 그 "인간"은 플라톤 안에 있을 수 없다. 하지만 보편자 "인간"이 플라톤에게도 있다고 우리가 말한다면, 플라톤은 소크라테스임에 틀림없고, 소크라테스는 자신의 장소뿐만 아니라 플라톤이 차지하는 장소에도 틀림없이 존재한다. 샹포의 기욤은 이런 반론에 직면하여 자신의 이론을 수정하지 않을 수 없었고, 그래서 개별자의 본질적 차이를 부인하려는 것이 자신의 원래 의도가 아니었다고 주장한다. 그러나 그는 자신의 실재론적 보편자 해석에 의하여 빠진 곤경을 보지 못했을 가능성이 농후하다.

12세기 초반으로 추정되는 저자 미상의 「유와 종에 관하여」라는 작품에 따르면, 보편자는 개별자 자체 안에 내재하는 게 아니라 동일한 종의 개별자 모두 안에 내재한다. 그런데 한 집합의 모든 개별자에게 공통된 요소는 질료이다. 그것을 동일 집합(그것의 개별성)의 다른 개별자들과 차별화하는 것은 형상이다.

26. 피에르 아벨라르와 12세기의 스콜라주의

이 스콜라주의자들 가운데 가장 흥미로운 인물인 피에르 아벨라르는 1079년에 팔레에서 태어나 교회와 많은 갈등을 빚은 후 1142년에 파리에서 사망했다. 그는 뛰어난 재능을 가진 사람이었으며, 당대의 가장 훌륭한 선생이었다. 그는 토론하는 모든 중요한 입론 다음에 상반되는 권위의 견해들을 제시하고(dicta pro et contra) 문제를 결정하는 원리를 암시하면서, 문제의 해결책은 독자에게 맡기는 방법을 택했다. 그의 제자 페테르 롬바르두스는 후대에 등장하는 동일한 종류의 모든 중세 저술의 모범이 된 신학 교과서에서 이 방법을 따랐다.

아벨라르의 저술로는, 「서신」(Epistolae), 「신학 서론」(Introductio ad theologiam), 「윤리학」(Ethica), 「긍정과 부정」(Sic et non), 「철학자간의 대화」(Dialogus inter philosophum), 「유대교 신자와 그리스도교 신자」(Judaeum et Christianum), 「재난의 역사」(Historia calamitatum, 자서

전), 「편지들」.

아벨라르는 로슬랭의 유명론과 상포의 기욤이 주장한 최초 형태의 실재론 사이에서 중도를 차지하는 것처럼 보인다(두 사람이 그의 스승이었다). 그러나 그는 문제에 대한 명확한 해결책을 제시하지 않는다. 그는, 보편자가 하느님의 지성 바깥에 있는 실재적 실체라는 실재론적 견해에 반대한다: 우리는 한 사물에 대하여 한 사물을 술어화할 수 없고 많은 사물들에 대하여 한 보편자를 술어화할 수 있다. 그래서 보편자는 한 사물일 수 없다. 똑같이 그는, 보편자가 단순한 말이라는 유명론적 주장도 거부한다. 보편자는 대상들의 한 집합에 대하여 술어화되는 한에서만, 즉 지칭된 대상과 관련할 때에만 하나의 낱말이다. 보편자는 낱말(voces)이 아니라 개념적 술어(sermones)이다. 아마 그의 이 말은, 한 집합의 대상들에 공통된 성질을 내포하는 보편적 관념이 지성 안의 개념이며, 그런 개념을 표현하기 위하여 사용된 용어 혹은 낱말이 sermones라는 것이다. 이는 소위 개념주의라고 불리는 견해일 것이다. 그리고 아마도 아벨라르의 입장이 그러했을 것이다.

그러나 그는 이것을 충분하게 명확히 밝히지 않았던 것 같다. 그는, 사물들 간의 본질적 차이가 있을 뿐만 아니라 보편자가 사물들과 동떨어진 실체가 아니라는 것을 보여주는 데 일차적으로 관심을 갖고 있었다. 십중 팔구 아벨라르는 올바른 견해에 관하여 의심하고 있었을 것이다. 그는 플라톤과 아리스토텔레스를 매우 동경했기 때문에 아마도 두 사람 모두 옳았다고 느끼게 되었을 것이다. 그가 특별히 강조하고자 했던 것은, 우리의 사유가 사물에 대한 것이어야 하며, 말의 목적이란 사고를 표현하는 것이지만 사고가 사물에 따라야 한다는 것이었다.

1140년 상스(Sens) 공의회에서 정죄당했던 저서 「신학 서론」에서 아벨라르는 맹목적 신앙이 되지 않도록 우리의 믿음을 검토할 필요를 강조한다. 이 목적을 위하여 그는 신학에서 논리학 훈련과 논리적 방법 사용을 권장한다. 이성은 믿음에 선행해야 하지만 대신해서는 안 된다. 그는 명백하게 교의에 대한 엄격한 논리적 증명이 주어질 수 없음을 믿으며, 교의의 수납을 자유 의지의 행위로 만든다. 그래서 우리는 신앙의 근거에 대한 지식에 의하여 내세에서 상을 받게 될 것이다. 그러므로 아벨라르는 스콜라주의적 방법에 사로잡혀 있었고, 그의 사유의 독립성과 이성에 대한 존중심에도 불구하고 그의 태도는 본질적으로 스콜라주의적이었다. 할 수 있는 대로 심오하게 교의를 명상하라. 그 이유들을 탐구해 들어갈 때까지 그것을 받아들이지 말라고 그는 말한다. 그러나 만일 의심하고 탐구한 후에 여전히 합당하게 보이지 않으면 그것을 받아들일 각오를 하라. 왜냐하면 당신은 그것을 받아들여야 하기 때문이다.

「신학 서론」에서 가장 큰 반대를 불러일으켰고 책이 정죄되게 만든 부분은 그의 삼위일체론이었다. 그는 삼위일체에서 성부는 일자 혹은 선이시고, 성자는 로고스 혹은 이데아들을 담고 있는 하느님의 지성이시고, 성령은 세계혼이라고 말했다. 그는 또한 세 위격을 하느님의 능력과 지혜와 선한 의지라고 특징화한다.

아벨라르는 자신의 윤리학에서 선한 의지의 중요성을 강조한다. 한 행위의 옳고 그름은 행동에 있지 않고 행위자의 의도에 있다. 자연적 경향이 원죄 때문인 악과 무관하듯이 행위 자체도 악과 무관하다. "하느님은 무엇이 이루어졌는가를 보시지 않고 어떤 정신으로 행해졌는가를 보신다. 그러니 행위자의 공로나 칭찬할 점은 행동에 있지 않고 의도에 있다." 죄는 우리가 그런 것으로 인정하는 악에 대한 동의에 있다. 즉 우리가 잘못된 것이라고 알고 있는 것을 의욕하는 데 있다. 그러므로 그것은 자유 의지의 행위이다. 다른 말로 하면 도덕은 양심의 문제이다. 행위자가 자신의 양심에 따라, 자신이 생각할 때 옳은 것에 일치하여 행동하는 한, 그는 잘못을 범할 수 있어도 죄를 짓지는 않는다. 하지만 그의 행위는, 자신이 옳다고 생각하는 것이 참으로 옳을 경우에, 그의 주관적 확신이 옳음의 객관적 원리에 일치할 경우에 진정으로 덕스럽다. 아벨라르는 주관적으로 도덕적인 행위와 객관적으로 도덕적인 행위의 구분을 염두에 둔다. 넓은 의미에서 옳은 것과 반대되는 모든 것이 죄이다. 그러나 좁은 의미에서는 악에 대한 의식적이며 자발적인 추구만이 죄이다.

그러나 왜 그르다고 생각되는 것에 동의하는 것은 죄인가? 그런 동의는 하느님에 대한 노골적인 경멸, 하느님의 뜻에 대한 불순종, 모든 죄 가운데 가장 큰 죄인 그의 명령 위반을 함축하기 때문이다. 선한 의지는 하느님에 대한 사랑에 의하여 일어나며, 신적 명령에 순종하며 행위한다. 아벨라르는 그런 명령을 신적 자유의 자의적 진술로 본다. 그 명령들은 시대마다 다르지만, 그것들에 대한 순종은 도덕적이며 필수적이다. 여기서 다시금 우리는 독립적 사유에 대한 징후가 이따금 보이긴 해도 스콜라주의의 정신이 끝까지 승리를 거두는 것을 본다.

샤르트르 학파

샤르트르의 베르나르와 그의 형제 티에리가 주도했고 투르즈의 베르나르, 콩쉐의 기욤, 푸아티에의 길베르, 몽르타뉴의 발터, 바트의 아델라르 등의 추종자를 거느렸던 샤르트르 학파는, 당시에 알려져 있던 플라톤의 이론들을 간혹 아리스토텔레스의 견해와 연결지어 연구하고 발전시키려 했다. 아리스토텔레스의 「분석론」, 「변증론」, 「오류」가 라틴어 번역으로 처음 스콜라주의자들에게 알려졌다(1128년). 샤르트르 학파는 변증학뿐만 아니라 천문학, 수학, 의학, 자연학, 생리학적 심리학적 문제에도 예민한 관심을 보여주었고, 이 문제들에 대한 책들이 아랍어로부터 번역되었다.

플라톤의 실재론과 비슷한 실재론이 논리학 문제들을 논의했던 자들에 의하여 수용되었다: 보편자 혹은 유와 종의 개념들(투르즈의 베르나르에 의한 개별 사물들의 관념들)은 신적 지성에서 순수하게 존재한다. 그들에게 질료는 어떤 방식으로 그 형상을 소유한다. 물체는 물이 강바닥에 존재하는 것처럼 그것들을 지속시킨다고 한다. "본유적 형상들"은 물체들을 설명하는 데 도입된다. 한 사물과 그것의 원형이 그렇게 관련되어 있는 것처럼 이 형상은 신적 지성에 있는 순수 이데아들과 연관된다. 물질적 대상들은 형상 혹은 이데아를 모호하게 나타낸다. 지성은 추상에 의하여 물체 안의 형상 혹은 공통 성질에 도달할 수 있다.

명제집

우리는 아벨라르가 가르침과 저술에서 사용한 방법에 관심을 기울였는데, 그것은 토론중인 주제들에 관한 상이한 권위의 의견들(sententiae)을 진술하는 방법이었다. 이 방법은 새로운 게 아니었다. 그것은 「명제집」 혹은 「명제 요강」(Summae sententiarum)이라고 불린 수많은 신학교과서에서 따르던 방법이었다. 그 가운데 로베르 퓔레인(Robert Pulleyn, 1150년에 죽음)의 「명제집 8권」(Sententiarum libri octo)과 생 빅토르의 위고의 「명제 요강」 등이 있었다. (그런 책의 저술가들은 또한 요강 집필자[Summist]라고 불리었다.) 페테르 롬바르두스(1164년에 죽음)는 이 모든 책을 선용하여, 「명제론 4권」이라는 책을 출간했는데, 이는 장차 여러 세기 동안 신학 교육의 토대가 되고 그 덕에 저자는 명제집 대가(magister sententiarum)라는 칭호를 얻었다. 이 4권의 책은 다음을 논의한다: 절대선으로서 하느님; 피조물; 성육신, 구속, 덕목; 칠성사(七聖事).

이 시기의 다른 명제집 저자들로는 믈룅의 로베르(Robert of Melun), 루엥의 위고(1164년에 죽음), 푸아티에의 페테르(1205년에 죽음), 투르네의 시몬 등이 있다. 릴의 알랭(1203년에 죽음, 알라누스 아브 인술리스)은 「명제집」에서 다룬 이 주제들을 교리적 체계의 형식으로 제시한다. 그는 저서 「보편적 신앙의 방법」(De arte fidei catholicae)과 「신학의 규준」(Regulae theologicae)에서, 수학적 연역적 방법을 사용하여, 신학을 근본 원리 위에 정초하려고 한다. 하지만 알랭은 합리론적 이상에도 불구하고 종종 회의적 신비적 경향을 드러낸다. 교회의 교리들은 다른 모든 세속 학문보다 확실하지만, 절대적으로 확실하지는 않다. 만일 그것들이 절대적으로 확실하다면, 그것들을 믿는 데에는 공로가 없을 것이다.

솔즈베리의 존

우리에게 당대의 많은 스콜라주의자들에 관한 정보를 전해 준 영국인 솔즈베리의 존(1115-1180년 경)은 전체 스콜라주의 운동이 열매 없는 논쟁을 다룬다고 비판하고, 자신의 「메타로기쿠스」(Metalogicus)에서 논리학의 개혁을 요구한다. 「폴리크라티쿠스」에서는 교육에서의 실재론적 연구를 옹호하며, 국가로부터 교회의 절대적 독립을 옹호한다. 그는 모든 지식이 실천적이어야 한다고 생각한다. 자연에 대하여 활동하든지 우리의 의무를 행하든지 도움이 되지 않는 것은 무엇이나 쓸데없다. 우리의 참된 선은 경건한 생활에 있다. 우리는 교회의 교리들을 증명할 수 없다 해도 그것들을 믿어야 한다.

27. 12세기에 나타난 반(反)스콜라주의적 경향들

신비주의

우리가 서술해 오고 있는 철학적·신학적 운동은 그리스도교적 우주에 대한 합리적 해석을 그 목표로 삼는다. 즉 정통 성직자들이 생각하는 그런 우주 말이다. 전제는, 하느님의 목적과 본성과 활동은 이성에 이해될 수 있으며 그리스도교적 신조에 기초하여 체계를 구축할 수 있다는 것이다. 여기에 교회의 공식 교리에 의하여 규제되는 독단적 합리론 혹은 지성주의가 있다. 하지만 철저하게 합리화된 신학으로서 스콜라주의는 그리스도교 세계를 확고하게 소유하지 못했다. 스콜라주의와 나란히 종종은 그 안에서 우리는 반(反)신학적 경향, 신앙의 지나친 합리화에 대한 반발, 종교 생활에 대한 좀 더 실제적인 표출에 대한 열망을 발견한다. 이 운동에게 종교는 단순히 신앙에 관하여 이론화하는 데서 만족하는 종교의 철학이 아니라 경험된 종교적 신앙이다. 신비주의 운동의 주된 소원은 신존재를 증명하고 그 본성을 규정하는 게 아니라 하느님과 더불어 지적인 관계가 아닌 다른 관계로 들어가는 것이다. 이런 신비주의적 사유 노선은 그리스도교 내의 보수적인 아우구스티누스주의적 요소를 대변하며, 참으로 첫 신비주의학파의 지도자들은 파리에서 생 빅토르의 아우구스티누스회 수도원에 있던 수도사들이었다.

신비주의자들에 의하면 하느님은 변증론이나 논리학으로 도달되지 않고, 신비적 명상에 의하여 도달된다. 그리고 그런 상태에 어떻게 도달할 수 있는지를 우리에게 말해 주는 것이 신학의 기능이다. 그들은 사람의 내적 신앙, 영혼의 내적 경험을 강조하면서 영혼의 경험적 연구에 자연히 관심을 갖는다. 신비주의는 신비적 명상의 방법을 가르치는 실천적 신학이다. 그러나 신비주의자들은 자신의 이성적 신학을 또한 갖는다. 이는 신앙의 초합리성을 강조하는 신학이다. 이 학파가 발전함에 따라 신비적 명상이 강조되며 심지어 과장되기도 한다: 생 빅토르의 리샤르에게는 신비적 명상이 지식보다 훨씬 우월하다. 발터에 따르면 논리는 모든 이단의 원천이다. 신앙은 지식을 초월할 뿐만 아니라 그것과 상충된다. 생 빅토르의 발터는 「프랑스의 네 가지 미궁에 반대하여」(*In quattuor labyrinthos Franciae*)라는 책을 썼는데, 그 미궁이란 자신이 이단으로 보았던 길베르, 아벨라르, 페테르 롬바르두스, 푸아티에의 페테르이다.

신비주의의 최고 목표는 "영혼이 하늘로 올라가는 신비한 상승, 육체의 땅에서 영혼의 지역으로 가는 달콤한 귀향, 하느님 안에서의 그리고 하느님께로의 자아의 굴복"이다. 이 목표로 가는 길은 감각 지각과 심지어 개념적 사고를 넘어서서 관념적 대상이 그 즉각성에서 영혼에 나타나는 명상에 이른다. 지식의 세 가지 단계가 있다: 인식(cogitatio), 묵상(meditatio), 명상(contemplatio)이다. 최고의 단계는 지성을 종교의 가장 심오한 신비와 관련짓는 초합리적인 것이다. 가장 고양된 지식 형태에서(alienatio mentis), 개별 의식은 명상에서 안식에 이른다. 이 최고 통찰력은 하느님의 특별한 호의이다. 사람이 할 수 있는 것은 "무한한 진리의 대양으로의 [신비주의적] 뛰어듦"을 위하여 준비하는 것뿐이다.

정통적 신비주의의 중요한 대표자들로는, 클레르보의 성 베르나르(1091-1153년), 생 빅토르의 위고(1096-1141년), 생 빅토르의 리샤르(1173년에 죽음), 생 빅토르의 발터 등이 있다. 12세기의 신비주의는 성 보나벤투라(1221-1274년)에 의하여 계속되었다. 마이스터 에크하르트(1260-1327년), 요한 타울러(1300-1361년), 요한네스 로이스브루크(1283-1381년)는 범신론적 신비주의자들로서, 그들의 가르침은 가톨릭 교회에 의하여 이단으로 정죄받는다.

범신론

12세기의 정통 사상가들의 목표는 신앙을 합리화하는 것이었고, 이 목표를 위하여 그들은 논리학과 형이상학에 의존했다. 그들의 이성적 활동은 교회가 가르쳤고 그들이 이미 믿었던 것들을 이해하려는 소원에 근거했다. 전통 신학은 실재론적 선입견에 근거했는데, 이 선입견은 철학적 사유의 결과를 교회의 교리와 조화를 이루려고 했던 것 같다. 그러나 사람이 동일한 전제에서 추론할 때라도, 종종 다른 결론에 도달하곤 한다. 이는 그리스도교의 교의 형성 시대에 줄곧 일어났다. 그리고 이후의 시대에도 때때로 일어났다. 요한네스 스코투스, 로슬랭, 아벨라르는 공식적인 요구 조건과 정확하게 조화를 이루면서 사상을 형성하는 데 성공하지 못했다. 사상가들을 공격했던 이단들 가운데 범신론은 결코 그 세력을 상실하지 않았다: 범신론은 사벨리우스주의, 위(僞)디오니시오스, 스코투스 에리게나로 표출되었다. 그리고 신비주의자들은 범신론과 멀지 않았다.

12세기 말경에, 범신론은 다시금 모습을 보였고 상당히 발전했다. 범신론의 중요한 대표자들은, 대수도원장 플로리스의 요아힘, 파리에서 신학을 가르쳤던 베느의 아모리(Amaury of Bennes), 디낭의 다비드(그의 생애에 관하여 우리가 아는 바는 거의 없다) 등이 있었다. 이 범신론자들은 플라톤주의적 실재론의 논리적 함축 의미로 간주했던 것을 연역함으로써만 자신들의 결론에 아주 쉽게 도달했다. 만일 보편자가 실재한다면, 최고의 우주인 신은 가장 실재적인 존재이며 다른 모든 것은 신적 본질의 현현이다. 보편자들의 실재론은 하느님과, 개별자의 세계와 그분의 관계에 대한 범신론적 개념을 함축하는 것 같다. 아모리는 요한네스 스코투스 에리게나와 마찬가지로, 하느님으로부터 온 변화하고 분리 가능한 현상의 세계가 궁극적으로 하느님께 되돌아갈 것이며 변화할 수 없는 개별자로서 하느님 안에 거할 것이라고 가르쳤다. 그런 범신론적 가르침은 많은 사람에게 호감을 샀고, 아모리주의 학파가 형성되어 스위스와 알자스에 퍼졌다. 교회는 이 교리들을 정죄하고, 죽기 전에 자신의 이론을 철회하지 않으려 했던 아모리의 시체를 파내고 그 분파를 근절했다. 1225년에 교회는 스코투스 에리게나를 이단으로 정죄했다. 1210년에 파리의 관구회의는 아리스토텔레스의 「자연학」을 금지했다. 이 책은 아랍어로부터 라틴어 번역으로 서양 세계에 소개되었다.

이 모든 이단적 경향이 나타난 것은, 독립 정신의 발전에 대한 증거이며, 인간 정신이 날갯짓을 할 채비를 갖추고 있다는 표시였다.

28. 동요의 징후

스콜라주의에 대한 반대

그러므로 우리는 12세기 말에 주도적인 스콜라주의 철학 외에, 대립되는 경향들을 발견한다. 한편으로 좀 더 보수적이고 정통적인 몇몇 스콜라주의자들은 변증론을 지나치게 강조한다는 이유를 들어 전통적 체계를 반대했다. 그들에게는 전통 체계가 충분히 엄격하지 못하다. 다른 한편으로, 스콜라주의자들보다 독립적인 몇몇 사상가들은 공식적인 그리스도교적 사유 구도에 적대적인 결론에 도달한다. 그들에게 이 공식적 체계는 너무 엄격하다. 또 어떤 사람들은 합리적 신학을 구축하려는 모든 시도에 관하여 회의적 태도를 취한다. 왜냐하면 그들이 내적인 살아 있는 신앙의 동맹자로서 이성을 신뢰하지 않기 때문이거나 유행하는 철학적 토론이 교회의 진정한 실제적 문제와 아무런 관련을 갖고 있는 것처럼 보이지 않기 때문이다. 어떤 진영에서는 일반 개념(혹은 보편자)과 개별 대상의 세계의 관계에 관한 더욱 깊은 지식을 얻고자 하는 욕망이 감지된다. 이 욕망은 자연과학에 대한 관심으로 발전하는데, 아랍 과학서의 라틴어 번역서에 의하여 충족되었다.

학문의 조직

동요의 징후가 많았다. 문제와 곤경은 증폭되고 있었고, 많은 사상가들은 교회의 명확한 교의뿐만 아니라 신학의 일반적 명제들을 입증하는 것이 얼마나 까다로운지를 알기 시작했다. 스콜라주의자들은 대담한 삼단논법적 구성물에도 불구하고, 그 결론들이 우리가 소유할 수 있는 세속적 지식보다 확실하긴 해도 절대적인 이성적 확실성에서 부족하다고 고백하지 않을 수 없는 경우가 많았다. 하지만 우주가 합리적 우주이며 하느님이 이성적으로 최선을 향하여 활동하시며, 오직 한 사람이라도 이해할 수 있는 진리가 있다는 근본적 확신은 남아 있었다. 그러나 탐구의 목표는 고정되었다. 교의를 함부로 변경하는 것은 신성모독적이며 위험천만했다.

교회의 강력한 조직은 무시무시한 정신적·현세적 무기를 갖고서 너무 멀리서 방황하는 자들을 징계할 채비를 갖추고 있었다. 그리스도교의 지성 활동도 점차 공동체적이며 유기적이게 되었다. 성당학교와 수도원학교로부터 신학과 철학, 의학과 법률의 연구에 관여하는 대학 혹은 학자들의 협회가 발전되었다. 그리고 어떤 종단은 치밀한 철학 학파를 형성했고, 이 학파는 고대 그리스 학파들처럼 수세기 동안 자신들의 좋아하는 교리들을 계속 가르쳤다. 노트르담의 신학교와 생 제네비에브의 논리학 학교가 합쳐져서 생긴 위대한 국제 대학 파리는 1208년에 특허장을 받았다. 도미니쿠스회와 프란체스코회는 13세기의 위대한 교수 종단이 되었고, 그 시대의 거의 모든 저명한 선생과 저술가는 도미니쿠스회가 아니면 프란체스코회였다. 교회와 대학과 수도종단은 그리스도교의 전통적 교리를 확실하게 만드는 일에 협력했다. 개별 사상가의 일은 이성과 신앙을 일치시키는 것이었다: 이는 철학이 아니었고, 시대의 선입견 때문에 필요하게 된 일이었으며, 가장 저항을 받지 않는 길이었다.

그 시대는 교의를 포기하려 하지도 않았고, 종교적·철학적 전통과 독립하여 사상 체계를 구축할 능력도 없었다. 경험의 사실에 대한 적합한 지식이 결여되어 있었다. 경험 과학은 쇠퇴기였고, 현대의 과학적 방법은 알려져 있지 않았다. 이는 책의 시대였지만, 그런 지식을 얻을 수 있는 책은 없었다. 경험 과학의 발흥은 후대 르네상스 시대의 좀 더 철저한 혁명을 기다리지 않을 수 없었다.

아리스토텔레스의 발견

이 시기 동안 우리는 새로운 시대가 서양 그리스도교에 열리기 시작했고, 새로운 추진력이 스콜라주의 철학의 연구에 제공되었음을 서술해 오고 있었다. 그리스의 수학, 천문학, 의학 관련 작품들, 아리스토텔레스의 저술들, 아리스토텔레스의 그리스 주석가들(아프로디시아스의 알렉산더, 테미스티우스)의 저술들, 가장 저명한 아랍과 유대의 철학자들과 아리스토텔레스 주석가들은 아랍어 텍스트의 라틴어 번역으로 알려지고 있었다. 1150년경 존 아벤데아트와 도미니쿠스회 군디살비는 아리스토텔레스와 유대·아랍 철학의 주요 저작을 아랍어에서 라틴어로 번역했다. 1210-1225년에 아리스토텔레스의 거의 모든 저술이 아랍어에서 번역되어 알려지게 되었다. 사람들은 이 책들을 열정적으로 연구했고, 처음에는 아랍의 방식을 따라 신플라톤주의의 정신에 비추어 해석했다.

교회는 새로운 아리스토텔레스주의 문헌을 의심의 눈초리로 보았는데, 틀림없이 부분적으로는 아랍 해석가들이 채색한 범신론의 분위기 때문이었다. 어쨌든 우리는 아리스토텔레스의 「자연학」, 「형이상학」에 대한 연구가 1215년 파리 대학의 조례에 의하여 명시적으로 금지되었고, 교황 그레고리우스 9세가

1231년에 「자연학」을 검토하여 온당치 않은 부분을 삭제할 때까지 사용하지 말도록 금한 것을 발견한다. 하지만 이 금지는 일시적 효과밖에 없었던 것 같다. 책들이 읽혔고, 그 시기의 일류 학자들은 그것들에 대한 주석서를 쓰기 시작했다. 위대한 소요학자의 주요 저술의 그리스 원문에 대한 번역은 그 세기의 후반부에 이루어졌으며, 얼마 있다가 진정한 아리스토텔레스 저술이 아랍인들의 신플라톤주의적 위조품과 구분되게 되었다.

링컨의 주교 로버트 그레이트헤드는 번역을 시켰는데 특별히 「니코마코스 윤리학」(1250년)을 번역하게 했다. 뫼르베케의 윌리엄은 아리스토텔레스의 저술들(「정치학」을 포함하여)을 번역했다. 브라방의 앙리가 몇몇 저술을 번역했다(약 1271년). 1254년에는 「자연학」과 「형이상학」이 파리 대학의 교과과정에 포함되었다. 파리 대학은 40년 전에 그 책들을 정죄했던 대학이었다. 아리스토텔레스는 "말하자면 인간 지성의 최고 완전을 자연이 입증해 준 진리의 규준"으로 "세례자 요한이 은혜의 일에서 그리스도의 선구자였던 것처럼 자연의 일에서 그리스도의 선구자"로서 간주되게 되었다. 새로운 철학에 근거한 대형 백과사전이 세고비아의 군디살비(12세기), 오베르네의 기욤, 로버트 킬워드비, 가장 위대한 인물로는 보베의 뱅상(1264년에 죽음)에 의하여 등장했다.

제8장

스콜라주의의 절정

29. 아랍 철학

그리스적 원천

　서유럽은 아랍어 텍스트의 번역과 신플라톤주의의 정신으로 아리스토텔레스를 해석했던 아랍 철학자들의 체계와 주석서를 통하여 아리스토텔레스의 저술들을 알게 되었다. 632년에 마호메트의 추종자들은 모든 불신자를 이슬람의 가르침에 귀의시키려는 열정을 품고 세계를 정복하러 나섰다. 711년에 시리아, 이집트, 페르시아, 아프리카, 스페인이 그들의 수중에 들어갔다. 시리아에서는 새로운 전투적 종교의 학자들이 아리스토텔레스의 철학을 정통하게 되었는데, 이 아리스토텔레스 철학은 신플라톤주의의 색채를 띠고서 수세기 동안 동로마 제국에서 그리스도교 신학자들과 이교 철학자들에게 똑같이 중요한 연구 대상이 되었는데, 추방당한 네스토리우스파에 의하여 시리아로 전달되었다.

　아랍어 번역이 처음에는 시리아어에서 나중에는 그리스어 텍스트에서 이루어졌는데, 아리스토텔레스의 저술뿐만 아니라 플라톤의 「국가」, 「티마이오스」, 「법률」(876년)은 물론이고 아프로디시아스, 테미스티우스, 포르피리오스, 암모니우스와 같은 주석가들의 저술도 번역되었다. 아랍인들은 수학, 천문학, 의학, 다른 자연 과학에 관한 그리스 저술들의 번역서를 또한 연구하였고, 이 분야들 가운데 몇몇 분야에서 값진 공헌을 했다. 아랍 학자들에게 아리스토텔레스는 후대 주석가들이 옷입힌 신플라톤주의적 의상을 걸치고 다가왔다. 또한 아리스토텔레스의 이름으로 가장한 신플라톤주의에서 기원한 위(僞) 아리스토텔레스 저작도 있었다. 따라서 아랍 학자들은 소요학파의 철학을 신플라톤주의의 방출 이론이라는 측면으로 해석하는 데 별다른 어려움을 느끼지 않았다.

상충하는 학파들

이 문헌의 도움을 받아, 이슬람의 학자들은 자신들의 종교를 철학적 토대 위에 놓고 서양의 스콜라주의 체계와 그 목표에서 비슷한 체계를 만드는 데 성공했다. 그리스도인들처럼 그들에게도 핵심 문제는 인간의 지식과 행동에 대한 신적 계시의 관계였다. 학문의 목적은 코란의 가르침을 이성과 조화되게 하고 신앙을 합리화하는 것이었다.

초창기에 학파들 사이에 논쟁을 불러일으켰던 문제들은 신적 예정과 인간의 자유의 관계, 신의 통일성과 그의 속성과의 관계에 관한 것이었다. 정통파는 코란의 가르침을 정당화하려는 시도 없이 그대로 받아들였다: 모든 것을 예정한 하나의 전능하고 전지한 신이 있다. 이성을 진리의 잣대로 삼은 무타질라 학파(Mutazilite)라는 반대자 즉 자유 사상가들에 의해 전통적 정통적 견해가 공격받았다. 이 사상가들은 철학의 필요를 느끼게 되고, 그래서 자신들의 체계를 즉시로 구축하지 않고 자신들의 견해를 지지하는 여러 그리스 이론에 의존했다.

10세기에는 정통 신앙을 옹호하여 철학에 대한 반발이 합리론 학파 안에서 일어났다. 비인격적인 반성적 신과 그의 영원한 우주라는 아리스토텔레스주의적 관념과 신플라톤주의의 방출 이론이 세계의 인격적 창조자라는 이슬람의 개념과 조화를 이루지 않는 것으로 배격되었다. 이 반동주의자들은 지도자 아사리(Ashari, 873-935년)의 이름을 따서 아사리파라고 불리었는데, 이들은 원자 이론의 몇몇 본질적인 원리를 수정한 일종의 전통적 원자론을 매우 선호했다. 원자는 신의 지속적 창조물로 파악되었으며, 신의 절대적 자의적 능력을 구출하고 기적적 간섭의 가능성을 제공하기 위하여 인과의 개념과 자연의 제일성(齊一性)은 폐기되었다.

철학에 충실했던 합리론 학파의 사람들은 아리스토텔레스주의적·신플라톤주의적·심지어 신피타고라스주의적 요소가 다양한 비율로 결합된 수많은 체계를 발전시켰다. 이 학파의 어떤 구성원들은 신플라톤주의적 교리를 강조하면서, 실천적·윤리적·종교적 가르침을 전면에 부각시켰다. 다른 이들은 논리학 연구를 형이상학의 예비학으로 강조하고 자신들이 보기에 자연과학적인 토대에 자신들의 형이상학을 구축하면서 아리스토텔레스주의적 통찰력을 강조했다.

아랍의 신플라톤주의의 전형적인 예는 「학문백과사전」인데, 이는 51편의 논문으로 구성되어 있다. 이는 성실 형제단(Brother of Sincerity)이라고 불리는 종교철학적 종단의 구성원들이 10세기에 만든 것이며, 회교 세계에 큰 영향을 끼쳤다. 이탈리아의 고대 피타고라스 종단을 생각나게 하는 이 대중 단체는 철학 연구를 통하여 신의 형상에 있는 인간 영혼의 완전을 자신의 이상으로 삼았다. 이 종단의 윤리적·종교적 가르침은 신플라톤주의적 방출 이론에 근거를 두었는데, 이 이론에 따르면 모든 사물이 신의 절대적 통일성에서 나오고 그리로 돌아간다. 소우주, 우주의 모사(模寫)인 인간은 물질의 속박에서 자유롭게 되고, 정화되어 자신이 나온 원천으로 돌아가야 한다. 「백과사전」은 신비주의에서 절정에 이른다. 마지막 부분은 점성술, 마술, 연금술, 종말론에 대한 진지한 토론을 다룬다.

이븐 미스카와이(Ibn Miskaweihi)는 「도덕의 진보」라는 책에서 플라톤주의와 아리스토텔레스주의와 신플라톤주의의 이념들을 교묘히 섞은 윤리 체계를 제시했는데, 이것이 수피즘(Sufism)이며 신플라톤주의의 신비적 측면을 강조한다: 현상 세계는 환영으로 간주되고 물질은 신성의 가장 낮은 방출로 간주된다. 금욕과 황홀경에 의하여 영혼은 환영의 장막을 꿰뚫고 신에게 몰입된다. 불교의 영향력은 개인 영혼이 무(無) 속으로 절대적으로 흡수되는 것을 가르치는 수피즘의 형태에서 관찰 가능하다.

합리론자들

동양에서 알킨디, 알파라비, 아비세나(Avicenna=이븐 시나. 1037년에 죽음)로 대표되는 아랍 학파의 다른 지류는 철학 연구의 입문으로서 논리학의 중요성을 주장하고, 자연 연구에 형이상학을 정초할 필요성을 강조한다. 그러나 그들의 자연과학 개념은 지극히 조잡하고, 온갖 종류의 환상적 관념, 종교적 미신, 신비적 이론이 스며 있다. 이들은 꿈, 마술, 연금술, 점성술, 자연적 마술의 해석을 자연과학의 정당한 부분으로 간주하였다. 그들은 별의 영혼을 믿는다. 그들은 별의 영혼을 코란과 성경의 천사와 동일시한다. 그들 거의 모두가 신비주의자이다. 미신에 오염되지 않은 유일한 주제는 논리학과 수학이다. 이 사상가들이 대부분 아리스토텔레스의 참된 가르침을 파악하지 못하고 그것들을 신플라톤주의적으로 해석한 것은 주목할 만한 일이 아니다. 수세기 동안 신플라톤주의적 주석과 해석의 무더기 아래 묻혀 있던 진짜 아리스토텔레스를 발견하는 것은 쉬운 일이 아니었다.

아랍 철학자들은 논리학 연구에서, 합당한 판단과 변증론 기술을 대체로 보여준다. 그들은 그리스도교 스콜라주의의 아주 중요한 부분을 형성한 문제 즉 보편자 문제에도 관심이 있었다. 알파라비에 따르면, 보편자는 개별자와 별도로 현존을 갖지 않는다. 그것은 사물들 안에 있다. 그처럼 아비세나는 다음과 같이 주장한다. 보편자가 신의 지성에서의 경우를 제외하고 사물에 앞서서 독립적 실체로 존재하지 않는다. 우리의 지성에서 보편자는 사물 다음에 개별자로부터의 추상물로서 존재한다. 그리고 그것들은 사물 안에 또한 존재하지만 그들의 우유성과 섞이지 않는다.

알파라비와 아비세나는 자신들의 형이상학에서, 자신의 종교의 요구에 따른다. 그들은 필연적 현존과 가능적 현존을 구분함으로써 영원한 우주라는 아리스토텔레스주의적 개념을 약하게 만들려 한다. 아리스토텔레스처럼 그들이 지성으로 파악하는 영원한 원초적 존재(신의 첫째이자 유일하게 직접적인 산물)는 필연적이며 어떤 원인에서도 독립해 있다. 다른 모든 것은 이 원인에 근거하여 현존하며 조건화되어 있다. 즉 신 안에서 가능적이다. 세계가 그 근거에서 발전할 때 방출의 과정을 거쳤다. 알파라비에게 물질은 이 과정의 한 국면이다. 아비세나에게는 물질이 영원하고 피조되지 않았다. 그러나 두 사람에 따르면, 창조는 물질 안에서 이루어지는 가능태의 현실화 혹은 실현을 뜻한다. 좌우간 형상은 신에 의하여 물질에 주어졌다. 신은 가능태로서 형상을 질료 안에 두고, 그런 다음 자신의 능동 지성으로 형상들을 실현 혹은 구현하는 것 같다. 알파라비에 따르면, 이는 시간 내의 과정이다. 아비세나는, 결과란 영원한 원인과 동시적이어야 하며 따라서 우주는 영원하다는 근거에서 높은 것으로부터 낮은 것의 방출이 영원한 과정이라고 주장했다.

신으로부터의 수많은 방출 가운데 하나는 능동적 혹은 창조적 사고, 달[月]의 영역의 정신이다. 이는 받아들일 준비가 되어 있는 만물에게 그 형상을 준다. 그리고 이 보편적 능동 지성을 통하여, 가능 지성이 실현된다. 혹은 지식이 사람 안에 나타난다. 알파라비에 따르면, 그처럼 실현된 인간의 지성은 단순하고 불멸적인 실체가 된다.

철학의 목표는 가능한 한, 신을 알고 신처럼 되는 것이다. 아비세나에 따르면, 이는 신적 조명뿐만 아니라 교훈에 의하여 도달될 수 있다. 하지만 알파라비는 영혼과 신의 신비적 연합을 "노파들의 실없는 이야기"라고 본다.

동양에서 철학의 몰락

아랍 철학은 11세기의 전환기에 동양에서 끝난다. 알가잘리는 저서 「철학자들의 파멸」에서 대중 종교를 위하여 철학자들의 가르침을 공격하며, 진리를 얻을 수 있는 철학의 능력을 부인한다. 그는 특별히 이슬람 정통 신앙이 강조하는 교리들을 체계들에서 빠뜨린다: 창조론, 개인적 불멸성의 교리, 신의 절대적 예지와 섭리에 대한 믿음. 예지와 섭리란 신이 인생의 모든 사소한 사건을 알고 미리 내다보며 어떤 시점에 사건들에 간섭할 수 있다는 견해이다. 알가잘리의 작품이 등장하면서, 철학자들이 침묵했을 뿐만 아니라 당국에 의하여 그들의 책이 불태워지게 되었다.

스페인 학파

하지만 아랍 철학은 스페인 무어족 칼리프조(朝) 영토에서, 특별히 이슬람교도와 유대교도와 그리스도교도가 간섭 받지 않고 연구하던 유명한 학교가 있던 코르도바에서 계속 존재하고 발전했다. 서양의 아랍 철학자들 가운데 가장 중요한 인물로는, 아벰파체, 아부바처, 아베로에스(이븐 루슈드, 1126-1198년) 등이 있다. 이들은 철학자이면서 의사였다. 그들 가운데 가장 위대한 인물이며 그리스도교 학자들에게 사상적인 영향을 끼쳤던 아베로에스에게서, 아랍 사상은 절정에 도달한다.

아벰파체는 구체적인 인간 지성에 현현하는 보편적 지성만이 불멸적인 것으로 보고서, 개별적 불멸성을 부정한다. 그는 신비주의도 반대했다. 참으로 이상적인 것은 영혼의 생명의 낮은 단계에서 완전한 자기 의식으로 올라가는 것이다. 이 자기 의식에서 사고는 대상과 하나된다. 그러나 이 목표는 황홀경에 의하여 도달되지 않고, 우리의 정신적 기능들의 점진적이며 자연적인 발전을 통하여 도달된다. 아부바처는 자신의 철학적 소설에서 이 점에 대개 동의한다. 그는 자신의 소설에서 황량한 섬에 혼자 사는 한 인간의 자연적 능력의 점진적 발전과 금욕주의와 황홀경을 통한 그와 신의 최종적 결합을 서술한다.

아베로에스는 아리스토텔레스의 지성을 인간 정신의 완전으로서 보고서 그를 높이 평가한다. 아베로에스의 주된 야심은 진짜 아베로에스를 재생하는 것이었다. 하지만 그가 이 야심을 실현했다고 말할 수는 없을 것이다. 이 과제는 그에게 불가능했다. 부분적으로는 그가 위대한 그리스의 가르침을 해석해 나갈 때 택했던 신플라톤주의적인 선입견 때문에, 부분적으로는 거의 모든 중세 철학자들에게 특징적이듯이 자신의 종교의 요구에 자신의 이론을 적응(조정)시키려는 욕망 때문에 그러했다. 좌우간 아베로에스는 이슬람의 왜전된 아리스토텔레스주의의 근본 교의를 받아들인다: 방출 이론과 우주적 지성의 교리.

그는, 형상들이 질료에 내재한다고 가르친다. 알파라비와 아비세나가 주장했듯이 첨가되지도 않고, 신적 지성을 최고로 하는 상위적 형상들의 활동에 의하여 개현되거나 진보하거나 실현되지 않는다는 것이다. 그러므로 통상적 의미의 창조는 배격된다. 구체적 개인에게 영향을 주며 그들로 지식에 이르게 하는 하나의 보편적인 능동 지성이 있다는 것이다. 아베로에스는 이를 다음과 같이 설명한다: 개별 영혼은 자연적으로 그런 영향을 받도록 되어 있다. 보편적인 능동 지성의 활동에 의하여 사전에 그런 경향을 갖고 있는 영혼이 가능적 지성이 되며 그래서 내재적 예지를 갖는다. 보편적 지성과 그것을 받아들일 수 있는 영혼의 결합은 개별화된 영혼을 산출한다: 햇빛이 빛을 받아들일 수 있는 물체를 때림으로써 개별화 혹은 구체화되듯이, 예지를 받아들일 수 있는 영혼은 보편적 정신이 그 안에 들어감으로써 개별화된다. 보편적 지성이 이 개별화된 영혼에 더욱 작용함으로써, 후자에 내재한 지식이 명시화되거나 실현된다. 영혼은 가장 높은 자기 의식으로 오르며, 이런 형태로 보편적 영혼과 하나 되거나 그 영혼에 몰입한다(신비주의). 영혼은 모든 인간 존재에 공통적인 지성에서 한 국면 혹은 요소가 된다. 이런 의미에서 그리고 오직 이런 의미로만, 개별 영혼은 불멸적이다. 개별적 불멸성의 의미에서 불멸적이지 않다. 아베로에스는 보편적 지성을 신의 많은 방출 가운데 하나로 파악한다. 이는 달[月] 아래 영역의 영혼 혹은 원동자(原動者)의 방출이다.

아베로에스는 자기 학파의 모든 아랍 철학자들과 함께, 일반 사람은 전체 진리를 파악할 수 없으며, 종교에서 상징으로 그 진리가 그에게 주어지되 철학자는 풍유적으로 해석하고 일반 사람은 문자적으로 받아들인다고 주장한다. 그래서 신학에서 옳지 않은 한 사물이 철학에서는 옳을 수 있다. 반대로도 가능하다. 그러므로 아베로에스는, 이성에 의하여 예지의 통일성을 필연적으로 추론한다고 확언하지만, 신앙에 의하여 반대 견해를 굳게 고수한다. 아베로에스는 당대 이슬람교에 해로운 교리를 가르친다고 비난받아 의원으로 지내던 코르도바의 칼리프의 궁정에서 추방되었다.

그리스도교 교회가 왜 아랍인들의 철학적 재능을 불신하게 되었는지 이해하기란 어렵지 않다. 그리스도교 교회는 내부의 범신론적 이단과 싸워야 했고, 불신자의 이단에 문을 활짝 열어 둘 생각이 없었다.

유대 철학

위에서 서술한 아랍 사상의 상이한 경향들은 중세의 유대 철학에 크게 영향을 끼쳤고 그 철학에 반영되었다. 11세기에 스페인에서 살았던 아비체브론(솔로몬 이븐 가비롤)은 유럽의 스콜라주의자들 사이에 널리 알려지게 된 「생명의 샘」(Fons vitae)이라는 저술에서 신플라톤주의의 대요를 제시했다. 이 시기의 가장 위대한 유대 철학자는, 아리스토텔레스주의의 추종자이며 「혼란에 빠진 자를 위한 길잡이」(Moreh Nebuchim)의 저자인 코르도바의 모제스 마이모니데스(모제스 벤 마이몬, 1135-1204년)였다. 그는 달[月] 아래 영역에 관해서는 아리스토텔레스의 권위를 받아들이지만, 신적인 것의 지식을 위해서는 유대교 계시로 돌아가 무로부터의 창조의 이론과 인간사에서 전지한 섭리의 개념을 지지한다. 그는 의지의 자유와 영혼(획득된 능동 지성)의 불멸성을 가르친다.

30. 아리스토텔레스의 영향

스콜라주의와 아리스토텔레스

아리스토텔레스주의 철학의 연구는 스콜라주의에게 삶에 대한 새로운 영역을 제공했지만, 시대의 철학적 개념에 무슨 거대한 변화를 일으키지는 못했다. 참으로 아리스토텔레스가 그렇게 신속하게 받아들여진 것은 유행하는 스콜라주의 체계를 강화하는 데 아리스토텔레스를 사용할 수 있었기 때문이다. 스콜라주의자들의 주된 목표는 언제나 종교와 철학을 조화시키는 것이었다. 이제 그들은 완벽한 사고 체계, 그리스 지혜의 가장 발전된 산물을 갖고 있었고, 이 그리스 지혜는 종교와 결합될 수 있도록 준비되어 있었다. 이 체계는 인간 지식의 모든 지류를 포함했고, 명확한 결론들에 도달했으며, 분명하고 정확한 언어로 그 결론들을 제시했고, 고정된 전문용어를 갖고 있었다. 이 체계는 모든 사람들에게 그렇듯이 스콜라주의자들에게 고요한 비인격적 이성의 작품이라는 인상을 주었다. 모든 중요한 입론에 찬반의 이유를 제시하면서, 변증론을 향한 스콜라주의의 경향을 만족시켰다. 이는 논리학 대가의 작품이었다.

아리스토텔레스주의적 가르침의 내용에서 스콜라주의의 요구를 충족시킨 것이 많았다. 그리고 교리적 일치가 끝난 곳에서, 스콜라주의적 지성이 손쉬운 해석에 의해서나 공식 견해에 맞도록 교리를 수정함에 의해서 조화를 강요하는 데 어려움이 없었다. 아리스토텔레스는, 우주와 구분되고 그것을 초월하지만 우주의 첫 번째이며 마지막 원인인 순수히 영적인 신의 현존을 가르쳤다. 그리스도교적 견해를 확증하는 유신론적 이원론적 관념이었다. 그는 자연에 대한 철저한 목적론적 이론을 제시했다. 이는 언제나 상식에 호소하며, 특별히 자연 연구에 관심을 갖기 시작한 시대에 매력적이었다. 그런데 교리적 체계가 계시된 지식의 영역을 조직하는 것처럼 완벽하게 인간 지식의 영역을 조직하는 체계가 여기 있는 것 같았다. "인식하는 자의 왕"이 곧 "자연적 사물들"에서 가장 위대한 권위가 되었으며, 이제 스콜라주의자가 그리스도교 세계관을 지지하는 데 그를 사용하게 된 것은 놀라운 일이 아니다.

사실 아리스토텔레스주의 체계와 그리스도교 철학 사이에는 차이가 나는 심각한 점들이 있었다. 이 차이점들은 스콜라주의의 역사 과정에서 감지되었던 것이다. 아리스토텔레스는 우주의 영원성을 가르쳤고, 교회는 무로부터의 창조를 가르쳤다. 아리스토텔레스는 개인적 불멸성을 부정했고 교회는 인정했다. 아리스토텔레스의 윤리학은 자연주의적이지만, 교회의 윤리학은 초자연주의적이었다. 그러나 두 권위 사이의 차이점과 곤경이 나타나는 데서, 스콜라주의자들은 자신들의 필요에 알맞게 그것들을 조화시키고 수정하고 보완했다. 그리고 찬란한 결과를 얻었다.

아우구스티누스주의 신학

하지만 12세기의 전통적인 신학 운동은 아리스토텔레스의 도래와 더불어 끝나지 않았다. 교회의 교의는 플라톤주의적 개념의 영향을 받아 발전했고, 정통신앙의 사고와 그리스 철학을 결합하여 최초의 위대한 종합을 대표하는 아우구스티누스주의 신학은 계속 중요한 영향을 끼쳤다. 13세기 초에 스콜라주의의 역할은 할 수 있는 대로 새로운 재료를 동화하여 자신의 체계에 맞게 그 재료를 바꾸는 것이었고, 그 결과 스콜라주의 자체가 점차 변할 따름이었다. 하지만 몇몇 그리스도교 교사들은 새로운 철학에 거의 영향을 받지 않고 대체로 12세기 전통에 충실했다. 이들 가운데 할레스의 알렉산더, 헨트의 앙리(Henry of Ghent)가 있었다. 알베르투스 마그누스와 성 토마스 아퀴나스처럼 다른 이들은 전통 신학과 소요학파(아리스토텔레스)의 사상의 종합을 모색했다. 또 어떤 이들은 브라방의 시제르처럼 자신들이 이해한 순수한 아리스토텔레스주의를 목표로 삼았다. 당면한 미래의 발전 노선은 소요학파의 철학과 스콜라주의의 과거 업적의 통일을 지향했다.

영국의 프란체스코회 수사인 헤일스의 알렉산더(1245년에 죽음)는 「신학명제집」(Summa universae theologiae)에서 옛 교의를 증명하기 위하여 새로운 가르침을 사용한 최초의 인물이었다. 질문을 던지고 대답하고, 삼단논법적으로 권위에 의지하여 대답을 증명했다. 신앙 문제의 권위로서 그는 라틴 교부들, 암브로시우스, 아우구스티누스, 히에로니무스(제롬), 가경자 비드, 앨퀸, 안셀무스, 빅토리네스, 페테르 롬바르두스, 클레르보의 베르나르에 호소했다. 이성의 권위로서는 플라톤, 아리스토텔레스, 알파라비, 아비세나, 알가잘리, 키케로, 마크로비우스, 보에티우스, 카시오도루스에 호소했다. 알렉산더는 자신의 신학과 형이상학과 심리학에서 새로운 운동의 사상에 아주 깊이 파고들지 못한 점뿐만 아니라 아우구스티누스주의적 경향을 드러낸다.

알베르투스 마그누스

볼슈테트의 알베르트는 1193년 뷔르템베르크 라우잉엔에서 태어나, 파두아와 볼로냐의 대학에서 철학과 수학과 의학과 신학을 공부했고, 도미니쿠스회에 들어갔다(1222년). 그는 파리와 쾰른에서 철학 교사로 큰 명성을 얻었고, 위대한 알베르트로 알려지게 되었다. 그는 1280년에 죽었다. 알베르투스는 아리스토텔레스의 저술, 성경, 명제집에 관한 주석서를 썼다. 철학 작품과 신학 작품들로는,「보편자의 원인과 과정에 관하여」(De causis et processu universitatis),「아베로에스를 반대한 지성의 통일성에 관하여」(De unitate intellectus contra Averroem),「신학대전」(Summa theologiae),「영원의 낙원」(Paradisus animae) 등이 있다.

알베르투스는 아리스토텔레스의 철학에 근거하여 스콜라주의적 체계를 제시한 최초의 교회 박사였다. 하지만, 아랍의 영향이 그의 저술에서 분명히 드러난다. 그는 신학적 관련성이 있는 문제들을 논의할 때, 마이모니데스의「혼란에 빠진 자를 위한 길잡이」를 따른다. 이 책은 알베르투스의 다른 권위들보다 정통 신앙의 입장과 조화를 이루는 듯이 보인다. 그는 자연과학 연구에 예민한 관심을 보였으며, 종종 이 영역에서 로저 베이컨의 선구자로 불리곤 했다. 하지만 자연 연구에서 경험을 주장하긴 했지만, 그는 아리스토텔레스의 눈을 통하여 자연을 보는 통상적인 스콜라주의적 습관에 빠져든다. 알베르투스는 학문의 깊이보다 넓이로 유명하다. 그래서 비판적 통찰과 사변적 능력에서 그의 위대한 제자 성 토마스 아퀴나스보다 못했다.

알베르투스는, 철학 주제는 철학적으로 다루어져야 하며, 신학 주제는 신학적으로 다루어져야 한다고 말한다. 후대의 이중 진리론을 미리 보여주는, 두 영역을 분리하는 이런 경향은 삼위일체와 성육신의 교리와 같이 어떤 교의들은 논리적으로 증명될 수 없다는 확신이 많은 스콜라주의자들 가운데 점증한 결과이다. 가령 무로부터는 아무것도 나올 수 없다는 원리는 물리학에서는 옳다. 그것은 구체적 혹은 제2의 원인에는 참되지만 궁극적인 원인에는 참되지 않다. 아우구스티누스는 신앙 문제에서 그의 제일 권위이며, 아리스토텔레스는 자연 과학과 합리적 신학에서 그의 제일 권위이다. 그래서 그는 그리스 사상가 아리스토텔레스가 언제나 교의 신학과 일치하지는 않음을 인정한다.

그의 사상은 대가다운 방법으로 제자 성 토마스에 의하여 발전되고 완전해졌다. 토마스의 포괄적 체계는 13세기 스콜라주의의 최고 모범으로서 역할을 맡게 될 것이다.

31. 성 토마스 아퀴나스: 스콜라주의의 절정

아퀴노의 란돌포 백작의 아들 토마스는 1225년 혹은 1227년에 나폴리 근처 조상의 성채에서 태어나, 몬테카시노 수도원에서 베네딕투스회 수사들에게서 배웠다. 일찍이 그는 아버지의 반대를 무릅쓰고 도미니쿠스회에 가입하여, 파리와 쾰른에서 학업을 계속했고, 거기서 알베르투스 마그누스의 제자가 되었다. 그는 학문적 수련 생활을 마친 다음, 쾰른, 파리, 볼로냐, 로마, 나폴리에서 신학과 철학을 가르쳤다. 이와 같은 여행과 교육의 시기 동안 그는 가톨릭 사상의 가장 위대한 체계 구축에 헌신했다. 그는 1274년에 죽었다. 그는 동시대인들에게 천사박사(doctor angelicus)라 불렸고 교황 요한 22세에 의하여 1323년에 시성되었다.

성 토마스는 아리스토텔레스의 작품을 포함하여 많은 작품에 대한 주석서를 썼고, 많은 철학적 신학적 논문을 기록했다. 그의 주저로는, 「신학대전」(*Summa theologiae*), 「이교도 반박 대전」(*Summa contra Gentiles*), 「통치론」(*De regimine principum*)(그의 글은 부분에 불과함) 등이 있다.

철학과 신학

성 토마스의 체계는 우리가 서술해 오던 운동의 전형적인 것이다. 이 체계의 근본 목표는 하느님의 계시로서 우주의 합리성을 증명하는 것이다. 이 체계는 그 전반적 개요에서, 아우구스티누스주의적 형이상학과 일치하여 교회의 유산적 가르침을 지도 원리로 받아들인다. 그러나 이 체계는 아리스토텔레스의 방법을 채택하여 시종일관 아리스토텔레스주의적 개념을 가지고 작동한다: 여기서도 능동 지성, 형상과 질료, 현실태와 가능태, 네 종류의 원인, 소요학파의 다른 설명 원리들이 등장한다. 하지만 교회의 교의의 타당성을 약화시키는 경향은 없다. 아리스토텔레스의 자연주의는 그리스도교적 사상 구도의 초자연주의를 결코 방해하지 않으며, 그래서 성 토마스의 엄격한 정통 신학에 대한 불평은 있을 수 없다.

성 토마스에 따르면 철학은, 사실에서 하느님께로 나아간다. 신학은 하느님으로부터 사실로 나아간다. 그는 이성과 신앙의 구분법에서 알베르투스를 따른다: 삼위일체, 성육신, 원죄, 시간 내의 세계 창조, 성사와 같은 교의들은 자연적 이성으로 증명될 수 없다. 그것들은 철학의 대상이 아니라 믿음의 문제, 계시된 진리이다. 그래서 이성을 초월하지만 이성과 대립하지 않는다. 우리는 그것들을 증명할 수도 없고 그것들을 반증할 수도 없으며, 그것들에 대한 반론을 반박할 수 있다. 가령 세계가 시간 안에서 창조되었다는 교리에 대해서는 필연적 증명이 제공될 수 없다. 이는 계시의 문제이다. 그렇지 않으면 우리는 그것을 인식하지 못한다. 그러나 이 교리에는 불합리한 것이 전혀 없다. 오직 우리가 신조들을 이미 믿을 경우에만, 그것들의 합리성, 이해 가능성, 그럴 듯함이 명백해진다. 종교의 신비에 대하여 합리적 증거를 제공하려는 모든 시도는 실제로 신앙을 손상시킨다. 왜냐하면 이성에 증명될 수 있는 것만 믿는 데는 공로가 있지 않을 것이기 때문이다. 신앙은 의지의 문제이다. 의지는 수용을 요구한다. 성 토마스는 이 강제성을 내적 본능(하느님이 우리로 믿도록 하는)으로 혹은 바깥으로부터 우리에게 오는 것으로, 기적의 결과로 설명한다.

성 토마스 아퀴나스

계시된 신학을 자연적 혹은 합리적 신학과 철학으로부터 분리시키는 것은, 파리 대학이 "철학 교사는 특별히 신학적인 문제를 고찰해서는 안 된다"는 명령에서 공식적으로 시인하던 바이다. 그 이래로 개신교나 가톨릭교나 할 것 없이 정통 그리스도교는 이를 받아들였다. 성 토마스는 결국 철학적 토론에서 이런 문제들을 제거하도록 하는 구분을 주장함으로써 진정으로 철학에 공헌했다. 둔스 스코투스와 그의 추종자들은 합리적 혹은 자연적 신학을 이성의 관할권에서 빼내는 데 한 걸음 더 나아갔고, 그럼으로써 하느님에 관한 모든 문제를 신앙에 돌렸다.

인식론

이 문제에 대한 성 토마스의 태도는 그의 인식 방법과 인식론에서 부분적인 설명을 발견한다. 그는 자신의 인식 방법과 인식론에서 대체로 아리스토텔레스를 따른다. 참된 지식은 개념적 지식이다. 하지만 개념은 감각 지각에 토대를 갖는다: 먼저 감관에 없던 것이 지성에 존재하지 않는다. 영혼은 상이한 기능 혹은 능력 즉 감각의 능력, 능동 지성(intellectus agens)의 능력, 가능 지성(intellectus possibilis)의 능력을 갖는데, 이 능력들 때문에 영혼은 상이한 방법으로 작용할 수 있다. 영혼의 각 능력은 그것이 동화하는 것에서 독특하다. 영혼은 감각을 통해서 구체적 대상들의 모사(模寫) 혹은 형상 즉 "감각적인 종류"를 받아들인다. 감각적 모사는, 신체와 전혀 독립적인 혹은 초기관적인 가능 지성에 의하여 인식되거나 받아들여지기 위하여 모든 물질적인 혹은 신체적인 것으로부터 자유롭게 되어야 한다. 이 일은 능동 지성에 의하여 이루어진다. 능동 지성은 감각적 모사로부터 이 지성의 본질에 일치하는 요소들을 추상함으로써 감각적 모사를 예지적 모사로 만든다. 왜냐하면 영혼은 자신의 본질에 일치할 수 있는 것만 동화할 수 있기 때문이다. 그러므로 예지적 모사 혹은 성 토마스가 일컫는 "예지적 종류"는 그 모든 우유적 속성을 갖고 있는 시공간의 개별 대상의 모사가 아니라, 본질적 성질만 갖는다. 가능 지성은 이 모사를 통하여 사물의 보편적 개념을 인식 혹은 파악한다. 지성은 감각이 없으면 인식할 수 없다. 감각의 경우에 보편적 개념을 형성하려는 자연적 성향을 갖고 있지 않다면 인식할 수 없다.

성 토마스의 가르침은 우리의 지식의 감각적 측면과 개념적 측면을, 그것의 개별성과 보편성을 모두 인정한다. 그는 또한 우리의 사유의 능동적 혹은 자발적 성격을 강조한다. 우리의 사유는 지식의 선험적 특성의 원천이다. 지성은 어떤 방식으로 활동하도록 정해져 있다. 인식은 지성에 내재되어 있으며, 지성이 감각에 의하여 활동하도록 자극받을 때 명시적이게 된다.

외부 대상이 영혼에 미치는 작용을 통하여, 인식의 원재료는 지성의 상위 능력들에 의해 받아들여지고 동화되어 개념적 지식이 된다. 그래서 참된 지식 혹은 학문(scientia)은 감각 지각, 경험에 그 토대를 갖고 있으며, 우리는 경험하는 것만 인식할 수 있다. 결과적으로 철학자는 경험의 세계를 자신의 설명의 출발점으로 삼고, 경험의 분석에서 사물의 원리 혹은 본질로 올라가야 한다. 그런 존재의 학문이 형이상학이다. 형이상학은 개별 대상들에서 그것들의 공통된 성질을 추상해 내고, 보편자의 측면에서 사유한다. 그래서 보편자들이 있는 데서만, 공통적 성질을 가진 개별자들이 있는 데서만 학문이 있을 수 있다. 모든 영적 존재는 나름대로 하나의 종류이므로, 영적 존재의 보편적 개념과 그것들에 대한 참된 지식은 있을 수 없다.

형이상학

학문은 보편적인 것을 자신의 대상을 삼기 때문에, 보편자들은 실재해야 한다. 그렇지 않다면 진리는 있을 수 없다. 그러나 보편자는 개별 대상과 동떨어져서 현존한다는 의미에서 실재하지 않다: 그것들은 "지속하는" 사물들이 아니다. 즉 그것들은 실체로서 존재하지 않는다. 보편적인 것은 다자 가운데 일자로서 사물들의 본질로서 혹은 통성 원리(quidditas)로서 성 토마스가 일컫듯이 그것들의 무엇됨으로서 개별 대상들 속에 존재한다. 동시에 그는 알베르투스처럼 이데아 혹은 형상 혹은 보편자를 인간의 지성 내의 사물들로부터의 추상물일 뿐 아니라 하느님의 지성에 내재하는 것으로 파악하는 점에서 아리스토텔레스와 일치한다.

그러므로 형상 혹은 보편자는 형이상학에서 필연적인 설명 원리들이다. 하지만 그것들은 그 자체로서는 자연적 대상의 세계를 설명하지 못한다. 성 토마스는 아리스토텔레스와 마찬가지로 두 번째 원리 즉 질료를 끌어들인다: 자연은 형상과 질료의 연합이다. 하나의 물질적 존재의 본질 혹은 실체는 형상과 질료로 구성된다: 그가 말하는 실체란, 한 사물이 그것을 통하여 무엇이게 하는 것을 뜻한다. 자연적 대상들은 질료와 형상을 통한 무엇이다. 이 두 가지 원리의 도움을 받아, 성 토마스는 자연에서 질서와 목적성을 설명하려 할 뿐만 아니라 개별적 대상들 혹은 사물들의 복수성과 다양성의 존재를 설명하려 한다.

몇몇 실재론자들은 형상을 구체적인 개별 대상이 있게 하는 것으로, 개별화의 원리로 보았다. 성 토마스에 따르면 질료는 개별화의 원리이다. 동일 종류의 개별자의 다양성은 물체적 구성의 상이성에 의존한다. 분명한 질료(materia signata) 혹은 개별적 질료(materia individualis) 혹은 개별적인 자연적 대상이 갖는 질료의 특정한 양은 이 특정 양의 질료에 고유한 모든 개별적 우유성과 더불어 그 구체적인 개별 대상을 바로 그것이 되게 한다. 사람의 경우에는, 영혼이 개별적인 유기체와 연결되어 있으므로 그는 이 개별 인간이 된다. 소크라테스는 그에게 고유한 개별적 질료 때문에 소크라테스이며 다른 어떤 사람이 아니다.

물질에 내재하는 형상들(내재적 혹은 질료적 형상) 외에도, 스스로 존재할 수 있으며 실재하기 위하여 질료가 필요치 않은 형상(실체적 형상)들이 있다. 이 형상들 가운데 순수한 영적 존재들 혹은 천사들 그리고 인간 영혼이 있다. 그것들이 그로 통하여 그것들이게 하는 그들의 실체 혹은 본질은 질료와 형상이 아니라 오직 형상만이다: 그것들은 스스로 자신의 개별성을 갖는다

신학

하느님은 순수 형상, 순수 현실태이다. 우리는 믿음으로 하느님의 지식을 갖지만, 이미 언급한 방식으로 추론에 의하여 하느님의 지식을 획득할 수도 있다. 하지만 그런 지식은 간접적 혹은 매개적 지식이다. 우리는 모든 추론 과정에서 알려진 것으로부터 알려지지 않은 것으로, 결과로부터 원인으로, 조건지어진 것으로부터 조건지어지지 않은 것으로 나아간다. 우리는 하느님의 현존을 그의 창조로부터 추론한다. 우리는 후험적 방법으로만 그것을 증명할 수 있다. 성 토마스는 안셀무스의 존재론적 논거를 배격하고 아리스토텔레스, 성 아우구스티누스, 아랍 철학자들이 이미 사용한 수많은 증명을 사용한다.

(a) 움직여지는 모든 것은 그것을 움직이는 무엇을 요구한다. 모든 결과는 원인을 함축한다. 그러므로 최초의 부동적(不動的)인 운동 원리가 있어야 한다. 그렇지 않으면 우리는 인과 계열에서 무한히 나아가지 않을 수 없고 그래서 결국 끝에 도달하지 못한다. 스스로 존재하며 존재하기 위하여 다른 것이 필요하지 않는 무엇이 있어야 한다(아리스토텔레스).

(b) 자연적 대상은 단지 우연적 혹은 가능적일 따름이다. 이런저런 개별적 대상이 존재하는 것은 필연적이지 않다. 하지만 가능적일 뿐만 아니라 실재하는 혹은 필연적인 무엇, 우연적이거나 가능적인 것의 토대 혹은 기초를 형성하는 무엇, 절대적으로 필연적인 무엇이 있어야 한다(알파라비). 이 두 가지 논거는 훗날 칸트가 일컬었던 우주론적 논거를 형성한다.

(c) 사물들은 등급화된 탁월성의 사다리를 형성한다. 더욱 완전한 대상과 덜 완전한 대상의 계열을 완성하기 위하여 최고의 형상 혹은 완전의 정도가 있어

야 한다. 그리고 모든 것은 제일 원인에 의하여 야기되므로, 최초의 원인은 우주에서 가장 완전한 원인, 가장 완전한 존재, 가장 완전한 사물들의 원인이어야 한다(성 아우구스티누스).

(d) 자연의 모든 것은 하나의 목적을 실현한다. 그런 활동은 그 활동을 인도할 예지를 함축한다. 하나의 목적적인 우주는 하나의 위대한 계획자, 예지적 하느님을 함축한다. 마지막 두 가지 증명은 목적론적 증명이다. 이 증명은 그리스인들과 스콜라주의자들이 흔히 사용하던 것이다.

그러므로 하느님은 우주의 첫째이자 마지막, 혹은 목적적 원인이다. 그는 순수 현실태 혹은 에너지이다. 그가 단지 가능적 존재라면, 그를 현실적 혹은 실재적으로 만들기 위하여 다른 어떤 것이 필요할 것이며, 그는 첫째 원인이 되지 못할 것이다. 순수 현실태로서 하느님은 절대적으로 단순하고 절대적으로 완전하다. 그는 또한 절대적 의식과 절대적 의지를 포함하는 절대적 예지이다.

하느님은 질료를 포함하여 세계를 무로부터 창조하셨다. 왜냐하면 하느님이 모든 사물들의 제일 원인이라면, 질료와 형상 모두의 원인이심에 틀림없기 때문이다. 그리고 그는 질료와 섞이지 않은 순수 영이시므로, 질료가 그로부터 방출될 수 없었다. 그는 질료를 무로부터 창조하셨음에 틀림없다. 하지만 세계가 출발점을 갖고 있지 않다는 것을 철학적으로 증명할 수 없듯이 세계가 시간 안에서 출발점을 갖고 있다는 것도 역시 증명될 수 없다. 두 견해 모두 가능하다. 무로부터의 창조는, 세계가 하느님 때문에 존재하며 하느님이 그것의 필연적 원인이심을 뜻할 따름이다. 이는 한시적 우주나 영원한 우주를 함축하지 않는다. 그러므로 우리는 우주가 시간 안에서 출발점을 갖고 있다는 신념에 대하여 계시에 의존한다. 시간은 세계의 창조와 더불어 시작되었다. 하느님은 세계를 창조하셨을 뿐만 아니라 매순간 그것이 존재하게 하신다: 그의 창조는 지속적 창조이다. 하느님은 이 세계를 모든 가능한 세계 가운데 최상의 것으로 선택하셨다. 왜냐하면 그의 의지가 선에 의하여 결정되므로 그는 최선만 의욕할 수 있기 때문이다. 그의 창조 목적은 모든 가능한 방법으로 자신을 계시하는 것이며, 그래서 그는 모든 가능한 정도의 존재들을 창조하신다.

영혼학

하느님은 자연과 인간 영혼과 천사를 창조하셨다. 천사는 순수한 비물질적 영이며, 그래서 개별 천사만큼 많은 종류의 천사가 있다. 자연적 대상은 물질적이며 그 안에서 형상이 질료에 내재한다. 사람은 순수한 영이면서 질료이다. 그는 완전한 실체의 통일성에서 존재의 두 원리를 포함하는 하나의 인격이다. 인간의 영혼은 비물질적인 "실체적" 형상, 신체의 현실태(entelechy)이다. 영혼은 유기적이며 감각적이며 예지적이다. 신체의 형성적 혹은 생명적 원리인 하나의 영혼은 세 가지 상이한 능력 혹은 기능을 갖는다: 움직이는 기능, 감각적 기능, 지성적 기능이다.

태아는 오직 유기적이며 감각적인 영혼만 갖는다. 태어날 때 지성적 영혼이 첨가된다. 하느님은 신체가 영혼을 받아들이도록 되어 있자마자 영혼을 창조하신다. 예지와 의지는 인간 영혼의 본질을 형성하며, 그 영혼을 다른 영혼과 구분시킨다. 영혼은 유기적 신체와 긴밀하게 결합되어 있지만, 영혼의 지성적 측면은 초기관(超器官)적이며 신체로부터 전적으로 자유롭다. 다른 말로 하면 인간은 지성과 신체의 결합이다. 둘은 긴밀하게 결합되어 있지만, 명백히 일반적 자연에서 형상과 질료처럼 풀 수 없을 정도로 결합되어 있는 게 아니다. 영혼은 예지적·감각적·생명적 원리, 즉 느끼고 생각하고 의욕하는 것뿐만 아니라 그런 행위를 하도록 되어 있는 신체를 형성하고 움직이게 하는 삼위일체이다.

그러므로 예지적 지성은 신체 없이 그 기능을 발휘할 수 있다. 그것은 불멸적이다: "신체의 해체 이후에, 영혼은 여전히 능동적일 수 있다." 아랍인들이 주장했듯이 하나의 보편적 예지가 있는 게 아니다. 만일 그렇다면, 인간은 합리적이거나 도덕적 존재일 리 없고, 그의 사유와 의지는 그와 구분되는 무엇의 활동일 것이다. 개별적 영혼은 사후에도 계속 그 모든 부분들에서 지성과 감각 영혼과 유기적 영혼으로서 존재하며 — 왜냐하면 이런 것들이 하나의 단일한 영혼을 형성하기 때문이다 — 이전의 영혼처럼 자신을 위하여 새로운 몸을 형성한다.

성 토마스가 사용한 불멸성에 대한 논거는, 그리스도교와 아랍의 세계의 공통 특성이 된 고대 플라톤주의적 논거이다. 인간의 영혼은 보편자를 인식하며, 그래서 불멸적이다. 그래서 신체로부터의 분리는 영혼을 파괴시킬 수 없다. 그리고 영혼은 능동적 형상(살아 있는 원리)이므로 소멸될 수 없다. 왜냐하면 현실태(생명)는 지속적 현존을 함축하기 때문이다. 게다가 불멸성에 대한 영혼의 갈망은 그것의 비소멸성을 지지하는 또 하나의 이유이다. 모든 자연적 욕구는 충족되어야 한다.

감각적 지식과 초감각적 혹은 합리적 지식에 상응하여, 인간은 감각적 욕구와 합리적 욕구 혹은 의지를 갖고 있다. 그는 짐승처럼 감각 인상에 의하여 자신의 욕구들과 행위들에서 절대적으로 결정되지 않고, 자기 결정의 능력을 갖는다. 그것에 의하여 그는 행동하거나 하지 않을 수 있다. 그러나 의지가 결정하려면, 먼저 선(善)의 개념을 갖고 있어야 한다. 그래서 예지(叡智, intelligence)는 의지를 움직이되, 의지를 강요하거나 강제하지 않는다. 예지는 의지 앞에 목적 혹은 목표를 둠으로써 의지를 움직인다. 반면에 의지는 예지와 감성을 움직이게 한다는 의미에서 "영혼의 왕국에서 제일 시동자"이다. 유기적 생명에 관하여 의지는 통제권을 갖고 있지 않다.

그러므로 성 토마스에 따르면, 예지와 의지는 서로를 규정하지만, 지성이 의지보다 우선한다. 의지는 예지가 선한 것으로 파악하는 것에 의하여, 합리적 목적에 의하여 결정된다. 하지만 이는 강제가 아니다. 강제는 한 존재가 외부적 원인에 의하여 필연적으로 규정되는 곳에 존재한다. 인간은 이성적이므로, 자신의 동의 없이 외부적 원인에 의하여 내몰려 행동하지 않으므로, 선을 실현하는 수단이나 자신의 이성이 파악하는 목적을 선택할 수 있기 때문에 자유롭다.

윤리학

성 토마스의 윤리학은 아리스토텔레스주의적 요소와 그리스도교적 요소의 융합이다. 그 윤리학의 기본 가정은, 하느님이 하나의 목적 즉 창조에서 자신의 선을 계시하려는 목적을 위하여 만물을 만드셨고, 만물의 본성이 이 목적을 지향하며, 모든 피조물이 자신의 참된 존재를 실현함으로써 신적 이념을 실현하고 하느님의 선함을 드러낼 것이라는 것이다. 그러므로 객관적으로 볼 때, 최고선은 하느님이다. 주관적으로 볼면, 피조물의 선은 그들의 최대로 가능한 완전 혹은 하느님과 닮음이다. 성 토마스는, 자신이 지복(beatitudo)이라고 일컫는 인간의 지상선이란 자신의 참된 자아의 실현에 있다는 데 아리스토텔레스와 의견을 같이한다.

비이성적 존재는 하느님이 심어 놓으신 바 자신의 목표를 실현하려는 자연적 혹은 감각적 충동에 의하여 결정된다. 반면에 이성적 존재는 그 목표를 의식적이며 자발적으로 실현하려 한다. 행위의 최고 형태는 사색 혹은 명상이며, 사색의 최고 목표는 하느님이다. 그러므로 인간은 자신의 참된 자아 즉 자신의 완전과 최고 지복을 하느님의 지식에서 실현한다. 그러나 하느님을 아는 방법은 많다. 우리는 하느님에 대한 일종의 자연적이고 직접적이고 비반성적인 지식을 갖는다. 하지만 이는 완전한 행위가 아니므로 우리에게 완전한 행복을 줄수 없다. 우리는 추론에 의하여 하느님의 지식을 얻을 수 있지만, 모든 인간이 이런 식으로 그 지식에 도달할 수 있는 게 아니며 게다가 그 지식은 충분히 확실하지 않다. 우리는 신앙으로 하느님을 알 수 있지만, 신앙은 의지에 의존하며 자명성을 결여한다. 하느님의 최고 지식은 직관적이다: 이는 오직 내세에서만 획득되며 영원히 지속된다. 이는 최고 행복을 산출하며, 인간적 추구의 최고 목표이다. 하느님이 하느님 자신을 알 듯이 하느님을 아는 자들은 하느님과 가장 비슷하다.

아리스토텔레스주의 윤리학의 그리스도교적 완성이 여기 있다. 아리스토텔레스에게 최고선은 사변적 지식, 철학, 신에 대한 순수한 명상이었다. 결국 철학자 혹은 지혜자가 그의 이상이었다. 성 토마스에게도, 하느님의 지식이 최고선이지만, 그것은 직관에 의하여 얻어진다: 그것은 지복의 직관이며, 오직 내세에서만 가능하다. 이런 의미에서 이는 초자연적 선이다. 은혜의 초자연적 선물이라는 의미에서도 역시 초자연적이다. 지복은 최고선의 획득에 다름이 아니므로, 행복(delectatio) 없는 지복은 없다. 사랑은 지복에 또 하나 동반되는 것이다: 우리는 하느님을 사랑하지 않고 하느님을 명상할 수 없다.

성 토마스는 자신의 윤리학에서 최고선(summum bonum)의 논의에 자신을 국한하지 않고, 도덕적 행위에 대한 주의깊은 분석과 덕에 대한 완벽한 연구에 착수한다. 숙고와 선택의 결과인 행위는 도덕적인 것이라 불린다. 다른 말로 하면 자유롭고 이성적인 존재의 행위이다. 한 행위의 좋음 혹은 나쁨은 그것이 목표로 삼는 대상, 행위자의 목적 혹은 의도, 상황에 의존한다. 이것들은 이성의 규칙에 일치해야 한다. 왜냐하면 이성의 규칙이 인간 행위의 원리이기 때문이다. 도덕적 행동의 최고 기준은 하느님의 이성, 영원법 혹은 신(神)의 법(lex aeterna), 신구약의 법이다. 구약의 법은 지상적 목표를 갖고 있으며, 공의로운 행위를 요구하며, 공포를 그 동기로 갖는다. 신약의 법은 천상적 목표를 갖고 있고 의지의 거룩함을 요구하며 그 동기는 사랑이다. 하지만 하느님의 법은 자의적인 법이 아니다. 하느님은 선한 것 이외에는 의욕할 수 없다. 영원법 이외에 자연법 혹은 인간법(lex naturae)이 있다. 이 법은 인간의 마음에 쓰여져 있다. 그래서 한 행위가 선하기 위해서는 교훈이나 주입의 결과로서 신(神)의 법 혹은 자연법에 의하여 되살아난 이성에 일치해야 한다.

성 토마스는 양심을 중세적 방식으로 설명한다. 지성은 사변적이면서 또한 실천적이다. 이성은 이론적 도덕적 원리를 부여받았다. 도덕적 원리의 능력으로서 이성은 신테레시스(synteresis)라고 불린다. 이는 삼단논법의 대전제를 제공한다: 모든 악은 피해야 한다; 열등한 이성은 소전제를 제공한다: 간음은 악이다; 양심(syneideis)은 결론을 이끌어낸다: 간음은 피해야 한다.

외부적 행위의 부도덕한 특징은 의지에만 의존한다는 것을 기억해야 한다. 하나의 행위는 그 자체로는 선할 수 있지만, 부도덕한 목적으로 향해져서 악하게 될 수 있다. 하지만 그 자체로 악한 외적 행위는, 그것을 선한 목적으로 향하게 하는 의지에 의하여 결코 선하게 될 수 없다. 그래서 성 토마스는 목적이 수단을 정당화한다는 이론을 힘주어 배격한다. 소위 "영혼의 정념들"인 감각의 욕망에 관하여 말하면, 이것들은 언제나 도덕적으로 악한 건 아니다. 그것들은 이성의 규칙에 일치하지 않을 때에만 악하다.

성 토마스는 아리스토텔레스의 덕의 연구와 구분을 따르지만, 그리스도교적 개념으로 그것들을 보충한다. 덕은 생득적이지 않다. 모든 덕은 덕스러운 행위의 수행에 의하여 획득될 수 있다. 그처럼 획득된 덕은 이생에서 가능한, 불완전한 혹은 완벽하지 못한 지복에 이른다. 영원한 지복을 실현하기 위해서는 은혜의 초자연적 원리가 하느님에 의하여 영혼에 덧붙여져야 한다. 이 높은 형상은 높은 완전과 높은 존재를 가능하게 만든다. 어떤 초자연적 덕이 하느님에 의하여 인간에게 부어지거나 주입된다: 즉 세 가지 신학적 덕목인데 믿음과 소망과 사랑이다. 이것이 없이는, 초자연적 목표를 달성할 수 없다. 지복의 생활을 실현하는 데 도움을 얻으려면 윤리적 덕목도 하느님에 의하여 심어져야 한다. 그것들은 단순히 획득된 덕목으로서 이런 점에서는 소용이 없다. 사랑은 주입된 덕 가운데 으뜸이며, 모든 덕의 완전한 형태이다.

우리가 보았듯이, 명상적 생활은 최고의 생활이며 가장 복된 생활이며 가장 향유할 만한 생활이다. 명상의 상태는 이생에서도 도달할 수 있다. 하느님의 조명적 영향을 통하여 황홀경의 상태가 생길 수 있다. 이 상태에서 영혼은 자신의 감각과 기관에서 벗어나고 순수한 명상 속에 몰입한다(신비주의). 명상적 생활은 실천적 생활보다 우월할 뿐만 아니라 더욱 공로를 쌓는다. 명상적 생활은 하느님의 사랑에 근거하며, 실천적 생활은 인간의 사랑에 근거한다. 활동적 생활이 외부적인 것을 지향하므로, 사색적 생활에 방해된다. 활동적 생활이 감관의 통제 상태에서 이루어지는 한 사색적 생활을 증진한다.

지복에 이르는 가장 안전하고 신속한 방법은 지상적 선을 전적으로 포기하고 영원한 삶을 추구하는 것이다. 이 과정은 명령될 수 있는 게 아니라 권고될 수 있을 뿐이다: 청빈, 독신, 복종과 같은 어떤 복음적 권고(consilia evangelica)가 있다. 이 권고를 따름으로써 높은 완전이 달성된다. 성 아우구스티누스와 같이 성 토마스에게도, 그리고 참으로 교회의 모든 사제들에게도, 수도원 생활 혹은 금욕 생활이 이상적 생활이다. 하지만 이는 소수를 위한 것일 따름이다. 세상에 사는 수많은 대중에게는 덜 엄격한 목표가 정해져 있다.

그래서 성 토마스 아퀴나스의 도덕 철학은 그리스 윤리학과 중세 윤리학의 대조적 특징을 통합하지만, 중세적 이상이 우월성을 지닌다. 그리스의 도덕 철학자에게 최고선은 그것이 덕이든지 행복이든지 언제나 우리의 지상적 인간 생활의 어떤 국면 혹은 업적이다. 게다가 덕의 발휘를 통해서 그리고 인간 이성의 도움을 받아 완전하게 자연적인 방식으로 달성할 수 있는 것이 있다. 중세 신학자에 따르면 최고선은 이 세계에 있는 삶이 아니다. 우리의 지상적 현존은 하느님께로 가는 순례길이다. 그 최고선은 내세의 영원한 지복이다. 목표 달성은 덕스러운 행동의 수행에서 자연적으로 그리고 필연적으로 나오지 않고 하느님의 초자연적 은혜에 의존한다. 이상적으로 선한 사람은 지혜로운 자가 아니라 거룩한 자이다. 그 사람은 하느님에 대한 사랑과 존경에 고무되어 하느님의 뜻을 전적으로 따른다. 거룩함의 상태는, 세상의 유혹과 잡다함에서 벗어난 수도원 생활에서 가장 잘 획득될 수 있다.

성 아우구스티누스처럼 성 토마스는 악을 결여(缺如)로 본다. 한 사물이 선한 그 본성에 따라 작용하는 한, 악을 야기할 수 없다. 악은 형상 혹은 원인 편에서의 결함 있는 행동 때문이다. 혹은 질료 즉 결과의 결함 있는 상태 때문이다. 도덕적 악의 경우에, 결함은 이성의 규칙과 신의 율법으로 향하지 않는 의지에 있다. 모든 사물은 선을 목표로 삼는다. 그래서 그것이 어떤 악을 실현하든지 그 악은 그것들의 의도 바깥에 있다. 이는 자유로운 이성적 존재에게 특별히 타당하다. 이성적 존재들은 무엇을 추구하든지 그것을 선으로 본다. 추구하는 그것이 악하더라도, 이성적 존재들은 그것이 악하기 때문에 원하지 않고 (비록 오류가 있지만) 선한 이유에 따라 그것을 보므로 그것을 원한다.

성 토마스는 아우구스티누스와 정통 신학을 따르는 구원론을 자신의 윤리학 꼭대기에 둔다. 아리스토텔레스주의적 형이상학에서, 낮은 현존 단계는 그 다음으로 높은 단계의 **질료**로 간주되며, 따라서 후자는 전자와의 관계에서 **형상**이다. 그처럼 계열의 끝까지 계속된다. 성 토마스는 이 자연인을 영적인 인간의 질료와 예비로 부를 때 이 교리를 받아들인다. 이 영적인 사람 안에서 하느님의 은혜가 작용하며, 그래서 이 사람은 아리스토텔레스주의적 인간에게 가능한 것보다 훨씬 높은 상태의 완전에 도달할 수 있다. 아담의 죄를 통하여 인간의 본성은 타락했고 그의 죄책은 그 자손에게 전달되므로(원죄론), 오직 하느님의 은혜만이 인간을 구속할 수 있다. 교회의 성사는 하느님이 그 은혜를 베푸시는 기관 혹은 도구이다. 하느님은 구원받을 자에게 은혜를 부여하신다. 토마스의 의견에 따르면, 이는 의지의 자유를 폐지하지 않는다. 왜냐하면 은혜는 의지와 협력함으로써만 인간 안에서 활동할 수 있기 때문이다. 하느님은 인간이 자신에게 돌아오지 못하는 실패에 책임이 없으시다. 하느님은 어떤 사람이 자유를 남용하여 악을 행하게 될지를 미리 보신다. 하느님은 그것을 허용하고 그런 자들을 형벌에 이르도록 예정하신다. 하지만 모든 윤리적 종교적 진보의 목적

은 보편적 부활이다. 이 부활에는 육체의 부활이 포함된다

정치학

성 토마스는 국가론에서 아리스토텔레스주의적 개념과 이미 성 아우구스티누스의 「하나님의 도성」에 표명된 그리스도교 국가의 이상을 혼합한다. 인간은 정치적 존재이며 사회에서 삶을 추구한다. 모든 정부의 목적은 보편적 복리이다. 이는 내적 통일 혹은 평화와 외부의 적에 대한 안전이 있는 사회에서만 가능하며, 권력집중적 정부나 군주제에서 가장 잘 획득될 수 있다. 군주제는 독재를 막도록 제도화되어야 한다. 그러나 극단적인 압제의 경우에도, 군주 시해와 혁명은 결코 정당화될 수 없다. 구제책은 헌법에 따라 법률적 수단에 의하여 추구해야 한다. 왜냐하면 정치적 질서는 신적 질서이기 때문이다. 그것이 불가능할 때에는 결과는 하느님의 몫으로 돌려져야 한다.

통치자는 신적 목적을 명심하고 신민들이 최고선을 실현할 수 있게 해야 한다. 그러나 인류의 최고선이 영원한 지복이므로, 교회와 그 수장이며 지상에서 하느님의 대리인인 교황은 세속 권력보다 우월하다. 그러므로 영적인 문제에서 현세의 통치자들은 사제에게 종속된다. 통치자들은 교회의 가신이며, 그들의 신민은 통치자들이 출교당한 후에 그들에게 충성을 바칠 의무가 없다. 국가는 아우구스티누스의 「하나님의 도성」에서처럼 더 이상 인간의 죄악된 본성의 결과로 파악되지 않고 하느님이 수립하신 제도로 파악된다.

성 토마스의 추종자들

성 토마스의 추종자들 가운데는 다음과 같은 인물이 있다: 퐁텐의 고트프리드(Gottfried of Fontaines), 아이기디우스 콜로나(Aegidius Colonna), 스트라스부르크의 토마스(Thomas of Strasburg), 에르베 드 네델렉(Hervé de Nedellec), 토머스 브래드워딘(Thomas Bradwardine), 카프레올루스(Capreolus), 플랑드르의 도미니쿠스(Dominicus of Flanders), 토마스 데 비오(Thomas de Vio, 카에타누스). 단테(1265-1321년)는 「신곡」에서 토마스주의 철학을 열정적으로 추종한다.

수정된 토마스주의는 예수회 몰리나(Molina), 가브리엘 바스케스(Gabriel

Vasquez), 프란시스 수아레즈(Francis Suarez) 등에 의하여 가르쳐졌다. 프란시스 비토리아(Francis Vittoria)와 바네즈(Bannez)는 원래의 토마스주의적 견해들을 옹호했다.

도미니쿠스회는 1286년에 성 토마스를 "종단의 박사"로 삼았다. 예수회는 로욜라에 의하여 창설될 때(1534년) 그의 가르침을 채택했지만, 나중에 그 가르침을 떠났다. 교황 레오 13세는 성 토마스의 철학을 가톨릭 교회의 공식 철학으로 만들고 그의 작품을 새로운 판으로 출판하도록 명령했다. 토마스주의는 오늘날 가톨릭의 지도적 철학 체계이다.

32. 몇몇 반(反)스콜라주의적 경향: 신비주의, 범신론, 자연과학

신비주의

13세기에는 알베르투스 마그누스와 성 토마스의 위대한 스콜라주의 체계 외에도 우리가 12세기 사상을 개요하면서 지적했던 동일한 부수적이며 적대적인 운동이 등장한다: 신비주의, 논리학과 과학의 연구들, 범신론이 교회의 많은 학자들을 끌어당기고 있었다.

헤일스의 알렉산더의 제자이며, 보나벤투라라고 불린 존 피단자(John Fidanza, 1221-1274년)는 프란체스코회에 소속했는데, 이 종단에서는 아우구스티누스주의가 널리 퍼졌다. 그는 명제론과 석의적 저술을 썼지만, 특별히 신비주의자로서 유명하다. 그의 경향은 아우구스티누스주의적 플라톤주의적 사상 유형에 쏠렸고, 그의 신비주의는 생 빅토르 학교의 신비주의와 본질적으로 다르지 않았다. 그의 주된 신비주의 저술은 「하느님을 향한 정신의 순례」(*Itinerarium mentis ad Deum*)이다.

하느님께로 가는 길은 인식에서 묵상을 거쳐 명상에 이른다. 우리는 명상에서 몇 가지 단계를 거친다: 우리는 하느님을, 물질적 세계에서 그 다음에는 우리의 내면적 생활에서 명상하며, 여기서 하느님에 대한 직접적인 봄(immediate vision)으로 올라간다. 가장 높은 단계에서 영혼은 자신을 초월하여 거룩한 무지의 상태에 들어가서, 사랑을 통하여 신적 의지와 하나된다. 신적 은혜의 선물인 그런 황홀경의 상태에 대한 준비는 거룩함과 기도의 생활이다. 성 보나벤투라는 아시시의 성 프란체스코의 탁발 종단의 구성원으로서 수도원의 금욕적 생활을 청빈과 자선과 복종의 서약과 더불어 그리스도교적 완전의 최고 형태로 본다.

논리학

논리학과 문법의 연구에 전념한 저술가들 가운데에는 쉬레스우드의 윌리엄(1249년에 죽음), 오세레의 람베르(Lambert of Auxerre, 1250년에 죽음), 스페인의 페테르(Peter of Spain, 1277년에 죽은 교황 요한 21세일 가능성이 지극히 크다) 등이 있다. 페테르는 논리학에 관한 교과서 「논리학 개요」(Summulae logicales)를 썼다. 이 책은 아리스토텔레스와 보에티우스를 대체로 따르며, 수세기 동안 그 주제에 관한 권위서였다. 1250-1263년에 클로브뤼노(Clos-Bruneau)에서 가르친 파리의 니콜라(Nicholas of Paris)는 자신의 저서 *Syncategoremata*에서 문법과 논리학을 결합했다.

자연과학

앞에서 지적했던 것처럼, 자연과학에 대한 관심은 중세의 주도적인 지적 관심인 스콜라주의 철학과 결합되어 있었다.

13세기 동안 과학 연구에 대한 열중은 지속되었다. 물론 이 운동의 지도자 가운데 한 사람인 로저 베이컨은 옥스퍼드 바깥에서는 그런 일에 별다른 관심이 없는 점을 한탄했다. 이미 우리가 자연에 대한 관심을 장려하던 인물로 언급했던 사람들 가운데 바트의 아델라르(Adelard of Bath)와 알베르투스 마그누스가 있었다. 영국에서는 수학과 물리학의 연구가 장려되었다. 알베르투스, 보베의 뱅상, 로저 베이컨은 지리학 연구에 헌신했다. 당대의 과학자들은 지구가 구체이며(이는 교회에 의하여 정죄받은 견해임) 지중해 유역이 지구의 중심을 차지한다고 믿었다. 그들은 서쪽 해로를 따라가면 인도에 닿는다고 생각했다. 사실 콜럼버스는 인도의 서쪽 부분을 발견했다는 신념을 품은 채로 죽었다.

과학 연구자의 명부에 기록된 이름들은 알렉산더 네컴(Alexander Neckam, 1217년에 죽음), 알프레드 사첼(Alfred Sarchel, 1225년 경에 마음의 운동에 관한 논문을 기록함), 존 페컴(1292년에 죽음), 로저 베이컨(약 1214-1294년), 비텔로(1230년경에 태어남), 프라이베르크의 디트리히(Dietrich of Freiberg, 1265-1269년에 파리 대학의 교수로 지냄) 등이 있다. 비텔로와 디트리히에게서는 자연과학적 관심이 신플라톤주의적 경향과 결합되었다.

로저 베이컨 이 집단에서 가장 뛰어나고 독립적인 인물은 로저 베이컨(Roger Bacon)이다. 그는 중세의 학자적 면모와 근대의 학자적 면모를 절묘하게 겸비했다. 프란체스코회 수도사였고 옥스퍼드와 파리에서 훈련받은 베이컨은 수학 연구(그는 수학을 모든 과학적 연구의 토대로 보았고 산수, 기하, 천문, 음악을 수학 연구에 포함시켰다)와 물리 과학 연구에 특별히 헌신했다. 그리고 그는 물리 과학으로 원근법, 연금술, 농업(식물과 동물의 과학), 의학, 점성술, 마술을 열거한다. 그는 또한 그리스어, 히브리어, 아랍어, 칼데아어 등 언어의 연구를 신학과 철학에 필수 불가결한 것으로 보았다. 그는 형이상학을 제일 원리의 학문으로 규정했다. 베이컨은 자신의 백과사전적 작품인 「대작」(大作, *Opus majus*)에서 자신의 사상을 기록해 두었다.

　베이컨은 인식의 두 가지 방법인 증명과 경험 가운데 후자에 강조점을 둔다. "왜냐하면 경험 없이는 어떤 것도 충분히 인식될 수 없기 때문이다." 하지만 경험은 이중적이다: 외적 감각에 의존하는 인간적이거나 철학적인 경험과 우리가 그로 말미암아 "영적인 일뿐만 아니라 물질적 문제와 철학에 도달하는" 내적 조명 혹은 신적 영감이다. 그런 내적 경험에 의하여 우리는 일곱 단계를 거쳐 황홀경의 상태 혹은 "영적인 일들과 모든 인간적 학문"의 신비적 지식에 도달할 수 있다. 그런 체험을 갖고 있는 사람은 이 지식으로 인간이 언어로 표현할 수 없는 많은 것을 분별한다.

　베이컨의 과학적 태도는 근대과학의 정신과 멀리 떨어져 있다. 그는 근대 과학을 예기하는 많은 것과 아울러 환상적인 생각과 미신을 많이 제공한다: 점성술이 천문학과 뒤섞여 있고, 마술이 공학과, 연금술이 화학과 뒤섞여 있다. 그리고 이중적 경험의 이론은 경험 과학의 발전에 해로울 온갖 가능성을 향하여 문을 열어 준다. 하지만 그는 분명 자연을 연구하고 관찰했다.

이중 진리론

13세기에는 항상 스콜라주의에 적응하지는 않았던 신비주의적 경향과 자연 과학적 경향 외에도, 전체 교회의 철학에 대적적인 표시가 드러난다. 많은 사상가들은 아베로에스의 영향을 받아, 철학적 진리와 신학적 진리를 구별하고 이 둘이 서로 모순될 수 있으며 각각은 자신의 영역에서 참되다고 주장한다. 이 장치는 교회의 권위를 속이지 않았고 이런 식으로 개진된 이단적 명제들 가운데 더러는 1240년에 파리의 주교에 의하여 정죄당했다. 브레시아의 존(John of Brescia)은 1247년에 신학적 진리로 제시되지 않고 철학적 진리로 제시되었다는 변명과 더불어 수많은 이단 사설을 선포했다.

파리 주교 에티엔 탕피에(Etienne Tempier)는 1270년과 1277년에 이중 진리론을 배격하고 파리 대학 인문학부에서 가르친 많은 입론들을 정죄했다. 그 가운데에는 삼위일체, 육신의 부활, 불에 의한 영혼의 고난, 황홀경과 이상(異像)의 초자연적 성격, 시간 내의 창조, 행복에 이르는 수단으로써 은혜의 필요를 부인하는 명제들이 포함되어 있다. 과장된 형태의 이중 진리론이 동일한 시기에 브라방의 시제르에 의하여 제안되었다. 그는 "신학적으로" 자명한 명제들이 불가능하다는 것을 그 반대 명제들을 입증함으로써 보여주려고 했다: 가령 하느님은 없다, 확실한 지식은 없다, 도덕적 책임은 없다, 모순율은 없다, 지탱되지 않는 대상은 떨어지지 않을 것이다 등.

레이몬드 룰리

그런 이단들을 반대했던 레이몬드 룰리(Raymond Lully, 1235-1315년; Ars brevis, Ars magna)는, 모든 문제를 해결할 수 있는 이성의 능력에 대한 신념이 완전히 사라지지 않았음을 보여주는 데 인용될 수 있다. 그의 견해로는, 이성은 그리스도교 신앙과 모순되는 결론에 도달하지 못할 뿐만 아니라 종교의 모든 신비를 절대적 확실성을 갖고 증명할 수 없다. 그는, 자신이 말하는 "위대한 기술"을 창안했다. 이 방법에 의하여 "학문과 성찰의 수고 없이 지식의 모든 문제에 관하여 정보를 제공할" 수 있다. 이 방법은 9개의 개념과 문제를 7개의 움직일 수 있는 동심원 모양의 판에 놓고 원판을 조작하여 대답을 얻었다. 이 보잘것 없는 기계 장치를 사용하여 그는 열정적인 많은 추종자를 얻는데 성공했고, 그들은 17세기까지 "위대한 기술"을 믿었다. 그리스도교 교의를 합리화하려는 룰리의 시도들은 효과 없는 것으로 입증되었고, 이중 진리론의 폭넓은 유행은 스콜라 주의의 궁극적 몰락의 전조였던, 신학과 철학의 종합의 실패에 대한 전조였다.

제9장

13세기 이후의 스콜라주의의 몰락

33. 요한네스 둔스 스코투스(John Duns Scotus)

성 토마스에 대한 반대

토마스주의 철학이 도미니쿠스회의 공식 교리가 되고 많은 지지자를 얻었지만, 이 철학의 패권은 이론(異論)의 여지가 없는 게 아니었다. 헤일스의 알렉산더와 성 보나벤투라와 같은 초창기 위대한 교사를 두었던 프란체스코회는 아우구스티누스주의적-플라톤주의적 전통을 고수했다. 그리고 그들은 아리스토텔레스주의를 노골적으로 반박하지 않았지만, 새로운 체계의 주장과 결론을 많이 반대했다. 곧 그리스도교 학자들은 경쟁적인 양진영으로 분열되었다. 프란체스코회는 종교의 실천적·정서적·신비적·개인적·헌신적 측면을 강조했다. 그들에게는 지성이 의지보다 중요하지 않았고, 그리스도교의 윤리적·종교적 내용이 신앙의 이론적 구성보다 중요했다. 그러므로 새로운 스콜라주의의 많은 비판가와 반대자들이 이 종단에서 나왔다는 것은 놀라운 일이 아니다.

수많은 가능성이 반대자에게 열려 있었다: (1) 주도적인 철학의 어떤 원리를 공격하는 것; (2) 그리스도교와 아리스토텔레스주의의 결합을 성공적인 것으로 보지 않고 배격하는 것; (3) 신앙의 증명 가능성을 부정하는 것; (4) 스콜라주의의 가능성을 아예 부정하는 것.

요한네스 둔스 스코투스는 이 입장들 가운데 처음 세 가지를 받아들임으로

요한네스 둔스 스코투스

써 네번째 입장의 수용을 위한 길을 닦았고 그래서 스콜라주의 체계의 전복에
이바지했다.

토마스주의를 반대하는 데 참여한 사람들로는, 페컴, 위로(Warro), 킬워드비,
윌리엄 라마르(William Lamarre, 1284년에 *Correctorium fratris Thomae*를 씀), 미들타운의
리처드(Richard of Middletown), 헨트의 앙리, 브라방의 시제르, 아쿠아스파르타의
매튜(Matthew of Aquasparta), 피터 존 올리비(Peter John Olivi), 로저 베이컨, 생 푸르
켕의 기욤 뒤랑(William Durand of St. Pourcain) 등이 있으며, 이들 가운데 더러는
이미 언급된 바 있다.

토마스주의 체계를 반대하는 정신은 요한네스 둔스 스코투스의 사상에서 표
현되었다.

1274년경에 태어난 요한네스 둔스 스코투스는 잉글랜드 혹은 아일랜드 태생이었
으며, 프란체스코회의 회원이었다. 그의 정확한 출생지와 연대는 알려져 있지 않
다. 그는 옥스퍼드에서 공부했고, 거기서 수학에 소질을 보였으며, 옥스퍼드와 파
리에서 교수가 되었다가 나중에는 쾰른에서도 가르쳤다. 그는 1308년에 쾰른에서
죽었다. 그의 명성은 그의 건설적 능력에 있다기보다 그의 변증론적 기술과 비판
적 통찰력에 있다. "예리한 박사"(subtle doctor)라는 그의 칭호는 잘 붙여진 이름이

었다. 그는 로저 베이컨과 헤일스의 알렉산더에게 영향을 받았고 성 아우구스티누스와 성 안셀무스를 최고의 권위로 보았다. 프란체스코회는 그를 종단의 박사로 삼았다.

신앙과 지식

둔스 스코투스의 철학은 다음의 전제에 근거한다: 교의는 의문의 여지가 없다; 신앙은 최고의 진리의 토대이다; 사랑은 근본적 덕목이다; 신앙과 사랑은 의지에 근거하며 하느님을 보는 것에 대한 조건들이다; 의지는 지성보다 우월하다.

그는 신앙의 진리와 이성의 진리 사이에 갈등이 있을 수 없다는 데 성 토마스와 의견을 같이한다. 그는 자신의 이론을 지지하고 반대자들의 이론을 비판하는 데 철학적 지식을 사용한다. 또한 그의 의견에 의하면, 이성은 종교의 신비를 설명할 수 없고 신앙에 의하여 보충되어야 한다. 그러나 둔스 스코투스는 이성의 영역을 제한하는 점에서 성 토마스를 훨씬 넘어선다. 그의 수학적 연구는 참된 증명을 형성하는 것이 무엇인지를 그에게 가르쳤고, 그는 신적 본성, 신적 목적, 신적 예지와 예정, 영혼의 불멸성 등에 관련된 명제들을 이성적으로 증명할 수 있는 것으로 보지 않았다. 그런 문제들에서 그는 신앙만이 우리에게 확실성을 줄 수 있다고 주장했다. 신앙은 의심을 완전히 배제하지 않겠지만, 납득이 가는 의심은 배제한다. 신학의 목적은 실천적이지 이론적이지 않다. 신학의 관심사인 계시된 교리가 없이 우리는 인간에 대한 하느님의 목적을 알 수 없다. 왜냐하면 학문은 우리에게 이것을 말해 줄 수 없기 때문이다. 신학은 자신의 원리를 갖고 있다. 그리고 신학은 최고로 가능한 대상 즉 하느님과 관련되므로 모든 학문보다 우월하다. 철학도 자신의 원리를 갖고 있으며, 독립된 학문이며 신학에 결코 종속되지 않는다.

이 가르침은 계시된 신학과 철학을 명백히 구분한다. 그래서 만일 이 구분을 일관되게 고수할 경우, 철학은 신학에 대한 예속 상태에서 벗어나게 된다. 둔스 스코투스는 신앙을 위하여 이 구분을 만들었지만, 그렇게 하면서 철학의 해방을 위한 길을 열었다. 그는 계시된 신학의 진리를 너무도 철저히 확신했기에,

이성적 사고로부터 오는 위험을 전혀 두려워하지 않았다. 그는 이성이 적절히 사용될 경우 종교와 조화를 틀림없이 이룬다고 확신했다. 참으로 이성은 교의를 증명할 수 없지만 그것을 반박할 수도 없다. 스코투스보다 신앙이 확고하지 못한 사상가들에게는, 다른 가능성들이 있었다: 이성은 교의와 상충되는 결론에 도달할 수 있다; 그러면 이성과 신앙을 모두 받아들이거나 받아들이는 체해야 할 것이며, 그렇지 않을 경우 교의 자체를 포기해야 할 것이다. 이런 대안은 각각 그 시기의 사상가들에 의하여 선택되었다.

보편자론

둔스 스코투스는 보편자론에서 대체로 당대의 이론을 따랐다. 성 토마스도 이 이론을 받아들였다. 보편자는 하느님의 지성 안에 있는 형상으로서는 사물 **이전에** 존재한다; 그 본질 혹은 일반적 성질로서는 사물 **안에** 존재한다; 우리의 지성 속에 있는 추상적 개념으로서는 사물 **다음에** 존재한다. 보편자는 유한한 지성 속의 단순한 관념이 아니며 그래서 개념적 지식은 실재적 대상을 갖고 있다. 만일 보편자가 지성 바깥의 실재성을 갖고 있지 않으면, 모든 학문은 단순한 논리학으로 환원될 것이다. 둔스 스코투스를 지배하는 원리는, 사고와 실재가 일치하며, 논리적 개념들과 구분이 단순한 사고 작용이 아니라 그것에 상응하는 실재성을 갖고 있다는 것이다. 하지만 필연적으로 지식과 대상의 상응은 동일성의 상응이거나 심지어 하나가 다른 하나의 정확한 모사인 것은 아니다. 우리는 개별 대상에서 출발하지 않으면 도무지 사유할 수 없다.

하지만 개별자에서 출발할 때 우리는 보편적 용어로 사유한다. 유와 종의 논리적 구분을 받아들이면서 우리는 유가 필연적으로 종을 함축하며, 또 종이 필연적으로 개별자를 함축한다는 것을 발견한다. 종을 서로 구분짓는 종적(種的) 차이가 있듯이, 개별자를 서로 구분짓는 개별적 차이가 있다. 이 구분 과정은 개별자를 넘어서 진행할 수 없다. 왜냐하면 우리는 개별자를 논리적으로 구분할 수 없기 때문이다: 모든 개별자 혹은 개별 사물은 분리 불가능한 통일체, 궁극적 실재, 논리적 형이상학적 분류의 말단이다. 구체적 개별자를 형성하는 것은 개별적 차이이다. 종이 유 더하기 종차(種差)이듯이, 개별자는 종 더하기 개별차(individual difference)이다. 보편적 본성 혹은 본질 혹은 무엇임(통성원리)이 여기서 개별적 본성에 의하여, 이것됨(후대 저술가들의 표현을 빌리면, haecceitas[個性原理])에 의하여 보충된다. 인간이 논리적으로 생명에 인간성이라는 종차가 덧붙음으로써 동물로부터 유래되듯이, 소크라테스는 소크라테스성(性)이라는 개별적 특성이 보편적이며 구체적 본질에 첨가됨으로써 인간으로부터 나온다. 둔스 스코투스는 **개별화의 원리**는 이런 개별차에서 발견되지 성 토마스가 생각했듯이 질료에서 발견되지 않는다고 선언한다. 구체적 사물은 그 질료 때문에 그것인 게 아니라(만일 그렇다면 동일한 종의 구성원들은 모두 동일할 것이다) 그것의 개별적 본성, 개별성 때문에 그것이다. 이 개별화하는 차이는 한 대상의 일반적 성격에 덧붙은 사물(res)이나 실체가 아니며, 단순히 논리적 차이도 아니며, 일반적 특성과 결합되고 그것에 내재한 한 성질 혹은 특성이다.

우리는 보편자 혹은 일반 개념에서 시작하여 마침내 개별자에 도달한다. 그러나 반대 방향으로 나아갈 때 우리는 보편자 혹은 초월적 개념에 도달한다. 이 보편자 가운데 최고의 보편자는 존재(ens)이다. 왜냐하면 이는 다른 모든 것에 술어화될 수 있기 때문이다. 존재 외에도 통일성, 선함, 진리; 동일성과 다양성; 우유성과 필연성; 현실태와 가능태 등과 같이 다른 초월적 개념도 있다. 우리가 사물들에 적용할 수 있는 가장 일반적인 술어들이 있다.

신학

성 토마스와 마찬가지로, 둔스 스코투스는 우리가 하느님의 현존을 오직 후험적으로, 그의 작품들로부터 추론할 수 있다고 주장한다. 이 증명은 모든 이성적이며 피조된 영혼 안에 잠재되어 있으며, 현실화되기를 요구할 따름이다. 하지만 신적 전능과 무로부터의 하느님의 창조에 대한 교리는 증명될 수 없다. 하느님은 순수 형상 혹은 현실태이시며, 그 안에서는 모든 것이 명백해지며 단지 가능한 것은 전혀 없다. 그렇지 않다면 하느님은 절대적으로 완전한 영적 원리가 아니실 것이다. 하느님의 지식은 실재하고 가능한 모든 것에 대한 생생한 직관이다. 세계의 사실로부터 우리는 제일 원인의 현존을 추론한다. 우리는 필연적으로 이 제일 원리에 의식적 지식과 목적을 귀속시켜야 한다.

하지만 우리는 신적 본성이나 존재로부터 하느님의 예지(叡智)에 포함된 모든 진리를 선험적으로 연역할 수 없다. 후험적 증거에 근거한 그런 주장만이 스코투스에게 이성적 확실성을 갖는다. 그는 당대의 스콜라주의자들이 몰입한 다른 모든 형태의 사변을 거부했다. 예지 외에도 의지를 하느님께 귀속시킬 후험적 근거가 있다. 하느님의 의지는 무한하고 절대적이다: 단일한 행위로 하느님은 자신에게 가능한 모든 것을 의욕할 수 있으며, 하느님은 의욕하거나 의욕하지 않거나 절대적으로 자유로우시다. 이 교리는 파악하기가 까다롭지만 그리스도교의 교의로 받아들여져야 한다. 하느님은 세계를 원하셨고 그것을 영원히 원하셨음에 틀림없다. 그렇지 않으면 하느님이 세계를 의욕하지 않으셨을 때가 있을 것이며, 이는 하느님 안에 변화와 불완전이 있음을 함축할 것이다. 하느님만이 순수 형상이시다. 다른 모든 것은 형상과 질료, 현실태와 가능태의 결합이다. 천사와 인간 영혼을 포함한 모든 피조된 영은 형상뿐만 아니라 질료를 갖고 있다. 이 교리는 스코투스주의자들과 토마스주의자들의 논쟁점 가운데 하나이다. 여기서 스코투스는, 가능태가 질료성과 결합되고, 현실적 혹은 실현된 영으로서 하느님만이 순수 형상이심을 주장하고 있다.

영혼학

둔스 스코투스의 영혼학은 그의 나머지 철학과 마찬가지로, 성 토마스와 일치하는 점을 많이 보여준다. 하지만 영혼과 그 기능에 대한 그들의 해석은 미묘한 차이를 많이 드러낸다. 스코투스는, 형상과 질료를 각각 범례화하는 영혼과 신체가 인간 내의 실체적 통일체를 형성하지만 영혼도 형상과 질료의 결합이며 신체도 개별적 영혼의 신체로서 그 형상을 갖는다고 주장한다. 또한 그는, 영혼의 상이한 기능들이 영혼의 본질과 구분되며 서로 간에 구분되지만 다양한 능력이나 기능을 가진 하나의 영혼이 있다고 주장한다. 의지와 지성의 상대적 중요성에 대한 두 사상가의 견해의 근본적 차이는 토마스주의자들과 스코투스주의자들의 중대한 논쟁의 원천이었다.

성 토마스는 영혼의 질서에서 의지의 중요성을 인식하지만, 그의 체계에서는 지성이 의지보다 우월하다. 좀 더 추상적이고 단순한 기능인 지성은 상위의 능력이며, 이성적 존재의 특색있는 표시이다. 우리가 보았듯이 이 지성은 최고 선과 관련하여 의지를 규정한다. 둔스 스코투스와 마찬가지로 의지는 지성보다 우월하다. 의지는 지식에 의하여 필연적으로 규정된다면 의지이기를 중단할 것이다. 의지는 승인(velle)과 부정(nolle)의 능력을 갖고 있다. 상상력과 예지는 의지 작용의 필수불가결한 필수 조건(causae sine quibus non)이지 결정적 원인이 아니다: 의지는 감각의 유혹에 이끌리거나 도덕적 양심에 이끌려 판단을 내릴 수 있다. 이는 선택 의지(liberum arbitrium)이다.

의지의 심리학의 이런 설명은, 의지가 신적 은혜의 도움 없이 자연적 도덕의 요구에 일치하여 작용한다는 것을 함축한다. 스코투스는 이 결론을 받아들이지만, 영원한 생명이 은혜의 선물이며 의지가 하느님이 요구한 작용을 수행할 수 있게 하는 신앙과 소망과 사랑 없이는 획득될 수 없음을 지적한다. 성 토마스에게 영원한 지복은 하느님에 대한 명상에 있다. 스코투스에게는 그것이 사랑에 집중되어 있다. 사랑은 우리가 그 안에서 하느님과 직접 결합되는 의지 작용이다. 하느님을 보는 것은 질료인 혹은 지복의 조건이다. 지식은 의지의 수단이지만, 의지와 의지의 기능인 사랑은 목적 자체이다. 성 토마스는, 우리가 의지 없는 지성과 지성 없는 의지 사이에서 선택한다면 전자를 선택해야 한다고 말한다. 스코투스는, 우리가 후자를 선택해야 한다고 말한다. 의지는 영혼의 더 높고 고상하고 가치 있는 능력이다. 의지는 그 행위에서 절대적으로 자유로우며 선의 이념에 의하여 규정되지 않는다. 의지는 선을 자유롭게 선택한다.

하느님과 도덕법

둔스 스코투스는 자신의 주의설(主意說, Voluntarism)을 인간에게서 하느님으로 확대한다. 하느님에게서도 의지가 지성보다 우월하다. 하느님은 자신의 이성에 의하여 규정되시지 않는다. 그래서 우리는 원리로부터 이성적 연역에 의하여 하느님의 목적과 그 작용을 인식할 수 없다. 하느님이 세계를 창조하신 것은 하느님께 필연적인 게 아니었다. 그러므로 하느님은 원하셨다면 다른 세계를 창조하셨을 수 있다. 하느님은 자신이 세우신 질서에 의하여 구속당하지 않으신다. 하느님은 죄책을 초래하지 않고서도 그 질서를 뜻대로 바꾸실 수 있다.

하느님이 원하시고 수립하시는 무엇이든지 옳다(lex recta). 그러므로 우주는 이성적 사고의 필연적 산물이라는 의미에서 이성적이지 않다. 만일 그렇다면 우리는 전체 사물을 스스로 추론하고 하느님을 따라서 하느님의 사고를 생각하고 확신있게 사건의 과정을 예측할 수 있다. 모든 사물이 하느님의 의지에 달려 있기 때문에, 우주에서 이성적으로 필연적인 것은 하나도 없다.

마찬가지로 세계에서 우리의 삶과 우리 상호 간의 관계와 관련되는 신적 계명은 필연적 계명이 아니다: 규칙이 이성에 자명하거나 필연적이므로 하느님은 우리에게 어떤 식으로 행동하라고 명령하시지 않는다. 반대로 하느님이 규정하시므로 그것들은 필연적이다. 하느님은 살인과 일부다처제와 재산권의 침해가 잘못이 아닌 사회를 만드실 수 있었다. 우리는 절대적 도덕법으로부터 이런 법을 연역할 수 없다. 형제애의 명령으로부터 그런 법을 도출할 수 없다. 왜냐하면 그런 법은 형제애로부터 필연적으로 나오지 않으며 게다가 사랑의 법은 자연법이 아니기 때문이다. 우리는 하느님에 대한 사랑이 자연법임을 증명할 수 없다. 하지만 스코투스는 십계명의 어떤 법들, 처음의 네 가지 계명을 필연적인 것으로 본다. 물론 원칙상 이는 자의적 의지의 이론을 완전히 버리게 된다. 왜냐하면 하느님이 어떤 경우든지 필연적인 법에 얽매이시면, 절대적으로 자유로우시지 않기 때문이다. 스코투스는 이런 식으로 예외를 정당화한다: 인간이 하느님 외에 다른 신을 두어서는 안 되며 하느님의 이름을 헛되게 일컫지 말아야 하며, 하느님을 경배해야 한다는 것은 자명한 법이다; 이 법들은 자신에 대한 하느님의 사랑에서 나오며 하느님은 자신을 사랑하셔야 한다; 그 법들은 단순히 자의적 의지의 명령이 아니다.

하느님은 전능하시므로, 그의 작정은 틀림없이 성취될 것이다. 하느님의 변경될 수 없는 작정 가운데, 선인(善人)에 대한 상급과 악인(惡人)에 대한 형벌이 있다. 그러나 구체적으로 누가 상을 받고 누가 형벌을 받는지는 정해지지 않았다. 여기서 우리는 개별적 판단을 다루고 있지 일반법을 다루고 있지 않다. 그리고 이런 경우에 하느님은 마음을 바꾸고 달리 원하실 수 있다. 왜냐하면 하느님은 절대적으로 자유로우시기 때문이다. 하느님의 의지는 절대적으로 자유롭기 때문에 절대적으로 정의롭다. 스코투스는 주의주의적 유형의 신학적 윤리학을 설명하는 위대한 중세 사상가이다: 도덕법의 원천은 하느님의 의지의 자유로운 작정으로 거슬러 올라간다.

둔스 스코투스의 제자들로는 존 드 바솔리스(John de Bassolis), 안토니우스 안드레아이(Antonius Andreae), 프랜시스 드 마이로니스(Francis de Mayronis), 월터 벌리(Walter Burleigh) 등이 있다.

34. 유명론의 부흥

성 토마스와 둔스 스코투스는 증명 가능한 진리의 영역을 제한했다. 그들 이전의 스콜라주의자들이 증명 가능한 것으로 보았던 교리들은 권위의 신앙의 영역으로 좌천되었다. 우리가 보았듯이 이런 점에서 스코투스는 성 토마스보다 훨씬 더 나아갔다. 그는 철학의 경계를 한정했을 뿐만 아니라 그리스도교 교의와 자연신학을 지지하는 주장들에 철저하고 파괴적인 비판을 가했다. 우리는 그가 스콜라주의자들의 지적 활동에 대하여 엄격한 검열을 시행하고 있고, 그들의 추론에서 타당한 것과 타당하지 않은 것을 세심하게 구별하고 자신이 보기에 정당한 경계 안으로 사유를 국한시키고 있음을 발견한다. 그는 인간 이성에 대한 신념을 버리지 않는다. 참으로 그는 인간 이성에 대한 지속적인 확신을 갖고 있으며, 철학뿐만 아니라 신학에서 논리학의 방법을 사용한다. 그러나 그는, 신조는 이성적 연구가 가능하지만 일단 우리가 계시를 통하여 그것들을 갖고 나면 자연적 이성 혼자서 획득하고 증명할 수 없는 것이라고 힘주어 강조한다.

이런 견해는 몇몇 사상가들에게 훨씬 진척되고 급진적인 발전을 암시했다: 그들은 스콜라주의자의 지도(map)에서, 증명 가능한 신학적 진리의 영역을 확장했다. 신학에서 증명할 수 있는 것은 전혀 없다고 그들은 주장했다. 신학은 전혀 학문이 아니며, 교의는 증명할 수 없을 뿐만 아니라 심지어 이해될 수도 없다. 우리는 교의를 합리화하려고 노력하기보다, 순종하는 태도로 그것을 믿어야 한다. 교의에는 이유도 까닭도 없는 것 같지만, 그래도 그것은 참되다. 증명할 수 없는 것을 믿는 일은 공로를 쌓는 것이다.

성 토마스와 둔스 스코투스의 온건한 실재론은 유명론의 방향에서 보편자론의 수정을 제시한다. 스코투스가 말하듯이, 개별적 대상이 "궁극적 실재"라면, 개별성이 우연적 특성으로 구성될 뿐만 아니라 보편적인 것의 궁극적 실현이라면, 개별적 대상은 유일하게 참되고 진정한 실재일 뿐만 아니라 우리에게 과학적 연구의 유일한 대상이다. 주장되었듯이, 그런 과학적 연구는 이 견해를 확증하므로, 일반적 개념 혹은 보편자는 스콜라주의적 의미에서 실재적이지 않고 사유하는 지성의 단순한 추상물, 많은 구체적 사물들에 공통적인 성질을 지칭하는 단순한 방법이다. 이는 스콜라주의의 시초에 로슬랭에게서 모습을 보였고, 스콜라주의의 종국을 표시하는 교리의 부흥이다: 즉 유명론의 부흥이다.

오컴의 윌리엄

이런 결론을 이끌어내고 새로운 유명론적 철학을 위한 토대를 닦은 사람들로는, 프란체스코회 페테르 아우레올리, 한때 성 토마스의 추종자였던 도미니쿠스회 윌리엄 뒤랑 등이 있다. 하지만 이 운동의 위대한 지도자는 그 추종자들에게 "존엄한 창시자," "무적의 박사"라고 불린 오컴의 윌리엄이었다.

영국인이자 프란체스코회 수사인 오컴의 윌리엄은 1280년경에 태어났다. 그는 아마 옥스퍼드에서 둔스 스코투스의 제자였을 것이다. 그래서 그가 몇 년 동안 파리에서 가르친 것은 확실한다. 당대에 교회와 국가 사이에 벌어지고 있던 갈등 속에서 그는 민족주의자들 편을 들었고 바바리아의 루이스의 보호를 받았다. 1347년에 그는 그의 궁정에서 죽었다.

그의 저술로는 「명제집」, 「논리학 대전」(*Summa totius logices*), 「일곱 가지 자유토론」(*Quodlibeta septum*), *Centiloquium theologicum*, 그리고 국가와 교회의 권력에 관한 책들이 있다.

오컴의 윌리엄에 따르면, 오직 개별자만이 존재하며, 우리의 모든 지식은 개별자부터 시작된다. 여기서 그가 말하는 직관 혹은 지각의 중요성이 등장한다. 우리는 이 직관을 통하여 한 사물의 현존을 의식하게 되며, 판단(actus intellectus)

에서 직관을 표현한다. 우리는 개별 대상에서 그것들에 공통된 성질을 추상하며, 그래서 보편적 개념을 형성한다. 우리는 이것을 위하여 지성의 특수한 능력을 갖고 있지 않다. 본래 우리는 두 가지 유사한 대상이 우리에게 제시될 때 추상한다. 하지만 그런 보편자는 지성 속의 관념 혹은 사고로서 단순히 존재하며, 많은 유사한 개별 사물들을 표시하는 말이나 인습적 표시로 표현된다. 그러므로 학문은 전적으로 표시, 좀 더 정확하게 말하면 용어(termini)와 관계있다. 용어란 의미가 덧붙어 있는 낱말이다. 하지만 이는 우리의 판단이 오직 관념과 관계있음을 뜻하지 않는다. 우리의 판단은 사물들과도 관계있다.

결과적으로 보편자는 지성 바깥에 현존을 갖고 있지 않으며, 사물 안에 내재하지 않는다. 실재론자들처럼 지성 바깥의 보편자를 가정하는 것은 추상물을 실체화하는 것 혹은 관념을 실체화하는 것이며, 그래서 우리는 온갖 부조리에 연루된다. 실체 혹은 원리는 불필요하게 증가되어서는 안 된다. 불필요한 보편자를 잘라 버리기 때문에 "오컴의 면도날"(Occam's Razor)이라고 불리는 이 원리는 이미 페테르 아우레올리가 발표한 것이다. 보편자는 실체로서 하느님의 지성 바깥에 존재하지 않는다. 우리 자신처럼 하느님은 유일하게 실재적 현존을 갖고 있는 개별 사물에 대한 지식을 갖고 있다.

직관적 지식은 감각 지각 외에도 자신의 내적 상태(사고, 의지 작용들, 기쁨, 슬픔)에 대한 지식을 포함한다. 이 지식은 감각 지각보다 확실하다. 하지만 우리는 이런 식으로 영혼의 본질에 대한 지식을 얻지 못하며, 다만 그것의 활동을 관찰할 따름이다. 우리는 그와 같은 직접적 지식 외에도 오컴이 말하는 "추상적" 지식을 갖고 있다. 그가 말하는 추상적 지식은 우리가 연역적 추론 혹은 삼단논법에 의하여 획득하는 지식이며, 그것은 필연적으로 참되다. 하지만 우리의 주장을 형성하는 원리들은 귀납에 의하여 경험으로부터 도출된다. 그러므로 경험은 우리의 지식의 원천이며, 경험을 초월하는 모든 지식은 단순히 신앙의 사실이다. 안셀무스의 방식대로 존재론적으로나 경험으로부터 신존재를 증명하는 것은 불가능하다. 후자의 방법조차도 개연성밖에 산출하지 못한다. 무한 퇴행의 불가능성이라는 개념과 같이 후자의 방법이 사용하는 모든 원리들은 증명되지 않은 가설이기 때문이다. 그리스도교의 교의를 합리화하는 것은 불가능하다. 우리가 할 수 있는 것은 교의를 믿는 것뿐이다. 그래서 신학과 같은 것은 없다. 우리는 종교의 진리의 확실성을 위하여 계시에 전적으로 의존한다. 철학과 신학은 더 이상 서로에게 이롭지 않다.

하느님은 아무런 법에 얽매이지 않고 사유와 의지와 행위에서 자유로운 전능적 존재이시다. 그는 규정된 것과 다른 도덕 법칙을 세울 수 있었다: 도덕 법칙에 관하여 자명한 것은 없다. 그것들은 오직 하느님이 원하셨기에 우리를 속박하고 있다. 하느님 안에와 같이 우리 안에서 의지는 지성보다 우월하다.

오컴의 윌리엄

유명론 대 실재론

우리는 이 견해들에서 전체 스콜라주의 체계의 근본 원리가 포기되었음을 발견한다. 스콜라주의 체계의 원래 목표는 그리스도교 신앙의 합리화, 철학과 신학의 결합이었다. 그것의 전체 활동은 이제 주제넘는 것일 뿐만 아니라 무익한 것으로 공언되었다. 스콜라주의 철학은 유사(가짜) 학문이며, 신앙의 전체 내용은 이성이 접근할 수 없는 것이다. 이런 사상을 선전했던 경건한 프란체스코회 오컴과 그의 가르침을 전체로 받아들인 사람들은 신학의 잔해(殘骸)에서 자신의 신앙을 더욱 완강하게 고수했다. 그러나 상이한 기질의 사람들은 그들의 우주를 합리화하려는 시도를 포기하기를 거절했다. 토마스주의와 스코투스주의자들의 전투는 실재론자와 유명론자의 전투로 바뀌었고 지극히 격렬히 치러졌다. 1339년에 파리 대학은 오컴의 책의 사용을 금지했고, 1340년에는 유명론을 배격했다. 한 세기 후(1473년), 파리 대학의 모든 교수는 실재론을 가르치겠다는 맹세를 해야 했다. 하지만 다른 대학들이 세워졌고, 이 대학에서는 유명론자들이 자신들의 견해를 표현할 기회를 충분히 얻었다: 1348년에는 프라하 대학, 1365년에는 비엔나 대학, 1386년에는 하이델베르크 대학, 1388년에는 쾰른 대학이 세워졌다. 이 논쟁은 백 년 이상 계속되었다.

오컴의 추종자들

오컴의 추종자들로는, 의지의 자유를 논의한 장 뷔리당(John Buridan), 논리학과 물리학에 관한 글을 쓴 작센의 알베르트(Albert of Saxony), 리미니의 그레고리(Gregory of Rimini), 니콜라 도레슴(Nichlas d'Oresme), 잉엔의 마르실리우스(Marsilius of Inghen), 하인리히 헴부흐트(Heinrich Hembucht), 오컴의 가르침에 대한 체계적 해설을 제공하고 "마지막 스콜라주의자"라고 불린 가브리엘 비엘(Gabriel Biel) 등이 있다.

피에르 다이(Pierre d'Ailly)는 내적 지각을 감각 지각보다 확실한 것으로 보고, 모순율에 근거한 수학에서 사용된 그런 연역적 추론의 과학적 확실성을 인정했다. 로버트 홀코트(Robert Holcot, 1349년에 죽음)는 교의에 대한 철학적 사유의 결과에 개의치 않고 철학적 사유의 일관된 발전을 주장했다. 오트르쿠르의 니콜라(Nicolas of Autrecourt)는 인과성 개념을 비판했고, 아리스토텔레스에 반대하여 원자론과 세계의 영원한 순환론을 받아들였다. 장 제르송(John Gerson, 1363-1429년)은 자신의 신비주의를 유명론적 전제 위에 두었고, 인식 수단으로서 계시와 신앙의 중요성을 강조했다.

35. 14세기 신비주의

정통파와 이단적 신비주의자들

우리는 중세의 특징인 상이한 경향을 고찰할 때 신비주의가 그림자처럼 스콜라주의를 붙어다닌 것을 자주 보여주었다. 많은 지성인은 하느님께 더 가까이 가게 하지 못하는 하느님에 관한 학문으로 만족하지 않으려 했다. 그들에게 신학은 신적 존재에 대한 개인적 체험을 줄 수 없다면 아무런 의미가 없었다. 14세기의 신학 사상은 이런 종교 운동에 전적으로 호감을 주었다. 이성이 종교의 신비를 파악하고 설명하는 데 무능할수록, 감정과 의지에 대한 강조가 커졌다.

14세기 동안, 우리는 두 지류의 신비주의를 발견한다: 교회에 순복하고 빅토리네스와 성 보나벤투라가 열어 놓은 길을 따르는 라틴적(남유럽) 신비주의와, 교회의 교리와 정치에 대해 좀 더 독립적인 태도를 취하는 게르만적(북유럽) 신비주의가 그것이다. 앞의 신비주의에 속하는 사람으로는 피에르 다이(1350-1425년), 그의 제자 장 제르송, 우리가 앞 단락의 끝에서 언급했던 사번드의 레이먼드(Raymond of Sabunde) 등이 있다. 게르만 학파는 에크하르트(1260-1327년), 하인리히 주조(Heinrich Suso), 요한 타울러(Johan Tauler, 1300-1361년), 「독일 신학」을 쓴 익명의 저자, 얀 판 로이스브루크(Jan van Ruysbroek, 1293-1381년), 게르하르트 드 호로트(Gerhard de Groot), 공동생활형제단(Brothers of the Common Life), 「그리스도를 본받아」를 쓴 저명한 저술가 토마스 아 켐피스(켐펜의 토마스 하메르켄, 1380-1471) 등의 네덜란드 신비주의자들을 포함한다.

마이스터 에크하르트(Meister Eckhart)

이 운동에서 가장 위대한 인물은 마이스터 에크하르트이다. 그는 도미니쿠스회 교사로 종단의 감옥에서 죽었다. 토마스주의 체계가 그의 신비주의의 형이상학적 토대를 형성하지만, 위(僞)디오니시오스의 글에서 나온 신플라톤주의적 요소가 상당히 많이 존재한다. 에크하르트는 자신의 라틴어 저술에서는 전문적 형식과 스콜라주의적 전통으로 자신의 견해를 제시하지만, 독일어 설교와 소책자에서는 좀 더 개인적이고 정서적이며 대중적인 표현을 담아 자신의 견해를 제시한다. 후자에서는 윤리적·심리학적 특성이 강조되며, 그 특성들을 통하여 그는 강력한 영향력을 행사했다. 그는 학자보다 회중에게 호소할 때 전성기를 구가했다. 하지만 그의 관심은 언제나 사변적이다. 그는 14세기의 대부분의 신비주의자들과 같이 하느님에 대한 신비적 몰입을 일차적으로 강조하지 않고 그리스도교적인 전체 생활 구도에 대한 합리적 해석을 제공한다. 그의 신비주의는 지성적이다.

에크하르트는 신플라톤주의와 더불어 하느님을 파악 불가능하고 정의 불가능한 영적 실체, 모든 사물이 그 안에서 통일되어 있는 무제한적 능력으로 본다. 처음과 마지막은 영원한 하느님의 숨겨진 흑암이며, 하느님 자신에게조차 알려져 있지 않다. 설명할 수 없고 초월적인 존재로서 하느님은 자신을 계시하실 수 없다. 하느님은 삼위일체로만 명백해지신다. 삼위는 영원한 과정에서 신적 본성으로부터 흘러나오며 그리로 돌아간다. 신성은 자신에 관하여 생각함으로써만 하느님이 되실 수 있다. 그리고 자신을 생각하기 위하여 신성은 삼위일체와 세계가 필요하다. 하느님은 자신을 인식하시고 활동하시고 자신을 전하고 선한 것을 의욕하셔야 한다. 에크하르트는 이 모든 것을 무시간적이며 변화 없는 과정으로 파악한다. 그는 먼저 인간의 범주들을 절대자에 적용하며, 그런 다음 인간의 범주들을 초월적 존재에 적합하지 않은 것으로 철회한다.

세계는 절대자 안에 있다. 그 안에는 영원한 이데아의 체계가 거한다. 마치 창조적인 예술가의 마음에 예술 작품이 존재하는 것처럼 말이다. 세계는 영원한 창조물이다. 모든 사물은 하느님 안에 있으며, 하느님은 모든 사물 안에 있다. 유한한 지성은 복수성을 파악한다. 무시간적이며 무공간적인 지성은 모든 사물을 그 통일성에서 파악한다. 하느님의 지성 안에서 만물은 영원히 지금이다. 에크하르트는 통일된 이상적 세계와 피조물의 세계를 구분함으로써 범신론을 피하려 한다. 이상적 세계의 모사(模寫)인 시간적 세계는 무로부터 창조되었다. 이는 신적 본질의 흘러넘침이지만, 신적 본질 안에 포함되어 있다. 이는 하느님 안에 있지만 하느님과 동일하지 않고, 그래서 세계의 불완전성은 하느님께 작용하지 못한다. 하느님은 피조물 없이 파악될 수 없다: 피조물이 하느님 없이 아무것도 할 수 없듯이 하느님은 피조물이 없이 아무것도 할 수 없다. 하느님은 무엇보다 인간의 영혼을 요구한다. 인간의 영혼에서 하느님은 참된 안식을 발견한다.

인식은 영혼의 최고 기능이다. 그리고 이 인식의 최고 단계는 초이성적이다. 영혼은 초자연적 명상에 의하여 공간과 시간을 초월하면서 그 대상 즉 하느님과 하나되려 한다. 영혼은, 복수적(複數的)이고 시간적이고 외적인 것을 넘어설 수 있다. 왜냐하면 영혼은 신적인 "비창조적 불꽃"을 갖고 있기 때문이다. 그래서 신적 지성과의 영혼의 결합은 인간의 행위가 아니라 인간의 영혼 내에 있는 하느님의 행위이다. 인식의 전체 과정은 개별자로부터 통일성으로 가는 상승 과정이다. 이는 모든 차이를 넘어서서 "어떤 상이성이 꿰뚫지 못했고 모든 적대

와 구분을 넘어서 움직일 수 없고 가장 뛰어난 고요한 광야"로 들어갈 때까지 멈추지 않는다

도덕은 영혼을 하느님에게로 다시 돌려 보내는 데 있다. 이를 달성하기 위하여, 인간은 자신의 개별성을 부정해야 한다. 인간의 개별성은 결국 단순한 우연, 무이기 때문이다: "무(無)를 제거하라. 그러면 모든 피조물은 하나이다." "하느님을 보려는 자마다 이전의 자신이 되기 위하여 자신에 대하여 죽고 하느님 안에, 계시되지 않은 황야인 신성 안에 장사되어야 한다." "최고의 자기 소외는 청빈이다. 아무것도 알지 못하고 아무것도 원하지 않고 아무것도 가지지 않는 자는 청빈하다. 인간이 여전히 하느님의 뜻을 행하려거나 하느님이나 영원이나 다른 어떤 구체적 사물을 갈망하는 한, 그는 청빈하지 않고 전혀 완전하지 않다." "행동을 위하여 행동하고, 사랑을 위하여 사랑하라. 그리고 하늘이나 지옥이 없다 해도, 하느님의 선하심을 인하여 하느님을 사랑하라." "도덕은 행함에 있지 않고 존재에 있다."

선을 추구하는 것인 사랑은 모든 덕목의 원리이다. 사랑의 정신이 있을 때, 올바른 행위는 불가피한 결과이다. 구원은 금식과 육신을 죽이는 것과 같은 외부적 행동 형식에 의존하지 않는다. 선함은 오직 행위를 수행하는 정신에 의존한다. 모든 덕은 하나이며, 덕의 여러 가지 정도는 없다. 사람이 하느님의 뜻에 반대되는 것을 할 수 있는 한, 그는 하느님의 사랑을 가지지 못한다. 사람은 명상에 자신의 모든 시간을 허비하지 말아야 한다. 도덕적 행위 없는 순전한 명상은 이기적일 것이다. 황홀경의 상태에 있는 사람은 누구든지 구제를 필요로 하는 사람을 알 때 황홀경을 중단하고 궁핍한 형제에게 봉사해야 한다.

사람은 은혜를 통하여 하느님과 다시 결합된다. 개인으로서 사람은 하느님께 돌아가고, 그래서 하느님이 자신과 교제할 수 있게 함으로써 하느님의 선하심에 이바지한다. 사람이 하느님의 본질에 내재하는 한, 하느님을 통하여 하느님의 일을 수행할 수 있다. 그리고 그의 이해력의 대상인 만물은 사람을 통하여 그렇게 된다. 사람은 하느님께 돌아갈 때, 다시 하느님과 하나된다. 하느님은 사람이 하느님이 될 수 있도록 사람의 존재 안으로 들어오셨다.

에크하르트의 추종자들은 에크하르트가 특별히 관심을 기울였던 신비주의

의 사변적 측면을 무시하고 실천적·종교적 측면을 과장했다. 에크하르트의 신비주의의 요지는 프랑크푸르트 암 마인에서 편집한 책에 다시 실렸고, 루터에 의하여 다시 발견되었다. 루터는 그것을 「독일신학」(Eine deutsche Theologie)이라는 제목으로 출간했다. 이 작품은 위대한 종교개혁자에게 깊은 인상을 남겼다.

36. 세속주의와 자유 사상의 진보

중세 합리주의

중세의 중요한 역사적 사명은 고전적 그리스도교 문화를 전달하고 발전시키는 것이었다. 그 과제는 교회에 의하여 수행되었다. 사람들은 교회의 피후견인이었다. 하지만, 자녀들이 어른이 되어 후견 기간이 끝나는 것은 필연적이었다. 이제 그 시기가 당도했고, 철학사의 새로운 국면이 시작되었다. 하지만 갑작스러운 단절이 있었다고 생각해서는 안 된다. 그런 단절은 역사에서 좀체 일어나지 않는 법이다. 새로운 시기는 긴 발전 과정의 산물일 뿐이며, 과거로부터 자신의 많은 특징을 전달받았다.

스콜라주의는 이성적 통찰에 대한 열망, 새로운 신앙을 이해하고 그 이유를 발견하려는 욕망의 결과였다. 스콜라주의는 그리스 사상의 황금 시대에 위대한 형이상학 체계의 건설에 이르렀던 성찰과 탐구의 동일한 정신을 대변했다. 참으로 스콜라주의의 탐구 목표는 신앙에 의하여 고정되었고 철학은 시녀 노릇을 했다. 그러나 인간 이성은 신앙의 정해진 한계 안에서 꽤 자유롭게 활동했다. 이성적 지식을 향한 중세의 태도는 결코 초기 그리스도교의 태도와 동일하지 않았다. 원시 그리스도교는 인간의 지적 업적을 자랑하거나 사변적 이성의 정문으로 하늘 나라에 들어갈 것을 기대하지 않았다. "지혜 있는 자가 어디 있느냐 선비가 어디 있느냐 이 세대에 변론가가 어디 있느냐 하느님께서 이 세상의 지혜를 미련하게 하신 것이 아니냐" 하고 성 바울은 묻는다. 이는 스콜라주의 중세의 정신이 아니다. 교부들과 교회 박사들은 자신들의 신앙을 이해하는 데 열심이며, 그것을 합리화하려고 한다. 그들은 지혜에 의하여 하느님을 알고자 한다.

그들이 우리처럼 세계를 연구하지 않고 그리스인의 독립적 태도로 진리를 추구하지 않는다면, 그것은 그들이 자신들의 전제인 신앙의 교리들의 절대적 진리를 철저하게 확신했기 때문이다. 이는 그들의 지식이었고, 이것으로 그들은 자신들의 지성을 자극했으며, 그것들을 결합하여 체계로 만들려 했다. 그들의 관심은 초월적 세계에, 그리고 우리의 지상 생활과 영적 왕국의 관계에 있었다. 자연의 사건들은 신적 계획의 작동에서 파악하는 경우가 아니면 그들에게 냉담했다. 그들은 참으로 가치 있는 초월적 진리를 깨닫는 동안 사소한 것에 괘념할 필요가 없었다. 교회는 과학적 연구 자체를 반대하지 않았다. 교회는 크고 근본적인 진리를 확증해 주지 못할 사실은 발견할 수 없다고 믿었고, 그런 사실을 무시했다.

민족주의의 발흥

교회의 권력에도 불구하고 독립적이고 권위를 반대하는 정신이 결코 완전히 사라지지 않았다. 물론 이 정신은 오랫동안 누적되어 있다가, 교회와 국가의 갈등이 빚어진 정치적 영역에서 모습을 드러냈다. 이 갈등은 일찍이 시작되어 양측에서 격렬히 수행되었다. 처음에는 교황이 승리했지만 나중에는 황제와 왕들이 승리했다. 그레고리우스 7세의 치세(1077년)는 교회의 승리를 표시한다: 독일의 하인리히 4세는 참회하고 교황에게 충성하기 위하여 카노사에 간다. 교회의 권력은 황제 인노켄티우스 3세(1198-1216년)의 치세에 절정에 도달했다. 그러나 그때로부터 교황권은 쇠퇴했다. 프랑스의 필립 4세(1285-1314년)는 교황 보니파키우스 8세와 전쟁하여 승리했고 교황청을 아비뇽으로 옮기게 했다. 이곳에서 교황청은 1309년에서 1376년까지 있었다.

이 시기 동안, 유명론과 독일 신비주의의 독립적 운동이 크게 발전했다. 교황제의 대대적인 분열은 1378년에서 1415년까지 지속되었다. 이 세월 동안 두 명의 교황이, 때로는 세 명의 교황이 다스렸다. 아비뇽의 바빌론 유수 기간과 분열은 교회에게 끔찍한 재난이었다. 교회가 스스로 분열하면서 어떻게 현세적 혹은 영적 우월성을 주장할 수 있는가? 이 불행한 상황은 파리 대학에게 민족 교회의 개념을 암시했다. 세계가 두 교황과 더불어 진행될 수 있다면, 각 민족이 자신의 대주교를 갖지 못하라는 법이 있는가? 또한 교회 안에서 교황의 절대권에 대한 반대가 제기되었고, 교회가 교황보다 우월하므로 교황은 공의회에 복종해야 한다는 주장이 있었다.

여기서 우리는 민족주의와 교회주의, 민주주의와 절대주의의 갈등을 본다. 12세기로 거슬러 가 보면, 브레시아의 아르놀드(Arnold of Brescia)는 교회의 현세적 권력을 반대하여 로마에 공화정을 세웠다. 그러나 공화정은 단명했고 아르놀드는 교수대에서 죽었다(1155년). 처음에 교회의 저술가들은 교회 편이었지만, 점차로 로마 교황청의 현세적 권력에 대한 반대가 교회의 여러 계층 안에서도 발생했다.

교회의 우월성을 선호하는 자들로는 이전의 거의 모든 정통 스콜라주의자들이 포함되며, 14세기 동안에는 아우구스티누스 트리움푸스와 알바루스 펠라기우스가 포함된다. 단테(1265-1321년)는 「군주정치론」(De monarchia)에서 세속사에서는 황제의 우월성을, 영적인 일에서는 교황의 우월성을 선호한다. 플로리스의 요아힘(Joachim of Floris), 오컴의 윌리엄, 위클리프(Wycliff), 파두아의 마르실리우스(Marsilius of Padua)는 모두 교회의 현세적 권력을 반대한다. 마르실리우스는 제국주의적 국가론, 주권재민론, 계약론을 가르친다.

이단적 경향들

교리적 측면에서, 그리스도교를 위한 강령을 만들려는 초기의 시도에 동반되는 이단적 경향들은 결코 사라지지 않았다. 우리는 교의의 발전을 추적할 때 이미 정통 교리에 반대되는 것을 가르치는 수많은 분파에 관심을 기울였다. 새로운 종교의 소위 바울적 분파의 열정적인 지지자 마르키온은, 유대교적이며 베드로적인 모든 것을 비난했으며, 수세기 동안 이런저런 형태로 계속되는 운동의 창시자가 되었다. 우리는 5세기 이후에 아르메니아와 소아시아에서 마르키온주의자의 후손을, 10세기 이후에는 불가리아에서 보고밀파를 발견한다. 11세기에는 비슷한 가르침을 가진 카타리파가 남부 프랑스에 나타났다. 교회는 수세기 동안 알비파와 무자비한 전쟁을 수행했고, 끔찍한 종교 재판의 도움을 받아 알비파를 파멸하는 데 성공했다. 12세기에는 북부 이탈리아에서는

1170년 피에르 발도에 의하여 창설된 비슷한 분파인 발도파가 나타났다. 발도 파는 보두아파(Vaudois)라는 이름으로 오늘날도 여전히 존재한다. 발도는 이신 칭의론을 강조했고, 회개를 전했고, 의식보다 설교를 선호했고, 고해, 사면, 성 유물, 성인 숭배, 화체설을 반대했다. 그는 성경을 신앙의 기준으로 삼았고, 일 반적 연구를 위하여 신약 성경을 번역하게 했다.

14, 15세기에는 영국에서 위클리프(1327-1384년)가 시작하고 보헤미아에서 얀 후스(John Huss, 1369-1415년)가 계속한 위대한 종교개혁이 있었다. 위클리프 는 교회의 제도, 성인 숭배, 성직자의 독신 생활, 수도원 제도, 미사, 화체설, 위 계적 교회 정치, 교황의 수위성을 반대했다. 그는 초기 교회의 회중 조직과, 교 회와 국가의 독립으로 돌아갈 것으로 요구했다. 종교적 개혁을 위한 욕망과 더 불어 정치적·사회적 개혁을 위한 욕망이 등장했다: 영국에서 왓 타일러(Wat Tyler)와 독일에서 토마스 뮌처(Thomas Münzer)가 사회 혁명의 지도자가 되었다.

자유로운 탐구의 정신

사유의 비슷한 독립을 보여주는 표시가 정통신앙의 철학을 받아들이기 거 부하는 사람들에게 발견된다. 이미 우리는 교회에게 저줏거렸던 스코투스 에리게나의 범신론과, 범신론자 플로리스의 요아힘과 투르네의 시몽(Simon of Tournay)과 베네의 아말릭(Amalric of Bennes)과, 현저한 자유를 그 사유에서 표출 한 디낭의 다비드의 범신론을 말했다. 생 빅토르의 경건한 신비주의자들은 이 성과 신앙, 학문과 종교의 결합 가능성을 부인하면서 스콜라주의의 토대를 흔 든다. 통상적인 스콜라주의자들 가운데서도 우리는 12세기에 자유로운 경향을 발견한다. 사실상, 사람들이 사유하기 시작할 때 정통 신앙에도 불구하고 이따 금씩 규정된 교리와 대립하는 경향이 있다.

신앙을 합리화하려는 유일한 목표를 갖고 있던 안셀무스는 이전의 성 아우구 스티누스와 스코투스 에리게나처럼 위험천만하게도 때때로 교회의 교의와 모 순되는 데로 이끌려 가곤 한다. 로슬랭은 보편자에 대한 성찰을 통하여 철저한 이단이 되었다. 아벨라르의 일생을 보면, 지적 정직성과 교회에 대한 충성 사이 의 갈등에 대한 강한 인상을 갖는다. 독립적 정신의 불꽃은 샤르트르의 베르나르, 콩쉐의 기욤, 푸아레의 길베르, 솔즈베리의 존, 교회의 모든 주교의 저술에서 볼 수 있다. 페테르 롬바르두스의 「명제집」에 나오는 토론은 독립적 사유의 미래에 길조를 보이는 지적 호기심을 나타낸다. 그 시대의 사상가들이 참으로 진지하게 고찰했던 많은 문제들은 오늘날 우리에게 시시하고 어리석어 보인다. 그러나 그것은 삶에 대하여 근본적으로 변화된 우리의 안목 때문이다. 중세의 종교적 맥락에서 볼 때 그들의 문제는 탐구하는 지성의 활동을 대변한다.

13세기는 플라톤주의적 실재론에서 아리스토텔레스주의적 실재론으로 바뀐다. 아리스토텔레스에 대한 관심 자체가 사유의 자유에 대한 표시였다. 아리스토텔레스는 이교도였으며, 게다가 그의 저술에 대한 지식은 "불신자" 아랍인으로부터 서양 세계에 들어왔다. 아주 자연스럽게 교회는 처음에 아리스토텔레스의 철학을 정죄했지만, 곧 자신의 필요에 맞게 그 철학을 고쳤고, 그것을 공식적인 교회적 체계로 삼았다. 새로운 세계관은 이성과 신앙을 결합하는 끈을 튼튼하게 하는 데 도움을 주었지만, 13세기 초에 이르면 그 끈은 느슨해진다. 이런 점에서, 사실상 아리스토텔레스주의는 그 시대의 자유로운 경향에 대한 교정책의 역할을 맡았으며, 일시적으로 자유로운 사상의 흐름을 막았다. 동시에 아리스토텔레스주의는 스콜라주의에게는 위험천만하고 궁극적으로는 독립적 탐구의 정신을 장려했던 요소들을 포함했다.

교회는 이교 철학자를 아주 높은 단상에 올려놓음으로써, 인간의 지적 지평을 넓혔고 고대의 업적에 대한 존경심이 커지게 했다. 또한 아리스토텔레스주의 체계는 자연 연구에 대한 관심을 불러일으키는 데 도움을 주었으며, 곧 이는 자유로운 탐구에 큰 자극이 되었다. 이 체계는 플라톤주의적 실재론에서 유명론으로, 그래서 근대 과학으로 가는 교량이었다. 아리스토텔레스의 철학은 자연주의적이었고, 그리스도교 사상은 초자연주의적이었다. 그래서 성 토마스 아퀴나스가 그리스도교적 초자연주의로 아리스토텔레스의 세계관을 보완하려 했지만, 두 사상 노선의 모순은 남아 있었다. 그리고 곧 그 모순이 분명하게 드러났을 때, 그동안 아리스토텔레스가 큰 존경심을 얻어 그의 이단적 이론이 사람들의 입맛에 맞게 되었다.

그러므로 아리스토텔레스의 철학은 결국 "그리스의 선물"이었으며, 스콜라주의의 궁극적 해체에 이르렀다. 성 토마스는 아리스토텔레스주의의 토대에서 교회가 받아들일 수 있는 체계를 구축했다. 시성(諡聖)되지 못한 둔스 스코투스는, 성 토마스의 합리주의적·실재론적·결정론적 개념들을 반대할 때 아리스토텔레스주의에 충실했다고 믿었다. 스코투스는 개별자의 실재성을 강조할 때 개별 인간의 중요성과 개인 양심의 가치를 과장했다. 그의 교리는 경험론과 유명론으로 가는 길을 또한 닦았다.

오컴의 윌리엄은 대담하게 스코투스주의적 가르침의 어떤 함축의미를 발전시키고 스콜라주의적 사상의 토대를 공격했다. 만일 보편자가 실재하지 않는다면, 그것들은 단순한 낱말이다. 신학이 보잘것없는 학문이라면, 교회는 그것을 내버려야 한다. 신앙은 이성의 자리를 차지해야 한다. 교회가 이성과 세계와 연합한 그 동맹 관계를 해체하자. 그리고 사도 시대의 영적 교회의 단순한 믿음과 민주적 조직으로 돌아가자.

신비주의는 이성적 신학에 대하여 항상 미움을 드러냈다. 그러나 12, 13세기의 신비주의자들은 반합리주의적 경향을 가졌음에도 불구하고, 교회의 기존 교리에 충실했다. 하지만 우리가 보았듯이 14, 15세기에는 신비주의자들이 범신론적이며 유명론적인 견해를 취하게 되었고, 그들의 가르침은 영적 종교를 위하여 제공한 것이긴 하지만 가시적 교회의 스콜라주의적 체계와 영향을 크게 약화시켰다.

제3부

근대 철학

제10장

르네상스의 철학

37. 르네상스의 정신

권위에 대한 반항

우리가 개략적으로 살핀 경향들(민족주의의 발전, 이단적 사조, 신비주의, 신학과 철학의 스콜라주의적 동맹에 대한 반대)은 르네상스와 종교개혁이라고 불리는 두 가지 위대한 개혁 운동의 전조였다. 시대는 이전 전통, 이전의 언어와 학예와 신학적 체계 및 교회와 국가의 정치적 관계와 권위주의적 종교를 비난하기 시작했다. 조용히 소생하고 있었던 반성과 비판의 정신은 마침내 권위와 전통에 대한 노골적인 반항으로 터져 나왔다: 교회에 대한 민족의 반항, 규정된 진리에 대한 이성의 반항, 교회 조직의 강제력에 대한 개인의 반항으로 터져 나왔다. 교회와 국가의 갈등은 국가에게 유리하게 해결되었지만, 교회와 국가 안에는 정치적·경제적·종교적·지적 자유에 대한 욕망이 르네상스와 종교개혁으로 부분적으로 실현되었고, 근대철학과 인간의 자유와 계몽을 위한 투쟁의 다른 현상들로 표현되었다.

인간 정신에 대한 교회의 권위는 점차 약화되었고, 개인은 자신의 지적 독립을 주장하기 시작했다. 이성은 철학에서 권위를 대신했고, 진리란 권위에 의하여 명령되는 게 아니라 자유롭고 공평무사한 탐구에 의하여 획득되는 것이라는 신념이 퍼지기 시작했다. 중세 철학자들의 관심은 초자연적 사물에 대체로 집중되었다. 반면에 새로운 시대는 그 시선을 하늘에서 땅으로 돌렸고, 자연과학이 점차 전면으로 치고 나왔다. 동일한 독립적 정신이 종교에서 분명하게 되었다: 개인은 교회의 족쇄를 내던져 버리고 성경과 양심에 호소했다. 그는 자신과 자신의 신 사이에 제도적 중보자를 수용하기를 거절했고, 신앙의 대상인 신과 직접적이며 개인적인 교제를 얻고자 했다.

인문주의

사람이 과거에 등을 돌리고 새로운 것을 열망할 때, 그에게 두 가지 길이 열린다: 그는 새로운 삶과 예술과 사유의 양식을 창출할 수 있거나, 고대의 모델로 돌아갈 수 있다. 후자의 길이 먼저 선택되었다. 중세 지성이 권위와 전통에 익숙했지만, 일거에 새로운 길을 열 수는 없었다. 지성의 개혁자들은 영감을 얻기 위하여 고전적 고대로 돌아갔다. 그리스와 로마의 문화가 부활되거나 재탄생했고(르네상스), 인간성이 재발견되었다(인문주의).

15세기와 더불어 서양 세계는 각성하여 오랫동안 무시되었던 고전 문명의 유산을 바로 평가하게 된다. 100년 전에 이탈리아의 시인 단테(1265-1321년), 보카치오(1375년에 죽음), 페트라르카(1374년에 죽음)가 고전에 대한 취미를 발전시켰고, 모국어를 문학적 매체로 사용했다. 이제 라우렌티우스 발라(Laurentius Valla)는 야만적 라틴 교회를 정화하고 키케로와 퀸틸리아누스를 라틴 양식의 모델로 삼는다. 마누엘 크리솔로라스(Manuel Chrysoloras)는 이탈리아에서 그리스어와 그리스 문학의 유명한 선생이 된 최초의 인물이다. 그리고 그의 제자이며 플라톤과 아리스토텔레스의 저술을 번역한 레오나르두스 아레티누스(Leonardus Aretinus)는 이탈리아인들 가운데 그리스 연구에 관한 광범위한 관심을 불러일으켰다.

1438년과 그 후로 콘스탄티노플의 함락(1453년) 이후에 그리스의 학자들은 이탈리아로 떼지어 가며, 서방이 "고트족의 야만주의"에 싸여 있는 동안 동로마제국에서 보존되고 향유되고 연구되어 왔던 예술과 문학의 보물들이 서방의 자원하는 제자들에게 알려진다. 인문주의는 교회와 세속의 궁정으로 들어가고 퍼졌고, 심지어 대학들도 그 영향을 받게 된다. 교황들도 이 새로운 문화에 영향을 받는다. 니콜라스 5세(1447-1455년)는 바티칸 도서관을 설립하고, 율리우스 3세(1503-1513년)는 성 베드로 성당을 다시 세운다. 그리고 레오 10세(1513-1521년)는 그리스도교 신학보다 고전 연구를 더욱 좋아했다고 한다. 인간의 업적에 대한 관심이 일어났다. 인간의 재능은 더 이상 중요하지 않다거나 비천한 것으로 간주되지 않으며, 인간이 영광스럽게 되고 인간의 천재성이 칭찬받고 당대의 시인과 웅변가와 역사가에게 소나기붓듯 명예가 쏟아진다. 예술과 건축은 인간화하고, 세상 부정과 고난과 죽음을 표현한 중세의 예술은 삶의 자연적 즐거움을 표현하는 르네상스 예술에 자리를 내준다.

고대 그리스인의 체계들이 연구되고 모방된다. 전체 스콜라주의적 방법이 무익한 말다툼이나 말의 지혜와 변증론적 따지기라며 공격받고, 새로운 논리학을 고안하려는 노력이 이루어진다. 때때로 독창적인 이론이 형성되지만, 일반적으로는 조잡하고 필연적으로 사물을 바라보는 옛적의 전통적 방법으로 다시 떨어진다. 하지만 스콜라주의적 요소들이 점차 제거된다. 더 이상 고대의 유형들을 맹목적으로 따르지 않으며, 사유는 점차 독립적이고 독창적이게 된다. 그러다가 마침내 르네상스가 소위 근대철학이라는 발전 단계를 가져오기에 이른다.

38. 플라톤과 아리스토텔레스의 영향

플라톤주의

처음으로 중요한 작업은 고대 철학자들에 대한 연구였다. 플레토(Pletho)라는 이름의 그리스인이 1438년에 동방 교회와 서방 교회의 연합을 논의하기 위하여 피렌체에서 소집된 공의회에 참여하기 위하여 이탈리아에 왔다. 그는 코시모 데 메디치에게 설득당해서 이탈리아에 머물면서, 플라톤주의 철학을 가르치고 옹호하려는 목적으로 피렌체 아카데미(1440년)를 설립했다. 플라톤의 모든 저술이 처음으로 서양 학자들에게 전달되었고, 플라톤은 그 시기의 개혁자들에 의하여 교회의 공식 철학자였던 아리스토텔레스의 경쟁자로 이해되었다. 그러나 그들은 동방의 방식을 따라 위대한 관념론 체계를 신플라톤주의로 해석했다. 플라톤과 아리스토텔레스의 교설을 비교하는 책을 쓴 플레토는 매우 열정적인 헬레니스트였기에, 풍유화한 신플라톤주의적 형식으로 고대 그리스 제의를 부활시키려 했다.

플레토를 이은 사람은 베사리온(Bessarion, 「플라톤의 중상자들에 반대하여」[1469년] 라는 제목이 붙은 책의 저자)이었다. 그는 아리스토텔레스주의를 지지한 동포들인 겐나디우스(Gennadius), 테오도루스 가자(Theodorus Gaza), 트레비존드의 게오르기우스(Georgius of Trebizond)를 반대하여 플라톤을 옹호한다. 그의 제자이며 플라톤의 철학을 지혜의 정수이며 그리스도교의 열쇠로 본 피렌체인 마르실리오 피치노(Marsilio Ficino, 1433-1499년)는 플라톤과 신플라톤주의자들의 책을 편집하고 번역했으며, 그들에 대한 주석서를 썼다. 이 모든 사상가들은 스콜라주의적 철학 체계를 반대했다.

쿠사의 니콜라스(Nicholas of Cusa)

15세기에 등장한 유일하게 독창적이며 스콜라주의의 다져진 전철을 따르지 않는 사상 체계는 쿠사의 니콜라스(쿠사 혹은 쿠에스의 크레브스, 1401-1464년)의 것이다. 니콜라스는 데벤터에서 공동생활형제단에 의하여 교육을 받고 교회의 주교와 추기경이 되었다. 르네상스와 심지어는 좀 더 초기의 많은 철학자들처럼, 쿠사의 니콜라스의 세계관은 중세주의와 근대 사상의 혼합물이다. 그의 세계관은 독일 신비주의, 신플라톤주의, 피타고라스주의적 수이론(數理論)의 영향을 보여주며, 범신론으로부터 신과 세계에 대한 이원론적 개념까지 왔다갔다 한다.

니콜라스는 신에 대한 지식의 원천으로서 이성의 무능함이라는 유명론적 이론을 공유한다. 하지만 그는, 신비주의자들이 가르쳤듯이 우리가 신에 대한 직접적 직관, "이해 없는 봄(vision)"을 가지며, 황홀경에 의하여 이것에 도달할 수 있다고 주장한다. 그는 이를 학습된 무지(docta ignorantia)의 상태라고 부른다. 이 상태는 논증적 사유(discursive thought)를 초월한다. 신은 사물들 안에 실재하는 모든 것의 무한한 실체이다. 신 안에서는 본질과 현존, 가능태와 현실태가 하나이다. 그는 순수하고 무한한 현실태, 절대적 가능태, 절대적 지식, 절대적 의지,

절대적 선이다. 그 안에서는 모든 모순이 이해된다. 그는 대립자의 일치이며, 그래서 개념적 사유로 파악될 수 없다. 참으로 신학에서는 부정만이 참되며 긍정은 적절하지 못하다. 니콜라스는 좌우간 신을 규정하지 않으려 한다: 자신이 신에 대하여 무지하다는 것을 아는 자만이 무한한 신께 도달할 수 있다.

세계는 신의 전개이며, 복수성으로 분화된 통일성이다. 세계는 신의 모사이며, 살아 있는 전체로서, 신은 그 모든 부분에서 그 능력의 충만 가운데 현존하신다. 신은 무제한적이며 모든 사물을 포함하므로 최대한이시다. 신이 만물 안에 가능적이시라는 의미에서, "각각의 현실적 사물은 모든 사물의 응축이다." 이 모든 것은 철저한 범신론이며, 말하자면 순전히 이단일 것이다. 하지만 니콜라스는 세계를 신과 구별되는 것으로 파악함으로써 정통적 이원론에 자신의 이론을 조화시키려 한다: 사물들의 본질은 신적 본질과 동일하지 않다; 사물들은 유한하고 신적 이데아를 완벽하게 실현하지 못한다; 사물들은 우연적이며 신의 존재로부터 필연적으로 나오지 않는다.

진정한 아리스토텔레스

르네상스의 어떤 사상가들은 플라톤을 되살리고 있었었지만, 어떤 이들은 진짜 아리스토텔레스를 잘 알아가고 있었고 아리스토텔레스와 스콜라주의적 아리스토텔레스관의 차이점을 지적하고 있었다. 후자는 아랍인의 신플라톤주의적 해석에 영향을 입었다. 아리스토텔레스주의자들은 소요학파적 체계의 해석에서 두 분파(어떤 이들은 아베로에스를 따랐고, 어떤 이들은 아프로디시아스의 알렉산더를 따랐다)로 나뉘었고, 교회의 아리스토텔레스를 적절하게 비판했다. 그래서 파두아의 교수인 피에트로 폼포나치(Pietro Pomponazzi)는 1516년 저서 「영혼의 불멸성에 대하여」에서, 아리스토텔레스가 개인적 불멸성을 가르치지 않았다는 것과 그런 것이 물리적으로 불가능하고 도덕적으로 필연적이지 않다고 선언한다. 폼포나치의 다른 저술로는 「마술에 관하여」, 「운명과 자유 의지에 관하여」 등이 있다.

아베로에스학파는 보편적 지성론을 받아들이고 영혼의 불멸성을 부정하며 아베로에스주의적 의미로 아리스토텔레스를 해석했던 의사와 자연과학자들로 대개 구성된 북부 이탈리아 파두아에 존재했다. 하지만 새로운 아리스토텔레스가 알려졌을 때, 이 학파는 입장을 바꾸어 아프로디시아스의 알렉산더의 해석을 따랐다.

또한 플라톤주의와 아리스토텔레스주의를 화해시키려는 시도가 이루어졌다. 플라톤주의적 진영에서는 미란돌라의 존 피코(John Pico)에 의하여, 아리스토텔레스주의 진영에서는 안드레아스 카이살피누스(Andreas Caesalpinus)에 의하여 이루어졌다. 당대의 다른 사상가들은 에피쿠로스주의와 스토아주의를 되살리려고 했다. 로마식의 스토아주의는 식자층에 대단히 인기있었다

과학과 철학과 논리학의 개혁

스페인 사람 루도비코 비베스(Ludovico Vives, 1492-1540년)는 스콜라주의 체계를 반대할 뿐만 아니라 경험 대신 권위를 받아들이는 스콜라주의의 전체 방법도 반대한다. 중세 후기의 유명론적 철학은 그런 견해를 위한 길을 예비했다. 그는 자신의 대화록 「현자」(Sapiens)와 주저 「규율에 관하여」(De disciplinis)에서 스콜라주의적 궤변론을 신랄하게 비판한다. 그는, 우리가 자연과학의 연구에서 아리스토텔레스에 국한하지 말고 자연에 대한 독립적 탐구를 펼쳐야 한다고 생각한다. 우리는 형이상학적 사변에 몰입하지 말고, 직접 현상을 관찰하고 관찰에 근거하여 성찰해야 한다. 또한 그는 영혼에 대한 경험적 연구를 권장한다. 우리는 영혼의 본질을 캐들어가지 말고, 그것이 어떻게 작용하는지를 발견하려고 해야 한다. 스콜라주의적 형이상학과 마찬가지로 비베스의 형이상학에서도 신이 핵심 개념이다. 하지만 유명론적 영향은 궁극적 문제에 대한 비판적 태도를 취하는 점에서, 신에 대한 믿음과 영혼의 불멸성을 지지하는 논증보다 그것들의 윤리적 의미에 더 큰 가치를 두는 점에서 분명하게 나타난다.

비베스의 영향을 받은 페테르 라무스(Peter Ramus, 피에르 드 라 라메, 1515-1572년)도 1543년에 저서 「아리스토텔레스의 변증론에 대한 혹평」에서 아리스토텔레스가 인간 지성의 자연적 논리학을 부패하게 만들었다고 비난하고 대학에서 사용하는 무익한 변증론적 방법에 대한 책임이 그에게 있다고 하면서 아리스토텔레스주의적 논리학을 공격한다. 그는 동시기에 출판된 「변증론의 기

초」에서 새로운 논리학을 제시한다. 이 논리학은 토론 기술(ars disserendi)이 될 것이며 먼저 원리를 발견하고 그 원리의 증명을 수립하는 것이 그 주요 부분이 될 것이다. 그는 후기의 한 작품에서, 「오르가논」(Organon)을 아리스토텔레스의 작품으로 보기가 의심스럽다고 하고 자신만이 진정한 아리스토텔레스주의자 라고 부른다. 그는 스콜라주의적 교수 방법을 비판하고 교육 개혁을 요구할 때, 베이컨과 데카르트와 로크, 그리고 (중세 학교의 교과과정 때문에 반발했던) 거의 모 든 초기 근대철학자들의 선구자가 된다. 다른 누구보다 그는 교육 분야에서 인 문주의의 정신을 체현한다.

39. 자연철학과 자연과학

신비학(Occultism)

우리는 앞 단락들에서 이 계몽의 시대에 모습을 보이기 시작한 자연 연구에 관한 관심을 말했다. 외부 세계의 신비를 캐려는 욕망은 그 시대에 담대한 정신 을 가진 많은 사람들에게서 환상적이고 허위적 형식을 취했다. 그들은 관찰과 실험의 방법을 사용하기보다, 조바심에 이끌려 초자연적 수단에 의하여, 감각 지각보다 우월한 특별한 내적 계시에 의하여 자연의 비밀을 꿰뚫어 보고자 했 다. 이런 집단에 속하는 사람은, 플라톤주의자 미란돌라의 존 피코(1494년에 죽 음), 그의 조카 프랜시스(1533년에 죽음), 로이힐린(Reuchlin, 「불사가의한 말에 대하여」 [De verbo mirifico, 1494년]) 등이 있다. 그들은 유대교적 밀교 혹은 신비한 방출 이론 의 열정적인 연구자였다. 이 이론은 9세기 이후 유대인들에 의하여 연구되었으 며 흔히들 아브라함으로 거슬러 올라가는 것으로 생각한다.

이런 식으로 자연의 비밀을 꿰뚫어 보려는 데 만족하지 않는 다른 사람들은 자연을 지배하는 능력을 얻고 자연을 자신들의 명령에 따르게 하려는 데 혈안 이었다. 그들은 자연을 비밀스런 세력의 현현으로 보고서, 이 영들과의 교류에 들어감으로써 자연 현상을 통제할 수 있다고 믿었다. 그들은 비밀스런 기술과 상징, 온갖 신비적 공식에 의하여 혹은 피타고라스학파의 가르침에 따라 자연 의 책에 기록된 숨어 있는 수를 발견함으로써 자신들의 목적을 달성하기를 기대했다. 이는 마술 혹은 마법이다. 행성들도 영들의 지배를 받고 있으므로, 점성술은 신비학자들의 교리의 중요한 부분을 형성한다. 그들은 또한 연금술 즉 금속의 마술적 변화, 황금을 만드는 기술에 깊은 관심을 갖고 있었다. 연금술은 의학에 봉사했으며, 온갖 종류의 신비스런 혼합물과 팅크제(劑)가 지극히 환상적인 방식으로 뒤섞이고 병을 치료하는 데 사용되었다. 이와 같은 전체 운동의 목적은 철학자의 돌을 찾는 것이었다. 이 돌의 도움으로, 자연의 가장 깊은 비밀을 찾아 자연에 대한 통제력을 완전히 얻으려 했다.

네테샤임의 아그리파(Agrippa of Nettesheim)와 파라켈수스라고 불린 호엔하임의 테오프라스투스(Theophrastus of Hohenheim, 1493-1541년)는 이 마술사 집단의 주도적 인물이었다. 파라켈수스의 후대 추종자들 가운데에는 플러드(R. Fludd), 존 밥티스타 판 헬몬트(John Baptista van Helmont), 프란시스 메르쿠리우스 판 헬몬트(Francis Mercurius van Helmont) 등이 있다.

파라켈수스(Paracelsus) 파라켈수스의 자연 개념의 철학적 토대는 신플라톤주의이다. 인간은 소우주이며, 자연은 대우주이다. 우리는 인간을 연구함으로써만 우주를 이해하고, 우주를 연구함으로써만 인간을 이해할 수 있다. 인간은 기본적 혹은 지상적 혹은 가시적 신체와 별의 영역에서 오는 별[星]의 부분 혹은 비가시적 부분(영)과 신에게서 시작되는 혼을 갖고 있다. 그래서 세 가지 큰 학문이 있다: 철학, 점성술, 신학. 이 학문들은 연금술과 더불어 의학의 기초를 이루며, 의사는 그 모든 학문에 대한 지식을 갖고 있어야 한다. 소위 4원소, 흙과 물과 불과 공기는 세 가지 기초적 실체인 염(鹽:고체의 원리)과 수은(액체의 원리)과 유황(가연물의 원리)으로 구성된다. 4원소 각각은 기본적 영혼에 의하여 다스려진다: 흙은 땅의 신령에 의하여, 물은 물의 요정에 의하여, 공기는 공기의 요정에 의하여, 불은 불의 요정에 의하여 다스려진다. 각각의 개별 사물은 그것을 지배하는 원천(archeus)을 갖고 있으며, 병은 이 생명력과 반대되는 지상적 별의 세력이 이 생명력을 억제하는 것이다. 의학의 비밀은 연금술과 마술을 사용하여 이 생명력이 그 원수와 싸우는 싸움을 돕는 것이다.

초자연주의와 자연주의, 신비주의와 과학의 교묘한 혼합을 제시하는 이 환상적인 자연 개념은 괴테의 「파우스트」에서 멋지게 묘사된다. 파우스트는 르네상스의 정신을 상징한다: 지식에 대한 만족할 줄 모르는 갈망, 원시적인 지식 획득 방법, 중세적 편견과 미신, 그 결과로 따르는 회의론, 생명의 충일에 대한 예민한 갈구 — 이 모든 것은 새로운 시대의 문턱에 서 있는 사람의 특징이다.

파라켈수스와 그의 추종자들이 표명한 그런 이론에는 놀라움을 일으키는 게 전혀 없었다. 자연을 신비한 마술적 세력의 거처로 보는 견해는 대중적 신념과 조화를 이루었다. 기적은 이상한 일이 아니었다: 성인(聖人)마다 살면서 기적을 행했고, 그의 성유물은 사후에 마술적 영향력을 발휘했다. 숨어 있는 세력 혹은 은밀한 기술에 몰입한 사람이 어찌 놀라운 일을 행할 수 없겠는가? 15세기 말에, 야코부스 스프렝겔(Jacobus Sprengel)이라는 신학자는 「마법에 관하여」(*Malea malefica*)라는 책을 썼는데, 이 책에서 그는 매우 진지하고 과학적인 방식으로 마술의 원인, 그 결과, 그것에 반대하여 사용할 수 있는 치료책을 논의했다.

이 운동은 터무니없고 미신적이긴 해도, 진보에 이바지했다. 이는 자연을 연구하고 통제하려고 시도하는 한, 근대 과학의 선구였다. 마술적 기술의 추종자들은 여전히 신비학 이론과 중세적 관습에 매료되었다. 그러나 그들의 얼굴은 미래를 향해 있었다. 시간이 흘러가면서, 터무니없는 요소들이 하나씩 제거되었다: 연금술은 화학으로 발전하고, 점성술은 천문학으로, 마술은 실험으로 발전한다. 그리고 신비적인 피타고라스주의적 수체계(數體系)는 수학을 위한 호감을 불러일으켰다. 코페르니쿠스로 하여금 천체의 수학적 질서를 탐구하게 했던 것은 점성술적 동기였다.

자연철학

이탈리아에서는 연금술과 점성술처럼 이전의 미신에서 전적으로 벗어나지 않았지만 참된 과학적 정신에 물들어 있던 자연 철학자들이 아주 많았다. 저명한 의사, 수학자, 과학자인 제롬 카르단 혹은 기롤라모 카르다노(Girolamo Cardano, 1501-1576년)는 모든 사물을 자연적으로 설명하려고 한다. 네 가지가 아닌 세 가지 요소가 있다: 흙과 공기와 물. 불은 실체가 아니라 운동에 의하여 생긴 열의 우유성 혹은 특성이다. 세계는 빛과 열과 동일한 영혼을 갖고 있다.

베르나르디노 텔레시오(Bernardino Telesio, 1508-1588년,「자연계에 대하여」[De rerum natura])는 자연과학을 아리스토텔레스와 고대인들로부터 해방시키고 그것을 관찰에 근거시킴으로써 자연과학을 개혁하려 한다. 그의 철학은 르네상스의 다른 자연 체계보다 월등히 우월하지만, 그리스적 영향에서 벗어나지 못한다. 소크라테스 이전의 "자연학자"와 스토아주의적 형이상학의 흔적인 그의 철학에서 주목할 수 있다. 그는 물질(신에 의하여 창조되고 양이 일정한)과 힘(그리고 그것의 대립적 요소인 더움과 차가움)을 설명의 원리로 채택한다. 열은 물질에서 팽창과 희박화를 일으키는 모든 생명과 운동의 원천이다. 차가움은 수축하고 응축하며 모든 고정성과 정지의 원인이다. 우주의 현존과 변화는 이 두 원리의 일정한 대립 때문이다. 심지어 영혼(spiritus)도 텔레시오는 기계적이며 물질적으로 설명한다. 영혼은 뇌에 집중되어 있지만 전체 몸에 분산되어 있는 열로 구성되는 뛰어난 재료이다. 영혼은 유기체의 부분들을 통일하며 그들의 운동을 시작하는 원리이다. 물질적 영혼 외에도 불멸적 영혼이 있는데, 이는 신에 의하여 덧붙여진다. 텔레시오는 그의 윤리학에서 자기 보존이 인간 활동의 유일한 목적이라고 가르친다.

텔레시오는 나폴리에 자연과학 협회인 텔레시오 아카데미를 세웠다. 프란시스 파트리치(Francis Patrizzi, 1529-1597년)는 텔레시오의 원리와 신플라톤주의를 결합한다.

과학 운동

중세 동안 아주 자주 나타났고 아주 흥미진진한 형태를 취했던 외부 자연에 대한 관심은, 레오나르도 다 빈치(Leonardo da Vinci, 1452-1519년), 코페르니쿠스(1473-1543년), 갈릴레오(1564-1641년), 케플러(1571-1630년), 뉴턴(1642-1727년) 등이 중요한 대표자로 있던 과학 운동에서 절정에 도달했다. 신비학과 마술적 요소는 이 사상가들에 의하여 완전히 제거되고, 완전히 자연적 방식으로 자연 현상을 설명하려는 시도가 이루어졌다. 이전의 아리스토텔레스주의적 설명 원리들, 즉 질료에 작용하며 질료로 하여금 형상의 목표 혹은 목적을 실현하게 하는 형상 혹은 본질은 폐기되고 기계론적 설명이 등장했다: 모든 자연적 사건은 고정된 법칙에 따라 물체의 운동에 의하여 야기된다. 행성 운동의 비밀은 수학에 의하여 계시된다: 케플러는 행성의 궤도를 발견하며, 그 결과 점성술은 천문학이 된다. 로버트 보일(Robert Boyle)은 원자 이론을 화학에 도입하며, 그 자신이 연금술사였지만 연금술을 종언시킨다. 이런 반(反)목적론적인 전체 사상 노선은 19세기 다윈주의적 이론에서 절정에 도달한다. 이 이론은, 사물의 안이나 바깥에 어떤 생명력이나 목적에 호소하지 않고 유기체적 형태들을 인과적이며 기계론적으로 설명하려 한다.

갈릴레오 갈릴레오는 데모크리토스의 이론을 철저하게 알고 있었고, 철학적 통찰력에서 데모크리토스를 아리스토텔레스보다 우월하게 생각했다. 그는 모든 변화를 대상의 부분들에 그저 상대적인 것으로 본다. 엄격한 의미에서 생성이나 소멸은 없다. 모든 것은 원자의 운동의 결과이다. 감각적 성질들은 주관적이며 양적 관계에 근거한다. 모든 성질은 양에 의하여 설명된다. 그래서 양적 관계를 다루는 수학은 최고의 학문이다: "우주의 책은 수학적 문자로 쓰여 있다." 우리는 측정할 수 있는 것은 무엇이든지 알 수 있다. 우리가 측정할 수 없는 것은 알 수 없다. 우리는 운동의 관계를 수학적 공식으로 환원할 수 있다. 그래서 운동과 그 법칙이라는 측면에서 사건들을 설명할 수 있다.

역학 연구의 기초를 형성하는 이 법칙들은 레오나르도, 케플러, 갈릴레오에 의하여 발견되고 정식화된다. 그들의 활동은 천문학의 코페르니쿠스적 이론 즉 지동설을 확증한다. 지동설에 따르면, 지구는 더 이상 우주의 움직일 수 없는 중심으로 파악되지 않고 모든 행성과 마찬가지로 중심의 태양을 공전한다. 코페르니쿠스의 이론은 처음에 교회에게 호감있게 받아들여졌지만 후에 "가톨릭 진리에 해로운" 것으로 정죄받았고 1616년에 금서 목록에 올랐다. 갈릴레오는 1633년에 코페르니쿠스 이론을 철회해야 했으며, 1641년에 죽을 때까지 종교재판의 감시하에 있었다. 아이작 뉴턴 경에 의하여 1682년에 중력의 법칙이 발견된 것과 아울러, 코페르니쿠스 이론은 더욱 참된 것으로 확증되었다: 케플러가 정식화한 행성 운동의 법칙은 중력법칙과 물리역학의 다른 법칙에 담긴 의미였던 것으로 밝혀졌다.

갈릴레오는 과학의 문제에서 권위와 신비주의적 사변을 배격하고, 모든 일반적 명제가 관찰과 실험에 근거해야 한다고 선언한다. 그러나 그는, 경험이 지성에 의하여 보충되어야 한다고 말한다. 우리는 법칙 아래 사실을 포섭한다. 우연적 상황에서 추상함으로써 사실을 단순하고 필연적인 원인으로 환원한다. 이 모든 것은 사고의 작용이다. 이상적인 탐구 방법은 관찰과 실험과 사고를 사용한다.

피에르 가상디(Pierre Gassendi, 1592-1655년)는 에피쿠로스와 루크레티우스의 이론을 되살렸고, 데카르트의 입자설을 반대했다. 동시에 그는 신학적 개념으로 자신의 역학 이론을 보충하여, 신을 운동의 창시자로 삼았다. 페레 메르센(Pere Mersenne, 1588-1648년)과 로버트 보일(1627-1691년)은 가상디의 원자론과 데카르트의 입자설을 조화시키려 했다. 보일은 원자론을 화학에 도입했지만, 원자론을 단순히 방법의 도구로 보았지 철학적 우주론으로 보지 않았다. 세계는 예지(叡智)적 창조주와 설계자를 가리키며, 이 예지적 창조주가 운동을 시작했다. 뉴턴은 유사한 유신론적 견해를 주장했다.

40. 조르다노 브루노와 토마소 캄파넬라

이탈리아인 조르다노 부르노(1548-1600년)와 토마소 캄파넬라(1568-1639년)의 저술들에는 새로운 시대의 정신에서 파악된 포괄적인 형이상학 체계가 등장한다.

브루노(Giordano Bruno)

브루노는 새로운 천문학적 우주의 광대함에 놀라서, 항성을 우리의 태양계처럼 행성 체계로 보았다. 신은 무한한 우주에 내재하는 능동적 원리(능산적 자연, natura naturans)이다. 그는 살아 있는 세계(소산적 자연, natura naturata)에 자신을 드러낸다. 이 세계는 내적 필연성에 의하여 그로부터 나온다. 쿠사와 마찬가지로 그는 모든 대립자의 통일성으로서, 대립 없는 통일성으로서, 유한한 지성이 파악할 수 없는 일자와 다자로서 신을 파악한다.

브루노는 원래 도미니쿠스회 수사였지만, 나중에 종단을 떠나서 정처 없는 나그네로 이 도시 저 도시를 여행하며 1592년에 다시 이탈리아 땅에 발을 디뎠다. 이때 그는 종교재판에 의하여 투옥되었다. 그는 자신의 신념을 철회하기를 거부하여 7년 동안 옥살이한 다음 로마에서 화형주에 달려 불타 죽었다(1600년).

하지만 브루노의 체계는 이전의 아리스토텔레스주의적 형상을 버리지 않았다. 각각의 별은 형상 혹은 영혼에 의하여 움직이며, 모든 사물 안에는 영혼과 생명이 있다. 질료 없는 형상은 존재하지 않는다. 둘은 하나의 통일체를 형성한다. 그러나 형상은 질료에서 발생하고 사라진다. 모든 개별 사물은 변하지만, 우주는 자신의 절대적 완성 가운데서 불변한다.

브루노는 이런 가르침에다 단자(單子)론을 추가했다. 이 이론은 스토아주의의 배아론을 우리에게 상기시킨다. 사물들은 단자라고 불리는 자존하고 사멸될 수 없는 기초적 부분들로 구성된다. 단자는 정신적이면서 물질적이다. 영혼은 불멸적 단자이며, 신은 단자들 가운데 단자이다.

캄파넬라(Tommaso Campanella)

토마소 캄파넬라(1568-1639년)도 도미니쿠스회 수도사였다. 그도 종교재판에 회부되어 실천하려고 시도조차 하지 않은 정치적 이념 때문에 감옥에서 27년을 허비했다. 그는 그 사상이 과거로 돌아가고 미래를 지향하는 점에서 시대의 아들이다. 그는 자연을 책 보고 연구하지 말고 직접 연구하라고 말한다. 우리의 모든 철학적 지식은 감각에 근거하며, 모든 높은 형태의 인식은 감각의 상이한 형태일 뿐이다. 동시에 자연은 신의 계시이며, 신앙은 지식의 한 형태이다. 또한 신학이 생성하는 원천이다.

우리는 감각에서 우리 자신의 현존, 우리 자신의 의식 상태에 대하여 의식한다. 사물이 본질적으로 무엇인지가 아니라 사물이 어떻게 우리에게 자극하는가에 대하여 의식한다. 캄파넬라는 자기 이전의 성 아우구스티누스와 이후의 데카르트와 마찬가지로 의식에서 확실성의 중심을 발견한다: 우리는 다른 모든 것을 의심할 수 있지만, 우리가 감각을 갖고 있고 존재한다는 것을 의심할 수는 없다. 내성(內省)도, 영혼의 세 가지 근본 속성들 곧 힘과 인식과 의지(posse, nosse, velle)를 계시한다. 이 속성들은 그 완전에서 신의 속성들인 전지와 절대적 선과 비슷하다.

여기서 캄파넬라의 논증은, 신이 만물의 근거이며 사람이 작은 세계(parvus mundus)이므로 신적 성질이 유한한 정도로 인간 영혼에 덧붙는다는 것이다. 동일한 세 가지 원리는 모든 존재에 현존한다: 낮은 형태의 현존에서 — 즉 비존재와 뒤섞일 때 — 이 원리들은 무능, 무지, 해악으로 나타난다.

다른 말로 하면, 세계는 신플라톤주의와 마찬가지로 신으로부터 나오는 일련의 방출로 파악된다. 신은 천사와 이데아와 영과 불멸적 인간 영혼과 공간과 물체를 산출하셨다. 우리는 신에 대한 직접적 지식을 가지며, 또한 신은 성경으로 자신을 계시하신다. 그러나 우리는 무한한 존재에 대한 개념에서 무한한 존재의 현존을 입증할 수 있다. 이 개념은 우리가 스스로 산출할 수 없었고, 그러므로 무한한 원인을 함축한다. 이 논증은 후대의 데카르트주의적 체계에서 중요한 역할을 맡는다.

캄파넬라는 저서 「태양의 나라」(Civitas Solis)에서 플라톤의 「국가」를 상기시키는 사회주의적 국가론을 제공한다. 이는 권력이 지식에 의하여 지배되는 계몽의 국가(태양의 나라)이다. 평등의 원리가 만연하여, 지식의 우월성에 근거한 계급 구분 말고는 아무런 계급 구분이 없다. 철학자 혹은 사제는 통치자이다. 태양의 나라는 세속 국가를 다스리며, 종교적 통일성을 갖춘 보편적 교황적 군주국이다. 보편적이며 의무적이어야 하는 교육은 수학과 자연과학에 근거할 것이며, 학생들은 상이한 직업을 위한 특별 훈련을 받을 것이다. 캄파넬라는 또한 연극, 야외 학교에 의한 학습, 실물 교육에 의한 교습을 권장한다.

41. 새로운 국가론; 종교철학; 회의론

스콜라주의적 국가론

르네상스는 새로운 국가론을 만들려고 시도했다. 이 국가론은 신학과 아리스토텔레스에게서 독립한 것이 될 것이었다. 이런 점에서 다른 사고 분야의 특징인 권위와 전통에 대한 동일한 반대를 나타냈다. 우리가 보았듯이 정통 스콜라주의자들은 교직제의 현세적 권력과, 교회에 대한 국가의 종속을 옹호했다. 성 토마스 아퀴나스와 같은 저술가들은 그리스도교와 아리스토텔레스주의의 전제에 근거한 주장으로 교황 우월권을 정당화했다. 그들은, 모든 인간 정부의 목적은 안녕이며 그 목적에 이바지하는 통치자는 선하고, 그렇지 못한 통치자는 악하며 면직될 수 있다고 주장했다. 한 민족의 최고 안녕은 영적 안녕이므로, 그리스도교 교의를 받아들이지 않거나 심지어 교회와 대립하는 주권자는 신민의 참된 선을 위태롭게 하며, 그런 과정은 반역을 정당화한다. 교회는 신으로부터 났다. 그래서 지상에서 신의 대리인이며 신앙의 문제에서 궁극적 법정이다. 그리고 교회의 기능은 그리스도교를 전파하는 것이다. 그러므로 결국 국가는 교회를 보조하며, 철학과 마찬가지로 정치학은 신학의 하녀이다.

마키아벨리

이미 지적했듯이, 이 정치론과 그것을 실천하려는 노력은 세속 권력의 반대를 받았고, 여러 세기가 지나서 가톨릭 저술가조차도 교황제의 몰락을 증거한다. 르네상스와 종교개혁의 시기 동안 가톨릭의 이념에 대한 반대는 점점 강해졌고, 근대 역사에서 매우 중요한 역할을 맡는 정치 이론의 토대가 놓여졌다. 가장 과격한 공격은 이탈리아의 외교가 니콜로 마키아벨리(Niccolo Machiavelli, 1469-1527년)에게서 나왔다. 그는 피렌체의 십인평의회의 상서(Chancellery)의 비서였는데, 로마 교황청과 이탈리아 정부의 정치적 부패에서 낙담스러운 면을 꿰뚫어 보고 「피렌체의 역사」(1532년), 「리비우스의 로마사 논고」(1532년), 「군주론」(1515년)에서 자신의 견해를 제시했다.

마키아벨리의 이상은 정치·학문·종교에서 교회의 지배로부터 절대적으로 자유로운, 통일되고 독립적이고 주권적인 이탈리아 국가였다. 그는 그리스도교가 시민의 정치 활동을 좌절시키며 시민을 수동적으로 만든다고 주장했다. 그래서 애국자를 배출한 옛 로마 종교가 더 낫다는 것이다. 최고 형태의 정부는 스파르타, 로마, 베네치아로 아주 찬란하게 예표되는 형태의 공화국일 것이다. 그런 헌정(憲政)은 대중의 정신이 살아 있는 곳에서만 가능하다. 정치적 자유는 사람들이 순수한 곳에서만 가능하다.

하지만 마키아벨리가 살았던 시대처럼 부패의 시대에는 강하고 독립적인 국가의 이상을 실현하기 위하여 절대 독재가 필요하며, 시민의 자유는 희생되어야 한다. 그의 조국의 정치적 상황이 얼마나 끔찍했는가 하는 것은 르네상스 시대 이탈리아의 수많은 소독재자들에 대한 연구에서 볼 수 있다. 이런 상황에서 군주는 민족주의적 목표를 이룰 수단을 무엇이든지 사용해도 정당하다. 강제력, 속임수, 혹독함, 소위 도덕법의 위반은 큰 목적에 의하여 정당화된다. 무엇이든지 현존하는 무정부와 부패의 상태보다 낫다.

마키아벨리의 정치 사상은 합리적인 국가에 대한 갈망과 당대의 부패한 세속 및 교회 정치에 대한 혐오를 표현했다. 정치적 독재체제에 대한 그의 옹호는 인간 본성에 대한 그의 비관론적 관념에 뿌리를 둔다. 그의 견해에 따르면, 인간 본성은 굶어 봐야만 근면해지고 법에 의해서만 덕스러워진다. 그는 강제력에는 강제력으로, 책략에는 책략으로 맞서고, 자신의 무기로 마귀와 싸우는 것 외에 당대의 부패와 무질서에서 벗어나는 길을 달리 알지 못했다. 그리고 그는 목표를 추구할 때 드러나는 어중간한 기준을 비판했다. 그는 교회와 국가의 많은 정치가들이 실천하고 이 시대까지 계속 실천하는 바를 이론으로 정당화했지만, 국가를 구출하는 다른 방법을 보지 못했기 때문에 그것을 정당화했을 뿐이다.

새로운 정치학

새로운 정치학의 목표는 신학과 교회에서 독립되고 주권 국가의 새로운 이상과 조화를 이루는 정치 이론을 구축하는 것이었다. 이 문제는 단순히 이론적인 것만이 아니었다. 상이한 그리스도교 분파가 있으므로 자연스럽게 국가와

니콜로 마키아벨리

군주에 대한 이 분파의 관계가 문제로 제시되었고, 주권의 의미와 원천에 대한 고찰이 실제로 필요하게 되었다. 우리가 언급한 중세 사상가들의 많은 이론은 새로운 정치 철학을 만들 때 이용되고 발전되었다: 계약 이론, 국민 주권과 통치자 주권의 이론들, 자연법과 자연권의 사상들. 한편으로는 홉스의 이론에, 다른 한편으로는 로크와 루소의 사상에 도달하는 사상 노선이 형성되었다. 그래서 새로운 정치학은 실천적으로 전제주의와 민주주의에 모두 응용되었다.

장 보댕(Jean Bodin, 1530-1596년)은, 국민 주권이 통치자에게 절대적으로 이전되는 사회 계약에 국가가 근거한다고 가르친다. 요한네스 알투시우스(Johannes Althusius, 1557-1638년)는 그 계약을 통치자의 계약 준수에 달려 있다고 본다. 국민의 주권은 양도될 수 없고, 지배 관리의 권위는 취소될 수 있다. 그리고 계약을 위반하는 군주는 폐위되거나 사형될 수 있다. 이 이념이 지지를 얻었는데, 부분적으로는 종교적 압제 때문이다. 그래서 국가는 시민의 종교적 확신에 개입하지 말아야 하며, 혁명권이 옹호된다. 알베리코 젠틸레(Alberico Gentile, 1551-

1611년)는 저서 「전쟁법」(De jure belli, 1588년)에서 전쟁의 법률을 논의하며, 토머스 모어 경은 「유토피아」(1516년)에서 사회주의적인 국가 이상을 제시한다.

전제주의 이론은 네덜란드 귀족 정당의 지도자인 후고 그로티우스(하위흐 판 흐로트[Huig van Groot], 1583-1645년)와 사무엘 푸펜도르프(Samuel Pufendorf, 1632-1694년)에 의하여 온건한 형태로 받아들여진다. 그로티우스는 유명한 작품 「전쟁과 평화의 법」(De jure belli et pacis, 1625년)의 저자인데, 이 책에서 그는 스토아주의와 로마법에서 물려받은 자연권의 이론을 제시한다. 자연법 혹은 불문법(jus naturale)은 인간의 이성적 본성에 뿌리박혀 있고 양도불가능하며, 신도 그것을 변경하실 수 없다. 실정법(jus voluntarium, jus civile)은 임의적 제정의 결과로 역사에서 발생하며, 효용의 원리에 근거한다. 사회는 인간의 사회적 본성에서 생기며, 인간의 본성은 이웃 사랑과 다른 모든 의무의 원천이다. 사회에서 자연법은 사회적 안녕에 대한 존중에 의하여 제한된다. 사회 생활의 존재에 도움되는 모든 것이 또한 자연권이다. 그러므로 국가는 신의 인위적 창조물이 아니라 자연적 제도이다. 국가는 이성과 인간 본성에 근거한다. 국가는 구성원의 자유로운 동의 즉 계약에 근거하므로, 개인의 권리는 결코 폐기될 수 없다. 백성이 주권을 갖고 있지만 그것을 군주나 통치 계급에게 항상 양도할 수 있다. 국가 간의 전쟁은 자연권의 침해의 경우에만 정당화될 수 있지만, 인도적으로 수행되어야 한다.

정치학을 다룬 다른 저술가들로는, 아얄라(Ayala), 올덴도르프(Oldendorf), 니콜라스 헤밍(Nicolas Hemming), 베네딕트 윙클러(Benedict Winkler) 등이 있다. 푸펜도르프는 그로티우스와 홉스의 추종자이며, 자연법의 개념을 독일에 도입한다. 주권은 의지의 통일성과, 따라서 군주의 절대권을 함축한다.

정통신앙의 저술가들 가운데 개신교도 루터와 멜란히톤은 국가를 신적 기원에 속하는 것으로 보았지만, 예수회 벨라민과 후안 마리아나(Juan Mariana)는 계약론과 국민 주권론을 옹호했다.

근대 국가의 발전

이 이론들은 중세 이후 정치 사상과 정치 제도의 발전을 반영한다. 중세 국가는 근대 국가가 소유하는 그런 의미에서 주권을 소유하지 않았다. 중세 통치자는 봉건 영주처럼 제한된 권리를 갖고 있었다. 그러나 황제와 국왕과 봉신 간에는 잦은 갈등이 있었고, 통치자의 권력은 봉신의 친선과 자신의 군사력에 근거했다. 독일과 이탈리아에서는 중앙집권적 국가가 봉건 제도와 지역 영주의 몰락 이후 느슨한 국가 연맹으로 점차 분리되었다. 프랑스에서는 다른 방식으로 흐름이 진행되었다. 즉 느슨한 국가 연맹에서 절대적인 왕이 있는 통일된 국가 혹은 민족으로 나아갔다. 영국은 여전히 중앙집권적이었지만, 국민의 권력이 커져 가면서 왕권은 쇠퇴했다.

좌우간 국가의 주권이라는 이념은 다만 점차로 발전했고, 국가가 자신의 기능을 확장하고 근대적이게 된 것은 역사적 발전의 결과였을 뿐이다. 근대의 초기에는 전제주의로 가는 경향이 나타났다. 17세기 후반과 18세기 전반에 전제주의는 절정에 이르렀다. 이론적으로는 통치자의 권력이 무제한적이었고, 신민은 통치자에게서 구현된 국가로부터 어떤 권리든 받았다: "짐이 곧 국가다"라고 루이 14세는 천명했다. 국가 주권의 개념은 고스란히 남아 있었다. 그러나 알투시우스, 로크, 루소의 이론에 반영된 전제주의를 반대하는 입장이 점차 기반을 얻었고 결국 우리 시대의 입헌 군주제와 민주주의의 수립으로 종결되었다.

체르버리의 허버트(Herbert of Cherbury)의 자연 종교

우리가 보았듯이 르네상스의 새로운 철학은, 사물에 대한 초자연적 설명 대신에 자연적 혹은 합리적 설명을 제공한다. 이 철학은 형이상학 체계뿐만 아니라 정치학과 종교와 같은 사고 분야에도 합리론적 방법을 적용한다. 체르버리의 허버트(1583-1648; 「진리에 관하여」[1624년], 「이방종교에 관하여」[1645년])는 자연 지식의 이론에 근거하고 실정적 혹은 역사적 종교와 독립한 종교 철학을 발전시켰다. 그는 모든 종교에 공통된 진리를 합리적인 혹은 자연적인 것으로 본다. 가령 신은 한 분이다, 그는 경배를 받아야 한다, 경배는 경건과 덕으로 구성된다, 우리는 죄를 회개해야 한다, 현세와 내세의 상과 벌이 있다는 등이다.

다른 말로 하면, 이는 자연인이 편견에 방해받지 않고 자신의 이성을 따라 도달하게 되는 신념이다. 그것들은 자연에 의하여 심어진 진리이다. 그들은 보편적 관념(notitiae communes)의 집단에 속한다. 이 관념은 신적 기원에 속하며 우월성과 독립성과 보편성과 확실성과 필연성(효용이라는 의미에서)과 즉각성을 현저한 표로 갖는다. 허버트에 따르면, 이와 같은 인간의 원초적이며 자연적인 종교는 사제에 의하여 타락했지만, 그리스도교는 그것을 회복하는 데 많은 일을 했다. 이 종교는 계시에 의하여 보완될 수 있지만, 계시는 합리적임에 틀림없다. 체르버리의 허버트는 이신론자들의 선구자이며, 18세기 자연 종교론 혹은 이성 종교론의 옹호자이다.

회의론

유명론과 신비주의에서 보았던 것과 비슷한 회의론의 경향이 르네상스의 수많은 프랑스 사상가들에게서 발견된다. 그들은 그리스의 회의론적 작품들에 영향을 받았다. 그래서 저명한 「에세이」의 저자인 미셸 드 몽테뉴(Michel de Montaigne, 1533-1592년)는 확실한 지식의 가능성을 의심한다. 우리가 그리스 회의론에 대한 설명에서 잘 알게 된 이유들 때문이다. 그는 이성을 단념하고 부패하지 않은 자연과 계시로의 복귀를 권한다. 우리는 지식을 가질 수 없지만, 그는 우리가 의무를 행하고 신의 명령에 복종할 것을 촉구한다.

피에르 샤롱(Pierre Charron, 1541-1603년)에 따르면, 회의론적 태도는 탐구 정신을 살아 있게 하고 우리를 참된 종교인 그리스도교 신앙으로 인도한다. 그는 그리스도교의 실천적·윤리적 측면을 강조한다. 프랑수아 상세(Francis Sanchez)도 절대 지식의 가능성을 부인한다. 유한한 인간은 사물들의 내적 본질을 파악할 수 없거나 전체 우주의 의미를 이해할 수 없다. 그러나 그는 우리가 관찰과 실험을 통하여 부차적 원인을 알 수 있다고 주장한다. 후대의 프랑스 회의론자로는 라 모테 르 베이에(La Mothe le Vayer)와 주교 피에르 위에(Pierre Huet)가 있다. 프라하의 조셉 글란빌, 히에로니무스 히른하임, 그리고 「역사 및 비평 사전」(*Dictionnaire historique et critique*, 1695년)의 저자인 피에르 베일(Pierre Bayle, 1647-1706년)은 어떤 측면에서 동일한 운동에 관계를 맺고 있다.

42. 종교개혁

종교개혁의 정신

이탈리아의 르네상스는 권위와 스콜라주의 체계에 저항했고, 고전적 고대의 문학적·예술적 작품에서 영감을 찾았다. 이는 지적 강압에 대항한 지성의 항거였다. 독일 종교개혁은 종교적 각성, 종교적 재탄생이었다. 신앙의 기계화에 대항한 마음의 항거였다. 인문주의가 고대의 철학과 문학과 예술로 돌아가 도움을 구했듯이, 종교도 이제 성경과 초대 교부 특별히 성 아우구스티누스의 단순한 신앙으로 돌아가 지원을 얻었다. 스콜라주의 신학, 복잡한 대사(大赦) 제도, 교회의 제의 대신에, 종교개혁은 내적 종교와 개인적 예배를 강조했다. 공로에 의한 칭의보다 믿음에 의한 칭의를 강조했다.

종교개혁은 "무익한 스콜라주의"를 경멸하는 점, 교회의 권위와 현세적 권력을 반대하는 점, 인간 양심을 높이는 점에서 르네상스와 비슷하다. 그러나 종교개혁은 지성을 자랑하는 르네상스와 함께 하지 않으며 삶에 대한 르네상스의 낙관론적인 쾌락을 공유하지 않는다. 루터는 유명론적 신비주의에 매료되었고 이성이 우리 영혼의 구원에 관한 문제에서 어둡다는 초대 그리스도교의 의심을 공유했다. 그는 한 사물이 철학에서는 그릇될 수 있지만 신앙에 뿌리박은 신학에서는 참될 수 있다고 믿었고, 진짜 아리스토텔레스 못지않게 스콜라주의적 아리스토텔레스도 경멸했다.

그러나 새로운 종교 운동은 종교개혁의 지도자의 반합리론적 태도에도 불구하고, 르네상스처럼 비판적 성찰과 독립적 사유의 정신을 장려했다. 종교개혁은, 교회를 그리스도교 신앙의 중재자로 받아들이지 않고 성경과 개인의 양심에 호소할 때, 종교적 교의를 판단할 권리를 이성에게 주었고 합리론과 개인주의를 권장했다. 이는 루터가 목표로 삼던 것이 아니지만, 권위적인 교회와 그 신학을 반대한 그의 항거의 불가피한 실천적 결론이다. 이는 개신교가 대체로 끌어내지 않으려 했던 결론이었다. 사실 종교개혁자들은 중요한 그리스도교 교의의 해석에서 의견을 달리했고, 새로운 교회는 곧 독립된 분파로 나누어졌다: 루터는 성찬에서 그의 신비적 현존을 받아들였다; 종교개혁자들 가운데 가장 자유로운 츠빙글리는 성례를 상징으로 보았다; 칼뱅은, 가톨릭 교회가 위대한 성 아우구스티누스를 존경하면서도 받아들이지 않으려 했던 예정론을 가르쳤다.

개신교 스콜라주의

루터는 스콜라주의 철학을 무익한 말의 지혜로 거부했지만, 새로운 교회는 곧 자신의 신앙을 합리화할 필요를 느꼈다. 다른 말로 하면, 자신의 스콜라주의적 체계를 구축할 필요를 느낀 것이다. 성경과 초대 그리스도교 시대의 신앙에 대한 호소는, 재세례파와 성상파괴자들의 경우처럼, 그리스도교적 가르침을 자신의 빛에 따라 해석한 온갖 광신적 분파를 허용했다. 종교적 강령은 새로운 교회의 조직과 더불어 실천적 필요가 되었다. 신비주의에서 생기고 종교의 기계화에 대한 항거로서 발생한 운동은 이제 자신의 기원을 망각하고 자신의 교의를 발전시키기 시작했다. 심지어 루터도 종교개혁의 철학적 지지에 대한 필요를 느끼기 시작했다.

독일에서 "개신교 체계"를 구축하는 일을 착수한 신학자는 멜란히톤(1497-1560년)이었다. 그는 아리스토텔레스주의적 세계관을 자신의 과제에 가장 적합한 것으로 택했다. "가장 적은 궤변과 정당한 방법을 가진 철학으로" 택했다. 에피쿠로스주의자들은 그에게 너무 불경건했고, 스토아주의자들은 너무 운명론적이었고, 플라톤과 신플라톤주의는 너무 모호하고 이단적이었고, 중세 아카데미는 너무 회의론적이었다. 멜란히톤은 아리스토텔레스를 자신의 안내자로 삼아 개신교 교과서를 썼고, 독일의 스승(praeceptor Germaniae)이 되었다. 그의 책들은 17세기 동안 독일에서 사용되었다.

니콜라우스 타우렐루스(Nicolaus Taurellus, 1547-1606년)의 철학은 아우구스티누스주의적 기초에 스콜라주의를 구축하려는 개신교적 시도이다. 아리스토텔레스주의를 반대하는 이 시도의 입장은 교회의 공식 교리에 반대하는 개신교의 아우구스티누스주의적 신비주의적 진영의 항거를 대변한다. 신적 간섭이 없이 법칙에 의하여 다스려지는 질서로서 우주를 보는 개념은 새로운 자연 과학의 영향력을 보여준다. 칼뱅도 포르 루아얄(Port Royal)의 가톨릭 얀센파들처럼 성 아우구스티누스에게 돌아가는 반면, 츠빙글리는 신플라톤주의를 따른다.

야코프 뵈메(Jacob Boehme)의 신비주의

하지만 신비주의는 일반 사람들 사이에서 피난처를 계속 발견했다. 그리고 오지안더(Osiander), 카스파르 슈벵크펠트(Caspar Schwenkfeld), 제바스티안 프랑크 (Sebastian Frank, 1545년에 죽음), 발렌틴 바이겔(Valentin Weigel) 등과 같은 신비주의 의 중요한 대표자들은 루터가 로마에 항거했던 것처럼 종교개혁의 스콜라주의 와 형식주의에 항거했다. 17세기의 초두에 신비주의는 교육받지 못한 독일인 구두수선공 야코프 뵈메(1575-1624년)의 포괄적 체계로, 그의 작품「아우로라」 (*Aurora*)에서 다시 나타난다.

뵈메는 세상에 있는 죄의 사실에 괴로워하며, 신적 자기 표출의 과정에 나오 는 하나의 필연적 국면으로 죄를 설명하려 한다. 그는 실재의 모든 곳에서 반 대와 모순을 발견한다: 악 없이는 선이 없고, 흑암 없는 빛이 없고, 대립자 없는 성질이 없다. 모든 사물이 신으로부터 오므로, 신은 모든 반대의 근본적 근거 임에 틀림없다. 신 안에 자연의 모든 불일치가 은폐되어 있음에 틀림없다. 신은 사물의 원초적 원천으로 파악되며, 무차별적이며 무제한적이며 운동 없는 존 재이다: 절대적 정지, 전부와 무, 깊이를 알 수 없는 기반, 시원적이며 목적 없는 의지이다. 이 원리가 자신을 나타내고 인식할 수 있기 위하여, 구별되어야 하 며, 명상할 것을 가져야 한다. 빛이 계시되기 위하여 어둠을 필요로 하듯이, 신 은 대상 없이 자신을 의식하고 자신을 표현하실 수 없다. 신적 의지의 맹목적 갈망은 현존으로 우리에게 대면하는 반대를 일으킬 것이다.

뵈메의 세계관의 중요한 가르침은, 우주가 모순의 결합이며 삶과 진보가 반 대를 함축하며, 모든 실재의 근거가 영적 원리에 있으며 이 원리가 근본적으로 예지(叡智)가 아니라 기초 없는 의지이며, 현존이란 흑암에서 빛으로 나아감이 라는 것이다. 뵈메는 그리스도교 신학의 관념들(삼위일체, 천사, 마귀의 타락, 사람의 타락, 구원 계획)을 파라켈수스의 마술적인 자연 철학으로부터 도출되는 온갖 환 상적 개념과 결합하면서 과정의 발전을 추적하려 한다. 이 자연철학은 독일 개 신교 신비주의로 들어갔다. 신플라톤주의에서처럼 이 과정은 그 단계들을 되밟고 그 원천으로 돌아가지 않을 수 없다: 마귀의 죄의 결과이며 신에 대한 서투른 모방인 구체적인 물질 세계는 신에게 돌아간다; 물질의 옷은 벗겨지고, 신은 사물의 본질을 사물들의 적나라한 순수성 가운데서 명상한다.

43. 근대철학의 정신

근대의 특징

새로운 시대의 역사는 반성적 정신의 각성, 비판의 소생, 권위와 전통에 대한 항거, 절대주의와 집단주의(collectivism)에 대한 항거, 사유와 감정과 행위의 자유에 대한 요구로 볼 수 있다. 르네상스와 종교개혁의 이행기에 활동하기 시작한 누룩은 다음의 여러 세기 내내 강렬했고 아직도 멈추지 않았다. 정치적 갈등은 국가에게 유리하게 해결되었고, 국가는 점차 문명의 기관으로서 교회의 자리를 대신했다: 교회주의는 국가주의에 항복했다. 국가 안에는 입헌주의와 민주제도를 향한 경향이 점차 커졌다. 그리고 이 경향은 평등한 권리와 사회 정의에 대한 오늘날의 요구에도 여전히 나타난다. 교회의 권위에 반대의 목소리를 높였던 독립의 정신은 곧 국가의 간섭주의를 공격했으며, 정치적 불간섭의 이론은 개인주의의 이상이 되었다. 동일한 정신은 경제 영역에 표현되었다: 노예제, 농노제, 이전의 길드 제도는 점차 사라졌고, 개인은 자신의 족쇄를 내던지고 자신의 경제적 구원을 혼자 실현할 수 있기를 요구했다. 경제적 개인주의라는 이 근대적 이론은 흔히 자유방임(laissez faire) 이론으로 언급된다.

우리는 지성의 제국에서 동일한 현상, 즉 후견에 대한 동일한 적대감, 자유로운 분야를 위한 동일한 요구에 직면한다. 이성은 과학과 철학에서 권위가 된다. 우리가 앞서 지적했던 것처럼, 진리란 권위에 의하여 수여되거나 교황의 교서에 의해 명령되는 게 아니라 획득되는 것이며, 자유롭고 공정한 탐구에 의하여 성취되는 것이라는 관념이 퍼지기 시작했다. 시선은 초자연적 사물의 명상에서 자연적 사물의 탐구로, 하늘에서 땅으로 향해졌다. 신학은 자신의 왕관을 과학과 철학에 양보한다. 물리적 세계와 정신적 세계, 사회, 인간 제도, 종교는 자연적 원인에 의하여 설명된다. 중세 바로 다음 시대의 좀 더 높은 지성 생활을 특징짓는 것은 인간 이성의 능력에 대한 항구적 신념, 자연적 사물들에 대한 강렬한 관심, 문명과 진보를 향한 생동감 넘치는 열망이다. 하지만 지식이 그 자체로 존경받고 요구될 뿐만 아니라 그 효용성, 그 실천적 가치 때문에 존경받고 요구된다는 사실을 우리는 지적해야 한다: 지식은 힘이다. 프랜시스 베이컨부터 근대 사상의 거의 모든 위대한 지도자들은 과학적 탐구의 결과에 대한 실천적 적용에 관심을 갖고 있으며, 정치적·사회적 개혁의 분야와 마찬가지로 기술, 의학의 놀라운 업적을 이룰 시대를 열정적 낙관론을 품고 바라본다.

개인도 종교와 도덕에서 교회의 멍에를 내던진다. 지성의 문제에서 이성에 호소하는 태도는, 신앙과 행동의 문제에서 신앙과 양심에 호소하는 태도와 맞아떨어진다. 그는 자신과 자신의 신 사이에 중보자를 받아들이지 않으려 한다. 루터가 르네상스의 지도자들과 아무리 다르다 해도, 종교개혁의 영향은 종교적·도덕적·지적 독립의 정신을 되살리는 데 결국 이바지했고 인간 영혼이 외부의 권위로부터 해방되는 데 한몫 했다.

근대철학은 처음부터 근대의 정신을 들이마신다. 우리는 앞에서 근대 정신의 특징을 서술해 보고자 했다. 이는 진리 탐구에서 독립적이며, 이런 점에서 고대 그리스 사상과 비슷하다. 이는 인간 이성을 지식 추구에서 최고 권위로 삼는다는 의미에서 합리론적이다. 초자연적 전제 없이 내부의 본성과 외부의 자연을 설명하려는 점에서는 자연주의적이다. 그러므로 새로운 학문들, 특별히 외부 자연을 연구하는 과학과 접촉하므로 과학적이다.

근대철학은 이전의 스콜라주의적 체계에 대한 항거로서 등장했지만, 과거와 완전히 단절하지 않았고 단절할 수도 없었다. 스콜라주의 철학의 발자취는 장차 나타날 오랜 세월 동안 피로 젖어 있다. 근대 초기의 사상가들은 스콜라주의적 방법을 줄곧 비판하지만, 이전 개념들 가운데 많은 것을 대담하게 받아들였고, 이 개념들은 그들의 문제와 결과에 영향을 끼친다. 신학적 편견이 전혀 없던 것은 아니다: 베이컨, 데카르트, 로크, 버클리, 라이프니츠는 그리스도교의 기본 교리를 모두 받아들인다. 참으로 우리는 그들의 항거가 공평 무사하다고 항상 판단할 수 있는 건 아니지만, 이런 점에서의 불성실함조차도 신학적 영향의 한 증거가 될 것이다.

경험론과 합리론

현대철학들은 지식의 원천과 규범으로 이성(ratio)을 받아들이는가, 아니면 경험을 받아들이는가에 따라 합리론적인 철학 혹은 경험론적인 철학으로 분류되었다. 하지만 오해를 피하기 위하여 몇 가지 요점이 강조되어야 한다.

(1) 합리론을 계시나 권위 대신에 이성을 인식의 표준으로 삼는 태도라고 본다면, 근대의 모든 철학 체계는 합리론적이다. 사실상 그 철학 체계를 근대적인 것으로 분류할 수 있게 하는 것은 바로 이 특징이다. 확실히 지성보다 감정이나 신앙이나 직관에서 진리의 원천을 추구하는 근대적 세계관이 있다. 그러나 이런 신앙 혹은 감정 철학들도 진리와 신앙의 대상에 도달하는 그들의 방법을 이성에 정당화하는 이론들을 구축하려 한다.

(2) 반면에 우리는 합리론을, 참된 지식이란 보편적 필연적 판단으로 구성되며 사고의 목표는 상이한 명제들이 논리적으로 서로 연결되는 진리들의 체계라고 하는 견해로 이해할 수 있다. 이는 수학적 지식 개념인데, 거의 모든 근대 사상가들은 이를 이상으로 받아들인다. 그들이 그것을 실현할 수 있는 가능성을 믿었건 믿지 않았건 상관없이 그런 지식만을 수학적 모델에 일치하는 것으로 본다.

(3) 더 나아가 인식의 기원에 관한 문제가 있다. 이 점에 관하여 근대철학은 상이한 대답을 제공한다: (a) 참된 지식은 감각 지각이나 경험에서 나올 수 없고 사고나 이성에 그 토대를 갖고 있어야 한다; 어떤 진리들은 이성에 자연적 혹은 본유적이다: 본유적 혹은 천부적 혹은 선험적 진리이다. 지성에 그 기원을 갖고 있는 진리는 타당한 진리이다. 이 견해도 합리론이라고 불리어졌다. 물론 어떤 저술가들은 직관론 혹은 선험론이라는 이름을 선호한다. (b) 천부적이지 않은 진리가 있다: 모든 지식은 감각 지각이나 경험에서 나오며, 그래서 소위 필연적 명제는 필연적이지 않거나 절대적으로 확실하지 않고 개연적 지식을 산출할 따름이다. 이 견해는 경험론 혹은 감각론이라고 불리어 왔다.

경험론자들은 합리론을 첫 번째와 두 번째 의미로 받아들일 수 있다. 그들은 우리에게 절대적 확실성을 주는 그와 같은 지식만을 참된 것으로 받아들이면서도, 동시에 수학에서가 아니면 진정한 지식을 획득할 수 있는 가능성을 부인할 수 있다. 우리가 경험론을, 경험의 세계가 철학의 대상이며 철학이 그 세계를 해석해야 한다고 보는 견해로 받아들인다면, 모든 근대철학은 경험론적이다. 만일 우리가 경험론을, 경험이 아니고서는 우리가 인식할 수 없고, **순수** 사고 혹은 감각 지각에서 절대적으로 독립한 사고란 불가능하다는 뜻으로 받아들인다면, 근대철학은 많이는 경험론적이다.

이런 점을 명심할 때, 우리는 철학자들이 지식의 기원의 문제에 대하여 제시하는 답에 따라 그들을 합리론자(선험론자) 혹은 경험론자(감각론자)로 특징지을 수 있다. 기원의 문제와 긴밀하게 연결되어 있는 것은 지식의 확실성 혹은 타당성의 문제이다. 근대 초기의 양(兩)학파는, 감각 지식이 절대적으로 확실하지 않다는 점에 의견을 같이한다. 합리론자들은 오직 이성적 혹은 선험적 진리, 명석판명하게 파악된 진리만이 확실하다고 선언한다; 경험론자들은 그런 선험적 진리가 있다는 것을 일반적으로 부인하며, 명석판명하게 파악된 진리가 필연적으로 확실한 건 아니라고 주장한다.

그러므로 우리는 데카르트, 스피노자, 말브랑슈, 라이프니츠, 볼프를 합리론자로 분류할 수 있다; 베이컨, 홉스, 로크, 버클리, 흄은 경험론자로 분류할 수 있다. 합리론자는 플라톤, 아리스토텔레스, 스콜라주의자들 가운데 일반적인 인식론적 실재론을 취하는 사람들의 지적 후손이며, 경험론자들은 유명론적 전통의 승계자들이다. 하지만 우리는 이 사상가들이 언제나 그 가르침에서 일관된 것은 아니라는 점을 명심해야 한다. 우리는 지식의 기원의 문제에 대한 그들의 일반적 태도에 의하여 개략적인 분류표를 따르지 않을 수 없다.

이 운동들 외에도, 우리는 중세 철학에서 익히 보았던 바 통례적으로 동반되는 운동들을 발견한다: 회의론과 신비주의(신앙—철학)이다. 이 둘은 경험론이나 합리론에서 발전될 수 있다. 데이비드 흄의 회의론적 결론은 로크의 경험론적 전제의 결과로 볼 수 있다. 그리고 피에르 베일의 회의론은 데카르트의 합리론적 이상의 적용으로 볼 수 있다. 신비주의도 우리가 보았듯이 두 분야에서 발전할 수 있다. 중세 유명론자들 가운데 많은 사람은 신비주의자였고, 근대의 많은 신비주의자들은 합리론적 토대 위에 서 있다. 이 모든 경향 외에도, 이전의 스콜라주의 철학이 가톨릭 학자들 가운데 지속되었다.

제11장
근대 철학의 시작

44. 프랜시스 베이컨

프랜시스 베이컨(1561-1626년)은 법률과 정치에 헌신했다. 물론 그의 주된 관심은 그 자신이 말하는 바와 같이, 여가 시간을 보내는 여러 가지 연구에 줄곧 있었다. 엘리자베스 여왕과 제임스 1세 왕은 그에게 중요한 관직과 높은 명예를 수여했다. 그는 베룰램 남작과 성 앨번스 자작이 되었고 대법관에 임명되었다. 1621년에 그는 판사로서 공직에 있으면서 소송당사자에게 뇌물을 받았다고 고발당했다. 그는 이 범죄를 시인했지만 그것 때문에 사건 판단에 영향을 받지 않았다고 선언했다. 그는 유죄로 인정되어 징역 선고를 받고 무거운 벌금을 물고 관직을 박탈당했지만, 왕의 사면을 받아 사인(私人)으로 돌아왔다.

베이컨의 영국인 선배로는, 케임브리지 논리학 교수이며 조국에 철학 연구의 관심을 불러일으킨 에버라드 딕비(Everard Digby, 1592년에 죽음)가 있다. 카발리즘(cabalism:중세유대교 신비철학)과 결합된 그의 신플라톤주의적 이론은, 아리스토텔레스에 반대하여 페테르 라무스의 논리학을 추종했던 윌리엄 템플 경(Sir William Temple, 1553-1626년)에게 반대를 받았다.

베이컨의 유명한 「수필집」(*Essays*)은 1597년에 나왔고, 1625년에 증보판이 나왔다. 이 책의 라틴어 번역은 *Sermones fideles*라는 제목이 붙어 있다. 그의 다른 저술로는, 「학문의 진보」(*The Advancement of Learning*, 1605년, 증보 개정된 라틴어 판의 제목은 *De dignitate et augmentis scientiarm*[1623년]이다),「신기관」(*Novum Organum*, 1620년, 전통적인 아리스토텔레스주의적 논리학의 기관과 대립되는 새로운 "기관" 혹은 지식의 도구), 스페딩(J. Spedding), 엘리스(R. L. Ellis), 히스(D. D. Heath)가 만든 14권짜리 라틴어와 영어로 된 전집(1857-74년)이 있다.

과학의 개혁

프랜시스 베이컨은 여러 모로 근대 정신의 대표적 인물이다. 그는 스콜라주의의 무익한 철학에 못지않게 고대의 권위, 아리스토텔레스와 그리스 철학을 반대한다. 그는, 지성의 눈은 사물 자체에서 결코 돌이켜서는 안 되며 과거의 이론에 의하여 방해받지 않고 참으로 존재하는 대로의 상(像)들을 받아들여야 한다고 말한다.

과거는 아무것도 성취하지 못했다. 그것의 방법, 토대, 결과는 잘못되었다. 우리는 모든 것을 새로 시작해야 하며, 전달되고 이어받은 편견과 의견으로부터 우리의 지성을 자유롭게 하고 의견을 맹종하기보다 사물들에게 가야 한다. 간단히 말해서 스스로 생각해야 한다. 지식의 모델은 자연과학이며, 그 방법은 귀납이며, 그 목표는 창의술이다. 그래서 지식을 획득하는 올바른 방법이 채택되지 않았기 때문에 25년 동안 별다른 진보가 이루어지지 않았다. 어떤 이들은 증명 방법을 사용했지만, 그들은 성급하게 형성되었거나 신뢰에 근거하여 취해진 원리로부터 시작했다. 어떤 이들은 감관의 길을 따랐지만, 감관 혼자서는 불완전하다. 또 어떤 이들은 모든 지식을 단념하지만 이 태도 역시 독단적이며 만족스럽지 못하다. 우리는 일을 새로 시작하여 학문과 예술과 인간의 모든 지식을 굳건하고 견고한 토대 위에 다시 세워야 한다. 이 야심찬 계획은 대변혁(Great Instauration)이다.

이 모든 이념은 베이컨의 더할 나위 없는 자기 확신과 낙관론처럼 독특하게 근대적이다. 과거의 실패들은, 영광스러운 업적의 시대가 가까웠고 위대한 일들이 일어날 것이며 과거의 무익한 학문을 폐기함과 더불어 땅과 사회의 면모가 달라질 것이라는 소망과 신념을 그에게 불러일으킨다. 학문과 기술에 근거한 새로운 사회 질서에 대한 베이컨의 전망은「새로운 아틀란티스」(*New Atlantis*)

에서 묘사되어 있다. 실천적 목적이 늘 강조된다. "항상 염두에 두어야 할 목적은 인류의 선에 이바지하도록 획득된 진리를 적용하는 것이다."

베이컨은 자신의 경험에 의하여 자연과학의 대의를 발전시키지도 않았고 참으로 새로운 시대의 위대한 천문학자들의 활동을 제대로 이해할 만큼 수학의 지식을 충분히 갖고 있지도 못했다. 그리고 그의 방법론이 실험 과학에 상당한 영향을 행사했는지 의심스럽다. 학문은 그 점에서 너무 앞서 나아갔다. 영국에서 「자석에 관하여」(*De magnete*, 1600년)라는 책으로 유명했던 윌리엄 길버트(William Gilbert, 1540-1603년)는 동일 주제에 대한 베이컨의 저술이 등장하기 전에 귀납적 방법을 사용하여 연구했다. 하지만 베이컨은 "당대의 나팔수"라는 칭호를 받을 자격이 있다. 그는 이 칭호를 스스로에게 붙였다. 왜냐하면 새로운 과학 정신을 분명하게 표현했기 때문이다. 그는 자연과학에서 체계적이고 방법적인 관찰과 실험의 중요성을 깨닫고 강조했다. 또한 가장 중요한 단계인 수학을 그는 본질적인 것으로 언급하고 고찰한다. 그러나 수학에 대한 충분한 지식이 없었기 때문에 자신의 이론에서 수학을 이용하지 못한다.

귀납적 방법

베이컨은, 학문과 철학이 과거에 무익했던 것은 적당한 방법이 없었기 때문이라고 생각한다. 지성 혼자서는 능력이 별로 없다. 마치 연장과 도구를 쓰지 않는 맨손과 같다. 우리는 지식에 도달하는 새로운 방법, 지성을 위한 새로운 도구 혹은 기관, 새로운 논리학, 신기관(novum organum)을 만들어야 한다. 이전의 삼단논법적 논리학은 과학적 발견에 소용없다. 이 논리학은 진리를 추구하기보다 천박한 개념 위에 근거한 오류를 확증하고 만성적이게 만드는 데 이바지할 따름이다.

그러나 베이컨은 자신의 방법을 상세히 서술하기에 앞서, 지성이 온갖 잘못된 의견, 편견 혹은 우상을 제거해야 한다고 주장한다. 이 우상은 네 종류가 있다. **종족**의 우상(idola tribus)은 인간 지성의 본성에 내재하는 것이다. 이 우상 중에는 최종 원인에 대한 호소(목적론)와 인간의 욕망에 비추어 자연을 이해하는 습관이 있다. **동굴**(specus)의 우상은 개인에게, 개인의 성향과 교육과 교제와 독

프랜시스 베이컨

서와 그가 존중하는 권위 등에 독특한 것이다. **시장**(fori)의 우상은 우상 가운데 가장 골치아픈 것이다. 이 우상은 말과 이름의 연상(聯想)에서 나온다. 말은 종종 존재하지 않는 사물의 이름으로 사용되곤 한다. 혹은 말은 현실적 대상의 이름일 수 있지만 혼동스럽고 형편없이 정의되고 사물들로부터 성급하게 추상된 것일 수 있다. **극장**(theatri)의 우상은 잘못된 이론이나 철학의 결과이다.

그런 우상에서 지성은 자유로워야 하고 깨끗해져야 한다. 지성은 순수하고 순정한 지식의 과제에 접근해야 한다. 목전의 목표는 원리를 발견하는 것이지 말로써 원수를 제압하는 게 아니다. 말로써 자연을 제압하는 것이다. 우리는 자연을 알지 못하고서는 이 목표를 실현할 수 없다. 결과를 산출하기 위하여 우리는 원인을 알아야 한다. 우리의 현재 삼단논법적 방법은 이 과제를 진척하는 데 소용없을 것이다. 삼단논법은 이미 발견한 문제의 배열만 달성한다. 다른 방법으로 얻은 진리의 체계화만 이룬다. 삼단논법은 명제로 구성되며, 명제는 말로 구성되며, 말은 관념의 표시이다. 흔히 그렇듯이 우리의 근본적 관념이 혼란스럽고 부주의하게 사물들로부터 추상되었다면, 지식의 전체 상부 구조는 견고성이 없다. 삼단논법에 사용된 개념, 원리, 공리는 확실히 경험에 근거한다. 참으로 모든 개념, 원리, 공리가 그렇다. 그러나 너무도 자주 경험은 모호하고 불완전하며, 우리의 개념은 성급한 일반화이다. 그러므로 우리의 유일한 소망은 진정한 귀납이다. 우리는 질서정연하고 일정한 방법으로 경험에서 좀 더 높은 보편성으로 점차로 올라가야 한다. 그래서 마침내 우리는 가장 일반적이고 가장 훌륭하게 정의된 공리에 도달할 때까지 그렇게 해야 한다. 우리는 지식 추구에서 경험적 능력과 이성적 능력을 결합해야 한다.

귀납은 단순한 나열로 이루어지지 않는다. 그것은 유치한 절차이다. 인간 지식의 목표는 주어진 본성 혹은 성질의 형상 혹은 참된 기초를 발견하는 것이다. 베이컨이 말하는 "형상"(form)은 실재론자들이 말하는 것과 동일한 의미가 아니며 추상적 형태나 관념도 아니다. 그는, 형태가 아니라 물질이 우리의 관심 대상이 되어야 한다고 말한다. 자연에서 고정된 법칙에 따라 활동하는 개별 물체 외에는 아무것도 존재하지 않는다. 철학에서는 탐구, 발견, 법칙에 의한 한 성질이나 사실의 설명이 작동의 근거일 뿐만 아니라 지식의 근거이다. 그는 이 법칙을 형상이라고 부른다. 이 용어는 일반적인 용법을 갖게 된다. 베이컨이 언급하는 텔레시오(Telesio)는 뜨거움과 차가움을 자연의 능동적 형상이라고 말한다. 뜨거움의 형상은 뜨거움의 법칙이다. 그것은 뜨거움이 발견되는 모든 곳에서 뜨거움을 규정하거나 규제하는 것이며, 뜨거움이 의존하는 것이다. 형상을 아는 자라면 누구나 가장 그럴 듯하지 않은 실체에서도 자연의 통일성을 이해한다. 그는 자연에서 무엇이 일정하고 영원하고 보편적인지 알며, 인간의 사고가 거의 파악하거나 예상할 수 없는 그런 넓은 길을 인간의 능력에 열어 놓는다.

베이컨은 뜨거움의 형상 혹은 원인이 물체의 소립자의 운동이라고 선언한다. 영원하고 불변적인 형상 혹은 원인에 대한 탐구가 형이상학을 형성한다. 작용인과 물질, 잠재된 과정과 잠재된 배열에 대한 탐구는 물리학을 형성한다. 형상의 지식 혹은 자연의 근본 법칙의 지식은 가장 뛰어난 종류의 발명에 응용된다. 베이컨은 형이상학적 지식의 응용을 "마술"이라 부른다(이 용어는 분명 금을 만드는 기술인 연금술의 언어에 의하여 암시된다). 질료인과 작용인의 지식을 응용한 것은 역학(mechanics) 혹은 실천 물리학이다. 베이컨은 형이상학적 지식과 물리적 지식을 발명과 자연의 통제에 응용할 것을 강조할 때, 과학에 기초한 기술이라는 근대적 개념을 분명히 미리 보여주고 있다.

그러면 과학이 발견하고자 하는 원인 혹은 법칙은 "형상"이며, 이런 것들은 세 가지 귀납적 절차에 의하여 발견된다. (1) 하나의 본질 혹은 성질(가령 뜨거움)의 형상은, 그 형상이 주어질 때 그 성질이 반드시 따르는 그런 것이다. 그러므로 그 성질이 존재하며 보편적으로 형상을 함축할 때, 언제나 형상이 존재하며 항상 그 성질 안에 내재한다. 하나의 성질이 주어질 때, 우리는 먼저 이 성질에 일치하는 모든 알려진 경우를 결정해야 한다. 물론 다른 측면에서는 이 경우들이 아주 상이하다. 이 경우들은 소위 "긍정적 경우"이다. 이 일람표는 베이컨의 본질표(Table of Essence) 혹은 현존표(Table of Presence)이다. 이는 밀(Mill)의 일치의 방법(Method of Agreement)을 분명하게 미리 보여준다.

(2) 형상은, 만일 그것이 제거된다면 성질이 변함없이 사라지는 그런 것이다. 성질이 존재하지 않고 형상을 함축하지 않을 때는 형상은 언제나 부재하며 아무것에도 내재하지 않는다. 따라서 우리는 어떤 성질이 결여되어 있는 경우 즉 "부정적 경우"를 검토해야 한다. 부정적 경우들은 긍정적 경우들에 결합되어야 하며, 어떤 성질의 부재는 성질과 형상이 모두 존재하는 경우에 가장 비슷한 그런 주제에서 지적되어야 한다. 베이컨은 이 일람표를 일탈표(Table of Deviation) 혹은 근접에서의 부재표(Table of Absence in Proximity)라고 부르며, 이것은 밀의 상이성의 방법(Method of Difference)을 미리 보여준다.

(3) 마지막으로, 우리는 우리의 탐구 대상이 다소의 정도로 존재하는 경우를 들되, 동일한 대상에서 정도의 증감을 비교함으로써 혹은 상이한 대상에서 그것의 정도를 비교함으로써 든다. 이는 정도표(Table of Degrees) 혹은 비교적 사례의 표(Table of Comparative Instances)이다. 이는 밀의 부수적 변동의 방법(Method of Concomitant Variation)의 원형이다. 베이컨은 지성이 형상들을 발견할 때 사용하는 귀납적 탐구의 수많은 보조 방법과 기술을 언급한다. 가령 배제(rejection), "제일 가설"의 사용, 핵심적 혹은 "특권적 사례"의 인용 등을 언급한다. 그러나 귀납론의 이런 측면들은 그가 체계적으로 만든 것은 아니다.

철학의 프로그램

베이컨은 인간이 과학의 활동을 새롭게 시작해야 한다고 주장했다. 그는 완벽한 우주론을 제공하지 않았다. 그의 일은 다만 경계를 설정하고 새로운 업적으로 가는 길을 가리키는 것이었다. 이 목적을 위하여 그는 위대한 작업 혹은 대변혁을 계획했다. 그것은 여섯 부분으로 구성되는데, 그 가운데 둘만 완성되었다: 「백과사전」 혹은 「학문의 진보」, 그리고 「신기관」이다. 그는 사용된 지성의 능력 즉 기억과 상상력과 이성에 따라서 지식의 분야 혹은 "지성의 구체(球體)"를 역사와 시와 철학으로 분류하고 각각을 수많은 특수 분과로 세분한다.

철학은 이성의 활동이다. 철학은 감각의 인상에서 도출되는 추상적 개념을 다루며, 그 과제는 본성과 사실의 법칙에 따라 이 개념들을 결합하고 구분하는 것이다. 철학은 제일 철학, 계시 철학, 자연 신학, 형이상학, 물리학, 역학, 마술, 수학, 심리학, 윤리학을 포함한다. 제일 철학은 몇몇 학문에 공통적인 개념과 공리, 소위 학문의 기본적인 학문적 범주와 전제를 전담한다. 형이상학은 두 가지 기능을 갖고 있다: 물체의 영원하고 불변적인 형상을 발견하고, 목적과 목표 혹은 목적인을 논의한다. 물리학에서는 목적인이 차지할 자리가 없다. 데모크리토스는 그런 것에 시간을 허비하지 않고, 그러므로 그런 것에 몰입한 플라톤과 아리스토텔레스보다 자연을 좀 더 깊이 꿰뚫어 보았다고 베이컨은 공언한다. 목적인의 이론은 실천적 가치가 없고, 마치 신에게 바쳐진 동정녀처럼 무익한 것이다. 수학은 형이상학의 한 분과이다. 이는 양(量)의 학문인데, 양은 물질의 본질적이며 가장 추상적이며 분리 가능한 형상 가운데 하나이다. 수학과 논리학은 물리학의 시녀가 되어야 하지만, 결국 물리학을 압제하게 되었다. 하지만 베이컨은 수학이 형이상학과 역학과 "마술"에 매우 중요하다는 것을 부정하지 않았다.

인간 철학

철학은 인간적 철학과 시민적 혹은 정치적 철학으로 구성된다. 전자에서 우리는 사람을 독립된 개인으로서 본다. 후자에는 사람은 사회의 일원이다. 인간 철학은 몸과 영혼과 그 관계를 연구한다. 인간 철학의 주제 가운데에는 인류의 비참과 특권 혹은 탁월성, 골상학, 자연적 꿈의 해석, 신체적 상태가 마음에 미치는 영향(가령 광증이나 정신 이상의 경우), 마음이 몸에 미치는 영향, 몸과 그 기관에서 마음의 각 능력이 차지하는 고유한 좌소와 거소, "의학, 화장, 체육, 쾌락"

등이 있다. 베이컨은 인간의 학문에 심리적·물리적 개인으로서 인간의 모든 지식을 포함시킨다. 그의 인간론은 좀 더 전문화한 심리학적·생리학적 탐구에 근거하는 포괄적인 철학적 인간학이다. 베이컨은 포괄적인 인간학을 제시할 때, 과학적 인문주의를 정초했다. 이는 르네상스 철학자들의 고전적 인문주의와 상당히 다르며, 존 듀이와 같은 철학자들에 의하여 20세기에 부흥될 운명이었다.

인간의 영혼은 신적 혹은 이성적 부분과 비이성적 부분을 갖고 있다. 전자와 관련된 모든 문제는 종교에 넘겨 주어야 한다. 감각적 영혼은 물질적이며, 열에 의하여 가늘어져서 보이지 않게 되며, 좀 더 고등하게 발전된 동물의 경우에는 주로 머리에 있다. 영혼의 능력들은 지성, 이성, 상상력, 기억, 욕구, 의지이며, 논리학과 윤리학에서 관여하는 모든 것이다. 이 능력들의 기원은 물리적으로 설명되어야 한다. 수의(隨意, voluntary) 운동 및 감성과 관련된 베이컨의 연구는 시사적이다.

물질적 영혼과 같이 매우 세밀하고 미묘한 호흡이 인간이 다루고 조작하는 물리적 대상과 같이 조잡하고 딱딱한 신체에서 어떻게 운동을 일으킬 수 있는가? 지각과 감각의 차이점은 무엇인가? 베이컨은 비유기체에서도 지각의 현저한 능력, 자신에게 적당한 것을 선택할 수 있고 자신에게 적당하지 않은 것을 피할 수 있는 일종의 욕구를 발견한다: 천연자석은 철을 끌어당기고, 한 방울의 물은 다른 물방울과 결합되며, 하나의 물체는 다른 물체의 충격을 "느끼며" 주위에서 떨어진 물체의 부재를 지각한다. 지각은 모든 자연에 고루 분산되어 있다. 그런 사변에 몰입하기를 즐거워하는 베이컨의 태도는 그 시대의 사람이 살아 있는 자연이라는 이전의 중세적 개념을 벗어나기가 얼마나 어려운지를 보여준다.

논리학은 지성과 이성에 대하여 다룬다. 그리고 윤리학은 의지와 욕구와 감정에 대하여 다룬다. 하나는 결정을 낳고 다른 하나는 행위를 낳는다. 논리적 기술은 탐구 혹은 창안, 조사 혹은 판단, 관리 혹은 기억, 낭독 혹은 전달이다. 귀납 연구는 판단 기술에 속한다. 윤리학은 선의 본질을 서술하며, 선에 일치하는 규칙을 규정한다. 인간은 이기적이며 사회적인 충동에 의하여 자극받는다. 개인적 선(자기 보존과 방어)은 사회적 선과 근본적으로 다르며, 종종 서로 충돌을 일으킨다. 물론 때때로 둘이 일치하기도 한다. 사회적 선은 의무라고 불린다. 그리고 정의와 공공선의 원천을 발견하고 개인의 이해와 상충할 때도 이것들의 요구를 강화하는 것은 통치학의 일이다.

넓은 의미에서 철학은 지식 피라미드의 정점이다. 철학은 베이컨이 이미 제안한 모든 연구 주제에 대한 정의롭고 순수하고 엄격한 탐구에 근거한다. 그의 목적은 보편적 체계를 제시하는 것이 아니라, "토대를 더욱 확고하게 놓고 인간의 능력과 위대함의 한계를 더욱 확장하는 것"이다. 그는 사변적인 우주론을 주창할 때가 왔다고는 믿지 않았다. 사실상 그는 그런 지식에 도달할 가능성을 의심한 것 같다.

형이상학과 신학

베이컨은 신학을 자연 신학과 영감된 혹은 계시된 신학으로 나눈다. 자연 신학은, 신에 관한 지식, 좀 더 정확하게 말하면 지식의 기초이다. 이는 자연의 빛과 신의 본성에 대한 명상에 의하여 획득될 수 있다. 자연 신학의 지식의 한계는 올바로 그어질 때, 신학이 무신론을 반박하고 자연 법칙에 관한 정보를 주는 데는 충분하지만 종교를 세우는 데는 충분하지 않다는 것이다. "철학의 빈곤한 혹은 피상적인 지식이 인간의 지성을 무신론으로 향하게 한다는 것은 추정된 진리이며 경험의 결론이다. 그러나 거기서 좀 더 나아가면 지성은 다시 종교로 돌아간다." 하지만 그런 연구는 신에 대한 완벽한 지식을 낳지 못한다. 그리고 우리는 천상의 비밀을 우리의 이성에 맞게 고칠 수 없다. 감관에서 나온 지식(모든 지식이 그렇게 도출된다)은 여기서 우리를 도울 수 없다: "감관은 지구의 표면을 드러내지만 하늘의 얼굴을 가리는 태양과 같다." 여기서 우리는 거룩한 혹은 영감된 신학에 호소해야 한다. "거룩한 신학은 오직 신의 말씀과 예언에 근거하지 자연의 빛에 근거하지 않는다. …… 그래서 신비적 종교와 자연적 종교할 것 없이 종교의 교리는 신으로부터의 영감과 계시가 아니고서는 획득될 수 없다."(「학문의 진보」 제2권 3부)

이는 신의 위대한 신비뿐만 아니라 도덕법의 참된 해석에도 호소한다. 도덕법의 많은 부분은 너무 숭고하여 자연의 빛에 의하여 획득될 수 없다. 그러므로 베이컨은 그리스도교의 진리를 철학자들의 원리에서 연역하려는 스콜라주의자들의 시도를 배격한다. 과학과 신앙에 대한 스콜라주의적 결합은 실패이다. 하지만 일단 종교의 신조와 원리가 가정되면, 우리는 이성에 의하여 신조와 원리로부터 결론을 연역해 낼 수 있다. 만일 우리가 전제를 받아들이면 결론을 받아들여야 한다. "그래서 체스나 비슷한 성격의 다른 게임에서 놀이의 첫 번째 규칙과 법칙은 단지 실증적인 가정일 뿐이어서, 전체로 받아들여야 하는 것이지 논박할 것이 아니다: 그러나 능숙한 게임 진행은 기술과 이성의 문제이다."

베이컨이 신학과 철학을 나누는 태도는 중세 말기의 유산이다. 교의를 격리된 영토에 좌천시킴으로써, 들판은 철학이 활개치며 돌아다닌다. 신학에 대한 그의 태도는 참으로 무관심의 태도이다. 그가 점성술, 꿈, 예언 등의 주제에 아주 많은 관심을 기울인다는 점에 우리는 놀랄 수 있다. 그러나 이런 일은 당시에 많은 사람이 믿던 것이며, 그것들에 대한 과학적 연구는 그 당시로는 어울리지 않았던 것 같다.

경험론자로서 베이컨

베이컨의 경험론은 철저하고 일관되게 형성된 게 아니지만, 우리는 그를 경험론 학파의 일원으로 분류할 수 있다. 그는 계시를 제외한 우리의 모든 지식이 감각에서 나온다고 주장한다. 오직 개별자만 존재한다. 지성 혹은 이성은 감각에 의하여 제공된 자료에 작용한다. 지식은 경험적이면서 합리적이지만, 이성은 자신의 진리를 갖고 있지 않다. 동시에 그는 정신적 능력들이 선험적 자질인 것처럼 말한다. 영혼은 물질적이지만, 이성적 영혼이 있다. 이 영혼은 우리가 전혀 알지 못하는 것이며 종교의 영역에 속한다. 목적론은 물리학에서 추방되며, 형이상학의 일부가 된다.

45. 토머스 홉스(Thomas Hobbes)

토머스 홉스(1588-1679년)는 옥스퍼드에서 스콜라주의와 아리스토텔레스주의 철학을 공부했고, 젊은 영국 귀족의 교사이자 말동무로서 대륙을 널리 여행하다가,

파리에서 데카르트, 가상디, 메르센(Mersenne)과 사귀게 되었다. 그는 정기 의회 소집 이후 1640년 11월에 프랑스로 도피했고, 1651년에 돌아와 크롬웰과 화해했다.

그의 저서: 「공민론」(*Elementa philosophica de cive*, 1642년), 「물체론」(*De corpore*, 1655년), 「인간론」(*De homine*, 1658년), 「리바이어던」(*Leviathan*, 1651년), 「자연·정치법론」(*Elements of Law, Natural and Politic*, 1640년에 쓴 「인성론」[*Human Nature*]과 「국가론」[*Body, Politic*]으로 구성됨. 1888년 퇴니스에 의하여 편집됨), 「자유」(1646년)와 「필연」(1654년)에 관한 두 편의 논문, 1839-45년에 라틴어 서적 5권과 영어 서적 11권으로 몰즈워스(J. Molesworth)가 편집한 작품들, 「법률론, 비헤모스, 서간」(*Elements of Law, Behemoth, Letters*, ed. by F. Tönnies, 1888-89),

목표와 방법

근대 정신의 가장 대담하고 가장 전형적인 대표자 가운데 한 사람은 토머스 홉스이다. 근대철학의 모든 개혁자들처럼 그는 과거와 철저히 단절하려 한다. 만성적인 의견을 제거하는 것이 철학의 제일 과제이다. 그리스 철학은 그에게 탈선이다. 베이컨처럼 그는 과학과 철학의 실제적 효용성을 강조한다: 지식의 목표는 힘이다. 그는 신학의 학문적 성격을 완전히 부인한다: 신에 관한 학문, 천사론은 있을 수 없다. 그는 또한 동시대 데카르트의 사상에서 기초적인 것이며 베이컨이 자신의 생리학적 심리학에 부속물로 끌어들인 유심론적 영혼 개념을 배격한다. 대신에 그는 자신이 과학의 설립자로 보는 코페르니쿠스, 갈릴레오, 하비의 새로운 자연과학을 받아들이고, 자신의 유물론적 철학에서 기계론의 결과를 겁없이 연역해 낸다.

위대한 수학자는 아니지만 수학의 열정적인 찬양가인 홉스는 기하학의 방법을 확실하고 보편적인 지식을 우리에게 줄 수 있는 유일한 것으로 본다. 자연과 정치의 역사는 수학적 이상을 예시하지 못하므로 과학이 아니며, 역사적 지식은 추론의 산물이 아니라 경험의 산물이다. 그가 이상적으로 보는 합리론적 지식은 갈릴레오와 데카르트의 그것과 같지만, 그는 지식의 기원에 관한 이론에서 베이컨처럼 경험론자이다. 하지만 그는 자신의 합리론과 경험론을 조화시키는 것을 어려운 일로 보며, 그의 체계에 존재하는 두 경향은 많은 혼란과

토머스 홉스

모순을 일으킨다. 홉스 스스로의 판단에 따르면, 사상에 대한 그의 주된 기여는 국가론이다. 그는 우리에게 자랑스럽게 말한다: 시민 철학의 역사는 자신의 「시민론」부터라고.

인식론

홉스에 따르면, 철학은 원인으로부터 결과, 결과로부터 원인의 지식이다. 그러므로 그의 방법은 부분적으로는 종합적이며, 부분적으로는 분석적이다. 즉 우리는 감각 지각 혹은 경험으로부터 원리로 나아갈 수도 있고(분석), 일차적인 혹은 가장 보편적인 명제 혹은 자명한 원리로부터 결론으로 나아갈 수 있다(종합). 참된 학문 혹은 참된 증명이 되기 위하여 추론은 참된 원리로부터 시작해야 하며, 단순한 경험은 학문이 아니다. 홉스는 유명론자이긴 하지만, 추론을 일종의 계산으로 정의한다: 추론은 개념적 산수이다. 우리의 사고를 기록하고 표시하는 데에서 일치된 개념들의 논리학적 덧셈 뺄셈이다.

그러므로 문제는 우리의 추론을 위한 제일 원리, 출발점을 발견하는 것이다. 즉 모든 결과를 정초하는 원인을 찾는 것이다. 홉스는 이를 운동에서 찾는다. 우리가 그 원인과 결과를 인식할 수 있는 모든 물체가 철학의 주제이다. 자연적 물체도 있고 인공적 물체 혹은 인간이 만든 물체인 국가가 있다. 그래서 우리는 자연철학(물리학과 심리학)과 정치 철학을 갖는다. 정치 철학은 윤리학과 엄밀한 의미의 정치학으로 구성된다. 제일 철학은 모든 학문의 근본 원리 혹은 정의에 대한 학문이다. 이는 다른 분과에 대한 일종의 전주이다. 공간, 시간, 물체, 원인, 결과, 동일성과 상이성, 관계, 양 등을 다룬다. 우리는 개별 사물들을 분석함으로써 궁극적으로 그들의 가장 보편적인 속성에 도달하며 즉시로 그들의 원인을 인식한다. 왜냐하면 이것들은 오직 하나의 보편적 원인인 운동을 갖고 있으며 스스로 명백하다. 최종적인 것들은 처음의 것들이 충분히 이해되고서야 증명될 수 있다. 그러므로 철학은 자연체(自然體)와 정치체(政治體)의 운동과 행동에 대한 학문이며, 모든 것은 운동에 의하여 설명될 수 있다: 물리적 자연의 사건과 마찬가지로 인간, 정신적 세계, 국가의 본성은 기계적으로 설명될 수 있다.

이 원리들은 어디서 발생하는가? 우리의 지식은 어떻게 시작되는가? 우리의 모든 사고의 기원은 감관이다. 감각은 지속되거나 홉스가 "쇠퇴하는 감관"으로 서술하는 기억에 보존되어 있다. 많은 사물들의 기억은 경험이다. 심상 혹은 사고는 마음에서 서로 연이어 일어난다. 마음에서 우리는 욕망과 계획에 의하여 규제될 수 있는 일련의 사고를 갖는다. 말[言]의 기능은 우리의 정신적 담화를 일련의 말로 전달하는 것이다. 일련의 말은 다른 사람들에게 우리의 생각을 전달할 뿐만 아니라 우리의 사고를 기록하는 데 도움을 준다. 우리는 학문에서 보편적 용어를 사용하지만, 사물 자체는 보편적이지 않다. 일반적으로 "사람"이라고 불리는 것은 없다(유명론). 그래서 사실의 지식도 결과의 지식도 절대적이지 않고 조건적이다.

베이컨은 인식에서 경험의 역할과, 경험으로부터의 귀납의 역할을 강조하지만, 홉스는 증명 혹은 연역적 방법의 필요를 보여준다. 그러나 그는 우리가 추론하는 원리가 감관에 그 원천을 갖고 있다고 주장하면서, 절대적 지식에 도달할 수 있는 방법의 가능성에 대한 신념을 상실한다. 나중에 로크는 우리가 물체에 대한 학문을 전혀 가질 수 없다고 천명함으로써 이런 의심을 강화한다.

그러므로 지식은 감각 인상에서 그 기원을 갖는다. 그런데 감각은 무엇이며, 어떻게 생기는가? 우리는 우리의 감관을 통하여 상이한 감각을 받아들인다: 색, 소리, 맛, 냄새 등. 이런 진행 과정은 외부 대상이 감각의 기관에 미치는 작용에 의하여 야기된다. 운동은 기관에서 산출되며 신경을 통하여 뇌로 전달되고 그런 다음 마음으로 전달된다. 거기서 외부 대상이 있는 것처럼 보이게 하는 반작용이 뒤따른다(외부적인 노력). 감각은 뇌 혹은 정신에서 일어나는 운동 혹은 머리의 어떤 내적 실체에 불과하다. 감각 혹은 심상 혹은 색은 운동 혹은 동요 혹은 대상이 뇌에 일으키는 변화의 모습, 환영에 불과하다. 감각은 사물들 자체의 성질이 아니다. 그런데 운동만이 운동을 산출할 수 있으므로 운동 외에는 외부에 아무것도 있을 수 없다. 모든 감관은 환상이지만, 원인은 실재적 물체이다. 감각의 원인과 감각 혹은 현상 사이에는 유사성이 없다. 바깥의 실재는 운동하는 실재이다. 우리는 색이나 소리로 그것을 지각한다. 감각을 통하여 획득된 우리의 세계상은 실재적 세계가 아니다.

이것이 참되다면, 세계의 본질이 무엇인지를 우리는 어떻게 인식하는가? 홉스는 이 문제에 답하지 않는다. 왜냐하면 그는 이 문제로 방해를 받지 않았기 때문이다. 그는 당대의 과학자들과 마찬가지로, 세계가 운동중인 물질적 세계라고 가정한다. 우리가 나중에 보게 되듯이, 데카르트는 연장된 운동중인 실재의 존재를, 의식의 자기 확실성으로부터 연역적으로 증명하려 했다. 그러나 영국의 경험론자는 외부 사물에 관한 회의적 의심 때문에 괴로워하지 않았다.

형이상학

공간 속의 물체들의 실재 세계는 존재한다. 상상적 공간 혹은 물체들에 의하여 생겨난 공간의 관념 이외에 실재 공간이 있다. 한 물체의 실재 양은 마음에 공간의 관념 혹은 환영을 야기한다. 이런 의미에서 상상된 공간은 마음의 우유성이다. 연장(延長)과 형태(形態)의 우유성 없이 파악될 수 있는 물체는 없다. 다른 모든 우유성(정지, 운동, 색, 딱딱함 등)은 지속적으로 소멸되고, 다른 우유성에 의하여 계속되지만, 물체는 결코 소멸되지 않는다. 운동은 계속 하나의 장소를 버리고 다른 장소를 얻는 것으로 정의된다. 운동은 운동 이외에 다른 원인을 가질 수 없다. 하나의 운동이 다른 운동을 산출할 때, 이는 하나의 우유성이 하나의 대상에서 나와 다른 대상으로 들어가는 것이 아니라 하나의 우유성이 소멸되고 다른 하나가 생긴다는 뜻이다. 하나의 물체는 다른 물체에 작용한다(무엇인가를 행한다)고 한다. 이는 원인과 결과의 관계이다. 모든 변화와 운동의 작용인은 운동이다. 힘은 모든 활동과 다른 어떤 우유성이 아니다. 힘이 힘이라고 불리는 것은 다른 활동이 나중에 그것에 의하여 야기될 것이기 때문이다. 운동의 시작에 관한 질문은 철학자들이 대답할 수 있는 게 아니라, 오직 "신에 대한 경배를 명령할 합법적 자격을 받은 자들"이 대답할 수 있다. 신은 세계를 창조하였을 때, 당신이 선하다고 생각한 모든 자연적인, 특수한 운동을 모든 사물에 주었다.

스콜라주의자들이 주장했듯이, 물체 외에 비물질적 실체 혹은 영혼은 없다. 실체와 물체는 동일하다. 그래서 비물질적 실체에 관하여 말하는 것은 비물질적 물체에 관하여 말하는 것이다. 이는 용어상의 모순 혹은 언어의 부조리이다. 게다가 정신이나 영혼이 있다 해도 우리는 그것을 알 수 없다. 왜냐하면 우리의 모든 지식은 감각에 근거를 두며, 정신은 아마 감관에 영향을 주지 않기 때문이다. 성경은, 비물질적 영혼이 있다고 가르치지 않고, 오히려 천사와 영혼이 물질적이라고 주장하는 자들을 지지한다. 홉스는, 신이 물체 혹은 물질적 존재라고 생각하는 것 같다. 우리는 신이 있다는 것을 알고 인과적 방법으로 증명할 수 있다. 그러나 우리는 신의 본질을 알지 못한다.

심리학

홉스는 마음의 다양한 개념들을 제공한다. 마음은 뇌 안에서의 운동이다. 또는 마음은 미묘한 물체인 머리 안에 있는 내적 실체이다. 심상 혹은 관념은 뇌와 머리 안의 운동, 물질적 실체의 운동이다. 이는 완벽한 유물론이다. 그러나 그는 정신적 과정을, "운동과 같은 것으로가 아니라" 운동의 "현상" 혹은 환영으로, 마음의 우유성으로 말할 때, 유물론을 수정한다: 여기서 의식의 상태는 더 이상 운동이 아니라 운동의 결과이다. 현대 저술가들은 그런 견해를 부수현상설(epiphenomenalism)이라고 부른다: 의식은 부수 현상이다.

인식의 능력 외에도 동기의 능력이 있다. 즉 마음이 물체에 생명적 운동을 제공하는 능력이 있다. 운동은 머리에서 마음으로 나아간다. 운동이 거기서 생명의 운동을 도울 때, 그것은 기쁨 혹은 쾌락이다. 그리고 운동이 생명의 운동을 방해할 때, 그것은 고통이다. 쾌락과 고통은 욕구 혹은 욕망 그리고 혐오를 불러일으킨다: 욕구는 무엇을 향한 노력이며 혐오는 무엇으로부터 벗어나는 노력이다. 음식에 대한 욕구와 같이 어떤 욕구나 혐오는 우리에게 생득적이다. 나머지는 학문과 경험에 의하여 획득된다. 모든 기쁨 혹은 쾌락은 욕구에 원천을 갖고 있다. 그래서 요구의 점진적 만족에서가 아니면 만족이 있을 수 없다. 지복 혹은 지속된 행복은 성공한 데 있는 게 아니라 성공해 나가는 과정에 있다.

그는 인간을 즐겁게 하는 것을 선이라고 부르고, 인간을 불쾌하게 만드는 것을 악이라고 부른다. 인간은 체질이 다르고 그러므로 선과 악에 관한 판단에서도 다르다. 절대적 선과 같은 것은 없다. 왜냐하면 선은 언제나 개인과 관계있다. 심지어 신의 선도 우리와 관련된 선이다.

상상은 모든 자발적 운동의 맨처음 발단이다. 욕구와 혐오의 교대적 연속은 숙고이다. 숙고에서 마지막 욕구 혹은 혐오는 의지라고 불린다: 무엇을 하려는 의지 혹은 무엇을 하지 않으려는 의지이다. 무엇을 하려는 다른 모든 욕구와 무엇을 하지 않으려고 삼가는 욕구는 의도와 경향이라 불리지, 의지의 작용이라 불리지 않는다. 사람 내의 의지는 다른 동물 내의 의지와 다르지 않다. 그러므로 우리의 욕구와 혐오의 원인은 우리의 의지의 원인이다. 우리의 의지는 감각, 기억, 이해력, 이성, 의견의 결과이다. 숙고하는 동안 발생하는 각각의 경향을 포함하여 의지는 다른 어떤 것만큼 충분한 원인에 의해 야기되고 거기에 의존한다. 의지는 자유롭지 않고 야기되지 않는다. 한 행위자를 자유롭다고 하려면, 그는 숙고를 그만두고 원하면 할 수 있고 원하면 삼갈 수 있음을 뜻한다. 자유는 외적 방해물의 부재이다. 사람은 행위할 자유가 있지만 원하는 대로 의욕할 자유가 있는 게 아니다. 그는 의욕하고자 의욕할 수는 없다. 내가 의욕한다면 의욕할 수 있다고 말하는 것은 부조리하다.

정치학

우리는 인간의 본성을 알므로, 국가와 법률의 의미를 이해할 수 있다. 우리는 원리로부터 출발하여 시민적·도덕적 철학(인간 동기[마음의 운동]에 대한 지식)을 연구하여 그 원리로부터 국가와 권리와 의무를 수립할 필요성을 연역한다.

그러나 우리는 귀납에 의하여 혹은 동기 자체를 관찰함으로써 분석적으로 원리에 도달할 수 있다. 인간이 모든 수단을 사용하고 자신의 신체 보존에 필요한 모든 것을 행하는 것은 정당하고 합당하다. 그러므로 그는 본성상 자신이 원하는 자에게 자신이 원하는 것을 행하고, 자신의 범위 안에 있는 모든 것을 소유하고 사용하고 향유할 권리를 갖고 있다. 자연은 모든 사람에게 모든 사물을 주었으며, 권리(jus)와 이익(utile)은 동일하다.

그러나 모든 사람이 그런 능력을 추구하는, 모든 사람이 다른 사람의 권리를 침해하고 자신의 권리에 대한 침해를 저항하는 것이 정당한 자연의 상태에서는, 만인에 대한 만인의 영속적 전쟁의 상태(bellum omnium contra omnes)가 있을 것이다. 그런 전쟁의 상태에서는 불공정한 것이 있을 수 없다. 옳고 그름의 개념, 정의와 부정의가 거기서 일어나지 않는다. 공통적 권력이 없는 데서는 법률이 없다. 법률이 없는 데서는 부정의는 없다. 강압과 기만이 전쟁의 핵심적 덕목이다.

아리스토텔레스는 인간이 사회적 동물이며 사회적 본능이 사람으로 하여금 사회를 형성하게 한다고 가르쳤다. 홉스는 이를 부인한다. 그는 인간이 사나운 동물이라고 말한다: "사람은 사람에게 늑대이다"(Homo homini lupus). 재산과 명예와 능력을 위한 경쟁은 인간을 싸움과 적의와 전쟁으로 내몬다. 왜냐하면 이런 식으로만 한 경쟁자가 적수를 죽이고 정복하고 찬탈하고 쫓아버리려는 욕망을 성취하기 때문이다. 적의와 전쟁의 이런 상태에서, 어느 기간 자신을 보존할 수 있는 충분한 힘을 바랄 수 있는 사람은 없다. 그의 권력욕은 실패한다. 왜냐하면 부정의를 실행하면 그가 목표로 삼은 목적이 좌절되는 상태가 창출되기 때문이다. 따라서 부정의와 권리 침해의 행위에는 어떤 부조리가 있다. 왜냐하면 부정의의 행위를 범하는 것은 처음부터 자발적으로 받아들여진 것을 자발적으로 무효로 만드는 것이기 때문이다. 부정의는 비논리적이거나 비이성적이지만, 홉스는 인간이 이성에 의해서만 통치될 것이라고 믿을 정도로 낙관적이지 않다. 오직 결과에 대한 두려움만이 약속을 지키게 만들고 이성의 명령을 따르게 할 수 있다.

이성은, 평화의 상태가 있어야 하고 모든 인간이 평화를 추구해야 한다고 명령한다. 이성의 제일 교훈, 혹은 자연의 **법칙**은 자기 보존을 명령한다. 두 번째 교훈은, 사람이 자연적 권리를 포기하고 평화와 안정을 위하여 다른 사람의 자유를 허용하는 정도로만 자신의 자유에 만족하라는 것이다. 사람이 자신의 자연권을 포기할 때 그 자발적 행위를 무효화하지 않는 것이 그의 **의무**이다. 하지만 사람은 자신에게 교호적으로 전달된 어떤 권리를 고려하여 혹은 다른 어떤 선을 위하여 자신의 권리를 이전한다. 따라서 누가 자기 방어의 권리와 같은 어떤 권리들을 전달할 것으로 예상할 수 없다. 왜냐하면 그는 자신의 생명을 확보하는 목적을 위하여 자기의 권리를 이전하기 때문이다. 이와 같은 상호적 권리 이전은 **계약**이라고 불린다.

자연의 세 번째 법칙은, 사람이 자신이 맺은 계약을 지켜야 한다는 것이다. 그리고 이는 정의의 원천을 형성한다. 왜냐하면 아무런 계약이 맺어지지 않은 곳에서 권리는 이전되지 않았고 어떤 행위도 불의하지 않기 때문이다. 그러나 어떤 상대자라도 계약이 유지되지 않을 것이라는 두려움을 느끼는 곳에서는, 계약은 무효하며 부정의는 있을 수 없다. 따라서 정의로움과 정의롭지 않음이 무슨 의미를 가질 수 있으려면 먼저 어떤 형벌의 위험에 의하여 사람들에게 똑같이 계약의 수행을 강요할 어떤 강제력이 있어야 한다. 국가의 수립 이전에는 그런 권력이 없다. 그래서 국가가 없는 곳에서는 부정의한 것은 없다.

자연의 법칙은 불변하고 영원하다. 부정의, 배은망덕, 오만, 교만, 부정, 그리고 그밖의 것은 결코 합법적인 것이 될 수 없다. 왜냐하면 전쟁이 생명을 보존하고 평화가 생명을 파괴할 수는 결코 없기 때문이다. 이런 법칙의 학문이 유일하게 참된 도덕 철학이다. 도덕 철학은 오직 인류의 보존과 사회에서 선한 것과 악한 것에 대한 학문이다. 이 법칙들은 자연법이라고 불리는데, 이성의 명령들이기 때문이다. 그것들은 도덕법이라고 불리는데, 서로에 대한 인간의 예절과 관련되기 때문이다. 또한 그것들은 그 창조자와 관련하여 신법(神法)이라고 불린다.

국가를 세우고 평화를 보장하는 유일한 방법은 한 사람 혹은 사람들의 모임에 전체 권력과 힘을 수여하는 것이다. 그리하여 그들의 모든 의지는 다수결의 표결에 의하여 하나의 의지로 합쳐진다. 이는 동의 혹은 협정을 넘어선다. 이는 모든 사람이 모든 사람과 함께 맺는 계약에 의하여 형성된 하나의 동일한 인격 안에서의 전체의 참된 통일이다. 한 인격 안에 그처럼 연합된 다수를 일컬어 국가라 한다. 이는 거대한 리바이어던, 무서운 신이며, 이로부터 주권자는 자신의 최고권을 얻는다.

신민들은 정부 형태를 바꿀 수 없고, 최고권은 몰수될 수 없다. 다수에 의하여 천명된 공통 주권자의 제도를 반대하여 아무도 항거할 수 없다. 그는 신민에게 가르치기에 적합한 교설을 결정할 권리뿐만 아니라 입법, 사법권에 의하여 규칙을 만들고, 전쟁을 하고 평화 조약을 체결하고, 고문과 장관을 선발하고 상 주고 벌하는 유일한 권리를 갖는다. 이 권리들은 전달될 수 없고 나누어질 수 없다. 주권자는 다른 권리들, 가령 화폐를 주조하는 권능은 수여할 수 있다. 그런 절대적 주권으로부터 생길 수 있는 해악들은 내전의 비참함과 끔찍한 재난, 주인 없는 인간의 타락한 상황과 비교될 수 없다.

주권적 권력은 한 사람 혹은 사람들의 모임에 있을 수 있다(군주제, 귀족제, 민주제). 군주제가 최상의 형태이다: 왕에게서 공적 이익과 사적 이익이 가장 긴밀하게 결합되어 그는 인간 집단보다 더욱 일관성 있게 활동할 수 있다. 그러나 누구에게 있든지 주권적 권력은 언제나 절대적이어야 한다. 하지만 신민은 어떤 일을 하지 않을 수 있다: 모든 신민은 모든 일에 자유를 갖는다. 이는 계약에 의하여 이전될 수 없는 권리이다. 그는 자신을 상해하거나 죽이고, 자신의 범죄를 고백하고, 다른 사람을 죽이도록 강제되어서는 안 된다. 그런 권리 가운데서 홉스는 종교적 자유의 권리는 포함시키지 않는다: 종교는 국가에 의하여 결정되며, 신민에게 강제된다. 신은 여기 땅에 있는 자신의 대리인에 의하여 혹은 주권적인 국왕이나 주권적 권위를 가진 다른 사람에 의하여 말씀하신다. 개인 양심에 대한 호소는 문제를 일으킨다. 우리에게는, 평화를 얻을 수 있으려면 어떻게 행동할 것인지를 결정할 공통의 법정이 필요하다.

홉스의 국가론은, 백성들의 요구에 대한 스튜어트 가(家)의 영국 군주를 위한 철학적 변호책으로 볼 수 있다. 주권자는 어떤 손해를 끼칠 수 없다. 왜냐하면 그는 자신에게 권위를 준 신민을 대표하기 때문이다. 그는 부정(iniquity)은 저지를 수 있겠지만, 엄밀한 의미에서 부정의(injustice)나 손해를 끼칠 수는

『리바이어던』의 속표지

없다. 신민의 의무는 주권자가 자신들을 보호할 수 있는 그 권력이 있는 만큼만 지속된다. 주권자의 의무는 백성에 대한 선한 통치에 있다. 그의 행위가 일반 백성을 해치는 경향이 있을 때, 그것은 자연법 혹은 신법(神法)에 대한 위반이다.

제12장

대륙 합리론

46. 르네 데카르트(Rene Descartes)

르네 데카르트(1596-1650년)는 투렌 라에이예에서 귀족의 아들로 태어났다. 그는 라플라슈 예수회 대학에서 공부하여, 고대 언어와 스콜라주의 철학과 수학을 배웠다. 그는 수학 연구에서만 자신이 갈망하던 확실성과 명료성을 발견했다. 다른 분야는 그를 만족시키지 못했다. 그래서 그는 학교를 떠나면서(1612년) 다른 분야를 포기하고, "자기 자신이나 세계의 위대한 책에서 발견할 수 있을" 그런 학문만을 추구하게 된다. 그는 여행을 다니며 세상의 사람으로서 오락을 추구했고, 나사우의 모리스의 군대(1617년)와 틸리 장군의 군대(1619년)에 들어가 온갖 사람들과 뒤섞여 지내며 온갖 인간 조건을 경험했다. 이 기간에 그의 지적 관심은 결코 시들해지지 않았다. 그는 심지어 군대 사령부에서도 조용한 곳에서 자주 명상하곤 했다. 그를 뒤흔든 문제는, 철학이 수학의 특징인 그런 확실성에 어떻게 도달하는가 하는 것이었다. 그는 신적 조명을 위하여 기도했고, 자신의 기도가 응답받으면 로레토의 성당에 순례를 가겠다고 맹세한다.

데카르트는 1621년에 군대를 제대하고, 여행과 연구에 전념하며(1621-1625년) 파리에서 삼 년을 보내면서 과학하는 친구들과 사귄다(1625-1628년). 그러나 그는 고독의 필요를 느끼고 네덜란드로 떠나서 거기서 작품 준비로 바쁜 시간을 보낸다(1629-1649년). 1649년에 그는 철학에 깊은 관심을 갖고 있던 스웨덴의 크리스티나 여왕의 초대를 받아들여 스톡홀름으로 갔다. 하지만 기후에 건강을 해친 그는 그곳에서 일 년을 머문 후에 죽었다.

데카르트의 저서들: 「방법서설」(*Discours de la methode*, Philosophical Essays라는 시리즈에 「굴절광학」, 「운석」, 「기하학」과 함께 출간됨), 1637년; 「제일철학의 성찰」(*Meditationes de prima philosophia*, 이 책에는 아르노[Arnauld], 홉스, 가상디 등의 반론과 저자 자신의 대답이 첨부되어 있다), 1641년; 「철학 원리」(*Principia philosophiae*), 1644년; 「영혼의 정념」(*Les passions de l'ame*), 1650. 「방법서설」과 「정념」은 프랑스어로 씌어졌고, 「성찰」과 「철학 원리」는 라틴어로 씌어졌다. 1630년에 시작한 「광학론」(*Le monde ou traite de la lumiere*)은 데카르트에 의하여 출간되지 않았다; 1632년 종교재판에 의하여 갈릴레오가 정죄당하자, 소심하고 평화애호가였던 이 철학자는 작품을 완성하지 못했다. 이 책과 「인간론」(*Traite de l'homme*)은 1644년에 나왔다; 「서간」, 1657-1667년; 사후 작품들, 1701년.

데카르트의 문제

데카르트는 베이컨처럼 이전의 권위에 정면으로 결연히 맞서며, 그와 마찬가지로 철학의 실천적 특성을 강조했다. "철학은, 인간이 자신의 건강 보존과 모든 기술의 발견과 마찬가지로 그의 생활의 행동에 대하여 인식할 수 있는 모든 것의 완전한 지식이다." 하지만 영국 경험론자 베이컨과 달리 그는 수학을 자신의 철학적 방법의 모델로 삼았다. 그는 인간 지식의 프로그램을 제시할 뿐만 아니라, 수학의 확실성을 갖게 될 사상 체계를 구축하려 했다. 그는 외부 자연에 대한 개념에서, 새로운 시대의 위대한 자연 과학자들과 일치했다: 자연의 모든 것은 심지어 생리적 과정과 감정도, 형상이나 본질의 도움 없이 기계적으로 설명되어야 한다. 동시에 그는 유서깊은 관념론적 혹은 유심론적 철학의 근본 원리를 받아들이고, 새로운 과학의 요구에 그것들을 맞게 고치려 했다: 그의 문제는 자연의 기계론, 신, 인간 영혼의 자유를 조화시키는 것이었다.

학문의 분류

데카르트에 따르면, 참된 철학의 첫째 부분은 형이상학인데, 이 형이상학은 신의 중요한 속성, 영혼의 비물질성, 우리가 소유하는 모든 명료하고 간단한 관념들의 비물질성에 대한 정의와 같은 지식의 원리들을 포함한다. 두 번째는 물리학인데, 여기서는 우리가 먼저 물질적 사물의 참된 원리를 발견한 다음 일반적으로 어떻게 전체 우주가 형성되었는지를 탐구한다. 그런 다음 구체적으로 지구와 지구 위에서 가장 일반적으로 발견되는 공기와 물과 불과 천연자석과 다른 광물 등 모든 물체의 본질, 그 다음에는 식물과 동물과 무엇보다 인간의 본질을 탐구한다. 이런 순서를 밟는 것은 이후에 우리에게 유익한 다른 학문들을 발견할 수 있기 위함이다.

> 그래서 전체 철학은 나무와 같으니, 그 뿌리는 형이상학이며 그 줄기는 물리학이며, 이 줄기에서 나오는 그 가지는 다른 모든 학문이다. 이것들은 세 가지 중요한 것으로 환원되는데 곧 의학과 역학과 도덕이다. 도덕이란 다른 학문의 완벽한 지식을 전제하면서 지식의 마지막 단계인 좀 더 높고 가장 완전한 도덕 학문을 뜻한다.(「철학 원리」)

데카르트의 「철학 원리」의 첫 부분은 형이상학을 다루며, 다른 세 부분은 "물리학에서 가장 일반적인 모든 것"을 다룬다.

지식의 방법과 기준

데카르트의 목표는, 상식과 추론 능력을 구비한 모든 사람이 받아들일 만한 그런 확실하고 자명한 진리의 집합을 발견하는 것이다. 그런 지식은 스콜라주의 철학이 우리에게 줄 수 없었던 것이다. 동일한 주제에 상이한 많은 견해가 있으며, 우리는 이 원천으로부터 확실성을 구하지만 헛수고이다. 스콜라주의 철학에서 그 원리를 취하는 다른 학문들은 그처럼 불안한 토대 위에 견고한 것을 세울 수 없다. 우리는 명료하고 확실한 지식 대신에 수많은 그릇된 견해를 받아들이며 오류와 회의에 연루된다. 철학에는 아직 논쟁되지 않은 주제가 없

르네 데카르트

다. 그래서 만일 우리가 학문에서 확실하고 변함없는 것을 가지려면, 이런 견해들을 제거하고 지식의 구조물을 그 토대로부터 새롭게 세워야 한다.

우리는 전통적 견해를 받아들이기보다 세계의 위대한 책을 연구해야 한다. "우리는 어떤 명제에 근거하여 건전한 판단을 형성할 수 없다면, 플라톤과 아리스토텔레스의 모든 추론을 읽는다 해도 결코 철학자가 되지 못할 것이다." 다른 사람들의 견해를 아는 것은 학문이 아니라 역사이다. 사람은 스스로 생각해야 한다. 그러나 우리는 명료하고 확실한 지식에 도달하려고 시도할 때 어떻게 나아가야 하는가? 우리는 어떤 방법을 따라야 하는가? 수학의 모범은 우리가 추론할 때 따라야 할 순서에 대하여 실마리를 제공한다. 수학자만은 확실하고 자명한 명제를 발견할 수 있었다. 우리는 둘 더하기 둘이 넷이라든지, 삼각형의 내각의 합이 두 직각과 같다는 명제를 의심하지 않고 받아들인다. 우리가 철학에서 비슷한 진리를 발견할 수 있다면, 수많은 논쟁과 쟁론이 끝날 것이다: 우리는 신의 존재, 영혼의 불멸성, 외부 세계의 실재성을 증명할 수 있고, 학문을 위한 확실한 토대를 놓는 데 틀림없이 성공할 것이다.

우리는 수학에서 어떻게 진행하는가? 추구되는 방법은 무엇인가? 우리는 공리 혹은 자명한 원리, 듣는 모든 사람이 받아들이고 이해하는 원리부터 시작한다. 우리의 출발점으로서 이 원리로부터 우리는 그것들로부터 논리적으로 나오며, 추론에서 실수를 하지 않았으면 전자만큼 확실한 다른 명제들을 연역해 낸다. 즉 우리는 자명한 단순한 명제부터 시작하여 이것들로부터 좀 더 복잡한 것으로 나아간다. 우리의 방법은 종합적 혹은 연역적이다.

이 방법은 철학에 확대되어야 한다. 우리는 절대적으로 확실한 제일 원리로 부터, 명료하고 자명한 명제로부터 출발하여, 똑같이 확실한 새롭고 알려지지 않은 진리로 나아가야 한다. 전통적인 스콜라주의적 체계에서 그런 진리를 발 견하려 해도 헛수고이다. 왜냐하면, 그 체계에서는 우리가 다양한 의견들을 무 더기로 발견하고 말 따름이기 때문이다. 게다가 우리는 다른 것들의 권위에만 의존하여 무슨 진리를 받아들일 수 없다. 우리는, 명석판명하게 그렇다고 파악 하지 못하는 어떤 것이라도 참된 것으로 받아들이지 않으면서 스스로 그 진리 를 찾아야 한다. 우리는 자신의 편견에 그리고 우리가 어릴 적에 부모와 선생이 우리에게 새겨 놓은 전달된 신념에 영향을 받지 않도록 주의해야 한다. 이 견해 가운데 많은 것은 경험상 거짓된 것으로 드러났다. 아마 그것들 모두가 그럴 것 이다.

우리는 우리의 감각을 믿을 수 없다. 왜냐하면 감각들은 우리를 속이기 때문 이다. 어떻게 우리는 그것들이 실재하는 것과 상응한다는 것을 아는가? 그러나 우리는 우리 자신의 신체와 행동이 실재라고 확신할 수 있지 않은가? 아니다. 우리는 우리의 신체와 행동이라도 확신할 수 없다. 왜냐하면 우리는 종종 기만 당하기 때문이다. 우리는 꿈을 꾸는데 꿈에서 우리 앞에 실재가 있는 것으로 믿 지만, 사실 그것들은 환영에 불과하다. 아마 우리는 지금 꿈을 꾸고 있을지 모 른다. 우리는 깨어 있음과 꿈꾸고 있음을 확실하게 구분할 수 있는 수단이 없 다. 내가 온갖 것을 안다 해도, 악한 영이 나를 속이기 위하여 나를 그렇게 만들 었을 수 있다. 내가 스스로 그려내는 그의 세계는 오직 나의 상상에서만 존재할 수 있다. 아마 그것은 나의 정신 바깥에 존재하지 않을지 모른다. 심지어 수학 의 증명도 의심할 수 있다. 왜냐하면 우리는 그런 문제에서 때때로 오류를 범하 며 우리에게 그릇되게 보이는 것을 절대적으로 받아들이곤 하기 때문이다.

내가 전적으로 확신할 수 있는 관념은 없다. "따라서 나는 내가 보는 모든 것 이 거짓이라고 가정한다. 나는 나의 기만적인 기억이 내게 제시하는 그런 것들 가운데 아무것도 참되지 않다고 믿는다. 나는 내가 감관을 갖고 있지 않다고 가정한다. 나는 물체, 형태, 연장, 운동, 장소가 나의 정신의 허구에 불과하다고 가정한다. 그러면 참되다고 생각할 수 있는 것은 무엇인가? 아마 세상에서 아무것도 확실하지 않을 것이라는 것만이 그럴 것이다.”

그러나 한 가지는 확실하다. 그것은 내가 의심한다는 혹은 생각한다는 것이다: 그 점에 관해서는 아무런 의심이 있을 수 없다. 참으로 생각하는 것이 그것이 생각하는 그 시간에 존재하지 않는다고 가정하는 것은 모순이다. 데카르트는 경험적 심적 사실, 자신에 대한 정신의 의식에 호소하지 않는다. 그는 의심이 의심하는 자를 함축하고 사유가 사유하는 자, 사유하는 사물(res cogitans), 혹은 정신적 실체를 함축한다고 논리적으로 추론한다. 그래서 그는 자신에게 합리적이며 자명한 명제로 보이는 것에 도달한다. 의심하는 것은 생각하는 것을 의미하며, 생각하는 것은 존재하는 것을 의미한다. 나는 생각한다. 고로 나는 존재한다(cogito, ergo sum.). “이는 질서정연하게 철학하는 자에게 등장하는 첫째이자 가장 확실한 지식이다.”(「철학 원리」)

여기에 우리가 추구해 오던 원리가 있다. 이는 우리의 형이상학을 위한 확실하고 자명한 출발점이다. 이 명제는 또한 진리의 기준 혹은 테스트를 우리에게 제공한다. 이 하나의 명제는 절대적으로 확실하고 참되며, 명석판명하게 지각된다. 그래서 나는 그것과 같이 명석판명하게 지각된 모든 것이 참되다는 것을 일반 규칙으로 세울 수 있다.

신(神)존재증명

이제 우리는 참된 지식의 근본 원리와 기준을 갖고 있다. 다른 어떤 것은 우리가 어떻게 인식할 수 있는가? 우리가 속이는 신의 가능성에 부딪혀 있는 한 어떤 것이 확실할 수 있는지는 의심스럽다. 우리는 신이 있는지 알지 못하며, 있다면 그는 속이는 자가 아니다. 이 난점이 제거되어야 한다. 우리의 관념 가운데 어떤 것은 본유적인(innate, 선천적) 것으로 보이고, 어떤 것은 우리 자신의 창안물이며, 그것들 대부분은 외부로부터 받은 것 같다. 우리는 어떤 관념을 외부 세계의 결과 혹은 모사로 본다. 그러나 이 모든 것은 착각일 수 있다. 내가 내 자신 안에서 발견하는 관념들 가운데 하나는 신의 관념이다. 그런데 무(無)로부터는 아무것도 나올 수 없다. 모름지기 존재하는 것이라면 존재하는 원인을 갖고 있어야 한다. 이는 자명한 명제이다. 게다가 이 원인은 적어도 결과만큼 커야 한다. 적어도 그 안에는 그만큼의 실재성이 있어야 한다. 자신 안에 더 큰 실재성을 갖고 있고 더욱 완전한 자는 덜 완전한 자의 결과일 수 없고, 그것에 의존할 수 없다. 그래서 나는 신의 관념의 원인일 수 없다. 왜냐하면 나는 유한하고 불완전한 존재이며 신의 관념은 완전하고 무한한 존재의 관념이기 때문이다. 이 관념은 무한한 존재 혹은 신에 의하여 내 안에 놓여진 것이 틀림없고 따라서 신은 존재해야 한다.

이 신존재증명은 안셀무스의 존재론적 증명이 아니라 인과적 증명이다. 이는 나의 정신에 존재하는 완전한 존재의 관념부터 시작한다. 단순히 우리가 그런 존재에 대한 개념을 갖고 있기 때문에 그런 존재가 존재한다고 주장하는 게 아니라, 그런 존재의 관념으로부터 우리가 필연적으로 그 관념의 원인으로서 그런 존재의 존재를 추론할 수 있다고 주장하는 것이다. 이 논증은 두 가지 측면에서 존재론적 증명과 다르다: (1) 그것의 출발점은 형식적 본질로서 신의 개념이 아니라 인간의 정신 안에 현실적으로 실존하는 신의 관념이다; (2) 이는 인과적 추론으로 신의 관념으로부터 신 자신으로 나아가지, 존재론적 논증의 경우처럼 엄격한 형식적 함축에 의하여 신의 본질로부터 신의 존재(existence)로 나아가지 않는다.

그런데 무한성의 개념이 단순한 부정적 개념으로 주장할 수 있다. 즉 완전의 부정일 수 있다. 데카르트에 따르면 이런 일은 있을 수 없다. 왜냐하면 유한성의 관념이 무한성 혹은 신의 관념을 함축하기 때문이다. 어떻게 내가 내 자신 안에서 나보다 완전하며 그와 비교할 때 나의 본성의 결함을 시인하게 되는 그런 존재의 관념을 갖지 않는다면, 어떻게 나는 의심하거나 욕망을 가질 수 있는가? 의심은 진리의 표준을 함축하며, 불완전은 완전의 기준을 함축한다

다시 말하면, 나는 나의 존재(existence)의 원인이 될 수 없었다. 왜냐하면 나는 완전의 관념을 갖고 있고 내가 나를 창조한 것이라면 나는 자신을 완전하게 만들었어야 하며, 게다가 나는 스스로를 보존할 수 있어야 하는데 사실 그렇지 못

하기 때문이다. 만일 나의 부모가 나를 만들었다면, 그들은 나를 보존할 수 있었는데, 그것은 불가능하다. 마지막으로, 신이 존재한다는 것은 완전한 존재로서 신의 개념에서 나온다. 존재하지 않는 신을 파악하는 것, 최고로 완전하지만 절대적 완전이 없는 존재를 파악하는 것은 내 능력을 벗어난다. 이것이 안셀무스와 아우구스티누스가 사용한 존재론적 증명이다.

또한 내가 파악하는 신적 완전이 하나 이상의 원인을 갖고 있는 것은 생각할 수 없다. 왜냐하면 이 원인들이 다수라면 그것들은 완전하지 않을 것이기 때문이다. 완전하기 위해서는 오직 하나의 원인, 하나의 신이 있어야 한다. 신은 자기 원인적이어야 한다. 왜냐하면 그가 다른 존재의 결과라면 그 존재는 다른 것의 원인이며 그런 식으로 무한히 계속되기 때문이다: 우리는 무한 퇴행에 빠지며 우리가 시작한 결과의 인과적 설명에 도달할 수 없다

나는 신의 관념을 신으로부터 받았다. 그것은 본유적이다. 신은 원인일 뿐만 아니라 우리의 존재의 원형이다. 그는 자신의 형상으로 인간을 창조했다. 우리는 신이 우리를 창조할 때 이 관념을 우리 안에 두어 제작자가 자신의 작품에 찍어놓은 표와 같은 역할을 하도록 했다는 것을 의심할 필요가 없다. 신이 존재하지 않는다면, 우리는 지금의 우리일 수 없으며, 우리는 신의 관념을 가질 수 없다. 우리는 물질적 대상을 아는 것보다 신에 관하여 인간 정신에 관하여 더 많이 안다. 우리는 신의 관념을 깊이 생각할 때, 그가 영원하고 전지하고 전능하며 모든 선과 진리의 원천임을 파악한다. 모든 사물의 창조자임을 파악한다. 그는 우리와 달리 물질적이지 않으며 감관에 의하여 파악하지 않는다. 그는 지성과 의지를 갖고 있지만, 우리의 것과 같지 않다. 그리고 그는 악이나 죄를 의욕하지 않는다. 왜냐하면 죄는 존재의 부정이기 때문이다. 이는 우리가 스콜라주의에서 잘 알게 된 통상적인 유신론적 입장이다. 데카르트는 이성이 계시와 충돌되지 않는 한에서만 우리가 이성을 받아들일 수 있다는 점에서 둔스 스코투스와 의견을 같이한다. 그는 또한 신이 지금과 달리 세계를 배열할 수 있었으며, 신이 그렇게 만들기 때문에 사물이 선하다는 점에도 역시 의견을 같이한다. 신은 그것이 선하기 때문에 그렇게 만들지 않는다.

진리와 오류

우리는 지금까지 몇 가지 자명한 진리를 발견했다: 나는 존재한다; 무엇이든지 명석판명하게 파악되는 것은 참되다; 원인이 없는 것은 있을 수 없다; 원인은 적어도 결과만큼 실재성과 완전을 갖는다; 신은 존재한다; 신은 완전하며 우리를 속일 수 없다.

그러면 우리는 어떻게 해서 기만당하고 도대체 오류를 범하는가? 첫째로, 신이 우리에게 준, 참된 것과 거짓된 것을 구별하는 능력이 무한하지 않다. 게다가, 오류는 두 원인의 동시 발생에 달려 있다. 즉 인식의 능력과 선택의 능력 혹은 선택 의지의 능력, 지성과 의지에 달려 있다. 지성만으로 나는 무엇을 긍정하지도 못하고 부정하지도 못하며, 내가 판단을 형성하는 관념을 파악할 뿐이다. 소위 엄밀하게 말해서 오류는 여기서(지성에서) 발견되지 않는다. 의지 자체는 오류의 원천이 아니다. 왜냐하면 의지는 지극히 충분하고 완전하기 때문이다. 오류의 원천은 인간 지성의 유한성과 인간 의지의 무한성 사이의 차이이다. 오류는, 우리가 충분한 명석판명함으로 한 사물을 파악하지 못할 때 의지가 그 사물을 판단하지 못하게 막지 못하기 때문에 일어난다. 의지는 참된 것 대신에 그릇된 것, 선한 것 대신에 악한 것을 선택함으로써 오류와 죄에 빠진다.

외부 세계의 존재

또 한 가지 고찰해야 할 문제는 외부 세계에 관한 것이다. 우리는 우리 바깥에 물체가 있다고 생각한다. 우리는 그것들이 실제로 존재한다는 것을 어떻게 인식할 수 있는가? 우리는 쾌락과 고통과 욕구와 감각에 대한 느낌을 갖고 있고, 이것들을 본능적으로 물체적 원인의 탓으로 돌린다. 그러나 우리의 감각이 종종 우리를 기만하므로, 그리고 우리의 욕망과 욕구가 종종 오도하므로, 우리는 그런 체험의 존재로부터 물체의 존재를 입증할 수 없다. 하지만 신이 외부 세계의 존재에 대한 뿌리깊은 확신을 우리에게 일으킨다면, 그런 세계가 존재하지 않을 때 그는 기만자라는 비난을 면할 수 없다. 하지만 우리의 정신에 감관의 착각과 심지어 환각과 꿈이 있다는 것은 신의 선함과 양립 가능하다. 왜냐하면 신은 그런 기만을 내쫓고 바로잡을 지성의 능력을 우리에게 주었기 때문이다. 그래서 신은 기만자가 아니라 진실한 존재이다. 그러므로 우리의 감각은 실재적 물체에 의하여 야기된 것임에 틀림없다.

물체는 무엇인가? 물체는 우리의 사유와 독립하여 존재한다. 그것들이 존재하기 위해서는 우리의 존재가 필요치 않다. 그런 독립적 존재를 일러 실체라 부른다. 실체란 존재하기 위하여 다른 사물을 필요로 하지 않는 그런 존재를 뜻할 수 있다. 실제로 오직 하나의 존재 즉 신만이 절대적 의미에서 실체이다. 엄밀하게 말해서 데카르트는 하나의 절대적 실체인 신을 긍정하며, 두 개의 상대적 실체 즉 정신과 물체를 긍정한다. 두 개의 상대적 실체는 서로 독립적으로 존재하지만, 둘 다 신에게 의존한다. 그들은 근본적으로 서로 다르며, 우리는 그들의 속성을 통해서만 그것들을 안다.

실체에 필연적으로 내재하는 실체의 본질적 특성 혹은 성질은 속성(attribute)이라고 불린다. 속성은, 실체가 그것이 없이는 존재할 수 없는 성질이다. 그러나 속성은 다른 방식 혹은 양태 혹은 변용으로 자신을 나타낼 수 있다. 실체와 속성은 양태 없이 파악될 수 있지만, 양태는 실체와 속성 없이 파악될 수 없다. 우리는 연장(延長) 없이 형태를 파악할 수 없으며, 연장된 공간에서가 아니면 운동을 파악할 수 없고, 사유하는 사물에서가 아니면 상상이나 의지를 파악할 수 없다. 반면에 우리는 형태나 운동 없는 연장, 상상이나 감각 없는 사고를 파악할 수 있다. 실체는 그 속성들을 변화시킬 수는 없지만, 그 양태를 변화시킬 수는 있다: 물체는 언제나 연장되어 있지만, 그것의 형태는 동일하게 있을 필요는 없다.

그러면 외부 사물의 본질은 무엇인가? 우리가 물체에서 명석판명하게 파악하는 것은 물체의 본질적 속성이다. 소리, 색, 맛, 냄새, 따뜻함, 차가움은 물체의 속성이 아니다; 우리는 그것들을 명석판명하게 파악할 수 없으며, 그것들은 혼동스럽다; 우리가 감각하는 것은 물체의 참된 실재성이 아니다. 물체의 속성은 바로 연장이다; 물체와 연장은 동일하다. 연장은 길이와 너비와 두께라는 삼차원의 공간적 연속체이다. 모든 물체는 제한된 공간적 양이다. 텅 빈 공간 혹은 진공은 없다. 왜냐하면 공간이 있는 것에는 물체가 있기 때문이다. 공간은 무한히 분리 가능하다. 공간의 궁극적인 부분은 없다. 그래서 물질은 무한히 분리 가능하다. 즉 원자는 없다. 물체의 가장 작은 부분은 여전히 더 분리 가능하다. 그것들은 원자가 아니라 미립자이다. 연장은 어디서도 멈출 수 없다. 왜냐하면 물질적 세계는 무한하기 때문이다.

외부 세계의 모든 과정은 연장의 변용 혹은 양태이다; 연장은 끝없이 분리될 것이며 부분들은 결합되고 나누어질 수 있다. 거기서부터 다른 형태의 물질이 등장한다. 물질의 온갖 변화 혹은 형태의 다양성은 운동에 달려 있다. 운동은 한 물체가 한 장소에서 다른 장소로 가는 활동이다. 이는 움직일 수 있는 사물의 양태이지 실체의 양태가 아니다. 모든 사건은 공간의 한 부분에서 다른 부분으로 나아가는 이전이다. "운동은 물질의 한 부분 혹은 한 물체의 한 부분이 그것과 바로 접촉하여 있는 혹은 정지 상태에 있는 것으로 고찰되는 물체들의 근처에서 다른 물체의 근처로 옮아감이다." 물리적 세계는 역학의 용어로 설명될 수 있다. 거리를 두고서는 활동이 없다. 모든 사건은 압력과 충격 때문이다. 그래서 천문학의 사실을 설명하기 위해서는 우주적 에테르가 있어야 한다.

단순한 연장으로 파악된 물체는 수동적이며 자신을 움직일 수 없다. 그러므로 우리는 세계 내의 운동의 제일 원인으로서 신에게 의지해야 한다. "신은 원래 운동 및 정지와 아울러 물질을 창조했고, 이제 자신의 협력(concourse)에 의하여 자신이 물질에 둔 동일한 양의 운동을 전체로 보존한다." 최초의 시동자(제일 원동자)에 대한 이런 견해는 데카르트와 이후 시대에 널리 주장되었다. 이는 갈릴레오와 뉴턴도 받아들였던 고대 아리스토텔레스주의적 개념이다.

하지만 데카르트는, 기계론의 폐기와 스콜라주의로의 퇴보를 뜻하는 세계에 대한 신적 간섭을 막기 위하여, 신이 일정한 양의 운동을 세계에 부여했다고 주장한다: 운동은 일정하다. 여기서 우리는 에너지 보존 법칙의 배아를 본다. 데카르트는 물리적 양을 "운동"이라고 부른다. 그가 주장하는 이 운동의 불변성은 아마 물리학자들이 말하는 운동의 양일 것이다. 질량과 속도의 산물 말이다. 데카르트는 운동의 불변성을 주장할 때, 운동의 속도가 상수라는 아마 그릇된 주장을 펼치고 있지 않다. 물체는 스스로 운동을 시작하거나 중단할 수 없다. 물체들은 물리적 우주에서 운동의 양을 증가시키거나 줄일 수 없으며, 그래서 운동과 정지의 양은 동일해야 한다.

신은 불변적이므로, 물체의 세계 내에서 일어나는 모든 변화는 불변적 규칙 혹은 자연 법칙을 따라야 한다. 자연의 모든 법칙은 운동의 법칙이다. 물체의 모든 차이는 부분들의 상이한 관계에 의하여 설명된다: 고체는 부분들이 결합 되어 정지한 물체이며, 액체는 부분들이 움직이는 물체이다.

정신과 육체의 관계

정신은 육체와 정면으로 대립한다. 육체의 속성은 연장이다: 육체는 수동적 이다; 정신의 속성은 사유이다: 정신은 능동적이며 자유롭다. 두 실체는 절대적 으로 구분된다: 정신은 절대적으로 연장이 없는 것이며, 육체는 사유할 수 없 다. 우리는 사유 없는 정신 혹은 영혼을 생각할 수 없다: 영혼은 생각하는 사물 (res cogitans)이다; 나는 사유하고 비연장적인 사물인 한에서 내 자신에 대한 명 석판명한 관념을 갖는다. 그래서 나 즉 나를 나 되게 하는 나의 정신은 나의 육 체와 완전히 그리고 참으로 구별되며 육체가 없이 존재할 수 있다. 나는 상상하 고 지각하는 능력이 없는 나 자신을 전체로서 명석판명하게 파악할 수 있다. 그 러나 나는 나 자신을 파악하지 않고서는 이런 능력들을 파악할 수 없다. 즉 그 것들이 거하는 예지(叡智)적 실체가 없이는 이런 능력들을 파악할 수 없다. 그 러므로 양태가 사물들과 구분되듯이 상상과 지각은 나 자신과 구분된다.

하지만 데카르트는 사유에 의지를 포함시킨다. 그리고 육체와 정신의 결합 의 결과가 아닌 고등한 정서도 포함시킨다. 그는 「방법서설」에서, 사유하는 사 물이란 의심하고 이해하고 파악하고 긍정하고 부정하고 의욕하고 거부하고 상 상하며 또 느끼는 사물이라고 말한다. 사유는 결코 정신의 지적 혹은 심지어 인 식적 능력에 제한되지 않는다. 사유는 우리가 지금 "의식"이라고 이름붙이는 모 든 것을 포함한다. 나는 연장이나 형태, 장소적 운동이나 물체에 귀속시킬 수 있는 유사한 어떤 것도 사유하는 사물로서의 나의 본질에 속하지 않음을 명석 하게 파악한다. 내가 나의 정신에 대하여 갖는 지식은 물질적 사물에 대하여 갖 는 지식보다 앞서며, 더욱 확실하다. 왜냐하면 나는 어떤 물체가 존재하는지를 의심할 수 있지만 이미 내가 사유한다는 것을 파악하기 때문이다.

특별히 데카르트로 하여금 이 극단적 이원론에 매료되게 한 것은, 이 이원론이 자연과학의 기계론적 설명에 자연을 자유롭게 내맡긴다는 점이었다. 정신은 자연에서 제거되며 자신의 독립적 영역을 부여받는다. 물리학은 나름대로 활동할 수 있도록 허용되며, 모든 목적 혹은 목적인은 물리학의 영역에서 추방된다. 스콜라주의 시대에 신학과 철학을 구분한 것처럼 육체와 정신이 구분된다. 데카르트는 이 가르침을 전체 유기적 세계 심지어 인간의 육체에도 적용한다. 인간의 육체는 동물의 육체처럼 기계이다. 육체의 운동 원리는 정신에 있는 열이다. 운동 기관들은 근육이며, 감각 기관은 신경이다. 동물의 정신은 심장에서 피로 스며들며, 동맥에서 뇌로 올라가며, 거기서 근육과 신경으로 갔다. 이 기계에서 물체의 모든 기능은 자연적으로 기관들의 배열로부터 나온다. 시계의 운동이 추와 톱니바퀴에서 나오는 것처럼 필연적으로 나온다. 인간 안에 감각적 영혼이나 피와 동물적 영혼 아닌 생명적 운동의 원리가 있다고 가정하는 것은 필연적이지 않다. 데카르트는 아리스토텔레스와 스콜라주의자들의 생기론(生氣論, vitalism)을 배격하며, 대신 유기적 자연에 대한 기계론을 제공한다.

만일 이 두 실체가 서로를 배제한다면, 서로 간에 상호 작용은 있을 수 없게 된다: 정신은 육체에 변화를 일으킬 수 없고, 육체는 정신에 변화를 일으킬 수 없다. 하지만 데카르트는 자신의 전제의 결론을 일관되게 끌어내지 않는다. 인간 안에 육체와 정신의 긴밀한 결합을 가리키는 어떤 사실이 있다: 굶주림과 목마름의 욕구; 절대적으로 정신적인 작용인 것만은 아닌 정신의 정서와 정념; 고통, 색, 빛, 색의 감각 등. 우리는 이것을 육체에만 혹은 영혼에만 돌릴 수 없고, 둘의 긴밀하고 밀접한 결합에 의하여 설명해야 한다. 이 결합은 항해사와 배의 결합과 비슷한 것으로 볼 수 없다. 정신과 육체는 실체적 결합을 형성한다. 방금 언급한 모든 감각은 단순히 의식의 혼란스런 양태들이며, 이 결합의 결과이다. 인간은 순수한 영혼이 아니다. 동물 안에, 종종 우리 자신 안에 있는 운동은 이성의 간섭 없이 일어난다. 외부 대상에 의하여 야기된 감관은 단지 동물적 영혼에 반응하며, 이 반응은 기계적이다. 즉 동물은 기계에 불과하다. 그러나 인간에게서는 육체의 운동이 감각을 낳을 수 있다. 만일 내가 단지 사유하는 존재일 뿐이라면, 나의 영혼이 좌우간 나의 육체와 긴밀하게 결합되어 있지 않다면, 나는 가령 내가 배고프다는 것을 알기는 하지만 배고프다고 느끼지는 않는다. 즉 나는 육체와 정신의 긴밀한 결합으로 말미암는 의식의 혼란된 양태인 감각과 느낌을 갖지 말아야 한다.

이 긴밀한 결합을 어떻게 파악할 것인지는 데카르트에 의하여 명료하게 지적되지 않는다. 참으로 그의 이원론의 얼개 안에서는 불가능하다. 데카르트는 정신과 육체를 서로 혼동하지 않도록 우리에게 주의를 준다. 그는, 사유와 연장이 사람 안에서, 자연의 통일성이 아닌 구성의 통일성으로 결합되어 있다고 말한다: 이 결합은 두 물체의 혼합과 비교되어서는 안 된다. 그는 "사유는 기관들의 산물이 아니면서 기관들에 의하여 애를 먹을 수 있다"고 가르친다. 감각, 느낌, 욕구는 영혼이 육체와 결합한 데서 말미암아 영혼 안에 있는 장애이다. 하지만 이 결합에도 불구하고 육체와 영혼은 구분된다. 신이 그것들을 결합했지만, 그것들은 그 본성에서 매우 독립적이므로 신은 그것을 다른 것과 따로 보존할 수 있다.

데카르트는 정신과 육체의 관계란 물리적 상태가 정신적 상태가 되거나 정신적 상태를 산출하거나 야기한다든지 반대의 과정이 되는 그런 것이 아니고, 정신이 유기체적 과정에 의하여 다만 방해를 받는 관계라는 견해를 채택하는 것 같다. 이 점에서 그의 모호함과 동요는 순전히 기계적 원리로 물질적 세계를 설명하면서도 동시에 정신적 원리의 작용을 위한 여지를 남겨 놓으려는 그의 욕망 때문이다. 경험의 사실은, 둘을 구분하는 그의 명확한 구분에 따라서는 불가능한 두 세계의 긴밀한 연관을 실제로 가리킨다.

데카르트는 때때로 인과적 상호작용의 이론을 주저 없이 받아들인다. 영혼은 전체 육체와 결합되어 있지만, 뇌의 송과선에 중요한 좌소를 갖고 있다. 동물적 영혼 안에 일어나는 운동은 감각적 대상에 의하여 야기되며, 송과선으로 이전된다. 이런 식으로 감각이 산출된다. 영혼은 또한 상이한 방식으로 송과선을 움직일 수 있다. 이 운동은 동물적 영혼으로 이전되고 그것에 의하여 신경을 넘어서서 근육으로 전달된다. 여기서 정신과 육체의 관계는 분명히 인과적으로 파악된다: 송과선을 매개로 하여 정신과 육체의 어떤 상호 작용이 일어난다. 그러나 데카르트는 이 상호 작용이 사유와 연장된 실체를 나누는 그의 형이상학적 이원론과 어떻게 양립 가능한지 보여주는 데 실패했다.

감정의 심리학

데카르트에 따르면, 영혼은 구분되는 영혼이나 능력들로 구성되지 않고 다양한 방식으로 자신을 표현하는 하나의 원리이다: 느끼는 영혼이 또한 추론하고 의욕한다. 그는 능동적 측면과 수동적 측면, 그가 일컫는 바 영혼의 작용과 정념을 구분하지 않는다. 전자는 의욕 혹은 의지의 작용이다. 이는 영혼 자체에 의존한다: 나는 신을 사랑할 의욕을 품고, 명제를 긍정하거나 부정하고, 기억을 되살리고, 상상으로 그림을 그려내고, 내 육체를 움직일 자유가 있다. 후자는 감각과 그 모사, 욕구, 고통, 뜨거움, 다른 신체적 감정을 포함한다. 이것들은 외부 대상이나 육체 때문에 생긴다. 자발적 혹은 능동적 상태는 절대적으로 영혼의 능력에 있으며, 육체에 의하여 간접적으로만 변화될 수 있다. 반면에 수동적 상태는 생리적 원인에 절대적으로 의존하며 영혼 자체가 그 원인이 되는 경우를 제외하고는 간접적으로만 영혼에 의하여 변화될 수 있다. 하지만 다른 상태 혹은 "지각이 있는데 …… 우리는 영혼 자체 안에서와 같이 그것의 결과를 느낀다." 이는 기쁨, 분노 등과 같은 정조(情調)이며, 이는 협의의 정념(情念)이다. 그것들은 지각 혹은 영혼의 정조나 감정이다. 그리고 우리는 이 정조나 감정을 구체적으로 영혼의 탓으로 보며, 이 정조와 감정은 동물적 영혼의 어떤 운동에 의하여 야기되고 지탱되고 강화된다. 하지만 그런 정념의 주된 결과와 용법은, 정념들이 육체에게 준비하게 하는 사물들을 영혼더러 의욕하게 만드는 것이다: 공포는 도피할 뜻, 싸울 용기 등을 불러일으킨다. 정념은 송과선을 동요시키는 동물적 영혼의 운동을 자신의 직접적 원인으로 갖지만, 때때로는 그런 대상을 파악하고자 하는 영혼의 작용에 의하여 야기될 수 있다. 그래서 나는 그 상황을 분석함으로써 나 자신 안에 용기의 감정을 불러일으킬 수 있다.

자연적 욕구와 의지의 소위 갈등은 운동들의 대립으로 설명된다. 육체는 자신의 동물적 영혼에 의하여, 영혼은 자신의 의지에 의하여 동시에 이 운동을 송과선에서 일으키는 경향이 있다. 모든 사람은 그런 갈등의 산물에 의하여 자신의 영혼의 강함이나 약함을 인정할 수 있다. 그러나 너무도 약해서 제대로 이끌리더라도 정념에 대한 절대적 능력을 획득할 수 없는 영혼은 없다. 하지만 영혼의 능력은 진리의 인식 없이는 불충분하다.

데카르트는 여섯 가지의 일차적 정념을 나열한다: 경이, 사랑, 미움, 욕망, 즐거움, 슬픔. 나머지 모든 것은 이것들의 종류이다. 이것들은 모두 육체에 관련되어 있으며, 그것의 자연적 용법은, 영혼이 육체를 보존하려 하거나 어떤 식으로 육체를 좀 더 완전하게 하려는 활동에 동의하여 그 활동에 기여하도록 하는 것이다. 그리고 이런 의미에서 즐거움과 슬픔은 제일 먼저 사용된다. 왜냐하면 영혼은 오직 슬픔의 정념을 산출하는 고통의 감정에 의해서 해로운 것에서 곧바로 돌이키며, 그런 다음 고통의 원인에 대한 미움과 고통에서 해방되려는 욕망이 등장한다.

우리의 선과 악은 주로 영혼에 의하여 영혼에 불러일으켜진 내적 감정에 의존한다. 영혼이 자신 안에서 만족할 만한 것을 갖고 있는 한, 외부로부터 오는 모든 괴로움은 영혼을 손상할 능력이 없다. 그리고 영혼이 이 내적 만족을 얻기 위해서 필요한 것은, 곧이곧대로 덕을 따르는 것뿐이다. 우리는 여기서 데카르트의 윤리학에 미친 스토아주의자의 영향력을 주목한다. 스토아주의는 르네상스 시대에 널리 유행하던 이론이며 근대에도 아주 유행했다.

베이컨은 정신 상태에 대한 기계론적 이론을 제시했고, 홉스는 기계론을 전체 철학의 토대로 삼았다. 데카르트는 우리의 심적 생활의 큰 부분에 그것을 상세히 적용하려 하지만, 우리의 모든 정신 과정을 설명하는 데 그것을 사용하지는 않는다. 정신은 독립된 실체이며, 지성과 의지의 능력을 갖고 있다. 게다가, 데카르트가 말하는 모든 "지각"(감각, 욕구, 감정)은 정신의 상태이지, 운동이 아니다. 어떤 정념은 순전히 정신적이어서 유기체 활동에 의하여 야기되지 않는다. 의지는 신체적 상태로부터 독립적이며, 스스로 그런 상태를 산출할 수 있다. 의지는 자유롭고, 영혼의 윤리적 이상은 외부의 영향으로부터 자유롭게 되는 것이다.

본유관념론

데카르트의 목표는, 한 대상이 우리가 파악하는 것과 달리 될 수 없다고 우리가 판단할 때 등장하는 그런 명석판명한 지식에 도달하는 것이다. 우리는 수학의 증명에서 그런 필연적 지식을 갖는다. 그리고 엄밀한 방법을 따를 경우 철학에서도 그런 지식을 갖는다. 확실성은 감관에서 나올 수 없다. 왜냐하면 감관은 사물이 본질적으로 무엇인지를 드러내지 못하고 다만 그것들이 어떻게 우리에게 영향을 주는지를 드러낼 뿐이다. 색, 소리, 맛, 냄새는 대상에 속하지 않는다. 실재하는 대상이 무엇인지, 감관이 그것에게 귀속시키는 성질을 제거할 때 그것이 무엇인지는 우리가 명석판명한 사유에 의해서만 알 수 있다. 만일 우리가 감각 경험으로부터 참된 지식을 도출할 수 없다면, 참된 지식이 어떤 기초 개념과 원리로부터 추론한 결과라면, 이 개념과 원리는 정신에 내재함에 틀림없다. 즉 본유적 혹은 선험적임에 틀림없다. 정신은 자신의 기준 혹은 규범을 갖고 있으며, 이 규범은 진리를 추구하는 일에서 정신을 인도한다. 정신이 사유에서 자신을 사용하듯이 지식의 원리는 경험의 과정에서만 명시적이게 될 수 있다. 그러나 이 원리들은 처음부터 좌우간 존재한다.

데카르트의 근본 이념은, 이성이 자신의 자연적 규범을 갖고 있다는 것이다. 그것이 어떻게 현존하느냐 하는 것을 그는 확신하지 못한다. 다시금 그는 왔다 갔다한다. 그가 말하는 본유적 지식은 때로는 정신에 새겨진 관념이나 진리, 영혼이 자신 안에서 발견하는 원리를 뜻하고, 때로는 영혼이 인간 경험의 과정에서 그런 지식을 산출할 수 있는 본유적 능력을 뜻하기도 한다. 본유관념론에 대항한 로크의 논쟁은 전체 문제에 관련하여 좀 더 명료함과 명확함을 제공했고, 라이프니츠와 칸트로 하여금 다른 형태로 합리론을 제시하게 만들었다.

데카르트는 자신의 합리론과 선험론 때문에 경험에 충분한 관심을 기울이는 데 방해받지 않았다. 그는 체계적인 인식론을 만들지 않았다. 그는 인식론의 문제에 대한 상세한 토론보다 진리의 방법을 발견하는 데 관심이 있었다. 그는 심사숙고한 회의론보다 이성이 어떤 지식을 획득할 수 있는 능력을 믿었다는 데서 독단론자였다. 그는 외부 세계의 존재를 받아들이는 점에서 실재론자였다. 하지만 외부 세계의 참된 본질은 합리적 사유에 의해서만 발견될 수 있다.

47. 데카르트의 후계자들

데카르트의 철학의 난점

데카르트 철학은 많은 난점을 제시했고, 이후 여러 세기 동안 사상가들이 분주하게 풀어야 했던 많은 문제를 불러일으켰다. 그의 이론이 요구하듯이 신과 자연이 두 가지의 구분되고 독립적인 실재라면, 그 둘 사이에 참된 교류는 있을 수 없으며, 신은 인간의 정신에 자신의 관념을 새길 수도 없고 인간은 신에 관하여 아무것도 알 수 없다. 또한 어떻게 순수한 정신인 신이 물질에 운동을 부여할 수 있는지도 설명될 수 없다. 데카르트는 때때로 이런 골치아픈 점을, 신의 실체성과 영혼 및 물체의 실체성을 구분함으로써 벗어나려 한다: 신은 유일하게 참된 실체이며 다른 모든 사물은 신에 의존하며, 그 인과성의 결과 즉 그 피조물이다. 데카르트는 체계에 내재하는 이원론을 명목상으로 버리면서 스피노자의 범신론을 향한 길을 연다.

데카르트 철학에 내재한 또 하나의 난점 즉 스피노자가 해결하려는 난점은 데카르트가 자신의 철학에 의하여 "위대한 비밀"을 설명할 수 없으면서 자유의지를 인간에게 부여했다는 것이다. 또 하나의 틈이 인간과 자연 혹은 정신과 육체 사이에서 입을 벌리고 있다. 정신과 육체가 완전히 구분된다면, 어떻게 그 둘 사이에 무슨 교류가 일어날 수 있는가? 가정에 의하면 상호 작용은 불가능하지만, 그런 상호 작용은 하나의 사실로 가정된다. 그러므로 우리는 여기서 이중적 모순을 본다: 신은 유일하게 참된 실체이다; 영혼과 물체는 그의 피조물이며 독립된 실체들이지만 서로에게 작용한다. 게다가 동물의 육체가 기계라면 왜 인간의 육체 역시 기계가 아닌가?

데카르트의 철학은, 무시할 수 없는 근대 과학의 기계론을 그리스도교와 더불어 등장했던 유심론적 신학 및 형이상학과 조화시키려는 시도이다. 데카르트의 거의 모든 난점은 이 화해 작업에 의하여 생긴다; 그의 후계자들의 활동은 그 난점들을 지적하거나 그것을 피할 수 있는 방법을 발견하는 데 있었다. 체계의 이원론을 피하는 것은 가능했다: (1) 독립적 실재로서 자연을 제거하고 절대적 관념론을 가르침으로써(말브랑슈); (2) 독립적 실재로서 정신을 제거하여 유물론을 받아들임으로써(홉스, 라메트리, 프랑스 유물론자들); (3) 정신과 물질을 절대적 실체인 신 혹은 자연의 현현으로 만듦으로써(스피노자). 혹은 이원론을 견지하면서 솔직히 상호 작용의 가능성을 부정하는 것이 가능했다(병행론). 형이상학적 문제 외에 지식의 기원 및 본질과 방법에 관한 문제들이 더 많은 관심을 요구했다. 그리고 이 작업에는 영국의 경험론과 프랑스의 감각론이 주도적으로 참여했다.

데카르트의 철학은 예수회로부터 신랄한 반대를 받아, 그의 저술들이 1663년에 금서 목록에 올랐다. 그리고 네덜란드의 칼뱅주의자들로부터도 반대를 받았고 독일의 대학에서 금지당했다. 하지만 이 철학은 신설 네덜란드 대학들에서 추종자를 얻었는데 특별히 신학자들이 그 철학을 따랐고, 프랑스에서도 추종자를 얻었는데 이곳에서는 오라토리오회(Oratory of Jesus)가 그 철학을 채택했다. 데카르트주의가 제시한 형이상학적 문제에, 특별히 정신과 육체의 관계에 관한 문제에 관심을 갖고 있던 사람들로는, 레기스(Regis, 1632-1707년), 드라 포르쥬(De la Forge), 코르데모이(Cordemoy), 데카르트주의의 원칙에 근거하여 마귀론, 마법, 마술, 그밖의 미신의 불가능성을 입증하려 한 베커(Bekker, 1634-1698년), 아르놀트 횔링크스(Arnold Geulincx, 1625-1669년) 등이 있다. 클로베르(Clauberg, 1622-1665년)는 영혼이 육체에 운동을 산출할 수 없고 기수가 말을 이끌듯이 육체의 운동을 지도할 수 있다고 주장한다. 얀센주의의 추종자이며 니콜과 더불어 사유의 기술(Art de penser) 혹은 포르 루아얄 논리학의 창시자인 앙투안 아르노(Antoine Arnauld, 1612-1694년)는 데카르트의 철학을 받아들였다.

기회원인론(Occasionalism)

데카르트주의자들 대부분은 상호작용론 혹은 소위 물리적 굴절(influxus physicus)을 배격하고, 육체와 정신의 관계를 설명할 때 신의 의지에 의존한다. 육체와 정신은 구분된다; 의지는 육체를 움직이지 못한다. 그럼 어떻게 육체는 움직이는가? 의지는 외부 세계의 변화, 신이 불러일으키는 변화를 위한 기회이다. 물리적 사건은 우리 안에 관념을 산출할 수 없다: 그것들은 신이 우리 안에 관념을 산출하기 위한 우연적 원인(causae occasionales)이다. 기회원인론이라고 불린 이 견해는 일종의 병행론이다. 이는 정신적 과정과 물리적 과정이 인과적으로 관계되어 있지 않고 서로 병행한다고 주장한다. 기회원인론적 철학은 신의 지속적 간섭에 병행론을 설명한다. 여기서 우리는 흄의 회의론에서 절정에 도달한 인과 개념에 대한 비판이 시작되는 것을 본다: 어떻게 정신적 원인이 물리적 결과를, 반대로 물리적 원인이 정신적 결과를 산출할 수 있는가?

아르놀트 휠링크스

휠링크스는 문제를 조금 다르게 설명한다. 그는, 우리가 물리적 세계에 작용할 수 없고 물리적 세계가 우리에게 작용할 수 없는 것이 참되다고 주장한다. 하지만 우리의 의욕은 운동을 창출하는 기회가 아니며, 운동은 신의 특별한 작용에 의하여 관념을 창출하는 기회가 아니다. 신은 신체와 영혼의 조화를 사전에 수립해 두지 않았다. 신은 내가 무엇을 하고자 하는지 안다. 물론 나의 의지는 자유롭다. 그리고 전체 우주는 그런 지식과 일치하여 배열되어 있었다.

> 그는 이처럼 지극히 다양한 사물들(물질의 움직임과 나의 의지의 선택)을 결합해 두었다. …… 그래서 나의 의지가 의욕할 때 의지가 의욕하는 그런 움직임이 발생하며, 반면에 움직임이 발생할 때 의지가 그것을 의욕하는데, 하나의 인과성 혹은 영향력이 다른 것에 작용하지 않고서 그러하다. 태양의 매일 과정에 맞추어 세심하게 함께 조정되어 있는 두 시계의 경우처럼 하나가 울려서 시간을 알려주는 횟수만큼 다른 시계도 똑같은 방식으로 울려서 동일한 시간을 보여주지만, 그것은 무슨 인과 관계와 독립해 있다. …… 그렇게 되는 것은 오직 둘이 동일한 방식으로 그리고 동일한 솜씨로 만들어졌다는 사실에서 오는 연관 때문이다.

위의 구절에서 휠링크스는 자신의 기회우연론을 설명하기 위하여 두 개의 시계에 대한 유명한 직유를 사용한다. 라이프니츠가 나중에 이 직유를 휠링크스에게서 빌려 예정조화론이라는 아주 비슷한 이론을 설명한다. 기회원인론과 예정조화론은 영혼과 신체의 인과적 상호작용에 대한 데카르트주의 이론의 난점을 피하려는 시도이다. 휠링크스는 자신의 지식 개념에서 데카르트주의에서

벗어난다: 나는 사물을 있는 그대로 인식할 수 없다; 신만이 그것들에 대한 지식을 가지며 나는 나의 자아만 알 뿐이다.

말브랑슈의 관념론

니콜라 말브랑슈(Nicolas Malebranche, 1638-1715년)는 데카르트에 의하여 제시된 문제를 다른 각도에서 본다. 그는 오라토리오회 회원이었는데, 여기서는 성 아우구스티누스의 교리가 유행했다. 데카르트의 「인간론」을 읽고 그는 전체 체계의 연구에 전념하게 된다. 그의 목표는 종교와 철학, 아우구스티누스주의와 데카르트주의를 화해시키는 것이었지만, 그의 책은 금서 목록에 올라갔다. 그의 주요 작품은, 「진리의 탐구에 관하여」(1675년), 「자연 및 은총론」(1680년), 「도덕론」(684년), 「종교와 형이상학에 관한 이야기」(1688년), 「신의 사랑에 관하여」(1697년) 등이 있다.

만일 사유가 운동과 전혀 구분되는 것이라면, 말브랑슈는 이렇게 묻는다. "어떻게 운동이 감각을 산출할 수 있는가? 그리고 그런 것이 있다면 어떻게 정신이 실재적 연장을 지각할 수 있는가?" 그런 것은 불가능해 보인다. 정신적 사물은 정신적으로 분별된다. 유사한 것이 유사한 것을 알 따름이다. 우리가 보는 것은 실재 세계도 연장도 아니며 관념의 세계, 관념의 공간 내의 예지적 세계이다. 관념은 신 안에 있고, 신은 오직 정신적 속성을 가진 정신이다. 실재적 물체 혹은 창조된 공간은 정신에 영향을 줄 수 없다. 관념적 물체, 물체의 관념만이 그렇게 할 수 있다. 우리는 신 안에서 모든 사물을 보되, 연장된 신 안에서가 아니라 사유하는 신 안에서 본다.

지금까지 말브랑슈의 이론은 관념론적 범신론이며, 만일 그가 여기서 중단했다면, 그를 "그리스도교의 스피노자"라고 부른 철학사가의 판단은 부분적으로 정당할 것이다. 하지만 그는 하나의 보편적 실체가 있다고 주장하지 않고, 모든 가능한 사물의 관념을 포함하는 하나의 최고 이성만이 있다고 주장한다. 물질적 세계는 알려지지 않은 땅(terra incognita)이다. 그것이 존재하는지 않는지 우리는 알지 못한다. 물질 자체가 아니라 물질의 관념이 나의 정신의 실재하며 즉각적인 대상이다. 나는 자연적 혹은 초자연적 계시를 통하지 않고서는 물질이 존재한다는 것을 알 수 없다. "만일 신이 창조된 세계를 파괴하고 지금 나에게 영향을 주듯이 나에게 계속 영향을 주려 한다면, 나는 지금 내가 보는 것을 계속해서 보아야 한다. 그리고 나는 이 (창조된) 세계가 존재할 것이라고 믿어야 한다. 왜냐하면 나의 정신에 작용하는 것은 이 세계가 아니기 때문이다." 계시가 그런 세계의 존재를 말해 주므로 우리는 그런 세계를 믿는다. 말브랑슈가 우리에게 얼굴을 돌리고 있는 이 미지의 대체 세계를 배격한다면 그의 체계는 범신론일 것이다. 그러나 그것은 관념론적 범신론이지 스피노자의 자연주의적 범신론은 아닐 것이다.

인과의 문제에 대한 말브랑슈의 논의는 흄이 나중에 가한 비판을 예기한다. 흄은 프랑스 플라톤주의자 말브랑슈의 교리를 잘 알고 있었다. 우리는 외적 혹은 내적 경험으로부터 원인과 결과의 필연적 연관이라는 개념을 도출할 수 없다: 필연적 연관을 가정하는 우리의 권리는 이성에 있다; 필연적 인과 관계는 보편적 존재에 의하여 함축되어 있다.

파스칼의 신비주의

재능있는 수학자이자 물리학자인 블레즈 파스칼(Blaise Pascal, 1623-1662년; 「프로방시알」[1657년], 「팡세」[1669년])에게서는 신비주의가 부분적 회의론과 결합된다. 포르 루아얄의 얀센주의자들(성 아우구스티누스의 영향을 입은 가톨릭 교회 내의 개혁자들)에 공감했던 파스칼은 데카르트의 이원론과 그것의 기계론적 자연 개념을 받아들였다. 그는 제일 원리들 즉 공간과 시간과 운동과 수와 물질의 존재의 타당성을 인정했다. 그러나 궁극자의 지식은 우리의 인식을 넘어선다고 그는 천명했다. 우리는 사물들에 대한 이유나 그 목표를 알지 못한다. 우리는 신의 존재와 영혼의 불멸성을 증명할 수 없다.

신존재증명의 부재에서 파스칼은 유명한 노름을 제시한다: 신은 존재하거나 존재하지 않는다; 만일 당신이 신이 존재한다는 데 내기를 걸었는데 신이 실제로 존재한다면, 당신은 모든 것을 얻는다; 만일 신이 실제로 존재하지 않기 때문에 내기에서 진다면 당신은 아무것도 잃지 않는다. 신의 존재에 내기를 걸 때 당신이 건 돈은 없지만 신이 존재할 경우 당신의 상은 무한하다. 이성은 회의로 끝나고 우리의 가장 깊은 관심을 충족시키지 못한다. 하지만 우리는 종교적 감정에서 직접 신을 체험하고 평화를 발견한다: "정신은 이성이 알지 못하는 자신의 이유들을 갖고 있다." 자연적인 모든 것(인간 본성과 인간 사회)은 죄악되고 부패했다. 신적 은혜, 계시, 교회의 권위만이 우리를 살릴 수 있다.

베일의 회의론

피에르 베일(1647-1706년, 「역사 및 비평 사전」[1695년], 「철학체계」[1737년])은 철학적·신학적 독단을 날카롭게 비판할 때 명석판명한 관념을 진리의 표준으로서 취하는 데카르트의 기준을 사용한다. 그는 주목할 만한 변증론적 기술을 가지고 종교의 교리에서 사실과 이유의 명백한 모순을 드러내며, 이성과 계시, 과학과 종교의 대립에 주목한다. 이성은 계시에 국한되지만, 계시 자체는 이성에 종속되어야 한다. 그리고 이성이 근거하는 역사적 사실은 비판적 검토를 받아야 한다.

베일은 라이프니츠와 독일 계몽주의의 다른 대표자들에게 큰 영향을 끼쳤다. 그의 파괴적인 비판은 흄과, 흄의 대작에서 많은 것을 끌어 쓴 18세기 프랑스 계몽기 철학자들에게 강한 영향을 끼쳤다. 1767년에 프리드리히 대제는 볼테르에게 이렇게 편지했다: "베일은 전쟁을 시작했소. 수많은 영국인이 그를 뒤따랐소. 당신은 그 싸움을 끝낼 운명을 지니고 있소."

48. 베네딕트 스피노자(Benedict Spinoza)

바루흐(베네딕트) 드 스피노자(1632-1677년)는 네덜란드에서 부유한 포르투갈 출신 유대계 상인의 아들로 태어났다. 그는 랍비가 되려고 히브리 문학을 공부했지만, 베이컨과 데카르트가 그리스도교 체계에서 만족을 느끼지 못했던 것처럼 유대 철학에서 별달리 만족을 얻지 못했다. 그는 불확실한 상태에서 데카르트의 저술들을 알게 되었고 그리고 유대교를 포기해 버렸다. 회당에서 추방되고(1656년) 암스테르담을 떠나야 했던 그는 네덜란드의 여러 읍에서 머무르다가 마침내 헤이그에서 정착했다(1669년). 거기서 그는 렌즈를 갈아서 생계비를 벌었다. 그는 진리에 대한 깊은 사랑, 이기심, 단순한 생활 양식으로 철학자의 덕목을 모범적으로 보여주었다. 그러나 그의 범신론적 체계는 강렬하고 거의 보편적인 분노를 자아냈으며, 스피노자는 수세기 동안 무신론자로 무시당했다.

생애 중에 그의 이름으로 출간된 저서는 데카르트의 체계에 대한 설명서인 「데카르트 철학의 제원리」(Cogitata metaphysica, 1663년)뿐이다. 오경의 모세 저자성을 비평적으로 검토했고, 사유의 자유와 교회와 국가의 분리를 옹호한 그의 「신학-정치론」(Tractatus theologicao-politicus)은 익명으로 출간되었다. 「윤리학」(Ethica), 「국가론」(Tractatus politicus), 「지성개선론」(Tractatus de intellectus emendatione), 「서간」(Letters)은 1677년에 나왔다. 그의 초기 작품인 「소논문」(「신과 인간 및 인간의 행복에 관한 소논문」(Tractatus brevis de Deo et homine eiusque felicitate)의 한 네덜란드어 번역이 1850년에 발견되었다. 라틴어와 네덜란드어 원본은 소실되었다.

스피노자의 이론을 연구하는 여러 연구자들은 스피노자주의의 기원을 상이한 원천에서 찾았다: 아베로에스주의에서, 중세의 카발리즘적 범신론적 문헌에서, 유대인 학자 모제스 마이모니데스와 크레스카스(Creskas)의 저술에서, 조르다노 브루노의 사색에서. 이 모든 가르침이 좌우간 어떤 영향을 그에게 끼쳤겠지만, 그의 체계의 벽돌을 제공한 것은 데카르트의 철학이었을 것이다. 그가 관심을 쏟아 해결하려 하는 문제들은 위대한 프랑스 합리론자인 데카르트의 이론들에서 나왔으며, 그의 해결책을 특징짓는 범신론적 개념은 절대적 실체로서 신을 보는 데카르트주의적 개념의 논리적 결과였다. 하지만 중세 유대 사상가들의 신플라톤주의가 그로 하여금 데카르트주의 체계의 범신론적 가능성들을 높이 평가하게 만들었을 수 있다.

합리론

데카르트는 독단론자이며 합리론자이다: 그는 확실하고 보편적인 지식에 도달할 수 있는 인간 이성의 능력을 믿는다. 그는 정신에 그 좌소를 갖고 있는 자명한 개념과 원리의 도움을 받아, 기하학의 명제처럼 이성에 구속력을 갖는 보편적 이론을 구축하려고 한다. 스피노자는 이 신념을 공유한다. 그에게도 철학의 목표는 사물의 완전한 지식이며, 이 지식은 명석판명한 사유에 의하여 도달할 수 있다. 우리가 자명한 원리로부터 출발하여 논증의 단계마다 증명한다면, 수학처럼 확실하고 보편적인 진리 집합을 형성할 수 있다. 데카르트는 「성찰」의 부록에서 기하학적 방법의 응용을 보여주는 예를 제시했다. 스피노자는 데카르트 철학의 해설서인 「데카르트 철학의 제원리」와 주저 「에티카」에서 동일한 방법을 따른다. 그는 정의와 공리로부터 출발하여 기하학적 순서(ordine geometrico)로 증명하는 명제로 나아간다. 각각의 명제는 그것에 적합한 논증에서 정확한 위치를 차지한다. 명제에는 명제의 필연적 결과인 계(系)와 명제를 좀 더 상세히 좀 덜 형식적으로 다루는 주석(scholium)이 첨부된다. 수학적 방법을 철저히 고수하는 스피노자의 태도는 나중에 우리가 보게 되는 것처럼 그의 사상에 크게 영향을 끼쳤다.

그런 다음 스피노자는 목적과 방법에서 데카르트가 정해 놓은 모범을 따른다. 그는 또한 선배와 동일한 문제에 관심을 갖지만, 좀 더 일관되고 체계적인 방법으로 그것을 해결하려 한다. 데카르트는 신과 자연, 정신과 육체를 분명하게 구분한다: 사유는 정신의 속성이며, 연장은 육체의 속성이다. 육체와 정신은 상호 독립적인 실체이다. 그러나 그는 신이 유일하게 절대적으로 독립적인 실체라고 선언한다. 스피노자는 실체 관념을 택하여 논리적 일관성을 갖고서 그것의 함축 의미를 풀어 낸다.

만일 실체가 존재하기 위하여 혹은 파악되기 위하여 다른 어떤 것을 필요로 하지 않는 것이라면, 신이 바로 그 실체이며, 다른 모든 것이 신에게 의존한다면, 그렇다면 분명 신 바깥에는 실체가 있을 수 없다. 따라서 사유와 연장은 개별적 실체일 수 없고 틀림없이 신이라는 단일한 독립적 실체의 속성이다. 우주의 모든 것은 신에게 의존한다. 신은 모든 성질과 사건의 원인과 산출자이며, 모든 사물이 그 안에서 자신의 존재를 발견하는 단일한 원리이다. 그는 사유하며 연장된 실체이다. 실체 이원론은 사라졌지만, 속성 이원론은 남는다. 두 속성, 정신적 과정과 물리적 과정의 상호 작용은 있을 수 없다. 두 계열은 서로 평

베네딕트 스피노자

행하며 결코 교차하지 않는다. 정신적 과정이 있는 곳에는 틀림없이 물리적 과정이 있고, 반대로도 그렇다. 그리고 물리적 영역의 질서와 연관은 심적 영역의 그것과 비슷하다. 이원론은 일원론에 굴복하고, 유신론은 범신론에 굴복하며, 상호작용론은 병행론에 굴복한다.

방법

스피노자는 세계의 본질에 대한 문제를 기하학의 문제처럼 다룬다. 모든 것은 기하학의 명제들이 그 논리적 전제로부터 나올 때처럼 필연적으로 제일 원리 혹은 우주의 근거로부터 나온다. 수학적 추론에서 결론은 단순히 일시적 결과가 아니라 한 원리의 영원한 결론이듯이, 사물들은 시간 내의 발전이 아니라 제일 원인으로부터 영원히(sub specie aeternitatis) 나온다. 시간은 단순히 하나의 사유 양태이다. 원인은 이성이다(causa=ratio). 합리적 혹은 논리적 근거와 실재적 근거의 구분은 없다. 사유와 존재는 동일하다. 실재에서 하나의 사물은 다른 것을 따르거나 야기된다: 우주는 각각의 고리가 선행하는 고리와 필연적으로 연결되는 인과적 사슬이다. 마치 추론 과정에서 모든 결론이 전제에 근거하고 있는 것과 같다.

게다가 수학적 증명에서 한 명제가 다른 명제의 필연적 결론이듯이, 자연에서 모든 것은 다른 어떤 것의 필연적 결과이며 전체는 모든 구성원이 자신의 필연적 위치를 갖는 상호 연관적 체계이다. 그래서 스피노자의 체계는 엄격한 결정론이다. 또 수학에 목적이나 계획이 없듯이, 자연에도 목적이나 계획이 없다. 이런 의미에서 그의 체계는 반(反)목적론적이다. 어떻게 신 안에 계획이 있을 수 있는가? 사유와 연장은 근본적 실체의 영원히 공존하는 속성들이며, 그래서 사유는 연장된 자연의 목적인으로서 그것에 선행할 수 없다. 신에게 목적을 귀속시키는 것은 사유에 우선권을 주는 것이며, 신의 한 가지 속성 혹은 현현으로서 사유는 연장과 동일한 차원에 있다.

보편적 실체

스피노자의 철학은 그의 「윤리학」에서 가장 발전된 형태로 제시된다. 이 작품은 다섯 부분으로 나뉜다. 각 부분은 다음의 주제를 다루고 있다: (1) 신; (2) 정신의 본질과 기원; (3) 감정의 본질과 기원; (4) 인간의 속박과 감정의 힘; (5) 지성의 힘 혹은 인간의 자유. 사유의 출발점은 실체의 정의이다. 실체는 자신 안에서 혹은 다른 어떤 것과 독립하여 존재하는 것, 파악되기 위하여 다른 어떤 것의 파악을 필요치 않는 것이다: 아무것도 실체를 전제하지 않고서는 파악될 수 없으며, 반면에 실체는 다른 어떤 것을 전제하지 않고서도 사유할 수 있다. 이는 절대적으로 독립된 근본 원리이다.

실체의 정의로부터 어떤 결론이 필연적으로 나온다. 실체가 절대적으로 독립적인 존재라면, 그것은 틀림없이 무한하다. 왜냐하면 달리는 그것이 독립적이지 않을 것이기 때문이다. 오직 그런 사물은 하나만 있을 수 있다. 그렇지 않다면 그것은 다른 것에 의하여 제한되어 독립적이지 않을 것이다. 그것은 자기원인적(causa sui)이다. 왜냐하면 만일 그것이 다른 어떤 것에 의하여 산출된다면 후자에 의존할 것이기 때문이다. 그러므로 실체는 그것 바깥에 그것을 규정할 수 있는 것이 없다는 의미에서 자유롭다. 실체는, 삼각형의 속성이 삼각형의 본질로부터 나오는 것처럼 필연적으로 그것의 모든 성질과 행위가 실체의 본질에서 나오므로 자기 규정적이다. 개별성 혹은 개성은 실체에 귀속될 수 없다. 왜냐하면 이런 것들은 규정 혹은 제한을 함축하기 때문이다: 모든 규정은 부정이다. 그러므로 인간적인 의미의 지성이나 의지는 실체에 속하지 않는다.

실체는 사유하거나 계획하거나 결정하지 않는다. 그것은 의식적 목적이나 계획에 따라 행위하지 않는다. 그런 목적론은 실체의 본성에는 전혀 낯설다. 스피노자는 말한다. "나는, 모든 사물을 신의 무관심한 의지에 종속시키고 그것들을 신의 변덕에 달려 있게 만드는 견해가 신이 신을 위하여 모든 것을 행한다고 주장하는 사람들의 의견보다 낫다고 고백한다. 왜냐하면 이 사람들은 신에게 독립되어 있고 신이 일할 때 모델로서 쳐다보거나 과녁을 보듯이 목표하는 어떤 것을 신 바깥에 두는 것 같기 때문이다. 참으로 이는 신을 운명에 종속시키는 것이며, 우리가 사물들의 본질과 존재에 대한 처음이며 유일하게 자유로운 원인이라고 보여주었던 신에 대한 매우 부조리한 견해이다."

사물들의 이와 같이 단일하고 영원하고 무한하고 자기 원인적이고 필연적인 원리를 일러 신 혹은 자연이라 한다. 신은 데카르트가 주장했던 것처럼 바깥에서 세계에 작용하는 외부적이며 초월적인 원인으로서 세계와 동떨어져 있는 게 아니라(유신론), 우주의 내재적 원리로서 세계 안에 있다. 신은 세계 안에 있고 세계는 그의 안에 있다. 신은 존재하는 모든 것의 원천이다(범신론). 신과 세계는 하나이다. 여기서는 원인과 결과가 구별되지 않는다. 신은 자신에게서 격리된 어떤 것, 자신과 동떨어져서 존재할 수 있는 어떤 것을 산출한다는 의미에서 창조하지 않는다. 그는 영구적 실체 혹은 모든 사물 안에 있는 기체(基體) 혹은 본질이다. 스피노자는 이전의 스콜라주의적 용어를 구사하면서 모든 실재의 능동적 원리 혹은 원천으로서 신을 능산적 자연(natura naturans)이라고 부르고, 대상의 복수성, 원리의 결과 혹은 산물로서는 신을 소산적 자연(natura naturata)이라고 부른다.

신의 속성

우리는 달리 어떻게 자연 혹은 신을 정의해야 하는가? 보편적 실재의 속성은 무엇인가? 스피노자가 말하는 속성은, 지성이 실체의 본질을 구성하는 것으로 파악하는 것이다. 헤겔이나 에르트만(Erdmann)과 같이 어떤 해석자들은 속성을 실제로 신에게 속하지 않고 인간의 사유가 신에게 귀속시키는 우리의 지식의 형태라고 본다. 이는 속성 이론에 대한 관념론적 해석이다. 피셔(K. Fisher)를 포함한 어떤 이들은 속성을 신의 본성의 실재적 표현이나 현실적 구성 요소로 보지, 단순히 인간 사유의 양태로 보지 않는다. 두 번째 혹은 실재론적 해석이 아마 옳을 것일 것이다.

합리론자인 스피노자는 사유의 필연적 형식을 객관적 타당성을 갖는 것으로 받아들였다: 이성이 우리에게 사유하도록 강요하는 것은 정신적 실재성 이상의 것을 갖는다. 하지만 그는 사물의 무한한 근거에 명확한 속성을 귀속시키는 데 주저됨을 느꼈다. 왜냐하면 모든 규정이 부정이기 때문이다. 그러나 그는 무한한 실체에 무한한 수의 속성을 귀속시킴으로써 이 난점을 피하려 했다. 모든 속성은 그 본질에서 무한하고 영원하다. 신은 너무 크므로, 무한한 정도로 무한한 속성을 소유하는 것으로 파악된다. 신의 무한성은 두 번째 순서에 속한다: 그는 무한한 수의 속성을 소유하며, 그것 각각은 범위에서 무한하다.

인간의 정신은 이 무한한 속성 가운데 두 개밖에 파악할 수 없다. 자연은 많은 수의 방법으로 자신을 표현하며, 그 가운데 연장과 사유만이 인간에게 인식 가능하다. 그리고 인간은 물리적·정신적 존재이다. 그러므로 신 혹은 자연은 적어도 물체적이면서 동시에 정신적이다. 그러므로 공간이나 물질이 있는 곳에는 영혼이나 정신이 있고, 반대로도 그렇다. 실체의 본성에 본질적인 두 개의 속성은 실체가 발견되는 곳은 어디든지 즉 모든 곳에 존재해야 한다. 두 속성 각각은 자신의 종류에서 무한하지만, 절대적으로 무한하지는 않다. 사유든지 연장이든지 유일한 속성이 아니다. 신의 속성이 무한히 있으므로, 속성 가운데 절대적으로 무한하다고 불릴 수 있는 것은 없다. 이 속성들은 서로로부터 절대적으로 독립해 있으며 서로에게 영향을 줄 수 없다: 정신은 육체에 변화를 산출할 수 없고, 물체는 정신에 변화를 산출할 수 없다. "두 개의 사물이 서로 간에 공통되는 것이 없을 때, 하나는 다른 하나의 원인일 수 없다." 그래서 스피노자는 기회원인론과 말브랑슈의 이론을 받아들인다. 오직 동일한 것이 동일한 것을 산출하며, 정신은 운동을 산출할 수 없고 운동은 정신을 산출할 수 없다.

우리는 유물론처럼 물리적인 것으로 정신적인 것을 설명할 수 없고, 관념론처럼 정신적인 것으로 물리적인 것을 설명할 수 없다. 정신적 영역과 물리적 영역, 사유의 영역과 운동의 영역은 하나의 동일한 보편적 실체의 현현이며, 동일한 위치에 속한다. 하나가 다른 하나의 원인이나 결과가 아니며, 둘은 동일한 원인의 결과이며 동일한 실체에서 나온다. 하나의 분리 불가능한 자연 혹은 신은 자신의 관점들 가운데 하나에서 파악될 때는 공간 점유적이며 움직이는 사물이다. 다른 관점에서는 자연은 이상적 세계이다. 이는 소위 이중 관점론이다. 이는 일종의 정신물리적 병행론이다: 하나의 영역에 나타나는 순서와 연관은 다른 하나에 나타나는 그것과 동일하다. 우리가 갖고 있는 원의 개념은 자연에 존재하는 실재적 원과 상응한다.

양태론

속성들은 특정한 방식 혹은 양태로 나타난다. 양태는 "실체의 작용(affection) 혹은 변양(modification), 혹은 다른 것에 있고 그것에 의하여 파악되는 것"이다. 즉 양태 혹은 변양은 한 사물의 양태로밖에 파악될 수 없다. 연장의 속성은 특정한 형태의 물체로 자신을 나타내며, 사유는 특정한 관념과 의지의 작용으로 자신을 표현한다. 우리는 추상적 사유 자체, 사유만의 전개 혹은 추상적 연장 자체를 결코 갖지 못하며, 언제나 특정한 관념과 특정한 물체를 갖는다. 하지만 우리는 속성을 떠나서 후자를 생각할 수 없다. 가령 연장 없는 운동이나 정지, 정신 없는 지성이나 의지를 생각할 수 없다.

개별 정신과 개별 물체는 실체의 유한하고 일시적인 양태이다. 전자는 사유의 속성에 속하고 후자는 연장의 속성에 속한다. 영원하고 무한한 실체는 영원히 명확한 방식으로, 물리적 형식과 정신적 형식의 영원하고 필연적 체계로, 관념의 체계와 물체의 체계로 자신을 표현한다. 스피노자는 이 무한하고 필연적 관념 체계, 모든 관념의 총체성을 절대적으로 무한한 지성이라고 부른다. 연장의 양태의 체계는 운동과 정지라고 부른다. 정지와 운동은 연장의 양태이다. 왜냐하면 연장 없는 운동은 있을 수 없기 때문이다. 신의 무한한 지성과 운동과 정지의 체계는 전체 우주의 얼굴을 형성한다. 이 우주의 부분들은 늘 변화를 겪지만 전체 우주는 동일하다. 여기서 전체 자연은 개별 유기체에 비유할 수 있다. 그 요소는 변화하지만 그것의 형태 혹은 "얼굴"은 동일하다.

특정하고 유한한 대상과 정신은 신의 속성들의 직접적 결과가 아니다. 각각의 유한한 사물은 다른 유한한 사물에서 자신의 작용인을 가지며, 그런 식으로 **무한히** 진행된다. 개별 물체는 상호 연관된 부분의 연쇄를 형성한다. 나의 정신 속의 특정한 관념은 다른 어떤 관념 때문에 존재한다. 내 앞의 특정한 물리적 대상은 다른 어떤 물리적 대상 때문에 존재한다. 하지만 모든 사물이 속하며 모든 것이 그것의 현현인 그런 영구적이며 근본적인 실재가 아니면 단일한 사고 혹은 물체는 존재할 수 없다. 스피노자는 우리가 이런저런 개별 사물, 유한한 양태를 실체의 개념에서 논리적으로 도출할 수 없다는 것과 그리고 우리는 개별자를 개념에서 결코 연역할 수 없다는 것을 잘 알았다.

스피노자의 신념에 따르면, 무한하게 연장되고 사유하는 실체의 개념이 주어져 있을 때, 우리는 그런 실체가 있을 경우 사유와 물체가 필연적으로 나온다고 말할 수 있다. 삼각형의 모든 성질이 삼각형의 정의에서 나오듯이, 우주의 모든 성질은 실체의 개념에서 필연적으로 나온다. 하지만 우리는 삼각형의 개념에서 상이한 삼각형의 존재와 수와 크기와 모양을 연역할 수 없다. 그처럼 우리는 실체 혹은 신의 개념에서 세계에 있는 상이한 유한한 대상의 존재와 수와 성질, 실체들이 나타나는 소위 양태 혹은 형식, 현재 존재하는 구체적인 개별 인간, 식물, 물체를 연역할 수 없다. 이것들은 실체의 관념에서 필연적으로 나오지 않는다. 그것들은 신의 추상적 개념에 관하여 우유적이며 우연적이다. 스피노자는 개별 사물들을 다른 개별 사물들의 결과로 설명한다. 우리는 하나의 개별자로 다른 개별자를 설명할 때, 통상적인 과학적 설명에 국한된다. 이는 아주 깊이 파고들지 못한다. 영원한 상에 있어서(sub specie aeternitatis) 이성적 설명은 이 수준에서 불가능하다. 스피노자의 합리론은 물리적 혹은 심리적 본성의 세세한 것을 신의 추상적 개념으로부터 연역해 내려거나 순수 연장과 순수 사유의 개념으로부터 연역해 내려고 하지 않는다. 그는 각각이 상호 연관된 부분의 한 체계라고만 확언하고 있다.

영원성의 형식에서 파악할 때, 신은 문자 그대로 그의 무한한 속성이다. 시간의 형식 아래서 혹은 상상력을 통해서 파악할 때 신은 세계이다. 감관과 상상력에는 자연이 격리된 개별적 현상의 형식으로 보이지만, 그것은 자연을 보는 불충분하고 피상적인 방법이다. 지성에게는 자연이 하나의 보편적 실체이며 개별 현상은 그것의 제한된 형식, 실체가 표현되는 다른 모든 형식의 부정에 불과하다. 그러므로 실체의 양태 혹은 변양으로서가 아니면 존재할 수 있는 양태는 없다. 실체는 영구적 원리이며 양태는 임시적이다. 그러므로 개별 양태는 영구적이지 않다. 그것은 실체의 일시적 표현이다.

스피노자의 양태론은 그의 합리론적 전제에 의하여 결정된다. 논리적으로 우리는 신의 개념으로부터 개별적인 유한한 양태를 연역해 낼 수 없다. 그래서 개별적인 유한한 양태들은 참된 실재성을 갖지 않으며 본질적이지 않다. 하지만 개별 양태들이 실체 안에 자신의 원천을 갖고 있기 때문에 그리고 모든 것이 실체로부터 필연적으로 나오기 때문에 개별 양태들이 실체의 필연적 결과여야 한다는 입장을 왜 스피노자가 굳게 받아들이지 않는지 알기란 어렵다. 스피노자의 난점은, 우주를 논리적으로 설명하려는 그의 시도로부터 생긴다. 그는 기하학의 방법에 영향을 받아, 사물들이 제일 원리로부터 영원히 나온다고 주장한다. 그러면 변화와 발전은 불가능한 것이 될 것이다. 하지만 경험상 그는 변화가 있음을 확신한다. 논리학과 사실 둘 다를 공정하게 판단하기 위하여, 스피노자는 무한한 혹은 영원한 양태와 유한한 혹은 일시적인 신의 양태들을 나누는 구분법을 만든다.

인간의 정신

데카르트에 따르면, 물질적 실체와 정신적 실체가 있고 그것들이 서로 작용한다. 스피노자에 따르면, 오직 하나의 실체 혹은 원리가 있고 물리적·정신적인 모든 과정이 이 실체에 의존하며 이 실체로부터 나온다. 그의 견해에서, 영혼이나 자아, 사유와 감정과 의욕을 갖는 정신적 실체와 같은 것은 있을 수 없다. 정신은 사유와 감정과 의욕으로 구성되는 복합적 양태로 존재하며, 이런 정신 상태들은 육체의 결과나 육체적 과정의 결과가 아니다. 정신과 육체는 서로에게 영향을 주지 않으며, 둘 사이에는 상호 작용이 없다. 정신의 관념이나 상태는 육체적 과정에 상응하며, 두 계열은 병행된다. 참으로 둘은 양태적으로 동일하다. 정신과 그것의 육체는 두 가지 상이한 방식으로 표현된 동일한 사물의 과정들이다.

그러므로 모든 사물들은 물질의 양태나 형식이며 정신의 양태나 형식이다. 육체가 있는 곳에 관념 혹은 정신적 현상이 있다. 정신적 과정이 있는 곳마다 육체가 있다. 그러므로 스피노자는 인간 정신을 인간 육체의 관념이라고 부른다. 하나의 육체는 관념에 상응하는 공간의 대상 혹은 과정이다. 인간의 육체는 매우 복합적이며, 많은 부분으로 구성된다. 그래서 인간의 정신도 많은 관념으로 구성된다. 인간 정신은 육체의 관념일 뿐만 아니라 동시에 자신의 행위를 의식한다. 혹은 자기 의식적이다. 그래서 스피노자는 정신을 "육체의 관념의 관념"이라고 부른다. 하지만 정신은 육체의 변용들의 관념을 파악하는 한에서만 자신을 인식한다.

관념의 질서와 연관은 사물들의 질서와 연관과 동일하다 육체의 행위와 정념의 순서와 관념은 정신의 행위와 정념의 질서와 연관과 일치한다. 관념은 그 대상과 상호 관련되어 있다: 관념은 관념된 것(ideatum)과 상호 연관되어 있다. 우주의 모든 관념 혹은 사유는 자연적 체계와 상응하는 통일된 정신적 체계를 형성한다. 모든 정신은 무한한 지성의 일부이며, 이 무한한 지성은 무한한 수의 정신과 그것들의 관념으로 구성되며 신의 사유의 영원한 양태이다. 만일 이 모든 것이 참되다면, 그리고 물리적 질서 혹은 연계가 인과적이라면, 정신적 계열은 또한 인과적으로 결정됨에 틀림없다.

상응하는 정신적 상태가 없다면 육체에는 아무것도 발생할 수 없다. 이런 의미에서 인간의 정신은 인간의 육체에 발생하는 모든 것을 틀림없이 파악한다. 정신에게는 육체를 인식하는 방법이 없으며, 육체의 그런 변용에 상응하는 관념을 통하지 않고서는 육체가 존재한다는 것도 인식할 방법이 없다. 동일하게 자신의 육체가 다른 물체에 영향을 입기 때문에 다른 물체들의 존재와 본성을 안다. 하지만 감각 지각에 의한 그런 지식은 명석판명하지 않고 혼란스럽다. 우리는 이런 관념들을 통하여 우리 자신의 육체나 외부적 물체들에 대한 충분한 지식을 얻지 못한다. 정신이 바깥으로부터 우연적 동시 발생에 의하여 규정되는 한, 그것의 지식은 혼란스럽다. 오직 정신이 내부로부터 규정되는 한에서만 사물들을 명석판명하게 명상한다.

인식론

정신에 관한, 정신과 육체의 관계에 관한 스피노자의 이론은 그의 인식론의 형이상학적 토대를 제공한다. 그는 「윤리학」 제2부와 「지성정화론」에서 그것을 논의한다. 스피노자는 인식의 세 가지 중요한 단계를 구분한다. (1) 모호하고 불충분한 관념은 감각과 상상에서 그 원천을 갖는다; 그것들은 감각 지각에 근거하며, 감각 지각은 그 대상으로서 육체의 변양을 갖는다. 무비판적 경험과 단순한 의견은 참된 지식을 산출하지 못한다. (2) 우리는 또한 충분한 지식, 명석판명한 관념, 이성적 지식을 갖는다. 이성은 사물을 참으로 존재하는 대로 명상하며, 그것들의 필연적 연관을 인식하며, 그것들을 영원성의 형식 아래서 파악한다. 이성은 사물들의 보편적 본질을 파악하고 이것들을 신의 존재와의 관계 속에서 이해한다: 그런 지식은 자명하다. 진리의 기준은 진리의 본래적 명료성이다. 빛이 자신과 어둠을 드러내듯이, 진리는 자신과 오류를 비춘다. (3) 스피노자는 직관적 지식을 최고의 지식으로 부른다. 하지만 어떻게 이 지식이 이전 단계와 다른지를 말하기란 어렵다. 직관적 지식에 의하여 모든 것은 신의 존재에 필연적으로 근거하며 그 존재로부터 필연적으로 나오는 것으로 파악된다: "이 지식은 신의 어떤 속성들의 객관적 본질에 대한 충분한 관념으로부터, 사물들의 충분한 본질로 나아간다." 상상력은 사물들을 전체로 보지 못한다. 그것은 세부에 몰입하며 현상의 통일성을 파악하지 못하고 그것들의 의미를 이해하지 못한다. 이는 편견과 착각과 오류의 원천이다. 이는 개인과 독립하여 존재하는 소위 일반적 관념, 자연의 목적인 혹은 목적, 영들, 인간적 형식과 정념을 가진 신, 자유 의지, 다른 오류에 대한 신념을 불러일으킨다. 이성과 직관적 지식은 상상력의 그 모든 산물들을 불충분한 것으로 배격한다. 그것들만이 우리로 하여금 진리와 오류를 구분할 수 있게 한다. 참된 관념을 갖고 있는 자만이 자신이 그것을 갖고 있는 것을 안다.

스피노자는 오류를 지식의 결함으로 본다. 관념은 그 자체로 참되거나 그릇되지 않다. 한 관념을 참된 것으로 만드는 것은 적절한 대상의 현존이다. 대상이 현존하지 않을 때 관념은 그릇되다. 우리는 착각의 관념을 갖고서 관념이 단순한 착각이라는 지식을 갖고 있지 못할 때 오류에 빠진다.

지성과 의지

영혼이 관념을 인식하는 한, 그것은 예지(叡智) 혹은 지성이다. 영혼이 참된 것과 그릇된 것을 긍정하고 부정하는 한, 우리는 그것을 의지라고 부른다. 지성이나 의지는 정신의 능력이 아니다. 영혼의 능력들은 없으며, 정신에는 오직 관념만 존재한다. 영혼은 관념으로 환원되며, 그것은 육체의 관념이다. 이는 생리적 과정을 반영한다. 스피노자는 인식함, 느낌 혹은 감정과 의욕함을 궁극적으로 구분하지 않는다. 의욕은 사물들에 대한 관념에 불과하다. 의지의 개별 작용과 개별 관념은 일치한다. 그래서 예지(지성)와 의지는 본질적으로 동일하다: 의지는 자신을 긍정하거나 부정하는 관념이다. 이와 같은 긍정 혹은 부정은 판단의 작용이며, 데카르트와 달리 자유로운 혹은 변덕적인 선택의 작용이 아니라 관념 자체에 의하여 규정된다. 자유 의지와 같은 것은 없다. 자연의 모든 것은 결정되었고, 모든 것은 다른 어떤 것에서 필연적으로 나오며, 모든 사물은 궁극적으로 보편적 실체에 의하여 조건지어진다.

인간의 영혼은 신적 사유의 한 양태에 불과하다. 게다가 의지의 모든 개별 작용은 다른 양태에 의하여 결정되는 사유의 상태이다. 게다가 정신과 육체의 인과적 관계는 없다. 의지는 육체를 움직일 수 없다. 모든 물리적인 것은 기계적 법칙에 따라 물리적 맥락에서 설명될 수 있다. 의지의 결정과 거기에 상응하는 육체의 운동은 두 가지 상이한 맥락에서 본 동일한 것이다. 사유의 속성에서 파악할 때는 우리가 그것을 결정으로 부르며, 연장의 속성에서 파악할 때는 행위라고 부른다. 사람은 자신이 자기 결정의 원인을 모르기 때문에 자유롭다고 생각한다. 그래서 떨어지는 돌이 갑자기 의식하게 된다면 자신을 자유롭다고 볼 것이다. 스피노자는 인간의 경우에 자유 의지를 변덕 혹은 무규정성이라는 측면에서 정의하며, 그것의 가능성을 부정한다. 하지만 신의 경우에 스피노자는 자유를 신의 본성에 일치한 행위라고 정의하고 이런 종류의 자유를 신에게 귀속시킨다.

그러므로 의지와 예지(intelligence)는 동일하다. 지성의 단계들(감각 혹은 상상력, 이성)에 일치하여, 의지의 상이한 단계들이 있다: 정념과 엄밀한 의미의 의지. 문자 그대로 인간 정신의 수동적(passive) 측면을 대표하는 정념(passion)은 생리적 상태에 상응하는 혼란스럽고 불충분한 관념이다. 우리의 무지와 혼란 때문에 사랑과 미움과 소망과 두려움의 정념이 생긴다. 정신이 명석판명한(충분한) 관념을 갖는 한, 지식과 이해를 갖는 한, 정신은 수동적이지 않고 능동적이다. 이성적이다. 스피노자의 주된 논점은 선택의 절대적 자유 혹은 근거없는 의지를 반대하는 것이다. 그는 인간에게 적용되는 자유에 대한 모든 의미를 부정하려 하지 않는다.

영혼이 사물의 의미를 파악할 때 혹은 충분한 관념을 가질 때, 정념을 갖지 않고 속박 상태에 있지 않는다. 인간의 지식이 혼란스러울수록, 그는 더욱 정념의 노예가 되며 더욱 제한되며 더욱 무능해지며 더욱 의존적이다. 그의 지식이 명료할수록 그는 더욱 이성적이다. 우주를 그 모든 관계에서 더욱 잘 이해할수록, 그는 정념에서 더욱 자유롭고 정념에 덜 의존한다. 인식한다는 것은, 미움과 두려움, 분노와 시기, 심지어 사랑과 소망, 연민과 회개에서 벗어나는 것이다. 사물들의 참된 원인을 알고 혹은 사물들을 신과의 필연적 관계에서 보는 자는 신을 사랑하게 될 것이다: 신에 대한 이 지성적 사랑(amor intellectualis Dei)은 자신을 향한 신의 사랑이다. 왜냐하면 인간은 신의 한 양태이기 때문이다. 인간은 신이 이 사랑에 보답해 줄 것을 기대해서는 안 된다.

정념은 인간 본성의 오류가 아니라 인간 본성에 필연적으로 속하는 성질이다. 세 가지 근본적인 정념이 있다: 욕망, 기쁨, 슬픔. 모든 정념의 토대는 자기 보존을 위한 욕망이다. 모든 사물은 자신의 존재에서 자신을 보존하려고 한다. 인간에게도 자신의 육체적·정신적 생활을 보존하려는 그런 분투(appetitus)가 있다. 인간 본성이 추구하는 것을 인간 정신은 의식한다. 이 의식적 분투는 영혼에만 관련될 때는 의지(voluntas)이다. 영혼과 육체에 관련될 때는 의식적 욕구(cupiditas)이다. 우리의 욕망을 장려하는 것은 선하며 그 반대는 악하다. 그러므로 모든 사람은 자신의 존재를 증진시키려 한다. 자신의 존재가 강해질 때 그는 기쁨을 느끼며, 그렇지 못할 때는 슬픔을 느낀다. 기쁨은 더 작은 완전에서 더 큰 완전으로의 전이이다. 슬픔은 더 큰 완전에서 더 작은 완전으로의 전이다. 기쁨은 완전 자체가 아니다. 사람이 완전하게 태어난다면, 그는 기쁨의 감정을 갖지 않을 것이다. 인간은 즐거운 감정을 보존하고 슬픔을 제거하려 한다. 우리는 우리 안에 쾌락을 일으키는 모든 것을 사랑하고, 우리를 해치는 것을 미워한다. 소망 혹은 두려움은 미래의 쾌락 혹은 고통에 대한 예상에 의하여 생긴다. 개인은 자신이 자기 행위의 원인이라고 믿고서, 자기 행위가 즐거울 때 자기 만족을 느끼며 그것들이 고통스러울 때 회한을 느낀다. 우리가 적극적일수록, 우리의 감정은 더욱 유쾌하며 힘에 대한 우리의 느낌은 더욱 커진다. 그래서 시기와 연민의 감정은 우리에게 나쁘다. 그것들은 힘에 대한 우리의 느낌과 우리의 활력을 경감시킨다. 데카르트처럼 스피노자는 근대 생리학적 심리학의 선구자에 속한다.

윤리학과 정치학

스피노자의 사상의 강력한 동기는 윤리적이며 정치적이었다: "정신의 최고 선은 신의 지식이며, 인간의 최고 덕목은 신을 인식하는 것이다." 이 목표는 철학을 통해서만 획득될 수 있다. 윤리학은 형이상학에 근거를 두어야 한다. 체계는 윤리학에서 절정에 도달한다: 스피노자의 주저서의 제목은 「윤리학」이다. 홉스처럼 그는 이기주의적 전제에서 출발하지만, 그 전제의 결과를 약화시키는 방식으로 그 전제를 수정한다. 모든 존재는 자신의 존재를 보존하려고 하며, 이 추구는 덕이다. 그러므로 덕은 힘이다. 육체나 정신의 힘을 약화시키려 하는 것은 모두 나쁘다. 연민과 슬픔은 나쁘며, 기쁨은 좋다. 자연은 자연에 대립되는 것을 요구하지 않는다. 그래서 자연은 인간이 자신을 사랑하고 자신에게 유익한 것을 추구하거나 자신의 더 큰 완전에 도달할 것을 요구한다. 자연의 힘은 신 자신의 힘이다. 그러므로 각 개인은 자신에게 유익하다고 생각하는 것을 가지고 강제력이든지 전략이든지 간청이든 온갖 방식으로 그것을 취할 권리를 갖고 있다. 더 큰 고기는 바다를 차지하고 작은 고기를 삼킬 완전한 권리를 갖는다. 지금까지 이 이론은 말짱 이기주의이다: 힘이 권리를 만든다.

하지만 스피노자는 여기서 멈추지 않는다. 덕스러운 행위는 이성적 활동이다: 참으로 활동하고 있다고 말할 수 있는 것은 오직 영혼이 충분한 관념을 갖고 있거나 인식할 때이다. 정념은 힘이 아니라 연약함, 노예 상태이다. 모든 사람은 자신에게 **참으로** 유익한 것을 추구해야 하며, 이성은 지식에 대한 수단이 되는 것을 제외하고 영혼에게 유익한 것이 없다고 말한다. 삶에서 지성 혹은 이성을 완전하게 하는 것은 다른 무엇보다 영혼에게 유익하다. 오직 여기에 인간의 최고 행복 혹은 지복이 있다. 참으로 지복은 영혼의 만족에 다름 아니며, 이 만족은 신에 대한 직관적 지식에서 나온다. 지성을 완전하게 만드는 것은 신과 그의 속성과 그의 본성의 필연성에서 나오는 행위들을 이해하는 것이다.

게다가 자기 존재를 완전하게 하려는 욕망에서, 사람들 가운데 이루어지는 목적의 통일성보다 인간에게 유용한 것이 없으며, 모든 사람이 모든 문제에서 일치해야 하고 따라서 그들의 정신이 하나의 단일한 정신을 형성하며 그들의 육체가 하나의 단일한 육체를 형성하는 것보다 탁월한 것은 없다. 자신의 참된 유용성을 추구하는 다른 이성적 인간보다 자신의 참된 존재를 보존하는 데 유익한 것은 없다. 그래서 각 사람이 자신의 참된 선을 추구하거나 이성의 지도를 받아 활동할 경우, 사람들은 서로에게 가장 유익할 것이다. 결과적으로 이성의 지배를 받는 사람들은 나머지 인간을 위하여 바라지 않는 것을 스스로 원하지 않으며, 그래서 그 행위에서 정의롭고 신실하고 명예롭다. 다른 사람들에게 선한 모든 것은 나에게도 선하다. 그래서 원수에 대한 사랑은 선하다. 미움과 분노와 복수와 시기와 경멸은 악하다. 겸손과 자기 부인과 회한과 소망은 선하지 않다. 물론 그것들은 마음 약한 사람들이 좀 더 이성적인 삶을 준비하게 만들 수 있다.

자연의 상태에서 모든 사람은 자신이 할 수 있는 것을 할 수 있는 권리를 갖는다. 힘이 권리를 만든다. 그러나 그런 상태에서는 갈등이 발생할 것이다. 왜냐하면 사람들은 자신의 힘을 지나치게 쏟을 것이기 때문이다. 그래서 사람들은 모든 사람이 평화롭게 살 수 있도록 자신의 자연권을 포기해야 한다(사회 계약). 이는 국가에서 달성된다. 국가는 전체의 안녕을 위하여 개인의 자연권과 변덕을 제한한다. 오직 조직된 사회에서만 정의와 부정의, 공적과 범죄가 의미를 갖는다. 말하자면, 도덕은 사회적 생활을 가능하게 만든다는 근거에서 정당하다.

스피노자의 윤리학은 그 근본적 동기가 개인의 완전 혹은 행복에 대한 욕망이라는 의미에서 개인주의적이다. 사람은 자신의 이익을 추구해야 하며, 그의 최고 관심은 우주 혹은 신에 대한 지식이다. 그리고 이 지식은 마음의 평안을 가져다 준다. 다른 사람의 안녕을 존중하는 것이 각 사람에게 득이 된다. 스피노자의 윤리학은 보편주의적이다. 왜냐하면 그는 정신의 최고선이 신에 대한 지식이며, 정신의 최고덕이 신을 인식하는 것이라고 가르치기 때문이다. 최고선은 신에 대한 충분한 지식에서 나오는 신에 대한 사랑이다.

신에 대한 지적 사랑

우리의 최고선은 신에 대한 지적 사랑에 있다. 이 사랑은 이성과 같이 영원하다. 우리는 우리가 영원하다는 것을 경험으로 느끼고 알며, 정신의 이런 존재는 시간에 의하여 제한되지 않고 지속을 통하여 현현될 수 없다.

신이라는 용어는 스피노자의 체계에서 다양하게 사용된다: 신은 우주와 동일시된다. 혹은 신은 그의 속성과 동일시된다. 혹은 그는 그 무한한 속성을 갖고 있는 절대적이며 통일된 실체이다. 혹은 그는 이 속성들보다 높은 통일된 실체이다. 아마 그의 참된 의미는, 신이 영원하고 필연적인 통일체로 파악된 우주라는 것일 것이다. 스피노자는 분명히 신에게 개성과 의식을 귀속시키지 않는다. 그는 예지(叡智)나 감정이나 의지를 갖고 있지 않다. 그는 목적에 따라서 활동하지 않는다. 만물은 법칙에 따라 신의 본성으로부터 필연적으로 나온다. 그의 행위는 인과적이며, 목적적이지 않다. 신의 사유는 세계 내에 있는 관념들의 총체에 의하여 형성된다. 그는, 절대적으로 무한한 지성으로나 사유의 영원하고 필연적인 양태로 자신을 표현하는 사유의 능력 혹은 속성을 갖는다. 그리고 이 양태들은 인간의 정신으로 자신을 표현한다.

제13장

영국 경험론의 발전

49. 존 로크(John Locke)

존 로크(1632-1704년)는 옥스퍼드에서 철학과 자연과학과 의학을 공부했다. 그는 당시 그 대학에서 유행했던 스콜라주의적 교수 방법에는 혐오감을 느꼈지만, 데카르트의 저술에서 큰 만족을 발견했다. 오랜 세월 동안(1666-1683년) 그는 비서로서 샤프츠베리 백작을 돕고 그의 아들과 손자의 가정 교사로 수고하면서 후원자를 따라 네덜란드로 망명을 떠났다. 그는 제임스 2세의 폐위와 오렌지의 윌리엄의 등극 이후에 영국으로 돌아가(1689년), 몇몇 중요한 공직을 맡고 남은 세월(1700-1704년)을 프랜시스 마샴(Francis Masham) 경의 집안에서 보냈다. 마샴 경의 부인은 철학자 커드워스(Cudworth)의 딸이었다.

로크의 문제

우리가 보았듯이 홉스는 지식의 이상(理想)에서 합리론자였고, 데카르트와 마찬가지로 단순한 경험은 우리에게 확실성을 주지 못할 것이라고 주장한다. 동시에 그는 감각이 지식의 원천이라는 데 동포인 베이컨과 의견을 같이한다. 홉스 철학에 등장하는 이 두 가지 사유 노선은 서로 조화를 이루지 못했던 것 같다. 지식의 감각론적 원천은 지식의 이성적 타당성을 침해하고 지식의 확실성을 파괴하는 것 같다. 홉스는 곤경을 느끼고 그 때문에 물리학에 관한 이따금

씩의 회의론적 결론에 끌려 갔다. 존 로크에게 이 문제는 가장 중요한 것이 된다. 그에게서 철학은 인식론으로 바뀌고 지식의 본질과 기원과 타당성을 탐구한다. 참으로 그의 철학은 그의 주저서의 제목이 보여주듯이 "인간 오성에 관한 평론"(an essay concerning human understanding, 통상적으로는 「인간오성론」이라고 번역된다)이었다.

지식의 기원

로크에 따르면, 철학은 사물들의 본성(물리학), 사람이 이성적이며 자발적인 행위자로서 행해야 하는 것(실천학, 혹은 윤리학), 그런 지식을 획득하고 전달하는 방법과 수단(기호학, 혹은 논리학)을 포함하여 사물에 대한 참된 지식이다. 로크는 지식의 문제를 세 가지 가운데 가장 중요한 것으로 보며, 우리가 탐구하기 전에 우리의 능력을 검토하고 우리의 오성(지성)이 무엇을 다루기에 적합하며 적합하지 않은지를 알아야 한다고 주장한다. 그는 이 일을 자신의 주저서 「인간오성론」에서 착수한다. 그러나 그는, 우리가 어떤 지식이 확실한지, 우리의 지식의 한계가 무엇인지를 말하려면 먼저 우리의 관념의 기원을 연구해야 한다고 천명한다. 많은 것이 우리의 지식이 나오는 원천을 탐구하는 데 달려 있다. 왜냐하면 데카르트와 다른 많은 사람이 주장했듯이 우리가 원리에 대한 본유적 지식을 갖고 있는 게 사실이라면 그것의 타당성을 의심할 이유가 없어 보이기 때문이다. 그러므로 영국의 사상가 로크는 본유관념의 문제를, 맨 마지막에 쓴 자신의 「오성론」 1권에서 다룬다.

만일 본유적 원리가 있다면 정신이 자신의 본유적 원리를 틀림없이 의식한다고 가정하면서 ─ 왜냐하면 정신이 의식하지 못하는 것이 정신 안에 있다고 말할 수 없기 때문이다 ─ 로크는 생득적 진리의 이론을 반박하게 된다. 인간의 정신에 현존하는 사변적 혹은 실천적 원리는 없다. 그리고 만일 있다면, 그것들은 다른 진리와 같은 방식으로 획득되었을 것이다. 만일 한 원리가 인식됨이 없이 영혼에 새겨질 수 있다면, 본유적인 것과 본유적이지 않은 것을 구분할 수 없다. 우리가 이성을 발휘하기 시작할 때 그런 진리를 먼저 인식하게 된다고 말할 수 없다. 왜냐하면 아이, 교육받지 못한 사람, 야만인은 그런 것을 알지 못한

존 로크

채로 오랫동안 이성을 소유하고 있기 때문이다. 이성의 원시성에 대한 명제적 증명에 대한 즉각적 동의는 없다. 도덕법은 본유적이라고 말할 수 없다. 왜냐하면 그것들은 자명하지도 않고 보편적으로 인정되지도 않았으며 사람으로 하여금 행동을 취하도록 강요하지 않기 때문이다.

많은 사람에게 죄(罪)인 것이 다른 사람들에게는 의무이다. 그런 관념들이 편견과 교육과 관습을 통하여 점차 획득되었다고 말하는 것은 그것들의 보편적 수용을 부인하는 것이다. 만일 그것들이 지워질 수 없다고 우리가 주장한다면, 그것들은 모든 사람에게 나타나야 하고, 아이와 미개한 사람들에게 가장 분명하게 나타나야 한다. 데카르트가 그렇게 강조하는 신의 관념이 본유적일 수 없다는 것은, 전체 부족이 신에 대한 관념과 지식이 없다든지, 신에 관한 명료한 인상을 갖고 있지 않다는 사실에 의하여 입증된다. 그러나 모든 인류가 신의 개념을 갖고 있다 해도, 신의 관념이 본유적이라는 것은 입증되지 않을 것이다. 불, 해, 열, 수의 관념이 아주 보편적으로 수용되고 인류 가운데 알려졌다고 해서 그것들이 본유적이라고 입증될 수 있는 것은 아니다. 창조의 작품들에 있는 신적 지혜와 능력에 대한 가시적 표를 반영하는 이성적 피조물은 신성을 발견하지 않을 수 없지만, 이것은 신의 관념의 본유성을 확립하지 못한다.

요약하자면, 관념과 원리는 예술과 학문처럼 본유적이지 않다. 정신은 그 최초의 상태에서 tabula rasa 즉 아무런 특성이 없는 아무런 관념이 없는 "검은 방", "텅 빈 진열장", "백지"이다. 그런데 문제는 이것이다. 어떻게 이 방에 필요한 것이 구비되는가? 어디서 정신은 이성과 지식의 온갖 재료를 도출하는가? 이 질문에 대하여 로크는 한 마디로 대답한다:"경험." 우리의 모든 지식은 경험에 정초하며 궁극적으로 경험에서 도출된다. 우리의 모든 관념의 두 가지 원천은, 정신이 그로 통하여 감각적 성질들을 구비하는 **감각**과, 정신에 자신의 활동들(지각, 사유, 의심, 신뢰, 추론, 인식, 의지)에 대한 관념들을 제공하는 **반성** 혹은 내감(내적 감각)이다. 인간 정신의 일차적 능력은, 외부 대상에 의하여 감관을 통해서 정신에 새겨졌거나 정신이 자신의 활동을 반성할 때 정신의 자체 활동에 의하여 정신에 새겨진 인상을 받아들일 수 있는 지성의 능력이다. 로크가 말하는 관념은, 정신이 직접적으로 파악하는 모든 것 혹은 지각이나 사고나 이해의 직접적 대상을 뜻한다.

그렇게 받아들인 관념은 **단순 관념**이다. 정신은 이 관념을 끝없이 다양하게 반복하고 비교하고 결합하며, 그래서 원하는 대로 새로운 복합 관념으로 만들 능력을 갖고 있다. 하지만 어떤 지성도 새로운 단순 관념을 창안하거나 형성할 능력을 갖고 있지 않다. 어떤 단순 관념은 하나의 감관에 의해서만 우리의 정신에 들어온다. 가령 색, 소리, 맛, 뜨거움, 차가움, 견고함의 관념들이 그것이다. 어떤 것들은 여러 감관에 의하여 정신에 전달되는데, 가령 시각과 촉감을 통하여 들어오는 공간이나 연장, 형태, 정지, 운동 등이다. 어떤 것들은 반성에 의해서만 수용된다. 즉 정신은 이미 자신이 갖고 있는 관념들에 미치는 자신의 작용을 관찰하여 이런 식으로 다른 관념들을 얻는다. 가령 정신은 기억, 분별하기, 비교하기, 혼합하기, 이름붙이기, 추상 작용에서 지각과 유지와 회상의 작용들을 주목한다. 마지막으로, 우리는 감각과 반성 모두를 통하여 어떤 관념을 받아들인다. 이런 것 가운데에는 쾌락과, 고통 혹은 불편함, 힘, 실존, 통일성, 연속, 지속 등이 있다.

감각의 관념들 가운데 많은 것이 외부적 성질을 닮지만, 대다수는 우리 바깥에 존재하는 어떤 것의 모양, 대상에 내재한 어떤 것의 정확한 상과 모양이 아니다. 대상이 우리 안에 명확한 관념을 산출하기 위하여 갖는 능력을 일러 우리는 성질이라고 부른다. 그런데 이 성질 가운데 어떤 것은 대상 자체에 속하며, 대상들과 전혀 분리 불가능하다. 로크는 이런 성질을 일러 **시원적 성질** 혹은 **제일 성질**이라고 부른다. 그것들로는 딱딱함, 연장, 형태, 운동이나 정지, 수(數)이다. **제일 성질**에 의하여 우리 안에 다양한 감각을 산출할 수 있는 능력을 제외하고, 대상 안에는 아무것도 아닌 색, 소리, 맛 등의 성질은 **제이 성질**이라고 불린다.

우리의 모든 단순 관념은 감각과 반성의 두 통로를 통하여 받아들여진다. 우리의 모든 지식은 이 단순 관념들로부터 도출되는데, 마치 말이 26개의 알파벳으로 만들어지는 것과 같다. 외부적 감각과 내부적 감각만이, 빛이 지성의 어둔 방으로 들어오는 창문이다. 정신은 자신의 능력에 의하여 단순 관념을 결합하여 새로운 **복합 관념**을 만들 수 있다. 정신은 두 관념을 결합하고 그것들을 함께 보고, 그래서 관계의 관념을 형성할 수 있다. 마지막으로 정신은 관념들을 그것들의 실재적 존재에서 동반되는 다른 모든 관념들과 구분할 수 있다. 이 작용을 일러 추상이라 한다. 정신은 모든 단순 관념을 수용할 때 수동적이지만, 방금 서술한 작용으로 그것들에 힘을 행사한다.

무한한 수의 **복합 관념**은 세 가지 항목 아래 포함시킬 수 있다: 양태, 실체, 관계. 양태의 관념은 스스로 존속한다는 추정을 스스로 포함하지 않고, 가령 삼각형, 감사, 살인처럼 실체에 대한 의존성 혹은 실체의 작용으로 간주되는 복합 관념이다. **단순 양태**는, 다른 어떤 관념의 섞임이 없이 상이한 조합으로 반복되는 **동일한** 단순 관념의 변화로 이루어진다. 그래서 12이나 20은 단위의 연속적 덧보탬에 의하여 획득되는 양태이다. **혼합 양태**는 가령 색과 형태의 어떤 구성으로 이루어지며, 관람자에게 기쁨이나 쾌락을 야기하는 아름다움과 같이 하나의 복합 관념을 형성하기 위하여 결합되는 몇 가지 종류의 단순 관념으로 구성된다. 공간이라는 단순 관념을 택하여 그것을 혼합함으로써 우리는 무한한 공간, 형태, 장소, 무한한 연장의 단순 양태들을 얻는다. 시간, 날, 해[年], 시간, 영원은 지속의 단순 양태이다. 또한 정신의 사유 혹은 작용이라는 단순 양태도 있다.

우리의 **실체 관념**도 정신에 의하여 결합된 단순 관념으로 구성된 복합 관념이다. 실체(substance)라는 복합 관념은, 하나의 특정한 개별 사물을 표상한다고 가정되는 성질의 관념들과 이 성질들의 유지자 혹은 담지자라는 혼란스런 관념의 결합으로 이루어진다. 그래서 **납**이라는 실체 관념은, 선명하지 않은 희끗한 색, 어떤 정도의 무게, 딱딱함, 연성(延性), 가용성(可溶性)의 관념들이 결합된 담지자라는 이와 같은 가정된 혹은 혼란스런 관념으로 구성된다. 우리는 감각과 반성에서 도출된 어떤 단순 관념이 항상 나란히 진행된다는 것을 주목한다. 우리는 그것들이 하나에 속한다고 가정하고, 그렇게 결합된 그것들을 하나의 이름으로 부른다. 우리는 어떻게 이 성질들 혹은 관념들이 스스로 존재할 수 있는지 상상할 수 없다. 그래서 우리는 그것들이 그 안에서 존속하고 그로부터 귀결되어 나오는 기체(基體)가 있다고 상정한다. 이 기체를 일러 우리는 실체라고 부른다. 우리는 물질적 실체, 정신적 실체, 신의 관념을 갖고 있다.

정신은 또한 하나를 다른 하나와 비교함으로써 **관계 관념**을 얻는다: 정신은 먼저 하나에 의하여 다른 하나를 가지고 오거나 놓고, 그런 다음 그 관심을 하나에서 다른 하나로 향하면서 둘의 관계를 분별한다.

모든 사물들은 관계를 맺을 수 있으며, 모든 관계 관념은 단순 관념으로 구성된다. **인과 관념**은 관념들 가운데 존속하는 가장 포괄적인 관계이다. 이는 감각과 반성에서 도출되는 관계이다. 우리의 감관을 통하여 우리는 사물들이 변하며 성질들과 실체들이 존재하기 시작하며 그것들이 다른 성질과 실체들의 작용 때문에 존재한다는 것을 배운다. 우리는 어떤 단순 혹은 복합 관념을 산출하는 것을 **원인**이라 부른다. 산출되는 것은 **결과**라고 부른다: 그래서 열은 밀랍의 유동성의 원인이다. 원인은 다른 사물(단순 관념이든 실체든 양태든)을 존재하게 만드는 것이다. 결과는 다른 어떤 사물로부터 출발하는 것이다. 상이한 종류의 인과 관계로는, 창조, 발생, 제작, 변화 등이 있다. 원인과 결과의 관념을 형성하기 위해서는, 단순 관념 혹은 실체를 다른 어떤 것의 작용에 의하여 존재하게 하는 것으로 보는 것으로 충분하다. 심지어 그 작용의 방식을 알지 못할지라도 그렇다. 원인과 결과의 관념은 가장 포괄적이며 그래서 과학적으로 중요한 관계이지만, 시간, 장소, 연장의 관계, 동일성과 다양성의 관계, 도덕 관계 등 셀 수 없이 많은 관계가 있다.

지식의 본질과 타당성

그런데 우리의 지식의 재료는 감각과 반성에 의하여 정신에 제공된다: 정신은 재료들에 작용하여 복합 관념을 만든다. 문제가 발생한다: 그런 관념은 어떤 인식적 가치를 갖는가? 그것들은 지식이 되기 위하여 어떤 조건을 성취해야 하는가? 관념은 **명석판명해야** 한다. 왜냐하면 혼란스럽고 모호한 관념은 낱말의 용법을 불확실하게 만들기 때문이다. **실재적** 관념은 자연에 토대를 갖고 있는 그런 것이며, 그 관념들이 상응하고 그것들의 원형이 되는 실제로 존재하는 사물들과 일치하는 것이다. 우리의 단순 관념은 모두 실재하는데, 그것들이 모두 존재하는 것의 상이거나 표상이기 때문이 아니라 — 오직 물체의 제일 성질만이 그렇다 — 그것들이 모두 우리의 정신 바깥에 있는 힘들의 결과이기 때문이다.

혼합 양태와 관계는 사람의 정신 안에서가 아니고는 실재성을 갖고 있지 않으며, 그것들은 실제로 존재하는 사물들의 모사라고 주장하지 않는다. 그것들은 오직 그렇게 형성되어 그것들과 일치하게 존재하는 무엇의 가능성이 있기에 실재한다. 그것들 자체는 원형이며, 그래서 일관되지 않는 관념들이 그것들 안에서 뒤범벅되어 있지 않으면 터무니없는 것일 수 없다. 그러나 실체라는 우리의 복합 관념은 외부 실체의 표상이 되도록 우리에 의하여 의도되며, 이 복합 관념들은 실제로 그런 것이다. 그러므로 그것들은 실제로 연합되어 있는 단순 관념의 그러한 결합인 한에서 실재하며 우리 바깥에 있는 사물들 안에서 함께 존재한다.

정신은 관념들이 원형으로부터 취해졌다고 상정하는데, 이 원형을 완전하게 표상하는 관념들은 **충전적**(充塡的, adequate)이다. 반면에 **불충전적** 관념은 이 원형들의 부분적 혹은 불완전한 표상에 불과하다. 단순 관념들과 양태들은 모두 충전적이다. 그러나 실체 관념은 모두 불충전적이다. 왜냐하면 그것들은 실제로 존재하는 그대로의 사물들을 모사하려고 하지만 그렇게 할 때 결코 성공하지 못하기 때문이다. 정신이 관념들을 외부에 있는 사물들에 귀속시킬 때마다,

관념들은 참되거나 거짓될 수 있다. 정신은 관념들을 사물들에 귀속시킬 때 관념들이 그 사물들에 일치한다고 암묵적으로 가정하며, 이 가정은 옳거나 그를 수 있다.

모든 지식은 관념을 방편으로 획득되며, 우리의 가장 확실한 지식은 우리의 관념들의 연관이나 일치 그리고 모순이나 불일치에 대한 지각이다. 우리는 흰 것은 검지 않으며, 흰 것의 관념과 검은 것의 관념이 일치하지 않음을 지각한다. 지식에는 명증성의 정도가 있다. 때때로 정신은 다른 관념들의 간섭 없이 직접적 조사에 의하여 두 관념의 일치나 불일치를 지각하곤 한다. 이는 **직관적 지식**이다. 정신은 흰 것이 검지 않으며, 원이 삼각형이 아니며, 셋이 둘보다 크다는 것을 지각한다. 이는 연약한 인간이 얻을 수 없는 가장 명료하고 확실한 지식이다. 이는 입증될 필요도 없고 증명될 수도 없다. 이는 불가항력적이며 자명하다. 우리의 지식이 소유하는 확실성과 명증성은 직접적 직관의 확실성에 의존한다. 때때로 우리의 정신은 두 관념의 일치 혹은 불일치를 즉각적으로 파악할 수 없다 해도 그것들을 다른 관념(들)과 비교함으로써 간접적으로 일치 혹은 불일치를 확립할 수 있다. 매개적 관념에 의한 이런 지식을 일러 매개적, 이성적 혹은 **논증적** 지식이라고 부른다. 그것의 증명은 확실하지만, 그것의 명증성은 직관적 지식에서의 그것만큼 명료하고 밝지 않으며 즉각적으로 동의되지 않는다. 논증적 지식에서 매단계는 틀림없이 직관적 확실성을 갖는다. 이는 그 결론이 확실할 수 있기 위함이다. 그런 증명은 수학에서 사용되며, 그럴 때마다 정신은 매개적 관념들의 도움으로 관념들의 일치 혹은 불일치를 지각할 수 있다. 직관적 지식과 논증적 지식에서 우리는 확실성을 갖는다. 둘 중에 하나가 결여된 것은 신념이나 의견이지 엄격한 의미의 지식이 아니다.

우리는 외부 세계에 대한 우리의 지식에 대하여 무엇이라고 말해야 하는가? 우리는 외부 대상의 **관념**을 정신에서 갖는다. 우리가 그것을 갖고 있다는 것은 다른 어떤 것만큼 확실하다. 그러나 관념 이상의 무엇은 없는가? 우리는 관념들에 상응하는 정신 외부의 실재의 존재를 확실성을 갖고서 추론할 수 없는가? 꿈에서처럼 우리는 때때로 그 시점에 아무것도 상응하는 것이 없는 관념을 갖는다. 우리가 깨어서 환각이나 환상에 빠져 있지 않을 때 통상적 지각은 합당한 의심을 넘어서는 명증성을 제공한다. 유한하고 외부적인 사물의 구체적 존재에 대한 우리의 지식은 그와 같은 순전한 가능성을 넘어서지만, 완벽하게 직관적 혹은 논증적 지식에 도달하지 않는다. 로크는 이를 감각적 지식(sensitive knowledge)이라고 부른다. 나는 나 자신과 신을 제외하고 참된 존재에 대한 자명한 지식이 없다. 나는 나 자신의 존재를 직관에 의하여 알며, 신의 존재는 이성에 의하여 나에게 명료하게 인식된다. 나는 직관적 지식이나 이성의 연역처럼 확실하지 않지만, 나의 바깥에 있는 사물들의 존재에 대한 지각을 나의 감관에 의하여 갖지만, 지식이라는 이름을 그것에게 줄 만한 확신을 갖는다. 그러나 감관이 제공하는 이 확신 외에 우리는 지각이 기억-심상과 본래적으로 상이하며, 그것들이 고통에 종종 동반되며, 감관이 서로의 증거를 보강한다는 더욱 견고한 확증을 갖는다.

지식의 한계

그러면 우리의 지식의 범위는 어떤가? 이 지식은 우리의 관념의 일치 혹은 불일치에 대한 지각이므로, 우리의 지식은 우리의 관념을 넘어설 수 없게 된다. 관념이 없는 곳에서는 지식이 있을 수 없다. 우리는 지각의 몇몇 안 되며 그다지 명확하지 않은 방법으로부터 받은 흐릿하고 제한된 정보에 국한되어 있다. 그러나 우리의 지식은 우리의 관념보다 훨씬 협소하다. 우리는 경험하는 것을 넘어설 수 없을 뿐만 아니라 우리가 원하는 만큼 우리의 관념에 대한 지식을 광범위하게 갖지 못하며 앞으로도 그렇게 하지 못할 것이다. 우리는 경험할 수 있는 모든 것을 경험하지 않으며, 실제로 파악하는 모든 것을 이해하지도 못한다.

우리의 무지는, 첫째로 관념의 부족 때문이다. 우리보다 완전하고 우리보다 더욱 예민하고 다르게 형성된 감각 기관을 소유한 존재는 우리보다 훨씬 다양한 단순 관념을 갖는다. 게다가 어떤 사물은 우리의 관찰 능력에 비추어 너무 멀고, 어떤 것은 너무 미세하다. 그러므로 우리는 우리의 많은 관념들 사이에 있는 어떤 필연적인 연관을 발견할 수 없다. 우리는 한 물체의 비가시적 부분들의 형태나 크기나 운동과 그것의 색, 맛, 소리 사이에 어떤 연관이 있는지 이해하지 못한다. 우리는 금의 노란색과 무게와 단련(鍛鍊) 가능성과 고정성과 가용성 사이의 관계를 이해하지 못한다. 그래서 우리는 이 성질 가운데 하나 혹은 둘 혹은 그 이상을 인식하면서 다른 것들도 틀림없이 있다는 것을 알 수 있다.

삼각형의 정의가 주어질 때, 필연적으로 내각의 합은 두 직각과 동일하다. 그것은 자명한 명제이며, 삼각형이라고 불리는 모든 것에 참되다. 그러나 어떤 무게를 갖고 있는 황금색 금속인 금에 대한 나의 관념으로부터 나는 그것이 단련될 수 있다는 사실을 확실하게 연역할 수 없다. 나는 관찰로써 그것이 단련될 수 있다는 것을 알지만, 모든 금이 단련될 수 있다는 것은 자명한 진리가 아니다. 참으로 나를 만족시키는 유일한 진리는 보편적이고 자명한 진리에 대한 지식이다. 그러나 그런 지식이 획득 불가능하게 보이는 경험의 영역이 넓다.

우리의 지식의 또 다른 제한은, 사물들의 실재성과 좌우간 일치하는 우리의 관념으로 구성되는 "실재적" 지식을 고찰할 때 명백히 드러난다. 모든 단순 관념은 외부의 사물을 표상한다. 왜냐하면 그것들은 필연적으로 정신에 작용하는 사물들의 산물임에 틀림없기 때문이다. 우리는 우리 안에 흼[白]의 감각을 불러일으키는 사물이 바깥에 있음을 안다. 우리는 문제의 감각을 산출하는 것이 무엇이며 그것이 어떻게 이루어지는지 알지 못하지만, 무엇인가가 그것을 행함을 안다. 그러나 우리의 복합 관념은 대체로는 우리에게 지식을 주지만, 어떤 것의 모사가 되도록 의도되지 않았고, 원형으로서 어떤 것의 현존에 귀속되지 않는다. 그것들은 정신이 만든 패턴 혹은 원형이다. 정신은 스스로의 자유로운 선택으로 관념들이 자연에서 가질 만한 어떤 연관을 고려하지 않고서 관념들을 결합한다.

수학에서처럼, 정신이 형성한 그런 복합 관념 체계들은 우리에게 확실한 지식을 준다. 수학자는 삼각형이나 원의 관념을 형성한다. 이것들은 그 자신이 만든 그의 정신에 있는 관념들이다. 그가 이 정의로부터 논리적으로 연역하는 명제들은 참되고 확실하다. 만일 삼각형 같은 것이 있다면, 삼각형이 어디에 존재하든지 이 명제들은 참되지 않을 수 없다. 그러나 실재하는 혹은 현실적인 삼각형이 자연에 존재한다는 것이 관념에 의하여 확립될 수는 없다.

하지만 실체라는 우리의 복합 관념들의 경우는 다르다. 우리의 실체 관념들은 관념들이 지시하는 원형들의 모사라고 가정된다. 만일 우리가 우리의 실체 관념에 결합하는 성질들이 자연에 공존한다면, 가령 자연에서 황색, 단련 가능성, 가용성, 고정성 등의 성질을 가진 것이 있다면, 이 실체 관념은 실재 지식의 대상이다. 그리고 우리는, 어떤 실체에서 공존하는 것으로 발견되는 어떤 단순 관념이든지 그것이 확실히 다시 결합될 것이라고 말할 수 있다. 그러나 우리가 결합된 관념들의 필연적 연관을 보지 못하기 때문에 실체에 관한 보편적 명제를 만들 수 없다는 점이 지적될 수 있다. 우리는 경험에 비추어, 어떤 성질이 미지의 담지자 혹은 기체에서 공존한다는 것을 안다. 그러나 우리는 이 성질들의 상호 의존성을 발견할 수 없고, 우리가 관찰하는 성질로부터 어떤 다른 성질이 그것들과 틀림없이 함께 나타난다고 추론할 수 없다. 금에 관하여 확실하게 참되다고, 절대적으로 자명하다는 의미에서 참되다고 우리가 알 수 있는 단일한 일반적 확언은 없다.

만일 우리가 금의 단련 가능성과 밀도 사이의 필연적 연관을 발견할 수 있다면, 이런 관점에서 어떤 보편적 명제를 만들어 이렇게 말할 수 있다: 모든 금은 단련 가능하다. 그러면 이 명제의 진리는, 삼각형의 내각의 합은 두 직각과 동일하다는 진리만큼 확실할 것이다. 실체의 경우에는 문제를 복잡하게 만드는 다른 난점이 있다. 자연 내의 실체들은 독립적이고 고립적인 사물이 아니다. 그들의 성질은 대개 자연의 관찰 불가능한 많은 조건에 달려 있다. 이 모든 기묘한 기계들을 움직이게 하고 회복되게 하는 힘들은 어디서 오는가, 그 힘들이 어떻게 전달되고 수정되는가는 우리의 지각과 평가를 넘어선다. 그러므로 그것들을 올바로 이해하기 위하여, 우리는 우주를 전체로서 이해해야 한다.

그러나 우리는 그들의 세밀하고 능동적인 부분들의 크기와 형태와 구성을 발견할 수도 없고, 다른 물체들의 작용에 의하여 그것들 안에 산출된 상이한 운동과 추진력은 말할 것도 없다. 그래서 우리는 한 물체의 제일 성질이 다른 물체의 제일 성질에 어떤 변화를 정규적으로 산출하는지를 알지 못하며, 그것들이 어떻게 산출되는지를 알지 못한다. 우리는 한 물체의 어떤 제일 성질들이 우리 안에 그러그러한 감각이나 관념을 산출하는지 알지 못한다. 우리는 이 제일 성질들과 그 결과 사이의 필연적 연관을 지각하지 못한다. 보편적 확실성은 이런 지식 분야에서는 획득될 수 없으며, 우리는 **개연성**으로 만족해야 한다."(정신적 존재는 말할 것도 없고) 자연적 물체의 완벽한 과학에 관하여, 우리는 그런 일을 전혀 할 수 없으므로 그런 것을 추구해 봐야 소용없는 일이다."(「인간 오성론」 4권 3장 29)

그러므로 일반적 종류의 절대적 확실성은 우리의 관념들의 일치와 불일치에서가 아니면 결코 발견될 수 없다. 우리에게 일반적 지식을 제공할 수 있는 유일한 것은 우리의 추상적 관념에 대한 명상이다. 우리는 신과 우리 자신의 경우를 제외할 때 실재적 존재에 관한 자명한 명제를 갖지 못하며, 존재적 진리(existential truth)의 학문을 구축할 수 없다.

우리가 추론하고 그것에 관하여 이야기하고 그것에 작용하는 명제들 대부분은, 우리가 그것들의 진리에 대한 확실한 지식을 가질 수 없는 그런 것들이다. 하지만 그것들 가운데 더러는 확실성에 매우 근접하므로, 우리는 그것들에 관하여 전혀 의심하지 않고 그것들을 확실히 인정한다. 사실 진술(事實陳述)이 우리의 경험과 다른 사람들의 경험의 증거에 일치하는가에 따라 사실 진술에 대한 개연성의 정도는 다양하다. 하지만 로크는 계시의 적나라한 증거를 가장 높은 확실성으로 본다. 계시에 대한 우리의 동의는 신앙이다. 신앙은 동의와 확신의 확립되고 확실한 원리이며, 의심이나 주저함에 대한 여지를 남겨두지 않는다. 그러나 우리는, 그것이 참으로 신적 계시임을 확신해야 한다. 따라서 우리의 동의는 이성적으로 그것이 계시라는 증거보다 더 높을 수 없다. 어떤 명제든지 우리의 명백한 직관적 지식에 모순된다면, 신적 계시를 지지하는 명제로 받아들일 수 없다. 어떤 전통적 계시(우리가 그것을 받아들이는 말에서 그리고 우리가 그것을 이해하는 의미에서)는 신적 기원에 속한다. 계시의 진리는 이성의 원리만큼 명료하고 확실하지 않다. 그러나 우리의 자연적 능력의 발견을 넘어서고 이성을 뛰어넘는 사물들은 그것이 계시될 때 신앙의 고유한 문제이다. 그래서 죽은 자가 살아나고 다시 살 것이라는 신념은 이성이 직접 관계할 것이 없는 순전히 신앙의 문제일 뿐이다.

형이상학

우리는 지식의 기원과 타당성과 한계의 문제에 대한 로크의 대답을 들었다.

이제 그가 확신하는 일반적인 세계관을 고찰하자. 그는 별도의 책에서 완벽한 실재론을 확립하지 않았다. 「오성론」에서 발전된 그의 인식론은 형이상학적 전제에 근거하며, 이 전제는 쉽게 발견할 수 있다.

그는 지식에 가하는 제한과 잦은 회의론적 염려에도 불구하고, 데카르트가 체계로 만들었던 것에 실질적으로 동의하면서 형이상학적 입장을 다양한 변화와 더불어 채택한다. 세계는 실체들, 힘과 성질과 행위의 유지자들 혹은 담지자들로 구성된다. 그리고 힘과 성질과 행위는 실체에 포함되고 실체로부터 나온다. 성질과 행위의 근거와 원인인 실체는 두 종류가 있으니, 물체와 영혼이다. 물체는 연장, 견고성 혹은 침투 불가능성, 운동성 혹은 움직여질 수 있는 힘이라는 속성을 가진 실체이다. 이것들은 우리가 감관을 통하여 받아들이는 실체의 제일 성질이다. 그래서 진공 즉 물체 없는 순수 공간이 있을 수 있다. 우리가 견고성과 운동이 없는 공간을 생각할 수 있다는 사실은, 진공의 존재를 입증한다. 물질적 실체 외에 정신적 실체 혹은 영혼이 존재한다. 영혼은 실재적 존재이다. 그것의 성질은 사유 혹은 지각 능력과 의지 혹은 물체를 운동하게 하는 능력이다. 우리는 이 성질들을 반성을 통하여 안다. 하지만 사유는 영혼의 본질이 아니라 행동이다. 영혼은 비물질적 혹은 정신적 실체이며, 신체적 실체와 유사하다.

나는 어떤 물질적 성질을 결합하고 그것들을 위한 유지자를 가정함으로써 물체적 실체의 관념을 형성한다; 나는 생각하기, 이해하기, 의욕하기, 인식하기, 운동을 시작하는 능력 등과 같이 나의 정신 작용들에 대하여 반성하고 이것들을 하나의 유지자 혹은 담지자에 결합함으로써 영혼-실체의 관념을 형성한다. 우리가 성질들의 유지자 혹은 담지자로서 물질에 대한 명석판명한 관념을 갖고 있지 않으므로 물체의 존재를 부인한다면 부조리하게 되듯이, 우리가 정신의 실체에 대한 명석판명한 관념을 갖고 있지 않으므로 정신이 없다고 말하는 것은 부조리하다. "그러므로 물질 속에 있는 물질적 실체의 관념은 정신적 실체 혹은 정신의 관념만큼 우리의 개념 작용과 파악에서 멀리 떨어져 있음이 분명하다: 그러므로 우리는 우리가 영혼의 실체에 관한 어떤 관념을 갖지 못하는 것으로부터, 동일한 이유로 물체의 존재를 부정할 수 없듯이 영혼의 비존재를 결론내릴 수 없다.……" 아무튼 사실상 나는 내 바깥에 어떤 물질적 존재가 있다는 것보다 내 속에 보고 듣는 정신적 존재가 있다는 것을 더욱 확실하게 안다. 게다가 비인식적 물질과 운동은 사유를 결코 산출할 수 없을 것이다. 운동하든 운동하지 않든 물질이 그 자체로 감각과 지각과 지식을 갖는다고 생각하는 것은 불가능하다.

순수한 정신 혹은 신(神)은 오직 능동적이며, 물질은 오직 수동적이다. 그러나 인간의 영혼은 능동적이면서 수동적이다. 인간의 영혼은 경험이 보여주듯 육체를 움직일 능력을 갖고 있으며, 영혼에 변화를 산출하는 바깥의 물체와 관련하여 수동적이다. 참으로 우리의 모든 관념은 정신에 대한 육신의 작용 때문이다. 이는 상호작용론이다. 참으로 우리는 어떻게 이렇게 되었는지 알지 못하며, 어떻게 한 물체가 다른 물체를 움직이는지 알지 못한다. 참으로 우리는 물체보다 정신 안에 움직이는 능동적 능력에 대하여 훨씬 명석한 관념을 갖는다. 사유하는 사물은 연장된 사물보다 쉽게 파악된다.

정신과 육체는 실재적 존재로 존재하며 상호 작용한다. 육체는 정신에 작용하며, 색, 소리, 감촉, 견고성, 연장 등의 감각을 산출한다. 이들 가운데 제이 성질은 외부의 실재를 충실하게 표상하지 못한다. 대상들은 채색되고 소리나고 향기롭고 향긋하지 않다. 이런 것들은 견고한 연장된 대상에 의하여 지성에 산출된 결과이다. 연장, 견고성, 운동의 관념들은 사물들에 존재하는 실재적 성질의 모사이다. 물체들은 운동하는 견고하고 연장된 사물이다. 그러나 우리가 판단할 수 있는 한, 물체는 물체를 때리고 영향을 줄 수 있을 뿐이다. 물체적 상태가 쾌락이나 고통 혹은 색이나 소리의 관념을 산출한다고 주장하는 것은, 이성과 우리의 관념을 넘어서는 것이며 궁극적으로 그 영향력을 우리의 조물주의 선한 뜻에 귀속시키는 것이다.

여기서 로크는 자신의 철학의 근본적 난점에 부딪친다. 기계론과 경험의 명백한 사실의 갈등이 그것이다. 운동이 운동 말고 다른 것을 산출할 수 없다면, 어떻게 운동은 우리 안에 의식의 상태를 산출할 수 있는가? 이 난점을 풀기 위하여 로크는, 운동이 산출했다고 우리가 파악할 수 없는 운동의 명백한 결과들을 신이 부수(附隨)시켰다고 말한다. 그는 이 입장을 채택할 때에, 기회원인론으로 빠졌다. 그는 어떻게 정신이 운동을 시작할 수 있는가, 어떻게 의지가 한 행위로 하여금 일어나게 할 수 있는가를 설명하는 역시 까다로운 문제에 직면한다. 그러나 그는 어떻게 운동이 감각을 산출하고 혹은 의욕이 운동을 산출하는가를 이해하는 것이란 어떻게 하나의 운동이 다른 운동을 산출하는가를 이해하는 것만큼 당혹스럽지 않다고 천명함으로써 이 난점을 제쳐 버린다. 경험은 매순간 그런 일이 벌어진다는 것을 우리에게 말한다.

로크는 상호 작용의 문제뿐만 아니라 영혼의 비물질적 본성의 문제에 관해서도 가끔 불안을 비쳤다. 그의 일반적인 입장은, 정신적 과정이란 오직 무감각한 물질의 작용일 수 없으며, 비물질적이며 사유하는 존재 없이 감각이 있을 수 없다는 견해인 듯하다. 동시에 그는 때때로 우리 각자 안에서 사유하는 이 존재의 본성에 관하여 의심하곤 한다. 아마 이것은 물질적일 것이다. 아마 물질적 존재는 사유할 수 있을 것이다. 우리는 어떤 실체의 실재적 본성을 알지 못하기 때문에, 견고하고 물질적인 존재가 사유할 수 없고 사유하는 존재가 연장되어 있지 않다는 것을 확실히 알 수 없다. 아마 우리는 단순한 물질이 사유하는지 하지 않는지를 결코 알지 못할 것이다. 우리는 사유가 어디 있는지, 신이 물체를 포함하여 어떤 피조된 존재에게 거주할 능력을 어떤 종류의 실체에게 주기를 기뻐하였을지를 알지 못한다. 신은 우리가 지성적으로 파악할 수 없는 운동에 결과를 부수시켰다. 왜 신은 피조된 물질의 체계들에, 즉 그처럼 구성된 물체들에 어떤 정도의 감각과 지각과 사유를 줄 수 없었겠는가?

우리는 로크의 체계에 나타나는 난점과 모호함과 모순 가운데 몇몇에 관심을 기울였다. 이런 것들 아래서 우리는 그의 형이상학의 개요를 분간해 낸다. 그의 이론은 대체로 이원론적이다: 두 개의 실체 즉 물질적 실체와 정신적 실체, "비인식적 실체와 인식적 실체"가 있다. 이 점에서 그는 데카르트와 일치한다. 다만 그는 연장보다 견고성 혹은 침투 불가능성을 물체의 본질적 속성으로 본다. 데카르트처럼 그는 사실의 가장 뛰어난 설명으로서 "미립자" 가설을 받아들인다. 부피와 형태와 운동력을 갖고 있는 지극히 작은 물체가 있다. 이 비감각적 미립자들은 물질의 능동적 부분들이며 자연의 위대한 도구이다. 물체의 모든 제이 성질뿐만 아니라 물체들의 자연적 작용도 이 미립자들에 의존한다.

그러나 우리는 물체들의 제일 성질에 관하여 판명하고 정확한 관념을 갖지 못한다. 아무도 미립자들의 판명한 부피 혹은 형태 혹은 운동을 파악하려 하지 않았으며, 아무도 그것들을 결합하는 끈을 알지 못한다. 만일 우리가 어떤 두 물체의 미세한 구성 부분들의 형태와 크기와 조직과 운동을 발견할 수 있다면, 기하학에서 사각형이나 삼각형의 특성을 그 기하학적 구조에서 알듯이 그 구성 부분들이 어떻게 서로에게 작용하겠는지를 틀림없이 안다. 우리는 이런 사물들을 알지 못한다. 우리는 이 미립자들을 한데 묶는 것이 무엇인지, 그것들을 아주 견고하게 함께 달라붙게 하는 접합제가 무엇인지 알지 못한다. 우리는 어떻게 하나가 다른 하나를 움직이게 하고, 어떻게 운동이 하나에서 다른 하나로 이전되는지 알지 못한다. 결과적으로 이 미립자 가설은 물질적 실체에 대한 우리의 지식을 거의 진척시키지 못한다. 우리가 물체들의 성질과 힘들 사이의 필연적 연관을 알지 못하는 한, 우리의 지식은 여전히 빈약하다. 그래서 참된 의미에서 물체들에 대한 과학은 없으며, 로크는 그것의 조기 실현에 대한 전망이 별로 없다고 본다. 로크가 의심없이 제시한 것은 ─ 그것이 아무리 모호해도 ─ 근대 물리화학과 유사한 학문이었다. 물리화학에서는 화학적 특성들이 물리적인 것으로부터 엄격하게 연역될 수 없지만 물리적인 것과 관련되어 설명되고 해석된다. 또한 로크의 미립자론이 원자론과 달리 물질의 궁극적이며 분리 불가능한 입자를 제시하지 않는 점을 주목해야 한다.

물체와 정신이라는 두 실체 외에도 정신적 실체가 있는데 곧 신(神)이다. 우리는 신에 대한 본유관념을 갖고 있지 않다. 그러나 우리는 우리의 자연적 능력의 정당한 사용에 의하여 신에 대한 지식을 획득할 수 있다. 두 개의 직선의 교차에 의하여 형성된 대각은 같다는 것과 마찬가지로 신이 존재한다는 것은 확실하다. 우리는 존재와 지속, 지식과 힘, 쾌락과 행복 등의 체험으로부터 도출한 관념들을 취하여 그것들 각각을 무한대로 확대하고, 마지막으로 이 무한한 관념들을 결합함으로써 신의 관념을 형성한다. 그래서 로크는 신의 관념의 발생을 설명하지만, 신의 실재적 본질을 안다고 주장하지는 않는다. 신의 관념의 발생에 대한 로크의 설명은 감관이나 반성의 다른 모든 관념들에 대한 그의 이론처럼, 고집스럽게 경험적이며 유명론적이다. 그는 자신의 철학의 이런 측면에서 합리론과 보편자의 실재론을 결코 용인하지 않는다.

로크는 종종 인과론적 목적론적 신존재증명을 제시한다. 인간은 신이 존재한다는 것을 확실하게 안다. 또한 인간은 무(無)가 실재적 존재를 산출할 수 없다는 것을 안다. 그래서 실재적 존재가 있다면, 그리고 인간이 자신이 실재적 존재라는 것을 안다면, 인간을 산출하는 무엇이 틀림없이 있었다. 게다가 다른 존재 덕택으로 존재하고 시작된 것은 자신이 갖고 있는 모든 것을 자신을 만든 존재로부터 도출해야 한다. 그러므로 모든 존재의 영원한 원천은 모든 힘의 원천과 기원이어야 한다. 그리고 그것은 전능하며 동일한 이유로 전지해야 한다. 사유하지 않는 물질은 사유하는 존재를 산출할 수 없다. 우리가 신을 어떻게 파악하더라도, 그를 물질적인 것으로 파악할 수 없다. 만일 신이 인식하는 존재를 만들었다면, 이 우주의 덜 뛰어난 부분들도 만들었다. 그리고 이것은 그의 전지와 힘과 섭리를 확증한다. 만일 우리가 신을 무(無)로부터 무엇을 만든 자로 어떻게 인식할 수 있느냐고 묻는다면, 로크는 어떻게 사유가 운동을 산출할 수 있는지 우리는 거의 파악할 수 없지만 사실 그렇다는 것을 부인할 수도 없다고 대답한다.

윤리학

로크는 자신의 전반적인 철학적 경험론과 조화를 이루어, 경험론적 윤리학을 제시한다. 이 윤리학은 이기주의적 쾌락주의로 끝난다. 본유적인 이론적 진리가 없듯이 본유적인 실천적 혹은 도덕적 진리는 없다. 우리는 "우리의 마음에 새겨진" 어떤 규칙이 없이 도덕적 판단을 내린다.

인간은 도덕률에 대한 지식을 획득하며, 그것들을 따를 의무를 확신한다. 동일한 방식으로 인간은 다른 사물들을 경험에 의하여 인식하게 된다. 게다가 인간은 교육과 환경과 자기 나라의 관습을 통하여 그런 규칙을 배운다. 우리는 아이들의 정신에 그들이 보유하고 공언하게 할 도덕 이론을 주입한다. 그리고 우리의 아이들은 자랄 때 자기들의 양심에 이런 진리들이 있음을 발견하고 어떻게 그것들이 원래 주입되었는지 회상할 수 없는 채로 그것들을 신과 자연에 의하여 새겨진 것으로 파악한다. 양심은 그렇게 획득된 도덕 지식에다 비추어 본

우리의 행위의 옳고 그름에 대한 우리의 견해에 불과하다. "그리고 양심이 본유적 원리의 증거라면, 정반대도 본유적 원리일 것이다. 왜냐하면 동일한 성향의 양심을 가진 사람이 다른 사람들이 회피하는 것을 행하기 때문이다."

이제 문제가 발생한다: 어떻게 그런 도덕법이 처음에 확립되게 되었는가, 어떻게 옳고 그름의 지식이 획득되었는가? 로크에 따르면, 쾌락과 고통은 도덕의 위대한 스승이다. 자연은 행복에 대한 욕망과 비참에 대한 혐오를 인간에게 두었고, 이것들은 우리의 모든 행위에 영향을 주는 자연적 경향 혹은 실제적 원리이다. 그러나 그것들은 지성의 경향이지 지성의 진리가 아니다. 우리는 우리 안에 쾌락을 야기하기 쉬운 것을 선하다고 부르며, 고통을 일으키기 쉬운 것을 악이라고 부른다. 모든 사람은 언제나 행복을 추구하고 그것에 이바지하는 모든 것을 바란다. 의지를 규정하는 것은 이 욕망 혹은 불편함이다. 충만한 행복은 우리가 얻을 수 있는 최대의 쾌락이며, 최대의 비참은 우리가 얻을 수 있는 최대의 고통이다. 그런데 어떤 행동 양태는 공공적 행복을 산출하고 사회를 보전하며 행위자 자신에게 이롭다. 신은 덕과 공공적 행복을 결합하여 사회에 필요한 덕의 관행으로 삼았다. 인간은 덕스러운 행위의 이런 형식들을 발견하고 그것들을 실천의 규칙으로 구체화한다. 모든 사람은 도덕률의 준수로부터 자신에게 유리한 것을 거두며, 그래서 그것들을 권장한다.

한 지성적 존재가 행위의 자연적 결과가 아닌 어떤 선이나 악에 의하여 순종에 상을 주고 불순종에 벌을 주는 능력을 갖고 있지 않다면, 그가 다른 사람의 행위를 위한 규칙을 규정하는 것은 쓸데없을 것이다. 행위의 자연적 결과들이 행위를 유도하는 충분한 동기적인 힘을 갖고 있다면 법의 필요성은 전혀 없을 것이다. 사회의 법은 상과 벌, 쾌락과 고통에 의하여 인간의 의지를 규정하며, 입법자의 의지와 능력에 의하여 시행된다.

세 가지 종류의 법이 있다: 신법(神法), 시민법, 여론 혹은 평판의 법. 신법은, 자연의 빛에 의하여 인간에게 선포되었건 계시의 음성에 의하여 선포되었건 신이 인간의 행위의 지도를 위하여 정한 법이다. 신은 내세에서 무한한 무게와 기간에 해당하는 상과 벌에 의하여 이 법을 시행할 능력을 갖고 있다. 시민법은 국가가 정한 규칙이며, 법적인 상과 벌이 동반된다. 시민법은 범죄와 무죄의 개념의 기초이다. 그러나 대부분의 사람들은, 풍조 혹은 개인적 비난의 법에 의하여 주로 자신을 다스린다. 칭찬과 수치는 강력한 동기로서, 사람들로 하여금 자신들이 교류하는 사람들의 여론과 규칙에 적응하게 한다. 자신이 교류하는 사람들의 유행과 여론을 손상시키는 사람은 동료의 불쾌함과 비난이라는 벌을 피할 수 없다. 덕은 어디서나 칭찬할 만한 것으로 생각된다. 그리고 공적인 존경이 결여된 것을 덕스러운 것이라고 부르지 않는다. 인간은 자신의 행동을 이 법 혹은 규칙과 비교하며, 자신의 행동이 그것과 일치하는가 일치하지 않는가에 따라서 그것들을 선하다거나 악하다고 부른다. 하지만 덕의 참된 재가는 신의 의지이다. 그리고 신의 의지와 법은 도덕의 유일하게 궁극적인 시금석이다.

대체로 덕과 악덕은 어디서나 동일하며, 신의 법에 의하여 수립된 옳고 그름의 불변적 규칙에 상응한다. 신의 법에 대한 순종은 인류의 전반적 선을 보장하고 발전시킨다. 그래서 자신의 이익을 돌보는 이성적 인간이라면 언제나 옳은 것을 권하고 그른 것을 비난한다.

로크의 윤리학은 협소한 개념의 그리스도교 신학에 의하여 보충되고 강화된 고대 그리스의 쾌락주의적 도덕이다. 덕은 자신이나 다른 사람에게 선을 행하는 것에 다름 아니다. 삶에서 가장 지속되는 쾌락은 건강, 명성, 지식, 선행에 있으며, 영원하고 파악할 수 없는 행복의 기대는 내세에 있다.

로크는 우리가 경험에서 우리의 도덕 지식을 어떻게 도출할 수 있는지를 보여준다. 그는 우리가 어떤 제일 원리로부터의 추론 혹은 증명에 의하여 그 지식을 도출할 수 있다고 믿는다. 도덕적 진리는 수학적 진리처럼 증명 가능하다.

> 힘과 선과 지혜에서 무한하며 우리를 지었고 우리가 의존하는 최고 존재의 관념, 이해하는 이성적 존재로서 우리 자신의 관념은, 정당하게 파악하고 연구될 경우, 증명 가능한 학문 가운데 도덕을 둘 만큼 우리의 의무와 행동 규칙의 토대를 제공할 것이라고 나는 생각한다. …… 재산이 없는 곳에서는 부정의가 없다는 것은, 유클리드의 어떤 증명처럼 확실한 명제이다.
>
> 어떤 정부도 절대적 자유를 허용하지 않는다. 정부가 어떤 규칙이나 그것들을 따를 것을 요구하는 법의 제도라는 관념과 어떤 사람이 자신이 원하는 대로 행한

다는 절대적 자유의 관념에 관련하여 나는 수학의 어떤 명제의 진리만큼 위의 명제의 진리성을 확신할 수 있다.(「인간 오성론」, 4권 3장 18)

로크는 도덕 지식의 세 가지 양태를 인식한다: 우리는 옳고 그름에 대한 경험적 지식, 논증적 지식, 계시된 지식을 갖는다. 그런데 셋은 일치한다. 신(神)이 그렇게 해두었기 때문에, 인간 본성에 행복을 향한 욕망이 있다면 인간은 자신의 행복을 증진할 도덕 법칙을 발전시킬 것이다. 신은 또한 논증에 의하여 도덕 진리를 획득할 수 있게 할 이성을 인간에게 부여했다. 그리고 마지막으로 신은 경험과 이성에 의하여 도달할 수 있는 동일한 법칙을 성경에 계시했다.

자유 의지

로크에 따르면, 자유는 의욕이나 선호에 관련된 관념이 아니라 정신이 선택하거나 이끌어가는 데 따라 행하거나 행하지 않을 능력을 가진 인간과 관련된 관념이다. 로크의 견해에서 자유 의지의 문제는 무의미하다. 왜냐하면 자유의 개념은 인간의 의지가 아닌 인간의 행위 능력에 중요하게 적용되기 때문이다. 우리는 한 인간의 의지가 자유롭다고 말할 수 없다. "한 인간의 의지가 자유로운가 그렇지 않은가를 묻는 것은, 그의 수면이 신속한가 그의 덕이 케케묵었는가를 묻는 것처럼 중요하지 않다." 의지는 하나의 힘 혹은 능력이다. 즉 행위자가 자신의 행동을 생각하고 그것을 할 것인지 하지 않을 것인지를 선택하는 능력이다. 자유는 또 하나의 힘 혹은 능력이다. 즉 자신이 의욕하는 데 따라서 어떤 특정한 행위를 행하거나 하지 않는 능력이다. 그래서 우리가 의지란 자유로운가 하고 물을 때, 실제로는 하나의 힘이 다른 힘을 갖고 있는가 하고 묻고 있는 것이며, 이는 부조리하다.

인간은 정신의 선호 혹은 지도에 따라 생각하거나 생각하지 않을, 움직이거나 움직이지 않을 힘을 갖는 한에서 자유롭다. 그가 정신의 결정 혹은 생각에 따라 어떤 행위를 하거나 하지 않을 능력을 갖고 있지 않을 때마다, 그는 자유롭지 못하다. 물론 그의 행위가 자발적일 수는 있다. 연속적으로 의지를 규정하고 우리가 수행하는 행동들에 우리의 마음을 기울이게 하는 것은 어떤 집요한 불편함이다. 이 불편함은 욕망이며, 어떤 부재하는 선의 결핍에 대한 정신의 불편함이다. 신은 인간들이 자신의 보존과 종족의 지속을 위한 자신의 뜻을 움직이고 결정하도록 배고픔과 갈증과 다른 자연적 욕망의 불편함을 인간에게 두었다. 가장 집요한 불편함이 본성적으로 의지를 규정하며, 이제 욕망은 행복을 향하게 된다. 인간의 동기 부여에 대한 로크의 설명은 행복과 욕망과 의욕을 그 상호 관계에서 설명하지만, 그 구도에서 자유 의지를 위한 자리를 발견하지 못한다.

정치 철학

로크의 국가론은 그의 「통치론」(*Two treatises on Government*)에 제시되었는데, 첫 논문은 로버트 필머 경(Sir Robert Filmer)의 전제주의적 작품인 「가부장제」(*Patriarcha*)을 반박한 것이다. 필머는 이 작품에서 아담으로부터 이어받은 신적인 주권불가적 양도권으로부터 국가의 가부장적 권위를 도출한다. 두 번째 논문에서 로크는 "시민 정부의 참되고 시원적인 범위와 목적"을 논의한다. 그는, 최고의 정체(政體)란 전제적 군주정이며 국왕이 절대 권력에 대한 신적 권리를 가지며 인류가 자연적 자유와 평등에 대한 권리를 갖고 있지 않다는 견해를 반대한다. 본성적으로 인간은 자연법의 한계 안에서 다른 사람의 의지를 무시하거나 의존하지 않고 자신이 적합하다고 생각하는 대로 자신의 행위를 조정하고 자신의 소유를 처리할 수 있는 완전한 자유의 상태에 있다. 자연이나 이성의 법은, 모든 사람이 평등하고 독립적이므로 생명과 자유와 소유에서 다른 사람을 해쳐서는 안 된다는 것을 모든 인류에게 가르친다.

로크의 철학의 기초는 이기주의이다: 모든 사람은 자신을 보존하고, 자신의 보존이 위태롭지 않을 때 다른 사람을 보존해야 한다. 자연의 상태에서 모든 사람은 자연법의 위반을 처벌하고, 죄없는 사람을 보존하고, 범죄자를 구속하고, 죄없는 사람에게 가해진 상해를 그에게 보상할 권리가 있다. 각각의 범죄는 범죄자에게 괴로움을 주고 그로 하여금 회개하게 하고 다른 사람들로 하여금 그런 일을 하지 못하게 막을 만한 정도로 엄한 벌이 가해질 것이다.

자연의 상태는 홉스가 가정했던 것과 달리 전쟁의 상태가 아니라 평화와 선의와 상호지원의 상태이다. 신이 인간을 그렇게 만들었기에, 인간은 편의와 성향에 이끌려 사회를 형성하게 되고 사회 관계를 계속 향유할 수 있는 이해력과 언어에 적합하게 되었다. 그러나 자연의 상태에는, 정당한 선고를 시행하고 그것을 정당하게 집행되게 할 공인된 권위와 권력을 가진 공정한 재판관에 의하여 시행되는 확립되고 확고하고 알려진 법이 없다. 많은 사람들이 하나의 사회로 결합하여 ── 각 사람이 자연법 아래서 자신의 행정권을 포기하고 그것을 공중(公衆)에게 이전하여 ── 하나의 최고 정부 아래 하나의 백성, 하나의 정치체를 형성할 때마다, 정치 사회 혹은 시민 사회가 있다. 로크는 일종의 계약론적 사회 기원설에 동의한다.

사회 계약의 본질에 대한 로크의 견해에 따르면, 절대 군주제는 시민 사회와 모순된다. 왜냐하면 군주가 입법권과 행정권을 모두 가지면, 공정하고 공평하고 권위있게 논쟁점을 판단할 재판관이 없고 호소할 규칙이 없기 때문이다. 절대 군주제에서 신민은 한 사람의 노예이다. 그러나 아무도 자신의 동의 없이 다른 사람의 정치 권력에 종속되어서는 안 된다. 많은 사람이 개인의 동의에 의하여 하나의 공동체를 형성할 때, 그들은 그럼으로써 그 공동체를 그 자체로서 행동할, 즉 다수의 의지와 결정에 따라 행동할 권리를 갖는 하나의 단체를 만들었다. 그러나 그런 사회가 형성된 후에, 모든 사람은 그 사회의 모든 사람이 다수의 규율을 따라야 한다는 의무를 갖는다. 만일 계약이 체결된 후에 모든 사람이 자유로운 상태로 있고 자연의 상태에서 그를 얽매었던 연대 말고는 아무런 연대가 없는 상태로 있다면 참된 계약은 없을 것이다. 만장일치의 동의가 거의 불가능할지라도, 만장일치에 근접할 수 있는 경우가 많고, 참으로 평화시에 출발한 세계의 정부마다 백성의 동의에 의하여 수립되었다.

사람은 자신의 무제한적 자유와 권력을 포기하는 데 동의하는데, 그런 자유와 권력의 향유가 매우 불확실하고 항상 다른 사람의 침해에 노출되기 때문이다. 모든 사람이 똑같이 왕 노릇하면서도(왜냐하면 모든 사람이 그와 동등하기 때문이다) 다수가 평등과 정의의 엄격한 감시자가 아니라면, 그가 이 상태에서 갖는 재산의 향유는 매우 불안하고 위태롭다. 만일 타락한 사람들의 사악함과 부패가 없다면, 자연의 상태 외에 사회의 필요는 전혀 없을 것이다. 사람들이 국가를 형성하는 크고 제일되는 목적은 그들의 생명과 자유와 재산의 상호 보존이다. 그래서 사회의 권력은 공공선이 요구하는 것 이상으로 확장된다고 결코 생각할 수 없다.

입법권조차도 지배하는 첫째이자 근본적인 **자연**법은, 사회와 (공공선에 일치하는 한) 사회의 모든 사람의 보존이다. 모든 국가의 첫째이자 근본적인 실정법은 입법권의 수립이다. 이 권력은 최고일 뿐만 아니라 신성하며 공동체가 그 권리를 놓아 둔 손에서 제거될 수 없다. 또한 공중이 뽑고 임명한 입법권의 재가가 없는 한, 다른 어떤 사람의 명령도 법의 강제력과 의무를 가질 수 없다. 그러나 입법권은 백성의 생명과 재산에 절대적이며 자의적인 통제력을 가질 수 없다. 입법권은 사회의 공공선을 장려하는 것에 국한된다. 자연법은 사회에서 중단되지 않으며, 입법자든 다른 사람이든 모든 사람을 위하여 영원한 규칙으로서 서 있다. 그래서 입법권은 신민을 노예로 삼거나 파멸하거나 고의로 곤핍하게 만들 권리가 없다. 또한 입법권은 즉흥적이며 자의적인 명령과 법령에 의하여 다스릴 권리를 가질 수 없다. 영구적 법률이 필요하다. 더욱이 최고권은 신민의 동의 없이 신민의 재산을 취할 수 없다. 세금은 다수의 동의에 의해서만 징수될 수 있다. 마지막으로 입법권은 법률을 만들 권력을 다른 손에 양도할 수 없다.

법률제정권을 가진 사람들이 그것을 집행할 권력을 갖는 것은 바람직하지 않다. 연방적 권력은 전쟁과 강화의 권력, 연맹과 동맹을 체결할 권력, 국가 바깥에 있는 모든 개인과 공동체와의 모든 업무에 종사할 권력이다. 연방적 권력과 행정적 권력은 거의 언제나 결합되어 있으며, 그것들이 한 손에 놓이는 것이 가장 좋다. 행정권에게는 법률의 최고 집행이 위임된다. 입법권은 이유를 발견할 때 행정권과 연합권을, 전에 그것들을 두었던 손에서 빼앗고 어떤 실정(失政)을 처벌할 수 있다. 입법권은 최고이지만, 어떤 특정 목적을 위한 법령에 제한되는 신탁적(信託的) 권력이다.

로크의 이론에서, 국민은 입법권이 신임받은 것과 모순되게 활동한다는 것을 발견할 때 그것을 제거하고 수정할 수 있는 최고의 권력을 갖고 있다. 그러나 정부가 존재할 동안, 입법권은 최고의 권력이다. 그것을 선택할 권리는 국민에게 있다. 홉스가 가르친 것과 달리 군주가 아니라 입법 기관이 국가의 영혼이며, 입법권이 국민을 대표한다. 국민은 군주나 입법권이 국민의 신임에 반대되게 행동했는지 아닌지를 판단하는 유일한 재판관이다.

교육론

로크는 근대의 모든 위대한 철학자들처럼, 스콜라주의로부터 유산으로 내려온 교수 방법의 잘못을 지적하고, 자신의 경험론적 심리학과 윤리학에 근거한 새로운 교육 프로그램을 제시한다. 태어날 때 영혼은 쾌락에 대한 욕망과 인상을 받아들일 능력 외에 아무런 원칙이 없으니, 교육의 목적은 경험에 의하여 배우고 행복을 실현하는 것이다. 행복을 실현하기 위하여 건전한 몸과 건전한 감각 기관은 필수적이다. 신체는 운동과 습관에 의하여 강화되어야 한다. 그는 아이를 위한 체육 교육을 규정하고 검소한 생활 양식을 필수적인 것으로 본다. 아이의 개성은 자연적 방식으로 계발되어야 한다. 그래서 개인적 교육이 바람직하다. 로크는 실물 교육, 놀이에 의한 학습, 학생의 정신 활동 자극의 중요성을 강조한다. 공부는 즐거운 것이 되어야 한다. 무엇보다도 교육의 모든 사회적 목적을 놓치지 말아야 한다. 젊은이는 사회의 유익한 회원이 되도록 교육받아야 한다.

50. 로크의 영향

로크의 영향의 범위

로크의 가르침은 많은 사상 학파의 출발점을 형성하며, 그의 영향력은 데카르트의 그것처럼 그의 시대를 훨씬 넘어서고 그의 나라 국경을 훌쩍 넘어 확장되었다. 실러가 한번은 위인에 대하여 한 지적이 로크에게도 적용된다: 그는 수세기 동안 지속되는 골수를 그 뼛속에 갖고 있었다. 그의 「오성론」은 근대철학사에서 포괄적인 인식론에 대한 최초의 시도였으며, 버클리와 흄을 배출하고 칸트에서 절정에 도달한 운동을 출범시켰다. 그의 경험론적 심리학은 브라운(Browne)과 하틀리(Hartley)의 영국 관념연합설과 콩디악(Condillac)과 엘베티우스(Helvetius)의 프랑스 감각론에 그 양분을 제공한 원천이었다. 그의 윤리 철학은 샤프츠버리, 허치슨(Hutcheson), 퍼거슨(Ferguson), 흄, 애덤 스미스(Adam Smith)의 작품에서 계속되고 수정되었다. 그의 교육론은 위대한 프랑스 저술가 루소에게 영향을 주었고, 루소를 통하여 온세계에 영향을 끼쳤다. 그의 정치 사상은 볼테르의 저술들, 몽테스키외의 「법의 정신」(Esprit des lois)에서 훌륭하고 정교해졌고, 루소의 「사회계약론」(Contrat social)에서 근본적으로 혁신되었다. 그의 전체 사상의 정신은 영국과 프랑스에서 이신론자(理神論者)들의 종교 운동에 추진력을 주었다. 로크에서 계몽을 향하고 있던 세력들이 집중되었으며, 그 이전의 어떤 사상가에서보다 충실하게 반영되었다. 그는 근대의 정신, 독립과 비판, 개성, 민주주의의 정신, 종교개혁과 16, 17세기의 정치 혁명에서 발언하고자 했고 18세기 계몽주의에서 절정에 도달한 정신을 대표한다. 근대철학자들 가운데 로크만큼 인간의 정신과 제도에 자신의 사상을 새겨넣는 데 성공한 사람은 없었다. 우리는 로크의 영향력을 다음의 영역들에서 개관할 것이다: (1) 종교 (2) 인식론 (3) 윤리학 (4) 경제학.

신학적 영향

이신론은 로크의 저서 「그리스도교의 합리성」(Reasonableness of Christianity)과 더불어 활발한 운동으로 시작된다. 로크는 이성을 계시의 궁극적 기준으로 세웠다. 계시된 진리는 절대적으로 확실하며 거기에 대하여 아무런 의심이 없다. 그러나 인간의 이성은 계시 자체의 기준이다. 로크는 자연적 혹은 이성적 신학의 어떤 명제들을 참된 것으로 받아들이는 점에서 체르버리의 허버트와 일치한다. 그러나 그는 그것들을 본유적인 것으로 보지 않았다. 이신론자들은 계시를 이성적 기준에 종속시키고 자연의 법칙에서 신의 참된 계시를 찾음으로써 로크의 사상을 응용한다. 이 기초 위에 그리스도교는 이성 종교로 바뀐다. 그리스도교는 신비하지 않고 창조처럼 오래되지 않았다. 1696년 존 톨런드(John Toland)는 「신비스럽지 않은 그리스도교」(Christianity not Mysterious)를 쓴다. 이 책은 영국 국교회에 의해 정죄를 받았다. 그는 「세레나 서간」(Letters to Serena, 1704년)과 「범신론」(Pantheisticon, 1720년)에서 자연 종교를 받아들이고 이를 범신론(그가 만든 용어)이라고 부른다. 콜린스(A. Collins)는 「자유 사상의 담론」(Discourse of

Free Thinking, 1713년)을 썼는데, 그는 이 책에서 성경의 비평적 논의에 대한 교회의 간섭을 반대한다. 그밖에 이신론적 저술은 다음과 같다: Tindal, *Christianity as Old as the Creation*(1730); Woolston, *Six Discourses on the Miracles of Our Savior*(1727-1730); Chubb, *The True Gospel of Jesus Christ*(1738); Morgan, *The Moral Philosopher*(1737). 코니베어(Conybeare, 1732)와 조지프 버틀러(Joseph Butler, 1736)는 이신론의 합리론적 신학에 대하여 계시 종교를 옹호한다.

감각론과 관념연합설

로크는 지식의 기원에 관한 설명에서, 감각과 반성을 구분한다. 그는 또한 감관의 자료에 작용하는 어떤 능력 혹은 기능을 정신에 부여한다. 로크의 경험론은 감각론이 아니다. 왜냐하면 그는 경험의 기본 양태로서 감각 외에 반성을 인정하기 때문이다. 하지만 그의 경험론은 후기 영국과 프랑스의 감각론에 대한 역사적 원천과 주된 영감이다. 그의 많은 추종자들은 모든 정신적 과정들, 즉 고등 능력뿐만 아니라 반성을 변화된 감각으로 설명하려고 시도한다. 반성과 지성의 능력들은 감각으로 환원된다는 것이다. 코크의 주교 피터 브라운(1735년에 죽음)은 「오성의 과정과 범위와 한계」(*The Procedure, Extent, and Limits of the Understanding*, 1728)에서 이 견해를 제시하며, 프랑스의 신부 에티엔 드 콩디악(1715-1780)은 「감각론」(*Traité des sensations*, 1754)에서 이를 세밀하게 설명했다. 콩디악은 단일한 감관(가령 후각)만 부여 받은 가설적 존재가 어떻게 관심, 기억, 비교, 쾌락과 고통, 정념, 욕망, 의지를 발전시키겠는지를 보여주려 한다. 감각의 증식에 불과한 비교로부터, 판단과 반성과 추론과 추상 즉 지성이 발생한다. 반성은 감각으로 환원되며, 자아는 우리가 지금 갖고 있고 우리가 가지고 있었던 감각의 총합에 불과하다. 하지만 연장과 형태와 견고함을 가진 외부 세계에 대한 관념을 얻기 위해서는 촉감이 필요하다. 이 감관은 객관적 실재에 대한 지식을 우리에게 산출한다. 이는, 우리 자신 이외에 어떤 것이 있다는 것을 확인한다. 그러나 그것의 본질이 무엇인지 우리는 알지 못한다.

이런저런 형태의 감각론이 영국과 프랑스에 유행하게 되었다. 이 이론의 추종자로는 하틀리, 프리스틀리(Priestley), 이래즈머스 다윈(Erasmus Darwin), 제임스

밀(James Mill), 벤담(Bentham), 엘베티우스, 콩도르세(Condorcet), 볼네이(Volney), 백과사전파, 유물론자들이 있다. 샤를 드 보네(Charles de Bonnet, 1720-1793)는 온건한 감각론을 가르치지만, 높고 낮은 모든 정신적 작용을 뇌의 진동에 의존하는 것으로 본다. 뇌의 진동이 비물질적 영혼에 반응을 일으킨다는 것이다. 엘베티우스는 감각론을 윤리학에 응용한다.

관념이 정신에서 어떤 규칙적 질서로 결합된다는 관념연상의 법칙은, 아리스토텔레스와 홉스에 의하여 예기되었고 로크와 게이에 의하여 논의되었다. 이는 데이비드 하틀리(1705-1757)에 의하여 그의 저서 「인간 및 인간의 구조와 의무와 기대에 대한 관찰」(*Observations on Man, His Frame, His Duties, His Expectations*, 1749)에서 정교하게 되고 철학 체계로 형성되었다. 이 법칙은 우리의 모든 관념이 감각의 모사라는 이론과 결합되어, 경험론의 추종자들에 의하여 정신 생활의 주된 설명 원리로 사용되었다. 윤리학에서 이 법칙은 도덕적 감정을 설명하는 데 사용되었다: 사람은 자신을 즐겁게 하는 것과 쾌락을 결합하는 법을 배운다; 도덕적 감정은 그에게 많은 이익을 산출하고 그는 점차 그 애착을 이 감정에서 그것들을 초래하는 사물들로 옮긴다. 윤리학에 응용된 관념연상의 법칙은 양심의 기원과 도덕 감정의 기원에 대한 그럴 듯한 설명을 제공하며, 그럼으로써 윤리학에서 경험론의 대의 명분을 장려한다.

윤리 이론

영국의 경험론은 옳고 그름의 지식을 경험에서 도출했고, 자기 보존의 충동 혹은 행복에 대한 욕망 위에 도덕을 세웠다. 사실 베이컨은 사회적 본능을 무시하지 않았지만, 홉스와 로크는 인간 본성을 근본적으로 이기적인 것으로 보고, 도덕을 계몽된 자기 이해의 문제로 삼았다. 커드워스, 클락, 월래스턴과 같은 합리론적 사상가들은 그와 같은 경험론적 이기주의적 관념에 항거했다. 클락은, 나는 다른 사람이 동일한 경우에 처했을 때 나를 위하여 행하는 대로 그를 위하여 행해야 한다는 것을 부인하는 것은 "마치 사람이 둘 더하기 셋이 다섯일지라도 둘과 셋하고 똑같지 않다고 항변하는 것 같다"고 말했다. 영국 공리주의의 창시자로 볼 수 있는 리처드 컴벌랜드(Richard Cumberland, 「자연 법칙에 관하여」[De legibus naturae], 1672)는 본유적 도덕 지식에 대한 합리론적 이론을 받아들이지 않았다. 그리고 그는 인간을 이기적 충동의 단순한 다발로 보는 이기주의적 인간관을 그릇된 것으로 보았다: 인간은 이기적 감정뿐만 아니라 동정적 감정 혹은 자비심을 갖고 있다. 사회 생활 혹은 공동의 안녕은 최고선이며, 우리는 사회적 감정과 합리성에 의하여 최고선에 적합해져 있다.

로크를 이은 영국의 윤리학자들은 도덕적 지식을 이성이나 옳고 그름의 본유적 관념보다 일차적으로 감정이나 충동에 근거시켰다. 그러나 그들은 이 감정들에 대한 능력을 인간 본성의 본유적 자질로 본다. 샤프츠버리 경(Characteristics, 1711)에 따르면, 인간은 자기애와 사회적인 애착을 소유하고 있다. 덕은 둘의 적절한 균형에 있으며, 도덕 감정은 그것들이 조화를 이루고 있는지 아닌지를 우리에게 말해 준다.

프랜시스 허치슨(1694-1747)은 저서 「아름다움과 덕의 관념들에 대한 탐구」(Inquiry into the Ideas of Beauty and Virtue, 1725), 「도덕 철학의 체계」(System of Moral Philosophy, 1755)에서 체계적으로 이런 사상을 확립하며, "최대 다수의 최대 행복"이라는 공리주의적 공식을 최초로 사용한다. 이 학파에는 데이비드 흄(「도덕 원리에 관한 탐구」[Inquiry Concerning the Principles of Morals, 1751]), 애덤 퍼스건(「도덕철학요강」[Institutes of Moral Philosophy, 1769]), 「도덕감정론」(Theory of the Moral Sentiments, 1759), 「국부론」(Wealth of Nations, 1776)의 저자이며 동정(sympathy)에서 도덕 법칙의 원천과 기준을 발견하는 애덤 스미스 등이 속한다.

이 모든 저술가는 인간 본성의 정서적·충동적 측면의 중요성을 강조한다: 우리의 도덕적 판단과 행위는 이성이 아닌 감정에 뿌리박고 있다. 그들 대부분은 도덕 직관론자라고 분류될 수 있다. 왜냐하면 그들은 도덕 지식의 즉각성과 반(半)감각적 성격을 인정하기 때문이다. 동기와 행위의 가치가 본유적 도덕감에 노출되거나, 도덕 판단이 동정의 감정에 근거한다. 그들 모두는 일반의 안녕을 최고선으로 보는 데 일치하며, 이 이론에서 후대의 공리주의자를 앞지른다.

조지프 버틀러(Joseph Butler, 「인간 본성에 관한 열다섯 편의 설교」[Fifteen Sermons upon Human Nature, 1726], 「덕론」[Dissertation upon Virtue, 1736], 「종교의 유비」[Analogy of Religion, 1736])는 이 학파의 전반적인 가르침을 따르지만, 양심을 더욱 강조한다. 그는

양심을 감정(도덕 감정)으로 보지 않고 반성의 원리로 본다.

> 모든 사람에게는 반성 혹은 양심의 우월한 원리가 있다. 이 원리는 인간의 외적 행동뿐만 아니라 그의 마음의 내적 원리들을 구분하며, 자기 자신과 원리들을 판단하고 어떤 행동들은 본질적으로 정당하고 옳고 선한 반면 다른 행위들은 본질적으로 악하고 잘못되고 부정의하다고 결정적으로 선언한다: 즉 이 원리는 참고되거나 의논되지 않은 채로 당당하게 자신을 발휘하며, 따라서 수행자의 행위를 승인하거나 비난한다.(「인간 본성에 관한 열다섯 편의 설교」)

만일 양심이 권리만큼 힘을 갖고 있다면, 세계를 지배할 것이다. 양심은 개인의 행복에서 궁극적인 이성적 기준을 발견한다. 물론 그것이 필연적으로 옳고 그름의 심리적 동기인 것은 아니다. 우리가 우리의 참된 행복을 이해한다면, 양심 혹은 의무 그리고 자기애 혹은 자기 이해는 언제나 우리를 동일한 길로 이끈다. 그것들은 이 세계에서 대체로 완전히 일치하며, 우리가 미래에 전체적으로 그것들을 볼 경우에는 전체적으로 모든 경우에 일치한다. 행복과 불행에 대한 우리의 관념은 우리에게 가장 가깝고 중요하다. 고요한 고찰에 비추어 볼 때, 우리는 그것이 우리의 행복에 유리하다든지 적어도 우리의 행복에 모순되지 않는다는 것을 확신할 때까지 옳고 그름의 추구나 다른 어떤 추구든지 스스로 옳다고 생각할 수 없다.

윌리엄 페일리(William Paley)는 저서 「도덕 및 정치 철학의 원리」(*Principles of Moral and Political Philosophy*, 1785)에서 도덕 감정을 거부하고, 행위가 그 결과에 따라 평가되어야 한다고 선언한다. 편리한 것은 무엇이든지 옳다. "덕은 신의 뜻에 따라 영구적 행복을 위하여 인류에게 선한 것을 행하는 것이다."

버나드 맨드빌(Bernard Mandeville, 「불평하는 벌통 혹은 정직해진 악한」[*The Grumbling Hive or Knaves Turned Honest*, 1705], 「꿀벌의 우화: 혹은 개인적 악덕 공공적 이익」[*The Fable of the Bees: or Private Vices Public Benefits*, 1714])은 샤프츠버리에 반대하여 이기심(개인적 악덕)이 자비심보다 공공선에 더욱 기여한다는 것을 보여주려 한다. 프랑스인 엘베티우스(「정신에 관하여」[*De l'esprit*, 1758], 「인간에 관하여」[*De l'homme*, 1772])는 홉스와

맨드빌을 따라서, 이기심을 인간 행동의 유일한 동기로 삼고, 계몽된 자기 이해를 도덕의 기준으로 삼는다. 인간을 도덕적으로 만드는 유일한 길은 그로 하여금 공공적 안녕에서 자신의 안녕을 보게 하는 것이며, 이는 오직 입법으로만 즉 적절한 상과 벌에 의해서만 이루어질 수 있다. 도덕의 학문은 입법의 학문에 다름 아니다. 이 이론은 결국 신학적 첨가 내용이 제거된 로크의 이론이다.

경제 이론

로크와 페일리에게서 발견되며 버틀러의 이론에서도 나타나는 이 개인주의적 견해는 프랑스 중농주의자들(프랑수아 케네[Francois Quesnay, 1694-1774], 튀르고[A. Turgot, 1727-1781])의 경제 이론과 애덤 스미스의 「국부론」에 반영되어 있다. 이들은 모두 중세 말기 유럽에서 등장한 이전의 중상주의(重商主義) 체계를 반대한다. 새로운 경제 철학은 개인이 사회로부터 최소한의 간섭만을 받으면서 경제 분야에서 활동할 자연적인 권리를 갖고 있다는 사상에 근거한다(자유방임). 이 가정은, 무제한적 경쟁과 부자연스런 제한(독점이나 특권)의 철폐와 더불어 매매의 자유, 계약과 재산의 안전, 계몽된 자기 이해가 개인의 선(善)뿐만 아니라 공공적 안녕을 증진할 것이라는 것이다. 자유방임의 개념은 자연적 권리에 대한 일반론의 표현이며, 생명과 자유와 행복의 추구에서 개인을 위하여 길을 활짝 열도록 요구한다. 그러면서 이렇게 할 때 사회 정의에 도달하게 될 것이라고 주장한다: 애덤 스미스의 말을 빌리면 "자연적 자유의 단순하고 명백한 체계는 저절로 수립된다." 이 이론은 이전의 경제 제도를 불신하고 전복하며 해로운 제한에서 개인을 구제하는 데 도움을 주었던 점에서 이바지했다. 자유방임 식의 경제적 자유주의의 기원은 로크의 철학의 윤리적·정치적 개인주의에서 비롯된 것으로 보아도 된다.

51. 조지 버클리(George Berkeley)

조지 버클리(1685-1753)는 아일랜드에서 태어났다. 그는 더블린 트리니티 칼리지에서 공부했으며, 1734년 클로인(Cloyne)의 주교가 되었다. 1732년 그는 로드 아일랜드로 파송되어 선교부를 세웠다. 그의 저술로는, 「시각신론」(視覺新論, *An Essay toward a New Theory of Vision*, 1709), 「인간 지식의 원리」(*A Treatise Concerning the Principles of Human Knowledge*, 1710), 「하일러스와 필로너스의 세 가지 대담」(*Three Dialogues between Hylas and Philonus*, 1713), 「알시프론 혹은 세심한 철학자」(*Alciphron, or the Minute Philosopher*, 1732) 등이 있다.

버클리의 문제

우리는 이제 로크의 인식론에서 발전한 철학적 경험론의 주된 전통을 고찰할 것이다. 로크는 물체가 연장, 견고성, 운동, 색, 맛, 냄새, 감촉을 포함하는 감각을 정신에 산출한다고 가르쳤다. 이들 제일 성질 가운데 더러는 사물들의 성질에 대한 모사이다. 다른 것들은 우리에 미치는 사물들 안에 있는 능력의 결과이다. 감각들은 정신의 자료들, 우리의 모든 지식의 알파벳을 제공한다. 영혼은 자료들을 배열하고 결합하고 구분하고 관련지으며, 그것들에 작용을 미친다. 또한 영혼은 자신의 활동을 반성한다. 그러므로 우리의 모든 지식은 경험의 사실에 국한된다. 우리는 오직 우리의 관념에 대한 직접적 지식만 갖는다. 우리는 또한 외부 세계가 있음을 알지만, 이 지식은 우리 자신의 관념에 대한 지식만큼 자명하지 않다.

버클리는 관념론을 수립하고, 그래서 유물론과 무신론을 배격하기 위하여 로크의 기본적 경험론을 사용한다. 로크가 주장했듯이 우리의 지식의 기초가 감각과 반성이라면, 그래서 우리가 관념만 인식한다면, 어떻게 우리는 물체의 세계, 우리 바깥에 있는 물질 세계를 인식할 수 있는가? 물질에 대한 우리의 지식에 관한 한 우리는 우리의 의식 상태에 제한된다. 우리는 우리의 관념들과 이 물질적 실체들을 비교할 수 없다. 우리는 그것들이 무엇인지를 혹은 그것들이 존재한다는 것을 알지 못한다.

물질이 있다 해도, 로크의 이론에서는 우리가 그것을 어떻게 인식할 수 있는지를 알기란 어렵다. 만일 그의 전제를 받아들이면, 우리는 회의론에 연루된다. 게다가 만일 물질과 같은 독립적 실체와 순수 공간의 세계가 있다면, 신과 나란히 존재하고 그를 제한하며 심지어 신의 존재를 부정하려는, 무한하고 영원하고 불변하는 실재가 있다. 그러므로 물질에 대한 신념은 무신론과 유물론에 도달한다. 회의론, 무신론, 무신앙의 씨앗은 물질 혹은 물체의 세계가 존재한다는 견해에 포함되어 있다. 우리는 이 함축 의미들을, 그것들이 등장하는 전제 즉 물질이 존재한다는 주장을 제거함으로써만 피할 수 있다. 우리는 그런 전제 없이 우주를 설명할 수 있다: 최고 정신인 신과 다른 정신적 존재가 있다면, 우리는 모든 사실을 설명할 수 있다. 그러므로 버클리의 제일 중요한 문제는 이것이다: 정신 외부의 세계는 존재하는가? 독립적인 물질의 세계는 있는가?

버클리는 지식의 문제를 다루는 인간 정신의 능력을 신뢰한다. 그는, 우리의 무지가 우리의 인간적 능력의 제한 때문이라고 주장하는 것은 실수라고 말한다. 섭리는 창조계에 심어 놓은 욕구를 만족시키는 방법을 종종 제공한다. 이욕구가 정당하게 사용된다면 말이다. 그래서 우리는 지식에 대한 욕망이 우리의 능력의 적절한 사용에 의하여 만족될 수 있으며, 우리가 참된 원리로부터 견지할 만한 결론을 연역할 수 있다고 확신할 수 있다. 그러므로 인간 지식의 원리들에 관하여 엄밀하게 조사하고 그것들을 모든 측면에서 검토하는 것은 값진 일이다.

추상적 관념의 배격

외부 대상(집, 산, 강)이 지각되는 것과 구별되는 자연적 혹은 실재적 현존을 갖고 있다는 견해를 지지하는 주된 이유는, 정신이 추상적 관념을 형성할 수 있다는 이론이다. 그러나 사실상 정신은 추상적 관념을 형성할 수 없다. 우리는 우리가 지각한 특정 사물들의 관념을 상상하고 우리 자신에게 표상할 수 있으며, 그것들을 다양하게 분리하고 결합할 수 있다. 그러나 가령 우리는 사유에서 삼각형의 일반적 관념에 대한 서술과 일치하는 관념을 발견한다. 즉 "사각(斜角)삼각형도 직각삼각형도 아니며, 등변삼각형도 부등변삼각형도 아니며, 이 모든 것이 전혀 아닌" 삼각형 말이다. 참으로 인간은 각도의 특정한 성질이나 변의 특정한 관계에 관심을 기울이지 않고서 단지 삼각형으로서 한 도형을 생각할 수 있다. 지금까지 그는 추상할 수 있다. 그러나 이는 그가 삼각형의 추상적 관념을 형성할 수 있음을 결코 증명하지 못할 것이다.

조지 버클리

　비슷하게 우리는 운동하는 물체와 구별되며 그것도 빠르거나 느리지 않고, 곡선 운동도 직선 운동도 아닌 운동의 관념을 형성할 수 없다. 확실히 이런 의미에서 일반적 관념들이 있다. 일반적 관념이란 그 자체로 고찰될 때 특정하지만 동일한 종류의 다른 모든 특정한 관념들을 표상하거나 대표하도록 됨으로써 일반적이게 되는 관념이다. 우리는 동일한 종류의 모든 특정한 관념들에 대하여 하나의 이름 혹은 표시를 사용한다. 그리고 우리는 하나의 이름을 사용하므로, 그것에 상응하는 하나의 추상적 관념이 있다고 믿게 된다. 그와 같이 추상적이라고 가정된 관념들은 우리의 지식의 전달이나 확대에 필연적이지 않다.

　일반적 관념들은 모든 수학적·과학적·철학적 진리의 발견과 전달에 충분하다. 정신 없는 세계, 물질의 실재적 세계에 대한 관념은 그와 같은 추상적 관념이다. 우리는 감각적 대상을 그것들이 지각됨과 구분하며, 물질을 지각되지 않은 채로 존재하는 것으로 파악한다. 그러나 그런 미지각된 현존은 불가능하다. 우리는 그 사물의 실제적 감각이 없이 어떤 것을 보거나 느낄 수 없고, 감각이나 그것의 지각과 구분되는 어떤 감각적 사물이나 대상을 파악할 수 없다. 미지각된 물질에 대한 버클리의 반론 가운데 하나는, 그것이 추상이라는 것이다. 그래서 추상적 관념의 이론은 물질의 비현존을 지지하는 그의 주장 가운데 하나를 떠받친다.

버클리는 인간 지식의 대상이 현실적으로 감관에 새겨져 있거나 정신의 정념과 작용에 관심을 기울임으로써 지각되는 그런 것이라는 점에서 로크와 일치한다. 혹은 마지막으로 기억과 상상력의 도움에 의하여 형성된 관념이 그 대상이다. 우리는 이런 관념들을 결합하거나 분리하거나 단지 표상한다. 관념들 이외에 그것들을 인식하거나 파악하며 (의욕하고 상상하고 기억하는 것처럼) 다양한 작용을 관념들에 발휘하는 어떤 것이 있다. 이 지각하고 활동하는 존재는 마음, 정신, 영혼, 자아이다. 이는 나의 관념과 전혀 구분된다. 이는 나의 관념들이 그 안에 존재하거나 그것들이 그것에 의하여 파악되는 사물이다. 왜냐하면 하나의 관념의 존재는 지각됨에 있기 때문이다.

존재하는 것은 지각되는 것이다

그런데 모든 사람은 우리의 사고와 정념 그리고 상상력의 그림들이 정신 바깥에 존재하지 않는다는 점을 인정할 것이다. 그것들은 모두 정신 안에 있고, 그것들의 현존은 그것들이 정신에 의하여 지각됨 혹은 인식됨에 있다. 하지만 우리의 감각도 역시 마찬가지이다. 여기서도 존재(existence)는 지각과 동일하다: esse = percipi. 내가 글을 쓰고 있는 탁자가 존재한다고 말할 때, 내가 그것을 볼 수 있고 느낄 수 있다는 뜻이다. 내가 방 바깥에 있을 때 방이 존재한다고 말하면, 내가 방에 있으면 그것을 지각할 것이라든지 다른 정신이 실제로 그것을 지각한다는 뜻이다. 정신이 사물을 파악하지 않을 때 그것이 존재한다고 말하는 것은 전혀 이해할 수 없는 일이다. 그래서 존재한다는 것은 지각되는 것을 뜻한다. 정신 안에 있음을 뜻한다. 그러므로 물체는 정신 없이 존재를 갖지 않는다. 그것들의 있음은 지각됨 혹은 인식됨에 있다. 그것들이 나에 의하여 지각되지 않는 한 혹은 나의 정신이나 다른 피조된 영혼의 정신 안에 존재하지 않는 한, 그것들은 전혀 존재를 갖지 않는다. 그렇지 않으면 어떤 영원한 정신의 마음에만 존재한다. 물질이 어떤 정신에 의하여 파악되지 않은 채로 존재한다고 말하는 것은 용어 모순이다.

파악되지 않은 물체의 가능성은 로크가 주장한 물체의 관념으로부터 필연적으로 나온다. 물체는 운동력, 어떤 색, 무게, 냄새, 소리를 갖고 있는, 견고하고 연장되어 있고 형태를 가진 실체이다. 하지만 그 성질들 가운데 어떤 것들은 물체에 내재하지 않는다. 색, 소리, 맛, 냄새는 지각하는 주체 안에 산출되는 물체의 결과이다. 그것들은 물체 자체가 아니라 내 안에 거하는 성질이다. 우리는 그것들을 일러 제이 성질이라고 부른다. 연장, 형태, 견고함, 운동은 실체 혹은 물체 자체에 내재하는 성질이라고 한다.

그러나 버클리는, 소위 제일 성질도 다른 것과 마찬가지로 제이 성질이라고 말한다. 나는 연장과 견고함의 관념들을, 촉감을 통하여 얻는다. 그것들도 나의 정신 속에 있는 감각들이다. 나는 나의 연장 관념을 색이나 다른 제이 성질의 관념들과 구분할 수 없다. 나는 결코 동시에 채색되어 있지 않은 연장된 사물을 지각하지 않는다. 제일 성질은 제이 성질과 불가분리적으로 결합되어 있다. 나는 후자를 추상할 수 없고 다른 게 아니라 바로 그것인 연장된 견고한 물체를 지나칠 수 없다. 나는 그런 실체에 대한 추상적 관념을 나의 정신에 갖고 있지 않다. 그러나 확실히 이 성질들을 지지하는 혹은 떠받치는 무엇, 실체가 외부에 틀림없이 있지 않은가? 버클리는 그것이 단순한 추상이라고 말한다. 물질적 실체라는 말에는 아무런 뜻이 없다. 그와 같이 견고하고 꼴을 갖고 움직일 수 있는 실체가 정신 바깥에 존재할 수 있다면, 우리는 그것을 어떻게 인식할 수 있는가? 게다가 우리의 모든 관념 혹은 감각 혹은 지각된 사물은 비활동적이며, 어떤 것을 행할 힘을 갖고 있지 않다. 그래서 모두 관념들인 연장, 형태, 운동은 감각의 원인일 수 없다.

정신의 세계

그러나 나의 마음에는 감각 혹은 관념의 어떤 원인이 틀림없이 있다. 그와 같은 것이 있으며, 이 원인은 능동적 실체임에 틀림없다. 그런데 그것은 물질적 실체일 수 없다. 왜냐하면 그런 것은 없기 때문이다. 그래서 그것은 틀림없이 비물질적 실체 혹은 정신임에 틀림없다. 정신은 하나의 분리되지 않고 능동적인 존재이며, 그것이 관념을 파악하는 한에서 **지성**이라고 불린다. 그것이 관념을 산출하거나 혹은 달리 관념들에 작용하는 한에서는 **의지**라고 불린다. 영혼이나 정신에 관하여 형성되는 **관념**은 있을 수 없다. 왜냐하면 모든 관념은 수동적이며 비활성적인 반면 정신은 능동적이며 창조적이기 때문이다. 그래서 우리는 행위하는 것에 대한 관념이나 형상이나 모양을 가질 수 없다. 우리는 정신 자체를 **지각**할 수 없고 다만 그것이 산출하는 결과만 지각할 수 있다. 그래도 우리는 의욕, 사랑, 미움(이런 말의 의미를 이해하는 만큼)과 같은 영혼이나 정신 그리고 마음의 작용에 관한 **개념**을 가진다. 관념과 대비되는 개념(notion)은 버클리가 정신과 그 작용에 대한 우리의 파악 수단 혹은 파악 매체를 지칭할 때 사용하는 전문 용어이다. 나는 나 자신의 정신과 그 작용에 대한, 다른 유한한 정신과 신의 정신에 대한 개념을 갖는다.

나는 원하는 대로 어떤 관념들을 만들 수도 있고 만들지 않을 수도 있다. 이런 측면에서 나의 정신은 능동적이며, 나는 나 자신의 사고를 지배하는 힘을 갖고 있다. 그러나 나는 나의 감각에 관해서는 그런 힘을 갖고 있지 않다. 나는 눈을 뜬다: 내가 볼 것인지 보지 않을 것인지를 선택하고 어떤 특정 대상이 나의 시력에 제시될는지를 결정하는 것은 나의 능력 안에 있지 않다. 나의 감관에 새겨져 있는 관념들은 나의 의지의 창조물이 아니다. 그래서 그것들을 산출하는 다른 어떤 의지 혹은 정신이 있다. 감관의 관념들은 상상력의 관념들보다 더 강렬하고 더 생동감 넘치고 뚜렷하다. 그것들은 비슷하게 불변함과 질서와 일관성을 가지며, 인간 의지의 결과들과 달리 무작위적으로 자극되지 않으며, 일정한 계열로 나타나며 그 균일한 연관은 조물주의 지혜와 자비를 충분히 증명한다.

그런데 최고의 지성이 우리 안에 감관의 관념들을 불러일으킬 때 따르는 일정한 규칙을 일러 **자연의 법칙**이라 부른다. 그리고 우리는 경험에 의하여 이 법칙들을 배우며, 경험은 그러그러한 관념들이 통상적인 사건 과정에서 그러그러한 다른 관념을 수반한다고 우리에게 가르친다. 다른 말로 하면, 신은 우리 안에 일정하고 명확한 질서로 관념들을 불러일으킨다. 그는 음식의 관념과 영양의 관념을 연결지었고, 잠의 관념과 원기 회복의 관념을, 불의 시각적 감각과 따뜻함의 신체적 감각을 연결지었다. 만일 우리의 감각에 그와 같은 일정한 질서가 없다면, 영원히 우리는 다음에 무엇이 일어날 것인지를 알지 못하고 어떻게 행동해야 할 것인지를 인식하지 못할 것이다. 우리의 감각의 흐름에 그런 규칙성이 있다는 것은 우리가 삶의 유익을 위하여 우리의 행동을 규율할 수 있게 한다. 우리는 우리의 관념들의 이런 연관을 주목하며, 관념들이 서로를 야기하며 불이 따뜻함을 산출하며 잠이 원기 회복을 야기하고 물체의 충돌이 소리를 야기한다고 잘못 믿게 된다. 신이 우리의 감관에 새겨 놓은 이 관념들은 **실재적** 사물이라고 불린다. 상상력에서 불러일으켜진 것들은 덜 규칙적이고 덜 생동감 넘치고 덜 일정하므로 좀 더 엄밀하게 사물들의 **관념**(ideas) 혹은 **심상**(images)이라고 불린다. 그러나 우리의 감각들도 관념이다. 그것들은 정신에 존재한다. 그것들은 단지 우리의 심상보다 더 생동감 넘치고 강렬하고 질서정연하고 일관된 관념일 뿐이다. 심상들은 그것들을 지각하는 사유하는 실체에 덜 독립적일 뿐이다. 왜냐하면 심상들은 다른, 더욱 강한 정신의 의지에 의하여 불러일으켜졌기 때문이다.

반론에 대한 답

버클리는 자신의 관념론적 가설의 난점을 잘 안다. 이 가설에 따를 경우, 해와 달과 별과 집과 산과 강과 나무와 돌은 어떻게 되는가? 그것들은 환상의 괴물이나 환영인가? 그는 전혀 그렇지 않다고 대답한다. 그것들은 위에서 지적한 의미로서 존재하며, 신이 우리 안에 규칙적이며 일관된 질서로 이 감각들을 불러일으키기에 실재한다. 만일 연장, 견고함, 무게 등과 같은 감각적 성질들의 결합을 물질적 실체라고 부른다면, 물질적 실체들도 이런 의미에서 실재한다. 만일 물질을 정신 바깥에 있는 우유성이나 성질들의 지탱자라는 뜻으로 본다면, 그것은 상상력에서조차 존재하지 않는다. 그러나 이는 우리가 관념을 먹고 마시며 관념으로 옷입는다는 뜻이 아닌가? 우리는 파악되지 않은 채로 혹은 정신 바깥에 존재할 수 없는 감관의 직접적 대상으로 먹고 마시며 옷입는다. 그러므로 그것들을 관념이라기보다 사물이라고 부르는 것이 더욱 적절하다. 그러나 어떻게 우리는 사물들을 외면화하고 그것들을 멀리서 보는가? 이는 버클리가 「시각신론」에서 논의한 문제이다. 여기서 그는 거리 혹은 "바깥 저기"가 시력에 의하여 즉각 지각되지 않으며 시각 분야에서 선과 각도에 의해서만 파악되고 판단되지도 않는다고 주장한다. 시야 혹 시각적 감각의 관념들은 촉감과

이동의 어떤 관념을 우리에게 암시하게 된다. 대상이 불분명하고 작아 보일 때, 경험은 그것이 멀리 떨어져 있으니 우리가 분명하고 더 잘 볼 수 있으려면 멀리 걸어가야 한다는 것을 우리에게 가르쳐 주었다. 따라서 공간의 관념은 상이한 감관 특별히 시각과 촉각의 감각들의 상호 관계로부터 생긴다.

그러나 내가 눈을 감을 때, 모든 것은 사라지는가? 사물들은 나에 의하여 더 이상 지각되지 않으며, 그래서 그것들은 더 이상 존재하지 않아야 한다. 그러나 버클리는, 내가 눈을 감을 때 사물들이 신적 정신을 포함하여 다른 정신에 의하여 지각되는 한 계속 존재한다고 말할 수 있다고 주장한다.

그런데 이 관념론은 미립자 철학을 완전히 제거하는가? 버클리는 그 가설에 의하여 설명되는 현상 가운데 이 철학 없이 설명될 수 있는 게 없다고 대답한다. 아무도 물질이 어떻게 정신에 작용하거나 정신 안에 어떤 관념을 산출하는지를 실제로 알지 못한다. 게다가 자연철학자들은 물질적 실체에 의하여 사물을 설명하지 못하고 형태와 운동과 다른 성질들에 의하여 설명한다. 그리고 이 성질들은 참으로 단순한 관념에 불과하며 따라서 어떤 것의 원인일 수 없다.

이 새로운 이론의 언어로 말하고 불의 열기 대신 영혼의 열기를 말하는 것은 모순되지 않을까? 버클리는 대답한다: "그런 일에서 우리는 배운 자와 더불어 생각하고, 천박한 자와 더불어 말해야 한다." 코페르니쿠스의 이론을 받아들이는 자들도 여전히 해가 뜬다고 말한다. 하지만 온 세상 사람은 물질이 존재한다고 믿는다고 한다. 그러나 온 세상이 참으로 그것을 믿는가? 온 세상 사람이 잘못인가? 아마 그렇지 않을 것이다. 진상은, 사람들이 철학적 의미에서 물질에 관한 사변적인 견해를 전혀 갖고 있지 않다는 것이다. 게다가 세인의 의견은 철학적 입장이 올바르다고 증명하지 않을 것이다.

인간은 자신이 자신의 감각들을 만든 자가 아니므로 자신의 감각이 정신에 독립하여 존재를 갖고 있다고 가정했다. 그들은 이 신념이 용어 모순을 포함한다고 생각하지 않았다. 그들은, 성질들이 정신 바깥에 존재하며 따라서 사유하지 않는 실체가 필요하다고 가정했다. 그런 다음 그들은 제이 성질이 정신 바깥에 현존하고 있다고 깨달았다. 하지만 제일 성질이 정신 바깥에서 존재하지 않으므로, 실체는 불필요하게 된다. 만일 빛깔이 맹인으로 태어난 사람에게 파악되지 않듯이 우리에게 파악되지 않는 성질을 갖고 있는 실체가 있다고 당신이 말한다면, 우리는 이렇게 묻겠다: "미지의 성질을 가진 미지의 지탱자에 관하여, 우리가 무엇인지 왜인지를 알지 못하는 어떤 것에 관하여 논란할 유익이 무엇인가?" 게다가 우리가 이 성질들을 지각할 수 있는 새로운 감관을 갖는다 해도, 동일한 난점을 거듭 만나지 않을 수 없다. 물질을 "알려지지 않았고 — 실체도 우유성도 아니며 정신도 관념도 아니며 — 비활성적이며 사유없고 불가분리적이며 움직일 수 없고 연장되지 않았고 아무런 장소에 존재하지 않는" 것으로서 부정적으로 정의한다면, 그것은 참으로 무(無)이다. 만일 물질에 존재, 하성(何性, quiddity), 유성(有性, entity)를 부여함으로써 물질을 무와 구분한다면, 버클리는 이 관념이 "말을 가지고 노는" 불가해한 것이라고 말한다.

관념과 정신과 관계에 대한 지식

그러므로 정신은 능동적이며 불가분리적인 실체이다. 관념은 스스로 존속하지 않고 마음이나 정신적 실체에 의하여 지탱되거나 그 안에 존재하는, 불활성적이며, 임시적이며, 의존적인 것이다. 우리는 내감이나 반성에 의하여 우리 자신의 현존(existence)을, 이성에 의하여 다른 정신의 존재를 파악한다. 우리는 우리 마음, 정신, 능동적 존재(being)들에 대한 어떤 지식 혹은 개념(notion)을 갖는다고 할 수 있으나, 엄밀한 의미에서 이들에 대한 관념(ideas)은 갖지 않는다. 동일하게 우리는 사물들 혹은 관념들의 관계를 알고 그것에 대한 개념을 갖는다. 우리가 관련된 사물이나 관념들을 파악하지 않고서도 이 관계들을 지각할 수 있는 한, 이 관계들은 관계된 관념이나 사물들과 구분된다.

버클리는 관념, 정신, 관계가 모두 인간 지식의 대상이며 담론의 주제라고 주장한다. 그리고 "우리가 알거나 그것에 관하여 무슨 개념을 갖고 있는 모든 것을 표시하기 위하여 관념이라는 용어가 확대되어 [사용되면] 부적절할 것이다. 감관에 의하여 새겨진 관념들은 실재 사물이다. …… 그러나 그것들은 그것들을 지각하는 마음이 없이 존속할 수 없다." 그것들은 마음 바깥에 존재하는 원형의 복제들이 아니다. 그것들은 마음 자체에 의하여 발생되지 않고 그것들을 지각하는 마음과 구분되는 정신에 의하여 새겨졌다는 의미에서 참으로 외적인 것이라고 부를 수 있다. 감각 대상들은, 내가 눈을 감을 때 사물들이 여전히 존재한다는 의미에서 "마음 바깥"에 있다고 할 수 있다. 그러나 그것들은 다른 정신 안에 있는 게 틀림없다.

이원론, 무신론, 회의론에 대한 반박

버클리는 이 관념론이 철학에서 몇 가지 모호하고 까다로운 질문을 추방한다고 선언한다: "물질적 실체들이 사유할 수 있는가? 물질은 무한히 분리가능한가? 물질은 정신에 어떻게 작용하는가?" 이 관념론은 인간 지식을 **관념**의 지식과 **정신**의 지식으로 환원한다. 이는 **가지적**(intelligible) 대상 혹은 마음 안의 대상과, **실재적**(real) 대상 혹은 마음 바깥의 대상을 나누는 이원론을 제거한다. 이 이원론은 회의론의 뿌리이다. 왜냐하면 우리는 지각되는 사물들이 지각되지 않는 사물들에 일치하는 것을 도무지 알 수 없기 때문이다. 만일 색, 형태, 운동, 연장 등이 마음 바깥의 사물들에 귀속된다면, 우리는 오직 현상만 지각하지 사물들의 실재적 성질을 지각하지 않는다. 감관에 대한 이런 불신은 회의론에 도달한다. 버클리는 관념론이 그런 모든 의심을 내쫓는다고 믿는다.

물질의 이론은 무신론의 원인이기도 하다. 유물론을 포기하라. 그러면 무신론의 모든 구조가 해체될 것이다. 만일 자존하고 불활성적이고 사유하지 않는 실체가 모든 사물들의 뿌리와 기원이라면, 우리는 세상의 형성에서 자유와 지성과 계획을 배제한다. 물질을 없애라. 그러면 당신의 에피쿠로스주의자들, 홉스주의자들, 그런 유의 다른 사람들은 자신의 그럴 듯한 주장을 포기하게 된다. 우상 숭배도 물질과 더불어 서고 넘어진다. 왜냐하면 감관의 대상들이 마음 속의 많은 감각에 불과하다면, 인간이 엎드려 자신의 관념을 경배하게 될 리는 만무하다. 또한 물질적 실체를 제거하고, 모든 평범한 일반 사람들이 말하는 대로 물체를 이해하라(즉각적으로 보이고 느껴지며 성질 혹은 관념들의 결합에 불과한 물체). 그러면 육체적 부활에 대한 모든 반론이 무로 돌아갈 것이다. 요약하자면, 물질의 가설을 제거하라. 그러면 무신론과 우상 숭배와 무종교는 그 토대와 버팀대를 상실할 것이다.

오류의 또 한 가지 원천은 **추상적 관념**의 이론이다. 모든 사람은 특정하게 혹은 구체적으로 파악되는 시간과 장소와 운동이 무엇인지를 안다. 그러나 그것들이 형이상학자의 마음을 거친 다음에는, 너무 추상적이고 정교하여 상식적인 사람들이 파악할 수 없게 된다. 우리의 마음 안에 있는 관념의 연속으로부터 추상된 시간은 무이다. 그래서 어떤 유한한 정신의 지속은 동일한 정신 혹은 마음에서 일어나는 관념들의 연속과 시간을 동일시한 결과에 불과하다. 연장과 색채의 원형은 다른 어떤 마음에만 존재할 수 있고, 감관의 대상은 구체적 결합으로 함께 결부되고 섞인 관념들에 불과하다. 이것들(시간, 공간, 감각적 성질 등) 가운데 지각되지 않은 채로 존재한다고 볼 수 있는 것은 없다. 우리는 관념들의 연속을 떠나서 순수 시간의 관념을 형성할 수 없고, 모든 연장된 감각을 배제하여 순수 공간의 관념을 형성할 수 없다. 순수 공간은 나의 사지들이 최소한의 저항이 없이 모든 방향으로 움직일 수 있는 능력을 뜻한다.

회의론자들은 자연 철학에서 승리한다. 그들은 우리가 사물들의 실재적 본질, 내적인 성질과 구성을 알지 못한다고 말한다. 모든 물방울, 모래알에는 무엇인가가 있다. 그래서 그것은 헤아리거나 파악할 수 있는 인간 지성의 능력을 넘어선다. 이 불만은 근거없다. 사물들의 분별 가능한 성질들이 흘러나오며 그것들이 의존하는 내적 본질은 없다. 또한 현상들이나 성질, 색채와 소리의 산출을 가령 비감각적 미립자의 모양과 운동과 무게 등의 성질로 설명하려는 것은 헛수고이다. **정신**말고 다른 행위자 혹은 작용인은 없다. 다른 모든 관념과 마찬가지로 운동은 완전히 비활성적이다.

버클리의 시대에 유행하던 대원리는, 인력(引力)의 원리였다. 버클리는, 이 말이 결과 자체 이외의 모든 것을 뜻하는 게 아니라고 말한다. 이는 결과를 산출하는 행위의 방식이나 결과를 산출하는 원인에 관하여 우리에게 전혀 말해 주지 않는다. 많은 사람들은 중력이 보편적이라고 선언한다: 다른 모든 물체를 끌어당기고 그것들에 의하여 끌리는 것은 모든 물체에 내재하는 하나의 본질적 성질이라고 할 수 있다는 것이다. 그런데 중력에는 필연적 혹은 본질적인 게 없다. 중력은 지배적 정신의 의지에 전적으로 달려 있다. 이 정신은 다양한 법칙에 따라서 어떤 물체들을 함께 결합하고 서로를 지향하게 한다. 그래서 마음이나 정신과 구별되는 자연적인 작용인을 찾는 것은 헛되다. 전체 피조물은 지혜롭고 선한 행위자의 작품이며, 철학자들은 사물들의 목적인에만 관심을 기울여야 한다: 그들은 사물들이 지향하도록 맞추어져 있고 그것들이 원래 고안되었던 그 목표를 발견하려고 노력해야 한다. 관찰과 실험을 행하지 말아야 하는 이유는 없다. "그것들이 인류에게 유익하고 우리로 하여금 일반적 결론을 끌어내게 한다는 것은, 사물 자체의 어떤 불변적 습관이나 관계의 결과가 아니라, 세계 경영에서 사람에 대한 신의 선함과 인자의 결과일 뿐이다. 우리가 볼 수 있는 현상들에 대한 부지런한 관찰에 의하여 우리는 자연의 일반 법칙들을 발견하고 그것들에서 다른 현상을 연역할 수 있다. 나는 증명한다는 말을 쓰지 않는데, 이유인즉슨 그런 종류의 모든 연역은 자연의 조물주가 언제나 우리가 원리라고 보는 규칙들을 변함없이 준수하여 일정하게 활동한다는 가정에 의존하기 때문이다. 그리고 우리는 이 원리들을 명증하게 알 수 없다."(「인간 지식의 원리」)

하지만 버클리는 인류의 안녕을 장려하는 필연적 경향을 갖고 있는 도덕 규칙은 증명될 수 있고, 기하학의 명제와 같이 동일한 불변적이고 영원한 진리를 갖는다고 생각한다.

52. 데이비드 흄(David Hume)

데이비드 흄은 1711년 에든버러에서 태어나 법률을 공부하고 세인트 클레어(St. Clair) 장군의 비서로, 나중에는 허트퍼드 경(Lord Hertford)의 비서(1767-1769)로 봉사했고, 에든버러에서 법학부의 사서(1752-1757)로, 정부의 차관(1767-1769)을 지냈다. 그는 프랑스에 처음 체류하는 동안 세 권으로 「인성론」(Treatise on Human Nature)이라는 주저서를 저술했지만, 이 작품은 대중에게 감명을 주지 못했다. 흄이 말하듯이 이 책은 "인쇄되어 나오면서부터 죽어버렸다." 후에 그는 좀 더 대중적인 형태로 이 책을 다듬어 원래의 「인성론」의 삼부에 해당하는 세 편의 논문을 출판했다. 그러나 평생 그의 명성은 그의 철학서보다 역사가로서의 업적 때문이었다. 영국 대사관의 일원으로서 파리에 두 번째 체류하면서 그는 루소, 디드로, 올바크, 튀르고, 달랑베르(D'Alembert)를 만났고, 루소에게 영국을 방문해 달라고 권하기도 했다. 1776년에 그는 죽었다.

그의 저서들: 「인성론」(1739-1740); 다섯 권의 논문, 「도덕, 정치, 문학론」 (*Essays: 1. Essays, Moral, Political and Literary*), 1741-42; 2. 「인간 오성에 관한 연구」(*Inquiry Concerning Human Understanding*), 1748(「인성론」 1권의 주제를 다루는 논문); 3. 「도덕 원리에 관한 연구」(*Inquiry Concerning the Principles of Morals*), 1751(「인성론」의 3권에 해당함); 4. 「정치론」(*Political Discourses*), 1752; 5. 「정념론」(*A Dissertation on the Passions*, 「인성론」의 2권과 동일한 주제를 다룸)과 「종교의 자연사」(*Natural History of Religion*)를 포함한 *Four Dissertations*, 1757. 유작: 「자서전」(*My Own Life*, 애덤 스미스에 의하여 출간됨), 1777; 「자연종교에 대한 대화」(*Dialogues Concerning Natural Religion*), 1779;「자살과 영혼의 불멸성」(*Suicide and Immortality of the Soul*), 1783. 「영국사」(*History of England*)는 1754-1762년에 나왔다.

흄의 문제

로크는 우리가 우리의 관념에 대한 확실한 지식, 신과 도덕에 대한 논증적 지식, 물체들의 외부 세계에 대한 실제로 확실한 지식을 갖는다고 가르쳤다. 버클리는 물질 세계의 존재를 부정하고, 관념과 관계와 정신적 존재에 우리의 지식을 제한했다. 데이비드 흄은 지식의 기원에 대한 경험론적 이론과 존재는 지각된 것이라는 버클리주의적 견해를 받아들이고, 자신이 보기에 논리적인 결론을 끌어낸다. 만일 우리가 인식할 수 있는 모든 것이 우리 자신의 감각뿐이라면, 물질적 실체나 정신적 실체의 실재성을 확언할 권리가 없다. 우리는 어떤 종류든지 실체의 가정을 정당화하는 인상을 발견하지 못한다. 그리고 우리는 필연적 연관 혹은 인과에 대한 우리의 개념을 정당화하는 것을 우리의 경험에서 전혀 발견하지 못한다.

원인과 결과는 관념의 일정한 연속을 뜻할 수밖에 없다. 형이상학, 신학, 자연과학은 보편적이고 필연적인 지식을 산출할 수 없다. 신과 우주와 영혼에 대한 학문들은 이성적 학문으로서 불가능하다. 우리는 우리가 경험하는 것만 인식할 수 있고, 이 분야에서 개연성에만 도달할 수 있다. 흄은 참된 개념이 자명해야 한다고 요구하는 점에서 데카르트와 홉스와 로크와 의견을 같이한다. 그러나 그는 자신의 개념을 분석할 따름인 수학을 제외하고 다른 데서는 그런 지식을 발견하지 못한다.

흄의 견해는 경험적이다: 우리의 지식은 경험에 그 원천을 갖고 있다. 우리의 지식은 실증주의적이다: 우리의 지식은 현상의 세계에 제한되어 있다. 그것은 불가지론적이다: 우리는 궁극자, 실체, 원인, 영혼, 자아, 외부 세계, 우주에 관하여 전혀 알지 못한다. 그것은 인본주의적이다: 인간의 정신 세계는 학문과 탐구의 유일하게 합법적인 영역이다.

인간 본성의 학문

흄은 모든 학문이 인간 본성과 관련되어 있다고 말한다. **논리학**의 유일한 목적은 우리의 추론 능력의 원리와 작용, 그리고 우리의 관념의 본성을 설명하는 것이다; **도덕**과 **비평**은 우리의 취미와 정조와 관련된다; **정치학**은 사회에서 통일되고 서로 의존적인 인간을 연구한다. 심지어 수학, 자연 철학, 자연 종교도 인간의 능력과 기능의 산물이다. 그래서 우리는 우리의 지성을 규제하고 우리의 감정을 불러일으키고 우리로 특정한 대상이나 행위나 행동을 칭찬하거나 비난하게 만드는 원리를 발견하기 위하여, 인간 본성 자체를 연구해야 한다. 우리는 묻는다. 진리와 허위, 덕과 악덕, 아름다움과 추함에 대한 우리의 구분의 원천은 무엇인가? 인간의 학문 혹은 흄이 말하는 도덕 철학은 우리가 다른 학문에게 부여할 수 있는 유일한 토대이며, 경험과 관찰에 근거해야 한다; "경험적 추론 방법"이 철학에 도입되어야 한다. 흄은 「인성론」에서 이 과제를 해결하려 한다. 이 책 1권은 지성을, 2권은 정념을, 3권은 도덕을 다룬다. 동일한 주제들이 「인간 오성에 관한 연구」와 「정념론」과 「도덕 원리에 관한 연구」에서 논의된다.

가장 중요한 과제는 인간 오성의 본성을 탐구하고, 그것의 힘과 능력을 분석하고, 전통 철학이 자기 앞에 놓아 둔 난해하고 일어날 법하지 않은 주제들에 인간 오성이 적합하지 않다는 것을 보여주는 것이다. 다른 말로 하면, 우리는 지성이 접근할 수 없는 영역들로 파고들어가려고 시도하는 그릇되고 혼합적인 그런 것을 파괴하기 위하여 참된 형이상학(오성의 학문)을 계발해야 한다. 심지어 우리가 "정신의 지리학" 즉 마음의 구별되는 부분들과 능력의 설명밖에

데이비드 **흄**

제공할 수 없다 해도, 최소한 행성계를 연구할 때만큼 만족스러워야 한다. 그러나 우리는 마음이 그 기능에서 어떻게 실현되는가 하는 그 비밀스러운 원천과 원리를 발견하고자 하지 않는가? 물리학의 중력 법칙에 비견될 수 있는 정신의 보편적이고 일반적인 원리를 발견하게 될 정신과학의 뉴턴 같은 인물이 나타날 수 있지 않을까?

지식의 기원

흄을 사로잡는 주된 문제는 지식의 기원과 본질에 관한 것이다. 우리의 지식의 원천은 무엇인가? 그것은 어느 정도의 확실성을 소유하는가? 그것의 범위와 제한은 무엇인가? 실체와 인과성과 같은 지식의 범주의 의미와 가치는 무엇인가? 이 모든 질문 가운데 흄에게 기본적인 문제는 지식의 기원에 관한 것이다. 우리의 사유의 모든 재료는 외부적 내부적 인상에서 나온다. 인상(印象, impression)이란, 우리가 듣거나 보거나 느끼거나 사랑하거나 미워하거나 욕구하거나 의욕할 때의 좀 더 생생한 지각을 뜻한다: 즉 영혼에 최초로 등장하는 우리의 모든 감각, 정념, 감정이다. 우리의 모든 사유 혹은 관념은 그런 인상들의 모사이다: 그것들은 덜 생생한 지각이며, 우리가 방금 언급한 다른 어떤 감각이나 인상에 대하여 회상하거나 반성할 때 우리가 의식하는 희미한 혹은 약한 지각이다. 가령 우리는 따뜻함이나 차가움, 쾌락이나 고통의 인상을 가지며, 그것의 복사 혹은 관념이 남는다. 쾌락이나 고통에 대한 이 관념은 새로운 인상을 산출한다: 반성의 인상들인 소원과 혐오, 소망과 두려움. 이것들은 기억력과 상상력에 의하여 복사된다. 그런 인상들로부터, 우리의 모든 지식이 나온다. 지식은 감관과 경험에 의하여 우리에게 제공된 재료들을 결합하거나 바꾸어 놓거나 확대하거나 축소하는 데서 생긴다. 오직 인상들의 혼합과 결합은 마음과 의지에 속한다. 분석에 따르면, 우리가 검토하는 모든 관념이 비슷한 인상에서 복사된다. 게다가 인상이 없는 곳에는 관념이 있을 수 없다. 시각장애자는 색에 대한 개념을 가질 수 없고 청각장애자는 소리에 대한 개념을 가질 수 없다. 그래서 우리는 철학적 용어의 의미를 살필 때 언제나 스스로에게 이렇게 물어야 한다: "가정된 관념은 어떤 인상에서 나오는가?"

하지만 우리의 사유 혹은 관념은 전혀 느슨하고 비연관적이거나, 우연에 의하여 결합되지 않는다. 그것들은 어떤 정도의 방법과 규칙성과 더불어 서로를 끌어들인다. 그것들 사이에는 결합의 끈이 있다. 하나가 다른 하나를 부른다. 자연스럽게 하나의 그림은 우리의 생각을 원상으로 이끌며(유사성), 아파트의 한 방을 언급하면 붙어 있는 방을 암시하며(인접성), 상처에 대한 생각은 고통의 관념을 불러일으킨다(인과성). 이는 관념들의 연합(association of ideas)이라고 불리는 현상이다. 연합의 원리 혹은 법칙은 유사성, 시간과 공간 안에서의 인접성, 인과성이다. 다른 말로 하면, 사유는 유사한 사물들, 시간과 공간에서 인접한 사물들, 원인과 결과로 연결된 사물들에 대한 사유를 불러일으키는 경향이 있다.

원인과 결과의 관계

사실의 문제에 대한 우리의 모든 추론은 원인과 결과에 대한 관계에 근거한다. 즉 우리는 언제나 현재의 사실과 다른 것의 연관을 추구한다. 사람이 무인도에서 시계를 발견한다: 그는 그 제품으로부터 그 원인으로 결론을 내리며 사람들이 한때 거기 있었다고 추론한다. 원인과 결과에 대한 우리의 탐구에 우리의 사색과 실천이 의존한다. 그러므로 우리가 이 관계를 연구하는 것은 지극히 중요하다. 우리는 원인과 결과의 지식에 어떻게 도달하는가? 그리고 이 지식의 타당성은 무엇인가? 그 증거의 성격은 무엇인가?

우리는 선험적 추론에 의하여 이 관계에 대한 지식에 도달하지 못한다. 아담은 경험 이전에 불의 빛과 온기로부터, 그것이 자기를 태울 것임을 선험적으로 추론할 수 없었을 것이다. 마음은 가정된 원인에서 결과를 연역할 수 없다. 아무리 추론해도 우리는 화약의 폭발성이나 천연자석의 자기적 인력을 발견할 수 없을 것이다. 왜냐하면 결과는 원인과 전혀 다르며 결코 원인 안에서 발견될 수 없기 때문이다. 우리는 어떤 원인이 어떤 결과를 갖고 있어야 한다든지 원인이 언제나 동일한 결과를 가지고 있어야 한다든지를 논증할 수 없다. 우리는 수학적 명제처럼 떡이 영양분을 주고 불이 온기를 준다는 것을 이성에 의하여 증명할 수 없다. 하나의 개념이 다른 하나의 개념을 필연적으로 함축하는 그런 필연적 연관이 떡과 영양분 사이에는 없다. 만일 그런 것이 있다면, 우리는 경험 없이 이 성질들의 최초의 현현으로부터 결과를 추론할 수 있다. 마치 우리가 삼각형의 개념에서 그것의 내각들의 합이 180도라는 것을 결론지을 수 있듯이 말이다. 불이 따뜻하게 하지 않고, 떡이 영양분을 공급하지 않고, 화약이 폭발하지 않을 것이라고 가정할 때 논리적으로 모순되는 것은 없다.

원인과 결과의 관계에 대한 우리의 지식은 경험과 관찰에 근거한다. 우리는 대상들이 서로 계기(繼起)하며, 유사한 대상들이 늘 인접하며, 불꽃 다음에 열이 발생하고 눈이 오면 차가우며, 당구공의 운동이 다른 당구공의 운동에 동반되는 것을 목격한다. 많은 경우에 어떤 두 종류의 대상이 언제나 인접하는 것을 발견할 때, 우리는 대상들이 인과적으로 관계를 맺고 있고 하나가 다른 하나의 원인이라고 추론한다. 즉 우리는 하나의 등장에서 다른 하나의 등장을 예상하기에 이른다. 마음은 습관에 의하여 문제의 두 대상이 결합되어 있고 그것들이 언제나 함께 진행될 것이라고 믿게 된다. 열과 불꽃, 무게와 용적처럼 두 대상의 일정한 인접 이후에, 우리는 관습에 의하여 하나의 등장에서 다른 하나를 예상하도록 결정된다. 다른 말로 하면 대상들의 일정한 인접에 대한 우리의 경험은 그들의 인접에 대한 신념을 낳는다. 이 신념은 마음의 작용, 일종의 자연적 본능으로, 우리가 유익을 얻을 때 애호의 감정을 느끼는 것처럼 회피할 수 없는 것이다. 우리는 모든 사람이 신념이라는 것을 의식하므로 그들이 의미를 알고 있는 감정으로밖에 신념을 정의할 수 없다. 흄은 「인성론」에서 신념의 심리학에 관하여 여전히 불확실하다: 그는 그것을 상상력과 결합시키지만, 이 문제는 그에게 여전히 모호하고 만족스럽지 못하다. 확실히 본성은 유사한 원인으로부터 유사한 결과를 추론하는 마음의 작용을 추론의 오류 가능한 연역에 위임하지 않았고, 본능적 혹은 기계적 경향에 의하여 그 작용을 확보했다.

따라서 원인은 다른 것이 뒤따르는 대상으로 정의될 수 있다. 그리고 그것의 등장은 다른 것에 대한 생각을 전달한다. 하지만 이 정의는 몇몇 형이상학자들을 만족시키지 못한다. 그들에게 원인은 다른 사물을 낳는 사물이다. 원인에는 결과를 산출할 수 있게 하는 무엇, 비밀스러운 힘, 세력, 에너지가 있다. 원인을 결과에 연결짓는 끈, 원인과 결과의 필연적 연관이 있다. 그래서 우리가 그 힘을 알면 경험 없이도 결과를 예측할 수 있고, 맨 처음에 단순히 사유와 추론에 의하여 확신을 가지고 결과에 관하여 선언할 수 있다는 것이다. 만일 이것이 옳다면, 우리는 원인으로부터 결과를 연역할 수 있다. 원인의 지식은 필연적으로 결과의 지식을 동반할 것이며, 우리는 아무런 경험 없이 즉시로 어떻게 한 대상이 작용할 것인지를 틀림없이 안다.

그러나 힘, 세력, 에너지, 필연적 연관이라는 용어들은 무슨 뜻인가? 우리는 그것들을 사용할 무슨 권리를 갖고 있는가? 이 질문에 대답하기 위하여 우리는 힘 혹은 필연적 연관에 대한 우리의 관념을 분석해야 한다. 우리는, 우리의 외감(external senses) 혹은 내감(internal senses)에 의하여 선행적으로 느끼지 않은 어떤 사물에 대하여 사유할 수 없다. 그런데 이 힘의 관념이 의존하는 인상은 무엇인가? 우리는 그것을 어떻게 얻는가? 우리가 외부 대상들을 보고 원인의 작용들을 고찰할 때, 결코 무슨 힘이나 필연적 연관이나, (결과를 원인에 결부짓고 하나를 다른 하나의 틀림없는 결과로 만드는) 무슨 성질을 결코 발견하지 못한다. 오직 우리는 하나가 다른 하나를 현실적으로 따른다는 것을 발견할 뿐이다. 하나의 당구공의 충격에 두 번째 당구공의 운동이 동반된다: 이는 외부적 감각에 보이는 전부이다. 한 대상의 맨 처음 모습으로부터, 우리는 그것의 결과가 무엇이 될 것인지 결코 추측할 수 없다. 우주에서 전체 기계를 움직이는 힘은 우리에게 완전히 가려져 있다. 우리는 열이 불꽃에 일정하게 동반되는 것임을 알지만, 그것들의 연관이 무엇인지를 상상할 수 없다. 우리는 우리 마음의 작용에 대한 반성으로부터 힘의 관념을 얻지 못한다. 이는 무슨 내부적 인상이나 경험으로부터 복사되지 않는다. 그러나 이런 질문을 던질 수 있다. 우리는 매순간 내적인 능력을 의식하지 않는가? 우리는 우리의 의지의 단순한 명령에 의하여 신체의 기관들을 움직이고 마음의 기능을 지도한다고 느끼지 않는가? 의욕의 행위는 우리의 사지에 운동을 산출하거나 우리의 상상력에 새로운 관념을 낳는다. 우리는 우리의 내적 의식에서 의지의 영향력을 잘 알지 않는가? 그래서 우리는 힘 혹은 에너지의 관념을 얻는다. 그리고 우리는 우리 자신과 다른 모든 지성적 존재가 힘을 갖고 있음을 확신한다.

흄은 이 견해를 살펴보자고 말한다. 참으로 우리는 의욕에 의하여 신체의 기관에 영향을 준다. 그러나 우리는 이것이 일어나게 한 수단을 알지 못한다. 우리는 의지가 이것을 행할 때의 힘을 결코 직접 의식하지 못하며 의식할 수도 없다. 그 힘은 자연의 사건의 경우들처럼 여기 우리에게 전적으로 은폐되어 있다. 신체의 운동은 의지의 명령을 따르며, 그것이 경험이 우리에게 말해 주는 전부이다. 어떻게 그것이 이루어지는지는 신비이다. 경험은 의지와 그 작용을 결합시키고 그것들을 뗄 수 없이 만드는 비밀한 연관을 우리에게 말해 주지 않는다. 사실 마음과 몸의 전체 관계는 신비스럽다. 우리는 몸을 정신의 틀림없는 결과이게 하는 원인으로서의 마음과 결과로서의 몸의 내적 연관을 식별하지 못한다. 그처럼 우리는 우리의 의지가 우리의 사유를 어떻게 통제하는지 알 수 없다. 마음이 관념을 산출하는 힘을 알 수 없다. 우리는 그런 힘을 발견하지 못한다. 우리가 아는 것은 의지가 후속하는 따라오는 관념과 사건을 명령했다는 것이다.

요약: 우리는 어떤 힘을 전혀 발견할 수 없고, 우리가 보는 것은 하나의 사건이 다른 사건을 뒤따른다는 것뿐이다. 우리는 의욕과 신체적 운동을 결합시키는 끈을 관찰하거나 파악할 수 없다. 우리는 마음이 그 결과를 산출할 때의 힘을 경험하지 못한다. 자연적 사건들에도 마찬가지이다. 하나의 사건이 다른 사건을 뒤따른다. 우리는 별개의 사건들 사이의 끈을 관찰할 수 없다. 그것들은

연접하지만 결코 **연관되어** 있지 않다. 우리는 그런 끈 혹은 힘 혹은 연관에 대한 **인상**을 전혀 받아들이지 못한다. 그래서 우리는 그것에 대한 **관념**을 전혀 가질 수 없다. 이런 식으로 볼 때 이 말은 의미 없다. 그러나 그것들은 엄밀한 의미로 사용될 때는 의미를 갖는다: 하나의 대상이 다른 것과 연관되어 있다고 할 때, 그것들이 우리의 사유에서 연관을 획득했다는 뜻으로 말한다. 전에 말했듯이, 마음은 **습관**에 의하여 하나의 사건의 나타남에서 그것의 통상적인 수반물을 기대하고 그것이 존재할 것이라고 믿게 된다. 그러므로 우리가 마음에서 느끼는 이 연관이, 하나의 대상에서 그것의 통상적인 수반물로 옮아가는 상상의 습관적 이전이, 우리가 그로부터 힘 혹은 필연적 연관의 관념을 형성하는 감정 혹은 인상이다.

그러므로 흄에 따르면, 대상들이 필연적으로 연관되어 있지 않고, 관념들이 결합에 의하여 우리의 마음에서 연결된다. 이 결합은 반복의 결과, 관습이나 습관의 결과이다. 두 관념은 너무도 자주 함께 나타났기에, 하나가 나타나면 다른 하나를 암시한다. 우리는 여기서 논리적 필연성이 아닌 심리적 필연성을 갖는다. 그리고 이 심리적 필연성은 경험에 의존한다. 이 과정은 동물에게나 아이에게나 대부분의 어른과 철학자들에게 동일하다.

인간의 사고의 또 다른 기본적 개념 혹은 범주는 실체의 범주이다. 우리는 색, 소리, 맛, 형태, 그리고 물체의 그밖의 성질을, 그 자체로 존속할 수 없고 그것들을 유지하고 지탱할 천부적 주체를 요구하는 현존들로 보지 않을 수 없다. 상상력은, 알려지지 않고 보이지 않는 어떤 것을 상상하고 그것이 온갖 성질의 변화에도 불구하고 동일하게 계속된다고 생각한다. 이 미지의 무엇이 실체이다. 그것의 성질은 우유성(accidents)이라고 불린다. 많은 철학자는 신비한 성질과 실체적 형식을 가정한다. 그러나 이 모든 것은 허구이며, 그것들은 어둠 속의 유령과 같다. 우리는 지각 외에 어떤 것에 관한 관념을 갖지 않는다. 실체는 지각과 전혀 다르다. 그러므로 우리는 실체의 관념을 갖지 못한다. 모든 성질은 다른 모든 성질과 구별되는 것이므로 독립해서 존재한다고 파악될 수 있으며 사실상 다른 모든 성질뿐만 아니라 저 불가지적인 괴물 같은 실체로부터도 독립해서 존재할 것이다.

지식의 타당성

그러므로 우리의 모든 관념 혹은 사고는 인상의 모사이며, 모든 지식은 경험에서 나온다. 그런데 이런 질문을 던져 보자. 그런 지식의 타당성은 무엇인가? 그것의 증거의 성격은 무엇인가? 인간 지식의 모든 대상은 두 가지 종류로 구분될 수 있다: 관념들의 관계와 사실의 문제. 첫째 종류에 해당하는 것은 기하학, 대수학, 산수의 진리들, 간단히 말해서 직관적으로나 논증적으로 확실한 모든 긍정(affirmation)이다. 직각삼각형의 빗변으로 형성된 정사각형의 면적은 다른 두 변으로 형성된 정사각형들의 면적의 합과 동일하다는 것은 이 도형들의 관계를 표현하는 명제이다. 셋 곱하기 다섯은 열다섯이라는 것은 이 숫자들의 관계를 표현한다. 이런 종류의 명제들은 우주 어딘가에 존재하는 것에 의존하지 않고 단순한 사유 작용에 의하여 발견될 수 있다. 자연에 원이나 삼각형이 결코 존재하지 않았더라도, 유클리드가 논증하는 진리들은 영원히 그 확실성과 자명성을 견지할 것이다.

감관이나 기억의 증거를 넘어서는 사실의 문제에 대한 모든 증거는 원인과 결과의 관계에서만 나온다. 우리가 보았듯이 원인과 결과에 대한 우리의 지식은, 경험에서 도출된다: 관습에 의해 우리는 우리의 경험이 우리에게 말하는 대상들이 종종 연접되어 있고 언제나 그럴 것이라고 추론하게 된다. 그러나 관습은 본능이며, 본능은 우리를 잘못 가게 할 수 있다. 사실 문제의 진리는 우리가 수학에서 갖는 증거와 비교할 수 없다. 모든 사실 문제의 역(逆)은 여전히 가능하다. 왜냐하면 그것의 발생이 아무런 모순을 포함하지 않을 것이기 때문이다. 해가 내일 뜨지 않을 것이라는 것도 역시 이해할 수 있는 명제이며, 해가 뜰 것이라는 명제처럼 모순을 포함하지 않는다. 여기서 우리는 확실하고 자명한 지식을 다루지 않고 개연성을 다루고 있다.

실체에 관하여 우리는 전혀 관념을 갖지 못한다. 그리고 그것들은 지식에서 아무런 자리를 차지하지 못한다. 그러나 이런 질문을 던질 수 있다. 왜 실체의 경우가 아닌 원인의 경우에는 상상력을 신뢰하는가? 흄의 대답은, 우리가 원인으로부터 결과로의 습관적인 이전과 같이 영구적이며 불가항력적이고 보편적인 원리들과, 실체, 실체적 형상, 우연, 불가해한 성질과 같이 변화 가능하고 취약하고 불규칙적인 원리들을 구별해야 한다는 것이다. 전자는 우리의 모든 사고와 행위의 토대여서, 그것들이 없을 경우 인간 본성은 필연적으로 소멸하고 파멸될 것이다. 후자는 인류에게 불가피한 것도 아니고, 삶의 행위에서 필연적이며 유용한 것도 아니다.

그래서 우리는 사실 문제들에 대한 절대적이며 자명한 혹은 확실한 지식을 갖지 못한다. 우리의 지식은 결코 절대적 확실성에 도달하지 못한다. 우리는 우리의 결론을 경험 위에 둔다. 우리는 미래가 과거와 비슷할 것이라고 믿는다. 그러나 우리는 사물들이 변하지 않을 것이라는 절대적 확신을 갖지 못한다. 하지만 우리가 자연이 규칙적이고 제일적(齊一的)이라는 신념에서 활동하지 않으면 삶은 불가능할 것이다. 우리의 회의론에서는 어떤 실천적 선(善)도 나올 수 없다. 관습이 모든 회의적 반성을 고치는 최고의 약이다.

외부 세계에 대한 지식

감관의 증거만이 절대적으로 신뢰할 수 있는 것은 아니다. 우리는 이성에 의해 그것의 증거를 바로잡아야 한다. 우리는 자연적 본능에 의하여 우리의 감관을 신뢰하고, 추론 없이, 대개 이성의 사용에 앞서서, 외부 우주를 받아들인다. 우리는, 모든 감각적 피조물이 전멸하더라도 우주가 존재한다고 가정한다. 하지만 철학적 반성을 조금만 해도, 모든 사람의 본능적 견해는 능히 파괴되고 만다. 심상이나 자각 말고 마음에 현존할 수 있는 것은 없다. 우리는 지각이 (어떤 식으로 닮긴 하겠지만) 자신과 전혀 다른 외부 대상에 의하여 야기되었음을 증명할 수 없다. 경험은 여기서 침묵한다. 왜냐하면 우리는 오직 지각만을 마음에 갖기 때문이다. 우리는 두 지각 사이에서 원인과 결과의 관계를 발견하지만, 지각과 대상 사이에서는 그것을 결코 발견할 수 없다. 여기서 우리는 인과적 추론에 의하여 지각에서 대상으로 나아갈 수 없다. 만일 우리가 제이 성질뿐만 아니라 제일 성질을 물질에서 제거하면, 남는 것은 오직 우리의 인상의 원인인 어떤 미지의 불가해한 무엇뿐이다. 이는 의미가 완전히 제거되어 어떤 회의론자라도 그것의 실재성을 논란할 가치가 있다고 생각하지 않는 그런 것이다. 우리의 모든 지식의 대상은 인상과 그것들에서 도출된 관념이다. 이것들이 외부 대상에 의하여 혹은 미지의 실체에 의하여 혹은 우리 자신에 의하여 혹은 신에 의하여 야기되었다는 증거는 없다. 그러므로 우리가 할 수 있는 것은 우리 자신을 경험의 세계, 우리의 인상과 관념에 제한하는 것뿐이다. 우리는 우리의 관념을 비교하고, 그것들의 관계를 주목하고, 관계들에 관하여 추론하여 일종의 논증적 지식을 얻을 수 있다. 우리는 또한 우리의 감각의 순서를 관찰할 수 있다. 습관이나 관습을 통하여 우리는 하나의 대상이 소위 원인과 결과라는 관계에 의하여 다른 대상과 연관되어 있음을 보게 된다.

우리는 인간 지성의 협소한 능력들에 가장 잘 맞는 그런 대상에 우리의 탐구를 제한해야 한다. 철학적 결단은 방법론화하고 수정된, 공동 생활의 반성에 지나지 않는다. 철학자들은 자신들이 사용하는 능력들의 불완전성, 자신들의 협소한 능력 범위, 자기들의 부정확한 기능을 고려하는 한에서 공동 생활을 넘어가려는 유혹을 받지 않을 것이다. 우리는 우리의 인상과 관념 뒤에 있는 우리의 인상의 기원이나 우주의 궁극적 구성에 관한 만족스러운 답을 얻을 기대를 결코 할 수 없다.

영혼-실체의 부정

그러므로 우주의 궁극적 기원과 본질에 관한 지식이라는 의미에서 형이상학은 불가능하다: 이성적 우주론은 전혀 불가능하다. 우리는 또한 영혼의 본질에 관한 학문인 이성적 심리학을 가질 수도 없다. 우리는 비물질적이며 분리불가능하고 사멸 불가능한 영혼-실체에 관하여 전혀 알지 못한다. 실체의 관념은, 물질에 적용하든 마음에 적용하든 무의미하다. 사유하는 실체의 단순성과 불가분리성의 이론은 경험적 증명에 의하여 확증될 수도 반박될 수도 없다. 몇몇 철학자들이 주장하듯이, 우리는 단순하고 동일한 자아의 관념을 갖지 못한다. 그런 단순하고 계속적인 원리가 우리 안에 있다는 경험적 증거는 없다. "내가 나 **자신**이라고 부르는 것 안으로 긴밀하게 들어갈 때, 언제나 뜨거움이나 차가움, 밝음이나 그늘, 사랑이나 미움, 고통이나 쾌락에 관한 이런저런 특정한 지각에 걸려 넘어진다." 마음은 "상이한 지각의 다발 혹은 모음이며, 이는 파악할 수 없는 속도로 서로 계기하며 영속적 흐름과 운동 가운데 있다. 마음은 몇몇 지각이 계기적으로 모습을 보이고 지나가고 다시 지나가고 흘러 사라지며 무한히 다양한 상태와 상황 속에 섞이는 일종의 극장이다. 그 안에는 하나의 시점에서 **단순성**이 없으며, 다른 시간들에서 **동일성**이 없다."(『인성론』, 1권 4부 6절)

극장의 비유는 매우 분명하다. 마음을 형성하는 지각들은 주마등같이 연속적으로 서로 계기(繼起)한다. 우리는 이 장면들이 재현되는 장소나 그것들이 구성하는 재료에 대하여 막연한 개념조차 갖지 못한다. 모든 판명한 지각은 판명한 현존(existence)이며, 동시적이든 계기적이든 모든 다른 지각과 상이하고, 구분 가능하고, 분리 가능하다. 이 동일성 관계는 우리의 여러 지각들을 실제로 결합하는 무엇인가? 아니면 그것은 상상력에서 우리의 지각들을 연상할 뿐인가? 한 인격의 동일성에 관하여 천명할 때, 우리는 그 인격의 지각들 가운데서 어떤 실제적 연대를 관찰하는가, 아니면 우리들이 형성하는 관념들 사이에서 하나임을 느낄 뿐인가? 원인과 결과의 결합조차도 관념들의 통상적 결합으로 해소된다. 그래서 자기 동일성은 실제로 이 상이한 지각들에 속하고 그것들을 결합하는 것이 아니다. 그것은 우리가 그 지각들을 반성할 때 상상력에서의 그 관념들의 결합 때문에 우리가 그 지각들에 귀속시키는 하나의 성질에 불과하다. 마음은 어떤 관계에 의하여 결합된 상이한 지각들의 무더기 혹은 모음에 불과하며, 그릇될지라도 완전한 단순성과 동일성을 부여 받은 것으로 가정된다.

자유와 필연성

필연성과 인과성의 관념들은 전적으로 자연의 작용들에서 관찰 가능한 제일성(齊一性, uniformity)에서만 등장한다. 비슷한 대상들이 일정하게 결합되는 곳에서, 마음은 관습에 의하여 하나의 나타남에서 다른 하나를 추론하도록 결정된다. 비슷한 대상의 일정한 연접과 그에 따라 하나에서 다른 하나로의 추론을 넘어서, 우리는 어떤 필연성이나 연관의 개념을 갖지 않는다. 이 필연성의 개념은 자연에 있는 연관뿐만 아니라 사람들의 자발적 행위에도 적용한다. 인간의 의지에 적용될 경우 필연성 이론은, 우리가 스피노자의 철학에서 보았던 바와 같이, 극단적 결정론에 이른다. 흄은 자유와 필연성에 관한 논쟁이 몇몇 가지적(可知的) 정의들로 끝낼 수 있는 오해 때문에 발생한다는 의견을 갖고 있다.

확실히 인간의 행위에는 커다란 제일성(齊一性)이 있다. 동기와 자발적 행위의 연접은 자연의 어떤 부분에 나타나는 원인과 결과 사이에서만큼 일정하고 제일적이며, 사람들 가운데서 보편적으로 인정받아 왔다. 자발적 행위의 제일성이나 규칙성 그리고 동기로부터 자발적 행위로의, 성품에서 행동으로의 추론 가능성이라는 의미에서 어떤 종류의 학문이나 행위에 종사할 수는 거의 없어 보인다. 그러나 왜 사람들은 이 이론을 말로써 반대하는가? 그것은 절대적 필연성이라는 잘못된 개념을 갖고 있기 때문이다. 그들은, 자신들이 자연에서 원인과 결과의 필연적 연결과 같은 것을 지각하지만 자신의 마음의 작용에 관하여 반성할 때는 동기와 행위 간의 그런 연관을 느끼지 못한다고 믿는다. 하지만 엄밀하게 이해할 때 필연성은 행동의 제한이 아니라 행동의 제일성, 동기와 결과의 일정한 연접이다.

자유 의지 문제에 관한 흄의 입장은, 의욕의 규칙성과 제일성을 주장하면서도 스피노자의 필연성 이론의 극단에 이르지 않으려 하는 결정론이다. 게다가 그는 선행하는 동기 및 상황과 연관되지 않은 원인 없는 의욕이라는 의미에서 자유를 배격하지만, 사람이 행위의 자유를 갖고 있다고 할 수 있는 중요한 의미가 있음을 발견한다. "자유는 의지의 결정에 따라 행동하거나 행동하지 않는 능력이다. 즉 우리가 정지 상태로 있기로 결정하면 그렇게 할 수 있다. 만일 움직이기로 선택하면 그렇게도 할 수 있다."(『인간 오성론』) 그러므로 흄의 견해에서 자유 의지에 관한 논쟁은 순전히 언어적인 것이다. 철학자들은 자유와 필연성, 자유와 결정론과 같은 개념의 일관된 정의들을 채택한다면, 자기들끼리 그리고 다른 사람들과 의견을 같이할 수 있다.

그렇게 설명할 때 자유와 필연성의 이론은 윤리와 일관될 뿐만 아니라 윤리의 지지에 절대적으로 필요하다. 필연성은 유사한 대상들의 일정한 연접 혹은 하나의 대상에서 다른 대상으로 나아가는 오성의 추론이다. 우리는 인간의 행동에서 추론을 끌어낸다. 그것들은 유사한 행동과 유사한 동기의 경험된 결합에 근거한다. 만일 행동이 그 행동을 수행한 사람의 성품과 성향의 어떤 원인에서 나오지 않으면, 그 사람은 그 행동에 대하여 책임지지 않을 것이다. 그러나 자유가 없을 경우, 인간의 행위는 도덕적 성질을 가질 수 없으며, 승인이나 혐오의 대상이 될 수 없다. 행동이 도덕적이라고 불리려면, 내적인 인격의 성품, 정념, 성정으로부터 나와야 한다. 그런 의미에서 행동은 자유롭다. 행동이 외적 대상으로부터만 도출될 경우에는, 그 행동은 칭찬이나 비난을 야기할 수 없다: 그것은 자유롭지 못하다.

신

우리는 세계의 독립적 존재를 논증할 수 없다. 물론 세계가 존재한다고 믿기는 하지만 말이다. 그래서 이성적 우주론은 불가능하다. 또한 우리는 영혼-실체의 존재와 영혼의 불멸성을 논증할 수 없다: 이성적 심리학은 불가능하다. 마지막으로 우리는 신의 본질, 그의 속성, 그의 작정, 그의 섭리적 계획에 관하여 어떤 것도 논증할 수 없다. 인간 이성은 너무도 약하고 맹목적이고 그 범위에서 제한되므로, 이런 문제를 해결할 수 없다; 이성적 신학은 불가능하다.

돌의 부분의 응집성 혹은 돌이 연장되도록 하는 부분들의 구성이 너무 설명하기 복잡하고 매우 조화되지 않고 모순되는 상황을 포함할 때, 우리는 어떤 확신을 갖고 세계들의 기원을 결정하고 영원에서 영원으로 그 역사를 추적할 수 있는가? 우리는 사물들의 현 상태 이전과 이후의 두 영원으로 사색을 펼칠 때 우리의 능력의 범위를 훌쩍 뛰어넘어 버린다: 우주의 창조와 형성, 정신의 존재와 속성, 시작과 끝이 없이 존재하며 전능하고 전지하고 불변하고 무한하고 불가해한 하나의 보편적 정신의 능력과 작용에 관하여 사색을 펼칠 때 그렇게 된다.

문제는 신의 존재(being)에 관한 게 아니라 그의 본질에 관한 것이다. 신의 존재만큼 확실한 진리는 없다. 그것은 우리의 모든 소망의 기초이며, 도덕의 가장 확실한 토대이며, 사회의 가장 굳건한 받침대이다. 원인 없이 존재하는 것은 없으며, 이 우주의 시원적 원인(그것이 무엇이든지간에)을 우리는 신이라고 부르며, 경건하게 모든 종류의 완전을 그에게 귀속시킨다. 그러나 우리는 이 신적 존재의 속성을 파악할 수 없고, 그의 완전이 인간 피조물의 완전과 유사성이나 비슷함을 갖고 있다고 가정할 수 없다. 흄은 특별히 **계획으로부터의 논증** 즉 소위 목적론적 증명을 반대하여 공격을 펼친다. 이 증명은 우주의 질서와 아름다움과 선함으로부터 신의 존재(existence), 지혜, 선함을 추론하려고 한다. 사례들이 정확하게 비슷하지 않다면, 여기서 우리는 유비(analogy)에 의한 추론을 완전하게 신뢰할 수 없다. 우주 그리고 집과 배와 가구와 기계 사이에는 큰 차이가 있다. 그리고 우리가 결과에 있는 약간의 유사성으로부터 유사한 원인을 추론하면 정당하지 못하다.

참으로 지성은 자연의 어떤 특정 부분들이 다른 부분들에 나타난 변화를 산출하게 하는 능동적 원인이다. 그러나 우리가 사람이나 다른 동물에게서 발견하는 사고나 계획이나 지성은 뜨거움이나 차가움, 인력이나 척력, 우리가 매일 관찰하는 수백 가지 그런 것들처럼 우주의 원천과 원리 가운데 하나에 다름 아니다. 우리는 부분으로부터 전체로 정당하게 결론을 내릴 수 없다. 그러나 그럴 수 있다 해도, 우리가 사고를 전체 우주의 모델로 삼아야 하는 무슨 특별한 특권이 사고에 속해 있는가? 우리는 자연이 매우 막대한 우주의 구석구석에서 부단없이 자신을 복제하고 있다고 상상할 수 있는가? 만일 우리가 집을 볼 경우, 집의 건축자가 있음을 매우 큰 확신을 갖고 결론짓는다. 왜냐하면 이는 우리가 그런 유의 원인으로부터 경험한 바로 그런 유의 결과이기 때문이다. 그러나 우주가 집과 그처럼 정확한 유사성을 갖고 있지 않기 때문에 우리는 동일한 확신을 갖고 비슷한 원인을 추론할 수 없으며, 혹은 여기서 유비는 전체적이며 완전하지 못하다. 상이성이 너무 분명하므로, 우리가 여기서 주장할 수 있는 것은 비슷한 원인에 관한 추측, 짐작, 가정뿐이다.

우리는 신을 인간 정신과 비슷한 것으로 표상할 수 없다: 그렇게 하면 신인동형론에 빠지게 될 것이다. 인간의 정신은 부단없이 변화한다. 그러나 신에게 귀속되는 완전한 불변성과 단순성은 변화와 양립할 수 없다. 게다가 물질 세계에서 중단할 이유가 무엇인가? 최고 존재의 이성을 구성하는 상이한 관념들이 자신들의 본질에 의하여 스스로의 질서를 갖춘다고 말하는 것은, 물질 세계의 부분들이 자신들의 본질에 의하여 스스로의 질서를 갖춘다고 말하는 것 못지 않게 명백하다. 우리는 이를 행하는 물질에 대한 경험을 갖고 있고, 그것을 행하는 마음에 대한 경험을 갖고 있다.

신의 본질을 우주의 본질로부터 추론하는 시도는 큰 실패로 끝나지 않을 수 없다. 우리는 이 신인동형론적 추론 방법에 의하여 무한성을 신적 존재에 귀속시킬 수 없다. 왜냐하면 그 결과가 무한하지 않기 때문이다. 완전을 귀속시킬 수도 없는데, 이는 우주가 완전하지 않기 때문이다. 심지어 우주가 완전하다 해도, 작품의 모든 탁월성을 만든 자에게 귀속시켜도 정당한지 여부는 여전히 불확실한 상태로 남는다. 이 체계가 등장하기 전에 영원부터 많은 세계가 엉성하게 만들어질 수 있었고, 많은 수고가 헛된 일이 되고, 많은 시도가 결실 없이 끝났으며, 세계 형성의 기술에서 느리지만 지속적인 개선이 무한한 시대 동안 이루어졌다. 게다가 이 논증으로부터 신의 통일성에 대한 증거가 존재하지 않는다. 아마 하나의 세계를 만들 때 많은 신들이 제휴했을 수 있다. 또 인간은 죽을 운명이며 생식에 의하여 자신의 종족을 갱생시킨다. 그래서 우리가 유비에 의하여 추론할 경우, 왜 이 보편적 상황을 이 신성들에서 배제해야 하는가? 그리고 왜 우리의 신인동형론을 완결짓고서 하나의 신 혹은 다수의 신에게 몸[體]을 귀속시켜야 하는가?

흄에 따르면, 신인동형론보다 좀 더 그럴 듯한 가정은, 세계가 동물이며 신이 세계의 정신으로서 세계를 실현하고 세계에 의하여 실현되는 것으로 추론하는 가설이다. 세계 자체는 분명히 시계나 베틀보다 동물이나 식물과 비슷하다. 그러므로, 세계의 원인이 후자의 원인(생식이나 식물 성장)과 비슷할 가능성이 크다.

참으로 이런 사색은 세계에 대한 공상이다. 우리는 우주 발생론 체계를 수립할 만한 자료를 갖고 있지 않다. 우리의 경험은 제한되고 불완전하여, 사물들 전체에 관하여 추측할 만한 가능한 토대를 제공할 수 없다. 그러나 세계를 동물에 비유하는 가설은 세계를 인간의 고안물과 비교하는 것보다 개연성 있다. 참으로 후자보다 전자의 경우에 유사성이 더욱 분명하다

흄은 또한, 우리가 사람들의 도덕적 속성과 비슷한 속성을 가지는 존재에 대한 체험을 우주로부터 추론할 수 없음을 지적한다. 자연의 목적과 의도는, 종족의 보존과 증식이지 그들의 행복인 것 같지 않다. 세상에는 비참함이 행복보다 많다. 세상에 있는 고통의 사실은, 신이 자비하지 않거나 전능하지 않음을 증명할 것이다. 물리적 악과 도덕적 악은 우리로 하여금 선한 신을 추론하지 못하게 한다. 인간 이성은 너무 약해서 우주의 목적을 이해할 수 없다고 말할 수 있을

것이다. 그러나 이는 우리가 신의 선함에서 무엇을 추론하지 못하게 한다. 인간은 자신이 아는 것으로부터 추론해야지, 자신이 모르는 것으로부터 추론해서는 안 된다.

우리는 신이 필연적으로 현존하는 존재임을 선험적으로 논증할 수 없다. 그 비현존이 모순을 함축하는 존재는 없다. 우리는 그의 현존을 그의 본질의 필연적 결과로서 증명할 수 없다. 왜냐하면 그 본질이 무엇인지 우리가 알지 못하기 때문이다. 우리가 아는 모든 것에도 불구하고, 물질적 우주는 그것의 비현존을 파악할 수 없게 만드는 성질을 가질 수 있다.

종교의 기원에 관하여, 흄은 신에 대한 믿음이 사색이나 호기심의 결과나 진리에 대한 참된 사랑의 결과가 아니라 행복에 대한 인간의 강렬한 관심, 미래의 비참함에 대한 그의 걱정, 죽음에 대한 공포, 복수에 대한 갈망, 음식에 대한 욕구, 다른 필요들에 근거한다고 주장한다. 유신론이 아니라 다신교 혹은 우상 숭배가 최초이자 가장 고대적인 종교였음에 틀림없다.

흄은 이런 회의론적 성찰에도 불구하고 훌륭한 지성을 가진 사람이 신의 관념을 제시받을 때 거절할 가능성은 거의 없어 보인다고 천명한다. 목적, 의도, 계획이 모든 것에 분명히 나타나며, 우리의 파악 능력이 이 가시적 체계의 맨처음 등장을 명상할 만큼 널리 확대될 때 지극히 강렬한 확신을 갖고서 어떤 가지적 원인이나 창시자의 관념을 받아들여야 한다. 비가시적이며 예지적인 능력을 믿는 보편적 성향은, 원초적 본능이 아니지만 적어도 인간 본성에 따르는 일반적인 것이므로, 신적 제작자가 자신의 작품에 놓아 둔 일종의 표 혹은 인(印)으로 간주될 수 있다. 이런 지적들을 앞에서 언급한 것에 비추어 볼 때 얼마나 진지하게 받아들여야 할 것인지는 독자가 스스로 결정할 문제이다.

주의주의(主意主義)와 반(反)지성주의

신학은 논증 가능한 학문이 아니다. 우리는 신의 현존이나 속성을 증명할 수 없다. 목적론적 논증은 불완전하다. 신인동형론은 편견이다. 흄은 **유기체적** 우주론에 경도되어 있었는데, 이런 점에서 18세기의 이상(理想)과 대립된다. 종교의 기원에 관한 그의 견해 또한 18세기의 개념과 조화를 이루지 않는다. 18세기의 개념에 따르면, 종교는 원초적 인간의 이성적 능력들 때문에 생겼거나 꾀 많은 사제들의 창작물이다. 흄은 그런 이론들을 모두 배격한다: 신을 믿는 믿음 은 사변적 추론의 결과가 아니라 인간의 정서적·충동적 본성에 근거한다. 지성 주의적 혹은 합리론적 설명이 **주의주의적** 개념으로 대체된다: 종교는 의지에 뿌리를 둔다. 게다가 종교는 만들어지지 않고 **성장**한다. 유신론은 다신론에서 발전했다.

흄은 동일한 견해를 자신의 국가론에 도입했다. 그는 신학적 개념들을 배격 하고, 18세기에 호의를 획득했던 계약론을 배격한다. 전체적 복종에 대한 맹약 이나 동의는 명시적으로 형성되지 않았다. 왜냐하면 이 관념은 야만인의 파악 능력을 넘어서기 때문이다. 추장에게서 권위의 행사는 각각 구체적이었고 사 정이 당장에 시급하여 표출되었을 게 틀림없다. 그의 중재로 감각적인 효용이 생기자, 매일 권위의 행사가 더욱 빈번해졌고, 권위 행사의 빈번함이 점차 습관 적인, 말하자면 자발적이며 따라서 불확실한 묵종을 사람들 안에 형성시켰다. 숲과 황야에서 통치가 생겼다고 볼 수 있다면, 백성들은 모든 권력과 사법의 원 천이며, 평화와 질서를 위하여 자발적으로 자신의 본유적 자유를 포기하고 동 료와 동반자들로부터 법률을 받았다. 여기서 합리론적 개념이 **역사적** 혹은 발 생적 관점에 길을 내준다.

53. 영국에 나타난 합리론적 반발

케임브리지의 플라톤주의

경험론이 로저 베이컨과 오컴의 윌리엄의 시대 이후로 현재까지 영국의 사 상에 지배적인 경향이었지만, 이 학파에 대한 반대가 완전히 사라진 것은 결 코 아니다. 스콜라주의의 합리론적 전통은 대학과 신학교들 사이에 여전히 살 아 있었고, 유심론적 철학 체계가 홉스, 로크, 흄의 급진적 사색의 반발로서 등 장했다. 케임브리지 교수 랄프 커드워스(Ralph Cudworth, 1617-1688)는 저서 「참 되고 지적인 우주 체계」(*True Intellectual System of the Universe*, 1678)에서 홉스의 무신 론적 유물론적 가르침을 그리스도교적 플라톤주의의 관점에서 반대한다. 모든 사람은 동일한 근본 개념 혹은 범주를 갖고 있으며, 명석판명하게 지각되는 것은 참되다. 이 선험적 범주는 보편적 이성, 신의 정신의 불변적 반영물들이며, 그처럼 사물들의 본성 혹은 본질을 형성한다. 그런 본유적 진리들 가운데 도덕 법칙이 있으며, 이 법칙들은 수학의 공리처럼 신에게 구속력을 갖는다. 커드워스의 윤리 철학은 그의 유작 「영원하고 불변적인 도덕에 관한 연구」(*Treatise Concerning Eternal and Immutable Morality*, 1731), 「자유의지론」(*A Treatise of Free Will*, 1838)에 제시되어 있다.

영국의 경험론을 반대하는 케임브리지의 플라톤주의자들로는, 헨리 모어(Henry More, 1614-1687; 「형이상학 편람」[*Enchiridion metaphysicum*], 「윤리학 편람」[*Enchiridion ethicum*, 1668]), 테오필루스 게일(Theophilus Gale, 1628-1677; 「보편 철학」[*Philosophia universalis*, 1676]), 존 노리스(John Norris, 1657-1711; 「이상 혹은 가지적 세계의 이론에 관한 연구」[*An Essay towards the Theory of the Ideas or Intelligible World*, 1701, 1704]) 등이 있다.

사변적이면서 윤리적이고 경험에서 도출되지 않는, 보편적이며 필연적인 진리가 있다는 합리론적 개념이 18세기 영국 사상에 계속된다. 새뮤얼 클락(Samuel Clarke, 1675-1729; 「자연종교의 불변적 의무에 관한 대화」[1708])은 사물의 영원하고 필연적인 차이와 관계가 있으며 신적 인간적 이성이 이것들을 있는 그대로 지각한다고 가르친다: 올바른 수학적 증명이나 도덕 진리에 동의하지 않을 수 있는 사람은 없다.

윌리엄 월래스턴(William Wollaston, 1659-1724; 「자연종교 개설」[1722])과 리처드 프라이스(Richard Price, 1723-1791; 「도덕의 주요 문제에 대한 개관」[1758], 「유물론과 철학적 필연성에 관한 서간」[1778])는 이 견해에 동의하며, 나중에 리드(Reid)와 그의 학파의 스코틀랜드 철학이 이 견해를 취한다.

스코틀랜드 상식 철학파

토머스 리드(1710-1796)가 이끌던 스코틀랜드 학파는 버클리의 관념론과 흄의 회의론에 대한 반대를 대표한다. 경험론은 인류의 상식이 지식의 가장 확실한 사실로 받아들이는 것들에 대한 부정으로 끝났다. 즉 외부 세계와 불멸적 영혼의 존재를 부정하고 말았다. 참으로 경험론은 이 진리의 가능성을 문제 삼았다. 만일 실체와 인과성의 범주가 단지 착각이라면, 대상들이 우리의 지성 속에 있는 단순한 관념이라면, 실체적 영혼이 없고 신의 현존이 논증될 수 없다면, 철학은 붕괴한다. 왜냐하면 철학은 인류의 공통된 의식과 모순될 수 없기 때문이다. 감각은 대상의 실재성에 대한 직접적 신념을 동반하고, 이 직접적 확실성은 진리의 표준을 우리에게 제공한다. 모든 증명은 그런 직접적 지식, 증명할 수 없는 자명한 원리에 근거한다. 이 원리들과 진리 기준에 대한 지식은 상식이다: 우리가 관찰에 의하여 발견하는 그런 원리들은 필연적 진리의 제일 원리이거나 우연적 진리의 제일 원리이다.

리드는 전자에 속하는 것으로서 논리학과 수학의 공리, 문법과 취미와 도덕과 형이상학의 원리들을 언급한다. 후자에 속하는 것으로는 내가 의식하는 모든 것의 현존을 나열한다. 나는 내가 나의 자아, 나의 정신, 나의 인격이라고 부르는 한 존재의 사유를 의식한다. 나는 또한 나의 인격적 동일성과 지속적 현존을 의식한다. 우리가 우리의 감관으로 명석하게 지각하는 사물들은 실제로 존재하며, 우리가 지각하는 바로 그것이다. 우리는 진리와 오류를 구분할 수 있는 자연적 능력에 의존해도 된다.

스코틀랜드 학파의 구성원들로는, 제임스 비티(James Beattie, 1735-1803), 제임스 오스월드(James Oswald, 1793년 사망), 더갤드 스튜어트(Dugald Stewart, 1753-1828; 「작품집」[해밀턴 편집, 1854-1858]) 등이 있다. 토머스 브라운(Thomas Brown, 1778-1820; 「원인과 결과의 관계에 관한 연구」[1803])은 흄의 가르침과 상식의 철학을 조화시키려 한다.

제14장

독일 합리론의 발전

54. 고트프리트 빌헬름 라이프니츠(Gottfried Wilhelm Leibniz)

고트프리트 빌헬름 라이프니츠(1646-1716)는 라이프치히에서 태어나 예나와 알트도르프 대학에서 법률, 철학, 수학을 공부하여, 20세에 알트도르프 대학에서 법학박사 학위를 받았다 그의 스승으로는, 저명한 크리스티안 토마시우스의 아버지 야콥 토마시우스와 베이겔(E. Weigel)이 있었다. 선제후의 법률 절차 개혁에 종사하던 마인츠 체류기간(1670-1672)과 외교 사절로 파리에서 지내던 기간(1672—1676) 이후에, 그는 궁정 고문과 사서로 하노버에 부름을 받아 갔다. 그는 죽을 때까지 그 직책으로 봉사했다.

대체로 라틴어와 프랑스어와 독일어로 기록된 (저명한 학술지에 게재됨) 짧은 논문과 개인적 서간으로 구성된 그의 저술들로는, 「인식과 진리와 이념에 대한 명상」(1684), 「물체의 본질이 연장에 있는지의 문제에 관한 서간」(1691), 「자연의 신체계」(1695), 「인간 오성 신론」(로크의 「인간 오성론」에 대한 대답, 1704; 1765년에 처음 출판됨), 「자연론」(1698), 「신정론」(1710), 「단자론」(1714), 「자연과 은총의 원리」(1714) 등이 있다.

라이프니츠 이전의 독일 문화

18세기 이전 여러 세기 동안 독일의 철학은 별다른 업적을 이루지 못했다.

종교개혁과 30년 전쟁(1618-1648) 이후의 무익한 신학 논쟁들은 과학과 철학의 발전에 바람직하지 못했다. 같은 세기에 영국은 셰익스피어, 베이컨, 밀턴, 로크를 배출하고, 프랑스는 몽테뉴, 코르네이유(Corneille), 라신(Racine), 몰리에르, 파스칼, 데카르트를 배출했지만, 루터의 조국은 문화의 수준이 낮았다. 독일어는 문학적 도구로서 사라져 버린 듯했다: 상류 계급은 프랑스어를 사용했고 학자들은 여전히 라틴어로 글을 썼다. 평민들만 모국어를 사용했던 것이다. 프랑스 문화는, 프랑스의 온정주의의 모델을 본뜨고 프랑스의 예절을 모방했던 수많은 궁정을 통하여 소개되었다. 독일이 독립 지역의 공국들로 분열되면서 민족주의의 정신이 쇠퇴했고, 독일인들은 독일어 이름을 부끄러워하기 시작했다. 영국과 프랑스의 대학들과 달리 독일 대학은 근대 사상을 퍼뜨리는 데 참여하지 못했다.

새로운 학문과 철학은 대학 바깥에서 발전했고 식자층들에 의하여 장려되었다. 독일에서 새로운 문화의 맨 처음 위대한 대표자로는 자연법 이론을 옹호한 푸펜도르프(Samuel Pufendorf, 1632-1694), 독일어로 최초의 정기 간행물을 출간하고 라이프치히 대학에서 독일어로 강의한 최초의 인물인 크리스티안 토마시우스(1655-1728), 그 가운데 가장 위대한 인물로서 라이프니츠가 있었다. 그는 수학과 법률학과 철학에서 명성을 떨쳤다. 스피노자와 라이프니츠와 서신을 교환했던 발터 폰 취른하우젠(Walter von Tschirnhausen, 1651-1708)은 수학적 방법을 받아들였지만, 모든 연역이 경험의 사실에서 시작해야 하고 경험에서 그 검증을 발견해야 한다고 주장했다. 이 모든 사상가는 독일에서 근대주의의 개척자이며, 영국과 프랑스에서 이미 씨를 뿌리기 시작했고 레싱과 괴테와 칸트의 조국에서 풍성한 추수를 걷게 될 계몽운동의 선구자였다.

문제

데카르트는 설명의 두 원리로 육체와 정신을 가정하는데, 이 둘의 본질적 속성은 각각 연장과 사유이다. 스피노자는 하나의 보편적 실체를 정립하는데, 이 실체는 연장되었으면서도 사유하는 것으로 파악된다. 두 철학자는 물리적 영역과 정신적 영역을 두 개의 절대적으로 폐쇄된 체계로 간주하는데, 데카르트

고트프리트 빌헬름 라이프니츠

는 인간의 뇌의 한 지점에서 둘의 상호 작용을 허용하는 반면 스피노자는 상호 작용을 전혀 허용하지 않는다는 점에서 차이가 난다. 둘은 모든 물리적인 것이 물리적으로 설명된다는 데 의견을 같이했다: 물체적 우주는 기계이다. 근대철학자들과 근대 자연과학자들은 기계적 설명을 똑같이 받아들였다. 하지만 이는 대부분의 대학을 지배하던 스콜라주의 출신의 신학적 철학으로부터 강렬한 반대를 받았고, 세계에서 신적 목적을 고려하지 못하는 불경건한 교리로 정죄받았다.

라이프니츠는 선배들과 마찬가지로 대학에서 스콜라주의 형이상학을 배워 알게 되었고, 젊은 시절 프로테스탄트 스콜라주의자들의 전통적 세계관에 동의했다. 그러나 근대철학과 과학의 연구, 특별히 미분 계산의 발견으로 그의 사상은 괄목할 진보를 이루게 되었으며, 그는 그리스도교—스콜라주의적 사변의 고귀한 요소들뿐만 아니라 근대 과학과 철학의 업적을 정당하게 평가할 이론이 필요하다는 생각을 갖게 되었다. 간단하게 말해서 기계론과 목적론, 자연과학과 신학, 근대철학과 고대 철학을 조화시킬 체계가 필요하다는 생각 말이다. 자신의 스승 예나 대학의 수학자 바이겔은, 나중에 세계관을 구축하는 라이프니츠의 모든 활동의 토대이자 지도 원리로 내내 남게 되는 한 개념이 진리임을 라이프니츠에게 확신시켰다. 그것은 바로 우주 조화에 관한 피타고라스적-플라톤적 이론이다. 라이프니츠는 우주가 수학적 논리적 원리에 의하여 지배되는 조화로운 전체이며, 그러므로 수학과 형이상학이 근본 학문이며 논증적 방법이 철학의 참된 방법이라는 사상을 결코 포기하지 않았다.

힘(Force)의 이론

라이프니츠는 새로운 과학의 전제들을 탐구하는 그것들이 부적절하다는 것을 발견하였다. 그가 느끼기에는 물리학의 사실조차도 단순히 연장된 물체와 운동의 가설로서 만족스럽게 설명될 수 없었다. 데카르트는, 운동량이 일정하다고 가르쳤다. 그러나 물체는 정지하게 되다가 운동하기 시작한다: 운동이 사라지다가 획득되는 것처럼 보인다. 이는 계속성의 원리, 자연이 도약하지 않는다는 원리를 위반할 것이다. 운동이 정지할 때 지속되는 무엇이 있어야 한다. 즉 운동의 근거가 있어야 한다: 이는 힘 혹은 물체가 운동하고 그 동작을 계속하려는 경향인 코나투스(conatus)이다. 그래서 작용하지 않는, 힘의 표현이 아닌 실체는 없다: 작용하지 않는 것은 존재하지 않는다. 오직 능동적인 것만 실재한다. 결과적으로 연장이 아니라 힘이 물체의 본질적 속성이다. 그래서 운동 보존의 법칙은 에너지 혹은 힘 보존의 법칙에 길을 내주어야 한다. 연장이 물체의 본질적 속성이 될 수 없다는 또 다른 증거는, 연장의 구성적 본성에서 발견된다: 부분들로 구성된 것은 일차적인 원리가 될 수 없다. 단순한 것이 필요하며, 힘은 그와 같이 단순하고 분리 불가능한 실재이다.

라이프니츠의 철학에서 자연의 기하학적 혹은 정태적 개념은 **역동적** 혹은 **에너지** 견해로 대체된다. 물체는 연장 때문에 존재하는 게 아니라, 연장이 물체 혹은 힘 때문에 존재한다. 힘 없이, 역동적 물체 없이 연장이 있을 수 없다. 데카르트에 따르면 물체의 현존이 연장을 전제한다. 라이프니츠에 따르면 연장이 물체 혹은 힘의 현존을 전제한다. 힘은 "기계적 세계의 원천"이며, 기계적 세계는 힘의 감각적 현상이다. "연장은 물체에서 성질, 속성 혹은 스스로 연장하며 펼쳐지며 계속되는 본질을 전제한다." 물체에는 모든 연장을 선행하는 힘이 있다. 물체가 침투 불가능하고 제한되는 것처럼 혹은 물질처럼 보이는 것은 물체 내의 저항력 때문이다. 힘의 모든 단위는 영혼과 물질, 능동성과 수동성의 불가분리의 결합이다. 이는 자신을 제한하는 혹은 저항력을 갖는, 조직하고 자기결정적이고 목적적인 힘이다.

그러므로 라이프니츠는 공간을 힘들의 조화로운 상호 현존의 결과로 파악한다. 그래서 공간은 절대적 현존을 갖고 있지 않다. 사물들이 존재하는 절대적 공간은 없다. 공간은 사물들에 상대적이며 그것들과 함께 사라질 것이다. 힘이 공간에 의존하지 않고 공간이 힘에 의존한다. 그래서 사물들 사이에, 그리고 사물들 너머에 텅 빈 공간이 있을 수 없다: 힘이 작용하지 않을 경우 세계는 끝난다.

단자론

그러므로 물체는 단순한 힘들이다. 많은 사물이 존재하므로 자연에는 하나의 힘이 있는 게 아니라 무한한 수의 힘들이 있으며, 그 각각은 특정하고 개별적인 실체이다. 힘은 분리 불가능한 혹은 단순한 것이며, 그래서 비물질적이며 연장되지 않았다. 라이프니츠는 단순한 실체 혹은 힘을 일러 형이상학적 점, 형식적 원자, 본질적 형식, 실체적 형식, **단자** 혹은 단위들이라고 부른다. 그것들은 물리적 점이 아니다. 왜냐하면 이것들은 압축된 물체에 불과하기 때문이다. 그것들은 수학적 점이 아니다. 왜냐하면 이것들은 "참된" 점이긴 하지만 "실재하지" 않고 단지 "시각의 점"이기 때문이다. 오직 형이상학적인 점들만이 참되고 실재하다. 이것들이 없이는 실재하는 것이 있지 않을 것이다 왜냐하면 단위가 없이는 복합성이 있을 수 없기 때문이다. 게다가 그런 힘의 중심은 영원해야한다: 그것들은 파괴될 수 없으며 — 오직 기적만이 그것들을 파괴할 수 있었다 — 창조될 수 없다: 단자는 생성하거나 소멸할 수 없다. 라이프니츠가 대학에서부터 가지고 다녔던, 개별적인 능동적 실체적 형상이라는 원래의 스콜라주의 개념은 개별 힘의 이론으로 변모해 버렸다.

라이프니츠는, 물체의 세계가 무한한 수의 역동적 단위 혹은 비물질적이며 비연장적이며 단순한 힘의 단위들로 구성된다고 주장했다 우리는 단자적 단위에 대하여 달리 무엇이라고 말할 수 있는가? 그것을 어디서 연구할 수 있는가?

우리 안에서. 우리는 그런 단순한 비물질적 실체를 우리의 내면 생활 즉 영혼에서 발견한다. 영혼에 참된 것은 모든 단자에 어느 정도로 타당할 것이다. 라이프니츠는 유추(유비)에 의하여 추론하면서, 단자를 정신적 심적 힘으로 해석한다. 그 안에는 우리의 감각과 우리의 의욕 혹은 행동하려는 경향과 비슷한 것이 있다. 그것들은 "지각"과 "욕구"를 갖고 있다. 인간의 정신에서 표현되는 동일한 원리는 무생물적 물질, 식물, 동물에서도 작용한다. 어디서나 힘이 있다. 물질의 모든 부분은 식물로 가득 찬 정원과 같다. 모든 물질은 살아 있고, 심지어 그 미세한 부분에까지 살아 있다.

그러나 정신이 돌이나 심지어 식물에 있을 수 있는가? 라이프니츠는, 정신이 돌과 식물과 인간에서 절대적으로 동일하지는 않다고 말한다. 데카르트에게는 정신에 비의식적인 것이 없고 물질에 비연장적인 것이 없다. 하지만 물리학의 사실들은 자연에서 힘이 정신과 본질적으로 유사하다는 것을 보여주는 반면, 심리학의 사실들은 정신이 때때로 무의식에 빠질 수 있음을 보여준다. 라이프니츠는 물리적 영역과 심리학적 영역의 연속성을 확립함으로써 데카르트의 이원론을 극복했다. 물체와 연장은 동일항이 아니다. 정신과 의식은 공히 연장적인 게 아니다. 정신은 지각과 경향으로 구성된다. 지각은 상이한 단자에서 명석판명성이 다르다. 참으로 인간 정신은 다양한 정도의 명석성을 가진 지각을 드러낸다. 내가 한 대상에 세심하게 관심을 기울일 때, 그것의 요소는 명석판명하게 드러나는 반면 주변의 부분들은 계속 더욱 모호하고 불명석해지다가 마침내 전혀 분간되지 않는다. 한 대상이 나의 관심의 초점에서 멀어질수록, 작아지고 희미해진다. 그러므로 명석한 지각과 모호한 지각이 있다. 후자는 "작은 지각"(petites perceptions)이라고 불린다. 감각은 대양이 으르렁거릴 때 각각의 파도의 운동에 의하여 산출되는 상이한 요소 혹은 미묘한 지각들을 구분할 수 없지만, 이 각각의 소리는 감각에 포함되어 있다. 개별 단자 안에는 상이한 정도의 명석성이 있듯이, 단자는 그 지각의 명석성에서 서로 다르다. 지극히 낮은 단자에서는 모든 것이 모호하고 혼란스러우며 마치 잠자는 것과 같다. 그것들은 혼수 상태에서 전체 현존을 허비한다. 그런 잠자는 생명을 우리는 식물에서 발견한다. 동물에서는 기억을 가진 지각 즉 의식이 있다. 사람에게는 의식이 더욱 명석해진다. 여기서 그것은 **통각**(apperception)이라고 불린다. 왜냐하면 "내면 상태에 대한 반성적 지식" 혹은 자기 의식이기 때문이다.

모든 단자는 지각 혹은 표상의 능력을 갖고 있다. 이는 전체 우주를 지각하고 표상 혹은 표현한다. 이런 의미에서 단자는 작은 세계, 소우주이다. 그것은 "우주의 살아 있는 거울", 집중된 세계, 자체를 위한 세계이다. 그러나 각각의 단자는 나름대로 자신의 독특한 관점에서 특정한 정도의 명석성을 갖고서 우주를 표상한다. 단자는 제한되어 있고, 개별자이며 자기 바깥에 다른 개별자를 둔다. 단자는 높은 것일수록, 더욱 명석판명하게 세계를 지각하며 표현 혹은 표상한다. 세계와 가장 긴밀하게 연관된 단자는 세계의 몸을 구성하며, 세계는 이것들을 가장 명석하게 표상한다. 이 가르침으로부터, "모든 물체는 전체 우주에서 일어나는 모든 것을 느끼며, 그래서 모든 것을 보는 자라면 각각의 특정한 일에서 다른 모든 곳에서 발생하며 게다가 일어났고 일어날 것을 읽을 수 있으며 시공간에서 멀리 떨어져 있는 것을 현재에서 지각한다."(「단자론」, 61절)

게다가 단자들은 가장 낮은 것부터 가장 높은 것까지 등급적으로 배열된 전진적 계열을 형성한다. 우주는 점차로 상승하는 명료성의 사다리를 형성하는 수많은 단자들로 구성되는데, 정확하게 동일한 두 개의 단자가 없다. 라이프니츠의 형이상학의 중추적 원리인, **식별 불가능한 것들의 동일성**이라는 법칙은, 정확하게 동일한 두 개의 단자가 없음을 확언한다. 만일 두 개의 단자가 구분 불가능하거나 식별 불가능하다면, 필연적으로 동일할 것이다. 즉 실제로 하나의 단자일 것이다. 라이프니츠의 형이상학의 또 한 가지 근본적인 원리는 **지속성**의 법칙이다. 가장 낮은 것에서 가장 높은 것까지 자연에는 비약이 없고, 선에는 단절이 없다. 무기적 물질의 가장 불분명한 부분에서 신까지 미분의 연속선이 있다. 신은 가장 높고 완전한 단자, 순수한 능동태(actus purus), 시원적 단자, 단자들의 단자이다. 연속성의 원리는 최고 단자의 현존을 요구한다.

라이프니츠의 단자 다원론은 초기 일원론적 철학과 다원론적 철학에 비교할 때 유익할 것이다. 그의 다원론은 스피노자의 일원론과 가장 분명하게 대조된다. 후자는 하나의 절대적 실체를 받아들이며, 라이프니츠는 무한한 수의 실체를 받아들인다. 데카르트는 하나의 중요한 측면에서 다원론자이다: 그는 개별 사물들의 다수성의 존재를 주장하지만, 개별 사물들을 본질에서 서로 대척적인 두 개의 실체(정신과 물질) 가운데 하나의 변형으로 본다. 반면에 라이프니츠의 단자들은 본질적으로 동일하다. 물론 정도에서 서로 다르긴 하다. 원자론자들은 또한 다원론자들이다. 왜냐하면 그들은 많은 동질적 실재의 존재를 주장한다. 그러나 그들의 원자들은 물질적인 반면, 라이프니츠의 단자들은 정신적이다.

모든 단자는 진화의 과정에 있으며 내적인 필연성으로 자신의 본질을 실현한다. 모든 단자는 외부로부터 결정되지 않는다: 단자는 무엇이 들어올 수 있는 창이 없다. 단자가 될 수 있는 모든 것은 단자 안에 가능적 혹은 함축적이다. 이는 연속성의 원리에서 필연적으로 나온다. 단자에는 거기 언제나 있었던 것이 아닌 것이 있을 수 없고, 지금 있지 않는 것이 앞으로 들어갈 수 없다. 단자는 진화의 단계들을 통과하면서, 그 안에서 수행된 것을 전개한다. 전체 인류는 아담의 씨와 하와의 난소에서 사전 형성되어 있었다. 발육된 개인은 축소형으로, 태아로 사전 형성되어 배종으로 존재한다. 단자의 어느 것도 상실될 수 없으며, 모든 것이 그 모든 단계에서 보존되며 미래의 단계들은 조기 단계들에서 사전 결정되어 있다. 그래서 모든 단자는 "과거로 충만하고" "미래로 가득 차" 있다. 때때로 포장론(incasement theory)이라고 불리는 이 전성설(前成說, preformation)은 라이프니츠 당대의 레벤후크(Leeuwenhoek)와 스밤메르담(Swammerdam)과 같은 생물학자들 가운데 일반적이었다. 전성론에 반대하여 후성설(後成說, theory of epigenesis)은 "시원적으로 동질적인 하나의 배종으로부터의 기관들의 점진적 형성과 분화"를 주장한다. 하지만 1759년에 카스파르 볼프(Caspar F. Wolff)가 개진한 이 개념은 1859년 다윈의 「종의 기원」이 출간될 때까지는 널리 받아들여지지 않았다.

라이프니츠는 유기물과 무기물의 차이를 다음과 같이 서술했다: 둘은 단자 혹은 힘의 중심으로 구성되지만, 유기체는 하나의 중심적 단자, "여왕 단자" 혹은 영혼을 포함한다. 이 여왕 단자는 자기 앞에 전체 몸의 그림을 재연하거나 갖고 있으며, 자기를 둘러싼 단자들의 지도 원리이다. 무기체들은 이런 식으로 집중되지 않으며 단자들의 단순한 무더기 혹은 집합체로 구성된다. 무기체가 고등할수록, 더욱 조직적으로 구성된다. 고등 유기체는 질서정연한 단자들의 체계를 형성한다.

정신과 육체의 관계에 관한 문제는 이렇게 정식화될 수 있다. 핵심적 단자는 몸을 형성하는 하등 단자들에게 어떻게 영향을 끼치는가? 우리는 단자들의 상호 작용을 가정할 수 있겠지만, 라이프니츠는 단자들이 창이 없고 외부로부터 영향을 받거나 작용을 받을 수 없다는 것을 이미 언급했다. 신이 육체와 정신을 창조했고 시계공이 시계를 조정하듯이 각각의 행위를 다른 것과 조화를 이루도록 조정한다는 기회원인론도 역시 배격된다. 라이프니츠의 설명은, 신이 정신과 육체를 창조할 때 처음부터 그것을 배열했고 둘이 나란히 진행하게 된다는 것이다: 영혼과 육체의 관계는 신에 의하여 사전 확립된 조화이다. 인과적 상호 작용은 불가능하다. 정신적 상태와 물리적 상태 사이의 병행론 혹은 동시 병존이 있다: 이런 의미에서 육체는 영혼의 물질적 표현이다. 하지만, 육체가 무한한 단자들 혹은 심적 힘들로 구성되며 그것들 각각이 유기적이며 그 본성의 사전 규정된 법칙과 일치되게 작용한다는 것을 잊어서는 안 된다. "영혼은 욕망과 목표와 수단에 의해 목적인의 법칙에 따라 작용한다. 물체들은 작용인 혹은 운동의 법칙에 따라 작용한다. 그리고 두 영역은 서로 조화를 이룬다."(「단자론」, 79절) 다른 말로 하면, 유기체와 그것의 가장 세세한 부분들은 신에 의하여 사전 형성된다: 그것들은 "신적 자동 기계" 혹은 "신적 기계"이다.

이 유기체론적 개념은 확대되어 전체 우주를 포함한다. 모든 단자들은 유기체의 부분처럼 함께 움직이며, 모든 것이 자신의 기능을 갖고 있다. 모든 것은 인과적으로 관련되어 있지만, 인과 관계는 병존적 변화, 신에 의하여 사전 결정된 부분들의 조화로운 작용을 뜻할 뿐이다. 다른 말로 하면, 신은 우주가 신으로부터의 간섭 없이 작용하는 방식으로 우주를 배열했다: 모든 단자에게서 모든 상태는 그 단자들의 선행 단계의 결과로 나타나며, 다른 모든 단자들의 상태와 조화롭게 작용한다. 우주에는 완전한 조화가 있다. 자연의 모든 것은 물리적 영역에 법칙, 질서, 제일성이 있다는 의미에서 기계적으로 설명될 수 있다. 그러나 전체의 계획은 더 높은 이유를 가리킨다: 신은 모든 사건의 궁극 원인이다. "역학의 원천은 형이상학에 있다"는 것이 라이프니츠가 자신의 체계의 앞

머리에 적어둔 모토이다.

우리는 자연, 운동의 법칙의 필연성을 논증할 수 없다. 이 법칙들은 논리학과 산수와 기하학의 법칙들처럼 필연적이지 않다. 그것들의 존재는 그것들의 유용성에 의존하며, 이는 신의 지혜에서 그 근거를 발견한다. 신은 자신의 목적을 실현하는 방법으로서 그 법칙들을 택했고, 그래서 세계는 신의 정신에 있는 목적 때문에 존재한다.

여기서 우리는 기계론과 목적론의 약속된 조화를 본다. 자연은 목적 개념을 도입하지 않고서는 설명될 수 없지만, 기계론적 철학은 우리를 신에게 인도한다. 왜냐하면 우리는 신적 목적이 없이 물리학과 역학의 보편적 원리를 설명할 수 없기 때문이다. 그래서 종교와 이성은 조화된다. 또한 자연의 물리적 왕국과, 신을 위시한 모든 이성적 영혼들을 포함하는 은혜의 도덕적 왕국 사이에도 조화가 있다. 영혼들은 신의 모사(copies)이며, 자신의 영역에서 작은 신들이다. 인간의 이성은 종류에서 신의 이성을 닮았으며 정도에서만 다르다. 인간의 목적도 신의 목적과 일치한다. 그래서 하나의 왕국, 영들의 연합, 영혼들의 조화가 있다. 도덕 왕국(라이프니츠가 일컫는 은혜의 왕국)은 물리적 왕국과 대조를 이룬다. 그러나 둘 사이에는, 우주 기계의 건축자인 신과 신적인 영적 왕국의 군주인 신 사이에는 조화가 있다.

신학

라이프니츠의 신학은 그의 형이상학에서 필수 불가결한 부분이다. 신은 가장 높은 단자, 단자들의 단자이다. 그의 현존은 여러 가지 방식으로 증명된다. 연속성의 원칙은 가장 높은 단자가 힘들의 계열에서 맨 마지막에 있도록 요구한다. 게다가 한 원인의 충족이유율(principle of sufficient reason)은, 실재하는 혹은 참된 모든 것에 관하여 그것이 실재하거나 참된 충족한 이유가 있어야 한다는 일반화된 인과 원리이다. 마지막으로, 자연의 질서와 조화는 조화형성자를 요구한다. 여기서 라이프니츠는 목적론적 혹은 물리적-신학적 증명을 개진한다. 그래서 그는 신의 존재에 대한 일종의 인과적 논증을 사용한다. 이 논증은 우주론적 논증과 동일하지 않지만 후자와 비슷하다. 세계의 원인은 세계 바깥에 있어야 한다. 우주가 하나이므로 원인도 하나여야 하며, 우주에 질서가 있기 때문에 원인은 이성적이어야 한다. 그는 또 다른 논증을 제시하는데, 이는 인식론적 증명이라고 부를 수 있다. 영원하고 필연적인 진리, 논리학과 기하학의 진리가 있는데, 이 진리의 현존은 영원한 지성을 전제한다.

신과 단자들은 영원히 공존한다. 우리가 보았듯이 라이프니츠는 자신의 형이상학적 논의에서 단자를 영원한 실체로 정의하되, 오직 기적만이 단자를 파괴할 수 있다고 덧붙인다. 하지만 그는 자신의 신학에서 신이 단자들을 창조했고 신만이 그것들을 파괴할 수 있다고 선언한다. 때때로 그는 단자들을 신의 "번쩍임" 혹은 현현이라고 불러서, 범신론적 개념에 근접한다. 그러나 대체로 그의 신학적 입장은 범신론보다 유신론에 훨씬 가깝다.

단자로서 신은 하나의 개별자, 한 인격이다. 그러나 그는 모든 단자들을 초월하며, 초자연적이고 초이성적이며, 가장 완전하고 가장 실재적인 존재이다. 인간은 신에 대한 완벽하게 명석한 관념을 형성할 수 없다. 왜냐하면 신은 최고의 단자이며, 인간은 제한적이기 때문이다. 오직 완전한 정신만이 완전한 정신을 충분히 알 수 있다. 하지만 인간은 모든 단자가 어떤 정도로 소유하는 성질들을 최고의 권능에게로 들어올리며, 전능, 전지, 절대선을 신에게 귀속시킨다. 이리하여 우리는 신의 개념을 형성한다: 그는 초이성적이지, 반(反)이성적이지 않다. 인간은 또한 신에 대한 모호하고 혼란스러운 관념들, 신에 대한 일종의 갈망을 갖고 있다. 그러므로 신이 인식되는 명석성의 상이한 정도에 상응하는 상이한 단계의 종교가 있다

신은 완전하기 때문에 다른 모든 단자들이 겪는 변화와 발전을 겪지 않는다. 그는 스스로 완벽하며 그의 지식은 완벽하다. 그는 한 번에 모든 사물을 전체로 본다. 그는 완전히 실현된 실재이다. 그는 하나의 계획에 따라 세계를 창조했고, 이 세계를 모든 가능한 세계 가운데 최상의 것으로 선택했다. 그의 선택은 근거없지 않았으며, 선함의 원리 즉 도덕적 필연성에 의하여 결정되었다. 그는 또한 논리적 필연성에 의하여 결정된다: 사유의 근본 법칙들은 인간뿐만 아니라 신에게도 구속력을 갖는다.

그러나 우리는 이 이론에 따라서 세계 내의 악을 어떻게 설명해야 하는가?

세계는 최상의 가능한 세계, 즉 가능성이 가장 큰 다양함과 조화가 있는 세계이다. 하지만 이 세계는 완전하지 않다. 신은 유한한 형식으로 자신의 본성을 표현할 때 제한과 방해물을 피할 수 없다. 그런 제한은 형이상학적 악이다. 그것들은 라이프니츠가 물리적 악이라고 일컫는 고통과 고난에, 그리고 죄 혹은 도덕적 악에 귀결된다. 악은 선과 아름다움을 돋보이게 하는 것이다. 그림의 어두운 그림자처럼 악은 선을 두드러지게 하는 데 도움을 준다. 또한 덕은 악과 싸울 때 힘을 얻는다. 악은 우리에게 선한 행위를 하도록 찌르는 박차이다. 이 모든 논증은 스토아주의자와 신플라톤주의자에게서 엿볼 수 있다. 그들의 영향력을 통하여 이 모든 논증은 중세의 그리스도교 신학의 일부가 되었던 것이다.

윤리학

윤리학은 이성적 학문이다. 영혼에는, 논증할 수 없지만 다른 도덕적 진리가 필연적으로 따라나오는 본유적 도덕 원리가 있다. 도덕 원리들은 본능처럼 우리 안에서 무의식적으로 작용하지만, 우리는 그것들을 의식하고 도덕적 진리로서 그것들을 표현할 수 있다. 그래서 쾌락을 추구하고 고통을 피해야 한다는 진리는 행복에 대한 본능적 욕구에 근거한다. 내적 경험에 의존하는 혼란스러운 지식이다. 이 원리는 도덕적 진리로 선언할 수 있으며, 이것으로부터 다른 도덕적 교훈들이 연역되어 나올 수 있다. 도덕적 본능은 직접적으로 그리고 숙고의 필요 없이 인간을 이끌지만 불가항력적으로 이끌지는 않는다. 왜냐하면 도덕적 본능들은 정념과 악한 습관에 의하여 부패될 수 있기 때문이다. 정의의 원리는 야만족에게서도 발견되며 그들의 본성의 일부를 형성한다. 이 원리는 매우 근본적이라서, 일단의 강도들이라도 그 통일성을 유지하기 위해서 이 원리를 지켜야 할 것이다. 전통과 습관과 교육이 영혼의 도덕적 성향을 발전시키는 데 도움을 주겠지만, 이 성향들은 궁극적으로는 인간 본성에 뿌리를 박고 있다.

참으로 인간은 본유적 도덕 법칙들을 언제나 준수하지는 못한다. 그러나 이는 그들이 그 법칙들을 모른다는 것을 증명하지 않는다. 도덕 원리가 그 자체로 인정되지 않는다고 말하는 것이 도덕 원리의 본유성을 반대하는 논증은 아니며, 그 법칙에 대한 공중의 위반이 그 법칙의 타당성에 반대하는 논증은 아니다. 사실, 이 규칙들은 언제나 명료하게 지각되지 않지만, 기하학의 명제들이 논증을 요구하듯이 증명될 필요가 있다. 이 규칙들을 수면 위로 가져오려면 지속적인 관심과 방법적인 반성이 필요하고, 학자들도 그것들을 충분히 의식하지 못할 수 있다.

우리가 발견해 왔듯이, 정신 생활은 본질적으로 지각과 욕구, 즉 인식과 의욕이다. 욕구와 지각의 결합을 일러, 충동 혹은 욕망이라고 한다. 의지는 명석한 관념에 의하여 인도되는 충동을 의식한다. 그래서 의지는 결코 무관심한 의지 혹은 변덕이 아니며, 언제나 하나의 관념에 의하여 결정된다. 인간은 외부로부터 결정되지 않는다는 의미에서 자유롭다. 단자는 어떤 것이 들어와 강요하게 되는 창문을 갖고 있지 않다. 하지만 인간은 내부로부터, 자신의 본성과 충동과 관념에 의하여 결정된다. 선택은 가장 강력한 욕망을 따른다. 다른 행위가 아니라 한 행위에 대하여 자의적으로 결정할 자유가 있기를 욕망하는 것은 바보가 되려고 욕망하는 것이다. 라이프니츠는 의지의 자유를 열정적으로 옹호하지만, 그가 그렇게 강력하게 지지하는 자유는 변덕이나 불확정의 자유가 아니라 단자의 내적 자기 결정의 자유이다.

논리학과 인식론

라이프니츠의 인식론은 그의 형이상학적 전제에 의존한다. 그는 참된 지식에 대한 합리론적 이상을, 원리에 근거하고 경험에서 도출되지 않는 보편적이며 필연적인 진리의 체계로서 받아들인다. 우주는 이성만이 판독할 수 있는 수학적-논리학적 질서이다. 영혼-단자는 어떤 외부적 원인이고 영향을 끼칠 수 없는 독립적 존재이므로, 지식은 외부로부터 영혼-단자에 올 수 없고 반드시 영혼 안에서 발생해야 한다. 그러므로 로크가 가정했던 것과 달리, 영혼은 외부 자연이 그 철자를 기록하는 텅 빈 서판일 수 없다. 우리의 모든 지식은 정신에 내재되어 있다. 감각과 지성이 똑같다. 경험은 지식을 창조하지 않는다. 경험에 의하여 지식은 바깥으로 끌어내어지고 정돈되고 명시적이게 된다. 감각에 먼저 존재하지 않은 것으로서 지성에 존재할 수 있는 것은 하나도 없다. 라이프니츠가 덧붙여 말하듯이 지성 자체만 그것의 예외이다. 그러나 우리가 단자론을 불신한다 해도 지식이 감각에서 나오지 않는다는 것은 증명될 수 있다고 라이프니츠는 천명한다. 만일 경우가 그렇다면, 보편적 지식은 불가능할 것이다. 왜냐하면 소위 경험적 진리는 필연성이 없고, 우연적 명제이기 때문이다: 우리는 어떤 것이 발생했기 때문에 그것이 언제나 동일하게 발생해야 한다고 주장할 수 없다. 보편적이고 필연적인 명제는 감관에서 도출될 수 없다. 그것들은 정신에 그 좌소와 원리를 가져야 한다.

로크는 본유적 혹은 선험적 지식과 같은 것이 있을 수 없다고 주장했다. 왜냐하면 그런 것들이 있다면 우리가 그것을 언제나 의식했을 것이기 때문이다. 라이프니츠는, 정신이 의식하지 못하는 것으로서 정신에 본유적인 것이 있을 수 없다는 가정에서만 이 논증이 타당하다고 응수한다. 정신 세계와 의식에 대한 데카르트적 동일시가 정당하다면, 로크의 논증은 의심할 나위 없이 타당할 것이다. 그러나 정신은 언제나 그 관념을 의식하지 못한다. 라이프니츠는 "작은" 지각이 있음을 확언한다. 즉 정신이 의식하지 못하는 지각이 있음을 확언한다. 본유 관념은 이 무의식적 방식으로 정신에 존재할까?

라이프니츠는 로크의 경험론적 인식론에서 다른 심각한 약점을 발견한다. 경험에서 도출되는 혹은 귀납에 의하여 도달되는 명제는 보편성과 필연성이 결여되어 있다. 그것들은 확실한 지식을 산출하지 못한다: 한 사건의 예가 아무리 무수하게 많다 해도, 그것들은 그 사건이 언제나 필연적으로 발생할 것임을 증명하지 못한다. 우리는 감관의 증거에 의존하지 않는 지식을 소유한다: 가령 수학의 진리와 같은 보편적이고 필연적인 명제들이 그것이다. 감관이 제공할 수 없는 무엇을 정신이 이 경우에 첨부한다는 것은 명백하다. 논리학, 형이상학, 윤리학, 신학, 법률학은 오직 정신에 그 기원을 갖고 있는 원리에 근거하는 명제들로 가득 차 있다. 확실히 우리는 감각 경험 없이 그런 원리들을 결코 의식하지 못할 것이다. 우리의 감관은 우리가 그것들을 지각할 수 있는 기회를 제공하지만, 그것들을 산출하거나 창조하지 못한다. 근본 원리 없이는 학문이 있지 못할 것이며, 다만 사실적 세목의 무더기뿐일 것이다.

필연적 진리에 대한 최종적 증명은 오직 지성으로부터 오며, 다른 진리들은 경험에서 혹은 감관의 관찰에서 도출된다. 우리의 정신은 둘을 인식할 수 있지만, 그 자체로 필연적 진리의 원천이다. 우리가 보편적 진리에 대하여 가지는 개별적 경험이 무수히 많을지라도, 이성을 통하여 그 진리의 필연성을 인식하지 못할 경우 우리는 귀납에 의하여 그 진리를 절대적으로 확신할 수 없다. …… 감관은 그런 진리들을 야기하고 정당화하고 검증할 수 있지만, 그 진리들의 영원하고 필연적인 확실성을 논증할 수는 없다.(『인간 오성 신론』, 1권 1장 5절)

그런 본유적 진리는 의식적 진리로서 영혼에 존재하지 않는다: "우리는 법무관의 포고령을 책에서 읽듯이 이성의 영원한 법칙들을 읽을 수 없지만, 감관이 우리에게 기회를 제공할 때 그 법칙들에 관심을 기울임으로써 우리 안에서 그 법칙들을 발견할 수 있다." 관념과 진리는 경향과 성향과 자연적 잠재력들로서는 본유적이지만, 작용으로서는 그렇지 않다. "물론 이 능력들은 언제나 그것들에 대응하는 종종 비감각적인 작용이 동반된다." 이런 의미에서 산수와 기하학은 우리 안에서 잠재적이다. 우리는 하나의 경험적 진리를 사용하지 않고서 우리 자신에게서 그것들을 이끌어낼 수 있다.

로크가 주장했듯이, 그런 진리들이 그것들을 구성하는 관념들보다 나중에 발견된다는 것은, 그 법칙들의 시원성을 전혀 반박하지 않는다. 우리가 먼저 표시를 배우고, 그 다음에 관념을, 그 다음에 진리 자체를 배우는 사실도 그렇다. 일반 원리(가령 동일률)는 우리의 사고 방식의 생명을 형성한다. 정신은 매순간 그 원리에 의존한다. 물론 그 원리들을 의식하려면 큰 주의력이 요구되긴 한다. 우리는 자연적인 추론에서 논리학의 법칙을 의식하지 않으면서도 그것들을 본능적으로 사용한다. 윤리학의 분야에서 그런 본유적 원리가 있다는 것은 우리가 이미 살펴본 것이다.

그러므로 관념을 받아들이는 기능이라는 것은 허구이다. 동일하게 스콜라주의자들의 순수 기능 혹은 능력도 허구 혹은 추상물이다. 우리는 스스로 안에 닫혀 있고 아무것도 하지 못하는 능력을 어디서도 결코 발견하지 못한다: 언제나 영혼은 하나의 특정 방식보다 다른 특정 방식으로 행동하도록 되어 있다. 즉 영혼은 일정한 경향을 갖고 있다. 경험은 영혼을 자극하는 데 필수적이지만, 관념을 창조할 수는 없다. 영혼은 인상이 찍히는 밀랍 조각이 아니다. 영혼을 그렇게 보는 자들은 그것을 물질적 실체로 만든다. 경험론자들은 감각에 미리 존재하지 않았던 것으로서 지성에 있는 것은 없다고 반박한다. 라이프니츠는, 지성 자체를 제외한다는 말을 경험론자가 덧붙일 경우에만 그의 말이 옳다고 말한다. 영혼은 존재, 실체, 통일성, 동일성, 원인, 지각, 추론, 양의 범주들을 자신 안에 갖고 있다. 이는 감관이 결코 우리에게 줄 수 없는 개념들이다.

라이프니츠는 이런 가르침에서, 선험론과 경험론의 차이를 조화하려고 한다. 이 과제는 나중에 칸트가 훨씬 대대적으로 시도하는 것이다. 라이프니츠는 또한 공간을 정신의 형식으로서 보는 개념에서 부분적으로 칸트를 앞지른다. 감각 지각과 예지(叡智)는 불가분리적인 단자의 기능들로서 같은 종류이며 다만 정도에서 다르다. 감각은 모호하고 혼란스러운 관념이지만, 지성의 대상들은 명석판명하다. 감각 지각은 사물들을 그것들의 참된 실재성에서, 있는 그대로, 즉 능동적인 정신적 실체 혹은 단자로서 보지 못하고, 사물들을 현상으로서 공간적인 것으로서 모호하고 혼란스럽게 지각한다.

명석한 개념적 사유에게 정신적 실체들의 조화로운 질서인 단자의 공존은, 감각 지각에 의하여 연장된 현상 세계로 지각된다. 다른 말로 하면, 지각하는 주체는 정신적 질서를 공간의 측면에서 보고 상상한다: "공간, 형태, 운동, 정지에 대한 우리의 관념들은 공통 감각, 정신 자체에 그 기원을 갖고 있다. 왜냐하면 그것들은 순수 지성의 관념들이기 때문이다. 하지만 순수 지성은 외부 세계와 관련된다"고 라이프니츠는 말한다. 이 견해에 따르면, 공간의 관념은 칸트가 후에 가르쳤듯이 정신에 본유적이다. 공간은 실재하지 않는다. 그것은 한 단자 내의 단순한 현상적 나타남 혹은 단자들의 체계이다.

이성적 지식은 본유적 원리를 통해서만 가능하며, 우리의 타당한 추론은 이 원리에 의존한다. 이 원리들로는, 순수 사고의 영역에서 진리의 기준인 모순율과 경험의 영역에서 진리의 기준인 충족이유율이 있다. 충족이유율은 라이프니츠에게 단순히 논리적 의미를 갖는 게 아니다. 모든 판단은 그것의 진리를 증명하는 근거 혹은 이유를 가져야 한다. 이는 형이상학적 원리이기도 하다. 모든 것은 존재를 위한 충족 이유를 가져야 한다. 이유는 논리적 근거(ratio cognoscendi)와 실재적 근거(ratio essendi) 둘 다를 가리킨다. 물리학과 윤리학과 형이상학과 신학은 충족이유율에 근거한다: "우리가 이것을 받아들이지 않으면 신(神)존재와 많은 철학적 이론들에 대한 증명은 붕괴한다."

우주는 충족한 이유 없이 아무것도 발생하지 않는 이성적 체계이다. 이는 명제들이 이성적으로 연결되어 있는 논리적 체계와 비슷하게 파악된다. 철학의 문제는 지식의 근본 원리들 혹은 근본 전제들을 발견하는 것인데, 이 전제들은 동시에 실재의 근본 원리들이다. 논리학의 체계에서 필연성이 있듯이 실재적 우주에서도 동일한 필연성이 있다. 라이프니츠의 논리학은 그의 형이상학에 영향을 준다. 그러나 그의 형이상학이 그의 논리학에 영향을 준다: 우리는, 정신에 내재한 원리들의 전개로서 지식을 이해하는 그의 개념이 어떻게 그의 관념론적 단자론에 근거하는지를 이미 보았다. 그의 개인주의는 그의 논리적인 우주 개념으로부터 필연적 결과로 나오지 않는다. 독립적 개별자의 존재는 논리적 이성에 정당화될 수 없다.

하지만 라이프니츠는 개별자의 존재에 대하여 목적론적 설명을 발견한다: 개별자의 산출은 신적인 창조적 의지의 목적이며, 신의 선함과 완전에서 그 궁극적 이유를 발견한다. 여기서 우주의 논리적 근거는 도덕론적 가치라는 각도에서 해석된다. 라이프니츠는 가치를 실재에 필수 불가결한 것으로 파악하는 위대한 철학적 전통에 속한다

명석판명한 지식 외에 혼란스러운 지식이 있다. 그러므로 가령 조화와 아름다움은 어떤 비례적 관계에 근거한다. 이것들은 학자에 의하여 명석하게 인식될 수 있지만, 반드시 그런 것은 아니다. 그것들은 미적 향유에 대한 느낌에서 표현되며, 그러므로 이 느낌은 조화나 형식에 대한 모호한 지각이다. 또한 영혼은 우주에 대한 명석판명한 지식을 가지지 않으면서도 사물들의 질서, 우주의 조화를 지각할 수 있다. 그렇게 할 때 영혼은 신에 대한 모호한 감정, 명석해질 수 있는 혼란스러운 지식을 갖는다.

55. 라이프니츠의 후계자들

크리스티안 볼프(Christian Wolff)

독일에서 라이프니츠의 철학은 스코틀랜드의 리드(Reid)학파의 상식 철학과 비슷한 철학으로 이어졌다. 라이프니츠는 형이상학적 체계를 시도한 근대 최초의 위대한 독일 사상가였지만, 그의 거의 모든 저술은 프랑스어나 라틴어로 작성되고 여러 저널에 편지와 논문으로 출간되었다. 스승의 가르침들을 체계화하고 그것들을 상식에 맞게 만들고 독일어로 제시하는 것은 할레 대학의 교수 크리스티안 볼프(1679-1754)의 몫이 되었다.

볼프는 데카르트, 스피노자, 라이프니츠의 합리론을 받아들이고, 철학의 방법을 수학의 방법과 동일시한다. 동시에 그는 경험의 사실들이 이성의 연역들과 일치할 것이라고 주장한다: 이성과 감각 지각은 모두 지식의 정당한 기능이다. 그는 정신과 육체를 나누는 데카르트의 이원론을 채택하지만, 라이프니츠처럼 힘을 물체의 본질적 속성으로 보고 영혼과 육체의 명백한 상호 작용을 예정 조화로 설명한다. 스피노자와 마찬가지로 그는 우주를 상호 연관된 인과적 질서로 파악하지만, 동시에 라이프니츠의 목적론적 해석을 유지한다. 그는 비슷하게 자신의 체계에 발전 개념을 도입한다.

볼프는 영혼의 두 기능인 인식과 욕구에 따라 학문을 두 그룹으로 나누는데, 곧 이론적 학문과 실천적 학문이다. 그는 이론적 학문에 존재론과 우주론과 심리학과 신학을 포함시키고(그 모든 것이 형이상학을 형성한다), 실천적 학문에는 윤리학과 정치학과 경제학을 포함시킨다. 학문은 또한 그 명제가 이성에서 나오는가 아니면 경험에서 나오는가에 따라 이성적 학문과 경험적 학문으로 분류된다(이성적 우주론과 경험적 물리학; 이성적 심리학과 경험적 심리학 등). 논리학은 모든 학문의 서론을 형성한다.

볼프는 독일어와 라틴어로 이 모든 주제에 관한 교과서들(이것들은 오랜 세월 독일 대학에서 사용되었다)을 썼으며 오늘날 사용하는 독일어 철학 용어 가운데 많은 것을 만들어 냈다. 물론 그는 독창성이 결여되었고 실제로 라이프니츠의 철학을 약화시켰지만, 독일에서 철학 연구에 대한 관심을 불러일으켰고 계몽운동에 기여했다.

라이프니츠-볼프 학파의 추종자들로는, 독일 미학의 창시자이며 근대적 의미에서 미학이라는 말을 처음으로 사용한 바움가르텐(A. Baumgarten, 1714-1762), 초창기의 칸트 등이 있다. 볼프의 철학은 경험론과 합리론을 조화시켜야 하는 절충주의적 운동으로 발전했고, 칸트의 「순수이성비판」을 위한 길을 예비했다.

신비주의와 낭만주의

라이프니츠와 볼프의 합리론은 모든 사상가를 만족시키지 못했다. 몇몇 사람은 진리에 도달하는 이성의 능력을 믿지 못했지만 경험론자나 회의론자의 집단에 속하기를 원치 않았다. 신비주의의 직계 후손들인 이들은 내적 경험, 감정과 본능에서 확실성의 원천을 발견했다. 최고의 진리는 논증될 수 있는 게 아니라 다만 느껴질 수 있다. 라이프니츠의 가르침에는 감정이나 욕구나 충동이 지식의 또 다른 단계, 하나의 본능적 진리 형식이라는 암시가 있다. 신앙이나 감정의 철학자들은 거기서 좀 더 높은 가치를 발견한다: 인간의 제한된 이성이 가늠할 수 없는 것은 종교적 혹은 미적 혹은 도덕적 감정에서 감지되거나 예측될 수 있다. 신비주의적 혹은 낭만주의적 경향을 나타내는 사람들로서, 우리는 하만(J. G. Hamann, 1730-178), 칸트의 「순수이성비판」을 자신의 「메타비판」(*Metacritique*)에서 비판한 헤르더(J. G. Herder, 1744-1803), 직관에 근거한 철학으로 합리론적 형이상학을 반대하는 야코비(F. H. Jacobi, 1743-1819)를 언급할 수 있다.

제15장

계몽의 철학

56. 18세기

우리는 근대의 정신을 중세 사회와 그 제도와 그 관념에 항거한 반항의 정신으로, 사유와 행동의 영역에서 인간 이성의 자기 주장으로 서술했다. 르네상스에 의해 시작된 이 활동은 16, 17세기에 계속되었다. 종교개혁, 30년 전쟁, 영국과 프랑스에서의 정치적·사회적 혁명은 변화의 징후들이었다. 대륙의 위대한 합리론 체계와 영국의 경험론은 그들의 다양한 지류들과 더불어, 합리론과 경험론을 만들었던 그 불길에 기름을 끼얹었다. 그리고 독립적 탐구의 정신은 서서히 그러나 확고하게 인생관을 변화시켰다. 그러나 새로운 사상은 대중화되어 넓은 지역으로 퍼져야 했고, 이 과제는 18세기 동안 수행되었다. 그리고 18세기를 일러 계몽의 시대라고 불렀다: 계몽은 우리가 서술해 온 전체 지성 운동의 절정을 표시한다. 이는 원리와 세계관을 소유한 시대이다. 계몽은 자신의 문제를 해결하는 인간 정신의 능력에 대한 신념으로 가득 차서, 인간의 삶(국가와 종교와 도덕과 언어)과 우주를 이해하고 이해될 수 있게 하려고 한다. 이는 철학적 도그마의 시대, 볼프의 「신과 세계와 인간의 영혼과 또한 전체 사물 일반에 관한 합리적 생각」과 같은 책을 쓸 용기를 갖고 있는 시대이다. 이는 특별히 프랑스에서 자신의 사상을 대담하게 발언하고 그 원리의 결과를 겁없이 이끌어내는 자유롭고 독립적인 사유의 시대이다.

18세기의 철학은 시대의 욕망을 반영할 뿐만 아니라 시대의 행동에 영향을 끼쳤다. 18세기 철학은 학자들의 작은 방에서 나왔으며, 소크라테스의 시대처럼 시장의 군중과 뒤섞였다. 이 철학은 더 이상 자신의 특별한 언어(학자들의 언어)로 말하지 않았고, 백성들의 말로 평범한 사람들이 이해할 수 있는 용어로 표현되었다. 프랑스에서는 계몽 운동이 사회적·정치적·교회적 압제 때문에 가장 과격하게 표현되었고 여기서 계몽 운동의 영향력은 가장 컸다: 혁명은 새로운 사상의 선전의 결과였다. 거의 모든 중요한 근대철학의 교리들의 특징인 인간 이성과 인간에 대한 존중이 18세기에 보편화되었고, 인간성, 선의, 자연권, 자유, 평등, 형제애와 같은 말이 인구에 회자되었다. 가부장적 정부조차도 인류의 행복과 안녕에 기여하는 것이 자신의 할 일로 여겼다. 중세 정신에 대한 항거는 18세기 말엽의 특징인 거대한 사회적·정치적 대격변에서 절정에 도달했고, 구체제는 새로운 사회에 굴복했다. 근대의 정신이 요구해 오던 것이 부분적으로 성취되었다: 양심과 종교의 자유, 평등한 기회와 경제적 자유, 대의 정부와 법 앞에서 모든 사람의 평등함.

볼테르

프랑스에 새로운 정신을 일깨우고 새로운 사상을 전파하는 데 이바지했던 사람들 가운데 중요한 인물로는, 볼테르(Voltaire, 1694-1778), 몽테스키외(1685-1755)가 있었다. 두 사람은 영국을 방문하고 영국의 제도를 찬탄해 마지 않았다. 계몽운동의 영민하고 다재 다능했던 볼테르는 자신의 「영국 서간문」(1728)에서 뉴턴의 자연철학과 영국의 이신론과 더불어 영국에서 가지고 들어온 로크의 사상을 대중화하고 응용했다. 이 책은 검열관의 명령에 의하여 불태워졌다. 그는 이신론자였으며 신에 대한 신념을 결코 포기하지 않았다: "모든 자연은 신이 존재한다고 우리에게 외친다." 그는 초기 저술에서 의지의 자유와 영혼의 불멸성을 받아들이지만, 나중에 사후 생활에 관하여 회의론자가 되며 결정론에 이끌린다: "내가 원하는 것을 할 수 있을 때 자유롭다. 그러나 나는 내가 원하는 것을 필연적으로 원한다."

그는 평생 미신과 교회의 지배에 저돌적으로 공격했다: 그는 계시 종교를 무지와 기만의 산물로, 인간을 지배하기 위하여 인간의 어리석음과 편견을 이용한 영리한 사제들의 작품으로 보았다. 그의 종교는 도덕의 불변적 원리에 근거했다. 그에 따르면, 이 원리들은 철학자들의 가르침에서 본질적으로 동일하게 남아 있었다. 그는 온갖 압제와 싸우고, 지적·정치적·종교적 자유를 위하여, 언론의 자유와 선거의 자유와 의회의 자유를 위하여 투쟁했으며, 산업과 무역에서 번영을 이룬 제삼의 계급 즉 부르주아 계급을 위한 정치적 권리를 요구했다. 하지만 그는 자유주의를 표방했지만 민주주의의 사도는 아니었다. 그는 낮은 계급의 자치에 대한 능력을 믿지 않았다. "무지한 어중이떠중이들이 필연적으로 존재하는 듯하다. 그들이 주장하기 시작하면 모든 것이 사라진다"고 그는 말했다. 이성의 시대는 "하인과 구두수선공과 고용된 소녀"를 그 축복에 포함시키도록 되어 있지 않다.

볼테르의 사상은 대체로 로크주의 철학의 정신을 표현한다. 물론 18세기 프랑스의 거의 모든 지성계의 지도자들에게 영향을 주었던 베일의 「사전」의 영향력을 간과해서는 안 된다. 영국의 사상들은 프랑스를 자유화하고 혁명화하는 데 큰 몫을 맡았다. 영국의 경험론적 철학을 발전시키고 선전하는 데 이바지했던 인물로는, 콩디악, 엘베티우스, 콩도르세, 카바니스(Cabanis), 볼네이(Volney), 보네(Bonnet), 데스튀트 드 트라시(Destutt de Tracy), 라메트리(La Mettrie), 올바크, 특별히 디드로와 달랑베르가 이끈 백과사전파들이다.

57. 계몽운동의 발전

영국의 계몽운동

영국에서는 계몽운동이 프랑스와 달리 비교적 짧은 기간에 절정에 도달하지는 못했다. 그리고 그 영향력이 주목할 만하게 표출되지 못했다. 사회적 상황이 동일하지 않았고, 초창기에 훨씬 큰 진보가 있었다. 새로운 사상과 이상이 국민 생활에 점차 파고들었다. 로크의 원리에 근거한 거의 모든 철학자들은 계몽주의자라고 부를 수 있다. 이신론자들, 도덕론자들, 흄, 하틀리, 프리스틀리, 이래스머스 다윈, 「정치적 정의」(Political Justice, 1793)의 저자인 윌리엄 고드윈(William

볼테르

Godwin), 「인간의 권리」(*The Rights of Man*, 1791–92)와 「이성의 시대」(1794)의 저자인 토머스 페인(Thomas Paine)은 독자적 사유의 진보를 장려했다.

독일의 계몽운동

독일에서는 라이프니츠–볼프주의적 형이상학이 18세기 중반까지 지배적 체계로 남아 있었는데, 그 시절에 영국의 사상이 로크, 흄, 그리고 샤프츠버리와 허치슨과 퍼거슨의 영국 도덕론자들의 저술 번역을 통하여 영향력을 발휘하기 시작했다. 그 결과는 합리론과 경험론의 결합, 우주와 인간의 역사를 이성적·목적론적 질서로 파악하는 절충주의 혹은 상식 철학이었다. 우주는 이성의 표현이므로 이성에게 완전히 이해될 수 있다는 것이다. 이 철학의 과제는 모든 신비를 "말끔히 치우고"(이것이 Aufklärung의 문자적인 의미이다) 모든 미신을 추방하는 데, 이성의 빛으로 모든 것을 비추는 데 있다. 이 철학은 모든 종교에 공통적인 근본 교리(신의 존재, 의지의 자유, 영혼의 불멸성)를 증명하고 분명하게 밝히려 하는 자연 신학 혹은 이성 신학을 제공한다.

우리는 형이상학에 나타난 이 운동의 주도적 인물들을 이미 언급했다. 동일한 합리론적 방법이 역사 연구에 적용된다: 언어, 법률, 국가, 도덕, 종교는 인간이성에서 생겼다; 가령 언어는 인간이 자신의 사상을 전달하기 위하여 만든 것이며 국가는 자신의 안녕을 보장하려고 조직한 것이다. 이 모든 것이 이성의 작품이므로, 이런 것들을 더욱 이성적이게 만들고, 이런 것들에 기어들어와 역사의 과정에서 그것들을 부패시킨 비합리적이고 우연적인 요소들을 제거하는 것이 이상이었다. 독일에서 정치 이론들을 변모시키고, 사회적 차별은 자연과 이성에 반대된다고 가르치면서 심지어 통치자의 궁정에서도 평등과 자연권의 이론을 유행시키게 한 것은 이 합리론적 사상이었다.

계몽은 미학의 분야에도 명료성과 유용성이라는 자신의 기준을 적용한다. 시학과 조각과 건축과 회화가 합리론적 모델을 따른다: 혹자가 말했듯이, 겔레르트(Gellert)의 우화는 "시(詩)로 표현된 도덕 철학"이며 그의 종교적 찬미는 "선율로 표현된 이성적 신학"이다. 고트쉐트(Gottsched)는 인류를 계몽하고 도덕적이게 만들 수단으로 봉사하는 시를 어떻게 써야 하는지를 보여주는 「작시법」(*Art of Poetry*)을 저술했다.

이는 한 세기 이전에 영국의 로크의 철학에서 표현되었던 그 운동이었다. 이제 18세기 마지막 사반세기를 독일 지성계의 가장 찬란한 시대로 만든 문학과 철학의 위대한 지도자들에게서 계몽운동에 대한 반발이 심화되었다. 칸트는 계몽운동의 이성적 신학을 공격하며, 헤르더는 합리론적 역사 해석을, 빈켈만(Winckelmann)과 레싱(Lessing), 괴테와 실러(Schiller)는 합리론적 미학을 공격한다.

유물론과 진화론

우리는 데카르트 철학이 말브랑슈에게서 어떻게 객관적 관념론이 되었으며, 영국의 경험론이 버클리에게서 어떻게 관념론이 되었는지를 보았다. 동일한 운동들이 18세기에 유물론으로 바뀌었다. 데카르트는 유기체 왕국에 대한 기계론적 설명을 제시하여, 동물을 완전한 기계로 파악했다. 이는 인간도 기계이며 영혼이 독립적 실체가 아니라 몸의 한 기능이라는 생각을 암시했다. 로크의 후계자인 콩디악, 하틀리 등이 모든 정신적 과정을 감각으로 환원하려는 시도는, 그런 요소적 상태들이 뇌의 결과에 불과하다는 견해로 쉽게 바뀌었다. 라이프니츠는 물질을 힘으로 환원했고, 힘을 정신적 활동과 비슷한 것으로 보았다. 그리고 이전의 아리스토텔레스적 형이상학의 우주를 가득 채웠던 정신적 원리들이 근대과학에 의하여 자연에서 추방되고 철학에 의하여 자신의 독자적 세계로 좌천되었을 때, 몇몇 사상가들이 그런 원리들을 완전히 처분하고 모든 현상을 운동중인 물질의 결과로 설명한 것이 그리 놀라운 일인가?

유물론적 세계관은 18세기 영국과 프랑스에서 한창이었고, 그 세기 말경에 프랑스의 계몽된 집단에서 유행하는 이론이 되었다. 존 톨런드(1670-1721)의 후대 저술 가운데 하나인 「범신론」(1720)에 따르면, 사유는 뇌의 한 기능, "뇌의 어떤 운동"이다. 데이비드 하틀리(1704-1757)는 모든 정신적 과정이 기계적 법칙(심리적 결합이 생리적 결합에 동반됨)을 따르는 뇌의 진동에 의존하게 만들지만, 의식의 상태들을 운동으로 환원하지 않는다. 그는 그 관계를 인과적인 것으로 보아야 할지, 보지 말아야 할지 확신하지 못한다. 하지만 산소의 발견자인 조지프 프리스틀리(1733-1804)는 심적 과정과 운동을 동일시하며, 그래서 심신의 문제에 대한 유물론적 해결책을 대담하게 받아들인다. 그런데도 그는 신의 존재나 영혼의 불멸성을 부인하지 않는다. 그는 홉스를 따라서 인간의 영과 신의 영의 물질성에 대한 개념에서 그리스도교와 모순되는 것이 없다고 선언한다.

데카르트와 로크에 의하여 영향을 받은 프랑스인 라메트리(1709-1751; 「영혼의 자연사」[1745], 「기계적 인간」[1748], 「식물적 인간」[1748])는 동물 유기체에 대한 데카르트의 기계론적 설명에 자신의 유물론을 정초한다: 만일 동물이 기계라면 사람은 왜 기계가 아니겠는가? 유물론은 독일인 바론 올바크(Baron d'Holbach, 1789년 사망)의 「자연의 체계」(1770년에 런던에서 미라보라는 가명으로 처음 출간됨)에서 형이상학의 포괄적 체계로 정교해진다. 모든 것이 물질과 운동에 의하여 필연적 법칙의 결과로 설명된다. 영혼은 없다; 사유는 뇌의 한 기능이다; 물질만 불멸적이다. 인간의 의지는 엄격하게 결정되었다; 자연 안에나 바깥에는 계획도 없고, 목적론도 없고 신도 없다.

그밖에 항상 일관되고 공개적이지는 않았지만 유물론의 옹호자들로 볼 수 있는 인물들은, 후기의 드니 디드로(1713-1784, 「백과사전」의 편집인), 소화가 위의 기능이며 담즙의 분비가 간의 기능이듯이 사유가 뇌의 기능이라고 하는 엉성한 유물론적 유비를 만든 카바니(1757-1808), 데스튀트 드 트라시(1754-836) 등이 있다. 프랑스의 생물학자 뷔퐁(Buffon, 「자연사」[1749-1804])과 로비네(Robinet, 「자연에 관하여」[1761])는 변형된 형태의 유물론인 물활론을 받아들였다. 진화론적 개념들이 당대의 많은 사상가들의 저술에서 등장한다. 가령, 라메트리의 「식물적 인간」과 「에피쿠로스의 체계」(1748), 디드로의 「자연에 관하여」(1754), 보네의 「철학적 윤회」(1769) 등이 있다. 이들은 라마르크와 다윈의 선구자로 볼 수 있다.

프랑스 계몽운동의 사상가들이 세부적인 면에서는 다르겠지만, 물리적이든 정신적이든 자연의 현상이 법칙에 의하여 지배되며 인간의 정신적·도덕적 생활이 자연의 필연적 산물이라는 데 의견을 같이한다. 이런 관점에서 엘베티우스(1771년 사망)는 인간의 도덕을, 경제학자 튀르고와 콩도르세(1743-1794)는 역사철학을, 몽테스키외(1689-1755; 「법의 정신」, 1748)는 인간의 법률과 제도를 설명한다.

학문의 진보

하지만 계몽 시대는 이전의 여러 세기에 만들어졌던 일반적인 사상을 선전하는 것으로 끝나지 않았다. 계몽 시대는 자연과학과 정신과학의 연구에 열정적으로 헌신했다. 이 시대는 이런 영역들에서 배출한 사람들을 부끄러워할 이유가 없다: 수학에서 오일러(Euler), 라그랑즈(Lagrange), 라플라스(Laplace), 천문학에서 허셜(Herschel)과 라플라스(「천체역학」), 물리학에서 갈바니(Galvani), 볼타(Volta), 화학에서 라부아지에(Lavoisier), 프리스틀리, 데이비(Davy), 아위(Haüy), 베르젤리우스(Berzelius), 생물학에서 린네(Linne), 할러(Haller), 비샤(Bichat), 볼프(C. F. Wolff), 정치학과 법률학에서 몽테스키외, 경제학에서 케네(Quesnay), 튀르고, 신경제이론의 창시자 애덤 스미스, 미학에서 바움가르텐이 있었고, 이미 나열한 심리학자들과 도덕론자들은 말할 나위도 없다.

장 자크 루소(Jean Jacques Rousseau)

계몽운동은 지식, 학문과 예술, 문명과 진보를 칭송했고, 인류의 업적을 자랑했다. 하지만 계몽운동의 교만과 자만은 장 자크 루소(1712-1778)에 의하여 격렬하게 흔들렸다. 그는 예술과 학문을 사치와 나태의 열매이며 도덕적 부패의 원천으로 특징지었다. 인간은 본래 무흠하고 선하다. 그는 자신을 보존하고 자신의 능력을 발전시키려는 충동을 갖고 있지만, 다른 사람들에 대한 동정에 마음이 움직이며 종교적 감정과 감사와 경외에 고무된다. 도덕과 종교는 추론된 사유의 문제가 아니라 본성적 감정의 문제이다. 인간의 가치는 그의 지능에 있지 않고 그의 도덕적 본성에 있으며, 이 도덕적 본성은 본질적으로 감정으로 구성된다: 선의지(善意志)만이 절대적 가치를 갖는다.

루소는 우리의 정신 생활에서 정조(情操, sentiments)의 중요성을 강조하고 이성의 발전이 인간의 완전을 가져온다는 것을 부정한다. 인간은 본래 평등하다. 사회는 사유제(私有制)를 통하여 인간을 불평등하게 만들었으며, 그래서 이제 주인과 종, 교양 있는 자와 교양 없는 자, 가난한 자와 부자가 있다. 문명은 그 문화와 거기서 비롯한 불평등성과 더불어 노예적 악덕과 귀족적 악덕(한편에는 비굴함, 시기, 미움과 다른 한편에는 교만, 오만, 잔인함)을 산출하여 우리의 본성적 경향을 부패시키고, 삶을 인위적이며 기계적으로 만들었다. 인간의 악덕과 덕의 기원은 사회적·정치적 제도에서 파악되며, 따라서 인간을 완전하게 할 유일한 소망은 사회의 개선에 있다.

인간 본성의 개념 루소의 낭만주의적 인간 본성 개념은 아마 그의 가장 독특하고 독창적이고 영향력 있는 업적일 것이다. 그는 두 개의 논문(「학문·예술론」[1750], 「인간 불평등 기원론」[1753])에서, 원초적 자연 상태를 목가적인 용어로 묘사했으며, "고귀한 야만인"의 삶을 자유로운 충동에 의하여 지배되는 삶으로, 동료들에 대하여 연민과 동정을 나타내는 삶으로 그렸다. 자연 상태에 대한 이런 설명은 "만인에 대한 만인의 투쟁"으로 자연 상태를 표현한 홉스의 설명과 뚜렷한 대조를 이룬다. 루소는 아마 자연의 상태를 인류 역사의 실재했던 한 시대로 파악하지 않고 가설적 상태로 파악했던 것 같다. 이 상태는 "더 이상 존재하지 않으며 아마 결코 존재하지 않았으며, 아마 결코 존재하지 않을 것이다. 그래도 우리의 현재 상태에 대한 적절한 판단을 형성하기 위해서는 이 상태에 관하여 참된 개념을 갖는 것이 필요하다."

이는 역사적 현실이기보다 사회적·정치적 허구이며, 그 기능은 우리로 하여금 모든 시대에 효력 있는 인간 본성의 한 측면을 이해할 수 있게 하는 것이다.

그는 현재와 같이 구성된 인간 본성에서 출발하여, 사회적 교류와 제도와 교육 등에 기인한 것을 분석적으로 제거하고, 그럼으로써 인간의 자연적이고 본능적인 본성을 고립시킨다. 자연 상태의 본질적이며 독특한 특징은 즉각적인 감정에 의하여 발휘되는 주도적인 역할이다. 감정은 인간들이 지적 활동, 학문, 예술, 문명의 다른 인공물에 의하여 산출된 문명 아래서 공통적으로 갖고 있는 것이다. 지성과 거기에 부수되는 문화적 현현에 대립되는 것으로서 감정에 대한 강조점은 루소의 낭만적인 인간 본성 개념의 핵심이다.

"자연으로 돌아가라"는 명령에 구현된 루소의 원시주의는 순진하고 단순한 자연으로 돌아가라는 요구가 아니다. 루소는 인간이 문명과 거기에 동반되는 악을 완전히 배격한다는 의미에서 자연으로 돌아갈 수는 없음을 확고하게 믿었다. 오히려 이것은 문명화된 사회의 틀 속에서 인간에게 평등과 사회적 정의를 증진하는 감정들과 정조들을 계발함으로써 자신을 다시 형성하라는 명령이다. "인간은 본성적으로 선하며, 오직 제도에 의하여 악해진다"고 하는 그의 주장은, 인간이 사회 제도를 완전히 버려야 한다는 뜻이 아니다. 인간은 그렇게 할 수 없다. 하지만 인간은 정의롭고 민주적인 사회를 실현하는 식으로 사회 제도를 재형성할 수 있다.

정치 철학 루소는 대의 정치 대신 국민에 의한 직접 통치를 택한다. 볼테르가 따랐던 로크의 정치 이론이 영국의 입헌 군주론자의 이론이었듯이, 루소의 정치 이론은 스위스 공화주의자의 이론이다. 루소는 국민 가운데 제3의 계급 혹은 번영한 부르주아를 포함할 뿐만 아니라 제4의 계급 혹은 노동자와 농민 계급도 포함시킨다. 루소는 이 제4계급에 속했으며 이 계급을 위하여 평등한 권리와 사회적 속박으로부터의 구제를 요구했다. 볼테르가 중간 계급을 위하여 정치적 권리와 사상과 양심의 자유를 요구했던 것과 마찬가지이다. 루소는 로크주의의 민주주의 이상을 진지하게 받아들인다. 만일 모든 사람이 자유롭고 평등하게 창조되어 동일한 자연적 권리와 능력을 갖고 있다면, 그들이 귀족이든 산업 부르주아든 특권 계급에 의하여 지배당하거나 그 유업을 박탈당할 이유가 없다. 1789년과 1793년의 인권선언문에 표현된 것이 바로 루소의 사상이었다.

장 자크 루소

  자연으로 돌아감은 오직 자연적인 사회 조건의 창출과 자연적인 교육 방법에 의해서만 달성될 수 있다.(『사회계약론』, 1762: 『에밀』, 1762.) 자연적 사회는 개인이 시민의 자유를 위하여 자신의 자유를 양도한다는 계약에 근거한다. 그리고 시민의 자유는 일반의지 혹은 국민의 도덕적 의지에 의하여 제한된다. 자유는 자신이 부가한 법률에 대한 복종이다. 주권은 국민에게 있다; 일반의지 즉 공동선을 지향하는 한에서의 국민의 의지가 최고법이다. 루소의 일반의지론은 사회에 의한 인간의 타락이라는 문제를 해결하는 그의 해결책을 상당 부분 형성한다. 개인의 사적인 이해는 자신이 시민으로서 갖고 있으며 자신이 속한 사회의 안녕에 이바지하는 자신의 의지의 그 부분에 복종하는 데서 자신의 참된 자유와 만족을 발견한다. 개인은 사회의 이해에 일치하는 자신의 의지의 그 부분에 복종할 때, 자신의 참된 자유를 실현한다.

교육 철학 루소의 교육론은 자연적 교육, 아동의 자연적이며 손상되지 않은 충동의 자유로운 계발을 위한 항변이다. 교육은 지식에 대한 욕구가 나타날 때에 비로소 시작되어야 한다. 그래서 교육은 대체로 소극적으로, 바람직하지 못한 조건을 제거하는 데 있음에 틀림없다. 이 과제는 깊은 주의를 요구한다. 아동의 개성이 연구되고, 본성이 선한 충동과 악한 충동을 구분하는 데 보탬이 되어야 한다. 그러므로 이런 계발이 개별 선생들의 지도에 의해 그것의 자연스러운 과정을 따를 수 있기 위하여, 아동을 사회적 환경에서 격리시키는 것이 지혜롭다. 루소의 이론은 현대 교육에 큰 영향을 끼쳤다: 바제도(Basedow), 페스탈로치(Pestalozzi), 프뢰벨(Froebel)은 그 교육을 실제적으로 검토했던 인물들이다.

이런 교육 사상은 로크의 경험론적 원리와 양립할 수 있다. 만일 태어날 때 영혼이 텅 빈 서판이라면, 인간은 본성적으로 평등하며, 인간들의 차이점은 엘베티우스가 이미 가르쳤듯이 외부적 영향력의 결과이다. 교육과 사회적 환경은 인류의 완성을 위한 가장 중요한 수단이 된다.

루소는 볼테르처럼 유물론과 무신론과 더불어 싸우며, 자연 종교의 교의를 받아들인다. 이런 의미에서 그는 이신론자이다. 그러나 그와 더불어 종교는 감정에 뿌리를 박으며, 머리가 아닌 마음의 문제가 된다. 물론 종교의 진리들은 이성에 의하여 논증될 수 있긴 하다. 영혼은 비물질적이며 자유롭고 불멸적이다. 내세의 생활은 현세에서 악을 누름으로써 필연적이게 된다.

루소의 영향력   루소는 독일에서 칸트와 헤르더와 괴테와 실러에게 깊은 영향을 끼쳤다. 칸트는 다음의 글에서 루소의 영향력에 의하여 자신의 사상에 일어난 변화를 증거한다: "나는 성격상 탐구자이다. 나는 진보의 단계마다 만족을 느끼면서도 지식을 향한 매우 강렬한 열망과 지식의 진보를 이루지 않고서 배길 수 없는 간절한 갈망을 느낀다. 이 모든 것이 인류의 영광에 이바지할 것이라고 믿었던 때가 있다. 그리고 나는 무지한 하층민들을 경멸했다. 그런데 루소가 나를 바로잡아 주었다. 오만한 우월감이 사라졌다. 나는 인류를 존경하는 법을 배우고 있으며, 만일 이 반성이 다른 모든 직업에 가치를 줄 수 있다고, 즉 인류의 권리를 재확립할 수 있다고 믿지 않으면 나는 나 자신을 평범한 일꾼보다 훨씬 쓸모 없는 자로 보아야 한다."

제16장
이마누엘 칸트의 비판철학

58. 이마누엘 칸트

이마누엘 칸트는 1724년 쾨니히스베르크에서 마구상의 아들로 태어나 경건주의 자들이었던 부모를 위시하여 종교적인 환경에서 길러졌다. 거의 모든 생애를 고향 도시의 울타리 안에서 학생과 교수와 저술가로 보냈다. 대학 입학을 준비했던 콜레기움 프레데리키아눔(1732-40)에서 그는 주로 로마 고전에 관심을 가졌다. 쾨니히스베르크 대학에서는 물리학과 수학과 철학과 신학을 공부했다(1740-46). 1746-1755년에는 쾨니히스베르크에서 이웃에 사는 몇몇 가정에서 가정 교사 노릇을 했다. 1755년에 그는 대학에서 사강사(privat docent)에 임명되었고, 수학과 물리학과 논리학과 형이상학과 윤리학과 자연지리, 인류학, 자연 신학, "철학적 백과사전"을 강의했다. 1766-1772년에는 왕립 도서관의 부(副)사서를 겸했다. 1770년 칸트는 논리학 및 형이상학의 교수가 되었고, 1797년 연약한 신체적 조건으로 은퇴하지 않을 수 없을 때까지 이 자리를 차지했다. 그는 1804년에 사망했다.

칸트는 초창기에 라이프니츠-볼프의 철학을 따랐다. 이 철학이 독일 대학들을 장악하고 학문계 바깥에서도 유행했던 것이다. 1760-1770년에 그는 영국 경험론의 영향을 받게 된다: 로크와 샤프츠버리, 그런 다음에는 흄이 그에게 큰 감명을 주었다. 칸트 자신이 말했듯이, "그를 독단의 선잠에서 깨운" 것은 바로 흄이었다. 1770년에 칸트는 유명한 철학적 입장에 도달했으며, 라틴어 논문인 「감성계와 예지계의 형식과 원리」로 그 입장을 제시했다. 다음 10년 동안 그는 그 입장을 완벽하게 밝히는 데 힘썼다. 그의 역작 「순수이성비판」이 1781년에 나왔으며(수정판은 1787년에 나옴), 그 다음으로 「비판철학 서론」(1783), 「도덕 형이상학 정초」(1785), 「자연과학의 형이상학적 기초」(1786), 「실천이성비판」(1788), 「판단력 비판」(1790), 「이성의 한계 내에서의 종교」(1793), 「도덕 형이상학」(1797, 그의 법철학을 포함함), 「영구평화를 위하여」(1795)가 나왔다. 「교육에 관하여」는 1803년에 출간되었다.

선배들로부터 받은 칸트의 유산

근대철학은 지식을 획득하는 인간 정신의 능력에 대한 신념에서 시작되었다. 쟁점이 되는 문제는 오직 이것이었다: "지식은 어떤 방법에 의하여 획득될 수 있으며, 지식의 한계는 어느 정도인가?" 경험론자들과 합리론자들은 똑같이 참된 지식을 보편적이고 필연적인 것으로 파악했으며, 흄에 이르기까지 그들 거의 모두가 어떤 분야에서 자명한 명제가 가능하다고 천명했다. 데카르트, 홉스, 스피노자, 라이프니츠는 유클리드 기하학처럼 논리적으로 타당하다고 생각하는 형이상학 체계를 구축했다. 베이컨은 보편 이론을 제공하지 않았다. 왜냐하면 그것은 새로운 방법에 의하여 사실들을 확립하기까지는 시도할 수 없는 활동이었기 때문이다. 그러나 그는 신(神)의 존재가 논증될 수 있고 사물들의 영원한 본질 혹은 자연의 법칙들이 발견될 수 있다고 주장했다. 그런데도 인간 지성의 능력이 궁극적 문제 혹은 좀 더 좁은 분야의 문제조차도 해결할 수 있는지에 의심이 일어나기 시작했다. 때때로 베이컨에게 형이상학과 신학은 자연적 이성의 능력을 넘어서는 것처럼 보였다.

홉스는, 우리의 지식의 유일한 원천인 감각이 확실성을 산출할 수 없다는 자신의 인식에 근거하여 물리학의 참된 학문으로서의 가능성에 관한 염려를 이따금씩 노출했다. 로크도 지금까지 시도되었던 것보다 더 철저하게 지식의 문제를 고찰할 필요성을 느끼고, 우리의 관념의 일치와 불일치에 대한 어떤 지식, 우리의 존재와 신의 존재에 대한 어떤 지식을 우리가 갖고 있으며 수학과 윤리학이 확고하다는 결론에 도달했다. 그러나 그의 주장에 따르면, 우리는 외부 세계의 존재와 사물들의 성질들의 필연적 연관에 관해서는 그런 지식을 갖지 못

이마누엘 칸트

한다: 자연 과학에서는 참된 지식이 불가능하다.

버클리는 인식할 수 있는 외부의 물질 세계는 없지만 우리가 관념들, 정신들, 관념들의 관계들을 인식한다고 천명한다. 베일은 신학적·형이상학적 이론을 때려 부수며, 그 이론들이 이성을 넘어설 뿐만 아니라 이성에 반대된다고 주장한다. 흄은 자신이 생각하는 경험론적 지식관의 결과들을 이끌어낸다: 만일 우리가 감각과 반성에서 경험하는 것만 인식할 수 있다면, 이성적 신학, 이성적 우주론, 이성적 심리학은 불가능하며 신과 세계와 영혼의 지식은 우리의 지력을 넘어선다. 참으로 사실의 문제에 대한 우리의 지식도 개연성밖에 산출할 수 없다; 우리는 필연적 연관에 대한 지식, 실체나 자아에 대한 지식을 갖지 못한다; 우리는 우리의 관념들이 우리가 그것들을 경험하고 그것들이 되풀이될 것으로 믿는 순서를 필연적으로 따른다고 말할 수조차 없다. 우리는 우리의 관념을 비교하고 그들의 관계를 주목하고 그 관계에 관하여 추론함으로써 "일종의 논증적 지식"을 획득할 수 있다. 그러나 그것으로 그만이다.

권위와 전통을 파괴하고 이성을 등극시켰던 비판의 정신이 이제 이성 자체를 재판하고 이성의 권위를 부정하고 있었다. 하지만 저울로 합리론을 달고 그것이 부족하다는 것을 발견하고 있던 것은 경험론자들만이 아니다. 합리론의 가정된 주장과 결과에 대한 항거는 신비주의자와 신앙-철학자들의 진영에서도 등장했다. 이들은 지성(intellect)의 구제를 불신하고, 인간 영혼의 다른 국면 혹은 기능에서 확실성에 대한 갈구를 잠잠하게 하는 수단을 추구했다. 그들에 따르면, 추론적 오성은 실재의 덮개를 결코 꿰뚫을 수 없다. 진리는 감정, 신앙, 혹은 어떤 종류의 신비적 직관에서 그 원천을 갖는다; 가장 심오한 실재는 이성에 의하여 파악될 수 없고 오직 마음으로 느낄 수 있을 뿐이다. 근대에 이와 같은 비합리론적 폭발을 특별히 자극했던 것은, 과학적 혹은 합리론적 사유가 필연적으로 개인을 꼭두각시의 역할로 좌천시킨 기계론적 결정론적 세계관이었다. 많은 사람에게, 자연적 지성 혼자서는 소망없고 우울한 회의론이나, 인간성의 가장 깊은 열망을 비웃고 인간성의 가장 고귀한 가치를 허구적인 것으로 만들었던 비극적 운명론으로 끝나는 듯이 보였다.

칸트의 문제

자신의 능력을 향한 지성의 파괴적 비판과 자신의 도덕적·종교적 가치를 인식할 것을 요구하는 의지의 요구에 대하여 이제 철학은 대답을 하지 않을 수 없었다. 이 과제를 떠안은 사람은 칸트였다. 그는 당대의 다양한 경향인 계몽운동, 경험론, 회의론, 신비주의를 정당하게 평가하려 했다; 그의 문제는, 동시대에 살았던 한 사람이 표현했듯이, "한편으로 흄의 회의론을, 다른 한편으로 옛 독단론을 제한하고, 감정주의와 미신뿐만 아니라 유물론과 운명론과 무신론을 반박하고 파괴하는 것"이었다. 그는 볼프의 합리론적 학파 출신이었지만, 영국 경험론과 루소에게 마음이 끌렸다. 그리고 흄은 "그를 독단의 선잠에서 깨웠다." 그는 인간 이성에 대한 검토 혹은 비판, 말하자면 이성의 공정한 요구를 보증하고 그 모든 근거없는 주장을 기각하는 법정에 대한 시급한 필요를 파악한다.

다른 말로 하면, 보편적 필연적 지식의 가능성 혹은 불가능성, 이 지식의 원천, 범위, 한계를 조사하게 될 인식론에 대한 필요를 파악한다. 그는 철학이 지금까지 독단적이었다고 생각한다: 철학은 자신의 능력에 대한 사전적 비판이 없이 진행되었다. 이제 철학은 비판적이어야 한다. 혹은 이성 일반의 능력에 대한 공평한 검토를 시작해야 한다. 이런 목적을 품고 칸트는 자신의 세 가지 「비판」을 썼다: 이론적 이성 혹은 학문에 대한 검토인 「순수이성비판」, 실천 이성 혹은 도덕에 대한 검토인 「실천이성비판」, 우리의 미적 목적론적 판단력 혹은 예술과 자연에서의 목적성에 대한 검토인 「판단력비판」이 그것이다.

칸트는 참된 지식을 보편적 필연적 지식으로 규정한다. 그는 그런 지식이 있지만 물리학과 수학의 기본적 가정에 속하는 지식만이 그러하다는 점에서 합리론과 의견을 같이한다. 그러니 우주론과 신학과 심리학을 포함하는 사변적 혹은 이성적 형이상학이란 불가능하다. 경험론자들과는, 우리가 경험할 수 있는 것만 알 수 있고 감각이 우리의 지식의 재료를 제공한다는 것에 의견을 같이한다. 그는 보편적 필연적 진리가 경험에서 도출될 수 없다는 점에서 합리론자들 및 경험론자들과 의견을 같이한다. 칸트의 견해는, 감관이 우리 지식의 재료를 제공하며 지성이 자신의 본성에 의하여 필연적이게 된 방법들로 그 재료를 배열한다는 것이다. 그래서 우리는 물자체(物自體)의 질서가 아니라 관념들의 질서에 대한 보편적 필연적 지식을 갖는다. 우리의 지식의 내용은 경험에서 도출되지만(경험론), 정신은 자신의 경험을 **사유하고**, 자신의 본유적이고 선험적인 방법 즉 이성적 방법에 따라 그것들을 **파악한다**(합리론). 그런데도 물자체는 존재한다; 우리는 물자체를 사유할 수 있지만, 경험적 세계의 사실을 알 듯이 그것을 알지 못한다. 도덕적 의식 혹은 실천 이성이 아니라면, 신과 자유와 불멸성에 관한 문제를 포함하여 공간과 시간 내의 인과적 질서를 넘어서는 세계의 존재에 관한 문제들은 해결되지 않은 채로 내동댕이쳐질 것이며, 의미있게 제기될 수조차 없다.

지식의 문제

칸트의 근본 문제는 지식의 문제이다: 지식이란 무엇이며, 그것은 어떻게 가능한가? 인간 이성의 한계는 무엇인가? 이런 질문들에 대답하기 위하여 우리는 인간 이성을 검토해야 한다. 혹은 그것을 비판해야 한다. 지식은 언제나 무엇을 긍정하거나 부정하는 판단의 형식으로 나타난다. 그러나 모든 판단이 지식은 아니다. 분석적 판단에서는 술어가 주어에 이미 포함된 것을 설명할 뿐이다: 가령 물체는 연장된 것이다. 만일 판단이 지식으로서 한정하는 것이라면, 그 판단은 종합적이다; 즉 우리는 무엇을 술어에 덧붙이고 우리의 지식을 단순히 설명할 뿐만 아니라 확장한다: 가령, 모든 물체는 특정한 무게를 갖는다.

하지만 모든 종합 판단이 우리에게 참된 지식을 주지는 않는다. 어떤 것들은 경험에서 유래한다. 가령 그것들은, 하나의 대상이 그러그러한 성질을 갖고 그러그렇게 작용한다는 것을 알려주지, 틀림없이 이런 성질을 갖거나 그렇게 작용해야 한다는 것을 알려주지 않는다. 다른 말로 하면, 그런 판단들은 **필연성**이 없다: 이성은 수학적 명제를 받아들이도록 강요하듯이 그런 판단들을 받아들이도록 강요하지 않는다. 또한 그 판단들은 **보편성**이 없다: 우리는 한 집단의 어떤 대상들이 어떤 성질들을 갖고 있기 때문에 모든 대상들이 그런 성질을 갖고 있다고 말할 수 없다. 보편성과 필연성이 결여된 판단, 혹은 후험적(a posteriori) 판단은 과학적이지 않다. 지식이 되려면, 종합 판단은 필연적이어야 하고 보편적이어야 한다. 즉 예외를 인정하지 않아야 한다. 보편성과 필연성은 감각 혹은 지각에 그 원천을 갖고 있지 않고, 이성, 지성 자체에서 그 원천을 갖고 있다. 우리는 경험 없이 (이런 의미에서 경험에 앞서서) 삼각형의 내각의 합이 두 직각의 합과 동일하며 언제나 그러할 것임을 안다.

그런데 칸트의 주장은, 지식이 선험적 종합 판단(synthetic judgments a priori)으로 구성된다는 것이다. 분석 판단은 언제나 선험적이다; 우리는 모든 연장된 사물이 연장되어 있다는 것을 경험해 보지 않아도 안다. 그런 판단들은 오직 모순율에 근거한다. 그러나 그것들은 우리의 지식을 더하지 못한다. 후험적 종합 판단은 우리의 지식을 증가시키지만, 확실하지 않다; 그것들이 산출하는 지식은 불확실하고 의심스럽다. 우리는 우리의 학문에서 명백한 확실성을 요구하며, 그런 확실성은 선험적 종합 판단에 의해서만 소유된다.

그런 판단이 있음을 칸트는 잠시도 의심하지 않았다: 우리는 물리학의 기본 원리와 수학에서 그런 판단들을 발견한다; 형이상학에 그런 지식이 있는지에 관해서 칸트는 우리가 나중에 논의할 심각한 유보 조항을 갖고 있다. 그는 확립된 사실로서 보편적 필연적 지식의 존재를 받아들이며, 선험적 종합 판단이 가능한가를 묻지 않고 그것들이 어떻게 가능한가를 물을 뿐이다. 그런 지식의 조건은 무엇인가? 그런 판단의 존재가 무엇을 논리적으로 전제하는가 혹은 필연적으로 함축하는가?

칸트의 비판적 방법은 적어도 그 단계들 가운데 한 단계에서 독단적이다: 그는, 인식론이란 엄밀하게 논증할 수 있는 학문, 선험적 혹은 순수 학문, 필연적인 원리에 선험적으로 자신의 진리를 기초하는 학문이라고 말한다. 그의 방법은 심리학적이지 않고 논리적 혹은 초월적이다: 그는 우리의 의식에서 지식의 조건(지식이 어떻게 심리적으로 등장하는지)을 검토하라고 말하지 않고, 수학의 명제나 물리학의 원리와 같은 실재적 지식을 가지고서 그런 명제들의 존재가 논리적으로 무엇을 전제하는지를 물어보라고 말한다.

가령 도대체 판단이 있을 수 있거나 공간 관계에 관한 혹은 인과 관계를 인정하는 판단들이 있을 수 있다는 사실로부터 무엇이 필연적으로 나오는가? 종합적인 정신이 없는 종합적 판단이 있을 수 없고, 공간을 파악하는 정신이 없는 공간적 판단이 있을 수 없고, 원인과 결과라는 측면으로 사유하는 정신이 없이 인과적 판단이 있을 수 없다. 물론 칸트는 이 방법을 사용하면서, 인간 이성과 그것의 모든 범주를 사용하고 있다; 그는 지식의 가능성과 타당성을 당연하게 받아들인다. 즉 그는 독단론자이다. 그러나 이것 때문에 그는 방해받지 않는다. 왜냐하면 그의 말대로 흄이 지식의 가능성을 부정한 것이 정당하다면 이는 "스캔들"일 것이기 때문이다. 만일 이성이 이 과제를 착수하기 전에 자신을 검토하는 이성의 능력이 확립되어야 한다면 우리는 달리 할 일이 없음에 분명하다.

그러므로 문제는 이렇다. 수학에서, 물리학의 기초들에서 선험적 종합 판단은 어떻게 가능한가? 혹은 순수 수학과 순수 물리학은 어떻게 가능한가? 칸트가 형이상학을 의심하므로, 형이상학적 지식에 관한 유사한 질문은 과연 이런 식으로 질문될 수 없다. 그의 문제는 우리가 과학적 분야들에서 참된 지식을 어떻게 왜 가질 수 있는지를 보여주는 것이다. 우리는 이런 질문에 답하기 위하여 인식의 기관을 탐구해야 한다. 우리는 그것의 능력, 기능, 가능성, 한계를 고찰해야 한다. 지식은 정신을 전제한다. 게다가 우리는 생각할 것이 없이는 사유할 수 없다. 그리고 감관을 통하여 사유의 대상이 주어지지 않으면, 정신이 수용적이고 감성을 갖고 있지 않다면, 우리는 사유의 대상을 가질 수 없다. 감성은 지각적 대상을 형성하는 감각 성질을 우리에게 제공한다. 이 지각적 대상은 또한 오성에 의하여 사유되거나 이해되거나 파악되어야 한다. 오성의 개념은 지식에서 필요 불가결한 역할을 맡는다.

지식은 한편으로 감각과 지각과, 다른 한편으로 사유 혹은 오성의 협력 없이 불가능하다. 지식의 이 두 가지 전제 조건은 근본적으로 다르지만, 서로를 보충한다. "지각과 개념은 우리의 모든 지식의 요소를 형성한다." 개념 없는 지각은 맹목적이며, 지각 없는 개념은 공허하다. 지성이 할 수 있는 것은 감성이 제공한 것을 정교하게 만드는 것뿐이다.

그러면 지식은 어떻게 가능한가 하는 이 질문은 두 가지 물음으로 나뉜다: 감각 지각은 어떻게 가능한가? 그리고 오성은 어떻게 가능한가? 첫 번째 물음은 **초월적 감성론**(지각 능력의 이론)에서, 두 번째 물음은 **초월적 분석론**(개념과 판단의 이론)에서 다루어진다.

초월적 방법

초월적 방법에 대한 칸트의 공식화는 근대철학에서 특색있는 철학적 방법을 고안하는 최초의 시도일 것이다. 칸트 이전의 베이컨, 홉스, 데카르트, 라이프니츠는 열정적인 방법론자였지만, 철학적 탐구의 새롭고 독특한 방법들을 창안하기보다 특정 과학에 의하여 이미 성취된 방법들을 철학에 적용시키는 것으로 만족했다. 그래서 베이컨은 철학을 위해 자연과학의 귀납적 방법을 지지했다. 홉스와 데카르트는 수학적 방법을 옹호했다. 물론 두 사람은 그 방법을 아주 다르게 파악했다. 그리고 라이프니츠의 철학은 혼성적인 귀납적-수학적 방법을 사용한다. 칸트 이래로, 철학자들 사이에는 철학의 독특한 주제에 적합할 만한 새로운 철학적 방법을 창안하는 것이 유행하게 되었다. 피히테의 대립적 방법, 셸링과 베르그송의 직관적 방법, 헤겔의 변증법적 방법을 살펴보라. 철학적 탐구의 새로운 기술을 만들었다는 칸트의 주장은 종종 명시적이지 않고 암시적이지만, 이 문제에 관한 칸트의 주장은 의심할 나위 없다. 칸트는 한 특색있는 구절에서, 초월 철학의 방법이 "독특한" 방법이며 학문의 유행하는 방법들을 단순히 개작한 게 아님을 분명히 밝힌다.

경험에서 그것의 필연적 전제로 나아가는 논증이 초월적 방법의 핵심이며, 이 점에서 칸트의 절차는 전통적인 경험론자들의 그것과 크게 갈라선다. 경험론은 경험적 사실에서 그런 사실들에 근거한 가설과 일반론으로부터 **귀납적으로** 나아간다. 반면에 칸트는 사실에서 그것들의 가능성의 필연적 조건으로 논증적으로 주장을 펼친다. 경험론자들은 경험의 사실성에 호소하며, 칸트는 경험의 본질적 본성에 호소한다. 경험론자들은 귀납적으로 추론하지만 칸트는 논증적으로 추론한다. 이는 「순수이성비판」 제2판의 서론에 나오는 칸트의 진술에 담긴 충만한 의미이다. "······ 우리의 모든 지식이 경험과 더불어 시작하지만, 그것이 경험에서 나오는 것은 아니다."

칸트의 전제주의적 논증은 경험의 편만하고 형식적인 특색인 공간과 시간 그리고 범주에 관심을 집중한다. 왜냐하면 초월적 방법은 **경험의 질료**(sense qualia)에 전혀 적용되지 않기 때문이다. 결정적인 문제는 이것이다. 경험의 가능성의 필연적 조건은 무엇인가? 그리고 경험의 형식적 조건들은 시간과 공간, 범주들이다. 이 물음에 대한 칸트의 대답은 이렇다: 경험은, 경험 안에서 발견되는 형식적 특색이 경험의 선험적 조건이라는 가정에서만 가능하다.

경험에 대한 예비적 분석

비판적 탐구의 출발점은 경험이다. 「순수이성비판」 제2판의 서론의 첫문장은 이렇다. "모든 인식이 경험과 더불어 시작한다는 것은 의심할 수 없다." 칸트와 그의 관념론적 후계자들에게 경험은 확실히 악명 높게도 모호한 용어이지만, 현재의 문맥에서는 그 의미가 아주 분명하다. 이는 어떤 현상적 대상 혹은 그런 대상들의 체계를 지칭한다. 칸트의 초월적 과정의 출발점인 경험은 원자론적 인상의 집합이 아니라 지각적(혹은 내성적) 대상으로서, 질적인 구성물 외에 관계적 구조적 조직을 갖고 있다. 칸트의 경험론은 윌리엄 제임스가 말하는 그런 "근본적 경험론"이다. 왜냐하면 칸트의 경험론은 경험에서, 있는 그대로의 감각 자료뿐만 아니라 관계도 발견하기 때문이다. 분석 대상인 경험은 인식적으로 파악된 것으로서 물리적 대상들의 체계이며 아마도 개별 정신도 포함할 것이다.

경험의 분석은 질료와 형식을 나누는 전통적 구분과 일치하여 진행된다. 다른 데서와 마찬가지로 칸트는 여기서도 전통적 논리학과 형이상학의 구분과 분류를 아주 무비판적으로 받아들인다. 그는 경험의 형식적 요소와 질료적 요소를 구분하는 일반적 기준을 진술하는 데 전혀 힘들어하지 않는다. 분명 형식은 경험에서 구조적이고 관계적인 모든 것을 포함한다. 질료는 형식에 포섭되는 재료를 포함한다. 형식은 경험에서 통일의 원리이다. 질료는 다양성 혹은 다수성의 원리이다. "경험에서 감각에 상응하는 것을 나는 경험의 **질료**라고 부른다. 그러나 현상의 다양성을 규정하여 형상이 어떤 관계로 배열되어 있도록 하는 것을 나는 현상의 형식이라고 부른다." 이 구분은 처음부터 아주 엄밀하게 작성되지 않았지만, 분석이 진행되는 것에 따라 점진적으로 분명해진다.

경험의 대상은 세 가지 구성 요소로 분석될 수 있다: (1) 분리된 자료들 — 흄의 분석에 나오는 "인상들", (2) 공간적·시간적 연속체 — 소위 "직관의 형식", (3) 순수 개념 혹은 범주. 전체 비판적 과정을 떠받치는 이 분석은 "초월적 감성론"에 나온다. 여기서 칸트는 자신의 목적이 요소 (2)를 요소 (1)과 (3)으로부터 "고립시키는" 것이라고 한다. "그러므로 초월적 감성론에서 우리는 첫째 감성을 고립시키되, 지성이 그 개념들을 통하여 사유하는 모든 것을 감성에서 제거함으로써 분리한다. …… 둘째로 우리는 감각에 속하는 모든 것을 감성에서 구분해 내어, 순수 직관 외에 아무것도 남지 않도록 해야 한다. …… 이 탐구의 과정에, 감각적 직관의 두 가지 순수 형식이 있음이 드러날 것인데 …… 곧 공간과 시간이다."

(1)의 항목에는 우리의 경험의 모든 **질료**적 요소가 포함된다. 정서적·의욕적·쾌락적 재료 등 내감의 자료뿐만 아니라 색, 소리, 맛 등의 외감의 자료가 포함된다. 항목 (2), (3)은 경험의 유일한 **형식적** 요소를 구성하며, 초월적 방법은 그것들을 다룬다. 경험을 세 가지 구성 요소로 나누는 시초적 분석은 순전히 사실적인 것이다. 즉 이 분석은 현상적으로 주어진 것과 거기에 포함되는 것으로 밝혀진 몇 가지 요소들의 보고(報告)에 대한 직접적인 조사에 다름 아니다. 논증의 이 단계에서는 이 분석의 정확함과 철저함에 대한 선험적 혹은 논증적 증명을 달성했다는 주장이 존재하지 않는다. 칸트의 태도는 다음과 같은 듯하다: "나는 경험에서 이것 말고 다른 요소를 발견하지 못한다."

앞서 진행된 분석은 주로 지각된 혹은 외성적(外省的, extrospective) 경험을 위하여 고안되었지만, 칸트는 내성적 경험에 그리고 아마도 다른 정신의 각지(覺知, apprehension)에도 그것을 적용하려는 의도를 갖고 있었음에 틀림없다. 물론 다른 정신의 각지는 그가 그다지 관심을 기울이지 않는 그런 경험이다. 만일 내가 어떤 지각된 대상 혹은 지각의 상상적 재현을 검토한다면, 다음과 같이 구분지을 것이다: 색, 소리, 맛 등의 감각 재료, 모양, 크기, 운동 등의 시공간적 특징들과 관계, 실체성, 인과성 등을 포함하는 "범주적" 특징들. 개별 정신의 내성적 경험에 상응하는 분석이 있을 것이다. 질료의 측면에서는 표상으로서 의식적 연속의 구성물인 감각 자료가 있다. 게다가 의식적 연속의 쾌락적·정서적·의욕적 항목이 있다. 형식적 측면에는 시간이 의식적 과정의 독특한 형식이며, 범주들은 물리적 대상만큼 경험적 의식에 적용될 수 있다. 칸트의 철학적 과정 전체는 내성된 자아로부터 혹은 지각된 대상으로부터 출발할 수 있었다. 그런데 그는 단지 편의에 따라 후자를 선호했다.

경험에 대한 예비적 분석은 물론 모든 지성적 분석과 마찬가지로, 추상적이지 실재적이지 않다. 위에서 인용한 구절에서 서술하듯이 경험의 구성 요소들에 대한 "고립"과 "분리"는 관념적 혹은 상상적 분리에 불과하다. 세 가지 요소들은 본질과 기원과 기능에서 다를 수 있지만(물론 칸트에 따르면 실제로 다르다), 철학적 분석이 출발점으로 삼는 경험에서 셋은 완전하게 혼합되어 있다. 이 분석은 관념적이긴 하지만, 기원과 특징에 관하여 상이한 경험의 실재적 요소들에 관심을 집중하므로 중요하다.

시초적 분석에 근거하는 후속적 설명의 승패에도 불구하고, 경험에 대한 칸트의 시초적 분석은 철학에서 경험적 현상론적 전통에 참으로 중요한 기여이다. 칸트는 로크나 흄만큼, 지각적·내성적 경험이 철학적 구성과 해석을 위한 유일하게 가능한 출발점을 제공한다는 것을 주장한다. 그는 또한 자명한 원리에서 시작한다고 공언하는 합리론적 체계가 자신이 소유하는 모든 진리를 경험적 일반론에서 도출한다는 것을 안다. 그런데 이 일반론은 성급하게 끌어낸 것이며 은폐되고 결정적이지 않은 증거에 근거하므로 위험하다. 그러나 칸트의 경험론은 흄의 그것보다 더 과격하고 그래서 더욱 적절하다: 흄은 경험을 구체적이고 원자론적 인상들로 분해시켰다. 칸트는 모든 참된 경험의 관계적이며 구조적인 특징을 분간했다. 칸트는 원자론적 인상들이 경험의 실재적 구성 요소이지만 그들의 구조적 맥락에서 볼 때 단순한 추상물임을 보았다.

그래서 경험에 대한 칸트의 분석은 포괄성과 완벽성의 덕목을 가지지만, 그것은 칸트가 주장했듯이 절대적이며 논증 가능한 완벽성이 아니며 매우 식별력이 높고 용의주도한 분석가가 달성할 수 있는 완벽성이다. 때때로 칸트는 경험에 대한 자신의 시초적 분석이 철저하다는 가정에서 진행한다. 그러나 이는 물론 완벽하게 근거 없는 것이다. 왜냐하면 관찰자가 아무리 유능하고 용의주도해도 경험의 어떤 본질적 구성 요소가 자기를 교묘하게 피해나갈 수 없다고 확신할 수 없기 때문이다.

감각 지각의 이론

먼저 "초월적 감성론"을 살펴보자. 감성 혹은 감각 지각의 능력의 논리적 전제 조건은 무엇인가? 우리는 지각하기 위하여, 색이나 소리나 딱딱함 등의 감각을 가져야 한다. 그러나 단순한 감각은 지식이 아닐 것이다. 이는 의식의 단순한 변용, 의식에 일어나는 단순한 변화, 다른 어떤 것이 우리 안에 산출한 단지 주관적인 상태일 것이다. 모든 감각은 공간과 시간에서 속하는 것으로 보아야 한다. 감각은 다른 감각과 관련하여 공간적으로 특정한 장소와 시간적으로 어떤 시기를 틀림없이 갖는다. 분명히 지각은 명확한 공간적 질서와 배열에서 파악되며, 다른 감각보다 이전 혹은 이후 혹은 동일한 시간에 나타난다. 지각은 경험의 질료 혹은 내용을 형성하는 감각, 경험의 형식을 형성하는 시간과 공간으로 분석될 수 있다. 색, 소리, 무게 등을 포함하는 감각은 원재료를 제공하고 이것은 공간과 시간의 형식이 제공하는 틀 안에서 배열된다. 형식적 요소와 질료적 요소가 함께 지각을 형성한다. 정신은 감각을 받아들일 뿐만 아니라 자신의 직관(intueri: 보다, 관찰하다에서 온 말) 능력에 의하여 감각들을 지각한다: 정신은 자기 바깥에 시공간적 질서에서 색을 보고, 소리를 듣는다. 정신은 공간과 시간을 선험적으로 지각하는 능력을 갖고 있다. 참으로 정신은 그렇게 형성되어서, 순수 공간과 순수 시간을 직관한다. 정신은 공간과 시간에서 대상들을 지각할 뿐만 아니라 공간과 시간 자체를 지각하기도 한다. 이런 의미에서 우리는

순수 지각을 말할 수 있다.

공간과 시간에서 감각을 배열하는 기능 혹은 형식들은 그 자체가 감각일 리 없다. 그것들은 경험적 혹은 후험적 직관 형식이 아니라 정신의 본질에 내재한다. 즉 선험적이다. 시간은 내감(inner sense)의 형식이다: 즉 우리의 심적 상태는 시간적 연속에서 서로 이어지지 않고서는 달리 파악될 수 없다. 반면에 공간은 외감의 형식이다: 우리는 우리의 감관에 영향을 주는 것을 공간적으로 파악해야 한다. 그러나 감관에 주어진 혹은 제시된 모든 것이 의식의 변용이며 내감에 속하므로, 시간은 외감에 속하든 내감에 속하든 우리의 모든 표상들의 필연적 조건이다.

공간과 시간은 스스로 존재하는 실재나 사물이 아니며, 사물 자체에 속하는 성질이나 관계도 아니다. 그것들은 우리의 감성이 대상들을 파악할 때 갖는 방식이며, 감관의 형식 혹은 기능이다. 만일 세상에 공간과 시간의 직관이나 지각을 갖춘 존재가 없다면, 세계는 공간적이며 시간적이기를 중단할 것이다. "사유하는 주체를 제거하라. 그러면 전체 유형적 세계는 사라질 것이다. 왜냐하면 이세계는 우리의 주체의 감성에 있는 현상에 불과하기 때문이다." 우리는 공간이 없음을 결코 상상할 수 없다. 물론 공간이 대상을 전혀 포함하지 않음을 파악할 수는 있다. 즉 우리는 공간이라는 측면에서 지각하고 상상하지 않을 수 없다. 공간은 현상들의 필수 전제조건이며, 그래서 필연적인 선험적 이념이다. 이는 위에서 서술한 칸트의 철학적 방법에 속하는 예이다. 우리는 사물 없이 공간을 사유(사고)할 수 있지만 공간 없이 사물을 사유할 수는 없다. 그래서 공간은 사물혹은 현상적 세계에 대한 우리의 지각의 필연적 전제조건이다. 모든 필연적 전제조건은 정신의 선험적 형식임에 틀림없다. 동일한 논증이 시간에도 적용된다.

그러면 순수 수학은 어떻게 가능한가 하는 질문은 대답된다: 정신이 공간과 시간의 형식들을 갖고 있으므로, 정신이 본질상 공간적·시간적 방법으로 지각하고 상상하지 않을 수 없으므로, 우리는 수학에서 참된 지식 혹은 선험적 종합판단을 갖는다.

그러나 공간과 시간이 단지 감성 조건, 감각 지각의 형식들, 우리가 사물들을 지각하는 방법에 불과하다는 것을 기억해야 한다. 그래서 그것들은 지각된 사물들에, 현상에 적용될 때 타당성을 갖지, 물자체에 혹은 물자체에 대한 우리의 지각과 독립한 사물들에 적용될 때 타당성을 갖는 게 아니다. 우리는 우리의 경험 세계를 넘어서서 그것들을 적용할 수 없다. 그러나 이 제한이 우리를 혼란스럽게 만들 필요는 없다. 왜냐하면 우리의 경험적 지식의 확실성은 고스란히 남아 있기 때문이다. 공간과 시간이 물자체에 내재하는지 우리의 사물 지각의 필연적 형식에 불과한지 상관없이 지식은 확고하다. 우리가 지각하는 사물들이 물자체가 아니며 ― 물론 우리는 사물들을 물자체로 흔히 보긴 한다 ― 우리가 관찰하는 관계가 물자체의 관계가 아니다.

만일 우리가 주체와 그것의 감성 능력을 제거한다면, 모든 시간적·공간적 성질과 사물 관계, 심지어 공간과 시간도 사라질 것이다. 그것들은 더 이상 지각하는 주체와 완전히 분리되어 존재할 수 없다. 어떤 물자체가 우리의 감성과 독립하여 있는지, 우리 안에 감각을 야기하는 것이 무엇인지 우리는 알지 못할 따름이다. 색, 소리, 맛, 냄새는 우리 안에 있는 감각이다. 어떤 물자체(das Ding an sich)가 의식에 산출된 감각과 독립하여 있는지 우리는 알지 못한다. 우리는 사물들을 지각하는 우리의 독특한 방법, 인간에게는 필수적이지만 모든 피조물에는 필수적이지 않을 방법만 안다. 이런 의미에서 공간과 시간은 주관적 혹은 관념적이다. 하지만 그것들은 모든 현상이 공간과 시간의 질서에서 배열되어 있다는 의미에서 실재적이거나 객관적이다. 경험에서는 시간의 조건에 해당하지 않는 대상이 우리에게 주어질 수 없다. 외적 현상으로서 모든 대상은 언제나 공간에서 공존할 것이다.

요약: 인간으로서 우리가 갖는 실재적 지식은 감각적 성질들 그리고 공간과 시간의 형식들을 요구한다. 정신은 자신에게 제시된 어떤 것을 틀림없이 갖고 있으며, 영향을 받을 수 있어야 혹은 인상을 받아들일 수 있어야 한다. 그러나 우리가 인상 혹은 의식의 경험된 변용만 받아들인다면, 우리는 분명 우리 자신의 주관성에 갇히게 되고 객관적 세계를 지각하지 못한다. 우리의 감각은 객관화되고, 공간에 투사되고, 시간에서 배열된, 외부에 속하는 것으로 보아야 한다. 오직 인간 정신이 이런 파악 방법들을 소유하므로, 객관적 세계가 있을 수 있다.

오성론(Understanding)

하지만 우리의 경험의 공간적·시간적 구성만으로는 충분하지 못하다. 단순히 연결되지 않고 연관되지 않은 지각들, 공간 속에 있는 대상들의 단순한 지각은 지식을 산출하지 못할 것이다. 태양의 지각과 그 다음에 오는 뜨거운 돌의 지각은 태양이 돌을 뜨겁게 한다는 것을 아는 것과 동일하지 않다. 사유에서 이 두 경험을 연관시킴으로써만 나는 태양이 돌에 있는 열의 원인이라는 판단을 형성할 수 있다. 대상들은 연관되거나 연결되거나 파악되거나 사유되어야 한다. 지식 혹은 판단은 종합적이며 사유하는 정신 없이, 오성 혹은 지성 없이는 불가능할 것이다. 감성은 수용적이지만, 오성은 능동적이며 자발적이다. 감성 형식들은 직관적이지만, 오성은 개념적이다: 오성은 개념으로 사유한다. 우리는, 우리의 개념들을 감각적이게 만들 뿐만 아니라 혹은 지각의 대상을 개념들에게 줄 뿐만 아니라, 우리의 지각을 이해할 수 있도록 만들어야 혹은 개념들 아래로 가지고 가야 한다. 오성 자체는 무엇을 직관하거나 지각할 수 없다. 감관 자체로는 무엇을 사유할 수 없다. 인식은 둘의 결합에서만 가능하다. 감성의 규칙들에 대한 학문을 일러 "초월적 감성론"이라고 한다. 오성의 규칙들에 대한 학문을 일러 "초월적 분석론"이라 한다.

오성은 지각들을 파악하거나 결합하거나 연관짓는 여러 가지 형식을 갖고 있다. 이는 오성의 순수 개념 혹은 범주라고 한다. 왜냐하면 이것들은 선험적이며 경험에서 유래하지 않았기 때문이다. 참으로 오성은 판단 기능이다: 사유한다는 것은 판단한다는 것이다. 그래서 오성의 파악하는 방법들은 판단하는 방법들일 것이며, 우리는 이 판단 방법들을 발견하기 위하여 우리의 판단을 분석하고 그것들이 나타나는 형식들을 검토해야 한다. 우리의 일반 논리학이 우리를 위하여 이 일을 이미 이루어 놓았기 때문에, 우리는 일반 논리학에서 도움을 구할 수 있다. 논리학의 판단표는 범주의 발견을 위한 지침으로서 이바지할 것이다. 판단표에서 가능한 판단의 수만큼 정신의 순수 개념 혹은 범주가 있다.

칸트는 각각 세 개씩으로 된 네 집합으로 배열된 12개의 판단이 있음을 발견한다: (1) 전칭 판단 — 모든 금속은 원소이다; (2) 특칭판단 — 어떤 식물들은 은화(隱花) 식물이다; (3) 단칭 판단 — 나폴레옹은 프랑스의 황제였다. (처음의 이 세 가지 판단으로 우리는 분량[전체성, 다수성, 단일성]의 범주라는 측면에서 사물들을 파악한다.); (4) 긍정판단 — 열은 운동의 한 형식이다; (5) 부정판단 — 정신은 연장적이지 않다; (6) 무한(무제한)판단 — 정신은 비연장적이다. (이런 판단 형식들은 성질[실재성, 부정성, 제한성]의 범주를 표현한다.) (7) 정언판단 — 물체는 무겁다; (8) 가언판단 — 만일 공기가 덥다면 온도계가 올라간다; (9) 선언판단 — 실체는 고체이거나 액체이다. (이런 판단들은 관계의 범주를 표현한다: 고유성과 존속성 혹은 실체와 우유성, 인과성과 의존성 혹은 원인과 결과, 공동성 혹은 능동적인 것과 수동적인 것의 상호성.) (10) 개연판단 — 이것은 독일 수 있다; (11) 실연판단 — 이것은 독이다; (12) 필연판단 — 모든 결과는 원인을 갖고 있음에 틀림없다. (이 마지막의 판단들은 양상의 범주들을 표현한다: 가능성과 불가능성, 현존성과 비존재성, 필연성과 우연성.)

판단 형식들과 범주의 상호 관계는 아래의 표로 요약된다. 이 표에서 12개의 판단 형식들이 왼편에 나열되어 있고 거기에 상응하는 범주들이 정반대편인 오른편에 나온다:

판단	범주
Ⅰ. 분량	Ⅰ. 분량의 범주
(1) 전체	(1) 단일성
(2) 특정	(2) 다수성
(3) 단일	(3) 전체성
Ⅱ. 성질	Ⅱ. 성질의 범주
(4) 긍정	(4) 실제성
(5) 부정	(5) 부정성
(6) 무한	(6) 제한성
Ⅲ. 관계	Ⅲ. 관계의 범주
(7) 정언	(7) 고유성과 존속성
(8) 가언	(8) 인과성과 의존성
(9) 선언	(9) 공존성
Ⅳ. 양상	Ⅳ. 양상의 범주
(10) 개연	(10) 가능성 – 불가능성
(11) 실연	(11) 현존성 – 비존재성
(12) 필연성	(12) 필연성–우연성

판단의 타당성

그러면 다음과 같은 문제가 일어난다. 우리는 무슨 권리로 정신의 이런 형식들을 사물들에 적용할 수 있는가? 이 형식들의 객관적 타당성의 근거는 무엇인가? 이 형식들은 순전히 정신적 기원을 갖고 있으나, 경험에서 사용된다. 우리는 경험으로부터 유래하지 않았다는 의미로 경험으로부터 독립한 범주들을 경험 안으로 대상의 세계로 읽어들인다. 그것이 어떻게 가능한가? 우리는 무슨 권리로 그렇게 할 수 있는가? 법학자들은 법적인 절차에서 권리와 주장의 증명을 연역이라고 부른다. 여기서 우리에게 필요한 것은 일종의 연역 혹은 증명 혹은 정당화, 범주의 초월적 연역이다.

칸트의 증명은, 범주가 없이 가지적 경험이 불가능할 것이라는 것을 보이는 데 있다. 그와 같은 원초적이며 선험적인 사유 개념이 없이, 통일되고 통일시키는 의식 혹은 자기 의식 혹은, 칸트가 칭하는, 이런 범주들을 가지고 작용하는 통각의 종합적 통일이 없이 인식이나 경험의 연관된 세계가 있을 수 없다. 오성은 판단이며, 하나의 의식(통각의 통일)에 많은 지각된 대상들을 결합하는 작용이다. 어떤 방식들(시간과 공간)로 지각하고 어떤 방식들(범주)로 판단하거나 사유하며, 현재와 같이 지각하고 판단하도록 되어 있는 이성적 정신이 없이는, 경험의 대상에 대한 보편적이며 필연적인 지식은 있을 수 없다. 인식은 오성의 순수 개념들 혹은 범주들을, 감관이 우리에게 제공하고 공간적이며 시간적인 것으로 지각된 대상에 적용함이다. 범주는 경험을 가능하게 하는 데 이바지한다. 그것이 범주의 유일한 정당 조건이다.

가령, 물이 언다는 것에 대한 지각처럼 단순한 작용이라도, 정신이 두 상태(액체와 고체)를 시간에서 연결되고 단일한 사유 작용에서 그것들을 연관된 것으로 파악하지 않으면 불가능할 것이다. 우리가 판단을 갖기 위해서 필요한 통각(統覺)의 종합적 통일은, 우리가 지각을 갖기 위하여, 우리가 통각하기 위하여 또한 필요하다. 우리의 사유에서 기능하는 각지(覺知, apprenhension), 재생(reproduction), 재인(再認, recognition)이라는 동일한 자발적 작용들은 감각 경험에서도 기능한다. 동일한 범주들이 사유 활동과 감각 경험에서 활동하고 있다. 우리의 경험 세계는 범주에 의하여 가능하게 된다. 현상적 질서 혹은 우리가 파악하는 자연이 우리의 예지(叡智) 형식들에 의존하지, 경험론자들이 주장하듯이 우리의 예지 형식들이 현상적 질서에 의존하는 게 아니다. 칸트가 오성이 그 법칙을 자연에 규정한다고 말할 때 그 의미가 바로 이것이다. 이는 칸트가 철학에서 일으킨 "코페르니쿠스적 혁명"이다.

그러므로 정신이 자신의 법칙을 자연에 규정하므로, 우리는 자연의 보편적 형식을 선험적으로 알 수 있다. 우리는 지각된 세계가 언제나 어떤 가지적 방식으로 연관되어 있을 것이며, 우리의 경험이 언제나 고정된 공간적·시간적 질서 안에 있는 사물에 대한, 실체와 우유성, 원인과 결과, 상호적 영향을 주는 것으로서 연결된 사물에 대한 것임을 알 수 있다. 그러므로 우리는 감관의 세계에 범주를 적용할 때 잘못될 수 없다. 그러나 범주들이 오직 실제적 경험 혹은 가능적 경험의 영역에만, 현상의 세계에만 합법적으로 사용될 수 있음을 잊어서는 안 된다. 우리는 경험을 초월할 수 없고, 초감각적인 것, 물자체에 대한 개념적 지식을 가질 수 없다. 또한 이 이론에서는, 우리가 경험의 질료 혹은 내용을 선험적으로 알 수 없게 된다. 어떤 개별적 감각(색, 소리, 무게 등)이 주어질지 알 수 없게 된다. 우리가 말할 수 있는 것은, 어떤 감각들이든지 정신이 그것들을 자신의 필연적 규칙에 따라 조직할 것이라는 것뿐이다.

그러나 지성적인(intellectual) 범주들이 어떻게 지각들, 감각적 현상들에 적용될 수 있는가? 칸트에 따르면 순수 개념과 감각 지각은 전혀 다르며, 이질적이다. 그러면 어떻게 우리는 그것들을 결합할 수 있는가? 제3의 무엇, 순수 개념과 감각 지각을 매개하는 것, 순수하면서도 즉 경험적인 게 없으면서도 동시에 감각적인 것이 있어야 한다. 칸트는 이를 **초월적 도식**(超越的 圖式)이라고 부른다. 그리고 그런 도식의 사용은 **오성의 도식성**이다. 시간 형식은 전술한 요구 조건 즉 순수하면서 감성적이어야 한다는 조건을 충족시킨다. 우리의 모든 관념들은 **시간 형식**에 종속된다. 즉 우리의 모든 경험은 시간 안에서 우리에 의하여 질서지어진다. 그것들은 시간에서 발생한다. 그래서 지성(Intellect)은 감성에 영향을 주려면, 감각 경험들을 연결하거나 연관지으려면, 시간 형식을 사용해야 한다. 지성은 순수한 시간 형식을 사용하여 자신의 개념들, 범주들, 연관짓고 결합하는 방식들을 마음 속에 그려 보려 한다. 즉 어떤 시간 관계에서 그것들을 상상하려 한다. 가령 지성은 하나에 하나를 연속하여 더하거나 시간을 동질적 계기들의 연속으로 보고서, 수를 얻는다. 이와 같이 하나에 하나를 더하는 셈하는 작용은 양의 범주의 도식이다. 이 도식은 시간 형식에서 표현된 범주이다. 시간의 한 계기는 단일성을 표현한다. 여러 계기는 특정성을 표현한다. 모든 계기는 계기의 전체성, 보편성을 표현한다. 양의 범주는 **시간 계열**의 도식으로 표현된다. 지성은 또한 시간 안에서 일어나는 감각들, 시간 안의 한 내용, 시간 안의 무엇을 상상한다. 혹은 시간 내의 무(無)를 상상한다. 이는 지성이 성질의 범주를 자신에게 그려 보는 방식이다: 성질의 개념은 **시간 내용**의 도식으로 표현된다. 지성(Intellect)은 시간에서 실재적인 것, 내용을 다른 모든 것이 변할 때 남아 있는 무엇으로 본다. 이는 실체성의 범주를 지성이 상상하는 방법이다. 지성은 다른 어떤 것이 시간 안에서 항상 뒤따르는 무엇을 실재적인 것으로 파악한다: 이는 지성이 인과성의 범주를 지각 가능하게 만드는 방법이다. 혹은 지성은 하나의 실체의 성질들과 다른 실체의 성질들을 시간에서 항상 함께 발생하는 것으로 본다: 이는 상호적 작용의 범주의 상을 지성이 그려 보는 방법이다. 실체성, 인과성, 상호 작용의 범주들은 **시간 질서**(영속성, 계기성, 동시성)의 도식으로 표현된다. 또 지성은 어떤 것을 임의의 시간에 현존하는 것으로(가능성의 범주), 한 특정 시간에 현존하는 것으로(현실성), 모든 시간에 현존하는 것으로(필연성)으로 생각한다. 가능성, 현실성, 필연성의 범주는 **시간 총괄**(time-comprehension)의 도식으로 표현된다.

자기 의식의 통일

칸트의 초월적 절차의 절정은 통각의 초월적 통일에 관한 그의 이론이다. 범주들이 경험에 의하여 전제되듯이, 이 자기 의식의 통일은 범주에 의하여 전제된다. 좀 더 정확하게 말하면, 이 자기 의식의 통일은 범주화되는 한에서의 경험에 의하여 직접적으로 전제된다. 범주의 연역과 통각의 초월적 통일의 연역은 함께 달성된다. 좀 더 정확하게 말하면, 둘은 하나의 동일한 연역이다. 이는 범주와 통각의 통일 사이에 이루어지는 밀접한 관계의 결과이다. 마치 고무 직인을 들고 있는 사람이 종이에다 계속해서 직인을 찍고 있는 것처럼 통각의 통일은 경험의 잡다에 범주를 새기는 범주 배후의 무엇이 아니다. 오히려 그것은 범주 안에 있는 통일이며 범주의 통일이다.

통각의 초월적 통일은 자신을 각각의 범주에 동일하게(하지만 차이는 있다) 나타내는 기능적 통일이다. 범주들은 하나의 종합의 모든 형식이다. 이것은 범주들의 상호 연관성을 설명해 준다. 그러나 각각의 범주는 독특한 종류의 종합이다. 한 실체의 통일에서 성질들의 종합은 인과적 연관의 통일에서 사건들의 통일과 아주 다르지만, 둘은 구별에 의하여 몇몇 범주적 종합이 되는 하나의 기본적 종합에 속한다.

통각의 초월적 통일은, (경험에 의하여 전제되는) 범주에 의하여 전제되므로 경험의 필요조건이다. 칸트는 자신의 주장을 진술할 때, 범주를 통하여 **간접적으로가** 아니라 가끔씩 경험에서 경험의 가능성의 조건으로서 통각의 초월적 통일로 **직접** 나아간다. 그러나 통각의 초월적 통일의 연역은, 그것에 앞서는 범주들의 연역에 의하여 매개된다. 그래서 역행적 논증은 경험에서 범주로, 그런 다음 통각의 초월적 통일로 나아간다. 후자의 원리는 범주에 핵심적이므로, 경험의 가능성에 필수 불가결하며, 따라서 범주들처럼 선험적이다.

통각의 초월적 통일은 초월적인 것의 영역에서 독특한 자리를 차지한다. 왜냐하면 이 통일은 퇴행적 계열에서 마지막 항이기 때문이다. 경험과 범주는 이 통일을 전제하지만, 이 통일은 다른 어떤 것도 전제하지 않는다. 따라서 칸트의 체계에서 통각의 초월적 통일은, 실체를 술어의 궁극적 주어로서(아리스토텔레스와 라이프니츠) 혹은 독립적이며 자충족적인 것으로서(데카르트와 스피노자) 규정하는 체계에서 실체의 위치와 비슷한 자리를 차지한다. 이는 선험적으로 궁극적인 것, 초월적 퇴행에서 마지막 항이다. 경험에서 그것의 논리적 전제조건들로 나아가는 역행적 운동이 그 절정에 도달하게 되었으므로, 칸트는 초월적 논증의 세 번째이자 마지막 단계에서 자신의 사유의 방향을 뒤집고 선험적 형식들에서 그것들이 타당하게 만드는 선험적 진리들로 나아간다.

물자체에 대한 지식

앞에서 지적했듯이, 우리는 우리의 경험을 초월하거나 물자체, 즉 의식에 영향을 주는 방식에서 독립된 것으로서의 사물에 대한 선험적 지식을 가질 수 없다. 지식은 지각을 포함하지만 물자체는 감관에 의하여 지각될 수 없다. 우리는 감각 지각에서 사물들이 의식에 나타나는 방법만 알지 사물이 그 자체로 무엇인지는 알지 못한다. 또한 지성은 사물 자체를 지각하거나 직관할 수 없다. 우리는 지적 직관(知的 直觀)을 소유하고 있지 않다. 우리는 정신의 눈으로 사물들을 정면으로 볼 수 없다. 지성은 논증적이지 직관적이지 않다. 만일 우리가 범주들을 물자체에 적용하면, 범주들의 타당성을 정당화할 수 없다: 가령 우리는 현존하는 모든 사물 배후에 있는 예지계에 하나의 실체가 존재한다는 것을 증명할 수 없다. 하지만 우리는 그런 물자체를 생각하고, 그것에 대하여 감각 지각의 어떤 술어도 적용되지 못하는 무엇으로 말하며, 그것이 공간이나 시간 안에 있지 않고 변하지 않는다는 등의 말을 할 수 있다. 하지만 물자체에는 어떤 범주도 적용될 수 없다. 왜냐하면 우리는 그것에 상응하는 무엇이 현존하는지 여부를 알 수 있는 방법을 전혀 갖고 있지 않기 때문이다. 범주가 적용되는 경우를 지각이 우리에게 제공하지 않으면, 우리는 실체의 범주에 상응하는 어떤 것이 현존하는지를 결코 알지 못한다. 하지만 물자체의 경우에는 지각이 범주의 적용에 대한 증거를 제공할 수 없다.

물자체는 본질적으로 인식불가능하지만, 물자체에 대한 개념은 자기 모순적이지 않다. 왜냐하면 확실히 우리는 현상적 질서가 유일하게 가능한 것이라고 주장할 수 없기 때문이다. 우리는 물자체가 아니라 감각적 사물에 대해서만 감각적 지식을 가질 수 있다. 감관은 지성이 생각하는 모든 것을 인식한다고 주장할 수 없다. 감관에 의하여 인식될 수 없는 무엇으로서라기보다 지적 직관에 의하여 인식될 수 있는 무엇으로서 물자체 혹은 본체계(noumenon)의 개념은 적어도 사유 가능하다. 이는 한계 개념(限界槪念)이다. 이는 인식하는 정신에게 이렇게 말한다: 여기가 너의 한계이다, 너는 더 이상 갈 수 없다, 여기가 너의 관할권이 미치는 곳이다, 너는 오직 현상계만 인식할 수 있다; 비현상적인 것, 본체적인 것, 예지적인 것은 너를 초월한다.

나는 사물들을 있는 그대로 아니라 나에게 나타나는 대로만 인식한다. 비슷하게 나는 나 자신을 있는 그대로가 아니라 오직 나 자신에게 나타나는 대로

만 인식한다. 나는 나의 현존, 나의 활동, 나의 자발성에 대하여 의식한다. 그러나 자아에 대한 의식은 자신의 자아에 대한 지식이 아니다. 인식한다는 것은 개념을 갖는 것이다. 나는 나 자신, 나의 자아를 지각하지 못하며, 나 자신에 대한 지적 직관을 소유하지 못한다. 나는 내적 지각의 안경을 통하여, 즉 시간 형식을 통하여 나 자신을 상태들의 연속으로서 본다. 그러나 나는 자아를 지각한다는 의미로 인식할 수 없지만, 자아를 사유할 수 있다. 참으로 칸트의 전체 인식론은 그런 자아의 가정에 근거한다: 통각의 종합적 통일은 자기의식적인 자아에 불과하다. 자기의식적이며 통일하는 자아가 없이는 인식이 있을 수 없다. 그러나 이 자아는 바로 지각된다는 의미에서 인식될 수 없다.

그러므로 우리가 지각 불가능한 어떤 것에 대한 보편적이며 필연적인 혹은 선험적인 지식을 가질 수 없는 게 분명하다. 그래서 우리는 경험을 초월하는 형이상학, 물자체의 형이상학, 자유의지와 불멸성과 신이 거주하는 비현상계에 대한 진정한 지식을 우리에게 줄 수 있는 형이상학을 가질 수 없다. 그러나 이미 제시한 이유들 때문에 우리는 현상적 질서에 대한 선험적인 학문을 가질 수 있다. 수학은 공간과 시간의 형식 때문에 필연성을 갖는다. 기하학은 선험적인 공간 지각에, 산수는 선험적인 시간 지각을 표현하는 수의 개념에 근거한다. 자연 과학은 범주에 근거한다: 우리는 실체와 우유성, 원인과 결과, 상호 작용 등에 관하여 말한다. 흄과 경험론자들은 실체와 인과성에 대하여 보편성과 필연성을 인정하지 않은 점에서 잘못이다. 우리는 수학과 물리학의 원리에 대한 보편적이고 필연적인 지식을 가질 수 있다. 그러나 이는 오직 현상계에 대한 지식이며, 오직 현상계의 형식과 배열에 대한 지식이다. 우리는 물자체를 인식할 수 없다. 이런 점에서 흄은 옳다. 하지만 물자체는 존재한다. 참으로 그것들은 존재해야 한다. 그렇지 않다면 감각은 설명될 수 없다. 현상계에 상응하여, 나타나는 무엇, 정신 바깥의 무엇, 우리의 감관을 촉발하고 우리의 인식의 재료를 제공하는 무엇이 있어야 한다. 칸트는 잠시도 그런 물자체의 현존을 의심치 않는다. 「순수이성비판」 제2판의 "관념론 반박"에서 물자체의 현존을 증명하기까지 한다.

그러나 그는 물자체가 존재하며 그것이 우리의 감각의 근거라고 강력히 주장한 후에, 자신의 체계의 성격상 물자체를 매우 교묘하고 불투명한 요소로 만들지 않을 수 없다. 물자체는 한계 개념, 우리의 인식의 주장들에 대한 일종의 억제가 된다: 우리는 감관에 의하여 초감성적인 것을 인식할 수 없다. 우리는 그것을 인식할 수 없다. 왜냐하면 범주들을 그것에 적용할 권리가 없기 때문이다. 만일 우리가 그렇게 하려 하면, 이 범주들은 객관적 타당성을 갖지 못한다. 하지만 우리는 물자체를 하나의 가능성과 한계 개념으로 받아들인다는 의미에서 사유할 수 있다. 물자체의 상태는 변칙적이며 해명해야 할 문제가 된다. 그리고 칸트는 이것에 좀 더 깊은 관심을 가졌으며, 그의 후계자들은 열정적으로 물자체를 다루었다. 물론 우리가 앞으로 보게 되듯이 항상 성공을 거둔 건 아니었다.

형이상학의 불가능성

칸트의 목적은 첫째로, "회의론자" 흄을 반박하여 우리가 수학과 물리학에서 선험적 지식을 가질 수 있으며, 둘째로 라이프니츠-볼프의 "독단론자들"에 반대하여 우리가 형이상학에서 초감성적인 것에 대한 지식을 가질 수 없으며 이런 의미에서 형이상학이 가짜 학문임을 보이는 것이었다. 하지만 그의 형이상학 배격은 절대적이며 무조건적이지 않다. 몇 가지 의미에서 그는 형이상학을 가능한 것으로 본다: (1) 인식론에 대한 학문으로서; (2) 자연의 형식과 법칙에 대한 절대적 지식으로서; (3) 의지의 법칙 혹은 형식에 대한 절대적 지식 혹은 도덕 철학으로서; (4) 도덕 법칙에 근거한 정신적 세계에 대한 지식으로서; (5) 어떤 정도의 개연성을 갖는 우주에 대한 가설로서.

칸트가 합리론적인 선배들이 개진한 그런 "독단적" 혹은 사변적 형이상학을 배격하는 근거를 조금 자세하게 살펴보자. 오성은 경험될 수 있는 것만 인식할 수 있다. 그러나 이성은 오성의 한계를 넘어서 초감성적인 것을 파악하려 한다. 즉 우리가 지각에서 그 대상을 갖지 못하는 것이며 단지 사유되기만 하는 것인 초감성적인 것 말이다. 이성은 초감성적 세계에 접어들 때 단순한 사유와 지각을 혼동하며, 이리하여 온갖 모호함, 애매함, 잘못된 추론, 모순에 빠진다. 초험적인(transcendent) 것의 형이상학에는 바로 그런 일이 발생한다. 우리의 경험의 세계에 관련하여 질문할 때 의미를 갖는 물음이, 우리가 현상계를 초월할 때는 아무런 의미를 갖지 못한다.

원인과 결과, 실체와 우유성과 같은 범주들은 현상적 질서에 적용될 때는 완벽하게 합당하지만, 본체계로 넘어갈 때는 아무런 의미를 갖지 못한다. 형이상학은 너무도 자주 이것을 망각하고, 현상계와 본체계를 혼동하여, 우리의 감관의 세계에만 타당한 개념들을 초험적 실재에 적용한다. 이리하여 형이상학은 오류와 가상에 빠진다. 그리고 칸트는 이런 오류와 가상을 일상적인 감각적 가상과 구분하여 **초월적 가상**(超越的 假象)이라고 부른다. 그는 가능적 경험의 한계 내에서 적용되는 원리들을 **내재적** 원리, 이 한계를 초월하는 것을 **초험적** 원리 혹은 **이성**의 개념 혹은 **이념**이라고 부른다. 감각에 적용되는 우리의 주관적 원리들을 객관적 원리로 오해하여 그것들을 물자체에 적용하는 것이 이성의 불가피한 가상이다. 그와 같은 초험적 판단의 가상을 발견하고 그런 가상이 우리를 속이지 못하게 막는 것이 초월적 변증론의 일이다. 하지만 초월적 변증론은 가상을 파괴할 수 없다. 왜냐하면 가상은 자연적이며 불가피하기 때문이다. 우리는 가상을 관통해서 보고 그것에 속지 않을 수 있다. 그러나 우리는 가상을 완전히 제거할 수는 없다.

형이상학의 논증에 대한 면밀한 검토는 많은 논리적 오류, 모호함, 그릇된 결론, 모순을 드러낼 것이다. 우리가 보았듯이, 오성은 통일된 방식들로 규칙 혹은 원리에 따라 우리의 경험을 결합하여 우리에게 타당한 판단을 제공하는 정신 혹은 이성 일반의 능력을 일컫는 이름이다. 이 판단들은 포괄적인 선험적 개념들(범주)에 의하여 타당해진다.

오성의 규칙들을 좀 더 높은 원리 아래 포섭하는 능력으로서 이성(Vernunft)은 이 사변적 활동에 개입한다. 이는 오성의 판단의 통일을 지향한다. 그러나 그처럼 고등한 원리들은 단지 오성에 대한 주관적인 경제적 법칙에 불과하며 개념들의 사용을 가능한 가장 작은 수로 제한하려 한다. 최고의 이성은 대상들에 법칙을 규정하지 않으며, 그것들에 대한 우리의 지식을 설명하지 않는다. 이성의 기능은 오직 우리의 탐구를 인도하고 지도하며, 우리의 지식이 결코 완전하게 실현하지 못하는 완전성의 이상들을 제공한다. 그래서 이성은 이성적 심리학에서는 모든 정신적 절차를 하나의 일반적 항목 혹은 영혼의 이념 아래 가지고 가려 하며, 이성적 우주론에서는 모든 물리적 사건들을 자연의 이념 아래로, 이성적 신학에서는 모든 사건 일반을 신의 이념 아래로 가져 가려 한다. 그러므로 신의 관념은 최고의 이념, 최고의 통일, 다른 모든 것을 포괄하는 하나의 절대적 전체일 것이다. 하지만 그런 이념들은 초험적이며, 경험을 넘어선다: 그것들은 결코 경험적으로 실현되거나 예증될 수 없다. 그래서 우리는 심상의 형식으로 절대적 총체성의 이념을 결코 표상할 수 없다. 하지만 이 이념들은 오성에 대한 지침으로서 자신의 가치와 용도를 갖고 있다. 이 이념들은 지식을 추구하는 지성을 계속 이끈다. 칸트의 말대로 이념들은 구성적이지 않고 규제적이다.

이성적 심리학 그래서 하나의 주체, 자아 혹은 인식자가 없다면, 사유가 하나의 단일한 의식에 통합되지 않으면, 판단의 주어를 생각하는 자아가 술어를 생각하는 동일한 자아가 아니라면, 인식이 있을 수 없다고 결론을 내리는 것은 정당하다. 그러나 우리는 이 인식자가 자존적이며 단순하며 해체될 수 없는 자기 동일적 영혼-실체, 모든 변화에도 동일하게 남아 있는 실체라고 추론할 권리가 없다. 그렇게 추론할 때 이성적 심리학은 전제에 의하여 보장되지 않는 결론을 이끌어 낸다. 이성적 심리학은 자아, 주어, 영혼이라는 용어들을 상이한 의미로 사용하며, 칸트가 말하는 오류추리(paralogism)라는 오류를 범한다. 이론적으로 우리는 자유 의지와 불멸적 영혼의 현존을 증명할 수 없다. 그래도 이성적 심리학은 우리의 지식을 증가시키지 못하지만, 우리가 영혼 없는 유물론이나 근거 없는 유심론을 채택하지 못하게 막는다. 그래서 이성은 무익한 사변에서 돌이켜 우리의 자기 지식을 도덕적 용도로 표현하게 하는 암시를 우리에게 제공한다. 도덕 법칙은 인간에게 세계의 다른 어떤 것보다 공의에 대한 의식만을 존중하게 하며, 오직 자신의 이념에 존재하는 더 나은 세계의 시민이 되기에 적합하게 되라고 가르친다.

이성적 우주론 이성은 또한 우리의 모든 현상계의 객관적 조건들을 궁극적이며 최고의 조건 혹은 무조건적인 것으로 환원하려 한다. 우리는 전체 자연의 이념, 우주의 이념을 형성하며, 이것을 모든 현상이 근거하는 원리로 파악하거나 현상들 가운데 무조건적인 것을 찾는다. 어떤 경우든지 우리는 우주론적 이념들을 형성하고 칸트가 말하는 이율배반이라는 온갖 반정립에 개입한다. 이율배반이란, 긍정에 대한 희망을 품을 수도 없고 경험으로부터의 논박을 두려워할 필요도 없는 궤변적 명제들이다. 정립은 모순에서 자유롭고 이성의 필연성에 근거하지만, 불행히도 반정립이 자신의 토대로서 동일하게 설득력 있고 필연적인 근거를 산출할 수 있다.

정립(定立, 명제, thesis)과 반(反)정립(antithesis)을 증명할 수 있는 그런 이율배반은 네 가지가 있다. (1) 세계가 시간 내에서 출발점을 갖고 있다는 것과 세계가 시간 내에서 출발점을 갖고 있지 않고 영원하다는 것, 세계가 공간에서 제한되어 있다는 것과 세계가 공간에서 무제한적이라고 하는 것; (2) 물체들이 무한히 분리 가능하다는 것과 물체들이 무한히 분리 가능하지 않다는 것, 즉 물체들이 더 이상 나누어질 수 없는 단순한 부분 혹은 원자로 구성되어 있다는 것; (3) 세계에 자유가 있다는 것과 세계의 모든 것이 자연 법칙에 따라 일어난다는 것; (4) 세계의 부분이거나 세계의 원인으로서 절대적으로 필연적인 존재가 있다는 것과 세계 내에서든 세계 바깥에 세계의 원인으로서 그런 존재가 없다는 것.

논객들은 하나를 다른 하나보다 선호할 때, 논리적인 진리 기준을 찾지 않고 자신의 이해만 찾을 뿐이다. 정당하게 생각하는 사람이라면, 자신의 참된 관심사를 알 경우 정립 혹은 독단론을 실제로 선호한다. 세계가 출발점이 있고, 나의 사유하는 자아가 단순하고 불멸적이며, 자아가 자유롭고 자연의 강제력에 종속되지 않으며, 세계를 형성하는 물체들의 전체 질서가 모든 것이 자신의 통일과 목적적 연관을 받는 기원적 존재에서 나온다는 것 — 이것들은 윤리학과 종교의 아주 많은 토대이다. 반정립 혹은 경험론은 우리에게 이 모든 토대를 앗아간다. 혹은 앗아가는 듯이 보인다. 기원적 존재가 없다면, 또 세계가 출발점이 없고 창조주가 없다면, 또 우리의 의지가 자유롭지 않고 우리의 영혼이 물질처럼 분리 가능하고 사멸 가능하다면, 우리의 도덕적 이상과 원리들은 모든 타당성을 상실하고 그것들의 이론적 토대를 형성하는 초월적 이념들과 더불어 무너진다.

또한 사변적 관심사도 연루된다. 왜냐하면 우리가 정립에 있는 초월적 이념들을 가정할 경우 제약되지 않은 것으로부터 출발함으로써 제약(조건)들의 전체 연쇄와 제약된 것의 기원을 선험적으로 파악할 수 있다. 반정립은 이를 달성하지 못한다. 하지만 경험론자가 지적인 억측과 무모함을 다만 억누르는 것만으로 만족한다면, 그의 원리는 전적으로 정당하며 절대적 지식을 주장할 때 절제할 것을 가르치는 데 이바지할 것이다. 하지만 경험론자는 독단론자의 주장을 거부할 뿐만 아니라, 자신의 반(反)독단론을 밀어붙인다. 그는 지성(intellect)에게 그것의 정당한 열망을 제거하며, 동시에 우리의 실천적 관심의 이론적 토대를 파괴한다. 경험론의 참된 기여는, 학문과 이성적 통찰의 억측스런 주장과 으스대는 명칭들을 파괴하고, 참된 사변적 지식이란 경험 이외에 다른 대상을 결코 가질 수 없다는 것을 반복하여 말하는 것이다. 그러나 경험론은, 직관적 지식의 영역을 넘어서는 것을 대담하게 부인하는 데서 독단적이게 되고 그리하여 이성의 실천적 관심에 되돌이킬 수 없는 손상을 가한다.

칸트는 반정립이 현상계에 타당하며 정립이 본체계에 타당하다는 것을 지적함으로써 이율배반에 연루된 난점들을 해결한다. 우리의 감각 지각적이며 시공간적인 세계는, 시간 안에서 맨 처음 출발점과 공간 안에서 맨 끝의 한계를 갖지 않는다. 우리는 절대적 한계를 결코 경험하지 못한다. 우리는 시간의 역행에서나 공간의 진행에서 어느 순간에 결코 중단할 수 없다. 그러나 절대적으로 단순한 존재들이 현존하는 비공간적 세계, 정신적 존재들의 세계가 있을 수 있다. 하나의 세계에 한계가 불가능하므로 다른 세계에서도 한계가 불가능하게 되는 것은 아니다. 우리가 아는 모든 것에도 불구하고, 참된 세계는 출발점을 가질 수 있고, 신에 의하여 창조되었을 수 있고, 제한될 수 있다. 그래도 우리는 공간에서 정신적 존재를 찾고 초감성적 영역에서 공간적 사물을 찾을 권리가 없다.

동일한 방식으로 인과적 이율배반은 해소된다. 현상적 계열에서 모든 것은 그것과 같은 어떤 것에 의하여 제약되어 있으며, 모든 결과는 현상적 원인을 갖고 있다. 인과 관계에는 단절이 있을 수 없다. 인과의 연쇄에서 무한히 계속 나아가는 것이 우리의 일이다. 그래도 현상적 제약이 예지적(intelligible) 혹은 본체의(noumenal) 제약을 또한 가지며, 현상적으로 제약된 것이 의존하는 무엇이 현상적 계열 바깥에 있다고 생각할 수 있다. 우리의 예지(叡智)의 성격에 의하여, 우리는 감각의 세계에서 하나의 자유로운 원인을 결코 발견하지 못하며 그래서 경험으로부터 자유의 이념을 도출할 수 없게 된다. 그것은 초월적 이념이다. 왜냐하면 이성이 경험으로부터 독립하여 이 이념을 창출하기 때문이다.

하지만 감각의 세계에서 모든 인과 관계가 단지 자연적인 인과 관계라면 모든 사건이 다른 어떤 사건에 의하여 필연적으로 결정될 것이며 모든 작용이 자연에서 어떤 현상의 필연적인 자연적 결과일 것임을 알기란 쉽다. 초월적 자유, 자발성을 부정하면, 실천적 혹은 도덕적 자유가 파괴될 것이다. 실천적 자유는, 어떤 것이 일어나지 않았을지라도 그것이 일어났어야 한다는 것을 전제한다. 그래서 그것의 현상적 원인이 절대적으로 규정하는 것이 아니며, 우리의 의지가 그것의 자연적 원인으로부터 독립하여 심지어는 자연적 원인의 능력과 영향과 반대되게 그것을 산출할 수 있었음을 전제한다. 초월적 자유가 가능하다면, 실천적 자유가 가능하다. 의지는, 짐승의 의지처럼 강제되지 않고 감각적 충동의 강제력으로부터 독립적일 수 있다.

그런 식으로 자유와 자연적 필연성은 조화될 수 있었다. 우리는 현상계를 물자체 즉 본체의 원인에 의하여 야기된 것으로 간주할 수 있다. 물자체는 지각되지 않으며, 그것의 현상계적 현상(現象, appearance)은 단절되지 않는 인과적 계열에서 지각되고 배열된다. 하나의 동일한 현상은 시공간에 있는 현상계의 부분으로서 볼 때, 하나의 인과적 연쇄에서 하나의 고리일 것이다. 지각되지 않는 물자체의 활동으로서 보면, 그것은 본질적으로 감각의 세계에 그 결과를 산출하는 자유로운 원인의 작용일 것이다. 한편으로 사건은 자연의 결과에 불과할 것이다. 다른 한편으로는 자유의 결과일 것이다. 다른 말로 하면, 이 결과는 현상이며 반드시 경험적 원인을 갖고 있어야 한다. 그러나 이 경험적 원인은 적어도 자연적 원인들과의 연관을 깨뜨림이 없이 비경험적 원인 혹은 예지적 혹은 자유로운 원인의 결과일 수 있다.

이 통찰을 인간에게 적용할 때, 우리는 인간적 행위와 행동에 대한 다음과 같은 해석을 갖는다. 감각과 지성의 안경을 통하여 볼 때, 인간은 자연의 일부이다. 이런 측면에서 인간은 경험적 성격을 갖는다. 그는 원인과 결과의 연쇄에서 하나의 고리이다. 그러나 실제로 인간은 예지적 혹은 정신적 존재이다. 그런 존재에게 감각 형식은 적용되지 않는다. 그런 존재는 행위를 산출할 수 있다. 인간이 이 능력을 인지한다는 것은, 그가 자신의 결정과 행위를 책임진다는 사실에 의하여 증명된다. 우리가 하나의 행위를 현상으로 생각할 때마다, 그 행위는 하나의 원인을 틀림없이 갖는다. 그런 행위는 자발적으로 시작된 것으로 볼 수 없다. 우리는, 이성은 현상이 아니며 감성의 제약들(시간, 공간, 인과성 등)에 종속되지 않기 때문에 이성이 의지를 결정한 상태가 다른 상태에 의하여 선행되었다고 말할 수 없다. 우리는 자연적 방식으로 그것의 인과 관계를 해석할 수 없다. 즉 이성이 행하는 모든 것에 대한 원인을 예상할 수 없다. 이성 혹은 예지적인 것 혹은 있는 그대로의 인간은 그의 모든 자발적 행위의 영구적 제약이다. 그 경험적 측면에서 본 인간의 성격은 초감성적 측면에서 본 인간의 성격에 대한 감성적 도식일 따름이다. 그래서 경험적인 인간은 우리가 인간의 상을 그리거나 인간을 현상계화하는 방법이다.

칸트의 입장이 조리있든 없든, 그의 의미는 아주 분명하다. 모든 자발적 행위는 인간의 예지적 성격의, 순수 이성의 직접적 표현이다. 그래서 인간은 자유로운 행위자이며, 자연적 원인의 연쇄에서 한 고리가 아니다. 하지만 그 행위 자체는 현상으로서 파악할 때 절대적으로 규정되어 있다. 인간은 그 예지적 측면에서, 자유로운 행위자이며 행위를 산출한다. 그러나 이 행위들은 정신에 의하여 지각될 때, 인과 관계의 피륙에 짜여져 있으며 특정한 충동, 사상, 교육, 자연적 성향 등의 결과이다. 그러나 그 행위의 참된 원인은 이성이다. 그 행위는 인간의 예지적 성격 때문이며, 그 자체로서 감각의 세계의 영향력에 영향을 입지 않는다.

하지만 칸트는 「순수이성비판」에서 자유의 실재성을 확립하려 하지 않는다. 단지 그는 이성이 그 이념을 창출하며, 이성이 인과적 계열을 절대적으로 시작하게, 동시에 오성에게 인과성의 법칙을 규정하고, 그럼으로써 이율배반에 연루된다는 것을 지적하고자 할 뿐이다. 그래서 그는 자연의 결정론이 자유로운 인과성의 이념을 전혀 배제하지 않음을 증명하려 한다.

칸트는 필연적 존재와 우연적 존재의 이율배반을 이런 식으로 해소한다. 지성(intellect)은 현상적 계열 안에 있는 어떤 것이든지 절대적으로 자유롭고 독립적인 것으로 보지 않으려 한다. 모든 것이 우연적이다. 즉 다른 어떤 것에 의존한다. 그러나 이는 전체 계열이, 자유롭고 모든 경험적 제약으로부터 독립적이며 그 자신이 이 모든 현상의 가능성의 근거인 어떤 예지(叡智)적 존재에 의존한다는 것을 부정하지 않는다. 우리는 전체 감각 세계를 어떤 예지적 존재의 표현으로 볼 수 있다. 이 예지적 존재는 실체이며, 어떤 것이라도 그것 없이 존재할 수 없는 필연적 존재이며, 존재하기 위하여 다른 어떤 것을 필요로 하지 않는 것이다. 지성은, 예지적인 것이 **현상**을 설명하는 데 쓸모없기 때문에 그러므로 불가능하다고 말할 권리가 없다. 아마 그런 존재는 없을 것이지만, 우리가 발견한 대로 오성에 타당한 것으로부터 예지적인 것이 불가능하게 되는 것은 아니다. 우리는 현상계에 관하여 말하고 있을 때, 반드시 감관의 측면에서 말해야 한다. 그러나 그것은 필연적으로 사물들을 바라보는 유일한 방법이 아니다. 우리는 현존의 다른 질서, 물자체의 질서, 감관에 나타나지 않지만 사유될 수 있는 비감성적 사물들에 관하여 파악할 수 있다.

우리는 현상계가 의존하는 초험적 대상들을 가정해야 한다. 그러나 우리는 그런 대상에 관하여 전혀 인식하지 못한다. 우리가 할 수 있는 것은 그것들에 대한 어떤 관념을 형성하고, 우리가 경험에 대하여 개념들을 사용하는 방법과 유사하게 그것들을 파악하는 것뿐이다.

이성적 신학 우리는 경험적 총체, 경험의 전체에 대한 이념을 형성하며, 이런 대상들의 체계, 사물들의 우주 혹은 현상을 우리로부터 독립하여 현존하는 무엇으로 파악한다. 우리는, 이것이 우리의 이념임을 망각하고 그것을 실체화한다. 우리는 이것을, 자신 안에 모든 실재를 포함하는 개별적 사물로 표상한다: 가장 실재적인 사물로, 자충족적이며 영원하고 단순한 최고의 실재로 표상한다. 하지만 최고 실재적 존재의 이념은 단지 이념일 뿐이다. 첫째로 우리는 그것을 대상으로 즉 현상적 대상으로 만든다. 그런 다음 우리는 그것을 실체화하고, 그런 다음 그것을 의인화한다.

신존재에 대해서는 세 가지 증명뿐이다: 물리적-신학적 증명과 우주론적 증명과 존재론적 증명인데, 이 모든 것은 모두 가치없다. 칸트는 **존재론적 논증**을 부인한다: 모든 실재성을 포함하는 존재의 관념은 현존(existence)을 함축하지 않는다. 현존성은 가장 실재적인 존재의 단순한 개념으로부터 나오지 않는다: 우리는 임의적 이념으로부터 그것에 상응하는 대상의 현존을 만들어 낼 수 없다. **우주론적 논증**에서, 우리는 모든 가능적 경험(세계 혹은 우주)의 이념으로부터 필연적 존재의 현존을 결론내린다. 오직 신만이 그런 존재로 파악될 수 있다. 하지만 우리는 절대적 존재가 있어야 한다고 생각하므로 그런 존재가 현존한다고 결론내릴 권리가 없다. 이는 참으로 존재론적 증명이다. 게다가 이 주장은 우유적인 것으로부터 원인으로 나아간다. 그런 추론은 현상계 바깥에서 아무런 의미를 갖지 못한다. 우주론적 증명에서 이 추론은 경험을 초월하는 것에 사용된다. 그러나 이는 금지된 것이다. 칸트는 이 논증이 변증론적 가정(假定)의 피난처를 갖고 있다고 지적한다. 원인들의 통일을 추구하는 이성을 돕기 위하여 신의 현존을 모든 가능한 결과들의 원인으로 가정하는 것은 허용될 수 있다. 그러나 그런 존재가 필연적으로 현존한다고 말하는 것은 정당한 가설의 온건한 언어가 아니라, 필연적 확실성의 뻔뻔스러운 확신이다. 현상계의 우연성과 신의 절대적 필연성 사이의 심연은 인간 이성에 의하여 결코 다리가 놓여질 수 없다.

물리적-신학적 논증은 최고 존재의 현존을 실제 세계의 본질과 배열로부터 추론한다. 이 또한 실패한다. 이 논증은, 세계의 다양성과 질서와 아름다움이 우리로 하여금 세계의 기원과 지속성의 원인을 추론할 자격을 갖추게 한다고 말한다. 그런 원인은 우리의 모든 가능적 경험보다 더 높은 완전을 갖고 있어야 한다. 무엇 때문에 우리는 하나의 단일 실체에서처럼 이 최고 원인에게서 통일된 것으로서 모든 가능적 완전을 파악할 수 없는가? 이 증명은 주목할 만하다. 이는 가장 오래되고 가장 분명하며 인간 이성에 가장 일치한다. 이는 자연에서 목적과 목표를 식별한다. 물론 이 논증의 지도 없이 우리의 관찰은 목표와 목적을 탐지하지 못했을 것이다.

그런데도 우리는 이 논증이 필연적으로 확실하다고 하는 주장을 승인할 수 없다. 이는 자연적 산물과 집이나 배나 시계와 같은 인간의 기술적 산물의 유사함으로부터 비슷한 인과성 즉 오성과 의지가 자연의 기저에 놓여 있다고 추론하는 유비에 의한 논증이다. 만일 우리가 한 원인을 거명해야 한다면, 인간의 설계에 의한 그런 산물들의 유비를 따르는 것보다 나은 방법이 없다. 오직 이 설계에서 우리는 원인과 결과를 완전하게 인식한다. 이 논증은 적어도 인식된 인과성을 포기하고 인식되지 않은 모호하고 논증 불가능한 설명 원리들을 의존하지는 않는다. 하지만 이는 결정적이지 않다. 기껏해야 이 논증은 세계-건축자를 수립할 수 있다. 그는 자신이 처리해야 할 재료의 저항에 상당한 방해를 받을 것이다. 그러나 이 논증은 모든 것이 종속되는 세계-창조주를 수립할 수는 없다. 물리적-신학적 증명은 경험의 성격에서 그것의 궁극적 원인으로 나아가는 한에서 우주론적 증명으로 환원 가능하며, 이 증명은 단지 가장된 존재론적 증명에 불과하다. 참으로 어떤 증명이 가능하다면 존재론적 증명만이 합당한 증명일 것이다. 존재론적 증명의 논리적 취약성은 충분히 드러났다. 그리고 이 논증의 붕괴와 더불어 다른 두 논증도 역시 무너진다.

경험의 영역 바깥에서, 인과성의 원리는 사용될 수 없고 아무런 의미를 갖지 못한다. 오성의 모든 종합적 원리들은 오직 내재적으로 즉 현상적 영역에서만 적용 가능하다. 최고 존재의 지식에 도달하기 위하여, 우리는 그것들을 초험적으로 사용해야 한다. 그런데 우리의 오성은 그럴 준비가 되어 있지 않다. 비록 우리가 경험의 한계를 넘어서 인과적 도약을 감행할지라도, 최고 존재의 개념에 도달할 수 없다. 왜냐하면 우리는 모든 가능한 결과 가운데서 최고의 원인을 결론지을 가장 큰 결과를 결코 **경험하지** 못하기 때문이다. 하지만 초월적 신학은 중요한 부정적 용도를 갖고 있다. 이 신학은 우리의 이성의 불변적인 검열자로 활동하며, 이신론적 혹은 신인동형론적 신학의 주장을 완전히 뒤집어 엎을 뿐만 아니라 무신론도 파괴한다.

경험에서 형이상학의 용도

초월적 이념들이 불가항력적인 가상을 산출하지만, 범주가 오성에 자연스럽듯이 그것들은 이성에 자연스럽다. 하지만 지성은 진리를 전달한다. 즉 우리의 개념과 그것의 대상과의 일치를 전달한다. 우리가 모든 기능의 올바른 방향을 발견하면 모든 기능은 자신의 용도를 갖고 있다. 그리고 이성도 그 이념들과 더불어 예외가 아니다. 초월적 이념들은 탐구를 지도하는 데서 자신의 내재적 용도를 갖는다. 그러나 이념들이 실재적 사물들의 개념으로 오인될 때는 그 적용에서 초험적이며 기만적이다. 이념들은 **구성적** 용도를 갖고 있지 않다. 즉 그것들은 대상을 산출하는 개념이 아니다. 이념들은 **규제적** 용도를 갖고 있다. 즉 그것들은 오성의 탐구를 지도한다: 이념들은 개념들의 다양성을 통일한다. 마치 범주들이 대상들의 다양성을 통일하듯이 말이다. 이념들을 통하여 이성은 단일한 원리에 따라 우리의 인식을 체계화하려고 한다. 이념에 의하여 지시된 이 체계적 통일은 단지 방법론적이다. 이 체계는 이성으로 하여금 자신의 지식을 계속 통일하게 한다. 그러나 체계적 통일은 방법으로서 주관적으로 필연적이지, 초험적 실재를 구성하는 것으로서 객관적으로 필연적이지 않다. 소위 과학적 원리들 가운데 많은 것은, 절대적 진리가 아니라 가설적이며 방법론적 가치를 갖는 이념들이다. 우리는 실재의 형식들만 선험적으로 인식할 수 있다. 즉 실재는 공간적이며 시간적이고 사물들은 인과적으로 관계를 맺고 있다. 그러나 근본적 원인들이나 힘들이나 실체들, 혹은 하나의 그런 힘이나 원인이나 실체가 있다는 것은 단지 가설이다. 우리는 그런 통일성이 존재한다는 것을 확언할 수 없지만, 우리의 지식에 질서를 도입하기 위해서는 이성의 관심사에서 언제나 그런 통일성을 찾아야 한다.

어떤 자연 연구자들은 — 매우 사변적이어서 — 자연의 통일성에, 또 다양성에서 유사성을 발견하는 데에 더욱 열심있다. 어떤 연구자들은 — 매우 경험적이어서 — 자연을 종(種)으로 구분하는 데 늘 매진하고 있다. 후자의 경향은 분류의 체계적 완전성을 목표로 삼는 논리적 원리에 근거한다. 모든 유(類)는 상이한 종을 갖고, 종은 상이한 아종을 갖는다. 이성은 종을 가장 낮은 것으로 보지 말 것을 요구하며, 그럼으로써 탐구자에게 더 깊은 탐구를 하도록 격려한다.

그러므로 우리는 두 가지 발견적 방법의 원리를 갖는다: **동질성의 법칙**과 **특수화의 법칙**이 그것이다. 이 둘은 경험에서 유래하지 않지만, 과학적 탐구를 증진하는 데 유익하다. 게다가 종과 아종 사이에는 언제나 가능한 종들이 있다. 이는 종의 연속성의 법칙이다: 하나의 종에서 다른 종으로 **도약에 의한**(per saltum) 이전은 없고, 오직 좀 더 작은 정도의 차이에 의한 이전이 있을 뿐이다. 이 법칙은 자연의 초월적 법칙을 전제한다. 즉 자연에서의 연속성의 법칙이다. 그리고 오성은 자연과 정반대의 길로 잘못 빠지지 않으려면 이 법칙을 무시할 수 없다. 그러나 이 형식들의 연속성은 역시 단순한 이념이다. 그것에 상응하는 대상들을 경험에서 가리킬 수 없다. 자연에서 발견 가능한 현실적 종들은 불연속적 계열을 형성한다. 하지만 이 법칙은 오성을 그 탐구의 일반적 방향으로 인도한다. 물론 이 법칙이 어떤 특정한 대상을 지칭하지는 못한다. 통일성과 상이성의 원리는 쉽게 결합되어 우리가 그것들을 객관적 지식으로 오해하지 않는 한 진리의 추구에서 더할 나위 없이 값지게 이바지한다. 그러나 우리가 두 원리를 형이상학적 진리로 해석한다면, 그것들은 부조화를 일으키고 진리의 길에 장애를 놓기까지 한다.

이념들은 어떤 의미에서 객관적 실재성을 갖는다. 우리가 경험의 어딘가에서 그것에 상응하는 대상을 발견할 수 있다는 의미에서가 아니다. 우리는 가장 높은 유나 가장 낮은 종이나 그 중간에 있는 무한한 수의 과도기적 종들을 어디서든 볼 수 없다. 그러나 이념들이 이 오성에 규칙을 제공한다는 의미에서는 그것들이 객관적 실재성을 갖는다고 할 수 있다. 이념들은 오성에게 따라야 할 절차 혹은 방법을 개략적으로 밝힌다: 아주 높은 종을, 아주 낮은 종을, 매개적 종들의 연속적 계열을 계속 추구하라. 이런 식으로 이념들은 오성의 기능에 일관성을 가져다 줌으로써 경험의 대상들에 간접적인 영향력을 끼친다.

최고 존재라는 이념의 유일한 목적은 우리의 이성의 경험적 사용에서 최대의 체계적 통일을 보존하는 것이다. 우리의 경험의 대상에 대한 하나의 근거 혹은 원인이라는 이념은 우리의 지식을 조직화하는 데 도움을 준다. 심리학적·우주론적·신학적 이념들은 그것들에 상응하는 하나의 대상을 직접 관계하지 않는다. 하지만 우리는 이념에서 그런 대상을 전제함으로써 우리의 지식에 모순되지 않고서 우리의 지식을 조직하고 확장하게 된다. 그래서 그런 이념에 따라 진행하는 것은 이성의 한 가지 필연적인 준칙이다. 심리학에서, 우리는 우리의 사실들을 통일할 수 있기 위하여 모든 내적 현상을, 마치 우리의 영혼이 적어도 현세에서 영구적으로 현존하며 인격적 동일성을 갖는 하나의 단순한 실체인 듯이 연관지어야 한다. 우주론에서 우리는 결코 완벽해질 수 없는 탐구에서 모든 자연적 현상의 제약들을 추구하되, 마치 계열들이 총체성이 주어진 무한인 것처럼 추구해야 한다.

신학에서 우리는 가능적 경험의 연관에 속할 모든 것을, 마치 그 경험이 서로 의존하며 서로 제약되는 대상들의 절대적 통일을 형성하는 듯이 보아야 한다. 우리는 또한 경험에 접근하되, 마치 감각 세계의 모든 현상들의 총체성이 그 세계 바깥에 최고의 자충족적인 한 근거를 갖고 있는 듯이 접근해야 한다. 이 말은, 우리가 하나의 단순한 사유적 실체로부터 자아의 내적 현상을 추론하려고 해야 한다는 뜻이 아니라, 단지 우리가 단순한 존재의 이념에 따라 내적 현상을 연관지어야 한다는 뜻이다. 다른 말로 하면: 통상적인 과학적 방식으로 현상들을 다루되, 이 현상들에서 하나의 통일성의 이념을 명심하라. 이 말은 신의 이념에서 체계적 통일성을 이루는 세계 질서를 추리할 수 있다는 뜻이 아니라, 단지 우리가 이성을 사용하여 세계에서 원인과 결과를 연결할 때 가장 지혜로운 원인의 이념을 사용해야 한다는 뜻이다.

그러므로 이성의 이념들은 정신의 단순한 허구가 아니라 매우 유익하고 참으로 필연적인 방법론적 이상이다. 우리는 이념들에 어떤 대상을 제공함이 없이, 그것을 객체화하거나 실체화함이 없이 체계적 통일을 생각할 수 없다. 그러나 그런 대상은 결코 경험되지 않으며, 그것은 개연적으로 말 그대로 하나의 문제로 가정된다. 우리는 체계적 통일을 고정시킬 어떤 기반을 갖기 위하여, 거기서부터 출발하고 그리로 갈 수 있는 어떤 초점을 갖기 위하여 신을 가정한다. 동일한 해석은 영혼-실체의 이념에도 적용된다. 영혼은 물자체로, 인식될 수 있는 실체로 간주되지 않고, 의식의 모든 상태를 관련지을 일종의 초점으로 간주되어야 한다. 우리의 내적 경험의 이상적 통일로 간주되어야 한다. 만일 우리가 이념을 있는 그대로, 즉 형이상학적 실체가 아니라 단순한 이념으로 간주한다면, 영혼의 발생과 소멸과 윤회에 관한 모든 부자연스러운 가설을 피한다.

인간의 인식은 지각에서 출발하여 개념으로 나아가고 이념에서 끝난다. 인간의 인식은 세 가지 모든 요소와 관련하여 인식의 선험적 원천을 갖는다. 완벽한 비판은, 이성이 그 사변적 용도에서 이 요소들에 관련하여 가능적 경험의 영역을 결코 넘어설 수 없음을 보여준다.

자연에서 목적론의 용도

이성이 자연을 숙고할 때 적용하는 이념들 가운데, 목적의 이념 혹은 목적론적 이념이 있다. 칸트는 이 이념을 「판단력비판」이라는 별개의 저술에서 세심히 비판한다. 물론 이 책은 미적 판단의 본질에 대해서도 논의한다. 오성은 자연의 모든 현존적 전체를 오직 그것의 부분들의 동시적으로 움직이는 힘들의 결과로서만 파악한다. 하지만 유기체의 경우에 부분들은 전체에 의존하며 전체의 형식이나 계획이나 이념에 의하여 결정되는 듯이 보인다. 모든 부분은 수단이면서 목적이며, 전체를 가능하게 하기 위하여 협력할 때 전체의 이념에 의하여 규정된다. 여기서 또한 우리는 이율배반과 변증론을 만난다.

이 이율배반에 대하여 정립은, 모든 물질적 사물의 창조는 기계론적 법칙에 따라 가능하다고 진술한다. 반정립은, 어떤 것의 창조는 기계론적 법칙에 따라 가능하지 않다고 진술한다. 우리가 이 명제들을 구성적 원리가 아니라 규제적 원리로 볼 때 모순은 제거된다. 그렇게 해석될 때, 정립은 우리로 하여금 물질적 자연에서 가능한 한 기계적 원인을 찾도록 하며, 반정립은 기계론적 설명이 충분해 보이지 않는 어떤 경우에서 심지어는 전체 자연에서 최종적 원인이나 목적을 찾도록 한다. 그렇게 해석된 원리로부터, 어떤 자연적 산물이 기계적으로 설명될 수 없고 기계론적 인과 관계로만 설명될 수 없게 된다는 결과가 나오는 것은 아니다. 인간 이성은 기계적 원인을 찾음으로써 결코 자연적 목적을 발견할 수 없을 것이다. 하지만 물리적-기계적 계열과 목적론적 계열이 궁극적으로 합쳐지고 우리에게 알려지지 않은 하나의 원리에서 결합되는 것은 불가능하지 않다.

우리는 우리의 이성의 구성에 의하여, 칸트의 말대로 반성적 판단에 의하여 유기적 세계를 목적적으로 보지 않을 수 없다. 그러나 감각 경험은 결코 그런 목적을 발견하지 못하며, 우리는 우리에게 그 목적을 드러낼 지적 직관을 갖고 있지 못하다. 우리는 하나의 맹목적인 무의식적 목적을 가정할 수 없다. 왜냐하면 이는 모든 자연철학의 죽음인 물활론으로의 복귀가 될 것이기 때문이다. 게다가 우리는 우리의 경험에서 그런 맹목적 목적들을 결코 발견하지 못한다. 우리가 아는 그런 종류의 목적들은 인간의 의식적 목적들이다.

칸트는 생기론(生氣論)을 무의식적 목적성의 생물학적 이론으로 배격한다. 우리는 유기체의 통일의 원인을 결정하는 노력을 완전히 버리거나, 아니면 예지(叡智)적 목적에 호소해야 할 것이다. 목적론적 이념의 가치는, 자연의 연구에서 탐구자를 인도하는 데 있다. 이 이념은 물체의 기관과 작은 구조가 이바지하는 목적들을 탐구자가 발견하는 데 도움을 주며, 이 목적적인 통찰은 종종 작용인과 기계적 원인이라는 측면에서의 설명을 장려한다. 그러므로 목적론적 자연 해석은, 어떤 현상적 형식의 숙고에 의하여 야기된 이성의 불가피한 태도이지만, 실제적 가설 혹은 지도 원리로서가 아니면 경험에서 정당한 용도를 전혀 갖지 못한다.

실천적 이성 사용과 윤리 신학

사변적이든 실천적이든 이성의 전체 관심은 세 가지 질문에 집중되어 있다: "나는 무엇을 알 수 있는가? 나는 무엇을 해야 하는가? 나는 무엇을 소망할 수 있는가?" 우리는 과학적 의미에서 신존재, 자유, 개인적 불멸성에 대한 지식을 가질 수 없다. 하지만 이것들의 순전히 사변적인 의의는 사소하다. 이 세 가지 모두가 이론적으로 증명된다 해도, 그 지식은 자연과학의 분야에서 무슨 발견을 이루는 데는 도움이 되지 못할 것이다. 그것들은 인식에 관한 한 우리에게 아무런 소용이 없다. 그것들의 실재적 가치는 실천적·윤리적이다. 이제 우리의 이성은 도덕 법칙을 명령하며, 이 도덕 법칙은 필연적이다. 도덕 법칙의 필연성은 신과 자유와 불멸성에 대하여 어떤 함축 의미를 갖는다. 이 법칙은 내가 행복할 만하도록 행동할 것을 말한다. 이는 필연적인 실천 법칙이다. 이성이 이것을 명령하므로, 내가 행복을 바랄 수 있게 된다. 도덕과 행복은 불가분리적으로 연관되어 있지만, 오직 이념에서만 그러하다. 그런데 신이 자연적 질서의 창시자라면 이 자연적 질서도 도덕적 질서이며, 좀 더 정확하게 말하면 그런 자연적 질서에서 행복이 도덕을 동반할 것이라는 것을 소망하는 것은 정당하다. 우리의 이성은 우리로 하여금 우리 자신을 행복과 도덕이 연관되어 있는 도덕적 세계 질서에 속하는 자로 보도록 강요한다. 그러나 현상밖에 보여주지 않는 감각의 세계에서, 도덕과 행복의 연관은 드러나지 않는다. 따라서 우리는 이 연관이 존재하는 미래 세계를 가정해야 할 것이다. 그러므로 신(神)과 내세는, 순수 이성의 원리에 따라 이성이 우리에게 부과하는 도덕 법칙으로부터 분리될 수 없는 두 가지 전제이다.

도덕적으로 정초된 신학은 필연적으로 단일하고 완전하고 이성적이고 기원적(起源的) 존재의 개념에 도달한다. 이 존재는 전능해야 한다. 이는 모든 자연이 도덕과의 관계에서 그에게 종속될 수 있기 위함이다. 전지해야 한다. 이는 그가 인간의 가장 내면적인 도덕적 성향을 알고 그 가치를 평가할 수 있기 위함이다. 편재(遍在)해야 한다. 이는 그가 세계의 최고선이 요구하는 모든 필요를 즉각적으로 돌볼 수 있기 위함이다. 그 존재는 영원해야 한다. 이는 자연과 자유의 이런 조화가 영원히 존속될 수 있기 위함이다. 만일 세계가 우리의 실천 이성과 조화를 이룰 수 있다면, 우리의 이성은 그것의 도덕적 사용에서 세계를 하나의 이념 즉 최고선의 이념에서 유래되는 것으로 보아야 할 것을 요구한다. 우리의 이성은 덕과 행복의 결합을 요구한다. 우리가 도덕적 목적을 세계에 귀속시키지 않으면, 이 결합에 대한 보장이 없다. 도덕적 존재가 이 목적을 실현하기 위하여 반드시 존재해야 한다. 다른 말로 하면, 우리는 도덕법을 통하여 목적론과 신에게 이끌린다.

그러므로 순수 이성은 그 실천적 사용에서 즉 도덕적 이성으로서 우리의 최고의 도덕적 혹은 실천적 관심을 위하여, 단지 이론적 사변이 다만 추측할 수 있을 뿐이고 보장할 수 없는 형이상학적 원리들을 요청한다. 그러함으로써 순수 이성은 이 형이상학적·신학적 가정들을 논증된 교리로 만들지 않고, 도덕의 본질적 목적을 위한 절대적으로 필요한 전제로 만든다.

윤리학

칸트가 「도덕 형이상학 원론」과 「실천이성비판」과 「도덕 형이상학」에서 제시하는 도덕 철학은 직관주의와 경험주의, 이상주의와 쾌락주의의 싸움을 해결하려는 시도로 볼 수 있다. 그의 근본적 문제는 선, 옳고 그름, 의무의 의미와 우리의 도덕적 지식의 함축 의미를 발견하는 것이다. 우리는 어떻게 의무를 규정하며, 인간의 도덕적 본성으로부터 무엇이 나오는가?

칸트는 루소로부터, 이 세상에서나 이 세상 바깥에서 선의지(善意志) 외에 절대적으로 선한 게 없음을 배웠다. 칸트는 여기에, 의지가 도덕 법칙에 대한 존중 혹은 의무의 의식에 규정될 때 선하다고 덧붙인다. 경향으로부터 행해진 행위는, 자기애(自己愛)나 심지어 동정심으로부터 발휘되는 행위는 도덕적이지 않다. 한 행위가 도덕적이려면, 그런 충동 즉 법칙에 대한 단순한 존중심으로부터 이루어져야 한다. 게다가 한 행위의 옳음과 그름은 그것의 결과에 의존하지 않는다. 행복이나 완전이 나오든지 상관없이 행위자의 동기가 선한 한에서 행위는 비물질적이다. 법칙에 대한 순수한 존경은, 참된 도덕의 유일한 동기이다. "의무의 자원자"의 감정적 윤리는 칸트에게 공리의 윤리학으로, 미움을 샀다. 도덕 법칙은 정언 명법이다. 이는 무조건적으로 명령한다. 이는 "당신이 행복하거나 성공하거나 완전하려면 이렇게 행하라"고 말하지 않고 "그것이 너의 의무이니 그것을 행하라"고 말한다.

칸트의 윤리학은 스토아주의적 모델처럼 의무를 위한 의무를 칭송하며, 특정 행위나 심지어 일반 규칙에 관심을 기울이지 않고, 근본적 원리만 서술한다: 너의 행위의 준칙 혹은 결정 원리가 보편 법칙이 되기를 의욕할 수 있도록 항상 행동하라; 모든 사람이 너의 행위의 원리를 따르기를 의욕할 수 있도록 항상 행동하라. 이 법칙은 옳고 그름에 대한 최고 기준이다. 가령 당신은 모든 사람이 거짓 약속을 하는 것을 의욕할 수 없다. 왜냐하면 모든 사람이 거짓 약속을 한다면 아무도 다른 사람을 믿지 못할 것이며 따라서 거짓 약속은 자멸하게 될 것이다. 이성적 존재는 참으로 모순을 의욕할 수 없으며, 거짓 약속을 의욕하는 것은 모순이 될 것이다. 그런 존재는 다른 사람의 안녕을 무시하려고 할 수 없다. 왜냐하면 그런 행동이 보편적이게 될 경우 자신도 언젠가는 비인간적으로 취급받을 수 있기 때문이다. 그래서 비인간적 처사가 보편화되기를 일관되고 이성적으로 의욕할 수 있는 사람은 없다.

이 법칙 혹은 정언 명법은 이성 자체에 내재한 선험적이며 보편적이며 필연적인 법칙이다. 이 법칙의 주장은 일반 사람도 인정한다. 그가 이 법칙을 명확하게 의식하지 못할 수 있지만, 그 법칙은 그의 도덕 판단을 지배한다. 그것은 옳고 그름에 대한 그의 기준 혹은 표준이다. 또 다른 법칙이 이 법칙에 함축되어 있다. 좀 더 정확하게 말하면 이 법칙과 동일하다. 또 다른 법칙이란, 자신의 인격이든 다른 사람의 인격이든 인간성을 모든 경우에 목적 자체로 다루지 결코 수단으로만 다루지 않도록 행위하라. 모든 사람은 자신의 현존을 목적 자체로서, 가치를 갖고 있는 것으로 파악하며, 그러므로 모든 이성적 존재의 현존을 동일하게 간주해야 한다. 여기에 스토아주의자들과 원시 그리스도교가 전파했으며, 18세기 윤리적·정치적 이론에서 매우 중요한 역할을 맡은 박애주의적 이상이 있다.

이성적 의지는 자신에게 보편적 법칙, 모든 사람에게 타당하고 모든 사람에게 받아들여질 수 있는 법칙을 부가한다. 모든 사람이 이성의 법칙에 복종한다면, 이성적 존재들의 사회는 칸트가 말하는 목적 왕국이 될 것이다. 즉 이성적 목적에 의하여 조직되는 사회가 될 것이다. 다른 말로 하면 정언 명법은 완전한 사회를 암시적으로 명령한다. 이는 정신의 이성적 영역이라는 이상을 필연적으로 함축한다. 그러므로 모든 이성적 존재는 자신의 준칙, 자신의 보편적 원리에 의하여 보편적인 목적 왕국의 입법적 회원인 것처럼 행동해야 한다. 그는 주권자이면서 신민이다: 그는 법칙을 작성하면서 또한 그 법칙을 승인한다. 그는 자신의 도덕적 본성 때문에 정신 왕국의 회원이다. 그는 자신을 지배하는 법칙의 권위를 인정할 때 이 이상적 세계를 최고선으로 인정한다.

자신의 충동, 자신의 이기적 욕망, 자신의 욕구가 아니라 도덕 법칙에 의하여 지배되는 사람은 자유롭다. 짐승은 그 필요와 본능의 놀이공이다. 인간은 자신 안에 있는 도덕 법칙에 대한 지식을 통하여 자신의 감각적 욕구에 저항할 수 있다. 그의 모든 욕구는 이기적 쾌락을 목표로 삼는다. 그리고 인간은 자신의 감각적 본성을 억누를 수 있기 때문에 자유롭다: 그는 해야 하므로 할 수 있다.

도덕의 명법은 인간의 참된 자아의 표현, 그의 존재 원리의 표현이다. 도덕 법칙으로 자신을 표현하는 것은 그의 가장 내적인 자아이다. 도덕 법칙은 인간이 이성적 존재인 한에서 그의 명령이다. 그는 자신에게 그 법칙을 부가하며, 이는 그의 자율성이다.

도덕적 명법은 의지의 자유를 보증한다. 우리의 도덕적 본성 혹은 실천적 이성이 아니라면, 자유 의지의 증명은 불가능할 것이다. 우리의 통상적인 지각적·과학적 지식은 시공간적 질서 안에 있는 현상을 다룬다. 이 질서에서 모든 것은 필연적 법칙에 따라 배열된다: 현상적 세계에서의 사건들은 우리가 보았듯이 절대적으로 결정되어 있다. 만일 이 시간적·공간적·인과적 질서가 실재 세계라면, 자유는 불가능할 것이다. 그러나 칸트는, 우리의 감관에 나타나는 세계가 실재 세계가 아님을 가르친다. 그래서 자유는 가능하다. 그러나 무시간적 무공간적 우주에, 자유로운 존재자들의 예지계에 우리로 들어가게 하는 도덕 법칙이 아니라면, 우리는 자유가 실재하는지 아닌지 결코 알지 못한다. 다른 말로 하면, 인간의 도덕적 의식, 옳고 그름에 대한 그의 지식이 감관에 제시된 공간과 시간 내의 세계와 다른 영역에 대한 통찰력을 그에게 준다. 인간 경험의 도덕적 차원은 현상적인 것을 초월하는 세계에 인간이 접근하게 해 준다.

도덕적 의식은 의지의 자유를 함축한다. 이는 또한 신의 현존과 영혼의 불멸성을 함축한다. 그런데 「순수이성비판」은 이 관념들을 학문적으로 논증가능한 교의로서 뒤흔들어 버리고 다만 가능성으로서 남겨 놓았다. 신의 현존에 대한 도덕적 증명은 다음과 같이 진행된다.

정언 명법은 절대적으로 선하고 덕스럽고 거룩한 의지를 요구한다. 이성은 그런 의지가 행복을 받을 만하다고 우리에게 말한다: 선한 사람은 행복해야 한다; 그래서 최고선은 덕 그리고 행복에 있어야 한다. 왜냐하면 행복 없는 덕이란 완벽한 선이 아닐 것이기 때문이다. 그러나 덕과 행복은 이 세상에서 나란히 가지 못한다; 덕스러운 사람이 행복을 필연적으로 달성하는 것은 아니다. 이성은 공로에 따라 행복을 할당하는 존재가 있어야 한다고 우리에게 말한다. 이 일을 하기 위해서는 그 존재가 절대적 예지(叡智)를 갖고 있어야 한다. 다른 말로 하면 전지해야 한다: 그는 우리의 내적 동기와 성향을 보아야 한다; 최고의 도덕적 이상을 받아들여야 한다, 즉 가장 선해야 한다; 그리고 그는 덕에 행복을 할당할 절대적 능력을 갖고 있어야 한다, 즉 전능해야 한다. 그런 가장 지혜롭고 선하고 능력있는 존재는 신이다.

불멸성을 지지하는 증명도 동일한 전제에 근거한다: 도덕 법칙은 거룩함 혹은 절대적인 선의지를 요구한다. 도덕 법칙은 이성의 결정이므로, 도덕 법칙이 명하는 것은 실현 가능한 것이어야 한다. 그러나 우리는 어느 시점에서도 거룩함에 도달할 수 없다. 그래서 무한한 시간, 이 완전을 향한 영원한 진전이 필요하다. 다른 말로 하면, 영혼이 불멸적이어야 한다.

칸트는 「순수이성비판」에서 의지의 자유, 신의 현존, 영혼의 불멸성을 지지하는 이전의 모든 논증을 거부한다. 첫 「비판」의 결과는 이런 측면에서 부정적이다. 「실천이성비판」에서는 이 세 가지 관념들이 도덕 법칙을 근거로 삼아 회복된다. 인간은 자유롭다, 인간은 불멸적이다, 신은 존재한다: 이 모든 진리들은 우리 안에 있는 이성적 도덕 법칙의 필연적 함축 의미이다. 도덕 법칙은 자유와 불멸성과 신을 보증한다. 종교는 도덕에 근거한다.

이 가르침은 칸트가 말하듯이 그리스도교적 개념과 매우 밀접하다. (1) 도덕은 거룩함과 완전과 절대적인 선의지를 요구한다. (2) 하지만 인간은 이 이상을 완벽하게 실현할 수 없다. 오직 신만이 완전하고 거룩하다. 인간은 강력한 욕망을 갖고 있으며, 그래서 죄에 대한 성향을 갖고 있다. 그가 할 수 있는 것은 법칙을 존중하는 것뿐이다. 즉 의무의 성향을 획득하는 것뿐이다. (3) 최고선은 내세에서만 실현될 수 있다. (4) 도덕 법칙과 완벽하게 일치하는 성격, 완벽하게 도덕적인 인간은 무한한 가치를 갖고 있으며, 모든 가능한 행복을 받을 자격이 있다. (5) 그러나 도덕 법칙은 행복을 약속하지 않는다. 우리는 우리가 행복하든 하지 않든, 옳은 것을 옳기 때문에 해야 한다. 도덕률에 대한 복종이 행복을 보장하지 않는다. (6) 하지만 우리의 이성은 도덕적 인간이 행복할 자격이 있음을 우리에게 말한다. 그래서 선한 사람들에게 그 공로에 따라 행복을 할당할 존재가 있다고 가정하는 것은 합당하다. 그런 할당이 이루어지는 세계는 신의 왕국이다. (7) 그러나 행복은 도덕적 행동에 대한 동기가 결코 될 수 없다. 우리는 옳은 것을 행하되, 영원한 행복을 위해서가 아니라 옳음을 위하여 행해야 한다.

이런 이론 때문에 칸트는 "개신교의 철학자"(the Philosopher of Protestantism)라는 칭호를 얻었다.

59. 칸트의 후계자들

칸트가 제기한 문제들

칸트의 철학은 수많은 문제를 암시했다. 맨 처음이며 아마 결코 어렵지 않은 과제는 철학에서 일어난 칸트의 "코페르니쿠스적 혁명"의 성격을 이해하는 데 있다. 정신이 자연에 법칙을 규정하지 그 반대가 아니라는 그의 의도 말이다. 당대의 문헌을 보면, 그 의미를 파악하려는 시초의 노력들 가운데 많은 것이 어떻게 실패했는지 드러난다. 하만은 칸트를 프로이센의 흄이라고 불렀고, 가르베(Garve)는 칸트의 가르침을 버클리의 관념론과 동일시했다. 어떤 사람들은 칸트의 가르침에서 종교의 역사적 토대를 파괴하고 자연주의를 증명하는 교묘한 술책을 파악했고, 어떤 사람들은 그의 가르침이 쇠퇴하는 신앙-철학을 위한 새로운 토대가 아닌가 하고 의심했다.

칸트는 이 주제에 대한 좀 더 분명한 이해를 돕기 위하여, 「비판철학서론」(1783)을 썼고, 요하네스 슐츠(Johannes Schultz)는 「해명」(1784)을 출간했고, 라인홀트(Reinhold)는 「칸트 철학에 관한 서간」(1786-1787)을 출간했으며, 후펠란트(Hufeland)와 쉬츠(Schütz)는 「예나 일반문헌잡지」(Die Jenauer allgemine Literaturzeitung, 1785)를 비판 운동의 기관지로 만들었다. 예나는 새로운 학파의 본거지가 되었다. 그곳에서 가르친 실러, 라인홀트, 피히테, 셸링, 헤겔을 통하여 독일에서 철학은 가장 명예로운 연구 주제 가운데 하나가 되었다.

칸트의 후계자들이 직면한 여러 과제들로는, 그의 인식론의 발전, 그 원리들의 통일화, 예지(叡智)계와 현상계, 자유와 기계론, 형식과 재료, 지식과 신앙, 실천 이성과 이론 이성에 대한 그의 이원론으로부터 생기는 문제들의 해결 등이 있다. 그리고 물자체의 관념에 의하여 도입된 모순의 제거도 있다. 그 밖에 시도된 활동으로는, 칸트가 놓았던 비판적 토대에 보편적 체계를 구축하는 일이 있다. 이는 위대한 개혁자의 가장 유명한 후계자들인 피히테와 셸링과 헤겔의 주된 과제가 되었다.

관념론과 물자체

칸트는 수학과 자연과학과 형이상학의 판단들, 그리고 도덕적 미적 목적론적 판단들을 검토했고, 그것들 모두가 근거하는 전제, 사전 조건 혹은 원리를 지적했다. 이 원리들이 자신의 기원을 두었으며 아마 유래되어 나왔을 공통의 뿌리가 있는지 없는지 상관없이, 이 문제는 암시되어 있는 것이며, 칸트가 참으로 자주 제기했던 것이다. 근본적이며 절대적으로 확실한 원리에 의하여 통일된 이상적인 판단 체계 혹은 상호 연관된 지식 체계에 대한 사유는 당대의 몇몇 사상가들을 사로잡았고, 시간이 흐르면서 관념론적 형이상학의 전포괄적 체계를 구축하는 시도로 이어졌다. 그러나 이 단계에 도달하기 전에, 칸트의 「순수이성비판」이 제시한 난점들을 제거하는 길에서 큰 작업이 이루어져야 했다.

라인홀트(K. L. Reinhold, 1758-1823)는 자신의 저서 「인간의 표상능력의 신(新)이론에 대한 시도」(1789)에서, 표상(Vorstellung)의 능력인 하나의 원리로부터 범주뿐만 아니라 감성과 지성의 능력을 도출하려 한다. 이 능력은 수용적이면서 능동적 혹은 자발적이다. 이는 재료를 받아들이고 형식을 산출한다. 대상은 표상과 독립하여 존재하는 것으로 물자체이며 인식 불가능하다. 슐체(G. E. Schulze)는 「아이네시데무스」(Aenesidemus[1792])에서 칸트와 라인홀트가 제시한 새로운 비판철학을 공격한다. 그는, 회의론을 제거하기보다 회의론이 비판철학을 회복하며 흄이 버린 바로 그곳에 철학을 놓아 둔다고 생각한다. 칸트의 철학은 물자체의 지식의 가능성을 부인하지만, 범주들이 오직 경험의 세계에서만 타당하다고 선언한 다음 물자체의 현존을 가정하며 그것에 범주를 적용한다.

마이몬(S. Maimon, 「초월철학에 관한 시도」[1790])에 따르면, 물자체의 관념에 함축되어 있는 회의론과 모순을 극복하는 유일한 방법은, 파악할 수 없고 불가능한 물자체를 폐지하는 것이다. 의식에서 소여(所與) 혹은 후험적 요소의 원인과 기원은 우리에게 알려져 있지 않으며, 비이성적 분량, 하나의 무리수, 결코 완전히 해결될 수 없는 문제이다. 그래서 우리는 경험에 대한 완전한 지식을 가질 수 없다. 우리는 우리의 경험의 대상을 산출하지 못하고, 우리의 사고의 대상을 산출한다. 그러므로 이 대상이 우리의 지식의 유일한 대상이다.

베크(S. Beck)는 「순수이성비판」에 겨냥된 비판들에 영향을 받아, 관념론적으로 그 책을 해석한다: 물자체는 거부되어야 하거나 혹은 「비판」은 자기 모순적이다(「비판철학을 판단해야 할 유일하게 가능한 입장」[1796]). 그가 생각하기에, 칸트는 그런 자기 모순적 철학의 저자일 리 없었다. 칸트가 참으로 주장하고자 했던 것은 의식에 주어지는 모든 것이 의식의 산물이라는 것이었다. 관념론이 없으면, 「순수이성비판」은 있을 수 없다.

헤르더(J. G. Herder)

시인 헤르더(1744-1803)는 정신적 능력들에 대한 칸트주의적 이원론을 반대하고 영혼-생명의 통일성을 강조한다. 사유와 의지, 지성과 감각은 하나의 공통된 기반에서 나온다. 이 모든 요소들이 인식에서 협력한다. 감성과 분리된 소위 "순수한" 혹은 초월적 이성은 추상물이며 기만이다. 우리의 모든 사유는 감성에서 생기며 지적인 정교화 이후에도 그 감성적 기원의 흔적을 보유한다. 그는 합리론이 그 개념적 방법과 더불어 "살아 있는 실재"를 정당하게 평가할 수 없다고 주장하며, 따라서 그는 자연과 정신을 유기적이며 역사적으로 해석한다. 그는 범신론의 정신을 따라, 신이 자신을 자연과 인간에게 특별히 민족들의 종교와 예술과 생활에 계시한다고 주장한다. 인류의 역사는 인간성의 이상을 향한 진화 과정, 즉 환경과 관련한 모든 인간 능력의 조화로운 전개이다. 우리의 이성적 능력은 교육되어 발전된 이성으로 형성되어야 하고, 우리의 더욱 세련된 감관은 예술로, 우리의 충동은 참된 자유와 아름다움으로, 우리의 동기는 인간성에 대한 사랑으로 형성되어야 한다.

헤르더는 자신의 광범위한 박애주의와 사해동포주의와 관련하여 민족주의의 문제에 깊은 관심을 가졌다. 그는 모든 인간의 공동 조상이라는 종교적 이론과 일치하여 인간의 형제 관계를 주장했으며, 생물학적 차이에 근거한 종족적 차이를 단호히 거부했다. 그는 인류의 불평등성과 차이를 사회적·문화적 유형에 반영되고 언어와 관습에 깊이 간직된 기후적·지리적 요소에 귀속시켰다. 그래서 민족적 성격의 모든 차이는 궁극적으로 지리와 기후에서 연유하는 것으로 추적해 볼 수 있다. 헤르더의 역사 철학은 진보론에 근거한다. 세계사는 땅에서 이루어지는 신의 의지의 성취이며, 여기서 각각의 민족 집단은 인류사에 독특하게 기여한다. 헤르더의 민족주의는 종교적 박애주의적 맥락에 놓여 있으므로, 종족 이론에 근거한 후대 나치의 민족주의에 대한 반박이다.

야코비(F.H. Jacobi)

야코비(1743-1819)는 「순수이성비판」이 논리적으로 주관적 관념론으로 끝난다고 천명하며, 그러므로 그것의 결론들을 거부한다. 그에게는 그런 "절대적 주관성의 체계" 혹은 그가 말하는 허무주의가, 그의 마음이 향해 있는 궁극적 실재(신과 자유)를 파악할 수 없는 것처럼 보인다. 비판철학에는 대상이 현상, 관념, 꿈, "철저한 유령"이다: 비판철학은 자신이 잣고 있는 관념들의 거미줄을 결코 벗어날 수 없다. 반면에 스피노자의 수학적 방법이 가장 일관된 사례를 제공하는 독단적 합리론도 역시 진리에 도달할 수 없다고 야코비는 생각한다. 이 합리론에 따르면, 모든 것이 결정되며, 근거를 갖고 있지 않는 것은 설명될 수 없고 비이성적이며 존재하지 않는 것이다; 이 합리론은 무신론과 운명론에서 절정에 도달한다. 이는 보편적 추상적 개념을 다루며, 필연적으로 자유와 신의 살아 있고 움직이는 자발성을 놓친다. 합리론은 개별자보다 보편자의 요구, 즉각적인 확실성보다 연역적 추론의 요구, 신앙보다 합리성의 요구를 과장하며, 감각 경험만 포함하려고 경험의 범위를 제한한다.

야코비는 감정, 신념 혹은 신앙에 근거함으로써 관념론의 이른바 회의론과 합리론의 운명론과 무신론을 피한다. 그는 이 감정과 신념에서 진리의 본능적 형식을 발견한다. 우리는 물자체의 현존을 즉각적으로 확신한다. 이 신념은 물자체의 직접적 계시에 의해서만 가능하며, 대상들에 대한 우리의 직접적 지각으로부터 나온다. 우리는 실재적인 것을 정면으로 마주보지, 관념론이 주장하는 것처럼 단순히 관념을 마주보지 않는다. 어떤 종류의 현존이라도 이성과 그것의 추상적 원리에 의하여 논증될 수 없다. 우리가 외부 대상을 즉각적으로 경험하듯이, 우리 자신의 존재, 자아, 진선미, 자유로운 인과성, 신을 경험한다.

칸트와 야코비는 자연주의와 그것의 무신론과 운명론을 반대하며, **신과 자**

유와 **불멸성**을 구제하려 한다. 이런 점에 염두에 두고서 둘은 추론적 지성을 궁극적 진리의 원천으로 신뢰하지 않는다. 둘은 이런 의미에서 반(反)지성주의자들이다: 우리는 물자체의 "지식"을 전혀 가질 수 없다. 하지만 둘은 자연주의에게 그 몫을 주려 하는데, 칸트는 전체 현상계에 그것을 넘겨주려 함으로써, 야코비는 결정론에 완전히 종속되지 않는 실재적 대상들의 세계를 확립함으로써 그렇게 한다.

그러나 칸트는 신과 자유와 불멸성을 이성적 도덕 법칙의 함축 의미로 유도하려는 노력에서 여전히 합리론자인 반면, 야코비는 정신의 내적 경험들에 의하여 직접적으로 보장되는 그들의 실재성을 발견한다. 그리고 이 내적 경험들은 즉각적 확실성 혹은 신념의 감정을 동반한다. 칸트의 신념은 실천적 혹은 도덕적 확실성 즉 옳고 그름에 대한 인간의 지식에 근거한 이성적 신념이다. 야코비의 신념은 초감성적인 것의 직접적 경험에 근거한다: 궁극적 실재는 우리의 의식에서 우리에게 즉각 계시된다. 그런 경험에서 우리는 정신과 자유와 신적 존재를 정면으로 마주 대한다: 우리는 이런 사물들을 직접 경험하므로 그것들을 믿는다. 하만과 헤르더처럼 야코비는 비판철학이 인간 지성의 범위를 넘어서는 곳에 둔 실재들의 시각(vision)을 포함시키기 위하여 경험의 범위를 확대한다.

야코프 프리스(Jacob Fries, 1773-1843)는 자신의 「새로운 혹은 심리학적 이성 비판」(1807)에서 칸트와 야코비의 가르침을 결합하려 한다. 그는 초월적 방법 대신 자기 관찰을 취하면서, 비판철학을 심리학에 정초한다. 칸트가 선험적으로 증명하려 하는 이성의 원리들은, 프리스에 따르면, 의식에서 즉각적으로 인식된다: 우리는 우리 자신에서 그것들의 확실성을 직접적으로 인식하게 된다. 오직 감관에 의하여 지각된 것만이 인식될 수 있다. 우리는 초감성적인 것 혹은 물자체를 인식할 수 없다. 그것들은 마음의 요구를 충족시키는 신앙의 대상이다.

제17장
독일 관념론의 발전

60. 요한 고트리프 피히테(Johann Gottlieb Fichte)

요한 고트리프 피히테는 1762년 작센에서 가난한 직조공의 아들로 태어났다. 아이의 재능에 깊은 인상을 받은 한 귀족이 그에게 관대한 대접을 베풀어 주어, 그는 마이센(Meissen)과 슐포르타(Schulpforta)의 학교들에 다닐 돈을 얻었다. 그는 예나와 라이프치히와 비텐베르크에서 신학을 공부했고(1780-1784), 사강사로 지냈는데, 가정교사로서 생계를 꾸리기 위하여 오랜 동안 대학 연구를 중단한 경우가 많았다(1784-1793). 1790년에 새로운 비판 철학에 관하여 배우고자 하는 학생들의 요청을 받아, 그는 칸트 연구를 시작했다. 이는 그의 생각에 혁명을 일으켰고 그의 생애의 방향을 결정지었다. 1794년에 그는 당시 독일 지성계의 중심인 예나의 교수로 청빙을 받았고, 새로운 관념론의 지도자가 되었다. 이 관념론의 목적은 학문과 철학의 개혁뿐만 아니라 삶의 개혁이었다. 예나 시절 동안(1794-1799), 피히테는 「학문론」, 「자연권」, 「윤리학」을 저술했다. 신을 도덕적 세계 질서와 동일시하는 듯이 보이는 그의 「신적 세계 질서에 대한 우리의 신념의 근거에 대하여」(1798)이라는 논문의 출간은 무신론자라는 비난을 불러일으켰다. 그는 교수직을 사임하고 베를린으로 갔다. 그곳에서 그는 자신의 철학을 발전시키고 강의와 책을 통해 대중적 형식으로 그것을 제시했다. 1807-1808년에 그는 유명한 「독일 국민에게 고함」이라는 연설을 행했다. 이 연설에서 그는 나폴레옹의 군대가 베를린

요한 **고트리프 피히테**

을 점령하고 있는 동안 자기 국민의 애국심에 호소했다. 그는 1809년에 새로 설립된 베를린 대학에서 철학 교수가 되었고 1814년에 죽을 때까지 유능하고 충직하게 이 기관에 봉사했다.

「모든 계시의 비판론」(*Versuch einer Kritik aller Offenbarung*), 1792 ; 「지식학총론」(*Grundlage der gesammten Wissenschaftslehre*), 1794 ; 「자연법 원론」(*Grundlage des Naturrechts*), 1796 ; 「도덕론」(*Das System der Sittenlehre*), 1798 ; 「인간의 사명」(*Die Bestimmung des Menschen*), 1800 ; 「축복된 삶을 위한 지침」(*Die Anweisung zum seligen Leben*), 1801 ; 「독일 국민에게 고함」(*Reden an die deutsche Nation*), 1808.

후기 칸트주의 철학

칸트의 동시대인들과 직계 후계자들의 관심은 우리가 보았듯이 다음의 과제에 집중되었다: "지식의 체계에 어떻게 통일을 가져 오는가? 혹은 자연과학, 도덕, 미학, 목적론의 원리에 대한 공통의 기초를 어떻게 발견하는가? 물(物)자체는 어떻게 되는가? 신과 자유와 불멸성의 이념들을 어떻게 정당화하는가?" 당시에는 당대의 여러 경향들을 체계의 통일에 포괄하는 것이 바람직한 일로 보였다: 프랑스 사상과 헤르더의 저술에서 현저하게 등장했던 발전의 관념뿐만 아니라 비판적 관념론, 스피노자주의, 합리론, 신앙-철학 등의 경향들 말이다.

칸트는 전체 자연주의적 세계관과 그것의 기계론, 운명론, 무신론, 이기주의, 쾌락주의에 반대했으며, 논증적 오성을 현상의 영역에 제한함으로써 인간 가치에 대한 이성적 신념을 위한 자리를 마련했다. 자연과학의 주제인 감각 경험의 세계에서는, 법칙이 최고의 권력을 행사한다: 인간 행위를 포함한 모든 사건은 인과적 연쇄에서 하나의 고리이다. 이 영역 바깥에서 가능한 학문적 지식은 없다: 「순수이성비판」에 관한 한, 물자체는 인식 가능한 것의 울타리를 넘어선다. 하지만 다른 「비판」들을 정독하면, 우리가 비판 체계에 대한 지식을 알아갈수록 물자체의 개념이 발전된다는 것을 알게 된다. 처음에 단순한 추상적 개념으로 파악할 때 물자체는 이성의 필연적 관념, 영혼과 세계와 신의 이념들에 의하여 통일을 위한 이성적 요구를 표현하는 규제적 원리가 된다. 자유의 이념은 모든 사물의 가능한 혹은 사유 가능한 근거로 드러난다. 게다가 도덕 법칙은 이 이념의 실재성을 논증하며, 신의 현존, 정신적 왕국, 불멸성을 준다. 추상적 개념으로 시작된 물자체는 자유, 실천 이성, 의지로서 계속 해석된다. 그런데 학문적 예지가 제공하는 것보다 높은 진리가 있다. 우리 안에 있는 도덕 법칙은 초감성적 세계의 현존에 대한 확실한 보증이다. 이 세계는 오성의 물리−수학적 방법에 의하여 접근할 수 없다.

그러나 칸트는 정언명법이 암시하는 사변적 가능성들을 전개할 때 조심했다. 그는 경험의 한계를 초월하기를 주저했고, 추종자들을 약속의 땅으로 인도하기를 거절했다. 그 땅은 이론 이성을 통하여 도달할 수 없는 곳이다. 그리고 칸트는 즉각적 경험의 문을 통하여 그 땅에 들어갈 가능성을 전혀 알지 못했다: 그에 따르면 우리가 직접성에 가까이 다가갈수록, 무질서에 더욱 가깝고 진리에서 더욱 멀어진다: 개념 없는 지각은 맹목적이다. 그리고 우리는 물자체를 정면으로 만날 수 있게 해줄 지적 직관의 능력을 갖고 있지 않다. 섬세한 비판자 칸트는 감정주의나 신비주의에서 실재에 대한 실마리를 발견할 생각이 없었다. 참으로 그는 철학에서 이런 유의 사치를 그저 조롱했다. 왜냐하면 그 사치들은 그에게 그런 정도로 보였기 때문이다.

그러나 그의 합리론에도 불구하고, 그의 방법에는 신앙의 요소가 있다: 도덕적 명법에 대한 신념은 우리를 불가지론과 유물론과 결정론에서 건진다. 우리는 도덕 법칙을 믿기 때문에 인식한다. 만일 도덕 법칙이 아니라면, 우리는 자유와 이상적 질서에 대하여 전혀 알지 못하며 자연의 기계론에서 벗어나는 데 무력할 것이다. 우리를 자유롭게 하고 우리의 자유를 증명하는 것은 도덕적 진리이다. 새로운 철학의 이 국면은 새로운 세대에 특별히 호소력을 지녔다. 이 철학은 확실히 지식에 대한 합당한 권리를 희생시킴이 없이 인과적 우주로부터의 탈출구를 제공했다. 스피노자주의는 18세기 후반기에 독일에서 유행하게 되었고, 많은 사상가들에 의하여 심지어 그 사상을 거부하는 사람들에 의해서도 가장 일관된 독단적 체계로, 사변적 형이상학의 결정판으로 간주되었다: 레싱, 헤르더, 괴테가 이 철학에 매료되었고, 피히테도 비판 철학을 알기 전에 영웅적으로 그것의 엄격한 결정론을 불가피한 것으로 받아들였다. 그런데 독일 철학에서 유행하게 된 것은 머리와 마음의 논쟁에 대한 칸트주의적 해결책과 이 해결책이 허용하는 관념론적 세계관이었다. 이는 소위 후기 칸트주의 관념론의 출발점이었다. 이 관념론의 대표자는 피히테, 셸링, 헤겔이다.

칸트는 학문적·도덕적·형이상학적 지식에 대한 비판적 검토에 의하여 자신의 입장에 도달했다. 그의 후계자들은 도덕 법칙이 가리키는 예지계 혹은 자유를 자신의 사변의 출발점으로 삼았다: 이상적 혹은 초감성적 세계, 정신(Geist)의 세계는 실재 세계이다. 이 자기 결정적인 정신적 활동을 원리로 삼고서, 그들은 철학의 모든 문제를 해결하고, 지식과 경험을 해명하고, 자연과 역사와 인간 제도를 설명하려 한다. 그들은, 이상적 원리가 우리의 지식에 통일성을 가져다주고 범주들을 통합하고 이론 이성과 실천 이성을 통일하고, 우리로 하여금 기계론과 목적론의 이원론을 극복할 수 있게 하고 칸트주의적 물자체에 나타난 모순을 제거시킨다고 말한다. 우리는 자기 결정적 이성의 빛에서 해석할 때에만 실재를 이해할 수 있다. 이성은 자신을 이해할 때에만 세계를 이해한다.

그래서 후기 칸트주의자들의 체계에는 지식의 학문 혹은 피히테의 말대로 학문론(Wissenschaftslehre)이 중요하다: 올바른 인식 방법의 발견은 형이상학의 문제들을 해결할 것이다. 참으로 철학은 학문론이다. 그래서 철학은 모든 것을 설명하고 홀로 모든 것을 설명할 수 있는 절대적 학문이다: 사실의 단순한 경험적 지식은 참된 지식이 아니며, 자연과 역사에 대한 경험적 학문은 참된 학문이 아니다. 만일 수단을 인식하는 것이 능동적이고 살아 있고 종합적이고 정신적인 실재 과정을 파악하는 것이라면, 자신을 시공간적인 인과적 계열에 나타나는 현상에 제한하는 방법은 지식이 될 수 없다: 이런 점에서 피히테, 셸링, 슐라이어마허, 헤겔은 일치한다. 그들은 또한 진화의 과정으로서 실재를 파악하는 점에서, 사물에 대한 유기적 역사적 관점에서도 일치한다. 레싱과 헤르더와 빈켈만(Winckelmann)과 괴테가 가르쳤던 그 관점 말이다. 그러나 그들은 실재의 지식에 도달하는 방법에서 상이하다.

피히테의 원리

피히테의 근본 통찰은, 즉 그가 비판 철학의 근본원리라고 본 통찰은 자유의 개념이다. 그는 의지 혹은 자아가 사물 가운데 있는 하나의 사물, 인과적 연쇄 가운데 있는 하나의 단순한 고리가 아니라 자유롭고 자기 결정적인 활동이라고 주장했다. 오직 그런 활동만이 참으로 실재하며, 다른 모든 것은 죽어 있는 수동적 현존이다: 이는 생명과 정신의 원리, 지식과 행동의 원리, 참으로 우리의 전체 경험 세계의 원리이며, 모든 진보와 문명에서 원동력이다. 이는 지식이 근거하는 기반이며, 칸트가 암시했고 라인홀트가 추구했던 이론적 지성의 통일 원리이며, 이론적·실천적 이성의 공통 뿌리이다. 그러므로 지식의 연구는 철학적 탐구의 가장 중요한 주제로 드러날 것이며, 피히테는 불굴의 활동 기간에 항상 이 점을 다루었다. 학문론은 모든 지식의 열쇠이다: 그는 「학문론」에서 이론적·실천적 이성의 조건이나 원리나 전제에 대한 포괄적이고 상세한 설명을 제공한다

학문론의 목표와 방법

피히테에 따르면, 칸트는 경험으로부터 범주들을 추상화했지만, 범주들이 예지(叡智)의 필연적 법칙임을 보여주지 못했다: 그는 자신의 원리를 논증하지 못했다. 피히테는 범주를 공통의 뿌리에서 얻음으로써만, 즉 엄밀하게 학문적 절차를 통해서만 이 일이 이루어질 수 있다고 말한다. 모든 학문은 학문이 되려면, 제일 원리에 의하여 결합된 명제의 일관된 집합을 소유해야 한다. 학문

은 명제들의 상호 연관된 체계여야 한다. 각각의 명제가 명확한 자리를 차지하고 전체에 대한 명확한 관계를 갖는 유기적 전체여야 한다. 그래서 공간의 개념은 기하학에서 핵심 관념이며, 인과 관계의 개념은 자연과학에서 핵심 관념이다. 상이한 학문들은 전포괄적인 학문, 학문들 가운데 학문, **학문론**을 요청한다. 이 학문론은 모든 학문이 근거하는 근본 원리를 수립하거나 입증해야 한다. 그리고 이 보편적 학문 혹은 철학은 다른 모든 학문의 확실성의 원천으로서 자명한 혹은 필연적 명제로부터, 자신의 판단들에 그 학문적 성격을 부여하는 동시에 다른 모든 연구 영역의 판단들을 타당하게 만들어야 하는 절대적인 제일 원리로부터 나와야 한다.

하지만 이 핵심적 학문은 입법자가 아니라 지식의 사료 편찬자이다: 이 학문은 정신의 필연적 작용들의 체계를 의식하며, 창조의 과정에서 정신을 관찰하거나 주목한다. 그러나 이는 일어나는 것의 단순한 기록이 아니다. 물론 피히테는 때때로 이 학문이 그런 것이라고 천명하곤 하지만 말이다. 이 핵심 학문은 이 작용들의 필연성을 이해하고, 상이한 인식 형식들의 토대 혹은 논리적 전제를 발견하려 한다. "만일 관념론이 만들어야 하는 긴 연쇄에서 오직 한 고리가 궁극적으로 그 다음의 고리와 연관되지 못하면, 우리의 학문은 어떤 것을 증명했다고 전혀 주장하지 못한다." 이 가정은, 정신 자체가 이성적 체계이며, 유기적 이성으로 작용하며, 예지의 상이한 기능들이 불연속적이고 무의미한 작용이 아니라 모두 공동의 목적에 이바지한다는 것이다. 만일 이런 이성적 기능들이 없다면 이성의 목적(즉 자기 의식의 진화)은 실현될 수 없다는 것이다.

그러므로 철학자는 연역 작업을 감행하기에 앞서서 모든 의식의 목적이나 의미를 이해해야 한다. 시계의 경우에 우리가 전체의 목적, 그것의 구조와 크기 등을 안다면 부분들이 어떤 것이 되어야 하는지를 말할 수 있는 것처럼, 의식의 체계의 경우에서도 우리는 목적적 전체, 즉 분명하고 완벽하고 발전된 자기 의식을 이해한다면 부분들을 이해할 수 있다. 학문론의 방법은 예지의 다양한 작용들이 자기 의식의 진화에 이바지하며, 예지의 이런 특정한 작용들이 없다면 정신이 자유롭고 자기 의식적일 수 없음을 보여주는 데 있다. 초기의 좀 더 전문적인 저술에서 피히테는 근본 원리로부터 지식의 체계를 발전시킨다. 좀 더 대중적인 글에서는 지식의 관찰에서 원리로 나아간다. 그러나 그의 목적은 언제나 동일하다. 지식의 유기적 통일에 대한 조명이다. 그는 때때로 자신의 방법을 발생적 방법이라고 부르곤 한다. 하지만 이는 지식 원리의 심리학적 발생을 서술하려 하지 않고 어떻게 원리들이 그 필연적 전제들에서 나타나는지 혹은 이성이 그것들을 어떻게 발전시키는지를 보여주려고 한다.

이성적 사유의 발생을 연구하기 위하여 철학자는 의지의 작용에 의해 자신의 사유를 움직이게 해야 한다: 그러므로 철학은 사실로부터 시작하지 않고 작용으로부터 시작한다. 지식은 세계에 대한 단지 수동적인 반영 혹은 의견이 아니라, 자기 결정적인 살아 있는 과정이다. 소유가 아니라 성취이다. 참된 지식은 자유의 작용에 의해서만 가능하다. 나는 내가 사유에서 자유롭게 창출할 수 있는 것만 이해한다. 내가 창출할 수 없는 것을 나는 이해하지 못한다. 의식은 자신의 바깥에 있는 것에 의해서 설명될 수 없다. 의식은 자신에게 외부적인 것에 의하여 산출될 수 없다. 의식은 창조의 과정에서 자신을 의식하는 자발적 작용 혹은 창조이다. 다른 말로 하면, 인식은 자신의 기반으로서 순수하고 자기 결정적인 활동을 필연적으로 전제한다. 좀 더 정확하게 말하면 인식은 그런 활동이다. 인식, 예지, 사유는 자유롭다. 그런 활동이 없이 감관의 세계, 경험, 사유는 있을 수 없다. 그러므로 이런 사유 활동은 우리가 찾아 오던 근본 원리이다. 순수 자아, 자아성의 원리 혹은 자기 활동적인 이성은 학문론의 출발점, 모든 인식의 자명한 전제이다. 이는 또한 우리의 학문의 목적 혹은 목표이기도 하다. 왜냐하면 학문론이 완전한 자기 의식에 도달했을 때 의식은 모든 지식의 의미를 파악한 것이기 때문이다.

우리가 보았듯이, 의지 작용은 정신이나 자아를 움직이게 하는 데 필요하지만, 일단 작용하면 어떤 필연적 방식으로 활동하게 될 것이다. 이런 의미에서 필연성은 자유의 산물이다. 나는 사유하도록 강제당하지 않지만, 내가 사유할 경우에는 법칙에 따라 사유해야 한다. 가령 공간과 시간의 형식에 따라 충족이유율에 따라 사유해야 한다. 그러나 의식은 능동적인 자아 없이는 가능하지 않을 것이다. 가령 A=A라는 판단이 있다고 하자. 아무리 단순하긴 해도, 이것은 종합적 정신이 없다면 불가능할 것이다. 만일 자아가 현존과 행동으로 나아가지 않으면, 혹은 피히테의 표현대로 자신을 정립하지 않는다면, 주체도 대상도 경험의 세계도 있을 수 없다. 그리고 세계의 조건으로서 자아가 없이는 경험의 세계, 현상계가 있을 수 없으므로, 자아를 대상들의 연쇄 가운데 하나의 고리로 파악하는 것은 불가능하다. 그것은 말 앞에 수레를 달아 놓는 격일 것이다. 자아는 자연적 사건의 전체 순서의 토대 혹은 조건이며, 따라서 그런 사건들 가운데 포함될 수 없다.

자아의 지식

다음과 같은 물음이 생긴다: 어떻게 우리는 자아-원리에 도달하는가? 우리는 자아를 경험과 사유 형식의 기반으로서, 이론 이성과 실천 이성의 통일로서 추론할 수 있다. 그러나 슐체는 그런 추론을 「비판」의 정신에 모순되는 것으로서 경고했고, 피히테는 물질적 기반을 가정하는 사변적 근거만큼 정신적 기반을 가정할 사변적 정당 근거가 있다고 본다. 그는 자신의 관념론을 지지하여 몇 가지 논증들을 제시한다. 그 가운데 하나는 칸트의 윤리 철학의 중요 통찰에 영감을 받았으며, 도덕 법칙을 통하여 근본 원리에 도달하는 길을 발견한다. 피히테는 지성의 불충분성에 대한 칸트의 견해를 공유한다: 우리는 논증적 오성과 그것의 공간적·시간적·인과적 사유 방식에 의하여 살아 있는 실재를 파악할 수 없다. 오직 통상적 인식의 본질을 관통하여 보고 그것의 피상성과 상대성을 간파했을 때에야 우리는 표면 뒤에 있는 살아 있는 실재들(자유, 도덕적 세계 질서, 신)을 파악할 수 있다.

만일 우리가 학문적 예지(叡智)에 제한된다면, 냉혹한 인과 질서의 관념을 결코 넘어설 수 없으며, 자연의 기계 장치를 벗어날 수 없을 것이다. 그러나 출구가 있다. 자유 의지의 작용인 **지적 직관**의 작용에서 우리는 의무의 법칙 혹은 보편적 목적을 의식하게 된다. 이 목적은 우리에게 자유로운 인격이 되어 자연의 결정론에서 해방되며 인과의 연쇄에 있는 단순한 고리에 그치지 않도록 하라고 명령한다. 의무의 법칙과 그 법칙이 함축하는 자유에 대한 수용은 우리의 생명에 가치와 의미를 줄 것이다. 우리로 하여금 보편적 목적의 수단(자유의 실현)으로서 세계를 이해할 수 있게 하며 그럼으로써 우리 자신을 이 목적의 맹목적 수단에서 그것의 자발적 조력자로 바뀔 수 있게 할 것이다. 그런데 감각 지각에 의하여 획득된 우리의 통상적인 인식이 자유를 성취하는 실천적 도구라는 점이 분명해진다. 이 지식은 의지의 발휘에 필요한 저항력을 우리에게 제시한다: 우리는 노력을 쏟음 없이 자유롭게 될 수 없으며 그래서 맞서 싸워 정복할 세계가 필요하다. 만일 자유를 성취하라는 의무의 명령이 실현 불가능하다면 세계는 아무런 의미를 갖지 못할 것이다. 그러나 도덕적 의식의 명령에 비추어 볼 때 이는 우리에게 완벽하게 가지적(intelligible)이다.

이 사상들 때문에 피히테의 철학은 윤리적 관념론이라는 이름을 획득했다: 이는 도덕적 신념에 근거한 세계관이다. 우리는 자유로운 자기 결정적 존재의 우월성을 이론적 이성에게 입증할 수 없지만(왜냐하면 이론 이성은 근거를 추구하기를 결코 중단하지 않기 때문이다), 그런 원리를 궁극적인 것으로 받아들인다. 왜냐하면 이 원리만이 우리의 도덕적 본성의 요구를 충족시키고 우리의 삶에 의미와 가치를 제공할 수 있기 때문이다. 윤리적 결단은 철학에 근본적이며, "한 사람의 철학의 선택은 그 사람이 어떤 사람인가에 달려 있다." 윤리적 이상이 없는 인간, 자연의 기계 장치에서 해방될 수 없는 인간은 자신을 하나의 사물 혹은 산물로밖에 파악할 수 없다. 혹은 자유로운 자아에 관심을 가질 수 없다: 그는 자신이 경험하지 않은 것(인격이 될 자유)을 인식하고 소중히 여길 수 없으며, 그 것을 결코 성취하지 못했기에 그것을 경험할 수 없다. 감관의 노예 상태에서 해방되고, 자기 결정적 행위자인 사람은 자신을 모든 감성적인 것보다 우월한 능력으로서 간주하며, 자신을 단순한 사물로 파악하려고 의욕할 수 없다.

피히테에게는 또 하나의 사상 노선이 있다. 이 노선에 따르면, 자아는 자신 안에서 자신의 자유로운 활동을 즉각적으로 의식한다. 관념론은 독단론이나 유물론보다 이런 장점을 갖는다: 관념론의 근본 실재 즉 자아는 경험의 대상으로나 인과적 연쇄에 있는 한 현상이나 고리로서가 아니라 본질적 자아로서, 모든 경험을 능가하는 실재하는 무엇으로 의식에서 나타난다. 자유로운 정신적 작용의 즉각적 자기 의식이 존재한다. 그러나 그런 의식은 우리에게 자신을 강요하지 않으며, 우리는 자유의 작용에 의하여 우리 자신 안에 그런 의식을 산출함에 틀림없다. 만일 우리가 그 작용을 수행할 수 없다면, 우리는 관념론 철학을 이해하지 못할 것이며, 정신의 실재 세계를 보지 못할 것이다. 독단론자는 자신의 세계에서 자아를 발견할 수 없기 때문에 자아의 자유와 독립성이라는 요청을 부정한다. 만일 그가 일관성 있다면, 틀림없이 운명론자와 유물론자가 된다. 우리는 그러한 지적 직관의 작용이 있으며 그것이 무엇인지를 개념적으로 증명할 수 없다. 모든 사람은 자신에게서 그것을 직접적으로 발견해야 한다. 그렇지 않으면 그는 그것을 결코 알지 못할 것이다. 우리가 태어날 때부터 맹인인 사람에게 색이 무엇인지 설명하려 하는 것처럼, 이 지적 직관이 무엇인지 논증하는 것은 마찬가지이다. 그러나 이 직관이 자신의 의식의 모든 국면에서 발생한다는 것을 모든 사람에게 지적할 수 있다. 자신에게 활동을 귀속시키는 모든 사람은 암묵적으로 그런 직관에 호소한다. 피히테는 정신적 활동이 존재하는 곳마다 그것에 대한 의식이 있음을 주장한다. 물론 이 의식은 독단론자의 관심을 벗어나긴 한다.

피히테는 관념론의 진리가 경험에 의하여 검증될 수 있음을 또한 지적한다. 관념론의 전제가 옳고, 올바른 연역이 이루어졌다면, 최종적 결과는 필연적 이념의 체계 혹은 경험의 총체임에 틀림없다. 만일 철학의 결과가 경험과 일치하지 않으면, 그 철학은 확실히 거짓이다. 왜냐하면 그 철학은 예지(叡智)의 필연적 작용에 의하여 경험의 전체를 연역하고 설명하겠다는 자신의 약속을 지키지 못했기 때문이다. 그러나 관념론은 도달할 목표로서 경험을 염두에 두지 않는다. 관념론은 도무지 경험에 관심을 기울이지 않는다. 관념론은 자신의 과정에서, 그 결과가 무엇이든 상관하지 않고서 근본적 관념으로부터 자신의 명제를 발전시킨다. 그것이 바로 피히테가 말하는 바이지만, 사실상 그는 경험에 관심을 기울인다. 그는 예지의 기능들을 관찰하며 작동하는 정신을 지켜보라고 우리에게 요구한다. 그가 말하고 있는 것은, 그런 작용에 대한 단순한 관찰이 철학일 리 없으며, 참된 철학이란 이런 작용들과 그들의 근거와 목적에 대한 이해를 요구하며, 그런 이해란 논리적 사유에 의해서만 달성될 수 있다는 점이다.

외부 세계

피히테는 모든 실재를 자아에 근거시킨다. 자아는 모든 것이므로, 바깥에는 아무것도 있을 수 없다. 독립적인 정신-외부적 대상이라는 의미에서 물자체는 있을 수 없다. 그러므로 관념론의 문제는, 단지 주관적인 것으로 보이는 것에 어떻게 객관적 실재성을 귀속시키는가 혹은 생명과 작용과 정신에 대립적인 것으로서 현존 혹은 존재를 우리가 어떻게 가정하게 되는가를 설명하는 것이다. 피히테는 자신을 제한하는 것이 자기 활동적 원리의 본질에 속한다고 말한다: 이 원리는 현존하게 되는 동시에 자신을 제한하며, 좌우간 존재하게 된다면 자신을 제한한다. 나는 붉음과 달콤함과 차가움에 대한 나의 감정에서 나의 제한을 경험한다. 감각 성질은 나에게 자신을 강요하며 그래서 나를 제한한다. 독단론자들은 그런 원초적 가정 혹은 감각을 무엇의 결과로, 물자체의 결과로 설명하려 한다.

그러나 피히테는 초월적 대상에 의한 감각에 대한 모든 설명을 거부한다. 객관적 세계는, 정신이 의식의 순전히 주관적인 변용을 공간에 투사한다는 혹은 변용들을 대상으로 만든다는 의미에서 자아에 의하여 자아 자신을 위하여 산출된다. 만일 공간과 시간과 인과성을 포함하여 감각과 자아의 필연적 기능 혹은 작용들이 없다면, 우리는 우리가 지각하는 현상계를 결코 산출하지 못한다. 무엇이 감각을 일으키는지 우리는 인식하지 못한다. 이 말은 현상계에 대한 우리의 지식이 객관적 타당성을 전혀 갖고 있지 않다는 뜻이 아니다. 현상적 대상들의 세계는 환상이 아니라, 진리의 유일한 영역이다. 오직 우리와 독립적으로 현존하는 물자체가 있다면, 현상계는 가상일 것이다. 물자체는 허구적 관념, 거짓 철학의 창안물이다. 상식은 그것을 전혀 알지 못한다. 당신이 발견하는 이 세계를 받아들이고 그것을 이해하고 그것에 작용하라. 이것이 비판적 관념론의 태도이다.

우리는 우리의 이론 이성에 의하여 의식을 초월할 수 없다. 우리가 인식할 수 있는 것은, 자아가 자신을 정립하며 비자아에 의하여 자신을 제한한다는 것뿐이다. 그러나 왜 자아는 이론적으로 설명될 수 없는가? 하지만 피히테는 이 문제를 실천적으로 해결한다: 우리는 인식의 기원과 한계를 이성에게 설명할 수 없지만, 그것들의 의의 혹은 윤리적 가치를 완벽하게 명료하고 분명하게 만들 수 있다. 지식의 영역은 그것의 잘 규정된 한계와 더불어 도덕적 사물 질서에서 명확한 기능을 갖고 있다. 우리가 이성을 통하여 지각하는 것은 실재성을 갖고 있으며, 그것은 우리에 관련된 혹은 우리를 위하여 현존하는 유일한 실재성이다. 우리의 세계는 "우리의 의무의 감성화된 재료"이다. 우리가 아는 세계에 현존하는 사물들을 통하여 우리는 자신의 도덕적 이상을 실현할 수 있고 또 실현해야 한다. 세계는 도덕적 목적을 실현하는 수단이다. 세계는 도덕적 활동을 위한 영역을 허용하므로, 그것이 실재하든 현상적이든 아무런 차이가 없다. 자기 활동적 존재로서 자아는 대립의 세계, 자아가 투쟁할 수 있는 세계, 자아가 자신과 자신의 자유를 의식할 수 있게 되는 세계, 자아가 자유를 성취할 수 있는 세계를 필요로 한다. 자아는, 자유로운 자아가 이 법칙들을 의존함으로써 그 목적을 실현할 수 있기 위하여 법칙에 따라 질서지어진 세계, 엄격하게 규정된 세계를 요구한다. 자아는 무엇을 기대할지를 알아야 한다. 그렇지 않으면 이성적이며 목적적인 작용은 불가능할 것이다.

객관적 관념론

이 견해에는 주관적 관념론을 암시하는 것이 많다. 그리고 피히테의 동시대인들은 대부분은 그렇게 해석했다. 하지만 피히테는 자신의 철학의 근거로 삼는 자아를, 상식의 개별 자아가 아니라 순수 자아, 순수 활동, 보편적 이성, 예지 자체를 뜻한다. 절대적 자아(자아성[Ichheit])와 개성은 그에게 전혀 다른 개념들이다. 순수 자아는 논리적으로 개인 자아보다 선행하며, 개별 자아의 조건 혹은 논리적 기반이다. 우리는 개별 자아들에게 동일한 이성, 사유의 동일한 보편적 과정을 귀속시킴 없이 개별 자아들을 생각할 수 없다. 하지만 논리적 선행(prius)은 피히테에게 단순한 논리적 선행으로 남지 않는다.

우리가 앞에서 보았던 것처럼, 절대적 자아는 추상적 개념 이상이다. 이는 실재이며, 모든 인격을 넘어서며, 초개별적이다. 이는 보편적인 능동 이성이다. 모든 인격에게 동일하다. 개별 자아는 그렇게 원할 경우 절대적 자아를 볼 수 있다. 최고의 자기 의식은 철학자의 그것이다. 그의 자기 의식은 자아가 자신에게 돌이키며 자신의 활동을 의식하는 지적 직관이다. 자신의 활동을 직관하는 자아는 공간과 시간의 지각을 넘어선다. 이는 더 이상 현상적인 인과적 질서를 보지 않고, 자신 안으로 물러 들어가 자신을 바라보며 자신을 인식한다. 직관적인 자기 지식은, 피히테가 보기에 그런 확실성을 그의 철학에 제공하는 것이다. 자아는 논리적인 추상적 개념에 의하여 하나의 원리를 추론하거나 그 원리에 도달할 뿐만 아니라 칸트의 분석에 의하여 배제된 방식으로 그 원리를 경험한다. 피히테는 초기 저술에서 이 원리를 우리 각자 안에서 작용하는 보편적 이성으로서 말한다. 보편적 용어로 사유하며, 보편적 진리를 인식하며, 보편적 목적이나 이상을 갖는 것은 자아의 바로 그런 차원이다. 그는 자연주의, 기계론적이며 결정론적 실재관을 반박하는 데 관심을 갖고 있다. 그래서 모든 경험의 관념론적 특성을 아주 강조했다. 자신이 그것을 자아라고 부른 사실과 더불어 자신의 개념을 정확하게 규정하지 못하는 그의 실패는 그의 체계가 주관적 관념론으로서 오해받게 만들었다. 사실 그는 주관적 관념론에 대해 처음부터 힘있게 항변했다.

그의 체계가 발전하면서, 그는 더욱 명확하게 자신의 의견을 표명했고, 그의 반대자들이 개인적인 주관적 자아로 오해했던 원리를 그는 절대적 자아 혹은 신으로 솔직하게 서술했다. 그러나 이를 이성이라 부르든, 절대적 자아라 하든, 신이라 부르든, 그 원리는 모든 개별 의식을 지배하는 보편적 합리성으로 파악된다. 나의 개인적 자아 바깥에, 현상계에 작용하며 나와 동일한 방식으로 절대적 자아를 나타내는 다른 이성적 존재들이 있다. 합리성이라는 동일한 보편적 원리는 모든 자아 안에서 작용한다. 자연은 개별 자아의 창조물이 아니라 개별자 안에 있는 보편적인 정신적 원리의 현상적 표현 혹은 반영이다. 보편적 자아는 참된 실재성으로서 개별적 자아들은 그것의 산물 혹은 현현이다.

피히테는 절대적 관념론자이지, 주관적 관념론자가 아니다. 왜냐하면 그는 보편적인 실재성 원리를 가정하지 단지 개인적 의식을 가정하지 않는다. 그러나 그는 이 원리를 (물질적 실재든지 정신적 실재든지) 정적인 실체로서 파악하기를 거부한다. 그것은 개별적 자아들로 자신을 표현하거나 나타내며, 개별적 자아들의 본질의 법칙이며 사유의 필연적 법칙뿐만 아니라 그들의 감각적 혹은 현상적 생활의 공통적 기반인, 살아 있고 흐르며 자기 결정적인 정신적 과정이다. 우리 안에 살아 있고 사유하고 작용하는 것은 이 보편적 생활과 이성이다: 우리는 그 안에서 살고 움직이며 존재한다. 피히테는 개별적 개인 의식 바깥에 있는 실재성이라는 의미에서 정신 바깥의 세계의 현존성을 부인하지 않는다. 참으로 그는, 보편적인 생명 과정이 아니라면 그런 의식, 그런 개인이 있을 수 없음을 보여주려 한다. 하지만 그의 실재론은 절대적 관념론의 틀 안에서 주장된다. 실재 세계는 시공간적인 인과적 질서로 배열된 죽은 사물의 세계가 아니다. 후자는 인간의 의식 안에 있는 절대적 원리의 계시이며, 보편적 자아가 아니라면 존재할 수 없었다. 피히테의 주관적 관념론은 객관적 혹은 형이상학적 관념론에 의하여 대체된다. 그는 그것을 **실재적 관념론**이라고 불렀다. 우리는 보편적 본성의 피조물, 산물, 혹은 계시이다. 우리 안에서 합리성의 보편적 원리가 사유하며 의식에 도달한다. 그런 이유 때문에 자연은 정신(Geist)이어야 하며 다른 어떤 것일 수 없다.

피히테는, 보편적 무제한적 생명 원리가 어떻게 수많은 개별 자아로 분화되게 되는지를, 빛의 유추를 사용하여 분명하게 밝히려 한다. 빛이 장애물에 의하여 차단되어 그 근원으로 반사되거나 돌이키게 되듯이, 보편적 활동도 어떤 장애물에 의하여 반사됨에 혹은 자신에게로 돌이키게 됨에 틀림없다. 무한한 의식이 어떤 억제물을 만나지 않으면, 의식도, 자기 의식도, 자기 결정적 사유도, 인식도 있을 수 없다: 무한한 활동은 오직 유한한 형식에서, 다른 유한한 자아에의 대립에 의하여 제한된 자아에서만 자신을 의식할 수 있게 된다. 그리고 보편적 생명은 무한하므로, 그것은 유한한 형식으로 자신을 속속들이 드러낼 수 없지만, 무한히 자아들을 계속 산출해야 하며 이런 분리 혹은 개별화의 과정에서 자신을 의식하게 된다. 의식은 보편적 자아의 자기 제한을 통하여, 의식의 탄생에 선행하는 작용을 통하여 등장하며, 그러므로 우리는 개인으로서 그 탄생을 의식하지 못한다. 절대적 자아는 무조건적으로 자아들을 산출하며, 자아들은 자아들의 탄생을 의식하지 못한다.

그러나 왜 생명이 있어야 하며, 왜 무수한 형태의 의식으로서 생명은 자신을 표현해야 하는가? 우리는 보편적인 생명 과정 혹은 순수 활동을 무목적적인 것으로 파악할 수 없다. 보편적 생명이 윤리적 목표에 바쳐지지 않으면 무의미할 것이다. 자연 혹은 비자아(非自我)의 목적은 동일하다: 자연도 역시 자아를 실현하는 수단이다. 사람에게와 자연에게, 개별적 자아에게와 비자아에게 자신을 표현하는 것은 동일한 절대적 자아이다. 자연 세계의 사건들, 개별 자아들의 작용들은 궁극적인 도덕적 목적의 가시적 표현이다. 우리는 그것들을 오직 그것 자체로서 이해할 수 있다. 그것들은 우주의 도덕적 목적의 수단성으로서가 아니면 실재성을 갖지 않는다. 하지만 개별 자아들은 의지의 작용들에 의하여 단순한 현상의 상태로부터 초감성적인 것의 지식으로 솟아 오를 수 있으며, 이런 식으로 자신들과 보편적인 도덕적 목적을 동일시할 수 있다.

그러므로 절대적·독립적 자아와 의식적·의존적 개별적 자아 사이에는 차이가 있다. 절대적 자아는 행위에 대한 순수한 충동과 도덕적 목적으로서의 개별적 자아 안에 의무의 의식으로서 존재한다. 이 의무의 의식은 자아에게 감성의 세계의 대립을 극복하고 절대적 자아가 추구하는 자유의 이상을 실현하도록 명령한다. 우리는 우리 자신 안에서 순수 활동을 의식하게 될 때 실재의 본질을 인식하며, 우리가 우리의 도덕적 목적을 실현하려 할 때 우주의 의미, 절대적 자아의 목적을 실현하려 하고 있다. 개별적 자아가 자신 안에서 의식하게 되는 목적은 절대적 자아의 음성, 사물의 세계에 자신을 표현하는 동일한 절대적 자아의 목적이다. 우리는 우리의 자아가 우리로 하여금 하도록 촉구하는 혹은 강요하는 것을 성취할 수 있다. 왜냐하면 동시에 그 작용을 촉구하는 동일한 보편적 의지는 외부 세계에 적절한 변화를 산출하기 때문이다.

다음과 같은 물음이 생긴다: "이 구도에서 개별적 자아에 무슨 자유가 남는가?" 개별적 자아는 절대적 활동의 현현이다. 이는 그 이론적 측면에서 감각 지각과 사유의 필연적 법칙에 의하여 그리고 그 실천적 측면에서 보편적 목적에 의하여 결정된다. 보편적 목적은 개별자가 원하든 원치 않든 세계에서 자신을 실현하지 않을 수 없으며, 감각의 세계는 개별자와 상관없이 그 법칙을 따를 것이다. 그러나 개별자는 자신이 사유해야 하는지 하지 않아야 할 것인지를 선택할 능력을 갖고 있으며(참된 의미에서 사유는 의지의 작용에 의해서만 가능하다), 그는 보편적 목적을 자신의 목적으로 삼을 것인지를 또한 선택할 수 있다. 그것은 또한 그의 자유로운 선택에 의존하게 될 것이다. 우리가 보편적 목적의 맹목적 수단으로 남을 것인지, 선에 이바지하면서 그 목적의 의식적이며 자발적인 수단들이 될 것인지를 결정하는 것은 우리의 능력에 놓여 있다. 일단 자유롭게 우리가 우리의 의무를 행하고 보편적 목적을 실현하려고 결정했다면, 더 이상 자유롭지 못하다. 우리는 절대자의 수단이 되었고, 우리의 도덕적 생활은 그에 따라 결정된다.

덧붙여 말하면, 자유는 자유롭고 설명 불가능한 선택, 무차별의 자유, 의지의 갑작스런 도약을 뜻한다. 이런 견해로부터 피히테는 사람이 선을 택하느냐 아니면 감각의 기계 장치 속에서 단순한 톱니로 남느냐에 따라 선하든지 악하며 선한 사람들만이 불멸성을 획득한다고 결론짓는다. 그는 또한, 저항과 도덕적 투쟁이 결코 제거되지 않는다고 결론짓는다. 보편적인 도덕적 목적은 결코 완전히 실현되지 않는다. 도덕적 생활은 결코 도달되지 않는 선을 향한 항구적 진보 상태에 있으며, 세계는 끝없이 다른 세계로 이어질 것이다. 도덕적 선은 단번에 성취되는 정적 목적에 있지 않고, 우주의 도덕적 목적을 실현할 영속적 투쟁에 있다.

도덕 철학

피히테의 전체 체계는 윤리적 이념들로 채색되어 있다: 이 체계는 칸트의 정언 명법으로부터 출발하며, 신의 보편적인 도덕적 목적과 더불어 끝난다. 우리는 어떻게 그가 우리의 경험 세계를 도덕 법칙에서 연역하는지를 보았다: 도덕 법칙은 감각의 규칙으로부터의 자유를 명령한다. 세계에 의해 제한된 자연적 자아로부터, 부자유의 상태로부터 구출되어야 할 것이 없다면, 감관으로부터의 구출은 있을 수 없다. 도덕 법칙은 자유를 함축하며, 자유는 장애물의 극복을 함축하며, 이는 감성계를 함축한다. 그래서 도덕 법칙은 무한적으로 지속적인 투쟁의 삶을 함축한다. 그리고 이는 보편적 목적 혹은 신을 함축한다. 또한 이는 개별자가 의무적 행위에서 목적하는 바가 실제로 성취되고 실현되며, 우주의 도덕적 질서, 인간 의지의 도덕적 결정으로부터 틀림없이 생기는 질서, 개인적인 도덕적 의지의 영역을 넘어서지만 이 도덕적 의지에 목적과 의미를 제공하기 위하여 가정되어야 하는 무엇이 있음을 전제한다. 다른 말로 하면, 도덕 법칙은 종교적 신앙을 함축한다: 이는 종교적 신앙 없이, 도덕적 세계 질서와 도덕적 세계 질서 부여자에 대한 신념 없이 아무런 의미를 갖지 못할 것이다. 그러므로 달리는 단순한 가상에 불과할 것에 확실성과 확신을 제공하는 것은 신앙이다. 그리고 이 신앙은 의지의 결정이다: "나는 믿고자 한다." 그래서 도덕적 양심은 모든 진리와 모든 확신의 시금석이다.

윤리적 목적은 세계에서 스스로를 실현한다. 자연과 인간은 선에 이바지하는 도구이다. 그러므로 인간의 소명은 자신의 의무를 행하고, 최고선의 실현을 위하여 의식적으로나 자발적으로 활동하며, 보편적인 도덕적 목적을 향하여 자신의 시선을 향하는 것이다. 그의 양심은 그에게 감관의 노예 상태에서 벗어나며, 사물이 아닌 인격이 될 것을 명령한다. 하지만 그는 지식 없이 자연의 결정을 벗어날 수 없으며, 지식 없이 자연에 작용할 수 없다. 그러므로 그는 단순한 호기심이 아니라 도덕적 목적을 위하여 지식을 추구해야 한다. 그러므로 인간의 의무는 자신이 하고 있는 것을 아는 것이며, 자신이 행하고 있는 것을 알지 못할 경우 행위하지 않는 것이다. 그는 언제나 확신을 가지고 활동하며 결코 권위의 강제력 아래 있지 않다. 자유롭게 되라는 명령은 자신의 이성을 발휘하고 양심에 의하여 확립된 목적을 이해하라는 명령을 동반한다. 양심은 의무를 위한 의무를 명령한다. 양심은 나의 목적이 무엇이어야 하는지를 내게 말해 준다. 나는 무엇이 내게 목적이므로 행동하는 것처럼 행동하지 않는다. 내가 그렇게 행동해야 하기 때문에 그것이 목적이 된다. 그래서 양심은 무오(無誤)하다. 양심은 모든 구체적 상황에서 언제나 우리에게 어떻게 행동할 것을 말할 것이다. 즉 우리가 물질만을 사유하기를 멈추기만 한다면 말이다.

피히테에게는 도덕이 단순히 선의지(善意志)에 있지 않다. 도덕 법칙에 대한 존중심으로 충분하지 않다. 선의지는 활동에서 자신을 표현해야 할 것이며, 본성과 외부 자연의 저항을 극복해야 한다: 도덕은 투쟁이다. 하지만 자연과의 투쟁은 자연의 전멸에 있지 않고, 자연을 인간의 윤리적 목적에 맞게 고치는 것에 있다. 자연은 이성의 목적을 위하여 적절한 도구가 될 수 있고 되어야 한다. 자연적 선, 재산의 윤리적 의의, 다양한 소명, 우리의 전체 산업 생활은, 그 모든 것이 보편적인 도덕적 목적에 이바지하는 데 놓여질 수 있다는 사실에 있다. 그리고 도덕 생활은 고립적인 개별적 현존이 아니라 공동체 생활이므로, 각각의 개인은 자신을 노동 사회의 일원으로서 보고 공동선(共同善)을 위하여 자신의 지상적 소유물을 희생해야 한다. 오직 공동선에 의해서만 궁극적 목적은 실현될 수 있다. 모든 인간은 자신의 양심의 명령에 따라 세계에서 자신의 고유한 활동 영역을 자유롭게 선택해야 한다. 그러나 적절하게 선택할 수 있으려면 교육이 필요하다. 참으로 개인은 양심이 그 안에 생길 수 있도록 교육을 받아야 한다. 가르침 없이는 의무의 소리가 말하지 않을 것이며, 의무의 중요성이 이해되지 않을 것이다.

모든 개인은 전체를 위하여 일할 사회에서 자신의 구체적 위치를 갖는다. 그처럼 모든 국민은 문명에서 자신의 독특한 위치를 가지며 자유를 위한 인간의 투쟁에서 행해야 할 독특한 기여를 행한다. 피히테는 「독일 국민에게 고함」이라는 애국적 연설에서, 자기 국민 앞에 독일 통일의 이상을 드높였다. 그의 말에 따르면, 독일의 국민 생활을 회복하고 문명의 관심사에 철학적 리더십을 자임하고, 개인적 자유에 뿌리박은 국가를 수립하는 것이 독일의 사명이다. 지상에 결코 출현하지 못한 참된 정의의 국가 말이다. 이 국가는 인간의 얼굴을 가진 모든 사람의 평등성에 기초한 자유를 실현할 것이다. 하나의 단일한 단체, 보편적인 국가 연합을 이루는 것이 인류의 소명이다. 이 국가 연합에서는 문화가 누대에 전달될 것이며 국민이 온 땅에 흩어질 것이다. 독일 국민을 향한 피히테의 민족주의적 이상은 더 높은 박애주의에 보조적이었다.

그러나 세상적 목적은 우리의 최고 목적일 수 없다: 우리는 보편적 목적을 위한 수단으로서 지상적인 인간적 목적을 증진한다. 보편적 목적은, 현상적 질서에 가치와 의미를 유일하게 제공하는 정신적 왕국의 실현이다. 인간은 두 세계의 시민이다: 인간은 이 세계를 위하여 자발적으로 일하지 않고서 저 세계를 위하여 일할 수 없다. 우리는 의지를 선하게 만듦으로써 저 세계를 위하여 일한다. 의지에 일치하는 모든 행위는 신에게 영향을 주며 신을 통하여 다른 정신들에게 영향을 준다. 양심의 소리는 내 안에 있는 신의 소리이다. 양심을 통하여 정신적 세계는 나에게 내려 오며, 의지를 통하여 나는 정신적 세계에 오르고 그 세계에 작용한다. 신은 정신적 세계와 나의 중보자이다. 내가 당신의 일을 인정할 때 의존하는 유일한 원칙은 당신의 일을 존중할 것을 명령하는 양심의 소리이며, 이 소리는 신의 소리이다. 감각 세계의 진리에 대한 우리의 신념은, 자유와 도덕을 증진하는 생활이 이 감각의 세계에서 우리의 무사심적이며 충실한 의무 수행으로부터 영원히 발전할 것이라는 신념이다.

인간 가운데 보편적 평화의 상태와 자연의 기계작용에 대한 인간의 절대적 지배는, 그 자체가 목적이 아니다. 이상적인 것은, 인간이 그것을 스스로 산출하며, 모든 사람이 그것을 하나의 거대하고 자유로운 도덕적 공동체로서 산출해야 한다는 것이다. 우리의 현재 생활이 그 일부분을 형성하는 위대한 도덕적 왕국의 근본 법칙은, 개인의 도덕 의지를 통하지 않고서는 개인에게 새로운 것이나 더 나은 것이 있을 수 없으며, 사회의 도덕적 의지를 통하지 않고서는 공동체에게 새로운 것이 더 나은 것일 수 없다는 것이다.

> 나는 나의 완벽한 소명을 깨닫지 못한다. 내가 어떤 사람이 되어야 하며 어떤 사람이 될 것인지는 나의 모든 생각을 초월한다. 나는 삶의 매순간에 그 안에서 무엇을 해야 하는지를 확실히 안다: 나는 나의 의무의 영역을 확대하기 위하여 나의 예지를 발전시키고 지식을 획득해야 한다. 나는 나 자신을, 신체와 정신을 단지 의무의 목적에 대한 수단으로서 보아야 한다.(『인간의 사명』, 제3권)

새로운 관념론과 낭만주의

피히테의 철학은 당대의 사상에 등장한 다양한 조류를 설명하며, 하나의 강물로 그것들을 이끌려 한다. 그는 계몽운동과 더불어 권위와 전통에 반대하고 세계에 대한 이성적 설명을 추구한다. 문명과 진보뿐만 아니라 인간의 자유로운 인격과 권리를 높이고, 사회와 철학과 종교와 교육과 인간 생활 일반의 개혁을 요구하면서, 그는 그저 전체 근대의 정신을 표현할 뿐이다. 독일의 국민적 통일을 향한 그의 애국적인 호소와 평등과 정의에 근거한 국가에 대한 그의 이상은, 독재에 억압당하고 나폴레옹 전쟁으로 부끄럽게 된 한 국민의 열망을 말한다. 정신을 실재의 핵심 원리로 삼고, 인간을 기계 장치의 몽마에서 구출하면서, 그는 이성에게 이해되고 인간의 이상과 조화를 이룰 우주에 대한 열망을 표현한다.

그는 자신이 해석한 대로의 새로운 관념론과 양립하고, 독일 문학의 위대한 지도자들인 레싱과 헤르더와 괴테와 의견을 같이하면서, 도덕적 목적에 의하여 선도되는 진화의 역동적 과정으로서 현존을 파악한다. 당대의 고전적 낭만주의적 시인들과 신앙-철학자들 그리고 칸트와 마찬가지로, 그는 살아 있는 전체 우주가 학문의 범주로 파악될 수 없다는 의견을 갖고 있다. 그리고 우주가 유기적으로 다양성 속의 통일성으로 이해되어야 한다는 데 괴테와 의견을 같이한다. 그리고 우주를 자유로운 행위자의 내적인 살아 있는 경험으로만, 직관으로만 파악할 수 있으며 자유의 행위에서, 의무감에서, 진리에 대한 사랑에서 정신이 정신에게 말한다는 점에서 야코비와 의견을 같이한다.

피히테의 체계에 나타난 반(反)합리론적, 신비주의적 요소(이는 그의 엄밀한 논리학에 동반된다)는, 낭만주의 시인들 즉 두 명의 슐레겔(Schlegel)과 티크(Tieck), 노발리스(Novalis)에게 매력을 주었다. 새로운 관념론의 다른 많은 국면들이 그들의 눈에 호감있어 보였다: 그 국면들이란 새로운 관념론의 그럴 듯한 주관주의, 그것의 역사관, 독일 문화의 독특성에 대한 개념 등이다. 그러나 그들은 피히테 철학의 이 모든 특징들을 과장하는 경향을 보였다. 그들은 피히테의 감정주의를 강조하는 반면 그의 합리론을 무시했다. 피히테의 직관은 천재적 시인의 예언적·감정이입적 통찰력이 되었다. 이성적·윤리적 자아는 낭만적·신비적·충동적, 심지어 기형적·개인주의적 자아로 바뀌었다. 자연은 그런 자아에 유추되어 해석되고 신비스럽고 인격화된 세력들의 거주지로 파악되었으며, 반면에 전통과 현재보다 우월한 권위가 부여된 과거를 지지하기 위하여 역사에 호소하는 일이 있었다.

셸링은 이 모든 경향을 하나의 초점으로 가지고 왔는데, 특별히 새로운 관념론과 시적인 낭만주의를 그렇게 했다. 그도 역시, 비판철학에 의하여 추진력을 얻어 독일에서 퍼지고 있던 스피노자주의와 자연과학 운동에 관심을 가졌다. 셸링은 젊은 시절 튀빙겐 신학교에 다닐 시절에, 피히테에 대한 가장 뛰어난 해석가로 명성을 얻었다. 그리고 몇 년 뒤에, 피히테의 철학을 자연철학으로 보충했다. 이 자연철학은 낭만주의자들과 괴테를 즐겁게 했을 뿐만 아니라 독일의 자연과학자들 가운데서 친구를 발견하기도 했다.

61. 프리드리히 빌헬름 셸링(Friedrich Wilhelm Schelling)

프리드리히 빌헬름 셸링은 1775년에 태어났으며, 1790-1795년에 튀빙겐 대학 신학부에서 철학과 신학을 공부했다. 2년 동안 라이프치히에서 개인 가정교사로 두 명의 학생들을 가르치면서 그 대학에서 수학과 물리학과 의학을 공부한 후에, 예나 대학에서 철학 교수직을 받았다(1798년). 여기서 그는 아우구스트 폰 슐레겔과 카롤리네 폰 슐레겔이 주재하는 낭만주의 그룹에 가입하였고, 그의 가장 찬란한 작품들을 내놓았다. 뷔르츠부르크(1803-1806), 뮌헨(1806-1820, 예술 아카데미 소장), 에를랑겐(1820-27), 뮌헨(1827-1841, 신설 대학의 철학 교수)에서 다양한 직위를 역임한 후에, 당시 유행하던 헤겔철학의 조류를 저지하도록 베를린에 청빙받았지만, 별다른 성과가 없었다. 1854년에 그는 사망했다.

초창기에 셸링은 피히테 철학을 받아들여, 스승의 정신을 따라 그 철학을 발전시켰다. 그의 저술로는, 「자연철학의 이념」(1797), 「세계정신에 관하여」(1798), 「초월적 관념론의 체계」(1800)가 있다. 브루노와 스피노자의 영향을 보여주는 두 번째 기간에 그는 자연과 정신을 더 높은 원리의 두 측면으로 파악한다: 이것이 그의 동일성 철학인데, 「브루노」(Bruno)와 「학적 연구 방법」(1802)에서 제시되었다. 세 번째 시기에 셸링은 자신이 말하는 긍정 철학, 신비적 계시와 신화의 철학을 발전시킨다. 이는 야코프 뵈메의 철학과 비슷하다. 우주는 신으로부터의 타락으로 파악된다. 보편사의 의미는 신화와 계시의 모호한 출발점들에서 모색되는데, 셸링은 이 출발들로부터 우리가 인간의 원초적 타락에 대한 힌트를 얻을 수 있겠다고 생각한다. 이 시기의 작품들은 인간 자유를 다룬 하나의 작품을 제외하고 사후에 출간되었다.

자연철학

셸링은 경험의 세계를 정신의 측면에서 설명한 새로운 관념론에 이끌려, 관념론적 입장의 열렬한 대변가가 되었다. 하지만 그는, 절대적 자아의 산물로서 자연을 보는 피히테의 원래 개념에 만족하지 않았다. 이 자연은 개별 의식 안에서 의지에 대한 방해물 혹은 자극제의 역할을 맡는다. 셸링은 "자연은 우리의

프리드리히 빌헬름 셸링

의무의 재료이다"라는 입론(立論, thesis)을 거부하고, 피히테가 수행했던 객관적인 관념론과 범신론으로 나아간다. 인식론의 순수 자아는 형이상학의 절대적자아가 된다. 만일 실재가 근본적으로 인간 정신에 유사한 살아 있는 자기 결정적 과정이라면, 자연은 의지에게 단순한 외부적 방해물로서나 죽어 있는 기계적 질서로 파악될 수 없다. 자연이 우리와 유사함을 갖고 있으니 우리는 자연을이해할 수 있다. 왜냐하면 자연은 역동적 정신의 표현이기 때문이며, 자연 안에생명과 이성과 목적이 있기 때문이다.

그러나 이성이 필연적으로 **의식적** 예지(conscious intelligence)인 것은 아니다.낭만주의자와 신앙-철학자들과 마찬가지로, 셸링은 정신 혹은 이성의 개념을확대하여, 철학자의 최고 자기 의식에서뿐만 아니라 무기적·유기적 자연에도자신을 드러내는 무의식적·본능적·목적적 세력을 포함하게 된다. 무의식적 자연과 자기 의식적인 정신에 공통적인 것은 순수 활동, 자기 결정적인 에너지이다. 실재는 작용과 생명과 의지로 구성된다. 모든 사물의 절대적 기반 혹은 원천은 창조적 에너지, 절대적 의지 혹은 자아, 모든 것에 퍼져 있는 하나의 세계정신이다. 그 안에 모든 것이 가능성으로서 거주하며, 그것으로부터 실재하는모든 것이 나온다. 이상적인 것과 실재적인 것, 사유와 존재는 그것들의 뿌리에서 일치한다.

자기 의식적인 정신에서 자신을 드러내는 동일한 창조적 에너지는 감각 지각에서, 동물의 본능에서, 유기적 성장에서, 화학적 과정에서, 결정화에서, 전기적 현상들에서, 중력에서 무의식적으로 작용한다: 그 모든 것에 생명과 이성이 있다. 맹목적이며 무의식적인 충동으로서 나의 신체를 형성하고 움직이는 원리는 자신을 의식하게 되고, 그럼으로써 자신을 그것의 맹목적이며 추구적인 단계로부터 분리하며(반면에 무의식적 차원에서는 계속 존재한다), 순수 정신, 순수 자기 의식이 된다. 보편적 자아는 내 안에서 그리고 수없이 많은 다른 개별적 자아들 안에서 자신을 표현한다. 오직 의식적 정신 안에서만 보편적 자아는 자신을 의식하게 된다. 우리는 보편적 자아에 뿌리박혀 있을 동안에 실재한다. 우리는 독립적·고립적 개인으로서는 실재하지 않는다: 절대적인 인격적 자아란 허상이다.

자연이 가시적 정신이며, 정신이 불가시적 자연이라는 셸링의 통찰은 낭만주의의 상상력에 추진력을 제공했으며, 새로운 시인들로 하여금 세계에 생명과 정신을 부여하고 죽은 기계에게서 느낄 수 없는 사랑스러운 공감을 가지고 세계를 보도록 권장했다.

하지만 자연과 정신, 존재와 사유는 스피노자가 주장한 것과 달리 절대자의 두 가지 나란한 측면들이 아니라, 절대 정신의 진화에 나타나는 상이한 단계, 혹은 시기이다. 절대자는 자신을 펼쳐 내며, 하나의 역사를 갖고 있다: 이는 진화적 과정인데, 그 과정의 최고 목표는 자기 의식이다. 우리는 자신의 자아에서 무의식적이며 잠재의식의 단계로부터 명료한 자기 의식으로 상승하지만 여전히 하나의 동일한 자아로 남아 있듯이, 하나의 보편적 자아는 어둠에서 빛으로 오른다. 무기적 자연에서 인간으로 점차 올라가는 조직된 대상들의 사다리는 완전한 자유로 점차 발전할 뿐인 창조력을 명료하게 드러낸다. 자연의 죽어 있고 무의식적인 산물은 단지 자신을 표현하는 자연의 실패한 시도들에 불과하다. 소위 죽은 자연은 성숙하지 못한 예지(叡智)이지만, 그것의 현상들은 무의식적으로 이성의 흔적들을 드러낸다. 자연은 인간에게서 자신의 최고 목표, 즉 자기 의식에 도달한다. 인간의 자기 의식에서, 자연과 정신의 원초적 동일성이 우리에게 계시된다. 그러므로 자연에 대한 가장 완전한 이론은 자연의 모든 법칙이 지각과 사유의 법칙들로 환원될 수 있고, 자연의 전체가 예지로 해소되는 그런 이론일 것이다.

셸링에 따르면, 우리가 자연에서 출발하든 정신에서 출발하든, 자연의 철학에서 출발하든 초월적 관념론의 체계에서 출발하든, 어떻게 자연이 의식적 예지(叡智)가 되는가 하고 묻든, 어떻게 예지가 무의식적 자연이 되는가 하고 묻든 그것은 중요하지 않다. 인식의 원리들과 실재의 원리들은 동일하다. 어떻게 인식이 가능한가 하는 물음과 어떻게 세계가 가능한가 하는 문제는, 동일한 조건과 법칙들을 참조함으로써 해결된다. 우리는, 원초적 감각으로부터 고등한 지적 과정까지 자기 의식의 역사에서 상이한 시기들을 추적할 때, 동시에 자연에서 자신을 나타내는 절대 원리의 발전을 추적하고 있다. "모든 성질은 감각이며, 모든 물체는 자연의 지각들이다. 자연 자체는 자신의 모든 감각과 지각들과 더불어 응결된 예지(叡智)이다."

동일한 법칙이 모든 사물에 퍼져 있다: 사물들의 뿌리에 있는 원리들은 동일하게 일정한 방식으로 작용하며, 모든 것에서 동일한 맥박으로 고동친다. 그것의 작용은 확대와 수축의 과정이다: 원리는 자신 안에 잠재적인 혹은 내재적인 것을 개현(開顯)하며, 자신을 객체화하며, 즉 자신 바깥으로 나와 다시 부요하고 강화되어 자신에게 돌아온다: 자기 의식에서 자연은 자신을 주체와 객체로 표현하며, 그 과정에서 자신을 분화하고 자신을 의식한다. 자연의 상이한 세력들은 근본적으로 동일하다. 열, 빛, 자기, 전기는 무기적 자연과 유기적 자연이듯이 하나의 동일한 원리의 상이한 단계들이다. 상이한 유기적 형태들에는 통일성이 있다. 그것들은 점층적 사다리를 형성하며, 동일한 조직 원리의 산물들이다. 그것들은 모두 동일한 계획에 의해 세워졌다. 자연의 모든 산물은 하나의 창조적 정신에 의하여 통일된다. 자연의 모든 부분은 전체에 이바지한다. 인간은 자연의 최고 산물이다. 인간 안에서 자연은 자기 의식의 목표를 실현한다

셸링은 자연을 선험적으로 구축하고, 그 진화 과정에 등장하는 필연적 단계로부터 추론하려 한다. 피히테가 정신의 발달에서 논리적 단계들을 보여주려 했던 것과 마찬가지이다. 셸링은 자기 이전의 헤르더와 피히테, 자기 이후의 헤겔처럼 세계에서 작동하는 변증법적 과정을 발견한다. 이 과정에서는 두 개의

대립하는 활동(정립과 반정립)이 좀 더 높은 종합으로 통일되고 조화를 이루고 화해된다. 그는 이를 일러 삼중성의 법칙이라 부른다: 작용에는 반작용이 따르며, 대립으로부터 조화나 종합이 생긴다. 이 종합은 또한 시간의 결코 다함이 없는 운동에서 해체된다. 자연에는 죽어 있는 정적인 실체도 있을 수 없고 완전한 유동(流動)도 있을 수 없다. 셸링은 무기적·유기적 자연의 세세한 것에 삼중적 법칙을 적용한다. 우리는 그것이 연쇄 상태에서 표현되는 것을 발견한다: 인력, 척력, 중력; 자기, 전기, 화학 작용; 가성, 흥분성, 재생산.

우리는 그의 자연철학을 따르지 않을 것이다. 이 철학에는 시와 학문, 공상과 논리가 뒤섞여 있다. 세부적으로 환상적이긴 하지만 자연에 대한 셸링의 근본 사상은 동시대 물리학의 역동적 물질 개념을 예시한다.

자연이 살아 있기 때문에, 자연에 법칙과 이성과 목적이 있기 때문에 우리는 자연을 이해할 수 있고, 자연이 우리에게 어떤 의미를 가질 수 있다. 자연은 우리의 뼈 중에 뼈요 살 중에 살이다. 셸링은 피히테처럼, 불변하는 정적인 실체라는 이전의 관념을 거부하고 그것 대신에 역동적 이념, 보편적 생명의 개념, 진화의 살아 있고 창조적이고 목적적인 원리의 개념을 받아들인다. 이 원리는 무의식에서 의식으로 발전하며, 이 원리의 궁극적 목적은 인간의 자기 의식적 이성이다. 그는 수학적·물리적 자연 개념을 반대하고, 그것 대신에 목적론적 개념을 취한다. 좀 더 정확하게 말하면, 그는 무의식적 목적의 이론에 의하여 기계론과 이전의 목적론을 조화시킨다. 좀 더 낮은 단계에서, 절대자는 마치 의식적 목적을 갖고 있는 듯이 작용한다. 절대자는 의도 없이 작용하지만, 외부로부터 기계적으로 행동을 취하도록 떠밀리지 않는다. 만일 사물의 외면(현상에 나타나는 사물의 변화, 그것의 상이한 상태와 단계)만 보는 관찰자가 자신을 사물의 내부에 둘 수 있다면, 그가 충동이나 운동일 수 있으며, 동시에 그것을 의식할 수 있다면, 그는 그 충동이 외부로부터 강요되지 않고 내부로부터 자신을 이끈다는 것을 발견하게 될 것이다.

셸링의 자연철학은 환상적인 것을 많이 갖고 있으며, 증명과 사실보다는 대담한 주장, 환상적인 유추, 화려한 수사를 자주 제공했다. 그의 철학은 자연을 그것의 논리적 항목들로 억지로 나누려 할 때, 자연의 사실적 세부 사항으로부터 관심을 돌리는 경향이 있다. 하지만 그의 철학은 자연과 자연 연구에 대한 관심을 불러일으켰으며, 단편적인 기계론의 영향을 상쇄했고, 언제나 독일 사상의 특징이었던(독일 사상의 주도적인 자연과학자들 가운데서도 그랬다) 통일에 대한 철학적 본능 혹은 열망을 살아 있게 만들었고, 오늘날에도 지지자를 두고 있는 역동적이며 진화적인 실재 개념을 강조했다.

정신의 철학

우리는 「초월적 관념론의 체계」에 제시된 셸링의 정신 철학에 대한 상세한 설명을 제공하지 않을 것이다. 이 책에서 피히테에 대한 그의 의존이 가장 분명하게 드러난다. 이 책은 원초적 감각에서 창조적 상상력까지, 창조적 상상력에서 반성(reflection)까지, 반성에서 절대적 의지 작용까지 그 상이한 시기들로 드러나는 자기 의식의 역사를 추적한다. 모든 생명 형식에는 동일한 원리가 작용하므로, 우리는 자연에서 발견되는 생명 형식들에 상응하는 정신의 활동들을 예상해야 한다. 자연의 세력들은 계속 인간의 의식에서 작용한다.

여기 사용된 방법은 피히테의 방법과 동일하다: 절대적 자아나 에너지가 그 무한한 활동을 제한하고 현상계를 산출하지 않으면, 유한한 자아는 있을 수 없다. 자아는 그런 현상계 없이 자기 의식과 자유를 성취할 수 없다. 객관적 세계는 절대 이성의 산물이며, 절대적 이성은 감각 지각, 사유의 필연적 범주들, 자기 의식을 개인에게 산출한다. 자기 의식과 자유의 좀 더 깊은 전제 조건은 사회와 조직된 국가에서의 생활이다. 무의식적인 보편적 이성의 표현인 국가에서 자연적인 이기적 충동은 보편적 의지에 의하여 제한된다. 개인들은 무의식적으로 사회화되고 좀 더 높은 윤리적 상태를 위해 준비된다. 이 윤리적 상태에서 개인들은 강제력이 아닌 의식적이며 자발적으로 옳은 것을 행한다. 자기 의식의 발전에서 최고 단계는 예술이다. 창조적인 예술가는 자연의 창조적 활동을 모방하고 그것을 의식하고 절대자의 활동을 의식한다. 참으로 절대자는 예술가의 창작 활동에서 자신의 창조력을 의식하게 된다. 피히테와 달리 도덕이 아니라 예술이 인간의 가장 고귀한 기능이라는 견해는 독일 문학의 황금기에 유행했다.

논리학과 직관

셸링의 철학은 가장 발전한 단계에서 일종의 범신론이 된다. 이 범신론에서 우주는 살아 있고 진화하는 체계, 모든 부분이 자신의 위치를 갖고 전체에 이바지하는 유기체로 파악된다. 주체와 객체, 형식과 재료, 이상적인 것과 실제적인 것이 하나이며, 불가분리적이다. 일자는 다자이며, 다자는 일자이다. 우리가 유기체에서 부분을 전체로부터 떼어낼 수 없고 전체와 독립해서 부분을 이해할 수 없듯이, 실재는 상호 연관된 부분들의 유기적 전체이다. 자연의 특징을 이루는 복수성 속의 동일한 통일성, 다양성 속의 동일성을 우리는 정신 생활에서 발견한다. 인식자와 인식되는 사물이 인식 활동에서 하나이다.

그러나 어떻게 우리는 이 체계의 진리를 확신할 수 있는가? 어떻게 그것을 증명할 수 있는가? 작용이나 생명이나 의지가 사물들의 원리이며 이것이 셸링이 서술하는 진화의 단계들을 거친다는 보장이 무엇인가? 그의 대답은 항상 동일하지는 않다. 때때로 그는, 세계가 철저하게 이성적이므로 이성이 세계를 이해할 수 있음이 자명하며, 우리가 사유에서 세계를 재구성할 수 있다고 주장한다. 게다가, 세계 역사에는 논리가 있으므로, 우리는 우리의 사유 작용에서 세계 진화의 필연적 단계들을 재생할 수 있다. 그의 이상은, 유기적 인식 체계를 산출하는 것이다. 이 체계에서는 모든 판단이 자신의 위치를 갖고서 다른 판단들에 의존하고 전체 체계에 의존하여 진리를 얻는다. 이 방법에서 그는 스피노자를 모방하며, 자신의 철학을 논리적 증명이 되게 하려고 기하학의 방법을 사용한다.

하지만 그는 절대자의 관념과 목적으로부터 자연과 정신의 점진적 단계들을 이성적으로 연역하려고 시도하지만, 자신의 체계가 선험적으로 보편적이고 필연적인 가정에 근거하게끔 될 수 있음을 항상 확신하지는 못했다. 그의 주장에 따르면, 철학은 독단론이나 유물론을 증명할 수 없듯이 관념론을 논증할 수 없다. 자유 혹은 창조적 원리의 실재성을 증명하는 유일한 방법은 자유롭고 자기 결정적인 존재가 되는 것이다. 우리가 자유를 우리의 이상으로 수립할 때, 암묵적으로 절대적이며 창조적인 정신의 실재를 가정하고 있다. 왜냐하면 세계가 단순한 물질이라면, 자유롭게 되려고 분투하는 것은 무의미할 것이다. 관념적인 것에 대한 신념은 정신 세계에 대한 신념을 함축한다. 자유롭게 되려는 의지는 관념론적 측면으로 세계를 해석해야 한다.

피히테가 사용했던 다른 논증이 있다: 자유로운 존재는 자유가 무엇인지 알려 하며 관념론을 이해하려 한다. 우리는 자유 혹은 절대자를 예지(叡智)의 자발적 활동에서 그리고 자발적 작용에서만 의식하게 된다: 철학자의 독특한 자질인 **지적 직관**에서만 의식하게 된다. 자연에서 살아 있고 움직이는 요소, 실재의 내적 의미는 과학적 이해력과 그것의 공간적·시간적·인과적 범주로 파악될 수 없다.

"개념으로 서술되는 것은 정지되어 있으며, 따라서 사물들, 유한하고 감각으로 지각된 것의 개념만이 있을 수 있다. 운동의 개념이 운동 자체는 아니며, 직관 없이 우리는 운동이 무엇인지 결코 알지 못한다. 하지만 자유는 자유에 의해서만 파악될 수 있다. 활동은 활동에 의해서만 파악될 수 있다"고 셸링은 말한다. 자연과학과 상식은 정적인 사물관을 갖고 있고, 오직 사물들의 **존재**만 파악한다. 철학은 사물들을 그 **생성**에서 인식한다. 철학은 사물들에서 살아 있고 움직이는 요소에 관심을 갖는다. 자연과학과 상식은 외부로부터만 사물들을 본다. 우리는 그것들을 내부로부터, 그것들의 본질에서 본다. 그리고 우리는 오직 우리 자신을 인식함으로써만 그렇게 할 수 있다. 아마 우리는 세계에 대한 이성적인 이론을 구축하는 토대로 삼을 우리의 원리 혹은 근본적 요청을 직관이 우리에게 준다고 말함으로써 셸링의 사상에 나타난 합리론적 경향과 직관론적 경향을 조화시킬 수 있다.

셸링은 자신이 살던 위대한 시인의 시대와 예술적 분위기로부터 영향을 받아, 이 직관을 예술적 직관으로 보게 되었다. 처음에 그는 자기 의식 혹은 순수한 자기 반성을 절대자의 목표, 생활과 정신의 발전에서 이루어진 최고 업적으로 파악했고, 그런 상태가 철학자의 직관에서만 경험될 수 있다고 주장했다. 후에 그는 우주를 예술 작품으로 해석했다: "절대자는 우주의 창조에서 자신의 목적을 실현한다." 그래서 철학적 지식이 아닌 예술이 인간의 최고 기능이다. 예술 작품에서, 주체와 객체, 이상적인 것과 현실적인 것, 형식과 내용, 정신과 자연, 자유와 필연성이 혼용되고 상호 침투한다: 예술에서 철학이 추구하던 조화가 감성적 매체를 보는 우리 눈 앞에서 달성된다. 이는 볼 수 있고 만질 수 있고 들을 수 있다.

자연 자체가 위대한 시인이며, 자연의 비밀은 예술에 의하여 계시된다. 창조적인 예술가는 자신의 이상을 실현할 때 심지어 자연이 창조하듯이 창조하며, 어떻게 자연이 작동하는지를 인식한다. 그래서 예술적 창조는 세계의 직관에 대한 모델 노릇을 한다: 예술적 창조는 철학의 참된 기관이다. 천재적 예술가처럼 철학자는 우주에서 조화와 동일성을 파악하는 기능을 갖고 있음에 틀림없다: 미적 직관은 절대적 인식 작용이다. 미적 관념과 비슷한 것이 유기적 관념이다.

셸링은 때때로 이 유기적 관념을 지적 직관이라고 서술한다: 이는 사물들을 전체로 보며, 개별자에서 보편자를, 복수성에서 통일성을, 다양성에서 동일성을 보는 기능이다. 그는, 이 기능에 신비스러운 것이 없지만 경험의 불연속적이며 고립된 자료를 초월하며 외피를 뚫고 실재의 내적 알갱이에 도달할 능력을 갖지 못한 사람은 철학자가 될 생각을 품을 수 없다고 명백하게 선언한다.

이런 형태의 사고는 논리적·수학적 과학 방법과 정면으로 대립한다. 독일의 문학과 관념론 철학은 이 방법을 반대한다. 자연과 예술과 삶에 대한 괴테의 전체 견해는 유기적 혹은 목적론적 관념에 근거했다. 그는 또한 부분에서 전체를, 구체적 실재에서 이상 혹은 형식을 볼 수 있는 능력을 시인과 사상가의 최고 재능, 하나의 개요, 인간이 신을 닮았다는 암시를 인간에게 주는 의식(意識)에 대한 계시로서 보았다. 파우스트가 열망하고 메피스토펠레스가 "높은 직관"(die hohe Intuition)으로 냉소하는 것이 바로 이 재능이다.

그 철학적 발전의 마지막 단계에서 셸링은 종교적 신비주의에 도달한다: 세계는 신으로부터의 타락으로 파악되며, 인간의 목표는 신에게 돌아감이다. 이는 영혼이 자신의 자아성을 벗고 절대자에게 몰두하게 될 때의 신비적 직관에서 달성된다. 하지만 셸링은 그 철학의 모든 단계에서 절대자를 정신과 자연, 무한자와 유한자의 결합 혹은 동일시로서 정의하며, 사상가의 자기 의식이든 자유로운 의지 작용이든 예술가의 창작이든 종교적 감정이든 어떤 종류의 직관을 통한 절대자의 지식을 인간의 이상으로 채택한다.

62. 프리드리히 슐라이어마허(Friedrich Schleiermacher)

프리드리히 다니엘 슐라이어마허는 1768년에 브레슬라우에서 태어나 경건파인 모라비아 형제단의 학교에 다녔다. 새로운 비판 철학에 영향을 받은 그는 할레 대학에서 신학 및 철학 연구를 계속했고(1787-1790), 사강사로 봉직하다가 목사직을 맡았다(1794). 1809년 그는 베를린 삼위일체교회의 설교자가 되었고 1810년에는 신설 베를린 대학에서 신학교수가 되었다. 1834년에 사망할 때까지 두 직임을 담당했다. 베를린에서 그는 낭만파의 지도자들에게 영향을 받았지만, 그들의 극단적인 가르침을 추종하지는 않았다. 슐라이어마허는 신학자로 가장 큰 업적을 이루었지만, 철학 고전에 대한 각고의 연구로 철학사가로서 상당한 명성을 얻었다.

저술:「종교론」(Reden über die Religion), 1799;「독백」(Monologen), 1800;「이전 도덕론에 대한 비판」(Kritik der bisherigen Sittenlehre), 1803; 플라톤의 대화록의 독일어 번역 및 서문과 각주, 1804-1828;「그리스도교 신앙」(Der christliche Glaube), 1821-1822. 「전집」, 1834-1864.

종교철학

슐라이어마허는 깊은 종교 감정과 뛰어난 지적 능력을 겸비했다. 종교는 그의 사상의 핵심을 형성했다. 그런 인물에게 문제는 마음뿐만 아니라 지성을 만족시킬 실재 개념을 발전시키는 것이었다. 그가 접했고 사상가로서 그가 고려해야 했던 위대한 철학 운동들은 칸트, 야코비, 피히테, 셸링의 이론들이었으며, 당시 독일에서 매우 두각을 보였던 스피노자주의를 향한 경향이었다. 그는 낭만주의를 고려하지 않을 수 없었다. 왜냐하면 그는 낭만주의의 많은 대표자들과 우호적인 친교를 쌓았으며, 낭만주의의 신비주의가 그의 종교적 본성에 매력적이었기 때문이다. 그리스 철학, 특별히 그가 독일어로 번역하기도 한 플라톤 철학에 대한 그의 연구는 세계관을 위한 재료를 그의 정신에 제공했다. 슐라이어마허는 이런 지성 운동들로부터 분명한 영향을 받았다. 그는 자신을 철학의 아마추어 평론가라고 불렀으며, 확실히 절충주의자였다. 이런 사실은 그의 많은 모순을 설명해 준다. 그러나 그의 절충주의는 독립적이며 독창적이었다.

그는 당대의 문화에서 자신의 윤리적·종교적 필요를 만족시키는 요소들을 흡수하여 개신교 신학의 위대한 체계 구축이라는 자신의 근본 목적에 맞게 그것들을 고쳤다. 그가 종교 사상에 심대한 영향을 끼치고 새로운 신학의 설립자라는 칭호를 얻게 된 것은 당대의 지성 생활에 대한 그의 이해와 올바른 인식 때문이었다.

지식과 신앙

슐라이어마허는 피히테의 관념론이 자아로부터 모든 실재를 얻으려 하고 실재 세계의 현존성을 가정하는 한에서 그 관념론을 거부한다. 우리는 모든 사유와 존재의 초험적 근거를 추리해야 한다. 모든 개별 사물들은 사유와 존재의 절대적 통일성인 한 원리 즉 동일성의 원리에 그 원천을 갖고 있으며, 이 원리에서 모든 차이와 대립이 해소된다. 우리는 사물들 자체의 본질을 알며, 칸트가 가르쳤듯이 현상의 본질만을 아는 게 아니다. 그러나 우리의 사유 작용의 지각적 성격 때문에 우리는 사물의 시초적 원천에 대한 적절한 지식에 도달할 수 없다. 사유는 대립자들 안에서 움직이며 절대적 동일성을 결코 실현할 수 없다. 문제는 절대적 원리, 사유와 존재의 동일성, 신(神)을 아는 것이다. 그러나 이 원리의 본질이 이성적 지식의 모든 가능성을 배제한다. 이는 결코 실현될 수 없고, 다만 근접될 수 있을 뿐이다: 개념적 사유는 차이와 대립으로부터 결코 자유로울 수 없으며, 반면에 궁극적 토대는 차이와 대립이 없다. 철학은 학문이 아니라 학문론(Wissenschaftslehre)이다. 그것은 사유의 기술 혹은 변증술이다. 그것은 사회적·협동적 사고의 산물이며, 어떻게 지식의 목표를 달성할 것인지를 우리에게 가르친다. 우리는 칸트가 가르친 것과 달리 실천 이성을 통해서 신에 대한 적절한 지식에 도달할 수 없다. 사실상, 슐라이어마허는 자신의 신 개념에서 진리의 시금석을 이미 갖고 있으며, 여기에 그의 지식 개념이 의존한다: 인간의 예지(叡智)는 사물을 떼어놓으려는 그 습관과 더불어 신적 본질의 통일성을 파악할 수 없다.

우리는 종교적 감정 혹은 예지적 직관에서만 이상에 도달한다. 우리는 느낌에서 신과의 직접적 관계에 이른다. 우리가 개념적으로 규정할 수 없는 사유와

프리드리히 슐라이어마허

존재의 절대적 통일 혹은 동일성은 자기 의식에서 즉각적으로 경험된다. 종교는 절대적 세계 근거에 대한 절대적 의존의 감정이다. 그것은 모든 유한자가 무한하며, 무한자 때문에 현존하며, 시간적인 것이 영원하며 영원한 것에 거한다는 즉각적 의식이다. 슐라이어마허는, 상급과 벌을 주는 자로서의 신을 이해하는 정통주의적 공리주의적 신 개념뿐만 아니라 계몽운동의 천박한 합리론과 그것의 신학적 증명을 반대하며, 칸트와 피히테처럼 종교를 윤리적 확신 위에 두기를 거부한다. 그에 따르면, 종교는 예배 행위와 도덕적 행동에 있지 않듯이 이론적 교의나 합리론적 증명에 있지 않다. 신은 인식될 수 없으므로, 신학은 종교 감정의 이론이어야 한다. 종교의 기능은 종교 감정의 함축 의미를 정식화하고 분명하게 한다.

신, 세계, 개별자

슐라이어마허는 자신의 신학에서 이 일을 진척시킨다. 그의 신학은 19세기 초에 독일에서 아주 일반화된 스피노자주의와 관념론의 혼합물이다. 절대자는 인간 정신과 비슷하게, 유기적으로, 다양성 속의 통일성으로서, 사유와 존재의 동일성으로서 파악된다. 슐라이어마허는 스피노자주의적 이념을 일관되게 실현하지 않고, 자신의 범신론과 이원론을 결합하려 했다. 참으로 신과 세계는 하나이다; 그러나 사물들은 신의 단순한 우연적 존재가 아니다. 세계는 상대적인 독립성을 갖고 있다. 정당한 우주론은 신과 세계의 불가분리성을 긍정해야하지만 — 신은 세계 없이 결코 존재하지 않았으며 세계는 신으로부터 독립하여 존재하지 않았다 — 신의 이념과 세계의 이념을 구분해야 한다. 신은 무공간적·무시간적 통일성이며, 세계는 공간적·시간적 복수성이다.

우리는 신에게 인격성을 귀속시킬 수 없다. 왜냐하면 그것은 신을 유한하게 만들 것이기 때문이다. 무한한 사고와 의지를 신에게 귀속시킬 수도 없다. 왜냐하면 이런 용어들은 서로 모순되기 때문이다. 모든 사유 작용과 의지 작용은 본질상 필연적으로 유한하다. 신은 보편적인 창조력이며, 모든 생명의 원천이다. 헤르더와 괴테와 피히테와 셸링도 스피노자주의의 실체를 그렇게 해석했다.

개별자와 절대자의 관계는 개별자를 위하여 어느 정도의 자유와 독립성을 보존하는 방식으로 파악된다. 개별 자아들은, 라이프니츠의 경우처럼 그 개별적 능력 혹은 자질의 자연적 발전에 그 자유가 있는 자기 결정적 원리이다. 하지만 그들은 보편적 실체에 파묻혀 있다. 그것들은 우주의 명확한 구성원들이며, 그들의 개별적 본성은 우주에 일치함에 틀림없다. 하지만 각각의 구체적 자아는 자신의 특수한 재능 혹은 은사를 갖고 있다. 각각의 자아는 절대적으로 필요한 사물들의 전체에서 한 자리를 차지하며, 따라서 전체 자연이 실현되기 위하여 자신의 개별성을 표현해야 한다. 슐라이어마허가 인격성에 두는 높은 가치와 자기 발전과 자기 표현에 대한 그의 강조점은 독일 사상에서 낭만주의 경향의 특징이다. 절대적 의존에 대한 슐라이어마허의 이론에도 불구하고 그가 보편적 실체에 인간의 영혼을 융합시키지 않게 만들고 그의 개인주의적 윤리학이 생기게 한 것은 바로 이런 개인주의적 성향이다. 그는 칸트의 엄격주의적 도덕과, 이성과 자연에 대한 칸트의 이원론에 별다른 공감을 갖지 않았다. 주관적 의지와 객관적 의지가 원초적인 자연적 의지에서 통일되지 않으면, 그의 이원론은 결코 메울 수 없는 것이다.

이성과 의지는 인간뿐만 아니라 자연에도 존재한다. 도덕은 이미 저급한 형태로 자연에서 모습을 드러내는 무엇의 고등한 발전이다. 자연에 내재한 이성은 자기 의식적 주체의 이성과 동일하다: 자연 법칙과 도덕 법칙 사이에는 조화될 수 없는 갈등이 없다. 이상적인 것은 저급한 충동의 파괴가 아니라 전체와 조화를 이루면서 이루어지는 개별자의 특정한 본질의 개현이다. 각 인격의 행동의 도덕적 가치는 그 행동의 독특성에 있다. 도덕적 준칙은 다음과 같다: 독특한 인격이 되고 당신의 독특한 본성에 따라 행동하라. 종교에서도 개인은 자신의 독특하고 친밀한 방식으로 자신을 표현할 자유를 가져야 한다. 이 가르침은 이기적 개인주의로 해석되어서는 안 된다. 왜냐하면 슐라이어마허에 따를 경우 한 사람의 인격의 가치에 대한 의식은 다른 인격들의 가치에 대한 인정을 동반하기 때문이다.

보편성의 감정은 한 사람 자신의 완성의 최고 조건이다. 윤리적 생활은 사회에서, 자신 안에서든 다른 사람에게서든 인간성을 그 독특성에서 존중하는 독특한 개인들의 사회에서 이루어지는 생활이다. "각자가 우주와 같아질수록, 그는 다른 사람들과 더욱 충만하게 교류하며, 모든 사람의 통일성은 더욱 완전해질 것이다. …… 자신을 초월하고 자신을 극복할 때 그들은 참된 불멸성과 영원성에 이르는 도상에 있다." 하지만 한 사람의 전체 생활에 빛을 비추고 그것에 통일성을 가져다 주는 것은 종교적 감정이다. 신앙의 감정에서 사람은 독특한 인격이 되려는 자신의 욕망이 우주의 활동과 조화를 이룬다는 것을 인식한다. "종교는 세계 내의 모든 사건들을 신의 활동으로 간주한다." 개인적 불멸성은 불가능하다. 종교의 불멸성은 무한자와 하나되는 데 있다. 불멸적이라는 것은 "매 순간에 영원한 것"이다.

63. 게오르크 빌헬름 헤겔(Georg Wilhelm Hegel)

게오르크 빌헬름 프리드리히 헤겔은 1770년 슈투트가르트에서 태어나 튀빙겐에서 신학과 철학을 공부했으며(1788-1793), 스위스와 프랑크푸르트에서 개인 가정교사를 지냈다(1794-1801). 1801년에 그는 예나에서 자리를 잡고 1805년에 교수직을 얻었다. 그러나 1806년 예나 전투 이후에 교수직을 사임하지 않을 수 없었다. 밤베르크에서 신문사 편집장을 지내고(1806-1808), 뉘른베르크에서 고등학교 교장을 지냄(1808-1816) 다음, 그는 하이델베르크 대학에서 철학교수로 청빙을 받았으며, 그 후에는 베를린으로 옮겼다. 그곳에서 그는 큰 영향력을 끼치고 많은 지지자를 얻었다. 1831년 그는 콜레라로 사망했다.

저서: 「정신현상학」(*Phänomenologie des Geistes*), 1807; 「논리학」(*Logik*), 1812-1816; 「철학백과전서」(*Encyclopedie der philosophischen Wissenschaften*), 1817; 「법철학」(*Grundlinien der Philosophie des Rechts*), 1821. 철학사, 미학, 종교철학, 법철학, 역사철학에 관한 그의 강의는 사후에 제자들에 의하여 「전집」(19권, 1832)으로 출간됨. 1795년에 쓰여진 「예수의 생애」(*Das Leben Jesu*)는 1906년에 출간됨; 「도덕 체계」(*System der Sittlichkeit*), 1893.

헤겔과 그의 선배들

피히테와 셸링은 칸트주의적 전제에서 출발했다. 정신은 인식의 원리이다; 모든 철학은 궁극적으로 정신의 철학이며, 이 철학에서는 형식들과 범주들이 중요한 역할을 맡는다. 두 사람은 역동적인 실재관을 받아들였다: 두 사람에게는 능동적인 살아 있는 과정이 이상적 원리이다. 두 사상가는 낭만주의적 경향에도 불구하고 논리적 방법을 사용하였고, 경험의 세계를 설명하되 그런 경험들이 가능할 수 있는 조건들을 드러냄으로써 설명하려 했다. 우리는 어떻게 셸링이 피히테의 초기 견해를 수정했으며, 혹은 적어도 몇 가지 중요한 측면에서 그의 초기 견해를 정교화했는지를 보았다. 우리는 셸링에게서 철학이 다시 형이상학이 된다고 말할 수 있다: 자연과 정신은 무기적·유기적 영역에서, 개인 생활과 사회 생활에서, 역사와 학문과 예술에서 자신을 표현하는 절대적 원리의 진보의 점진적 단계로 파악된다. 비판적 인식론의 결과는 존재론에 적용된다; 사유의 필연적 형식들이 존재의 필연적 형식으로 또한 간주된다. 자연은 그의 사상에서 중요한 역할을 맡는다: 무의식적 과정이 소위 무생물계뿐만 아니라 역사와 사회와 인간 정신에서도 작동한다. 셸링이 초기의 몇몇 저술에서 따랐던 엄격하고 논리적인 방법은 점차 보완되거나 대체된다. 미적 직관이 지식의 기관이 되고, 피히테의 윤리적 이상이 아닌 미적 이상이 인간 발전의 목표로 수립된다.

게오르크 빌헬름 헤겔

헤겔은 피히테와 셸링이 닦은 토대 위에 체계를 세운다. 그는 논리적 방법을 강조하는 점에서 피히테와 의견을 같이한다. 참으로 헤겔은 친구 셸링의 세계관을 이성적인 학문적 기초에 두려고 시도한다. 그리고 셸링과 마찬가지로 논리학을 존재론이나 형이상학과 동일시한다. 그리고 두 사람과 마찬가지로 실재를 살아 있고 발전하는 과정으로 본다. 헤겔에게도 자연과 정신 혹은 이성은 하나이다. 하지만 헤겔은 자연을 이성에 종속시킨다. 참으로 헤겔에게는 모든 존재와 이성이 동일하다. 이성에서 작동하는 동일한 과정이 모든 것에 현존한다. 현실적인 것은 무엇이든지 이성적이다. 이성적인 것은 무엇이든지 현실적이다. 역사뿐만 아니라 자연에도 논리가 있고, 우주는 근본적으로 논리적 체계이다. 그러므로 절대자는 셸링이 가르친 것처럼 미분화된 절대자가 아니다. 헤겔은 셸링에 대한 비판에서, 자신의 절대자를 "모든 까마귀가 검어 보이는 밤"으로서 특징짓는다. 스피노자가 가르친 것과 달리 절대자는 실체가 아니다. 오히려 절대자는 주체이다. 이 말은, 절대자가 의식과 인식일 뿐만 아니라 생명, 과정, 발전이라는 뜻이다. 모든 운동과 행동, 모든 생명은 오직 무의식적 사유작용에 불과하다. 그것들은 사고의 법칙을 따른다. 그래서 자연에 법칙이 많을수록 그 활동은 더욱 이성적이다. 마지막으로, 발전하는 절대자가 향하는 목표는 자기 의식이다. 전체 과정의 의미는 그것의 최고 발전에, 우주의 의미와 목적을 알고 우주적 목적과 자신을 동일시하는 정신에 의한 진리와 선의 실현에 있다.

철학의 문제

헤겔에 따르면, 자연의 세계와 인간의 경험을 인식하고, 사물들 안에서 이성 (사물들의 피상적·일시적·우연적 형식이 아니라 그것들의 영원한 본질, 조화, 법칙)을 파악하는 것이 철학이다. 사물들은 하나의 의미를 갖는다. 세계 내의 과정들은 이성적이다: 행성계는 이성적 질서이며, 유기체도 이성적이고 목적적이며 의미로 충만하다. 실재는 근본적으로 이성적이며, 사고 혹은 개념의 필연적·논리적 과정이므로, 오직 사고에 의해서만 인식될 수 있다. 철학의 기능은 이성이 그에 따라 작동하는 법칙이나 필연적 형식을 이해하는 것일 것이다. 그러므로 논리학과 형이상학은 동일하다. 하지만 세계는 정적이지 않고, 운동하며 역동적이다. 그처럼 사유 혹은 이성도 마찬가지이다. 관념 혹은 참된 개념은 능동적이며 움직이는 과정, 발전의 과정이다. 발전에서는, 발전되지 않고 미분화되고 동질적이며 헤겔의 의미대로 "추상적"인 것이 발전하고 분화하고 쪼개지고 많은 대립적인 혹은 모순적인 형식들을 나타내는데, 결국 우리는 그 과정에서 하나의 통일되고 구체적이고 특수화된 대상, 다양성 속의 통일성을 갖게 된다. 우리가 출발점으로 삼았던 무규정적이고 추상적인 토대는, 대립자들이 전체에서 조화되거나 통일된 명확하고 구체적인 실재가 된다. 발전 과정에서 높은 단계는 낮은 단계의 실현이다. 높은 단계는 참으로 낮은 단계가 의도하는 목표다. 헤겔의 언어에서, 높은 단계는 낮은 단계의 "진리", 그것의 목적, 그것의 의미이다. 낮은 형식에 내재되어 있던 것은 높은 형식에서 명시화되거나 명백하게 된다. 그 과정에서 모든 단계는 이전의 모든 단계를 포함하며 장차의 모든 단계를 예시한다: 모든 단계의 세계는 산물이면서 예언이다. 낮은 형식은 높은 형식에서 부정된다. 즉 그것은 과거의 그것이 아니다. 그것은 높은 형식에 보존되며, 넘겨졌고, 지양(止揚)되었다. 이 모든 관념을 헤겔은 독일어 aufgehoben이라는 말로 표현한다. 그리고 사물 안에서 그 대립자로 넘어가는 그 과정을 헤겔은 **변증법적 과정**이라고 부른다.

헤겔이, 모순이 모든 생명과 운동의 뿌리이며 모순율이 세계를 지배한다고 말할 때 그 뜻이 바로 그것이다. 모든 것이 변화하고 그 대립자로 넘어가려고 한다. 씨는 그 안에 다른 무엇이 되려는 충동을 갖고 있다: 자신과 모순되고 자신을 초월하려고 한다. 모순 없이는 생명, 운동, 성장, 발전이 있지 않을 것이다. 모든 것은 죽은 현존, 정적(靜的)인 외면성(外面性)이 되려 할 것이다. 그러나 모순이 전부는 아니다. 자연은 모순에서 정지하지 않고 그것을 극복하려 한다. 사물은 그 대립자로 넘어가지만, 그 운동은 계속되며 대립은 극복되고 조화된다. 즉 통일된 전체의 일부가 된다. 대립자들은 서로에게 대립자이지만, 그것들이 부분으로서 형성하는 통일체 혹은 전체에 관해서는 대립자가 아니다. 그것들은 그것 자체로 볼 때는 아무런 가치나 의미를 갖지 않지만, 전체(과정)의 계획적으로 표현된 부분들로 볼 때는 가치와 의미를 갖는다. 그들은 사물의 관념에 대한, 그것의 이성이나 목적에 대한 표현이다. 사물들은 자신의 목적, 관념, 혹은 개념을 실현할 때 자신의 존재와 그것의 관념 사이의 모순, 현재의 그것과 그것이 본질적으로 되어야 할 것 사이의 모순을 극복한다. 그래서 가령 모든 자연은 자신의 질료적 존재를 극복하고, 자신에게서 그 현상적 방해물을 제거하고, 자신의 참된 본질을 명시화하려고 한다.

또 우주는 발전의 과정이다. 이 과정에서 보편적 이성의 목적 혹은 목표들이 실현된다. 이는 유기적 혹은 목적론적 개념이다. 헤겔이 늘 말하곤 했듯이, 전체 유기체는 유기체의 목적, 형식, 관념, 개념의 실현, 유기체의 진리이다. 발전 과정에서 중요한 것은 단지 처음에 존재했던 것이 아니라 마지막에 생기는 것 혹은 명백해지는 것이다. 진리는 전체에 있지만, 전체는 오직 발전의 완료된 과정에서만 실현된다. 존재는 결국 진리 안에서 그것이다. 그래서 우리는 절대자가 본질적으로 결과, 성취, 과정의 결과라고 말할 수 있지만, 그것 자체로서는 완전한 전체는 아니다. 전체 발전 과정과 함께 결과는 참된 전체이다. 사물은 그 목적에서가 아니라 그 성취에서 완전히 규명된다.

따라서 철학은 결과에 관심을 갖는다. 철학은 어떻게 한 단계가 다른 단계에서 발전하는지, 그것이 필연적으로 다른 단계로부터 등장하는지를 보여주어야 한다. 이 운동은 자연에서 그리고 심지어 역사에서 무의식적으로 진행한다. 여기서 헤겔은 셸링과 의견을 같이한다. 그러나 사상가는 그 과정을 의식할 수 있다. 그는 그 과정을 서술하고 개념들을 다시 생각할 것이다. 그는 세계의 이념을 파악했을 때, 세계의 의미를 인식할 때, 보편적인 역동적 이성의 작용과 그 범주와 관념을 거슬러 올라가 살필 때, 최고의 인식에 도달했다. 그의 정신 속에 있는 개념들은 보편적 개념과 동일한 본질을 갖고 있다. 철학자의 정신 속에서 이루어지는 개념들의 변증법적 발전은 세계의 객관적 발전과 일치한다. 주관적 사고의 범주들은 또한 우주의 범주들이다. 사유와 존재는 동일하다.

변증법적 방법

그런데 철학의 과제가 사물들의 본질을 이해하며, 실재의 본질과 이유와 연유, 사물들의 현존, 근거 혹은 본질, 목적을 우리에게 말해 주는 것이라면, 철학의 방법은 틀림없이 그 목적에 적합해야 한다. 그 방법은 이성적 과정 혹은 세계에서 발전하는 이성의 과정을 재생해야 한다. 이 목표는 셸링과 다른 사람들이 가정했듯이, 천재의 예술적 직관에 의해서나 유사한 신비스런 방법으로 달성될 수 없다. 철학은 칸트가 천명했듯이 개념적 지식이다. 그러나 헤겔은 우리가 추상적 개념들로 실재를 속속들이 규명할 수 없다고 지적한다. 실재가 운동하는 역동적 과정, 변증법적 과정이며, 추상적 개념들은 이 과정을 충실하게 표상할 수 없다. 왜냐하면 이 개념들은 이야기의 작은 부분만 말하기 때문이다. 그런데 실재는 지금 이것, 지금 저것이다. 이런 의미에서 실재는 부정, 모순, 대립으로 충만하다: 식물은 발아하고 꽃피우고 시들고 죽는다; 사람은 젊다가 성숙하고 후에 늙는다. 한 사물을 정당하게 평가하려면 우리는 그것에 관한 전체 이야기를 말해야 하며, 그것의 모순들을 각각 나타내고, 그것들이 소위 사물의 생명이라는 명확한 전체에서 조화되고 보존되는지를 보여주어야 한다.

통상적인 추상적 사고는 현존하는 사물들을 고립시키며, 그것들을 참된 실재인 양 바라보며, 그것들의 특수한 국면들과 대립들을 그것 자체로 파악한다. 지성(intellect)은 구분하고 대립시키고 연결짓는 것밖에 할 수 없다. 지성은 대립자들의 통일, 사물들의 생명과 내적 목적성을 파악할 수 없다. 그것은 동물적 본능에 놀랄 수밖에 없다. 지성은 사변적 혹은 변증법적 방법을 조롱하지만, 생명 자체를 결코 파악할 수 없다. 사물들의 모순적 측면들은 그것들 자체로서 혹은 그것들의 관계에서 벗어나서 파악될 때, 무의미한 현상들이다. 그것들은 하나의 유기적이며 명확한 체계의 부분들로만 이해될 수 없다. 혹은 헤겔의 표현을 빌리면, 모든 현존은 이념에서만 진리를 갖는다. 왜냐하면 이념이 유일하게 참된 실재이기 때문이다. 이념은 전체에 퍼져 있으며 전체의 모든 부분들에 퍼져 있다. 모든 개별자는 이 통일에서 자신의 실재성을 갖는다. 사물들을 전체로 보는, 혹은 대립자들을 통일시키는 활동은 정신의 더 높은 기능이다. 하지만 정신은 지성이 필요없는 것으로 버릴 수 있는 게 아님을 기억해야 한다. 사변적 이성과 추상적 지성이라는 두 기능은 협력한다.

그러므로 사유는 가장 단순하고 추상적이고 텅 빈 개념들로부터 좀 더 복잡하고 구체적이고 풍부한 개념들, "관념들"(notions)로 나아간다. 헤겔은 칸트에게서 지적되었고 피히테와 셸링에 의하여 사용된 이 방법을 **변증법적** 방법이라 부르고, 그들과 마찬가지로 그 방법의 세 가지 계기 혹은 단계를 구분한다. 우리는 추상적인 보편적 개념(정립)에서 시작한다. 이 개념은 모순(반정립)을 발생시킨다. 모순적 개념들은 다른 둘의 결합인 세 번째 개념(종합)에서 조화된다. 예를 들면, 파르메니데스는 존재가 영구적이라고 주장했고, 헤라클레이토스는 존재가 불변적 변화 가운데 있다고 주장했으며, 원자론자들은 존재가 둘 다가 아니기도 하고 둘 다이기도 하다고, 어떤 것은 영구적이며 어떤 것은 변화한다고 주장한다.

하지만 새로운 개념은 새로운 문제와 모순을 시사한다. 이 문제와 모순은 다른 개념들에서 틀림없이 해소되어야 한다. 그리고 실재의 발전을 따르려 하는 변증법적 과정은 지속되다가, 결국 우리가 모든 대립이 해소되고 보존되는 궁극적 개념 혹은 관념에 도달하게 된다. 그러나 단일한 개념, 심지어 최고의 개념도 전체 진리를 나타내지 못한다. 모든 개념은 오직 부분적 진리이다. 진리 혹은 지식은 개념들의 전체 체계에 의하여 구성되며, 개념들 각각은 기초적 개념들로부터 발전했다. 진리는 이성적 실재 자체와 마찬가지로 살아 있는 논리적 과정이다.

혹은 이를 다르게 표현해 보자: 한 사고는 필연적으로 다른 사고로부터 나오며, 하나의 사고는 또 다른 사고를 형성하기 위하여 결합된 모순적 사고를 불러일으킨다. 변증법적 운동은 사고의 논리적 자기 개현이다. 헤겔은 마치 사고들 혹은 관념들이 자신을 생각하는 듯이 말한다: 그것들 안에는 내적인 필연성이 있으며, 그것들은 자신의 능력을 개현하고 구체적이며 조직화된 전체, "구체적인 보편자"가 되는 성장하는 유기체와 같다. 그러므로 사상가가 할 일은 자신의 사고가 이미 서술한 방식으로 그 논리적 과정을 따르게 하는 것이다. 이 과정은 올바르게 진행될 경우 세계 과정과 동일하기 때문에, 그것은 사물들에 내재하는 발전들의 재생산이 될 것이다. 이런 식으로 우리는 철학자를 따라 신의 사고를 생각할 수 있다.

사고와 존재

사변적 혹은 변증법적 사유는 움직이며 살아 있고 유기적인 현존을 정당하게 취급하려는 과정, 상이성이 조화를 이루며 구분만 이루어질 뿐만 아니라 구분이 포괄되는 과정이다. 철학적 관념은 상이성의 유기적 통일성, 부분들의 총체성, 통일되지만 분화된 전체이다. 헤겔은 구체적·보편적 관념이 대립자들의 종합이라고 말할 때, 실재의 본질뿐만 아니라 사유의 본질을 서술하고자 한다. 존재는 낭만주의자들이 즐겨 부르던 것이다. 그것은 흐르는 실재, 생명과 정신과 유사한 것이다. 낭만주의자들은, 존재를 부분으로 쪼개고 존재의 유기적 특징을 무시하면서 존재의 추상적 국면들 혹은 부분적 측면들만을 포착하는 추상화하는 예지(叡智)에 의하여 존재가 파악될 수 없다고 주장할 때 옳았다. 하지만 헤겔은 존재가 신비적 감정, 미적 직관, 혹은 행복한 추측에 의하여 실현될 수 있다는 낭만주의자들의 주장을 힘있게 거부한다. 존재는 이성적 과정, 의미를 갖고 있으며 틀림없이 사유되는 과정이다. 이는 비이성적 유동이나 비조직적이며 전혀 무의미한 우발 사건이 아니라, 질서 정연한 발전, 진보이다. 우리는 그 열매로 존재를 안다. 존재의 모든 외견적 대립과 모순은 존재가 달성하는 목표에 비추어 볼 때, 이해되고 조화된다. 실재를 본질과 현상, 내부적인 것과 외부적인 것, 실체와 속성, 힘과 그 표현, 무한한 것과 유한한 것, 정신과 물질, 신과 세계로 분열시키는 우리의 시도들은 그릇된 구분과 자의적 추상만을 우리에게 제공한다. 세계는 내부의 알갱이와 외부의 껍질로 구성되지 않는다. 본질은 곧 현상이며, 내부는 곧 외부이며, 정신은 곧 육체이며, 신은 곧 우주이다.

그러므로 실재는 논리적 발전의 과정이다. 그것은 정신적 과정이며, 우리는 우리 자신 안에서 그런 과정을 경험하는 한에서만 그것을 이해할 수 있다. 그러나 우리에게 그런 이해를 제공하는 것은, 특정한 이념이 아니며 우리가 우리 안에서 발견하는 경험적 혹은 심리학적 내용도 아님을 기억해야 한다. 사유는 진화한다. 혹은 이성적으로 발전한다. 사유는 논리적으로나 변증법적으로 운동한다. 이런 의미에서 사유는 보편적이며, 초경험적이며, 초월적이며, 혹은 헤겔이 말하듯이 형이상학적이다. 진리는 이런 혹은 저런 개별자의 사유의 산물이아니다. 그것은 문화적 전통의 업적이며, 인류의 삶과 경험에서 성장한다. 신적 정신 혹은 이성은 인류 역사에서 유적(類的) 의식의 발전으로 그 자신을 표현한다. 그러나 인간 역사가 이성적, 필연적, 논리적인 한에서만, 우리는 그것을 신적 이성의 표현으로 말할 수 있다.

헤겔은 신을 이념(Idea)이라고 부르는데, 그 의미는 가능적 우주, 진화의 모든 가능성의 무시간적 총체성이다. 정신(Geist)은 실현된 이념이다. 이념은 가능적으로, 내재적으로, 이상적으로, 현실 세계에서 개현되는 전체 논리적 변증법적 과정을 자신 안에 포함한다. 이념은 창조적 로고스 혹은 이성이다. 그것의 작용 형식, 범주들은 공허한 껍질 혹은 생명 없는 개념이 아니라, 객관적 사고, 사물의 본질을 형성하는 정신적 힘이다. 그 필연적 발전 안에서의 창조적 로고스의 연구가 논리학이다. 헤겔의 이 가르침은, 순수 사고 혹은 논리적 이념으로서 신이 세계 창조 이전에 존재했음을 뜻하지 않았다. 왜냐하면 헤겔은 세계가 영원히 창조되었다고 천명하기 때문이다.

신적 정신의 존재는 자기 표현에 있다. 신은 세계의 살아 있고 움직이는 이성이며, 신은 세계 안에, 자연 안에, 그리고 역사 안에 자신을 계시한다. 세계와 자연과 역사는 자기 의식을 향한 신의 발전에 나타난 필연적 단계들이다. 이 발전은 논리적 과정이지 시간적 과정이 아니다. 절대자는 영원히 그것이 발전하여 되는 것이다: 범주들은 영원히 절대자 안에 있으며, 무(無)로부터 발전한 게 아니다. 그럼에도 범주들은 하나가 변증법적 계열에서 그 다음의 것의 논리적 조건이 되면서 하나씩 연속적으로 발전된다. 신은 세계 안으로 몰입되지 않으며, 세계가 신 안으로 몰입되지 않는다. 세계 없는 신은 신이 아니다. 세계를 창조함이 없이, 자신의 타자 안에서 자신을 인식함이 없이 신은 존재할 수 없다. 절대자에게는 통일성과 대립 둘 다가 틀림없이 있다. 유한한 세계는 이념 없이 존재할 수 없었다. 그것은 독립적 사물이 아니며 신 없이 실재적 존재를 갖지 못한다: 유한한 세계가 갖고 있는 모든 진리는 신 덕택이다.

우리의 정신 안에서 사유와 감정이 정신을 속속들이 규명함이 없이 왔다가 사라지듯이, 자연의 현상들도 신적 정신을 속속들이 규명함이 없이 왔다가 간다. 게다가 우리의 정신은 그것의 사고와 경험에 의하여 부유하게 되고 확장되며 사유들과 경험들 안에서 그리고 그것들을 통하여 더욱 풍성한 자기 의식으로 고양되듯이, 신적 이념은 자연과 역사에서의 자기 표현에 의하여 풍부해지며 그것들을 통하여 자기 의식으로 고양된다. 이념은, 자연과 역사에서의 자신의 표현과 동떨어져서, 오직 "즉자(卽自)적으로"(in itself) 존재하고, 그 현현들과 관련해서 고찰될 때에는 "대자(對自)적으로"(for itself) 존재한다.

자기 외화(self-alienation)와 자기 획득(appropriation)의 순환적인 과정에서, 보편적 정신은 자신의 운명을 실현한다. 보편적 정신은 자신의 대상을 사유할 때 자신을 사유하며, 그래서 자신의 본질을 안다. 절대자는 발전에서만 그리고 무엇보다 인간 안에서 의식하게 된다. 그러므로 헤겔은 신 혹은 논리적 이념이 세계 창조 이전에 자기 의식적인 논리적 과정으로서 존재한다는 것을 뜻하지 않는다. 그는 세계 없이 의식할 수 없다. 왜냐하면 그는 발전하는 신이며 보편적 이성에 내재되어 있는 논리적·변증법적 과정에서 명백하게 만드는 인간 존재의 정신에만 충분히 자기 의식적이게 된다. 절대자가 오직 자신 아닌 무엇(세계 혹은 유한한 인간 정신)을 통해서만 자기 의식적이게 된다는 헤겔의 독특한 이론은 반성의 이론으로 인식된다.

논리학과 형이상학

헤겔에게 논리학은 명백히 근본적 학문이다. 왜냐하면 논리학은 본질적으로 신적 사유 과정을 재현하기 때문이다. 변증법적 사고는 보편적 정신의 가장 깊은 본질을 표현한다. 그런 사유 작용에서 보편적 정신은 자신을 있는 그대로 안다. 여기서 사유와 존재, 주체와 대상, 형식과 내용은 하나이다. 논리학이 발전시키는 사유의 형식 혹은 범주는 실재의 형식과 동일하다: 그들은 논리적이며 존재론적인 가치 혹은 형이상학적인 가치를 갖고 있다. 사물들의 본질에서, 사고는 자신을 거울로 보듯이 보면서 자신의 본질을 인식한다. 이성은 모든 곳에서 동일하며, 모든 곳에서 신적 이성은 작용한다: 우주는 실재적이며 영원한 한에서 신의 사고의 표현이다. 그래서 우리가 어디서 시작하든 아무런 차이가 없다.

우리가 논리학에서 출발하여 우리 자신 안에서 변증법적 과정을 연구하든지 혹은 형이상학에서 출발하여 우주에서 변증법을 탐구하든지, 우리는 언제나 동일한 결과에 도달할 것이다. 논리적 사유 작용에서 순수 사고는 자신을 연구한다고 할 수 있다. 왜냐하면 사유자와 사유가 하나이기 때문이다. 그 과정에서 사유자는 자신의 사유 작용과 더불어 발전한다. 논리학은 순수 사고의 학문이며, 다른 학문들은 논리학의 응용이다. 자연의 철학은 절대자 혹은 보편적 이성을 "자신의 타자성에서" 자기 대상화 혹은 자기 외화에서 연구한다. 정신의 철학은 객관적 자연을 종속시킨 후에 이성이 어떻게 자신에게 되돌아가며 그리하여 자기 의식을 달성하는지를 보여준다.

자연에서든 정신에서든, 이성의 계시의 모든 경우에서 이성은 시간적이며 일시적인 형식들의 무한한 다양성으로 나타난다. 표면에 나타나는 이 우연적 모양들은 철학의 주제가 아니다. 사물들에서 이성을 이해하고, 자연과 정신의 본질 혹은 실체, 영원한 조화와 질서, 자연의 내재적 법칙과 본질, 인간 제도와 역사의 의미, 시간적이고 우연적인 것을 통하여 빛나는 영원한 요소, 외부적 모양 안에서 고동치는 내적 맥박을 이해하는 것이 철학의 일이다. 게다가 우리는 사물 안에서 이런 이성을 오직 개념적으로, 변증법적 혹은 논리적 사고를 통하여 인식할 수 있으며, 이름에 걸맞는 유일한 지식은 선험적·철학적 지식이다. 형이상학 혹은 "응용 논리학"의 두 영역은 자연철학과 정신철학이다.

자연철학과 정신철학

논리학은 개념들을 다루며, 우리의 사유 작용의 필연적 발전에서 하나의 개념이 어떻게 다른 개념으로부터 생겨나는지를 보여준다. 만일 우리가 올바르게 사유한다면, 단계에서 단계로 나아가며 마침내 최고 단계, 과정의 절정과 완성, 다른 모든 과정의 대요(大要, epitome)에 도달하지 않을 수 없게 된다. 우리가 이런 개념들을 사유할 때, 우리는 참된 실재의 세계, 우주의 영원하고 불멸적 과정에 있다. 우리가 논리학에서 사유하는 개념들의 체계는 유기적 전체를 형성하며, 사물들의 참된 본질을 나타낸다. 논리학은 단순히 우리의 정신에서 등장하는 주관적 과정이 아니다. 이는 세계 과정에서, 자연과 정신에서, 개별적 정신과 사회적 정신에서, 세계의 역사와 인간 제도에서 예시화된 관계적 구조이다. 논리학에서 우리는 이성을 그 순수성에서, 그 적나라함에서 그린다. 순수한 논리적 사고는 우주의 옷을 입고 있지 않다. 논리학이 현실적 존재를 갖지 않고 인간의 사유 과정에서만 실현된다고 헤겔이 말할 때 뜻하는 바가 그것이다. 논리학에서 우리는 자연이나 역사나 사회에 관심을 갖는 게 아니라 그 본질에서의 진리의 체계, 이념의 세계에 관심을 갖는다. 그러나 우리는 사고를 그 현현들에서 연구할 수 있다. 우리는 어떻게 이 골격 혹은 얼개가 살과 피를 취하는지를 볼 수 있다. 자연에서 이성은 자신의 타자성에서, 공간에서의 그 외면성에서, 시간에서의 그 연속에서 자신을 드러낸다.

사실 우리는 논리적 이념이 자연에게로 넘어간다고 말할 수 없다: 논리적 이념이 곧 자연이며, 자연이 논리적 이념의 한 형식이며, 공간화되고 시간화된 형식에서의 이념이다. 자연은 이성이며, 개념적이며, 그 외면성 혹은 "병립성"(side-by-sideness)에서의 논리적 개념이다. 헤겔은 이를 화석화된 혹은 무의식적 예지(叡智)라고 부른다. 자연은 논리적 이념이 그 발전을 거쳐서 정신이 되는 하나의 이행 과정이다. 자연에서 자신을 구현하는 혹은 외면화하는 이념은 자신에게 되돌아오며, 정신이 된다: 정신에서 이념은 자신을 자신에게 계시한다.

정신은 변증법적 발전 단계들을 거치면서, 자신을 주관 정신, 객관 정신, 절대 정신으로 드러낸다. 주관 정신은 혼(자연에 의존하는 정신), 의식(자연에 대립하는 정신), 영(인식에서 자연과 조화를 이룬 정신)으로 자신을 표현한다. 헤겔은 이런 단계들에 상응하는, 인간학, 현상학, 심리학을 갖는다. 이념 혹은 보편적 이성은 생명적 유기체에서 혼이 된다. 이념은 자신을 구현하고, 자신을 위하여 한 몸을 창조하며, 특정하고 개별적인 혼이 된다. 이 혼의 기능과 소명은 자신의 독특한 개별성을 발휘하는 것이다. 이는 무의식적 산물이다. 자신을 위하여 하나의 유기적인 몸을 만든 이 혼이 자신을 의식하고 자신을 그 몸과 구분하게 된다. 의식은 원리의 발전이며, 몸은 또한 그 원리의 표현이다. 의식의 기능은 인식이다. 의식은 감성적 대상을 가장 실재적이며 참된 사물로 간주하는 순전히 객관적 단계로부터, 이성이 자기 의식과 객관적 실재성의 가장 내면적인 본질로 간주되는 단계로 상승한다. 그 최고의 의미에서 정신은 두 기능을 통합한다: 정신은 산출적 인식이다. 우리는 우리가 창조하거나 산출하는 것만 참으로 인식한다. 정신의 대상들은 그것의 산물이다. 그래서 정신의 본질 특별히 이론적 정신의 본질은 인식에 있다. 그 대상에 침몰된 정신 혹은 예지(叡智)는 지각이다. 아무도 정신적으로 한 대상 안에 살지 않고서, 즉 참된 의미에서 대상을 직관하지 않고서는 그 대상에 대하여 환하게 말하고 글을 쓸 수 없다. 인식은 그 최고의 형식에서 개념적 이성의 순수한 사유이다. 표상(기억과 상상과 연상을 포함하여)은 지각과 이성의 중간적인 것이다. 이성은 개념을 발전 혹은 개현한다. 즉 개념의 순수 사고와 자기 발전에 의하여 파악한다. 지성은 판단한다. 즉 개념의 요소들을 분리한다. 이성은 결론을 내린다. 즉 개념의 요소들을 결합한다. 순수 이성의 발전에서 이론적 예지(叡智)는 자신에 대하여 반성하며 자신을 인식한다. 이는 자신의 합리성을 인정하고 시인함으로써 이성이 된다.

예지(叡智) 혹은 이성은 그 발전의 유일한 토대이다. 그래서 그것의 자기 인식의 결과는 그 본질이 자기 규정 혹은 의지 혹은 실천적 정신이라고 하는 인식이다. 의지는 특정한 주체 혹은 자연적 개별자로서 등장하며, 자신의 필요의 충족이나 자신의 악으로부터의 구제를 추구한다. 자신의 충동에 함몰된 의지는 자유롭지 못하다. 그러나 의지가 이성적이며 자기 의식적인 목적에 따라 작용할 때, 인간이 할 수 있는 유일한 자유를 달성한다. 즉 이성적 자기 규정의 자유를 달성한다.

법철학

이념 혹은 보편적 이성은 자연과 개별자에서만 아니라 인간의 제도에서, 역사에서, 권리 혹은 법(재산, 계약, 형벌)에서, 도덕 혹은 양심에서, 관습이나 윤리적 관례(가정, 시민 사회, 국가)에서도 자신을 표현한다. 이런 제도에서 그리고 역사에서 이성은 자신을 실현하거나 현실화된다. 즉 외면적 형식으로 나타난다. 이런 의미에서 이성은 **객관 이성**이라 불린다. 인간 제도를 산출한 이성은 제도들을 이해하려는 이성과 동일하다: 무의식적으로 법과 관습과 국가를 발전시킨 이성은 법철학에서의 과정을 의식하게 된다. 이 국가가 무엇이 되어야 하는지를 우리에게 말하는 것이 그런 철학의 기능이 아니라, 국가를 있는 그대로 인식하는 것 즉 국가에 내재한 이성을 드러내는 것이 그 기능이다. 그리고 그것은 변증법적 사유에 의해서만 이루어질 수 있다. 어떻게 이성적 제도들이 권리 혹은 정의의 그 이념이나 본질로부터 나오는지를 보여주는 것이 철학의 기능이다. 제도들을 연구할 때, 제도들을 역사적으로 설명하고 무슨 조건과 상황(사회적·경제적·정치적) 때문에 그것들이 존재하는지를 보여줄 수 있다. 그러나 그런 인과적 설명은 참된 철학적 설명이 아니다. 제도들의 역사적 발전을 추적하고 그들의 설립을 가져온 상황과 필요와 사건을 지적하는 것과, 제도들에서 정의와 그 이성적 필연성을 논증하는 것은 별개의 것이다. 우리는 권리, 법, 관습, 국가들의 개념을 이해할 때에만 그것들의 이치를 이해할 수 있다.

객관 이성은 각자가 자기 민족의 법률과 관습을 의욕하는 자유로운 개인들의 사회에서 실현된다. 그런 사회에서 개인은 자신의 주관적 양심을 보편적 이성에 종속시킨다. 자기 민족의 관습이나 윤리적 제도에서 그는 자신의 보편적이고 참된 자아가 표현된 것을 발견한다: 그는 법률에서 자신의 의지를 인정하고 자신 안에서 법률의 개별적 표현을 인정한다. 윤리적 정신이 자기 의식적 개인들의 공동체로 발전하는 것은, 능동적 이성의 발전 결과이다. 사회에서의 많은 경험 이후에, 개인은 보편적 대의를 원할 때 자신이 자신의 의지를 원하고 있으며, 그래서 자신이 자유롭다는 것을 배운다. 현실적인 것과 이상적인 것이 여기서 하나이다: 개인의 이성은 보편적 이성을 자신의 것으로 받아들인다. 개인은 자신의 주관성을 버리고 자신의 개인적 이성을 보편적 이성에 종속시킨다. 이 보편적 이성은 한 민족의 의식에서, 민족 정신에서 자신을 표현한다. 이는 제도적 도덕이다.

완전한 자유를 실현하는 완전한 국가는 보편사의 목표와 목적이다: 진보란 자유의 의식의 발전을 뜻한다. 다양한 민족들과 위대한 역사적 인물들은 보편적 정신이 자신의 목적을 실현하는 도구들이다: 모든 위대한 민족은 신적 진화에서 수행할 사명을 가지며, 오직 세계사의 총체적 발전에 비추어서만 이해될 수 있다. 각 민족이 자신의 존재 목적을 달성했을 때는, 좀 더 활기찬 민족들에 의해 대체된다. 한 민족에 대한 다른 민족의 정복은 패배한 민족이 상징하는 이념이 승리한 민족의 이념보다 열등하다는 고백이다: 바로 이런 특수한 의미에서 힘이 권리를 만들며, 물리력과 이성적 정의는 일치한다.

헤겔에 따르면, 전쟁은 이념들의 전쟁인 한에서는 더 강력한 대의가 더 약한 대의를 무찌를 것이며 인류의 진보가 물리적·도덕적 갈등에 의하여 증진된다는 가정 위에서 정당화된다. 세계사는 변증법적으로 우월한 민족이 승리하는 이데올로기적 갈등을 나타낸다. 섭리 혹은 보편적 이성은 보편적 목적을 실현하기 위하여 개인의 정념과 개인적 이익을 이용한다: 이것이 이념의 전략이다. 위대한 인물들은 역사에서 결정적이지 않다. 그들은 이성의 집행자들이다. 헤겔은 「역사철학」에서 보편적 정신이 그 본질의 변증법적 발전에 의하여 규정된 목적을 어떻게 실현하는지를 보여주려 한다.

예술, 종교, 철학

하지만 보편적 정신은 정신의 발전의 선행 단계들 가운데 어디서도, 자신을 있는 그대로 인식하거나 자기 의식과 자유의 가장 높은 수준에 도달하지 못한다. 선행 단계들 가운데 어디서도 사유와 존재, 주체와 대상이 참으로 하나라든지 모든 대립이 충분히 조화된다고 말할 수 없다. 논리적 이념의 발전에서 최고 단계는 절대 정신이다. 절대 정신의 유일한 목적과 활동은 자신의 본질을 자신에게 명백하게 드러내는 데 있으며, 그러므로 절대 정신은 자유롭고 무제한적 정신이다. 참으로 인식하는 주체로서 모든 개별 주체는 그와 같은 절대적 주체이다. 절대적 정신은 역시 세 단계를 거치면서, 인간 정신의 예술과 종교와 철학에서 자신을 드러낸다. 절대 정신은 자신의 본질 혹은 진리를 예술에서는 직관의 형식으로, 종교에서는 표상이나 상상의 형식으로, 철학에서는 관념 혹은 순수 논리적 개념의 형식으로 드러낸다. 완전한 자유에서 자신의 내적 본질을 파악하는 정신은 **예술**이며, 그 본질을 경건하게 상상하는 정신은 **종교**이며, 그 본질을 사유에서 파악하고 인식하는 정신은 **철학**이다. "철학도 신 외에 다른 대상을 갖고 있지 않으며, 그러므로 철학은 본질적으로 진리에 이바지하면서 신에게 지속적으로 경배하는 것일 뿐만 아니라 이성적 신학이다." 세 가지 형식 각각은 변증법적 진화 과정에서 자신을 실현하며, 자신의 역사를 갖는다: 예술의 역사, 종교의 역사, 철학의 역사.

철학의 역사에서 모든 위대한 체계는 자신의 필연적 위치를 가지며 논리적 발전의 필연적 단계를 대표한다. 각 체계는 대립하는 체계를 불러일으킨다; 모순은 더 높은 종합에서 화해되며, 이 종합은 역으로 새로운 갈등을 일으킨다. 그리고 변증법은 그것이 헤겔에게서 그 절정에 도달하기까지 계속된다. 헤겔 철학은, 헤겔 자신이 믿고 있듯이, 절대 정신이 자신을 의식하게 되는 최종적 종합을 대표한다: 절대 정신은 자신이 거쳐 온 역사적 발전에서 자신의 존재의 내용을 인식한다.

헤겔학파

1820-1840년에 헤겔의 체계는 독일을 지배하는 철학이었다. 이 철학은 프로이센의 호의를 받았으며, 거의 모든 독일 대학에 그 대표자를 두었다. 이 철학을 많은 사상가들에게 매력적으로 보이게 만든 것은, 합리론의 엄격한 추상과 신비주의의 손쉬운 환상을 피하는 듯이 보이는 그것의 논리적 방법과, 절대 확실성에 대한 그것의 주장과, 그것이 인간 연구의 거의 모든 분야에서 난점을 극복하고 문제를 해결하는 데 성공한 듯한 모습이었다. 이 학파는 스승 헤겔의 사후에 보수파와 자유파로 분열되었다. 헤겔이 명확하게 밝히지 않았던 신학적 문제(신, 그리스도, 불멸성)에 관련하여 의견 차이가 발생했다. 보수파는 정통적인 초자연주의적 측면에서 이 체계를 유신론과 개인적 불멸성과 성육신한 신을 가르치는 것으로 해석했다. 반면에 자유파 소위 청년 헤겔주의자들은 유심

론적 범신론을 주장했다: 신이란 인류 안에서 의식하게 되는 보편적 실체이다. 그런 정신(개인적 정신이 아닌 보편적 정신)은 영원하다. 그리스도 안에서의 신의 성 육신은 인간성 안에 있는 신적인 것의 표현으로 해석된다. 이 자유파에는 리 히터(Richter), 루게(Ruge) 등이 속해 있었으며, 바우어(B. Bauer), 슈트라우스(D. Strauss), 포이어바흐(L. Feuerbach)도 잠시 거기 속했다. 하지만 뒤의 세 사람은 결국 자연주의로 넘어갔다

마르크스의 변증법적 유물론과 그것의 경제적 역사 해석은 헤겔주의적 전제에 역시 빚지고 있다. 한때 이성적인 것이 진화의 과정에서 비이성적이게 된다고 마르크스는 추론했다: 한때 정당하고 이성적이었던 사유 재산이 역사의 변증법적 논리적 과정의 결과로서 다른 것으로 대체되고 극복될 것이다.

헤겔이 철학사와 종교사에 대한 연구에 제공했던 추진력은 트렌델렌부르크(Trendelenburg), 리터(Ritter), 브란디스(Brandis), 에르트만(J. E. Erdmann), 첼러(E. Zeller), 쿠노 피셔(Kuno Fischer), 빈델반트(W. Windelbnad), 종교사가 플라이더러(O. Pfleiderer)를 포함한 위대한 철학사가들의 학파를 배출했다. 헤겔은 또한 역사철학, 법률학, 정치학, 그리고 참으로 모든 정신 과학에 큰 영향력을 발휘했다.

제18장

헤겔 이후의 독일 철학

64. 요한 프리드리히 헤르바르트(Johann Friedrich Herbart)의 실재론

헤겔주의에 대한 반론

헤겔 철학은 어떤 영역에서 큰 반대를 일으켰고 반동적 운동들을 불러일으켰다. 그 가운데 가장 극단적인 운동은 모든 형이상학을 무익한 시도로 거부했다. 새로운 독일 운동의 국면마다 공격을 받았다: 그 국면이란 관념론, 범신론, 합리론, 선험적 방법들이다. 어떤 사상가들은 더욱 정확한 학문적 방법을 주장했으며, 그 방법들을 적용함으로써 새로운 철학과 마찰을 빚기에 이르렀다. 실재론과 다원론이 관념론에 대한 학문적 반발을 대표했다. 다른 이들은 세계가 이성적이라는 견해를 따르지 않으려 했으며, 실재에서 철학이 고려해야 할 비이성적 요소들을 지적했다. 그래서 주의주의, 신비주의, 신앙-철학, 직관주의가 이성 말고 정신의 다른 기능 등에서 세계 난제에 대한 해답을 추구했다. 소위 사변 철학의 두 명의 위대한 반대자는 헤르바르트와 쇼펜하우어이다. 그들은 철학적 입장에서는 상당히 다르지만, 자신을 칸트의 참된 승계자로 본다는 점에서 의견을 같이한다. 게다가 둘은 자연과학에 관심을 갖고 경험의 사실들에서 자신의 사유의 기초를 찾는다. 마지막으로 두 사람은 형이상학의 체계를 제공한다: 헤르바르트는 라이프니츠로 돌아가는 다원주의적 실재론을 제시한다. 쇼펜하우어는 셸링의 자연철학과 비슷한 관념론과, 피히테의 철학과 셸링의 후기 견해를 상기시키는 주의주의를 제시한다.

헤르바르트의 저서: 「철학입문」(*Einleitung in die Philosophie*), 1813; 「학문으로서 심리학」(*Psychologie als Wissenschaft*), 1824-1825; 「일반 형이상학」(*Allgemeine Metaphysik*), 1828-1829; 「일반교육학」(*Allgemeine Pädagogik*), 1806; 「일반 실천철학」(*Allgemeine praktische Philosophie*), 1808. 「전집」, by Hartenstein, 13 vols., 2nd ed., 1883-1893; by Kehrbach, 19 vols., 1887-1912.

실재론적 철학 개념

요한 프리드리히 헤르바르트(1776-1841)에게서 우리는 칸트 이후 독일에서 발전해 온 전체 관념론적 운동에 반대하는 독립적인 비판적 사상가의 면모를 발견한다. 그는 1794년에 예나에 오기 전에 이미 칸트와 칸트 이전의 합리론자들을 연구했으며, 예나에서 피히테의 강의를 들었으며 이후에 특별 강의자 및 교수로서 봉사했다(1802-1809). 그는 새로운 철학을, 쾨니히스베르크의 위대한 비판 철학자가 서술한 원리로부터의 일탈로 보았다. 헤르바르트는 1809년에 쾨니히스베르크의 교수직에 청빙받았고 한때 1828년에 자신을 칸트주의자로 말했다. 그는 새로운 철학의 방법과 결과를 공격하여, 거의 모든 중요한 요점에서 지배적인 학파의 사람들에게 정반대로 대립하는 결론에 도달한다.

그의 견해에 따르면, 우리는 원리로부터 실재를 연역할 수 없다: 그런 원리는 철학의 끝에 오지 처음에 오지 않는다. 우리는 하나의 단일한 토대로 존재를 환원할 수 없다. 일원론과 범신론은 철학적으로 견지될 수 없다. 참으로 물자체의 궁극적 본질에 대한 인식은 불가능하다: 헤겔주의적 의미에서의 형이상학은 꿈에 불과하다. 하지만 물자체는 존재하지만, 하나가 아니라 여럿이다. 그리고 세계는 단지 우리의 이념이 아니다. 헤르바르트는 합리론적 방법, 선험론, 일원론, 범신론, 주관적 관념론, 자유 의지를 반대하며, 이런 이론들 대신 경험론, 다원론, 실재론, 결정론을 택한다.

그는 우리에게 말하기를, 경험 바깥에서는 지식이 진보할 소망이 없다. 경험과 학문의 일반적 개념으로부터, 인간에 의하여 무의식적으로 발전시켜 온 사고로부터 출발하는 것이 철학의 업무이다. 우리는 형식 논리학의 도움을 받아 그런 개념들을 검토해야 한다. 형식 논리학의 기능은 그 개념들의 의미를 명석판명하게 만들며, 만일 있다면 그것들의 모순을 지적하는 것이다. 그러므로 철학 일반은 개념의 정교화에 있다. 즉 개념들을 분석하고 그것들을 비교하고 그것들을 조화시키려고 하는 데 있다. 논리학은 **사물**, **변화**, **생성**, **물질**, **자기 의식**(self-consciousness)과 같은 우리의 가장 단순하고 명석하고 판명한 개념들로 보이는 것에서 난점과 불일치와 모순을 발견한다: 그것들 모두는 모순의 온상이다. 가령 통상적 사고에서 하나의 사물은 성질들의 복합체이다: 금은 무겁지만 가용적이다. 한 사물은 많은 사물들이며, 통일성은 다원성이다. 헤르바르트는 모순적인 것은 실재할 수 없다고 주장한다. 그래서 옛날의 논리학적 모순율을 이전에 철학에서 누렸던 명예로운 위치로 회복시켰다. 실재는 절대적으로 자기 일관적인 체계로서만 파악될 수 있다. 이런 의미에서 헤르바르트는 결국 엄격한 합리론자이다: 참된 인식은 일관적인 개념의 체계이며, 따라서 만일 우리의 경험이 자기 모순적인 세계관을 제공한다면 그것은 거부되어야 한다. 우리의 인식과 경험에 나타나는 이런 모순이 형이상학의 과제를 규정한다. 모순을 제거하고 조화되게 해야 한다; 우리는 우리의 통상적 개념들과 학문적 개념들이 결합되어 일관된 실재상을 형성하고 우리의 경험계를 가지적으로 만들도록 그것들을 교정하고 수정해야 한다.

형이상학

헤르바르트는 자신의 형이상학을 합리론적 노선을 따라 발전시킨다. 그는 경험이 오직 현상만을 계시한다는 칸트주의적 가르침을 받아들이지만, 현상이 언제나 무엇의 현상이라고 주장한다. 현상의 개념은 현상을 넘어서는 실재에 대한 관련성을 함축한다. 그래서 헤르바르트는 자신의 합리론을 노출한다. 이념들은 논리적으로 물자체를 자신의 기반으로 전제한다. 우리의 감각은 관념론의 형식을 따라 정신의 단순한 산물로서 해석될 수 없다. 그것들은 주관적이지만, 그것 바깥의 한 존재, 물자체의 세계를 암시한다. 문제는, 이 세계, 참된 실재가 어떻게 구성되는가 하는 것이다.

우리의 외견적이며 나타나는 현상계는 모순의 세계, 많은 성질과 변화의 세계이다. 가령 우리는 하나의 사물이 많은 성질을 가지며 한 사물이 그 성질들을 변화시킨다고 말한다. 하나의 사물이 어떻게 많은 사물이 될 수 있는가? 어떻게 한 사물이 희면서 딱딱하고 달콤하고 향기로울 수 있는가? 그리고 어떻게 한 사물이 이랬다가 저렇게 될 수 있는가? 분명 그럴 수 없다. 왜냐하면 그렇게 되면 모순될 것이기 때문이다. 모든 사물은 있는 그것이며, 자신과 동일하며, 절대적으로 일자이다: 그것에 몇 가지 성질을 부여하거나 그것에 변화를 귀속시키는 것은 용어 모순이 될 것이다. 모든 감각은 단일한 실재 혹은 존재를 가리킨다. 한 사물은 단순하고, 변화 없고, 불변적인 실체(entity)이다: 절대적이며 불가분리하며 공간이나 시간에서 연장되지 않는다. 그것은 연속체로서 파악될 수 없다. 그렇지 않다면 그것은 단순하고 절대적이지 못할 것이다. 이런 의미에서 동일성의 원리는 헤르바르트가 자신의 실재론을 발전시키는 근본 법칙이다.

그러나 한 사물이 단순하고 변화 없는 실체라면, 우리는 복합성과 변화의 가상을 어떻게 설명하는가? 우리가 경험하는 사물들은 왜 많은 성질과 변화를 갖고 있는 것처럼 **보이는가?** 형이상학은 많은 단순하고 변화할 수 없는 실체들 혹은 헤르바르트가 말하는 "실재자들"(reals)이 있다는 가정에서만 이를 설명할 수 있다. 각각의 특정하고 단순해 보이는 사물은 많은 성질을 갖는 단순한 사물이 아니라 다소 일정한 결합을 이루는 많은 단순한 사물들이나 실재자들의 복합체 혹은 집합이다. 우리는 많은 실재자들을 가정해야 한다. 왜냐하면 소위 사물은 많은 성질을 갖고 있기 때문이다. 어떤 실재자들이 서로 일정한 구성을 형성하여 특정한 관계를 맺게 될 때, 어떤 현상이 생긴다. 변화는 실재자들의 오고 감으로 설명된다.

한 사물이 자신의 성질을 변화시킨다고 말하는 것은, 한 사물을 구성하는 실재자들의 관계에서 변화가 일어난다는 뜻일 따름이다. 한 사물을 원래 구성하는 실재자들은 불변적이며, 모든 실재자는 변함없이 그것 자신으로 남는다. 오직 관계만 변화되었으며, 실재자들은 실재자들의 복합체에 첨가되거나 복합체로부터 제거되었다. 이런 이유로, 우리는 현상을 사물에 대한 "우연적 관점"이라고 부를 수 있다. 하나의 동일한 선이 반경일 수도 있고 접선일 수도 있다. 그처럼 하나의 실재자는 자신의 본질을 변화시킴 없이 다른 실재자들과 상이한 관계를 맺을 수 있다. 우리가 실재자들의 상호 관계에 관하여 말하는 것은 그들의 존재에 영향을 주지 않는다: 그것은 우리가 취하는 우연적 관점일 따름이다.

실재자들의 세계는 절대적이다. 그 세계에는 변화나 성장이나 현상이 없다. 모든 것이 그것 자신이다. 그러나 우리는 사물을 다른 사물과, 다른 실재자들과 연관짓는다. 우리 안에는 유사성이 있다. 다원성과 변화의 모순들이 우리 안에 있는 현상이다. 모든 성질은 이차적 성질이다. 이 견해는 모든 다양성과 변화를 우리에게 귀속시킬 것이다. 실재 세계는 그 안에 아무것도 일어나지 않는 절대적으로 정적인 세계일 것이다. 모든 사건은 의식 속의 한 현상일 것이다.

그런데도 실재자 자체에 변화가 있는 것처럼 보인다. 그리고 헤르바르트는 이를 다음과 같이 설명한다. 모든 실재자는 다른 실재자들의 부분에서 일어나는 동요에 대항하여 자신의 동일성을 보존하려 한다. 그러므로 하나의 실재자는 다른 실재자에 맞서서 자신을 유지하는 데 상이하게 행동할 것이다. 실재자에는 진정한 변화는 없다. 실재자는 모든 동요에 반대하여 자신의 성질을 확언하거나 자신의 본질을 보존한다. 그러나 그것이 자신을 보존하는 방식은 그것을 위협하는 요동의 성격과 정도에 달려 있다. 반대가 없더라도, 실재자가 홀로 존재하더라도, 실재자는 자신의 성질을 보존할 것이다. 실재자는 언제나 동일한 수준에서 자신을 유지한다. 그것은 자신이 제시하는 얼굴에서 변화를 일으키지 않으며 일정하다. 그러나 상이한 성질과 상이한 정도의 대립이 있을 때 자신의 고요를 보존하기 위하여 상이한 정도로 노력을 보이는 것 같다. 그러나 실재자들이 서로 영향을 주지 않는다는 진술에 비추어 볼 때 어떻게 이 모든 것이 가능한가? 그것들은 서로 영향을 주는 듯이 보인다. 다른 실재자들의 현존은 어떤 실재자의 본질이나 위상을 변화시키지 않지만 그 안에서 상이한 정도의 자기 보존 활동을 불러일으킨다. 공간, 시간, 운동, 물질은 동일한 방식으로 해석된다: 그것들은 실재자들이 아니라 실재자들의 객관적 현상이다.

심리학

헤르바르트의 심리학은 형이상학의 일부이다. 그것은 이성적 심리학이다. 경험적 심리학은 철학의 기초가 될 수 없다. 심리학은 형이상학을 전제한다. 형이상학적 심리학 없이는 이성 비판의 문제들이 해결될 수 없으며, 참으로 철저히 논의될 수도 없다. 심리학은 경험과 형이상학과 수학에 의존한다. 영혼은 단순하고, 절대적이고, 무시간적이고, 무공간적인 실재자이며, 학문이 우리에게 전제하도록 강요하는 최초의 실체이다. 그래서 이는 심리학자들이 말하는 상이한 기능이나 능력을 가질 수 없다. 기능 심리학에 대한 헤르바르트의 공격은 그의 형이상학적 전제로부터 기인한다. 영혼이 단순한 실체이므로, 그 안에는 자기 보존밖에 아무런 작용이 있을 수 없다. 이는 실재자들의 집합인 신체와 결합되어 있고, 영혼의 좌소는 뇌 속에 있다. 모든 영혼은 본질적으로 동일하다. 영혼들과 그것들의 발전에 나타나는 차이점은 신체의 조직과 같은 외부 조건 때문이다. 영혼은 원래 아무런 능력이나 힘을 갖지 않으며 이념이나 감정이나 충동도 갖지 않는다. 영혼은 자신에 관하여 전혀 알지 못하며, 아무런 형식이나 직관이나 범주도 갖지 않으며, 의지나 작용의 선험적 법칙도 갖지 않는다. 영혼이 다른 실재자에 대항하여 자신을 내세울 때 감각이 영혼에서 등장한다. 감각은 영혼의 자기 보존 기능의 표현이다. 발전된 상태에서 존재하는 영혼의 전체 내용은 감각의 재생과 결합의 결과이다. 심리학은 정신의 정지와 운동에 대한 학문이다.

헤르바르트의 목표는 물리적 역학과 평행하는 심리학을 만드는 것이다. 이전의 물리학은 힘에 의하여 모든 것을 설명했지만, 새로운 물리학은 모든 것을 운동으로 환원한다. 이전의 심리학은 능력과 기능으로 모든 것을 설명했으며, 새로운 심리학은 이념의 운동에 의하여 모든 것을 설명해야 한다: 감각과 이념은 지속하려 하지만, 다른 심적 상태는 그것들을 지배하려고 싸우며 그래서 정신 안에는 작용과 반작용이 있다. 헤르바르트는 정신을 형성하는 감각과 이념 사이에 존재하는 관계들을 수학적으로 정식화하려 한다. 그러므로 정신 생활은 이념들의 복잡화, 혼융, 대립으로 설명된다. 감정과 분투 혹은 충동은 이념들의 변용이다. 의식은 심적 생활을 속속들이 규명하지 못한다. 의식의 입구 아래, 무의식의 영역에서는 변천이 일어난다. 정신에 있는 모든 것은 고정 법칙을 따르며, 심적 과정은 수학적 공식으로 환원 가능하다. 그래서 자유 의지는 없다.

정신 생활의 영구적 기반은 영혼-실체이며, 소위 자기 동일적 자아가 아니다. 자아는 인식자이며 자기 의식적인 인격이다. 참으로 그런 자기 의식적 주체의 개념은 모순적이다. 주체인 것이 어떻게 대상이 될 수 있으며, 자아가 어떻게 자신을 표상하거나 의식할 수 있는가? 인식자가 인식되는 사물이며 주체가 대상이라고 말하는 것은 모순적이다. 게다가 우리는 주체로서 자아를 의식할 수 없다. 왜냐하면 우리가 자아를 포착하려 할 때 자아는 자신의 기반을 바꾸며 나에게 하나의 대상, 곧 **나**를 남겨놓기 때문이다. 눈은 자신을 볼 수 없다. 자아는 자신의 그림만 볼 수 있다. 보이는 자아는 더 이상 보는 혹은 지각하는 자아가 아니다: 그것은 영원히 우리의 파악 능력을 벗어난다. 자기 의식적인 자아는 하나의 원리가 아니라 하나의 산물이다. 그것은 우리의 정신 생활의 자발적 근거 혹은 중심이 아니라, 영혼의 역학의 결과이다. 참으로 자기 의식이 가능하지만 그것은 대상들의 의식 다음에 오며, 자아-이념을 통하여 성취된다. 피히테의 순수 자아는 추상물이다. 우리가 인식하는 유일한 종류의 자기 의식은 우리의 경험적 자기 의식이며, 이는 언제나 대상의 의식이다.

헤르바르트의 심리학의 요지는 기능 이론에 대한 거부, 영혼의 유일하고 기초적인 기능으로서 현시 이론(presentation theory), 그의 관념연합론, 그의 상호작용론, 그의 결정론, 자아가 원리가 아니라 산물이라는 그의 견해 등이다. 공간과 시간과 범주는 정신의 선험적 형식이 아니라 영혼의 역학의 산물, 심적 요소의 상호 작용의 결과이다.

가치의 학문

형이상학은 실재와 관계있다. 미학이라는 학문이 있는데, 이는 실재를 다루지 않고 가치를 다룬다. 미적 판단을 나타내는 학문이다. 이 두 학문은 절대적으로 구분되며, 헤르바르트는 둘을 결합하려고 했던 모든 시도를 반대한다. 이론적 판단 외에 승인과 불승인을 표현하는 판단이 있다: 우리는 사물들을 아름다운 것과 추한 것, 칭찬할 만한 것과 비난할 만한 것이라고 부른다. 미학의 문제는 이 판단들의 대상을 조사하여 그것들 안에서 우리를 즐겁게 하거나 기분 나쁘게 하는 것을 발견하는 것이다. 헤르바르트는 미적 가치가 내용에 있지 않고 대상의 형식에 있으며, 승인과 불승인에 대한 우리의 감정이 사물들 사이에 존재하는 어떤 단순한 관계에 의하여 일어난다는 것을 발견한다.

도덕철학은 미학의 한 분과이며 도덕적으로 아름다운 것에 관심을 갖는다. 우리는 의지의 어떤 관계를 승인하거나 불승인한다. 경험은 미적 판단을 일으키며 유형 혹은 이념이라고 불리는 다섯 가지 유형의 관계가 있음을 보여준다. 우리는 (1) 내적 자유의 이념에 일치하여, 개인의 의지가 자신의 확신과 일치하는 관계를 승인한다. (2) 완전의 이념에 일치하여, 동일한 주체에서 일어나는 의지의 상이한 추구들 사이의 조화로운 관계를 승인한다. (3) 자비라는 이념에 일치하여, 의지가 다른 사람의 의지의 만족을 자신의 목적으로 삼는 관계를 승인한다. (4) 우리는 갈등과 부조화 상태에 있음으로써 몇몇 의지가 서로를 방해하는 관계를 승인하지 않는다. 그러나 우리는 각각의 의지가 다른 사람의 의지가 자신의 의지를 방해하도록 허용하는 관계를 승인한다. 이런 경우들에서 우리의 승인과 불승인은 정의의 이념에 의하여 인도된다. (5) 보복의 이념에 일치하여 우리는 의도된 선이나 악한 행위가 응보되지 않는 관계를 승인하지 않는다. 이 다섯 가지 이념에 역순으로, 다섯 가지 사회 제도가 상응하여 존재한다: 법률적 제도, 임금 제도, 행정의 제도, 문화의 제도. 이 모든 제도는 사회에 적용된 내적 자유의 이념의 실현에서 통일된다. 사회의 최고 이상은 의지와 이성의 통일이며, 여기서는 구성원들 간에 아무런 충돌이 없다.

헤르바르트는 자신의 교육론을 통하여 가장 큰 영향을 행사했다. 그는 교육학을, 윤리학이 제공한 목적에 의해 인도되는 응용 심리학으로 보았다. 이념의 상호 작용에 의해 결정되는 정신 생활에 대한 그의 기계적 관념은 그가 교육에 대하여 부여하는 강조점, 그가 이해에 귀속시키는 중요성, 그의 교육철학에 나타나는 통각 작용을 설명해 준다.

베네케(F. H. Beneke, 1798-1854, 「자연과학으로서 심리학 교과서」[1833], 「실천철학의 체계」[1837])는 프리스(Fries)와 영국 경험론뿐만 아니라 헤르바르트에게 영향을 받왔다. 그는 심리학이 경험에 근거해야 한다는 점에서 헤르바르트와 의견을 같이하지만, 심리학을 수학과 형이상학에 의존하게 만드는 견해를 반대한다. 이는 내적 경험의 학문, 우리의 모든 인식 가운데 가장 확실한 것이며, 형이상학과 인식론과 윤리학과 교육학의 기초로서 이바지해야 한다.

65. 쇼펜하우어(Arthur Schopenhauer)

아르투르 쇼펜하우어는 1788년에 단치히에서 태어났다. 그의 아버지는 부유한 은행가였으며, 어머니는 당대의 유명한 소설가였다. 아들은 사업계에 발을 들였으나, 사업 세계가 염증스러워 보여 회계실 대신 대학을 택했다. 괴팅겐(1809-1811)과 베를린(1811-1813)에서 그는 철학과 자연과학과 산스크리트 문헌의 연구에 헌신했다. 그가 좋아하는 철학자는 플라톤과 칸트였다. 그는 베를린에서 피히테의 강의를 들었으며, 셸링 및 헤겔과 더불어 피히테를 조롱하며 "철학의 수다쟁이"로 낙인찍긴 했지만 틀림없이 그의 영향을 받았을 것이다. 쇼펜하우어는 베를린 대학에서 전임강사로 봉직했고 헤겔의 인기가 하늘을 찌르던 1820-31년에 그곳에서 간헐적으로 강의했지만 교수로서 별다른 성과를 거두지 못했다. 1831년 그는 모든 "철학 교수들"에 대한 신랄함과 혐오감에 젖은 상태로 대학에서 물러났으며, 프랑크푸르트암마인에서 정착하여 사색과 글쓰기에 전념했다. 그는 이내 명성을 떨치지는 못했지만, 말년의 몇 년 동안은 행복하게 지냈다. 1860년에 그는 사망했다.

「충족이유율의 네 가지 근거에 대하여」(*Über die vierfache Wurzel des Satzes vom zureichenden Grunde*), 1813; 「의지와 표상으로서의 세계」(*Die Welt als Wille und Vorstellung*), 1819; 「자연에서의 의지에 대하여」(*Über den Willen in der Natur*), 1836; 「윤리학의 두 가지 문제」(*Die beiden Grundprobleme der Ethik*), 1841; 「소논문과 유보(遺補)」(*Parerga und Paralipomena*), 1851. 「전집」, ed. by J. Frauenstädt, 6 vols., 1873-74, 2nd ed., 1877; by E. Grisebach, 5 vols., 1916; by R. Steiner, 13 vols., 1894; by P. Deussen, 14 vols., 1911-23.

아르투르 쇼펜하우어

의지와 표상으로서의 세계

쇼펜하우어는 칸트의 「순수이성비판」의 이론, 경험의 세계는 인간 지성의 본질에 의해 규정되는 현상의 세계라는 이론을 받아들인다. 정신은 그 지각 형식(시간과 공간), 인식의 범주들을 갖고 있다. 쇼펜하우어는 후자를 인과성의 범주로 축소한다. 칸트는, 우리가 현상을 인식한다는 의미에서 지성을 떠나서 세계가 무엇인지를 우리가 알지 못하며 알 수도 없다고 천명했다. 이 세계는 거대한 미지의 것이다. 이 본체계에 대하여 지각된 세계는 현상계이다. 우리는 지적 직관으로 물자체를 정면으로 대하지 못하며, 그것이 존재한다는 것밖에 인식할 수 없다. 정신의 형식들, 즉 공간과 시간과 인과성과 나머지 것들은 물자체에 적용될 수 없다.

이 점에서 쇼펜하우어의 가르침은 스승의 가르침과 결별한다. 사실 그는, 내가 단지 지적 존재이며 외부를 바라보는 주체라면 공간과 시간에서 그리고 인과 관계에서 배열된 현상밖에 지각하지 못한다고 말한다. 하지만 나의 가장 내면적 의식에서 나는 나의 참되고 실재적이고 근본적인 자아와 직면하게 된다. 나는 작용의 의식에서 물자체를 의식하게 된다. 물자체는 곧 **의지**이다. 내 속에서 충동, 본능, 분투, 갈망, 열망으로 자신을 표출하는 것은, 으뜸이며 무시간적이고 무공간적이며 야기되지 않은 작용이다. 나는 나 자신을 또한 현상으로, 자연의 일부로 의식하게 된다. 나는 나 자신을 연장된 유기체로 그린다. 나는 두 가지 방식으로, 의지와 신체로 나 자신을 인식한다. 그러나 자기 의지에서 작용의 의식으로서 등장하며, 지각에서 물질적 신체로서 나타나는 것은 하나의 의지이다. 의지는 나의 참된 자아이며, 신체는 의지의 표현이다.

자연과 인간에게서의 의지

이 이중성은 형이상학의 전체 문제를 해결하는 열쇠이다. 모든 사물들은 쇼펜하우어에 의하여 그의 인간 개념에 유추되어 해석된다: 세계는 의지와 표상이다. 지성(intellect)에게는 표상이며, 실재에서는 의지이다. 우리는 이 주의주의적 세계관이 사실에 의하여 보강되는 것을 발견된다. 나는 내부를 볼 때, 의지를 정면으로 대한다. 외부를 바라볼 때 나는 나 자신의 이 의지를 신체로 파악한다. 나의 의지는 자신을 신체로 객관화하며, 자신을 살아 있는 유기체로 표현한다. 그러므로 나는 유추에 의하여 다른 신체들이 나의 신체와 마찬가지로 의지의 외부적 현현이라고 추론할 때 정당하다. 돌에서는 의지가 맹목적 세력으로 자신을 표현한다. 인간에게서는 의지가 자신을 의식하게 된다. 막대자석은 언제나 북쪽을 가리킨다. 물체는 언제나 수직선으로 떨어진다. 실체들은 다른 실체가 작용할 때 결정체를 형성한다. 그 모든 사건은 우리 안에서의 의지와 비슷한, 자연에서의 세력의 작용을 보여주는 증거이다. 식물계에서도 우리는 무의식적 충동의 흔적을 발견한다. 나무는 빛을 바라고 위쪽으로 올라가려 한다. 또한 나무는 습기를 원하여 흙 속으로 뿌리를 뻗는다. 의지 혹은 충동이 동물의 성장을 이끌며 그 모든 활동을 주도한다. 먹이를 삼키려 하는 들짐승은 이빨과 발톱과 근육을 발달시킨다. 의지는 자신을 위하여 그 필요에 적합한 유기체를 창출한다. 기능이 조직에 선행한다: 들이받으려는 욕망은 뿔의 출현의 이유이다. 살고자 하는 의지는 생명의 근본 원리이다.

인간과 고등 동물에게서 이 원초적 충동은 의식적이게 된다. 이 충동은 자신의 기관이나 도구로서 지성을 창출한다. 지성은 세계로 파고드는 의지의 길에 빛을 비추는 등불이다. 의지는 자신을 위해 뇌를 만든다. 뇌는 지성(intelligence)

의 좌소이다. 지성과 의지는 뇌의 기능들이다: 이런 측면에서 쇼펜하우어는 유물론자들과 의견을 같이한다. 저급한 실존 단계에서, 의지는 맹목적 갈망이다. 의지는 맹목적으로 의식 없이 작용한다. 인간에게서 의지는 의식적이게 된다. 지성이 의지에 접목되어 자기 보존의 모든 도구 가운데 가장 큰 도구가 된다. 그러나 지성은 언제나 의지에 이바지한다. 의지는 스승이며, 지성은 종이다.

의지는 지각과 기억과 상상과 판단과 추론을 통제한다. 우리는 지각하고 기억하고 상상하고자 하는 것을 지각하고 기억하고 상상한다. 우리의 논증은 언제나 의지의 해명이다. 쇼펜하우어는 근대 심리학의 합리화 이론을 미리 보여주었다. 이성이 의욕적, 정서적, 그밖에 비이성적 근거에서 받아들인 결론을 정당화하는 이유들을 고안하는 일에서 의지에 이바지한다는 견해이다. 우리가 인간에서 광물로 현존의 사다리를 내려갈 때, 지성이 배경으로 떨어지는 것을 목격한다. 하지만 의지는 언제나 하나의 불변적이며 지속적인 요소로서 남는다. 아이와 야만인에게서는 충동이 지성을 지배한다. 우리가 동물계로 내려갈 때, 본능은 점차 덜 의식적이게 된다. 식물에서는 의지가 무의식적이다. 광물에서는 의식적 지성의 흔적이 전혀 남지 않는다.

광물과 인간에게서 자신을 나타내는 이 근본적 의지는 인격도 아니고 예지(叡智)적 신도 아니다. 현존을 의욕하는 것은 맹목적인 무의식적인 세력이다. 이는 공간적이지도 않고 시간적이지도 않으며, 공간과 시간에서 개별자로 자신을 나타낸다. 즉 이 의지는 우리의 정신이 개별적인, 즉 시간적이며 공간적인 형식으로 그 의지를 지각하는 식으로 작용한다. 이 의지는 플라톤이 이데아라고 부르는 영원하고 불변적인 유형으로 자신을 나타낸다. 가령 상이한 유기적 종(種)은 영원한 불변적 유형이다. 이 종들은 변하지 않는다. 종(種)에 속하는 개별자들은 성장하고 죽지만, 의지라는 유형 혹은 종은 지속된다. 이 유형들은 물질이라는 가장 낮은 단계로부터 인간으로 오르는, 상승적 사다리, 점진적 계열 혹은 위계를 형성한다. 개별자는 생성했다가 사라지겠지만, 의지는 영원히 지속한다. 그래서 우리의 근본적 부분 즉 의지는 불멸적이다. 의지가 자신을 표현하는 특정한, 개별적 형식은 사멸적이다. 그러므로 자살은 의지의 개별적 표현의 파멸을 뜻하지, 의지 자체의 파멸을 뜻하지 않는다.

비관론

존재하려는 의지, 살고자 하는 의지는 세계에 존재하는 모든 투쟁과 슬픔과 악의 원인이다. 존재하려는 맹목적 의지의 상이한 형식들이 서로 분투하는, 끊임없는 갈등과 전쟁의 세계, 작은 물고기가 큰 물고기에게 삼키는 세계는 선한 세계가 아니라 모든 가능한 세계들 가운데 참으로 가장 나쁜 세계이다. 인간의 생활은 살 가치가 없으니, 비참으로 가득 차 있기 때문이다: 인간의 생활이 고통과 비참의 생활이라는 것은 인간 의지의 본성에서 나온다. 생명은 맹목적 갈망으로 이루어져 있으며, 이 갈망은 만족되지 않는 한 고통스럽고, 만족될 때는 새로운 욕망이 따르며 그렇게 지겹도록 계속된다. 우리는 결코 영구적으로 만족을 얻지 못한다. 모든 꽃에는 구더기가 있다. 우리는 무서운 파도에서 지친 몸을 건지려고 분투하지만 결국 삼키고 마는, 파선당한 뱃사람과 같다.

> 우리가 내쉬는 모든 호흡은 우리를 끊임없이 방해하고 있는 죽음을 막는다. 이런 식으로 우리는 매순간 죽음과 싸우며, 다시금 좀 더 긴 간격을 두고 우리가 먹는 모든 식사와 우리가 취하는 수면과 우리가 몸을 데우는 모든 시간마다 죽음과 싸운다. 결국 죽음이 정복하고 만다. 왜냐하면 우리는 출생을 통하여 죽음에 종속되며 죽음은 먹이를 삼키기 전에 그저 잠시동안 그것을 가지고 놀기 때문이다. 하지만 우리는 할 수 있는 대로 비눗방울을 크게 불듯이 가능한 한 오래 큰 관심과 염려를 품고 삶을 추구한다. 물론 비눗방울이 터질 것임을 우리는 너무도 잘 안다. …… 결과적으로 짐승과 사람의 본성은 원래 고통에 종속되어 있으며, 그 생존 내내 그러하다. 반면에 그 본성이 한때 너무 쉬운 만족에 의하여 욕망의 대상을 박탈당하여 그것을 갖고 있지 않다면, 두려운 공허와 권태가 덮친다. …… 그래서 그 본성의 생활은 추처럼 앞뒤로, 고통과 권태 사이를 흔들거린다. 또한 이는 아주 이상하게도 이런 식으로 자신을 표현하지 않을 수 없었다: 인간이 모든 고통과 고뇌를 지옥에 넘겨버린 후에는 권태밖에는 천국을 위해 남는 게 없었다.(『의지와 표상으로서의 세계』, 제4권 57절)

삶이 악한 또 한 가지 이유는 그것이 이기적이며 비천하기 때문이다. 그리고 의지의 본성으로부터 삶은 그렇게 되어야 한다. 인간은 고약한 동물이다. 냉혹하고 겁많은 이기주의자인데, 두려움 때문에 정직하게 되며 허영심 때문에 사회적이게 된다. 그러므로 세상에서 성공하는 유일한 길은 나머지 사람들처럼 욕심많고 부정직해지는 것이다. 지식과 문명의 진보는 문제를 고치지 못한다. 그러한 진보는 새로운 욕구를 가져다놓으며, 새로운 욕구와 더불어 새로운 고통과 새로운 형태의 이기심과 부도덕을 가져다놓을 뿐이다. 소위 덕목, 노동에 대한 사랑, 인내, 절제, 검약은 세련된 이기주의에 불과하다. "지혜가 많으면 번뇌도 많으니 지식을 더하는 자는 근심을 더하느니라"(잠언 1:18). "역사는 살인과 강도와 음모와 거짓말의 끝없는 연속이니, 네가 그 하나를 안다면 그 모든 것을 알리라."

연민과 자기 부정의 윤리학

쇼펜하우어는 동정 혹은 연민이 도덕의 기초와 기준이며, 인류가 이기적이므로 악하다고 가르친다. 선한 행동은 순수한 동정에 의하여 일어난 것이어야 한다. 만일 동기가 나 자신의 안녕이라면, 그 행위는 전혀 도덕적 가치가 없다. 만일 동기가 다른 사람을 해롭게 하는 것이라면 그것은 사악하다. 인간의 경험적 성격은 완전히 결정되어 있지만, 후회의 사실은 의지가 자유로움을 암시한다. 그러므로 나의 의지는 궁극적으로 나의 인격의 원인이다: 예지적 자아가 경험적 자아를 형성했다.

이기적 의지는 모든 악의 뿌리이며 모든 슬픔의 원천이므로, 인간은 행복을 향유하거나 적어도 평안하게 지내기 위해서는 의지를 부정하고 자신의 이기적 욕망을 억눌러야 한다. 이는 몇 가지 방법으로 가능하다. 천재적 예술가나 철학자는 이기적 의지로부터 구출받아, 자신을 망각하고, 예술적 명상이나 철학적 사색에 몰입할 수 있다. 이 방법은 구제의 맛보기를 제공하긴 하나 일시적 구출을 허용할 따름이다. 개인은 세계의 불의함과 모든 욕망의 부질없음과 개별 현존의 가공성(架空性)을 명상함으로써 자신의 이기적 의지로부터 벗어날 수 있다. 만일 사람이 이런 일들을 생각하고 모든 개인이 본질적으로 하나이며 그들이 동일한 시원적 의지의 현현들이라는 것을 생각하게 되면, 모든 피조물에 대한 동정 혹은 연민을 느끼게 될 것이다. 그는 다른 사람에게서 자신을 바라보며 다른 사람의 슬픔을 자신의 슬픔으로 느끼게 될 것이다. 이는 도덕적 방법이지만, 역시 일시적 구출만 제공한다. 가장 나은 방법은, 그리스도교 금욕주의자와 불교 성자가 실천했던 것처럼 금욕적 생활을 통한 의지의 완전한 부정이다. 체념과 무념이 따르며, 의지가 죽어 버린다. 성자는 자신의 의지로부터의 구제, 자연인을 세상에 얽매이게 하는 충동으로부터의 구제를 발견한다. 의지는 삶에 대한 지식을 통하여 삶이 무엇인지를 인식하자마자, 죽어 버린다.

폰 하르트만(E. von Hartmann)의 무의식의 철학

셸링과 헤겔과 쇼펜하우어에게 영향을 받은 하르트만(1842-1906)은 귀납적·과학적 방법에 근거하여 철학적 사색을 전개하고 셸링의 자연철학과 비슷한 철학을 제공함으로써 헤겔의 주지설(主知說)과 쇼펜하우어의 주의설(主意說)을 조화시키려 한다. 기계론은 설명으로서는 불충분하며 관념론적 세계 개념에 의하여 보완되어야 한다. 우리는 자연에서의 의지의 작용을 가정함이 없이 사실을 설명할 수 없다. 그리고 폰 하르트만에 따르면, 이 의지는 하나의 목적에 의하여 지배된다. 그런데 의지는 이 목적을 의식하지 못한다. 가령 동물적 본능은 목적을 의식하지 못하고 그 목적을 향하는 예지적 작용이다. 이는 기계적 혹은 심적 조건들에 의하여 결정되지 않고, 자신의 필요를 충족시키기 위하여 그 기관을 변모시키면서 자신을 환경에 적응한다.

물질을 포함한 사물들 안에 있는 지도적 원리는 무의식적 비인격적이지만, 예지적인 의지이다(관념 더하기 의지). 의지는 인간의 뇌에서만 충만히 의식하게 된다. 물질은 세력의 중심 혹은 무의식적 의지-충동으로 이루어져 있다. 이 충동은 절대적인 보편적·무의식적 정신의 활동을 나타낸다. 이 절대적 정신은 원래 비행위(inactivity)의 상태에 있었으며, 단순한 가능적 의지 혹은 이성이었지만, 근거없는 의지에 의해 어쩔 수 없이 작용하게 된다. 무의식적 세계 의지는 그 안에 논리적 이성을 포함하기 때문에 이성적 목적의 지배를 받으며, 이성적인 진화 과정에서 자신을 표현한다. 그러나 모든 의지 활동은 본질적으로 악하며 불행의 원인이다. 이 과정의 궁극적 목적은 자기 자신으로부터 절대적 의지의 구제와 원초적인 정지 상태 즉 **열반**으로의 복귀이다. 이 목적은 인류가 존재하지 않기로 결정할 때 달성될 것이다. 반면에 금욕과 세상 도피를 실천하지 않고 있는 힘을 다해서 살려는 의지를 긍정하는 것은 인간의 의무이다.

저서:「무의식의 철학」(*Philosophie des Unbewussten*), 1869;「도덕 의식의 현상학」(*Phänomenologie des sittlichen Bewusstseins*), 1879;「인식론의 근본문제」(*Grundproblem der Erkenntnistheorie*), 1890;「종교철학」(*Religionsphilosophie*), 1881;「범주론」(*Kategorienlehre*), 1896;「철학 체계 요강」(*System der Philosophie im Grundriss*), 1907.

---

66. 니체(Friedrich Nietzsche)

프리드리히 니체는 1844년에 개신교 목사의 아들로 태어났다. 그는 본 대학과 라이프치히 대학을 다녔고, 1869년에 스위스 바젤 대학에서 고전 문헌학의 교수로 임명되었다. 그는 스위스의 신민이 되었지만, 1870년의 보불 전쟁 동안 대학을 잠시 떠나 위생병으로 프로이센 군대에 복무했다. 그는 짧은 군복무를 마친 후에 만신창이가 되어 바젤로 돌아왔다. 그는 "플라톤 이전의 철학자들", "플라톤의 대화편에 대한 연구 서론", "그리스 문헌사"와 같은 주제에 관하여 강의했다. 당시 바젤 근처에서 살았던 리하르트 바그너는 그의 절친한 친구가 되었다. 그러나 이 작곡자가 바이로이트로 이사갔을 때, 니체는 점차 자신에 대하여 매우 비판적이게 되었다. 바그너가 듣기 좋아하는 말이었던 "대가(大家)"가 니체에게는 자신의 지적 독립을 방해하는 것 같았다. 게다가 바그너는 니체가 혐오하기에 이르렀던 독일 국수주의와 종족주의의 상징이 되고 있었다. 볼테르에게서 빌린 제구(題句)인 니체의 계몽된「인간적인, 너무나 인간적인」(*Menschliches, Allzumenschliches*)과 니체가 본질적으로 그리스도교에 대한 거짓된 복종으로 파악했던 바그너의「파르치팔」이 거의 동시에 완성되면서 그들은 완전히 결별했다. 1879년에 니체는 건강 악화를 이유로 대학을 사임했고, 그후 10년을 스위스와 북부 이탈리아의 여러 곳에서 아주 고독하게 지냈다. 그의 책들은 1888년 브란데스(Brandes)가 코펜하겐에서 니체

에 관한 강의를 할 때까지 대중에게서 거의 무시되었다. 그후, 니체의 명성은 요원의 불처럼 번졌다. 그러나 그는 그것을 알지 못했다. 왜냐하면 1889년 초에 정신병에 걸려 1900년 죽을 때까지 정신 이상 상태로 지냈기 때문이다.

저서: 「비극의 탄생」(Die Geburt der Tragödie), 1872; 「반시대적 고찰」(Unzeitgemässe Betrachtungen), 1-4부, 1873-76; 「인간적인 너무나 인간적인」 1-3부, 1787-80; 「서광」(Morgenröte), 1881; 「즐거운 학문」(Die fröhliche Wissenschaft), 1882; 「차라투스트라는 이렇게 말했다」(Also sprach Zarathustra), 1-4부, 1883-92; 「선악의 피안」(Jenseits von Gut und Böse), 1886; 「도덕의 계보」(Zur Genealogie der Moral), 1887; 「바그너라는 인물의 경우」(Der Fall Wagner), 1888; 「우상들의 황혼」(Götzen-Dämmerung), 1889; 니체의 유언 집행인에 의해서 출간된 작품들: 「반그리스도」(Der Antichrist), 「바그너에 반기를 든 니체」(Nietzsche Contra Wagner), 「이 사람을 보라」(Ecce Homo). 1884-88년 니체의 기록들 가운데 일부는 「힘에의 의지」(Der Wille zur Macht)로 사후에 출간되었다.

니체의 선배들

청년 니체는 쇼펜하우어를 매우 동경했고, 그의 영향을 받으며 "디오니소스적"인 것과 "아폴로적"인 것을 구분하는 데서 고대 그리스인에게서 "비극의 탄생"에 대한 실마리를 발견했다. 이 두 개념은 의지로서의 세계 이념과 표상으로서의 세계를 각각 반영한다. 디오니소스적인 것은 음악과 결부되어 있으며, 좀 더 일반적으로 인간 본성의 정열적인 측면을 가리킨다. 이 측면은 디오니소스 제전에서 출구를 발견했다. 반면에 아폴로적인 것은 시각 예술, 특별히 조각과 결부되었고, 좀 더 일반적으로 인간 안에 있는 규율적이며 형식 부여적 원리를 가리킨다. 디오니소스적 합창에서 발전한 비극은 두 원리의 혼융 때문에 탄생한다.

하지만 이 책의 핵심 내용은 쇼펜하우어를 반대하여 진행된다: 쇼펜하우어 못지않게 삶의 비참상에 민감했던 그리스인은 불교적인 의지 부정을 가지고 대응하지 않았다. 오히려 그들은 예술에 의존했으며, 비극에서 삶을 "근본적으로 온갖 현상적 변화에도 불구하고 파멸될 수 없을 정도로 강력하고 즐거운 것"으로서 찬미했다. 나중에 니체는, 위대한 힘이 큰 고통을 이기고 큰 도전

프리드리히 니체

에 창조적으로 대응하며 해로워 보였던 것을 유리한 점으로 변모시키는 능력에 있다는 주제를 발전시켰다. 이 능력을 그는 "디오니소스적"인 것이라고 불렀다. 그래서 이 용어는 니체의 후기 작품들에서 그 의미를 바꾼다. 이 작품들에서 이 용어는 초기에 말하는 디오니소스적인 것과 아폴로적인 것의 종합을 표시한다.

니체는 또한 다윈으로부터 깊은 영향을 받았다. 그러나 그는 진화론에서 무한한 진보의 약속을 발견하던 많은 동시대인들의 낙관론을 공유하지 않았다. 대신에 니체는 인간과 동물의 핵심적 차이에 대한 다윈주의적인 부정에 내재한 잠재적 위험에 충격을 받았다: 이 이론은 인간의 독특한 존엄성에 대한 서양의 전통을 파괴할 수 있었으며, 니체는 인간이 서로에 대한 모든 존경을 상실하며 아울러 매우 무시무시한 역사적 결과들을 안을 것을 두려워했다. 그러므로 니체는 인간 자신의 존엄성에 대한 인간의 느낌을 회복하기 위하여 "새로운 인간상"을 창조하는 일을 수립했다. 그리고 그는 자연주의적 도덕이 가능한지, 즉 초자연적 재가(裁可) 없는 인간적 가치가 있을 수 있는지를 묻기에 이르렀다. 왜냐하면 그는 과학주의적 정신에 경도된 우리의 시대가 신적 계시에 대한 생생한 신념을 상실할 때 완전한 "허무주의"의 위험에 빠진다고 느꼈기 때문이다.

"힘에의 의지"

니체는 만족할 만큼 이 문제들을 해결할 수 없어서, 자신의 탐구 방향을 바꾸어 경구적 작품을 수없이 썼다. 이 작품들은 심리적 통찰이 돋보이는데, 프로이트의 평가를 빌리면 그 많은 통찰은 "정신분석의 수고스러운 결과들과 매우 놀랍게 일치한다." 결국 이 비체계적인 성찰은 인간 행동이 단일한 근본적 충동인 힘에의 의지로 환원 가능하다는 전제에서 절정에 도달했다. 이 근본 원리는 살려는 의지가 아니다. 왜냐하면 더 큰 권력의 기회를 위하여 계속 의도적으로 삶을 건다[賭]는 것은 경험적인 사실이기 때문이다. 오직 특별한 필요 상황에서만 삶은 매우 존중되어, 궁극적 목표처럼 보일 것이다. 그러나 우리는 다윈처럼 "맬서스를 자연으로 오인"해서는 안 된다.

인간이 욕구하는 바는 단순한 보존이 아니라 자신의 존재 상태의 고양, 더 큰 권력이다. 경쟁에서의 승리(경쟁은 그리스의 교육과 문화에서 두드러진 요소였다), 다른 사람을 감동시키는 능력, 예술적 창조, 철학자의 지적인 세계 정복은, 모두가 금욕자의 자기 극복과 순교자가 파악한 불멸성과 같은 그런 권력의 예들이다. 이 견해는 쾌락 원리에 대한 명시적 반박과 일치한다. 인간이 궁극적으로 원하는 것은 쾌락이 아니다. 만일 쾌락을 고통의 부재를 함축하는 뜻으로 받아들인다면 말이다. 인간은 더 큰 권력을 위하여 자발적으로 쾌락을 희생하고 고통을 짊어진다.

그리고 창조적 활동으로 표현되는 힘은 모든 인간이 바라는 궁극적 행복을 제공한다. 물론 이 행복은 상당한 고통과 불편을 포함하긴 한다. 궁극적으로 바람직한 상태라는 의미에서 행복은 고통으로부터 벗어나는 즐거운 순간의 우세함으로 구성되지 않고, 힘의 소유와 창조적 발휘에 있다. 이 행복 추구는 높은 자기 규율을 포함한다. 왜냐하면 우리는 동물적 정념에 지배되는 한 큰 힘을 상실하기 때문이다. 인간은 자신의 충동을 숭고하게 만들고 창조적으로 사용함으로써, 자신을 짐승보다 높아지게 하고 이전의 철학자들이 인간의 생득적 원리로 파악했던 그 독특한 존엄성을 획득할 수 있다. 이 상태를 획득하는 자들은 초인(Übermenschen)이다. 그리고 니체는 그런 초인들이 과거에 때때로 실제로 존재했다고 믿었다. 아마 괴테가 가장 최근의 예였을 것이다. 그들의 탁월성은 종족과 관련되어 있지 않았으며, 우리는 광범위하게 상이한 문화들에서 그 예를 찾아볼 수 있다.

영겁회귀

니체는 초인 개념과 관련하여, 영겁회귀의 이론을 발전시켰다. 처음에 그는 피타고라스주의자들에게서 이 관념을 발견했는데, 나중에 그것이 논리적으로 순수한 과학적 고찰에서 나온다고 결론지었다. 우주가 무한한 시대에 존재했지만 유한한 수의 원자 혹은 "권력(힘)량"과 유한한 양의 에너지로 구성된다는 가설에서 보면, 오직 유한한 수의 상이한 조합만이 가능할 것이다. 그래서 동일한 사건 배열의 영겁회귀가 있어야 할 것이다. 역사에서 모든 목적을 박탈하는 이 관념은 초인에게 공포를 일으키지 않는다. 자신의 창조적 실존과 자신의 삶의 모든 순간에 대한 그의 솔직하고 즐거운 긍정은 그로 하여금 실제로 영겁회귀를 환영하게 만든다. 오직 목표 없이 살며 본질적으로 만족하지 못하는 자들만이 자신을 구속할 우주적 목적에 대한, 자신에게 만족을 가져다줄 천국에 대한, 그리고 그들이 은밀히 시기하고 미워하는 자들이 떨어질 지옥에 대한 신념을 요구한다.

그리스도교에 대한 공격

이것은 그리스도교에 대한 니체의 악명 높은 공격을 이해하는 배경이다. 그리스도교의 유순함과 용서와 인내와 사랑은 유순하고 인내할 수밖에 없고 혹은 사랑하는 척할 수밖에 없는 무능한 미움의 모방에 불과하다. 물론 그리스도교는 천국과 지옥을 꿈꾼다. 이 태도는 로마 제국에서 일찍이 그리스도교를 채택했던 노예들과 관련되어 있으며, 그래서 니체는 도덕에서의 "노예의 반란"과 "노예 윤리"를 말한다. 그는 이것을 다른 문명의 "주인 윤리"와 대조시키지만, 그의 윤리는 이 두 유형과 확연히 구분된다. 그의 윤리는 가령 마누의 법(Law of Manu)에서 추방자를 다루는 데서 발견할 수 있는 무능한 인간에 대한 그런 경멸을 격렬히 비난하는 점에서 "주인 윤리"와 다르다. 반면에 그리스도교 윤리에 대한 니체의 비판은 니체가 그리스도교와 결부짓는 마음 상태 즉 원한을 중심으로 움직인다. 그가 말하는 원한은, 자신보다 더욱 재능 있는 모든 사람에 대한 은밀한 혐오와 시기, "원수 갚는 것이 내게 있으니 내가 갚으리라고 주께서 말씀하시니라"(로마서 12:19)는 믿음과 나누어질 수 없는 그런 보복 중지를 뜻한다. 니체가 말하는 "모든 가치에 대한 재평가"는 그러므로 새로운 덕목표(德目表)를 포함하지 않는다. 이는 그가 고찰하는 그리스도교 윤리학에 대한 내재적 비판에 있다. 그리고 그는 흔히 그리스도교 윤리로 통하는 것이 그리스도교 윤리의 공언된 기준에 비추어 판단할 때 부도덕하다는 것을 보여주려 한다.

몇몇 유형의 동정과 이웃 사랑은 다른 이유 때문에 또한 비난받는다. 이는 자신에게 모질게 대하는 태도와 관련될, 자신을 완전하게 하는 태도 대신에 이웃에게 "도피"하고 "그것을 덕목으로 기꺼이 삼는다." 그리고 니체가 반대하는 그런 의미에서 동정은 고통이 필연적으로 악이라는 가정에 근거한다. 만일 사람이 가장 바라는 것이 "힘"이라면, 어떤 고통은 필수적인 자기 통제에 대한 수단으로서 그리고 창조적 생활의 구성 요소로서 요구된다. 우리는 동료에 대한 자신의 사랑을 그들을 가엾게 여김으로써 나타내지 말고, 그들이 이와 같이 더욱 풍요한 존재 상태에 도달하도록 도움으로써, 때때로 이런 목적을 위해 그들과 더불어 노력함으로써, 그리고 경쟁적 활동을 벌여 그들과 겨룸으로써 나타내야 한다. 그래서 우리는 서로에게 교육자와 자극제가 되어야 한다. 인간이 인간 본성의 힘으로 욕구한다고 하는 상태에서 도덕의 목적이 발견되는 한, 니체의 윤리학은 자연주의적인 것으로 볼 수 있다.

이성의 기능

니체는 통상적인 의미에서 비합리론자가 아니다. 확실히 이성은 권력에의 의지에게 수단이지만, 인간이 궁극적 권력 혹은 행복을 달성하려면 반드시 필요한 독특한 수단이다. 오직 이성만이 우리의 본성의 승화와 통합을 가능하게 할 수 있으며, 이것이 없으면 우리는 본질적으로 짐승이다. 그래서 니체는 합리성의 이름으로 그리스도교 신앙을 비판한다. 그리고 그는 몇몇 그리스도교 저술에게서 발견하는 이성에 대한 반대와 정념의 멸절을 상호 의존적인 것으로 본다. 이성적 능력들이 부족한 사람들은 충동들을 창의적으로 사용하도록 그 충동들을 제어할 수 없다. 그들은 틀림없이 충동들에 굴복하거나 아니면 그것들을 진압하려 한다.

형이상학과 인식론

니체의 형이상학과 인식론은 대체로 사후에 출간된 수기(手記)에 윤곽이 그려져 있으며, 위에서 언급한 견해들처럼 일관되고 힘있게 전개되지 않았다. 우주는 라이프니츠의 단자와 비슷한 유한수의 "권력량"(權力量)으로 구성되는 것으로 간주된다. 각 권력(힘)량의 본질은 다른 모든 권력량과 불가분리적 관계를 이루며, 따라서 니체는 내재적 관계론을 고수한다. 각각의 단자는 사람과 마찬가지로 권력(힘)의 증가를 추구한다 그러나 궁극적 진보는 없고, 다만 영겁회귀만 있다. 게다가 각각의 단자는 자신의 관점에서 다른 모든 단자를 파악한다. 이는 일종의 "관점주의"(perspectivism)를 암시한다.

그러나 철학자들은 범주와 공식을 진리와 실재의 기준으로 파악하는 실수를 저질러 왔다. 그들은 순진하게도 사물을 바라보는 이와 같은 인간적 방식을, 이와 같은 인간 중심적 표현법을 사물의 척도, "실재"와 "비실재"의 기준으로 삼았다. 그리고 이런 식으로 세계는 실제 세계와 겉으로 보이는 세계로 구분되기에 이르렀다. 그리고 변화와 생성과 다원성과 대립의 세계는 불신되고 비난당했다. 실재 세계는 유사성의 세계, 단순한 현상, 거짓된 세계라 불리었다. 영구성의 허구적 초감성적 세계, 참으로 거짓된 세계는 진정한 세계로 등극했다. 하지만 "실제로 효력을 내는" 것, 심지어 생존을 위하여 요구되는 것이 필연적으로 "참된" 것은 아니다. 우리는 심지어 생존보다도 "힘"을 탐한다. 그리고 그렇게 선정된 상태는 자기 기만과 양립 불가능하다. 그러므로 진리에 대한 인간의 의지가 그의 생존을 방해할지라도, 니체는 진리의 우선성을 받아들인다.

니체의 영향

니체의 영향은 어마어마했지만, 해로운 경우가 많았다. 흔히 경구(警句)적인 혹은 특별히 「차라투스트라」에서처럼 매우 상징적인 그의 문체, 과장법과 논쟁적 대립에 대한 그의 탐닉은, 의도하지 않았지만, 오해를 크게 불러일으켰다.

그리고 그의 사후에 그의 누이가 그의 원고들을 출간한 방식은, 특별히 「힘에의 의지」라는 제목으로 그녀가 모은 원고들을 출간한 방식은, 학문적 관점에서 반대를 받을 만하며, 또한 극단적으로 혼동스럽다. 그 결과 니체의 비판가뿐만 아니라 나치를 포함한 그의 많은 숭배자들도 승화에 대한 그의 핵심적인 주장을 무시했고, 힘에의 의지에 대한 그의 개념과 그리스도교에 대한 비판을 방종성과 야수성이라는 측면에서 해석했다. 바로 이런 종류의 "영향"이 특별히 영어권에서 니체의 이름과 자주 결부된다.

그러나 매우 저명한 현대 작가와 신학자와 심리학자와 철학자들에 미친 그의 사상의 영향력은 주목할 만하다. 참으로 가장 최근에 독일의 철학자들은 니체의 영향력을 절감했다: 그 예를 몇 가지만 들어보면, 짐멜(Simmel)의 문화 철학, 파이잉거(Vaihinger)의 실용주의, 슈펭글러(Spengler)의 역사 철학, 셸러(Scheler)의 현상학, 야스퍼스(Jaspers)와 하이데거(Heidegger)의 실존 철학 등이 있다. 가지각색의 기질과 관심을 지닌 사람들은 니체의 저술에서 영감을 발견했으며, 1880년대에 처음으로 "시의적절"해진 그의 철학이 그 이후로도 시의적절했다고 말해도 결코 과장이 아니다.

67. 자연과학과 유물론

사변철학에 대한 반발

칸트는 흄의 회의론에 반대하여 수학과 자연과학의 타당성을 수립하려 했지만, 물자체에 대한 선험적 학문으로서 형이상학의 가능성을 부인했다. 이성적 신학과 우주론과 심리학은 그에게 과학적 가치를 갖고 있지 않다: 우리는 신존재, 영혼의 불멸성, 의지의 자유를 이론 이성으로 증명할 수 없다; 이론적 지식은 이런 분야들에서 불가능한데, 이런 일들은 경험의 대상이 아니며 경험의 대상이 될 수도 없기 때문이다. 우리는 참으로 다소의 개연성을 가지는 형이상학적 전제를 형성할 수 있다. 그러나 그 전제에 의하여 우리는 보편적이고 필연적인 지식을 획득할 수 없다. 하지만 우리는 도덕적 직관에 의하여 자유, 불멸성, 신에 대한 일종의 높은 지식에 도달할 수 있다: 실천 이성은 그런 진리의 타당성을 우리에게 확신시킨다. 물론 우리는 이 진리들에게 감각적 내용을 제공할 수 없으며, 따라서 학문적 의미에서 그것들을 인식할 수 없다.

우리가 보았듯이, 칸트의 위대한 후계자들인 피히테, 셸링, 헤겔은 형이상학에 관련하여 그의 의심을 공유하지 않았다. 헤겔은 온갖 다양한 국면의 우주에 대하여 논리적 설명을 제공했으며, 그의 철학은 1840년까지 독일에서 지배적인 철학으로 남아 있었다. 하지만 합리론적 형이상학에 대한 비판적 반대는 후기 칸트학파 바깥에서 지속되었다. 우리는 프리스(Fries), 베네케, 헤르바르트, 쇼펜하우어, 그리고 다른 많은 사람들의 저술에서 그것이 표현된 것을 발견한다. 과학적 경향을 가진 많은 사상가들도 셸링의 예술적 직관이나 헤겔의 변증법적 절차로 특별한 인식 방법을 소유할 수 있다는 철학의 요구에 이의를 제기했으며, 과학적 탐구가 철학의 준비에 불과하며 심지어 거짓 방법이라고 하는 관념론적 주장을 배격했다. 사변 철학은 사실을 무시하거나 자신의 내적 의식에서 사실을 자아내려 한다는 비난을 받았으며, 평판이 나빠졌다.

자연과학의 진보는 경험에 대한 면밀한 연구를 불러일으키고 실증주의를 장려했으며, 후기 칸트주의 관념론자들의 사변과 동일시되는 그런 형이상학에 대한 경멸은 심해졌다. 1842년에 로버트 메이어(Robert Mayer)는 에너지보존법칙을 정식화했다. 1859년에는 다윈이 획기적 작품 「자연의 선택에 의한 종의 기원」을 출간했다. 관념론 철학의 실추와 자연과학의 승리는 유물론의 발전을 부추겼다.

유물론

1850년대에 독일에서는 적극적인 유물론 운동이 시작되었는데, 대표자로는 칼 보그트(Karl Vogt, 1817-1895), 촐베(H. Czolbe, 1819-1873), 몰레쇼트(Moleschott, 1822-1893), 뷔히너(L. Büchner, 1824-1899; 「힘과 물질」, 1855) 등이 있었으며 이들은 관념론 체계의 반대 세력을 주도했다. 이 운동은 사변 철학의 무절제함을 반대했듯이 신학적 반동주의자들에 대해서도 항거했다. 그래서 이 운동은 유물론적 형이상학과 박애적 관념론적 윤리학을 결합시켰다. 이 집단이 개진한 이론들은 대체로 일관성 있는 유물론적 이론이 아니며 많은 견해의 집적(集積)이었

다: 정신 혹은 사유는 때로는 운동으로, 때로는 운동의 결과로, 때로는 운동의 필연적 부수물로, 때로는 운동으로 표현되기도 하는 근본적인 미지의 원리의 한 측면으로 파악되었다. 뷔히너의 책은 1850년대 이후로 대단한 인기를 얻었으며, 적어도 20판 이상이 찍혔다. 이 책의 위상은 에른스트 헤켈(Ernst Haeckel)의 「우주의 수수께끼」(1899)로 옮겨졌다. 이 책은 앞의 책과 마찬가지로 모순을 보인다.

화학자 빌헬름 오스트발트(Wilhelm Ostwald, 1853-1932;「과학적 유물론의 극복」[1895],「자연철학」[1902])는 역동적인 혹은 "에너지" 이론을 선호하고 유물론을 배격한다. 물질의 다양한 성질은 서로 환원될 수 없는 특수한 형태의 에너지들(운동 에너지, 열 에너지, 화학 에너지, 자기 에너지, 전기 에너지 등)이다. 심적 에너지는 또 다른 형태의 에너지이다. 이는 무의식적 혹은 의식적인 신경 에너지이다. 상호작용은 무의식적인 에너지에서 의식적 에너지로의 혹은 반대 방향으로의 전이로 설명된다.

68. 독일에서 관념론의 부활

신칸트주의

헤겔주의의 쇠퇴와 더불어 자연과학과 유물론의 통치기가 등장했고, 모든 철학이 일시적으로 몰락했다. 철학의 방법과 결과뿐만 아니라 자연과학의 그것들을 이해하고 평가하지 못하는 사람은 철학을 중요한 자리에 다시 확립할 수 있다는 희망을 가질 수 없었다. 수많은 사상가가 독일에서 등장했는데, 더러는 자연과학 분야에서 등장했다. 이들의 활동을 통하여 철학은 학문의 위계질서에서 명예로운 자리를 다시 획득했다. 이 집단의 가장 저명한 인물로는 로체(Lotze), 페히너(Fechner), 하르트만(Hartmann), 분트(Wundt), 파울젠(Paulsen) 등이 있다. 이 모든 사람은 상이한 사상 운동을 연구하여 유익을 얻었다: 실증주의, 유물론, 비판주의, 후기칸트적 관념론. 그들은 자연과학과 독립적으로 이전 학파들의 합리론적 방법을 사용하여 형이상학을 구축하는 시도를 모두 부질 없는 것으로 보았다. 그들은 주관적 관념론과 선험적이고 변증법적 방법을 거부하긴 했지만, 독일 관념론의 후예들이라고 할 수 있다. 그들은 칸트의 「순수이성비판」과 마찬가지로 경험 없이는 과학과 철학에서 지식이 있을 수 없다고 주장한다. 실증주의와 마찬가지로 절대적 확실성을 가진 형이상학 체계는 있을 수 없다고 주장한다.

비판주의의 부활

이런 상황에서는 칸트가 그처럼 세심하고 착실히 관심을 쏟았던 인식의 문제를 철학자들이 다시 붙잡고 당대의 여러 지적인 경향을 비판적으로 검토하는 것이 자연스러운 일이었다. 비판철학이 형이상학을 아예 불신했던 자들에게 뿐만 아니라 헤겔주의자들의 방법과 유물론의 발전을 반대했던 모든 사람에게 재집결지가 되었다. 1865년 리프만(O. Liebmann, 1840-1912)은 「칸트와 아류들」에서 "칸트로 돌아가자"고 목소리를 외쳤으며, 랑게(F. A. Lange)는 유명한 저서 「유물론의 역사」를 1866년에 출간했다. 신칸트운동은 상당한 정도로 발전했다. 이 집단의 모든 구성원들은 인식론적 탐구의 필요를 강조했으며, 더러는 칸트 저술들 특별히 「순수이성비판」에 대한 문헌학적 연구를 제일 중요한 일로 여겼다(파이잉거, 에르트만[B. Erdmann], 라이케[Reicke], 케르바흐[Kehrbach], 아딕케스[Adickes], 아르놀트[E. Arnold]).

몇몇 신칸트주의자들은 지식을 인식론에 제한하여, 우리가 현상만을 인식한다는 실증주의적 주장을 받아들였고, 따라서 유물론적이든 관념론적이든 모든 형이상학을 우리의 인식 능력을 벗어나는 것으로 거부했다. 실증주의 집단에서 큰 영향력을 행사했던 랑게(1828-1875)에 따르면, 유물론은 방법으로서는 정당하지만 세계관으로서는 정당하지 못하다. 왜냐하면 유물론은 물리적 대상과 우리의 내적 자아의 근본적 성격을 설명해 주지 못하기 때문이다. 그에게는 형이상학적·종교적 사변은 인간 내에 있는 일종의 "구성적 본성"(constructive instinct)의 산물이며 이론적 가치를 전혀 갖지 못한다: 관념적 세계의 현존은 증명될 수 없지만, 그런 개념은 인간 생활에서 실천적 가치를 갖는다.

마르부르크 학파의 우두머리인 코헨(H. Cohen, 1842-1918)은 비판 철학을 발전시키고 칸트의 방법에 기초를 두고 자신의 체계(「철학의 체계」[1902-1912])를 제시한다. 그의 제자로는 나토르프(P. Natorp, 1854-1924; 「사회교육학」[1899]), 슈타믈러(R. Stammler, 「정당한 법의 이론」[1902]) 등이 있다. 최근 이 신칸트학파 운동의 저명한 대표자는 에른스트 카시러(Ernst Cassirer, 1874-1945)인데, 그의 「실체 개념과 기능 개념」(1910)이 *Substance and Function*이라는 제목의 영어 번역서로 나왔다.

로체

훈련이나 기질로나 철학을 재확립하는 과제를 맡는 데 아주 적합했던 사상가는 헤르만 로체(Hermann Lotze)였는데, 그는 라이프니츠의 단자론과 스피노자의 범신론을 결합시켰고, 일원론과 다원론, 기계론과 목적론, 실재론과 관념론, 범신론과 유신론을 조화하는 체계를 제시했다. 그는 이 체계를 **목적론적 관념론**이라 불렀다. 그의 목표는 자연 현상에 대한 냉정하고 과학적인 해석뿐만 아니라 피히테의 윤리적·종교적 관념론의 주장을 정당하게 평가하는 것이었다.

로체(1817-1881)는 라이프치히에서 의학과 철학을 연구했고, 그 대학에서 생리학과 철학 교수가 되었으며(1839), 1881년까지 괴팅겐에서 철학교수로 지내다가 그 후로 베를린으로 청빙받아 갔다.

저서: 「형이상학」(*Metaphysik*), 1841; 「기계적 자연과학으로서 일반 생리학과 치료학」(*Allgemeine Pathologie und Therapeutik als mechanische Naturwissenschaften*), 1842; 「논리학」(*Logik*), 1843; 「생리학」(*Physiologie*), 1851; 「의료 심리학」(*Medizinische Psychologie*), 1852; 「소우주」(*Microcosmus*, 3권), 1856-1864; 「철학의 체계: 논리학」(*System der Philosophie: Logik*), 1874; 「형이상학」(*Metaphysik*), 1879.

기계론과 목적론　인간은 사실의 단순한 거울이 아니다. 그는 기계화된 우주에서 자신의 윤리적·종교적 이해에 대한 만족을 발견할 수 없다. 그러나 생명을 포함하여 물리적 세계는 기계론적 원자론에 근거하여 물리적·화학적 법칙에 의하여 설명되어야 한다. 유기적 물질은 생명력의 소유에서가 아니라 그 부

분들의 상이한 배열에서만 무기적 물질과 다르다. 그리고 이 배열은 각 부분들의 방향과 형식과 진화를 결정하는 물리적 반작용의 체계이다. 살아 있는 물체는 자동 기계이다. 인간의 창안물이 아니라 기계의 창안물이다. 이 견해는 인간과 그의 목적과 사상을 위한 자리를 남겨 두지 않는 것처럼 보인다. 그러나 기계론이 근거하는 전제를 탐구해 보면, 사실 그렇지 않다는 것이 드러나게 될 것이다. 지각에 제시되는 외부 세계는 소박실재론이 가정하는 것과 달리 실재의 모사가 아니라, 외부적 자극에 대한 우리의 의식의 반응이다: 영혼 안에 있는 영혼의 창조물이다. 시공간적인 감각 세계는 현상 세계, 의식의 산물이다. 감각, 지각, 그리고 우리가 주어진 감각을 해석하는 논리적 법칙들은 주체의 기능들이다.

그러면 실재하는 외부 사물, 물자체의 본질은 무엇인가? 우리는 오직 유비적 추론에 의해서만 이 질문에 답할 수 있다. 그런 추론은 우리를 형이상학적 관념론으로 이끌 것이다. 틀림없이 물자체는 작용하고 작용의 대상이 될 혹은 변화를 겪을 능력을 갖는다. 하지만 모든 변화에서도 동일하게 남아 있다. 우리는 그런 성격의 존재를 오직 우리 자신에게서만 즉각적으로 인식한다: 이는 영혼이라고 불리는 자기 결정적인 통일 원리이다. 의식의 이런 통일, 의식의 통일에서 복합적 현상을 결합하는 정신의 능력은, 물체와 구별되는 존재로서 분리 불가능하고 초감각적인 영혼의 현존을 가정하지 않을 수 없게 만든다. 우리는 오직 영혼에서만 다양성 가운데 통일성, 변화 가운데 지속, 발전을 발견한다: 경험되었던 것은 상실되지 않고 우리의 정신 생활의 일부로서 현재로 넘어온다. 그러므로 실재하는 우주는 정신의 측면에서, 우리에게 직접 인식되는 유일한 실재의 측면에서 해석되어야 한다.

과학이 언급하는 원자는 라이프니츠의 단자나 힘의 중심들처럼, 우리가 우리의 내적 생명에서 경험하는 것과 비슷한 비물질적 본질이다. 공간은 형이상학적 실재가 아니라 이 역동적 단위의 현존의 단순한 감성적 현상이며, 지각의 일정한 산물이다. 심지어 가장 저급한 물질 형태도 죽은 불활성적 덩어리가 아니라, 생명과 작용으로 충만한 훌륭하게 조직된 체계이다. 갖가지 정도의 실재가 있다: 인간 정신은 정신 생활의 사다리에서 가장 높고 자기 의식적인 단계를 나타내지만, 정신 생활은 조잡한 물체 형식에서도 역시 덜 의식적인 현존 양태로 존재한다.

로체는 실천적 혹은 윤리적 근거에서 형이상학적 관념론을 수용한다. 감각하는 영혼에서 색과 소리의 아름다운 환상을 그려보려는 유일한 목적 때문에 차가운 물질적인 원자적 기계론이 존재한다고 가정하는 것은 참을 수 없는 생각이다. 그런 우주는 의미도 윤리적 가치도 갖지 못할 것이다. 우리는 실재를, 우리가 절대적으로 인정할 수 있는 무엇으로만, 절대적으로 선한 것으로만 해석할 수 있다. 그래서 현상 세계는 무의미한 환상일 수 없고, 윤리적으로 질서 정연한 정신 세계의 현현으로 파악되어야 한다. 그러므로 로체의 논리학과 형이상학은 윤리학에 근거한다. 우리는 존재해서는 안 되는, 어떤 현존을 생각할 수 없다. 우리의 사유 형식들(논리적 법칙들)은 선을 위한 요구에 뿌리를 두며, 실재 자체는 최고선에 뿌리를 둔다.

정신과 물체의 관계는 상호 작용적인 것이다. 물체가 정신에 변화를 일으키거나 정신이 물체에 변화를 일으키는 것이 어떻게 가능한지는 설명될 수 없지만, 난점은 다른 어느 데서보다 더 크지 않다. 우리가 말하는 인과적 작용이란, 한 주체에 변화가 일어나는 경우에 다른 것에서 변화가 일어난다는 뜻일 따름이다: 어떻게 그런 것이 일어나는지는 우리가 말할 수 없다. 물체에 대한 정신의 인과적 영향이 에너지 보존이라는 물리적 원리에 대한 위반이라는 주장은, 정신과 육체의 상호 작용을 반박하는 타당한 주장이 아니다. 정신과 육체의 인과적 상호 작용은, 물체가 본질에서 정신과 다르지 않다는 사실에 의하여 가능해질 수 있다. 라이프니츠와 마찬가지로 로체에게서도 육체는 단자 혹은 정신적 힘들의 체계인데, 이 영혼은 뇌에 있고 뇌에서만 육체와 관계를 맺게 된다. 영혼은 육체가 살아 있는 동안에 육체를 지배한다. 육체의 해체 이후에 물체가 어떻게 되는지는 해결할 수 없는 문제이다. 그러나 로체는 모든 존재가 어떤 시점에서 자신의 몫을 받게 될 것이라는 것을 신앙 행위로 주장한다. 만일 이생에서가 아니면 신체적 사망 이후의 세상에서도 그렇다고 주장한다.

범신론 우리는 로체의 사상에서 어떻게 기계론이 서로 교호적 관계를 맺는 정신적 실재들의 체계로 변모하는지를 본다. 그런 다원적 세계는 하나의 통일하는 보편적 실체 없이는 생각할 수 없다. 모든 현상은 이 보편적 실체의 양태 혹은 표현이다. 심지어, 가장 작은 원자의 운동과 세계 내의 다른 모든 원자들의 운동이 맺는 조화로운 상호 관계를 가정하는 기계론적 세계관조차도 그런 무한한 존재의 개념을 필연적인 것으로 만든다. 참으로 자연의 기계론은 절대 의지의 표현이며, 절대자가 무한한 형식을 자신에게 부여하는 방법이다. 우리는 자연의 복합적 과정들을 하나의 동일한 전포괄적 실재의 상태들로 보지 않을 경우 정신적 혹은 물리적 영역들 안에서 상호 작용 혹은 인과적 효능에 관한 하나의 예도, 한 사물이 다른 사물에 미치는 영향의 가능성도 이해할 수 없다.

그래서 로체의 철학은 라이프니츠주의적 요소와 스피노자주의적 요소를 통합하면서 관념론적 범신론으로 발전된다. 인간 영혼은 자신이 인식하는 최고 실재의 측면에서 보편적 실체, 곧 그 자체의 인격성을 해석하지 않을 수 없다. 그리고 우리는 이 신적 인격성을 절대적으로 선한 존재로, 사랑의 신으로 생각해야 한다.

페히너

라이프치히의 물리학 교수이며 물리적 자극과 그 결과로 생기는 감각의 상호 관계를 다루는 정신물리학의 창시자 가운데 하나인 구스타프 테오도르 페히너(Gustav Theodor Fechner, 1801-1887)도 이 운동의 대표자이다.

저서: 「죽음을 향한 삶」(Leben nach dem Tode), 1836; 「최고선」(Das höchste Gut), 1846; 「나나 혹은 식물들의 정신 생활」(Nanna, oder Seelenleben der Pflanzen), 1848; 「젠트아베스타」(Zend-Avesta), 1851; 「영혼 문제에 관하여」(Über die Seelenfrage), 1861; 「정신물리학의 입문」(Elemente der Psychophysik), 1860; 「미학 입문」(Vorschule der Aesthetik), 1876.

페히너는 유비에 의하여, 우리 자신 안에 있는 정신적 과정의 현존과 우리의 육체 안에 있는 그것들의 현현으로부터, 하락하는 명료성 정도에 따라 동물과

식물과, 마지막으로 무기적 물질에서 나타나는 정신적 생활의 현존으로 추론해 나간다. 이 무기적 물질의 원자는 힘의 중심들이다. 그는 범심론(panpsychism)의 정신으로, 전체 우주가 정신으로 이루어진다고 주장한다. 인간의 정신 생활보다 높은 형식의 정신 생활이 있다. 지구와 다른 행성도 영혼을 갖고 있으며, 이들은 모든 정신적 현존들과 더불어 최고의 영혼, 세계 영혼인 신의 영혼에서 포괄된다. 우주와 신의 관계는 인간 육체와 인간 영혼의 관계와 비슷하다. 자연은 신의 몸이며, 인간의 영혼이 인간의 육체보다 높듯이 자연 위에 있는 세계 영혼의 객관적 표현이다.

프리드리히 파울젠(1846-1908)은 20세기 초 독일과 미국에서 널리 읽힌「철학 입문」에서 로체와 페히너의 것과 비슷한 관념론적 세계관을 제시한다.

분트

스피노자와 독일 관념론과 헤르바르트와 페히너와 로체와 현대 진화론의 가르침에 영향을 받아 저술한 빌헬름 분트(Wilhelm Wundt, 1832-1920)는 처음에 하이델베르크의 생리학 교수로 지냈다(1864-1873). 1873년에 그는 취리히에서 철학 교수가 되었고, 1875년에 라이프치히에 청빙을 받았다. 그는 현대 경험심리학의 아버지이다.

저서:「생리학 입문서」(*Lehrbuch der Physiologie*), 1864;「인간과 동물의 심리학에 관한 강의」(*Lectures on Human and Animal Psychology*), 1863, 5th ed., 1911;「생리학적 심리학」(*Physiological Psychology*), 1874, 6th ed., 1908-1911;「심리학 입문」(*Introduction to Psychology*), trans. by Pinter, 1912;「논리학」(*Logik*), 3 vols., 1880-1883;「윤리학」(*Ethics*), trans. by Titchener, Washburn, and Gulliver, 3 vols., 1897-1901;「철학의 체계」(*System der Philosophie*), 1889;「철학 입문」(*Einleitung in die Philosophie*), 1901.

분트는 철학을 보편 학문으로 규정하는데, 이 학문의 기능은 개별 학문에서 획득된 일반적 진리들을 일관된 체계로 결합하는 것이다. 의식의 사실들은 우리의 모든 인식의 토대를 형성한다. 소위 외적 경험, 외부 세계의 지각은 내적 경험의 한 국면이다. 우리의 모든 경험은 정신적이다. 그러나 이는 주관적 관념론의 방식으로, 세계가 의식의 단순한 반영이며 우리가 외부 세계의 현존을 추론할 자격이 있다는 뜻으로 해석될 수 없다. 그래서 그의 입장은 비판적 실재론에 속한다.

공간과 시간, 인과 관계와 실체는 정신에서 생기며 객관 세계와의 협력 없이 우리에게 결코 생기지 않을 개념들이다. 자연의 지식은 외부적 원인들과 개념적 형식들 없이는 불가능할 것이다. 만일 우리가 자신의 외적 경험을 우리의 세계관의 기초로 삼는다면, 원자론적 유물론으로 내몰린다. 만일 우리가 우리의 정신 생활의 사실들에 자신을 국한시킨다면, 관념론에 도달할 것이다. 하지만 우리는 외부 세계를 내적 생명이 공허한 것으로 해석할 수 없다: 우주적 기계론은 정신적 창조, 우리가 우리 자신 안에서 경험하는 것과 닮은, 욕구하고 느끼는 실재가 은폐되어 있는 외곽이다. 정신적 요소에 우선성이 주어진다. 왜냐하면 이 인식론의 결과에 일치하여 내적 경험이 원초적 자료로 남아야 하기 때문이다. 심리학은 정신 생활이 본질적으로 행위, 의지임을 보여준다. 분트의 심리학은 주의주의(主意主義)적이다. 의지는 관심과 통각과 연상으로, 감정과 의지로 자신을 현현할 것이며, 정신의 핵심적 요소를 형성할 것이다.

영혼은 실체로서가 아니라(실체는 유물론적 개념이다) 순수 정신적 활동(actus purus)으로 파악되어야 한다. 실재는 물질적 형식으로 자신을 현현하는, 욕구하고 의욕하는 존재의 총체성으로 파악되어야 한다: 이는 내적 목적에 의하여 규정되는 독립적 존재들로 구성된다. 그러므로 분트의 철학은 형이상학적이면서 목적론적이다. 우리는 윤리적 이유들에 의하여 보편적인 절대적 의지에 이 개별 의지들을 포함하게 된다. 그리고 이 절대 의지의 본질을 우리는 더 이상 규정할 수 없다. 세계는 정신의 진화, 상호 관련된 목적적 형식들의 점진적 전개이다.

가치의 철학들

신칸트학파의 몇몇 체계들은 가치를 궁극적인 존재론적 범주로 파악한다. 그들은 실재를 최고선의 측면에서 해석한다: 세계는 근본적으로 윤리적·미적·논리적 의식이 이상적인 것으로 요구하는 것임에 틀림없다. 칸트에게 우주는 본질적으로 도덕적 의식이 함축하는 바이다. 당위적인 것이다: 본체계는 틀림없이 정신적 영역, 목적 왕국, 각 인격이 통일을 원하는 자유롭고 이성적인 공동체여야 한다. 피히테의 세계관이 이것과 비슷하며, 로체도 선의 개념에 의하여 이끌린다: 우리는 선한 원리에 근거하지 않고서는 세계를 파악할 수 없다. 많은 사람은 형이상학에 그런 개념을 도입하는 것을 형이상학의 과학적 성격을 박탈하는 것이라고 말한다. 그들은, 철학이란 이론적 이성의 작품이며, 철학의 임무란 인간의 도덕적·미적·종교적 성격의 요구로부터 자유로운 실재 해석(實在 解釋)을 제공하는 것이라고 말한다. 우주는 우리가 바라는 것이나 당위라는 측면에서 파악되지 않고, 존재라는 측면에서 파악된다. 이 과학적 합리론적 견해에 반대하여, 가치 철학자들은 진리와 합리성에 대한 욕구, 논리적 일관성과 통일에 대한 요구가 당위에 대한 갈망이며, 여기서 또한 우리가 이상에 의하여 마음이 동한다고 지적한다: 실재를 무질서로 파악하는 것은 질서와 조화에 대한 우리의 애정, 안전에 대한 우리의 이상, 혹은 아름다움에 대한 갈망을 해친다. 그러므로 그들은, 논리적 충동이 우리의 본성의 다른 요구들보다 우선성을 갖지 않으며 이 요구들 모두를 정당하게 평가하지 못하는 철학 체계란 충분할 수 없다고 주장한다.

빈델반트

칸트와 피히테에게 영향을 받은 빌헬름 빈델반트(Wilhelm Windelband, 1848-1915; 「전주곡」[3판, 1907], 「역사와 자연과학」[3판, 1904], 「의지의 자유」[2판, 1905], 「진리에 대한 의지」[1909])는 가치가 핵심적 역할을 맡은 철학 체계를 제시한다. 그에 따르면, 철학은 보편적 가치들의 학문, 절대적 가치 판단(논리적·윤리적·미적)의 원리에 대한 연구이다. 하지만 다른 모든 학문은 이론적 판단으로 형성된다. 명제들 사이에는 근본적인 차이가 있다: 이것은 희다는 식의 명제와 이것은 선하다는 식의 명제가 있다. 전자의 경우에 우리는 제시된 객관적 내용에 속하는 하나의 성질을 술어화 한다. 후자의 경우에는 하나의 목적을 수립하는 의식을 가리키는 관계를 술어화 한다. 논리적 공리, 도덕 법칙, 미적 규칙의 타당성은 증명될 수 없다. 각각의 진리는 우리의 사유 작용이나 감정 작용이나 의지 작용의 이상으로 전제되어야 하는 하나의 목적에 근거한다. 즉 당신이 진리를 원한다면, 사유의 원리들의 타당성을 인정해야 한다. 당신이 옳고 그름의 절대적 기준이 있다고 확신한다면, 어떤 도덕적 규범의 타당성을 인정해야 한다. 아름다움이 주관적 만족 이상의 것이어야 한다면, 당신은 보편적인 미적 규범을 인정해야 한다. 그런 모든 공리들은, 사유는 진리를 목적하고 의지는 선을, 감정은 아름다움을 목적한다는 전제에 그 타당성이 근거하는 규범들이다. 보편적으로 받아들일 수 있는 형식으로 된 규범이다. 보편적 목적에 대한 신념은 비판적 방법의 전제이다. 이것이 없이 비판 철학은 아무 의미를 지닐 수 없다.

그러므로 논리적 규칙은 진리를 향한 의지의 필수적 도구들이다. 하지만 이는 그것들의 효용성이 그것들의 진리라고 하는 실용주의적 의미로 이해되면 안 된다. 진리는 의지에서 나오지 않고 사물들 자체에서 나오며, 자의적인 게 아니다. 빈델반트는 자연과학과 역사과학 혹은 사건들의 과학을 구분한다: 전자는 일정하고 추상적이고 보편적인 것, 법칙을 다루며 따라서 "입법적"(nomothetic)이다. 후자는 개별적이고 구체적이고 독특한 것, 새로운 것을 다루며, "기술적"(記述的)이다.

비슷한 견해들이 리케르트(H. Rickert, 「자연과학적 개념형성의 한계」 2판, 1913; 「문화과학과 자연과학」 2판, 1910)와 뮌스터베르크(H. Münsterberg, 「심리학과 생명」[1899], 「영원한 생명」[1905], 「과학과 관념론」[1906], 「영원한 가치」[1909])와 딜타이(W. Dilthey, 「정신과학 입문」[1893])는 "정신" 과학의 독특성을 "자연" 과학과 구분되는 것으로서 강조한다. 우리는 정신과학의 관계, 방법, 전제를 연구해야 한다. 여기서 우리는 역사와 심리학에서 나타난 정신의 표현들을 성찰함으로써 실재, 가치, 규범, 목적에 대한 지식을 얻는다. 하지만 실재, 가치, 목적의 논리적 체계로서 형이상학은 불가능하다. 정신과학은 목적론적·분석적·기술적(記述的) 심리학에 근거하며, 이 심리학은 일반 심리학, 비교 심리학, 사회역사적 심리학을 포함한다.

오이켄

루돌프 오이켄(Rudolf Eucken, 1846-1926)은 논리적 지성뿐만 아니라 인간 가치를 정당하게 평가하려는 형이상학 체계를 제시하며, 학계 외에서 그리고 많은 나라에서 윤리적 관념론에 대한 관심을 불러일으키는 데 성공을 거두었다.

저서: 「현대의 정신적 조류」(*Geistige Strömungen der Gegenwart*, 1909)는 1878년에 「현대의 근본 개념의 역사와 비판: 위대한 사상가의 삶의 직관」(*Geschichte und Kritik der Grundbegriff der Gegenwart: Die Lebensanschauungen der grossen Denker*, 1890)으로 처음 나왔다; 「정신적 생활 내용을 향한 투쟁」(*Der Kampf um einen geistigen Lebensinhalt*), 1896; 「삶의 의미와 가치」(*Der Sinn und Werth des Lebens*), 1907; 「새로운 삶의 직관의 개요」(*Grundlinien einer neuen Lebensanschauung*), 1907; 「정신 생활 철학의 입문」(*Einführung in eine Philosophie des Geisteslebens*), 1908.

오이켄에 따르면, 자연주의도 지성주의도 실재를 충분하게 해석할 수 없다. 전자는 그 원리가 부정하는 정신 세계를 항상 암묵적으로 전제하는 반면에, 후자는 경험을 논리적 사고와 결코 조화를 이루게 할 수 없다. 우리 자신과 역사에서 자신을 드러내는 정신과 무한자에 대한 정신의 열망은 보편적인 정신적 과정, 저 너머의 독립적이며 예지적인 세계를 모든 개별적 정신 생활의 원천으로 지적한다. 우리는 자유롭고 자기 능동적인 정신을 우리 자신 안에서 경험한다: 이는 우리가 추론할 수 없고 다만 그 즉각성에서 파악할 뿐인 공리적 사실 혹은 작용이다. 인간은 그 본질에서 역사를 초월한다. 인간은 불완전하고 완전을 추구하는 한에서만 역사적 존재이다. 정신 생활은 물질적 자연의 부수 현상이거나 자존적 총체성, 보편적 전체, 모든 존재의 원천이다. 만일 인간 생활이 자연에 있는 단순한 사건에 불과하다면, 그것은 쓸모없다. 자연에서 가장 고상하고 가장 뛰어난 모든 것은 단지 환상이며 우주는 비이성적이다. 종교가 추구하는 것은 인간의 행복이 아니라 인간에 기초한 참된 정신 생활의 보존이다. 인간의 정신적 자질과 그의 실재적 상황의 명백한 대조는 인간에게, 더 높은 힘이 자신 안에서 활동한다는 깊은 확신을 불어넣는다. 진리와 사랑에 대한 열망, 단순한 현상의 흐름에 휩쓸리기보다 참된 생활을 영위하려는 갈망을 우리는 인간의 마음에서 뿌리뽑을 수 없다. 인간 안에 있는 쉬지 않는 추구, 자기 활동과 즉각성과 무한성을 향한 충동은 인간 안에서 이루어지는 무한한 능력의 활동이 없이는 생각할 수 없을 것이다. 만일 초험적 세계가 없다면, 정신 생활은 산산조각 나며 그것의 내적 진리를 상실한다. 관념론적 범신론은 좀 더 높은 세계를 향한 욕망에서 나온다.

보편적 생명은 모든 존재의 토대, 인간의 역사와 인간의 의식과 자연의 토대를 형성한다. 보편적 과정은 무기적인 것에서 유기적인 것으로, 자연에서 정신으로, 단순한 자연적인 생기적 생명에서 정신 생활로 발전한다. 그리고 독립과 자기 실현을 향한 이 발전 과정에서 세계는 자신을 의식하게 된다. 하지만 인간의 인격은 이 보편적 정신에 침몰되지 않는다. 참으로 개성의 발전은 오직 보편적 생명 안에서만, 그리고 그것 안에서 공유하는 것으로서만 가능하다.

19세기의 프랑스 철학과 영국 철학

69. 프랑스의 실증주의

감각론(sensationalism)에 대한 반발

프랑스에서 자연주의 철학에 근거한 계몽운동은 혼란스러운 사회적·정치적 변화와 더불어 위대한 혁명에 도달했다. 혁명 이후에, 18세기 후반부 동안 매우 인기있었던 콩디악과 백과사전파와 올바크의 감각론적·유물론적 이론들은 인기를 잃었고, 새로운 철학들이 전면에 나섰다. 과도한 비판과 자유주의가 보수적 반동을 일으켰고 자유로운 사상에 대한 요구가 권위의 원리를 강조하고 초자연주의적 철학을 난세의 처방으로 제시했던 사상학파들에게 반대를 받았던 것은 놀라운 일이 아니다. 그러므로 조셉 드 메스트르(Joseph de Maistre, 1754-1821)는 인간 이성이 인간을 지배하는 데 무능함을 스스로 보여주었으며 신앙과 권위와 전통만이 인간을 억제하고 안정된 사회 질서를 가져올 수 있다고 천명했다.

하지만 심리학이 유물론을 반대하는 가장 훌륭한 주장을 제시하는 것처럼 보였고, 따라서 가장 전망 있는 연구 분야가 되었다. 콩디악의 감각론은 그 학파의 구성원에게조차 만족스럽지 못한 것으로 입증되었다. 유물론자 카바니스(Cabanis)는 생명적 감정과 본능적 반응에 관심을 쏟았다. 그런데 의식적 생활의 요소들은 외감의 단순한 산물로 설명하기가 어려웠다. 콩디악과 카바니스의 추종자로 출발했던 메느 드 비랑(Maine de Biran, 1766-1824)은 의식의 핵심 요소와 인식의 근본 원리를 작용력에서 찾는다: 이 내적인 경험에서 우리는 물질 세계의 현존뿐만 아니라 영혼의 작용을 직접 의식하게 된다고 그는 생각한다. 작용력에 대한 느낌은 힘, 인과 관계, 통일성, 동일성과 같은 개념의 기초이기도 하다.

하지만 유물론에 대한 가장 중요한 반대는 루아에콜라르(Royer-Collard, 1763-1845), 빅토르 쿠쟁(Victor Cousin, 1792-1867), 주프로아(T. Jouffroy, 1796-1842) 등이 제기했다. 소르본의 유능한 철학 교사인 루아에콜라르는 토머스 리드(T. Reid)의 상식 철학을 받아들였다. 쿠쟁은 유심론적 기조(基調)의 절충적 체계를 제시했는데, 이는 리드, 콜라르, 비랑, 셸링, 헤겔의 영향을 보여주었으며 프랑스 교육의 주도적 요인이 되었다.

생시몽(Saint-Simon)

하지만 이 운동들 가운데, 자유와 평등과 동포애의 이상들에 관심을 여전히 품고 있던 한 시대의 필요들을 충족시킬 만큼 충분한 활력을 갖고 있었던 운동은 없었다. 인간 사회의 개혁은 많은 프랑스 사상가들의 꿈으로 남아 있었고, 실제적 문제들을 절충적 철학자들의 이론보다 훨씬 더 매력적인 것으로 여겼다. 사실, 정치적 혁명은 만인의 행복을 가져다 주지 못했다. 낮은 계급의 무지와 비참은 보편적 인권의 선언에 의하여 제거되지 않았다. 그러나 이제 사회적 진화에 의하여, 교육과 계몽에 의한 사회의 점진적 개혁을 통하여 그 목표에 도달할 수 있다는 주장이 제기되었다.

클로드 앙리 드 생시몽(Claude Henri de Saint-Simon, 1760-1825)은 재산과 권력과 문화와 행복의 불평등한 분배를 제거할 새로운 사회 과학에 대한 사상을 품었다. 그에 따르면, 중요한 것은 노동자의 경제적 지적 해방이었다. 그는 정체(政體)를 중요하지 않은 것으로 생각했다. 새로운 그리스도교가 필요하다고 그는 천명했다. 그것은 자기 부인이 아닌 세상에 대한 사랑을 선포할 것이며, 사랑의 계명을 강조할 것이다. 생시몽에게는 사랑의 계명이 가난하고 비천한 사람들에 대한 사랑을 뜻했다. 사회 개혁은 사회 법칙에 대한 지식을 전제하며,

따라서 우리의 세계관뿐만 아니라 과학의 개혁을 함축한다. 그는, 현재는 비판과 부정과 해체의 시기, 정신적 무질서의 시대, 비판적이고 비(非)유기적 시대라고 주장했다. 중세는 구성의 시대, 정신적 사회적 조직의 시대, 유기적 시대였는데, 우리는 그런 시대로 돌아가야 한다. 우리는 새로운 사상 체계가 필요하며, 이는 실증 철학이어야 한다. 경험과 과학에 근거한 체계여야 한다.

콩트(Comte)

체계적 사상가라기보다 호소력있는 예언자이며 열정주의자인 생시몽은 실증 철학을 구축할 사람이 아니었다. 그 일은 오귀스트 콩트가 맡았다. 그는 생시몽으로부터 그의 저서 「산업인의 교리문답」(1823-24)을 위해 과학적인 교육 체계를 다루는 부분을 써 달라는 요청을 받았다. 그러나 콩트의 설명은 선생에게 교육의 정서적·종교적 국면을 제대로 평가한 것으로 비치지 않았다.

콩트는 1798년 몽펠리에의 정통 가톨릭 가정에서 태어났다. 그는 파리에서 에콜 폴리테크닉을 다녔으며(1814-1816), 이곳에서 정밀과학과 응용과학에 대한 철저한 지식을 획득했고, 그 대학 학생들이 열정적으로 신봉했던 생시몽주의의 원리를 받아들였다. 에콜을 졸업한 후에, 그는 생물학과 역사를 공부했고, 생계를 위하여 수학 강의를 했다. 그는 다년간 생시몽과 교유했지만, 둘은 의견이 일치하지 못했다. 그래서 콩트는 선생으로부터 독립적으로 자신의 사상을 만들기 시작했으며, 할 수 있는 대로 글과 개인 교습을 통하여 생계를 꾸렸다. 그는 교수직을 얻으려고 수차례 시도했지만, 결코 뜻을 이루지 못했다. 1857년에 그는 사망했다.

저서: 「사회를 재조직하기 위하여 필요한 과학적 작업에 관한 계획」(1822); 「실증정치학」(1824); 「실증철학 강의」, 6권(1830-1842); 「실증 정치학 체계」, 4권, 1851-1854(영어 번역서, 1875-1877); 「실증주의 교리문답」 (1858).

사회 개혁과 과학 책의 제목이 가리키듯, 콩트의 이상은 생시몽과 마찬가지로 사회 개혁이다. 이 목표는 우리가 사회의 법칙에 대한 지식 즉 사회 과학을 지닐 때에야 비로소 달성될 수 있다. 이 사회 과학은 다른 모든 과학과 철학적 관

오귀스트 콩트

점을 전제한다. 그러므로 사회 개혁은 정치적·사회적 과학과 철학의 개혁을 요청한다. 새로운 과학을 만들기 위하여 콩트는 전생애를 바쳤던 것이다. 중세는 자신의 신학에서 자신의 세계관(우주와 삶에 대한 일반적 개념)을 갖고 있었다. 그러나 이 신학은 원시적 사유 단계를 대표했다. 근대에 특별히 프랑스에서 이루어진 자연과학의 현저한 발전은 과학적 방법을 새로운 시도에서 추구해야 할 방법으로 제시했다. 과학의 유일한 목적은 자연 법칙 혹은 사실들 사이에 존재하는 일정한 관계를 발견하는 것이며, 이것은 오직 관찰과 경험에 의해서만 이루어질 수 있다. 그렇게 획득된 지식은 실증적 지식이다. 그리고 실증 과학에 의하여 검증된 그런 지식만이 인간 관행의 다양한 분야에서 성공적으로 응용될 수 있다. 우리는 그런 지식을 아직 획득하지 않았으므로, 발전된 자연과학에서 사용된 방법들을 모방함으로써 그 지식을 획득하는 것이 우리의 일이다. 콩트는 경험론 학파의 사상가들의 편을 든다. 그는 흄과 디드로가 중요한 연결 고리 역할을 하는 철학자들의 집단에 속한다.

지식의 진화 콩트의 이상인 실증적 지식은 역사적 진화의 결과이다. 인간의 정신은 세 단계(세 단계의 법칙)를 거친다. 혹은 세 가지 철학하는 방법을 사용한다. 즉 **신학적 방법**과 **형이상학적 방법**과 **실증적 방법**인데, 각각은 자신의 실천적 가치와 그것에 상응하는 사회적 제도를 갖는다. 유아기인 신학적 단계에서, 인간은 물신숭배로부터 다신론을 거쳐 일신론에 도달하면서, 사물을 신인동형론적으로, 초자연적 존재의 표현으로 본다. 이는 군주제와 절대권위의 시대이며, 그 지도자는 사제들이다.

청년기인 형이상학적 단계에서는, 추상적 권력 혹은 실체가 인격적 존재들을 대신한다. 그런 권력 혹은 본질은 상이한 사물들에 내재하며 그것들에서 관찰되는 현상들의 필연적 원인인 것으로 가정된다. 이 원인들의 지식으로부터, 그것들의 결과들에 대한 지식이 도출된다고 한다. 처음에는 화학적 힘, 생명력, 정신력과 같은 상이한 권력들이 상이한 현상 집단을 설명한다고 가정된다. 그러나 이전 단계에서처럼 하나의 첫째 세력에 도달하는 경향이 있다. 형이상학적 시대는 민족주의와 주권재민의 시대이다. 법률가들이 그 시대의 주도적 정신이다. 그러나 신학과 형이상학은 절대적 지식의 가능성과 사물들의 가장 내면적 본질을 설명할 가능성을 믿는다.

실증주의의 시대에서는 사물들의 내적 본질을 발견하려는 시도를 쓸모없는 것으로 버리고 현상 사이에 현존하는 통일된 관계를 발견하려는 노력으로 대체된다. 제기되는 질문은 왜가 아니라 어떻게이다. 자연 법칙들은 절대적 원인을 대신한다. 우리는 열과 빛과 전기가 그 자체로 무엇인지 알 수 없지만, 그것들이 일어나는 조건과 그것들을 지배하는 일반 법칙들을 인식할 수 있다. 빛을 설명하는 것은 빛을 운동 법칙 아래 가지고 가는 것이다. 그런 지식은 실제적 목적에 충분하다. "예견하기 위하여 보는 것"(voir pour prévoir)—이것이 실증주의자의 모토이다.

인간 정신은 모든 것을 통일성으로 환원하려 한다. 그러나 이는 단지 주관적 경향이다. 우리는 자연의 많은 상이한 법칙들을 단일한 전포괄적 법칙으로 환원할 수 없다. 경험은 그것을 위하여 너무 많은 비환원적 차이점을 드러낸다. 콩트는, 실증적이라는 말은 실재적, 유용한, 확실한, 의심할 수 없는, 엄밀하다는 뜻을 갖고 있으며, 부정적인 것의 반대를 뜻한다고 한다: 실증적 지식은 단순한 부정이나 비판이 아니다.

과학의 분류 콩트는 실증주의 철학을 구축하는 일을 자임한다. 이 철학은 상이한 과학에 의하여 산출된 일반 법칙을 수집하고 배열하며, 그것들에 공통된 방법을 우리에게 제공하고 어떻게 그것들이 서로 연관되는지를 보여준다. 즉 우리에게 과학의 분류를 제공한다. 그와 같은 종합은 전공의 해악을 극복하는 방법일 뿐만 아니라 교육에 가치있다. 콩트는 학문이 실증주의자 단계에 들어서는 순서에 따라 학문들을 배열한다: 수학(산수, 기하, 역학), 천문학, 물리학, 화학, 생물학, 사회학(여기에다 콩트는 나중에 윤리학을 이 모든 것의 절정으로 첨가한다). 이 분류는 단순성에서 복잡성으로의 점진적 발전을 보여준다: 가장 단순하고 가장 추상적이며 보편적인 명제들을 담고 있는 수학이 먼저 등장하며 나머지 모든 학문의 기초를 이루며, 반면에 모든 학문 가운데 가장 복잡한 사회학은 앞선 과학들을 전제한다. 그 이유는, 법칙이 더 단순하고 더 일반적일수록 그것의 응용이 넓을 것이기 때문이다.

기하학의 진리는 연장되는 한에서의 모든 현상에 타당하다 — 정적인 견해. 역학의 진리들은 운동하는 한에서의 모든 현상에 타당하다 — 동적인 견해. 모든 학문이 상승적 계열에서 앞의 것들을 전제하지만, 콩트는 특정한 수준의 현상들이 하위 수준의 현상들로부터 나올 수 있다고 주장하지 않는다. 가령 생명 현상이 운동의 현상에서 나올 수 있다고 주장하지 않는다. 그런 환원주의적 견해는 콩트가 절대적으로 거부하는 유물론이 될 것이다: 우리는 유기적 현상을 기계적으로나 화학적으로 설명할 수 없다. 과학의 여섯 분야 각각에서 다른 분야와 구분되는 새로운 요소가 첨가된다. 동일한 지적은, 단일 과학 내의 현상들에도 적용된다: 열은 전기와 구분되며, 식물은 동물과, 다양한 유기종은 서로 간에 구분된다.

우리는 콩트의 과학 목록표에서 논리학과 심리학과 윤리학을 보지 못한다. 지적 기능의 학문으로서 논리학은 수학보다도 선행하는 듯이 보일 것이다. 그러나 프랑스 철학자들은 논리학을 심리학의 한 분과로 보았다. 그리고 심리학은 콩트에 따르면 개별 학문이 아니었다. 정신이나 영혼은 형이상학적 실체이며, 실증주의를 위하여 존재하지 않는다: 우리는 정신 과정을 주관적으로 관찰할 수 없다. 왜냐하면 내성(introspection)이 불가능하기 때문이다. 우리가 할 수 있는 것은 그것들을 객관적으로 연구하는 것, 즉 그것들이 연관되어 있는 유기적 현상과 그것들이 표현되는 인간 제도를 연구하는 것뿐이다. 그러므로 심리학은 부분적으로는 생물학에, 부분적으로는 사회학에 속한다. 사실, 심리학을 이런 구도에 집어 넣었다면, 콩트에게 매우 큰 난점이 생겼을 것이다. 기하학과 역학은 정신적인 과정과 같이 독특한 과정에 응용될 수 없으며, 그의 분류는 붕괴할 것이다. 그러나 유기적 과정이 독특한 것이며 기계적으로 설명될 수 없어 보이지만 이 계열에서 자신의 자리를 가질 수 있다면, 왜 심리학이 배제되어야 하는지를 알기란 어렵다. 콩트는 이런 사상을 일관되게 만들지 못했다. 그는 갈(Gall)의 골상학(骨相學)에 대한 관심과 모든 내성적 심리학에 대한 혐오 때문에 정신적 상태를 뇌의 기능으로 보기에 이르렀다.

사회 과학 이 사다리에서 가장 마지막이며 가장 복잡한 과학이며, 실증주의 단계에 막 들어서는 학문은 사회학이다. 사회학은 다른 과학들 특별히 생물학에 의존하며 — 왜냐하면 사회는 유기적 개인으로 구성되기 때문이다 — 경제학, 윤리학, 역사 철학, 심리학의 상당 부분을 포함한다. 콩트는 이 사회학의 창설자라는 명성을 얻었으며, 사회학이라는 말을 썼다. 사회과학과 역사철학을 떠나서 심리학과 윤리학과 경제학을 연구하는 것은 불가능하다: 그것들이 다루는 현상들은 사회와 사회 발전과 교호적 관계를 맺고 있다. 사회 정태학(社會情態學)은 하나의 사실로서 사회에 대한 연구, 사회 현존 법칙들과 사회 질서에 대한 연구이다. 사회 역학은 발전하는 사회에 대한 연구이다: 이는 역사 철학이며, 사회의 **진보**를 추적하려 한다.

　사회 생활은 자기 이해가 아니라 사회적 충동에 의하여 생긴다. 인간은 이기주의적 충동들을 갖고 있으며, 이 충동들 역시 사회에 필수 불가결하다. 충동이 고상할수록, 지성에 의하여 지탱되는 이타적 감정은 이기적 본능에 대한 지배권을 획득한다. 이 이기적 본능은 처음에는 이타주의(이는 콩트가 만든 용어이다)보다 강렬하며 따라서 사회를 가능하게 하려면 억제되어 있어야 한다. 가정은 사회의 단위이며 더 큰 사회 생활을 위한 준비이다. 지성은 진보의 주도적 원리이다. 진보는 인간을 짐승과 구별하는 인간 기능들의 발전에, 이성과 더 높은 혹은 고상한 충동들의 향상에 있다. 사회는 이미 나열한 지성의 단계들에 상응하게 세 가지 발전 단계를 거친다.

군국주의(militarism)는 질서, 규율, 강제력을 특징으로 한다: 조직은 발전의 일차적 조건이다. 그 다음에 혁명적 단계, 정치 권리의 단계, 부정의 이행기가 온다. 실증주의 단계, "인간성의 최종적 단계"는 산업주의의 단계이다. 이 단계에서는 인간의 정치적 문제 행동보다 사회적·경제적 문제 행동이 강조된다. 이는 과학적 조사를 주도하고 공공 교육을 감시하고 한편으로는 여론을 알리면서 다른 한편으로는 사회적 생산을 규율하게 될 전문가의 시대이다. 콩트는 국민 대표제가 전문가를 우매한 자들에게 의존하게 만들 것이라는 이유로 반대한다. 여론은 그릇된 정치에 대한 해독제이다. 그는 사회적 문제가 결국 도덕적 문제이며, 실증주의적 사회가 이념과 관습의 변화에 의해서만 등장할 것이라고 믿는다. 콩트의 주된 목적은 사회의 개혁이며, 이는 필연적으로 윤리적 이상에 근거한다. 그는 자신의 이상에 비추어 역사를 해석한다: 진보는 인간의 이상의 실현, 사회에서 이루어지는 인간의 완성을 뜻한다. 역사는 이 이상을 향하여 움직이고 있다. 지적·사회적·윤리적 진보는 인간성의 최종 단계인 실증주의를 향하여 곧장 가고 있다. 실증주의가 결국 독단론이 된다는 것을 알기란 어렵지 않다: 실증주의는 하나의 형이상학 체계가 된다.

윤리학과 인류교(人類敎, the religion of humanity) 콩트는 인생 후반기에 삶의 정서적·실천적 측면을 더욱 강조하며, 윤리적 이상을 더욱 뚜렷이 부각시켰다. 그의 초창기에는 지성이 사회 개혁에서 큰 요소로 강조되었다. 이제는 이성과 과학이 감정과 관행에 종속된다. 객관적 방법이 주관적 방법으로 대체되는데, 여기서 주관적인 방법이란 그것이 지식과 주관적 필요의 만족과 그리고 우리의 세계관에서 등장하는 통일성과 단순성을 향한 욕구와 결합시킨다는 뜻이다. 윤리학이 일곱번째이자 최고의 학문으로서 첨가된다. 그러므로 다른 모든 학문은 윤리학에 이바지한다. 인간의 큰 문제는 할 수 있는 대로 개인성을 사회성에 종속시키는 것이다. 모든 것이 인간성에 관련되어야 한다. 사랑은 핵심적 충동이며, 다른 사람을 위하여 사는 것은 절대적 요구이다. 인간은 예배를 받을 만한 위대한 존재이다. 이것이 실증주의적 "인류교"의 핵심 교의이다.

70. 벤담의 공리주의적 윤리학

윤리 이론으로서 공리주의는 영국 경험론의 심리학적·철학적 얼개 안에서 제러미 벤담(Jeremy Bentham, 1748-1832)에 의하여 발전되었다. 벤담은 고전적인 영국 경험론자들, 특별히 흄에게 큰 빚을 졌는데, 그의 경험적 방법과 윤리적 동기에 대한 그의 심리학적 분석과 그의 윤리적 법적 이론에 스며들어 있는 개인주의와 유명론이 그것이다.

벤담의 주된 관심은 법률 이론이었으며, 그는 법률 이론과 관행을 위한 윤리적 기초를 제공하기 위하여 공리주의를 발전시켰다. 그는 본질적으로 개인의 도덕적 행동에서의 지침으로서 그리고 사회의 입법적 개선을 위한 기초로서 윤리론을 형성하는 것을 주된 관심사로 갖고 있던 개혁가였다. 우리는 그에게서 위대한 도덕 철학자들이 설명한 그런 체계적인 윤리 이론을 기대해서는 안 된다. 그는 윤리학에 나타난 역사적 입장들과 관련하여 자신의 윤리적 입장을 규정하는 데 별로 관심이 없었다. 그가 초기 이론에 대하여 제시하는 보잘것없는 비판은 매우 일반적이고 포괄적이며, 주로 금욕주의와 동정의 윤리학을 겨냥한 것이다. 그가 반전된 쾌락주의로서 간단히 거부하는 금욕의 윤리학은 "행복을 줄이려고 하는 행동은 승인하고, 행복을 증가시키려는 행동은 승인하지 않는다." 벤담은 동정과 반감의 원리라는 제목 아래 도덕 감정 이론에서부터 "옳음의 영원하고 오류없는 규칙"을 말하는 합리론까지 다양한 윤리론을 비판한다. 그가 모든 형태의 직관론적 윤리학에 퍼붓는 비난은, 그것들이 윤리적 판단의 기초와 도덕의 기준으로서 주관적 감정밖에 제공하지 못한다는 점이다.

공리(utility)의 원리

벤담은 금욕주의와 직관주의에 반대하면서, 자신의 공리 원리를 제공한다. "이 원리는 그 이해가 문제되고 있는 당사자의 행복을 증가시키는지, 아니면 감소시키는 경향에 따라 모든 행동을 승인하거나 거부한다."(『도덕 및 입법의 원리』, 1장) 그는 "공리란 어떤 대상의 성질을 뜻하는데, 그것에 의하여 이 대상은 그 이해가 고려되고 있는 당사자에게 이익이나 유리한 점이나 쾌락이나 선이

제러미 벤담

나 행복을 산출하든지 아니면 손해와 고통과 해악과 불행의 발생을 막는 경향이 있다"고 서둘러 설명한다. 벤담에 따르면 공리의 원리는 직접적 증명을 허용하지 않는다. 그것은 너무 근본적이라, 도덕적·법률적 분야들에서 모든 증명의 기초이다. 모든 증명의 논리적 토대 자체는 증명될 수 없는 것이라고 그는 주장한다. 이 원리가 허용하는 유일한 증명은 간접적인 것인데, 다른 모든 윤리적 원리들(가령 금욕주의의 원리와 동정의 원리)이 무의식적으로 공리의 원리를 전제한다는 것을 보여주는 데 있다. 공리의 원리는 선을 행복이나 쾌락과, 악을 고통과 동일시한다. 그래서 벤담의 공리주의는 일종의 쾌락주의이며, 우리가 앞으로 살펴보게 되듯이 에피쿠로스의 좀 더 세련된 쾌락주의보다 아리스티포스의 조잡한 쾌락주의에 가깝다.

그는 쾌락의 원리를 옳고 그른 혹은 선하고 악한 행동의 기준으로 사용하므로 윤리적 쾌락주의일 뿐만 아니라, 쾌락에 대한 욕망과 고통에 대한 혐오를 인간 행동의 유일한 동기나 원천으로 인정하므로 심리학적 쾌락주의이기도 하다. 그는 자신의 대저서의 초두에 언급한다:"자연은 인간을 두 주권적 지배자의 통치 아래 두었으니, 곧 **고통**과 **쾌락**이다. 오직 그것들만이 우리가 무엇을 해야 하는지를 규정할 뿐만 아니라 우리가 해야 할 일을 지적한다. 한편으로 옳고 그름의 기준과 다른 한편으로 원인과 결과의 사슬이 그들의 보좌에 매여져 있다."

고통과 쾌락은 우리가 행하거나 말하거나 생각하는 모든 일에서 우리를 지배하며, 그것들의 통제력에서 벗어나려는 어떤 시도라도 본질적으로 그것들에 의하여 촉진될 것이다. 그는 윤리학과 법률 체계에서 작용하는 쾌락 원리를 상세히 설명하면서, 쾌락과 고통의 네 가지 "재가(裁可)" 혹은 원천을 나열한다: (1) 물리적인 것 (2) 정치적인 것 (3) 사회적인 것 (4) 종교적인 것. 이 네 가지 가운데 물리적인 것이 가장 중요하다. 사실 그는 다른 세 가지 재가들이 물리적 재가로 해소될 수 있다고 주장한다. 그러면 이런 나열의 가치는 무엇인가? 명백히 재가의 분류는 이론적 의의보다 실천적 의의를 갖는다. 이는 인간을 도덕적으로 행동하도록 이끌 때 사용될 수 있는 그런 동기나 자극제를 찾는 데 편리한 지침을 벤담에게 제공하며, 도덕적 행동을 가르치는 실천적 이해를 증진한다. 네 가지 재가들은 이론적으로나 심리적으로 하나인데, 그것들 모두 행동의 유일한 원천인 쾌락과 고통에 의존하기 때문이다. 그러나 이들은 이 동기 부여력을 활동하게 만드는 네 가지 구분되는 방법들이다.

쾌락의 계산법

벤담의 공리주의에 대한 설명은 그의 쾌락의 계산법 혹은 여러 대안적 행동들을 결정할 때 쾌락과 고통에 대한 양적 계산 체계를 언급하지 않고서는 완성되지 않을 것이다. 도덕적 행동의 평가에서 가늠되어야 할 일곱 가지 요소들 혹은 가치 차원들이 있는데, (1) 강도(intensity) (2) 지속성(duration) (3) 확실성(certainty) 혹은 불확실성(uncertainty) (4) 근접성(propinquity) 혹은 원격성(remoteness) (5) 생산성(fecundity, "혹은 그것에 동일한 종류의 감각이 따라오는 가능성") (6) 순수성(purity, "혹은 대립적인 종류의 감각이 그것에 따라오지 않을 가능성") (7) 파급범위(그것이 확대되거나 그것에 영향받는 사람의 수) 등이다. 쾌락과 고통의 이 모든 차원들은 측정 가능한 양(量)이며, 따라서 계획한 행동의 쾌락-고통의 결과를 평가할 때 그것들에 따르는 쾌락적 가치는 판단될 수 있다. 의도한 행동의 총체적 가치나 대안적 행동 과정의 가치를 비교하는 일의 총체적 가치를 계산하는 정량적 방법이 바로 벤담의 쾌락의 계산이다. 벤담이 행동의 도덕적 가치를 평가할 때 "파급범위"를 고려할 요소로 포함시킨 것은 중요하다. 벤담의 쾌락주의는 개인주의적 정향을 갖고 있지만, 다른 사람들의 행복을 무시하지 않는다. 사회 혹은 개인들의 공동체의 이해가 윤리학에 의하여, 따라서 법률에 의하여 고려되어야 한다. 그리고 벤담은 이를 "최대 다수의 최대 행복을 산출하도록 인간의 행동을 지도하는 기술"이라고 규정한다. 하지만 이 공동체는 그 구성요소인 개인위에 있는 집합적 실체로서 설명될 수 없다. 벤담은 경험론을 토대로 한 자신의 개인주의를 철저히 고수하면서, 공동체를 "마치 그 구성원인 듯이 그것을 구성하는 것으로 간주되는 개인으로 구성된 의제적 단체"로 서술한다. "그러면 공동체의 이해는 무엇인가? 그것을 구성하는 성원들의 이해의 총합이다." 벤담이 "최대 다수의 최대 행복"이라는 공리주의적 이상을 규정할 때, 이런 유명론적인혹은 의제(擬制)적인 공동체 개념이라는 측면에서이다. 더욱이 그는 "일반적 행복에 이바지하는 행동이란 언제나 그 수행자의 행복에 이바지하는 행동과 일치한다"고 확신한다. 그러므로 일반적 행복을 추구하는 것은 개인의 이익에 부합한다.

저서: 「정부론 단상」(*A Fragment of Government*), 1776; 「도덕과 입법의 원리에 관한 서설」(*An Introduction to the Principles of Morals and Legislation*), 1789; 「형벌의 근거」(*The Rationale of Punishment*), 1830; 「의무론 혹은 도덕 과학」(*Deontology or Science of Morality*), 1834.

---

71. 스코틀랜드의 합리론 철학

오컴의 윌리엄의 시대 이후로 영국 철학은 유명론과 경험론을 향한 확고한 경향과 형이상학에 대한 무관심을 보여주었지만, 그와 반대되는 합리론 학파들이 완전히 사라진 것은 결코 아니었다. 우리는 이미 17세기의 케임브리지 플라톤주의자들과 상식 철학이 스코틀랜드 대학들을 지배하던 18세기와 19세기 초의 토머스 리드와 그의 학파로 대표되는 흄에 대한 반발을 언급했다. 상식 철학 운동의 가치는 적극적인 가르침에 있다기보다 경험론 비판과 그것이 영국에서 경험론의 전제들에 대한 좀 더 철저한 재검토에 부여한 추진력에 있다. 스코틀랜드 철학은 나중에 칸트의 비판 철학의 영향을 받게 되는데, 주목할 만한 인물로는 윌리엄 휴얼(William Whewell)과 윌리엄 해밀턴 경(Sir William Hamilton)이 있다.

휴얼

「귀납 과학의 역사」(History of the Inductive Sciences), 「귀납 과학의 철학」(Philosophy of the Inductive Sciences), 「도덕 철학의 원리」(Elements of Moral Philosophy)의 저자인 윌리엄 휴얼(1795-1866)은 경험론이 귀납의 중요한 특징을 무시했다고 주장한다: 정신이 현상의 지식에 수많은 이념과 원리를 제공하며 이 이념과 원리 때문에 경험의 내용이 조직되고 통일된다는 사실이 그것이다. 정신의 이 근본 개념들은, 우리가 그 개념들의 작용을 의식하기에 앞서서 우리가 자연을 해석하고 그것의 자료를 우리의 언어로 번역할 때 사용된다. 우리의 무의식적 추론에 관련되는 이 이념과 원리들은, 그것들의 대립자들이 파악할 수 없는 것이라는 의미에서 필연적이다. 그런 근본적 이념들과 원리들은 단순한 이해력으로 활동한다. 사실 우리는 그것들이 작용하지 않는 정신 활동을 전혀 파악할 수 없다. 그것들은 경험을 통하여 획득되며 발전된다. 물론 그것들이 경험으로부터 유래하는 것은 아니다. 그것들은 정신 안에 이미 만들어져 있는 것으로서 존재하지 않고 정신이 감각에 의하여 움직일 때 발생한다. 그것들은 정신이 그 재료에 작용하는 방법들이다. 그런 원리들 가운데서 휴얼은 우리가 옳은 것을 해야 한다는 도덕적 공리 외에 공간, 시간, 원인, 목적을 언급한다. 귀납적 과학에 관한 그의 작품들은 소중하다. 존 스튜어트 밀은, 사실 그것들이 없었다면 이 분야에서 자신의 과제를 달성할 수 없었을 것이라고 우리에게 말한다.

해밀턴

윌리엄 해밀턴 경(1788-1856)도 마찬가지로 상식철학파를 넘어서 칸트적 비판주의의 방향으로 나아갔다. 그의 작품들로는, 「철학과 문학에 관한 논의」(Discussions on Philosophy and Literature, 1852), 「형이상학과 논리학의 강의」(Lectures on Metaphysics and Logic, 1859) 등이 있다. 그는 도덕적·종교적 문제에 주로 관심을 가졌으며, 칸트의 비판 철학에서 자신의 신학의 기초를 발견했다.

해밀턴은 필연적 혹은 선험적 진리가 있다고 주장한다. 즉 그 자체로 절대적 확신을 갖고 있으며 보편성과 필연성을 궁극적 표준을 갖고 있는 단순하고 자명한 진리들이 있다는 것이다. 인과 법칙, 실체의 법칙, 동일률과 모순율과 배중률(排中律, excluded middle)은 필연적 진리이다. 그것들이 참되지 않다는 것은 생각할 수 없다. 우연적 진리들(가령 외부 세계의 현존)은 우리가 그 허위성을 생각할 수 없는 것이 아니나, 실천적 행위를 위한 기초로서 받아들여져야 한다.

해밀턴은 그의 자연적 실재론에서 스코틀랜드 상식 철학과의 영향을 드러낸다: 우리는 실재로 현존하는 것으로서 세계에 대한 직접적 의식을 갖지만, 물질적인 혹은 정신적 실체를 직접 파악하지는 않는다. 우리는 현상만을, 공존하는 현상의 계열이나 집합만을 직접 파악한다. 이 현상 혹은 성질들은 무엇의 현상, 연장되어 있고 견고하고 모양을 갖춘 무엇의 현상임에 틀림없다. 사유의 법칙은 우리로 하여금 절대적이며 알려지지 않은 무엇을, 상대적이며 알려진 것의 기초나 조건으로 생각하도록 강요한다. 물질에 적용되는 것은 정신에도 적용된다. 정신과 물질은 인식되었건 인식 가능하건 상관없이 현상이나 성질의 두 가지 상이한 계열에 불과하다. 그것들은 알려지지 않고 인식될 수 없는 것으로서 이 상이한 성질들이 내재한다고 가정되는 두 개의 실체들이다. 그러므로 우리는 성질, 속성, 현상은 직접 파악하지만 실체는 직접 파악하지 못한다.

72. 존 스튜어트 밀의 경험론

경험론과 실증주의

흄은 자기가 생각하는 경험론의 전제의 궁극적 결과를 이끌어냈다. 만일 우리의 인식이 인상(印象)들과 그것들의 흐릿한 모사 혹은 관념에 제한되며, 자아가 단지 감각의 다발에 불과하다면, 우리는 보편적이고 필연적인 인식을 갖지 못한다: 원인의 개념은 시간적 연속의 관념으로 환원된다; 그리고 그것에 동반되는 필연성의 의식은 습관 혹은 신념으로 환원된다; 정신적 혹은 물질적 실체를 우리의 감각의 원인으로 가정하는 것은 착각이다. 흄의 반성은 결국 부분적인 회의론과 불가지론과 현상론에 이르러 격렬한 반대를 불러일으켰고, 그 결과로 우리가 보았듯이 스코틀랜드 학파의 상식 철학이 발전했다. 하지만 프랑스에서 자연과학의 진보와 실증주의의 등장 때문에 19세기 중반 무렵에 경험론의 개념이 다시금 영국의 사상에 주도적인 자리를 차지하게 되었다. 경험론은 흄과 하틀리의 이론들로부터 발전되었고 존 스튜어트 밀의 「논리학」에서 그 최고 형태를 달성했다.

이 사상가는 자신이 추앙해 마지않던 오귀스트 콩트의 영향력을 벗어나지 못했지만, 자기 아버지 제임스 밀(James Mill, 1773-1836)과 제러미 벤담(1748-1832)을 포함하여 전통적인 영국 학파의 지도자들을 자신의 지적 지도자로 두었고, 콩트의 저술이 나오기 전에 자신의 입장을 확립했다. 사실 프랑스 실증주의와 당시의 영국 경험론은 공통점이 아주 많아서, 몇몇 역사가들은 영국의 경험론을 콩트의 운동의 결과로까지 보기도 했다. 두 견해의 정신적 태도는 동일하다: 둘은 사실과 과학적 방법의 가치를 강조하며, 원칙적으로 형이상학을 반대한다; 둘은 사회적 개혁을 목표로 삼고 인간의 행복과 발전을 윤리적 이상으로 여긴다. 하지만 실증주의자들은 개별 과학의 방법과 결과에 관심을 기울이며 인간 지식의 분류와 체계화를 모색하지만, 존 스튜어트 밀은 자신의 학파의 전통들에 충실하면서 콩트가 무시하는 심리학과 논리학을 자신의 출발점으로 삼으며 여기서 문제의 해결책을 발견한다.

존 스튜어트 밀(John Stuart Mill, 1806-1873)은 동인도회사의 비서이며, 경제학과 정치학과 사회학과 철학에 관련된 글을 썼던 제임스 밀의 아들이었다. 아버지 밀은 아들의 유년 시절부터 지적인 훈련을 시켰고, 거기에 세심한 관심을 쏟았다. 그는 아들에게 18세기의 철학과 하틀리의 심리학과 벤담의 윤리학을 소개했다. 이 모든 것은 소년에게 강한 인상을 남겼다. 하틀리의 관념연상론은 아버지 밀에게처럼 존 스튜어트 밀의 심리학과 관련 연구의 지도 원리가 되었다. 반면에 아들 밀이 말하듯이 벤담의 공리 원리는 사물에 대한 그의 생각에 통일성을 주었고 그의 열정에 구체적인 형태를 부여했다. 1823년 몇 년간 여행과 법률 연구에 시간을 보낸 다음, 밀은 동인도회사에 근무했으며, 1858년 의회에서 동인도회사를 폐지할

존 스튜어트 밀

때까지 거기서 활동했다. 1865년에 그는 자유당 국회의원에 선출되어 3년 동안 봉사했지만, 조국의 정치 생활에 미친 그의 가장 큰 영향은 그의 저술들을 통하여 발휘되었다.

저서: 「논리학」(*Logic*), 1843; 「정치경제원리」(*Principles of Political Economy*), 1848; 「자유론」(*Liberty*), 1859; 「의회 개혁에 대한 생각」(*Thoughts on Parliamentary Reform*), 1859; 「대의정부론」(*Representative Government*), 1860; 「여성의 종속」(*The Subjection of Women*), 1861; 「공리주의」(*Utilitarianism*), 1861; 「오귀스트 콩트와 실증주의」(*Auguste Comte and Positivism*), 1865; 「윌리엄 해밀턴 경의 철학에 대한 검토」(*Examination of Sir William Hamilton's Philosophy*), 1865; 제임스 밀의 「인간 정신 분석」(*Analysis of the Human Mind*)의 편집, 1869; 「논문과 토론」(*Dissertations and Discussions*), 1859–1874. 그의 「자서전」(*Autobiography*)과 「종교에 관한 세 논문」(*Three Essays on Religion: Nature, The Utility of Religion*)과 「유신론」(*Theism*)은 사후에 출간되었다.

과학과 사회 개혁

사회적·정치적 개혁의 이상은 밀의 지성적 노력에 방향을 제공했다. 그는 진보와 계몽에 대한 18세기의 열정주의를 공유했고, 교육이 바꾸거나 파괴할 수 없는 자연적 충동은 없으며 인간의 성품은 인간의 이념과 더불어 변할 것이라고 주장하면서, 교육의 뛰어난 효능을 믿었다. 지식은 개혁을 가능하게 하기 위하여 필요하다. 옳은 목표와 그것을 실현하는 수단에 대한 지식 말이다. 그러나 지식에 도달하기 위해서는 올바른 방법이 사용되어야 한다. 밀은 이 방법에 대한 연구를 자신의 「논리학」에서 밝혔다. 자연과학의 놀라운 진보는 과학적 방법과 정신적 혹은 도덕적 과학(심리학, 윤리학, 경제학, 정치학, 역사)에 대한 그것들의 응용을 검토할 것을 암시했다. 하지만 인식 방법의 탐구는 인식론의 일반 원리에 대한 고찰 없이는 성공적으로 수행될 수 없다. 그리고 그런 연구가 「논리학」에 있다. 이 책은 지금까지 기록된 경험론의 인식론에 대하여 가장 철저한 설명서로 평가받아 왔다.

논리학

흄은 우리가 보편적이며 필연적인 인식에 도달할 수 없다고 가르쳤다; 우리는 사물들 가운데 어떤 필연적인 연관을 경험하지 못한다; 직관론자들이 그렇게 강조했던 판단의 필연성은 습관의 결과일 뿐이다. 우리는 우리의 관념만 인식하는데, 이 관념들은 유사성과 근접성과 인과성에 의한 결합 법칙에 따라 어떤 시간적 질서에서 서로 계기한다. 하틀리는 흄의 세 가지 법칙을 인접성의 법칙으로 환원하면서 이 연상론(聯想論)을 만들었다: 관념들은 이전에 의식에서 결합되었던 다른 관념들을 상기한다. 그는 모든 정신적 과정을 이 법칙의 경우들로 설명하려 했다. 이 이론을 기초로 하여, 인식은 관념의 확고하고 일관된 결합에 다름 아니며, 소위 사유의 필연성은 이 결합들의 확고성의 표현에 다름 아니다. 그러므로 인식한다는 것은 우리의 관념들의 연속을 연구하고, 우연적이고 임시적인 결합을 제거하고 영구적이며 지속적이며 불변하게 반복되는 순서, 올바르고 타당한 순서를 발견하는 것을 뜻한다. 이는 귀납 방법들에 의하여 달성된다. 그리고 밀은 현대 경험론적 연구에 의하여 사용되는 것으로 서술한다. 그래서 모든 추론과 증명, 자명하지 않은 진리의 모든 발견은 귀납과 귀납의 해석으로 구성된다. 직관적이지 않은 우리의 모든 지식은 이 원천으로부터만 나온다.

귀납 추론

밀의 모든 논리 이론은 연상 법칙들에 근거한다. 아동은, 불과 불타는 것이 이전에 함께 등장했기에 불이 탄다고 추론한다. 이 경우에, 추론은 하나의 개별자에서 다른 개별자로 나아가는 것이지, 보편자에서 개별자로 나아가는 것도 아니고 개별자로부터 보편자로 나아가는 것도 아니다. 피터가 죽었다는 사실로부터 폴의 죽음을 추론하든지 모든 인간의 죽음을 추론하든지 아무런 차이가 없다: 후자의 경우에, 나는 오직 하나의 개별 사례로만이 아니라 추론을 무한한 수의 개별적 경우들로 확대하고 있을 뿐이다. 나는 두 경우에서 알려진 것으로부터 알려지지 않은 것으로 나아갔다. 그리고 동일한 추론 과정이 관련되어 있다. 하나의 귀납에서 결론은 어떤 개별자들에서 관찰되는 것을 하나 혹은 여러 개의 유사한 개별자들로 확대하며, 그래서 전제에 포함된 것보다 더 많은 것을 포섭한다.

삼단논법적 과정(예컨대 모든 사람은 죽는다, 폴은 사람이다, 그러므로 그는 죽는다)은 추론의 과정이 아니다. 왜냐하면 그것은 알려진 것에서 알려지지 않은 것으로 나아가는 진행이 아니다. 결론을 증명하는 주장으로 파악되는 모든 삼단논법에는, 논점 회피가 있다: 폴은 죽는다는 명제는 이미 모든 사람은 죽는다는 일반 명제에 포함되어 있다. 삼단논법의 대전제는 결론을 증명하지 않는다. 추론은, 모든 사람이 죽는다고 주장했을 때 완성된다. 대전제는 개별 사례들에 의하여 확립된다: 이는 많은 관찰과 추론의 결과에 대한 명확한 혹은 간결한 표현 형식이다. 이는 이미 발견된 것을 실제로 우리에게 말해 주며, 어떤 것이 추론되었으며 어떤 사건 혹은 사실들이 함께 발생하고 그러므로 서로에게 속하도록 추론되었는지를 기록하며, 장차의 귀납적 추론에 대한 지침을 제공한다.

귀납의 근거

그러나 우리가 그런 추론을 할 수 있는 근거는 무엇인가? 모든 귀납 사례에 포함된 가정은, 한때 발생한 것은 충분히 비슷한 상황에서 동일한 상황이 반복되는 만큼 다시 발생한다는 것이다. 그리고 우리는 이 가정에 대하여 어떤 근거를 갖고 있는가? 경험의 근거이다: 우리가 알듯이 어떤 한 사례에 참된 것이 그런 성격에 해당하는 모든 사례에도 참되도록 우주가 구성되어 있다는 것은 보편적 사실이다. 자연의 과정이 제일적(齊一的)이라는 이 원리는 귀납의 근본 원리이다. 하지만 이것 자체가 귀납의 한 사례이다. 엄격한 철학적 정확성을 가장 느리게 달성하는 귀납이다. 만일 그렇다면, 어떻게 그것을 다른 모든 것에 대한 우리의 근거로서 볼 수 있는가? 밀은 여기서 순환 논증을 하고 있는 게 아닌가? 자연의 제일성이라는 법칙의 가정에서 개별 귀납을 증명하고 그런 다음 이 귀납들에 의하여 그 법칙을 증명하고 있는 게 아닌가? 밀은 그렇지 않다고 대답한다. 자연 과정의 제일성이라는 원리는, 삼단논법의 대전제가 항상 결론과 맺고 있는 관계와 동일한 관계를 모든 귀납과 맺고 있다: 이는 그 원리의 증명이 되지 않지만, 그 원리가 증명되는 데 필요 조건이다. 즉 법칙이 참되지 않으면 그 결론은 증명되지 않는다. 존, 피터, 그밖의 사람들에게 참된 것이 모든 사람에게 참되다고 하는 참된 증명은, 상이한 가정은 우리가 자연 과정에서 존재하는 것으로 알고 있는 제일성과 일치하지 않을 것이라는 것밖에 없을 것이다.

밀은 자연의 법칙을 우리의 과거 경험에 대한 축약 혹은 요약으로서 간주한다: 이는 관찰되어 온 것을 단지 기록할 뿐이다. 이는 개별 귀납을 증명하지 않고, 그것들의 확실성을 증가시킬 따름이다. 그러나 우리가 밀에게 순환적 논증의 비난을 당하게 하지 않을 수 있지만, 그가 귀납론에 대한 논리적 기초를 발견하지 못하는 것은 명백하다. 그는 자신이 약속하는 것을 달성하지 못하며, 게다가 그의 입장에 담긴 회의론적 결과를 알지 못하는 것 같다.

또한 밀은, 문제의 제일성이 엄밀한 의미의 제일성(uniformity)이 아니라 균일성(uniformities)이라고 지적한다. 어떤 상황이 현재할 때마다 어떤 사실은 불변적으로 일어나며, 그 상황들이 부재할 때는 일어나지 않는다. 이는 다른 사실에도 타당하다. 자연적 현상 사이의 그런 균일성은 자연 법칙이라 불린다. 귀납 논리의 문제는, 자연 법칙을 확인하고 그것들의 결과를 끝까지 추적하는 것이다. 귀납 논리의 목적은 어떤 종류의 균일성이 완벽하게 불변적이며 모든 자연에 퍼져 있는 것으로 드러났는지, 시간이나 장소나 다른 변화 가능한 상황의 상이성과 더불어 변하는 것으로 밝혀진 균일성이 무엇인지를 확인하는 것이다. 균일성이 절대적으로 확실하지 않지만, 어떤 균일성은 인간적 목적이 확실성을 요구하는 한 최고로 확실하고 보편적인 것으로 볼 수 있다. 우리는 이런 균일성들에 의하여 저울의 동일한 지점까지 다른 수많은 귀납들을 끌어올릴 수 있다. 왜냐하면 만일 우리가 귀납 추론에 관련하여 그것이 틀림없이 참되다거나 매우 확실하고 보편적인 이 귀납들 가운데 하나가 하나의 예외를 허용해야 한다는 것을 보여줄 수 있다면 선행하는 일반론이 그것에 할당된 한계 안에서 후속하는 일반론에 속하는 동일한 확실성을 달성할 것이기 때문이다.

인과 법칙

우리는 동시성의 균일성들과 연속의 균일성들을 갖고 있다. 우리는, 수의 법칙과 공간의 법칙에서 우리가 추구하는 엄밀한 보편성을 가장 절대적인 방식으로 인정한다. 그러나 현상과 관련된 모든 진리 가운데 우리에게 가장 고귀한 것은 현상들의 연속의 질서와 관련된 것이다. 이런 진리들 가운데서, 어떤 경우들에서 상황의 변화에 의하여 결코 무효화되지 않고 틀림없이 통하는 하나만이 발견되었다. 이는 인과의 법칙인데, 이 법칙은 연속적 현상의 전체 영역과 동연(同延)적이라는 점에서 역시 보편적이다. 연속의 모든 사례가 그것의 예라는 것이다. 출발점을 갖는 모든 사실이 원인을 갖는다는 진리는 인간의 경험과 동연(同延)적이다.

원인의 개념은 전체 귀납론의 뿌리이다. 그러므로 원인에 대한 명확하고 정확한 개념에 도달하는 것은 필요하다. 귀납론이 요구하는 유일한 원인 개념은 경험에서 얻을 수 있다. 원인의 법칙은, 연속의 불변성이 자연의 모든 사실과 그것에 선행한 다른 사실 사이에 존재하는 것으로 관찰되는 친숙한 진리일 뿐이다. 어떤 사실들에게는 다른 사실들이 항상 선행하며 계속해서 연속될 것이다. 우리가 말하는 원인은, 사물들 사이의 신비하고 강력한 매듭이나 다른 무엇을 실제로 산출하는 어떤 본질을 뜻하지 않는다. 불변적 전건(前件)은 원인이라 불린다. 불변적인 후건(後件)은 결과라 불린다. 철학적으로 말해서, 한 사실의 원인은 그것의 긍정적·부정적 조건들의 총체이다.

원인에 대한 이와 같은 정의에 대하여, 이 정의가 한 가지 중요한 요소 즉 필연성 혹은 필연적 연관의 관념을 설명하지 않는다는 반론이 제기될 것이다. 만일 불변적 전건이 원인이라면, 밤은 낮의 원인이며 낮은 밤의 원인이다. 밀은 이 반론을 제거하기 위하여, 인과 관계란 전건에 언제나 후건이 따라 왔을 뿐만 아니라 사물의 현재 구성이 지속되는 한 언제나 그렇게 될 것임을 함축한다고 덧붙인다. 필연성이라는 용어가 함축할 수 있는 것은 무조건성뿐이다. 필연적인 것, 반드시 있어야 하는 것이란, 앞으로도 있을 것을 뜻한다. 그러므로 한 현상의 원인은 전건 혹은 전건들의 동시 발생이며, 그 현상은 이 전건에 따라 불변적으로 그리고 무조건적으로 생긴다. 연속이 무조건적인지를 우리는 어떻게 아는가 하는 물음은 다음과 같이 해결된다: 경험에 의하여.

몇몇 경우에 우리는 지금까지 불변적인 전건이 참으로 불변적 전건이라는 것을 확신하지 못한다. 그러나 모든 현상이 원인으로 있는 어떤 시초적·영속적 원인이 있으며, 이 불변적 원인들은 참으로 무조건적이다. 현재 순간에 존재하는 모든 작인과 그것들의 공간상의 병치와 그것들의 모든 속성, 즉 그 작용 법칙을 아는 사람이라면 우주의 모든 후속적 역사를 예측할 수 있다. 모든 자연적 작인의 원초적 분포와 그들의 계기 법칙에 정통한 사람이라면, 과거와 미래의 우주 역사에서 전체 사건 계열을 추론적으로 구성할 수 있을 것이다.

밀의 근본적 가정은, 냉혹한 법칙과 질서가 우주에서 지배하며, 불변적이며 무조건적 연속들이 있으며, 이것들이 과학적 방법을 구성하는 귀납과 연역과 검증에 의하여 확인될 수 있다는 것이다. 이 이론은 만일 일관되게 시행될 경우 (실은 그렇지 못하다) 합리론적 과학에 이를 것이며 적어도 이론적으로는 절대적인 지식 집합을 가능하게 할 것이다. 하지만 이는 그의 귀납론과 일치하지 않는다. 이 귀납론에 따르면, 인과의 관념은 현상의 연속에 대한 신념, 의식에서 관념들의 연속에 의존하는 신념에 불과할 수 있다. 밀은 합리론적 인과 개념과 경험론적 인과 개념 사이에서 주저한다: 인과성이 필연적 연관을 함축한다는 견해와 인과성이 단지 불변적인 시간적 연속을 뜻한다는 견해 사이에서 주저한다. 후자의 가설에 입각할 경우, 우리가 말할 수 있는 것은 인과 관계에 대한 신념이 연속에 대한 우리의 경험과 더불어 강해진다는 것뿐이다. 그리고 사실 이는 우리가 모든 귀납적 방법에서 취하는 견해이듯이, 밀이 인과 법칙의 보편성을 가정할 수 있는 우리의 권리를 검토할 때 일반적으로 취하는 견해이다. 우리는 그 가정을 믿을 수 있는 인간 정신의 성향에 의하여 그 가정을 정당화할 수 없다고 그는 말한다. 왜냐하면 신념이란 증명이 아니며 게다가 소위 본능적 신념 가운데 불가피한 것은 없기 때문이다. 지금도 많은 철학자들은 의욕을 인과 법칙에 대한 한 가지 예외로 본다. 이 문제에 대한 밀의 입장은 자연의 제일성에 대한 그의 견해와 일치한다. 사실 인과 법칙의 보편성은 단지 자연에 나타나는 연속들의 제일성의 한 가지 예에 불과하다. 우리는 연속의 많은 부분적 제일성으로부터 일반화함으로써 보편적 인과 법칙에 도달한다 인과 법칙은 느슨하고 불확실한 귀납 방법에 의하여 **단순한 매거(枚擧)에 의하여** 도달되므로, 처음에 보면 그런 원리가 과학적 귀납에 대한 약하고 변덕스런 기초로 입증될 것 같다. 그러나 이 방법의 변덕성은 역으로 그 일반론의 광범위함이며, 인과 법칙은 그 주제에서 현상의 연속과 동연에 관하여 경험이 보장하는 모든 일반화 가운데 가장 광범위한 것이다. 확실성이라는 점에서, 이는 모든 관찰된 제일성들 가운데 으뜸이며, 이 제일성들로부터 받는 것만큼의 증명으로서 이 제일성들에 덧붙는다.

귀납을 인과 법칙에 두고서 그런 다음 이 법칙 자체를 귀납의 한 사례로 설명하는 것은 역설이라고 하는 비판에 대하여, 밀은 자연의 제일성을 반대하는 비슷한 반론을 답할 때와 동일한 방식으로 대답한다. 모든 사건은 하나의 원인을 갖는가에 관한 의심 말고는 개별 결론을 전혀 의심할 수 없다는 것을 우리가 확신했을 때, 우리는 할 수 있는 모든 일을 행한 것이다. 하지만 밀은 인과 관계를 **무조건적** 연속으로 보는 자신의 가정을 망각했으며, 게다가 자연에는 우주의 역사에 등장하는 사건의 전체 계열을 결정하는 어떤 시초적이며 영구적인 원인들이 있다. 이 견해에 따르면 개별 결론은 전혀 의심할 수 없다. 왜냐하면 이 견해는 모든 현상이 자연의 이 시초적이며 영구적인 원인들의 결과라고 가정하기 때문이다.

증거의 문제들에서, 우리는 절대적인 것을 요구하지도 않으며 그것을 획득할 수도 없다. 무수한 사례들에서 참된 것으로 발견되었으며 결코 거짓된 것으로 밝혀지지 않은 것이라면, 확실한 예외가 등장할 때까지 잠정적으로 보편적인 것으로 안전하게 받아들일 수 있다. 이 사례의 성격이라는 것이, 하나의 예외라도 거의 간과될 수 없었던 그런 것이라면 말이다. 그러나 우리는 이 일반 법칙이 행성계의 먼 곳에서 이루어지는 우리의 경험 범위를 넘어서서 타당하다고 확신있게 단언할 수 없다. 이는 우주의 법칙으로 받아들여져서는 안 되고, 인접한 사례들에 적당한 정도로 확장됨과 아울러 단지 우리의 관찰 수단 범위 내에 있는 우주의 부분의 법칙으로 받아들여져야 한다.

선험적 진리에 대한 거부

자연의 제일적 과정의 법칙과 우주적 인과 관계의 법칙은 둘 다 경험의 결과들이다. 그것들은 필연적 혹은 선험적 진리가 아니다. 사실 그런 진리는 없다. 심지어 논리학의 원리들과 수학의 일반론들도 경험으로부터의 일반화이다. 두 직선이 공간을 둘러쌀 수 없다는 명제는 우리가 이미 겪은 모든 경험으로부터 나오는 귀납이다. 게다가 수학적 명제들은 단지 근사적으로 참될 뿐이다. 넓이 없는 선은 있을 수 없다; 완전한 원의 반경은 동일할 것이다. 그러나 그런 원은 존재하지 않는다. 기하학의 정의에 일치하는 실재적 점이나 선이나 원은 없다. 수학적 실체들은 우리가 경험하는 점, 선 등의 이상화(理想化)이다. 그것들은 추상이며 허구이다. 그러므로 수학적 명제들은 오직 가설적 타당성만 갖는다. 그 대립자를 생각할 수 없는 한에서 명제가 필연적으로 참되다는 주장도 역시 쓸모 없다. 생각할 수 없음은 한 사물의 현존에 관련하여 아무것도 증명하지 않는다. 이는 경험적 증명에 의해서만 결정될 수 있다. 소위 연역 과학의 결과들은 정의와 공리라고 불리는 제일 원리로부터 필연적으로 나온다는 의미에서 필연적이다. 즉 이 정의와 공리가 참되다면 그것들은 확실히 참되다. 정의는 풍부하고 명확한 증거에 근거하는 경험적 관념들인 반면, 공리들은 경험으로부터의 가장 보편적인 귀납 집합에 불과하다. 우리의 감관과 우리의 내적 의식에 의하여 우리에게 제공된 일반화의 가장 단순하고 쉬운 사례들에 불과하다. 논증 과학은 예외 없이 모두 귀납적 과학이며, 그들의 증거는 경험의 증거이다. 그러나 그것들은 또한 가설적 과학이다. 왜냐하면 그들의 결론은 어떤 가정에서만 참되기 때문이다. 그리고 이 가정은 진리에 근사(近似)한 것이거나 근사한 것이어야 하지만, 이 가정이 정확하게 참된 경우는 드물다.

외부 세계와 자아

밀은 비판적 관념론과 마찬가지로 우리가 현상만 인식할 수 있으며 물자체는 인식할 수 없다고 주장한다. 물질의 가장 내적인 본질에 관해서 뿐만 아니라 사유하는 원리의 가장 내적인 본질에 관해서 우리는 어둠 가운데 있으며 언제나 그럴 것임에 분명하다. 물리적 대상들이 내가 외부 세계의 결과로 여기는 감각들을 통해서만 나에게 자신을 드러내듯이, 사유하는 원리 혹은 정신은 오직 그것이 의식하는 감정에 의해서만 나의 본질에서 자신을 나에게 인식되게 만든다. 그러나 만일 우리가 감각만을, 알려지지 않은 외적 원인의 결과만을 인식한다면, 우리와 독립적인 사물들을 어떻게 믿게 되는가?

밀은 기억과 기대에 근거한 우리의 신념과 연상 법칙들에 대한 심리학적 설명을 제공한다. 나는 탁자에서 흰 종이 조각을 본다, 나는 눈을 감거나 다른 방으로 들어간다; 나는 종이를 더 이상 보지 않지만, 그것을 기억하며 동일한 조건이 반복될 경우 그것을 다시 보게 될 것이라고 기대하거나 믿는다. 나는 영구적이고 지속적인 어떤 것의 관념을 형성한다. 소위 외부 사물은 어떤 감각들이 전에 일어났던 질서와 동일하게 일어날 것이라는 가능성에 불과하다. 외부 세계는 "감각의 영구적 가능성"이다. 우리는 영구적 가능성들이 참으로 실재들이며 지나가는 감각들이 단지 가능성들의 우유성 혹은 표상들에 불과하다는 것을 믿게 된다. 그러므로 외부 대상에 대한 신념은 감각이 반복될 것이라는 신념이다. 이 신념은 원초적 신념이나 본유적 관념이 아니라, 우리의 경험의 결과, 획득된 신념, 관념 연상의 결과이다. 밀은 대상들이 우리에게 외부적임을 입증하려고 하지 않는다. 다만 그는 우리가 관념의 연속만을 경험하지만 의식 바깥에 있는 지속적인 대상의 세계에 대한 상(像)을 형성할 수 있다는 사실을 설명하려는 것뿐이다.

우리는 밀의 철학에서 물자체의 이론을 또한 발견한다. 즉 우리가 우리의 감각에 관련짓는 알려지지 않은 무엇, 혹은 외부적 원인에 대한 이론 말이다. 밀은 자신의 현상론과 관념론에도 불구하고, 초험적 실체 혹은 감각의 원인을 완전히 포기할 수 없다. 지식의 세계는 현상적 세계이지만, 그밖에도 본체계, 알려지지 않았고 인식될 수 없는 물자체 세계가 있다. 이 이론은 밀이 진지하게 고찰하지 않는 한 가지 문제를 제기한다: 그의 전제에 입각할 때 그런 세계의 가능성에 대한 문제이다. 그는 실체와 원인에 대한 자신의 정의에 입각하여 그런 견해의 가능성을 파고들지 않고서도 물자체를 실체와 원인으로 말한다. 만일 우리가 말하는 실체가 감각의 복합체를 뜻하며 원인이 불변적인 현상적 전건(前件, antecedent)을 뜻한다면, 어떻게 우리는 감각 계열 바깥의 무엇을 실체와 원인으로 말할 수 있는가?

정신 혹은 자아에 대한 밀의 개념은 다소 왔다갔다 한다. 흄과 제임스 밀처럼, 그는 정신을 감정의 계열이라고 부른다. 그는 외부 세계에 대한 우리의 신념을 설명했을 때처럼 자아의 항구성 혹은 영속성에 대한 우리의 신념을 설명하려 한다: 이는 감정의 영속적 가능성에 대한 신념이며, 이는 우리의 실제적 감정을 동반한다. 그러나 그는 정신을 감정의 단순한 연속으로서 보는 관념연상적 개념에서 난점들을 발견하고 그것들을 솔직히 고백한다. 물자체 및 자아와 관련된 모순처럼 밀의 사상에 나타나는 많은 모순은 그가 영국의 연상심리학을 충실히 고수했기에 생긴 것이다. 그는 이 심리학을 부친으로부터 이어받았으며, 아울러 당대 합리론적 사상가들의 이론들도 암묵적으로 많이 수용했다. 혹은 적어도 그런 이론들을 이해했다. 우리는 그의 공리주의적 윤리론에서도 유사한 동요(흔들림)를 접하게 될 것이다.

정신과학과 도덕과학의 개혁

우리가 앞서 지적했듯이, 밀은 사회의 개혁과 인간의 행복에 깊은 관심을 갖고 있었다. 그는 사회적·정치적 분야에서 지식의 진보가 이루어지면 자연과학에서와 맞먹는 결과가 따를 것이라고 믿었다. 그러나 그런 지식을 얻기 위하여 그는 물리학과 해부학과 생리학에서 아주 성공적으로 사용된 방법들을 응용하는 것이 필수적이라고 주장했다. 그는, 정신과학과 도덕과학의 개혁이 필요하다고 주장한다.

심리학적 결정론

하지만 인간 본성에 대한 과학적 연구는, 정신 영역에 질서, 제일성(齊一性), 법칙, 불변적 연속이 있음을 전제한다. 그러면 동시에 이런 문제가 발생한다: "이 분야에 과학이 있을 수 있는가? 인간의 행위가 법칙에 종속되는가?" 따라서 인간이 법칙에 종속되지 않고 결정되지 않았으며 자유롭다고 하는 반론이 제기된다. 밀은 흄과 마찬가지로, 필연론적 이론에 대한 주된 반론이 오해에 근거하고 있음을 발견한다. 엄밀한 의미의 결정론은 불변적이고 확실하고 무조건적인 연속을 뜻하지, 강제나 제한을 뜻하지 않는다. 인간의 행위에 적용할 때 결정론은 하나의 현상이 다른 현상을 강제한다거나 하나의 동기가 어떤 결과를 강제한다는 뜻이 아니라, 어떤 동기들과 인격과 상황들이 있을 때 우리가 행동을 예측할 수 있다는 뜻이다. 그 행위는 필연적으로 어떤 조건에 따르는 게 아니다. 다른 조건이 개입하여 상이한 결과를 일으킬 수 있다. 필연성이란, 어떤 원인 다음에 결과가 따라올 것인데 이 결과는 다른 원인들에 의한 온갖 반작용을 받을 가능성이 있다는 뜻이다. 그 원인이 불가항력적이라는 뜻이 아니다. 숙명론적 오류는, 나의 인격이 내가 아닌 어떤 외부적 작인에 의하여 나를 위하여 형성되었다고 하는 가정이다. 실제로 내가 나의 인격을 형성하려는 욕망은 나의 행위의 원인들 가운데 속한다. 나는 원할 경우 나의 인격을 바꿀 수 있다. 나는 원할 경우 나의 습관과 유혹에 저항할 수 있다. 그러나 그렇게 하려는 나의 결정은 내적 인과 관계의 산물이다.

도덕적 자유에 대한 느낌은 내가 어떤 방식으로 원할 경우 그렇게 행동할 수 있다는 의식에 있다. 의지와 관련된 또 하나의 오해는, 나의 행동의 동기란 언제나 쾌락이나 고통에 대한 기대라고 하는 널리 퍼진 신념이다. 밀은 쾌락과 고통이 행동의 동기가 될 수 있음을 부인하지 않지만, 때때로 쾌락과 고통과 상관없이 우리가 행동할 수 있음을 주장한다. 쾌락과 고통은 연상 법칙에 일치하여 동기로서의 역할을 하지 않을 수 있으며, 우리는 쾌락이나 고통에 대한 생각에 마음이 움직여지지 않은 채로 욕구나 의욕의 습관을 형성할 수 있다. 밀은 심리학적 쾌락주의로 알려져 있는 동기 부여 이론을 단호히 거부한다. 이 이론은, 우리가 쾌락에 대한 욕망과 고통에 대한 혐오에 의해서만 동기를 부여받는다고 가르친다.

의욕과 동기 부여에 대한 밀의 이론은 다음과 같이 요약될 수 있다: (1) 모든 인간 행위는 인간의 상황과 동기로부터 나오는 인과적 제일성에 따라 발생한 다는 의미에서 결정되어 있다. 따라서 원인 없는 행위는 없다. (2) 인간은 그의 내적 욕망과 소원이 그 행위를 지도하는 한에서 자유롭다. 그는 외부의 작인에 의하여 숙명론적으로 통제되는 꼭두각시가 아니다. (3) 인간의 의지는 쾌락이 나 고통을 향하여 움직이는 경우가 많긴 하지만 언제나 쾌락주의적으로 동기 를 부여받지는 않는다.

그러므로 사실들이 법칙에 따라 서로 계기하므로, 우리는 과학을 가질 수 있 다. 하지만 이 법칙들은 발견되지 않았을 수 있으며, 사실상 우리의 현존하는 능력에 의하여 발견될 수 있는 게 아닐 것이다. 우리는 모든 상황을 알지 못하 므로 그리고 개인의 성품을 알지 못하므로 인간 본성의 학문에서 예측할 수 없 다. 하지만 결과 가운데 많은 것이 일반 원인에 의하여 결정되었다. 그것들은 모든 인간에게 공통되는 상황과 성질에 의존한다. 이런 점에 비추어 볼 때, 우 리는 거의 언제나 검증가능한 예측을 내릴 수 있으며, 거의 언제나 타당한 일반 명제를 정식화할 수 있다. 그런 근사한 일반론은 그것들이 그 귀결로서 나오는 자연의 법칙들과 연역적으로 연관되어야 한다. 우리는 그것들이 자연의 보편 적 법칙으로부터 나오는 추론임을 보여주어야 한다.

다른 말로 하면, 우리는 인간 본성에 대한 연역적 과학을 필요로 한다. 하지 만 그것은 귀납적 기초를 갖고 있는 일반 법칙에 근거한다. 우리는 정신의 본 질이 무엇인지를 묻지 않고, 무엇이 그것의 다양한 사고와 감정과 의욕과 감각 의 법칙인지를 묻는다. 게다가 심리학은 생리학이 아니다. 심리학의 주제는 신 경 자극이 아니라 정신적 사건들이다. 정신의 단순하고 기초적인 법칙들은 경 험적 탐구의 통상적 방법에 의하여 발견된다. 그런 법칙들 가운데 재생과 기억 의 법칙, 관념 연상의 법칙이 있다: 이들은 인간 본성의 철학의 근본 가정을 형 성한다.

공통 경험의 모든 준칙들(가령 노인은 고문으로서 적절하며 젊은이는 전쟁에 적합하 다)은 이런 법칙들의 결과 혹은 결론이다. 하지만 우리는 그런 경험적 법칙들의 경우에, 그것들이 우리의 관찰 한계를 넘어서서 참될 것인지 확신하지 못한다. 왜냐하면 후건(이 경우에는 지혜)이 실제로 전건(노령)의 결과가 아니며, 그 순서가 좀 더 단순한 순서로 해소 가능하다고 믿을 만한 근거가 있기 때문이다. 참된 과학적 진리는 이런 경험적 준칙들을 설명하는 인과적 법칙들이다. 경험적 준칙들은 일반론을 검증한다. 경험의 법칙들은 원인이나 힘이 몇 개 되지 않는 천문학처럼 "단순한" 과학에서가 아니면 결코 전혀 신뢰할 수 없다: 원인이 적으면 규칙성은 커진다. 인간 본성의 현상의 복잡성은 인간 행동의 참된 학문에게 장애물이다. 물론 극복할 수 없는 장애물은 아니다.

인성학(ethology)

심리학은 정신 일반의 단순한 법칙들을 확인한다. 이는 관찰과 실험의 학문이다. 인성학 혹은 인격 형성의 학문은 복잡한 상황 구성에서 이루어지는 이런 단순한 법칙들의 작용을 추적하며, 전적으로 연역적이다. 이는 여전히 창조될 수 있는 학문이다. 이 학문의 큰 문제는, 심리학의 단순한 혹은 일반적인 법칙으로부터 필수적인 매개 원리들을 연역하며, 우주에서 인류가 차지하는 일반적 입장과 관련된 정신의 일반 법칙으로부터 어떤 실제적 혹은 가능적 상황 결합이 우리에게 흥미로운 인간 본성이나 인격의 성질을 산출하는 데 유리한지 혹은 불리한지를 결정하는 것이다. 그런 과학은 상응하는 기술 즉 교육의 기술의 토대일 것이다. 확실히 후험적 검증은 선험적 연역과 나란히 가야 한다. 이론의 결론은, 관찰에 의하여 확증되지 않고서는 신뢰받을 수 없다. 관찰의 결론들은, 인간 본성의 법칙으로부터 그것들을 연역함으로써 그리고 그 이론이 적용되는 구체적 상황의 요소들을 면밀히 관찰함으로써 이론에 관련될 수 없다면 신뢰받을 수 없다.

사회과학

개별 인간에 대한 학문 다음으로 사회 안에 있는 인간에 대한 학문이 온다. 집합적인 인류의 행위와 사회 생활을 형성하는 다양한 현상들에 대한 학문 말이다. 우리는 정치학과 사회의 현상에 대한 연구를 과학적인 것으로 만들 수 있는가? 사회의 모든 현상은, 인간 집단에 미치는 외부 상황들에 의하여 생긴 인간 본성의 현상이다. 그러므로 사회의 현상도 고정된 법칙을 따름에 틀림없다. 여기서는 예측이 (불가능하지 않다 해도) 까다롭다. 왜냐하면 그 자료가 셀 수 없이 많고 항상 변하며, 원인이 너무도 많아서 우리의 제한된 계산 능력을 좌절시키기 때문이다. 사회와 정부에 대해 철학하는 두 가지 그릇된 방법이 있는데, 하나는 배타적으로 실험적인 탐구 유형이며, 다른 하나는 제한적인 기하학적 유형이다. 참된 방법은 연역적으로 진행한다. 확실히 많은 전제로부터의 연역에 의하여 진행하지, 기하학에서처럼 아주 적은 시초적 전제나 공리로부터의 연역에 의하여 진행하지 않는다. 참된 방법은 각각의 사회적 결과를 많은 원인의 집합적 결과로 파악한다. 이 원인들은 때로는 동일한 정신적 작용이나 인간 본성의 법칙을 통하여 작용하기도 하고, 때로는 상이한 작용과 법칙들을 위하여 작용하기도 한다. 확실히 어떤 사회에서 어떤 시점에서 수천 가지 상이한 방향으로 작용하며 수천 가지 상이한 변화를 일으키고 있는 상충하는 경향들의 결과를 산출하는 것은 까다롭다. 그러나 여기서 우리의 해결책은 검증에 있다: 우리의 결론들을 구체적인 사회 현상 자체와 비교하거나 그것들을 이미 잘 확립된 사회적 행동의 경험 법칙에 동화하는 과정에 있다.

하지만 연역 체계로서 사회학은 적극적 예측의 과학일 수 없고 다만 경향의 과학일 수 있다. 그러므로 그것의 모든 일반 명제는 가설적이다: 그것들은 어떤 가정적인 상황들에 정초하며, 그 상황에 다른 요인이 없다고 상정하면서 어떤 원인이 그런 상황에서 어떻게 작용하겠는지를 선언한다. 또한 밀은 상이한 종류의 사회적 사실들이 주로 상이한 종류의 원인들(가령 부에 대한 욕망)에 의존하므로 반드시 독립적으로 연구되어야 한다고 지적한다. 그리하여 우리는 사회학적 사변의 구분되고 개별적인(물론 독립적이지는 않다) 분과 혹은 분야를 갖는다. 가령 정치경제(경제학)는 인간이 오직 부를 획득하고 소비하는 데 몰두한다는 가정 아래 다양한 기능을 지배하는 법칙들을 탐구한다. 만일 부에 대한 욕망이 다른 욕망에 방해받지 않는다면 그 욕망이 산출할 행동은 무엇일까? 나중에 각 개별 학문의 결론은 다른 개별 학문들에 의하여 제공된 제한에 의하여 수정되어야 한다.

원인과 결과로서 정치적 사실이 개별 민족 혹은 개별 연령의 성질과 뒤섞이므로, 개별적인 정부론은 있을 수 없다. 정부론은 일반적 사회과학의 일부여야 한다. 이 일반적 사회과학에서는 역연역적(逆演繹的) 방법에 의하지 않고는 실제로 과학적인 성격에 속하는 과학이 불가능하다. 이 방법은 어떤 사회 상태에서 한 원인의 결과가 어떻게 될 것인지를 묻지 않고, 일반적 사회 상태를 산출하고 그 상태를 특징짓는 현상들을 산출하는 원인이 무엇인지를 묻는다. 근본 문제는, 어떤 사회 상태가 그것에 선행하는 상태를 산출하고 그 자리를 차지하는가 하는 법칙을 발견하는 것이다. 이는 인간과 사회의 점진성이라는 문제를 열어 보인다. 인간의 성품과 그 외부 상황들에는 점진적 변화가 있다. 역사는 사려깊게 조사될 경우, 경험적인 사회 법칙에 빛을 비춰 준다. 사회학은 그 법칙들을 확인하고, 그것들이 궁극적 법칙의 결과로서 자연적으로 예상되는 파생적 법칙임을 보여주는 연역에 의하여 그것들을 인간 본성의 법칙들과 연관 지어야 한다. 경험적 법칙에 대한 유일한 억제책 혹은 교정책은, 심리학적 법칙과 인성학적 법칙에 의한 일정한 검증이다. 경험 법칙들은 공존과 연속의 제일성이며, 우리는 결과적으로 사회 정태학과 사회 역학을 갖는다. 사회 역학은 운동의 상태에서 고찰된 사회에 대한 연구이다. 사회 정태학은 여론(consensus) 즉 동시대적 사회 현상의 상호적 작용과 반작용에 대한 연구, 현존하는 질서에 대한 연구이다. 사회 정태학의 주된 문제들 가운데 하나는 안정된 정치적 결합의 필수 조건을 확인하는 것이다. 밀은 안정된 정치 질서의 조건들 가운데, 교육 체계, 충성의 감정, 상호적 동감을 포함시킨다.

사회적 현상에 대한 정태적 견해를, 상이한 요소의 점진적 변화와 각 요소의 동시적 조건을 고찰하는 역동적 견해로 보완하는 것은 필수적이다. 그래서 우리는 동시적 상태들 사이에서만 아니라 이 요소들의 동시적 변화 사이에서 상응 법칙을 경험적으로 발견한다. 이 상응 법칙은 선험적으로 제대로 검증된다면, 인류와 인간 문제의 발전에 대한 참으로 과학적인 파생적 법칙이 될 것이다. 역사와 인간 본성에 대한 증거는, 자신과 자신이 사는 세계에 대한 인간의 유력한 신념들(어떻게 해서 이 신념들에 도달하게 되었는가 상관없다)을 포함하여 인류의 사변적 기능들의 상태가 사회 발전에서 결정적 요소라는 풍부한 증언을 제공한다. 사변은 사회 발전의 한 가지 결정 원인이다. 그런 발전에 기여하는 우리의 본성의 다른 모든 성향은 발전에 대한 그들의 몫을 달성하는 수단을 위하여 사변에 의존한다. 어느 면으로 보나 인간 진보의 질서는 대개 인류의 지적 확신에 나타난 진보의 질서에, 즉 인간 의견들의 연속적 변화의 법칙에 의존할 것이다.

밀은, 오늘날 말하는 소위 현저한 이데올로기적 역사 해석을 채택한다. 이것과 아주 비슷하지만 더욱 극단적인 역사 해석은 토머스 버클(Thomas H. Buckle, 1821-1862)이 개진했다. 그는 「영국 문명사」(History of Civilization in England, 1857-1861)라는 저서에서, 진보가 오직 지성에만 근거한다는 것을 보여주려 했다. 그 다음으로 밀은 역사적 진보의 법칙이 먼저 경험적 법칙으로서 역사로부터 결정될 수 있는지, 그 다음에 인간 본성의 원리로부터 선험적으로 그 법칙을 연역함으로써 과학적 정리(定理)로 바뀔 수 있는지 묻는다. 이를 달성하려면, 가장 최초로 기록된 역사로부터 현세대의 기억 가능한 현상에 이르기까지 전체 과거를 고찰해야 한다. 이는 엄청난 과제이지만, 회피될 수 없다. 이론에 의하여 역사의 쓸모있는 사실들을 연관짓는 것은 과학적 사상가들의 목표가 되었다. 오직 이런 식으로만, 인간 본성과 인간 사회의 포괄적 학문이라는 인간의 이상을 성취할 무슨 소망이 있다.

윤리학

밀은 자신의 윤리 이론에서 대체로 전통적인 영국 쾌락주의 학파를 따른다. 이 학파의 가장 중요한 인물로는 로크, 허치슨, 흄, 벤담이 있다. 밀은 벤담의 중요한 사상의 해설서인 뒤몽(Dumont)의 「입법론」을 인생의 중요한 사건으로, 그의 지적 여정에서 전환점 가운데 하나로 보았다. 그는 「공리주의」에서 행복 혹은 최대 다수의 최대 행복을 최고선이며 도덕의 기준으로 보는 점에서 벤담과 의견을 같이한다. 하지만 그는 몇 가지 중요한 점에서 스승과 의견을 달리한다. 벤담에 따르면, 쾌락의 가치는 강도, 지속성, 확실성 혹은 불확실성, 근접성 혹은 원격성, 생산성, 순수성, 파급범위(쾌락에 의하여 영향을 받는 사람의 수)에 의하여 측정될 수 있다. 질적인 면에서는 아무런 차이가 지적되지 않는다. 다른 것이 동일할 경우 "압핀이 시(詩)만큼 좋다."

반면에 밀은 쾌락이 질적인 면에서 상이하며 지적 능력의 발휘와 더불어 발생하는 쾌락이 감각적 쾌락보다 더 고상하고 좋으며, 둘 다를 경험한 사람은 더 고상한 쾌락을 원한다고 가르친다. "똑똑한 사람은 바보가 되겠다고 동의하지 않을 것이다. 배운 사람은 무식쟁이가 되지 않으려 할 것이다." 감정이나 양심을 가진 사람은 이기적이고 비천하게 되고자 하지 않을 것이다. 당신은, 당신이 자기 운명에 만족하는 것보다 바보나 백치나 무뢰한이 자기 운명에 더욱 만족한다고 해도 자신의 운명을 바보나 백치나 무뢰한의 운명과 바꾸지 않을 것이다. "만족한 돼지보다 만족하지 못한 사람이 되는 편이 나으며, 만족한 바보보다 만족하지 못한 소크라테스가 되는 편이 낫다." 바보와 돼지는 달리 생각할 것이지만, 그것은 "그들이 자기 나름으로만 문제를 인식할 뿐이기" 때문이다. 바보는 바보의 나름으로, 돼지는 돼지의 나름으로 인식하는 것이다. 벤담과 밀은, 우리가 최대 다수의 최대 행복을 추구해야 한다는 데 의견을 같이한다. 그러나 벤담은 이기심을 근거 삼아 이를 정당화하는 반면, 밀은 인류의 사회적 감정, 동료 인간과의 하나됨에 대한 욕망을 그것의 근거로 본다. 그는 공리주의가 마치 사심(私心) 없는 호의적인 관찰자인 듯이 자신의 행복과 다른 사람들의 행복 사이에서 엄격하게 공평 무사할 것을 인간에게 요구한다. "나사렛 예수의 황금률에서, 우리는 공리의 윤리학의 완벽한 정신을 읽는다. 남에게 대접받고자 하는 대로 행하고 이웃을 네 몸과 같이 사랑하라는 것은 공리주의적 도덕의 이상적인 완전을 형성한다." 참으로 한 사람의 행복이 — 그것이 정도에서 동일하고 그 종류에 대한 참작이 엄밀하게 이루어진다는 가정에서 — 다른 사람의 행복과 똑같이 중요하지 않다면 최대 행복의 원리는 합리적 의의가 없는 말의 형식에 불과하다. "모든 사람이 한 사람으로서 가치가 있으며, 누구도 한 사람 이상의 가치를 갖지 못한다"는 벤담의 금언은 공리의 원리에 근거한 설명적 주석으로 간주해도 된다.

밀의 공리주의는 그의 다른 많은 이론과 마찬가지로 대립적 견해 사이에서 왔다 갔다 한다. 우리는 경험적 연상 심리학과 그것의 쾌락주의와 이기주의와 결정론 외에, 직관론과 완전론과 이타주의와 자유 의지를 향한 경향을 발견한다. 하지만 그의 이론은 불일치성 때문에 많은 사람에게 매력적으로 보였으며, 거기에는 대립하는 학파들이 동의할 만한 것이 많다. 그린(Green)이 지적했듯이, 밀의 공리주의는 실천적으로 매우 중요한 것이었다. 이 이론은 인습적 도덕 교훈에 대한 맹목적이며 불확실한 동의보다 비판적이며 지성적인 동의를 택했다. 최대 다수의 최대 행복의 이론은 인간의 행위와 성품을 향상시키는 경향이 있었다. 이 이론은 사람이 더 많은 사람들에게 유익한 방식으로 그 이상(理想)을 펼치는 데 도움을 주었다. 그리고 우리는, 이 이론의 쾌락주의적 요소 때문에 그렇게 되었다기보다 그것이 강조하는 보편주의 때문에 그렇게 되었다고 덧붙여 말할 수 있겠다. 왜냐하면 결국 공리주의자들이 목표로 삼고 있던 것은 더 나은 사회 생활의 실현이었기 때문이다. 그 사회에서는 각 사람이 한 사람으로서 가치가 있고 누구도 한 사람 이상의 가치를 갖지 못한다. 구체적으로 밀은 영국 자유주의의 철학적 대변인이 되었고 민주주의의 지적 전쟁을 수행했다. 그는 「자유론」과 「여성의 종속」이라는 작품에서, 최대로 가능한 개인의 권리를 주장했다. 왜냐하면 그는 사회적 안녕이 개인적 안녕과 불가피하게 결합되어 있다고 보았기 때문이다. 그는 "여러 유형의 성품에 나타나는 큰 다양성이 인간과 사회에 대하여 갖는 중요성과 헤아릴 수 없이 많고 서로 상충하는 방향으로 스스로 확대되는 인간 본성에 충만한 자유를 제공하는 일의 중요성"을 지적했고, 여성의 억압을 여성보다 사회에 더욱 큰 손실로 보았다. 그는 「정치경제학」(1848) 초판에서, 경제적 개인주의를 선호했다. 그러나 시간이 지나자 그의 "궁극적 개선의 이상은 민주주의를 넘어섰고" 그로 하여금 사회주의에 밀착하게 했다.

우리는 가장 사회주의적인 체제가 포함하고 있다고 가정되는 개인에 대한 사회의 독재를 힘닿는 대로 배격했지만, 사회가 더 이상 게으른 자와 근면한 자로 나뉘지 않을 때를 바라보았다. 그때는 일하지 않는 자는 먹지 말지니라는 규칙이 가난한 자에게 적용되지 않을 뿐만 아니라 모든 사람에게 공평하게 적용되지 않을 것이며, 노동의 분업과 생산이 현재와 같이 출생의 우연성에 크게 의존하듯이 의존하지 않고 정의의 승인된 원리에 따라 합의하에 이루어질 것이며, 인간이 배타적으로 자신의 것이 아닌 자신이 속한 사회와 공유하는 유익을 얻는 데 힘껏 노력하는 것이 더 이상 불가능해지지 않고 그렇게 생각되지 않을 것이다. 우리는 미래의 사회적 문제가, 어떻게 최대 다수 개인의 행동의 자유를 지구의 자원에 대한 공동 소유와 노동 협력의 유익에 대한 모든 사람의 평등한 참여와 통합하는가 하는 것이라고 고찰했다.(「자서전」)

그는 인간 본성의 가능성에 대한 영구적인 신념을 지녔다. "교육, 습관, 정서의 함양은 일반 사람으로 하여금 조국을 위하여 선뜻 싸우게 하는 것만큼 조국을 위하여 땅을 파고 천을 짜게 할 것이다."

73. 허버트 스펜서(Herbert Spencer)의 진화론

허버트 스펜서는 1820년 영국 더비에서 교사 가문의 자손으로 태어났다. 그는 아버지로부터 지적인 재능을 이어받은 듯하다. 그의 아버지는 세련된 문화와 사유의 독립성을 지닌 사람으로 기록되어 있으며, 학생들로 하여금 암기하기보다 사유하도록 가르치는 모범을 통해 스펜서의 교육관에 영향을 주었다. 그의 아버지는 아들의 허약한 체질 때문에 무리하게 공부를 시키지 않았다. 들리는 말에 의하면, 스펜서는 학교에서 부주의하고 게으르며, 완고하고 말을 잘 듣지 않았다. 그는 교실 바깥에서 아버지의 지도를 받아 향상되었다. 아버지는 아들에게 자연으로부터 배우도록 가르쳤고, 수집을 좋아하는 아들의 태도를 장려했으며, 아들에게 물리학과 화학의 실험을 하도록 유도했다. 스펜서는 후에(1833-36년) 삼촌 토머스 스펜서에게서 교육을 받았는데, 토머스는 국교회의 성직자이며 공공심과 민주주의 이상을 갖고 있는 인물로서 허버트를 케임브리지에 가도록 준비시켰다. 그러나 스펜서는 흥미없는 것을 가르치는 곳으로 가지 않으려 했다. 그는 원리를 파악하고 결론을 끌어낼 수 있었으며, 수학과 역학에서는 동료 학생보다 월등했지만, 낱말과 문법 규칙을 암기하는 것에는 흥미가 생기지 않았다.

그의 작품은, 그가 훈련받은 방식의 결과를 보여준다: 그는 독립적이고 독창적이고 자연스럽다. 1837년 그는 아버지를 도와 가르치는 일을 했으며, 그때 토목공학을 공부했다. 그는 1846년까지 간헐적으로 이 직업에 종사했으며, 이후에 저

널리즘에 헌신했다. 그는 남는 시간을 지질학과 그밖의 과학의 연구에 쏟았다. 많지는 않지만 뛰어난 사상가들로부터 주목받았던 그의 첫 번째 대작은 「사회 정역학」(Social Statics, 1848-1850)이었다. 1852년에 스펜서는 「이코노미스트」지의 편집장직을 그만두고 자신의 종합적 철학 체계를 만드는 데 여생을 보냈다. 이 체계의 취지서는 1860년에 나왔다. 그는 작품들을 발간하면서 큰 재정적 손실을 입었지만, 그의 문필적 모험은 미국의 숭배자들이 미국에서 그의 책을 출간할 준비를 갖출 때에야 비로소 성공을 거두었다. 그는 1903년에 사망했다.

저서: 「정부의 적정영역」(Proper Sphere of Government), 1842; 「사회정역학」, 1850; 「심리학의 원리」(Principles of Psychology), 1855; 「교육」(Education), 1858-1859; 「제일 원리」(First Principles), 1860-1862; 「생물학의 원리」(Principles of Biology), 1864-1867; 「사회학의 원리」(Principles of Sociology), 1876-1896; 「윤리학의 원리」(Principles of Ethics), 1879-1893; 「인간 대 국가」(The Man versus the State); 「에세이」(Essays), 5th ed., 3 vols., 1891; 「사실과 논평」(Facts and Comments), 1902; 「자서전」(Autobiography), 2 vols., 1904.

지식의 이상

지식에 대한 스펜서의 이상은 사유의 완벽한 통일적 체계이다. 정상적인 사람의 지식은 통일되지 못하고 단절적이고 모순적이다. 다양한 부분들이 통일을 이루지 못한다. 과학은 부분적으로 통일된 지식을 우리에게 제공한다. 하지만 철학은 완벽하게 통일된 지식, 유기적 체계이다: 철학의 문제는 역학, 물리학, 생물학, 사회학, 윤리학의 원리들을 도출할 수 있는 최고 진리들을 발견하는 것이다. 이 모든 명제는 서로 조화를 이루어야 한다. 전체 체계의 기초를 형성하는 「제일 원리」에는 근본 공리들이 밝혀져 있으며, 이 공리들은 「생물학의 원리」, 「심리학의 원리」, 「사회학의 원리」, 「윤리학의 원리」에 적용된다. 마지막에 언급된 책에서 우리는 예비적 작품들에서 도달한 모든 일반론에 대한 재진술을 본다. 그래서 윤리학의 진리들은 다른 모든 지식 분야의 결과에 근거를 둔다. 과학들의 이 일반론은 경험적으로 확인될 수 있지만, 제일 원리에서도 도출될 수 있다.

허버트 스펜서

스펜서는 자신의 철학을 종합 철학이라 부르며, 개별 과학들에서 도달한 보편 진리들을 일관된 체계로 결합하는 것이 그런 보편 학문의 기능이라 생각한다. 이런 점에서 그는 해밀턴 및 밀과 의견을 달리한다. 해밀턴은 철학 체계를 전혀 제공하지 않았으며, 그런 체계를 제공하는 것이 인간 능력을 넘어서는 것이라고 보았다. 절대자는 인식 불가능하기 때문이다. 밀은 콩트가 과학들을 통일하려는 시도에서 철학으로 되돌아갔다고 그를 비판했다. 또한 밀은 도덕 과학의 논리학에서 보편적 원리에 의하여 통일된 진리의 체계들이라는 이상을 보여주었고 선험적 자연과학의 가능성을 언급했지만, 자신의 사상을 체계화하는 노력을 기울이지 않았다. 사실 그의 일반적 관점에서 보자면, 선배 흄이 분명하게 보았듯이, 보편적 종합에 도달하는 것은 불가능했다.

또한 스펜서는 칸트가 말하는 정신의 선험적 형식들에 지식을 정초하고 이런 기능들을 단순한 원리로 환원하려는 시도에서 경험론자들과 다르다. 이런 점에서 그는 비판철학에 영향을 받았다. 그가 비판철학을 잘 알게 되었던 것은 해밀턴의 작품들을 통해서였다. 그는, 우리의 모든 지식이 사유의 일차적 작용에 근거한다고 주장한다. 지식의 가능성을 부인하려는 회의론자조차도 근본적 사유 기능들을 전제한다. 만일 논리적 일관성에 대한 정신의 요구뿐만 아니라 유사성과 상이성을 발견할 수 있는 정신의 능력이 아니라면 지식은 불가능할 것이다. 이 기능들 가운데 어느 것도 개별 경험의 결과는 아니다. 스펜서는 진화론적 가설을 적용하면서 그것들을 종족 경험의 산물로 설명하려 하며, 그래서 경험론의 측면에서 직관론과 경험론의 타협을 모색한다. 경험의 절대적 제일성들은 사유의 절대적 제일성을 생성한다. 외부적 제일성은 대대로 반복되어, 고정된 관념 결합과 사유의 필연적 형식을 불러일으킨다. 오늘날 선험적인 종합적 정신 없이는 불가능한 연관이 인식의 시초에 어떻게 형성될 수 있었는지를 스펜서는 우리에게 말해 주지 않는다. 또한 그는 상속이라는 이런 근거에서 지식의 타당성을 수립하지 못한다: 인간의 셀 수 없이 많은 세대들의 상속된 경험들을 요약하는 그 원리들이 이제 필연적인 것으로 느껴진다는 사실 자체가 그 원리들의 절대적 진리성을 보증하지 못한다.

지식의 상대성

스펜서는 해밀턴과 같이 지식의 상대성에 관심을 기울이며, 이것이 사유 과정에 대한 조사에 의해서 뿐만 아니라 [사유의] 산물의 분석으로부터 추론될 수 있음을 보여준다. 설명은 상대적인 것이며, 근본적인 설명 원리들은 설명될 수 없다. 우리가 획득할 수 있는 가장 일반적인 인식은 좀 더 일반적인 인식에 포섭될 수 없으며, 따라서 이해되거나 해석되거나 설명될 수 없다. 설명은 결국 우리를 설명될 수 없는 것으로 데리고 감에 틀림없다. 그리고 우리가 도달할 수 있는 가장 심오한 진리는 설명될 수 없는 것임에 틀림없다. 게다가 사유의 과정 자체는 **관계**, **상이성**, **유사성**을 포함한다. 이것들을 포함하지 않는 것은 무엇이든지 인식될 수 없다. 사유는 관련짓는 과정이므로, 어떤 사유든지 관계 이상의 것을 표현할 수 없다. 우리가 유사성과 상이성을 발견하는 사유의 일차적 행위는 지각과 추론 등 우리의 모든 지식을 떠받친다. 그것이 없이는 지각도 추론도 있을 수 없다. 그러므로 정신의 이 일차적 기능의 타당성이 전제되어야 한다.

의식에 뿌리박은 이념의 체계들을 만들고, 우리의 근본적 직관의 함의를 발견하고, 관련된 명제들을 구축하는 것이 철학의 일이다. 사유의 타당성의 기준은 사유의 필연성이다. 한편으로 진리의 기준은 그것과 정반대되는 것을 생각할 수 없다는 것이며, 다른 한편으로는 우리의 결과와 실제 경험의 일치성이다.

스펜서는 경험론적 진리 기준과 결합하여 합리론적 진리 기준을 사용한다.

만일 언급한 의미대로 인식이 상대적이라면, 우리는 오직 유한하고 제한적인 것만 인식할 수 있게 된다. 절대자, 제일 원인, 무한자는 다른 어떤 것에 비유하거나 다른 어떤 것과 구분될 수 없으므로 인식될 수 없다. 하지만 우리는 언제나 사물들을 절대자와 연관지을 수 있다. 참으로 우리는 사물들을 연관지을 수 있는 절대자를 갖고 있어야 한다. 상대적인 것은 실제로 비상대적인 것에 관련되는 것으로가 아니고는 생각될 수 없다. 상대적인 것은 절대적인 것을 전제한다. 그러므로 우리는 서로 간의 관계에서 그리고 절대자와의 관계에서 사물들을 인식할 수 있다. 만일 우리가 사물들을 절대자에 관계지을 수 없다면, 그것들은 인식되지 않을 것이다. 참으로 그것들 자체가 절대자일 것이다. 우리는 모든 현상을 떠받치는 실체의 의식에 도달한다. 현상 배후에 있는 현실성을 의식에서 제거하는 것은 불가능하다. 그리고 이 불가능성으로부터, 그 현실성에 대한 우리의 파괴될 수 없는 신념이 생긴다. 그러므로 스펜서는 실재론을 확신한다. 하지만 절대자 자체는 다른 어떤 것에도 관련될 수 없다: 그것을 분류하여 넣을 수 있는 항목이 없다. 그러므로 그것은 인식 불가능하다. 절대자의 인식 불가능성은 연역적으로 우리의 지성의 본성으로부터 증명될 뿐만 아니라 귀납적으로 과학의 사실에 의해서도 증명된다: 우리는 공간, 시간, 물질, 운동, 힘, 자아, 정신의 기원과 같은 궁극적인 과학적 이념들을 파악할 수 없다.

그런데도 우리가 절대자의 개념을 전혀 형성할 수 없다는 사실은 절대자의 현존을 부인할 이유가 되지 않는다. 과학과 종교는 이 점에서 일치할 수 있다: 모든 현상 배후에 절대적 존재가 있다. 종교는 우리를 위하여 이 보편적 실체를 해석하려 한다. 종교는 이 실체에 대한 온갖 정의를 우리에게 제공하였다. 그러나 종교가 발전할수록 절대자가 포괄적 신비임을 더욱 이해하게 된다. 사유는 절대자에 대한 어떤 정의를 계속 추구하고 그것에 대한 개념을 형성하려 한다. 그리고 우리가 절대자를 표현하려 하는 형식들이란 단지 상징에 불과하다는 것을 기억하는 한 이 점에 대한 반론은 없다. 우리는 작용 혹은 근육 긴장이라는 우리의 주관적 감정에 대한 객관적 상관자로서, 즉 힘이나 세력으로서 그것을 모호하게 파악하지 않을 수 없다. 본체계와 현상계는 동일한 과정의 두 측면이며, 두 번째는 첫 번째만큼 실재적이다.

힘의 지속성

힘에 대한 주관적 감정의 필연적 상관자인 이 객관적 힘은 지속적인 것으로 생각되어야 한다. 어떤 것이 무(無)가 된다는 것은 생각할 수 없다. 어떤 것이 무가 된다고 말할 때, 우리는 두 가지 실체의 관계를 수립하고 있는데 둘 가운데 하나는 현존하지 않는다. 우리가 말하는 힘의 지속성이란, 우리의 지식과 개념 작용을 넘어서는 어떤 원인의 지속성을 뜻한다. 우리는 이를 확언할 때, 처음과 끝이 없는 무조건적 실재를 확언한다. 경험을 뒷받침함으로써 경험을 초월하는 유일한 진리는 힘의 지속성이다. 이는 경험의 토대이며, 따라서 경험에 대한 어떤 과학적 조직의 과학적 기초임에 틀림없다. 궁극적인 분석을 통해 우리는 이 힘에 도달한다. 이 힘 위에 우리의 이성적 종합은 구축되어야 한다.

우리가 말하는 물질의 파괴 불가능성은 물질이 우리에게 영향을 줄 때의 힘의 파괴 불가능성을 뜻한다. 이 진리는 후험적 인식과 선험적 인식에 대한 분석으로 명백해진다. 또 하나의 일반적 진리는 운동의 지속성이다. 어떤 것(이 경우에는 운동하는 것)이 무가 된다는 것은 생각할 수 없는 것이다. 그러나 운동들은 한결같이 사라지고 있다. 사실, 공간을 통한 이행은 그 자체가 현존은 아니다. 그래서 단순하게 이행으로 파악되는 운동의 중지는 한 현존의 중지가 아니라 현존의 어떤 표시이다. 다른 말로 하면, 운동 중인 공간 요소는 그 자체가 사물은 아니다. 위치의 변화는 현존이 아니라 현존의 현현이다. 이 현존은 자신을 이행으로 드러내지 않을 수 있다. 그러나 자신을 응력(應力)으로 나타냄으로써만 그렇게 할 수 있다. 때로는 이행에 의하여, 때로는 응력에 의해서, 그리고 종종 둘 모두에 의하여 드러나는 작용의 원리는 가시적이지 않다. 운동 중에 현현되는 작용의 원리는 결과에 대한 우리의 주관적 감정의 객관적 상관자이다. 운동의 지속성은 실제로 힘이라는 측면에서 우리에게 인식된다.

힘은 두 가지 종류가 있다: 물질이 자신을 현존하는 것으로 우리에게 드러낼 때의 힘과, 물질이 자신을 운동하고 있는 것으로 우리에게 드러낼 때의 힘이 그것이다. 후자를 일러 에너지라고 한다. 에너지는 질량의 운동에서와 분자의 운동에서 동일하게 드러나는 힘을 칭하는 일반적 이름이다. 힘의 각 현현들은, 그것이 무기적 활동이든지, 생물적 운동이든지, 사유든지, 감정이든지 상관없이 선행하는 힘의 결과로서만 해석될 수 있다. 물체적 에너지뿐만 아니라 정신적 에너지도, 그들의 산출에서 확대되는 어떤 에너지와 그것들이 일으키는 다른 에너지들과 양적으로 상관되어 있다. 그렇지 않으면 무(無)가 어떤 것이 되어야 하고, 어떤 것이 무가 되어야 한다. 우리는 힘의 지속성을 부인하거나, 모든 물리적·심적 변화가 어떤 선행하는 힘에 의하여 산출되고 그런 힘의 주어진 양으로부터 그런 물리적 심적 변화들이 더도 덜도 발생할 수 없다는 것을 인정해야 한다.

그러므로 학문의 근본 원리는 에너지 보존의 원리이다: 에너지는 생성하거나 상실될 수 없다. 스펜서는 이 원리를 실험적으로 증명하려 하지 않는다. 사실 스펜서에 따르면 이는 모든 실험에 전제되어 있다. 이는 사유의 필연성, 요청이다: 우리는 어떤 것이 무로부터 나오거나 어떤 것이 무가 되는 것을 생각할 수 없다. 이 원리는 인과 개념에 함축되어 있거나 그것과 동일하다. 우리는 어떤 것이 지속적인 것으로 가정하지 않을 수 없다.

정신과 물질

절대자 혹은 인식 불가능자는 정면으로 대립되는 두 가지 큰 사실 집단으로 자신을 드러낸다: 즉 주관적인 것과 객관적인 것, 자아와 비자아, 정신과 물질로 드러낸다. 그러나 둘로 자신을 표현하는 것은 하나의 힘 혹은 세력이다. 우리가 생각하는 것과 우리의 사유 작용은 상이한 종류의 힘들이다. 물리적인 것과 심적인 것은 동일한 경험 법칙에 종속되어 있다. 만일 정신적인 것과 물질적인 것이 절대자의 환원 불가능한 두 가지 국면으로 파악된다면, 정신은 물질로부터 도출될 수 없다. 운동이 열로 바뀌는 것과 달리 물질적인 것은 정신적인 것으로 변할 수 없다. 스펜서는 「제일 원리」와 「심리학」의 초판들에서 그것이 가능하다고 가정했다. 후에 그는 물리학적으로 해석된 에너지 보존의 원리에 의하여 의식을 설명할 수 없음을 발견했다. 그러나 그는 삶과 정신과 사회의 현상을 포함하여 모든 현상에다가 힘과 물질과 운동이라는 용어로 진술된 진화의 공식을 적용했다. 이리하여 그의 체계는 유물론적인 모습을 갖게 된다. 그리고 종종 유물론이라고 공격받는다.

물론 그는 이런 식으로 자신의 체계를 해석하는 것에 대하여 경고한다. 절대자는 인식 불가능한 것이다. 우리는 유물론적 측면으로나 유심론적인 측면으로 그것을 해석할 수 있다. 어떤 경우이든 우리는 단지 상징을 사용하고 있다. 그 본질이 우리에게 여전히 이해될 수 없으며 우리가 공간이나 시간에서 제한되어 있는 것으로 생각할 수 없는 힘은 우리 안에 어떤 결과들을 산출한다. 우리는 물질, 운동, 힘이라는 측면에서 이 결과들 가운데 가장 일반적인 것을 받아들인다. 절대자의 이 결과들 가운데에는, 연관의 어떤 유사성들이 존재한다. 그리고 연관들 가운데 가장 일정한 연관은 최고로 확실한 법칙들로서 정식화된다.

진화의 법칙

우리의 지식은 상대적 현상에, 절대자의 내적 외적 표현들에 제한된다. 철학자로서 우리의 임무는 모든 현상에 공통되는 특징을 발견하거나 사물들의 보편적 법칙을 발견하는 것이다. 그런 법칙을 우리는 진화의 법칙에서 갖는다. 진화의 과정은 다양한 국면으로 구성된다: (1) 구름의 형성, 모래 무더기, 원초적 성운, 유기체, 사회에서 보이는 집중; (2) 구별 혹은 덩어리(mass)와 그 환경의 분리, 환경 안에서의 특정 덩어리의 형성; (3) 결정, 혹은 구별된 부분들의 통일되고 조직된 전체로의 형성.

이때 전체의 부분들은 상이하지만 서로 간에 상호적 관계를 맺고 있다. 이는 진화를 분해와 구별한다. 분해에는 구분이 있을 뿐 조직은 없다. 결정에는 부분들의 구분이 있고 전체로의 부분들의 통합 혹은 집중이 있다. 이런 의미에서 진화는 막연하고 일관되지 않은 동질성의 상태에서 명확하고 일관된 이질성으로의 이행이다. 이 법칙은 귀납적으로 도출되지만, 힘의 지속성이라는 시초적 원리로부터의 연역에 의해서도 도달 가능하다.

우리가 보았듯이, 스펜서는 이 원리를 인과 법칙과 동일시한다. 인과 법칙으로부터 물질의 파괴 불가능성, (가능적·현실적) 운동의 지속성, 힘들의 관계의 지속성, (정신적·사회적) 힘의 변형과 등가, 운동 방향의 법칙, 운동의 쉴새없는 율동이 나온다. 보편적 종합의 법칙은 물질과 운동의 지속적 재분배의 법칙이다. 진화는 물질의 통합과 운동의 소실에 있다. 분해는 운동의 흡수와 물질의 해체에 있다. 집중과 구분이 평형 상태에 도달했을 때, 진화의 절정에 도달한 것이다. 이 상태는 지속될 수 없다. 왜냐하면 외적 영향력이 그 상태를 파괴하려 할 것이기 때문이다. 다른 말로 하면, 분해는 결과에 매여 있으며, 그 전체 과정이 다시 시작될 것이다. 이 모든 것은 전체 우주에 적용되지 않고, 다만 우리의 경험에 나타나는 그 개별 부분들에만 적용된다.

「제일 원리」에서 획득된 보편적 원리들은 스펜서에 의하여 다양한 현존 형태들(생명, 정신, 사회, 행동)에 적용된다. 그것들은 참된 것으로 요구되며, 생물학과 심리학과 사회학과 윤리학의 개별 진리들을 증명하는 데 사용된다: 후자는 보편적 진리의 예시이다. 보편적 진리들은 개별 진리들의 설명이다. 그래서 진화의 법칙은 모든 현상에 적용된다. 그러므로 다양한 탐구 분야에서 발견된 개별 법칙들은 보편적 법칙 아래 있는 것으로 혹은 이 법칙의 표현으로 발견될 것이다. 그런 경험적 법칙들이나 진리들은 보편적 법칙의 구체적 사례들로 드러날 때 연역적으로 증명된다.

생물학

생명은 내적 혹은 생리학적 관계, 외적 혹은 환경적 관계의 지속적 적응이다. 유기체는 인상을 받아들일 뿐만 아니라 결과적으로 변화를 겪는데, 이 변화 때문에 유기체는 특정한 방식으로 외부 세계의 후속적 변화들에 반작용할 수 있다. 즉 유기체로 하여금 외적 관계에 적응하게 하는 내적 변화가 유기체 안에서 발생한다: 내적 사건과 외적 사건 사이에는 상호적 작용이 있다. 유기체는 외부 관계에 상응하는 내부 관계의 체계를 발전시키지 않으면 자신을 나타낼 수 없다. 내부 관계와 외부 관계의 상응성이 친밀할수록, 유기체는 더욱 발전된다. 가장 완전한 삶은, 내적 관계와 외적 관계 사이에 완벽한 적응 혹은 조화가 있는 것이다.

유기적 형식들은 무기적 물질에서 발생하지 않고, 외적 원인의 영향을 받아

원초적이며 무구조적(無構造的)인 유기적 덩어리나 동질적 원형질로부터 발생했다. 유기적 조직에서는 진화의 보편적 법칙의 작용에 일치하여 상이성이 산출된다. 즉 원초적인 이질적 덩어리가 분화된다. 종(種)이 유기체와 외부 세계의 상호 작용의 결과로 발생한다. 형태학적 생리학적 분화는 외적인 힘의 분화의 직접적 결과이다. 천문학적·지질학적·기상학적 조건은 천천히 변하지만, 그 변화는 수백만 년 동안 지속되어 왔다. 외적인 원인을 통하여 유기체에 변이가 일어나며, 적응적 변이는 자연 선택에 의하여 보존된다. 부분들의 지속적 작용에 의하여 유기체를 구성하는 생리학적 단위들의 관계에 변화가 산출되며(기능이 구조를 앞선다는 이론이다), 자손에게 전달된다(획득된 특질의 유전이라는 이론이다). 스펜서는 자연의 선택만으로는 종의 기원이 설명되지 않으며 다윈이 이런 간접적 진화 양태의 영향을 과장한다는 의견을 갖고 있다. 유기체는 외부의 영향에 적응하며, 그런 적응은 유기체에 새로운 평형 상태를 일으킨다.

심리학

물리학은 외적 현상을 연구한다. 심리학은 내적 현상을 연구한다. 생리학은 내적 현상과 외적 현상의 연관과 관계를 탐구한다. 주관적 심리학은 내성적(內省的)이다: 이는 외적 관계에 대한 내적 관계의 가시적 적응에 동반되는 감정과 이념과 감정과 의욕을 연구하며, 의식 상태의 기원과 상호적 관계를 탐구한다. 심적 사건과 신경 활동은 동일한 변화의 내적 측면과 외적 측면이다. 객관적으로 고찰할 때 신경 변화라는 것이 주관적으로 고찰할 때는 의식의 한 현상이다. 객관적 심리학은 정신적 과정 자체를 연구하지 않고 그것들을 인간적·동물적 행동과 관련하여 고찰한다. 생물학의 일부로서 객관적 심리학은 정신적 현상을, 내적 관계들이 외적 관계들에 적응할 때 사용하는 기능들로 탐구한다.

의식은 인상이 너무 많아서 하나의 계열로 그들이 배열되어야 할 필요성이 생기게 될 때 발생한다. 즉 그런 계열적 배열 없이 유기체가 자신의 환경에 적응할 수 없을 때 발생한다. 그러므로 의식은 외적 상태에 대한 계열적으로 배열된 내적 상태의 적응의 한 형태로 규정된다. 그러나 이는 감정과 관념의 단순한 총합이 아니다. 그것들 배후에는 실체적인 것 혹은 결합하는 매체가 있다. 하지만 모든 궁극적인 것이 인식 불가능한 것이라는 이유 때문에 이 매체는 인식 불가능하다. 그러나 우리는 이 실체가 자신을 드러내는 변화하는 상태 혹은 변용을 연구할 수 있다. 의식의 단위들, 의식을 구성하는 요소들을 연구하는 것은 심리학의 일이다. 의식의 현상적 측면들을 분석해 보면 궁극적 단위가 등장한다.

스펜서는 이를 "우리가 신경 쇼크라고 부르는 것과 같은 등급의 것"으로 본다—신경 쇼크와 동등한 정신적인 것이라고 본다. 상이한 감각들이 공통적 단위들로 구성되듯이, 지각도 감정의 단위 혹은 원자들로 구성된다. 정신적 단위혹은 원자는 물질적 단위 혹은 원자로 구성된다. 정신적 단위나 원자는 물질적 단위 혹은 원자로 환원 불가능하다. 우리는 작용력에 대한 우리의 감정에 유추하여 물질적 원자를 저항으로 파악한다. 즉 우리는 활동에 대한 우리의 의식을 물질적 원자에 읽어 들인다. 역으로 우리는 물질적 측면으로 우리의 정신적 사건들을 해석한다.

스펜서는 의식 생활에서, 모든 상대적 실재에 드러난 동일한 특색들(집중, 분화, 결정)을 발견한다: 의식은 진화된 것이며, 반성 행위로부터 본능, 기억, 이성으로의 발전 과정으로만, 단계적 변화의 지속적 계열로만 이해될 수 있다. 이들은 지성의 상이한 정도 혹은 단계에 불과하며, 부지불식간에 외적 조건의 점차적으로 증가하는 복잡성과 분화에 따라 서로 다른 것으로 변한다. 가령 기억과 이성은 본능에서 발생한다. 시초적 추론은 전적으로 본능적이다. 의욕은 자동적 행위가 불가능할 때 상황의 복잡성이 심해짐 때문에 등장한다. 이미 우리는 스펜서가 지식의 원리들을 인류의 경험에서 어떻게 도출하는지를 보았다. 동일한 진화적 방법으로 그는 감정들을 설명한다. 개인에게 생득적인 분노, 정의감, 동정 등은 우리 조상들이 그들의 환경과 벌이는 지속적인 투쟁의 결과로서 인류에 의하여 획득되었다.

외부 세계

우리가 원래 감각만을 의식하고 감각으로부터 외부 대상의 현존을 추론한다는 것은 참되지 않다. 관념론은 언어의 병폐이다. 관념론은 오직 우리의 말에서만 살아 있지, 우리의 사유 속에 살아 있지 않다. 이성은 지각의 단언을 해치는 한 자신의 권위를 파괴한다. 실재론은 의식의 근본 법칙, 이성의 보편적 요청에 의하여 우리에게 강요된다. 내가 대상을 느끼고 보는데, 그것이 없다는 것은 생각할 수 없는 일이다. 우리는 정신 바깥의 실재를 생각하지 않을 수 없으며, 그것을 힘으로 생각하지 않을 수 없다. 즉 우리가 자신 안에서 경험하는 것이며, 인식 불가능한 객관적 현존이나 지속적 실재의 보편적 상징인 힘의 주관적 느낌 혹은 근육 긴장의 느낌에 대한 객관적 상관자로서 그것을 생각하지 않을 수 없다. 이 인식되지 않은 실재는 공간과 시간과 물질과 운동에 대한 우리의 관념들로도 상징된다.

스펜서가 말하듯이, 이 변형된 실재론은 조잡한 실재론의 자리를 차지한다. 이 변형된 실재론은, 우리의 의식에 표상된 사물들은 객관적 실재의 심상이나 모사나 그림이 아니며, 문자들이 그것들이 상징하는 심적 상태와 공통적으로 갖는 것보다 이 사물들이 표상하는 실재와 공통적으로 갖는 것이 덜하다고 주장한다. 그러나 의식 너머에 무엇이 있다는 것은 불가피한 결론이다. 달리 생각하는 것은 변화가 선행자 없이 발생한다고 생각하는 것이다. "우리가 공간으로 인식하는 현상적 질서가 발생하는 어떤 우주론적 질서가 있다. 우리가 시간으로 인식하는 현상적 질서가 발생하는 어떤 존재론적 질서가 있다. 그리고 우리가 상이성으로 인식하는 현상적 관계가 발생하는 어떤 존재론적 연쇄가 있다." 외부 세계에 대한 그런 지식은 매우 제한적이지만, 우리에게 유용한 유일한 지식이다. 우리는 외부 작용을 인식할 필요가 없고 다만 그들의 지속적 관계들만 인식할 필요가 있다. 그리고 우리는 이 지식을 갖고 있다. 실재적 현존에 대하여 항상 존재하는 느낌은 우리의 지성의 기초이다. 지속적으로 그리고 우리의 지식의 공간적 조건과 독립적으로 존재하는 것에 대한 느낌이 우리에게 있다. 우리는 이 절대적 현존에 대한 개념을 형성할 수 없다. 우리가 절대적 개념에 대하여 형성하는 모든 관념은 그것 자체와 철저히 모순적이다. 현상 배후에 있는 현실성을 의식에서 제거할 수 없다는 것으로부터, 그런 현실성에 대한 우리의 파괴 불가능한 신념이 생긴다.

윤리학

스펜서는 「윤리학의 자료」(*Data of Ethics*)의 서문에서 종합 철학자로서 자신의 과제의 모든 선행하는 부분들을 자신의 도덕 원리에 부차적인 것으로 선언한다. 그의 첫 작품인 「정부의 적정영역」(1842)이 출간된 이후 그의 목적은 넓은 의미의 행동에서 옳고 그름의 원리들을 위한 과학적 기초를 발견하는 것이었다. 그는 우리에게 이렇게 말한다: "우리는 도덕적 행동의 의미를 이해하기 위하여 행동 전체를, 살아 있는 모든 피조물의 행동과 행동의 진화를 파악해야 하며, 그것의 물리적·생물학적·심리학적·사회적 측면에서 그것을 조사해야 한다. 다른 말로 하면 다른 과학들의 결과에 비추어 그것을 연구해야 한다."

그런 연구에 따라 우리는 행동을 목적에 적응된 행위로, 목적에 대한 행위의 적응으로 규정하게 되며, 가장 발전되고 따라서 윤리적으로 최선인 행동이란, 개인과 그의 후손과 그가 함께 살고 있는 사람들에 대하여 삶을 더욱 부요하고 길게 만드는 그런 것임을 보게 될 것이다. 진화의 한계점은 영속적으로 평화로운 사회에 도달된다. 이 사회에서는 모든 구성원이 다른 사람들로 하여금 자신의 것을 달성하지 못하게 하지 않고 자신의 목적을 달성하며(정의), 구성원들이 목적을 추구하는 데 상호적인 도움을 제공한다(자비). 사회의 각 구성원이 적응하도록 하는 모든 것은 이루어진 적응의 총체성을 증가시키며 모든 사람의 삶을 더욱 완전하게 만드는 데 이바지한다. 우리는, 삶이 비참보다 행복을 가져다준다는 가정에서(낙관론) 삶에 이바지하는 행위를 선하다고 하고 삶을 방해하는 행위를 악하다고 한다. 선은 보편적으로 쾌락적인 것이다(쾌락주의). 행위는 오직 미래적 행복에 이바지하는 것 외에 즉각적으로 쾌락적일 때에만 완벽하게 옳다. 인간 행동의 많은 부분은 절대적으로 옳지 않고 다만 상대적으로 옳을 뿐이다. 왜냐하면 얼마간의 고통을 수반하기 때문이다. 절대적 윤리학의 이상적 규범은 완전하게 발전된 사회에서 완전하게 적응된 사람의 행동을 체계적으로 세운다. 그런 절대적 규범은 우리로 하여금 실제 사회의 현상들을 해석할 수 있게 해 준다. 이 사회들은 이행적 상태들에서 적응되지 못한 까닭에 비참함으로 가득 차 있다. 이 규범은 또한 실제 사회들의 비정상의 본질에 관하여, 그리고 대체로 정상적인 것의 방향으로 향하는 행동 과정들에 관하여 거의 참된 결론들을 위한 토대를 제공한다.

스펜서는, 사회 자체의 안녕이 아닌 단위들과 사회 집단들의 안녕이 언제나 도덕의 궁극적 목적이라고 주장한다. 전체 사회의 안녕은 단위들의 안녕에 대한 수단이다. 그래서 이 완전을 위협하는 모든 것은 단위들을 해칠 것이다. 사회 진화의 초기 단계들에서는 이기주의가 강하고 이타주의가 약하다. 이는 왜 상대적 도덕 규범이 동료 인간의 현존에 의하여 수반되는 행동에 대한 그런 제한을 강조하는지를 설명해 준다. 도덕 규범은 공격성의 행위를 금하고 협력을 위하여 개인에게 제한을 가하며(정의), 더 나은 안녕을 위한 자발적 활동을 부과한다(자비). 정의와 자비의 뿌리는 동정심이다. 이상적인 것은 개인적 완전과 행복의 최대량이므로, 이기심은 불가피하게 이타주의에 선행한다. 각각의 피조물은 유익을 누리며 이어받았거나 획득된 자신의 본질에 필연적으로 생기는 해악을 견딜 준비를 갖추어야 한다. 그러나 이타주의도 역시 삶의 발전과 행복의 증가에 본질적이며, 자기 희생은 자기 보존만큼 원초적이다.

사회의 각 단위의 이기주의적 만족은, 정의롭고 정의의 시행을 목격하며 정의의 집행을 위한 행위를 지지하고 향상시키며 다른 사람들을 물리적으로나 지적으로나 도덕적으로 향상시키는 그런 이타적 행위에 의존한다. 순수한 이기주의와 순수한 이타주의는 똑같이 불법적이다. 사회적 규율을 증가시킴과 더불어 동정적인 쾌락은 자발적으로 추구되며 모두에게 유익한 것으로 드러날 것이다. 결국 사회의 모든 구성원이 자신의 이기주의적 주장을 즐겨 굴복하는 반면 이타주의 때문에 다른 사람들이 그에게 그렇게 하도록 하지 않을 유토피아적 평형 상태가 달성될 것이다.

스펜서는 진화론적 쾌락주의를 제공한다. 이는 전통적인 영국 공리주의의 가르침과 새로운 진화론의 생존과 적응에 대한 강조점을 결합한다. 스펜서에 따르면 이처럼 결합된 윤리 이론이 가능한 것은, 가장 진화된 행동이 최대의 행복을 산출하기 때문이다. 그는 또한 자신의 합리론적 공리주의를 선배들의 경험론적 공리주의와 구별한다. 그가 다양한 과학이 제공하는 근본 원리로부터 도덕 규칙들을 연역하기 때문에 그의 윤리 체계는 이성적이다.

정치학

그러므로 윤리적 이상은 완전하고 행복한 개인의 생산, 적자 생존, 가장 잘 적응한 변종의 확산이다. 이 목적은 개인이 자기 본성과 그에 따른 자기의 행동의 유익과 해악을 받아들일 때에만 실현될 수 있다. 그러나 집단 생활이 적자 생존에 본질적이므로, 모든 개인은 자신의 행동이 다른 사람들의 유사한 행동을 대체로 방해하지 않아야 한다는 규제를 따라 행동해야 한다. 방어전의 경우, 개인은 더욱 규제받아 심지어 자신의 생명을 희생시켜야 할 정도까지 될 수 있다. 그러므로 정의(正義)는, 각각의 성숙한 사람이 다른 사람의 평등한 자유를 침해하지 않을 경우 자기가 원하는 바를 자유롭게 행할 수 있기를 요구한다. 참으로 소위 권리는 평등한 자유의 법칙의 필연적 결과이다: 모든 사람은 어떤 한계에 따라 행동할 권리를 갖는 것이지 그것을 넘어서 행동할 권리를 갖는 게 아니다.

스펜서는 이런 전제로부터, 현대 사회주의 국가를 반대한다. 그는, 전포괄적인 국가 기능들이란 저급한 사회 유형의 특징이라고 주장한다. 그리고 우월한 사회 유형으로의 진보는 기능들의 포기라는 점에서 두드러진다. 시민의 통합적 단체는 각자가 동료 시민의 가장 충만한 삶과 양립 가능한 가장 충만한 삶을 얻도록 하는 조건들을 유지해야 한다. 국가는 내부적 공격을 방어하고 구성원을 외국의 침공에서 보호해야 한다. 국가가 그런 선을 넘어설 때, 정의를 위반한다. 국가 기능들의 확대는 언제나 비참했을 뿐이며, 공평의 고찰에 의하여 주도되는 입법만이 성공적인 것으로 드러났다. 게다가 다양한 비정부 기관들은 경쟁이라는 중압감을 느낄 때 가장 잘 작동한다. 경쟁은 이 기관들로 하여금 진보를 이루고 가장 쓸모있는 기술을 활용하고 공공 봉사를 위한 가장 훌륭한 사람들을 확보하지 않을 수 없게 한다. 인간의 사회적·경제적 필요들은 이렇게 해서 가장 잘 채워진다.

마지막으로, 국가의 간섭은 개인의 도덕적 성격에 악영향을 끼친다. 우리가 교화되지 않은 과거로부터 이어받았고 부분적으로 교화된 현재에 여전히 매우 불완전하게 적응된 본성은, 그렇게 할 기회를 부여 받을 경우 충만히 교화된 미래의 요구 조건에 서서히 자신을 적응하게 될 것이다. 이 수천 년 동안 아주 많은 것을 달성한 사회 생활의 규율은 시간이 경과하면서 국가의 통제와 간섭 없이 잘 작동할 것이다. 인위적 형성이 자연적 형성만큼 많은 것을 달성할 수 없다는 것을 보여주는 증거는 충분하다. 스펜서는 모든 형식의 사회주의에 격렬히 반대한다. 그는 상호적 협력에 찬동한다. 사실 그는 산업주의의 특징인 자발적인 협력이 결국 승리할 것이라고 믿는다. 그는 사회적·경제적·정치적 분야들에서 자유 방임의 이론을 확신하며, 국가의 부당한 간섭 없이 개인으로 하여금 자신의 구원을 이루도록 함으로써만 전체의 행복이 실현될 수 있다고 믿는다.

제20장

현대철학의 관념론적 경향들

74. 영국과 미국에서의 절대적 관념론

독일 관념론의 영향

19세기 초, 칸트에게서 비롯한 독일 관념론 사상은 콜리지(Coleridge), 워즈워스(Wordsworth), 칼라일(Carlyle), 러스킨(Ruskin)을 통하여 영국으로 들어가, 존 스튜어트 밀의 경험론과 휴얼과 해밀턴의 직관론에 모두 영향을 끼쳤다. 하지만 새로운 독일 철학에 대한 진지한 연구는 1865년 스털링(J. H. Sterling)의 「헤겔의 비밀」(*The Secret of Hegel*)의 출간 이후에야 시도되었다. 19세기의 남은 기간부터 20세기까지 칸트와 헤겔에게 그리고 전체 관념론 운동에 의해 깊은 영향을 입은 원기 왕성한 사상가들이 영국 사상계를 주도했다. 이 운동의 영향력 있는 인물들로는 토머스 힐 그린(Thomas Hill Green)과 에드워드 케어드(Edward Caird), 존 케어드(John Caird), 프랜시스 브래들리(Francis H. Bradley), 버나드 보즌켓(Bernard Bosanquet) 등이 있었다.

영국의 신헤겔학파의 최초 대작은 그린의 「흄 입문」(*Introduction to Hume*, 1875)이었다. 이 책 다음으로 에드워드 케어드의 「칸트 철학에 대한 비판적 설명」(*Critical Account of the Philosophy of Kant*, 1877)이 등장했다. 이 책은 그의 좀 더 큰 책 「칸트의 비판 철학」(*The Critical Philosophy of Kant*, 1889)의 선배격이다. 그리고 독일 철학자들에 대한 수많은 설명서와 번역서가 나왔다.

이 학파의 대표자들은 영국 관념연상론의 원자론적 방법에 반대하여 정신과 인식에 대한 유기체적 개념을 공히 강조했고, 보편 이론으로서 기계론을 배격했으며, 모든 형태의 경험에 대한 해석으로서 철학을 보는 개념을 거부했다. 영국 철학자들은 고전적인 독일 관념론자들의 선험적 혹은 변증법적 방법을 받아들이지 않았고, 그들의 결론을 무비판적으로 수용하지 않았다. 그러나 그린의 프로그램을 따라서 그들은 새롭고 독립적인 방식으로 그러나 칸트에 의해 시작된 운동의 근본 원리에 충실하면서 독일 관념론의 전체 재료를 "철저히 연구"했다.

토머스 힐 그린(Thomas Hill Green)

토머스 힐 그린은 1836년 요크셔 버킨에서 교구 목사의 아들로 태어났다. 그는 럭비에서 학교를 다니다가 옥스퍼드 베일리얼 칼리지로 진학하여, 거기서 여생을 학생, 펠로우, 개별 지도 교수, 강사, 교수로 지냈다. 그는 1878년 도덕 철학 교수로 선발되었는데, 1882년에 사망할 때까지 그 직위에 있었다. 그린은 학문적 활동 외에도 교육적 · 정치적 · 사회적 활동에 헌신했고, 이런 일에서 하급 계층에 대한 따스한 동정심과 민주주의에 대한 지속적 신념을 항상 드러냈다.

저서: 「흄의 인성론 서문」(*Introduction to Hume's Treatise on Human Nature*), first published in 1874-75 in the Green and Grose edition of Hume's Philosophical Works; 「윤리학 서론」(*Prolegomena to Ethics*), 1883; 「그린의 작품집」(*Works of T. H. Green*), ed by. R. L. Nettleship, 3 vols., 1885-88(여기에는 「서론」 외의 그린 저술들이 모두 담겨 있다); 「정치적 의무의 원리에 관한 강연」(*Lectures on the Principles of Political Obligation*), 1895.

토머스 힐 그린(1836-1882)의 철학적 입장은 일종의 **객관적 관념론**인데, 이는 독일 관념론자들의 영향 아래서 세계와 삶에 대한 전통적인 영국적 개념에 반대되게 발전했다. 그린은 칸트의 비판적 관념론과 칸트 후계자들의 관념론적 형이상학을 받아들여서, 흄의 경험론, 밀의 쾌락주의, 스펜서의 진화론을 공격한다. 그의 철학은 당대의 대립적 경향들인 합리론과 경험론, 종교와 과학, 범신론과 유신론, 그리스 문화와 그리스도교, 관념론적 윤리학과 공리주의, 자유의지론과 결정론, 개인주의와 제도주의를 조화하려 한다. 그린에게 인간은 단순히 자연의 아들이 아니다: 단순히 자연력의 산물에 불과한 존재가 어떻게 자신을 설명할 수 있는 그런 세력에 대한 이론을 형성할 수 있겠는가? 인간은 정신적 존재이며, 그 자체로서 자연적 사건의 현상적 계열의 일부가 아니다. 인간에게는 자연적이지 않은 원리가 있으며, 이 원리의 구체적인 기능은 인식을 가능하게 하는 것이다. 인식의 토대를 이루는 이 정신적 원리는 또한 윤리적 기능, 도덕 이상의 의식, 그것에 의하여 인간 행위를 결정한다. 그런 정신적 자아를 가정하지 않고는 인식도 도덕도 있을 수 없다.

형이상학 자연과학은 현상적·시간적·공간적인 것을 다루며 아울러 그것들의 사실들을 다루는데, 이 사실들은 관찰과 경험에 의하여 확인 가능하다. 철학 혹은 형이상학은 정신적인 것 혹은 본체계적인 것을 다루며, 이 사실들은 이 정신적인 원리의 표현이다. 경험론자들과 진화론자들의 실수는, 현상적 질서를 생산하는 정신적인 것을 이 질서의 산물로 본다는 것이다. 통일하고 조직하는 정신적 원리 없이는 자연에 대한 인식이 있을 수 없다. 게다가 자연의 질서 자체는 동일한 원리의 산물이다. 자연은 복합적이지만 그 안에는 통일성이 있다. 자연의 통일성의 원천은 자기 의식이며, 그래서 전체로서 자연은 정신적 우주이며, 영원한 지성에 의하여 가능하게 된 상관적 사실들의 체계이다. 세계에 대한 우리의 인식뿐만 아니라 세계의 현존은 모든 것을 통일하는 의식을 증거한다.

자연에서 인간의 위치 그런 우주에서 인간의 위치는 무엇인가? 인간은 인식하고 자기 의식적인 존재로서 자유로운 활동으로서, 시간 안에 있지 않고 자연적 사건의 연쇄를 이루는 한 고리도 아닌 활동으로서 존재한다. 그리고 이 활동은 자신 외에 선행자를 갖고 있지 않다. 자기 의식은 기원을 갖고 있지 않으며, 그것이 없는 때가 결코 없었기 때문에 결코 시작되지도 않았다. 우리의 정신사의 연속적 현상을 포함하여 뇌와 신경과 조직의 모든 과정, 생명과 감각의 모든 기능은 우주적 의식에 의하여 규정된다. 인간 의식은 그 자체가 우주적 정신의 복제이며, 적어도 그것이 종합적이며 자기 발생적인 한 그렇다. 그린은, 진화 이론이 이 견해와 상충하지 않는다고 생각한다. 인간 유기체는 동물로부터 진화했을 수 있다. 동물 유기체는 영원한 의식이 이런 자연적이고 유기체적 기능들을 통하여 자신을 드러내고 재생산할 수 있는 방식으로 수없이 많은 세대에 변형되었을 수 있다. 그러나 이는 원초적인 정신적 원리의 궁극성을 해치지 않는다: 인간의 정신과 의식에서 절정에 도달하는 생물학적 진화의 전체 순서를 포함하여 전체 현상적 질서는 영원하고 보편적인 자기 의식의 현현이다.

그린은 인상이나 감각의 단순한 순서가 인식이 아님을 보여준다. 인식은 이 감각들을 조직하는 통일적 자아가 없이는 불가능하다. 동물적 필요나 충동이나 욕구의 단순한 연속은 인간적 행위를 형성하지 않는다. 이는 주관이 의식적으로 그런 필요를 자신에게 제시할 때에만 그렇게 된다. 욕구나 동물적 필요는 자연적 사건이며, 자기 의식적 주관이 욕구나 필요를 자신에게 제시하지 않으면, 그가 그것을 채택하여 그것을 자신의 것으로 파악하고 자신의 이상적 자아를 참으로 존재하게 하려고 하지 않으면 참된 동기가 아니다. 단지 동물적 욕구에 의하여 행동하지 않을 수 없게 되는 것은 인간적 행위나 행동이 아니다. 인간이 자신의 충동이나 정념 가운데 하나를 의식적으로 자신의 것으로 파악할 때, 그는 자연적 욕구를 의지로 바꾼다. 의욕은 인간이 자신의 이상적 자아를 실현함으로써 자신을 성취하려는 욕망이다. 의심할 나위 없이 인간이 의욕하는 선한 이상은 그의 내적 생활의 과거사와 외적인 환경과 감정과 행동에 의존한다: 이런 정도에서 그린은 결정론을 받아들인다. 그러나 인간은 자신의 과거 경험 내내 자신에 대해 이상적 대상이 되어 왔으며, 그래서 자신의 행동의 창시자이다. 그러므로 그는 자신의 현재 행동을 지도하는 이상에 대하여 전적으로 책임있다. 게다가 인간은 우월한 이상을 자신을 위하여 마음에 그려볼 수 있으며, 미래에는 현재보다 더 낫게 되려 한다. 이런 깊은 의미에서 인간은 자유 의지를 소유한다.

윤리학 자신에 대한 더 나은 상태를 파악할 수 있고 이 상태를 실현할 수 있는 인간의 능력은 인간을 도덕적 행위자가 되게 한다. 그는 자기 의식적 주체, 영원한 의식의 재생산이므로 이 능력을 소유한다. 자신의 더 나은 상태라는 개인의 이상의 원천은 신의 정신 안에 현존하는 절대적 이상이다. 절대적으로 바람직한 이 이상에의 인간의 참여는 인간의 삶에 있는 도덕화하는 작용이다.

그러므로 도덕적 선의 내용은 무엇인가? 참된 선은 도덕적 행위자의 노력이 참으로 만족을 발견할 수 있는 목적이며, 자신의 근본적 자아 곧 자신의 참된 의지가 무조건적 선으로, 절대적 가치를 가진 것으로, 절대적으로 바람직한 것으로 간주하는 목적이다. 그런데 인간은 자신 안에 절대적으로 바람직한 것에 대한 개념을 갖고 있다. 이 자아는 다른 인격들에 대한 이해를 포함하여 많은 이해를 갖고 있다. 다른 인간들은 내가 나를 위하여 추구하고 살아가는 목적에 포함된다. 나는 인성의 실현(나 자신 안에서나 다른 인간들 안에서 이루어지는), 인간 자아의 완전, 그 능력의 개현을 최고선으로 파악한다. 이 목표를 달성하기 위하여 나는 다른 자아들이 동일한 목표를 달성하도록 도와야 한다. 절대선은 인간 도덕의 이상을 포함하여, 모든 사람이 다른 모든 사람을 이웃으로 대우할 사회의 이상을 포함한다. 모든 이성적 행위자는 다른 모든 행위자의 안녕이나 완전을 자신의 완전에 포함되는 것으로 파악하게 될 것이다. 그린은 자기 발전의 도덕적 이상을 아주 포괄적으로 규정하여 그 안에 다른 인간의 자기 실현을 포함함으로써 이기주의와 이타주의의 상충을 해소한다.

많은 도덕가들은 도덕의 원천을 우리 조상들의 법과 권위적 관습에 있다고 추적한다. 그린은 이 역사적 설명을 받아들이지만, 이 법과 관습이 원래 이상적 존재의 산물, 이상을 가진 존재의 산물이었다고 주장한다. 개인들은 규정된 법과 관습에 복종할 때 자신들로 하여금 쾌락에 대한 경향을 제한하도록 요구하는 그런 행동 유형들의 가치를 인정했다. 그린은 발생적이며 진화론적 도덕론을 받아들일 태세가 되어 있지만, 도덕의 진화가 우리의 도덕적 이상의 이성적 원천을 전제한다는 것을 누구 못지않게 주장한다. 도덕적 이상들은 역사적 과정의 산물이 아니다. 그것들은 초월적 원천으로부터 역사적 계열 안에 들어간다.

도덕적 이상은 원래 개인에게 구속력 있는 무의식적 요구로 느껴진다. 이는 그것을 원하는 개인에 의하여 공유되는 어떤 안녕에 대한 요구이며, 그 자체로 가정, 종족, 국가와 같은 제도들이 있게 한다. 이 제도들은 개인의 도덕을 규정한다. 제도들의 자연적 발전과 그들의 유지에 기여하는 행동 습관들에 대한 반성은 요구에 대한 좀 더 적절한 관념의 형성을 장려한다. 관련된 사람의 범위와 궁극적으로 모든 인류와 동연(同延)적인 보편적 사회의 이상에 대하여 점점 넓어지는 개념이 점차적으로 등장한다.

우리는 완전한 삶에 대한 적절한 개념을 갖고 있지 않지만, 이상은 전인(全人)의 완전과 사회 내에서 인간의 완전을 포함한다. 그런 삶은 하나의 조화로운 의지의 표현이어야 하며, 그 의지는 각자의 의지이기도 한 전체의 의지여야 한다: 즉 헌신된 의지여야 한다. 그린은 헌신된 의지를 추상적인 것으로 보지 않고 포괄적인 도덕적 이상에 의하여 유지되고 통합되는 자비로운 활동들의 전체 체계라고 본다. 게다가 그는 한 행위의 도덕적 가치가 그것이 반영하는 동기들이나 인격에 의존한다고 주장하며, 참으로 도덕적인 동기란 언제나 도덕적 행동을 산출할 것이라고 가정한다.

그린은 자기 희생적이며 사회적인 유형의 선(善), 개혁자의 선을 높이며, 여기서 당대의 정신을 표현한다. 하지만 그는 성인(聖人)적·종교적 유형의 선(善)을, 중세적 유형의 완벽을 아주 높이 평가하는 듯하다. 그는, 도덕적 활동의 궁극적 형식이란 그 마음이 신에게로 고양되며 전체 자아가 개인적 거룩의 이상을 열망하는 정신적 활동이라고 우리에게 말한다. 이 활동은 그것이 달성하는 어떤 결과와 독립하여 자신을 넘어서는 내재적 가치를 갖고 있다. 선의지(사회적 의지)와 이런 정신적 행위는 공히 내재적 가치를 갖고 있다. 선의지의 실천적 표현들은 부차적 가치를 수단으로 갖게 될 것이다. 왜냐하면 그런 표현들은 인간 사회의 개선에 이르게 되기 때문이다. 하지만 이 모든 개선의 궁극적 목적과 정당 근거는 거룩한 마음이다. 인간의 최고 가치는 완전 가운데 있는 인간이다. 실천적 유형과 더욱 자신을 성찰하고 의식적으로 신을 추구하는 유형의 선은 내재적으로 가치 있으며, 둘은 인간의 성품, 정신 그리고 의지에 있다. 어떤 유형은 결과가 없지 않다. 물론 개혁자의 경우에 결과들은 명백하고 잠정적이지만, 성인(聖人)의 경우에는 이해하기 어렵고 내재적이다. 이런 식으로 그린은 사회적 개선과 성결함의 윤리 사이에 있는 얼핏 양립 불가능함을 해소하려 한다.

그린의 주된 윤리적 통찰은 다음과 같이 요약될 수 있다: 모든 사회적 개혁의 목적은 결국 정신적 측면에서의 인간의 완성이며, 인격과 이상의 계발이다. 그린은 종교적 색채를 갖고 있는 용어로 자신의 이상을 표현한다: 그는 거룩함(holiness)을 이 완전의 지속적 유형으로 말한다. 거룩함의 이상 이전에 자기 비하의 정신을 최고 가치를 지닌 정신의 상태로 말한다. 모든 도덕적 활동의 최종적 목적은 인간 정신의 태도의 실현, 인성에서 나타난 어떤 형태의 고상한 의식의 실현이어야 한다. 사회 개혁은 선한 것이지만, 사회 개혁은 단순한 물리적 위안과 물질적 만족의 장려를 넘어서는 어떤 목적과 정당 근거를 갖고 있어야 한다. 인간의 몸에 영양을 공급하고 거처를 제공하는 일은 아주 좋지만, 최고의 관심사는 언제나 이런 것이 될 것이다: "어떤 종류의 영혼이 이 몸에 거해야 하는가?"

브래들리(F.H.Bradley)

영국의 관념론적 사상가들 가운데 가장 섬세하고 가장 유명한 사람은 브래들리(1846-1924)이다. 그의 형이상학적 체계는 「현상과 실재」(*Appearance and Reality*)에서 가장 완숙한 형태로 제시되어 있다.

저서: 「비판적 역사의 전제들」(*The Presuppositions of Critical History*), 1874; 「윤리학 연구」(*Ethical Studies*), 1876; 「논리학의 원리」(*The Principles of Logic*), 2 vols., 1883; 「현상과 실재」, 1893; 「진리와 실재에 대한 논문」(*Essays on Truth and Reality*), 1914.

브래들리는 형이상학이 단순한 현상과 대립하여 실재를 인식하려는 시도 혹은 제일 원리나 궁극적 진리의 연구 혹은 우주를 단지 부분적으로나 단편적으로가 아니라 좌우간 전체로 파악하려는 활동이라는 점에서 독일 관념론자들과 의견을 같이한다. 우리는 불완전하긴 하지만 확실하고 실재적인 절대자의 지식을 갖고 있다. 인간은 궁극적 진리를 성찰하고 자신의 본질이 허락하는 만큼 충분히 실재를 파악하려는 본능적 갈구를 갖고 있다. 피히테, 셸링, 헤겔, 낭만

주의자들과 더불어 그는 추론적 지성이 세계를 이해하는 데 무능하다고 본다.

현상의 세계 "현상"이라는 제목이 붙은 브래들리의 「현상과 실재」의 제1권은 지성(intellect)에 대한 파괴적인 비판이며, 지성이 능통한 시공간 내의 전체 현상적인 대상 세계에 대한 비판이다. 지성과 경험의 세계에 대한 이 비판의 미묘함과 도달된 역설적 결론들 때문에 브래들리는 "현대철학의 제논"이라는 칭호를 얻었다. 실재를 해석하는 수많은 유형적 방법들에 대한 비판적 검토에 의하여, 가령 제일 성질과 제이 성질, 명사적 성질과 형용사적 성질, 관계와 성질, 공간과 시간, 운동과 변화, 인과와 활동, 자아라는 측면으로 이루어지는 방법들에 의하여, 그는 이 방법들이 자기 모순적이라는 부정적 결과에 도달한다. 관계에 대한 브래들리의 분석은 그의 역설적 방법에 전형적이다. 상관적 항(項)들이 없는 관계는 물론 무의미한 비실체이다. 그러나 그 항들이 있는 관계는, 가령 감각 성질들의 유사성도 똑같이 이해될 수 없는 것이다. 왜냐하면 그 관계를 그 각각의 항과 관련지으려면 새로운 관계들이 요구되기 때문이다: "고리들은 하나의 고리에 의하여 통일되며, 이런 통일의 끈은 또한 두 끝을 가진 고리이다. 그리고 이들은 그것들을 옛 것과 연관짓는 새로운 고리를 요구한다." 어떤 두 항을 연관지으려면 관계들의 무한한 연쇄가 필요하다. 그리고 이것은 이해될 수 없는 것이므로, 브래들리는 "하나의 관계적 사유 방식, 항들과 관계들의 장치에 의하여 움직이는 어떤 방식이든지 현상을 주지 진리를 주지 않음에 틀림없다. 이는 가장 필요하지만 결국 가장 옹호할 수 없는 임시 변통적 장치, 단순한 실천적 타협이다"라고 결론짓는다.

이런 항(項)들에서 고찰된 현상들은 모순으로 가득 차 있다. 그것들은 단순한 현상으로 드러난다. 하지만 현상들은 존재하며, 그것은 절대적으로 확실하다. 현상이 자신과 모순되며 따라서 참으로 실재적일 수 없지만, 그래도 실재와 완전히 분리될 수는 없다. 그러면 현상들이 속하는 이 실재의 본질은 무엇인가? 그것이 현존한다는 것말고 우리는 무엇을 더 말할 수 있는가? 그것은 단지 칸트의 물자체이거나 스펜서의 불가지자(不可知者)일 따름인가? 브래들리는 궁극적 실재를, 내포적 조화로 모든 상이성을 포함하는 일관된 전체로 파악한다.

현상적 다양성의 당혹스러운 덩어리들은 통일성을 갖고 일관적인 것이 되어야 한다. 그리고 이는 실재에서만 가능할 수 있다. 게다가 실재의 내용은 감각적 경험에 불과하다. 감정, 사유, 의욕은 유일한 현존 재료들이다. 달리 현실적이거나 가능적인 재료는 없다. 우리의 유한한 정신은 절대자의 삶을 구체적으로 형성하거나, 절대자를 형성하는 특수한 경험을 가질 수 없다. 그러나 우리는 그 경험의 주된 특색들에 대한 개념을 가질 수 있는데, 이것들은 우리의 경험에서 범례화되기 때문이다. 그러므로 그들의 구성에 대한 개념은 추상적인 점에서 우리에게 가지적(可知的)이다.

즉각적 감정 이 점에서 브래들리는 지성이 아닌 정신의 기능들을 사용함으로써 세계 문제를 해결하려 하는 이 철학자들의 반열에 합류한다. 하지만 그는 절대자와 정면으로 맞닥뜨리기 위하여 신비적 직관에 호소하지 않으며 궁극적 실재의 의미의 암시를 일상적인 인간 경험에서 발견한다. 우리는 단순한 감정 혹은 즉각적 표상에서 전체에 대한 경험을 갖는다. 이 전체는 다양성을 갖고 있으며, 동시에 조화이다. 이는 우리에게 전체 경험에 대한 일반적 개념을 암시하는 데 기여한다. 전체 경험에서는 의지와 사유와 감정이 혼용되며 상호 침투한다. 우리는 현상적 구분들이 집중되는 절대적 경험에 대하여 일반적 개념을 형성할 수 있다. 브래들리는, 그래서 우리는 절대자에 대한 실재적 지식, 경험에 근거한 긍정적 지식, 우리가 일관되게 사유할 수 있을 경우 그 경험이 불가피한 절대자의 관념을 갖는다고 결론짓는다.

하지만 단순한 사유 작용은 우리를 약속의 땅으로 데리고 가지 않을 것이다. 사유는 관계적이며 논증적이다: 사유는 생생한 경험을 해부하고 결코 그 내적 생활을 드러내지 못한다. 만일 사유가 논증적이며 분석적이지 않으면 자살을 범하는 것이다. 하지만 사유가 여전히 논증적이라면, 어떻게 즉각적 표상을 제대로 드러낼 수 있는가? 사유는 즉각적이며 자기 의존적이며 전포괄적인 개별성을 추구한다. 그러나 사유가 그 목표를 달성할 수 있으려면, 자신의 특성을 잃을 것이다. 브래들리는 사유가 그 직접성에서 감정과 비슷하지만 논증적 사유의 관계적 구조적 특징들을 보존하는 통각의 한 유형을 그릴 수 있음을 보여

줌으로써 이 딜레마를 벗어나려 한다. "간단히 말해서 감각적 경험은 실재이며, 이것이 아닌 것은 실재하지 않는다. …… 심리학적 현존이라고 흔히 불리는 것의 바깥에는 존재도 없고 사실도 없다. 절대자는 …… 하나의 체계이며, 그 내용은 감각 경험에 다름 아니다."

이 인식 유형은 단순한 통각의 즉각성과 힘을 갖고 있지만, 논증적 사유처럼 그 모순성에 의하여 사물을 전체로 보지 못하고 계속 관계 맺고 분석하도록 강요받지 않는다. 감정뿐만 아니라 의욕은 절대자에 대한 우리의 통각의 일부가 된다. 의욕은 그 목표를 달성할 때 절대자와 하나가 된다. 다시금 우리는 관념과 실재의 동일성, 통일성과 다양성의 동일성에 도달한다. 브래들리는 어떻게 즉각적 경험이 세부적으로 채워지는지를 우리가 상상할 수 없다는 데 동의하지만, 우리는 그 경험이 실재적이며 그것이 하나의 분리되지 않은 통각의 생생한 체계 안에서 경험의 다양성을 통일한다고 말할 수 있다.

절대자 그러므로 절대자는 이미 서술한 방식으로 인식 가능하다. 그것은 사물들의 조화로운 체계이지 총계가 아니다. 그것은 결합되는 모든 사물이 똑같이 변하지는 않지만 동일한 방식으로 그 안에서 변모되고 변화되는 통일성이다. 이 통일성에서 고립과 적대의 관계들이 확언되지만 흡수되어 버린다. 오류, 추함, 해악이 그 안에서 변모되어 흡수된다. 그것들은 모두 절대자에 의하여 소유되며, 절대자의 부(富)에 본질적으로 기여한다. 다른 것들이 그 형용사로 소속되거나 그것들이 그 안으로 해소될 수 있는 하나의 실재 유형은 없다. 자연은 일차 성질의 있는 그대로의 골격이라는 의미에서 볼 때 죽어 있으며 아름답다거나 감탄할 만한 것이라고 할 수 없다. 그렇게 이해할 때, 자연은 약간의 실재성만을 가지며, 그것은 과학에 의하여 요구되는 이상적 구조이며, 필수적이며 실제적인 의제이다. 우리는 우리의 자연 개념에 부차적 성질들을 첨가해야 하며, 자연에 의하여 야기된 즐거움과 슬픔, 성정과 감정도 첨가해야 한다. 물리학적인 것이든 심리학적이든 모든 개별 학문들은 오직 의제만을 다룬다: 영혼과 육체는 추상물이며, 현상 혹은 실재의 개별 측면들이다. 그래서 유심론과 유물론은 반쪽 진리이다.

실재는 하나의 경험이다. 우리는 그 안에서 감정, 사유, 정서, 혹은 그런 다른 어떤 것이 아닌 것을 발견할 수 없다. 이로부터 유아론(唯我論)이 나오지 않는가? 브래들리는 그렇지 않다고 말한다. 유한한 경험은 결코 어떤 형태로든 하나의 벽에 갇히지 않는다. 우리의 최초의 즉각적 경험에서는 전체 실재가 현존한다. 명사로서 전체는 그 형용사의 각각에 현존한다. 유한한 경험은 이미 부분적으로 우주이다. 유한한 경험에 불완전하게 현존하는 전체 우주는 단지 유한한 경험의 완성일 뿐이다. 내가 경험하는 것은 한편으로 나의 자아 혹은 나의 영혼의 상태이다. 그러나 그것은 나의 자아의 단순한 형용사일 수 없다. 자아는 실재의 부산물이며 한 현상이다. 그러면 경험은 어떻게 실재의 산물일 수 있는가?

그러므로 실재는 단순히 나의 경험이 아니다. 그것은 영혼 혹은 자아로 구성되지 않는다. 절대자는 인격을 넘어서므로, 인격적이지 않다. 그것은 초인격적이다. 우리는 그것을 인격적인 것으로 말할 수 있겠지만, 오직 그것이 경험에 다름 아니며 우리가 가능적으로 인식하고 느낄 수 있는 모든 것을 포함한다는 의미에서 그럴 수 있다. 그리고 그것은 그 부분들에 완전히 퍼져 있고 그것들을 완전히 포함하는 통일성이다. 그러나 절대자에게 적용된 "인격적"이라는 용어는 오해를 일으킨다. 절대자는 그것의 내적 구분들 위에 있지 아래에 있지 않다. 절대자는 내적 구분들을 자신의 충만의 요소들로 포함한다.

절대자는 자신의 역사를 갖고 있지 않다. 물론 그것은 수많은 역사를 포함하긴 한다. 이 역사들은 시간적 현상의 영역에서 절대자의 부분적 측면들에 불과하다. 진보는 우주에 적용될 때 아무런 의미를 갖지 못하지만, 이 사실은 브래들리에 따르면 도덕을 침해하지 않는다. 불멸성에 관련하여 말하면, 인격적 지속은 가능하지만 사실 그것으로 그치지 않는다. 여전히 어떤 이가 불멸성을 믿고 그 신념에 의하여 자신을 유지할 수 있다면, 결국 그것은 하나의 가능성이다. 하지만 브래들리는, 인격적 불멸성에 관하여 어떤 형태의 타락적 미신에 빠지기보다 두려움과 소망을 제거하는 것이 낫다고 확신한다.

논리학, 진리, 실재 진리는 경험의 한 측면이며, 그것이 절대적인 한에서 실재적인 것의 본질적 측면을 범례화한다. 우주는 그 일반적 특색에서 적절히 인식되지만, 그 모든 세부에서는 인식되지 않으며 결코 인식될 수 없다. 진리는 한 측면에서 본 전체 세계이며, 이 측면은 철학에서 최고 측면이다. 하지만 철학도 자신의 불완전성을 의식한다. 「논리학의 원리」에서 브래들리는 판단과 추론의 양태들을 철학에서 진리를 추구하는 일에 필수적인 것으로 서술하려는 관념론적 논리학을 정교하게 만든다. 이는 헤겔의 전통에 선 철학적 논리학이지만, 헤겔의 모델과 상당히 결별한다. 브래들리는 헤겔과 달리 판단을 고려하지만, 논리학에 근본적인 개념이나 범주를 고려하지 않는다. 그리고 그는 자신의 논리적 방법에서, 정반합의 삼각형을 가진 헤겔주의적 변증법의 엄격성과 형식주의로부터 자신을 해방시킨다. 하지만 논리학의 범위와 기능에 대한 그의 기본적 개념은 확연히 헤겔주의적이다: 논리학은 사유가 실재의 구조와 관련되며 실재의 구조를 반영하는 한에서 사유 형식을 탐구하는 것이다. 이는 참으로 철학적 논리학이다.

브래들리는 용어, 개념, 범주보다 판단을 논리학의 기본 단위로 고찰할 때(용어는 판단의 분석적으로 구별 가능한 구성 요소에 불과하다), 헤겔을 넘어서서 그리고 판단을 관념에 종속시킨 흄과 밀의 영국 학파의 관념연상론적 논리학을 넘어서서 중요한 발전을 성취했다. 판단은 사유와 인식의 단위이며, 브래들리의 이론에서 판단은 실재의 반영이며 실재에 관한 진리의 유일한 수단이지만 그 자체가 상징이며 실재에 관한 의미와 진리의 운반자이다. 상징은 "다른 어떤 것을 상징하는 한 사실이다. 어떤 상징에서든지 우리는 …… 그것의 의의 혹은 그것이 의미하는 것을 또한 갖는다." 판단은 이상적 내용 혹은 "논리적 관념"을 판단의 행위를 넘어서는 하나의 실재로 관련지음이다. 모든 판단은 실재와 관련된다.

브래들리의 예를 사용해 보면, 만일 큰바다뱀이 존재한다고 내가 판단한다면 나는 "큰바다뱀이라는 형용사로써 세계를 한정한다." 그러므로 판단의 진리란, 그것의 제시가 하나의 관념을 넘어선다는 것, 그것이 사실이라는 것을 뜻한다. 이런 의미에서 모든 판단의 궁극적 주체는 실재이다. 판단과 추론은 밀접하게 상호 연관된 논리적 활동이다: 추론은 판단 체계라는 맥락에서 이루어진 판단이며, 모든 판단은 적어도 어떤 근본적이며 아마도 무의식적인 추론을 포함한다. 브래들리는 말한다. "모든 추론은 실재하는 것으로 간주된 어떤 대상의 이상적인 자기 발전이다." 함축은 "이상적 우주의 실재성과 이 우주 내의 종속적 전체들과 체계들의 실재성을 가정한다."

윤리론 브래들리의 윤리적 입장은 그린의 입장과 마찬가지로, 절대적 관념론의 형이상학적 맥락에서 정식화된 자기 실현의 윤리학이다. 윤리적 목적은 자기 실현만이 아니라 전체로서 자아의 실현이다. 개인은 자신의 유한한 목적을, 궁극적으로 무한하고 절대적인 전체에 포함되는 더욱 넓고 더욱 포괄적인 목적에 관련지음으로써만 자신을 실현할 수 있다. 도덕의 궁극적 목적은 궁극적 실재인 절대자와 일치하며, 따라서 윤리학과 형이상학은 한 점에 모인다. 브래들리가 자신의 형이상학에서 인식론적 형이상학적 분석의 전제로서 두었던 절대자는 그의 윤리학에서 도덕적 이상으로 작용한다. 확실히 유한한 자아는 사실상 결코 무한해질 수 없지만, 계속 더욱 넓고 더욱 포괄적인 목적을 추구할 수 있으며 이 추구 활동은 도덕적 진보를 형성한다. "무한한 전체로서 네 자신을 실현하라"는 말은 "네 자신 안에서 전체를 실현함으로써 무한한 전체의 자기 의식적 성원으로서 네 자신을 실현하라"는 뜻이라고 브래들리는 말한다.

무한한 전체 혹은 절대자는 우리의 도덕적 활동이 지향하는 이상이지만, 절대자에 미치지 못하는 매개적 전체들이 있다. 이 매개적 전체들과의 동일시는 개별 자아의 도덕적 발전을 증진한다. 매개적 전체들은 개인이 구성하는 다양한 공동체, 제도, 사회 집단이다. 모든 개인은 가정과 사회와 국가와 같이 많은 인간 공동체의 부분이다. 이 인간 공동체들은 강제력이나 환상이나 계약에 의하여 결합되어 있다. 모든 개인은 자신을 위하여 자신이 이미 속한 집단의 이해와 안녕을 증진하는 목적을 자발적으로 그리고 의식적으로 추구할 수 있음을 발견한다. 그렇게 할 때, 그는 자신의 개인적인 이해에 속한 자아보다 더 큰 자아를 실현하며, 동시에 공동체적 집단의 안녕을 증진한다. 자아가 구성하는 이 사회적 전체들은 개인에게 행동 규범을 규정한다. 그들은 의무와 그에 수반되는 권리의 체계를 구현한다.

그리고 브래들리는 그것을 「윤리학 연구」의 핵심 논문인 "나의 위치와 그 의무"(My Station and Its Duties)에서 상당히 자세히 서술한다. 사회적 제도적 도덕에 대한 설명에서, 브래들리는 영국의 윤리학에서 전통적인 개인주의를 배격하고, 헤겔의 「법철학」의 제도주의와 정치적 절대주의를 상기시키는 귀족주의적이며 계급적인 도덕 체계를 옹호한다. 그는 어떤 가정에서 어떤 부모에게 태어난 한 영국 아이의 예를 들면서 이 사회적 세력의 영향력을 서술한다. 그 아이는 한 가정의 구성원일 뿐만 아니라 세상에 태어나 정치적 영역을 포함한 다른 영역들에 들어서게 된다. 그는 영국 국민의 한 구성원으로 태어났다. 그래서 "한 사람의 삶은 그 도덕적 의무와 더불어 국가라는 전체의 체계에서의 그 지위에 의해 주로 채워지며, 국가는 부분적으로는 그 법률과 제도에 의해, 그보다는 그 정신에 의해 그가 영위하고 영위해야 할 삶을 그에게 제공한다."

보즌켓

버나드 보즌켓(Bernard Bosanquet)(1848-1923)은 영국 절대 관념론의 대표자 삼인 가운데 세 번째 인물이다. 그의 입장은 브래들리의 그것과 아주 비슷하지만, 헤겔주의적 경향을 좀 더 강하게 드러낸다. 피히테, 셸링, 헤겔에게서 나타난 독일 관념론의 발전과 그린, 브래들리, 보즌켓에게서 나타난 영국의 운동 사이의 유사점은 놀라울 정도이다. 그린과 피히테는 각각의 전통에서 주의주의자들이다. 그들은 실천 이성의 우위를 강조하며 자아와 그 윤리적 성취를 부각시킨다. 따라서 그들은 윤리적 혹은 주의주의적 관념론자라고 서술될 수 있다. 브래들리는 자신의 독일인 원형인 셸링과 마찬가지로 절대자의 파악에서 감정에 귀속시키는 역할에서 낭만적이며 반(反)주지주의적 경향을 드러낸다. 보즌켓은 영국의 인물들 가운데 아마 헤겔과 가장 가까운 사람일 것이다. 그의 관념론은 헤겔주의적 변증법을 사용하지 않지만, 영국의 선배들의 관념론보다 주지주의적이며 합리론적이다.

저서: 「논리학」(Logic), 1888; 「미학의 역사」(History of Aesthetics, 1892); 「철학적 국가론」(The Philosophical Theory of the State), 1899; 「개별성과 가치의 원리」(Principle of Individuality and Value), 1912;「개인의 가치와 운명」(Value and Destiny of the Individual), 1913;「현대철학에서 극단들의 만남」(Meeting of Extremes in Contemporary Philosophy), 1920.

헤겔이 독창적으로 설명한 "구체적 보편"의 이론이 보즌켓의 신헤겔주의 체계에서 핵심 개념이 되었다. 구체적 보편은 추상적 일반성이 아니라 그 내적 구조화를 소유하며 통일과 성취를 향하는 개별자이다. "구체적 보편은 개별성에 대한 사유의 노력을 구현한다." 개별적인 것이 논리적 체계든지 도덕적 자아든지 사회적 유기체나 제도든지 예술 작품이든지 상관없이 개별성을 형성하는 완전과 성취를 향한 분투는 실재 이해를 위한 실마리를 제공한다. 개별자는 전체 없이 자신의 완성을 달성할 수 없기 때문에, 절대자는 지식과 도덕적 행동과 예술적 창조의 목표이다. 인식의 영역에서, 진리는 지식 체계의 이상적 총체성 혹은 완성이다. 보즌켓은 진리 정합(coherence)론을 옹호한다: "진리의 기준은 더 많은 진리이다."

윤리학의 영역에서 어떤 행위의 도덕적 성질은 좀 더 넓고 포괄적인 구도와의 그 정합성에 의해서 판단된다. 그래서 궁극적인 도덕적 목적은 절대자 자신이다. 실재의 통일성과 조화는 보즌켓에 의하여 논리적으로나 윤리적으로 뿐만 아니라 극적으로 제시되었다. 그러나 이는 미적·극적인 가치가 논리적이며 윤리적인 것보다 우월한 것으로 생각된다는 뜻이 아니다. 가치의 모든 영역은 통일과 조화와 정합성과 완성을 향한 추구의 형태로 개별성의 동일한 원리를 나타낸다. 통일을 향한 이 충동은 실재와 가치 둘 다의 독특한 특색이다. 실재와 가치의 분리 불가능성, 가치에 대한 존재론적 위상 부여는 그의 가장 중요한 작품의 제목에 표현되어 있다:「개별성과 가치의 원리」. 가치는 주관적이지 않으며, 유한한 의식에 의해 실재에 투사된 제삼의 성질들이다. "가치는 실재에 대해 유기적이다." 그처럼 예술적 창조에서 아름다움의 미적 이상은 완벽한 전체의 조화, 최고의 윤리적 가치이다. 보즌켓은 절대자를, 그 측면들 가운데 하나에서 현존의 드라마를 그 앞에 그려내는 위대한 극작가에 비유한다.

맥태거트(McTaggart)

존 엘리스 맥태거트(John Ellis McTaggart, 1866-1925; 「헤겔주의 변증법에 대한 연구」 [Studies in the Hegelian Dialectic], 1896; 「헤겔 논리학의 주석」[A Commentary on Hegel's Logic], 1910; 「현존의 본질」[The Nature of Existence] , Vol. I, 1921, Vol. II, 1927)는 영국 신헤겔주의의 다른 대표자들보다 헤겔주의 논리학과 변증법을 더욱 엄밀하게 고수했지만, 그가 「현존의 본질」에서 자세히 설명했던 그의 형이상학적 입장은 헤겔주의적 절대주의와 결별하며, 헤겔보다 라이프니츠와 로체에게 더욱 가까운 다원주의적 인격주의적 관념론의 방향으로 향한다. 모든 실재는 정신적이며, 이 정신적 실재의 구성적 요소들은 통합된 자아들이다. 만일 신이 존재한다면, 그도 역시 인격을 갖고 있으며 자아이다. 물론 그런 신은 완전하지 못할 것이며, 그래서 그린과 브래들리와 보즌켓이 가정한 그런 절대자가 아닐 것이다.

조사이어 로이스(Josiah Royce)

관념론 철학은 부분적으로는 영국 신헤겔주의의 영향을 통해서, 부분적으로는 독일 사상의 직접적 영향을 통해서 미국에서 많은 추종자를 얻었으며, 그 지지자들 가운데는 대학의 교수들이 많았다. 하버드 대학 교수이며, 폭넓은 학문과 사변적 이해력과 문필적 취향의 인물인 조사이어 로이스(1855-1916)는 미국에서 관념론 학파의 주도적 인물이었다.

저서: 「철학의 종교적 측면들」(The Religious Aspects of Philosophy), 1885; 「근대철학의 정신」(The Spirit of Modern Philosophy), 1892; 「신의 개념」(The Conception of God), 1897; 「선과 악에 대한 연구」(Studies of Good and Evil), 1898; 「세계와 개인」(The World and the Individual), 2 vols., 1900-1902; 「심리학 개요」(Outlines of Psychology), 1902; 「허버트 스펜서」(Herbert Spencer), 1904; 「충성의 철학」(The Philosophy of Loyalty), 1908; 「제임스와 그밖의 논문들」(W. James and Other Essays), 1911; 「종교적 통찰의 원천」(The Sources of Religious Insight), 1912; 「그리스도교의 문제」(The Problem of Christianity), 2 vols., 1913; 「근대 관념론 강연」(Lectures on Modern Idealism), 1916.

로이스의 가르침에 따르면, 통상적 경험의 세계는 우리가 관념의 측면에서 해석할 수 없는 사실을 전혀 포함하지 않는다. 이 세계는 철저히 관념을 구성하는 그런 재료들로 되어 있다. 우리가 이 세계의 뜻하는 바를 인식하며 말할 수 있는 한에서 이 세계에 귀속시킬 수 있는 모든 실재성은 하나의 이상이 된다. 사실 경험에 의하여 우리에게 강요되는 관념의 어떤 체계가 있으며, 이 체계는 우리의 행동을 위한 지침을 제공한다. 우리는 이를 물질의 세계라 부른다. 그러나 우리 안에 있는 이 경험의 계열과 실제로 상응하는 무엇이 저 너머에 있지 않는가? 그렇다. 그러나 그것들 자체가 우리의 정신 바깥에 있는 관념들의 체계이며, 모든 정신의 바깥에 있는 것은 아니다. 만일 바깥에 있는 나의 세계가 인식될 수 있다면, 그것은 그 자체에 있어서 본질적으로 정신적 세계이다. 그것은 표준적 혹은 보편적 정신 안에서 그리고 그 정신을 위하여 존재한다. 그리고 이 보편적 정신의 관념의 체계는 다만 세계를 형성할 뿐이다. 내 자신이 정신이므로 나는 정신을 이해할 수 있다. 정신적 속성을 전혀 갖지 않는 현존은 나에게 전적으로 모호하다. 초험적 정신이냐 아니면 그밖의 인식 불가능한 것이냐는 우리의 선택이다. 그러나 절대적으로 인식 불가능한 것은 존재할 수 없다. 그것의 개념 자체가 무의미하다. 인식 가능한 모든 것은 하나의 이념이며, 어떤 정신의 내용이다. 만일 실재가 정신에 의하여 인식될 수 있다면, 그것은 본질적으로 관념적이며 정신적이다. 실재 세계는 하나의 정신 혹은 한 집단의 정신들이다.

어떻게 나는 나를 넘어서 있는 정신들의 그런 관념들에 도달하는가? 어떤 의미에서 나는 나의 관념을 결코 넘어설 수 없으며 그렇게 하기를 원해서도 안된다. 왜냐하면 나의 외부적이며 실재적인 세계를 형성하는 그런 모든 정신들이 본질적으로 나의 자아와 하나이기 때문이다. 전체 세계는 본질적으로 하나의 세계이며, 그래서 본질적으로 한 자아의 세계이다. 한 사람이 하나의 대상으로 인식하는 그런 외적인 실재는 한 사람의 자아와 동일하다. 당신이 바로 그것이다. 그 대상을 "뜻하는" 자아는 그 대상을 소유하는 더 큰 자아와 동일하다. 마치 한 사람이 상실한 혹은 잊은 관념을 되찾을 때 그것을 찾고 있는 동일한 자아에서 그것을 발견하는 것과 같다. 이 심층적 자아는 그 통일성에서 모든 진리를 인식하는 자아이다. 그러므로 모든 자아들을 유기적으로, 반성적으로, 의식적으로 포함하며 그래서 모든 진리를 포함하는 오직 하나의 자아가 있다. 그것은 로고스, 문제 해결자, 전지자(全知者)이다. 이 세계에 관하여 절대적으로 확실한 유일한 것은, 그것이 예지(叡智)적이며 이성적이며 질서 정연하며 본질적으로 파악 가능하다는 것이다. 따라서 그것의 모든 문제는 좌우간 해소되며, 그것의 가장 깊은 신비는 최고의 자아에게 인식된다. 이 자아는 무한히 그리고 반성적으로 개별자의 의식을 초월한다. 이 자아는 모든 유한한 자아들을 포함하므로, 그것은 적어도 하나의 인격이며, 개별적 자아보다 좀 더 명확하게 의식(意識)적이다. 왜냐하면 이 자아는 자기 반성적 지식을 갖고 있기 때문이다. 그리고 자기 인식이란 일종의 의식이 아니고 무엇인가? 로이스에 따르면, 자연적 질서와 정신적 질서, 물리적 질서와 도덕적 질서, 신적인 것과 인간적인 것, 운명적인 것과 자유로운 것은, 초월적 혹은 초시간적 자유와 우리의 모든 행위의 시간적 필연성의 양립 가능성이라는 칸트의 이론에 의하여 조화될 것이다.

로이스의 철학에 대한 이런 설명은 대체로 그의 「근대철학의 정신」에서 나온다. 이 역사적인 책에서 그의 견해는 근대철학의 위대한 체계들에 대한 그의 검토 과정에서 등장한다. 그의 방대한 체계적 저술인 「세계와 개인」에서 이 이론은 매우 자세하게 설명되며, 자연과 인간의 사실들에 대한 해석에 적용된다. 로이스는 부분적으로 그가 다루고 있는 문제의 성격 때문에, 그리고 아마 그가 주지주의적 요소를 과장한다는 비판을 방어하기 위해서, 이전에 제시한 견해들보다 후대의 이 작품들에서 경험의 의욕적이며 목적적인 측면을 더욱 강조한다. "존재한다는 것은 그저 관념들의 어떤 절대적 체계의 완벽한 내적 의미를 표현하는 것, 구체화하는 것을 뜻한다. 게다가 이 체계는 관념의 (단편적이긴 하지만) 모든 유한한 형식의 참된 내적 의미나 목적에 참으로 함축되어 있다."

관념의 최종적 형식, "우리가 존재를 추구할 때 발견되는 최종적 대상은 (1) 좌우간 우리가 탐구를 시작하는 유한한 관념의 내적 의미의 완벽한 표현, (2) 이 관념에 부분적으로 구체화된 의지나 목적의 완벽한 실현, (3) 다른 것으로 대체될 수 없는 개별적 삶이다." 로이스는 관념의 능동적 측면을 강조함으로써 주지주의(intellectualism)라는 비난을 회피하려 하며, 개별 자아가 절대 자아에 의존하지만 그래도 그것이 갖는 중요한 역할을 강조함으로써 신비주의라는 비난을 회피하려 한다.

로이스는 자신의 윤리 이론을 훌륭하게 제시한 「충성의 철학」에서 근본적인 도덕 원리로부터 관념론적 세계관을 연역해 낸다. 이 원리는 충성에 충성을 부과한다. 즉 최대의 충성을 가능하게 할 대의 명분에 대한 충성을 부과한다. 나의 대의 명분은 하나의 체계를 형성함에 틀림없다. 그것들은 하나의 단일한 대의 명분 즉 충성의 생활을 형성해야 한다. 그것들은 보편적인 충성을 가능하게 해야 한다. 그러므로 충성은 보편적 대의, 최고선, 최고의 정신적 가치에 대한 신념을 함축한다. 충성을 위한 충성의 원리는 정신적 통일성이 존재하지 않으면 무의미한 환상이다. 모든 가치가 그 안에서 보존되는 통일성 말이다. 충성의 원리는 삶의 지침일 뿐만 아니라, 진리와 선을 보존하고 받드는 영원하고 전포괄적인 정신적 통일성의 계시이다. 그래서 로이스는, 칸트의 「실천이성비판」에 제시되어 있는 증명과 비슷한 도덕적 신(神)존재증명을 개진한다.

75. 프랑스와 이탈리아의 관념론

프랑스 관념론의 원천

프랑스의 관념론적 운동은 그린과 브래들리와 보즌켓과 같은 영국 학파와 달리 독일 운동으로부터 직접 발생한 게 아니었다. 그것은 이미 프랑스 사상의 주류에 현존하던 주의주의적이며 역동적인 이념들의 발전이었으며, 콩트와 그 추종자들의 실증주의에 반대하는 태도를 표현했다. 확실히 프랑스 관념론은 칸트의 비판적 관념론으로부터 많은 영감을 얻었으며, 피히테와 셸링과 쇼펜하우어와 같은 후기 칸트적 관념론을 반영했다. 그러나 프랑스 학파에 미친 헤겔의 영향력은 영국 학파의 경우와 달리 그다지 중요하지 않았다.

프랑스 관념론의 중요한 토착적 원천은 메느 드 비랑(Maine de Biran, 1766-1824)의 심리학적으로 지향된 역동성이었다. 그는 이미 실증주의의 중요한 반대자들 가운데 하나로 언급된 바 있다. 비랑의 철학의 핵심 개념은 "작용력" 혹은 "능동력"이었다. 정신은 장애물을 극복할 때 이 작용력을 의식한다. 이 개념은 비자아를 표현하는 장애물과 부딪칠 때만 자신을 실현하는 능동 자아라는 피히테의 개념을 상기시키는 개념이다. 비랑의 작용주의(activism)는 빅토르 쿠쟁(Victor Cousin)의 절충주의 철학에 통합된 요소들 가운데 하나였으며, 이 사실은 쿠쟁의 철학의 명성을 드높였고, 19세기 말과 20세기 초의 프랑스의 유심론과 관념론을 향한 길을 닦았다. 이 프랑스의 유심론과 관념론의 중요한 대표자는 라베송(Félix Ravaisson-Mollien, 1813-1900), 르누비에(Renouvier), 푸이에(Fouillée), 부트루(Boutroux) 등이다.

르누비에(Renouvier)

르누비에(C. Renouvier, 1815-1903)는 자신의 체계를 신비판론이라고 부르는데, 이는 칸트의 비판 철학에 대한 자신의 충성된 태도를 표시하기 위함이다. 하지만 이는 비판 정신에 일관되게 충실하지는 않는다. 왜냐하면 라이프니츠의 단자론을 상기시키는 관념론적 형이상학으로 발전되기 때문이다. 이 형이상학의 특징은 다원론과 인격주의이다. 본체계, 물자체가 없다. 사물들은 그것이 표상되는 한에서 현상이며, 우리에 대하여는 관념밖에 존재하지 않는다. 실제적 무한성으로서 실재 개념은 경험의 모순일 뿐만 아니라 논리적 모순이다. 우주는 유한한 존재들의 유한한 총계이다. 현상에는 무한한 이행(移行)이란 있을 수 없으며, 여기서부터 불연속성의 개념의 필연성이 나온다. 불연속성의 개념은 원인 없는 시작과 자유 의지의 가능성을 함축한다. 인식은 상대적이며 사물들의 관계에 대한 발견에 제한되어 있다. 르누비에의 뛰어난 사상 가운데 많은 것은 앙투안 쿠르노(Antoine Cournot, 1807-1877)가 이미 보여주었다. 쿠르노는 자연과 역사에서 우연성과 우발성을 발견했으며 자연 법칙들을 진리에 대한 근사(近似)로 파악했다.

푸이에(Fouillée)

푸이에(A. Fouillée, 1838-1912)는 관념론과 유물론을, 관념-세력(idées-forces)에 대한 자신의 주의주의적이며 진화론적 철학으로 조화시켜 보려 한다. 유물론은 다른 요인들을 배제하고 운동만 강조할 때 단편적이다. 관념론은 물질을 희생시키고 사유를 과장할 때 역시 단편적이다. 정신과 물질, 의식과 생명은 단일한 원리로서 자연에서 작용한다. 그것들은 하나의 모호하고 총체적인 실재로부터의 두 가지 추상물, 동일한 사물을 파악하는 두 방식이다. 모든 심적 현상은 충동 혹은 욕구(appétition)의 표현이다. 심적 현존은 우리에게 직접 주어지는 유일한 실재이다. 그래서 우리는 능동 정신과 그것의 관념-세력에 유추하여 세계를 해석해야 한다.

부트루(Boutroux)

에밀 부트루(Emil Boutroux, 1845-1922)는 과학에서 우연성의 요소를 강조하는 운동의 절정을 대표한다. 쿠르노(Antoine-Augustin Cournot, 1801-1877)는 수학적 개연성 이론에 대한 자신의 연구에 근거하여 과학 법칙들이 자연의 객관적 제일성들을 표현하는 확실하고 절대적인 진리라는 전통적 견해에 이의를 제기했으며, 과학 법칙들이 개연적이라고 주장했다. 과학 법칙들이 개연적인 것은, 인간 지식의 한계 때문일 뿐만 아니라 자연에 있는 객관적 우연성 혹은 우발성 때문이다. 부트루는 자신의 주저 「자연 법칙의 우연성」(The Contingency of the Laws of Nature)에서 과학 법칙을 떠받치는 객관적 우발성 혹은 무규정성에 대한 쿠르노의 이론을 채택했다. 이 이론은 부트루에 의해 철학 이론으로 격상되었고, 의지의 자유를 지지하기 위하여 주장된다. 자연에 있는 인과적 무규정성을 인간 자유의 토대로서 받아들이는 그의 태도는, 원자의 "벗어남"(swerve)이 인간에게서 자유 의지를 조건화한다는 에피쿠로스 이론의 현대판이다. 그래서 부트루의 이론은 그 원형인 에피쿠로스주의의 이론과 마찬가지 곤경에 사로잡힌다: 단지 인과적 무규정성인 의지의 자유는 어떤 윤리적 가치를 소유하는가? 부트루의 체계에서 우연성은 세계에서 어느 정도의 기계론과 결정론을 배제하지 않는다: 그는 세계를 현존 단계들의 위계제로 그렸다. 이 위계제의 가장 낮은 것인 불활성적 물질은 최대의 규정성과 최소의 무규정성을 포함하며, 더욱 큰 무규정성의 단계를 거쳐서 상승한다. 이 계열은 신에게서 절정에 도달하는데, 신은 최대의 무규정성과 자유를 구현한다.

푸이에의 견해는 다음에 제시되어 있다. 「자유와 결정론」, 1872 ; 「관념-세력의 진화론」(그의 주제), 1890 ; 「관념-세력의 심리학」, 1908 ; 「사유」, 1912 ; 「하나의 세계 해석의 초고」, 1913.

르누비에의 저서 : 「일반비판론」, 4 vols., 1875-1896 ; 「신단자론」, 1899 ; 「인격주의」, 1902 ; 「지난 이야기」, 1905.

부트루의 저서들 : 「자연 법칙의 우연성」, 1874, 4th ed., 1902 ; 「현대철학에서 과학과 종교」 1909 ; 「안에 있는 초월」, 1912.

이탈리아 관념론의 원천들

이탈리아의 관념론적 운동은 헤겔로부터 출발하지만, 헤겔주의적 논리학과 절대자의 이론을 강조하기보다 헤겔의 정신 철학에서, 그리고 좀 더 구체적으로 헤겔주의의 진화론적 역사적 측면에서 자신의 주된 영감을 끌어온다. 헤겔의 금언인 "철학은 역사이다"는 크로체와 젠틸레의 체계의 주제가 된다. 이 사상가들은 현실적인 것을, 진화·자유·창조성에 대한 헤겔주의적 개념에 비추어서 해석된 역사적 과정과 동일시한다.

그 부정적 측면에서 이탈리아 관념론은 브래들리와 보즌켓의 절대주의에 대한 비판이다. 헤겔의 논리학적 저술들에서 주된 원천을 갖고 있었고, 역사와 예술과 종교에서 그리고 철학에서 나타난 인간 정신의 발전적 업적을 강조하는 「정신현상학」과 「정신철학」에 포함된 헤겔 철학의 그런 측면을 무시하거나 평가 절하하는 절대주의에 대한 비판이다. 크로체와 그의 학파가 영국 헤겔주의자들의 절대주의에 퍼부은 주된 반론은, 이 절대주의가 실재를 영원하고 정적이고 완전해진 전체로 파악하고, 그래서 인간 정신의 시간적이며 전진적이며 창조적인 업적을 무시하거나 적어도 평가 절하하려는 경향이 있다는 것이다. 이탈리아 관념론자들이 채택한 헤겔의 긍정적 입론은, 실재가 능동적이며 창조적이며 전진적인 발전으로서 파악된 사유라는 것이다. 이는 크로체의 저술 제목이 제기한 문제에 대한 크로체의 대답의 실체이다. 그 문제란 "헤겔 철학에서 살아 있는 것과 죽은 것은 무엇인가?"이다.

크로체(Croce)

베네데토 크로체(Benedetto Croce, 1866-1952)는 사유와 경험에서 현현된 정신이 근본적 실재라는 관념론의 핵심 입론을 받아들인다. 그의 관념론의 특징은, 그가 사유와 경험을 특징화하는 방식이다. 그가 실재와 동일시하는 경험은 인간의 경험이지 초험적이거나 절대적 경험이 아니다. 게다가 경험은 시간적이며 살아 있는 현재적 경험에 제한된다. 과거는 현재를 조건화하는 한에서만 실재적이며, 미래는 그것이 현재로부터 개현되는 한에서 실재적이다. 현재적 경험의 두 가지 주된 형식 혹은 측면은, (1) 정신의 직관적 활동에 의하거나 개념적 활동에 의한 모든 인식 활동을 포함하는 그 이론적 측면과 (2) 의지의 발휘에서 비롯되는 의욕과 정신 활동들을 포함하는 그 실천적 측면이다.

이론적 활동은 정신에게 지식의 재료와 형식을 제공한다: 직관은 우리의 모든 경험의 재료를 창조하는 정신의 과정이다; 미학은 직관과 관련된 이론 철학의 분과이다. 개념적 사유는 정신의 이론적 활동 국면 가운데 경험의 구조와 조직을 제공하는 국면이다. 크로체가 순수 개념의 학문으로 서술하는 논리학은 이론 철학의 개념적 측면을 집중적으로 다룬다. 직관적인 것의 일반적 학문인 미학은 지각의 이론과 미의 이론을 다룬다. 이런 이중적 의미를 갖는 "미학" 용어에 대한 크로체의 용법은 칸트의 「순수이성비판」의 제1부에서 발견되는 "감성론"이라는 원래의 인식론적 의미와, 바움가르텐이 아름다움에 대한 철학적 이론을 명명하기 위하여 "미학"이라는 말을 사용할 때의 제한된 의미를 결합한다. 이 용어의 이중적 사용은 이론적으로 크로체의 철학에서 의미심장하다. 이는 감각 지각에 포함된 직관(칸트의 의미에서 "감성론")이 미적 직관(바움가르텐의 의미에서의 "미학")과 본질적으로 동일하다는 것을 암시한다.

지각 이론은 그것이 적절할 경우 동시에 창조적 예술가나 시인의 활동을 설명한다: 통상적 지각은 미적 성질을 갖고 있고 미적 창조와 감상은 지각 경험의 세련화이다. 감각 지각은 정신이 외부 대상을 수동적으로 의식하는 과정이 아니다. 그것은 사유의 자료가 직관에 의하여 창조되는 인식적 과정이다. 지각과 예술적 창조의 구분은 종류의 차이가 아니라 정도의 차이이다: 지각과 예술적 창조는 정신의 동일한 표현적 기능의 현현이다. 감각 지각의 미적 직관은 심상의 매체에서의 표현을 요구한다. 그리고 이것은 창조적 예술가의 주된 기능이다. 그 지각적 직관을 표현하는 예술가의 심상은 원래의 직관과 구분되지 않고 오히려 그 직관으로 돌아감이다. 이런 방식으로 예술은 지각의 즉각성을 회복함으로써 사유의 반성적 단계의 한계에서 정신을 해방시킨다.

논리학은 직관의 재료를 조직화하고 분류하는 개념적 혹은 반성적 사유의 단계를 다룬다. 크로체는 논리학을 순수 개념의 학문으로 정의하며, 순수 개념에 대한 그의 설명은 칸트와 헤겔의 관념론적 전통에 서 있는 철학적 범주의 이론이다. 크로체가 나열한 논리학의 순수 개념들은, 성질, 진화, 모양, 아름다움이다. 크로체는 철학의 순수 개념들을 집이나 삼각형이나 사람과 같은 상식과 과학의 개념과 대립시키며, 나중에 그는 후자를 "유사 개념"(類似概念)이라 부른다. 순수 개념은 (1) 보편성 (2) 표현성 (3) 구체성의 특징을 소유한다. 보편적이라 함은, 그것이 우리의 전체 경험의 편만한 특징이라는 것이다. 모든 범주는 단편적이긴 하지만 모든 경험에 내재한다. 하지만, 순수 개념은 그 경험적 사례들의 총합에 의하여 망라되지 않으므로 또한 초험적이다. 순수 개념은 정신의 논리적 활동을 표현한다. 마치 지각이나 심상이 정신의 미적 활동을 표현하는 것과 같다. 순수 개념은 구체적 경험을 구성하므로 구체적이다: 헤겔식의 용어를 사용하면 그것은 추상적 보편이 아니라 구체적 보편이다. 철학의 순수 개념들은 그것들의 구체성과 경험에서의 내재성 때문에 과학의 추상적 개념 혹은 유사 개념과 대립된다. 구체적인 것과 추상적인 것의 대립이 과학에 대한 크로체의 비판을 떠받친다: 과학의 결론들은 추상적 개념들을 활용하므로 오직 상대적 타당성만 갖는다. 개별 과학들은 물질과 전기와 삼각형과 같은 경험으로부터의 그런 추상물을 마치 경험의 세계의 참된 구성물인 것처럼 연구하므로, 사실상 그것들은 추상적 지성의 인위적 산물이다. 그리고 추상적 지성은 그것이 과학에서 아무리 유용하더라도 실재의 참된 본질을 왜곡하고 곡해한다. 현실적인 것은 철학의 순수 개념들에 의해서만 접근 가능하다.

정신의 실천적 활동은 구분할 수 있지만 분리할 수 없는 두 가지 국면으로 분석 가능하다: 의욕(willing)과 행위(action)이다. 의욕과 행위는 동일하다. 의지의 표현이 아닌 행위는 있을 수 없다. 의지를 표현하지 않는 행위는 참된 행위가 아니라 단순한 기계적 활동이며, 말 그대로 과학의 유사 개념이다. 행위는 의욕을 표현하며, 의욕은 언제나 지식을 표현한다. 하지만 이론적인 것에 대한 실천적인 것의 의존은 상호적이지 않다. 인식 활동이 없이 의욕하는 것은 불가능하지만, 의지 활동이 없이 인식하는 것은 얼마든지 가능하다. 실천적 영역은 또 다른 관점으로부터 단지 유용한 것을 다루는 경제적인 것으로, 선을 다루는 윤리적인 것으로 나누어진다. 경제적 영역은 이기주의에 의해서만 지배되며, 윤리적 영역은 이타주의, 보편화된 이기주의를 도입한다.

크로체는 역사를 철학사가의 정신에서 일어나는 역사적 이해와 해석의 현재적인 창조적 과정으로 해석한다. 역사는 죽은 과거의 단순한 사실적 재구성이 아니라 역사적 과정의 창조적이며 상상적인 해석이라는 의미에서 사료편찬이다.

젠틸레(Gentile)

조반니 젠틸레(Giovanni Gentile, 1875-1944)의 철학은 크로체의 역동적이며 개인주의적인 관념론에 큰 빚을 졌지만, 고전적인 독일 운동의 좀 더 절대주의적 관념론으로 상당히 되돌아간다. 그는 크로체의 철학에서 경험의 이른바 통일과, 미적·논리적·경제적·윤리적 영역에서 나타나는 그 표현의 다양성 사이에서 갈등을 발견한다. 젠틸레는 경험의 통일성과 그것의 사중적 표현의 양립 불가능성을 통일성의 측면에 강조를 둠으로써 해소하지만, 일원론자 혹은 절대론자의 불가피한 문제에 봉착한다. 즉 경험의 명백한 복잡성을 설명하는 문제 말이다. 그는 자기 의식의 개념으로 이 난점을 해소하는 실마리를 발견한다. 자기 의식은 주체와 대상의 완벽한 종합이다. 자기 인식에서, 주체와 대상, 인식자와 피인식자가 합쳐진다. 개별적인 자기 의식은 보편적 경험의 통일성을 이해할 수 있게 만드는 주체와 대상의 완벽한 통일성을 달성한다.

젠틸레에 따르면, 언제나 특성상 주관적인 예술은 보편적인 자기 의식에서의 주어 개념과 상관된다. 반면에 종교는 대상 개념에만 몰두한다. 그러나 대상과 분리된 주체는 비실재이므로, 예술과 종교는 보편적 자기 의식의 단면적이며 불완전한 표현이다. 자기 의식적 경험에서 주체와 대상의 이상적 통일성을 홀로 달성하는 철학은 예술과 종교의 종합이다. 철학은 세계에서 자기 의식의 최고 현현이므로, 단순히 실재의 지식이 아니다: 철학 자체가 실재이다. 젠틸레는 실재와 자기 의식을 동일시하므로, 철학자가 자신의 철학적 활동에서 문자 그대로 실재를 형성한다는 역설적 입장을 포함하게 되었다. 실재는 자기 의식이며, 실재적인 것은 반성적으로 자기 의식적인 사변에 관여하는 철학자 안에서 그리고 그를 통해서만 자신을 의식할 수 있게 된다. 이론적 활동에서 철학자는 단지 실재를 명상할 뿐만 아니라 실재를 만든다. 철학적 반성을 통한 절대자의 이 자기 계시는 시간적이며 역사적인 과정이므로, 철학은 역사와 동일하다. 역사, 예술, 철학은 절대적 실재가 자기 의식적 실현을 그 안에서 달성하는 인간 정신의 세 가지 상호 의존적 활동이다.

76. 주지주의에 대한 낭만주의적 반작용

주지주의의 반대자들

현대철학에 나타난, 주지주의에 대한 항거의 주된 원천 가운데 하나는 고전적인 독일 관념론이다. 이 관념론은 특별히 헤겔의 추종자들 가운데서 강렬하게 주지주의적이었지만 지성(intellect)의 한계를 인식했다. 관념론자들은 경험을 기계화하는 사유의 기능인 지성과, 경험을 역동적으로 해석하는 정신의 기능인 이성적 통찰 혹은 직관을 구분한다. 독일 관념론에서는 이 기본적 구분이 지성(Verstand)과 이성(Vernunft)의 대립으로 표현된다. 전자는 추상적 혹은 개념적 사유의 방법이며, 후자는 형이상학적 지식의 원천이다.

하지만 극단적 주지주의에 대한 반대는 관념론자들, 직관론자들, 다른 낭만적 철학자들에게 국한되지 않고, 심지어 흄과 실증주의자들로부터 그 인식론에 영향받은 사상가들 가운데 자연과학자들에게도 존재한다. 주지주의에 대한 20세기의 반발자로는, 매우 상이한 기질의 철학자들이 있다. 관념론자, 회의론자, 주의주의자, 직관론자, 실증주의자, 실용주의자, 의제주의자(fictionalist) 등이다. 우리는 주지주의를 반대하는 집단을 두 가지로 크게 구분할 수 있다. 한 집단은 실용주의, 실증주의, 의제주의, 규약주의자(conventionalist), 인간의 지성이 자신의 영역에서는 적절하나 세계의 수수께끼를 해결할 수 없다고 믿는, 그밖의 과학적 성향의 철학자들을 포함한다. 여기서는 형이상학이 불가능하다. 그들은 지식이 경험의 사실에 대한 연구와 서술에 제한된다거나, 지식이 의지에 이바지하는 수단에 불과하다거나, 그것의 결론(심지어 자연과학의 분야에서도)이 단지 규약이나 상징이나 진리의 근사치라고 주장한다. 직관론자, 관념론자, 낭만주의자를 포함하는 사상가 집단은 지성 혹은 논증적 지성이 실재의 의미를 포괄할 수 있다는 데 동의하며, 인간 정신의 다른 국면 혹은 기능들(감정, 신념, 즉각적 혹은 순수한 경험, 의지, 직관)에서 지식의 좀 더 확실한 원천을 발견한다. 강한 반주지주의적 혹은 반합리론적 경향들은, 관념론학파 안에서도 가령 로체와 오이켄과 브래들리와 로이스에게서도 논의될 수 있다.

낭만주의의 의의

이와 같은 최근의 낭만주의적 반(反)주지주의적 경향은 자랑할 게 많다. 그 경향들은 좀 더 이전의 고전적 체계들을 격려하고, 그 체계들로 하여금 자신의 존재를 정당화하도록 강요한다. 철학은 적대감 없이, 싸울 전장이 없이, 쉽게 무기력하게 되고, "단호한 의견의 깊은 혼수 상태"에 빠진다. 자기 만족이나 무관심보다 갈등이 선호된다. 이런 경향들은 철학의 회춘에 기여할 뿐만 아니라 중요한 사안들에 관심을 집중시키는 데 성공했다. 그들은 또한 자연과학과 철학의 관계라는 문제를 전면에 끌어냈으며, 사물의 구도에서 인간 가치의 의의를 다시 강조했다. 그들은 실재 자체에 대한 대체물로서 실체의 개념적 틀을 받아들이지 말도록 경고했으며, 우리로 구체적 경험에 좀 더 밀착하라고 주장했다. 그들은 인류의 온갖 다양한 경험들을 정당하게 평가하지 못하는 형이상학, 단면적 형이상학에 반대했다. 그들은 추상적 인식이라는 측면에서만 실재를 그리는, 외향적 지성에 의하여 제시된 실재의 설명을 적절하고 완벽한 것으로 받아들이지 않으려 했다. 그들은 실재의 역동적인 특색, 헤라클레이토스적 세계관을 강조하고, 엘레아학파의 정적인 절대자를 반대했다. 그들은 좀 더 탄력적인 우주를, 인간의 삶이 꼭두각시 놀음이나 주어진 역을 그냥 맡을 뿐인 드라마를 뛰어넘는 세계를 변호한다. 그들은 자유, 주도권, 개인적 책임, 기발함, 모험, 위험, 기회, 로맨스를 위한 자리를 발견한다. 관심이 보편적인 것에서 개별적인 것으로, 기계 같은 것에서 유기적인 것으로, 지성에서 감정과 의지로, 논리에서 직관으로, 이론적인 것에서 실천적인 것으로 옮겨갔다. 낭만주의는 인간이 전쟁의 기회를 갖게 될 세계, 그가 노력하여 자신의 목적과 이상에 맞게 고칠 수 있는 세계를 요구한다.

77. 앙리 베르그송(Henri Bergson)의 직관주의

지성과 직관

20세기의 반합리론적 운동에서 가장 흥미롭고 대중적인 인물은 앙리 베르그송(1859-1941)이다. 그의 저술들은 윌리엄 제임스의 저술들과 마찬가지로 학계 바깥에서 공감하는 독자를 많이 두었다. 베르그송은 낭만주의자, 실용주의자, 신비주의자와 함께, 과학과 논리학이 궁극적 실재를 꿰뚫고 들어갈 수 없다고 천명한다. 삶과 운동의 현존에서 개념적 사유는 무력하다. 과학은 죽음에 결정화된 것만, 창조계의 쓰레기 같은 산물, 정지한 상태로 있는 것, 시간 혹은 생성을 회피하는 불활성적 잉여, 우리가 예측할 수 있는 것만 파악할 수 있다. 하지만 지성의 활동은 그 목적이 없지 않다. 실용주의자들이 선언하듯, 지성은 살려는 의지에 봉사하는 도구이다.

그러나 베르그송에 따르면, 지성은 그것을 넘어선다. 그리고 실용주의는 반쪽 진리이다. 개념적 사고는 죽어 있는 정적인 세계, 기계론이 지배하는 불활성적 물질의 세계에서 사용하기에 아주 적합하게 되어 있으며, 여기서 가장 큰 승리를 달성했다. 개별성이 없고 내면성이 없고 죽은 표면만 있는 곳에서는, 과학과 논리학이 실천적 가치와 이론적 가치를 공히 갖는다. 하지만 과학과 논리학은 모든 것이 움직이며 성장하며 생성하며 살아 있는 세계에 그 기능을 확대할 때 실재적인 것을 못쓰게 만들고 왜곡한다. 지성은 형태의 무한한 다양성과 변화에 좌절되고 소용돌이치는 유동을 환상으로 착각하면서, 뼈만 앙상한 뼈대, 경직된 얼개를 구성하게 되며, 혼란스럽고 불쾌한 시간적 연속 대신에 이 뼈대를 참된 실재로서 제공한다. 지성은 영원히 정적인 요소들, 영원한 실체와 원인을 가지고 유동(flux)을 해석하며, 논리적 구도에 맞지 않는 것을 단순한 현상으로 생략한다. 과학의 이상은 정적인 세계이다. 과학적 지성은 흐르고 있는 것을 공간 관계로 바꾼다: 과학적 지성에게 지속, 운동, 생명, 진화는 단순한 착각이다. 과학적 지성은 그 모든 것을 기계화한다.

베르그송에 따르면, 생명과 의식은 기계적으로, 과학적으로, 논리적으로 취급될 수 없다. 그것들을 통상적인 수학적·물리적 방식으로 연구하고 분석하는 과학자들은 그것들을 파괴하며 그것들의 의미를 놓친다. 형이상학자는 우리에게 그것들에 대한 과학적 지식을 줄 수 없다. 철학은 직접적 형태의 실재로, 문자 그대로 세계관(Weltanschauung), 세계 직관으로 남아 있으며 또 그래야 한다. 직관은 실재적이며 직접적인 생명이다. 자신을 직시하는 생명이다. 우주에는 시인의 창조적 정신과 비슷한 무엇, 살아 있고 활기찬 힘, 생의 약동(élan vital)이 있다. 이는 수학적 지성을 피해 가며 오직 일종의 예감에 의해서, 이성보다 사물의 본질에 더욱 가까이 다가가는 감정에 의해서만 이해될 수 있다. 철학은 우주를 그 과정 안에서, 그 생명의 힘에서 파악하고 이해하는 기술이다.

직관은 본능과 같은 무엇이며(의식적이며 정교하고 정신화된 본능이며), 본능은 지성과 과학보다 삶에 더 가깝다. 우리는 실재적인 것, "생성하는" 것, 내면적 "지속"(durée), 삶과 의식을 직관의 기능을 통해서만 파악할 수 있다. 행위를 위한 관찰이 아니라 관찰을 위한 관찰에 의해서만 지식은 자신을 드러낼 것이다. 그 본질은 심리적이지 수학적이거나 논리적이지 않다. 적절한 철학은 지성과 직관을 정당하게 평가함에 틀림없다. 왜냐하면 이 두 기능의 결합에 의해서만 철학자는 진리를 얻는 데 성공할 것이기 때문이다.

형이상학

베르그송이 지성과 직관, 과학과 철학을 나누는 분명한 구분은 그의 이원론적 색채를 띤 형이상학에 근거한다. 물질은 기억 없는 일종의 거대한 기계이다. 정신 혹은 의식은 본질적으로 자유로운 힘이며 본질적으로 기억, 구르는 눈덩이처럼 과거 위에 과거를 쌓아 올리며 지속의 순간마다 새로운 무엇을 조직하기 위하여(이것이 참된 창조이다) 이 과거에 의존하는 창조력이다. 의식은 서로 계기하는 부분들의 단순한 배열이 아니라 반복이 없는 분리 불가능한 과정이다. 그것은 자유롭고 창의적인 작용이다. 의식은 원칙적으로 모든 살아 있는 물질에 현존한다. 사실 삶은 자신의 목적을 위하여 물질을 사용하는 의식에 다름 아니다. 살아 있는 존재는 무규정과 비예측성의 저장소, 가능적 행위들 혹은 선택의 저장소이다. 삶은 물질에서 어떤 탄력성을 이용하며 비활성적 물질이 표상하는 무규정의 미분적 파편으로 몰래 들어감으로써 물질을 자유에 유리하게 만든다. 동물은 생리적 체계에 저장된 잠재적 에너지를 방출하는 미분적 불꽃을 발생시킴으로써 자발적 운동을 수행한다.

의식은 지속적으로 창조하고 증식하는 작용이지만, 물질은 지속적으로 자신을 파괴하고 없어지게 하는 작용이다. 세계를 구성하는 물질도, 이 물질을 활용하는 의식도 그것 자체로 설명될 수 없다. 이 물질과 이 의식 모두의 공통 원천이 있다. 지구에서 생명의 전체 진화는 — 물질을 가로지름으로써, 인간에게서만 실현되며 인간에게서도 오직 불완전하게 실현되는 무엇을 달성하는 — 이 본질적으로 창조적인 힘의 결과이다. 의식은 물질을 조직하고 그것을 자유의 수단으로 만들려고 할 때, 덫에 걸려 버렸다: 자유는 자동 현상과 필연성이 귀찮게 따라다니며, 결국 그것에 의하여 질식된다. 오직 인간과 더불어 그 쇠사슬은 파괴되었다. 인간의 뇌는 모든 체결된 습관에 다른 습관을 대립시킬 수 있다. 인간의 뇌는 필연성이 필연성에 맞서 싸우게 한다. 우리는 우리의 행위들이 우리의 전체 인격에서 나올 때, 그 인격의 표현일 때 자유롭다. 그래서 자유의 참된 행위는 우리의 생활에서 드물다.

물질은 방해물과 자극제의 역할을 둘 다 맡으며, 우리로 우리의 힘을 느끼게 하고, 또한 우리로 그 힘을 강하게 만들 수 있게 한다. 쾌락이 아닌 기쁨은 우리의 활동이 완전히 팽창해 있음을 우리에게 알려 주는 표시이다. 삶의 승리에 대한 강조적 표지이다. 기쁨이 있는 곳에는 창조가 있었다. 인간 삶의 궁극적 정당 근거는, 매순간 모든 사람에 의하여 추구될 수 있는 창조, 자아에 의한 자아의 창조, 외부로부터 끌어들이지 않고 인격 자신으로부터 나오게 하는 요소들에 의한 인격의 지속적 풍요화이다. 물질을 통한 의식의 추이는, 처음에 혼란스러웠던 경향들이나 잠재력들을 — 별개의 인격들의 형태에서 — 정밀하게 만

앙리 베르그송

들고 이 인격들로 하여금 자신의 힘을 테스트하게 하는 반면 동시에 자기 창조의 활동에 의하여 그 힘을 증가시키도록 하게끔 되어 있다. 그러나 의식은 또한 기억이며, 그것의 본질적 기능 가운데 하나는 과거를 축적하고 보존하는 것이다. 순수 의식에서는 과거의 어떤 것도 상실되지 않으며, 의식적 인격의 전체 삶은 분리 불가능한 연속이다. 이리하여 우리는 그 결과가 이생을 넘어서 계속된다고 가정하게 된다. 아마 인간에게만 불멸적 의식이 있을 것이다.

도덕과 종교

인간의 도덕적·종교적 본성은 베르그송의 마지막 중요한 작품은 「도덕과 종교의 두 원천」에 예리한 통찰력으로 서술되어 있다. 베르그송의 인식론에서는 지성과 직관의 대립으로, 그의 형이상학에서는 기계적인 것과 생명적인 것의 대립으로 등장했던 정적인 것과 역동적인 것의 대립이 또한 도덕과 종교에 대한 그의 연구에 배여 있다. 첫 번째 유형의 도덕은 사회의 구조와 사회의 요소들이 서로에 발휘하는 압력들로부터 비롯되는 의무들에 근거한다. 두 번째 유형의 도덕은 창조적 도덕이며 인간의 도덕적 천재와 통찰에 대한 표현이다. "첫 번째 도덕과 두 번째 도덕 사이에 정지와 운동 간의 전체 거리가 있다." 마지막으로, 베르그송은 종교에서 인간 정신의 신화 창출적 행위의 산물인 정적인 종교와 참된 신비적 통찰과 연관된 역동적 종교를 비슷하게 구분한다. 정적인 것과 역동적인 것의 근본적 대립은, 베르그송의 철학의 모든 국면에 속속들이 배여 있다.

78. 독일과 프랑스의 실존주의

키에르케고르의 부활

19세기 초 덴마크의 철학자 쇠렌 키에르케고르(Sören Kierkegaard, 1813-1855)는 비교적 오랜 기간 세상에 알려지지 않다가, 1차 세계대전 직전에 독일 철학에 심대한 영향을 끼쳤다. 양차 세계대전 사이의 기간에 급속히 증가된 그의 영향력은 독일의 영토를 넘어서서 확산되었고 프랑스와 남미와 미국에 실존주의 철학을 형성하는 데 도움을 주었다. 키에르케고르의 철학은 그 동기에서는 신학적이며, 문화적·시적 형식에서는 미적이며, 그 함의에서는 윤리적이다. 초창기 그는 신학을 연구했으며 자신이 생각하는 프로테스탄트 그리스도교의 위대한 통찰에 깊은 감명을 받았다. 그것은 개별 인간의 자유와 가치였다. 그의 후기의 전체 철학은 개인으로서 인간을 보는 그리스도교적 개념의 정교화이다. 이 인간은 기본적 선택에 직면하여, 자신의 헌신에서 자기 자신과 자신의 내적 자유를 의식한다. 키에르케고르는 급진적인 개인주의적 개신교 때문에 말년에 기존 덴마크 교회와 공개적인 충돌을 빚게 되었지만, 주로 카를 바르트를 통하여 후대 개신교 신학에 광범위한 영향력을 행사했다.

키에르케고르 철학의 매우 종교적이며 신학적인 정향(定向)은 그의 저술들의 시적이며 상상력 넘치는 형식에서, 그리고 인간 본성에 대한 본질적으로 낭만적인 해석에서 분명히 나타나는 문필적이며 예술적인 감성과 결부되어 있다. 물론 종종 둘은 갈등을 일으키곤 한다. 키에르케고르는 자신을 시인으로 생각했으며, 그의 전기작가들 가운데 한 사람은 그를 "종교의 시인"으로 특징지었다. 하지만 키에르케고르는 자신의 미학주의와 낭만주의 때문에 인간의 윤리적 본성에 대한 깊은 관심에서 벗어나는 일을 허용하지 않았다. 그는 윤리 체계를 주창하지 않았지만, 그의 전체 철학에는 도덕적 진지성의 정신이 스며 있다. 그의 윤리 철학은, 개인이 자신만이 내릴 수 있으며 자신이 유일하게 책임지는

쇠렌 키에르케고르

윤리적 기회에 직면해 있다는 주장에서 개인주의적이다. 개인이 내리는 모든 결정은 취소할 수 없는 것이며, 후속 결단을 위한 필연성을 그에게 제시한다.

키에르케고르는 전문적이며 체계적 의미에서 철학자가 아니었으며, 그의 철학을 어떤 형식으로 정리하려는 모든 시도는 그의 입장을 필연적으로 왜곡하게 되며 그의 사상의 정신에 해를 끼치게 될 것이다. 하지만 우리는 그의 실존주의적 사유의 주된 철학적 주제를 결합할 수 있다. 이것에 의해서 그는 현대 실존주의의 원천이다. 키에르케고르의 철학의 세 가지 중요한 개념은 진리, 선택, 신이다.

⑴ 철학적 진리의 본질에 대한 키에르케고르의 개념은 본질적으로 소크라테스적이다. "진리는 바깥으로부터 개인 안으로 도입되지 않고 언제나 그 안에 있었다." 키에르케고르는 실존주의적 사유와 추상적 사변을 분명하게 대립시킨다: 추상적 사유는 논리적 기술로 가능성들의 영역을 탐구하며 가설적 지식만 달성하는 반면에, 실존주의적 사유는 현실적이며, 구체적인 개인에 관한 진리를 달성한다. 실존주의적 진리는 객관적으로나 이론적으로 불확실한 것에 대한 열정적이며 내적인 확신이며, 실존하는 개인에 의하여 달성 가능한 최고의 진리이다. 키에르케고르는 자신의 정의에 따를 때 진리가 신앙과 동일함을 잘 안다.

(2) 키에르케고르의 철학의 핵심 개념은 선택이다. 이 개념은 초기 작품 「이것이냐 저것이냐」에서 설명되었으며, 그의 후기의 전체 철학에 지속된다. 「이것이냐 저것이냐」에서 선택은 두 가지 생활 양식 사이의 결단으로 제시된다: (a) 예술, 음악, 극에 헌신한 미적인 삶과 (b) 결혼이나 사업이나 직업에서 행복을 추구하는 윤리적 삶이 그것이다. 키에르케고르에 따르면, 선택의 현상에 대한 적절한 심리학적 서술은 가능하지 않다. 이 선택을 이해하려면 경험해야 한다. 선택의 특징은 개별적이며 주관적이며 순간적이며 절대적이며 자유롭고 변경할 수 없는 그런 어구에 의하여 윤곽을 드러낼 수 있을 뿐이다. 개인의 생활 방식의 선택은 "심연을 넘어선 도약"이다.

(3) 실존주의적 사유의 절정은 신(神) 지식이다. 개인은 자신의 내적 선택 경험에서 적어도 순간적으로 영원한 신의 지식을 달성할 수 있다. 키에르케고르는 "영원자는 위로부터 실존하는 개인을 목표로 삼는데, 이 개인은 실존에 의하여 운동 과정에 있다"고 말한다. 개인의 순간적 실존과 신의 영원한 실재성의 일치는 분명 역설적이지만, 그것은 사변적 이성에게만 존재하며 신앙의 진리로서 어려움 없이 받아들일 수 있는 역설이다. 개인과 신의 접촉에 대한 키에르케고르의 설명은 위대한 그리스도교 신비주의의 전통에 서 있으며, 키에르케고르는 엄밀한 의미에서 신비주의자이다. 그는 개인과 신의 연합 가능성을 믿었다. 이 연합은 개인적인 것을 말소하지 않는다. 개인은 신과의 관계를 수립할 때도 자신의 개성을 보존하며 신은 "절대적 타자"로 남는다. 키에르케고르는 그리스도가 인간의 자기 초월을 중보한다는 확신에서 그리스도교 신비주의자였다. 그리스도는 개인을 신에게 이끄는 "초대자"로 서술된다.

키에르케고르는 독일 실존주의 철학자들이 자신들의 많은 영감을 끌어왔던 실존주의 사상가였지만, 엄격하게 말해서 철학으로서의 실존주의의 설립자로서 볼 수는 없다. 왜냐하면 그의 저술의 실존주의적 관점은 고정된 이론으로 결정화되지 않았기 때문이다. 키에르케고르는 실존(Existenz)이라는 용어에, 독일과 프랑스의 현대 실존주의 철학에서 갖고 있는 독특한 의미를 제공했다. 이 의미는 앞 단락에서 서술되었으며, 현존재(Dasein)의 중립적 의미와 아주 구분된다. 키에르케고르와 후대의 실존주의 철학자들은 개인이 개별적인 말과 개는 존재하는 반면 반인반수(半人半獸)는 존재하지 않다는 중립적 의미에서만 존재한다고 주장하고 있지 않다. 개인은 독특한 차원을 갖고 있다는 의미에서, 선택에 의하여 특징지어진다는 의미에서 실존한다. 키에르케고르주의적 "실존"은 하이데거와 야스퍼스라는 실존주의 철학자들에게서 철학적 실존주의의 핵심 개념이 되었다.

실존주의와 현대 문화

독일에서 실존의 철학은 헤겔과 헤겔주의자들의 극단적 합리론에 대한 반발의 최신 국면이다. 실존주의는, 인간의 열정적이며 미적인 본성과 번민과 사랑과 죄책에 대한 감정 그리고 내적 자유의 감정에 우월성을 두므로 낭만주의의 전통에 서 있는 비합리론의 철학이다. 실존철학은 진리를 개인의 자유로운 신념으로, 하이데거가 표현하는 바와 같이 "결연한 결단"의 산물로 파악한다. 그래서 실존주의는 일종의 "신앙-철학"이다. 하지만 그것은 주의주의에 대한 신념이 아니다. 왜냐하면 결단은 자아의 특정한 기능으로서 의지의 기능이 아니라 총체적 존재로서 개인의 선택이기 때문이다. 그래서 실존주의는 개인의 자유를 과장되게 강조하긴 하지만 자유의지론을 확신하지 않는다. 오히려 이는 개인의 결단의 핵심적 중요성을 인정하지만 다른 사람들과의 관계를 무시하지 않는 일종의 개인주의이다. 개인은 자신의 자기 초월성을 통하여 다른 개인들과 교류하며, 궁극적으로 전포괄적 존재와 교류한다. 독일 실존주의는 그 많은 통찰을 전통적인 관념론에서 얻었지만, 하이데거와 야스퍼스는 관념론적인 딱지를 거부한다. 그들은 의식이나 정신이나 사유나 그밖의 관념론적 원리와 존재를 동일시하기를 거부한다. 실존주의는 통상적인 철학적 분류를 피한다. 왜냐하면 자연주의와 유심론, 실재론과 관념론, 다원론과 일원론의 대립을 초월했다고 주장하기 때문이다.

실존주의의 의의는 전문 철학에 대한 그것의 기여에 있지 않다. 왜냐하면 실존주의 자체는 초기 철학 체계들에 의하여 좀 더 투명하고 명확하고 체계적으로 언급되지 않았던 것을 별로 말하고 있지 않기 때문이다. 오히려 그 의의는 현대 문화의 만연한 분위기를 철학적으로 발언했다는 데 있다. 실존주의는 무엇보다 위기의 철학이다. 이는 인간 실존과 그리고 우주적 실존의 전체를 위기적 상황의 연속으로 해석했다. 위기 상황마다 위험으로 가득 차 있고 그 해소를 위하여 개인의 모든 내적 자원을 요구한다. 각각의 위기는 동일한 해결책을 요구하는 새로운 위기를 불러일으키며, 전체 계열은 궁극적인 "파선"(破船)에 도달한다. 실존주의는 환멸과 절망의 철학이다. 하지만 엄밀하게 말하면 그것은 철학적 비관론이 아니다. 왜냐하면 실존주의는 궁극적 존재에 악을 귀속시키지 않기 때문이다. 궁극적 존재는 선과 악을 초월한다. 실존주의는 문자 그대로 모든 인간적 노력을 무(無)로 환원하는 허무의 철학이다. 그러나 실존주의자는 위기의 연속과 무(無)와의 궁극적 대면으로부터 잘못된 위로를 도출한다. 역사적으로 고찰할 때, 실존주의 철학은 현재의 문화적 위기에 대한 근본적 대응이다.

하이데거와 야스퍼스의 실존주의

실존주의의 철학적 체계는 마르틴 하이데거(Martin Heidegger, 1889-1970)의 「존재와 시간」(Sein und Zeit, 1927)에서 정교해졌다. 하이데거의 철학의 핵심 문제는, 인간의 삶과 실존에서 집중되어 있는 그 시간적이고 역사적인 성격에서의 존재의 문제이다. 그는 개별 인간을 그 자신과의 관계에서, 그의 환경과의 관계에서, 다른 사람들과의 관계에서 분석한다. 개인의 실존은 유한하고 시간적이며, 그것은 인간의 실존에 독특한 특징을 부여하는 그의 유한성과 일시적임에 대한 인간의 느낌이다. 인간 실존의 전체는 죽음의 불가피성에 대한 느낌으로 일어나는 비극적 걱정 혹은 불안(Angst)이 스며들어 있다. 개인은 자신의 죽음을 그려 보는 데서, 절대적 무(無)와 직면한다. 이 무는 실존의 단순한 부재가 아니라 원초적 실재이다. 하이데거는 죽음을 무와 연결시킬 때, 개인의 단순한 비실존을 넘어서는 위상을 죽음에 귀속시키고 있다. 이것이 바로, 인간의 실존이 "죽음을 향한 존재"라는 그의 확언에 담긴 뜻이다. 하이데거는 키에르케고르의 정신을 따라서, 인간의 모든 결단과 행위에서 위기의 요소를 강조한다. 철학적 입장에 대한 헌신을 포함하여 모든 결단은, 그 결단을 내리는 개인뿐만 아니라 어느 정도로 다른 사람들도 위태롭게 한다. 이런 맥락에서 하이데거는 철학을 존재에 의한 존재의 위태롭게 함으로 규정한다. 철학적 입장의 수용 혹은 거

(좌) 마르틴 하이데거 (우) 카를 야스퍼스

부는 가볍게 혹은 무책임하게 이루어져서는 안 된다. 왜냐하면 그것은 철학자 자신뿐만 아니라 다른 사람들도 위태롭게 하기 때문이다. 그리고 개인은 세계에 파묻혀 있기 때문에, 모든 존재는 그의 철학적 헌신에 의하여 연루되거나 영향을 받는다.

개인은 자신 안에 갇혀 있지 않다. 그는 결연한 결단을 통하여 자기 초월을 달성한다. 하지만 이 자기 초월은 신에의 접근이 아니다. 하이데거는 초월의 이념에서 키에르케고르에게서의 종교적·신학적 함축을 제거한다. 하이데거가 나열하는 초월들 가운데 하나는 세계에 관한 초월이다. 세계에 대한 개인의 관계는 일차적으로 데카르트-로크 전통에 서 있는 전통적 철학자들이 관찰했고 칸트와 후기 칸트적 관념론에서도 보존되어 있는 그런 인식적인 것이 아니다. 자기의 세계에 대한 개인의 관계는 주체-객체 관계가 아니라 직접적이며 능동적인 참여의 관계이다. 데카르트의 자아중심적 곤경과 초월의 인식론적 문제는 하이데거에게 존재하지 않을 따름이다. 두 번째 초월 양태는 다른 개인들과 개인의 관계이다. 이는 단순한 교류가 아니라 직접적 상호 교제의 관계이다. 마지막으로, 개인은 미래에 대한 그의 불안과 근심에서, 그리고 특별히 죽음에 대한 그의 열중에서 자신의 현재적 일시적 실존의 시간-초월을 달성한다. 그는 인식적으로 미래를 예기할 뿐만 아니라 어떤 의미에서 자신을 앞질러 삶을 산다. 그의 저서의 제목(「존재와 시간」)에 암시되어 있는 존재의 본질적 시간성이라는 이론은 하이데거에 의하여 체계적으로 정교화되었고 때때로 그 섬세함과 통찰력에서 베르그송을 상기시킨다.

흔히 하이데거와 같이 등장하는 카를 야스퍼스(Karl Jaspers, 1883-1969)의 철학은 또 한 가지 세속화한 형태의 실존주의이다. 야스퍼스의 손에서 실존주의는 자신의 가장 투명하고 명확하고 방법적인 표현을 얻었다. 야스퍼스의 가장 초기 작품은 정신병리학에 관한 것이었다. 그는 과학자로서 그 작품을 두드러지게 만들었던 명료함과 서술적 정확성을 자신의 철학에도 발휘했다. 그는 자신의 「세계관의 심리학」(Psychologie der Weltanschauungen, 1919)에서, 기회, 해악, 죽음과 같은 불가피한 것들 앞에서 개인의 아주 많은 기본적 반응 혹은 결단만큼 가능한 다양한 세계 이론들을 살핌으로써 자신의 후기의 실존주의를 이미 보여주었다. 실존주의는 문화에 나타난 현재의 위기에 반응하는 이런 기본적인 세계 이론 가운데 하나로 볼 수 있다.

야스퍼스의 세 권짜리 저술 「철학」(Philosophie, 1932)은 그의 실존철학의 체계적 공식 표현이다. 야스퍼스는 방법론적 문제를 다룰 때, 철학사의 과정에서 발전해 온 세 가지 방법을 구분한다. 이 방법들은 결코 서로 배타적이지 않으며, 각 방법은 철학적 탐구에 나름대로 독특하게 기여한다. (1) 철학적 세계 정위(philosophische Weltorientierung)의 방법은 인간과 세계의 철학적 이해를 위한 탐구에서 과학적 지식을 활용한다. 철학자가 과학적 탐구의 본질적 한계를 결코 놓치지 않으면(그리고 이는 야스퍼스에게 중요한 조건이다), 물리적·심리적 과학들은 세계에서 인간의 방향 찾기를 촉진시킨다. 과학의 주된 한계는 그것의 불완전성이다. 논리학과 수학의 형식 과학에서도, 인간과 자연에 대한 경험과학에서도, 진리의 완전한 체계를 달성하는 것은 불가능하다. 실증주의와 관념론과 같이 과학적으로 뿌리박고 있는 어떤 철학들은 사실상 거짓되고 인위적인 완전성을 달성했다. 그러나 참으로 비판적인 철학은 과학의 본질적 불완전성을 인정한다. 이것은 칸트 철학의 주된 통찰력 가운데 하나이다. 칸트 철학은 완전성을, 성취 불가능한 과학의 규제적 이념으로 간주한다.

(2) 두 번째 방법을 야스퍼스는 "실존의 해명"(Existenzerhellung)이라고 부른다.

이는 실존주의적 사유의 방법이다. 그 특징은 키에르케고르나 하이데거와 관련하여 이미 지적한 바 있다. 그 모든 선택과 그에 따른 절대적 책임성에서 개인의 자유는 실존 해명의 주된 진술이다. 야스퍼스의 실존주의는 자유로운 개인들의 상호 교류를 강조한다. 그는 이 교류를 "교호관계"라고 부른다. 완전히 고립된 인격과 같은 것은 없다. 언제나 인격 간의 상호 작용이 있으며, 이 상호 작용은 현대 사회에서 뿐만 아니라 역사의 구조 안에서도 일어난다. 야스퍼스는 역사적 과정에서 상이한 시대의 인격들 사이의 그와 같은 교호적 상호 작용을 뚜렷히 인식한다. 이 상호 작용에 의하여 개인들은 자신의 자유를 실현한다.

(3) 세 번째 양태는 형이상학(Metaphysik)의 방법이다. 야스퍼스가 말하는 형이상학은 "하나의 존재", 철학자에게 신과 동일한 전포괄적(umgreifend) 절대자에 대한 철학자의 탐구이다. 사변 철학의 목표인 철학적 절대자는 과학에 의하여 도달될 수 없으며 실존주의적 사유만으로도 도달될 수 없다. 형이상학적 사변은 궁극적 실재의 윤곽을 그리기 위하여 실존주의적 사유 외에도 다양한 변증법적·상상적·사변적·상징적 기법을 사용한다.

야스퍼스의 철학적 방법은 하이데거의 그것보다 좀 더 광범위하게 파악된다. 그러나 그의 철학은 훨씬 보편적임에도 불구하고 그 모든 형태의 실존주의의 주된 특징인 번민과 절망이라는 곡조를 울린다. 키에르케고르의 "죽음에 이르는 병"과 하이데거의 "죽음을 향한 존재"에 표현되어 있는 죽음에 대한 동일한 열중이, 인간은 자신의 자유와 자기 초월 때문에 궁극적 파선(naufrage)에 이를 운명이라는 야스퍼스의 주장에도 명백히 드러난다. 인간은 그 운명을 자신의 존재의 실현으로서 자유롭게 그리고 사랑하며 받아들일 것이다.

사르트르의 실존주의

프랑스 실존주의 운동의 지도적 인물인 장 폴 사르트르(Jean Paul Sartre, 1905-1980)는 하이데거의 학생으로서 독일 실존주의의 영향을 받았다. 그는 「존재와 무」에서 실존주의를 철학적 입장으로 발전시켰고, 시와 소설과 희곡에서 자신의 실존주의를 문학적으로 표현했다. 그의 실존주의는 스승 하이데거의 실존주의처럼 신학적이라기보다 세속적이며 무신론적이다. 무신론적 공식("신은 죽었다")에 대하여 그는 니체에게 빚을 졌으며, 그의 반주지주의는 형식과 내용에서 니체의 영향을 반영한다. 하이데거처럼 그는 실존주의와 후설에게서 나온 현상학을 결합한다: 그의 주저의 부제는 「현상학적 존재론 시론」이다. 그는 주관주의적 의식 개념 외에 프랑스 사상의 주류 전통에 기여한 바가 별로 없다. 그리고 그의 의식 개념은 데카르트적 기원을 갖고 있다.

사르트르의 실존주의의 기본적인 존재론적 전제는 부정적이며 무신론적이다: "실존주의는 일관된 무신론적 입장으로부터 모든 결론을 이끌어내는 시도에 다름 아니다." 그는 신의 개념이 자기 모순이라고 주장하며, 종교적 신념과 신학적 교의를 순수 신화의 연옥으로 추방한다. 그는 자신의 시초적인 무신론적 가정으로부터 많은 결론을 끌어낸다. 그 가운데에는 실존이 본질에 앞선다는 입론이 있다. 여기서 실존주의라는 이름이 생긴 것이다. 사르트르에 따르면, 유신론적 입장은 신과 세계의 존재를 신의 본질 혹은 본성으로부터 추론한다. 그런데 이 절차는 그것의 가장 순수한 형태에서 존재론적 신존재증명을 형성한다.

사르트르의 무신론적 존재론은 신을 배격함으로써 실존보다 본질이 우월하다는 유신론적 이론을 뒤집는다. 좀 더 정확하게 말하면, 그의 존재론은 전적으로 실존을 위하여 본질을 배격한다. 유신론적 본질주의는 무신론적 실존주의로 대체된다. 그리하여 일어난 존재론적 혁명은 과격한 것이다; 모든 이성적 지적 탐구의 영역인 본질이, 이성에 불투명한 실존으로 대체된다. 존재론적 차원에서 본질 대신 실존이 등장한 것은 비합리론과 반주지주의를 선호하여 합리론을 배격함을 수반한다. 무신론적 실존주의는, "만일 신이 존재하지 않으면 실존이 본질에 앞서는 존재가 적어도 하나 있다. 이 존재는 그가 어떤 개념에 의하여 규정될 수 있기 전에 실존하는데, 이 존재는 곧 인간이다"라고 진술한다.

사르트르는 자신의 철학에서 존재론적 단계로부터 인본주의적 단계로 즉각 이행한다: 본질보다 실존이 존재의 핵심에 있다는 그의 이론은 불가피하게 실존주의적 인간 해명에 이른다. 사르트르의 인간 해석은 그의 존재론에서 파생된 것이긴 하지만 아마도 그의 철학에서 더욱 중요하고 영향력 있는 단계일 것이다. 그의 인간 개념에 핵심적인 것은 의식적인 주관성, 자유, 무(無)의 개념들

장 폴 사르트르

이다. 이 모든 것은 실존적 실재성에서 자신의 존재론적 토대를 갖는다.

사르트르의 실존주의적 인간론은 의식 탐구에서 출발한다. 의식은 언제나 무엇에 대한 것이며, 나는 무엇을 의식할 때 동시에 나의 의식을 인식한다. 하지만 의식의 대상은 그것에 대한 의식에 의하여 구성되지 않는다. 그래서 사르트르는 주관성을 강조한다고 해도 관념론에 빠지지 않게 된다. 자기 의식은 단지 대상 파악의 보편적인 부수물이다. 사르트르는 인식을, 의식적 주관(아울러 그에 동반되는 자기 의식)과 의식의 대상(현상 바깥의 초험적 대상으로서가 아니라 현상적 나타남으로서 파악된 대상)의 구분이라는 측면에서 서술한다. 이런 맥락에서 의식적인 주관은 대자(pour-soi)로 언급된다. 이를 대자(對自)로 명명하는 것은, 그것이 반성적 자기 의식의 모든 작용에서 자신에 대하여 존재하기 때문이다. 대상은 우리가 그것으로부터 주관에 의하여 부여된 모든 의미와 해석을 제거할 경우 즉자(en-soi)로 명명된다. 대자와 즉자(卽自)의 근본적 양극성은 부정의 요소이다. 이 부정은 인간 실존을 특징짓는 긴장과 고독과 좌절의 감정을 일으킨다. 인간의 삶은 대자와 즉자의 통일을 향한 영속적 추구이다. 이 통일은 본질적으로 획득 불가능하지만, 인간의 인식과 선택과 행위의 불가피한 조건을 규정한다.

인간의 자유는 즉자로부터의 자신의 의식적 분리, 자신을 위한 이상의 선택, 미래에 대한 자기 투사에 있다. 자아는 인간이 자신을 위한 이상을 만들고, 그렇게 해서 미래에 자신을 투사하므로 자유롭다. 인간은 그렇게 할 때, 대자와 즉자의 통합을 목표로 삼는다. 하지만 이 시도는 실패하도록 되어 있다. 인간의 자유 발휘는 불가피하다: "인간은 자유롭도록 정죄받았다." 왜냐하면 자유는 인간 실존의 구조에 내재하기 때문이다. 자유는 죽음이 발생하여 행위의 모든 미래적 가능성을 전멸할 때까지 존속한다. 인간의 자유는 그것이 지속되는 한 제한되지 않는다. 그것은 보편적으로 구속하는 도덕 법칙에 종속되지 않으며, 자유롭게 행위하는 행위자 자신이 투사한 것 외에 다른 강제적인 도덕적 이상이나 의무 체계에 종속되지 않는다. 하지만 이 사실은 인간에게 책임을 제거하지 않는다. 그는 자신이 자유롭게 선택한 이상에 대하여 그리고 그 이상을 선택하여 다른 사람들의 이상과 행위에 발휘하는 영향력에 대하여 책임을 진다. 인간이 자신의 비제한적이며 핵심적인 결단에 대한 자신의 책임을 인식한다는 것이, 불안 혹은 번민(angoisse)의 감정 아래 놓여 있다. "나는 나 자신과 다른 모든 사람에게 책임을 진다. 나는 내가 선택한 어떤 인간상을 창조하고 있다. …… 이는 우리가 번민, 고독함, 절망과 같은 다소 과장된 말의 내용이 무엇인지를 이해하는 데 도움을 준다."

가브리엘 마르셀

가브리엘 마르셀(Gabriel Marcel, 1889-1973)의 실존주의는 사르트르의 무신론적 실존주의와 대조를 이루는 종교적 색채를 지닌다. 마르셀은 가장 초기의 철학적 출간물에서 헤겔의 절대적 관념론과 브래들리나 로이스와 같은 동시대 관념론자들의 절대적 관념론의 영향을 보여준다. 마르셀의 실존주의 철학은 키에르케고르의 그것과 공통된 점이 많다. 물론 그는 자신의 사상이 결정화되기까지 키에르케고르의 작품들을 잘 알고 있지 않았다. 그는 키에르케고르와 마찬가지로 헤겔의 절대적 관념론을 거부하며, 개별 인간의 자유를 강조하며, 인간 안에서 초험적 신을 투사했다.

마르셀의 철학은 체계화 혹은 도식적 설명에 전념하지 않는다. 왜냐하면 그의 통찰은 매우 인격적 형태를 취하며, 사실 그의 주저 「형이상학적 일기」는 성찰 혹은 명상이라는 문학적 형식을 취하기 때문이다. 그의 실존주의적 존재론의 핵심 주제 가운데 하나는, 전통 철학을 물들이는 근본적인 이원론과 대립, 현저한 것으로는 주체와 대상, 사유와 존재, 지성과 의지, 정신과 육체, "나"와 "너", 자아와 신의 이원론을 극복해야 할 필요성이다. 주체와 대상의, 사유와 존재의 인식론적 이원론은 데카르트부터 러셀까지 현대철학자들을 방해했던 인위적이며 본래 해결될 수 없는 문제를 발생시켰다. 마르셀이 지지한 철학적 존재론은, 존재의 실존을 확언하는 주체와 그 주체에 의하여 확언된 존재 사이의 대립을 초월한다.

인식론적 관점과 대조적으로 존재론적 관점에서 보자면, "인식은 어떤 인식론이라도 설명할 수 없는 존재에 대한 참여를 조건으로 삼는 듯이 보인다. 왜냐하면 인식은 지속적으로 그런 참여를 전제하기 때문이다." 비슷하게 누대의 철학자들이 붙들고 씨름한 정신과 육체의 관계에 대한 문제도 실존주의자가 존재를 대면하는 그 현존에서 해결된다. 그 문제에 대한 데카르트식의 공식 아래 있는 영혼의 속성 혹은 도구로서의 육체 개념은 인간이 세계와 자신의 육체를 대면하는 존재론적 상황을 잘못 나타낸다. "나는 육체를 갖고 있다"든지 혹은 "나는 내 육체를 사용한다"고 말하지 말고, 좀 더 엄밀하게 "나는 나의 육체이다"든지 "나는 나의 육체를 통하여 주변의 세계라는 존재에 참여한다"고 말해야 한다. 마르셀에게 나의 정신과 나의 육체의 실존적 결합은 의심할 나위 없이 받아들여져야 하는 "신비"이지, 지성적 해결책이 제공될 수 있는 "문제"가 아니다.

마르셀의 실존주의에게 가장 높은 존재론적 신비는, 자아와 초월적 존재(신)의 결합이라는 신비이다. 인간은 자신의 자기 충족성의 포기와 신의 초험적 실존에 대한 무조건적 수용과 긍정을 통해서 이 초월성을 달성한다. 마르셀의 종교적 실존주의는 때때로 "그리스도교적 혹은 가톨릭적 실존주의"라고 명명되었지만, 그는 존재에 대한 실존적 참여를, 그리스도교나 다른 어떤 종교적 교리 용어로 그 참여를 공식화하는 것보다 우선적으로 타당하다고 보기 때문에 그런 호칭을 부정한다. 그의 종교적 실존주의의 핵심적 통찰인 인간의 존재와 신의 존재의 통합은 의심할 나위 없이 그리스도교의 상징이라는 측면에서 가장 손쉽게 표현되는 현재적 역사 상황 안에 있지만, 그는 존재론적 신비가 "그 어떤 종류의 모든 긍정적 종교에 대해 이방인인" 자들에 의하여 인정되고 수용될 수 있으며 "인간 경험의 더욱 높은 양태를 통하여 발생하는 이런 인정(認定)이 어떠한 특정 종교에 대한 고수를 포함하지 않는다"고 주장한다.

제21장

현대철학의 실재론적 경향들

79. 실재론적 전통

관념론에 대한 반발

20세기에 실재론이 소생한 사건은 최근 철학의 가장 중요한 현상 가운데 하나이다. 근대철학의 시초부터 실재론이 거듭 등장했고 종종 과격하게 일어나곤 했다. 하지만 실재론은 관념론과 경험론과 합리론에 견줄 만한 지속적이며 상승적인 전통을 견지하지 못했다. 실재론적 경향들은 지배적인 독립적 전통으로 모습을 보이기보다, 당대에 우세한 관념론들의 과도함에 반발하여 등장한 경우가 많았다. 실재론의 핵심 입론은, 의식이나 정신이나 경험의 바깥에 그리고 그것들과 독립하여 하나의 실재가 존재한다는 것이다. 이는 실재가 개인적 정신이든 절대적 경험이든 상관없이 오직 정신에 의하여 구성되며 정신을 위해서 존재한다는 관념론적 이론에 대한 반발이다.

실재론의 핵심 주제는, 실재론이 항거하는 관념론의 특징들과, 실재론이 등장하는 각 시대의 문화의 복합적 상황에 따라 다양하게 표현되었다. 18세기에는 버클리의 주관주의적 관념론의 과도함에 반발하여, 토머스 리드와 스코틀랜드학파의 그밖의 대표자들의 상식적 실재론이 탄생했다. 이런 유형의 실재론은 19세기에 계속되면서 윌리엄 해밀턴 경의 자연적 실재론으로 이어졌다. 헤르바르트의 다원론적 실재론은 헤겔주의적 절대적 관념론에 대한 19세기의 독일적 반발이었다. 독일과 영국과 미국에서 일어난 20세기의 실재론적 운동은 아마 근대철학사에서 이전에 등장한 그 어떤 실재론보다 활기차고 독창적이고 건설적인 것일 것이다. 이 실재론은 주로 당대에 우세한 관념론들에 대한 반발로 등장했으며, 그것이 발발하는 19, 20세기 관념론적 운동의 완숙성을 반영한다. 이 실재론은 버클리의 "존재는 지각됨이다"(esse est percipi)를 구체화하는 관념론적 주장을 반대할 뿐만 아니라, 칸트의 비판적 관념, 헤겔과 브래들리의 절대적 관념론, 로체, 로이스, 독일 신칸트주의자들과 같은 관념론자들의 인식론적 이론에 대처하지 않을 수 없다. 관념론에 대한 최근의 실재론적 반발은 그 적수들의 완숙성과 섬세함으로 인해 부요로워졌다.

흄의 영향

최근의 실재론의 발전에서, 흄의 영향력은 아무리 강조해도 지나치지 않다. 왜냐하면 외적 지각에 대한 흄의 이론이 관념론적이긴 하지만 그의 분석적이며 경험적 방법과 그의 심리학적 인상 원자론(印象原子論)은 영국과 미국의 실재론에 이루 측량할 수 없는 영향을 끼쳤다.

흄의 심리학적 원자론은 경험을 불연속적 인상으로 나누는 그의 분석에서 명백히 드러났다. 그의 말하는 인상이란 "우리가 듣거나 보거나 느끼거나 사랑하거나 미워하거나 욕망하거나 의욕할 때 우리의 좀 더 생생한 지각"을 뜻했다. 흄은 인상을 분석적으로 구분 가능하며 따라서 우리의 경험의 분리 가능한 요소로 파악한다. 흄이 경험을 분석한 원자론적 인상들은, 외부 대상과 우리의 정신 상태의 지각을 포함하여 우리의 인식의 건축 벽돌이다. 흄이 말하는 "인상"이란 영국과 미국의 실재론자들의 "감각 자료"(sense date)이다. 감각 자료는 "인상"과 마찬가지로 우리의 모든 인식을 위한 출발점을 제공한다. 그것들은 지각하는 정신에 의하여 즉각 파악되며 우리의 지각의 실제 구성 요소이다. 기억과 상상력의 심상들은 흄의 "관념"들과 마찬가지로 감관에 원래 주어진 소여들의 재생이다.

대부분의 실재론들에 따르면, 추상적·개념적·과학적 지식은 똑같이 감각 지각으로 추적해 들어갈 수 있다. 이는 경험적인 감각 자료에 적용된 추상, 추론, 구성의 과정에 의하여 획득된다. 흄의 경험론적 의미론에서 규정하는 유의미한 자료 혹은 개념은 원래의 인상으로 추적해 들어갈 수 있다. 무의미한 관념은 그렇게 추적될 수 없는 것으로 정의된다. 영국의 실재론은 본질적으로 동일한 경험론적 의미 기준을 고수한다: 한 개념은 그것이 경험에서 생기는 감각 자료로 분석 가능할 경우에만 유의미한 것으로 자격을 갖는다.

실재론의 입론

최근의 실재론은 그것의 긍정적이며 건설적인 측면에서, 20세기에 논리학과 수학에서 이룩된 괄목할 만한 진보의 결과로 제공된 강력한 분석 수단을 이용했다. 자연과학들도 실재론의 인식론에 기여했다: 물리학에서의 발전은 과학적 대상의 본질에 대한 이전의 해석을 명료하게 만들고 급격하게 변화시켰으며, 생리학과 심리학은 지각, 기억, 좀 더 고등한 인식 과정에 관련된 과정들에 대한 실재론자들의 이해를 풍부하게 만들었다.

모든 유형의 실재론이 공유한 핵심적 입론은, 지각과 기억과 추상적인 논리적 수학적 사유와 과학적 이론에서 지식의 대상이 인식하는 지성과 독립한 속성들을 소유하며 참으로 존재하는 실재라는 것이다. "인식론적 실재론"의 이 입론은 "인식론적 관념론"에 대한 실재론자들의 반박적 제안이다. 인식론적 관념론은, 지식의 대상이 인식하는 지성의 창조적 활동 덕분에 그 속성뿐만 아니라 그 현존까지 갖는다고 확언한다. 실재론자들은 인식 대상의 독립적 현존이라는 핵심적 입론에 동의하지만, 인식하는 정신의 본질과 위상, 인식에서 감각 자료의 기능, 심지어 인식 대상의 본질에 관해서 저마다 이론이 상이하다.

이 장에서 몇 가지 유형의 실재론을 개관할 텐데, 현상학, 현시적 실재론(presentational realsim), 관점주의, 표상적 실재론(representational realsim) 등이다. (1) 독일 현상학은, 정신이 자신을 넘어선 "대상"에 대한 "지향적" 지시 작용에서 보이는 인식적 초월을 강조한다. 브렌타노가 정식화한 현상학은, "대상"의 투사에서 정신에게 그렇게 중요한 역할을 할당할 때 관념론의 흔적을 갖는다. 하지만 그의 이론에 잠재한 실재론은 "대상"을 구체화하고 실체화하는 추종자 마이농(Meinong)과 후설(Husserl)에게서 명료하고 활력있게 등장한다. (2) 무어의 직접적 "순진적" 혹은 현시적 실재론은 감각 자료에 의하여 구성되는 지각된 대상에게, 정신 활동과 완전히 독립한 위치를 귀속시킨다. 이 실재론이 관념론에 유일하게 양보하는 것은 순수한 의식 작용으로서 정신을 유지하는 점이다. (3) "객관적 상대론", 관점주의, 중립적 일원론(소위 "신실재론"을 포함함)은 가장 급진적인 실재론들이다: 이것들은 인식의 대상을, 지속적 실체들이나 관점들의 집합으로 환원하며, 실체나 주체나 작용으로서 간주되는 인식하는 정신을 완전히 불필요하게 본다. (4) 표상적·이원론적 실재론(미국의 "비판적 실재론"을 포함함)은 정신과 그것의 주관적 자료를 유지하는 점에서 관념론적인 타협적 이론이지만, 정신 바깥의 물리적 대상을 받아들이는 점에서 실재론적이다.

80. 독일 현상학의 발전

현대 현상학의 역사적 선례는 대체로 관념론적이다. 이 이론은 데카르트의 주관주의와 자아와 자아의 활동에 대한 데카르트의 분석에서, 현상계에 대한 칸트의 분석에서, 그리고 헤겔의 정신 현상학에서 많은 영감을 끌어왔다. 현상학은 관념론의 방법과 경험 분석에 빚을 지고 있지만, 자신의 인식론과 형이상학의 이론들에서 플라톤주의로부터 비롯된 철저한 실재론적 경향들을 나타낸다. 독일의 현상학은 경험에 대한 현상론적 분석과 서술과 논리적 본질의 이론을 결합시킨다.

브렌타노의 "지향적" 심리학

현상학의 핵심 통찰들의 가장 직접적인 원천은 프란츠 브렌타노(Franz Brentano, 1838-1917)의 심리학에서 발견할 수 있다. 브렌타노의 작품인 「경험적 입장에서 본 심리학」(*Psychologie vom empirischen Standpunkte*, 1874)은 사고의 심리학적 기원과, 그것의 논리적 혹은 인식론적 함의와 타당성을 엄밀하게 구분함으로써 후대의 현상학을 위한 길을 닦았다. 흄으로부터 비롯하는 대부분의 영국 경험 심리학의 특징인 심리-발생적 문제에서 한 가지 배타적인 관심사는 "심리학주의"의 오류라는 책임을 안고 있다. 브렌타노의 용법에 따르면 참으로 "경험적인" 심리학은 의식의 내용의 기원이 아니라 정신이 그것에 의하여 대상을 그려 보이는 정신적 작용에 대한 분석과 서술에 관심을 가질 것이다. 브렌타노의 심리학의 핵심 개념은 지향적 지시(intentional reference)이다. 그의 심리학에 따르면 정신의 본질적이며 규정적 특징은, 자신을 넘어선 어떤 것을 지시할 수 있는 정신적 작용의 능력이다. 브렌타노의 심리학은 대체로 정신의 지시적 기능에 대한 설명에 제한된다. 그는 지향적 지시의 "대상"을 검토하는 좀 더 야심찬 과업에 손대지 않았다. 현상학적 대상성이라는 확대된 이론의 발전은 마이농과 후설의 업적이었다.

저서: 그의 영향력있는 「경험적 입장에서 본 심리학」(1874) 외에도 브렌타노의 저술로는 「도덕 인식의 근원에 관하여」(*Vom Ursprung sittlicher Erkenntnis*, 1884), 「철학의 미래에 관하여」(*Ueber die Zukunft der Philosophie*, 1893), 「철학의 네 국면」(*Die vier Phasen der Philosophie*, 1895) 등이 있다.

마이농의 대상론

브렌타노의 제자인 알렉시우스 마이농(Alexius Meinong, 1853-1921)은 브렌타노의 지향성 이론을 수정한 맥락에서 "대상에 대한 일반이론"(Gegenstandstheorie)을 공식적으로 제시했다. 마이농의 포괄적인 의미에서, 대상은 지향될 수 있고 그것에 관하여 사유될 수 있는 무엇이다. 그리고 그는 자신의 대상론에서 몇 가지 종류의 대상을 탐구하고 분류하는 과제를 택했다. 나무, 책상, 의자, 책과 같은 구체적으로 현존하는 사물들은 하나의 대상 집합을 형성한다. 이것들은 우리의 실제적인 일상적 관심의 대상이므로, 우리는 그것들을 유일하게 실재하는 것으로 다루고 사유와 상상의 다른 모든 대상을 비실재성의 연옥에 내려보낸다. 마이농은, 많은 철학자들로 하여금 실재성과 현존성을 동일하게 만들었던 이 "실제적인 것을 선호하는 편견"을 개탄한다. 그의 이론에 따르면, 비현존적 대상은 중요한 의미에서 실재한다. 비현존적 대상들의 한 가지 중요한 집단은 논리학과 수학에서 탐구되는 관계, 수와 같은 관념들이다. "3이 2와 4 사이의 정수이다"는 "3" "2" "4"라는 수들과 마찬가지로 실재적 대상이다. 관념적 혹은 실재적 실체 외에, 비현존적 대상들의 집단이 있다. "황금산"이나 심지어 "사각 원"과 같은 상상의 대상들이다. 그런 대상들은 일종의 존재를 갖고 있을 뿐만 아니라 우리는 그것들의 속성을 탐구할 수 있고 심지어 그것들에 관한 참된 진술을 만들 수도 있다.

마이농은 특정한 유형의 대상을 지칭하는 "객관"(objective)이라는 전문 용어를 사용했는데, 그것은 판단과 추정으로 정신에 제시되는 것들이다. "해" "4" "3"은 대상이지 객관이 아닌 반면 "해가 내일 뜰 것이다" "4는 3보다 크다"는 객관이다. 객관은 주로 진리와 허위에 대한 능력에서 다른 대상들과 다르다. 마이농의 이론에 따르면, 객관은 확신의 다양한 정도에 따라 긍정될 수도 있고 부정될 수도 있으며, 그것의 진리와 허위에 관한 어떤 헌신 없이도 가정 혹은 추정될 수 있다. 우리의 진술과 판단이 객관을 지시한다는 이론은 무어(G. E. Moore)와 버트런드 러셀(Bertrand Russell)을 통하여 영국과 미국의 철학에 상당한 영향을 끼쳤다. 마이농의 객관은 러셀이 말하는 명제와 동일한데, 다만 어떤 조건들이 붙어 있다.

대상과 객관에 대한 마이농의 이론은 플라톤의 형상론과 중세의 보편자론의 전통에 서 있다. 마이농은 실재하지만 현존하지 않는 대상에게 실재성을 부여함으로써, 실재론자들의 진영에 참여한다. 하지만 그의 실재론은 전형적인 플라톤주의와 아주 상이하다. 그는 플라톤과 달리, 지각적인 것과 지성적인 것을 뚜렷하게 구분하지 않고, 둘을 동일한 패턴에 동화시키는 경향이 있다. 그의 대상론은 존재론이 아니다. 그의 일차적인 관심사는 실재하는 대상에 독특한 존재론적 위상을 귀속시키는 게 아니라, 오히려 대상성의 상이한 종류와 질서를 서술하는 것이다. 그러므로 그의 철학의 전체 분위기는 존재론적이기보다 현상학적이다.

마이농의 저서: 「가치론에 대한 심리적-윤리적 탐구」(*Psychologische-ethiche Untersuchungen zur Werttheorie*), 1894; 「가정에 관하여」(*Über Annahmen*), 1902; 「대상론과 심리학에 대한 탐구」(*Untersuchungen zur Gegenstands-theorie und Psychologie*), 1904; 「논문집」(*Gesammelte Abhandlungen*), 3 vols., 1914.

후설의 현상학

브렌타노와 마이농이 선구자로 시작한 현대 현상학의 진정한 창설자는 에드문트 후설(Edmund Husserl, 1859-1938)이었다. 후설은 순수 현상학이라는 새로운 학문의 방법과 주제를 개괄적으로 서술하는 과제를 맡았다. 그는 상세하고 통찰력 있는 현상학적 탐구를 수없이 수행했다. 현상학은 현상에 대한 탐구이다. 즉 경험에 드러난 혹은 발견된 항목들에 대한 탐구이다. 현상이란 주체가 직면하는 무엇이며, 칸트가 주장했던 것처럼 기본적 실재의 단순한 외양으로서 현상이라는 암시를 전혀 포함하지 않는다. 그래서 현상학을 현상론과 혼동하면 안 된다. 현상론은 접근 불가능한 실재의 현상적 외양에 우리의 인식을 제한하는 이론이다.

후설은 「논리 연구」(*Logische Untersuchungen*, 1900-01)의 초판에서 현상학을 주관적 과정에 대한 서술로 정의했고, 그럼으로써 현상학을 심리학과 마찬가지의 주제를 갖고 있는 것으로 만들었다. 두 학문은, 심리학은 현상을 인과적이며 발생적 측면에서 설명하려는 반면 현상학은 현상을 제시되어 있는 그대로 분석하고 서술할 뿐이라는 점에서만 다르다. 어떤 철학적 혹은 인식론적 전제나 확신과 독립한, 주관적 현상의 기술적 분석으로서 현상학을, 후설은 다른 모든 학문에 대한 필수 불가결한 예비학으로 옹호한다. 아리스토텔레스가 논리학을 예비학으로 보았던 것만큼 후설도 순수 현상학을 필수적인 예비 학문으로 파악했다.

현상학은, 그 탐구가 먼저 데카르트적 방식으로 자아와 그것의 표상들로 향해져 있기 때문에 주관주의적이다. 사실 후설은 데카르트의 「성찰」에서 순수 현상학적 탐구의 방향에서 첫 번째 불완전한 단계를 식별한다. 하지만 현상학은 심리학적 혹은 유심론적 의미에서 주관주의적이지 않다. 현상학의 주제는 로크나 버클리가 긍정하는 심리학적 관념의 영역이 아니라, 자아가 그 경험에서 직면하는 관념적 의미와 보편적 관계이다. 후설은 슈툼프(Stumpf)와 립스(Lipps)를 포함하여 동시대의 많은 사람들 가운데 만연한 "심리학주의"를 공격했다. 그는 논리학을 심리학으로 바꾸는 환원을 반대했다. 후설은 경험에 있는 관념적인 관계적 요소들에 대한 이성적 탐구의 자율성을 주장한다. 현상학은 심리학보다 선행하며 그것과 독립한 철학적 학문이지만, 합당한 심리학적 탐구를 배제하지 않는다. 심리학주의에 대한 후설의 쟁점은 논리학적이며 현상학적인 탐구를 대신하겠다는 심리학의 주제넘는 주장들을 겨냥한 것일 따름이지, 개별적이며 사실적인 학문으로서 심리학을 겨냥한 것은 아니다.

현상학적 방법의 본질적 특징은, 철학적 탐구의 엄밀한 주제인 경험의 본질적 이상적 측면에 관심을 집중하기 위하여 우리의 경험의 사실적 차원에 대한 "괄호묶기" 혹은 "제거"라는 기법이다. 현상학자는 구체적 사실 자체에 관심을 갖지 않고, 개별자들을 통하여 빛나는 관념적 본질들에 관심을 갖는다. 후설은 경험의 사실성을 제거한 경험의 순화(純化)를 언급하기 위하여 에포케(판단 중지)라는 표현을 종종 사용한다. 현상학 특유의 태도는 의식의 표상들의 현존(물리적이든 심적이든 상관없이)에 관한 시초적 판단 중지를 포함한다. 현존에 대한 현상학적 괄호묶기 혹은 제거는, 경험의 본질적 구성에 대한 탐구를 보장하기 위하여 시종일관 보존되어야 하는 방법론적 태도이다. 수학은 현상학적 기법의 지속적인 사용을 보여주는 전형적인 예를 제공한다. 순수 수학은 공간과 양에 대한 우리의 경험의 사실적이며 현존적 측면들을 체계적으로 "괄호치며" 관념적 관계에만 관심을 집중한다. 수학처럼 현상학은 "어디서나 실재적 사실들의 학문에 선행해야 하는 순수 가능성의 학문"이라고 후설은 말한다.

현상학적 방법과 기술(記述)은 우리가 사실성을 괄호친 혹은 제거한 후에 직면하는 관념적 실체들과 관계있다. 따라서 현상학적 탐구의 이런 관념적 대상들이 플라톤적인 보편자인가 하는 문제가 등장한다. 후설의 답변은 그렇지 않다는 것이다: 그는 이런 관념적인 것들을 실체화함으로써 플라톤의 실재론에 헌신하기를 거부한다. 대신에 그는 마이농처럼, 현상학적 연구의 대상을 해석할 때 지향적 지시라는 그의 이론에 호소한다. 지향성(Intentionalität)은 의식의 주관적 과정들이 대상을 지시할 때의 그 본질적 특징이다. 현상학적 탐구의 대상들은 지향적 대상들이다. 현상학자는 이 대상들이 마음에 그려진다는 단순한 사실을 넘어서서 어떤 존재론적 위상을 이 대상들에게 할당하는 태도를 취하지 않는다. 현상학의 관점에서 보면, 중요한 것은 관념적 대상의 위상이 아니라, 그런 대상들이 그 상호 관계에서 탐구될 수 있다는 사실이다. 그리고 그런

에드문트 후설

기술적(記述的) 분석의 결과는 강제적이며 전달 가능하다. 그러므로 그 결과들은 참된 인식의 목적에 필요한 혹은 바람직한 그런 유일한 객관성을 소유한다. 후설과 그의 추종자들은 세세하고 의미 있는 현상학적 탐구를 많이 수행했는데, 그들 대부분은 여기서 다시 언급하기에는 너무 전문적이다. 현상학적 운동의 활력은 독일에서 셸러(Scheler), 가이거(Geiger), 하이데거, 그리고 다른 사람들에 의하여 그 운동이 발전된 점과, 그것이 영국과 미국의 토양에 이식되어 살아남을 수 있었다는 점에 의하여 입증된다.

저서 : 「산수의 철학」(*Philosophie der Arithmetic*), 1891 ; 「논리연구」, 1900-01, 개정판, 1913-21 ; 「순수 현상학에의 이념」(*Ideen zu einer reinen Phänomenologie*), 1913 ; 「형식논리학과 초월논리학」(*Formale und Transzendentale Logik*), 1929 ; 「데카르트적 성찰」(*Meditations Cartésiennes*), 1932 ; 「경험과 판단」(*Erfahrung und Urteil*), 1939.

81. 최근 영국의 실재론

무어(G.E.Moore)

영국의 실재론은 대체로 케임브리지 철학자 무어(G. E. Moore, 1873-1958)가 쓴 활기 넘치고 매우 독창적인 논문 "관념론 논박" 때문에 시작되었다. 이 논문은 1903년 영국의 철학지 「마인드」(Mind)에 게재되었다. (이 논문은 무어의 「철학 연구」[Philosophical Studies]에 포함되어 있다.) 이 논문에서 무어는 독일의 현상학자 마이농을 따라 의식의 작용(act)과 우리가 의식하는 대상(object)을 구분하며, 이 구분에 비추어 버클리식의 관념론을 통찰력 있게 논박하며, 또한 자신의 실재론적 인식론을 개괄적으로 보여준다. 그는, 버클리가 인식 작용과 인식된 대상을 뚜렷하게 구별하지 못할 때 대상이 그것이 인식되는 한에서만 존재한다고 그릇되게 결론을 내린다고 주장한다. 버클리는 인식의 어떤 대상, 가령 청색에 대한 감각은 오직 지각되는 데에서만 존재한다고 주장할 때, 감각하는 의식 작용으로서 감각과 감각된 대상으로서 감각을 혼동하는 잘못을 범한다. 청색에 대한 감각 작용은 확실히, 우리가 의식할 때에만 존재하는 의식적 혹은 정신적 작용이지만, 감각된 청색은 감각되지 않고 지각되지 않은 상태에서도 당연히 존재하는 감각의 "대상"이다. "그러므로 우리는 모든 감각에서 두 가지 구분되는 요소를 갖는데, 나는 하나를 일러 의식이라 부르고 다른 하나를 일러 의식의 대상이라 부른다"고 무어는 말한다.

존재와 지각을 동일하게 보는 버클리의 태도가 감각에 적용될 때 그럴 듯해 보이는 것은 감각이라는 용어의 모호성에서 기인한다. 이 용어는 감각 작용과 감각되는 대상을 모두 가리킨다. 종종 감각 작용이 내성에서 간과되는데, 그것이 "투명하기"(diaphanous) 때문이다. 청색을 조사하는 것은 쉽지만, 청색에 대한 감각 작용을 내성(內省)하기는 어렵다. 만일 우리가 청색의 현존을 청색에 대한 감각이나 의식의 현존과 구별되는 것으로 파악한다면, "우리는 청색은 현존하지만 청색의 감각은 현존하지 않는다고 파악할 수 있고 또 그래야 한다." 감각 대상으로서 청색은 감각되지 않은 상태로 현존할 수 있다. 그것의 존재는 지각됨[被知覺]이 아니다. 무어는 의식적 감각과 그 대상을 구분함으로써 버클리의 관념론과 다른 형태의 관념론의 본질적이고 필수적인 주장을 논박할 때 관념론을 논박한 게 아님을 즉각 인정한다. 관념론적 입장은 그 근본 주장이 오류일지라도, 아마 옳을 수 있다. 그러나 존재는 지각됨이다라는 주장에 대한 무어의 논박은, 버클리가 개진하고 피히테와 쇼펜하우어와 브래들리와 로이스와 그밖에 관념론의 전통에 서 있는 사람들이 다양하게 반복한 주된 토대적 주장을 허물어뜨린다. 무어의 논박에 의한 이 소극적 업적은 무어의 건설적 실재론을 위하여 길을 닦아 주었고, 영국과 미국의 전체 실재론 운동에 추진력을 제공한다.

건설적인 인식론적 입장으로서 실재론은, 인식의 대상이 의식 작용과 구분되고 의식 작용으로부터 독립해 있다고 주장한다. 의식의 대상은 "우리가 그것을 의식할 때, 우리가 의식하지 않은 경우의 바로 그것이다." 감각 지각에 적용된 무어의 건설적인 실재론은 1914년에 나온 "감각 자료의 위상"(Status of Sense-data)이라는 논문에 분명하게 표명되어 있다. 이 논문에서 그는 감각 자료 혹은 그가 말하는 "감각적인 것"이 "경험되고 있지 않을 때에 계속 존재하는가"에 관한 문제를 제기한다. 그는, 감각적인 것들의 어떤 집합(즉 잔상, 감각적 성격의 기억과 상상, 꿈, 착각 등과 구별되는 통상적인 깨어 있는 경험에서 경험될 것들)은 사실상 그것들이 어떤 지각자에게 현존하지 않는 조건들 아래서 존재할 수 있다. "전혀 경험되고 있지 않는 방대한 수의 감각적인 것들은 어느 순간에나 존재하며, 엄격하게 제한된 집합의 감각적인 것들일 뿐이다. 즉 어떤 구성을 갖는 한 물체가 만일 어떤 물리적 조건 아래서, 그것이 실제로 속하지 않는 입장에 있을 경우에 엄밀한 감각에서 경험될 감각적인 것이다." 이는 중요하지만 제한적인 대상 집단(색, 소리, 맛, 냄새 그리고 통상적인 감각적 지각의 다른 자료들)에 응용되는 실재론적 입론에 대한 명료하고 명시적인 진술이다.

무어는 감각적인 것들 혹은 감각 자료들이 물리적 대상에 어떻게 관련되는가에 관한 당혹스러운 질문으로 넘어간다. 그가 말하는 물리적 대상은 동전과 같은 것을 뜻한다. 동전은 위에서 볼 때는 원형이며 다른 관점에서는 타원형이며, 내면과 외면을 갖고 있는 것으로 고찰된다. 무어는, 동전을 지각할 때 그 수단이 되는 감각적인 것들 혹은 감각 자료들은 감각되지 않은 채로 현존할 수 있지만 물리적 대상은 그런 독립적인 상태를 갖지 않는다는 입장을 취한다. 물리적 대상으로서 동전은, "**만일** 어떤 조건이 달성될 경우, 나든지 혹은 다른 어떤 사람이든지 어떤 다른 감각적인 것들을 직접 파악함에 **틀림없다**"는 의미에서만 지각되지 않은 채로 존재한다. "이런 관점에서 우리는 동전들이 내가 보기 전에 **존재했으며** 원형이라는 등의 말을 할 수 있지만, 이 모든 표현들은 만일 참될 경우 픽웍(Pickwick) 식의 의미에서 이해되어야 할 것이다." 이 가설적이며 "픽윅" 식의 방식으로 물리적 대상에 관한 명제들을 해석할 때, 무어는 감각 자료에 적용된 자신의 맨 처음 실재론을 상당히 약화시켰다. 사실 그의 실재론은 로크(Locke)의 입장을 완전히 뒤집어 놓은 것이다. 로크의 입장은 물리적 대상의 실재론을 감각 성질의 주관주의와 결합했다. 물리적 대상에 대한 무어의 실재론은 그가 다른 논문에서 주장하듯이, 밀(Mill)이 주장한 견해에 대한 재확언이다. 밀은 물질을 "지각의 영구적 가능성"으로 서술한다.

저서: 「윤리학의 원리」(*Principia Ethica*), 2nd ed., 1922; 「윤리학」(*Ethics*), 1912; 「철학적 연구」, 1922("관념론의 논박"을 포함함).

버트런드 러셀(Bertrand Russell)

버트란드 러셀의 신(新)실재론은 감각 자료와 물리적 대상에 대한 무어의 실재론적 이론과, 마이농의 대상론의 논리적 실재론으로부터 영향을 받았음을 보여준다. 러셀의 입장은 그의 오랜 철학적 활동 과정에서 많은 변화를 겪었지만, 일종의 실재론은 「철학의 문제」(*The Problems of Philosophy*, 1911)로부터 「인간의 인식」(*Human Knowledge*, 1948)까지 그의 저술들에서 지속적인 주제이다. 그는 「철학의 문제」에서 개진한 지각 이론에서, 무어처럼 의식적 경험으로서 "감각"과 우리가 의식하는 감각 자료를 구분한다: "그래서 우리가 한 색채를 볼 때마다, 그 색채에 대한 감각을 갖지만, 그 색채 자체는 감각 자료이지 감각이 아니다."

그러나 무어는 감각 자료를 감각되지 않은 채로 현존할 수 있는 공적인 대상으로 해석했지만, 러셀은 그것을 사적인 대상으로 서술한다. 왜냐하면 그것들이 즉각적으로 현존될 수 있는 오직 한 사람이 있으며, 그 사람은 그것들을, 감각될 때에만 현존할 수 있는 것으로 파악한다. 러셀은 이렇게 말한다. "색채는 내가 눈을 감을 경우 현존하지 않으며, 내가 책상에서 내 손을 뗄 경우 딱딱함의 감각은 현존하지 않는다.……" (「철학의 문제」)

러셀은 무어와 달리 감각 자료에 관하여 관념론적 주장을 받아들인다. 감각 자료의 존재는 지각됨[被知覺]이다. "버클리는 나무에 대한 우리의 지각을 구성하는 자료들을, 그것들이 나무에 의존하는 만큼 우리에게 의존하며 나무가 지각되고 있지 않을 경우 존재하지 않을 것이라는 의미에서 다소 주관적인 것으로 다룰 때 옳았다." 그러나 여기서 그는 버클리와 결별한다. 왜냐하면 주관적인 감각 자료는 지각 작용과 독립적인 실재론적 위상을 누리는 물리적 대상에 대한 우리의 지식을 매개하기 때문이다. 그러면 감각 자료 외에 물리적 대상들을 받아들일 수 있는 근거는 무엇인가? 러셀은 우리가 우리의 감각 자료 배후에 있는 물리적 대상의 현존을 결코 입증할 수 없음을 인정한다. 하지만 그는 물리적 대상을, 통상적 지각의 사실들을 설명하는 가장 단순한 가설로서 받아들인다. "모든 단순성 원리는, 우리 자신 및 우리의 감각 자료와 달리 우리가 그것들을 지각하는 행위에 의존하지 않는 현존성을 갖는 대상들이 실재로 있다는 자연적 견해를 받아들이도록 강요한다."

러셀은 「철학의 문제」에서 자신의 실재론을 물리적 대상을 넘어 보편자로 확대하며, 그럼으로써 물리적 실재론과 논리적 실재론을 결합한다. 그는 우리의 선험적 지식을 설명하기 위하여 흼(whiteness)과 같은 양적 보편자들과, 동등성과 같은 관계적 보편자들의 정신 외적(精神外的) 실재성을 확언함으로써, 플라톤의 이데아론과 비슷한 보편자 이론을 개진한다. 보편자들은 정신적 세계나 물리적 세계에 현존하지 않지만 실체적 혹은 논리적 지위를 갖는 실재적 실체이다. 러셀은, 정신이 보편자에 대한 직접적 지식 혹은 직관을 갖고 있으며 그런 직관이 선험적 진리에 대한 우리의 합리적 지식의 토대를 제공한다고 주장했다. "모든 선험적 지식은 보편자들의 관계만 다룬다." 가령 "둘 더하기 둘은 넷이다"라는 산수 명제는, 보편자 "4"와 "둘과 둘의 총합"이라는 보편자들의 복합 사이의 동등성의 관계에 관한 진리이다. 러셀의 의견에 따르면, 그의 논리적 실재론은 직관적 토대에 근거하며, 따라서 그의 물리적 실재론보다 좀 더 확고한 토대 위에 서 있다. 왜냐하면 그는 물리적 실재론을 단지 가설로만 개진했기 때문이다.

1914년에 출판되었으며, 「철학에서의 과학적 방법」(Scientific Method in Philosophy)이라는 제목으로도 출간되는 「외부 세계에 대한 우리의 지식」(Our Knowledge of the External World)에서, 러셀은 「철학의 문제」의 인식론적 실재론을 몇 가지 중요한 측면에서 수정한다. 그는 지각적 지식을 세 가지 요인으로 나누는 그의 초창기 분석을 보유한다: 세 요인은 (1) "의식" 혹은 정신적 자각의 작용, (2) 우리가 의식하는 "감각 자료" 혹은 "감각적 대상들", (3) 감각 자료의 매개를 통하여 인식되는 지각적 대상이다. "감각적 대상"은 책상과 같은 사물이 아니라 내가 그 책상을 보거나 만질 때 순간순간 의식하는 색의 파편 혹은 느낌이다. 러셀은 초기 저술에서와 달리, 독립적·물리적 대상에 대한 가설이 가장 단순하며 따라서 참되고 옳은 견해임을 더 이상 확신하지 않는다. 이제 그는 지각적 대상 즉 지각된 식탁을, 어떤 관찰자 혹은 동일한 혹은 상이한 시간에 있는 다른 관찰자들에 대한 식탁의 상이한 현상에 근거한 "논리적 구성"에 불과한 것으로 본다: "한 사물의 모든 측면이 실재하지만, 그 사물은 단지 논리적 구성물이다." 그가 자신의 가설적 구성에 대하여 내세우는 유일한 요구는, "이 신념의 진리성을 반대하는 토대는 없지만, 우리는 그것에 유리한 어떤 적극적 토대를 도출하지 못했다"는 것이다. 물리적 대상은 논리적 구성물이라는 러셀의 이론은 푸앵카레(Poincaré)의 규약주의와 명백한 유사성을 갖는다.

러셀은 1921년에 출간된 「마음의 분석」(The Analysis of Mind)에서 미국의 신(新)실재론의 영향을 받아 자신의 앞선 두 저술의 순수 의식 작용이 완전히 제거되고 "감각 자료"나 "감각적 대상들"(이제는 "감각"으로 종종 언급됨)이 정신적 대상과 물리적 대상을 형성하는 실재적 측면이나 관점으로 취급되는 인식론적 입장을 전개시킨다. "감각"은 한 집합이나 집단의 일부로서는 물리적 대상을 형성하며 또 다른 집단에 속하는 것으로서는 정신들을 형성하는 중립적 실체들이다. 즉 그것들은 물리적이지도 않고 정신적이지도 않다. 그는 말한다: "감각은 정신적 세계와 물리적 세계에 공통적인 것이다. 그것들은 정신과 물질의 교차점으로 정의될 수 있다."

위의 인용문에 요약된 이론은 중립적 일원론으로 서술할 수 있다. 실재의 궁

버트런드 러셀

극적인 구성 요소는 모두 한 종류에 속하며(일원론) 정신적이지도 물리적이지도 않다(중립주의). 개별 정신은 중립적 소재들의 집합(selection)이다. 물질적 대상은 다른 집합이다. 지식은, 정신과 물질적 대상의 겹침 혹은 부분적 일치가 있을 때 발생한다. 그러므로 지각에는 물리적 대상을 형성하는 어떤 중립적 관점들이 또한 나의 전기(傳記)를 형성한다. 하나의 맥락에서는 그것들이 "정신적"인 것이라고 불릴 것이며, 다른 맥락에서는 "물리적"인 것이라고 불릴 것이다. "개별자들을 집단으로 묶는 두 가지 방법이 있는데, 하나는 '사물들' 혹은 '물질의 부분들'로 묶고, 다른 하나는 '관점'들의 계열로 묶는다. 그리고 각각의 계열들은 소위 '전기'(傳記)라 부를 수 있다." 가령 "내가 별을 볼 때, 나의 지각은 (1) 별이면서 별이 있는 장소와 연관되는 개별자들의 집단에 속한 한 구성원, (2) 나의 전기이며 내가 있는 장소와 연관되는 개별자들의 집합에 속한 한 구성원이다." 러셀의 중립적 일원론과 연관된 인식론적 입장은 철저히 실재론적이다. 왜냐하면 나에 의하여 그리고 다른 어떤 관찰자에 의하여 경험되지 않았을 때라도 이제 나의 전기의 일부인 어떤 관점이 물리적 대상의 관점으로 계속 존재하기 때문이다.

러셀이 「의미와 진리에 대한 탐구」(An Inquiry into Meaning and Truth, 1940)에서 제시한 실재론은 「마음의 분석」의 관점적 실재론의 흔적을 거의 담지 않는다. 이 실재론은 그의 가장 초창기 인식론적 저술들의 표상적 실재론과 훨씬 비슷하다. 그의 논의는 여전히 우리의 "관점적 경험", 가령 "해를 보는 것" 혹은 "고양이를 보는 것"과 그와 상관적인 물리적 대상 사이의 관계에 관한 문제에 관심을 집중시킨다. "우리는 '해를 봄'이라고 부르는 수많은 경험을 갖고 있다. 천문학에 따르면 해라는 뜨거운 물질의 거대한 덩어리가 또한 있다. '해를 봄'이라고 하는 사건들 가운데 하나와 이 덩어리의 관계는 무엇인가?" 해와 "해를 봄" 사이에는 인과적 관계가 있으며, 둘 사이에는 아마도 어느 정도의 유사성이 있다: "해는 나의 시각적 공간에서 둥글게 보이며 물리적 공간에서 실제로 둥글다." 나의 지각적 경험을 일으키고 아마도 그것과 닮은 물리적 대상의 현존은 귀납적 추론에 토대를 둔다. "그러므로 우리는 …… 내가 '고양이를 볼' 때 아마 개가 있을 것이라고 주장할 근거들을 갖고 있다. 우리는 '아마'를 넘어설 수 없다. 왜냐하면 우리는 때때로 사람들이 가령 꿈에서처럼 존재하지 않는 고양이를 보곤 하는 것을 알기 때문이다."

러셀은 「인간의 지식」(1948)에서 다룬 지각적 지식에 관한 최근의 논의에서 다시 이 문제를 다룬다: 지각은 어떻게 그리고 어떤 범위로 물리적 대상에 대한 우리의 지식의 원천이 될 수 있는가? 그리고 다시금 그는, 물리학의 법칙에 일치하는 개연적인 인과적 추론에 의하여 결과로서의 지각으로부터 원인으로서의 물리적 대상으로 나아갈 수 있다고 대답한다. 그러나 그는 "지각된다고 하는 물리적 대상에 대한 지각의 관계는 모호하며 대략적이며 다소 불확정적이다." "우리가 물리적 대상을 지각한다고 말할 수 있는 엄밀한 의미는 없다."

러셀은 오랜 기간의 철학적 발전 과정에서 물리적 대상에 대한 지각적 경험의 관계에 관한 문제에 몰두해 왔으며, 인식론적 입장에서 근본적 변화를 보이긴 했지만, 그는 근본적인 물리적 실재론을 어느 때에도 버리지 않았다. 그는 자신의 모든 저술에서 물리적 대상이 그것이 어떻게 파악되든지 상관없이 지각되지 않을 때 계속 현존한다고 힘주어 강조한다.

저서: 「수학의 원리」(The Principles of Mathematics), 1903, 1938; 「수학 원리」(Principia Mathematica), 1910-13; 「철학적 논문」(Philosophical Essays), 1910; 「철학의 문제」,

1911 ; 「철학에서의 과학적 방법」, 1914(이는 「외부 세계에 대한 우리의 지식」[1914]라는 제목으로도 출간됨) ; 「신비주의와 논리학」(*Mysticism and Logic*), 1918 ; 「수학 철학 입문」(*Introduction to Mathematical Philosophy*), 1919 ; 「마음의 분석」, 1921 ; 「물질의 분석」(*The Analysis of Matter*), 1927 ; 「철학」(*Philosophy*), 1927 ; 「회의론적 논문」(*Sceptical Essays*), 1928 ; 「내가 믿는 것」(*What I Believe*), 1929 ; 「과학적 전망」(*The Scientific Outlook*), 1931 ; 「종교와 과학」(*Religion and Science*), 1935 ; 「의미와 진리에 대한 탐구」, 1940 ; 「철학과 정치학」(*Philosophy and Politics*), 1947 ; 「인간의 지식」, 1948 ; 「권위와 개인」(*Authority and the Individual*), 1949.

새뮤얼 알렉산더(Samuel Alexander)

영국의 실재론은 새뮤얼 알렉산더와 앨프레드 노스 화이트헤드의 저술에서 가장 체계적으로 표현된다. 이 두 사람은 자연주의적 형이상학의 맥락에서 인식론적 실재론을 정식화했다. 하지만 이 자연주의는 전통적인 유물론의 기계론에 반발한다. 알렉산더의 실재론적 자연주의적 철학은 1920년에 출간된 두 권짜리 저서 「공간, 시간, 신성」(*Space, Time and Deity*)에 포함되어 있다. 이 작품에서 알렉산더는 주목할 만한 철학적 종합을 달성했는데, 그 주된 구성 요소는 (1) 상대성 이론과 밀접한 관계가 있는 시공간의 형이상학적 이론, (2) 베르그송의 창조적 진화론과 결부된 창발적 진화론, (3) 무어, 러셀, 미국 신실재론자들의 직접적 실재론과 비슷한 관점주의, (4) 영국적 전통에 서 있지만 비경험적 혹은 선험적인 것을 위한 자리를 제공하는 경험론적 인식론, (5) 가치론 — 브래들리와 보즌켓이 제시한 영국의 절대적 관념론 학파의 중요한 통찰력과 상당한 일치성을 갖고 있는 가치와 인간 자유와 신에 대한 이론 등이다.

우리는 알렉산더의 인식론을 그의 철학을 설명하는 초두에서 편하게 다룰수 있다. 물론 그는 다음과 같은 말로 인식론의 우위성을 배격한다. "인식론의 주제인 지식의 문제는 형이상학이라는 넓은 학문에서 중요하긴 해도 한 장(章)에 불과하지, 형이상학의 필수적인 토대는 아니다." 인식론은 형이상학에 필수적인 서론이 아니지만 형이상학의 중요한 부분이며, 알렉산더는 자신의 정신사의 과정에서 인식론이 먼저 등장했음을 말한다.

알렉산더는 그가 말하는 "향유"(enjoyment)와 "명상"(contemplation)이라고 부르는 두 형태의 지식을 구분한다. "향유"는 자신에 대한 정신의 직접적 의식이며, 자신의 활동을 통한 정신의 삶이다. "명상"은 자신이 아닌 대상에 대한 정신의 파악이다. "정신은 자신을 향유하며 자신의 대상을 명상한다." 향유와 명상은 구분 가능하지만, 대상에 대한 정신의 지식에서 분리될 수 없는 측면이다. 정신은 외래적 대상을 명상하는 과정에서 자신을 "향유한다." 알렉산더는 아마 "향유"를 궁극적이며 환원 불가능한 자기 파악 형태로 받아들일 것이다. 정신은 그것이 자신이므로 자신을 향유할 수 있다. 명상은 향유의 행위와 명상된 대상 사이의 함께함의 관계이다. 이 함께함 혹은 알렉산더가 말하는 "공동 현존"은 독특한 인식적 관계가 아니라 단지 함께함의 편만한 시공간적 관계에 대한 한 사례에 불과하다. 알렉산더에게 정신은 우주에서 특권적 위치를 차지하지 않는다. 정신은 특별한 존엄성이나 우월함을 갖고 있지 않다. "정신은 사물들의 민주주의에서 우리에게 알려진 가장 재능 많은 구성원들일 따름이다. 존재 혹은 실재의 측면에서 모든 현존은 동일한 기반에 서 있다."

알렉산더의 인식론에서 감각 지각은 근본적이다. 왜냐하면 "우리의 모든 경험은 그것이 향유된 것이든 명상된 것이든 감각 기관을 통하여 야기되기 때문이다." 감각 지각은 그것이 수면에 나타나는 것보다 더욱 복잡하다. 물질의 일차적 성질들은 시공간적 특성을 가진 실재적 대상들의 규정들이며, 직관에 의하여 직접 파악된다. 이차 성질들은 "푸르거나 뜨겁거나 달콤하거나 딱딱한 감관의 성질"을 개현하는 감각적 행위에 의하여 파악된다. 제일 성질에 대한 직관과 제이 성질에 대한 감각함은 단일한 지각 행위에서 혼용된다.

알렉산더의 형이상학은 자연주의적이지만 유물론적이지는 않다. 왜냐하면 궁극적인 형이상학적 실재, 모든 사물을 포괄하는 보편적 모형은 물질이 아니라 무한하고 지속적인 시공간이기 때문이다. 알렉산더는 공간과 시간의 상호 의존성, 좀 더 정확하게 말하면 분리 불가능성을 주장하며, 하나의 특징들이 다른 하나의 성격에 의존한다는 것을 논증하려 한다: 그는 "공간이 삼차원을 갖는 이유는 시간이 방향에서 계기적이며 역전 불가능하며 제일적(uniform)이기 때문이다" 하고 주장한다.

그는, 1908년 민코브스키(Minkowski)가 수학적으로 도달하고 아인슈타인에 의하여 상대성 이론에 통합된 4차원적 시공간 연속체의 개념에 형이상학적 논증으로 도달했다고 주장한다. 그는 "순수 사건들 혹은 점(點)의 순간들의 무한한 연속체"로서 시공간의 개념이라는 측면에서 관점 이론을 정교화한다. 하나의 관점은 "지시의 중심으로 채택되는 점에 관련하여 고찰된 시공간의 부분"으로 서술된다. "시공간의 관점들은 고체의 일반적 관점과 유사하다." 시공간의 관점의 체계는 지식의 기초이며 지식을 조건화한다. 정신이 시공간의 어떤 지역을 "향유"할 때, 모든 지시 중심에 존재하는 관점들 때문에 공간적으로나 시간적으로 떨어져 있는 다른 지역을 "명상"할 수 있게 된다. 그래서 지각, 기억, 정신의 다른 인식 과정들은 원초적인 관점적 실재 구조에 그 토대를 갖는다. 알렉산더의 형이상학적 자연주의는 그의 실재론적 인식론에 기초를 제공한다. 이 인식론에 따르면, 지식은 다만 정신의 현존에 있는 비인식적 사건들과만 상이한 시공간 내의 자연적인 사건으로 설명된다.

시공간은 무한하고 지속적인 그물망(Matrix)이며, 그 요소는 점의 순간 혹은 순수 사건들이다. 시공간의 전체와 그것의 모든 부분은 편만한 특징들 혹은 범주들에 의하여 특징화된다. 동일성, 다양성, 현존, 관계, 실체, 인과성, 양, 강도, 운동의 범주들은 시공간의 근본적 속성들이며, 칸트가 주장했던 것과 달리 그 필연성과 보편성을 정신 때문에 갖는 게 아니다. 그것들은 경험적으로 발견될 수 있다. 그럼에도, 그것들은 경험될 수 있는 모든 것의 보편적이며 본질적인 구성 요소이므로 또한 사물들의 선험적 혹은 비경험적 성격들로 볼 수 있다. 따라서 알렉산더는, 자신이 칸트의 범주 연역이라는 관념론적이며 초월적인 장치에 의존하지 않고서도 실재론적이며 자연주의적인 실재 이론이라는 측면에서 철학적 범주의 정당화를 달성했다고 믿는다. 알렉산더는, 정신은 범주를 사용하여 자연에 법칙을 규정한다고 하는 칸트의 주장을 거부함으로써 철학에서 칸트적 혁명을 뒤집었다. 반대로 범주는 일차적으로 자연의 특징들이며 정신은 자연적 사건이므로 범주들은 정신에 적용될 수 있다.

창발적 진화론은 알렉산더의 자연주의에 통합된다. 시공간은 실재의 고등한 질적 수준이 출현하는 보편적 그물망(Matrix)이다. 알렉산더는 로이드 모건

(Lloyd Morgan)의 모범을 따라서, 정신을 "생명으로부터의 '출현물'로, 생명을 좀 더 낮은 물리적·화학적 현존 단계로부터의 출현물"로 파악한다. 정신에 적용된 "출현물"(emergent)이라는 용어는, 기초적인 중립적 물리-화학적 과정들과의 관계에서 고찰할 때 정신이 소유하는 새로움을 가리키는 데 도움을 준다. 물리-화학적 과정들이 어떤 정도의 복잡한 조직에 도달할 때, 생명의 수준이 출현한다. 그리고 반대로 살아 있는 유기체 내의 중립적 과정들이 어떤 정도의 복잡성을 획득할 때, 의식 혹은 정신이 새로운 출현물로 등장한다. 그처럼 가치도 출현물이다. 그것들은 대상들과 그것들에 대한 정신의 이해가 합쳐지는 데서 나온다. "제3의 성질들인 진선미는 비록 정신의 창조물이라는 점에서 제이 성질 및 제일 성질과 다르긴 해도 덜 실재적인 게 아니다. 그것들은 엄밀하게 대상과 정신의 융합 혹은 결합에 속한다." 신성(神性, Deity)은 정신보다 한 단계 고등한 출현적 성질이다: "이 성질이 무엇인지 우리는 알 수 없다. 왜냐하면 우리는 그것을 향유할 수도 없고 명상은 더더구나 할 수 없다. 우주가 그런 성질로 충만하다는 것을 우리는 사변적으로 확신한다." 신은 전통적으로 파악되는 것과 달리 제일 원인과 창조주가 아니라 출현물의 계열에서 마지막 출현물이다.

저서:「도덕 질서와 진보」(*Moral Order and Progress*), 1891 ;「실재론의 기본」(*The Basis of Realism*), 1919 ;「공간, 시간, 신성」, 2 vols., 1920 ;「예술적 창조와 우주적 창조」(*Artistic Creation and Cosmic Creation*), 1927 ;「스피노자와 시간」(*Spinoza and Time*), 1927 ;「스피노자」(*Spinoza*), 1933 ;「철학적 문학적 단편들」(*Philosophical and Literary Pieces*), 1939.

화이트헤드(Whitehead)

앨프레드 노스 화이트헤드(Alfred North Whitehead, 1861-1947)의 철학은 몇 가지 중요한 점에서 알렉산더의 철학과 비슷하다: 둘은 상대성 물리학에서 등장한 현대적 발전에 영감을 받았다. 둘은 생물학에서 비롯한 유기적 개념과 진화적 개념을 통합했다. 둘의 인식론은 관점적(perspective) 실재론의 형태들이며, 둘의 형이상학은 유물론적이지 않으면서 자연주의적이어서 이원론에 대한 현대적 반발 운동에 포함된다. 마지막으로, 둘은 객관주의적 가치 해석을 채택하며, 자연주의적인 우주에서 신을 위한 자리를 발견하려 한다.

화이트헤드의 인식론에서 지각은 지식의 기본적이며 전형적인 형태로 취급되며, 지각에서 범례화된 지식의 유형은 가장 기초적인 감각 경험으로부터 가장 정교한 과학적이며 우주론적 이론까지 모든 단계에서 다시 등장한다. 통상적 용례에서 지각이라는 용어는 대상에 대한 의식적이며 인지적인 파악을 가리킨다. 화이트헤드는 대상의 본질적 특성을 설명하는 과정을 표시하기 위하여 지각이나 파악이라는 용어보다 더 일반적인 용어의 필요를 느끼며, "각지"(apprehension)에서 접두사를 생략한 "파악"(prehension)이라는 용어를 제시한다. "나는 파악을 비인지적 각지라는 뜻을 사용할 것이다. 내가 말하는 그 말은, 인지적이거나 인지적이지 않을 각지라는 뜻이다."

파악이라는 용어에 대한 화이트헤드의 용법은 "명상"이라는 인지적 과정의 기초를 이루는 알렉산더의 "공동 현존" 혹은 "함께함"에 밀접하게 상응한다. 화이트헤드와 알렉산더에게 인지는 관념론자들이 할당하는 우월성을 상실했으며, 자연의 전체에 퍼져 있는 좀 더 일반적인 비인지적 관계의 한 사항으로 해석된다. 화이트헤드는 "현실 세계는 파악의 다양이다. …… 지각은 파악적 통일성의 인지일 뿐이다. 혹은 좀 더 짧게 말하면 지각은 파악의 인지이다"라고 말한다. 화이트헤드의 파악론의 역사적 원형은, 각각의 단자가 자신의 독특한 관점에서 우주를 반영한다는 라이프니츠의 반영론이다. 사실 작은 무의식적 지각(petites perceptions)에 대한 라이프니츠의 이론은 화이트헤드의 비인지적, 좀 더 정확하게 선인지적(先認知的) 파악에 대한 예시이다.

인지적 지각의 기초를 이루는 파악의 상황은 매우 복잡하다. 그리고 화이트헤드는 그의 주저 「과정과 실재」(*Process and Reality*, 1929)에서 그 상황의 구성을 여러 요소로 분석하는데, 가장 중요한 요소는 다음과 같다: (1) "주관", (2) "시초적 자료들", (3) "객관적 자료." 이 분석은 소리 테스트에 의하여 인지적 수준에서 예시될 수 있다. 그리고 "불필요한 복잡성을 피하기 위해서 소리는 하나의 명확한 음이 되게 하라." 청력자는 그 소리를 "느끼는" 혹은 듣는 주관이다. 즉각적으로 들리는 소리는 느껴지는 시초적 자료이다. 이런 저런 현실적 실체들로 구성되는 복잡하고 질서 정연한 환경의 일부로서 고찰된 소리는 객관적 자료이다. 이 삼각적 분석은 표상적 지각론으로서 설명될 수 없다. 왜냐하면 "시초적 자료"와 "객관적 자료"는 수적(數的)으로 구분되는 실체들이 아니라, 완벽하게 연합된다. "시초적 자료인 현실적 실체는 지각된 현실적 실체이며, 객관적 자료는 현실적 실체가 파악되는 '관점'이며, 단순한 물리적 느낌의 주관은 지각자이다."

지각이 화이트헤드의 인식론에서 핵심적이었지만, 그는 감각 지각의 범위에 내재한 제한들을, 그리고 "지각과 감각 지각의 암묵적인 동일시"로부터 기인한 인식론과 체계적 형이상학에 대한 위험을 민감하게 인식했다. 그는 흄으로부터 유래하는 영국 인식론의 특징인 순전한 감각 자료에 대한 열중적 태도를 훌륭하게 공격한다. "붉은 헝겊을 보라. 한 대상으로서 그것 자체 안에 그리고 다른 관심 요소로부터 떨어져서, 이 붉은 헝겊은 현존적 지각 작용의 단순한 대상으로서 과거에든지 미래에 관하여 침묵한다. ⋯⋯ 전적으로 현존적이며 즉각적인 것으로서의 감각 자체에 의해서는 감각의 해석을 위한 자료가 제공되지 않는다."

모든 형태의 감각론에 대한 이 고발장은, 그리고 구체적으로 흄으로부터 등장하는 영국과 미국의 감각 자료 인식론들에 대한 이 고발장은, 인식론에 대한 화이트헤드의 가장 중요한 기여 가운데 하나이다. 이는 영국 경험론 전통의 경향에 대한 급진적 뒤집기를 표시한다. 확실히 영국 관념론자들인 그린과 브래들리와 보즌켓은 인식론에서 우세한 영국 전통의 원자성을 공격했지만, 그들의 공격은 영국적 정신에 적절치 않은 절대주의적 형이상학의 지지를 받았기 때문에 심리학적 원자론을 허무는 데 대체로 실패했다. 화이트헤드와 알렉산더에게서, 원자론적 감각론에 대한 비판은 경험적·자연론적·실재론적 철학으로부터 나오며, 따라서 영국인의 정신에 대한 더욱 큰 확신을 갖고 있다. 감각 자료론에 대한 화이트헤드의 비판은 그릇된 추상을 배격하는 경험적 구체성의 원리에 근거한다. 감각자료론은 극단적 추상의 잘못을 범한다. 이는 화이트헤드가 말하는 "잘못 놓인 구체성의 오류"(the fallacy of misplaced concreteness)를 범한다. 이 오류는 구체적 경험으로부터의 추상을 마치 그것이 구체적인 것처럼 다

앨프레드 노스 화이트헤드

루는 데 있다. 그래서 이 오류는 구체성을 "잘못 둔다." 화이트헤드는 그런 추상물이 비합법적이라고 결코 주장하지 않는다. 사실 그는 논리학과 수학에서 그리고 물리학에서 추상의 합법적 역할에 많은 관심을 기울인다:

> 특정한 집단의 추상물에 관심을 제한하는 장점은, 당신이 선명하고 명확한 관계를 가진 선명하고 명확한 사물들에 당신의 사유를 제한하는 것이다. …… 더군다나 추상물들이 근거가 튼튼하다면, 즉 그것들이 경험에서 중요한 모든 것으로부터 추상하지 않는다면, 자신을 이 추상물에 제한하는 과학적 사고는 우리의 자연 경험과 관련된 중요한 진리들의 다양성에 도달하게 될 것이다. …… 한 집단의 추상물에만 관심을 집중할 때의 약점은, 그것이 아무리 근거가 튼튼하다 해도, 사안의 본질상 당신이 나머지 사물들로부터 추상했다는 것이다.(「과학과 근대 세계」, p.85)

흄으로부터 무어와 러셀에 이르는 영국의 경험론은 종종 (구체적인 지각적 경험으로부터 고립되고 추상된) 감각 자료를 지각적 인지의 실재적 구성요소로 다루었다. 시공간에서 멀리 떨어진 것을 현존적 경험의 통일성 안으로 끌어들이는 화이트헤드의 파악은 이 그릇된 추상주의를 회피한다.

화이트헤드의 파악론은 지각에만 국한되지 않는다. 그는 직전 과거에 대한 우리의 일차적 기억들을 파악론에 즉각 흡수한다: "인간의 경험에서 비감각적 지각의 가장 강제적인 예는 우리의 직전 과거에 대한 우리의 지식이다. …… 대체로 말해서, 그것은 1/10초 이전과 0.5초 사이에 놓여 있는 우리의 과거의 부분이다. …… 그것은 사라졌지만, 여기 있다. ……." 화이트헤드에 따르면, 미래도 현재가 앞으로 닥칠 것과의 본질적 관계에 서 있는 한에서 "현재에 내재한다." 현재가 과거와 미래를 파악한다는 화이트헤드의 주장에서 베르그송의 영향이 분명히 드러난다.

화이트헤드 자신이 "유기적 기계론"이라고 부르는 그의 형이상학은 일종의 자연주의이지만, 전통적인 유물론적 자연주의와 대조를 이룬다. 전통적인 자연주의 혹은 화이트헤드가 즐겨 부르는 "과학적 유물론"은 자연을, 시공간에서 특정한 위치를 갖고 있는 소립자 집단의 기계적 상호 작용으로 서술한다. 화이트헤드는 말하기를, 과학적 유물론은 "공간에 퍼져 있으며, 환원 불가능한 원초적 자료 혹은 재료라는 궁극적 사실을 전제한다. ……" 과학적 유물론이 물질에 귀속시키는 본질적 성질은 시공간에서 차지하는 그것의 "단순한 위치"이다. 모든 물질적 대상은 명확하게 한계가 그어진 공간을 차지하고 잘 규정된 시간 간격을 통해 존속하는 것으로 가정된다. 화이트헤드에 따르면, 단순하게 위치지어진 물질적 실체라는 가정은 그릇되고 오도된 지적 추상의 결과이다. 그것은 화이트헤드가 말하는 "잘못 놓여진 구체성의 오류"에 대한 한 사례이며, 추상물을 구체적 실재로 오해한 것이다.

화이트헤드는 과학적 유물론의 기본적 가정에 이의를 제기하며, 그럼으로써 갈릴레오, 데카르트, 뉴턴의 시대 이후 근대적 사상을 지배한 근대의 우주론적 구도에 대한 과격한 비판을 제시한다. 화이트헤드는, 전통적인 우주론의 한 가지 대안으로서, 자연을 상호 침투하는 "사건들"이나 "경우들"이나 "현실적 실체"들의 유기적이며 구조화된 체계로서 파악하는 이론을 제시한다. 하나의 사건은 다른 사건들과 작용하는 시공간적 경우이다. 실재 세계는 그런 실제적 실체 혹은 유형화된 사건들의 총체성으로 구성된 과정이다. "현실 세계는 과정 가운데 있으며, 과정은 …… 현실적 실체들의 생성이다." 모든 현실적 실체들은 상호 침투하며, 그들의 "함께함"에서 과정으로서의 실재를 구성한다.

실재를 구성하는 사건들은 내적 관계들에 의하여 결합되며, 그럼으로써 사건들은 서로를 "파악"한다. 모든 현실적 사건들 가운데 통용되는 파악적 관계는 화이트헤드의 실재론적 인식론의 형이상학적 하부 구조를 제공한다. 파악은 모든 사건들을 한데 묶는 근본적 관계이며, 이 파악적 관계의 한 항이 의식적 정신일 때, 파악은 인지적 각지의 수준으로 올라간다. 화이트헤드에게 인지적 각지는 모든 현실적 사건을 결합시키는 파악적 관계의 특수한 예다. 화이트헤드의 형이상학은 관념론적 철학자들이 할당하는 우월성을 인지적 관계에서 제거한다.

화이트헤드에게 실재를 구성하지 않은 정신은 그것의 인지적 작용과 더불어 다른 사건들 가운데 하나일 뿐이며, 인지적 관계는 모든 실재에 퍼져 있는 파악적 관계의 한 사례이다. 화이트헤드의 입장은 인식이 실재를 구성한다는 칸트의 입론을 완전히 뒤집은 것이다: "칸트에게는 경험이 존재하는 과정이란 주관성에서 현상적 객관성으로의 과정이다. 유기체의 철학은 이 분석을 전도시키며 그 과정을 객관성에서 주관성으로 나아가는 과정으로 설명한다. ……" 칸트의 "코페르니쿠스적 혁명"은 화이트헤드의 반혁명으로 대체되었다: 칸트의 비판적 관념론은 로크와 데카르트의 실재론을 전도시켰고, 화이트헤드의 자연주의적 실재론은 칸트의 관념론을 전도시켰다.

현실적 실체들의 체계로서 실재 세계를 설명하는 화이트헤드의 이론은 그의 형이상학을 망라하지 못한다. 그의 형이상학적 구도는 "본질" 혹은 "영원한 대상들"에 대한 이론을 또한 포함한다. "자연의 분석을 위한 모든 구도는 변화와 지속성이라는 두 가지 사실을 직면해야 한다. 하지만 이 구도가 직면해야 할 세 번째 사실이 있는데, 영원성이다." 현실적 실체의 이론은 변화와 지속성의 현상을 설명하는 데 충분하다. 하지만 화이트헤드는 영원성의 설명을 위해서는 "영원한 대상들"을 도입함으로써 자신의 형이상학적 구도의 토대를 확장하는 게 필수적이라고 본다. 영원한 대상들은 색처럼 동일하게 순환되는 실체들이다. "색은 영원하다. 그것은 정신처럼 시간에 출몰한다. 그것은 나타났다 사라진다. 그러나 색이 나타날 때 그것은 언제나 동일한 색이다." 반대로 산은 현실적 실체이다. 그것은 지속하며 존속한다. 혹은 그것이 닳아 없어지면 사라진다. 아마 새로운 산으로 대체될 것이다. 영원한 대상들과 현실적 실체들에 대한 화이트헤드의 구분은 보편자와 개별자에 대한 전통적인 실재론적 구분과 아주 비슷하다. 화이트헤드가 인식했듯이, 영원한 대상들은 플라톤의 형상과 비슷하다. 그것들은 플라톤의 형상들처럼, 현실적 실체들 혹은 개별자 속으로 들어간다. 영원한 대상들은 현실적 실체들의 생성 안으로의 "진입"(ingression)의 가능성을 소유한다. "진입"이라는 용어는 영원한 대상이 구체적인 현실적 실체에 실현되는 특정한 양태를 가리킨다. 그럼으로써 영원한 대상은 그 현실적 실체의 명확성에 이바지한다.

현실적 실체와 영원한 대상의 실재성 외에도, 화이트헤드의 우주론적 구도는 신을 이성적 원리로 가정한다. 이 원리는 현실적 실체의 세계에 진입할 영원한 대상을 선택할 책임을 갖는다. 이 개념에 따르면 "신은 …… 창조성의 산물, 질서의 토대, 새로움을 향한 목표로 고찰된다." 신은 우주에서 질서와 합리성의 원리로서 활동하지만, "그의 현존은 궁극적인 비합리성이다. …… 신의 본질에 대하여 아무런 이유를 제시할 수 없다. 왜냐하면 그 본질은 합리성의 토대이기 때문이다."

저서: 「자연적 지식의 원리」(*Principles of Natural Knowledge*), 1919; 「자연의 개념」(*The Concept of Nature*), 1920; 「과정과 실재」, 1929; 「과학과 근대 세계」(*Science and the Modern World*), 1925; 「사상의 모험」(*Adventures in Ideas*), 1933; 「대화」(*Dialogue*), 프라이스(L. Price)의 기록, 1954.

---

82. 최근 미국의 실재론

"신"(新)실재론

관념론에 대한 실재론적 반발이 미국에서 일어났는데, 이 반발은 과학을 가장 확실한 지식 집합으로 간주하고, 과학으로부터 철학의 분리를 철학의 재난으로 본다. 이 학파는 자신이 믿는 과학적 방법의 정신에 따라, 관계들이 내재적 혹은 유기적이라고 하는 관념론적 이론을 거부하고, 대신에 관계들을 사물들 혹은 관련된 항들의 본질에 영향을 주지 않는 것으로, 즉 외적인 것으로 파악한다. 그러므로 이 학파는 분석을 강조한다. 헤겔과 그의 추종자들이 실용주의자들과 직관주의자들 못지않게 진리의 도구로 부적절하다고 배격한 바로 그 인식 방법을 강조한다. 그리고 이 학파는 일원론보다 다원론으로 휩쓸려 간다.

미국의 신실재론은 1910년 「철학지」(*The Journal of Philosophy*)에 게재되고 홀트 (E. B. Holt), 마빈(W. T. Marvin), 몬터규(W. P. Montague), 페리(R. B. Perry), 핏킨(W. B. Pitkin), 스폴딩(E. G. Spaulding)이 함께 쓴 「신실재론」(*The New Realism*)이라는 공저에 실린 "여섯 명의 실재론자들의 프로그램과 첫 번째 강령"(The Program and First Platform of Six Realists)에서 시작한 학파이다. 이 신실재론은 그 소극적 측면에서 무어의 관념론 논박과 비슷하게 버클리식의 주장을 공격한다.

몬터규는 다음과 같은 삼단논법적 형식으로 버클리의 주된 주장을 내동댕이친다: "관념들은 정신을 떠나서 존재할 수 없다. 물리적 대상들은 그것들이 지각되거나 인식되는 한에서 확실히 '관념'이다. 그러므로 모든 물리적 대상들은 한 정신을 떠나서 현존할 수 없다." 그런 다음 그는 버클리주의적 오류를 "관념"이라는 용어의 모호한 용법으로 진단한다. 즉 관념이라는 용어는 "대전제에서 하나의 지각 작용이나 과정을 지칭하는 말로 사용되는 반면, 소전제에서는 그 작용의 대상 즉 지각되는 사물이나 내용을 지칭하는 데 사용된다." 몬터규는 브래들리의 절대적 관념에 동일한 오류를 전가한다. 즉 경험이라는 용어를 모호하게 사용했다는 것이다: "경험이라는 하나의 낱말이 경험함과 경험됨을 지칭하는 말로 계속 사용되므로, 관념론자의 정신에서 묘한 속임수가 산출된다. …… 즉 우리가 경험하는 대상들은 그것들이 경험되는 순간에만 존재할 수 있다는 속임수 말이다."

신실재론의 인식론은 그 건설적 측면에서 무어의 실재론과 아주 비슷한 인식 상황에 대한 분석을 제공한다. 신실재론자들은, 페리가 "독립성에 대한 실재론적 이론"(A Realistic Theory of Independence)에서 하나의 관계와 관련한 비의존성 혹은 의존성의 결여로 규정한 독립성의 이론이라는 측면에서 자신들의 중요한 실재론적 이론을 정식화한다. 독립성의 개념이 인식 관계에 적용될 때, 페리는 적어도 어떤 물리적 사물들, 논리적·수학적 실체들, 그밖의 정신들이 인식하는 의식과 독립해 있고 그것들이 자신들의 독립성을 희생시킴이 없이 의식의 대상이 될 수 있음을 발견한다.

몬터규는 말한다. "실재론은, 인식된 사물들이 그것이 인식되지 않을 때 변화되지 않은 채로 계속 존재할 수 있다고, 사물들이 자신의 실재성에 침해를 받지 않고서 인식 관계에 들어가고 나올 수 있다고, 또 한 사물의 경험이 어떤 사람이 그것을 경험하거나 그것을 지각하거나 그것을 파악하거나 혹은 좌우간 그것을 의식한다는 사실에 상관되거나 의존되지 않는다고 주장한다."

신실재론의 두 번째 특징적인 입론은 인식론적인 일원론이다. 즉 지식은 현시적(presentational)이며 지식의 대상은 곧장 의식에 주어진다는 이론이다. 여기서 쟁점은 인식론적 일원론과 인식론적 이원론, 즉 현시주의와 표상주의 사이에 벌어진다. 인식론적 이원론은, 지식의 "대상"이 오직 지식의 "관념" 혹은 "대상"을 매개해서만 인식되며, 지식의 내용과 대상이 인식 상황에서 두 가지 수적으로 구분되는 요소들이라고 하는 이론이다. 아마 이원론적 실재론의 가장 대표적인 역사적 인물은 로크일 것이다. 로크에 따르면, 관념의 세계는 정신 바깥에 있는 실재 세계의 심상이나 모사나 표상들을 포함한다. 일원론적 측면에서 신실재론은 로크의 이원론적 인식론에 대한 항거이다.

> [페리는 말하기를] 인식론적 일원론은, 사물들이 인식될 때 요소별로 인식하는 상태의 관념이나 내용과 동일함을 뜻한다.…… 이 견해에 따르면 일반적으로 지식의 "대상"이라고 불리는 것은 관념과 합쳐지거나 그 관념이 구성하는 전체 사물이다. 그래서 튤립을 지각할 때, 튤립의 관념과 실재하는 튤립은 요소별로 일치한다. 그것들은 색과 모양과 크기와 거리 등에서 하나이다.

오류, 착각, 환상은 일원론적 실재론에게 핵심적 현상들이다: 만일 모든 지식이 즉각적이며 현시적이라면, 어떻게 해서 지식의 진실한 형태와 진실하지 못한 형태를 구분할 수 있는지를 알기란 어렵다. 하지만 그런 구분은 불가피하다. 신실재론자들은 속임수 지식의 사실에 의하여 제기되는 인식론적 난점들을 회피하려 하지 않았다. 홀트는 「신실재론」에 실린 "실재론적 세계에서 착각적 경험의 위치"(The Place of Illusory Experience in a Realistic World)라는 자신의 논문에서
그리고 「의식의 개념」(The Concept of consciousness, 1914)의 "오류"(Error)라는 장에서
이 문제를 다루게 된다. 여기서 우리는 홀트와 다른 일원론적 실재론자들이 속
임수 인식을 자신들의 이론에 동화시키는 독창적인 장치들을 고찰할 수 없다.
다만 우리는 그들이 대체로 일종의 실재성을 착각적이며 환상적인 대상에 귀
속시키는 용기와 일관성을 갖고 있다고 지적할 따름이다.

비판적 실재론(Critical Realism)

표상적 지각의 이론은 정신에 직접 제시된 감각 자료와 실재하는 외부 대
상의 수적(數的)인 이중성을 강조하므로 인식론적으로 이원론적이다. 이 이론
은 근대의 초기에 데카르트와 로크의 인과적 지각 이론에 그 역사적 기원을 두
고 있다. 데카르트와 로크에게서 표상적 관념과 외부 대상의 인식론적 이원
론은 정신적 질서와 물리적 질서의 이원론적 이원론과 결부되며 후자에 의하
여 조장되었다. 그러나 이 결부는 논리적으로 필연적이지 않다. 그래서 우리는
이 단락에서 심리-물리적 이원론을 무시하고 인식론적 이원론만을 다룰 것이
다. 인식론적 이원론은 산타야나(G. Santayana), 스트롱(C. A. Strong), 로저스(A. K.
Rogers), 러브조이(A. O. Lovejoy), 셀러즈(R. W. Sellars), 프랫(J. B. Pratt), 듀랜트 드
레이크(Durant Drake) 등으로 구성되는 비판적 실재론자들에 의하여 미국에서
제출되었다.

이 사상가들은 일반적인 철학적 정향과 형이상학적 신념에서 서로 매우 달
랐지만, 공저인 「비판적 실재론에 대한 논문들」(Essays in Critical Realism, 1920)에서
신실재론의 이원론적 주장들을 공격하고 이원론적 인식론의 순수 본질적 내용
들에 동의했다. 그 내용들은 다음과 같다: (1) 정신은 지식의 내용 혹은 전달 수
단을 형성하는 감각 자료와 직접 대면한다. (2) 물리적 대상은 정신과 독립적으
로 존재하며 감각 자료를 매개로 하여 인식된다. (3) 물질적 대상들은 그것들이
인식되게 하는 자료와 수적으로 구분된다.

신실재론의 경우처럼, 몇몇 비판적 실재론자들은 인식론적 탐구에서 협력
작업을 계속하기보다, 종종 다양한 노선을 따라 개인적 이론을 발전시켰다. 러

브조이의 「이원론에 대한 반란」(*The Revolt Against Dualism*, 1930)과 산타야나의 「회의론과 동물적 신앙」(*Scepticism and Animal Faith*, 1923)은 비판적 실재론의 인식론의 두 가지 다른 발전상을 대표한다. 러브조이의 작품은 건설적이기보다 비판적이다: 이 작품의 앞 강연들은 화이트헤드와 러셀의 "객관적 상대주의"에 대한 상세한 설명과 비판을 담고 있다. 러브조이는 마지막 두 개의 결론적 강의에서 자신의 인식론을 적극적인 용어로 정식화한다. 그의 이원론적 실재론의 중요한 주장은 다음과 같다.

(1) 정신은 "관념들"을 직접 인식한다. 러브조이가 말하는 "관념들"은 "비물리적인 경험된 개별자들"을 뜻한다. 그는 "관념"이라는 용어를 본질적으로 데카르트와 로크와 같은 뜻으로 사용한다. (2) 관념들은 "우리의 감관에 인과적으로 관련되며" "지각되지 않은 채로 지속하는 현존들이나 사건들의 질서"로의 추론을 위한 증거를 제공한다. 외부 대상은 "우리의 감관과 일치할 수 없다." "우리가 실재적 대상에 관련하여 갖는 어떤 지식이든지 간접적 혹은 표상적이다. 당신이 그런 어떤 대상을 인식하게 되는 자료는 인식된 대상과 동일하지 않다." (3) 기억과 예상은 지각처럼 간접적 혹은 표상적 파악 양태이다: "기억과 그밖의 회상에는 주어진 내용과 달리 실재에 대한 의식적이며 본질적인 추론이 있다. ……" "현실적이든 상상된 것이든 시간 내적 인지의 다른 형태(즉 예지[豫知]나 예상)에 대하여 이원론적 함의는 가능하다면 훨씬 명백하다. ……" 러브조이는 모든 형태의 인지(지각, 기억, 예상, 다른 정신들의 지식)를 동일한 표상적이며 실재론적인 패턴에 동화시킨다.

신실재론자들의 저술

E. B. Holt and others, *The New Realism*, 1912; E. B. Holt, *The Concept of Consciousness*, 1914; R. B. Perry, *Present Philosophical Tendencies*, 1912; E. G. Spaulding, *The New Rationalism*, 1918; W. P. Montague, *The Ways of Knowing*, 1925.

비판적 실재론자들의 저술

D. Drake and others, *Essays in Criticlal Realism*, 1925; G. Santayana, *Scepticism and Animal Faith*, 1923; A. O. Lovejoy, *The Revolt Against Dualism*, 1930.

산타야나(Santayana)

철학자, 시인, 소설가, 문학평론가인 조지 산타야나(George Santayana, 1863-1952)는 마드리드에서 스페인 부모에게 태어나 1872년에 미국에 왔다. 그는 하버드에서 교육을 받고 1912년까지 거기서 가르치다가, 교수직을 사임하고 유럽으로 돌아가 남은 생애를 연구와 저술에 바쳤다.

산타야나의 유럽에서의 출생과 미국에서의 양육 및 교육은 그의 철학이 유럽 대륙의 문화와 그 철학적 전통 그리고 하버드에서 우세했던 전형적인 미국적 사상 운동 모두에 전념한 것을 반영한다. 그의 다각적인 철학 체계는 데모크리토스와 플라톤과 아리스토텔레스와 루크레티우스의 고전적 체계와 스피노자와 헤겔과 쇼펜하우어의 근대적 체계라는 유럽적 영향을 드러낸다. 또한 그의 철학은 하버드의 스승이자 동료인 윌리엄 제임스(William James)와 조사이어 로이스에게 큰 빚을 졌음을 보여준다.

산타야나의 철학적 입장은 단일 학파나 운동이나 유형의 철학에 대한 동화 혹은 어떤 단순한 철학적 공식으로의 환원을 거부한다. 그것은 자연주의, 실재론, 본질주의(본질 혹은 보편자의 이론), 관념론, 낭만주의와 같은 다양한 철학적 주제를 식별해 낼 수 있는 다면적 철학이다. 하지만 그가 "우리 주변의 물질적 사물들에 대한 통속적인 신념"이라고 서술하는 자연주의는 그의 철학의 가장 근본적이며 편만한 주제이다.

저서: 「미의식」(*The Sense of Beauty*), 1896; 「이성의 생활 혹은 인간 진보의 국면들」(*The Life of Reason, or the Phases of Human Progress*), 1905-06; 「세 명의 철학적 시인들: 루크레티우스, 단테, 괴테」(*Three Philosophical Poets: Lucretius, Dante, and Goethe*), 1910; 「교설의 바람」(*Winds of Doctrine*), 1913; 「독일 철학에서의 에고티즘」(*Egotism in German Philosophy*), 1916(rev. ed., 1940); 「미국의 특성과 여론」(*Character and Opinion in the United States*), 1920; 「영국에서의 독백」(*Soliloquies in England*), 1922; 「회의론과 동물적 신념」, 1923; 「연옥에서의 대화」(*Dialogues in Limbo*), 1926; 「플라톤주의와 정신 생활」

(Platonism and Spiritual Life), 1927; 「존재의 영역」(Realms of Being), 4 vols., 1927~40;
Obiter Scripta, 1936; 「지배와 권력」(Dominations and Powers), 1951.

이성의 생활 산타야나의 다면적 철학의 가장 초기 형태는 「상식에서의 이성」
(Reason in Common Sense), 「사회에서의 이성」(Reason in Society), 「종교에서의 이성」
(Reason in Religion), 「예술에서의 이성」(Reason in Art), 「과학에서의 이성」(Reason in
Science) 등 5권으로 되어 있는 「이성의 생활」이라는 저서에 제시되어 있다. 산타
야나가 "인간 지성의 추정적 전기"라고 서술하는 이 작품은 사회적·종교적·예
술적·과학적 활동을 포함한 인간 정신의 복합적 활동들에서 이성의 역할을 논
의한다. 이 프로젝트는 그 개념에서 헤겔의 현상학과 비슷하다. 물론 상세한 면
에서는 그렇지 않다. 사실 산타야나가 그런 저술에 대한 암시를 얻은 것은 헤
겔의 「정신현상학」을 읽고 난 다음이었다. 산타야나의 "이성의 생활"은 헤겔의
"정신현상학"과 마찬가지로 인간의 순전히 지적 추구라는 의미에서 이성적인
것에 국한되지 않는다. 물론 이 추구들은 넓은 의미로 파악되는 이성의 생활에
포함되긴 한다. 이 이성의 생활은 예술적·종교적·과학적·혹은 철학적 이념과
가치들에 의하여 지배되고 인도되는 인간 정신의 모든 반성적 활동을 포함한
다. "그러므로 「이성의 생활」은 이상들을 파악하고 추구하는 경험의 그런 부분
에 대한 이름일 것이다. 인간의 이성적 생활은 반성이 발생할 뿐만 아니라 유효
하다고 입증되는 그런 순간에 있다." 「이성의 생활」의 반복되는 주제는, 이성이
그 모든 현현에서 본능과 관념작용의 결합이라는 것이다. 이성은 이상들의 발
생을 통하여 반성적이며 계몽된 본능이다. "이성의 생활은 두 요소(충동과 관념작
용)의 행복한 결합이다. 만일 둘이 완전히 분리될 경우 인간은 짐승이나 광인이
될 것이다."

다섯 권의 「이성의 생활」을 아무리 잘 요약해도, 산타야나가 인간의 창조적
활동에 나타나는 본능적이며 관념적인 요소들의 결합이라는 자신의 핵심 주제
를 발전시킬 때 사용하는 통찰의 미묘함과 신선함 그리고 예시의 풍부함이 전
달될 리 만무하다. 산타야나는 자신의 위대한 저술의 문필적 운치와 아울러 요
지를 전달하는 「상식에서의 이성」의 다음 구절에서, 인간의 자연적 요소와 관

넘적 요소가 이성의 생활에서 맺는 결합을 훌륭하게 서술한다: "관념적 세계의 모든 국면은 자연적인 세계로부터 방출하며, 그것이 자연적 현존에서 취하는 이해에 의하여 자신의 기원을 큰 소리로 천명한다. 그리고 그것은 이 이해에 대하여 합리적인 해석을 제공한다. 감각, 예술, 종교, 사회는 자연을 풍부하게 표현하며, 자연이 포함하는 기계론을 상이한 추상으로 나타내기 위하여 과학이 첨가되기 아주 이전에는 상징으로 표현한다."

동일한 철학적 주제는 산타야나가 사랑에 대한 철학적 해석을 제공하는 「사회에서의 이성」에서 반복된다. 이 감정은 인간의 사회적 현존의 기초이다. 인간의 사랑은 단순한 동물적 정념과 달리 자연적이면서 동시에 관념적이다: "그런 사변에서 길을 잃지 않으려는 사람에 의해서 두 가지가 허용되어야 한다. 하나는 사랑이 동물적 기반을 갖는 것이며, 다른 하나는 사랑이 관념적 대상을 갖는 것이다."

인간 생활의 자연적 요소와 관념적 요소의 동일한 이중성은 종교에서도 나타난다: 산타야나는 「종교에서의 이성」에서 이렇게 주장한다. "종교도 또한 본능적이며 맹목적 측면을 갖고 있으며, 온갖 형태의 우연적 관행과 직관으로 부글부글 끓어오른다. 하지만 곧 종교는 사물의 핵심으로 들어가며, 어떤 부분에서 등장하든지 궁극적인 것의 방향으로 나아간다." 산타야나는 인간의 불멸성의 문제를 다룰 때, 인간은 자연적 질서의 일부로서 사멸적이지만 그 창조적 활동에서 어떤 관념적 혹은 이성적 불멸성을 달성한다고 주장한다.

인식론 산타야나의 인식론은 회의론, 직관주의, 비판적 실재론의 기발한 결합이다. 그의 회의론은 궁극적이며 급진적이다. 데카르트의 회의론보다 훨씬 급진적이다. "나를 포함하여 무엇의 현존에 대한 신념은 근본적으로 입증할 수 없고, 모든 신념과 마찬가지로 삶에 대한 비이성적 설득이나 격려에 근거하는 무엇이다."

산타야나의 회의론은 본질의 발견, 의심할 수 없는 진리의 영역을 위한 길을 예비한다. 동물적 신념을 불러일으키지 않는 그런 확실하고 긍정적인 지식은 본질의 영역에 갇혀 있다. 본질은 플라톤의 형상들처럼 존재나 실재성을 소유하는 보편자이다. 물론 그것들은 존재하지 않는다. 그것들은 직접적 혹은 직관적 파악에 의하여 인식되며, 그것들에 대한 우리의 지식은 가장 높은 확실성을 소유한다. 물질의 영역은 그것이 산타야나의 형이상학적 구도의 근본적 실재이지만, 본질의 특권인 그런 정도의 확실성과 더불어 인식될 수 없다. 산타야나의 자연주의의 핵심 입론인 "우리 주변 사물에 대한 그런 통속적 신념"은 직접적 직관에 의하여 정당화될 수도 없고, 논증과 추론에 의해서도 정당화될 수 없다. 현존에 대한 모든 신념과 마찬가지로 물질에 대한 신념은 "동물적 신념"에 근거한다.

산타야나의 인식론적 영역은, 인간의 지식이 인식하는 정신과 독립한 현존과 실재성을 소유하는 대상들과 관계있다. "지식은 …… 정신 내부적이거나 경험에 내재적이지 않다. …… 지식은 선재하는 필수적 대상을 갖고 있기에 지식이다." 인식의 대상들은 자연의 기계적 질서에 속한다. 사실 그것들은 그 총체성에서 그 질서를 형성한다. 그 대상들은 직접적으로 혹은 직관에 의하여 인식될 수 없고, 인간의 정신에 유일하게 직접적으로 제시되는 감각 자료의 매개를 통해서만 인식될 수 있다. 그것들에 대한 파악은 인식하는 정신 편에서 "동물적 신념"의 행위를 포함한다. "신념의 대상(그리고 지식은 일종의 신념이다)은 심지어 가장 직접적인 지각에서도 직관의 범위 안에 속한다." "따라서 지식은 신념이다. 사건들의 세계, 특별히 자아의 가까이에 있으면서 자아를 유혹하거나 위협하는 그 부분들의 세계에 대한 신념이다." 나 자신과 다른 자아로 구성되는 정신의 영역은 물질의 영역처럼 직접적 지식을 얻을 수 없다. 그것은 실존적 영역이며, 오직 동물적 신념의 도움으로만 파악될 수 있다. 산타야나는, 자기 지식이란 직접적이며 확실하며 직관적이라는 데카르트와 근대철학의 전체 관념론적 전통의 주장을 논박한다.

비판적 실재론자들과 교류하며 그들의 공저인 「비판적 실재론에 대한 논문들」에 기고했던 산타야나는 현시적 실재론의 모든 형태를 다른 비판적 실재론자들과 마찬가지로 격렬하게 반대했다. 그는 "사물들에 대한 직관을 갖고자 하는 소원의 부조리"를 말한다. 그의 실재론은 표상적 실재론이지만, 못지않게 대담하다. 대상들은 자료로부터 추론되지 않는다. 왜냐하면 본질로부터 현존적 사물로의 인과적 추론은 가능하지 않기 때문이다. 물리적 대상의 현존은 동물적 신념을 기초로 하여 수용되고 믿어진다. "따라서 지식은 신념이다: 사건들……의 세계에 대한 신념이다. 이 신념은 동물에게 본유적이며, 사물들의 표시나 서술로서의 직관의 모든 신중한 용법보다 앞선다. ……" 산타야나는 기억을 표상적 지식의 한 핵심적 사례로 고찰한다. 그는 기억의 인지적 요구를 검토하면서, "기억이 지식이 되고 기억의 이름에 걸맞으려면 기억 자체는 자연적 세계에 있는 사실이나 사건을 알려 주어야 한다."

「회의론과 동물적 신념」에 정식화된 산타야나의 인식론적 입장은 이원론적 혹은 표상적 실재론을 옹호하는 점을 제외하고는 러브조이의 좀 더 전형적인 비판적 실재론의 인식론과 공유하는 바가 거의 없다. 산타야나의 이론은 지식의 즉각적 자료의 특징화에서 러브조이의 그것과 대립된다: 러브조이는 지식의 자료를 현존적이며 심적인 것으로 파악했던 반면에, 산타야나는 실존적 자료를 완전히 거부한다. "자료가 존재한다는 관념은 무의미하며, 그런 관념을 주장한다 해도 그것은 거짓이다"라고 산타야나는 말한다. 산타야나에 따르면 지식의 유일하게 즉각적이며 의심할 수 없는 자료는 본질이다.

존재의 영역들 「회의론과 동물적 신념」에서 인식론적 문제를 살필 때 그 윤곽이 분명하게 그려진 산타야나의 형이상학적 입장은, 「존재의 영역」에서 완숙하고 체계적인 설명을 얻는다. 존재의 세 가지 중요한 영역은 물질과 본질과 정신의 영역이다. 그래서 그는 자연주의를 본질주의와 관념론과 결합시킨다.

산타야나의 자연주의적 형이상학은 현존의 전체를 자연과 동일시한다. 이 자연은 모든 것이 일정하고 제일적인 과학 법칙에 종속되는 기계론적 질서로 파악된다. 그는 말한다. "물리적인 것 못지않게 도덕적인 것을 포함하여 현존의 방향을 좌우간 붙잡을 수 있는 사람이라면, 기계론이 전세계를 지배한다는 것을 틀림없이 느낀다." 인간은 자연의 일부이며 자신의 과학적·종교적·도덕적·사회적·예술적 추구에서도 자연의 통제력에 종속된다.

산타야나의 본질주의 혹은 본질의 실재론은, 물질적 현존의 영역 외에 본질의 영역에 대한 그의 신념에 근거한다. 본질은, 그것이 **현존하지** 않더라도 존재 혹은 실재성을 소유하는 보편자이다. 산타야나는 사유와 상상력의 관념적 대상뿐만 아니라 색, 맛, 냄새 그리고 감각의 자료들을 본질의 영역에 귀속시킨다. "정신적 담화에서 모든 가능한 항들은 아무 데서도 현존하지 않는 본질들이다: 그 본질들을 발견하는 기능이 감관이든 사유든 가장 환상적인 공상이든 상관없이 똑같이 가공적이다." 본질은 "그것들이 플라톤적 '이데아'의 구조와 존재론적 위상을 갖고 있다 해도 …… 수에서 무한하며 가치에서 중립적이다." 본질은 산타야나의 인식론에서 지식의 수단으로서 활동한다. 그는 말한다:"본질들은 사실 문제의 지각에서 필수불가결한 항(項)들이며, 이행적 지식을 가능하게 한다."(「회의론과 동물적 신념」)

산타야나가 정신의 영역을 물질과 본질의 영역에 상보적인 것으로 가정하는 한, 관념론은 그의 체계에서 구성 요소로 등장한다. 정신의 영역은 산타야나가 "자유로운 표현의 이 세계, 의식의 빛에 지속적으로 밝혀졌다가 시들어지는 감각과 정념과 관념의 이 흐름"으로 특징짓는 주관적 경험의 세계이다. 정신은 예술과 종교와 도덕과 과학과 철학에서 우리의 가장 고등한 인간적 열망의 성취(혹은 좌절)의 영역이긴 하지만, 물질과 본질의 다른 두 영역에 종속된다. 그래서 산타야나의 관념론은 그의 자연주의와 본질주의에 가려진다. 참으로 자연주의는 산타야나의 철학의 지배적 주제이다. 왜냐하면 본질의 지식은 확실성에 관하여 물질에 대한 신념보다 우월하며 정신은 인간의 덕목들의 영역이며, 그의 창조적 활동들과 가장 고상한 추구이지만, 물질은 그에 수반되는 기계론과 더불어 모든 현존의 기체(基體, substratum)이기 때문이다.

미의 이론 산타야나의 미의 이론은 그의 철학적 발전의 전체 단계에서 현저하며, 다양한 맥락에서 등장하더라도 놀라울 정도로 표현의 연속성을 갖는다. 그의 맨 처음 철학 논문인 「미의식」(1896)은 미학에 대한 중대한 기여이다. 아마 이 분야에서 미국의 가장 중요한 작품일 것이다. 이 논문은 "우리의 미적 판단의 본질과 요소들"을 다루며, "이는 이론적 추구이며 직접적인 권고적 성질을 갖지 않는다"고 그는 덧붙인다. 이 논문의 중요한 주장은, 미적 판단은 예술적 취미를 표현하며, 따라서 "판단을 내리는 것은 사실상 하나의 이상을 수립하는 것"이라는 것이다. 미적 판단은 절대적이다. 왜냐하면 "모든 이상(ideal)이 그것들을 포함하는 판단에 대하여 절대적이며 영원하기……" 때문이다. 그러나 한 순간에 떠오르는 이상은 다음 순간에 앞선 것에 못지않게 절대적인 새로운 이상으로 대체될 수 있다. 산타야나의 미적 이론은 미적 판단의 이상적 혹은 형식적 측면을 강조하지만 물질적 혹은 감성적 측면들을 무시하거나 평가 절하하지 않는다. "형식은 무(無)의 형식일 수 없다. 그렇다면 만일 우리가 아름다움을 발견하거나 창조할 때 사물들의 재료를 무시한다면, …… 우리는 우리의 결과를 고상하게 만드는 항존적 기회를 놓친다."

철학자로서 산타야나의 명성은, 그가 철학적 해석을 위한 자료를 끌어대었던 인간 경험의 범위와 부요함에, 그리고 자신의 체계의 구조에다 얽어 놓은 철학적 주제의 다양성에 근거한다. 「이성의 생활」은 인간 실존의 사회적·종교적·예술적·과학적 요소들을 전개하며, 이런 다양한 경험의 해석에서 저자의 독특한 개인적이며 철학적인 편애를 드러낸다. 그의 「존재의 영역」은 자연주의와 플라톤적 실재론과 관념론과 같이 다양한 주제들을 포괄적이며 통찰력 있는 체계로 결합한다. 그의 위대함은, 과거의 다양한 철학적 경향들을 자신의 체계에 동화시키며, 자신의 철학적 선호와 애호의 독특한 색과 운치를 그 경향들에 부여하는 그의 능력에 있었다. 하지만 그의 철학은 참으로 위대한 철학 체계에 필수적인 건설적 능력과 사변적 독창성이 없다.

제22장
실용주의, 실증주의, 분석철학

83. 과학적 규약주의(conventionalism)와 의제주의(fictionalism)

반(反)실재론적 경향들

최근 철학의 발전에 미친 과학의 영향력 때문에 철학은 두 가지 아주 상이한 방향으로 나아갔다. 한편으로, 실재론자들이 과학적 개념과 이론을 문자 그대로 취하여 지각적·물리적 대상들의 실재적 세계의 현존성을 긍정하고, 실재론적 인식론을 자연주의적 형이상학과 결합시킨다. 알렉산더와 화이트헤드와 같은 실재론자들에게서 자연주의적 형이상학은 대담하고 사변적인 형태를 취했다. 반면에 마흐(Mach), 푸앵카레, 파이잉거와 같은 실증주의적이며 현상론적인 철학자들은, 과학적 개념과 이론들은 과학적 체계의 형성에 필수적인 것이지만 객관성에 대한 어떠한 주장이라도 정당화할 수 없는 규약, 구성물 혹은 의제라고 주장했다. 규약주의자와 의제주의자들은 과학적 개념과 이론의 문자적 객관성에 의문을 제기하면서, 불가피하게 형이상학과 궁극적 실재의 본질의 지식에 대한 형이상학의 주장에 회의론적 태도를 채택했다.

최근에 과학에 대한 현상론적·규약주의적·의제주의적 해석은 과학과 형이상학의 진리 주장을 액면 그대로 받아들이기를 거부한다. 그것들은 과학적·철학적 개념과 이론이 실재를 서술하는 것이 아니라 현상적 사실의 속기적 요약이나 관찰된 경험 자료의 해석과 설명을 위한 유용한 장치로 파악한다. 과학과 철학은 정신 외적인 실재에 대한 객관적 지식을 결코 달성할 수 없지만, 관찰과 경험의 사실들을 배열하고 해석하는 유일하게 쓸모있는 개념적 구도를 인간 정신에게 제공한다.

현대철학의 반실재론적 경향들은 상이한 많은 명암을 가진 이론을 드러낸다. 이 모든 이론적 명암은 과학과 철학의 실재론적 주장을 거부하는 데 동의하지만, 과학적·철학적 개념과 이론의 논리적·인식론적 위상에 대한 몇몇 설명에서 분명한 차이를 드러낸다. 이 견해들은, 모든 이론을 그릇되고 의제적인 것으로 다루고 심지어 상호 모순적인 이론적 구성을 받아들이는 파이잉거의 급진적 의제주의로부터, 경쟁하는 개념적 구도들 가운데서 하나를 선택할 때 단순성, 편의성, 유용성과 같은 기준을 사용하는 규약주의와 실용주의와 조작주의(operationalism)의 좀 더 온건한 입장들까지 다양하다.

마흐(Mach)

에른스트 마흐(Ernst Mach, 1838-1916; 물리학 교수였다가 나중에 철학 교수가 됨)는 흄과 프랑스 실증주의자들의 현상론에 근거한 인식론을 제공한다: 세계는 우리의 감각으로만 구성되며, 물자체는 착각이다. 즉각적인 "순수 경험"이 그의 인식론의 기초를 형성한다. 과학의 목적은 우리의 의식의 내용들인 사실들에 대한 완벽한 서술이다. 과학의 유일한 기능은, 감각의 더 이상 분석 불가능한 요소들 가운데서 연관들을 발견하는 것이다. 형이상학적 가정에 의하여 이 연관들을 설명하려 하기보다 이 연관들을 인정하는 것이다. 과학은 가설로부터 시작하지만, 이 가설은 단순히 임시적인 수단이며, 우리로 하여금 사실들을 설명할 수 있게 하는 간접 서술의 방법이다. 가설은 점차로 직접적 관찰에 의하여 대체된다. 즉 감각으로 구성되는 경험에 의하여 검증된다. 모든 과학은 사실들의 도식적 재생에, 사고에 있다. 복잡한 변화 가운데 상대적으로 일정한 것을 발견하는 것이 가능하지 않다면, 사고에 세계를 비추어 보는 것은 무익할 것이다. 모든 과학적 판단에는 수많은 관찰이 포함된다: 우리의 개념들과 판단들은 일단의 감각들을 위한 축약된 사고-상징들, 사실들을 표현하는 일종의 속기적 방법이다. 이는 사고 경제의 원리이다. 법칙은 사실들에 대한 포괄적이며 압축적인 진술, 우리에게 중요한 사실들의 바로 그 국면에 대한 진술에 불과하다. 물질은 단지 상대적으로 고정되고 일정한 감각-복합체이다. 언어는 소위 물리적 대상이라고 하는 복합체로 감각의 집합화를 강화한다. 그처럼 자아는 감각들의 집합이다. 개별적 물체와 연관된 기억과 분위기와 감정의 복합체를 일러 자아라 한다. 물체에 의존적인 것으로 파악된 감각들이 심리학의 주제를 형성한다. 다른 물질적 대상에 의존적인 것으로 파악된 동일한 감각들은 또한 물리학의 주제를 형성한다. 물리학과 심리학은 우리의 감각을 다루지만, 두 과학은 감각을 상이한 맥락 혹은 개념적 구도에 연관짓는다. 물체들은 감각을 산출하지 않는다. 반대로 감각의 복합들이 말 그대로 물체를 형성한다. 세계는 자아와의 상호 작용에서 감각이라고 불리는 다른 신비한 사물들을 산출하는 신비한 물자체로 구성되지 않는다. 직접 관찰된 감각들 자체는 유일한 실재들이다. 과학의 목표는 덜 일정하며 아직 충분히 확립되지 못한 감각 복합체들을 가장 일정하고 굳건히 확립된 복합체들에 연관짓는 것이다.

마흐는 우리의 지식을 우리의 감각 영역에 제한하며 따라서 형이상학에 반대하지만(형이상학을 과학의 질서를 혼동시킬 따름인 무익한 시도라고 하지만), 아마 주의주의에서 자신의 인식론을 위한 기초를 찾는 비일관된 태도를 취하는 것 같다. 지식은 의지의 도구, 실제 생활의 필요의 결과이다. 마흐의 철학의 이 주의주의적 국면은 후대의 실용주의를 미리 보여준다. 사고는 삶의 전체가 아니다. 그것들은 말하자면, 의지의 길을 비추도록 되어 있는 일시적인 불꽃이다. 우리는 우리로 환경과 일종의 관계를 맺게 할 세계관을 필요로 한다. 그리고 경제적 방식으로 그것을 달성하기 위하여 우리는 과학을 창조한다. 사고와 관찰의 일치를 추구하는 과학은 적응의 도구이며 생물학적 선택의 기초이다. 물체와 자아의 개념들은 세계에서 실천적 정향을 위한 단지 일시적인 미봉책이며, 그것들은 그 목적을 달성하지 못한다면 폐기될 수 있다. 그처럼 원자, 힘, 법칙의 개념들은 편의와 지적 경제를 유일한 정당 근거로 갖는 개념적 구성물이다.

우리의 사고가 감각적 사실들을 재생하는 데 성공하자마자 모든 물리적 지적 필요는 충족된다. 우리의 개념적 사고가 우리 앞에 서로에게 속하는 감각 자료의 총체성을 가져다 놓을 때 우리는 만족하며, 이 개념적 구도들은 거의 자료를 위한 대체물이 되는 듯이 보인다. 마흐는 사실들을 이념화하고 도식화하고 완전하게 하는 충동에 관하여 말한다.

아베나리우스(Avenarius)

아베나리우스(R. Avenarius, 1843-1896; 「순수 경험의 비판」[*Kritik der reinen Erfahrung*, 1888], 「인간적인 세계 개념」[*Der menschliche Weltbegriff*, 1891])가 설립한 경험 비판적 학파는 마흐의 경험론과 비슷한 과학적 경험론을 발전시킨다. 지식의 방법은 엄밀한 지각에 근거한 서술이다. 과학 철학은 우주적이며 순수한 경험의 형식과 내용에 대한 서술적 규정이다. 순수 경험은 모든 가능한 개별적 경험들에 공통적인 경험이며, 경험의 변화 가능한 개별적 요소를 제거하는 것이 철학의 일이다. 아베나리우스의 순수경험론은 윌리엄 제임스의 근본적 경험론, 러셀과 미국 신실재론자들의 중립적 일원론의 원천 가운데 하나이다. 아베나리우스는 순수 경험을 달성하기가 어려움을 잘 알지만, 철학이 우주에 대한 그런 순수 경험적 개념에 점차 접근하고 있다고 믿는다. 원래 모든 사람은 세계에 대한 공통적 관념을 공유했다. 그러나 경험에 사유, 감정, 의지를 "투입"함으로써, 경험을 외적 경험과 내적 경험으로 주체와 대상으로 분열시킴으로써, 실재는 왜곡되었다. 우리는 그와 같은 "투입"을 제거함으로써 세계에 대한 원래의 자연적 견해를, 순수 경험의 태도를 회복한다.

마흐의 견해와 비슷한 견해를 표현한 사람으로는, 제임스 클럭 맥스웰(James Clerk Maxwell, 1831-1879; 「과학적 논문들」[*Scientific Papers*]), 윌리엄 클리퍼드(William Clifford, 1845-1879; 「보는 것과 사유하는 것」[*Seeing and thinking*, 1879], 「엄밀한 과학의 상식」[*Common Sense of the Exact Sciences*, 1885]), 칼 피어슨(Karl Pearson, 1857-1936; 「과학의 문법」[*Grammar of Science*, 1892, 2nd ed., 1900) 등이 있다.

파이잉거(Vaihinger)의 의제주의

한스 파이잉거(Hans Vaihinger, 1852-1933)는 「의제(擬制)로서의 철학」(*Philosophie des Als Ob*)에서 실증주의적이고 의제주의적인 인식론을 개진했다. 이 인식론은 미국의 실용주의와 많은 유사성을 갖고 있다. 파이잉거는 자신의 입장을 서술하기 위하여 "마치 ~처럼"이라는 표현을 채택했을 뿐만 아니라 그의 주된 통찰력은 칸트의 「순수이성비판」에 대한 그의 연구에 의하여 생겼다. 그는 칸트의 책에 대한 유명한 주석을 저술했다. "마치~처럼"의 철학의 핵심 주장은, 수학과 자연과학, 경제적·정치적 이론과 법률학, 윤리학, 미학, 철학에 의하여 달성된 개념들과 이론들이 인간 정신에 의하여 고안된 편리한 의제라고 하는 것이다. 파이잉거의 의제주의는 극단적이다: 그는 정신의 의제적 구성이 실재와 "모순"되며 매우 대담하고 성공적인 의제의 경우에는 "자기모순적"이기도 하다고 주장한다. 하지만 의제는 경험으로부터 전혀 분리되어 있지는 않다. 그것들은 진공 상태에서 창안된 게 아니다. 그는, 감각이 "모든 논리적 활동의 출발점이며 동시에 그것들이 도달해야 할 종점"이라고 주장한다. 물론 이 말은 의제들이 감각 경험에 의하여 검증된다(그들의 의제적 성격은 모든 검증을 배제한다)는 뜻이 아니라 감각 경험이 정신의 의제적 구성물의 사용과 적용을 위한 영역뿐만 아니라 정신의 창의적 활동의 발휘를 위한 기회와 자극과 실마리를 제공한다는 뜻일 따름이다. 파이잉거의 입장은, 그가 사고의 개시와 적용에서의 필수적인 역할을 경험에 할당하는 한에서 경험론으로 특징지을 수 있다. 그러나 그가 경험에 귀속시키는 기능은 역사적인 영국의 경험론이 주장하는 것과 명백하게 다르다. 파이잉거에 따르면, 감각의 재료는 사고에 의하여 근본적으로 변모한다. 그것은 "정신 자체에 의하여 재형성되고, 다시 만들어지고, 압축되고, …… 찌꺼기가 제거되고 합금과 섞이게" 된다.

파이잉거의 의제주의는 개념과 이론의 형성에서 정신의 자유롭고 창조적이고 창의적인 활동을 강조한다. 정신은 실체가 아니라 유기체의 소위 정신적 작용과 반작용의 총합이다. 정신의 창조적 활동 가운데 많은 것은 원래 무의식적으로 수행되며 나중에야 의식에 들어온다. 다른 것들은 의도적이며 의식적으로 수행된다. 그러나 의식적으로든 무의식적으로든, 그 결과로 인한 의제들은 구조상 정신적이다. 의제 형성에서 정신의 창조력을 강조하므로, 파이잉거의 이론은 관념론적이다. 사실 그의 입장은 "실증주의적 관념론" 혹은 "관념론적 실증주의"라고 서술되어 왔다.

파이잉거가 자신의 의제 이론을 발전시키는 맥락은 생물학적이며 목적적이다. 제임스의 실용주의와 듀이의 조작주의와 마찬가지로 파이잉거의 의제주의는 논리적 사고를, 유기체가 물리적·사회적 환경에 자신을 적응하는 데 도움을 주는 생물학적 기능을 달성하는 행위로 해석한다. 파이잉거는 사고의 목적성과 실용적 가치에 거듭 관심을 기울인다. 제임스와 듀이를 연상시키는 말로, 그는 이렇게 말한다: "우리는 실제적 보강 증거에, 사고의 유기적 기능의 산물인 논리적 구조들의 유용성에 대한 시험적 테스트에 가장 큰 역점을 둔다."

파이잉거는 사고의 생물학적 유용성과 실제적 가치를 강조할 때 미국 실용주의의 대표자들과 의견을 같이하지만, 그의 사고 구조가 실재와 "모순"되며 심지어 자기 모순적일 수 있다고 주장하는 점에서 실용주의와 의견을 달리한다. 전형적인 실용주의자들은 그의 개념적 구도에 "진리"를 귀속시킨다. 이 진리는 그들의 실제적 결과에 의하여 입증된다. 파이잉거의 의제적 구성물은, 비록 실재와 모순을 일으키더라도 예언적 기능을 갖는다: 그것들의 도움으로 우리는 "발생하는 사건들을 계산"할 수 있게 된다. 그 자체로 의제적인 바, 그것(의제적 구성물)들은 감각의 미래적 나타남에 관하여 "올바른" 예측에 도달한다. 파이잉거는 또 다른 중요한 측면에서 자신의 의제주의를 완화한다: 그는 사고가 의제를 창안하는 것 외에도 가설을 고안하는데 이 가설들이 "실재를 향해" 있음을 인정한다. 가설은 "미래의 어떤 지각과 일치한다고 주장하거나 소망하는" 관념적 구성물이다. 가설은 자신의 실재성을 검사받으며 검증을 요구한다. 즉 가설은 참되고 실제적으로 증명되고 실재의 한 표현이기를 바란다. 파이잉거는 의제와 가설, 의제적 판단과 개연적 판단의 구분을, 논리학과 철학에서 가장 중요한 것으로 보며, 과거 철학의 많은 부조리한 것들이 두 종류의 관념적 구성물을 혼동한 데서 생겼다고 한다.

파이잉거의 「의제로서의 철학」은 수학, 물리학, 심리학, 경제학, 정치학, 법률학, 윤리학, 미학, 형이상학과 같은 다양한 분야에서 끌어낸 의제들에 대하여 그의 이론의 예시를 풍부하게 포함한다. 구체적으로 수학에서 의제적 방법은 수학자들에 의하여 성공적으로 사용되었고 분명하게 인정되었다. 파이잉거는, 수학의 모든 근본적 개념들(공간, 점, 선, 면)이 관념적이며 상상적이며 "모순적이며" 그래서 의제적임을 지적한다. 파이잉거에 따르면, 제논의 역설은 점과 순간과 같은 시공간적 의제들을 진지하게 받아들인 데서 비롯한다: "의제는 가설이 되었고, 매우 조잡한 모순이 뒤따랐다." 수학적 의제의 또 다른 예로서, 파이잉거는 곡선이 수많은 직선 부분들로 형성되었다고 보는 기하학 증명을 인유한다. 이 경우에 수학자는 곡선이 무한한 수의 곡선이 아님을 잘 안다. 미분 계산의 근본 개념인 도함수는 한계의 방법에 의하여 규정되며 엄격한 의제적 개념이다. 그래서 전체 계산은 의제적 토대를 갖고 있다. 물리학에서 물질과 힘과 같은 근본 개념은 일종의 의제들이다. 파이잉거는 물질의 비현존을 위한 버클리의 주장을 본질적으로 설득력 있는 것으로 받아들인다. 버클리는 물질의 개념에 내재한 모순을 밝혀 내었지만, 불행히도 물질이라는 의제의 과학적 유용성을 적절히 인정하지 못했다. 물질과 같이 물질적 대상의 구성 요소로서 원자도 순수 의제이다. 그러나 이 의제는 물리학에 역시 필수적인 것이다.

파이잉거는 후각만을 갖고 있는 콩디악의 가설적 조상(彫像)을 심리학에서 의제적 방법의 주목할 만한 예로 언급한다. 콩디악은 자신이 인정한 이 의제를 사용함으로써, 인간의 총체적인 감각 생활의 어떤 문제들을 추상해 내고 그럼으로써 의식, 관심, 기억, 판단, 상상, 추상, 반성에 대한 심리학적 이해에 기여할 수 있었다. 배타적으로 후각만 가진 사람이라는 의제는, 총체적인 인간의 이해에 그렇게 기여한다. 사회과학의 역사는 비슷한 의제의 열매 있고 생산적인 사용에 대한 헤아릴 수 없는 놀라운 예들을 제공한다. 파이잉거는 애덤 스미스(Adam Smith)와 벤담의 의제적 가정들을 언급한다. 즉 인간의 경제적·상업적 행동이 오직 이기심에 의하여 동기지어진다는 가정; 전체 형법 체계의 기초를 이루는 형벌과 관련된 자유와 책임성이라는 의제적 개념들; 어떤 측면에서 인격으로 간주되는 법률주의적 국가 개념; 지폐의 "의제적 가치"에 근거하는 근대 경제학의 금융 및 신용 제도. 파이잉거의 윤리학의 핵심 개념인 윤리적 이상은 실천적 의제이다: 그는 이렇게 말한다. "이상은 그 자체로 모순적이며 실재와 모순 상태에 있는 관념적 구성물이지만, 불가항력적인 힘을 갖고 있다." 도덕적 이상은 인간이 매달리며 자신의 행동을 위한 지침으로 삼는 역사의 고상한 인물들의 창조적 상상력에 의한 산물이다.

파이잉거는 자신의 윤리학의 유래를 칸트의 「도덕형이상학」에서 찾는다. 여기서 칸트는 "인간의 존엄성", "목적 왕국"이라는 도덕적 개념들을 "단순한 이념"으로, 즉 행동의 지도를 위한 "발견적 의제"로 개진한다. 파이잉거는 충분히 정교화한 의제적 미학을 제시하지 않지만, 모든 시적 문필적 직유와 은유와 의인화와 풍유를 미학적 의제들로 해석한다. 과학적 의제들은 적응의 수단이지만, 미적 의제들은 "어떤 고양 혹 그렇지 않으면 중요한 감정"을 불러일으키는 데 이바지한다. 파이잉거는, 두 영역에서 의제의 궁극적 기준은 실천적 가치라고 주장한다. 사변적 형이상학도 유추적·형이상학적 의제의 정교화이다.

파이잉거는 어떻게 형이상학의 범주들 즉 실체와 속성, 전체와 부분, 원인과 결과, 목적 등이 관념적 구성물로 "감각의 덩어리들을 종속시키는 데 편리한 보조물"로 간주될 수 있는지를 상당히 자세하게 보여준다. 그것들은 독립적 실재에 대한 문자적이며 이론적인 서술로서 간주되는 경우에만 오류에 빠진다. 철학적 체계들과 그것들이 사용하는 범주들은 "이론에서가 아니라 오직 실천에서만 가치를 갖는다. 즉 질서와 의사소통과 행위의 목적을 위해서만 가치를 갖는다. 이론적으로 그것들은 가치없지만, 실천적으로는 중요하다." 의제주의, 즉 의제와 가설의 차이를 구분하며 인식에서 의제의 역할을 서술하는 이론은 가설(hypothesis)이지 의제(fiction)가 아니다.

푸앵카레(Poincaré)의 규약주의

프랑스의 수학자이자 물리학자인 앙리 푸앵카레(Henri Poincaré, 1854-1912)는 마흐의 실증주의적 이론과 아주 비슷한 과학에 대한 실증주의적이며 규약주의적인 해석을 발전시켰다. 푸앵카레는 과학의 근본 가정이 편의적 정의 혹은 규약들이라고 주장했다. 이것들은 선험적 방법이나 경험으로부터의 귀납적 일반화에 의하여 정당화될 수 없다. 경험적 사실에 의하여 제시되고 인도되긴 하지만, 가능한 규약들 가운데서의 우리의 선택은 결국 단순성과 편의성에 대한 고찰의 지배를 받는다. 푸앵카레는 과학적 가설의 두 가지 중요한 유형을 뚜렷하게 구분한다: (1) 첫 번째 유형의 가설들은 본질적으로 검증될 수 없다. 그것들은 과학적 정신이 우리의 과학적 구도에 강요하는 정신의 자유로운 활동의 산물들이다. 그런 가설들은 어떤 광범위하게 과학적인 이론에 필요 불가결하다.

물론 그것들은 경험에 의하여 확언되거나 반박될 수 없다. (2) 두 번째 유형의 가설들은 통상적인 귀납적 일반화이다. 이것들은 실험적 절차에 의하여 검증되거나 반증될 수 있기 때문에 가치있다. 하나의 과학적 이론은 두 유형의 가설을 모두 포함할 것이다.

푸앵카레는 첫 번째 유형의 가설 즉 본질적으로 검증될 수 없는 가설에 더 많은 관심을 기울인다. 왜냐하면 그것들이 과학적 방법론을 연구하는 사람들에게 많이 무시되었기 때문이라고 믿기 때문이다. 반면에 두 번째 유형 즉 검증 가능한 가설은 이미 베이컨으로부터 밀까지 경험론적 논리학자들과 방법론자들에 의하여 광범위하게 취급되었다. 푸앵카레는 검증 불가능한 가설들의 본질과 과학적 지식의 체계에서 그들의 기능에 대하여 포괄적이며 빛을 비추는 설명을 제공했다. 그는, 이런 유형의 가설은 경험에 의하여 검증될 수 있지 않지만 경험에 의하여 제시되며 경험에 대한 과학적 해석에서 열매를 맺는 점에서 그 가치를 얻는다고 주장한다.

경험에 주어진 사실들은 대안적 가설적 구성들의 "무한한" 수 가운데 어느 하나에 동화될 수 있다. 이 구성들 각각은 정신의 자유로운 활동의 산물이며, 그것들 가운데서의 선택은 편의성의 고찰에 일치하여 이루어진다. 그래서 검증 불가능한 가설들은 참으로 규약적이지만, 자의적이지는 않다: "경험은 우리에게 선택의 자유를 남겨 놓지만, 가장 쉬운 방법을 식별하도록 도움을 줌으로써 우리를 지도한다." 푸앵카레의 규약주의는 파이잉거의 의제주의보다 훨씬 과격하지 않다. 파이잉거의 의제적 구성물이 자기 모순적이며 사실에 "모순적"인 반면에, 푸앵카레의 규약적 가설들은 내적으로 일관되며 사실과 어긋나지 않는다. 왜냐하면 사실들은 그 가설들을 논박하거나 확증할 수 없기 때문이다.

관찰된 사실들을 동화할 수 있는 대안적 가설들의 무한수 가운데서 우리가 하나를 선택하는 행위를 지배하는 기준은 무엇인가? 규약주의에 핵심적인 이 질문에 대하여, 푸앵카레는 분명하게 이렇게 대답한다: 단순성! "모든 가능한 일반론 가운데서, 우리는 가장 단순한 것을 선택해야 하고 그것만 선택할 수 있다. 그러므로 우리는 마치 단순한 법칙이 다른 조건들이 동일할 경우 복잡한 법칙보다 더욱 개연성 있는 것처럼 행동하게 된다." 우리가 가장 단순한 법칙을 선택하는 것은, 자연이 단순성을 사랑하여 가장 단순한 것이 객관적으로 참되기 때문이 아니라, 오직 사고의 경제에 대한 관심 때문이다. 단순한 설명적 가설보다 복잡한 것을 좋아하는 왜곡된 태도는 과학적 활동을 실패로 돌아가게 할 것이다. "상대적으로 몇 안 되는 실험에 근거하여 일반적이며 단순하며 정확한 법칙을 정식화할 때 …… 우리는 그러므로 인간 정신이 자신을 자유롭게 할 수 없는 필연성에 복종했을 따름이다."

푸앵카레는 자신의 규약주의를 자신의 특별한 재능이 있는 두 과학에 응용한다. 즉 수학과 물리학이다. 푸앵카레는 수학의 토대에 대한 해석에서, 합리론과 경험론을 똑같이 거부한다. 선험주의의 다양한 역사적 형태들은 모두 만족스럽지 못하다: 기하학의 공리들은 데카르트가 주장했던 것과 달리 선험적 직관이 아니다. 수학은 라이프니츠가 시도했던 방법대로 모순율에서만 분석적으로 도출될 수 없다. 그리고 공간과 시간의 순수 직관에 근거하여 선험적 종합 진리의 체계로서 수학을 정당화하려 했던 칸트의 태도도 성공적이지 않다. 푸앵카레는 수학에 대한 밀의 경험적 설명도 역시 받아들일 수 없음을 발견한다: 기하학의 공리들은 지각적 공간의 성질들에 관하여 귀납적 일반론이 아니다. 그러나 확실히 경험은 "기하학의 기원에서 필수불가결한 역할을 수행한다. 그러나 기하학이 부분적으로라도 실험 과학이라고 결론을 짓는 것은 오류일 것이다." "만일 그것이 실험적이라면 오직 근사적이며 잠정적일 것이다."

푸앵카레는 규약주의에서 합리론과 경험론에 대한 참된 대안을 발견한다: 소위 기하학의 공리들, 가정(postulate)들은 즉 참되기 때문이 아니라 편리하기에 채택된 가정들이다. 경험은 "어떤 것이 가장 참된 기하학인지 우리에게 말하지 않고 어떤 것이 가장 편리한 것인지를 말한다." 그래서 기하학은 실험 과학이 아니지만, "때마침 경험에서 태어난" 과학이다. 푸앵카레는 비(非)유클리드적 기하학 체계의 가능성에서 수학에 대한 자신의 가정적 해석이 옳은 것으로 확인됨을 발견한다: 관찰된 현상들은 유클리드적 기하학 체계나 비유클리드적 기하학 체계의 하나에 동화될 수 있다. 그가 말하듯이, 유클리드적 체계에서 해석될 수 있고 라바체브스키적 체계(비유클리드적 체계 가운데 하나)에서 해석될 수 없는 구체적 실험을 상상해 내는 것은 불가능하다. 유클리드의 가정에 모순될 수 있는 경험은 없다. 반면에 어떤 경험이라도 라바체프스키의 가정에 모순되지 않을 것이다. 그래서 유클리드적이든 비유클리드적이든 기하학의 가정들은 논박될 수 없고 확증될 수 없다. 그것들은 단순성과 편의성이라는 이유 때문에 채택된 검증 불가능한 유형의 가설로서 설명될 수 있다.

푸앵카레는 자신의 훌륭하고 시사적인 논문 「과학의 가치」(The Value of Science)에서 이렇게 쓴다: "수학은 삼중적 목표를 갖고 있다. 수학은 자연의 연구를 위한 도구를 제공해야 한다. 그러나 그것으로 끝나지 않는다: 수학은 철학적 목표와, 감히 주장하건대, 미적인 목표를 갖고 있다. …… 수학의 과학적 기능은 자연에 대한 우리의 지식의 표현을 위한 단순하고 정확하고 경제적인 언어를 제공하는 것이다. 통상적인 언어는 너무 빈곤하며, 게다가 너무 모호하여, 그렇게 미묘하고 그렇게 풍부하며 그렇게 정확한 관계들을 표현할 수 없다."

수학의 철학적 기능은 수, 공간, 시간, 양, 그밖에 관련된 범주들에 대한 철학자들의 탐구를 증진시키는 데 있다. 그러나 무엇보다도 푸앵카레는 수학에 내재한 미적 가치를 칭찬한다. "수학의 전문가들은 수학에서 회화와 음악에 의한 기쁨과 유사한 기쁨을 발견한다. 그들은 수와 형식의 미묘한 조화를 감탄해 한다. 그들은 새로운 발견이 예기치 못한 관점을 열어 줄 때 놀란다. 그리고 그들이 그렇게 느끼는 기쁨은 미적인 특징을 갖지 않겠는가? 물론 감관은 거기에 참여하지 못하지만 말이다."

푸앵카레는 「과학과 방법」(Science and Method)의 "수학적 창조"에 관한 주목할 만한 장에서 수학적 지성의 창조적 과정들의 성격을 파고드는 통찰력을 보여 주었다. 그는 자신의 수학적 발견들 가운데 하나를 매우 심리학적으로 미묘하게 서술한다. 이 설명은 수학적 창조성에 필수적인 오랜 준비 기간, 최종적 통찰의 달성에서 무의식적 과정이 갖는 역할, 유비와 직관과 상상의 자유로운 발휘의 중요성, 마지막으로 최종적 달성에 동반되는 미적 만족과 거의 신비스러운 기쁨을 예시한다.

물리학 그리고 구체적으로 역학은, 푸앵카레에 따르면, 규약적 가설이 필수 불가결한 역할을 발휘하는 두 번째 과학이다. 그는 갈릴레오와 뉴턴의 고전적 역학의 근본 개념과 기초적 가정을 비판적으로 검토하며, 그것들이 매우 규약적이라고 결론짓는다. 힘과 관성과 절대 공간과 절대 시간에 관한 기본 가정은, 그것들이 검증될 수도 반증될 수도 없다는 의미에서 규약적이다. 수학뿐만 아니라 물리학에서 푸앵카레의 규약주의는 합리론과 경험론 사이의 전통적 논쟁에서 중요한 세 번째 가능성을 제시한다. 규약주의는 수학의 기본적 공리들과 자연과학의 근본적 가정들의 인식론적 성격에 대하여 그럴 듯한 설명을 제공하며, 선험적 진리론의 독단적 자랑과 후험적 이론의 개연론을 모두 피한다. 규약주의는 합리론의 정확함과 엄밀함을 경험론의 실험적 풍부함에 결합하려 한다.

84. 실용주의

실용주의와 경험론

윌리엄 제임스는 실용주의를 "옛날의 몇몇 사유 방식에 대한 새로운 이름"이라고 특징짓는다. 그의 저서의 부제목인 「실용주의」(*Pragmatism*)는 이전의 경험론 운동들, 특별히 로크로부터 밀까지의 고전적인 영국 경험론과 마흐, 푸앵카레, 오스왈드(Oswald), 뒤엠(Duhem)과 같은 사상가들의 대륙 실증주의에 실용주의가 빚진 사실을 지나치게 수줍어 하며 시인하는 표현인 듯하다. 하지만 실용주의는 초창기 경험론적 실증주의적 철학들에 대한 단순한 절충적 요약이 아니다. 이는 탐구 방법이며, 자연과학에서 도출되며 철학에 적용 가능한 의미와 진리의 이론이다. 실용주의는 17, 18세기 관념론의 웅대한 규모에 서 있는 사변적 철학 체계가 아니며, 그렇다고 고백하지도 않는다.

실용주의가 전통적인 철학적 문제를 재검토하여 달성하는 모든 통일성은, 경험적 실용주의적 방법으로부터 그리고 검증과 의미의 실용주의적 원리에 대한 호소로부터 나온다. 그리고 이 실용주의적 원리는 퍼스(C. S. Peirce)에 의하여 주목할 만한 이론적 정확함과 더불어 천명되었으며, 제임스, 듀이, 루이스(C. I. Lewis)에 의해 발전되고 적용되었다.

퍼스(Peirce)

미국 실용주의의 출발기는 찰스 퍼스(Charles S. Peirce, 1839-1914)로 거슬러 올라갈 수 있다. 그는 1878년 1월 「월간 대중 과학」(*Popular Science Monthly*)에 실린 "우리의 관념을 명석하게 만들기"(How to Make Our Ideas Clear)라는 제목의 획기적 논문에서 실용주의적 원리를 선언한다. 이 논문의 제목이 표시하듯이 퍼스의 실용주의적 원리는 관념과 명제의 의미에 대한 명료화를 장려하려는 준칙이었다. 실용주의적 준칙이 규정하듯이, 지적 개념 혹은 관념의 의미는 관념의 가시적인 실제적 결과이다: "지적 관념의 의미를 확인하려면, 그 관념의 진리로부터 어떤 실제적 결과들이 필연성에 의해 분명하게 귀결되는지를 살펴야 한다. 그리고 이 결과들의 총합은 그 관념의 전체 의미를 형성할 것이다."

실용주의적 준칙의 대안적 공식이며 가장 자주 인용되는 것은 「월간 대중 과학」의 논문에 나오는 다음의 내용이다: "우리가 우리의 지각의 대상이 갖는다고 파악하는 결과가 무엇인지를 고찰하라. 아마 그 결과는 실천적 의미를 가질 것이다. 그러면 이 결과들에 대한 우리의 관념은 그 대상에 대한 우리의 관념의 전체이다."

우리는 실용주의적 준칙에 대한 퍼스의 시초적 공식에, 퍼스의 때론 너무 열정적인 제자들이 발전시키고 후대에 그가 말했다고 전가되는 이론들을 집어넣어 읽지 않도록 주의해야 한다. 퍼스 자신이 인정했듯이, "실용주의는 세계관이 아니라 관념을 명석하게 할 목적을 지향하는 성찰 방법이다." 그것은 진리론도 아니며 단지 관념의 의미를 확인하는 기술에 불과하다. 퍼스 자신의 예시는 그가 그려 보인 실용주의적 원칙의 제한된 요구를 분명하게 보여주었다. 그는 딱딱함과 무게에 대한 두 가지 예를 사용했다: "…… 한 사물을 딱딱하다고 말할 때 그 의미가 무엇인지 살펴보자. 명백히 그것은 다른 많은 물질에 의하여 긁히지 않을 것이라는 뜻이 있다. 다른 모든 성질과 마찬가지로 이 성질의 전체 관념은 그것의 파악된 결과들에 있다. …… 그 다음으로 무게에 대한 명석한 관념을 살펴보자. …… 한 물체가 무겁다고 말하는 것은, 그저 대립하는 힘이 없을 때 그것이 떨어질 것임을 뜻할 뿐이다."

관념들의 의미는 그것들의 파악된 혹은 예상된 결과에 의하여 형성된다. 그래서 한 개념의 의미의 규정은 하나의 관념적이며 지적인 활동이며, 명상된 행위의 실제적 수행을 요구하지 않는다. 퍼스는, 실용주의가 "참으로 행위를 삶의 전부와 목적으로 삼는다면, 그것은 실용주의의 죽음이 될 것이다. 행위에 의해 실현되는 사고와 무관하게 단순히 행위로서 행위를 위하여 우리가 산다고 말하는 것은, 이성적 목적 같은 것이 없다고 말하는 것일 것이다."

퍼스의 방법론적 통찰은 중요하긴 하지만, 실용주의 운동의 창시자로서 그의 위상 때문에 때때로 그의 체계의 다른 면들이 무시된 채로 강조되어 왔다. 퍼스는 그의 숭배자들에게 라이프니츠에 견줄 만큼 호방하고 독창적인 철학적·과학적 천재였다. 라이프니츠의 경우처럼, 그의 체계를 설명하는 데 따르는 난점들은 엄청나다. 왜냐하면 그의 철학적 저술들이 단편적이며, 그가 단일의 대저서를 써 내지 않았기 때문이다. 하지만 우리는 한 체계의 윤곽을 그의 저술에서 식별할 수 있다.

기호론과 인식론 퍼스의 인식 설명에 핵심적인 것은 "기호론" 혹은 기호의 이론이다. 기호는 자신과 독립적인 대상을 가리키는 데 사용되는 무엇이다. 그래서 "삼각형"이라는 낱말은 기하학적 도형을 나타내며 가리키는 기호이다. 기호가 사용되는 상황을 서술할 때, 퍼스는 (1) 기호 자체(이야기되거나 기록된 "삼각형"이라는 낱말), (2) 기호의 대상(지칭된 대상으로서 삼각형), (3) 원래의 기호의 해석 혹은 번역으로서 기능하는 또 하나의 기호인 기호의 "해석"("삼각형"의 해석은 "세 면을 가진 평면 도형"일 것이다)을 구분한다. 퍼스에 따르면, 기호의 사용은 정신의 특권이므로, 해석자 즉 기호를 사용하는 정신이 기호-상황에서 구분 가능한 네 번째 요소로 열거되어야 할 것이다. 퍼스의 기호론은 그의 전체 인식론의 기초이다. 지각적 인지에서, 지각은 지각된 대상의 기호이다. 그의 지각 이론은 현저히 실재론적이다. "실제로 있는 바깥의 사물들에 대한 우리의 인식을 방해할 수 있는 것은 없으며, 무수한 경우에서 우리가 그처럼 사물들을 인식한다는 것은 매우 그럴 듯하다.……"(5. 311)

퍼스는 자신의 기호 이론이라는 맥락에서 진리 상응론을 옹호했다: 한 명제는 기호로 파악된 그 명제와 그 명제가 가리키는 대상 사이에 상응 관계가 있는 한에서 참되다. 진리의 추구는 이상적 진리에 대한 일종의 점진적 접근이다. 이 이상은 결코 완전히 실현되지 않는다. 절대적으로 확실하고 직관적인 진리의 획득 가능성에 대한 퍼스의 부인(그의 오류가능성 이론)은 그의 인식론의 한 가지 특징이다. 오류 가능성의 원리는 사실 종합적 진술이 최종적으로나 완벽하게 검증될 수 없음을 뜻한다. "우리가 획득하기를 결코 소망할 수 없는 세 가지 것이 있으니, 절대적 확실성, 절대적 엄밀성, 절대적 보편성이다."(1.141)

하지만 오류 가능성 이론은 불가지론이나 회의론과 혼동되어서는 안 된다. 모든 것은, 우리의 탐구가 충분히 수행될 경우에만 명석한 의미를 갖고 있는 어떤 질문이라도 대답될 수 있다는 의미에서 인식 가능하다. 지식이 발전함에 따라, 우리는 점증하는 확실성과 더불어 더욱더 알게 된다. 물론 우리는 절대적 확실성으로 무엇을 결코 인식할 수 없고 모든 것에 대한 지식을 열망할 수 없다. "인식되지 않은 채로 남아 있는 것의 양과 인식된 것의 양 사이의 관계를 표현할"(5.409) 만큼 충분히 큰 수는 없다.

현상학과 존재론 인식론(지식의 학문)과 존재론(존재 혹은 실재의 학문)을 모두 포함하는 형이상학은 퍼스에게 관찰적 과학이다: "형이상학, 심지어 형편없는 형이상학도 의식적이든 아니든 관찰에 근거한다. ……"(6.2) 퍼스의 실용주의적 원리의 엄격한 적용은 전통적 형이상학의 많은 부분에서 모든 의미를 제거한다. 하지만 퍼스는, 철학으로부터 유사 문제를 제거한 다음 "철학에 남게 될 것은 참된 과학의 관찰적 방법들에 의하여 탐구 가능한 일련의 문제들일 것이다"(5.423)라고 확신한다. 합당한 형이상학은 현상학, 즉 "……현상을 있는 그대로 명상하고 그저 그 눈을 뜨고 보는 것을 서술하는 학문"(5.37)에 뿌리를 박고 있다. 퍼스의 현상학은 후설의 현상학과 많은 유사성을 갖고 있다: 둘은 현상을 주어져 있는 것으로 서술하려는 시도이며, 현상의 보편적 혹은 본질적 요소에 관심을 집중한다. 그러나 퍼스의 현상학은 어떤 측면들에서 후설의 현상학보다 훨씬 급진적이다. 퍼스는 1898년에 후설을 논의하면서, 자신이 생각할 때 후설의 현상학의 토대에 벌어진 절망적일 정도로 심리학적인 형편을 개탄한다. (참조. 4.7)

현상학적 탐구는 현상적 경험의 보편적이며 편만한 측면들을 겨냥한다. 이는 범주의 이론이다. 모든 범주는 모든 현상에 속하기 때문에 일반적이며 보편적이다. 물론 하나의 범주는 하나의 주어진 현상에서 다른 범주들보다 더욱 현저할 수 있다. 퍼스는 현상의 해석에 필연적이고 충분한 세 가지 범주만을 발견한다. 이 범주들은 (우리가 설명하지 않으려 하는 어떤 논리적 이유들 때문에) 첫째됨, 둘째됨, 셋째됨으로 명명된다.

첫 번째 범주 즉 첫째됨의 범주는 "붉음, 쓰라림, 지루함, 딱딱함, 비통함, 고상함……과 같은 현상의 성질들을 구성한다. ……"(1.418) 성질들은 순전한 개별자가 아니라 오히려 질적 본질의 성격에 속하는 것이다. 더욱이 이것들은 서로 합쳐지며, 시청각 성질들의 경우에 질서 정연한 계열 혹은 체계를 형성한다. 퍼스는, 우리의 경험의 단편성이 아니라면 모든 성질들이 갑작스런 구분 없이 지속적 체계에 맞아들어갈 것이라고 흥미로운 주장을 펼친다(참조. 1.418). 성질에 대한 퍼스의 현상학적 서술은 근본적 경험론의 얼개 안에서 흄과 영국적 전통에 속하는 그의 추종자들의 질적 원자론에 대한 중요한 대안이다: 흄의 인상은 개별적이며 불연속적이며 질적으로 비연속적이지만, 퍼스의 성질들은 일반적으로 상호 침투적이며 아마 연속적일 것이다. 퍼스는 현상적 성질에 대한 실재론적 해석에서 흄의 이론의 유심론과 심리학주의를 피했다.

두 번째 범주인 둘째됨의 범주는, 현상적 경험의 순수한 사실성을 구성한다. 성질들은 일반적이며, 다소 모호하고 잠재적이지만, 사실들은 개별적이며 명확하고 현실적이다. 퍼스는 사실의 "잔인성"을 말한다. 그 말뜻은 사실들이 우리의 의지에 대하여 제시하는 저항이다. 감각을 통하여 직접 파악되는 물질은 잔인한 사실성의 이런 측면에 대한 좋은 예가 된다. 그러므로 둘째됨은 우리의 감각의 고집스러움으로 그리고 사물들과 사건들의 우연성과 동시 발생으로 우리를 대면하는 잔인한 사실성의 요소이다(참조. 1.419, 1.431).

세 번째 범주 즉 셋째됨의 범주는 사물들의 법칙을 가리키는데, 이 법칙은 사물들의 질적임(qualitativeness)과 사실성과 구분되어야 한다. 현상의 법칙은, 그것이 모든 현실적 사물뿐만 아니라 모든 가능한 사물들을 가리키므로 일반적이다. "사실들의 모음이 하나의 법칙을 형성할 수 없다. 왜냐하면 법칙은 완성된 사실들을 넘어서며, 있을 법하지만 그 모두가 결코 일어났을 리 없는 사실들을 어떻게 특징지어야 하는지를 규정한다"(1.420). 성질, 사실, 법칙이라는 형이상학적 범주들은 현상적인 것의 본질적 범주들을 망라한다. 현상적 세계의 해석을 위해서는 다른 범주들이 필요치 않다.

퍼스는 소크라테스나 성 아우구스티누스나 라이프니츠와 같이 근원적인 사상가라고 볼 수 있다. 이들의 풍요한 정신은 많은 방향으로 뻗어나갔고 후대의 더욱 체계적인 사상가들을 위하여 주도적 이념들을 제공했다. 퍼스의 철학에 등장하는 주도적인 이념들 가운데서 우리는 그의 실용주의, 실험주의, 현상학, 실재론, 오류 가능성 이론에 관심을 기울였다. 그의 풍성한 사유의 이런저런 경향들은 이미 그 영향력을 발휘했다. 그리고 20세기의 후반부 동안 퍼스가 실용주의자, 도구주의자, 조작주의자, 실증주의자뿐만 아니라 실재론자와 관념론자에게도 영향을 주게 될 것이라고 예측해도 안전하다.

「찰스 샌더스 퍼스의 논문집」(*Collected Papers of Charles Sanders Peirce*, ed., by Charles Hartshorne and Paul Weiss)은 다음의 6권으로 1931-35년 하버드 대학 출판부에서 출간되었다: I. 「철학의 원리」(*Principles of Philosophy*); II. 「논리학의 원리」(*Elements of Logic*); III. 「엄밀한 논리학」(*Exact Logic*); IV. 「가장 단순한 수학」(*The Simplest Mathematics*); V. 「실용주의와 프래그매티시즘」(*Pragmatism and Pragmaticism*); VI. 「과학적 형이상학」(*Scientific Metaphysics*). 위의 설명에 나오는 모든 인용문은 「논문집」에 나오는 책과 문단 번호에 따른 것이다. 그러므로 5.9는 5권 9절을 가리킨다.

제임스(James)의 실용주의

윌리엄 제임스(William James, 1842-1910)는 1898년 9월 캘리포니아대학의 철학회(Philosophical Union) 앞에서 연설하면서 다음과 같은 말로 퍼스의 실용주의적 공식을 다시 만든다:

그러므로 한 대상에 대한 우리의 사고에서 완벽한 명석성을 달성하기 위해서, 우리는 그 대상이 의식할 수 있을 정도로 실제적인 종류의 어떤 결과를 포함할 것인지를 고찰해야 한다. 즉 우리는 그 대상으로부터 어떤 감각들을 예상할 수 있으며, 어떤 반응을 준비해야 하는가를 고찰해야 한다. 그래서 이 결과들에 대한 우리의 관념은, 그 관념이 긍정적 의의를 갖고 있는 한, 우리에게 그 대상에 대한 우리의 관념의 전체이다.

그와 같이 천명할 때 제임스에게 실용주의적 준칙은 퍼스에게 그랬던 것처럼, 우리의 관념을 명석하게 만드는 하나의 방법, 우리의 개념과 명제들의 유의미성에 대한 하나의 테스트이다. 제임스는 실용주의적 의미 기준을 "달리는 끝도 없을 형이상학적 논쟁을 해결하는 한 가지 방법"으로 제시한다. 그는, 형이상학적 대안들 사이에서 가령 유물론과 유심론 사이에서 쟁점들이 실제로 차이가 없다면, "대안들은 실제로 동일한 것을 의미하며, 모든 논쟁은 무익하다." 제임스가 전개한 실용주의는 의미론뿐만 아니라, 진리론도 포함한다. 그리고 그렇게 실용주의의 범위와 기능을 확대하면서, 제임스는 퍼스의 좀 더 온건하고 제한된 공식을 훨씬 넘어선다. 진리론으로서 실용주의는, "사물들을 만족스럽게 연결짓고 안전하게 작동하며 노력을 절약하면서 우리를 우리의 경험의 어떤 한 부분에서 다른 부분으로 순조롭게 이끌고 가게 될 어떤 관념은 바로 그런 만큼 참되며, 그렇게 되는 만큼 참되며, **도구적으로 참되다.**" "**옳은 것은 우리의 행동 방식에서 편리한 것인 것처럼, 참된 것은 …… 사유 방식에서 유일하게 편리한 것이다.**"(「실용주의」, p.58)

실용주의는 우리의 목적을 성취하고 우리의 생물학적·정서적 필요를 만족시키는가 아닌가에 따라 명제의 진위를 결정하는 방법이다. 참된 명제는, 성공에 도달하는 것이며, 그릇된 명제는 실패와 좌절을 낳는 것이다. 제임스는 진리에 대한 정의에서 만족함과 편의성과 실제성과 도구성에 관한 평가 기준을 도입하면서, 퍼스의 좀 더 주지주의적 공식을 취하는 실용주의의 양상을 급격히 변화시킨다.

그러므로 하나의 이론, 하나의 신념, 하나의 교리에 대한 시험 기준은 우리에 대한 그것의 결과, 그것의 실제적 결과여야 한다. 이것이 실용주의적 시험 기준이다. 당신이 유물론을 받아들이든 관념론을 받아들이든, 결정론을 받아들이든 자유의지를 받아들이든, 일원론을 받아들이든 다원론을 받아들이든, 무신론을 받아들이든 유신론을 받아들이든 상관없이 당신의 경험에서 그것이 어떤 차이를 드러낼 것인지를 자신에게 항상 물으라. 한편으로 그것은 절망의 이론이며, 다른 한편으로 희망의 이론이다.

"실용주의적 원리에서, 만일 신의 가설이 만족스럽게 작동한다면, 광의에서 그것은 참되다." 그러므로 진리의 기준은 그것의 실제적 결과이다. 진리의 소유는 목적 자체가 아니라, 다른 중대한 만족에 대한 예비적 수단에 불과하다. 지식은 도구이다. 그것이 삶을 위하여 존재하지, 삶이 지식을 위하여 존재하지 않는다. 제임스는 실제적 유용성의 이념에 논리적 일관성과 검증을 포함시킬 정도로 이 실용주의적 혹은 도구적 관념을 확대한다. 참된 이념은 우리가 동화할 수 있고, 정당화할 수 있고, 보강할 수 있고, 검증할 수 있는 것들이다. 실재 가운데 어떤 것을 기대할 수 있는지를 우리에게 말해 주는 관념들은 참된 관념으로 간주된다. 그러므로 우리는 진리에 대하여 그것이 참되므로 유용하다고 말할 수 있고, 혹은 그것이 유용하기에 참되다고 말할 수 있다. "과학에서 진리는, 취미를 포함하여 최대로 가능한 만족을 우리에게 주는 것이지만, 이전의 진리와 새로운 사실과의 일관성은 언제나 가장 중대한 요구 내용이다." 실용주의의 공식에 대한 이처럼 중요한 추가 내용에서도, 철학이 참되려면 논리적 요구 이상을 만족시켜야 한다는 의미에서 그것은 반주지주의적이다.

다원론적 우주 실용주의는 철학을 포함하여 모든 영역에서 진리를 확인하는 방법이다. 우리는 일원론과 다원론의 쟁점과 같이 실제적인 철학적 문제를 해결할 때 실용주의적 방법을 사용하는 제임스의 용법을 검토함으로써 실용주의적 방법의 성격을 가장 잘 이해할 수 있다. 제임스는 일원론보다 다원론을 실용주의적으로 더 낫다고 본다. 제임스의 말을 들어보면, 그로 하여금 양육되어 온 일원론적 미신에서 자유롭게 한 것은, 르누비에(Renouvier)의 대가다운 다원론 변호였다.

"덩어리 우주" 즉 유물론적·관념론적 일원론의 엄격주의적이며 결정주의적인 체계들은 그를 만족시키지 못했다: "만일 인간을 포함하여 모든 것이 시원

윌리엄 제임스

적 성운이나 무한한 실체의 단순한 결과라면, 도덕적 책임, 행위의 자유, 개인의 노력과 열망은 어떻게 되는가? 참으로 필요, 불확실성, 선택, 새로움, 투쟁은 어떻게 되는가?" 개인은 보편적 물질이든지 보편적 정신이든지 상관없이 절대적 실체의 손에 놀아나는 꼭두각시가 되고 마는 게 아닌가?

그런 체계는 우리의 본성의 모든 요구를 만족시킬 수 없으며, 그래서 참될 수 없다. 그러면 성공적인 행동은 우리 주변의 세계에서 변화와 다양성의 인정을 전제한다. 의지는 완전하게 통일되고 구분되지 않은 절대자의 현존에서 마비될 것이다. 그리고 제임스에 따르면, 실제적인 도덕적 종교적 요구는, 다원론, 자유와 개인주의, 관념론과 유신론을 선호한다. 이것들은 의지가 믿는 관념들이며, 제임스는 진리의 절대적 재판관으로서 지성을 거부한다. 그래도 일관성은 언제나 가장 중대한 요구 내용이다.

완전은 영원하고 시원적이며 가장 실재적이라고 하는 절대주의적 가설이 완벽하게 명확한 의미를 갖고 있고 종교의 영역에서 작동하지만, 다원론적 방법은 실용주의적 기질에 가장 잘 조화를 이룬다. 왜냐하면 이 방법은 명확한 활동을 가능하게 하기 때문이다. 다원론적 세계는 오직 부분적으로만 구제될 수 있고 사실상 많은 "각각"의 행동 결과로서 구제될 수 있다. 또한 우리는 우주에 현존하는 우리의 경험보다 높은 일종의 경험이 있음을 믿을 수 있다. 종교적 경험의 증거에 근거하여, 자연스럽게 우리는 높은 힘이 존재하며 세계를 구제하기 위하여 작동하며 그것들이 이상적 목적을 추구하는 인간적 정신과 비슷한 노선을 따라 작용한다고 믿는다.

제임스는 또 다른 측면에서, 즉 근본적 혹은 순수한 경험론의 측면에서 동일한 결론에 도달한다. 이 경험론은 고전적 합리론과 고전적 영국 경험론을 모두 반대한다. 이성적인 것이면 모두 실재적이라는 것은 사실이 아니다. 오히려 경험되는 것이면 모두 실재적이다. 우리는 실재에 도달하려면 경험을, 그것이 개념적 사유에 의하여 조작되기 전에 있는 그대로 받아들여야 한다. 그 순수성과 시원적 무흠 상태에 있는 경험을 그대로 받아들여야 한다. 우리는 개념적 기능의 뒤로 돌아가서 실재의 참된 모양을 위하여 감각 생활의 좀 더 시원적인 유동을 살펴야 한다. 철학은 실재의 운동에 대한 이와 같은 종류의 살아 있는 이해를 추구해야 하며, 과학을 추종하여 실재의 죽은 결과들의 파편들을 허망하게 이어붙이는 일을 해서는 안 된다. 철학은 논리학의 통찰보다 열정적인 통찰의 문제이다. 논리학은 나중에 그 통찰을 위한 이유를 발견할 따름이다.

제임스는, 과학적 이해가 실재를 못쓰게 만들고 우리의 통상적인 감각 경험이 실재의 참된 색채를 드러내지 못한다는 점에서 독일 관념론과 의견을 같이한다. 그러나 그는 브래들리와 마찬가지로, 살아 있는 순수한 인간 경험에 대하여 신념을 둔다. 실재는 인간 사유와 독립한 순수한 경험이다. 그것은 발견하기 매우 어려운 것이다. 그것은 경험에 막 들어가고 있는 것이라서 이름붙일 수 없는 것이다. 그렇지 않으면 그것은 경험 내에 있는 상상된 시원적 현존이다. 그 현존에 관한 어떤 신념이 발생하기 이전, 어떤 인간적 관념이 적용되기 이전의 것이다. 이는 절대적으로 침묵하며 순간적인 것이며, 우리의 정신의 순전히 이념적인 한계이다. 우리는 그것을 흘깃 볼 수 있지만, 그것을 결코 파악할 수 없다. 우리가 파악하는 것은 언제나 이전의 인간적 사유가 우리의 이해를 돕게 만든 그 대체물이다. 하지만 이 즉각적 경험은 다양성 속의 통일성이다. 통일성은 다양성만큼 시원적이다. 그러므로 경험론은 우리의 정신 생활이 복합적인 독립적 감각으로 구성된다고 말할 때 잘못이다. 그리고 합리론은 이것들이 영혼에 내재하는 범주에 의하여 구성된다고 말할 때 잘못이다. 영혼이라고 하는 결합적 매체에 대한 신념은 필요없다. 왜냐하면 결합할 독립적 요소가 없기 때문이다. 두 관념은 추상물이다. 실재는 부분적으로 우리의 감각의 유동이며, 우리가 그 유래를 알지 못하는 것이다. 그리고 실재는 부분적으로 우리의 감각들 사이에 통용되는 관계이며, 부분적으로는 이전의 진리들이다. 이 관계들 가운데 몇몇은 변덕스럽고 우연적이며, 몇몇은 고정되고 본질적이다. 그러나 둘은 즉각적 지각의 문제들이다. 관계와 범주는 직접적 경험의 대상이며, 사물들이나 현상들과 다르지 않다. 관념들과 사물들은 동일한 중립적 재료로 만들어진 "동질적"인 것이다.

제임스는 두 견해 사이에서 왔다 갔다 한다. 즉 실재는 순수한 경험, 모든 사유로부터 독립한 경험이며, 유아나 반혼수상태의 사람은 여기에 접근한다는 견해와, 실재는 성인의 의식의 전체 영역, 사유로 배여 있는 경험이라는 견해이다. 아마 그의 뜻은, 후자의 형태가 전자로부터 성장해 나온다는 것일 것이다. 그는 우리에게 감각적 유동이 참으로 있다고 하지만, 감각적 유동에 참된 것은 처음부터 마지막까지 우리 자신이 창조한 문제인 듯하다. 세계는 유순한 상태이며, 우리의 손에서 자신의 최종적인 마무리 손질을 받으려고 기다린다. 실재는 만들어져 있는 것도 아니고 영원부터 완성되어 있지 않으며, 형성 중에 있고 완성되지 않았고 사유하는 존재가 활동하는 모든 장소에서 자라고 있다. 진리는 경험의 모든 유한적 중심 안에서 자라난다. 정신은 서로에게 기대지만, 그것들의 총체성은, 만일 그런 것이 있다면, 아무것에도 기대지 않는다. 유동의 바깥에서 유동의 유출을 보장하는 것은 아무것도 없다. 유동은 자신의 내재적 약속과 가능성으로부터만 구원을 소망할 수 있다. 순전히 현상적인 사실들 배후에는 무(無)가 있으며, 물자체나 절대자나 불가지자가 없다. 우리의 경험에서 끌어낸 상징을 통해서가 아니면 거기에 대하여 아무런 관념을 형성할 수 없는 가정된 실재에 의하여 주어진 구체적 실재를 설명하려고 시도하는 것은 부조리하다. 이 말은 주관적 관념론처럼 들린다. 그러나 제임스는 그런 뜻으로 의도한 게 아니다. 그는 정신 바깥의 세계의 현존을 결코 의심하지 않았다. 순수한 시원적 경험은 주관적이지 않고 객관적이다. 그것은 의식이 출현하는 원초적 재료이다.

근본적 경험론은 다원론을 지향한다: 경험은 우리에게 복합성, 다양성, 대립을 보여주지, 덩어리 우주나 절대론자나 일원론자의 완전하게 조직된 조화로운 체계를 보여주지 않는다. 이런 체계에서는 모든 차이와 대립이 해소된다. 게다가 다원론적 우주는 절대주의적 우주가 만족시키지 못하는 우리의 도덕적 본성의 요구를 만족시킨다. 다원론은 실용주의적 방법에 의하여 정당화된다. 실로 일원론도 지성의 단순한 이론이 아니다. 그것의 수용은 그것의 결과에 달려 있으며, 그것은 어떤 인간들의 미적·신비적 충동을 만족시킨다. 그러나 그것은 우리의 유한한 의식을 설명하지 못한다. 그것은 악의 문제를 창출한다. 그것은 변화를 설명하지 못한다. 그것은 운명론적이다. 다원론은 지각적 경험을 액면 그대로 취하며, 나타난 그대로의 구체적인 지각적 유동은 우리의 활동-상황에서 인과적 작인 혹은 자유 의지의 완벽하게 이해 가능한 사례들을 제공한다. 세계에는 변화, 신기함, 무조건적이며 우연적인 것을 위한 자리가 있다. 이것은 우연설(fortuitism)이라고 알려진 이론이다. 제임스의 다원론은 세계 개선론적이다. 세계 개선론은 낙관론과 비관론의 타협을 모색한다: 세계는 선하지도 악하지도 않고, 그것의 부분들이 세계를 개선하려고 최선을 다하는 조건에서 개선될 수 있다. 개선론적 우주는 사회적 유추에 따라, 독립적 권력의 다원론으로 파악된다. 이 우주는 이 권력들 가운데 더 많은 권력이 세계의 성공을 위하여 일하는 만큼 성공할 것이다. 만일 아무도 일하지 않으면, 이 우주는 파멸할 것이다. 각각이 최선을 다한다면, 파멸하지 않을 것이다. 그리고 그런 세계에서 인간은 자신의 이상을 실현하는 데 위험을 감수할 자유가 있다.

유신론은 우리의 정서적·의지적 본성을 만족시킬 유일한 신 관념이다. 신은 우주의 부분이며, 동정적이며 강력한 조력자이며, 위대한 동료이며, 우리와 동일한 본성의 의식적이며 인격적이며 도덕적인 존재이다. 우리는 갑작스런 대화와 같은 어떤 경험이 보여주는 바와 같이 그와 더불어 교제를 나눌 수 있다. 이 신 관념은 제임스의 세계개선론과 조화를 이룬다. 낙관론자들이 가정하듯이 신은 세계의 선을 보장하는 자가 아니라 악과 싸우는 우리의 활동을 돕는 힘있는 연합군이다. 그래서 신은 선하지만 전능하지는 않다. 제임스는 유한적 신론(神論)에 동의한다. 확실히 이 유신론적 가설은 완벽하게 증명될 수 없다.

그러나 어떤 철학 체계도 입증될 수 없다. 각각은 믿으려는 의지에 뿌리를 두고 있다. 신앙의 본질은 감정이나 지능이 아니라 의지이다. 과학적으로 논증되거나 논박될 수 없는 것을 믿으려는 의지이다.

철학적 심리학 제임스의 대작(大作) 「심리학의 원리」(*The Principles of Psychology*)는 협의적 과학으로서의 심리학에 관한 논문일 뿐만 아니라, 정신의 본성과 기능에 관한 광범위한 철학적 쟁점에 기여한 중요한 책이다. 사실 그의 심리학은 정신 생활의 사실들에 대한 분석 과정에서 적어도 정신과 의식과 자아와 의지의 자유에 관련한 중요한 쟁점에 임시적인 해결책을 제기하고 제시하는 철학적 심리학 혹은 정신의 철학이다. 제임스는 내성(內省) 즉 정신의 내용과 작용에 대한 정신의 반성적·회고적 검사가 심리학적 탐구의 유일한 방법이 아니지만 심리학에서 꼭 필요한 기술이라고 굳게 믿었다. 이는 정신의 과정과 활동에 대한 정신의 면밀한 검토이다. 제임스는 자기 관찰이 어렵긴 해도 가능하며 과학적으로 타당한 결과들을 내놓을 것이라고 믿었다. 그리고 제임스 자신이 타의 추종을 불허하는 예민성과 정확성을 가진 내성론자(introspectionist)였다.

그러나 제임스는 내성적 방법을 심리학에서 사용하는 생리학적·실험적 방법을 대신하여 택할 의도는 아니었다. 그는 의학 수련을 통해 의식이 신체의, 좀 더 구체적으로 뇌의 조건들에 의존하는 기능적 의존성에 깊은 인상을 받았다. 그의 심리학의 기본 가정은 "신체적 변화가 동반되거나 따라오지 않는 정신적 변화는 일어나지 않는다"는 것이다. 그러므로 내성은 신체적 반응에 대한 실험적 측정에 보완책이지 대안책이 아니다. 이는 심리학에서 내성적 방법을 옹호하는 제임스가 존 왓슨(John B. Watson)의 행동주의 학파를 위한 길을 닦았다는 이례적인 경우를 설명해 준다. 존 왓슨은 내성을 속임수적이며 비과학적인 것으로 배격했고, 행동에 제한된 관찰 기술에만 의존했다.

제임스의 내성적 발견들은 참으로 주목할 만했다. 그는, 초창기 심리학자들을 완전히 비껴갔거나 그들에 의하여 모호하게 그려졌을 뿐인 의식 현상을 잘 식별했다. 그의 내성적 통찰들 가운데 많은 것은 심리학적으로 중요할 뿐만 아니라 광범위한 철학적 의의를 갖는다. 그의 가장 특징적인 통찰 가운데 하나인 "의식의 흐름"(stream of consciousness)이라는 개념은 정신의 본성에 대한 전통적인 심리학적·철학적 설명인 감각론 및 유심론과 대조를 이룬다. 감각론 혹은 관념연상론은 정신을, 다양한 방식으로 결합하고 재결합하는 불연속적 관념의 단순한 모음으로 다루었다. 데이비드 흄의 공식에 따르면, 정신은 인상과 관념의 "다발"에 불과하다. 제임스는 이 해석이 정신의 의식적 생활의 통일성을 정당하게 평가하지 못하기 때문에 그것을 거부한다. 그와 대립되는 이론인 유심론은 의식적 과정 배후에 실체적 영혼을 가정한다. 제임스의 견해에 따르면 이 이론은 몽매주의의 희생물이다: 그런 원리에 비추어 볼 때 경험적 혹은 내성적 증거는 없다. 이 두 견해의 대안으로서, 그는 의식의 흐름이라는 이론을 제시했다. 이는 정신을 의식적 과정 내의 통일성과 의식적 과정의 통일성으로 본다.

제임스는 유명한 논문 "의식은 존재하는가?"(Does Consciousness Exist?)에서 그 제목에서 제시한 질문에 힘주어 "존재하지 않는다"고 대답한다. 즉 의식이 일종의 실체 혹은 정신 재료를 뜻한다면 말이다. 그러나 의식이 기능적 통일성을 뜻한다면, 그것은 의심할 나위 없이 존재한다. 화이트헤드는 이 논문을 평가하면서, 제임스의 새로운 기능적 의식 개념이 근대철학을 출범시킨 데카르트의 **코기토**(cogito)에 견줄 만한 혁명을 심리학과 철학에서 일으켰다고 말했다.

의지 작용의 심리학에 대한 제임스의 공헌은 그의 새로운 의식 개념에 못지않게 혁명적이다. 의지는 전통적으로 영혼의 심부에 숨어 있는 신비한 기능으로 간주되었다. 그리고 영혼의 판단은 자의적이며 수수께끼 같다고 했다. 제임스는 기능 심리학의 몽매주의를 불신한다. 그는 숙고 과정들을 서술하고 의식생활의 다른 국면들에 그 과정들을 결부시킴으로써 의지를 환한 대낮으로 끌어 올린다. 의지 작용은 의식의 나머지와 무관한 하나의 고립된 현상이 아니다. 오히려 그것은 의식의 일반적 특징의 구체화이다. 즉 관념들이 경쟁하는 관념들에게 방해를 받지 않으면 행동이 되려는 모든 관념들의 경향이다. 제임스는 운동을 산출하려는 관념의 내재적 경향에 "관념-발동 작용"(ideo-motor action)이라는 이름을 붙였다. 모든 의지 작용은 관념-발동 작용의 한 사례이다.

의지 작용의 본질은 다른 모든 관념을 배제하고 하나의 관념에 관심을 집중하려는 정신의 능력에 있다. 이것이 달성되었을 때, 명백한 작용이 자동적으로 일어난다. 그래서 의지의 자유는 자신의 관심 활동을 통제하는 정신의 능력이다. 제임스는 우리가 자세히 살필 필요가 없는 이유들 때문에, 인간의 의지가 자유롭다고 믿는다. 그러나 우리가 이 최종적 결론을 받아들이든 않든, 의지 작용에 대한 그의 분석을 심리학적으로 빛을 비추는 것으로, 자유의지 문제의 고찰을 위한 상황을 제공하는 것으로 간주해야 한다. 의지에 대한 제임스의 심리학적 설명은 그의 후기 실용주의에 대한 실마리를 제공하므로 또한 중요하다.

제임스가 자신의 심리학적 이론의 본질적 주의주의에 의하여 실용주의에 이르게 되었다는 것은 논란의 여지가 없다. 「심리학의 원리」 2권에서, 추론을 다룬 유명한 장에서 그는 추론에 대한 엄격한 논리적 해석의 무익한 형식주의와 주지주의 대신에, 현명함(sagacity)이라는 측면에서 추론 과정의 심리학적 서술을 제공한다. 추론은 일종의 문제 해결인데, 그것의 목표는 인간을 그 환경에 적응하게 하는 것이다. 그의 추론 심리학에는, 제임스 자신의 실용주의적 지식 개념과 듀이의 도구주의적 탐구 이론이 숨어 있다.

저서:「심리학의 원리」, 2 vols., 1890;「믿으려는 의지」(*The Will to Believe*), 1897;「인간의 불멸성」(*Human Immortality*), 1898;「선생들에게 하는 이야기」(*Talks to Teachers*), 1899;「종교적 경험의 다양성」(*Varieties of Religious Experience*), 1902;「실용주의」(*Pragmatism*), 1907;「진리의 의미」(*The Meaning of Truth*), 1909;「다원론적 우주」(*A Pluralistic Universe*), 1909;「철학의 몇몇 문제」(*Some Problems of Philosophy*), 1911;「기억과 연구」(*Memories and Studies*), 1911;「근본적 경험론에 관한 논문들」(*Essays in Radical Empiricism*), 1912;「논문 및 논평」(*Collected Essays and Reviews*), 1920;(with C. S. Lange)「정서」(*The Emotions*), 1922;「철학 논문선」(*Selected Papers on Philosophy*), 1929.

듀이(Dewey)의 도구주의와 실험주의

존 듀이(John Dewey, 1859-1952)는 자신의 실용주의에 "도구주의" 혹은 "실험주의"라는 이름을 붙이며, 그것의 기본 목표와 방법을 이런 말로 서술한다: "도구주의는 일차적으로 사고가 미래적 결과에 대한 실험적 규정에서 어떻게 작용하는지를 고찰함으로써, 다양한 형식의 개념과 판단과 추론에 대한 정확한 논리적 이론을 형성하려는 시도이다." 도구주의적 형태의 실용주의의 본질적 특징은 결과에 대한 그것의 관련성이다. "'실용주의적'이라는 용어는 최종적 의미와 테스트를 위하여 모든 사유, 모든 반성적 고찰을 결과에 관련짓는 규칙을 의미할 따름이다."

하나의 판단의 의미는 그것의 예상되는 결과로 구성되며, 그것의 진리성은 결과들의 실제적 검증에 의하여 확립된다. 그래서 어떠한 유형의 판단은 (사실에 대한 정언적 판단을 포함하여) 문제의 판단의 예상되는 결과들을 구체화하는 가언적 판단들로 해석될 수 있다: "발견이나 확인을 진술하는 모든 명제, 모든 정언적 명제는 가설적일 것이며, 그들의 진리는 그들의 테스트된 결과들과 일치할 것이다. ……" 듀이에 따르면, 한 판단의 의미와 진리를 테스트하는 기준인 결과들은 그처럼 정서적 혹은 미적 만족을 산출하는 결과에 국한되지 않는다. 그의 실용주의는 "정서적 만족 혹은 욕망의 활동과의 관련에 의해서 복잡하게 되지 않는다." 하나의 명제는 정서적으로 개인적 탐구자에게 맞지 않을지라도 도구적으로나 실험적으로 참될 수 있다.

듀이의 초창기 논리학 논문에서 개진된 도구주의적 이론은 「확실성을 위한 추구」(The Quest for Certainty, 1929)에서 지속되며, 「논리학: 탐구의 이론」(Logic: The Theory of Inquiry, 1938)에서 가장 체계적인 공식으로 등장한다. 이런 저술들 가운데 첫 번째 저술에서는 도구주의적 입장이 브리지먼(P. W. Bridgman)이 개진한 과학적 개념들의 의미에 대한 조작주의적 이론의 용어로 제시된다. 듀이는 다음과 같은 브리지먼의 주장을 동의하며 인용한다. "우리는 개념을 일단의 조작들(operations)이라고 뜻한다. **개념은 상응하는 조작들과 같은 뜻이다.**" 듀이는 개념적 정의의 조작적 기술과 결과에 대한 실용주의적 강조를 결합시키면서, "수행되는 조작들이라는 측면에서 관념들의 본질을 규정하는 정의와 이 조작들의 결과들에 의한 관념들의 타당성에 대한 테스트"를 제시한다. 그래서 조작주의는 듀이의 초창기 실용주의 이론의 도구주의와 실용주의를 보완하고 강화한다. 듀이는, 조작주의 이론이 최초로 "감각론과 선험적 합리론이 공히 부과한 짐들로부터 자유로운 경험론적 관념 이론"을 달성했다고 믿는다. 그리고 역사적으로 고찰할 때 조작주의가 칸트가 그렇게 대담하게 시도했지만 성공을 거

존 듀이

두지 못한 합리론과 경험론의 조화를 이루었다고 믿는다. 듀이는 조작주의와 그것과 관련된 과학적 탐구의 이론들의 업적을 "지적 역사의 서너 가지 탁월한 업적 가운데 하나"로 열렬하게 서술한다.

듀이는 인상적인 저서 「논리학: 탐구의 이론」에서, 40여 년 전에 논리학 이론에 관한 초기 논문들에서 처음으로 제시한 논리학 연구의 열매를 거둔다. 이 저서에서 그는 실용주의라는 용어를 회피하는데, 이 명칭에 결부되어 있는 많은 오해 때문이다. 그러나 그는 "서문"에서 "'실용주의' 즉 명제의 타당성에 대한 필연적 기준으로서의 결과에 대한 엄격한 해석에서, 이 결과들이 조작적으로 시작되고 조작을 야기하는 특수한 문제를 해결할 수 있는 그런 것이라는 단서에서 다음에 나오는 본문은 철저하게 실용주의적이다"라고 지적한다. 여기서 또한 우리는 듀이가 개념적·명제적 의미에 대한 조작주의적 이론을 자신의 근본적 도구주의와 접목시킨 것과 그 결과 건전한 논리적 유기체가 등장하는 것을 본다. 논리학의 근본적 형식, 법칙, 원리는 이 조작주의적 맥락에서 가정 혹은 조항으로서 해석된다.

듀이는, 논리학의 근본 법칙들이 선험적 원리라는 합리론자들의 주장을 배격하며, "그것들이 탐구 과정 자체에서 발견된 조건의 공식들로서 본질적으로 탐구의 가정이고 탐구를 위한 가정이며, 그것들이 결과로서 근거 있는 주장 가능성을 산출한다면 더욱 심화된 탐구에 의하여 틀림없이 만족된다"고 주장한다. 가정 혹은 조건으로서 논리학의 법칙들은 "어떤 종류의 사업의 형성을 사전에 규제하는" 계약의 법칙만큼 임의적이다. 그래서 논리적 원리에 대한 가정적 해석은 구체적이며 경험적인 상황이라는 맥락에 논리적 형식을 두며, 동시에 합리론적 이론들에 의해 강조되는 그들의 규제적 기능을 설명한다.

듀이의 도구주의는, 이전의 철학적 개념의 급격한 수정을 강요하는 점에서 제임스의 실용주의 못지않게 급진적이다. 듀이는 전통적인 형이상학과 인식론의 방법과 결론을 모욕하는 데 싫증내지 않는다. 그는 그 방법과 결론을 자연의 과정 배후에 그리고 그 너머에 놓여 있는 실재를 목표로 삼고 지각과 추론의 통상적 양태를 초월하는 이성적 형식들에 의하여 이 실재를 탐구하는 것으로 파악한다. 그는, 그런 문제가 실재적 의미를 갖고 있지 않으며 따라서 해결될 수 없다고 본다. 그것들은 비판적 조사를 통하여 사라진다.

그는 인간 본성의 인지적 측면과 비슷하게 고정된 관계들(기계적이든, 감각적이든, 개념적이든 상관없다)을 형성하는 고정된 요소들의 체계로서 하나의 우주를 구축하여 인간 본성의 다른 모든 국면들(신념, 혐오, 애착)을 의식 내의 단순한 부수현상, 외형, 주관적 인상이나 결과로 만드는 것을 반대한다. 그는 또한 구체적 자아들, 느끼고 의욕하는 특정한 존재들과 그들이 믿는 신념들에 대한 순전히 현상론적인 설명을 반대한다. 그리고 인간의 추구가 이미 영원히 성취되고, 인간의 오류가 이미 영원히 극복되고, 그의 부분적 신념이 이미 영원히 포함되는 세계관, 필요나 불확실성이나 선택이나 새로움이나 경쟁이 들어설 자리가 없는 세계관을 반대한다.

그에게 실재는 진화적인 것이며, 완전히 주어지고 만들어져 있고 고정된 체계가 아니다. 그것은 아예 체계가 아니라, 변화하고 자라고 발전하는 것들이다. 철학은 절대적 기원과 절대적 결말을 발생시키는 특정한 가치와 특정한 조건을 탐구하기 위하여 그것들에 대한 탐구를 그만두어야 한다. 지식의 유일하게 검증 가능하고 결실 있는 대상은, 탐구의 대상을 발생시키는 특정한 변화들과 그것들로부터 흘러나오는 결과들이다. 바깥에 놓여 있다고 가정되는 것에 관해서는, 특정한 변화 배후에 있는 전체 본질이나, 단번에 사물들이나 특정한 변화를 형성하는 예지(叡智)나, 혹은 궁극적 목표로서의 선(善)에 관해서는 이해 가능한 질문을 던질 수 없다. 진화론적 철학자에게 흥미있는 질문들은 존재론의 구태의연한 질문이 아니라, 실천적이고 살아 있고 도덕적이고 사회적인 질문이다: 특정한 변화는 어떻게 구체적 목적에 이바지하는가, 혹은 그 목적을 실패로 만드는가, 사물들은 지금 어떻게 특정한 예지(叡智)들을 형성하고 있는가, 현존하는 조건들에 대한 지적 경영이 있게 하고 현재의 부주의성이나 어리석음이 파괴되거나 축소되도록 정의와 행복의 직접적 증가를 어떻게 실현하는가? 크게는 우주를 이상화하고 합리화하는 것은 인간의 예지(叡智)로 감당해야 할 책임을 초월자의 어깨 위에 짊어지우는 것이다.

이 말은 도구주의가 형이상학적 회의론을 믿는다는 뜻이 아니다. 그리고 우리는 듀이의 후기 작품들 특별히 「경험과 자연」(*Experience and Nature*, 1925)과 「확실성을 향한 추구」(1929)에서, 어떤 형이상학적이고 존재론적인 사색의 타당성을 인정하는 것과 심지어 많은 유보 내용이 있더라도 인식론적 추측에 관여하려는 의욕을 발견한다. "일관되게 추구할 때 자연주의적 방법은 한때 간직하던 것들을 파괴한다. …… 그러나 그것의 주된 목적은 파괴적이지 않다. 경험적 자연주의는 오히려 키질하는 부채이다."

듀이는 경험적 자연주의의 방법을 추구함으로써, 데카르트로부터 시작되는 근대철학적 전통이 주장했던 것처럼 경험과 자연이 이질적이지 않고, 오히려 경험을 재치있게 사용하고 제대로 이해할 경우, 경험이 자연의 실재들을 발견하는 수단을 제공한다는 것을 발견한다. 경험과 자연의 이원론적 분리는 정신과 육체의 문제를 "해결할 수 없는 신비"로 만들었다. 데카르트적 공식에서 정신과 육체의 문제는 실로 의사(擬似, pseudo) 문제이다. 경험과 자연, 개별 자아와 외부 세계의 본질적 연속성이 인정될 때, 정신과 육체의 문제는 해소된다. 인간의 유기체는 이제 자연과의 역동적 연관을 이루는 것으로 보여지며, 정신과 자연의 연결은 사고에서나 행위에서 매우 납득할 수 있게 된다. 정신과 자연의 연속성은 심리학적 탐구와 물리적 탐구의 구분을 배제하지 않는다. 하지만 그것은 한편으로 심리학의 결과들과 다른 한편으로 물리학과 생물학의 결과들을 통일하는 데 도움을 준다.

듀이에 따르면, 철학은 도덕적·정치적 진단과 예측의 방법이 되어야 한다. 세계는 형성 중에 있으며, 우리는 그 과정에서 이바지해야 한다. 그런 철학은 사유 이론의 수정을 요청한다 — 솔직하게 **탐구로서의** 사유의 개념과 탐구의 항(項)들로서 순전히 외적인 현존들의 개념으로부터 시작하는 새로운 진화론적 논리를 요청한다. 수정된 사유 이론은 타당성과 객관성과 진리(진리의 테스트와 진리의 체계)들을 그것들이 실제로 무엇을 의미하며 탐구 활동 안에서 무엇을 행하는가 하는 측면에서 설명해야 한다. 듀이는 사유에서, 주어지는 것과 소원되는 것의 충돌을 제거하기 위한 수단을 본다. 이는 인간의 욕망을 실현하고 만족과 성취와 행복을 뜻하는 사물의 배열을 확실하게 하는 방법이다. 그런 조화는 사유의 목적과 테스트이다: 이런 의미에서 성공은 사유의 목표이다. 우리가 형성하는 관념과 견해와 개념과 가설과 신념이 성공할 때, 조화와 조정을 확보할 때, 우리는 그것들을 참되다고 부른다. 성공적인 관념은 참되다. 우리는 계속 우리의 관념들을 변화시키되, 그것들을 작동할 때까지 한다. 즉 우리는 그것들을 참된 것으로 만든다, 그것들을 **진리화**(verify)한다.

한 관념의 유효한 작동, 그것의 성공이 그 관념의 진리이다. 관념이 작동한다고 말하는 것은, 그것이 참되다고 말하는 것과 동일하다. 성공적인 작동은 참된 관념의 본질적인 특징이며, 그 관념의 성공은 그 진리의 원인도 증거도 아니며 진리 자체이다: 성공적인 관념은 참된 관념이다. 진리의 테스트 혹은 기준은 그 관념이 이룬 조화롭게 된 실재성에 있다. 탐구의 과정에 의하여 한 관념이 테스트되고 선하게 될 때마다, 구체적 현존에서 변화가 일어난다. 즉 완성된 혹은 조화롭게 된 상황이 생긴다. 하지만 우리는 성취된 현존과 그것의 과정을 구분하지 말아야 한다. 한 관념을 단지 주어져 있고 그것의 과정과 구분되는 것으로 취할 때, 그것은 진리도 진리의 기준도 아니며 단지 다른 어떤 것과 마찬가지로 사실의 상태에 불과하다.

사유는 인간의 목적에 이바지하며, 유용하며, 갈등을 제거하고, 소원을 만족시킨다. 그것의 유용성, 그것의 목적이 그것의 진리이다. 다른 말로 하면 인간의 의지는 사유를 선동하며, 따라서 사유는 인간적 목표를 실현하는 도구이다. 원자나 신과 같이 소위 고정된 것은 현존성을 갖고 있고, 다만 의식적 행위자와 환자들의 문제들과 필요와 투쟁과 수단들에서만 중요하다. 우리는 불확실성과 의심과 다른 인격적 태도가 실제로 포함되어 있는 우주를 갖고 있다.

사유 이론의 수정은 또한 신념의 원리를 사유 자체 안으로 가지고 온다. 신념(순수하고 직접적이고 순전한 인격적 신념)은 작업 가설로서 과학에 다시 등장한다. 신념은 모든 사물 가운데 가장 자연스럽고 가장 형이상학적인 것이다. 지식은 신념의 인간적·실천적인 부산물, 신념의 함의와 상호 관련을 실현하고 그들의 형성과 사용을 지도하는 조직화된 기술이다. 그러므로 신념은 실재를 수정하고 형성한다. 그리고 경험적인 의식적 존재들은 현존을 진정으로 결정한다. 만일 이와 같다면, 자연과학이 우리의 정신적 가치들을 침략하고 파괴할까 두려워할 필요가 없다. 왜냐하면 우리는 언제나 가치들을 현존(사회적·정치적 제도)으로 번역할 수 있기 때문이다. 듀이가 관심을 갖는 세계는 살아 있고 활동하는 개인들의 실제적이며 사회적인 세계이다.

도구주의적 탐구 이론은, 현대의 인식론자들을 실재론자와 관념론자로 양분하는 인식론의 핵심 쟁점 대부분을 무의미한 것으로 만든다. 듀이가 데카르트의 이원론을 배격하고 경험과 자연의 연속성을 강조하여 형이상학적 문제들(특별히 육체와 정신의 관계에 관한 문제들)의 전체 소굴을 파괴했던 바로 그 방법으로, 인식하는 주체와 인식되는 대상을 분명하게 구분하지 않는 태도는 인식론에서 관념론자와 실재론자, 즉각론자(immediatist)와 표상론자(representationist)의 쟁점들을 교묘하게 회피한다.

일찍이 1917년 미국 실용주의자들이 협력하여 발행한 공저 「창조적 지성」(Creative Intelligence)에 기고한 글에서 듀이는 인식론자들을 양분시키는 쟁점들을, 인식에서 주체와 대상을 애시당초 분리한 데서 생기는 의사(擬似, 가짜) 문제로 보았다. 듀이의 견해로는, "현대철학의 주된 분류, 다양한 종류의 관념론, 다양한 종류의 실재론, 소위 상식적 이원론, 불가지론, 상대주의, 현상론은 주체와 대상의 일반적 관계를 둘러싸고 발전했다." 그리고 그는 묻는다. "철학자들이 문제에 대한 다양한 대답의 상대적 공과를 결정하려는 시도로부터 문제의 요구를 고찰하는 것으로 태도를 바꾸어야 할 때가 아닌가?" 감각 자료의 주관성이나 객관성에 관한 인식론적 문제들은, 지각의 직접적 특성이나 표상적 특성은 의식이 자연 바깥에 있으며 초연한 관찰자로서 자연을 바라보고 있다는 그릇된 가정에서 생긴다. 듀이는 감각론과 많은 형태의 신실재론이 공유하는 감각 자료의 원자성이라는 이론을 격렬하게 공격한다. 감각 자료의 분석은 어떤 목적에는 합당하겠지만, 사물들에 대한 통상적 지각보다 원자론적 의미에서 출발하는 이론들은 그리하여 인위적이며 해결될 수 없는 문제를 발생시킨다. 그런 탐구를 위한 출발점이 "일상적 경험의 대상, 우리가 살고 우리의 실제적 사안과 우리의 향유와 우리의 고통이라는 관점에서 우리가 살고 있는 세계를 형성하는 세계의 구체적인 사물들"이라면, 도구주의는 중요한 인식론적 탐구를 전혀 배제하지 않는다.

듀이는 일상적 경험의 대상들에서 출발하여, 우리가 원자나 전기와 같이 과학적 대상들로 나아가는 추론을 서술한다. 그런 과학적 대상에 현존성과 속성을 귀속시키는 것은 특정화된 조건 아래서 갖게 되는 지각들에 관하여 예측하는 것에 불과하다. 듀이는 물리적 대상에 관한 진술에 대하여 조작적 해석을 택하며, 그리하여 지각의 대상과 물리적 혹은 과학적 대상 사이의 관계에 관련하여 당혹스러운 인식론적 문제를 교묘히 피한다.

세계는 형성 중이며, 앞으로도 언제나 형성 중일 것이다. 우리는 우리의 목적에 맞게 세계를 만들며, 이 과정에서 의식적이며 인격적인 존재들의 사유와 신념은 적극적인 활동을 벌인다. 듀이에게 인식이 경험의 유일하고 참된 양태가 아님을 기억해야 한다. 모든 사물은 그것들이 존재로서 경험되는 무엇이며, 모든 경험은 무엇이다. 사물들은 인식되는 것으로서 경험되지만, 그것들은 미적으로, 도덕적으로, 경제적으로, 기술적으로 경험된다. 그래서 무엇에 대하여 공평한 설명을 하는 것은, 그 구체적 사물이 무엇으로 경험되는지를 말하는 것이다. 이는 즉각적 경험론의 근본적 가정이다. 제임스의 근본적 경험론에 맞먹는 듀이의 경험론이다. 만일 어떤 철학적 용어(주관적, 객관적, 물리적, 정신적, 우주적, 원인, 실체, 목적, 활동, 악, 존재, 양)가 무엇을 의미하는지 우리가 알고자 한다면, 경험으로 가서 그것이 무엇으로서 경험되는지를 보아야 한다. 개인은 단지 인식자일 뿐만 아니라 감정적이며 충동적이며 의욕적인 존재이다. 반성적 태도는 의지 즉 자아의 기초적 혹은 근본적 측면에 의하여 야기된다.

저서: 「심리학」(*Psychology*), 1887; 「라이프니츠의 "신논문"」(*Leibniz's "New Essays"*), 1902; (*with J. H. Tufts*) 「윤리학」(*Ethics*), 1908; 「철학에 미친 다윈의 영향」(*The Influence of Darwin on Philosophy*), 1910; 「우리는 어떻게 사유하는가」(*How We Think*), 1910; 「독일의 철학과 정치학」(*German Philosophy and Politics*), 1915; 「실험적 논리학에 관한 논문」(*Essays in Experimental Logic*), 1916; 「민주주의와 교육」(*Democracy and Education*), 1916; (다른 실용주의자들과의 공저) 「창조적 지성」, 1917; 「철학의 재건설」(*Reconstuction in Philosophy*), 1920; 「인간의 본성과 행동」(*Human Nature and Conduct*), 1922; 「경험과 자연」, 1925; 「공중과 그 문제」(*The Public and Its Problems*), 1927; 「확실성을 위한 추구」, 1929; 「철학과 문명」(*Philosophy and Civilization*), 1931; 「경험으로서의 예술」(*Art as Experience*), 1934; 「논리학: 탐구의 이론」, 1938.

개념적 실용주의(Conceptual Pragmatism)와 맥락주의(Contextualism)

클래런스 어빙 루이스(Clarence Irving Lewis; 1930년부터 1953년 하버드 대학 교수로 지내다가 은퇴함)는 의미와 지식과 검증에 관한 실용주의적 이론을 수립했다. 이는 실용주의 철학의 이론적 토대를 크게 강화한다. 자칭 개념적 실용주의라고 말하는 그의 입장은 현대 상징 논리학의 기술들을 이용하며, 아주 자연스럽게 실용주의적 인식론의 명확한 공식인 것으로 증명된다. 루이스는 1929년에 출간된 초기 저술 「정신과 세계 질서」(*Mind and the World Order*)에서 개념적 실용주의의 원리적 입론을 다음과 같이 표현한다; "우리의 인지적 경험에는 두 요소가 있으니, 정신에 제시되는 혹은 주어지는 감각 자료와 같은 즉각적 자료와 사유의 활동을 나타내는 형식 혹은 구성 혹은 해석이 있다."

인식에서 실용주의적 요소는 그것의 형식적 혹은 선험적 측면에 있지 그것의 경험적 혹은 사실적 측면에 있지 않다. 그것은 정신이 인간의 필요에 관하여 규정하는 범주와 개념이라는 측면에서의 경험의 해석에 있다. 그런 개념과 원리는 경험에서 도출되지 않지만 경험을 규정하므로 선험적이다. 루이스의 이론의 실용주의적 선험(a priori)은 칸트적 이론의 영향을 보여주지만, 칸트의 선험보다 덜 엄격하고 절대적이다. 칸트는 단일한 필연적 범주 구도의 타당성을 주장했지만, 루이스의 선험은 경험의 서술을 위한 대안적 개념 체계들을 허용한다. "해석의 개념과 원리는 역사적 변화에 종속되며, 개념과 원리들의 측면에서 '새로운 진리'가 있을 수 있다."

루이스의 실용주의적 이론은 좀 더 최근에 나온 「인식과 가치 평가의 분석」 (*Analysis of Knowledge and Valuation*)에 좀 더 깊이 발전되어 있다. 이 책은 의미론에서 인식론으로, 가치론으로 나아간다. 이 책의 중요한 주장은 (1) 선험적 종합 진술은 없다; 선험적 진술은 예외 없이 그 의미의 분석에 의하여 획득 가능하다; (2) '표현적'(expressive) 유형의 경험적 진술은 경험의 직접 제시된 내용을 정식화하는 반면, 비표현적인 경험적 진술은 실용주의적 방식으로 행위의 결과들에 대한 예측으로 해석될 수 있다; (3) 가치 판단은 근본적으로 그들의 확증 양태에서 다른 여러 종류의 경험적 진술과 다르지 않다. 그의 실용주의는 "비종결적"(non-terminating) 경험적 판단에 대한 그의 설명에서 가장 분명하게 나온다: 그런 판단의 의미는 결코 끝나지 않는 결과의 계열을 포함하는 일종의 예측이다. 이런 의미 개념은 퍼스의 실용주의적 원리를 좀 더 깊게 세련화한 것이다.

저서: 「상징 논리의 개관」(*A Survey of Symbolic Logic*), 1918; 「정신과 세계 질서」, 1929; 「인식과 가치 평가의 분석」(폴 캐러스 강연, 7번째 시리즈), 1946; 「권리의 근거와 본질」(*The Ground and Nature of the Right*), 1955.

루이스의 이론과 비슷하게 지식의 형성에서 가정적 체계의 역할을 강조하는 인식론이 노스럽(F. C. S. Northrup)에 의해 개진되었다. 노스럽은 "직관의 개념", "즉각적으로 파악되는 완전한 의미"(가령 "푸름"에 대한 감각적 개념 혹은 "욕구"에 대한 내성적 개념)와 "가정의 개념", "전체로나 부분적으로 그 발생 영역인 연역적 체계의 가정에 의하여 표시되는 의미"(가령 "전자"[electron]의 개념)를 근본적으로 구분한다. 두 유형의 개념은 두 가지 상이한 담론적 세계에 속하며, "전자는 푸르다"와 같이 단일한 명제로 둘을 결부시킬 때에는 혼동과 무의미가 발생할 뿐이다. 직관의 개념들은 인간 지식의 "미적 구성 요소"와 관련되지만, 가정의 개념들은 그것이 "이론적 구성 요소"와 상관있다. 두 구성 요소는 전혀 판이하지만, 미

적 구성 요소를 이론적 구성 요소에 동화시킴은 과학적 지식과 철학적 지식 등 모든 지식의 중요한 과제 가운데 하나이다. 이 동화는 노스럽이 말하는 한편으로 한 사물의 직관적 혹은 미적 요소와 다른 한편으로 가정적 혹은 이론적 요소 간의 "인식적" 상관 관계에 의하여 달성된다. 그가 가설 형성에서 가정적 기술들에 의존하긴 하지만 노스럽의 이론은 루이스의 그것과 같이 대안적인 가정적 체계들 가운데서 선택하는 일에 관련되는 실용주의적 요소를 강조하지 않고, 오히려 화이트헤드의 실재론적 자연주의와 비슷한 인식론과 형이상학을 제시한다. "가설의 방법과 그것의 간접적 검증 양태에 의하여 우리는 우리 자신과 자연에서 즉각적으로 감지되는 미적 연속체 안에 있는 즉각적으로 감지되는 성질들의 관련성과 질서와 다른 하나의 특징을 갖는 실체들의 구조와 질서를 배울 수 있다."

저서: 「과학과 제일 원리」(*Science and First Principles*), 1931 ; 「동양과 서양의 만남: 세계 이해에 관한 탐구」(*The Meeting of East and West: An Enquiry concerning World Understanding*), 1947 ; 「과학과 인문학의 논리」(*The Logic of the Sciences and the Humanities*), 1947.

맥락주의

맥락주의는, 그 부모격인 실용주의와 같이 상대주의적 인식론을 제창하고 지식의 규약주의적이며 가정적인 특징들, 지식에서 결과의 역할, 지식과 행위의 혼용을 강조하는 실용주의의 자식이다. 스티븐 페퍼(Stephen Pepper)는, 철학적 체계들이 상식과 과학과 가치 경험을 포함하여 모든 경험 영역의 해석을 위한 대안적 가설이라는 견해를 그의 저서 「세계-가설」(*World-Hypotheses*)에서 개진한다. 그는 상대적으로 적절한 세계 가설이 네 개 있다고 주장한다: (1) 형식주의(본질 혹은 보편자의 이론); (2) 기계론(기계론적, 유물론적 철학들이 제시하는); (3) 맥락주의(실용주의에 함축되어 있는 "직조된" 실재에 대한 이론); (4) 유기체론(유기적으로 구조화된 전체로서 실재의 해석).

이 세계 가설 각각은 자신의 "근본-은유" 혹은 근본 유추, 자신의 방법론적 인식론적 가정, 자신의 형이상학적 지류들을 갖고 있다. 이 네 가지 경쟁하는 세계 가설은 상대적 적절성에서 동등하다. 왜냐하면 모든 사실들은 네 이론 각각의 맥락에 동화 가능한 것이며 그것들 가운데 어느 것을 결정적으로 반박하는 사실적 증거는 없기 때문이다. 페퍼는 경쟁적인 철학적 가설들이 단지 임의적 규약 혹은 가정들이라는 규약주의적 견해를 거부하지만, 모든 사실을 해석하는 대안적 철학들에 대한 그의 이론은 가정적 혹은 규약주의적 편향을 드러내는 듯이 보인다. 게다가 페퍼는 네 가지 모든 세계 가설들이 상대적 적절성에서 동등하다고 힘주어 거듭 강조하지만, 맥락주의에 대한 강한 편애를 드러낸다. 맥락주의는 그와 연관된 실용주의적 규약주의적 인식론과 더불어 네 가지 세계 가설 가운데서, 대안적인 철학적 이론이 있다는 페퍼의 견해와 가장 일치한다.

85. 최근의 실증주의적 경향들

형이상학에 대한 공격

최근 철학에 등장하는 가장 영향력 있는 운동 가운데 하나는 논리실증주의이다. 이는 20세기 초 "빈(Wien) 학파"에서 생겼으며 데이비드 흄의 회의적 경험론과 마흐와 푸앵카레의 과학적 규약주의와 역사적 유사성을 갖고 있다. 빈학파의 창단 구성원은 대개 철학 아닌 분야의 전문가들이었다: 이 학파의 시초의 핵심 인물이었던 모리츠 슐리크(Moritz Schlick, 1882-1936)는 물리학자였으며, 창단 구성원들은 물리학뿐만 아니라 수학, 역사학, 사회학의 전문가들이었다.

논리실증주의는 짧은 발전 과정에서 근본적 변화를 많이 겪었다. 이 운동의 여러 대표자들은 매우 다양했지만, 실증주의적 입장의 주된 노선이 분명하게 드러난다. 실용주의의 핵심은 검증 가능성을 의미의 기준으로 사용한다는 것이다: 경험적 진술은 오직 경험에 호소하여 검증될 수 있을 경우에만 의미 있다. 가장 "강력한" 형태의 검증 원리는, 한 진술이 의미 있으려면 경험과의 직접적 대면에 의하여 검증 혹은 반증될 수 있어야 할 것을 요구한다. 그래서 "내 시야에 붉은 헝겊이 있다"는 진술은 이런 "강력한" 의미에서 의미 있다. 슐리크와 빈 학파의 다른 구성원들은 이 협소한 의미의 유의미성을 주장했다. 그러나 그것은 너무 제한적인 것으로 드러났고, 그래서 이제 실증주의자들은 일반적으로 좀 더 넓은 기준을 받아들인다. 이 기준은 직접적 검증뿐만 아니라 간접적 검증을, 실제적 검증뿐만 아니라 원리적 검증을 포함하려 한다. "지탱물이 없는 물체는 떨어지는 경향이 있다"는 일반적 진술들, 접근할 수 없는 과거에 관한 역사적 진술들, "달의 다른 면에 산맥이 있다"와 같이 실제로 검증할 수 없는 진술들은 이 수정된 기준에 비추어 의미 있다.

논리실증주의는 지식의 경험적 혹은 후험적 측면들뿐만 아니라 형식적 혹은 선험적 측면들을 조사했다. 형식적 측면에서 논리실증주의는 지식에서의 선험은 분석적 혹은 동어 반복적이라는 주장을 지지하기 위하여 언어학적 분석의 기술뿐만 아니라 현대 수리 논리의 업적에도 의존했다. 선험적 종합 지식의 타당성에 대한 칸트의 주장을 거부하는 실증주의는, 선험은 언제나 분석적이라는 점에서 라이프니츠와 의견을 같이한다. 합법적인 선험적 진술의 유일한 유형은 동어반복을 표현하는 것이다: 형식 논리학과 순수 수학의 전체는 그런 동어반복으로 구성된다. 그러므로 논리실증주의자들에게 인식적으로 유의미한 모든 진술은 경험적으로 검증가능한 사실 진술이든지 언어나 다른 상징적 체계의 구조에 의존하는 동어반복적 진술이다. 실증주의적 지식 분석의 가장 놀라운 철학적 결과들은, 그 분석이 형이상학의 거의 전체를 의미 없는(말 그대로 무의미한) 것으로 배제한다는 것이다. 전통 철학의 활동은 경험적 사실 진술도 분석적 동어반복도 아닌 진술로 채워져 있으며, 실증주의자는 형이상학이 대부분 터무니없다는 주장을 예시하기 위하여 고전 철학자들의 진술을 거의 무작위적으로 선택하려고 작정한다.

모든 혹은 대부분의 형이상학적 언표(言表, utterance)들이 실증주의적 기준에 의하여 무의미의 연옥에 좌천된다면, 철학의 기능은 무엇인가? 실증주의적 얼개 안에서 철학을 위한 몇 가지 합법적인 과제가 있다. 철학자는 물리학과 천문학과 생물학의 사실적 증거로부터 도출되는 우주론적·사변적 일반론을 형성할 수 있다. 물리적 우주의 과거 역사와 생물의 기원에 관한 추측은, 적어도 원리적으로 검증 가능한, 의미 있는 사실적 가설이 될 수 있다. 실증주의자는 우주론적 이론들의 타당성에 관하여 지극히 의심하지만, 그것들을 형이상학적 허튼 소리로 거부하지 않는다. 철학을 위해서는 철학적 개념의 분석과 그에 따른 철학적 의미의 구분이라는 전적으로 합법적인 과제가 남아 있다. 가령 실증주의자는 가능성, 현존성, 개연성, 인과성 등의 철학적 범주들에 대한 설명에 몇몇 철학적 의미를 부여할 수 있다. 하지만 그는 그런 개념적이고 "범주적인" 탐구의 결과들을 순전히 분석적이며 동어반복적인 것으로 설명하려 할 것이다. 그것들은 칸트가 주장했듯이 선험적 종합 지식을 위한 기초와 토대를 제공할 수 없다. 언어학적 유형의 철학적 분석은 종합적 진리를 산출하리라고 기대할 수는 없지만 의미 있고 열매있을 것이다.

루돌프 카르납(Rudolf Carnap, 1891-1970; 「세계의 논리적 구조」[*Der Logische Aufbau der Welt*, 1928], 「철학과 논리적 구문론」[*Philosophy and Logical Syntax*, 1935], 「언어의 논리적 구문」[*The Logical Syntax of Language*, 1937])는 빈(비엔나)에서 발생한 실증주의 운동의 주도적 인물이다. 그는 1926년에 빈 학파에 가입했으며, 1936년에 시카고 대학에 와서, 로스앤젤레스의 캘리포니아 대학에 재직했다. 카르납은 미국에 신실증주의를 이식한 장본인이다. 미국에서 신실증주의는 미국의 철학 사상에 깊은 영향을 계속 끼치고 있다. 실증주의가 미국에 놀라울 정도로 성공리에 적응한 것은 부분적으로 그것의 내재적인 생동성과 유연성 때문이며, 또한 실용주의와 조작주의와 같은 미국의 철학적 경향과 유사성 때문이다. 카르납은 실증주의적 입장을 가장 활기차고 정확한 공식으로 제시했다. 그리고 초기의 제한적인 논리실증주의를 오늘날의 좀 더 유연하고 철학적으로 융통성 있는 논리적 경험론으로 바꾼 장본인이 바로 카르납이다. 논리실증주의는 그 반(反)형이상학적 단계에서, 논리학과 수학의 형식적 과학의 분석적 진리와 경험적 과학의 사실적 진리로 구성되는 과학적 지식이 모든 가능한 지식을 망라한다고 주장했다. 따라서 형식적 과학도 아니며 사실적 과학도 아닌 전통적인 형이상학은 불가능하다. 형이상학과 인식론의 문제는 모두 의사(擬似) 문제이며, 전통 철학이 제시한 해결책은 무의미한 허튼 소리이다.

현재 언어학적 형태를 지닌 카르납의 경험론은 초기 실증주의의 반(反)형이상학적 주장을 유지하지만, 언어의 구조와 기능을 탐구하는 중요한 과제를 철학에 할당하는 점에서는 초기 실증주의와 다르다. 언어와 그 의미를 명료화하는 과제는 세 분과에서 수행된다: (1) 언어적 표시의 형식적 상호 연관을 다루며 문장의 형성을 위한 구조적 규칙과 그들 서로 간의 논리적 파생을 지배하는 규칙들을 체계화하는 구문론; (2) 언어 외적 사실들과 관련하여 용어와 표현의 의미에 대하여 이루어지는 분석을 다루며 용어와 표현의 경험적 의미와 진리에 관련된 문제를 탐구하는 의미론; (3) 언어의 심리적 사회적 맥락에서 언어의 기능을 탐구하는 화용론(話用論, pragmatics).

실증주의는「논리철학 논고」(*Tractatus Logico-Philosophicus*, 1921)와「철학 탐구」(*Philosophical Investigations*, 1953)의 저자인 **루트비히 비트겐슈타인**(Ludwig Wittgenstein, 1889-1951)이 주도적 인물이었던 영국에서도 번성했다. 미국에서와 마찬가지로 영국에서 실증주의를 우호적으로 받아들인 것은, 원칙적으로 흄으로부터 시작되는 영미 경험론과 실증주의가 가까웠기 때문이다. 영국에서는 무어와 버트런드 러셀의 분석적·경험적 철학들이, 미국에서 본토의 실용주의가 실증주의를 받아들이도록 길을 닦았던 것과 아주 비슷한 방식으로 실증주의의 수용에 우호적인 철학적 분위기를 제공했다.「논고」에서 실증주의의 부정적이며 반(反)형이상학적 주제는 놀라운 표현으로 나타난다: "철학적 문제와 관련하여 기록된 대부분의 명제와 문제는 거짓이 아니라 헛소리이다. 그러므로 우리는 이런 종류의 문제에 아예 답할 수 없으며 다만 그것의 무의미함을 진술할 수 있을 따름이다." 이런 종류의 진리가 모든 참된 명제의 총체성을 포함하는 자연과학에 의하여 망라되므로 실재에 관한 참된 명제의 학문으로 고찰된 철학은 불가능하지만, 철학은 언어에 의하여 전달되는 의미를 명료화하는 값진 기능에 봉사한다: "모든 철학은 '언어 비판'이다." "철학의 대상은 사유의 논리적 명료화이다. …… 철학적 작업은 본질적으로 해명으로 구성된다. 철학의 결과는 여러 철학적 명제들이 아니라 명제의 명료화이다."

실증주의와 윤리학

실증주의적 분석은 윤리학과 가치 이론의 분야로 확대되었다. 실증주의자가 윤리적 가치 평가와 그밖의 가치 평가를 자신의 이론에 동화시킬 수 있는 방법

이 둘 있다: 한편으로 그는 윤리학을, 사실로 파악되는 가치 평가에 관한 경험적 진술로 고찰할 수 있다. 혹은 그는 윤리적 진술들을 비인지적으로 다룰 수 있다. 슐리크는 「윤리학의 문제들」에서 첫 번째 접근법을 채택했다: "가치, 선은 단순한 추상물이지만, 가치 평가, 승인은 실제적인 심적 사건이다. …… 우리가 윤리학의 중심에 두어야 하는 문제는 순전히 심리적인 것이다."

윤리학에 대한 유사한 사실적 심리적 접근법은 어빙(J. A. Irving)에 의하여 제시되었다: "우리의 분석은, 윤리학이 부인할 수 없는 도덕 의식을 사실로서 연구하는 것일 것이라고 제안한다. …… 그러므로 윤리학은 도덕 의식의 학문이 되어야 한다." 이런 실증주의에 따르면, 윤리학은 가치 판단과 그것들이 도덕적·사회적 행동에서 갖는 도덕적 효능에 관한 사실적·심리적 진술들로 구성된다.

윤리학의 문제에 대하여 실증주의적 입장과 양립 가능한 또 다른 접근법이 있다. 이 접근법에 따르면, 윤리적 진술과 그밖의 가치 평가적 진술은 비인지적인 것으로 간주된다. 그래서 에어(Ayer)는, 윤리적 진술의 한 집합(도덕적 덕에 대한 권고)은 "명제가 아니라 독자로 하여금 어떤 종류의 행위를 불러일으키도록 되어 있는 절규나 명령이다"라고 확언한다. "도둑질은 나쁘다"는 진술은 도둑질에 대한 나의 비난을 표현할 따름이다. "당신은 진실을 말해야 한다"는 문장도 "진리를 말하라"는 명령과 같다. 이런 경우에 윤리적 언어의 기능은 순전히 "정서적"이다. 윤리학의 정서 이론 가운데 매우 시사적이며 독창적인 것은 스티븐슨(C. L. Stevenson)의 「윤리학과 언어」(Ethics and Language)에 포함되어 있다. 윤리적 진술들에 대한 스티븐슨의 언어적 분석은 인지적 진술뿐만 아니라 비인지적 진술을 명료화할 때 실증주의적 이론의 유능함과 실증주의적 분석의 성과를 증명한다.

틸리 서양 철학사

1판 1쇄 발행 1998년 6월 30일
2판 1쇄 발행 2020년 3월 23일
2판 7쇄 발행 2024년 7월 1일

지은이 프랭크 틸리
옮긴이 김기찬
발행인 박명곤 **CEO** 박지성 **CFO** 김영은
기획편집1팀 채대광, 김준원, 이승미, 이상지
기획편집2팀 박일귀, 이은빈, 강민형, 이지은, 박고은
디자인팀 구경표, 구혜민, 임지선
마케팅팀 임우열, 김은지, 전상미, 이호, 최고은

펴낸곳 (주)현대지성
출판등록 제406-2014-000124호
전화 070-7791-2136 **팩스** 0303-3444-2136
주소 서울시 강서구 마곡중앙6로 40, 장흥빌딩 10층
홈페이지 www.hdjisung.com **이메일** support@hdjisung.com
제작처 영신사

ⓒ 현대지성 2020

"Curious and Creative people make Inspiring Contents"
현대지성은 여러분의 의견 하나하나를 소중히 받고 있습니다.
원고 투고, 오탈자 제보, 제휴 제안은 support@hdjisung.com으로 보내 주세요.

현대지성 홈페이지